1 MONTH OF
FREE
READING

at

www.ForgottenBooks.com

By purchasing this book you are eligible for one month membership to ForgottenBooks.com, giving you unlimited access to our entire collection of over 700,000 titles via our web site and mobile apps.

To claim your free month visit:

www.forgottenbooks.com/free751946

ISBN 978-0-266-50636-2
PIBN 10751946

For support please visit www.forgottenbooks.com

EURIPIDES

DER DICHTER DER GRIECHISCHEN AUFKLÄRUNG.

— ⋅►◄⋅►◄⋅ ⋅

VON

WILHELM NESTLE.

—⋅►✕◄⋅— — —

STUTTGART

DRUCK UND VERLAG VON W. KOHLHAMMER

1901.

„In vielem bin ich andern Sinns als sonst die Welt."
Medea 579.

Vorrede.

Es hat dem Euripides in unserer Zeit nicht an Bearbeitern gefehlt: U. v. Wilamowitz-Möllendorfs grundlegendes Werk über den ‚Herakles‘ (erste Auflage. Berlin, Weidmann 1889; zweite Bearbeitung 1895) braucht nur genannt zu werden, um jedermann zu erinnern, wieviel Anregung und Förderung die Euripidesforschung dieser grossen und zahlreichen kleineren Arbeiten desselben Verfassers verdankt. Eine neue Ausgabe der erhaltenen Dramen, die R. Prinz begonnen und N. Wecklein weitergeführt hat, und von der bis jetzt zwei Bände mit dreizehn Stücken herausgekommen sind, ist im Erscheinen begriffen (Leipzig, Teubner 1878 f.; 1898 f.). Wecklein hat ausserdem der Rekonstruktion des Textes der Fragmente in den letzten Jahren viele Aufmerksamkeit und Arbeit gewidmet (Sitz.Ber. d. Münchener Ak. d. W. 1896—99). Aber nicht nur in sprachlich-philologischer Richtung ist man bemüht, den Text des Tragikers richtigzustellen und zu erklären, sondern man geht auch dem philosophischen Gedankeninhalt seiner Dramen eifrig nach, und wir finden Gelehrte der verschiedensten Nationen bei dieser Arbeit. In Frankreich hat P. Decharme in seinem Buche „Euripide et l'esprit de son théâtre“ (Paris, Garnier frères 1893) eine zusammenhängende Darstellung der Weltanschauung und der Dichtungsart des Euripides gegeben. H. Weil hat in seinen „Etudes sur le drame antique“ (Paris, Hachette 1897) dem théâtre d'Euripide, und zwar namentlich den ‚Phönissen‘, dem ‚Herakles‘ und der ‚Antiope‘, eine eingehende Untersuchung gewidmet. In England hat A. W. Verrall in seiner Schrift „Euripides the rationalist, a study in the history of art and religion“ (Cambridge 1895) an drei Dramen (‚Alkestis‘, ‚Iphigenia T.‘, ‚Phönissen‘) den Rationalismus des Dichters in der Behandlung der Mythen im einzelnen nachgewiesen. In Schweden hat Claes Lindskog im ersten Teil seiner „Studien zum antiken Drama" (Lund 1897) in ebenso feinsinniger als besonnener Weise die dramatische Technik des Euripides daraufhin geprüft, wie er seine politischen und philosophischen Ansichten mit seinen Stoffen in Verbindung oder in einen Gegensatz zu bringen weiss. In Deutschland hat, um nur noch einige Namen zu nennen, H. Steiger über mehrere Stücke des Dichters schätzenswerte Abhandlungen veröffentlicht (Elektra: Philologus 1897; Orestes: Progr. des St. Anna-Gymn. Augsburg 1898; Troerinnen: Philologus 1900), und ausserdem kamen mehrere Gelehrte in grösserem Zusammenhang auf diese oder jene Teile der Euripideischen Weltanschauung zu sprechen. F. Dümmler hat an einigen Stellen seiner „Akademika" (Beiträge zur Litteraturgeschichte der Sokratischen Schulen. Giessen 1889) und besonders in seinen „Prolegomena zu Platons Staat und der Platonischen und Aristotelischen Staatslehre" (Un.Pr. Basel 1891) die Studien über die philosophischen Quellen des Euripides wesentlich gefördert. E. Rohde hat in seiner „Psyche" (1. Aufl. 1894; 2. Aufl. 1897) in der ihm eigenen geistvollen und tiefgründigen Art eine vortreffliche Darstellung der Psychologie des Tragikers gegeben und Th. Gomperz in seinen „Griechischen Denkern" (II. Band 1897) die Gedankenwelt des Dichters in Kürze dargestellt.

Bei dieser emsigen Beschäftigung mit Euripides ist es zu verwundern, dass man doch vielfach, auch bei guten Kennern des Hellenentums, noch einem Urteil über ihn begegnet, das seinem Wesen und seiner Bedeutung nicht gerecht wird. Dies beruht zum Teil auf einer Verkennung seiner Persönlichkeit; zum Teil hängt es aber auch noch mit der einseitigen ästhetisch-romantischen Beurteilung des Griechentums zusammen, wie sie Schiller in seinen „Göttern Griechenlands" klassisch formuliert und inauguriert hat, und wie sie ein Jahrhundert später Fr. Nietzsche in seiner „Geburt der Tragödie aus dem Geiste der Musik oder Griechentum und Pessimismus" (3. Aufl. 1894) in geistreicher und schwungvoller Weise erneuert hat. In dieser Beleuchtung gesehen, erscheint Euripides nur als der mit sich selbst zerfallene „theoretische Mensch", der in seinen „von des Gedankens Blässe angekränkelten" Dramen mit frevler Hand das Reich des schönen und poesievollen Mythus zerstört, an Stelle der poetischen Wahrheit die rauhe Wirklichkeit und an Stelle der religiösen und ästhetischen Erhebung die grübelnde und spitzfindige Dialektik setzt. Seine Wirkung ist nur eine negative, und im Vergleich mit den harmonischen Schöpfungen eines Äschylus und Sophokles sind seine Dichtungen Produkte der Decadence. Dieselbe Auffassung des Griechentums im allgemeinen und des Euripides im besonderen finden wir auch bei Nietzsches grossem einstigen Kollegen in Basel: Jakob Burckhardt. „Die wahre, unerreichbare Grösse des Griechen ist sein Mythus; etwas wie seine Philosophie hätten Neuere auch zustandegebracht, den Mythus nicht" — so lesen wir in seiner von J. Öri herausgegebenen „Griechischen Kulturgeschichte" (2. Aufl. 1898 ff. Bd. III S. 378). Kein Wunder daher, wenn bei ihm, der gelegentlich auch der Klugheit „der Männer von Delphi" auf Kosten des Sokrates ein Lob spendet (II. 334), Euripides, der Zerstörer des Mythus, gar übel fährt. Zwar ist er „wegen seines Modegeistes einer der lehrreichsten Dichter" (110), der „räsonniert, wo es passt oder nicht passt"; aber er ist „ein wandelbarer Theologe" (112), der von den Gedanken des Anaxagoras und anderer „das Ungefährliche aufgreift" (44) und mitunter „sich und seiner Zuhörerschaft eine straflose Impietät gönnt" (114). Manchmal, „wenn ihn seine Aufklärung unruhig macht, darf etwa ein Bote oder der Chor gegen alle Mantik protestieren, während er ein anderes Mal pathetisch und feierlich davon redet" (313). Denn „hie und da stellt er sich um einen Grad frömmer", und in den ‚Bacchen' zeigt er sich gar „fanatisch begeistert . . . für ein Wesen, welches den Augen eines anderen Zeitalters einige wahrhaft höllische Züge verrät" (114). Endlich ist es „ein vergebliches Bemühen, dem Dichter eine konsequente Ansicht von den Göttern nachweisen zu wollen" (115); seine Stücke sind nur „der Sprechsaal, aus dem uns das damalige allgemeine athenische Räsonnieren über göttliche und menschliche Dinge entgegentönt" (III. 250). Dies ist die mehr als Aristophanische Karikatur, welche der grosse Kulturhistoriker von Euripides entwirft. Sie hängt aufs engste zusammen mit der Geringschätzung der griechischen Philosophie nach ihrem Wesen und ihrer Wirkung, die Burckhardt überall zur Schau trägt. Nägelsbach hatte einst in seiner „Nachhomerischen Theologie" (Nürnberg 1857) in dem Kapitel „die Auflösung des alten Glaubens" dem Euripides mit Recht eine ausführliche Besprechung gewidmet. Nach Burckhardt kommt weder ihm noch sonst einem griechischen Denker auch nur dies negative Verdienst zu; denn es ist ein von ihm bis zum Überdruss wiederholter Satz, dass alle Denker und Philosophen auf den griechischen Volksglauben „nicht den mindesten Einfluss ausgeübt haben"

(II. 19. 84. 91. 108. 132. 206 f. 210 ff. 234. 285. 326. 336). Wäre dem wirklich so, wäre in der That „das Heidentum aus allen möglichen Gründen untergegangen, aber nicht durch den Euhemerismus, welcher auf das Volk gar nicht wirkte" (II. 84), so wäre damit einem Buch, wie dem vorliegenden, das sich mit einem solchen Aufklärer befasst, das Existenzrecht abgesprochen; denn diesen Männern selbst käme nicht nur keinerlei Aktivität zu, sondern sie könnten nicht einmal als passive Symptome des Zeitgeistes betrachtet werden, sie stünden nach dieser Auffassung überhaupt ausser allem Zusammenhang mit ihrem Volk. Nun sind es gewiss viele Ursachen gewesen, die den Untergang des antiken Heidentums herbeigeführt haben: man musste bekanntlich sogar zu Gewaltmitteln greifen, um es zu unterdrücken, ja es lebt — namentlich in Griechenland und Unteritalien — zum Teil unter christlicher Nomenklatur noch heute fort, und der Grund dieser Langlebigkeit besteht, wie Burckhardt ganz richtig sagt, darin, dass es nicht Lehre, sondern Kultus war (II. 133). Auch war es im Altertum ohne Zweifel wie zu allen Zeiten häufig, dass Leute, welche den Inhalt des religiösen Glaubens intellektuell überwunden hatten, dennoch aus Klugheit und Bequemlichkeit dessen Formen mitmachten (II. 211), zumal da offener Bruch mit der Religion sehr häufig als politisches Vergehen geahndet wurde. Ob aber die philosophische Aufklärung gar keinen Rückgang des Kultus bewirkt habe, ob sie an der thatsächlichen Abnahme der Frequenz der Orakel völlig unschuldig war, ob es im Altertum nie einen Unglauben der städtischen Bevölkerungsmassen gegeben hat, kann man füglich bezweifeln. Wenigstens lässt Plato den Sokrates sagen, den Atheismus des Anaxagoras könne sich jedermann in der Orchestra um eine Drachme kaufen. Die Sophisten hielten bekanntlich neben ihren teuren Lehrkursen billige populäre Vorträge. Der Hass und Hohn der Komödie gegen die Philosophen setzt sie wie ihre Lehren als in weitesten Kreisen bekannt voraus. Cicero führt die Abnahme der Mantik auf die Abnahme des Glaubens bei der Menge zurück und spottet im Anschluss an Cato über das Lachen der sich begegnenden Haruspices. Lucian sagt, Zeus könne zufrieden sein, wenn ihm ausser am olympischen Feste noch jemand opfere. Diese Erscheinungen lassen sich aus der Geschichte nicht ausmerzen, und auch Burckhardt kann bei näherem Zusehen seine Theorie gar nicht durchführen. Das frühe Aufkommen einer „absichtlichen Götterburleske" giebt ihm zu denken (II. 34), er muss im 5. Jahrhundert v. Chr. in Athen einen „Konflikt zwischen Superstition und Atheismus" anerkennen (III. 276); die Verhöhnung der Philosophie durch die Komiker „beweist ihm immerhin, wie sehr dieselbe eine Hauptsache im athenischen Leben geworden sein muss" (III. 289), und er erkennt an, „dass auch dem attischen Publikum stellenweise die Augen über den ganzen Schwindel (sc. die Mantik) aufgegangen seien" (II. 313), er gesteht zu, dass „das ganz exzeptionelle spekulative Vermögen der Griechen eine Vorbedingung an der geringen metaphysischen Haltbarkeit und den zahllosen Inkonsequenzen der Volksreligion hatte, welche offenbar ungenügend war, um das Weltall zu erklären, und zu machtlos, den Menschen eine Erklärung aufzuzwingen, und ausserdem in keine ethischen Vorschriften ausmündete" (III. 310); er räumt ein, dass „die Philosophie ein Element des öffentlichen Lebens" wurde, und dass „sich im griechischen Leben eine abnorm starke Quote von Menschen fand, welche sich für diese Gedankenwelt und ihren Ausdruck interessierten, d. h. neben Religion und Mythus noch eine andere geistige Welt verlangten" (III. 372). Wenn er ferner die Asebieprozesse als Beweis für den stets vorhandenen „Glauben im Volke" anführt (II. 212), so sind sie doch zugleich auch ein Symptom des beginnenden Abfalls von diesem Glauben gerade so, wie die Ketzerprozesse des Mittelalters die Kehrseite reformatorischer Bewegungen bilden, und wenn es für nötig gehalten wurde, Epikureische Schriften zu verbrennen, so muss doch wohl die aufklärerische Philosophie von seiten der Vertreter der Religion als eine gefährliche Gegnerin betrachtet worden sein (II. 215). Was soll man sich endlich darunter denken, wenn Burckhardt sagt, „im Kampf mit dem Christentum habe es sich erwiesen, dass die Götter, die einheimischen wie die fremden, sich ausgelebt hatten" (II. 219), wenn nicht das, dass der Baum der antiken Religion, mochte er auch äusserlich noch intakt erscheinen, innerlich vermorscht war, so dass der nächste starke Sturm ihn knicken musste?

Die Bedeutung Burckhardts und der von ihm vertretenen Anschauung, welche z. B. auch die diese Frage berührenden Abschnitte von H. S. Chamberlains „Grundlagen des 19. Jahrhunderts" (München 1900) vollständig beherrscht, wird es rechtfertigen, dass etwas länger bei ihr verweilt wurde. Soviel ist ja gewiss an dieser Ansicht richtig, dass blosse Theorien noch niemals die Welt umgestaltet haben. Aber auch wissenschaftliche Theorien sind nichts Zufälliges, sondern ein notwendiger P̶ ̶ ̶ ̶ der Entwicklung, und

sie können — gleichviel, ob wahr oder falsch — zu einer Macht
werden, wenn sie von starken Persönlichkeiten vertreten werden.
Es ist nun zwar unstreitig ein Verdienst, wenn man, wie Burckhardt dies in seiner Griechischen Kulturgeschichte thut, die in allen
Wandlungen konstant bleibenden Züge eines Volkscharakters auf-
sucht und nach ihrer Bedeutung ins Licht stellt. Aber dieses Bestreben schliesst auch die Gefahr ein, darüber die verschiedenen
Stadien der Entwicklung eines Volkes zu übersehen. Dies ist gerade auf dem religionsgeschichtlichen Gebiete besonders verhängnisvoll. Es ist bald gesagt, Religion sei Symbolik. Welche Religion hat denn je ihren Inhalt nur für ein Symbol der Wahrheit
und nicht für die Wahrheit selbst, im einzelnen oft für eine recht
greifbar rohe Wirklichkeit, ausgegeben? Wer dies sagt, der steht
eben — er mag es Wort haben wollen oder nicht — selbst schon
auf dem Standpunkt der verpönten rationalistischen Aufklärung.
Kurz, bei jedem geistig höherbegabten Volk tritt mit mathemati-
scher Sicherheit früher oder später eine Zeit ein, wo es die naiv-
mythologische Vorstellungsweise abschüttelt und „denkend in seine
Brust greift", und wo dann auch auf dem Gebiet der Poesie —
um weiter mit Schiller zu reden — die „naiven" Dichter hinter
den „sentimentalischen" zurücktreten. Neuerdings nennt man dieses
Zeitalter, in dem für die Völker die Welt der Thatsachen sich in
eine Welt der Probleme verwandelt, in dem der Autoritätsglaube
abgeworfen wird und die Kritik sich einstellt, das „Zeitalter der
Erörterungen" (W. Bagehot, Der Ursprung der Nationen,[2] Leipzig
1893, S. 178 ff.) oder auch das Zeitalter der „Vollkultur", das freilich vermöge seiner inneren Gebrochenheit sich an Harmonie mit
der vorhergehenden Epoche der Halbkultur nicht mehr messen
kann, sie aber durch seinen geistigen Gehalt überragt. Dass der
geistige Fortschritt sich zunächst nur innerhalb einer engeren Bevölkerungsklasse vollzieht, ist freilich nicht zu leugnen; ebensowenig, dass viele Rückständigkeiten bleiben. Aber die neuen geistigen Errungenschaften dringen doch allmählich in weitere Kreise
und gewinnen immer mehr Boden (A. Vierkandt, Naturvölker und
Kulturvölker, Leipzig 1896, Kap. 4—7). Und bei den griechischen
Denkern ist es, wie K. Breysig (Kulturgeschichte der Neuzeit, Berlin
1901, II. S. 82) sagt: „In einem engen, aber geistig einflussreichen
Kreis ihres Volkes haben sie den Glauben an den Homerischen
Götterkreis ebenso zerstört, wie sie den orphischen Kulten den
Lebensfaden abgeschnitten haben". Genau dies trifft auf Euripides

zu, den Vierkandt (a. a. O. S. 249) deshalb auch mit vollem Recht
als den ersten geradezu typischen Dichter der griechischen Vollkultur anführt. In der Popularisierung der philosophischen Ideen
der Zeit liegt seine Stärke. Dass dabei in seiner Weltanschauung
da und dort Widersprüche mitunterlaufen, ist allerdings richtig.
Aber seiner Wirkung in die Weite hat dieser Mangel an Konsequenz und Einheitlichkeit des Denkens keinen Eintrag gethan.
Übrigens ist seine Überzeugung geschlossener, als es auf den ersten
Blick scheinen kann, und vor allem in der Negation durchaus konstant. Es ist aber auch schon ein Verdienst, sich vom Irrtum entschlossen freizumachen. Treffend hat R. Pöhlmann in seinem schönen
Buch ‚Sokrates und sein Volk‘ (Hist. Bibl. VIII. 1899, S. 32 A. 4)
die Dichtung des Euripides „ein Kampffeld der Gedanken“ genannt. Aber man sieht doch ganz klar, auf welcher Seite dieses
Kampfes zwischen Überlieferung und Fortschritt, Autorität und
freier Forschung, Aberglauben und vernünftigem Denken der Dichter
steht. Man könnte ihn auch, wie den ihm geistesverwandten Voltaire, der trotz der vielen von seinen Kritikern ihm vorgehaltenen
Widersprüche in seinen Äusserungen unstreitig eine der geistig ein-
flussreichsten Persönlichkeiten aller Zeiten war, einen „Gelegenheits-
denker“ nennen. Jedenfalls haben es beide Männer mit der Frage
„wahr oder falsch“, vor die sie die Überlieferung, namentlich die
religiöse, stellten, ernst genommen (P. Sakmann, Voltaire und einige
seiner neueren Kritiker. Beilage zur Münchener Allg. Zeitung 1897
Nr. 261).

Der Eklektizismus des Euripides legt von selbst die Frage
nach seinen philosophischen Quellen nahe, deren Beantwortung sich
P. Decharme in dem oben angeführten Buche entschieden zu leicht
gemacht hat, indem er sich gegen die von den Alten selbst gegebenen, freilich in ihrem Werte verschiedenen Andeutungen gänzlich ablehnend verhielt und völlig darauf verzichtete, die Quellen-
frage selbst näher zu untersuchen. Ich war im Gegensatz dazu
bemüht, die Gedanken, welche Euripides bewegen, überall in den
Zusammenhang mit den geistigen Strömungen seiner und der vorhergehenden Zeit einzuordnen. Es liegt im Wesen einer solchen
Arbeit, dass sie die Ergebnisse der Forschungen anderer sammeln
und sichten muss, und sie kann daher in vielen Stücken nicht den
Anspruch erheben, stofflich Neues und Eigenes zu bieten. Doch
hoffe ich, dass auch meine eigenen Studien, zu denen einige kleinere
Vorarbeiten (Über die Legenden vom Tod des Euripides; die

,Bacchen' und Anklänge an Euripides in der Apostelgeschichte) im „Philologus" (1898—1900) erschienen sind und die umfassendste, die im wesentlichen schon vor bald drei Jahren fertiggestellte Untersuchung über die philosophischen Quellen des Euripides, im Supplementband dieses Jahres (VIII) veröffentlicht werden wird, namentlich in zwei Richtungen das Verständnis des Euripides fördern werden, indem sie erstens negativ zeigen möchten, wie unrichtig es ist, ihn immer nur als Sophisten aufzufassen, und indem sie zweitens den tiefgehenden Einfluss nachzuweisen suchen, den Heraklit auf ihn ausgeübt hat. —

Um möglichst objektiv zu bleiben, habe ich viel, vielleicht zu viel, den Dichter selbst reden lassen und mich dabei im Text der Übersetzungen von Wilamowitz (W.), Donner (D.), Kayser (K.), der Osiander-Schwabschen Klassikersammlung (O.-S.) und an einigen Stellen auch Schillers (Sch.) bedient. Wo nichts beigefügt ist, so durchweg bei den Fragmenten, ist die Übersetzung von mir selbst. Bei den letzteren habe ich auch überall in den Anmerkungen den ganzen griechischen Text gegeben, bei den Stellen aus den erhaltenen Stücken dagegen nur, wenn sie besonders wichtig waren oder Anlass zu sprachlicher und sachlicher Erörterung boten. In der Textkritik bin ich möglichst konservativ verfahren, da sich mir im Verlauf der Arbeit die Überzeugung aufdrängte, dass im allgemeinen viel zu viel konjiziert und auch in der Annahme von Interpolationen vielfach zu weit gegangen wird. Einige der Anmerkungen (über die Legenden vom Tod des Euripides, über den Homomensurasatz des Protagoras, über die Vorstellung eines Sündenregisters im Jenseits) sind zu Exkursen geworden. Die Register werden, wie ich hoffe, die Brauchbarkeit des Buches erhöhen. Die Bruchstücke der Philosophen sind mit Ausnahme derjenigen Heraklits, für die ich Bywaters Her. Eph. reliquiae (Oxf. 1877) zu Grunde legte und einigemal auch auf Schusters Arbeit (Act. Soc. phil. Lips. III. 1873) verwies, nach Mullach (Phil. Gr. fr. I. Paris 1860) und Diels (Doxographi Graeci. Berol. 1879) citiert, die der Historiker nach Müller (Par. 1841), die der Tragiker nach Nauck (Tr. Gr. fr.² Lips. 1889), die der Komiker meist nach Kock (Com. Att. fragm. Lips. 1880—88), einigemal noch nach Meineke (Com. Gr. fr. Berol. 1839—57), die des Epicharm nach Kaibel (Com. Gr. fr. I. Berol. 1899), einmal in Ergänzung dazu nach Lorenz (Leb. u. Schr. d. Euripides, Berl. 1864), die des Hesiod nach Rzach (Lips. 1884), die der übrigen Epiker nach Kinkel (Ep. Gr. fr. I. Lips. 1877), die der Orphiker

nach Abel (Lips.-Prag. 1885), endlich die der Lyriker nach der
Anthologia Lyrica von Bergk-Hiller-Crusius (ed. IV. Lips. 1897). —

Das Titelbild, die Neapeler Büste des Euripides, wurde mit
freundlicher Bewilligung der Verlagsanstalt von F. Bruckmann in
München nach deren Cliché reproduziert. Ihr wie meinem Verleger,
der trotz vieler anderweitiger Arbeit den Druck des Werkes übernommen hat, bin ich zu lebhaftem Danke verpflichtet. —

So mag denn das Buch trotz seiner Unvollkommenheit, die
niemand peinlicher empfinden kann als der Verfasser, hinausgehen
als ein Versuch redlichen Strebens, zur Geschichte des griechischen
Geisteslebens einen bescheidenen Beitrag zu liefern. Es wurde
neben einem vollen Schulamt und an Orten, die keine für solche
Zwecke ausreichende Bibliothek haben, mit vielen Unterbrechungen
ausgearbeitet. Das wird man ihm anmerken. Mögen die Mängel
und Irrtümer, die ihm im einzelnen anhaften werden, wenigstens
seinem Hauptzwecke keinen Eintrag thun, in einer Zeit, wo es fast
zum guten Ton gehört, alles, was einigermassen wie Rationalismus
aussieht, als seicht, platt und flach zu belächeln und abzuthun,
einen vielverkannten Mann richtig zu würdigen, der unter den
suchenden und ringenden Geistern der Menschheit eine beachtens-
werte Stelle einnimmt, und der sich — wie unser Goethe — „zu
dem Geschlecht bekannte, das aus dem Dunkeln ins Helle strebt".

Schwäbisch-Hall, im April 1901.

Dr. Wilhelm Nestle.

Inhalt.

Eine wunderbare Sage erzählt, dass am Grab des Euripides bei Arethusa in Macedonien sich zwei Bäche vereinigen, aus deren einem wegen seines trefflichen Wassers gerne der rastende Wanderer sich erquicke, während dem andern niemand sich nahe, weil sein Wasser todbringend sei [1]). Bewusst oder unbewusst versinnbildlicht diese Erzählung die Doppelnatur des Euripideischen Geistes und der von ihm geschaffenen Werke, wie sich dieselbe dem konservativ gesinnten Durchschnittsbürger des damaligen Athens darstellen musste. Die beiden vorher im wesentlichen getrennt fliessenden Ströme der griechischen Poesie und Philosophie vereinigen sich in der Dichtung des Euripides zu einem neuen einheitlichen Ganzen [2]). Am Quell seiner Poesie erfrischte sich ganz Griechenland und kein Geringerer als Aristoteles hat ihm hinsichtlich der tragischen Wirkung seiner Dramen den Preis unter den griechischen Tragikern zuerkannt [3]). Aber dem labenden Trank aus dem Quell der Euripideischen Poesie war etwas beigemischt, das vielen Zeitgenossen den Geschmack daran verdarb, und gewiss die Mehrzahl, als deren Vertreter wir Aristophanes betrachten dürfen, mochte nach Euripides Tod, wie noch später Dio Chrysostomus, denken: „O Sohn des Mnesarchides, ein Dichter warst du, aber keineswegs ein Weiser" [4]), und sich daher wohl hüten, auch ihre Lebensweisheit aus diesem Dichter zu schöpfen. Denn seine Tragödien sind durchtränkt von einer philosophischen Kritik, die vor nichts Halt macht, die alles vom König der Götter bis zum verachteten Sklaven vor ihr unerbittliches Forum zieht, vor das Forum der menschlichen Vernunft, die daher der grosse Komiker den tragischen Dichter als seine Göttin anbeten lässt [5]). Da konnte denn gar vieles, was in der göttlichen und menschlichen Überlieferung als heilig und unantastbar galt, nicht standhalten und auch an mancher guten und berechtigten Anschauung, Sitte oder Einrichtung rüttelte die neue Aufklärung mit kecker Hand. Kein Wunder, wenn die Partei der „Gutgesinnten" den drohenden Umsturz kommen sah, falls diese neue Richtung zur

Herrschaft gelangen sollte, und sie ein Gefühl überkam, wie es unser deutscher Dichter mit den Worten ausdrückt:

> Nichts Heiliges ist mehr, es lösen
> Sich alle Bande frommer Scheu.

Ist es doch, als würde auch unser griechischer Tragiker zuweilen selber stutzig an dem alle Autorität immer mehr hintansetzenden Treiben der Menschen und wie ein düsteres Prophetenwort klingt es uns aus dem Munde des Theseus im *Hippolytos* (936 ff.) entgegen:

> O, über diese Menschen! Bis wohin
> Soll ihre Frechheit steigen? Ist kein Ziel
> Des Menschenwitzes frevlem Mut gesteckt?
> Wenn von Geschlecht er zu Geschlecht sich steigert
> Und jedes es dem vorgen an Verruchtheit
> Zuvorthun will, so werden bald die Götter
> Noch eine neue Welt erschaffen müssen,
> Denn diese fasst das Mass der Frevel nicht.   (W.)

Wohl handelt es sich hier nicht um irgend eine theoretische Meinung, sondern um eine vermeintliche verbrecherische That, deren der erzürnte Vater den unglücklichen tugendstolzen Jüngling zeiht, aber, wie so oft bei Euripides, spricht auch hier nicht nur Theseus zu Hippolytos, sondern durch ihn der Dichter zu seiner Zeit. Und dieser war sich wohl bewusst, dass die neue Aufklärung, die er vertrat, ihre grossen Gefahren in sich trug. Er selbst war klar und besonnen genug, die Verkehrtheiten, in welche manche ihrer Wortführer verfielen, zu erkennen und ihnen auf ihren Irrwegen nicht zu folgen; ja er hat sich nicht gescheut, gewisse Richtungen gelegentlich mit scharfen Worten oder bitterer Satire zu geisseln. Um so mehr aber hielt er an dem fest, was er einmal als wahr erkannt hatte, und bekämpfte unermüdlich veraltete Irrtümer, wenn sie auch noch so sehr mit dem Scheine der Heiligkeit prunkten. Indessen, es kann nicht geleugnet werden, dass auch in dieser weisen Beschränkung die von Euripides in seinen Dramen vertretene Aufklärung für die von den Vätern überlieferte Religion, Sitte und Ordnung als ein todbringendes Gift erscheinen musste und es auch in der That war. Denn wenige antike Schriftsteller haben zur Zersetzung der griechischen Religion und zur Auflösung der überlieferten Sitten des Altertums so viel beigetragen wie Euripides und es dürfte kaum zu viel gesagt sein, dass „ausser Homer kein zweiter griechischer Dichter eine so tiefgreifende Wirkung auf die Nachwelt geübt hat" wie er[6]). Bei Lebzeiten wenig anerkannt, ja beinahe verkannt — das beweist die geringfügige Anzahl seiner Tragödiensiege: in einer fünfzigjährigen Thätigkeit nur 5 bei mindstens 88 Stücken oder 22 Tetralogien —, begann er erst in der Folgezeit recht zu wirken. Er gehört auch, wie man es jüngst von Cicero gesagt hat, zu „jenen im eminenten Sinne des Worts kulturellen Persönlichkeiten, deren eigentliche Biographie erst mit ihrem Todestage beginnt"[7]), und nicht leicht ist eine Behauptung von der Geschichte so lügengestraft worden, wie das kurzsichtige Urteil des Aristophanes, dass die Poesie des Äschylus ihren Schöpfer überlebt habe, dagegen diejenige des Euripides mit diesem gestorben sei[8]). Und zwar ist Euripides unsterblich geworden in erster Linie nicht sowohl durch die dichterische Form und den mythologischen Stoff, sondern durch den Gedankengehalt seiner Stücke. Unter allen griechischen Tragikern sind uns von ihm die zahlreichsten und gedankenreichsten Bruchstücke aus den verlorenen Tragödien erhalten, wie auch die Zahl der vollständig auf uns gekommenen Stücke fast das Dreifache derjenigen des Äschylus und Sophokles ausmacht. Gerade die Fragmente aber verdanken ihre Erhaltung zum grössten Teile dem Sentenzenreichtum unseres Dichters und wiederum ist es kein Zufall, dass eine grosse Menge derselben von christlichen Schriftstellern, insbesondere von Clemens von Alexandria, überliefert worden ist. Denn nach dem Vorgang des Apostels Paulus, der die Athener darauf hinwies, dass auch schon einige ihrer Dichter ähnliches gesagt haben, wie er es jetzt vortrage[9]), liessen sich die christlichen Apologeten die Werke des Euripides nicht entgehen und fanden in ihnen eine fast unerschöpfliche Rüstkammer, aus der sie ihre schärfsten Waffen zur Bekämpfung des Polytheismus holten; freilich bedienten sie sich dabei mitunter einer wunderlichen Auslegekunst[10]). Diese Fernwirkung der Euripideischen Gedankenwelt, die als Element in der Entwicklung des griechischen und folglich auch des europäischen Geisteslebens gar nicht hoch genug angeschlagen werden kann, sichert dem Dichter einen hervorragenden Platz in der Weltgeschichte des Geistes und sie wird daher auch eine zusammenhängende Darstellung derselben rechtfertigen, hat doch einer unserer hervorragendsten Altertumsforscher nicht ohne Grund seine Erwähnung in einer Geschichte der griechischen Philosophie vermisst[11]).

Denn nicht mit Euripides dem Dichter als solchem wollen sich die folgenden Blätter beschäftigen, sondern mit ihm als dem „Philosophen der Bühne", wie die Alten ihn nannten[10]), mit ihm als Denker und Kritiker, als dem Dichter der griechischen Aufklärung. Wir besitzen eine ganze Reihe trefflicher Darstellungen der griechischen Philosophie, aber noch keine Geschichte der griechischen Aufklärung. Die Aufgabe einer solchen wäre es, zu zeigen, welchen Rückschlag die Errungenschaften des philosophischen Denkens, der fortschreitenden Naturbeobachtung und Geschichtsforschung auf die traditionellen volksmässigen Anschauungen ausübten. Denn die wissenschaftlichen Erkenntnisse müssen entweder dem geltenden religiösen Glauben zur Stütze dienen oder — und dies war in Griechenland der Fall — zu einem Konflikte mit demselben führen. Sofern nun auf Grund eines schwächer oder stärker sich geltend machenden Zweifels an der Überlieferung infolge von deren Unbeweisbarkeit oder der ihr anhaftenden inneren Widersprüche Irrtümer beseitigt, dunkle Ahnungen durch klare Erkenntnis ersetzt und neue Einsichten gewonnen worden, nennen wir dies Aufklärung. Dieser geistige Vorgang, der sich bei jedem höher begabten Volke mit unaufhaltsamer Notwendigkeit vollzieht, hat auch in Griechenland schon frühe begonnen: bereits im Epos zeigen sich seine Vorboten. Weniger Spuren weist ihrem Gattungscharakter nach die Lyrik auf. Um so grössere Fortschritte aber macht er in der Naturphilosophie und Historiographie, bis er in den sogenannten Sophisten in der zweiten Hälfte des 5. Jahrhunderts einen ersten Höhepunkt erreicht[12]). Auch die Tragödie des Äschylus und Sophokles kann die zunehmende Reflexion nicht ganz verleugnen; aber die Frömmigkeit der beiden Dichter lässt sie niemals die Oberhand über einen einigermassen geläuterten Götterglauben gewinnen, der da und dort auch von mystischen Vorstellungen religiöser Sekten, wie der Orphiker, durchsetzt ist. Im grossen Ganzen stört noch nichts ihren Seelenfrieden und darum sind auch ihre Werke noch durchaus harmonisch und in sich geschlossen. Wir treffen zwar auf ergreifende sittliche Konflikte; aber nirgends erhebt sich ein Vorwurf gegen die Gottheit, die erhaben und ehrwürdig über dem Menschenleben thront und durch ihr Walten alles zum besten führt, wenn auch nicht ohne Leid und Schmerz für die sterblichen Menschen. Es fehlt aller Streit und alle Streitsucht, wie Aristophanes von dem eben dahingeschiedenen Sophokles sagt: „fried-

selig ist er hier, friedselig dort" [13]). — Ganz anders steht es bei
Euripides. Er ist eine wissensdurstige und kampflustige Natur.
Er kann sich nicht bei der Überlieferung als etwas Gegebenem
beruhigen; sein Forschungseifer treibt ihn, nach den Ursachen
der Dinge zu fragen, die bestehenden Einrichtungen und Zustände
im religiösen, politischen und sozialen Leben auf ihre Berechtigung
zu prüfen. Und als echter Dichter und Dramatiker blickt er auch
hinab in die Tiefen des menschlichen Seelenlebens: der Mensch
selbst mit seinem Woher und Wohin, mit seiner Freude und seinem
Leid, mit seinem Ringen nach Glück und seinem ewigen Unbefrie-
digtsein wird ihm zum Problem. Zuweilen freilich steigen ihm
Zweifel auf, ob es denn dem menschlichen Denken überhaupt
möglich sei, die Rätsel der Gottheit, der Welt und der Menschheit zu lösen. Aber der Versuch zum mindesten muss gemacht
werden und so bedient sich der Dichterphilosoph aller wissenschaftlichen Mittel, die Vorzeit und Mitwelt ihm bieten, um zu
einer wahren Auffassung der Dinge durchzudringen. Vom öffentlichen Leben ganz zurückgezogen lebt er in der Welt seiner
Bücher [14]): Rolle um Rolle durchforscht er begierigen Sinnes, was
die Weisen vor ihm gedacht und geschrieben, und im eigenen
Geiste als freier Mann sich ein Urteil bildend legt er die Frucht
seines Nachdenkens in seinen Dichtungen nieder, die er in der
stillen Grotte am Strand von Salamis abfasst [15]), hinüberschauend
über die blaue Bucht zur Burg von Athen, wo sie laut widerhallen sollen im Theater des Dionysos. Gerade weil Euripides
Eklektiker ist, nicht ein starrer doktrinärer Systematiker, „kein
ausgeklügelt Buch", sondern „ein Mensch mit seinem Widerspruch" [16]), ist er für uns so viel wert. Denn in ihm sammeln
sich wie in einem Brennpunkt alle Strahlen griechischen Geistes,
die in einem halben Jahrtausend von Homer bis auf Sokrates,
von Ionien bis nach Grossgriechenland aufleuchteten. Was er
aber in seiner Beschäftigung mit der Wissenschaft als wahr erkannt hatte, das wollte und konnte er nicht in sich verschliessen,
wohnt doch jeder Überzeugung, die diesen Namen verdient, etwas
von jenem Trieb inne: „wir können es ja nicht lassen, zu reden
von dem, was wir gesehen und gehört haben" [17]). Und Euripides
liebte trotz des offenen Blickes, den er auch für fremdes Gute
hatte, sein Vaterland zu sehr, um es nicht, wie ein gewissenhafter
Arzt, auf die Übel hinzuweisen, an denen es krankte, und ihm
nicht zu deren Heilung die besten Mittel zu geben, die er hatte

Dadurch wurde er zum Kritiker der bestehenden Zustände. Aber hiemit ist noch zu wenig gesagt: wenn Propheten Männer sind, die eben deswegen, weil sie tiefer schauen als die gewöhnlichen Menschen und sich nicht blenden lassen durch augenblickliche glänzende Erfolge oder auch durch den Heiligenschein altehrwürdiger Meinungen und Gebräuche, ein Wort an ihre Zeit zu richten haben, die auftreten an der Grenzscheide zweier Zeitalter, wo Altes, Veraltetes dem Grab entgegenwankt und neues Leben sich regt, die dieses Neue erkennen, soweit es berechtigt ist, vertreten und damit eine neue Zeit heraufführen — wenn solche Männer Propheten sind, dann gebührt auch dem Euripides dieser Name. Es liegt somit im Begriffe des Propheten, dass er sich nicht in seine stille Klause verschliessen kann, sondern hinaustreten muss auf den Markt und auf die Rednerbühne, damit sein Volk ihn höre. Und diese Rednerbühne, diese Kanzel für seine Predigt, hat Euripides gefunden im Theater des Dionysos, am Südabhang der Akropolis von Athen. Hier hat er im Namen, an den Festen und im Heiligtum eines griechischen Gottes mit staunenswertem Freimut die griechischen Götter zum Tode verurteilt und eine neue Weltanschauung verkündigt, unbeirrt durch Verkennung, Spott und Hohn, die ihn selbst noch bis ins Grab verfolgten.

Allerdings musste er so in seiner dichterischen Thätigkeit selbst notwendig in einen Zwiespalt geraten: es war ein Unding, die Mythen, deren religiöser Gehalt für Euripides dahin war, dennoch als Gegenstand der Dichtung beizubehalten. Das ihrer Behandlung eingeflösste Gift des Zweifels musste unfehlbar tödlich auf sie wirken. Trotzdem hat Euripides niemals auch nur den Versuch gemacht, die Mythen entweder durch geschichtliche Stoffe zu ersetzen, wie es unter seinen Vorgängern Phrynichus mit der *Eroberung Milets* und Äschylus mit den *Persern* vereinzelt gethan hatten, oder ein Drama frei zu erfinden, wie es sein jüngerer Zeitgenosse Agathon in seiner *Blume* gemacht haben muss[18]). Bei der völlig veränderten Stellung, die Euripides seinen Stoffen gegenüber einnahm, musste die Tragödie unter seinen Händen etwas ganz anderes werden, als sie bei seinen Vorgängern gewesen war. Dem Sophokles wird das Wort in den Mund gelegt, „er schildere die Menschen, wie sie sein sollen, Euripides wie sie seien"[19]), also, um moderne Schlagwörter zu gebrauchen, die Darstellungsweise des Sophokles sei eine idealistische, die des Euripides eine realistische; besser gesagt: bei Äschylus und Sophokles schreiten Heroen über die Bühne, bei Euripides Alltagsmenschen. Es ist ein ähnlicher Gegensatz, wie in der neueren Litteratur zwischen dem historischen und dem bürgerlichen Trauerspiel, zwischen *Wallenstein* und *Luise Millerin*. Man hat deswegen mit Recht gesagt, Euripides habe „den Zuschauer auf die Bühne gebracht" und in seinen Werken „kämpfe die attische Tragödie ihren Todeskampf", ja sie „sterbe darin durch Selbstmord", um einer neuen Kunstgattung Platz zu machen, nämlich der neueren attischen Komödie[20]). Aber nicht nur den Zuschauer hat Euripides auf die Bühne gebracht, sondern vor allem auch sich selbst. Wäre dies nicht der Fall, so wäre es ein mehr als kühnes Unterfangen, nicht nur aus den erhaltenen Stücken sondern auch aus den Fragmenten, deren Zusammenhang fast immer unbekannt ist, die eigenen Ansichten des Dichters herauslesen zu wollen. Denn die erste Forderung, welcher der dramatische Dichter noch mehr als der Epiker genügen soll, ist die Objektivität, die bei ihm geradezu zur Ekstasis werden muss: d. h. er muss die Fähigkeit haben, vermöge der dichterischen Phantasie sich aus sich selbst und seinen persönlichen Eigenheiten und Verhältnissen heraus- und in Wesen und Lage eines ihm völlig fremden Menschen hineinzuversetzen und diesen so reden und handeln zu lassen, wie dessen Lage und Charakter es als notwendig mit sich bringt. Dichterische Objektivität ist es also z. B., wenn der Kantianer Schiller einen Fatalisten wie Wallenstein darstellt oder eine Schicksalstragödie wie *die Braut von Messina* schreibt. Und wir dürfen uns nur diese Beispiele vorbehalten, um zu erkennen, wie grosser Vorsicht es bedarf, ehe man das Wort einer dramatischen Person als Ausdruck der eigenen Meinung des Dichters in Anspruch nimmt. Glucklicherweise befinden wir uns bei Euripides in einer viel günstigeren Lage. Wenn es schon keine Schwierigkeit macht, aus den Worten eines Karl Moor, Marquis Posa, Tasso, Faust u. a. die eigenen Gedanken der Dichter, die sie geschaffen, herauszufinden, so ist dies bei einem antiken Dramatiker und vollends bei Euripides noch leichter, da er — vielfach zum Schaden der Harmonie seiner Dichtungen — den auftretenden Personen seine eigenen Ansichten oftmals ganz unvermittelt in den Mund legt. Im Altertum haben die Dichter von jeher ihren Stolz darein gesetzt, die Lehrer ihres Volkes zu sein[21]) und darum treten sie auch mit ihrer Persönlichkeit mehr hervor. „Im antiken Drama gilt die völlige Ablösung

des dramatischen Bildes von dem Bildner, dem Dichter des Dramas,
nur in eingeschränktem Sinne. Viel einschneidender als die
Grössten unter den Neueren übt der antike Dramatiker sein
Richteramt: der Verlauf seines Gedichtes zeigt deutlich an,
welche Thaten und Charaktere ihm als verwerflich gelten, aber
auch welche Meinungsäusserungen er billigt, welche nicht . . .
So darf man solche Aussprüche der Bühnenpersonen, die ohne
thatsächliche oder ausgesprochene Korrektur bleiben, als solche
ansehen, die dem Dichter selbst nicht als verwerflich gelten.
Euripides vollends lässt seine Personen so häufig Meinungen und
Lehren vortragen, die nur seine eigenen Ansichten und Stimmungen
ausdrücken können, dass man auch da, wo ihre Äusserungen mit
den Annahmen des überlieferten Glaubens übereinkommen, zumeist
annehmen darf, dass im Augenblick solche Glaubensäusserungen
die Ansicht des subjektivsten der Tragiker wiedergeben" [22]).
Diesen Subjektivismus des Euripides haben schon die Alten erkannt: so weist Dionysius von Halikarnass darauf hin, dass aus
der *weisen Melanippe* niemand als der Dichter selbst rede [23]),
und Lucian sagt in Anknüpfung an dasselbe Stück, dass Euripides
ohne dramatische Notwendigkeit seine eigenen Meinungen äussere [24]);
endlich spricht sich auch Q. Cicero dahin aus, dass er die einzelnen Verse des Euripides für einzelne „Zeugnisse" desselben
halte [25]). Wohl ist dabei noch zu beachten, dass Euripides als
echter Sohn seiner Zeit die sophistische Kunst der Rede und
Gegenrede aufs höchste ausgebildet und meisterhaft gehandhabt
hat; aber nichtsdestoweniger lässt der Dichter immer deutlich erkennen, welche der streitenden Parteien seine Sympathie hat: bei
dem fast noch rekonstruierbaren Dialog des Amphion und Zethos
in der *Antiope* z. B. kann man unmöglich im Zweifel sein, welcher
von beiden des Dichters Auffassung vertritt, sowenig als bei der
grossen Scene zwischen König Philipp und Marquis Posa im *Don
Carlos* [26]).

Nach alledem muss die Aufgabe, eine zusammenhängende
Darstellung der Weltanschauung des Euripides auf Grund des
vorliegenden reichen Materials zu geben und zugleich deren Haupt-
bestandteile auf ihre Quellen zurückzuführen, als lösbar erscheinen [27]),
freilich das letztere in wesentlich beschränkterem Sinne: denn
die allzu lückenhafte Überlieferung der vorsokratischen Philosophie
und der sophistischen Litteratur ermöglicht kaum mehr als die
Feststellung verwandter Gedankensphären und nur in seltenen

Fällen den strikten Beweis der Benützung eines bestimmten philosophischen Werkes durch den Dichter. Die ungeheure Wirkung zu schildern, welche Euripides auf die Nachwelt ausgeübt hat, wäre ebenfalls ein dankbarer Vorwurf[28]); allein dies fällt über den Rahmen dieser Blätter hinaus und würde eine besondere Untersuchung erfordern.

Erstes Kapitel.

Die Persönlichkeit des Euripides.

Jeder Mensch, auch der grösste Geist, ist bis auf einen gewissen Grad durch die Zeit- und Lebensverhältnisse bedingt, in denen er aufwächst, und es ist daher zum Verständnis einer bedeutenden Persönlichkeit unumgänglich notwendig, sich deren zeitliche und örtliche Umgebung soviel wie möglich klar zu machen: nicht als ob grosse Männer einfach das Produkt der Verhältnisse wären, eine Ansicht, die ebenso einseitig ist wie die ihr entgegengesetzte Anschauung, welche ganze Zeitströmungen auf eine einzige mächtige Persönlichkeit zurückführen zu können glaubt. Vielmehr besteht eine Wechselwirkung: jeder grosse Mann ist ein Sohn seiner Zeit und trägt ihr Gepräge an sich, mag er sie auch noch so sehr überragen und ihr seinerseits den Stempel des eigenen Geistes aufdrücken.

Über die äusseren Lebensverhältnisse des Euripides haben wir leider nur dürftige Notizen, so dass von einer Biographie desselben im modernen Sinne nicht die Rede sein kann. Nach einer anmutigen litterarischen Legende wäre der ruhmvollste Tag der griechischen Geschichte, der Tag des Sieges von Salamis (20. Boëdromion 480), auch für die griechische Litteraturgeschichte epochemachend, indem er auf der genannten Insel, um die damals der grosse Entscheidungskampf zwischen Asien und Europa, zwischen Orient und Occident wogte, drei Rivalen einer friedlichen Thätigkeit zusammenführte, nämlich die drei grossen griechischen Tragiker: der kühne, in voller Manneskraft stehende Äschylus, so heisst es, half den Sieg erkämpfen, der sechzehnjährige, blühend schöne Sophokles führte den Siegesreigen der Epheben an und

Euripides wurde am selben Tag von seiner nach Salamis ge-
flüchteten Mutter geboren[1]). Jedenfalls giebt diese Erzählung das
Altersverhältnis der drei Dichter annähernd richtig an und, wenn
die hierin auf Philochorus[2]) zurückgehende Lebensbeschreibung
des Euripides uns sagt, dass er im Jahr 406 „über 70 Jahre alt
gestorben sei, so steht dies wenigstens in keinem Widerspruch
mit ihr und auch die freilich wohl aus derselben Quelle stammende
und also auf die gleiche Berechnung zurückgehende Nachricht,
dass er 455 im 26. Lebensjahr zum erstenmal als Dramatiker
aufgetreten sei, stimmt damit überein[3]). Die engere Heimat des
Dichters war der östlich von dem Hymettosgebirge gelegene
Demos Phlya, der zur Phyle Kekropis gehörte. Der Vater des
Euripides hiess Mnesarchides und seine Mutter Klito. Die Angaben, dass jener Kleinkaufmann, diese Gemüsehändlerin gewesen
sei, sind Erfindungen der Komödie, deren Entstehungsgrund wir
heute nicht mehr ermitteln können, die aber schon Philochorus
auf das Bestimmteste als unwahr bezeichnet. Dieser bezeugt
überdies, dass der Dichter den „sehr vornehmen“ Kreisen angehört habe[4]). Darunter werden wir den „alteingesessenen guten
Bürgerstand zu verstehen haben und zwar den vom Landbau,
nicht von der Industrie lebenden. Diese Kreise traten an Wohlstand zurück, als Athen Industriestadt wurde, obwohl sie immer
für etwas vornehmer galten“[5]). Als eine Folge dieser seiner
eigenen Abkunft dürfen wir es auch betrachten, dass Euripides
sein ganzes Leben lang eine Vorliebe für den Bauernstand behalten hat, in dem er das am meisten staatserhaltende Element
der Bevölkerung erblickt und zwar gerade deswegen, weil er
auch hinsichtlich des Vermögens eine Mittelstellung zwischen Arm
und Reich einnimmt[6]). Jedenfalls können die Vermögensverhält-
nisse der Eltern des Dichters und später seine eigenen keine
ungünstigen gewesen sein: sonst hätte er nicht eine so vorzüg-
liche wissenschaftliche Ausbildung, wie es der Fall gewesen sein
muss, erhalten, hätte sich nicht eine Bibliothek anschaffen können,
die zu den grössten seiner Zeit gehörte[7]), und wäre wohl auch
nicht in einen Prozess wegen Antidosis verwickelt worden[8]):
denn zu dem allem gehörte Geld. Dass Euripides selbst sich
solches durch einen geschäftsmässigen Beruf erworben hätte, hören
wir nirgends; vielmehr gehörte er offenbar zu der „sehr zahlreichen
Klasse von Rentnern, deren Lebensideal die Muse war, die, soweit sie nicht im öffentlichen Leben thätig waren — und das

war Euripides nie — ohne Berufsleistung von der Arbeit anderer lebten"[9]. Wahrscheinlich besassen seine Eltern ein Gut auf Salamis, das später in den Besitz des Sohnes überging und auf dem er mit Vorliebe weilte. Aus der Jugend des Dichters hören wir, dass er als Knabe Fackelträger bei einem Fest des Apollo Zosterios gewesen sei. Zoster hiess das heutige Kap Vari, eine Landspize zwischen Kap Sunion und Kolias, in welche der Hymettos ausläuft. Hier hatten Apollo, Artemis und Leto Altäre. Wenn Theophrast berichtet, Euripides habe in seiner Knabenzeit als Mundschenk der Tänzer bei einem Fest des Delischen Apollo „in Athen" fungiert und es werde dies durch eine Inschrift im Daphnephoreion von Phlya bezeugt, so liegt es nahe, auch diese Nachricht auf den Kult des Apollo Zosterios zu beziehen. Es versteht sich, dass die Knaben, welche derartige Kulthandlungen zu verrichten hatten, nur aus angesehenen Familien genommen wurden[10]. Was uns sonst über die Jugend des Euripides über-liefert wird, ist durchaus unzuverlässig: so ist die Geschichte, dass sein Vater, veranlasst durch einen Orakelspruch, der ver-kündigte, sein Sohn werde durch heilige Siegeskränze Ruhm er-werben, ihn zum Athleten habe ausbilden wollen, eine Wandersage und dazu in der auf Euripides angewandten Form nicht vor dem 2. Jahrhundert v. Chr. erfunden[11]. Auch die Nachricht, dass er sich in der Malerei versucht habe und in Megara ein Bild von ihm zu sehen gewesen sei, begegnet bei dem Schweigen des Pausanias und aus andern Gründen berechtigten Zweifeln. Sinn für bildende Kunst lässt sich indessen bei dem Dichter nicht ver-kennen: abgesehen von zahlreichen malerischen Landschaftsschilde-rungen giebt er zuweilen ausführliche Beschreibungen von Bild-werken (*Ion* 184 ff.) und bezieht sich in Vergleichen und sonst gerne auf solche (*Ion* 271; *Hipp* 1005: *Troad* 687; *Hek.* 560 f.; *Hypsip. fr.* 764)[12]. Ob Euripides als junger Mann seiner Wehr-pflicht genügt hat, ist uns nicht überliefert. Wenn er es gethan hat, was an sich wahrscheinlich ist, so stand er jedenfalls nicht mehr gegen Barbaren, sondern gegen Boeotier, Ägineten und Peloponnesier im Felde. Das ist wohl zu beachten: das Geschlecht der Marathonskämpfer ist dahin. Die junge Generation kennt den grossen Nationalkrieg nur noch vom Hörensagen, nicht mehr aus eigenem Miterleben und eigener Erinnerung. Dafür erlebte sie am eigenen Leibe die unseligen Folgen der inneren Zerwürfnisse Griechenlands und der fortwährenden Stammesfehden, aus denen

schliesslich das „rohe" Sparta als Siegerin hervorging[13]). Kein
Wunder, wenn diese unaufhörlichen Kriege, vollends der peloponn-
nesische, eine tiefe Abneigung gegen den Krieg überhaupt und
eine entsprechende Sehnsucht nach endlichem Frieden hervorriefen,
verbunden mit einem bitteren Hass gegen das durch die rauhe
Kriegesmacht siegreiche Lakedämon und zugleich mit der Neigung,
die Stammes- und Nationalitätsgrenzen aufzuheben und den Unterschied zwischen Griechen und Barbaren nicht mehr in der Geburt,
sondern in der Bildung zu suchen, alle wahrhaft Gebildeten aber
in kosmopolitischem Sinn als zusammengehörig zu betrachten.
Am wichtigsten wäre es für uns, Genaueres über die geistige
Ausbildung des Euripides zu erfahren; allein die Überlieferung
speist uns mit ein paar Namen ab: Anaxagoras, Protagoras, Prodikos und Sokrates sollen die Männer gewesen sein, die ihn geistig
am meisten beeinflussten; ausserdem wird noch Archelaos genannt,
den wir als Lehrer des Sokrates kennen. Indessen die mancherlei
Anekdoten, wie diejenige, dass Protagoras eine seiner Schriften
im Hause des Euripides vorgelesen[13a]), dass Sokrates nur das
Theater besucht habe, wenn ein Stück des Euripides gegeben
worden sei und dass er bei manchen Stellen seiner Dramen lauten
Beifall gezollt, bei andern sein Missfallen zu erkennen gegeben
habe[14]), führen uns nicht weiter und sind z. T. geradezu als erfunden nachweisbar, wie z. B. die angebliche Anspielung auf die
Hinrichtung des Sokrates in dem 16 Jahre vor dessen Tod aufgeführten *Palamedes*[15]). Im allgemeinen sind wir hinsichtlich
der geistigen Beeinflussung des Dichters heute auf dieselben
Quellen angewiesen wie vor 2000 Jahren die hellenistischen
Grammatiker und Litteraturforscher: nämlich auf die Werke des
Dichters selbst und deren Vergleichung mit den freilich kümmer-
lichen Resten der vorhergehenden und gleichzeitigen philosophischen und überhaupt gelehrten Litteratur. Dass Euripides nach
der Sitte der damaligen Zeit eine gründliche rhetorische Schulung
durchgemacht hat, beweist jede Seite seiner Werke. Sieht man
sich unter den verschiedenen Sophisten um, so führt sowohl das
Zeitverhältnis als die speziell rhetorische Technik auf Thrasymachos von Chalcedon, obwohl auch dieser ungefähr gleichzeitig
mit Euripides lebte und also nicht im eigentlichen Sinne sein
Lehrer gewesen sein kann[16]). Auch der Einfluss der eristischen
Kunst des Protagoras und seines erkenntnistheoretischen Subjektivismus ist unverkennbar, während wir Berührungen des

Dichters mit Prodikos nur vereinzelt wahrscheinlich machen können. Dagegen hat man neuerdings mit einleuchtenden Gründen auf Beziehungen des Euripides zu den Sophisten Hippias und Antiphon hingewiesen [17]). Die griechischen Philosophen kannte Euripides jedenfalls sämtlich aus ihren Werken und es giebt ausser Parmenides keinen bedeutenderen darunter, an den sich nicht da und dort Anklänge in seinen Werken fänden. Ganz besonders stark muss Heraklit ihn angezogen haben, aber auch der Monotheismus ✓ des Xenophanes hat ihm einen 'tiefen Eindruck gemacht; mit Anaxagoras kam er wohl während dessen Aufenthalt in Athen zur Zeit der Regierung des Perikles in persönliche Berührung [18]). Merkwürdig ist, dass sich von einem Einfluss des Sokrates auf den Tragiker keine Spur findet: vielmehr steht die Weltanschauung beider Männer in einem unversöhnlichen Gegensatz, insofern Euripides in der Ethik ausgesprochener Determinist und Pessimist, Sokrates Indeterminist und Optimist ist [19]). Dagegen lehnt er sich in mancher Hinsicht an die durch Diogenes von Apollonia erneuerte Spekulation des Anaximenes an [20]). Bezeichnend ist es für ihn, dass er nirgends ein philosophisches System vollständig annimmt, sondern immer nur das ihm besonders Einleuchtende daraus entlehnt, und zwar lässt er dabei oft, ja meistens, gerade die Zentralpunkte der betreffenden Philosopheme beiseite. Bei ✓ diesem eklektischen Verfahren kann seine Weltanschauung selbstverständlich keinen Anspruch auf Originalität erheben [21]); aber andererseits ist eben wieder das das Reizvolle an ihm, dass er alles prüft und das Gute behält und, ohne auf eines Meisters Worte zu schwören, sich stets die eigene Gedankenfreiheit wahrt. So kommt es denn, dass er, der Rationalist, selbst an den mystischen Sekten der Orphiker und Pythagoreer nicht mit vornehmer Verachtung vorübergeht (wie etwa der Idealist Plato an der materialistischen Schule des Demokrit), sondern auch in ihre Gedankenwelt sich einzuleben versucht und ihr sogar eine gewisse Berechtigung zugesteht, freilich ohne damit ihre phantastischen Auswüchse gutzuheissen [22]). Mit geschichtlichen und naturwissenschaftlichen Studien scheint sich Euripides nicht viel abgegeben v zu haben; doch zeigen einige Stellen, dass er auch mit Theorien, wie sie uns z. B. in der dem Hippokrates zugeschriebenen Schrift περὶ ἀέρων ὑδάτων τόπων entgegentreten, bekannt war und ebenso mit der Physik der ionischen Philosophen. Den Herodot hat er wahrscheinlich gelesen: freilich ist es nur Eine Stelle, die an eine Er-

zählung desselben auffallend erinnert[23]). Dass er die griechischen
Dichter gekannt hat, ist selbstverständlich. Von denen, die nicht
sowohl in mythographischer Hinsicht als durch ihren Gedankeninhalt auf ihn eingewirkt haben, nenne ich an erster Stelle den
√ sizilischen Komiker Epicharmos, ferner Stesichoros, Pindar, Theognis und die beiden Simonides von Keos und Amorgos. Jedenfalls
gehört Euripides zu den Männern, die nicht nur in der Jugend,
sondern ihr ganzes Leben hindurch weitergelernt haben; auch er
konnte von sich sagen: ἀεὶ διδασκόμενος γηράσκω (*Solon* fr. 17).
Freilich forschte er weiter, nicht um wie eine Wetterfahne immer
eine Richtung mit der andern zu vertauschen, sondern um die
einmal gewonnene Weltanschauung auszubauen und zu vertiefen.
Es ist nämlich eigentümlich, dass wir von einer sichtbar fortschreitenden geistigen Entwicklung des Dichters nicht reden können,
und es liegt dies schwerlich bloss an unserer Überlieferung. Wenn
freilich *fr.* 606 der *Peliaden*[24]), seines 455 aufgeführten ersten
Stückes, allein stünde und sich nicht in viel späteren Dramen
Analogien dazu fänden, so könnte man auf den Gedanken kommen,
Euripides sei damals als 25jähriger junger Mann noch „gläubig"
gewesen und erst später in die aufgeklärte Richtung hineingekommen. So aber kann dieser Stelle kein Gewicht beigelegt
werden, und der Dichter tritt vollends in seinem frühesten uns
ganz erhaltenen Stücke, der *Alcestis* (438), uns schon als fertiger
Mann im Besitz einer festen eigenen Überzeugung entgegen[25]).
Diese, welche kurzgesagt als wissenschaftliche Weltanschauung
zu der überlieferten religiösen in einen Gegensatz treten musste,
hat er auch niemals mehr geändert. Und sein letztes Drama, die
Bacchen, das man lange Zeit als einen Beweis für die Bekehrung
des 74jährigen Dichtergreises zum alten Glauben ins Feld führen
wollte, zeigt bei genauerer Untersuchung denselben Rationalismus
wie die übrigen Stücke des Euripides und ist wohl ein Beweis
für die besonnenen ethischen Anschauungen des Dichters und für
seine unversiegte poetische Kraft, die wir auch noch in der *Aulischen Iphigenie* bewundern, aber keineswegs für einen reaktionären Umschwung in seiner Weltanschauung[26]). Euripides hat
eine lange Dichterlaufbahn zurückgelegt: ein volles halbes Jahrhundert (455—406) hat er im Dienst der tragischen Muse gearbeitet; 88 Stücke in 22 Tetralogien hat er aufgeführt, aber
dabei nur 5mal (und das 5. Mal erst nach seinem Tod mit einer
hinterlassenen Tetralogie) den Siegespreis erhalten, das 1. Mal 442;

mit welchen Stücken, wissen wir nicht[27]). Sicher überliefert ist
das Aufführungsjahr von folgenden Stücken: 455 *Peliaden*; 438
Kreterinnen, Alkmeon in Psophis, Telephos, Alcestis; 431 *Medea,
Philoktetes, Diktys, Theristai;* 428 *Hippolytos stephanephoros;*
415 *Alexander, Palamedes, Troades, Sisyphos;* 412 *Andromeda,
Helena;* 408 *Orestes;* 405 (nach dem Tode des Dichters) *Iphigenie
in Aulis, Alkmeon in Korinth, Bacchen.* Vollständig erhalten
sind uns 18 Stücke, darunter das einzige vorhandene Satyrdrama,
der *Kyklops*, ausserdem über 1100 Bruchstücke, von denen fast
950 bestimmten Dramen zugewiesen werden können[28]). Dieses
trotz seiner Lückenhaftigkeit ansehnliche Material setzt uns in
den Stand, zwar weniger die verlorenen Stücke zu rekonstruieren,
aber doch die Weltanschauung des Dichters, die er in seinen
Dramen niedergelegt hat, deutlich zu erkennen. Soviel ist klar,
dass es dem Euripides nur sehr langsam gelang, Anerkennung zu
finden. Eines seiner Stücke, die *Andromache*, wurde gar nicht
in Athen, sondern auswärts, vielleicht in Argos, aufgeführt[29]).
Sein Vater soll seinen ersten Tragödiensieg nicht mehr erlebt
haben. Von den Familienverhältnissen des Euripides wissen wir
nur sehr wenig: nämlich, dass er verheiratet war und von seiner
Gattin Melito drei Söhne hatte: Mnesarchides, Mnesilochos und
Euripides. Der erste trug den Namen des väterlichen, der zweite
den des mütterlichen Grossvaters. Der älteste Sohn wurde Kaufmann, der mittlere Schauspieler und von dem jüngsten hören wir,
dass er die drei hinterlassenen Dramen seines Vaters nach dessen
Tod aufführte. Ob einer Anspielung des Aristophanes auf unglückliche eheliche Verhältnisse des Dichters Glauben zu schenken
sei, ist sehr fraglich[30]). Politisch thätig ist Euripides nie gewesen,
aber er verfolgte die Geschicke seiner Vaterstadt mit patriotischer
Teilnahme und so spielt er auch in einigen seiner Stücke auf
Zeitereignisse an und weist mit seinem Rat nach dieser oder
jener Richtung. Gegen das Ende des archidamischen Kriegs verfasste er geradezu politische Tendenzstücke, von denen uns in
den *Hiketiden* eine Probe erhalten ist: hier rät der Dichter zum
Frieden mit Sparta, aber Anschluss an Argos und wünscht Athen
einen jungen edlen Feldherrn wie Theseus. Es liegt nahe, hierin
eine Hindeutung auf Alkibiades zu sehen, der sich damals um die
Strategie bewarb und dessen auswärtige Politik dahin zielte,
Sparta durch ein Bündnis mit Argos lahmzulegen, was ihm auch
bald nach dem Frieden des Nikias gelang. Freilich war dies zu-

gleich das Signal zum Wiederausbruch des Krieges und diser lag keineswegs im Sinne unseres Dichters, der Eirene als die schönste Göttin feierte[31]. Mit Alkibiades stand Euripides vielleicht auch in persönlicher Beziehung: zu dem mit seinen Viergespannen an der Feier der 90. Olympiade, woran Sparta nicht teilnehmen durfte errungenen Sieg soll er ihm das Siegeslied gedichtet haben[32]) Bald darauf führte die sizilische Expedition Athen seinem Verhängnis entgegen. Es ist ein merkwürdiges Zusammentreffen, dass in demselben Jahr, da die grösste athenische Flotte den Piräus verliess, um nicht mehr zurückzukehren, Euripides seine troische Tetralogie aufführte, die damit schliesst, dass die siegreichen Griechen vom troischen Strand dem von Athene und Poseidon über sie beschlossenen Verderben entgegenfuhren. Und nach der Katastrophe wurde dem Euripides der Auftrag, das Epigramm für das Kenotaph zu machen, das den Tausenden, die auf Sizilien für das Vaterland gestorben waren, auf dem Staatsfriedhof errichtet wurde[32a]). Das Unglück seiner Vaterstadt, vielleicht auch die Empfindung, dass er von seinen Mitbürgern verkannt, ja zum Teil geradezu angefeindet werde, während das Ausland, z. B. Magnesia, ihn ehrenvoll auszeichnete[33]), wirkte verbitternd auf den alternden Dichter und der Greis entschloss sich, die Heimat, in der er über 70 Jahre gelebt hatte, zu verlassen und einer Einladung zu folgen, die von einem Fürsten im fernen Norden an ihn erging: er siedelte nach Pella, an den Hof des Königs Archelaos von Macedonien, über. Es war die Zeit, da die nördlichen Landschaften Griechenlands allmählich Anschluss an die hellenische Kultur suchten. Im thessalischen Larisa nahm der Sophist Gorgias seinen dauernden Aufenthalt und fand zahlreiche Schüler[34]); Thrasymachos hielt eine Rede zu Gunsten derselben Stadt gegenüber macedonischen Annektierungsgelüsten[35]), und als Sokrates in Athen angeklagt wurde, bot man ihm in Thessalien ein Asyl an[35a]). In Macedonien suchte Archelaos zunächst an seinem Hof und dadurch mittelbar auch in seinem Volk der griechischen Bildung Eingang zu verschaffen. Wie immer die in Altertum und Neuzeit vielumstrittene Frage, ob die Macedonier Barbaren oder Hellenen seien, beantwortet werden mag[36]), jedenfalls galt das sich von Herakles ableitende Königshaus immer für griechisch und sicherlich begann in den letzten Jahrzehnten des fünften Jahrhunderts in Macedonien jener Hellenisierungsprozess, der allein eine Politik wie die Philipps und Alexanders ermöglichte. Schon Perdikkas II. (436—413), der sich politisch vom athenischen Einfluss möglichst loszumachen suchte und während des peloponnesischen Kriegs eine wechselnde, aber in der Hauptsache spartanerfreundliche Politik befolgte, hatte Dichter und Gelehrte an seinen Hof gezogen: so den Dithyramben-komponisten Melanippides und den Begründer der medizinischen Wissenschaft, Hippokrates von Kos. [17]) Archelaos, ein aus einer illegitimen Verbindung entsprossener Sohn des Perdikkas, den dieser zum Vormund des minderjährigen Thronerben eingesetzt hatte, fühlte sich selbst zum Königtum berufen und bemächtigte sich desselben unter rücksichtsloser Beseitigung der näherstehenden Prätendenten. Als König (413—399) muss er äusserst thätig ge-wesen sein: er habe, so erzählt Thukydides (II. 100), für Mace-donien mehr gethan als alle seine Vorgänger zusammen. Er legte Strassen und feste Plätze an und reorganisierte vor allem auch das Heer, indem er neben dem bisher bestehenden ritter-lichen Adel ein Hoplitenheer schuf. Das Material dafür fand er in dem nichtadligen Bauernstand, dessen Angehörige in der Lage waren, für ihre Bewaffnung und Ausrüstung zu sorgen: indem er diese Pezetairoi neben die ritterlichen Hetairoi stellte, schuf er ein Gegengewicht gegen den Adel und, da die Acclamation der neuen Könige, d. h. eigentlich die Königswahl, in der Folgezeit von der Heeresversammlung ausging, so stellte er damit die Monarchie auf eine demokratische Grundlage. In den Jahren 411 bis 410 bekriegte er im Bunde mit Athen Pydna und eroberte es schliesslich. Er war es auch höchstwahrscheinlich, der die Resi-denz von Ägae nach Pella verlegte, so dass ersteres künftighin in Macedonien nur noch eine Stellung einnahm etwa wie heute in Russland Moskau neben St. Petersburg. Der neuen Residenz-stadt suchte er möglichsten Glanz zu verleihen: der berühmteste Maler seiner Zeit, Zeuxis aus Heraklea, wurde berufen, um den königlichen Palast auszumalen, was einen Aufwand von 400 Minen (= 32 000 ℳ) verursachte. Der König, der mit einem Viergespann zu Olympia und Delphi gesiegt hatte, suchte eine ähnliche Ein-richtung, wie es die griechischen Nationalspiele waren, auch in seinem eigenen Lande zu treffen: in Dion, am Fusse des Olympos, im „seligen Pierien", dem Lieblingssitze der Musen, wo auch Orpheus begraben lag, stiftete er die Olympien, ein Fest, das jeden Herbst neun Tage lang dem Zeus mit dramatischen und gymnischen Wettkämpfen gefeiert wurde. So suchte denn der Fürst auch geistig bedeutende Männer in seine Umgebung zu ziehen: wir finden an seinem Hof den Epiker Choirilos von Samos, den Reformator der Musik Timotheos von Milet, den Athener Agathon, der in der Tragödie ganz neue Bahnen einschlug, und es ist nicht unmöglich, dass auch der Geschichtsschreiber Thukydides dort verkehrte. Dagegen soll Sokrates einen angeblich von dem König an ihn ergangenen Ruf zurückgewiesen haben. Archelaos selbst scheint trotz seiner Neigung für die musischen Künste nicht frei von Aberglauben und sinnlicher Leidenschaft gewesen zu sein, weshalb Sokrates auf seinen Bildungsdrang nicht viel hielt. Selbstverständlich kamen diese seine Kulturbestrebungen zunächst nur dem Hof und den vornehmen Kreisen zu gut und die griechischen Dichtungen, welche an den Olympien zur Aufführung kamen, werden anfangs der Mehrzahl der gemeinen Macedonier nicht einmal sprachlich verständlich gewesen sein; aber es war damit doch ein Anfang gemacht, der weiterhin unwillkürlich die Hebung des allgemeinen Bildungsniveaus zur Folge hatte: „und wenn wir ein Menschenalter später Männer wie Antipater und Philipp in Macedonien finden, welche mit den ersten Geistern Griechenlands auf gleichem Fusse verkehrten und selbst schriftstellerisch thätig waren, so wird der Zusammenhang mit den Anregungen, welche Archelaos Macedonien zugeführt hatte, nicht in Abrede zu stellen sein" [38]). In diesen Kreis am Hofe zu Pella trat nun — wahrscheinlich bald nach der Aufführung des Orestes in Athen im Jahr 408 — der grösste von allen, der greise Dichterfürst Euripides ein. Es ist nicht unmöglich, dass eben die Stiftung der Olympien die Veranlassung zu seiner Berufung bildete und dass er sein Drama *Archelaos* für die erste in Dion abgehaltene Festfeier dichtete. Er behandelte darin die macedonische Gründungssage in selbständiger Weise, indem er mit poetischer Lizenz dem Reichsgründer den Namen des jetzt regierenden Königs beilegte. In den Bruchstücken kehrt mehrfach der Gedanke wieder, dass ohne Mühe nichts Grosses errungen werde und dass edle Geburt mehr wert sei als Reichtum. Selbst zum Preis der Monarchie, die er übrigens bezeichnender Weise „Tyrannis" nennt, schwingt sich der offenbar der radikalen athenischen Demokratie überdrüssige Dichter auf: es fehlt ihr zur Göttlichkeit nur die Unsterblichkeit. Vermutlich klang das Stück in eine Weissagung aus, welche die künftige Grösse Macedoniens unter einem zweiten Archelaos in Aussicht stellte [39]). Nach der uns erhaltenen Lebensbeschreibung hätte Euripides in Pella auch ein Hofamt bekleidet,

doch wohl nur nominell, vielleicht um ihm gewisse Einkünfte zu-
zuwenden: denn es ist kaum denkbar, dass der athenische Dichter-
greis sich noch in die Verwaltungsgeschäfte des macedonischen
Königreichs eingearbeitet haben sollte. Dass ihn der König in
manchen Fragen zu Rate zog, mag ja wohl sein[40]). Ob sich
Euripides in den neuen Verhältnissen wohl fühlte? Angesichts
der Schaffensfreudigkeit, die ihn noch in diesen letzten Jahren
und Monaten belebt, kann man wohl geneigt sein, diese Frage zu
bejahen; aber auf der andern Seite deutet manches darauf hin,
dass er es doch schwer empfand, unter „Barbaren" zu leben, und
auch die Reibungen mit den Hofschranzen, von denen die Anekdoten zu berichten wissen, werden trotz aller legendarischer Ab-
züge nicht ganz aus der Luft gegriffen sein[41]). Lange dauerte
sein Aufenthalt in Macedonien nicht: höchstens anderthalb Jahre.
Da erlöste der Tod den müden Greis von den Enttäuschungen
seines Lebens[42]). „Der Dienst der Wahrheit ist ein strenger
Dienst": das hat auch Euripides erfahren müssen im demokratischen
Athen ebenso wie im monarchischen Macedonien[42a]). Er ist sich
selbst treu geblieben und hat seine Überzeugung nie geopfert.
Kein Wunder, wenn ein Mann seiner Art, der in so mancher Hinsicht mit seinen Anschauungen in weiten Kreisen Anstoss erregt
hatte, wenn er, der götterfeindliche Aufklärer nach der Meinung
der Zeitgenossen keines natürlichen Todes gestorben sein durfte:
wie der untergehende Held seines letzten Stückes, der Dionysos-
feind Pentheus, sollte er von Weibern zerrissen worden sein, die
dann eine spätere rationalisierende Zeit durch eine Meute Jagd-
hunde ersetzte. Noch allerlei bösartiger und pikanter Klatsch
wurde mit der Zeit in diese Legenden hineinverwoben und später
manch gekünstelte Erklärung der unverstandenen Erzählungen
versucht[43]). Sein Grab fand Euripides in macedonischer Erde
bei Arethusa am Bolbesee. In Athen aber, wo Sophokles auf die
Todesnachricht hin in Trauerkleidung im Theater erschien und
den Chor und die Schauspieler unbekränzt auftreten liess[44]), errichtete man dem Dichter an der zum Piräus führenden Strasse
ein Kenotaph, dessen Inschrift von den einen dem Geschichtschreiber Thukydides, von den andern dem Musiker Timotheos
zugeschrieben wird[45]). Eine Bitte der Athener, deren Dankbar-
keit jetzt erwachte, die Gebeine des Dichters in seine Heimat
überführen zu dürfen, wurde von der macedonischen Regierung
abschlägig beschieden[46]). Grosse Männer geben der Mit- und

Nachwelt auch nach ihrem Tode noch zu denken. So wurde auch
das Grab des Euripides von der Sage umrankt. Von den zwei
wunderbaren Flüssen, die sich an ihm vereinigen sollten, war
schon die Rede. Aber die Verehrung, welche die nachfolgenden
Geschlechter dem toten Dichter bewahrten, äusserte sich auch
noch in der Sage, dass der Blitz des Zeus auf beide Grabmäler
in Macedonien und Athen herabgefahren sein sollte, eine Gunst-
bezeugung des höchsten Gottes, die, wie Plutarch ausdrücklich
hervorhebt, Euripides nur mit Lykurgos teilte[47]. Auch die Reli-
quienverehrung blieb nicht aus: des Dichters Leyer und Schreib-
zeug erwarb der Herrscher von Syrakus, Dionysius der ältere,
um ein Talent und legte sie im Heiligtum der Musen als Weihgeschenk nieder mit einer Inschrift, die seinen und des Dichters
Namen nannte[48]. Von der grossen Volkstümlichkeit des Dichters
aber zeugt die Thatsache, dass noch bis auf unsere Zeit thönerne
Becher gekommen sind, deren Fussboden das Bild des Dichters
zeigt, während die vertikalen Flächen Darstellungen aus seinen
Tragödien tragen[49]. Sie bildet ein Seitenstück zu der Erzählung,
dass die nach der Niederlage bei Syrakus gefangenen Athener
zum Teil ihr Los sich dadurch erleichtern konnten, dass sie im
stande waren, Verse aus den Dramen des Euripides vorzutragen[50].
Im 3. Jahrhundert v. Chr. lässt der Komiker Philemon eine seiner
Personen sagen: „Wenn die Toten in der That Bewusstsein
hätten, wie manche meinen, dann, ihr Männer, würde ich mich
erhängen, um den Euripides zu sehen"[51]. Ja es soll sogar in
der alexandrinischen Zeit eine Komödie *Phileuripides* von einem
gewissen Axionikos gegeben haben, woraus zu schliessen ist, dass
es geradezu fanatische Euripidesschwärmer gab[52]. Solche Schwärmerei verspottet Lucian, wenn er erzählt, dass gelegentlich einer
Aufführung der *Andromeda* in Abdera ein wahres Begeisterungs-
delirium unter den Zuschauern ausgebrochen sei[53]. So hat sich
Euripides selbst in seinen Werken ein Denkmal gesetzt „dauernder
als Erz" und, obwohl er fern der Heimat in macedonischer Erde
die letzte Ruhestätte fand, nimmt ihn doch der Verfasser seiner
Grabschrift mit vollem Rechte für Athen nicht nur, sondern für
ganz Griechenland als nationalen Dichter in Anspruch. Mit der
Ausbreitung der hellenischen Kultur verbreitete sich auch der
Ruhm das Euripides: an asiatischen Fürstenhöfen wurden seine
Dramen aufgeführt und haben so vielleicht das indische Drama,
an dem uns so liebliche Blüten wie Kalidâsas *Sakuntala* erfreuen,

ins Leben gerufen [54]). Im Westen werden seine Stücke zum Vorbild für die römische Tragödie von Ennius bis auf Seneca; selbst im fernen Spanien werden sie gelesen (Eunap. pg. 80), und aus dem Mund christlicher Schriftsteller klingen seine Verse aus dem absterbenden Altertum hinüber in eine neue Zeit [55]). So ist „der Philosoph der Bühne" erst nach seinem Tode im vollen Sinn das geworden, was zu werden er sich schon zu Lebzeiten bemüht hatte: ein Weltbürger [56]).

Das Bild, das das Altertum vom Charakter des Euripides bewahrt hat und das ohne Zweifel auf seine späteren Jahre zurückgeht, ist kein liebenswürdiges. Schon sein Äusseres soll wenig anziehend gewesen sein: Sommersprossen entstellten das von einem starken Vollbart umrahmte Gesicht [57]). Ein melancholisch nachdenklicher Zug fiel in seinem Antlitz auf; ja er hatte etwas Finsteres an sich, war wenig umgänglich und man sah ihn nicht lachen, selbst beim Weine nicht [58]). Ausserdem wird besonders sein Weiberhass betont [59]) und er wird geradezu zum Typus des Misogynen. An dieser Schilderung des Dichters mag so viel richtig sein, dass seine zum Pessimismus hinneigende Weltanschauung auch in seinem äusseren zur Geltung kam. Und in der That, wenn wir die zahlreichen erhaltenen Busten des Euripides mit der Lateranischen Sophoklesstatue vergleichen, so springt der Unterschied in die Augen: an Sophokles ist vor allem charakteristisch die heitere Ruhe und die Harmonie der ganzen Persönlichkeit: das schöne Haupt leicht in den Nacken geworfen, die linke Hand in die Seite gestemmt und das linke Bein ein wenig vorgesetzt, steht er da wie ein Mann, der von erhabenem Standpunkt über die Welt hinschaut; die Wogen des Lebens schlagen nicht zu ihm empor; er fühlt sich sicher; und frei, ruhig, heiter, selbstbewusst, wie er ist, kann nichts den Frieden seiner edlen Seele stören. Er ist der echte καλοκάγαθός. Selbst in der Sorgfalt, die auf Kleidung, Bart und Haar verwandt ist, scheint sich der Sinn für harmonische Schönheit auszudrücken. Dem gegenüber haben die Büsten des Euripides etwas Gedrücktes, Sorgenvolles: das ein wenig gesenkte Haupt und die gefurchte Stirne, der ernste, nachdenkliche, fast ans Düstere streifende Zug in diesem Antlitz scheint zu sprechen:

> Wer erfreute sich des Lebens,
> Der in seine Tiefen blickt?

Bart und Haupthaar erscheinen wenig gepflegt und man glaubt

eher einen cynischen oder stoischen Philosophen als einen Dichter
vor sich zu haben. Die hohe Stirne zeigt den Denker und ein
gewisser herber Zug um den Mund weist darauf hin, dass der
Geist, der in diesem Körper wohnt, die Folgerungen aus dem,
was er für wahr erkannt, unerbittlich zu ziehen pflegt[60]. So
bestätigen denn die Werke der bildenden Kunst in der Hauptsache
die litterarischen Notizen der Alten über den Charakter des
Euripides; doch wird man sagen dürfen, dass die letzteren etwas
einseitig und übertreibend gehalten sind, was sich daraus erklärt,
dass sie uns den durch seiner Vaterstadt und wohl auch durch
eigenes Unglück verbitterten Greis schildern, wie er in den letzten
zehn Jahren seines Lebens gewesen sein mochte: ist es doch
schon ein gewisser Widerspruch, wenn einer solchen Schilderung
beigesetzt wird: „was er aber schrieb, war honigsüss und be-
zaubernd" [61]. Wenn wir uns daher den Euripides im kräftigen
Mannesalter vorstellen, so dürfen wir uns die dunkelsten Schatten
aus seinem Bilde wegdenken. Dass wir dazu ein Recht haben,
beweisen seine Dichtungen, aus denen wir bei seiner subjektiven
Art auch sein Charakterbild nach mancher Seite ergänzen können
und müssen. Voranzuschicken ist hier freilich, dass er sich seiner
Eigenart, der besonderen Weltauffassung, die ihn von der Menge
trennte, sehr wohl bewusst war, und wenn ein Lessing im Bewusstsein seines Wertes es stolz aussprach:

Was braucht die Nachwelt, wen sie tritt, zu wissen,
Weiss ich nur, wer ich bin,

so bekennt auch Euripides nicht minder selbstbewusst von sich
durch den Mund seiner *Medea* (579):

„In vielem bin ich andern Sinns als sonst die Welt" [62].

„Ich gehöre mir selbst," sagt er ein andermal (*Fr.* 1005),
und sich selbst treu zu bleiben im Glück und Unglück wie das
Gold im Feuer, ist sein Grundsatz (*Fr.* 963).

In solchen Worten hat der Dichter seine ganze aristokratische
Selbständigkeit zum Ausdruck gebracht, sein „odi profanum vulgus
et arceo", das er auch durchführte, wenn die Menge der sogenannten
Gebildeten einer Moderichtung wie der sophistischen Rhetorik mit
all ihren Auswüchsen zujauchzte, einer Richtung, der er selbst
nicht fern stand, sofern sie nur auf das richtige Mass zurückgeführt wurde. Denn trotz seiner Verteidigung und Lobpreisung
der Demokratie, die wir wenigstens in der mittleren Periode seines
Lebens bei ihm finden, ist er ein Aristokrat, freilich nicht in

Hinsicht der äusseren Abkunft, sondern ein Aristokrat des Geistes[62a]).
Seine Verschiedenheit von den athenischen Durchschnittsbürgern
auch der besseren Kreise zeigte sich in doppelter Hinsicht, in
theoretischer und praktischer. In theoretischer Beziehung stand
er einmal hoch über dem traditionellen religiösen Glauben, dem
z. B. ein Mann wie Nikias huldigte, um schliesslich dadurch sein
Vaterland geradezu ins Verderben zu stürzen; er war aber auch
nicht der Modesophist, zu dem ihn Aristophanes machen möchte;
sondern er hat in ernstester Weise den überlieferten Glauben, zu
dem ihn manchmal eine stille Sehnsucht zog, geprüft, aber ihn
zu seinem Schmerz unannehmbar gefunden. Und nun galt es, in
hartem Kampf das Wissen zu erringen, das den Glauben ersetzen
sollte, und mit eben dieser neu erworbenen Wissenschaft setzte
er sich in einen bewussten Gegensatz zur Masse seines Volkes.
Diesen Gegensatz, der vom religiösen sich auf das politische und
soziale Gebiet hinüberspielte, sollen eben die folgenden Blätter
im einzelnen aufzeigen. Ausserdem aber drückte sich die Verschiedenheit des Euripides von seinen athenischen Mitbürgern in
praktischer Hinsicht in dem völligen Mangel an politischem Ehrgeiz aus. Nicht nur Thukydides, dem als Geschichtsschreiber das
politische Leben näher lag, selbst Sophokles, der Dichter, bekleidete
das Amt eines Strategen[63]), wobei ihm in gleicher Würde der
Philosoph Melissos von Samos gegenüberstand[64]). Euripides hat
niemals ein öffentliches Amt verwaltet und war überhaupt nie
politisch thätig[65]). Die Apragmosyne, der von Sokrates geübte
und empfohlene θεωρητικὸς βίος, ist sein Ideal. Schon er befolgte
für seine Person jene Aufforderung, die später Epikur an seine
Schüler richtete: λάθι βιώσας! Mit sichtlicher Freude malt er im
Ion das zurückgezogene Leben des jungen Mannes im friedlichen bergumschlossenen delphischen Heiligtum aus. Wie ihn
sein vermeintlicher Vater Xuthos mit nach Athen nehmen will,
setzt er ihm in langer Rede die Gründe dagegen auseinander
(585 ff.) und preist das Leben in seinem stillen Thal v. 633 ff.:

> Mein Vater, hör' was Gutes hier zu teil mir ward:
> Fürs erste Muse, sie des Menschen liebstes Gut,
> Und wenig Unruh. Nie auch trieb ein böser Mensch
> Vom Wege mich; denn das ist zu ertragen kaum:
> Selbst weichen und den Schlechtern lassen frei die Bahn[66]).

Man sieht: es ist der Dichter selbst, der hier redet. Er empfindet
es bitter, sich hinter Geringeren zurückgesetzt zu sehen, und

würde das Leben der Grossstadt gerne mit einem stillen länd-
lichen Asyl vertauschen. Und so lässt er seinen Jon mit der an
dessen Vater gerichteten Bitte schliessen v. 646 f.:

> So lass mich hier denn leben! Gleich ist der Genuss
> Der Freud' am grossen wie am stillbescheidnen Glück.

Hiemit stimmt ganz uberein, was der Dichter in der *Antiope*
Fr. 193 den Amphion sagen lässt:

> Ein Thor, der vieles umtreibt und 's doch lassen könnt',
> Der ohne Umtrieb leben könnt' ganz angenehm" [67]).

Freilich zog sich Euripides durch dieses sein „unthätiges Leben"
auch Vorwurfe zu, die ihn augenscheinlich empfindlich berührten:
denn in der *Medea* spricht er mit Bitterkeit von dem Vorwurf
der „Faulheit" und der „Nichtsnutzigkeit", welcher die Männer
trifft, die die Weisheit zum Inhalt und Ziel ihres Lebens machen
(v. 295 ff.) [68]). Und sein unversöhnlicher Gegner Aristophanes
schleudert ihm noch ins Grab einen Tadel wegen seiner „müssig-
gängerischen Thätigkeit" nach [69]). Ganz ungriechisch oder doch
im vollen Widerspruch mit dem Ideal der καλοκἀγαϑία der guten
alten Zeit stehend ist auch des Dichters grundsätzliche und entschiedene Abneigung gegen die Gymnastik, die freilich damals
offenbar schon in sportsmässigen, ja professionellen Betrieb über-
zugehen drohte, was dem Euripides in der Seele zuwider war.
Euripides ist eben auch hierin der Vertreter einer neuen Zeit:
das wesentlich die körperliche Ausbildung hochhaltende ritterliche
Ideal der Dorer stirbt ab; die ionische Aufklärung und die
athenische Demokratie haben die Herrschaft des Geistes zum
Sieg geführt und damit ein neues Bildungsideal aufgestellt [70]).
Indessen würden wir uns ein völlig falsches Bild von Euripides
machen, wenn wir ihn uns wie einen weltflüchtigen Mönch dächten.
Die Kunst und die Wissenschaft, denen er diente, machten ihn,
wie er selbst bezeugt, wahrhaft glücklich: und dass er auch dem
Wein und Saitenspiel nicht abhold war, sagt uns eine Strophe
aus einem herrlichen Chorlied im *Herakles* 674 ff.:

> Allzeit will ich zu holdem Vereine
> Chariten laden und Musen:
> Ohne die Kunst kein Leben,
> Immer kränze mein Haupt der Epheu.
> Grau ist der Sänger: doch tönet sein Lied,
> Tönt der Erinn'rung, der Mutter der Musen,
> Tönet den Siegen des Herakles.

> Bei dem Wein, des Gottes Gabe,
> Bei dem Klang der vollen Laute,
> Bei dem Schall der fremden Flöte
> Stellt sich noch immer
> Ein meine Meisterin Muse. (W.)

Und der dies sang, war schon ein Sechziger, wahrhaftig beneidenswert um seinen Lebensmut und seine Lebensfreude. Endlich ist
auch der Weiberhass des Euripides im Altertum zum mindesten
sehr übertrieben worden. Kein antiker Dichter hat so tief im
weiblichen Herzen gelesen wie er und gerade seine Frauen und
Jungfrauen sind seine gelungensten Gestalten, mag er nun, wie
in der *Medea*, das gekränkte, von Rachsucht getriebene Weib
in dämonischer Leidenschaft schildern, oder die selbstlose, für den
Gemahl sich aufopfernde Gattin, wie in der *Alcestis*, oder die an
unüberwindlicher Liebessehnsucht krankende Frau, wie in der
Phaedra des *Hippolytos* oder die heroische Jungfrau wie in der
Aulischen Iphigenie [71]). Wer das weibliche Geschlecht so zu
schildern versteht wie Euripides, kann ihm unmöglich selber ganz
ferne gestanden sein. Ja an einer Stelle im *Kyklops* klingt es
wie Selbstironie des Dichters gegenüber seinen zahlreichen bösartigen und boshaften Ausfällen gegen die Frauen, wenn er den
Satyrchor sagen lässt v. 186 f.:

> Wäre doch der Frau'n Geschlecht
> Gar nie geschaffen worden, — als allein für mich [72]). (D.)

Und dem Sophokles wird ein Wort in den Mund gelegt, laut
dessen sich die Weiberfeindschaft des Euripides auf dessen
Tragödien beschränkt, der Dichter dagegen im Leben sie keineswegs bethätigt hätte [73]). Es wäre überhaupt falsch, in Euripides
vorwiegend einen Verstandesmenschen zu sehen. Seinem scharfen
und kritischen Verstand entspricht ein tief empfindendes Gemüt.
Darum ging ihm trotz seines tiefen Einblicks in das Leid des
Lebens auch der Humor nicht ab, der ja in seiner wahren Gestalt
immer auf einem ernsten Grunde ruht. Allerdings hat Euripides
nur 8 Satyrspiele verfasst; aber das einzige, das davon wie überhaupt von der ganzen Gattung uns erhalten ist, der *Kyklops*,
zeigt, dass der Dichter meisterhaft zu persiflieren und zu karri-
kieren verstand. Auch die Charakteristik der verschiedenen Redner
in der Volksversammlung zu Argos (*Or.* 884 ff.) zeugt von seiner
Fähigkeit zur Satire und man hat nicht ohne Grund die Figur
des Demagogen an dieser Stelle mit aristophanischen Gestalten

verglichen (H. Steiger, Wie entstand der Orestes des Euripides?
Progr. Augsburg 1898 S. 16). Hat doch kein Geringerer als der
alte Meister der Komödie, Kratinos, mit seinem εὐριπιδαριστοφανίζειν
(*Fr.* 155) auf die verwandte Seite der beiden grossen gegnerischen
Dichter hingewiesen; und wenn Euripides (*Mel. desm. Fr.* 492
s. A. 136) erklärt, dass er die Komiker hasse, so wurzelt dieser
Hass nicht in einem Mangel an Humor, sondern z. T. wohl in
persönlicher, durch die fortwährend gegen ihn gerichteten Angriffe
hervorgerufener Feindschaft, z. T. aber auch darin, dass an Stelle
des echten Humors nicht selten die Posse trat, welche ernsten
Problemen nicht gerecht zu werden vermochte und sich lediglich
damit begnügte, sie ins Lächerliche zu ziehen. Selbst Aristophanes
ist von diesem Tadel nicht ganz freizusprechen. Euripides ist
gewiss keine kalte, sondern eine leidenschaftliche Natur gewesen.
Denn Leidenschaften, erschütterte und erschütternde Gemütszu-
stände zu schildern, darin gerade liegt seine Stärke. Der intel-
lektualistische Trieb in ihm macht nur die eine Seite seines
Wesens aus; die leidenschaftliche Empfindung hält ihm zum mindesten die Wage, ja diese ist in letzter Linie auch die Quelle
seiner Kritik: er kann es nicht ruhig mit ansehen, wie der Irrtum
fortbesteht, während die Sonne der Wahrheit doch immer höher
am Himmel emporsteigt und die Menschen nur die Augen öffnen
dürfen, um sie zu sehen und den Irrtum zu erkennen. Darum
ist auch seine Bekämpfung der Überlieferung, seine Kritik der
bestehenden Zustände, wo er diese einmal für verkehrt hält, von
so heftiger Leidenschaft getragen und darum verkündigt er mit
solcher Wärme seine neuen Erkenntnisse. Aus demselben Grunde
aber fehlt ihm die Ruhe, die dem echten Philosophen eigen sein
muss: er kann sich nicht dauernd auf einzelne Punkte konzen-
trieren; dazu ist sein Gefühl zu lebhaft, sein Geist zu beweglich;
kurz er ist nicht Systematiker, sondern Eklektiker: er nimmt das
Gute, wo er es findet, und es kümmert ihn nicht, wenn er auch
da und dort einmal sich widerspricht; denn er war bis zu einem
gewissen Grad ein Stimmungsmensch, der jeweils sich den Gefühlen überliess, die ihn mächtig überkamen, und die er dann im
Liede ausströmte. So hat er denn ab und zu vorübergehende
Anwandlungen — wenn ich so sagen darf — von Altgläubigkeit [74])
ebenso wie es ihm mit unter bei seiner Wissenschaft bange wird
und er mit skeptischem Zweifel fragt, ob denn für die Menschen
überhaupt eine Erkenntnis der Welt möglich sei. Aber das sind

immer, wie gesagt, nur Stimmungen, über welche sein Rationalismus
stets wieder die Oberhand bekommt. Und wie jeder ernste
Denker und Forscher empfindet er trotz des Gefühls menschlicher
Unzulänglichkeit für die Lösung der höchsten und letzten Probleme
der Welt und des Lebens dennoch auch den beseligenden und
sittlich erhebenden Genuss, den redliche wissenschaftliche Forschung
jedem, der sich ihr weiht, gewährt. Niemand hat dieser Befriedigung, die aus der wissenschaftlichen Thätigkeit entspringt,
schönere Worte geliehen als eben Euripides in jenen Versen, bei
deren Abfassung (nach Valckenaers Vermutung Diatr. pg. 25), ihm
das Bild des Anaxagoras vorschwebte (*Fr.* 910):

> Selig der Mann, der Kunde der Wissenschaft
> Durfte erlernen.
> Niemals wird nach der Mitbürger Unheil
> Noch nach verwerflicher That er trachten;
> Sondern er schaut der ew'gen Natur nie
> Alternde Ordnung: wie sie geworden,
> Woher und wozu.
> Solch einen Mann wird nie ein Gedanke
> An Werke des Unrechts beschleichen [75]).

So bleibt denn Euripides trotz aller Spekulation ein Dichter,
und zwar ein tragischer Dichter; und ehe wir seine philosophische
Weltanschauung im einzelnen betrachten, müssen wir — von ihm
selbst und von seinen Gegnern — noch erfahren, welches seine
Auffassung der Poesie war, welche Vorstellung er von der
Aufgabe und vom Beruf des Dichters hatte und wie er seine
Grundsätze hierüber in seinen eigenen Werken verwirklichte.
Das ganze Altertum und auch Euripides hatte von der Aufgabe
der Poesie eine wesentlich andere, nüchternere Vorstellung als
wir Modernen: die griechischen Dichter wollen ihre Leser, Zuhörer oder Zuschauer belehren und bessern, und so lässt denn
auch Aristophanes in den *Fröschen* (1008 ff.) auf die Frage des
Äschylus: „warum muss man den Dichter bewundern"? den Euripides antworten: „Um der Bildung und Belehrung willen, weil
wir die Menschen in den Städten besser machen" [76]). Das ist
nicht etwa aristophanische Verdrehung, sondern das war auch die
ganz ernsthafte Meinung des Euripides, wenn diesem auch
Äschylus des weiteren vorhält, dass er mit seinen Dramen so
ziemlich das Gegenteil von diesem Zweck erreiche. Denn allerdings strebte Euripides diesem gleichen Ziel auf einem ganz an-

deren Wege zu, als derjenige war, den Äschylus und Sophokles
beschritten hatten. Diese glaubten, in ihren Dramen die Welt
und die Menschen und auch die Götter idealisieren zu müssen [77]),
und vermieden es möglichst, in ihren Stücken auch die Nacht-
seiten des Lebens zu berühren, und wo es der tragische Stoff mit
sich brachte, dass sie es doch thun mussten, da geschah es so,
dass der Gang der Ereignisse sich in Harmonie auflöste: wie
z. B. die erhabene Orestie des Äschylus ausklingt in einen Preis
der Gottheit, die den unschuldigen Frevler zu Gnaden annimmt,
so dass die furchtbaren Rachegöttinnen sich in die verzeihenden
Eumeniden verwandeln. So muss auch das Übel zu einem Triumphe
der Gottheit dienen. Ganz anders Euripides: er benutzt die Tragödie, um darin das Leid der armen Sterblichen in seinem ganzen
Umfang zur Darstellung zu bringen und dabei die Frage aufzu-
werfen: was sind das für Götter, die solches zulassen oder gar
veranlassen? Ja noch mehr: kann man angesichts alles Elends
und aller Ungerechtigkeit überhaupt noch an eine göttliche Weltregierung, an eine Gottheit glauben? Ausserordentlich charakteristisch ist eine uns von einem spätlateinischen Schriftsteller überlieferte Anekdote, die jedenfalls den Vorzug innerer Wahrheit
besitzt, selbst wenn, was sie berichtet, sich nicht in Wirklichkeit
ereignet haben sollte: „Traurigkeit, sagt dieser, macht das Wesen
der Tragödie aus; als daher der König Archelaos den Euripides
bat, er möge eine Tragödie über ihn schreiben, lehnte er es ab
mit dem Wunsch, es möge dem Archelaos nie etwas Übles zu-
stossen, womit er zeigte, dass die Tragödie nichts anderes sei als
eine Zusammenfassung von Unheil" [78]). Die schon oben besprochene Art, wie Euripides sich in diesem Falle zu helfen
wusste, sowie der Umstand, dass einige seiner Stücke einen
glücklichen Ausgang haben, ändert an dieser Grundauffassung
der Tragödie nichts, und man hat, freilich mit einiger Übertreibung, gesagt, Euripides sei „der Prophet des Weltschmerzes"
geworden [79]). Aber er will durch die unverhüllte Darstellung des
Übels in der Welt und des Bösen bei den Menschen nicht weniger
seine Zuschauer belehren als durch die Vertreter erhabener
Tugenden, die er ihnen auch des öftern vor Augen stellt [80]). Freilich hat Euripides der Bühne und den tragischen Personen den
heroischen Nimbus genommen, der sie bei Äschylus und Sophokles
noch umstrahlt. Er schildert das Leben und die Menschen, um
modern zu reden, „realistisch", ja mitunter „naturalistisch". Er

scheut sich nicht, auch das Widerwärtige und Hässliche, das Grässliche und Krankhafte auf die Bühne zu bringen: er ist der erste Dichter, der uns auch „pathologische" Zustände im eigentlichen Sinne vorführt [81]). Man mag das loben oder tadeln, jedenfalls ist es eine neue Kunstrichtung, die wir etwas später auch auf dem Gebiet der bildenden Künste Platz greifen sehen [82]). Den Wettstreit zwischen der alten und der neuen Form der Tragödie führt uns Aristophanes in geistvoller Weise in seinen *Fröschen* vor. Es ist ein ganzes Sündenregister, das der Komiker hier dem Euripides vorhält, wozu dann noch zahlreiche in seinen übrigen Komödien zerstreute Ausfälle gegen den Tragiker kommen. Der Gesichtspunkt, nach welchem die Stücke des Euripides hier beurteilt werden, ist vorwiegend ein moralischer: „Der Dichter, sagt Äschylus (1054 ff.), muss das Böse verbergen und nicht auf die Bühne bringen und aufführen. Denn für die Kinder ist es der Lehrer, der ihnen Weisungen giebt, für die Erwachsenen die Dichter. Deshalb müssen wir durchaus Gutes reden" [83]). Auch den Einwand des Euripides, dass er die unsittlichen Motive nicht erfunden, sondern schon in den Mythen vorgefunden habe, lässt Äschylus nicht gelten. Welch edle Heldengestalten, meint er (1013 ff.), habe Euripides von ihm überkommen und selber dann Schurken daraus gemacht! Frevelhafte und unnatürliche Ehen (850) und unzüchtige Weiber (1043) [84]) kommen in seinen Stücken vor, Kupplerinnen, Blutschänder und Frauen, die als unrein die Heiligkeit der Tempel nicht ehren (1079 ff.) [85]). Es ist bezeichnend, dass sich hieran ganz unmittelbar der Vorwurf anreiht, Euripides habe auch Personen eingeführt, welche sagten, „das Leben sei kein Leben" (1082) [86]). Hiemit soll die Einführung wissenschaftlicher, philosophischer Gedanken in die Tragödie, deren sich Euripides vorher als eines Fortschritts gerühmt hatte (971 ff.) [87]), getroffen werden, und diese wird somit ohne weiteres unter die unsittlichen Elemente in der Kunst des Euripides mit eingerechnet. Es ist dies die heillose Art aller konservativen Apologeten, den Zweifel an der alleinseligmachenden Wahrheit des herrschenden Glaubens und den Anspruch, eigene Gedanken geltend machen zu dürfen, an sich schon als einen sittlichen Fehler zu brandmarken. Und so wird denn auch am Schluss des Stückes Äschylus als der Mann der „guten Gesinnung" (1502 γνώμαις ἀγαθαῖς) zugleich mit Sophokles (1516) dem „Schurken, Lügner und Intriganten" (1520 f.) Euripides ent-

gegengestellt. Man darf ja freilich diese hyperbolischen Kraft-
ausdrücke der Komödie nicht zu wörtlich nehmen; aber ein tiefer
Ernst liegt ihnen doch zu Grunde, zumal wenn man bedenkt, dass
sie einem Toten gelten, der sich nicht mehr verteidigen kann.
Und was ist nun das Verbrechen des Euripides? Seine Haupt-
sünde besteht darin, dass er statt der Götter die „Vernunft"
(ξύνεσις 893) auf den Thron gehoben hat[88]). Dies ist das Grund-
übel, die Quelle aller seiner Laster. In der ganzen Kritik des
Aristophanes macht sich der instinktive Hass Luft, den zu allen
Zeiten der Dogmatismus gegenüber dem freien Denken und For-
schen empfunden und bekundet hat. Die böse Gelehrsamkeit,
welche es wagt, an dem eisernen Bestand der überlieferten Begriffe des Spiessbürgers zu rütteln, wird als unnützer Bücherkram
(943. 1114. 1409)[88a]) ins Lächerliche gezogen oder als thörichte
Grübelei (931 f. nach *Hipp.* 374 f.) und „faulenzerische Thätigkeit sonderbarer Käuze" (1498 f.) der allgemeinen Verachtung
preisgegeben. Es werden nun einzelne Punkte aus der Weltanschauung des Euripides herausgegriffen und verspottet: so seine
Theorie vom Äther (100. 311. 892. *Thesmoph.* 13 ff. 272) und
sein angeblicher extremer Subjektivismus, der zu den scheinbar
unsinnigsten (1477 nach *Polyidos fr.* 638 und *Phrixos fr.* 833)
und unsittlichsten (1475 nach *Äolus fr.* 19; 101. 1471. *Thesmoph.*
275 f. nach *Hipp.* 612) Konsequenzen führen soll, der der Suada
(Πειθώ 1391) und ihren Vertretern, den Maulhelden (*Thesmoph.*
177 f.), zur Herrschaft verhilft, endlich seine Abneigung gegen
die Athletik (ἀγυμνασία 1070 ff. 1088), durch deren Vernachlässigung es noch so weit kommen wird, dass niemand mehr auch nur
eine Fackel bei den Prozessionen wird tragen können, wie denn
Euripides mit seinem „Atheismus" auch den Ruin der vom Kultus der Götter sich nährenden Kranzverkäuferinnen auf dem Gewissen hat (*Thesmoph.* 448 ff.). Tiefer als mit diesen oberflächlichen Scherzen über die Philosophie des Euripides greift Aristophanes mit der ästhetischen Kritik der Euripideischen Dramen.
Der Grundunterschied zwischen der alten äschyleischen und der
neuen Euripideischen Tragödie besteht nach ihm darin, dass jene
„Halbgötter" (ἡμιθέους 1060), diese Menschen, und zwar Alltagsmenschen, auf die Bühne brachte. Demgemäss zeigten bei Äschylus Gedanken, Worte, Versmass und Kostüm einen grandiosen
Stil, wie er ganz mit Recht von sich sagt (1058 ff.)[89]), während
Euripides seinen Stolz darein setzt, die Tragödie von diesem

Bombast (940 ff.)[90]) befreit und dafür „Menschliches, Allzumenschliches" in dieselbe eingeführt zu haben (959 ff.)[91]). Er lässt seine
Personen, Herren, Frauen, Mädchen und Sklaven, „menschlich reden"
(1058)[92]) und rühmt sich dieser seiner „Demokratisierung" der
Tragödie (952), deren aufrichtige Absicht von Äschylus mit Unrecht bezweifelt wird (ib.)[93]). Diese Herunterziehung der Tragödie ins Menschliche trat auch in der Kostümierung der Helden
hervor, bei der Euripides selbst die Hässlichkeit nicht scheute,
wenn er nur Rührung dadurch zu bewirken glaubte. So wirft
ihm denn Äschylus vor, dass er Könige in Lumpen hülle, und die
Garderobe des berühmtesten seiner Bettelhelden oder Helden-
bettler, des Telephus, der übrigens andere nur wenig nachgestanden zu haben scheinen, wird uns in den *Acharnern* (431 ff.)
vor Augen gestellt: „Du nimmst mir meine Tragödie", sagt hier
Euripides, wie Dikaiopolis ein Stück des Kostüms um das andere
an sich nimmt[94]). Endlich geisselt Aristophanes noch die Pro-
loge (1198 ff.) und die häufigen Monodien (849. 944. 1330) des
Euripides nach ihrer metrischen und musikalischen Komposition
(1298 ff.) mit seinem Spotte[94a]). Bei seiner Kritik muss man sich
gegenwärtig halten, dass er den Euripides als typischen Vertreter
einer ganzen neuen Richtung in der Poesie bekämpft, wie den
Sokrates in den *Wolken* als Typus des Sophisten. Dabei thut er
dem einen wie dem andern gleich Unrecht. Zum Teil freilich erhält die Darstellung des Aristophanes durch die Stücke des Euripides selbst ihre Bestätigung. Wenn man die Sache nur von der
ästhetischen Seite betrachtet, so hat Aristophanes in der Hauptsache gegen Euripides ganz entschieden recht: wenn nämlich
dieser in Kostüm, Sprache, Gedanken, wie er es gethan hat, nur
die rein menschlichen Verhältnisse zu Grunde legte, so hätte er
auch vollends den letzten Schritt thun und an Stelle der halb-
göttlichen Heroen, zu denen dies nun einmal nicht passte, wirkliche Menschen, an Stelle der mythologischen die historische oder
gar die bürgerliche Tragödie setzen sollen. Daran, dass er diesen
Schritt nicht gethan hat, kranken seine Dramen: die darin auftretenden Personen schreiten zwar noch auf dem alten Kothurn
einher; aber ihre Grösse oder vielmehr ihre Kleinheit passt nicht
mehr dazu; sie tragen noch die alten Namen, aber sie sind etwas
ganz anderes geworden: statt vieler nur Ein Beispiel: Orestes,
in dessen Person und Schicksal bei Äschylus sich die Frage aller
Fragen verkörpert: in welchem Verhältnis steht das Handeln des

Menschen zum Walten der Gottheit? Was ist Schuld, Sühne und
Gnade? — er wird bei Euripides zu einem kranken Mann, der
Halluzinationen hat, zu einer pathologischen Figur. Vom Standpunkt der Alten aus kann man die ästhetische Kritik, welche
Aristophanes an den Dramen des Euripides übt, in der Hauptsache dahin zusammenfassen, dass er die nun einmal durch die
Sitte gezogenen Grenzen zwischen Tragödie und Komödie nicht
respektiert, sondern sie willkürlich überschreitet, oder vielmehr
aus Elementen beider etwas Neues schafft, wie denn auch ganz
richtig in unserer Zeit das Euripideische Drama als Übergang
von der alten Tragödie zur neueren Komödie, d. h. zum bürgerlichen Lustspiel, bezeichnet worden ist[95]). Ähnlich haben auch
schon einzelne antike Kritiker geurteilt[96]). Aber nur von jenem
Standpunkt aus, der zwischen Tragödie und Komödie eine scharfe
Grenzlinie zieht, kann die aristophanische Kritik begriffen und gerechtfertigt werden. Denn wie dürfte sonst Aristophanes, dessen
eigene Stücke von Obscönitäten wimmeln, dem Euripides die Unsittlichkeit gewisser Motive in dessen Dramen vorwerfen? Wie
dürfte er, der den Frauen thatsächlich viel ärger mitspielt als jemals Euripides, den Tragiker wegen seiner Ausfälle gegen das
weibliche Geschlecht verhöhnen? Ja wie dürfte er ihn auch nur
wegen seiner Behandlung der Götter tadeln, er, der einen Dionysos und Herakles wahrhaftig in nichts weniger als göttlicher
Majestät auftreten lässt[97])? Indessen die derben Witze des Komikers waren eben populär, und er giebt ohne Zweifel der öffentlichen Meinung über Euripides Ausdruck. Dies wird uns durch
einige Anekdoten bestätigt, nach denen gewisse Stellen bei der
Aufführung Euripideischer Dramen auf lauten Widerspruch
stiessen. Als die uns in *Fr.* 324 erhaltenen Verse der *Danaë*
zum Vortrag kamen, in denen ausgesprochen ist, dass weder
Vater- noch Mutter- noch Kindesliebe so köstlich sei als das
Gold, brach das Publikum in einen Sturm der Entrüstung aus
und wollte den Schauspieler von der Bühne treiben, bis Euripides vortrat und bat, man möchte doch abwarten, welches Ende
dieser Anbeter des Reichtums nehmen werde[98]). Ähnliche Empfindungen scheint der *Ixion* hervorgerufen zu haben, dessen
Tadlern gegenüber sich der Dichter auch mit der schliesslichen
Bestrafung seines Helden rechtfertigte[99]). Ferner erregte der
erste Vers der *weisen Melanippe* (*Fr.* 480):
„Zeus, was er auch sei, denn ich kenn' ihn nur dem Namen nach",

solchen Anstoss, dass der Dichter ihn zurücknehmen und durch
die Worte ersetzen musste (*Fr.* 481):

> Zeus, wie es von der Wahrheit uns verkündigt wird,
> Erzeugte Hellen:

Eine Erzählung, deren Wahrheit allerdings nicht sicher steht und
die möglicherweise aus späterer Kombination zweier Stellen hervorgegangen ist[100]). Am meisten aber hat man dem Dichter den
Vers 612 des *Hippolytos* übelgenommen, in dem man eine Verletzung der Heiligkeit des Eides erblickte und der, wenigstens
wenn man ihn ausserhalb des Zusammenhangs als Sentenz für
sich nimmt, in der That eine höchst bedenkliche „reservatio mentalis" enthält:

> „Die Zunge schwur es; nichts vom Eide weiss das Herz."
> (D.)

Man hat auf Grund dieser Worte dem Dichter sogar vor Gericht
den Vorwurf der Gottlosigkeit (ἀσέβεια) ins Gesicht geschleudert[101]).
Sind dies einzelne Verse, die Missfallen erregten, so tadelte man
weiter die Unsittlichkeit ganzer Stücke oder doch der Hauptpersonen darin. Es ist nun zwar durchaus ungerecht, wenn Phädra, wenigstens in der uns erhaltenen Bearbeitung des *Hippolytos*, unter die πόρναι gerechnet wird (*Frösche* 1043), und gewiss
ist es auch komische Übertreibung, wenn Aristophanes den Euripides zum reinsten Peisithanatos gegenüber der Frauenwelt macht
(ib. 1050 f.)[102]); aber Thatsache ist es, dass Euripides sich nicht
scheute, zuweilen auch wirklich unsittliche Dinge auf die Bühne
zu bringen: so war der *Chrysippos* ein päderastisches Drama[103]);
die *Kreter* hatten die Liebe der Pasiphaë zu dem Stier zum
Gegenstand[104]); in den *Kreterinnen* liess sich Aërope von einem
Sklaven verführen und wurde trotzdem die Gattin des Pleisthenes[105]); im *Äolus* kam ein Incest vor[106]); *Stheneboia* war eine
Ehebruchstragödie, in der Bellerophontes dieselbe Rolle spielte
wie in der alttestamentlichen Erzählung Joseph gegenüber der
Frau des Potiphar[107]). Wenn jedoch in den *Thesmophoriazusen*
(546 ff.) dem Euripides vorgehalten wird, dass er nur schlechte
Frauen, Melanippen und Phädren, aber keine tugendhafte wie
Penelope gezeichnet habe, worauf Mnesilochos die boshafte Bemerkung macht, unter dem heutigen Frauengeschlecht gebe es
eben keine einzige Penelope, sondern sie gleichen alle miteinander
der Phädra, so ist dagegen zu sagen, dass Aristophanes hier, der
Situation und Tendenz seines Stückes entsprechend, alle edlen

Frauengestalten des Euripides, wie Alcestis, Iphigenie, Praxithea, Makaria, Laodamia, Euadne, absichtlich ignoriert [108]). Und ganz gewiss würde man dem Euripides Unrecht thun mit der Annahme, dass er aus Freude an der Unsittlichkeit solche Stoffe, wie die von Aristophanes gerügten, behandelt habe. Leider sind die betreffenden Stücke sämtlich verloren — denn den zweiten *Hippolytos* kann man nicht dazu rechnen —, und so können wir uns keine deutliche Vorstellung mehr machen, wie der Dichter solche Motive durchgeführt hat. Und doch kommt eben auf dieses Wie alles an. Dass er überhaupt an diese Stoffe herantrat, hängt mit seiner Vermenschlichung der Tragödie zusammen: es wird ihm eben alles im Menschenleben, auch das Böse und Krankhafte, zum Problem, und zwar gleichermassen zum philosophischen wie zum poetischen [109]): er steht in dieser Hinsicht dem Äschylus und Sophokles ähnlich gegenüber wie in der Neuzeit Ibsen einem Goethe und Schiller.

Geradezu ein gegen den Wunderglauben gerichtetes Tendenzdrama muss die *weise Melanippe* gewesen sein. Dionysius von Halikarnass giebt deren Inhalt kurz folgendermassen an (*Rhet.* IX 11): „Das Drama des Euripides, die ‚weise Melanippe‘, führt diesen seinen Titel deshalb, weil sie philosophiert, und deshalb stammt sie von einer solchen Mutter, dass ihre Philosophie nicht als unwahrscheinlich erscheine (vgl. *Fr.* 484). . . . Das Stück zeigt eine Doppelgestalt (διπλοῦν σχῆμα): einmal redet darin der Dichter und dann die dramatische Person, die Melanippe. Melanippe wurde schwanger von Poseidon und gebar zwei Kinder, die sie auf den Viehweiden ihres Vaters aussetzte. Der Vater meint nun, sie stammen von einem Rinde, und will sie als Wunder (τέρας) verbrennen. Melanippe kommt ihnen zu Hilfe und sucht zu beweisen, dass es kein Wunder giebt. So ist das ganze Drama angelegt." Offenbar ist hier dem Euripides die Verbindung seiner philosophischen Tendenz mit dem mythischen Stoff besonders gut geglückt: aus Mutterliebe wird Melanippe zur Philosophin [109a]). — Ausser der *Melanippe* muss insbesondere der *Bellerophontes* ein philosophisches Tendenzstück gewesen sein. Aber trotz der zahlreichen erhaltenen Bruchstücke lässt sich hier das Leitmotiv nicht mehr erkennen (vgl. Gomperz, Gr. D. I S. 329; Bergk, Gr. L.G. III S. 473). Man kann solche Stücke einigermassen mit Lessings *Nathan* vergleichen.

Für uns aber ist es das wichtigste, dass Euripides die Tragödie zur Trägerin seiner eigenen Subjektivität gemacht hat, und zwar in einem Masse, dass es nicht selten zum Schaden der harmonischen Schönheit der Dichtung ausschlug. Wenn Äschylus gelegentlich seine Zuhörer durch geographische Erkurse zu ergötzen suchte, wie z. B. durch die Beschreibung der Wanderung der Io durch die Welt im *Prometheus* (700 ff. 786 ff.), so lag es im Geschmack des Euripides ebenso wie in dem seiner Zeitgenossen, in Redewettkämpfen (ἄμιλλαι λόγων *Med.* 546. *Hik.* 428; ἀγὼν *Or.* 491) die Kunst der Dialektik glänzen zu lassen und glänzen zu sehen. Dahin gehört die Auseinandersetzung zwischen Theseus und dem Thebanischen Herold über die Vorteile und Nachteile der Monarchie und Demokratie (*Hik.* 403 ff.) und die für Euripides besonders charakteristische Erörterung über den Wert eines nur wissenschaftlicher und künstlerischer Thätigkeit gewidmeten beschaulichen Lebens (θεωρητικὸς βίος) im Vergleich mit praktischer, insbesondere politischer und kriegerischer Thätigkeit (πρακτικὸς βίος), welche Euripides in seiner uns leider nur in Bruchstücken erhaltenen *Antiope* dem Amphion und Zethos in den Mund legte[110]). Doch lässt sich der Gedankengang gerade dieses Gesprächs, das offenbar den Glanzpunkt des Dramas bildete und auf das auch Plato einmal zu reden kommt, annähernd wiederherstellen. Es feierte, wie das ganze Drama, den Triumph des Geistes über die physische Kraft. Ausgehend von dem Satze des Protagoras, dass jeder Gegenstand zwei Betrachtungsweisen entgegengesetzter Art zulasse[111]), macht sich Euripides hier viele der Einwendungen selbst, mit denen Leute wie Aristophanes ihn belehren oder verspotten zu müssen glaubten. Zethus belehrt den Amphion, dass jeder bedeutende (λαμπρός) Mann den grössten Teil seiner Zeit auf diejenige Thätigkeit verwenden werde, worin er sich am tüchtigsten wisse (*Fr.* 183), und wirft ihm vor, dass seine Muse ungeschickt, unnütz, träge (ἀργός vgl. *Frösche* 1498; *Medea* 296 ff.), weinliebend sei und sich nichts um den Gelderwerb kümmere (*Fr.* 184)[112]), dass er selber entgegen seiner edlen Naturanlage in weibisches Wesen verfalle und sich nicht mit dem Kriegshandwerk und männlichen Entschlüssen abgebe (*Fr.* 185. 186; vgl. ἀγυμνασία *Frösche* 1088)[113]). Schliesslich giebt er ihm den Rat, der Dichtkunst abzusagen und sich der Muse des Kriegs zu weihen, zu graben, zu pflügen und Herden zu weiden und dagegen die spitzfindige Dialektik (κομψὰ σοφίσματα· vgl. λαλιὰ καὶ στωμυλία *Frösche* 1069 und λεπτὸν καὶ σοφόν

1108 ff.) aufzugeben; denn das seien brotlose Künste, die keinen
Reichtum ins Haus bringen (*Fr.* 188)[114]. Amphion vertritt den
entgegengesetzten Standpunkt: Thöricht sei es, sich unnötig Geschäfte zu machen, wenn man ohne Geschäft (ἀπράγμων) leben
könne (*Fr.* 193)[115]. Ein derartig ruhiger Bürger sei seinen
Freunden ein zuverlässiger Freund und auch dem Gemeinwesen
am nützlichsten; denn er lasse sich auf keinerlei Risiko ein (*Fr.*
194; vgl. *Fr.* 910)[116]. Alle äusseren Güter seien doch vergäng-
lich: denn die Erde nimmt wieder, was sie giebt (*Fr.* 195)[117],
Glück und Unglück wechselt in dem armen Menschenleben; das
beste ist, in bescheidenen Verhältnissen sich ein möglichst kummerloses Leben zu schaffen (*Fr.* 196). Ganz wird das freilich nicht
gelingen: denn „des Lebens ungemischte Freude wird keinem Irdischen zu teil" (*Fr.* 197)[118]. Reichtum allein macht nicht glücklich: der Reiche, der nicht am Schönen teilnimmt, ist nur ein
gutsituierter Hüter seines Geldes, aber nie wahrhaft glücklich
(*Fr.* 198)[119]. Auch die körperliche Kraft darf man nicht überschätzen: die Fähigkeit, richtig zu denken, ist besser als ein starker Arm (*Fr.* 199)[120]. Denn mit dem Verstand verwaltet man den
Staat wie das eigene Haus, und auch im Krieg ist er viel nütze:
ein einziger weiser Entschluss besiegt viele Hände. Unwissenheit
(ἀμαθία) aber ist das grösste Übel der Menge (*Fr.* 200)[121]. Wer
nur auf körperliches Wohlbefinden sieht, wird ein schlechter Bürger, sobald es ihm an Geld fehlt (*Fr.* 201)[122]. Dem Einwand
endlich, dass allzugrosse Redefertigkeit auch für den Staat gefährlich werden könne, wenn sie der Unwahrheit zum Sieg ver-
helfe, und dass zuletzt die Dinge doch mächtiger seien als die
Worte (*Fr.* 206)[123], begegnet Amphion mit der Versicherung,
dass er Weisheit singen und sagen wolle, ohne den Staat zu verwirren (*Fr.* 202)[124]. Es ist klar, welcher der beiden ungleichen
Brüder die eigene Ansicht des Euripides ausspricht; aus den Ein-
wänden aber, die er den Zethos machen lässt, sieht man auch,
dass der Dichter nicht nur ein gelehriger Schüler der sophistischen Rhetoren und Dialektiker war, sondern auch, dass er die
Grundsätze, die er festhält, nach allen Seiten wohl durchdacht
hat. — Ein ganz kleines Beispiel eines solchen rhetorischen
Agons bildet die Wechselrede zwischen Lykos und Amphitryon
im *Herakles* (160 ff.), worin unter anderem der eine den Kampf
mit der Lanze, der andere den mit Pfeil und Bogen preist. Ebendaselbst rechtet Herakles mit Theseus über den Selbstmord

1255 ff. Sind dies rein theoretische, sozusagen akademische Erörterungen, wie sie in den Hörsälen der Sophisten geübt wurden,
so finden wir anderwärts Streitszenen, wie sie sich ähnlich vor
den athenischen Gerichten abspielen mochten (vgl. Aristoph.
Friede 533 f.): So führen in der *Hekabe* diese und Polymestor
ihre Sache vor dem Richterstuhl des Agamemnon (1129 ff.); im
Orestes dieser und Tyndareus vor Menelaos (Or. 491 ff.); in den
Herakliden suchen Kopreus und Iolaos Entscheidung ihrer Sache
bei Theseus (134 ff.). In den *Troerinnen* wird Helena von Hekabe bei Menelaos verklagt und sucht sich hiergegen zu verteidigen (914 ff.). Die Rede der Helena hier ist zugleich ein
treffliches Beispiel für die sophistische Kunst, „der schwächeren
Sache zum Sieg zu verhelfen" (τὸν ἥττω λόγον κρείττω ποιεῖν
Aristot. *Rhet.* II 24), die auch der Sophist Gorgias in seinem
Lob der Helena auf diese angewandt hatte[12b]). — Zuweilen
macht Euripides den Zuhörer selbst auf die Kunst seiner Rede
durch andeutende Bemerkungen aufmerksam: „Du hast einen
scharfen Verstand, sagt Iason zu *Medea* (529 f.), aber du willst
nichts von der Rede hören", und deutet damit an, er erwarte,
dass sie seinen Raisonnements folgen könne. *Hippolytos* wirft
seinem Vater „unzeitiges Klügeln" (λεπτουργεῖν) vor (923), *Hekabe*
beschliesst ihre Reflexionen über den Tod der Polyxena mit dem
Selbsteinwurf, dass das alles in den Wind gesprochen sei (603),
und in *Fr.* 924 lesen wir den kurzen Monolog: „Lass die spitz-
findigen Geschichten, mein Herz! Was grübelst du unnötig? Es
sei denn, um dich zu brüsten vor gleichgearteten Menschen"[126]).
Ferner sagt in der *Alcestis* (58) Apollo zum Tod:

„Wie sagst du? Unvermerkt wardst du ein Weiser ja." (D.)
Manchmal entschuldigt sich der Dichter, wenn er seine Personen
Gedanken aussprechen lässt, die ihrer Rolle nicht entsprechen.
So sagt der aus Frauen bestehende Chor in der *Medea* (1081 ff.):

In die Tiefen der Weisheit hab' ich mich oft
Schon sinnend vertieft und kecker gekämpft,
Zu durchforschen die Wahrheit, als es geziemt
Dem Geschlechte der Fraun: denn Sinn und Geist
Ward uns auch verliehn, und die Muse besucht,
Lehrt Weisheit uns — nicht jegliche zwar;
Denn wenige der Art fändest du wohl
In der Menge heraus: —
Wir lieben die Künste der Musen. (D.)

Die *weise Melanippe* erklärt (Fr. 484), dass sie ihr Wissen über die Weltentstehung nicht von sich selbst, sondern von ihrer Mutter überkommen habe [127]), und Menelaos leitet in der *Helena* (513 f.) sein Wort von der unüberwindlichen Macht der Notwendigkeit mit der Bemerkung ein, dass dies nicht seine eigene Weisheit, sondern „ein Spruch der Weisen" sei [128]). Endlich erwähnt Pollux (*Onom.* IV 111) einen Frauenchor aus der *Danaë*, der, seines Geschlechtes vergessen, ganz im Namen des Dichters sprach [129]). Auch das dreimal vorkommende und wohl nur Einmal echte Schlussgebet des Dichters an die Nike, ihn auch künftig mit Sieg zu krönen, legt dieser unbedenklich einem weiblichen Chor in den Mund, wie schon die Scholiasten bemerken (*Iph. Taur.* 1497 ff. = *Orest.* 1691 ff. = *Phön.* 1764 ff.) [130]). So kehrt denn Euripides vielfach absichtlich seine Subjektivität heraus, und es hat daher eine gewisse Berechtigung, wenn Aristophanes ihn wegen seiner philosophischen Exkurse (περίπατοι *Frösche* 942) und antilogistischen Streitszenen (*Frösche* 775) angreift. Denn es wird dadurch in der That zuweilen der Zusammenhang gestört und der Gang der Handlung unterbrochen, überhaupt die Aufmerksamkeit des Zuschauers von dem Schauspiel ab- und auf den Dichter hingelenkt, der doch hinter seinem Stück zurücktreten sollte. Aber das wollte eben Euripides nicht; vielmehr lag es in seiner Absicht, seine Zuhörer zu belehren, wozu er sich besonders auch seiner schon im Altertum anerkannten Meisterschaft in der Gnomologie bediente [131]). Treffend sagt Dio Chrysostomus in seiner Vergleichung des äschyleischen, sophokleischen und euripideischen *Philoktetes* (*Or.* 52 § 11): „Die verstandesmässige Art des Euripides und seine sich auf alle Punkte erstreckende Sorgfalt, nichts unwahrscheinlich und nichts unmotiviert erscheinen zu lassen, aber auch nicht bloss allein an den Gegenstand sich zu halten, sondern in der Rede alle Kraft zu entfalten, bildet mit ihrer politischen und rhetorischen Färbung den geraden Gegensatz zur Schlichtheit des Äschylus und kann den Lesern grossen Nutzen gewähren" [132]). — Indessen nicht nur zur Darlegung seiner philosophischen und politischen Ansichten, sondern auch zur ästhetischen Kritik muss dem Euripides die Tragödie mitunter dienen: So haben wir in der *Elektra* (527 ff.) ganz unverkennbar eine Kritik der Erkennungsscene zwischen Elektra und Orestes in den *Choephoren* des Äschylus (180 ff.): die von Äschylus verwendeten äusseren Erkennungs-

zeichen, eine Haarlocke, die Grösse des Fusses, das Gewand des
Orestes, werden von Euripides Stück für Stück als unzureichend
erwiesen, so dass an einer bewussten Beziehung auf das äschy-
leische Stück nicht gezweifelt werden kann. Damit ist es keineswegs ausgeschlossen, dass die *Elektra* als Ganzes in absichtlicher
Opposition gegen das gleichnamige Stück des Sophokles gedichtet
wurde [133]), das übrigens im wesentlichen dieselben im Epos gegebenen religiösen Voraussetzungen hat, wie die *Choephoren*,
Voraussetzungen, welche für die fortgeschrittene Gotteserkenntnis
des Euripides überwunden waren. Ebenso polemisiert der *Orestes*
des Euripides zwar auch zum Teil gegen die *Eumeniden* des
Äschylus, ist aber in der Hauptsache „gewissermassen eine Fort-
setzung und damit eine Kritik" der *Elektra* des Sophokles. Die
Mythologie hat sich, wie Weil (Sept tragédies d'Euripide p. 675)
treffend sagt, in Psychologie verwandelt, und nicht nur dies, sondern der ganze alte Mythus wird aus sittlichen Gründen verurteilt. Das Chorlied v. 819 ff. bezieht sich auf Sophokles' *Elektra* 1422 f., wo Orestes und Pylades, aus dem Palast heraus-
tretend, die bluttriefenden Schwerter zum Zeichen gerechter Rache
gen Himmel hoben, während 544 ff. und v. 866—956 die *Eumeniden* des Äschylus benützt und parodiert werden. V. 1204 ff.
ist eine Nachbildung der *Choephoren* 477 ff.; dagegen ist die
Scene, wo Elektra mit dem Chor Wache steht, um eine Störung
der That zu verhindern und die Ankunft des zweiten Opfers
rechtzeitig zu melden (1246 ff.), eine Parodie der sophokleischen
parallelen Scene (*El.* 1398 ff.), wie schon Wilamowitz (die beiden
Elektren, Hermes XVIII 1883) bemerkt hat; besonders die Phrygerscene ist ein übermütiges komisches Nachspiel, das schon der
Scholiast „unwürdig der Tragödie" findet. „Die polemische Tendenz, der Wunsch, an den *Eumeniden* Kritik zu üben und die
Überlistungsscene bei Sophokles zu parodieren", hat den Euripides geradezu verführt, den ursprünglich so schön angelegten
Charakter seines Orestes zu entstellen und dadurch das ganze
Stück zu verderben [133a]). Ganz deutlich enthalten ferner die Verse
846—856 der *Hiketiden* einen Tadel gegen die Botenrede in
Äschylus' *Sieben gegen Theben* (375 ff.), und auch in den *Phö-
nizierinnen* (751 f.) wird auf dieselbe Stelle gestichelt [133b]). Dass
Fr. 165 der *Antigone* eine polemische Beziehung auf die Worte
der Ismene in Sophokles' *Antigone* (563 f.) enthält, ist zum mindesten wahrscheinlich [134]), und *Fr.* 292, 7 des *Bellerophontes*

klingt wie eine Entgegnung auf *Fr.* 226, 4 des sophokleischen *Thyestes*[135]). Endlich macht der Dichter in einem Bruchstück der *Melanippe desmotis* (*Fr.* 492) seinem Hass und seiner Verachtung gegen die ihn mit ihren Schmähungen verfolgenden Komiker Luft:

> Gelächters halber üben viele Männer sich
> Im Reiz des Spottes; aber ich, ich hasse sie,
> Die Lacher, welche, selber jeder Weisheit bar,
> Ein unverschämtes Mundstück haben und zur Zahl
> Der Männer gar nicht zählen, doch, gewandt im Hohn,
> Ein Haus zu machen wissen und des Schiffes Fracht
> Ins Trockne bringen[136]).

So strömt Euripides, die Grenzen des Dramas oft überspringend, sein ganzes Ich, seinen von Gedanken sprühenden Geist und sein von Empfindungen überquellendes Herz in seine Tragödie aus. Alle wahre Poesie hat eine doppelte Wurzel: die Freude und das Leid. Auf dem Gipfel der Lust und in der Tiefe des Schmerzes genügt das gesprochene Wort nicht mehr: es wird zum Lied. So klingt auch bei Euripides an einigen, freilich nur wenigen Stellen, die Freude als ein Grundton seiner Poesie an, z. B. *Hik.* 180 ff.:

> Der Sänger selber soll die Lieder, die er singt,
> Mit Freuden singen; ist sein Herz nicht so gestimmt
> Und ist er selbst im Unglück, kann er niemals ja
> Erfreun die andern; solches wär' ein Widersinn[137]).

Ja die Prophetin Kassandra sagt sogar in den *Troerinnen* 384 f.:

> Viel besser ist's, vom Schlimmen schweigen; nichts will ich
> Von einer Muse wissen, die vom Unheil singt.

Besonders sind es Freud und Leid der Liebe, die selbst den prosaischen Menschen zum Dichter machen (*Stheneboia Fr.* 663):

> Den Dichter lehrt
> Die Liebe, wär' er vorher auch den Musen fremd[138]).

Indessen wenn die Quelle und der Gegenstand der Poesie nur die Freude wäre, so müsste der Tragiker schweigen. Aber auch das Leid schafft sich sein Lied, und Trost im Unglück zu gewähren, das wäre erst die wahre Aufgabe der Poesie. Darum sagt in der *Medea* (190 ff.) die Amme von dem früheren „unweisen und verkehrten Geschlecht":

> Sie haben Gesang beim fröhlichen Mahl,
> Bei Tänzen und Hochzeitsfesten erdacht
> Und das Leben erfreut mit den Tönen der Lust.

Doch niemand hat noch den schrecklichen Gram
Mit der Saiten, des Lieds vielstimmigem Klang
Zu verbannen gelehrt. Drum rafft das Geschick
In verheerendem Tod die Geschlechter dahin.
Wohl wär' es Gewinn, wenn jegliches Leid
Uns heilte das Lied; doch wozu frommt
Bei fröhlichem Festmahl uns der Gesang?
Denn die Herzen der Menschen vergnügen sich schon
An der lockenden Fülle des Mahles.   (D.)

In der That, die Muse ist nicht nur für die fröhlichen, sondern
auch für die Traurigen da: das spricht die schwergeprüfte Hekabe in den *Troerinnen* (120 f.) aus[139]), und der Chor äussert
sich in demselben Sinn (608 f.):

Wie süss sind Thränen denen, die im Unglück sind,
Und Trauersang, ein Lied, das auch den Schmerz versteht[140])!

Es liegt im Beruf des tragischen Dichters, dass er es viel mehr
mit dem Leid als mit der Freude im Menschenleben zu thun hat.
Bei der Dichtung des Euripides kommt nun aber noch ein drittes
Element hinzu: er will durch seine Poesie der Wahrheit, dem
Recht, dem Guten zum Sieg verhelfen, wie er im *Herakles* sagt
(694 f.):

Gilt doch dem Rechte mein Festgesang[141].   (W.)

Diesem heiligen Beruf, durch Kunst und Wissenschaft seinem
Volk und Vaterland zu dienen, hat er sich geweiht und ihm will
er treu bleiben sein Leben lang (*Her.* 674 f.):

Allzeit will ich zu holdem Vereine
Chariten laden und Musen[142]).   (W.)

In diesen wenigen Worten hat Euripides die Summe seiner Dichtung niedergelegt und er hat sein Gelöbnis gehalten: bis zum
letzten Atemzug hat er gewirkt im Dienste seines Gottes und
dem Schwane gleich sein Leben in Gesang ausgehaucht. Ja es
war ihm beschieden, noch über das Grab hinaus in unabsehbare
Ferne zu wirken, und so gilt auch von ihm und seinen Werken,
was man vom ganzen Griechentum gesagt hat: „desinunt ista,
non pereunt"[143]).

Zweites Kapitel.

Die Weltanschauung des Euripides.

Erkenntnistheoretische Grundlage.

Der Zweifel ist der Vater aller Wissenschaft und jeder wahren Überzeugung. Wer zu wirklichem Wissen durchdringen will, darf die Dinge nicht einfach als gegeben hinnehmen, sondern er muss mit einem gewissen Misstrauen an sie herantreten und die überlieferten Ansichten über sie auf ihre Wahrheit hin prüfen. Diese Prüfung wird dann entweder zur Widerlegung des bisherigen Glaubens führen oder zur Befestigung desselben, m. a. W. im letzteren Falle verwandelt sich der Glaube in Wissen. Freilich ist auch noch ein dritter Fall denkbar: nämlich, dass der Zweifelnde an der Möglichkeit einer wirklichen Erkenntnis verzweifelt und so den Glauben aufgiebt, ohne zum Wissen zu gelangen: dies führt dann zur Beharrung im Zweifel, zur Skepsis.

Vom Zweifel geht auch Euripides aus. In der *Helena* (1617 f.) schliesst der Bote seinen ausführlichen Bericht ziemlich unvermittelt mit den Worten: „Besonnener Zweifel (σώφρων ἀπιστία) ist für die Sterblichen immer das Nützlichste." Er folgt damit der Mahnung des sicilischen Komikers *Epicharmos*: „Sei nüchtern und lerne zweifeln; das ist das Mark des Geistes" (*Fr.* 250 Kaibel)[1]. Mit Zweifel, mit Misstrauen tritt also Euripides an die Götter, an die Welt, an die Menschheit heran, an die darüber verbreiteten Meinungen und die bestehenden Sitten und Gebräuche. Es ist natürlich, dass dieser Zweifel seinen Anfang nimmt beim Transscendenten, beim Unsichtbaren, Überirdischen: denn es ist dies ein für den Menschen dunkles Gebiet, in das sein Blick nicht hinüberreicht, von dem er keine deutliche Erfahrung hat. Diese Dunkelheit in allem, was die Götter betrifft, beklagt Megara im *Herakles* (62 f.):

Wie ist dem Menschen
Doch dunkel alles, was die Götter senden![2]   (W.)

Und ein ähnlicher Seufzer entringt sich der *Iphigenie* angesichts ihres noch unerkannten Bruders und seines Freundes in Tauris (476 f.):

Der Götter Rat, er schleicht
Im Dunkeln; keiner sieht, was kommt, voraus,
Denn unerforschlich sind des Schicksals Wege[3].   (K.)

Ebenso meint Orestes (ib. 572 f.), dass in göttlichen und menschlichen Dingen „viel Wirrnis" (πολὺς ταραγμὸς) sei. Also es fehlt an einer Offenbarung der Gottheit, an klarer Erkennbarkeit ihrer Weltregierung und so erhebt sich die Frage: giebt es überhaupt Götter oder einen Gott? Ist der Glaube daran nicht eitler Wahn? Darum bekennt der Dichter in *Fr.* 901: „Oft schon stieg mir im Geist die bange Frage auf, ob der Zufall oder ein Gott die Welt regiere" [4]). Damit stimmt es überein, wenn der durch den grauenvollen Untergang Trojas und seines Herrscherhauses erschütterte Herold Talthybios in der *Hekabe* (488 ff.) ausruft:

Was soll ich sagen? Achtest du der Sterblichen,
Zeus, oder ist es Lüge, nenn' ich's eitlen Wahn,
Zu glauben, dass noch ein Geschlecht der Götter lebt,
Da wohl der Zufall alles lenkt, was menschlich heisst" ?[5])

(D.)

Und wenn es eine Gottheit giebt, was beabsichtigt sie dann mit dem verworrenen Lauf der Welt? Offenbar nur, dass die Menschen ihre Macht und Grösse staunend verehren. Das ist der einzige Trost, den der scheinbar teilnahmvolle Polymestor der gestürzten Trojanerkönigin zu spenden weiss (*Hek.* 958 ff.):

Des Menschen Lose, Weh und Wohl, mischt ohne Wahl
Ein Gott verwirrend, dass wir Unerfahrnen ihn
Verehren sollen[5a]). (D.)

Aber der Zweifel geht noch weiter. Alles menschliche Bemühen, das Wesen der Gottheit zu ergründen und ihr Thun zu erkennen, ist vergeblich. Darum fragt der Dichter mit den Worten des Chors in der *Helena* (1137 ff.):

Was Gott, was nicht Gott sei, was Mittelnatur[6]),
Welch Sterblicher gründet es aus,
Der die fernsten Grenzen durchspäht,
Dass er schaue der Götter Thun,
Welches sich hierhin, dorthin,
Dann auf feindlicher Bahn
Durch ungeahnte Lose schlingt? (D.)

Wohl giebt es Leute genug, die sich anheischig machen, die im Menschengeist wieder und wieder sich erhebende Frage nach Gott zu beantworten. Da sind neben den offiziellen Priestern der staatlich anerkannten Gottheiten jeder Stadt die Orakel und die Scharen der Seher, welche das Land durchziehen; da sind die eleusinischen Mysterien, die den Eingeweihten ein besseres Jen-

seits versprechen; da ist die Sekte der Orphiker, welche dem von
Gottessehnsucht erfüllten Gläubigen durch die Vermittlung „Orpheus des Gebieters" besondere Offenbarungen in Aussicht stellt
und seinen Geist auf dem Weg der Askese, der Abtötung des
Fleisches, zum Licht der Wahrheit zu führen verspricht[7]). Euripides hat es mit dem allem versucht, aber kein Heilmittel (φάρ-
μαχον *Alc.* 966) für seine kranke Seele darin gefunden. Priester,
Orakeldiener und Seher hat er als absichtliche oder betrogene
Betrüger erkannt. Und wenn auch da und dort ein Gedanke der
mystischen orphischen Ideenwelt bei ihm eine verwandte Saite
anklingen lässt, so sind das doch nur vorübergehende Stimmungen,
und im Grunde bleibt auch dem Orphismus das harte Urteil nicht
erspart: es ist Trug. Je mehr Euripides bei seiner prüfenden
Forschung zu diesem Ergebnis kommt, desto mehr erfasst ihn
eine sittliche Entrüstung über die Leute, welche — gewiss vielfach
gegen ihre eigene Überzeugung — sich in den Dienst des traditionellen Glaubens und Kultus stellten, und gerade bei seiner Überzeugung von der Unmöglichkeit, über göttliche Dinge im einzelnen
etwas Sicheres zu wissen, musste ihn die Anmassung dieser Leute,
die mit affektierter Selbstverständlichkeit über alles Bescheid zu
wissen vorgaben, mit grimmigem Zorn erfüllen. So fährt er in einem
Bruchstück seines *Philoktetes* (*Fr.* 795) in heiligem Eifer gegen sie los:

Warum denn sitzet auf Weissagestühlen ihr
Und schwört, der Götter Thun zu wissen hell und klar?
Nur Menschenwerk sind diese eure Sprüche ja.
Denn wer mit seinem Wissen von den Göttern prahlt,
Ist darum mehr doch als ein eitler Schwätzer nicht[8]).

Die beiden letzten Verse geben genau die Meinung des Protagoras
von den Göttern wieder, der ihr Dasein weder zu beweisen noch
zu widerlegen sich getraute, sondern in dieser Frage eine skep-
tische Zurückhaltung beobachtete, die er am Anfang seiner berühmten Schrift in die Worte fasst (*Fr.* 2): „Von den Göttern
kann ich nichts erkennen, weder dass sie sind, noch dass sie
nicht sind; denn vieles hindert diese Erkenntnis: ihre Verborgen-
heit und die Kürze des menschlichen Lebens"[9]). Und auch Xenophanes hatte schon ganz ähnlich gedacht und geredet (*Fr.* 14):

Deutliches hat noch niemand erkannt noch wird man's erkennen
Über die Götter und über das Weltall, was ich da sage;
Und ob sich einer auch dünkte, Vollkommenes drüber zu reden,
Weiss er es selbst doch nicht; nur Glauben kann es hier geben[10])

Trotzdem verwirft er jedoch die Forschung nicht, sondern proklamiert einen allmählichen Fortschritt der Erkenntnis: „Nicht haben die Götter alles von Anfang an den Sterblichen gezeigt, sondern forschend finden sie mit der Zeit das Bessere" (*Fr.* 28 *Lyr. Gr.* pg. 56). Ähnlich sprach sich auch der Pythagoreer Alkmeon von Kroton aus (Diog. L. VIII. 5, 2). In diesen Bahnen wandelt auch Euripides: er befleissigt sich gegenüber dem Transscendenten einer bescheidenen Zurückhaltung, wenigstens in der Aufstellung positiver Behauptungen; damit aber begiebt er sich keineswegs des Rechts, auch auf diesem Gebiet das, war er als in sich widerspruchsvoll und unwahr erkannt hat, zu bekämpfen. Das ist freilich nicht ganz folgerichtig; wir werden aber sehen, dass auch jene skeptischen Äusserungen noch nicht das letzte Wort des Dichters sind, sondern dass er zugleich unablässig und auch nicht erfolglos bemüht ist, zu einem positiven Ergebnis zu kommen.

Indessen nur ein unphilosophischer Kopf kann beim Zweifel am hergebrachten Glauben über das Überirdische und damit sozusagen auf halbem Wege stehen bleiben. Auch die diesseitige Welt und Menschheit bieten der Rätsel mehr als genug. Wie schwer, ja fast unmöglich ist es schon, auch nur den wahren Charakter seiner Mitmenschen richtig zu erkennen und zu beurteilen, und so wünscht der Dichter im Anschluss an einen schon von Theognis (119 ff.) [11]) ausgesprochenen Gedanken, es möchte doch den Menschen ein äusserliches Merkmal ($\chi\alpha\rho\alpha\varkappa\tau\dot{\eta}\rho$) aufgeprägt sein, an dem man die guten von den schlechten unterscheiden könnte, wie man die Edelmetalle auf ihre Echtheit prüft (*Med.* 516 ff.) und so lieb ist ihm diese Idee, dass er im *Hippolytos* (925 ff.), in der *Elektra* 367 ff. und im *Herakles* (655 ff.) sie in einem andern Bilde ebenfalls vorbringt. Indessen nicht an so Äusserlichem bleibt Euripides haften. Er müsste kein Sohn der Sophistenzeit sein, wenn er an den inhaltsschweren Gegensatzpaaren von Nomos und Physis, Onomata und Chremata achtlos vorübergehen könnte. Decken sich die Namen der Dinge wirklich mit diesen selbst oder sind es nur konventionelle Bezeichnungen, denen nichts Wesenhaftes entspricht? Das ist eine der tiefsinnigen Fragen, welche die Sophisten aufgeworfen haben, nachdem sie freilich schon vorher von Heraklit in seiner Lehre vom Werden und von den Gegensätzen berührt worden war, wie denn auch der nach dem Herakliteer *Kratylos* benannte Platonische Dialog sie behandelt. Diese

Frage wurde im höchsten Grade bedenklich, sobald man sie auf das sittliche Gebiet übertrug und, je nachdem man sie beantwortete, musste sie zu einer Ethik führen, die „jenseits von Gut und Böse" stand. Mag der berühmte Satz des Protagoras (*Fr.* 1): „Der Mensch ist das Mass aller Dinge, der seienden, dass sie sind, und der nichtseienden, dass sie nicht sind" — mag dieser Satz, wie bisher die meisten neueren Gelehrten im Anschluss an Plato und Aristoteles angenommen haben, individualistisch oder, wie man von anderer Seite zu beweisen gesucht hat, generell aufzufassen sein, jedenfalls muss es in der Sophistik eine durchaus subjektivistische Richtung gegeben haben [12]). Würde Plato uns dies nicht sagen, so müsste es uns Euripides lehren. Letzterer folgt nämlich dieser Richtung, als deren Haupt wir vorläufig noch Protagoras betrachten, unstreitig, wenn er den Eteokles in den *Phönissen* (499 ff.) sagen lässt:

Ja, wenn für alle „schön" und „klug" dasselbe wär',
Dann gäb's nicht Streit noch Hader in der Menschenwelt.
Doch nun ist gleich und ähnlich nichts den Sterblichen
Als nur die Namen; doch die Dinge sind es nicht [13]).

Hier ist es deutlich ausgesprochen, dass die Bezeichnungen „schön" und „klug" nicht für alle Menschen dasselbe bedeuten, sondern von den einzelnen verschieden ausgelegt werden.

Und auch die Übertragung auf das ethische Gebiet fehlt bei Euripides nicht. Zu seinen berüchtigtsten Versen zählt *Fr.* 19 des *Äolus*:

Was ist denn schlecht, als was dem, der es thut, so scheint?

Ein Satz, dem nach einer Version der Überlieferung Antisthenes, während die Zuschauer durch Lärm ihr Missfallen kund gaben, nach der andern der junge Plato bei einem Zusammentreffen mit dem Dichter den andern entgegengestellt haben soll:

Schlecht ist das Schlechte, mags so scheinen oder nicht,

und den Aristophanes in den *Fröschen* (1475) boshaft so parodiert:

Was ist denn schlecht, als was dem, der zuschaut, so scheint? [14])

Im *Orestes* beginnt Tyndareus seine Anklagen gegen Orestes mit dem bezeichnenden Bedingungssatz (492 f.): „Wenn allen klar ist, was gut und nicht gut ist, gab es dann einen unverständigeren Menschen als diesen?" Hier hat das freilich eine besondere Spitze, da Apollo durch sein den Muttermord befehlendes Orakel die Begriffsverwirrung herbeiführte. Wer nun die subjektivistische Natur aller „Namen" erkannt hat, der bedarf nur einiger Phan-

tasie und einer gewissen technischen Schulung, um sich in zwei
Personen hineinzuversetzen, die über die Bedeutung eines „Namens"
entgegengesetzter Ansicht sind, und so darüber zwei einander
vollständig widersprechende Betrachtungen anzustellen. Dies
besagt das *Fr.* 5 des Protagoras: „Es giebt über jede Sache zwei
entgegengesetzte Betrachtungsweisen". Dieser Satz des Sophisten
wird allerdings „vortrefflich illustriert" durch *Fr.* 189 der *Antiope*
des Euripides:

> Aus jeder Sache kann ein guter Redner stets
> Zwei Reden machen, deren Sinn sich widerspricht[15]).

Weder der Satz des Protagoras noch die Verse des Euripides
wollen die Binsenwahrheit ausdrücken, „dass in Betreff jeder Frage
ein Pro und Contra vorhanden sei", sondern dass von jedem Ding
Entgegengesetztes behauptet werden könne und zwar mit gleicher
Wahrscheinlichkeit. Euripides selbst freilich schliesst sich dieser
extremen Skepsis nicht an: in der *Antiope* lässt er deutlich genug
durchblicken, wessen Ausführungen er für die richtigen hält, und
dem Redekünstler Eteokles hält Polyneikes, ein Wort des Äschylus
nachahmend, den schönen Spruch entgegen (*Phön.* 469 ff.):

> Wahrheit liebt Einfalt. Die gerechte Sache
> Hat künstlich schlauer Wendung nicht vonnöten.
> Sie selbst ist ihre Schutzwehr. Nur die schlimme,
> Siech in sich selbst, braucht die Arznei des Witzes[16]). (Sch.)

Wie diese, so zeigen noch zahlreiche andere Stellen, dass Euripides
von der in sich unwahren Scheinredekunst der Sophisten nichts
wissen will. Sie ist ihm widerwärtig, wenn sie in menschlichen
Dingen die Wahrheit verdreht, und wenn sie über göttliche Dinge
„faselt", so ist sie ihm nicht lieber als die Priester und Seher,
die ihre Weisheit anpreisen. Hieher gehört das merkwürdige
Fr. 913, dessen Zusammenhang wir leider nicht kennen:

> Wer kann das schau'n und wer erkennet nicht Gott,
> Dass er weit von sich schleuderte alle den
> Irrführenden Trug der Gelehrten,
> Die faseln mit schädlicher Zung' über das,
> Was unsichtbar, ohne Einsicht[17]).

Diese Verse zeigen den Dichter in erhabener Ruhe, seines Gottes
gewiss, über dem Streit der Meinungen. Es muss ihm also doch
gelungen sein, über die Skepsis Herr zu werden. Und zwar war
es die Philosophie Heraklits, durch die er die Widersprüche des
Weltlaufs in eine Harmonie sich auflösen sah. Die scharfe

Sprache, die in dem eben angeführten Bruchstück gegen die „Meteorologen" geführt wird, muss in dem Munde des Euripides, der zu einem Anaxagoras pietätvoll aufblickte, befremden. Sie wird nur erklärlich durch den Einfluss Heraklits, der, obwohl selbst philosophischer Denker oder vielmehr gerade deswegen, die empirischen Wissenschaften gering schätzte und von der Höhe seiner Spekulation mit dem gleichen aristokratischsn Stolze auf sie herabschaute wie später Plato auf Demokritos, der Idealist auf den Materialisten. Das Wort Heraklits (*Fr.* 16 Byw.) ist bekannt: „Vielwisserei fördert die Geistesbildung nicht; denn sonst hätte sie den Hesiod und Pythagoras und wiederum den Xenophanes und Hekatäus gefördert." Also Dichter und Naturforscher. Theologe und Geschichtsschreiber finden, der eine so wenig wie der andere, Gnade vor den Augen des Philosophen. Und obwohl er sich selbst dem Einfluss dieser Forscher keineswegs ganz entziehen konnte, so urteilte er nichtsdestoweniger hart und ungerecht über sie, besonders über Pythagoras, von dem er noch besonders sagt (*Fr.* 17): „Pythagoras, des Mnesarchos Sohn, hat von allen Menschen am meisten Wissenschaft getrieben und machte zu seiner Weisheit Vielwisserei und schlechte Künste." In den obigen Versen des Euripides haben wir einen deutlichen Reflex dieser Heraklitischen Gedanken [17a]). Die Heraklitische Philosophie berührt sich in manchen Punkten mit der sophistischen Skepsis: jene wie diese leugnete das Sein und erklärte es für Täuschung; beiden waren infolge dessen die gangbaren Begriffe nur etwas Konventionelles, was Heraklit vermittelst seiner Hervorhebung der Relativität der Gegensätze darzuthun suchte, während die Sophisten dafür den Widerstreit der menschlichen Meinungen über eine und dieselbe Sache ins Feld führten. Aber wenn so beide, Heraklit sowohl als die Sophisten, die Welt, soweit sie sich nur von der Oberfläche zeigt, als blossen Schein bezeichneten, so besteht zwischen beiden doch wieder der grosse Unterschied, dass die Sophisten an der Erkenntnis des wirklichen Seins verzweifelten und dies somit auf sich beruhen liessen, um sich mit der Welt des Scheins, wie sie sich nun einmal den Menschen darstellt, so praktisch als möglich abzufinden, während Heraklit ein bestimmtes Erkenntnisprinzip und eine einheitliche Grundlage für die verworrene Welt der Erscheinungen sucht und findet. Er unterscheidet nämlich zwischen sinnlicher Wahrnehmung und geistiger Erkenntnis. Die grosse Menge der Menschen lässt sich haupt-

sächlich von der ersteren leiten und führt deshalb, ohne jemals
ins Wesen der Dinge einzudringen, nur eine Art Traumleben
(*Fr.* 2). Denn „Auge und Ohr sind schlechte Zeugen für die
Menschen" (*Fr.* 4); „die Natur liebt es, sich zu verbergen" (*Fr.* 10)
und nur „Eines ist Weisheit, zu verstehen den planvollen Sinn,
welcher alles in allem durchwaltend lenkt" (*Fr.* 19). Das Organ,
welches diese tiefste Erkenntnis vermittelt, ist der Geist (νοῦς);
diesen besitzen freilich nur wenige so, dass sie Gebrauch davon
machen, die Menge lebt dahin wie das Vieh (*Fr.* 111). Dieser
Geist, der auch Vernunft (λόγος *Fr.* 1, 2, 91, 92) genannt wird
und dessen Thätigkeit das Denken (φρονεῖν) ist, ist allerdings etwas
Allgemeines (*Fr.* 91); aber die meisten Leute leben trotzdem
dahin, als hätten sie eine „Privatvernunft" (*Fr.* 92); sie machen
sich den Geist nicht zu Nutzen und doch ist dieser allein es,
welcher zur Erkenntnis der Weltordnung (κόσμος) führt, die weder
von einem Gott noch von einem Menschen gemacht ist, sondern
die immer war, ist und sein wird und deren Substanz nach ihrer
materiellen Seite das ewige ruhelose Feuer ist, deren Grundgesetz
der Philosoph aber auch nach der geistigen Seite mit dem Namen
Dike bezeichnet (*Fr.* 29, 60, 62, 118)[18]). Mit der Erkenntnistheorie
des Heraklit nun zeigt diejenige des Euripides eine merkwürdige
Übereinstimmung. Wir haben gesehen, dass auch er die „Namen"
der Dinge durchaus als etwas Konventionelles ansieht und selbst
vor den daraus sich ergebenden Folgerungen für das sittliche Gebiet nicht zurückschreckt: er steht (*Aeolus Fr.* 19) mit Protagoras
und Heraklit (*Fr.* 57 „gut und schlecht ist dasselbe") „jenseits
von gut und böse"[18a]). Er vermisst ferner nicht nur eine zuver-
lässige Offenbarung der angeblich existierenden transscendenten
Welt, sondern ist auch von der Unzulänglichkeit der gewöhnlichen
menschlichen Erkenntnis dieser Welt überzeugt. Trotzdem aber
verfällt er nicht mit gewissen Sophisten in eine radikale Skepsis.
Der Grund dafür ist, dass auch er die äussere sinnenfällige Erscheinung der Dinge und deren Wahrnehmung wohl unterscheidet
von ihrem wahren Wesen und dessen Erkenntnis durch den Geist.
In einem Bruchstück (*Fr.* 909), in dem von der Ehe die Rede ist
und der Gedanke ausgeführt wird, dass nicht körperliche Schönheit, sondern Tugend den Ausschlag für eine glückliche Verbindung gebe, dass verständige Ehegatten gegenseitig auch über
körperliche Unscheinbarkeit hinwegsehen müssen und können, sagt

er: „denn nicht das Auge urteilt, sondern der Geist"[19]). Hier haben wir also genau wie bei Heraklit den Geist (νοῦς) als Organ richtiger Erkenntnis dessen, was nicht auf der Oberfläche liegt, gegenüber der durch das Auge vermittelten sinnlichen Wahrnehmung. Und wenn er an andern Stellen den „menschlichen Geist" (νοῦς βροτῶν Troad. 886) mit Zeus gleichsetzt und sagt, dass „in jedem von uns der Geist Gott" sei (*Fr.* 1018)[20]), so erinnert dies zwar nicht nur an Heraklit (*Fr.* 121) sondern auch an die Ätherlehre des Diogenes von Apollonia, aber es zeigt doch, wie hoch Euripides den Geist des Menschen im wahren, tiefen Sinn schäzte. Der Geist macht von der Beschaffenheit des Sichtbaren seine Schlüsse auf das Unsichtbare (*Oinomaos Fr.* 574; *Phönix Fr.* 811)[21]) und darum ist der beste Seher, wer richtig zu schliessen versteht" (*Fr.* 973)[22]). Ähnlich sagt der Bote in der *Helena* (757): „Der beste Seher ist der Geist (γνώμη) und kluger Sinn"[23]). Denn dieser allein kann die sichtbare wie die unsichtbare Welt richtig erkennen und verstehen (vgl. *Troad.* 652). Dabei kommt Euripides auch sachlich auf ein mit Heraklit übereinstimmendes Ergebnis: auch ihm ist Dike die in der Welt immanent waltende Macht. Es war unvermeidlich, dass ein Denker wie Heraklit mit der bestehenden Religion in Konflikt kam, und selbst die sehr spärlichen Bruchstücke seines Werkes deuten uns wenigstens noch an, dass er den religiösen Kultus einer sehr scharfen Kritik unterzog (*Fr.* 125, 126, 127, 130). Auch hierin ist ihm Euripides gefolgt. Dagegen unterscheidet sich der Dichter in Einem Punkte sehr wesentlich von dem Weisen aus Ephesus; der letztere hatte von der Menge immer eine sehr geringe Meinung und schaut von der Höhe der Aristokratie auf das tief unter ihm stehende Volk herab[24]); er hat auch seine Lehre sicherlich nur für einen engen Kreis erwählter Schüler bestimmt, nicht für das grosse Publikum. Man kann vermuten, dass auch in seiner „dunklen" Ausdrucksweise eine gewisse Absichtlichkeit lag. Euripides dagegen fühlt sich als Dichter und Lehrer seines Volkes berufen, dieses aufzuklären. Er predigt dabei seine Weisheit, wo nicht auf der Gasse wie Sokrates, doch in dem jedermann zugänglichen Theater, so dass ihn hören kann, wer will. Und was er hier predigt, das ist Aufklärung über den wahren Sachverhalt der Dinge gegenüber dem überlieferten, von den meisten Leuten unbesehen übernommenen Glauben: dieser wahre Sachverhalt wird ermittelt durch vernünftiges Denken. Der menschliche Geist, die menschliche Vernunft ist der Massstab aller Dinge und darum kann die philosophisch-aufklärende Thätigkeit des Euripides nicht besser bezeichnet werden als mit dem Wort Rationalismus[25]).

Drittes Kapitel.

Theologie.

1. Der alte Glaube.

Wenn man den Aristophanes liest, so könnte man glauben, Euripides habe in ganz mutwillig frivoler Weise den griechischen Volksglauben angegriffen und zerstört und an seine Stelle den nackten Atheismus gesetzt, dessen Verbreitung er zu einer Hauptaufgabe seiner Tragödien gemacht hätte[1]). Und für den oberflächlichen Zuschauer, Zuhörer oder Leser der Euripideischen Dramen mit ihren zahlreichen und leidenschaftlichen Auslassungen gegen den überlieferten Glauben entbehrt diese Darstellung nicht eines gewissen Scheines der Wahrheit. Trotzdem erweist sie sich bei genauerem Zusehen als eine grobe und böswillige Entstellung des wirklichen Thatbestandes. Nicht nur thut man dem Euripides Unrecht, wenn man ihn rundweg als „Atheisten“ bezeichnet, etwa wie Diagoras von Melos[2]), wozu seine Weltanschauung keineswegs berechtigt, sondern man muss auch die Thatsache anerkennen, dass er sich in sehr ernster Weise mit dem alten Glauben auseinandergesetzt hat; ja er hat Zeiten, wo er mit Wehmut des verlorenen Kinderglaubens gedenkt und sehnsüchtigen Blicks zu der weisen und heiteren Götterwelt des Olympus emporschaut. Aus solcher Stimmung heraus sind die Worte gesprochen, die er dem Chor des *Hippolytos* (1104 ff.) in den Mund legt:

Freilich, wenn ich den Glauben an göttliches Walten erfasse,
Schwindet Angst und Qual.
Aber der gläubige Wunsch, eine waltende Vorsicht zu finden,
Scheitert, sobald ich das Thun und das Leiden der Menschen
                              betrachte.

Heute so, morgen so
Wechseln der Menschen Geschicke
Ohne Frieden, ohne Rast.   (W.)

Allerdings, wenn man bedenkt, dass ein Mensch, wie der Seher Diopeithes, der sogar den Spott des frommen und konservativen Aristophanes herausforderte, sich zum Verteidiger der Religion aufwarf und ein Gesetz einbrachte des Inhalts, es solle, „wer nicht an die Religion glaube und Lehren über Meteorologie verbreite", gerichtlich belangt werden, dass, wie Diagoras, auch ein Anaxagoras, Protagoras und Sokrates einer öffentlichen Anklage wegen Gottlosigkeit (ἀσέβεια) anheimfielen, wovor den Klazomenischen Philosophen selbst der Einfluss eines Perikles nicht hatte schützen können, so muss man sich nur wundern, dass gegen Euripides derselbe Vorwurf nur gelegentlich erhoben wurde, ohne ernstere Folgen nach sich zu ziehen ³), wobei nicht ausgeschlossen ist, dass die Besorgnis, einem ähnlichen Schicksal entgegenzugehen, wie später den Aristoteles, so auch den Euripides in seinem Entschluss, die Heimat zu verlassen, bestärkt hat. Und doch teilte Euripides mit seinem Volke die Hochschätzung der **Frömmigkeit**, sofern man darunter nicht das gedankenlose Mitmachen gebräuchlicher Zeremonien versteht, sondern jene Gesinnung, welche sich, getragen von dem Bewusstsein menschlicher Hinfälligkeit' und Unzulänglichkeit, unter die Macht und den Willen der Gottheit beugt, ohne jedoch dabei die Menschenwürde auch nur einen Augenblick zu verlieren ⁴). Es ist die Gesinnung, die Homer in die Worte fasst: „alle Menschen bedürfen der Götter" ⁵), und die Euripides mit einem rationalistischen Element versetzt in seinem *Archelaos* (*Fr.* 256) so zum Ausdruck bringt:

Glückselig, wer verständig seinen Gott verehrt, ⁻

Das bringt ihm selber nur den grössten Nutzen ein ⁶).

Dasselbe spricht *Fr.* 1025 aus:

Kein Sterblicher ist jemals glücklich ohne Gott,

Noch kommt er vorwärts; darum sag' ich lebewohl

Der Menschen Thun und Wünschen, das von Gott nichts weiss ⁷).

„Den Göttern suche zu gefallen; denn alles, was von ihnen kommt, hat seinen Zweck", heisst es ein andermal (*Fr.* 948) ⁸). Handelt es sich hier um die Erwerbung der Gunst der Gottheit zu dem Zweck, dass sie die äusseren Verhältnisse des Lebens vorteilhaft gestalten möge, so leitet es schon zu einer tieferen Auffassung des göttlichen Waltens und damit auch der Frömmigkeit über, wenn es in einem Bruchstück des *Philoktet* heisst (*Fr.* 800):

Möcht' ich doch immer nur ein Freund der Götter sein;

Denn sie vollenden alles, wenn sie auch verziehn ⁹).

Dieser Gedanke, den das deutsche Sprichwort in das Bild fasst: „Gottes Mühlen mahlen langsam, mahlen aber trefflich fein", kehrt bei Euripides öfters wieder: *Ion* 1614 f.; *Bacch.* 882 ff. [9]). Aber alles äussere Bestreben, sich die Götter zu Freunden zu machen, ist wertlos, wenn es nicht aus einer wahrhaft frommen Gesinnung hervorgeht. Ist diese vorhanden, so kommt auf die Form, in der die Frömmigkeit zu Tage tritt, nichts an (*Fr.* 946):

Drum wisse: wer den Göttern opfert frommen Sinns,
Der wird gerettet, — sei das Opfer noch so klein [10]).

Frömmigkeit — die diesen Namen verdient — und Sittlichkeit (ἀρετή) sind unzertrennlich. Sie vereinigt als ein Muster wahrer Frömmigkeit Theseus in den *Hiketiden* und *Hippolytos*, der in einem Bruchstuck der ersten Bearbeitung des nach ihm benannten Dramas vom Chor selig gepriesen wird mit den Worten (*Fr.* 446): „Seliger Hippolytos, welche Ehren hast du erlangt durch deine Entsagung! Keine Macht im Menschenleben ist jemals stärker als die Tugend; denn es folgt früh oder spät ein herrlicher Lohn der Frömmigkeit" [11]).

Zwei Eigenschaften sind es hauptsächlich, die Euripides im Wesen der Götter betont und um deren willen sich die Frömmigkeit empfiehlt: ihre Macht und ihre Gerechtigkeit. Die Macht ist es in erster Linie, keineswegs die höhere sittliche Vollkommenheit, vermöge deren der griechische Gott über dem Menschen steht. „Die Macht der Götter ist die grösste" (*Alc.* 219); „alles ist den Göttern leicht" (*Phön.* 689); sie stürzen das Hohe und erhöhen das Niedrige (*Troad.* 612 f.; *Heraklid.* 608 ff.). Ja sogar Wunder können sie thun: „Wenn Gott es will, kann man auf einer Binsenmatte segeln" (*Thyest. Fr.* 397) [12]). „Was kein Mensch mehr hofft, führt mit Leichtigkeit ein Gott zum Ziel" (*Alkmene Fr.* 100) [13]). Wenn man daher nur die Götter auf seiner Seite hat, so braucht man nichts zu fürchten und kann menschliche Freunde entbehren (*Or.* 667 f.):

Dann wann die Gottheit Glück verleiht, was soll der Freund?
Der Gott genügt allein ja, wenn er helfen will [14]). (D.)

Endlich sind die Menschen, welche nach eigenem Willen und Zweck zu handeln wähnen, nichts als Werkzeuge in der Hand der Götter, deren Ratschluss sie vollziehen. Nach der Ermordung des Ägisthus erwidert Orestes auf den Glückwunsch seiner Schwester (*El.* 890 ff.):

Die Götter musst, Elektra, du zuerst ansehn
Als dieser That Urheber; dann erst preise mich,
Der nur der Götter und des Schicksals Diener ist.

In der letzteren Stelle sehen wir neben die Götter das Schicksal (τύχη) gestellt. Es ist schon oft darauf hingewiesen worden, dass der griechische Götterstaat eine monarchische Spitze hat, indem alle andern Götter dem Zeus mehr oder weniger untergeordnet sind. Noch viel stärker aber äussert sich der dem griechischen Polytheismus innewohnende Zug zur Einheit in der schon zu sehr früher Zeit auftauchenden Idee des Schicksals (μοῖρα, τύχη, εἱμαρμένη, πεπρωμένον), das nicht nur die Menschen beherrscht, sondern an dem auch die Macht der Götter ihre Schranke findet. Wie die deutschen Wörter Schicksal und Geschick und das lateinische Fatum, so haben auch die griechischen Bezeichnungen dieses Begriffs zu ihrer ursprünglich passiven Bedeutung hin mit der Zeit noch eine aktive bekommen, und diese hat schliesslich die erstere in den Hintergrund gedrängt. Es zeigt sich in der Bildung dieser Idee, deren Entwicklung wir, da sie vor die litterarische Epoche des Griechentums fällt, nicht mehr verfolgen, sondern nur noch feststellen können, „eine erste dämmerhafte Ahnung der Gesetzmässigkeit alles Geschehens" [15]), und es dringt damit das erste rationalistische Element in die griechische Weltauffassung ein. Natürlich musste, sobald dieser Gedanke lebendig wurde, die Frage nach dem Verhältnis dieser Macht zu dem Thun der Götter und Menschen sich erheben, und es genügt, an den schon im homerischen Epos vorkommenden Begriff des Hypermoron (Υ 30; Φ 517; α 34) zu erinnern, um zu beweisen, wie sehr sich dieses Problem schon jenem frühen Geschlecht aufdrängte, freilich auch, in wie kindlicher Weise es dasselbe lösen zu können glaubte. Weiterhin ist die ganze griechische Tragödie, insbesondere diejenige des Äschylus, ihrem tiefsten Wesen nach ein Versuch zur Lösung dieses ewigen Problems. An vielen Stellen seiner Dramen schliesst sich nun auch Euripides durchaus der volkstümlichen Auffassung der Schicksalsidee an. Diese höchste Macht führt bei ihm die verschiedensten Namen: Μοῖρα (*Hrkld.* 899), Μοῖραι (*Alc.* 12), τύχη (*El.* 892; *Hrkld.* 935; *Iph. T.* 478 und oft), τὸ πεπρωμένον (*Andr.* 1268 passiv), τὰ μόρσιμα (*Hrkld.* 615 passiv), ἀνάγκη *Hel.* 514; *Alc.* 965; *Bell. Fr.* 299), τὸ δαιμόνιον *Phön.* 352; *Andromed. Fr.* 152); τὰ δαιμόνια (oder οἱ δαιμόνιοι? in der am Ende von fünf Stücken stehen-

den identischen Schlussstrophe: *Alc.* 1159; *Andr.* 1287; *Bacch.*
1388; *Hel.* 1688 [*Med.* 1415]; ὁ δαίμων (*Hik.* 552); τὸ χρεών (*Her.*
21; *Hipp.* 1256; Iph. T. 1486); αἶσα und συμφορά (*Androm.* 1204);
ὁ νόμος (*Hekabe* 800); ὁ θεός (*Hel.* 711); ὁ δαίμων (*Andromache*
98; *Medea* 1347). So viele Namen diese Macht hat (vgl. Dio
Chrys. 64, 8 bei Nauck² zu *Fr.* 1022)[15ª]), so vielgestaltig und
darum rätselhaft ist sie auch. Dies drückt jene mehrfach wiederholte Schlussstrophe aus:

> Vielfache Gestalt hat der Götter Geschick,
> Gar vieles verhängt unerwartet ihr Rat,
> Und was du gewähnt, vollendet sich nicht.
> Zum Unmöglichen findet die Bahn ein Gott.
> So endete dieses Begegnis[16]). (D.)

Ähnlich heisst es in der *Antiope Fr.* 211:

> O weh, wie viele Fälle, wie viel Gestalten giebt's
> Von Menschenleid, und niemand kennet ihren Zweck[17]).

Und der Bote in der *Helena* sagt zu dieser (711 ff.):

> O Kind, ein Wesen vielgestalt und rätselhaft
> Ist doch die Gottheit. Wandeln und verändern ist
> Ihr Ziel nach allen Seiten. Dieser ringt in Not,
> Der, einst im Glücke, schwindet hin in schnödem Tod,
> Kennt nicht in wandellosem Glück Beständigkeit[18]). (D.)

Das wichtigste aber ist, dass das Schicksal oder die „Notwendig-
keit" die grösste, unwiderstehlichste Macht der Welt ist. „Nichts
Stärkeres fand ich als die Notwendigkeit", sagt der Chor in der
Alcestis (965 f.) und Menelaos in der *Helena* (513 f.):

> Ein Wort der Weisen, nicht mein eignes ist's, dass nichts
> Sei stärker als die furchtbare Notwendigkeit.

Hiermit deckt sich *Fr.* 299 des *Bellerophontes*:

> Machtlos ist alles gegen die Notwendigkeit[19]).

Diese Notwendigkeit (ἀνάγκη) ist ein halb religiöser, halb philosophischer Begriff. Sie gerade von den Orphikern herzuleiten,
liegt kein Grund vor, da sie in jeder Weltanschauung, die das
gesetzmässige Geschehen betont, ihre Stelle hat, also eher in jeder
andern als im Orphismus[20]). In welchem Verhältnis steht nun
diese Macht zum Walten der Götter? Stimmt der Wille beider
überein, so sind die Götter einfach die Vollstrecker des Geschicks.
So finden wir Götter und Schicksal geradezu identifiziert in einem
Chorlied der *Herakliden* (608 ff.): „Niemand, glaube ich, wird
glücklich oder unglücklich ohne die Götter, und nicht weilt das

Glück immer in demselben Haus; sondern ein Schicksal ($\mu o \tilde{\iota} \rho \alpha$)
folgt auf das andere: den einen stürzt es von der Höhe in die
Niedrigkeit, den andern führt es aus der Niedrigkeit zum Glück.
Unmöglich aber ist's, der Bestimmung des Schicksals ($\mu \acute{o} \rho \sigma \iota \mu \alpha$) zu
entgehen; auch durch Weisheit lässt es sich nicht zurücktreiben;
wer dies versucht, wird sich immer vergebens abmühen" [21]. Hiermit stimmen vollkommen die Worte der Megara im *Herakles*
überein (309 ff.):

> Wer ankämpft wider göttliches Verhängnis,
> Der müht sich wohl und ringt; allein sein Ringen
> Und Mühn ist Thorheit. Denn, was muss geschehn,
> Geschieht; kein Mensch vermag es je zu ändern [22]. (W.)

Einen Gott mit der Notwendigkeit im Bunde finden wir ferner
in der *Aulischen Iphigenie*, wo Agamemnon ausruft (443 ff.):

> In welche Netze, Schicksal, hast du mich verstrickt!
> Mich überschlich ein Dämon, der, weit listiger
> Als meine Listen alle, mich belistete.   (D.)

Für den Menschen ist das Walten des Schicksals rätselhaft;
denn es wechselt wie die Windrichtung (*Andromed. Fr.* 153) [23]);
man muss eben tragen, was es bringt, und diese Sckickungen als
den Willen des Zeus betrachten (*Andromach.* 1268 f.). Mehrfach
aber wird es auch deutlich ausgesprochen, dass das Schicksal
über den Göttern steht: „Das Schicksal ist Herr über dich und
über die Götter", sagt Athene zu Thoas (*Iph. T.* 1486) [24]). Ganz
im Einklang hiermit steht, was *Hekabe* im gleichnamigen
Drama (798 ff.) ausspricht:

> Wir sind nur Sklaven und ein schwächliches Geschlecht.
> Stark aber sind die Götter, stark auch das Gesetz,
> Das sie beherrscht. Durch dies Gesetz ja glauben wir
> An sie und leben Rechts und Unrechts uns bewusst [25].

Wenn wir an einer Stelle der *Herakliden* (934 f.) auf den ersten
Anblick das umgekehrte Verhältnis zu finden glauben, so ist dies
nur scheinbar. Es heisst hier: „Ein Gott hat das Gegenteil
(sc. von der Absicht des Eurystheus) gethan und das Schicksal
($\tau \acute{\upsilon} \chi \eta$) geändert." Hier ist Tyche einfach der Verlauf der Dinge,
nicht die denselben lenkende Macht, also passivisch, nicht ak-
tivisch. Und wenn Odysseus im *Kyklops* (606 f.) sagt, sofern er
nicht gerettet werde, „müsse man Tyche für eine Gottheit und
der Götter Walten für schwächer als jene halten", so beweist
auch dies nichts gegen die allgemein gültige Ansicht, obwohl

Odysseus dann in der That gerettet wird. An einigen Stellen endlich durchdringt nach des Dichters Worten das göttliche Walten die Geschicke (*Andromed. Fr.* 152): „Siehst du nicht, wie das göttliche Walten (τὸ δαιμόνιον) durch die Geschicke hin, wandelt und jeden wieder anders ans Tageslicht kehrt?"[26]) Und ganz eigentümlich heisst es in einem Chorgesang der *Herakliden* (898 ff.): „Vieles erzeugt das reifende Schicksal und Aion, der — Sohn der Zeit"[27]). Dicht daneben lesen wir eine Aufforderung, die Verehrung der Götter und die Pflege der Gerechtigkeit nicht zu vernachlässigen, und eine gegen die Gottesleugner gerichtete Erklärung (901 ff.), wie denn überhaupt die *Herakliden* ähnlich den *Hiketiden* infolge ihrer ebenfalls patriotischen Tendenz auf einen frommen Ton gestimmt sind (Bergk, Griech. L.G. III S. 524 A. 178). Man wird nun kaum fehlgehen, wenn man beide Ausdrücke, Nomos und Aion, auf die Philosophie des Heraklit zurückführt, in der sie thatsächlich ein und dasselbe bezeichnen: nämlich eben den gesetzmässigen Verlauf der Welt. Auch noch einige andere Stellen (*Hipp.* 1108 ff.; *Fr.* 864; *Beller. Fr.* 304; *Herakles* 776 ff.; *Iph. Taur.* 1121 f.) weisen nach derselben Richtung[27]). Hat so der Dichter zuweilen in die populäre Auffassung des Schicksals philosophische Gedanken hineingetragen, so nähert er sich an andern Orten in seiner Ausdrucksweise wieder ganz dem Volksglauben. So finden wir die uns aus Herodot[28]) geläufige Anschauung vom Neid der Götter als der Ursache menschlichen Glückswechsels bei Euripides mehrfach wieder. Im *Orestes* wird darauf der Untergang des Pelopidenhauses zurückgeführt (972 ff.):

Geschwunden ist, geschwunden hin der ganze Stamm
Der Kinder Pelops und der Ruhm, der einst umstrahlt
Dieses Haus des Glücks:
Der Götter Neid ergriff es und das feindliche
Todesurteil in Argos Stadt. (D.)

In der *Alcestis* (1135) wünscht Herakles dem Admet nach dessen Wiedervereinigung mit seiner Gattin, dass der Götter Neid ihm fernbleiben möge. Der Chor der *Aulischen Iphigenie* fordert zur Vereinigung in Frömmigkeit und Gesetzlichkeit auf, damit man dem Neid der Götter entgehe (1097). In den *Hiketiden* endlich hofft Theseus, ohne vom Neid der Götter getroffen zu werden (348), die Auslieferung der Leichname der vor Theben gefallenen Helden zu erlangen. Indessen nur an Einer der angeführten Stellen, in der *Alcestis*, kann man das griechische φθόνος im Sinn von „Neid" fassen; nur hier, angesichts des neuerblühten und darum um so grösseren Glücks der einander wiedergeschenkten Gatten, passt der Herodoteische Gedanke, dass die Götter vielleicht hierin ein „Zuviel" sehen und darum neidisch werden könnten; und selbst hier ist diese Deutung nicht notwendig. (An den drei übrigen Stellen aber kann φθόνος nichts anderes als „Hass" bedeuten, der durch menschlichen Frevel erregt wird. Und ein solcher Hass der Gottheit richtet sich oft nicht nur gegen einen einzelnen Menschen, sondern gegen ein ganzes Geschlecht und besiegelt daher dessen Schicksal. Die Macht, welche nach den Worten der Elektra im *Orestes* als φθόνος θεῶν das Pelopidenhaus vertilgt, ist dieselbe, welche das Haus der Labdakiden vernichtet und die Iokaste in ihrem Klagelied (*Phön.* 352) τὸ δαιμόνιον nennt, ebenso wie sie auch beim Chor der *Taurischen Iphigenie* (202) ὁ δαίμων heisst und von Iphigenie selbst (203 f.) als ein δυςδαίμων δαίμων bezeichnet wird. In dieser seiner Eigenschaft als Rachegeist, der aus einem einmal begangenen Frevel immer neue erweckt und so Unglück zu Unglück häuft, fortschreitend von Generation zu Generation, heisst das Schicksal „Alastor" oder auch in der Mehrzahl „Alastores". Denn der Alastor ist, wie sein Name sagt, „der Geist, der die beaufsichtigt, die Unvergessbares gethan haben" (ὁ ἔφορος δαίμων τῶν ἄλαστα πεποιηκότων Schol. zu *Phön.* 1556). *Medea* denkt sich die Rachegeister im Hades wohnend (1059). In einem Chorlied desselben Stücks erscheint eine von den Alastores in Bewegung gesetzte Erinys (1260). Iason ruft der auf ihrem Drachenwagen enteilenden Medea zu (1333): „Deinen Alastor haben die Götter auf mich gestürzt", womit er sagen will, dass Medea ihn in ihr Unglück verstrickt habe. Ganz ähnlich spricht in den *Phönissen* (1555 ff.) Antigone es dem Ödipus gegenüber aus: „Dein Alastor, bewehrt mit Schwert und Feuer und schrecklichen Kämpfen, stürzte sich auf deine Kinder", d. h. der Krieg zwischen Eteokles und Polyneikes ist eine Folge deines schuldvollen Schicksals. Dabei bemerkt sie ausdrücklich, sie sage dies nicht als Vorwurf oder zum Hohn, sondern nur aus Schmerz; und ebenso beteuert Kreon (1592 ff.), dass er die Ausweisung des Ödipus verfüge „nicht aus Übermut oder Feindschaft, sondern aus Furcht, dass durch seine Alastores dem Land Unheil widerfahren könnte". In der *Hekabe* führt diese selbst (686) und der

Chor (949) alles Unglück auf einen Alastor zurück, und in den *Troades* (941) wird Paris als Werkzeug der Aphrodite und Anstifter von Hekabes und Trojas Unheil geradezu selber Alastor genannt. Theseus im *Hippolytos* (818 ff.), Klytæmnestra in der *Iphigenie in Aulis* (878) bezeichnen einen Alastor als die Quelle ihres Unglücks. Im *Orestes* (332 ff.) sieht der Chor die Ursache seiner Raserei in einem „Alastor, der das Blut seiner Mutter ins Haus gebracht hat". So kehrt der Begriff des Alastor, obwohl zuweilen zu einer unheilbringenden göttlichen Macht erweitert, doch schliesslich immer wieder zu seiner ursprünglichen Bedeutung als Rachegeist zurück, sei's nun, dass dieser, wie gewöhnlich, in einem Menschen oder auch in einem Gotte sich verkörpert. Immer stiftet der Alastor durch Schuld der Menschen Unheil, und unter den mit diesem Fluch Behafteten hat ihre Umgebung zu leiden, die ihm vergeblich zu entrinnen sucht. Denn dieser Rachegeist vererbt sich in einem Geschlechte, indem er immer in einem Gliede der jüngeren Generation wieder persönlich wird. So sagt der Chor im *Or.* 1545 ff.:

Ein Ziel, ein Ziel setzt der Gott den Sterblichen, wie er will.
Gross war die Gewalt. Durch rächende Geister,
Durch das vergossene Blut vertilgt, sank dies Haus,
Weil einst Myrtilos entstürzte dem Wagensitz.   (D.)

Und in den *Phönissen* (255) wird der Krieg des Polyneikes gegen Theben als eine Strafe der Erinyen bezeichnet, in deren Dienst also hier Ares gewissermassen als Alastor erscheint. Das Wort ist hier nicht genannt; aber der Gedanke ist derselbe, wie wenn Euripides in der *Elektra* (979) und im *Orestes* (1669) den Apollo, welcher den Orestes zum Muttermord auffordert, als Ala- stor bezeichnet[29]). Im *Herakles* endlich heisst es (1234): „Es wird der Freund dem Freunde nie zum Alastor": gerade das Gegenstück zu dem Worte des Prinzen am Schluss von Lessings *Emilia Galotti*: „Ist es zum Unglück so mancher nicht genug, dass Fürsten Menschen sind: müssen sich auch noch Teufel in ihren Freund verstellen?" Der Gedanke des rächenden Schicksals, das kommen muss, weil „das Unrecht niemals schläft", findet sich auch noch in den *Hiketiden* (1146 f.), aber ohne den Ausdruck Alastor. Eigentümlich ist endlich noch *Fr.* 974: „Das Zuviel fasst der Gott; Kleinigkeiten überlässt er dem Zufall"[30]). Das Wort sieht aus wie eine Übertragung des römischen „minima non curat praetor" auf die göttliche Weltregierung. Über-

blicken wir alle angeführten Stellen, so ergiebt sich, dass Euripides hinsichtlich des Glaubens an die Macht der Götter und des
Schicksals sich vielfach der Volksanschauung anschliesst. Das in
dieser enthaltene sittliche Element, vermöge dessen das Schicksal
als eine das Unrecht rächende Macht betrachtet wird, sucht er
zu der philosophischen Idee einer immanent in der Welt walten-
den göttlichen Macht fortzubilden, die für ihn natürlich stets nur
eine Einheit sein kann, auch da, wo er von „Göttern" spricht.

Dieser Macht kommt aber die sittliche Eigenschaft der Gerechtigkeit zu und darum ist es diese, die er auch bei den
Göttern der Menge sucht und rühmt. Sie alle und Zeus voran
beschirmen die Guten und treffen die Frevler mit ihrer Strafe.
Diesen Grundsatz verkündigen am Schluss der *Elektra* (1349 ff.)
die Dioskuren:

> Schwebend hinan die ätherische Bahn
> Leisten wir niemals Hilfe den Frevelnden;
> Wem Frömmigkeit lieb und Gerechtigkeit ist
> Im Leben, nur dem sind Erlöser wir aus
> Trübsal und Gefahr und retten ihn gern.
> Drum soll vor dem Unrecht jeder sich scheu'n
> Und schiffe nicht mit meineidigem Volk!
> Das sprech' ich, ein Gott, zu den Menschen [31]). (O.-S.)

Wie diese Verse zeigen, wachen die Götter ganz besonders auch
über der Heilighaltung des Eides, durch dessen Verletzung man
sich ihre sichere Strafe zuzieht (*Med.* 169 f.; *Iph. Aul.* 394 f.).
Von dem Mitleid, das die Götter für die „drangsalvollen Sterblichen" empfinden (*El.* 1329 f.), ist der Frevler ausgeschlossen.
Dem treulosen Polymestor ruft der Chor in der *Hekabe* (1029 ff.) zu:

> Wer dem Recht
> Verfiel, wen ein Gott schuldig erfand, es trifft
> Sicheres Verderben ihn. (D.)

Und ebendaselbst (1086 f.): „Furchtbar ist die Strafe, die den
Frevler trifft." Die Sünde versperrt den Weg zum Glück, das
nur dem Gerechten zu Teil wird (*Hel.* 1030 f.):

> Noch wurde keiner glücklich, der Unrecht verübt;
> Gerechter Sache winkt allein des Heiles Stern. (D.)

Die Götter hassen die Gewalt (*Hel.* 903) [32]) und insbesondere auch
die Überhebung (*Androm.* 1007 f.); ihre Rache trifft Schuldige
wie Helena (*Or.* 1361), während sie einer gerechten Sache wie
der des Polyneikes beistehen (*Phön.* 155) und es dem frommen

Manne wohl ergehen lassen (*Alc.* 604 f.). Wohl kann es sein, dass eine Zeit lang auch der Gerechte leidet und der Böse triumphiert; aber zuletzt erfolgt doch ein Umschlag, der das Gute und den Guten zum Siege führt und das Böse und den Bösen zu nichte macht. Mit besonderem Nachdruck wird dies im *Herakles* gepredigt. Bei der Rückkehr des totgeglaubten Helden aus dem Hades, welche die grausamen, auf Vertilgung von dessen Familie gerichteten Pläne des Tyrannen Lykos vereitelt, stimmt der Chor den Freudengesang an (734 ff.):

Das Leid ist aus; gewaltig stieg
Der alte Herr empor zum Licht.
Nun flutet neu des Lebens Strom:
Heil euch, gerechte Götter.   (W.)

Und dem vor seinem Sturz und Tod stehenden Tyrannen ruft er zu (740 f.):

Wenn spät auch, bist du doch am Ziel: dein Leben
Büsst es, dass wider Bessre du gefrevelt.   (W.)

Endlich bricht er, nachdem der Frevler sein Schicksal erfüllt, in den Siegesruf aus (772 ff.):

Götter, göttliches Regiment
Waltet der Guten und Bösen,
Gold und Glanz des Erfolges
Führen zu Höhen den Menschen und machen ihn schwindeln.
Doch ihre Keule schwingt die Zeit: da schaudert,
Wer pflichtvergessen mit der Sünde buhlte;
Zerscheitert stürzt der Wagen blut'gen Ruhmes.   (W.)

So musste auch Lykos erfahren, „dass die Götter noch das Recht beschützen" (813 f.). Genau denselben Gedanken finden wir in *Fr.* 303 des *Bellerophontes* ausgeführt:

Nimmermehr traue dem Glück und dem Wohlstand des trotzigen
                                                        Mannes:
Bestand hat solches, glaub' es, nie,
Noch auch der Frevler Geschlecht; denn die ewge Zeit misst
Mit stets gerechtem Mass die Sterblichen und
Immerdar bringt sie die Sünden der Menschen ans Licht [33]).

Die Rolle, welche hier wie in dem Chorlied des Herakles der Zeit als der Rächerin des Bösen zugeteilt ist, erinnert wie die oben angeführten Stellen wieder lebhaft an den Heraklitischen Aion. Zugleich treffen wir in dem Bellerophonfragment den Gedanken, dass unter Umständen nicht nur der Frevler, sondern

auch sein Geschlecht für seine Unthaten büssen muss, eine Idee,
die bekanntlich auch der alttestamentlichen Gottesanschauung
innewohnt. Sie kommt bei Euripides ausserdem noch vor im
Hippolytos (1339 ff.):

> Wir Götter sind
> Nicht fühllos für des Frommen Tod. Den Frevler
> Vernichten wir mit Kind und Kindeskind.　　　　(W.)

Im *Alkmeon* (*Fr.* 82) heisst es (und ähnlich *Fr.* 980): „Wie geht
doch Gott den Sünden der Eltern nach"[33a]) und *Herakles* sagt
im gleichnamigen Stücke (1261 f.):

> Und wo ein Haus nicht auf gesundem Grunde
> Errichtet ist, da büssen es die Kinder.　　·　　(W.)

Es leuchtet ein, dass die oben besprochene Vorstellung des Alastor
nur eine weitere Ausführung dieser Idee ist, indem dieser die
Menschen zu Handlungen antreibt,· durch welche sie selber ihr
Unglück herbeiführen. So sind es denn überhaupt schliesslich
nicht die Götter, die an dem Übel und Unrecht in der Welt
schuldig sind, sondern die Menschen: dies lehrt uns *Fr.* 606 der
Peliaden in Übereinstimmung mit Homer (α 32 ff.)[34]). Pflicht des
Menschen ist es, nicht gegen die Götter zu streiten (θεομαχεῖν
Iph. Aul. 1409; Pentheus in den *Bacchen* s. u.)[35]), sondern ihren
Geboten zu folgen und sich, wenn sie es verlangen, zu ihrem
Werkzeug, wie Orestes, oder auch zu ihrem Opfer, wie Iphigenie,
herzugeben. Denn jeder Kampf gegen sie ist angesichts ihrer
Macht von vornherein aussichtslos (*Herakles* 757 ff.)[36]). Macht
und Gerechtigkeit durchdringen sich bei ihnen: würden sie der
letzteren ermangeln und würde wirklich im Lauf der Welt das
Unrecht über das Recht triumphieren, so wäre dies ein Beweis
gegen das Dasein von Göttern (*El.* 583 f.)[37]); der Gerechte und
der Frevler darf nicht dasselbe Schicksal haben: dadurch würde
das sittliche Wesen und damit die Existenz der Gottheit in Abrede gezogen (*Phrixus Fr.* 832)[38]). Umgekehrt ist der unausbleibliche Sturz der Frevler ein Beweis für die Existenz von
Göttern (*Oinomaos Fr.* 577[39]); *Herakles* 841 f.).

Wenn die bisher besprochenen Stellen, in denen sich Euripides hinsichtlich des Daseins und Wesens der Götter dem Gedankengang des gemeinen Mannes ausschliesst, durch die verschiedensten Dramen zerstreut sind, auch durch solche, die entweder in ihrer ganzen Anlage oder doch in einzelnen Äusserungen
dem traditionellen Glauben widersprechen, so scheint Euripides

in einigen Tragödien geradezu die Tendenz zu verfolgen, den ✓
alten Glauben zu verherrlichen und gegen grundstürzende Neuerungen zu verteidigen, und diese bedürfen daher einer besonderen
Betrachtung.

Wir beginnen mit den *Hiketiden.* Das Stück, welches die
von den Thebanern verweigerte und von Theseus durchgesetzte
Bestattung der vor Theben gefallenen Helden zum Gegenstand hat,
ist in der That von einem „frommen Klang" [40]) durchzogen und
es wird darin scheinbar die Unterwerfung des Menschen unter
die Weisheit der Götter in theoretischer und praktischer Hinsicht
proklamiert. Mit besonderer Vorliebe ist darin das Charakterbild
des Theseus als eines Musters der Frömmigkeit in diesem Sinne
ausgemalt. Aber nicht nur dieser, auch die andern Personen
sind von ähnlicher Gesinnung erfüllt. In demütiger Resignation
ruft Adrastos (734 ff.):

O Zeus, was sagt man, dass die armen Sterblichen
Selbst weise seien; hängen wir ja doch so ganz
Von Dir nur ab, und handelnd thun wir, was du willst!

Es ist derselbe Gedanke, den wir auch im Munde des Orestes in
der *Elektra* (890 ff.) fanden: nicht nur mit seiner Erkenntnis,
auch mit seinem Thun ist der Mensch ganz von dem Willen der
Gottheit abhängig. Sein selbständiges Handeln ist nur Schein;
in Wirklichkeit ist er nur das Werkzeug, vermittelst dessen die
Gottheit ihre Absichten ausführt. Tröstlich ist dabei, dass man
doch an die Gerechtigkeit des göttlichen Willens glauben darf.
Diese bildet das Thema der Unterhaltung zwischen den beiden
Halbchören in der spannenden Pause nach dem Abzug des Theseus
mit dem athenischen Aufgebot nach Theben. Der Gedanke an
sie ermutigt die Frauen in ihrer bangen Furcht vor der Zukunft
(608 ff.):

1. H. Chr. Auch den, welcher im Glücke prangt, stürzt einmal
              wieder ein Geschick; diese Zuversicht habe ich.

2. H. Chr. Du hältst also die Götter für gerecht!

1. H. Chr. Wer sonst teilt denn die Geschicke aus?

2. H. Chr. Gar sehr verschieden sind, wie ich sehe, die Götter
              gegenüber den Menschen.

1. H. Chr. Du krankst an deiner alten Furcht. Recht fordert
              Recht und Blut Blut. Aber die Götter lassen die
              Sterblichen im Unglück aufatmen, sie, die das Ziel
              aller Dinge in der Hand halten.

Und nachdem die siegreiche Entscheidung gefallen ist, legt der
Gesamtchor das Bekenntnis ab (731 ff.):

> Nun, da ich diesen unverhofften Tag darf schau'n,
> Glaub ich, dass Götter sind, und meines Unglücks Mass
> Scheint kleiner mir, da jene hat die Straf' ereilt.

Die Götter sind es demnach, welche die ganze Weltentwicklung
oder Weltregierung in der Hand halten und diese ist, wie der
Gang der Handlung in dem Stücke zeigt, durchaus gerecht. Wer
daher, wie Theseus, die gerechte Sache vertritt, der hat sie auf
seiner Seite und braucht keinen Feind zu fürchten, während umgekehrt das Unrecht auch trotz der grössten Tapferkeit nichts
ausrichtet (594 ff.):

> Eins nur bedarf ich, dass die Götter mit mir sind,
> Sie, die gerecht sind. Hab' ich sie auf meiner Seit',
> Ist mir der Sieg gewiss. Nichts nützt die Tapferkeit
> Den Sterblichen, wenn sie nicht Gott zum Beistand hat.

Die menschliche Tapferkeit und Tüchtigkeit kann also nur etwas
ausrichten, wenn sie mit dem gerechten göttlichen Willen im
Einklang ist. Gegen diesen Glauben an die Gerechtigkeit der
Götter erhebt sich nun aber ein gewichtiges Bedenken: die Thatsache des Übels in der Welt, das keineswegs immer nur die
bösen Menschen heimsucht. Auch diesen Einwand versucht Theseus
in den *Hiketiden* zu entkräften und es ist eine förmliche Theodicee, was wir in folgenden Versen aus seinem Munde vernehmen
(195 ff.):

> 195 Mit andern stritt ich schon in solchem Redekampf.
> Es sagte einmal jemand, dass des Schlimmen sei
> Viel mehr im Menschenleben als des Guten. Doch
> Nach meiner Meinung gilt gerad das Gegenteil.
> [Viel mehr des Guten als des Schlimmen hat der Mensch;
> 200 Und wär's nicht so, so wandelt ich im Lichte nicht.]
> Den Gott lobpreis ich, der aus wildem Tierzustand
> Den Menschen hob und ihn sein Leben ordnen hiess,
> Indem er ihm zuerst Vernunft verlieh und dann
> Die Sprache gab, der Gedanken Botin, hellen Lauts;
> 205 Zur Nahrung Frucht und für die Frucht vom Himmel her
> Des Regens Nass, die Keime in der Erde Schoss
> Zu nähren und zu feuchten; ferner Mittel auch,
> Den Stürmen Trotz zu bieten und des Winters Frost;
> Und dann der Schiffahrt Kunst, so dass wir übers Meer

210 Austauschend holen können, was dem Lande fehlt.
Was unklar uns und unbekannt, erkennen wir,
Wenn wir ins Feuer schau'n und Seher künden's uns
Aus Eingeweideschau und aus der Vögel Flug.
Ist's nun nicht Übermut, wenn uns, da doch ein Gott
215 Also für unser Leben sorgt, das nicht genügt?
Ja, die Vernunft will gar noch grösser sein als Gott
Und übermütig, wie der Geist des Menschen ist,
Erscheinen wir uns weiser als die Götter selbst[41]).

Im folgenden wird die Anwendung des Dogmas von der gerechten
Weltregierung der Götter auf den vorliegenden Fall, die Lage
des Adrastos und der Seinigen gemacht: er hat sein Unglück
lediglich selber verschuldet, indem er, allerdings veranlasst durch
ein Orakel des Apollo (220 f.), seine Töchter an unwürdige (222)
Fremdlinge vermählte und dadurch die Unschuldigen mit den
Schuldigen ins Verderben stürzte (226 ff.). Trotz warnender
Sprüche von Sehern zog er dann in den Krieg und richtete so
gewaltthätig und gegen den Willen der Götter seine Stadt zu
Grund, verführt von jungen Männern, die bei dem ungerechten
Krieg nur eigennützige und ehrgeizige Zwecke verfolgten (229 ff.).
Darauf folgt ein Lob des Mittelstandes (238 ff., s. Kap. VI und VII)
und endlich die Abweisung des Hilfsgesuches des Adrastos, dem
nicht zu helfen sei, da er sein Unglück selbst verschuldet habe
(246 ff.). — Dass wir hier eine regelrechte, mit allem Bewusstsein
ausgeführte Theodicee vor uns haben, wird niemand bestreiten,
aber ebensowenig, dass dieselbe im höchsten Grade oberflächlich
ist. In der allgemeinen Ausführung werden die Übel des Lebens
gar nicht berührt und nicht nach ihrem Ursprung und Zweck ge-
fragt; ihr Vorhandensein wird nicht geleugnet, aber sie sollen
durch eine ganz einseitige und optimistische Aufzählung des Guten,
das das Leben bietet, übertrumpft werden. In der Anwendung
auf den speziellen Fall des Adrastos wird der wichtigste Punkt,
dass dieser nämlich bei der Vermählung seiner Töchter einem
Orakel des Gottes Apollon folgte, einfach ignoriert, ja ihm geradezu
als Schuld angerechnet, dass er dies gethan hat. Und auch
nachher geht Äthra, die sich bei Theseus für Adrast verwendet,
nicht von dieser Betrachtung aus, sondern von der durch die
Thebaner verletzten Pietät gegen die Toten (311). Der Chor
bestätigt, dass Adrast, wenn auch in verzeihlicher Weise, gesündigt hat (250 f.), und Theseus selbst hält ausdrücklich seine

Ausführungen aufrecht, wenn er auch jetzt dem Zuspruch seiner
Mutter nicht unzugänglich ist (334 ff.). — Es kann nun kaum
zweifelhaft sein, dass der ungenannte Pessimist (195 f.), gegen
den die obige Theodicee sich richtet, der Sophist Prodikos von
Keos ist, dessen düstere Lebensauffassung aus dem pseudoplatonischen *Axiochos* (Kap. 4—9 pg. 366 C—369 C; *Fr.* 2 Mullach)
bekannt ist[42]). Um so weniger ist man darüber im klaren, welcher
Quelle Euripides seine Gegengründe entnommen hat. Ehe wir
auf diese Frage eingehen, mag auf die mannigfachen Berührungspunkte hingewiesen werden, welche die obige Theodicee mit einem
bekannten Chorlied des Sophokles in der *Antigone* (334 ff.) aufweist. Allerdings ist das Leitmotiv bei beiden Dichtern verschieden: Euripides will die Fürsorge der Götter für die Menschen
erweisen, Sophokles verherrlicht die Macht des Menschen über
die Natur. Aber trotz des verschiedenen Ausgangspunkts münden
ihre Gedanken in dieselbe Bahn ein, indem der eine die Arm-
seligkeit des Menschenlebens bestreitet, der andere die Erfolge
menschlichen Schaffens preist. Hier (*Hik.* 209 f.) wie dort
(*Ant.* 334 ff.) wird die Schiffahrt erwähnt, hier (*Hik.* 202 f.) wie
dort (*Ant.* 355 f.) Vernunft und Sprache, hier (*Hik.* 208 f.) wie
dort (*Ant.* 355 ff.) die Schutzmittel gegen den Frost, hier (*Hik.* 202)
wie dort (*Ant.* 354) die Staatenbildung, hier (*Hik.* 205 ff.) wie dort
(*Ant.* 357 ff.) der Ackerbau; hier sind es die Götter, die den
Menschen über den „Tierzustand" erheben (*Hik.* 201), dort ist es
des Menschen eigene Macht, welche ihm zur Herrschaft über die
Tierwelt verhilft (*Ant.* 343 ff.). Nur die Erwähnung der Mantik
fehlt bei Sophokles. Obwohl nun die *Antigone* des Sophokles 441,
also 20 Jahre vor den *Hiketiden* des Euripides (421) aufgeführt
wurde und, wie oben gezeigt, auch sonst bewusste Beziehungen
des einen Dichters auf den andern sich nachweisen lassen, so ist
doch nicht anzunehmen, dass Euripides hier dem Sophokles folgte.
Vielmehr haben beide Dichter Gedanken, die ihrem Zeitalter geläufig waren, jeder in seiner Weise, verwertet und verarbeitet.
Noch ein dritter dramatischer Dichter zeigt in einem erhaltenen
Bruchstück Verwandtschaft mit der fraglichen Gedankensphäre.
Fr. 1 des von dem bekannten Oligarchen Kritias verfassten
Sisyphos beginnt:

> Es gab 'ne Zeit, da war der Menschen Leben bar
> Der Ordnung, tierisch, der Gewalt nur unterthan;
> Da gab es für des Edlen Arbeit keinen Preis

Und keine Strafe für des Bösen Frevelthat.
Dann erst, so scheint mir, stellten Menschen Gesetze auf,
Die Strafe drohten, dass Gebieter sei das Recht[48]).

Kritias geht wieder von einem andern Gesichtspunkt aus als
Sophokles und Euripides: sein letztes Ziel ist, zu zeigen, dass
Gesetze, Sitte und Sittlichkeit, ja die Götter selbst (v.
41 f.) nichts Ursprüngliches (φύσει), sondern nur etwas Konventionelles (νόμῳ)
seien, eine Erfindung der Menschen zur Ermöglichung des gesellschaftlichen Zusammenlebens. Wann der *Sisyphos* verfasst ist,
wissen wir nicht sicher, aber höchst wahrscheinlich nach den
Hiketiden; es thut dies auch nicht viel zur Sache. Dass Kritias
und Euripides sich mehrfach in ihren Ideen berührten, zeigt u. a.
die Thatsache, dass eine ganze Tetralogie, nämlich eben diejenige,
zu der ausser dem *Sisyphos* noch der *Tennes*, *Rhadamanthys*
und *Peirithoos* gehörte, im späteren Altertum unter dem Namen
des Euripides lief[44]). Es erhebt sich nun die Frage, wo wir die
Quelle für die diesen Dichtern gemeinsamen Gedanken zu suchen
haben, speziell für die Teleologie und Vorsehungslehre, wie sie
uns in der Euripideischen Theodicee entgegentritt. Dass diese
gegen den Pessimismus des Prodikos gerichtet ist, wurde schon
erwähnt. Nun hat Dümmler (Akademika S. 128 ff. 156 ff.) auf die
Ähnlichkeit zwischen den Vorsehungsbeweisen im Gespräch des
Sokrates mit Euthydemos bei Xenophon (*Mem.* IV. 3, 3 ff.) und
der Parodie solcher Beweise in des Aristophanes *Vögeln* (685 ff.)
hingewiesen, wo V. 692 Prodikos ausdrücklich genannt wird. Er
bringt nun (ib. S. 279 f.) auch die Theodicee des Euripides in
diesen Zusammenhang und meint, dass deren Ausführungen, obwohl gegen Prodikos gerichtet, dennoch diesem entlehnt sein
können: „Gründe und Gegengründe können ganz wohl aus derselben Schrift entnommen sein . . . und so möchte ich annehmen,
dass Euripides beide Sätze dem Prodikos verdankt." Es wäre
nun ja an sich nicht unmöglich, dass die Thesen der Euripideischen
Theodicee sich in einer Schrift des Prodikos bekämpft gefunden
hätten; indessen, dann suchte dieser sie doch gewiss auch zu
widerlegen; und da wäre es denn doch ein zu seltsames, ja das
denkbar oberflächlichste und ungeschickteste Verfahren, wenn
Euripides zur Widerlegung des Prodikos nun eben die von ihm
schon widerlegten Behauptungen aufführte. Dazu kommt, dass
dieser Vorsehungsglaube mit dem Pessimismus des Prodikos überhaupt nicht in Einklang zu bringen ist und dass er auch über

die Götter durchaus andere Ansichten hatte: er glaubte nämlich,
dass der Götterglaube durch Personifikation der von den Menschen
am meisten als wohlthätig empfundenen Naturmächte entstanden
sei; m. a. W. es ist zum mindesten fraglich, ob er überhaupt an
Götter glaubte, keinenfalls an eine Mehrheit von solchen [45]). Auf
die Nennung des Prodikos bei Aristophanes aber ist kein grosses
Gewicht zu legen. Dümmler selbst erkennt an, dass jene Parabase
mit orphischen Lehren beginnt und erst von v. 708 an „die damals
modernere Wendung nimmt" (Ak. S. 128), und so erscheint denn
hier Prodikos einfach als Repräsentant der Naturphilosophen wie
Sokrates in den *Wolken* als Repräsentant der Sophisten [46]). Auf
einzelne Lehren des Mannes lässt sich hieraus kein Schluss ziehen.
Auch ist der Inhalt dieses Teils der Parabase ziemlich dürftig:
die Vögel rühmen als ihre Verdienste um die Menschen, dass sie
die Jahreszeiten und damit die Zeit für die Bestellung des Feldes,
für die Schiffahrt und für die Vorbereitungen auf den Winter
anzeigen und dass sie den Menschen als Orakel dienen. Bei
Xenophon (*Mem.* IV. 3, 3 ff.) finden wir als Beweise der göttlichen
Vorsehung aufgeführt: das Licht (3 f.), die Erde als Nahrungs-
spenderin (5) und das hiezu gehörige Wasser (6), das Feuer als
Mittel gegen die Kälte und unentbehrliche Vorbedingung mannig-
facher kulturfördernder Hantierungen (7), die wohlthätige Wirkung
der Sonne (3 f.). Haben an diesen Dingen auch die übrigen
Wesen Anteil (10), so unterscheiden sich die Menschen von diesen
durch das bewusste Empfinden (αi$\sigma\vartheta\acute{\eta}\sigma\epsilon\iota\varsigma$), durch die Vernunft
($\lambda o\gamma\iota\sigma\mu\acute{o}\varsigma$ 11) und durch die Sprache ($\dot{\epsilon}\rho\mu\eta\nu\epsilon\acute{\iota}\alpha$); ja vermittelst der
Mantik können sie sogar die Zukunft erforschen (12). Diese ganze
Weltordnung ($\kappa\acute{o}\sigma\mu o\varsigma$), „in der alles schön und gut ist", hält ein
unsichtbarer Gott in seiner Hand (13). Diese Ausführungen sollen
nun nach Dümmler auf Prodikos zurückgehen, wofür aber die
Nennung desselben bei Aristophanes der einzige Beweis ist [47]).
Bei der Heranziehung der Euripideischen Theodicee zur Lehre
des Prodikos wird denn auch Dümmler selbst unsicher und sagt
(S. 280): „Die Möglichkeit wäre ja auch, dass Prodikos 420 seine
theologische Schrift noch nicht geschrieben gehabt hätte und
Euripides noch Protagoras gegen ihn ins Feld führte; mit welchem
er in diesem Punkt völlig übereinstimmte." Diese letztere Vermutung hat in der That sehr viel für sich. In dem Mythos,
welchen Plato den *Protagoras* im gleichnamigen Dialog erzählen
lässt (Kap. 11 pg. 320 D ff.) und der, wie das oben erwähnte

Fragment aus dem *Sisyphos* des Kritias mit einem „Es war
einmal" beginnt, setzt der Sophist auseinander, wie der Mensch,
nachdem er durch den Feuerdiebstahl des Prometheus „göttlichen
Geschicks teilhaftig wurde" (θείας μετέσχε μοίρας K. 12 pg.
322 A) wegen seiner nunmehrigen Verwandtschaft mit den Göttern allein
von allen Wesen an diese glaubte und sie verehrte, die Sprache,
d. h. artikulierte Worte, handhabte, Wohnung und Kleidung erfand
und die Erde sich dienstbar machte, um seine Nahrung daraus zu
ziehen. Der Kampf mit den wilden Tieren führte zur Vereinigung
und so weiterhin zur Staatengründung. Zur Aufrechterhaltung
der staatlichen Ordnung sendet Zeus „Scham und Recht" (αἰδῶ
τε καὶ δίκην), die nicht das Monopol eines Standes sein, sondern
an denen alle gleichen Anteil haben sollen. — Eine dritte Quelle,
an die man bei der Theodicee der *Hiketiden* denken könnte, ist
Diogenes von Apollonia, dessen Physik Euripides, wie sich später ✓
zeigen wird, in der Hauptsache übernommen hat und von dessen
Bruchstücken eines (*Fr.* 4 Mullach) folgendermassen lautet: „ohne
Vernunft könnte sich das Grundwesen nicht in der Weise aus-
breiten, dass alle Dinge ihr Mass haben: Winter und Sommer,
Nacht und Tag, Regen und Wind und heiterer Himmel; und auch
wenn man das Übrige betrachtet, so findet man, dass es so vollkommen als möglich eingerichtet ist" [48]). Dümmler (Ak. S. 112 f.)
glaubt, wie von Prodikos Lehre, so auch von der des Diogenes
bei Xenophon Reste zu entdecken und meint, „Diogenes habe
Xenophon hauptsächlich in zwei Richtungen vorgearbeitet, im
Nachweis der Zweckmässigkeit des tierischen Organismus und
seiner Funktionen, vorzüglich der Sinneswahrnehmungen und in
der Begründung der bevorzugten Stellung des Menschen in der
Welt und damit der Zweckbeziehung der Welt auf diesen und
die ihm verwandte Gottheit". — Für Diogenes sucht Dümmler
(Ak. S. 129 ff.) auch Platos *Kratylos* auszubeuten, dessen Etymologien trotz der häufigen Nennung Heraklits in Wirklichkeit
die Lehre des Diogenes zu Grunde liegen soll. Er beruft sich
dabei (S. 136) besonders auf die Etymologie des δίκαιον *(Krat.* 27
pg. 412 D), auf die wir unten (Kap. IV und V) zurückkommen
werden, und auf diejenige des Zeus *(Krat. 14 pg. 396 A. B.)*,
vermöge deren er „zur abstrakten Lebensursache verflüchtigt
wird" (S. 131). Indessen gerade dieser „Hang zur umdeutenden
Anbequemung an den Volksglauben" ist echt Heraklitisch und
Gomperz hat *Fr.* 65 des Ephesischen Weisen so erklärt: Das Ur-

prinzip „gilt ihm zugleich als der Träger der Weltintelligenz, als die bewusst gewordene Norm alles Daseins, die ‚Zeus nicht genannt sein will‘, weil es kein individuell-persönliches Wesen ist, und welches doch ‚so genannt sein will‘, weil es das oberste Welt- und zumal weil es das höchste Lebensprinzip ist (man denke an griechisch zên = leben und die entsprechenden Namensformen des Zeus)“ [49]). Der Heraklitismus mit seiner Einsicht in die Vielseitigkeit der Dinge führt aber auch „zu glimpflicher Beurteilung der Welteinrichtung nicht minder als geschichtlicher Erscheinungen“; er „ruft Theodiceen hervor“. „Der Absolutismus des Guten läuft ihm schnurstracks zuwider“ und echt Heraklitisch ist es daher, wenn Euripides in *Fr.* 21 des *Aeolus*, wo er den Gegensatz von Arm und Reich bespricht, ganz allgemein den Satz aufstellt:

> Denn nicht gesondert kann entstehen Gut und Schlecht;
> Nein, eine Mischung ist's [50]).

Mag nun Euripides in der Theodicee der *Hiketiden* die einzelnen Beispiele für die Vorsehung der Götter dem Diogenes oder, was mir wahrscheinlicher ist, dem Protagoras entlehnt haben, die Grundidee seiner Ausführungen ist Heraklitisch. Und nur bei dieser Annahme lässt es sich auch begreifen, wie derselbe Theseus, der hier das Überwiegen der Übel in der Welt so energisch bestreitet, bald darauf (v. 549 ff.) ausrufen kann:

> So lernt, ihr Thoren denn der Menschen schlimm Geschick
> Erkennen: unser Leben ist ein Kampf, bald der,
> Bald jener und dann wieder dieser hat drin Glück.
> Der Gott vergnügt sich dran! Denn der Unglückliche
> Ehrt ihn mit Gaben, damit er ihm gnädig sei;
> Und auch der Glückliche, der für sein Leben bangt,
> Erhebt ihn hoch.

Man glaubt wirklich aus dem τρυφᾷ δ' ὁ δαίμων (552) einen Nachklang des Heraklitischen Wortes zu vernehmen: „Aion ist ein brettspielendes Kind; ein Kind ist König“ (*Fr.* 79) [51]). Auch schon v. 269 f. hat Theseus die Unbeständigkeit des menschlichen Glückes beklagt. Nichtsdestoweniger bewahrt sich der Chor die Ehrfurcht vor Dike (564 f.) [52]). Dies alles ist Heraklitisch: denn nach der Philosophie des Ephesiers giebt es eine doppelte Betrachtungsweise der Welt, die oberflächliche des sogenannten gesunden Menschenverstandes und die tieferblickende des spekula-

tiven Geistes. „Giebt es Schuld, Ungerechtigkeit, Widerspruch,
Leid in dieser Welt? Ja, ruft Heraklit, aber nur für den beschränkten Menschen, der auseinander und nicht zusammen schaut,
nicht für den contuitiven Gott: für ihn läuft alles Widerstrebende
in eine Harmonie zusammen, unsichtbar zwar für das gewöhnliche
Menschenauge, doch dem verständlich, der, wie Heraklit, dem beschaulichen Gotte ähnlich ist" [53]). Von diesem Heraklitischen
Standpunkt aus erklärt sich uns der Widerspruch in den Reden
des Theseus, von ihm aus überhaupt der Widerspruch zwischen
der konservativ-frommen Stimmung, die über dem ganzen Drama
lagert, und den philosophischen Theorien, die doch da und dort
auftauchen: so z. B. der Diogenischen Lehre vom Übergang der
Seele in den Äther (531 ff.) [54]), derjenigen des Prodikos von der
Lehrbarkeit der Tugend (913 f.) [55]) und dem, freilich missbilligenden,
Seitenblick auf die sophistische Rhetorik (894 f.; 902 f.) [56]). Damit ist auch schon die Frage erledigt, ob oder inwieweit es dem
Euripides mit jener Theodicee ernst sei. Es ist ihm damit soweit
ernst, als er im Anschluss an Heraklit im Leben nicht, wie
Prodikos, nur oder doch weit überwiegend Übles sieht, sondern
eine Mischung von Gutem und Schlimmem, sofern man diese
relativen Begriffe aufrechterhalten will. Aber man mag von der
periodischen Wirkung frommer und andächtiger Stimmungen halten,
soviel man will, so ist es doch unmöglich, dass ein denkender
Mann sich darüber nicht klar sein sollte, ob er die Mantik für
einen groben und schädlichen Schwindel oder für ein von der Gottheit den armen Sterblichen verliehenes höchst nützliches Mittel
zur Erleichterung ihres Loses hält. Da nun, wie unten gezeigt
werden wird, Euripides von der ersteren Überzeugung durchdrungen ist [57]), so kann man kaum anders annehmen, als dass die
Aufführung der Mantik unter den von der Gottheit zum Wohle
der Menschen getroffenen Einrichtungen, ironisch aufzufassen ist
und eine Spitze gegen die landläufigen, aber nichts weniger als
stichhaltigen Gottes- und Vorsehungsbeweise enthält. Dass dies
so ist, beweist die Anwendung der aufgestellten Sätze und insbesondere des letzten die Mantik betreffenden, auf Adrastos, der
nach Theseus eigenen Worten durch Apollo (220) veranlasst, seine
Töchter den Fremden vermählte und so den Grund zu seinem Unglück legte und der damals handelte, „als ob Götter lebten"
(221) [58]). Diesen Sarkasmus hörte der gebildete Athener aus dem
Drama heraus. Für die Menge aber erschien es als ein patrioti-

sches Tendenzstück, als eine Verherrlichung des frommen Athens in der Person seines frommen Königs Theseus[59]).

Noch greller als in den *Hiketiden* tritt die Diskrepanz zwischen des Dichters eigener Anschauung und dem Inhalt des von ihm behandelten Mythos in dem nicht viel früher als jenes Drama verfassten *Ion* zu Tage. Auch diese Tragödie ist, wie die *Hiketiden* ein patriotisches Tendenzstück: Ion, der Stammvater der Ionier, soll nicht der Sohn des fremden Einwanderers Xuthos, sondern von dem Gott Apollo mit der Erechtheustochter Kreusa erzeugt sein. Um ihre Schande zu verbergen setzt die Mutter das neugeborene Kind aus. Dasselbe wird von Hermes nach Delphi gebracht, wo die Prophetin es findet und auferzieht. Inzwischen heiratet Kreusa den Xuthos. Da sie kinderlos sind, gehen sie nach Delphi, um den Gott hierüber zu befragen. Xuthos erhält das Orakel: „die erste Person, die dir beim Hinausgehen begegnet, ist dein Sohn". Ion ist es, der ihm zuerst begegnet, und er hält ihn für einen unehelichen Sohn von sich. Kreusa versucht nun den Jüngling bei einem Gastmahl zu vergiften; aber der Anschlag wird entdeckt und Kreusa verurteilt, von einem Felsen hinabgestürzt zu werden. Sie flüchtet zum Altar. Ion will sie von dort wegschleppen und töten. Aber die Pythia kommt dazwischen: die Windeln, in denen das Kind einst ausgesetzt war und die die Prophetin aufbewahrt hat, dienen als Erkennungszeichen. Mutter und Sohn sind glücklich, einander gefunden zu haben. So löst sich trotz der vielen und heftigen Vorwürfe, die Ion und Kreusa im Verlauf des Stücks gegen Apollo geschleudert haben, alles in Wohlgefallen auf. Beide, Mutter und Sohn, widerrufen am Schluss des Dramas feierlich ihre frivolen Ausbrüche (1606 ff.):

Ion: Pallas, Tochter Zeus des grossen, sieh, wir nehmen
· gläubig an
Deine Worte; nimmer zweifl' ich, Sohn des Loxias zu sein
Und der Frau hier. Und auch früher hätt' ich glauben
sollen dran[65]).

Kreusa: Hör' auch mich nun: Phöbus preis' ich jetzt, den früher
ich nicht pries,
Weil er mir den Sohn zurückgiebt, den er einst verleugnet hat.
Diese Pforte, das Orakel, das noch jüngst mir war
verhasst,

Lieb ich nun und mit den Händen fass' ich gerne an
dies Schloss,
Spreche an der heil'gen Stätte: Hohes Thor, sei mir
gegrüsst!
Und Athene giebt ihren Segen zu diesem Widerruf (1614 f.):
Athene: Gut, dass du den Sinn geändert und den Gott nun
lobest: denn
Oft verziehen zwar die Götter; doch am Ende sind sie
stark[66]).

Wenn man also den Gang der Handlung naiv hinnimmt, so erscheint das Stück als eine glänzende Rechtfertigung des Götter- und Orakelglaubens, um so glänzender, je unwahrscheinlicher am Anfang eine Rettung des Gottes und seines Orakels schien. Man könnte als Motto die Worte aus Schillers *Braut von Messina* (IV. 5) darüber setzen:

Alles dies
Erleid' ich schuldlos; doch bei Ehren bleiben
Die Orakel und gerettet sind die Götter.

Diese Worte haben im Munde der verzweifelten Isabella einen bitter sarkastischen Sinn. Und bei Euripides muss man zum mindesten die Frage aufwerfen: Ist es ihm mit dieser Rettung des Götter- und Orakelglaubens wirklich ernst? Soviel ist sicher: er hat auch hier sich die Gelegenheit nicht entgehen lassen, das religiöse Problem aufzurollen, obwohl er den patriotischen Zweck seines Stückes auch ohne das hätte erreichen können. Und wenn man die (in den nächsten Abschnitten zu besprechenden) Stellen liest, in denen Ion und Kreusa ihrer Entrüstung über die Unwahrhaftigkeit und Unsittlichkeit Apollos Luft machen[60]), so müssen einem trotz der Korrektur, die diesen Auslassungen am Schluss in ja geradezu ostentativer Weise zu Teil wird, Zweifel darüber aufsteigen, ob jener Widerruf thatsächlich im Sinne des Dichters sei und ob in Wirklichkeit nicht gerade das umgekehrte Verhältnis vorliege, dass nämlich dem Euripides jene Angriffe auf Apollo, bei denen er mit sichtlichem Wohlbehagen verweilt, die Hauptsache seien und diese seine wahre Meinung aussprechen. Verrall hat nun gezeigt, dass Euripides im *Ion* ähnlich, wie wir es oben in den *Hiketiden* nachzuweisen suchten, ganz abgesehen von einzelnen Äusserungen der dramatischen Personen, durch Widersprüche in der Handlung des Stücks selber den Glauben an seine Aufrichtigkeit zerstört. Es liegt nämlich ein unlöslicher Wider-

spruch darin, dass das Delphische Orakel den Ion für den Sohn
des Xuthos erklärt (531 ff.)[61]), während er im Prolog des Hermes
und insbesondere in der Rede der Athene am Schluss des Dramas
als Sohn des Apollo in Anspruch genommen wird (10 f.; 1568)[62]).
Wir stehen also vor der Alternative, dass entweder Apollo und
das Delphische Orakel oder Hermes und Athene gelogen haben[63]).
Eines ist für die griechische Volksreligion so peinlich wie das
andere. Ferner legt es Euripides selbst nahe, in den angeblichen
Erkennungszeichen der Pythia einen Betrug zu erkennen, indem
er ausdrücklich den Ion seine Verwunderung darüber aussprechen
lässt, dass die Bänder, mit denen der sie enthaltende Korb um-
wickelt ist, „infolge eines göttlichen Wunders" keine Spuren von
Alter zeigen, sondern wie neu aussehen (1391 ff.)[64]). In der That
gerät auch Ion über die widersprechenden Aussagen der Pythia und
seiner Mutter auf der einen, des Orakels auf der andern Seite in
helle Verzweiflung: er will wissen, ob er der Sohn des Apollo oder
des Xuthos ist, und den ersteren selbst danach fragen (1546 ff.). In
diesem Augenblick rettet Athene als Deus ex machina das Orakel
vor der sonst unvermeidlichen Blossstellung. Gelegentlich persifliert Euripides auch den so tief eingewurzelten Glauben der
Athener an ihre Autochthonie in durchaus rationalistischer Weise
(542). Es ist möglich, dass die grosse Masse des athenischen
Publikums diese frivolen Andeutungen des Dichters über der
Freude vergass, seinen Stammvater Ion als Sohn des Apollo, wie
es glaubte, erwiesen zu sehen. Der kleinere, tieferblickende Teil
der Gebildeten wird auch hier den Euripides wohl verstanden
haben, der in seinem Drama den Apollo und sein Orakel thatsächlich ad absurdum führte und nur den Schluss seiner Folgerungen dem Patriotismus und religiösen Gefühl seiner Zuschauer
opferte[67]).

Man hat noch nie einen Versuch gemacht, die *Hiketiden*
oder den *Ion* trotz ihrer scheinbaren Rechtfertigung des Götterglaubens als Beweis für eine Wandlung in des Dichters religiös-
philosophischen Anschauungen auszunützen, aus dem einfachen
Grunde, weil wir aus späterer Zeit noch genug Äusserungen des
Dichters besitzen, die beweisen, dass wir es hier, um mit Rohde
zu reden, höchstens „mit Velleitäten der Altgläubigkeit"[68]), aber
keineswegs mit einer gründlichen Sinnesänderung zu thun haben.
Dagegen will man noch immer in den *Bacchen*, welche den
Schwanengesang des Euripides bilden, in Macedonien gedichtet

sind und erst na&h des Dichters Tod diesem im Verein mit der *Iphigenie in Aulis* und dem *Alkmeon in Korinth* seinen fünften Sieg errungen haben, geradezu eine Absage des Dichters an die von ihm sein ganzes Leben hindurch verfochtene philosophische Weltanschauung, eine Palinodie seiner Ketzereien, eine förmliche Bekehrung zum alten Glauben sehen: so wie einst Lobeck, Otfried Müller und Nägelsbach noch heute Rohde, Beloch und Gomperz trotz Wilamowitzens kräftigen, freilich von ihm selbst nicht näher begründeten Widerspruchs [69]). „In den ‚*Bacchen*‘ — so sagt Gomperz (Griechische Denker II S. 12) —, dem Erzeugnis seines Greisenalters, erscheint er uns als ein völlig anderer. Hier ist er, man möchte sagen, der Vernunft und des Vernünftelns überdrüssig geworden; hier sprengt der mystisch-religiöse Trieb alle Fesseln der Reflexion, hier waltet eine von allen Schranken der Besonnenheit befreite Religionsanschauung, die mit Moralität nicht das mindeste zu schaffen hat; hier triumphiert die aller Zucht entwachsene ekstatische Begeisterung der zu Ehren des Dionysos schwärmenden und tobenden Mänaden über die Hüter der Sitte, über die Vertreter der Nüchternheit. Es ist, als ob der greise Dichter Busse thun wollte für den Abfall von dem Genius seines Volkes, als ob er wieder eingehen wollte in den Frieden der Natur und des ungebrochenen Naturempfindens.“ Nur ungern äussern wir über diese Sätze, welche dem Werke entnommen sind, in dem der geistvolle Erforscher des griechischen Geisteslebens „aus seiner Lebensarbeit die Summe zieht“ [70]) und dem auch wir eine Fülle von Belehrung und Anregung verdanken, das Urteil, dass sie fast ebensoviele Unrichtigkeiten als Behauptungen enthalten. Indessen: „amicus Plato, magis amica veritas“. Fürs erste: kann man denn von den *Bacchen* des Euripides als „dem Erzeugnis seines Greisenalters“ reden? Da ist die gleichzeitig verfasste *Aulische Iphigenie* und der nur zwei Jahre vor dem Tod des Dichters 408 aufgeführte *Orestes*, letzterer ein von Rationalismus geradezu durchsetztes Stück. Als Euripides ihn schrieb, war er mindestens 72 Jahre alt. Und da soll man nun annehmen, dass er in den letzten anderthalb Jahren seines Lebens noch seine ganze Weltanschauung geändert, zum Glauben des Volkes sich zurückgewendet, seine Angriffe gegen diesen und alle seine gegenteiligen Lehren widerrufen und damit seine ganze Lebensarbeit als verfehlt bezeichnet habe? Wahrhaftig, diese Zumutung ist

so stark, dass sie doch jedenfalls zu einer genauen Prüfung des
Stückes auffordert, das den Beweis für eine so überraschende
und psychologisch kaum zu erklärende Erscheinung liefern soll.
Euripides soll „der Vernunft und des Vernünftelns überdrüssig
sein": und dabei vernehmen wir aus dem Mund des Tiresias
(286 ff.) eine Erklärung der Schenkelgeburt des Dionysos, die
jedem Rationalisten Ehre macht und sich mit der Mythen-
erklärung des Paläphatus in seiner Schrift περὶ ἀπίστων an Reflexion und Nüchternheit messen kann [71]). Die hier verkündete
Religion soll von allen Schranken der Besonnenheit, Moralität
und Zucht befreit sein: und doch bemüht sich Tiresias ausdrücklich, dem Pentheus zu beweisen, dass die Beteiligung am Dio-
nysosdienst die Moralität der Frauen (σωφροσύνη) nicht gefährde
(314 ff.), und die beiden Greise Tiresias und Kadmos, welche sich
der Verehrung des neuen Gottes unterziehen wollen, können sich
nicht genugthun in gegenseitigen Versicherungen, dass dadurch
ihre Weisheit und Selbstbeherrschung (σοφία und σωφροσύνη) nicht
alteriert werde (178 f. 186. 204 ff. 328 f.). Ist ferner Pentheus
wirklich nur ein „Hüter der Sitte, ein Vertreter der Nüchternheit"? Nein, sondern er ist der Mann der brutalen Gewalt und
dafür wird er gestraft. Das Thema des Stücks ist im Prolog
(v. 43—48) mit aller wünschenswerten Deutlichkeit ausgesprochen:
„Dionysos will sich dem Pentheus, der gegen ihn und seinen
Kultus streitet (θεομαχεῖ 45), und allen Thebanern als Gott offen-
baren." Hier ist sofort zu betonen, dass es sich also nur um die
Anerkennung des in menschlicher Gestalt auftretenden Dionysos
als eines Gottes handelt, nicht um die Anerkennung des Götterglaubens überhaupt. Dionysos ist für Pentheus und die Thebaner
ein neuer Gott (216. 219. 256. 272. 353 f. 467); und es ist daher wirkliche Sophistik des Tiresias, wenn er von den „Überlieferungen der Väter (oder der Heimat)" spricht (πάτριαι παρα-
δοχαί), die er angeblich vertrete, und dabei gegen eine Schrift
des Protagoras einen Seitenhieb führt (202) [72]). Freilich wird
Pentheus von Dionysos und den Mänaden ἀσεβής, ἄθεος, ἄδικος und
ἄνομος genannt (476. 490. 502. 995. 1015): denn für sie ist er
das, weil er eben von ihrem Gott nichts wissen will und weil
er mit roher Gewalt den Gott und seinen Anhang verfolgt. So
wird er zum θεομάχος (45. 508 ff. 635 f. 1001. 1255 f.) [73]); darum
verletzt er die Dike, die als Rächerin gegen ihn aufgerufen wird
(992 ff. 1012 ff.). Dagegen fällt es ihm gar nicht ein, den Dio-

nysos und seinen Kultus mit Vernunftgründen zu bekämpfen —
ausser der Gewalt hat er nur Hohn und Spott dafür —, und es
kommt ihm vollends nicht in den Sinn, am Dasein der Götter
überhaupt zu zweifeln. Im Gegenteil, er sieht in dem neuen
Kultus einen Angriff auf die alte Religion (26 ff. 482 f. 489)[74].
Auch die ἄδικος γνώμα, die v. 997 neben der παράνομος ὀργά genannt wird, ist nicht falscher Glaube oder Unglaube in unserem
Sinn, sondern gewaltthätige Gesinnung. Er ist ein Fanatiker des
Hergebrachten und verfolgt die neue Gottesoffenbarung in ver-
blendeter Überhebung: er glaubt eine geistige Bewegung mit
äusserlicher Gewalt niederschlagen zu können; kurz seine Schuld
lässt sich in das Eine Wort zusammenfassen: Hybris (310 ff.
337 ff. 375. 516. 543 f. 555. 635 f. 778 f. 795. 1347)[75]. Den
Gegensatz zu dieser Selbstüberhebung und ihren gewaltthätigen
Äusserungen bildet wahre Weisheit und Selbstbeherrschung, und
es ist daher durchaus nicht zu verwundern, wenn an mehr als
einer Stelle des Dramas gerade diese Tugenden (σοφία und σωφροσύνη) und gelegentlich auch die Frömmigkeit (εὐσέβεια, ὁσία),
namentlich vom Chor, mit besonderer Wärme empfohlen werden.
Nur muss man sich dabei gegenwärtig halten, dass dies gar keine
besondere Eigentümlichkeit der *Bacchen* ist, sondern ähnliche
Äusserungen sich durch alle Stücke des Euripides zerstreut
finden. Wenn die Verse 270 f. interpoliert sind, so hat der antike Leser, der sich diese Parallelstelle auf den Rand geschrieben
hat[75a]), die Auslassung des Tiresias gegen die allzugeläufigen
Zungen (266 ff.) der weisen Männer jedenfalls besser verstanden
als viele der modernen Erklärer: nicht gegen die Philosophen
sind diese Worte gerichtet, sondern gegen die sophistisch ge-
schulten Redner, die vor Gericht und in der Volksversammlung
aus der Verdrehung der Wahrheit ein Gewerbe machen und die
Euripides an vielen Stellen angreift (*Hek.* 1187 ff.; *Med.* 294.
580 ff.; *Hik.* 894. 902 ff.; *Hipp.* 486 ff.; *Phön.* 469 ff.; *Or.* 907 ff.;
Antiope Fr. 206; *Archelaos Fr.* 253; *Hipp. Kal. Fr.* 439). Der
Preis der Frömmigkeit (370 ff.) steht ebensowenig vereinzelt
(*Arch. Fr.* 256; *Hipp. Kal. Fr.* 446; *Philokt. Fr.* 800; *Inc.
Fr.* 948. 1025). In der Gegenstrophe (386 ff.) eifert der Chor zu-
nächst gegen die „ungezügelten Mäuler" und die „gesetzwidrige
Unbesonnenheit, welche das Unglück heraufbeschwören" und denen
er ein „ruhiges Leben" und „unerschütterliche Besonnenheit" ent-
gegensetzt, „welche das Haus zusammenhält". Denn auf das

Treiben der Sterblichen schauen aus dem Äther die Götter herab.
Genau mit dem Ausdruck ἀγαλινὰ στόματα (386) beehrt Euripides
die ihn mit ihrem Hohn verfolgenden konservativen Komiker vom
Schlage des Aristophanes, die von den Vertretern der Weisheit
nichts wissen wollen und daher gar nicht mitzählen (*Mel. desm.
Fr.* 492)[76]). Dies und vollends die Gegenüberstellung des „ruhigen
Lebens", d. h. des θεωρητικὸς βίος, wie ihn Euripides liebte, zeigt
deutlich genug, dass er hier wieder nicht die Philosophen, sondern unruhige und unvergorene Köpfe, hetzerische Tagespolitiker,
kurz Männer des praktischen Lebens und nicht wissenschaftliche
Forscher im Auge hat. In den folgenden Versen (395—401) ist
nun allerdings der menschlichen Weisheit eine Grenze gesteckt
und gesagt, dass sie im Streben, das Transcendente zu erkennen,
über das Ziel hinausschiessen könne. Aber auch dies ist ein Gedanke, den Euripides, wie oben gezeigt wurde, auch an andern
Stellen ausspricht, und mit dem er sich an Epicharm (*Fr.* 263
Kaibel) und Pindar (*Isthm.* IV 14), an Xenophanes (*Fr.* 14 Mullach) und Protagoras (*Fr.* 2 Mullach), ja selbst an Heraklit anschliesst (vgl. *Hik.* 216 ff.; *Hel.* 1137 ff.; *Philokt. Fr.* 795;
Fr. 913)[77]). Den Schluss der zweiten Gegenstrophe dieses Stasimons (427 ff.), der die Mahnung enthält, sich fernzuhalten von
„überklugen Männern", glaube ich wiederum viel eher auf politische Demagogen als auf philosophische Denker beziehen zu
sollen; denn jene, nicht diese stören leicht den Frieden, den Euripides in dieser Strophe, wie auch an andern Stellen (*Or.* 1682 f.;
Heraklid. 371; *Hik.* 481 ff.; *Kresph. Fr.* 453) preist. Solchen
Leuten gegenüber schlägt sich der Dichter auf die Seite der
„schlechteren Menge", die instinktiv das Bessere trifft[78]). — In
der Gegenstrophe des dritten Stasimons wird zunächst der Gedanke ausgesprochen, dass „die göttliche Macht" (τὸ θεῖον σθένος:
diese abstrakte Ausdrucksweise ist wohl zu beachten!) zwar spät
oft, aber sicher die Menschen erreiche, die sich in ihrem „frevelhaften Wahn" über sie hinwegsetzen zu dürfen meinen: eine
Idee, auf die Euripides, weil sie mit seiner tiefinnersten Überzeugung unlöslich verknüpft ist, grossen Wert legt und die er
daher sehr häufig wiederholt (*El.* 583 f. 953 ff.; *Herakles* 309 ff.
740 f. 772 f.; *Ion* 1615; *Or.* 420; *Antiope Fr.* 223; *Arch. Fr.*
255; *Öd. Fr.* 555; *Inc. Fr.* 979)[79]). Mit dem „frevelhaften Wahn"
(μαινομένᾳ δόξᾳ 887)[80]) ist keineswegs das selbständige vernünftige
Denken gemeint, sondern die Überhebung (ὕβρις), mit der aller-

dings gewisse Sophisten, wie Thrasymachos und Kallikles, alle
sittlichen Begriffe verwirrten und untergruben und die Moral des
schrankenlosesten Egoismus predigten, deren Vertreter Eteokles
in den *Phönissen* (439 ff.) ist und die Euripides im *Kyklops*
(316 ff.) persifliert[81]). Die Verse 890 ff. übersetze ich: „Nicht
soll man sich in Denken und Thun über die Gesetze übermütig
erheben; es kostet ja nicht viel, zu glauben, dass dem Kraft
innewohne, was doch einmal das Göttliche ist, was in langer Zeit
sich Geltung verschafft hat und immer das Natürliche war." Wir
haben hier wieder eine Verherrlichung des „Gesetzes", aber nicht
der konventionellen Satzung, wenn auch Euripides dasselbe Wort
gebraucht, sondern des Naturgesetzes, das in der Welt wirkt und
dem man allerdings keinen Widerstand leisten soll, weil er doch
vergeblich ist. Es ist wahr: die Worte schillern eigentümlich,
und es ist gar nicht zu verwundern, wenn man in ihnen eine
Anerkennung des „Überlieferten" finden zu müssen glaubte. Der
Gedanke ist aber genau derselbe wie *Hekabe* 799 ff., und die
eine wie die andere Stelle meint die immanent in der Welt waltende Gesetzmässigkeit im Sinne Heraklits (*Fr.* 91. 100. 110
Byw.)[82]). Der Versuch eines Widerstands gegen diese Macht,
wie ein solcher z. B. im Thun des Laïos vorliegt (δαιμόνων βίᾳ,
βίᾳ θεῶν *Phön.* 18. 868), kann nur zum Verderben ausschlagen
(*Ino Fr.* 419; *Mel. desm. Fr.* 491). Auch dies also ist keineswegs ein nur in den *Bacchen* vorkommender Gedanke. Wer
einen solchen Versuch macht, ist ein θεομάχος (*Iph. Aul.* 1409),
und das ist Pentheus par excellence. — Auch die Gegenstrophe
des vierten Stasimons (997 ff.), in der die schwertbewehrte Dike
angerufen wird, gegen den „gottlosen, Gesetz und Recht ver-
achtenden" (1015) Pentheus einzuschreiten, beweist nichts für die
angeblich reaktionäre Tendenz der *Bacchen*. Denn eben hier
wird als Pentheus' Schuld wieder seine Gewaltthätigkeit hervorgehoben (1001)[83]). Hier wird allerdings auch ein besonnener,
ehrlicher Sinn gegenüber dem Göttlichen empfohlen, der ein
kummerloses Leben zur Folge habe[84]); aber es wird ausdrücklich hinzugesetzt: „Die Weisheit hasse ich nicht." Dazu gehört
freilich Frömmigkeit, welche das verbannt, was sich wider das
Recht empört[85]). Auch hier liegt nichts vor, was den *Bacchen*
spezifisch eigentümlich wäre. Wie hoch Euripides die echte
Frömmigkeit schätzt, wurde oben gezeigt, und dass Dike für Euripides geradezu die Gottheit κατ᾽ ἐξοχὴν ist, wird unten erörtert

werden. Von einem Verzicht auf eigenes Denken und „löbliche
Unterwerfung" unter die Überlieferung ist also nirgends die Rede.
Wenn (v. 641) dem weisen Manne „verständige Gelassenheit" [86])
zugeschrieben wird, so ist dies nichts als der Zug von ergebener
Resignation, der zum Charakter des Euripides und seiner ganzen
Lebensauffassung durchaus passt. Auch im Vers 1341 steht die
Sophrosyne, die Dionysos bei seinen Gegnern vermisst, im Gegen-
satz zu der gegen ihn verübten Hybris. Ebenso ist ihre Em-
pfehlung am Schluss der Botenrede (1150 ff.) aufzufassen. Deutlich genug ist endlich auch die Warnung des Kadmus nach dem
Ende des von ihm als zärtlichen Enkels gerühmten (1316—1322)
Pentheus: „Wer sich über die Götter hinwegsetzt, schaue auf dieses
Mannes Ende und glaube an sie." „Die Götter" sind hier natürlich dasselbe, was sonst „die Gottheit", „das Göttliche" (883.
894) heisst [87]). Es ist bezeichnend, dass ausser der eben angeführten Warnung des Kadmus, dem Schluss der Botenrede und
dem kurzen Wort des Dionysos (641), sowie zweier Äusserungen
des Tiresias, von denen eine (200; die andere 266 ff. s. o.) noch
unten zu besprechen sein wird, alle die Stellen, auf die man sich
für die alte Auffassung beruft, in den Chorliedern stehen. Denn
dass der Chor der *Bacchen* sich seines Gottes und der ihm ge-
bührenden Verehrung annimmt und diese verallgemeinert, liegt in
der Sache. Ausserdem aber glaube ich gezeigt zu haben, dass
der Dichter selbst hier sich sehr zurückhaltend gegenüber dem
positiven Götterglauben geäussert hat, und erinnere nochmals
daran, dass auch in andern Stücken des Euripides zahlreiche
Stellen ähnlichen Inhalts sich finden. Somit dürfte schon jetzt
erwiesen sein, dass weder das Thema unseres Stücks und dessen
Durchführung, noch einzelne Stellen desselben eine Berechtigung
geben, den *Bacchen* hinsichtlich der Weltanschauung ihres Verfassers unter dessen Dichtungen eine Sonderstellung anzuweisen. —
Dazu kommt nun aber, dass auch die *Bacchen* einen Ausweis
des Euripideischen Rationalismus enthalten, wie man ihn sprechender sich gar nicht denken kann. Die Sage von der Geburt des
Dionysos aus dem Schenkel des Zeus, in den er als noch un-
reifes Kind nach dem Tod seiner Mutter Semele eingenäht wurde,
wird vom Chor zweimal (94 ff. 521 ff.) in naivem Glauben erzählt, während Pentheus sie als eine Waffe in seinem Kampf
gegen Dionysos verwendet (242 ff.). Tiresias sucht ihn nun
(286 ff.) eines Besseren zu belehren, indem er die Entstehung der

Sage von der Schenkelgeburt durch ein Wortspiel (ὁ μηρός —
ὅμηρος oder μηρὸς — μέρος) zu erklären und dadurch das Absurde
darin zu beseitigen sucht[88]). Das passt nun freilich zu der angeblichen Bekehrung des Euripides, die in den *Bacchen* ihren
Ausdruck gefunden haben soll, wie die Faust auf ein Auge, und
so hat man, wie immer geschieht, wenn Gründe versagen, zur
Gewalt gegriffen und alle hierhergehörigen Verse schlankweg für
interpoliert erklärt[89]). Es ist kaum zu begreifen, dass ein Mann,
der im Euripides zu Hause ist, wie Wecklein, von allem Euripideischen Geist so verlassen sein kann, dass er sich zu der Behauptung versteigt (*Bacchen*, Ausgabe S. 96), die einschlägigen
Verse „rühren von einem Interpolator her, der den Text des Euripides gewissermassen ironisierte". Wir haben nun an den *Hiketiden* und am *Ion* gezeigt, wie nicht Interpolatoren, sondern
Euripides selbst es zuweilen liebte, seinen mythologischen Stoff
zu „ironisieren". Ganz derselbe Fall liegt auch hier vor. Einmal sind die Wortspiele, wie das zwischen ὁ μηρὸς und ὅμηρος
oder μηρὸς — μέρος ganz nach der Art des Euripides und —
setzen wir hinzu — der damaligen Herakliteer vom Schlage des
Kratylos. Ferner aber lässt sich Euripides an dieser rationalistischen Erklärung eines einzelnen, freilich wichtigen Punktes
des Mythos nicht genügen; sondern er legt ihm eine kosmische
Bedeutung unter. Wunderbar genug nimmt sich diese Umdeutung
der alten Sage im Munde des Propheten Tiresias aus, mindestens
so wunderbar, als die Empfehlung und Verurteilung der sophistischen Rhetorik durch die alte Trojanerkönigin Hekabe (*Hek.*
814 ff. und 1187 ff.). Aber es ist nicht zu leugnen: Euripides
versteht es, den alten Mythus zu einer physikalischen Theorie
umzubilden. „Zweierlei — sagt Tiresias und bewährt damit in
wahrhaft glänzender Weise seinen v. 200 ausgesprochenen Grundsatz[90])! — war das erste in der Welt: die Göttin Demeter oder
Ge (mit welchem Namen du sie lieber bezeichnen willst), welche
die Sterblichen mit trockenen Stoffen ernährt; dann kam ihr
Gegenstück, der Spross der Semele, der den feuchten Trank der
Traube erfand und bei den Menschen einführte" (274 ff.). Hier
scheint ja nun allerdings nur von der Ernährung der Menschen
die Rede zu sein. Indessen schon das Neutrum τὰ πρῶτα (275)
fordert geradezu heraus zu der Übersetzung: „die Elemente",
und in v. 276 ist ganz gewiss nicht nur eine Etymologie von Demeter zu erkennen, sondern auch eine Deutung dieser Gottheit

(zur Ausdrucksweise vgl. *Fr.* 912, 2 f.). Die beiden Elemente, aus denen die Welt entstanden ist, sind das Trockene und das Feuchte, und dies ist eine physikalische Umdeutung des uralten Mythos von der Vereinigung des Himmels und der Erde, welcher alles Organische entsprossen ist. Diese findet sich ausser in den *Bacchen* auch noch im *Chrysippos Fr.* 839 und in *Fr. Inc.* 898: 1023. Auch der Umstand, dass das Scheinbild des Dionysos, im Sinne des Dichters offenbar dieser selbst (292 ff.), aus Äther gemacht ist, ist nicht zu übersehen; denn im Äther wohnen nicht nur die Himmlischen (*Bacch.* 393 f.), sondern er ist geradezu mit Zeus identisch (*Fr.* 941; *Mel. soph.* 487). Die Bedeutung, welche der Äther für die Physik und Psychologie des Euripides hat, wird unten zur Sprache kommen. Dort wird auch die Frage zu untersuchen sein, ob die Physik des Euripides eine dualistische oder monistische ist. Hier mag nur noch daran erinnert werden, dass auch schon Prodikos die Demeter für die Personifikation des Brotes, Dionysos für diejenige des Weines erklärt hatte [91]). Euripides ging einen Schritt darüber hinaus, indem er für die Einzelerscheinungen die Gattungsbegriffe oder Elemente trocken und feucht einsetzte. Es ist daher unmöglich zu verkennen, dass Euripides die Gelegenheit benützt hat, in seiner Behandlung des Dionysosmythos seine Weltbildungstheorie anzudeuten. Und das lag auch gar nicht so fern, wird doch selbst in der Mythologie Dionysos auch als Personifikation der Zeugungskraft aufgefasst, was in der ihm zugeschriebenen Erscheinung in Stierform seinen Ausdruck findet (*Bacch.* 100. 920 ff. 1017) [92]). — Indessen auch sonst hat Euripides gelegentlich eine, allerdings ziemlich zahme Kritik des Mythus anzubringen gewusst: der Bote kann sich eines Tadels des Orgiasmus, dem sich Agaue hingegeben hat, nicht enthalten (1123 f.) [93]) und warnt den Chor, sich nicht über das zu freuen, was er zu berichten habe, nämlich über den Tod des Pentheus (1039 f.). Ja der alte Kadmus wird gegen den Schluss des Stückes immer kritischer: er nennt (1228 f.) die Bacchantinnen Autonoë und Ino geradezu unglücklich, und auch Agaue ist ihm (1232) kein erfreulicher Anblick. Sie hat den Webstuhl verlassen und sich an Grösseres gewagt, wie sie selbst in ihrer unglückseligen Verblendung sagt (1236 f.). Darauf erkennt Kadmus zwar das Recht des Dionysos an, spricht ihm aber das ab, was den Griechen immer zu den wertvollsten Tugenden gehörte, das Mass (1249), und ähnlich, nur etwas schüchterner,

äussert sich der Chor (1327 f.). Wenn sie wieder bei Verstand
sind, werden die Bacchantinnen mit Schmerzen erkennen, was sie
gethan haben (1259 ff.). Es ist „eine traurige Wahrheit" (1287),
die sich ihnen bei der allmählichen Rückkehr ihrer Besinnung
(1263. 1269 f.) enthüllt. Agaue leitet den Tod des Pentheus von
ihrer „Unvernunft" her (1301), wobei freilich der ganze Taumel
der Bacchantinnen als eine Strafe des Gottes dafür erscheint,
dass auch sie anfangs wie Pentheus nicht an ihn glauben wollten
(1297. 1303 ff.). Auch die physischen Symptome der Manie vergisst der Dichter nicht hervorzuheben (1122 f.). Nachdem schliesslich Agaue ihren grauenvollen Irrtum erkannt hat, dass sie nämlich nicht, wie sie triumphierend glaubte, das Haupt eines Löwen,
sondern das des eigenen Sohnes, auf den Thyrsos gespiesst, als
Jagdbeute heimbrachte, da kann auch sie nicht mehr mit ihrer
Entrüstung zurückhalten, und sie sagt es dem Dionysos ins Gesicht (1348): „Im Zorn sollten die Götter nicht den Sterblichen
gleichen", ganz wie es im *Hippolytos* heisst (120): „Die Götter
sollten weiser als die Menschen sein"[94]). — So deutet uns denn
der Dichter zur Genüge an, dass er seinem Stoffe keineswegs
naiv und kritiklos gegenübersteht; ja, wenn ich nicht irre, so hat
er uns in der grossen Scene zwischen Tiresias, Kadmus und Pentheus (170—369), derselben, welche auch die oben angeführte
seltsame Umdeutung des Mythos enthält, den Schlüssel für das
richtige Verständnis des Stückes in die Hand gegeben. Schon
Bernhardy (Grundriss d. gr. Litt.G. II 2, S. 425) bemerkt ganz
richtig: „Mit reiner Willkür werden die Greise Kadmus und Tiresias um des Effekts willen, aber ohne jeden Schein der Wahrheit hereingezogen, um bei der bacchischen Feier mit Frauen zu
schwärmen." Es ist in der That merkwürdig, dass keiner der
neueren Erklärer auf diese seltsame Erscheinung aufmerksam
macht und einer gar mit ganz nichtigen Gründen Bernhardy zu
widerlegen sucht[95]), während doch im ganzen Drama vorausgesetzt wird, dass die Dionysische Feier nur von Frauen begangen
wird, wie auch der Titel zeigt: muss doch Pentheus selbst Weiber-
kleidung anlegen, um sich unter die Mänaden einzuschleichen
(35 f. 848. 851 f. 855. 962. 1041 f.). Die Unterhaltung des Kadmus und Tiresias macht ferner geradezu den Eindruck, als ob die
beiden alten Männer sich gewissermassen entschuldigen wollten,
dass sie trotz ihres hohen Alters sich noch an dem orgiastischen
Dienste des Dionysos beteiligten (175. 185 f. 189 f. 193. 324).

Kadmus namentlich, sozusagen als Laie in religiösen Dingen, beruft sich auf die Weisheit des Tiresias, der ihm die Beteiligung
an der Feier angeraten hat (178 f. 186). „Soviel an ihnen liegt"
(183), wollen sie den Dionysos ehren. Beide haben das Gefühl,
dass sich das für ihr Alter nicht mehr passt; aber sie reden sich
ein, dass sie „ihr Greisenalter gern vergessen" (188 f.). Tiresias
versichert, dass sie die einzigen Vernünftigen in Theben seien
(196), und Kadmus, dass er als Sterblicher fern davon sei, die
Götter zu verachten (199). Darauf folgen die zu Gunsten der
bisherigen Auffassung der *Bacchen* immer so sehr in den Vorder-
grund gestellten Worte des Tiresias (200 ff.): „Wir grübeln nicht
über die Götter; die Überlieferungen der Väter, die wir haben,
ewig wie die Zeit, keine Vernunft wird sie umstossen, keine noch
so scharfsinnig erfundene Weisheit" [96]). Aus dem Zusammenhang
herausgenommen sehen nun diese Worte freilich wie ein voll-
ständiger Verzicht auf selbständiges Denken über göttliche Dinge
aus. Aber wenn, wie man scharfsinnig vermutet hat, v. 202 eine
Anspielung auf die *Kataballontes* des Protagoras ist, sollten wir
dann nicht in v. 200 ebenfalls eine Paraphrase des bekannten
Fr. 2 des Protagoras über die Götter erkennen? Wo bleibt dann
die Orthodoxie des Euripides, der in einem Atem den Sophisten
lobt und tadelt? Ob aber wieder dieser Tadel ernst gemeint ist?
Man muss auch die dramatische Situation beachten: Tiresias will
den alten Kadmus über die Bedenken hinwegheben, die diesem
über seine Beteiligung an der Dionysosfeier immerhin aufgestiegen
sind. Daher scheut er auch die kleine Sophistik nicht, den Dionysos, den er selber gleich nachher (272) einen neuen Gott
nennt, unter die „väterlichen Überlieferungen" zu rubrizieren [97]),
ebenso wie Kadmus (331) seinen Kultus unter die νόμοι rechnet.
Vor allem aber ist es bemerkenswert, dass auf die scheinbar so
selbstgewisse Rede des Tiresias gleich wieder die Beschwichti-
gung eines sich erhebenden Einwands folgt, desselben, der auch
den Kadmus beunruhigt, nämlich, dass sich für ihr Alter die Beteiligung an dieser ausgelassenen Feier nicht zieme, ein Einwand, dem damit begegnet wird, dass der Gott seine Verehrer
in allen Kreisen, bei jung und alt suche (206 ff.)[98]). Wenn also
Kadmus und Tiresias selbst ihr Alter als ein gewisses Hindernis
für ihre Beteiligung an der Bacchusfeier empfinden, so kann es
nicht wundernehmen, wenn auch Pentheus gerade unter diesem
Gesichtspunkt daran Anstoss nimmt (251 f.). Ein Greis, meint

er, sollte vernünftiger sein (252) und sich nicht auf solche Orgien einlassen. Darum bemüht sich denn auch Tiresias (314 ff.), zu beweisen, dass durch den Bacchusdienst die Sophrosyne, zunächst allerdings der Frauen, nicht alteriert werde [99]). Denn Pentheus hat vorher (225. 260 ff.) den Verdacht geäussert, dass die Frauen dadurch zur Unzucht verführt werden. Deswegen betont auch nachher der Bote in seiner Schilderung des bacchischen Treibens ausdrücklich, dass dabei die Sophrosyne nicht verletzt worden sei, wie Pentheus angenommen habe (686 f.). Aber eben daraus, dass sogar Frauen sich ohne Schaden für ihre Sittsamkeit dem Bacchus- dienst ergeben können, zieht nun Tiresias für sich und Kadmus den Schluss, dass auch sie anstandslos sich an der Feier be- teiligen dürfen (322 ff.). Auch stellt der Chor dem Tiresias das Zeugnis aus, dass er sich bei seiner Verehrung des Dionysos die Sophrosyne bewahrt habe (328 f.). Und Kadmus sucht dem Pen- theus (332 ff.) die Beteiligung an der Dionysosfeier ebenfalls durch Vernunftgründe plausibel zu machen [100]). Beim Lesen der ganzen Scene kann man sich des Eindrucks nicht erwehren, dass der Dichter es geflissentlich darauf angelegt hat, durch den Mund der Greise Kadmus und Tiresias zu beweisen, dass der Dienst des Dionysos mit der Sophrosyne und darum auch mit dem Alter nicht unvereinbar sei. Nun, warum das? Ich glaube, die Ant- wort liegt nahe. Aus den Greisen Kadmus und Tiresias spricht niemand anders als der alte Meister Euripides selbst, gerade so, wie er auch aus dem Chor des *Herakles* (674 ff.) spricht, wo er ebenfalls unter Hinweis auf sein Alter versichert, dass er trotz- dem noch den Musen diene und auch der Freude und dem Wein nicht abhold sei (682 ff.). Im „seligen Pierien", wo der Sitz der Musen und des Bacchusdienstes ist, wo einst Orpheus' Leier er- klang (410 ff. 560 ff.) und wo jetzt des Dichters königlicher Freund aufs neue die Musen zu ehren bestrebt war, da lässt er sich, obwohl ein Greis, noch einmal zu dionysischer Begeisterung hinreissen und verkündet in seinem Schwanengesang das Lob des Gottes, dem er sich geweiht und sein ganzes langes Leben ge- dient hat. Dabei sucht er aber ausdrücklich einem Missverständ- nis dieses seines Unterfangens vorzubeugen. Er widerruft nichts von dem, was er früher gesagt hat, er ist kein anderer ge- worden: auch beim bacchischen Enthusiasmus behält er sich die Sophrosyne im Sinne des Strebens nach Weisheit vor (1005 f.). Die meisten Erklärer haben bis jetzt die in den *Bacchen* em-

pfohlene Sophrosyne als philosophische Skepsis gegenüber den
Aufstellungen der Denker gefasst (etwa wie ἐποχή); in Wirklichkeit ist aber im ganzen Stück damit ein ruhig besonnenes Verhalten im Gegensatz zu dem orgiastischen Treiben gemeint. Dass
beides sich nicht ausschliesse, dass die Sophrosyne nicht im Enthusiasmus notwendig untergehen müsse, das suchen Kadmus und
Tiresias und durch sie Euripides zu beweisen, der es übrigens
nicht an Andeutungen fehlen lässt, dass er den bacchischen Taumel
als eine krankhafte Erscheinung betrachtet, nämlich als Mania
(s. u.). — So sind denn die *Bacchen* nichts weniger als ein Widerruf der von Euripides früher verkündigten rationalistischen Weltauffassung. Wie er in dem eben behandelten Drama den Dionysosmythos kritisiert, so äussert er auch in der gleichzeitigen *Iphigenie in Aulis* ganz in der gewohnten Weise seinen Zweifel an
der Ledasage (794 ff.; vgl. *Hel.* 21). Wenn das rationalistische
Element in den *Bacchen* etwas zurücktritt, so hat dies ganz denselben Grund wie beim *Ion* und den *Hiketiden*. Bei den beiden
letzteren Dramen ist der Hauptzweck die Verherrlichung Athens,
bei den *Bacchen* diejenige Macedoniens, der Wiege des Dionysos-
kultes. Euripides war zu sehr Denker, um seine rationalistischen
Erwägungen ganz zu unterdrücken; aber er war auch zu sehr
Dichter, um dieselben nicht seinem poëtischen Zwecke unterzuordnen. Nach einer leitenden Idee braucht man im übrigen hier
so wenig wie im *Ion* und den *Hiketiden* zu suchen. An der
Schwelle des Grabes verherrlicht der Dichter noch einmal den
Gott, in dessen Dienst sein ganzes Leben stand; aber auch dabei
zeigt er deutlich genug, dass der Gott, den er im Busen trägt,
ein anderer ist als der der Menge. Von einer Bekehrung zum
alten Glauben ist keine Rede. Auch in den *Bacchen* bleibt der
Dichter sich selber treu.

So haben denn die drei besprochenen Dramen keinerlei An-
haltspunkte für einen auch nur vorübergehenden Gesinnungswechsel
des Euripides gegeben. Bei allen erklärt sich die scheinbar konservativ religiöse Stimmung aus der jeweiligen Tendenz. Was
aber den Dichter überhaupt noch mit dem alten Glauben verbindet,
ist sein lebhaftes Gefühl für echte von Herzen kommende Frömmigkeit, die er auch achtet, wenn sie im Gewande des gemeinen
Mannes einhertritt; ferner seine feste Überzeugung, dass eine
göttliche Macht die Welt regiert, der gegenüber der Sterbliche
sich nicht überheben darf; die Überzeugung endlich, dass dieser

Macht die sittliche Eigenschaft der Gerechtigkeit zukommt und
dass darum auch alle menschliche Sittlichkeit ihr Werk ist und
jede Abweichung von dieser ihre Strafe nach sich zieht. Insofern
diese Gedanken in der Volksreligion lebendig waren, konnte auch
Euripides sich mit ihr befreunden und sich gelegentlich mit ihr
auf Eine Seite stellen im Kampf gegen den religiösen und sittlichen Radikalismus. Aber das hinderte ihn nicht, alle abergläu-
bischen Bestandteile der überlieferten Religion aufs entschiedenste
zu brandmarken und dieselben der schonungslosesten Kritik zu
unterziehen.

2. Kritik des alten Glaubens.

Wir haben im vorhergehenden Abschnitt zu zeigen versucht,
in wie ernstlicher Weise Euripides den überlieferten Glauben auf
seine Haltbarkeit geprüft und welche Elemente desselben er als
brauchbar erkannt hat. Es hat sich dabei auch gezeigt, dass er
nicht nur an einzelnen Stellen die nach seiner Meinung ewig
wahren Gedanken, welche die Religion enthält, ins hellste Licht
zu stellen bemüht ist, sondern, dass er auch seine eigenen von
den volkstümlichen Vorstellungen abweichenden Ansichten zwar
nicht ganz zu unterdrücken, aber, wenn dies ein höherer Zweck
erfordert, diesem unterzuordnen weiss. Doch fühlt man, dass ihm
dies schwer fällt. Der verstandesmässige kritische Geist ist in
ihm zu mächtig, um jemals ganz zum Schweigen gebracht zu
werden und, wo ihn keine sonstigen Rücksichten daran hindern,
lässt er ihm völlig die Zügel schiessen. Der Freimut, mit dem
er den überlieferten religiösen Glauben oder Aberglauben angreift,
ist geradezu staunenswert, wenn man bedenkt, dass diese Polemik
an heiliger Stätte und an öffentlichen Götterfesten sich äusserte.
Bald wendet sich dieselbe gegen bestimmte Mythen, bald gegen
einzelne Kulthandlungen und religiöse Gebräuche, am häufigsten
aber in grundsätzlichem Sinne gegen den Polytheismus überhaupt,
der gleichermassen aus intellektuellen wie aus sittlichen Gründen
angegriffen wird.

a) Kritik einzelner Mythen.

Die Untersuchung der *Hiketiden*, des *Ion* und der *Bacchen*
hat ergeben, dass Euripides auch in diesen Stücken mit seinem
subjektiven Urteil über die darin behandelten Sagen nicht zurück-
hält, obwohl der Zweck dieser Dramen in ihrer Wirkung auf die

Menge durch die Äusserung desselben nur beeinträchtigt werden
konnte. In den *Hiketiden* fanden wir die Weisungen Apollos an
Adrastos ironisiert, im *Ion* einen unlöslichen Widerspruch zwischen
den Aussagen des Apollo und der Athene, in den *Bacchen*, die
durchaus rationalistische Erklärung der Schenkelgeburt des Dionysos und die Umdeutung des Mythos zu einer kosmogonischen,
ja physikalischen Theorie. Ein gegen den Wunderglauben gerichtetes Drama haben wir in der *weisen Melanippe* kennen
gelernt und beim *Bellerophontes* gestattet nur die trümmerhafte
Überlieferung die Feststellung seines Leitmotives nicht. Nicht
selten aber unterzieht Euripides auch ganz gelegentlich einen
Mythus seiner Kritik. In den erhaltenen Tragödien sind es folgende Sagen, die der Dichter teils beiläufig teils durch die ganze
Komposition seiner Stücke einem kritischen Urteil unterwirft.

Wir beginnen mit der Helenasage. Bekanntlich hat die
Entführung der Helena, der Tochter des Zeus und der Leda,
Schwester der Dioskuren und Gemahlin des Menelaos, durch Paris
die Veranlassung zum trojanischen Kriege gegeben. Dieser samt
dem sich an ihn anschliessenden Sagenkreis ist für die Griechen
des 5. Jahrhunderts noch eine völlig historische Realität. „Selbst
ein so kritischer Kopf wie Thukydides steht noch ganz unter dem
Banne der epischen Überlieferung, so sehr, dass er über die
Stärke von Agamemnons Heer eine statistische Berechnung an-
stellt und die Frage zu beantworten sucht, wie solche Massen
während der zehnjährigen Dauer der Belagerung Trojas hätten
verpflegt werden können" [1]). Nun entnimmt zwar auch Euripides
anstandslos seine dramatischen Motive und Personen ebenso dem
troischen wie andern Sagenkreisen; aber es kann kaum ein Zweifel
obwalten, dass diese wie jener in seinen Augen keine Geschichte
sondern eben Sagen waren. Dies zeigt sich besonders an der
Behandlung der Geschichte von Helena, die ja hier im Mittelpunkt
des Interesses steht. Nicht nur der Chor der *Iphigenie in Aulis*
(793 ff.), sondern auch *Helena* selbst in dem nach ihr benannten
Drama (16 ff.) begleitet die Sage ihrer Abstammung von Zeus, der
sich mit Leda in der Gestalt eines Schwanes vereinigte, mit der
Bemerkung: „Wenn die Geschichte wahr ist"

> Und eitle Dichtungen nicht
> Auf pierischen Tafeln uns
> Sterbliche täuschten zu böser Stunde [2]). "   (D.)

Schon hierin spricht sich der Unglaube des Dichters deutlich genug aus. Aber er geht noch weiter. Die vermeintliche Helena, um deren willen der trojanische Krieg entbrannte, war ein Nichts, ein Scheinbild, das Hera dem Paris sandte, während die wahre Helena von Hermes auf die Insel Pharos in Ägypten entführt wurde, wo Menelaos sie auf seiner Heimfahrt findet. Diese Behandlung der Helenasage wird schon in der *Elektra* (1280 ff.) angekündigt und dann bald darauf in der *Helena* (31 ff.) ausgeführt. Nachdem das Scheinbild (44; 36; 119; 121; 582; 589; 605 ff.; 750) seinen Dienst gethan, zerfliesst es in die Luft (605 ff.). Die Verdopplung der Helena bewirkt in dem Stück oft geradezu komische Effekte (470 ff.; 571 ff.) und man fragt am Schluss unwillkürlich: „Wo bleibt da die Tragödie?"[3]) Nun ist freilich diese Neuerung gegenüber dem Epos keine eigene Erfindung des Euripides. Schon Stesichoros hat in seiner berühmten Palinodie das Eidolon der Helena erfunden[4]). Den Ratschluss des Zeus, durch den troischen Krieg die Erde von der Übervölkerung zu entlasten (*Hel.* 38 ff.; *Or.* 1641 ff.), verdankt Euripides den *Kyprien* des Stasinos[5]); die ägyptische Legende vom Aufenthalt der wahren Helena im Nillande ist dem Herodot (*II. 112 ff.*; besonders *115* und *119*) entnommen[6]), bei dem auch der dort hausende Meergreis Proteus der *Odyssee* (δ 365) schon zum König geworden ist; wie denn auch die hilfreiche Meerfee Eidothea (δ 366) sich bei Euripides in die Seherin Theonoë verwandelt und an Proteus Stelle sein Sohn Theoklymenos tritt. Endlich lässt schon die *Odyssee* (δ 227 ff.) den Menelaos mit Helena auf der Rückfahrt von Troja in Ägypten landen. Die Erfindung des Stesichoros hatte bekanntlich eine religiöse Veranlassung, die mit der göttlichen Verehrung Helenas bei den Doriern *(Herod. VI. 61)* aufs engste zusammenhing. Bei Euripides fällt dieser Gesichtspunkt ganz weg. Wenn er daher sich den Vorgang des Stesichoros dennoch zu Nutzen macht, so thut er es, um die ganze Sage vom Troischen Krieg mitsamt der angeblichen göttlichen Abkunft der Helena ins Lächerliche zu ziehen: was sind das für Götter, die zwei Völker nicht einmal um ein Weib, wie das Epos erzählt, sondern sogar um ein Nichts in einen blutigen zehnjährigen Krieg stürzen! Das Merkwürdigste ist aber, dass Euripides in den *Troerinnen* diese ganze Wendung, die er der Sage in der *Helena* giebt, gar nicht andeutet[7]), und doch liegen beide Stücke nur drei Jahre (*Troades* 415, *Helena* 412) auseinander und zwischen sie fällt die *Elektra*, bei deren Aufführung (413) der Plan der *Helena* schon feststand

(*El.* 1280 ff.). In den *Troerinnen* haben wir ebenfalls eine Kritik
der Sage, aber eine ganz andere. Helena und Hekabe schieben
hier einander die Schuld an dem troischen Kriege zu und Menelaos soll entscheiden. Jede führt in langer Rede, wie vor Gericht
ihre Sache. Helena (914 ff.) sieht in Hekabe als der Mutter des
Paris die Ursache des Kriegs (919 f.) und betrachtet sich als ein
Opfer der Aphrodite: denn gegen die göttliche Macht kann menschlicher Wille nicht aufkommen (948 ff.; 964 f. und nachher 1042 f.).
Dazu hat sie Paris mit Gewalt geraubt (959; 962). Hekabe dagegen will, wie sie sagt, „den Göttinnen zu Hilfe kommen"
(969 ff.). Aber in geradezu mephistophelischer Weise lässt Euripides sie nun beweisen, dass die ganze Geschichte von dem Paris-
urteil ein Unsinn sei. So dumm (ἀμαθεῖς 972; 981), wie sie in
dieser Erzählung dargestellt werden, um Helena zu entlasten
(982), sind die Götter nicht. Hera hatte kein Interesse daran,
ihre Schönheit anerkannt zu sehen: denn sie besass ja in Zeus
den schönsten Gatten (976 ff.); ebensowenig Athene, die ja nie
heiraten wollte, sondern sich von Zeus Jungfräulichkeit erbat
(979 ff.). Ihr Gang auf den Ida war höchstens ein Scherz (975 f.).
Aphrodite endlich, die, wie Helena meinte, mit Paris nach Sparta
gekommen sei, um sie zu berücken, hätte ruhig im Himmel bleiben
und Helena mit ganz Amyklä nach Ilion versetzen können (983 ff.).
Was Helena ‚Kypris' nannte, war nur ihre eigene Gesinnung
(νοῦς 988) und was man der Aphrodite zuschreibt, ist in Wirklichkeit — dies zeigt ihr Name — menschlicher Unverstand (999 f.)[8]).
Es ist der echte und gerechte Rationalismus, der dem Dichter
diese Kritik eingegeben hat, und selbst das Wortspiel, das er so
gern in seinen Dienst stellt, darf nicht fehlen. Man könnte fragen,
ob die Selbstverteidigung der Helena bei Euripides etwa durch
des Gorgias *Lob der Helena* beeinflusst sei. Die unter diesem
Titel erhaltene Deklamation, deren Echtheit fraglich ist, weist
allerdings einige Berührungspunkte auf; doch liegen diese in der
Sache und gestatten keinen Schluss auf bewusste Beziehungen.
Der Verfasser des *Enkomions*, der sich mit diesem einen „Scherz"
(21) erlaubt, begründet seine Rettung auf die vier Möglichkeiten:
die Entführung der Helena erfolgte entweder nach dem Ratschluss
der Götter, oder durch Gewalt, oder durch Überredung oder durch
die Macht der Liebe. Im ersten und letzten Fall ist Helena unschuldig, weil menschliche Kraft schwächer ist als die Götter; im
zweiten wich sie gegen ihren Willen der Übermacht des Paris;

im dritten wurde sie durch Worte bezaubert: denn „die Rede ist eine grosse Macht" (8). Das letzte Argument fehlt bei Euripides, das zweite und vierte fallen ihm zusammen (940; 948 ff.; 964 f.; 1042 f.). Die Gewaltthätigkeit des Paris wird zweimal (959; 962) hervorgehoben. Aber die ganze Rede ist trotz dieser Berührungspunkte von Grund aus anders angelegt. Insbesondere der Gedanke, dass Helena durch ihr Unglück (935 f.) Griechenland zu einem siegreichen Krieg verholfen habe und darum eine Belohnung verdiene (937) fehlt in dem Werk des Rhetors ganz[9]). Jedenfalls zeigt die souveräne Freiheit, welche Euripides in der Behandlung der Sage an den Tag legt, dass er dem Mythus völlig unabhängig gegenüberstand und weder religiöse noch geschichtliche Wahrheit darin sah: ein Standpunkt, zu dem sich weitere Kreise erst im folgenden Jahrhundert erhoben haben.

Einen zweiten Mythenkreis, den Euripides mit seiner Kritik zersetzt, bilden die Sagen von den Tantaliden. Um mit dem Ahnherrn zu beginnen, so lässt der Dichter in der *Iphigenie auf Tauris* (386 ff.) die jungfräuliche Priesterin sagen:

> Ich acht es auch
> Als eitle Fabel, jenes Mahl des Tantalus,
> Dass Götter sich an seines Sohnes Fleisch ergetzt,
> Wie dieses Volk hier, weil es selbst nach Blute giert,
> Wohl eig'ne Schuld auf uns're Gottheit überträgt;
> Denn kein unsterblich Wesen dünkt mich böser Art[10]). (D.)

Iphigenie hat vorher die Taurischen Menschenopfer getadelt (wie nachher der Chor 464 ff.) und diese erinnern sie an die schreckliche Sage von der Zerstückelung des Pelops durch seinen Vater Tantalus, der den getöteten Sohn den Göttern als Mahl vorsetzte. Das grässliche Motiv kehrt in der Sage von Atreus und Thyestes und in dem arkadischen Mythos von Lykaon wieder[11]). Das sittliche Gefühl einer humaneren Zeit empörte sich gegen diese kannibalischen Erzählungen und schon Pindar verwarf sie als der Götter unwürdig; er erzählte, Pelops sei von Zeus in den Olymp entführt worden und sein plötzliches Verschwinden und seine Unauffindbarkeit habe die Sage von der Zerstückelung hervorgerufen (*Ol. I. 36* ff.). Euripides sucht und findet eine Erklärung für deren Entstehung und den auf Tauris noch fortbestehenden Ritus des Menschenopfers darin, dass die Menschen eigene Schuld, eigene Unsitte auf ihre Götter übertragen haben: „in seinen Göttern malet sich der Mensch"[12]). — Einen andern Mythus aus

der Tantalidensage unterzieht Euripides in der *Elektra* seiner
Kritik. Um die Pause, in welcher sich hinter der Scene die Ermordung des Ägisthus vollzieht, auszufüllen, trägt der aus Frauen
bestehende Chor ein Lied vor, das die Sage vom goldenen
Lamm im Streit des Atreus und Thyestes um die Herrschaft zum Inhalt hat. Dieses Wunderlamm, das nach der von
Euripides hier nicht erwähnten Überlieferung Hermes dem Atreus
geschenkt hatte, wusste sich Thystes durch Verführung von dessen
Gattin Aërope zu verschaffen, um im Besitz desselben vom Volk
als der von den Göttern begnadete Herrscher angesehen zu werden.
Jetzt kehrte Zeus den Lauf der Sonne und der übrigen Gestirne
um, um anzudeuten, dass das Recht verkehrt worden sei. Die
Erzählung schliesst (737 ff.):

> Ja die Sage geht, doch
> Schwachen Glauben nur schenk' ich ihr,
> Dass die heisse goldene Bahn
> Der Sonne sich umgewandt
> Habe, Menschen zum Strafgericht.
> Doch die schreckenden Sagen sind
> Für den Dienst der Götter Gewinn [13]).   (O.—S.)

Noch zweimal kommt Euripides auf diese Sage zu sprechen: im
Orestes erzählt sie der Chor (995 ff.):

> Drum nahte meinem Hause sich
> Jener unheilvolle Fluch,
> Da bei des rossenährenden Atreus Herden sich
> Das Wunderlamm mit gold'nem Vliess
> Ans Licht rang, das Unheil, vom Sohn
> Majas im Zorne gesandt:
> Drob entbrannte Zwist und Phoebos
> Lenkte mit dem beschwingten Wagen um, morgenwärts
> Wandt' er zurück den Abendlauf am Himmel
> Zu der dämmernden Eos
> Und auf andere Bahnen entrückte das
> Siebengestirn, die Plejaden, Kronion.   (D.)

Auch das Thyesteische Mahl erwähnt der Chor weiterhin (1008 f.)[14]).
Endlich scheint Euripides noch im *Thyestes* den Mythus erwähnt
zu haben (*Fr.* 861)[15]). Wie er darüber dachte, zeigt die Stelle
in der *Elektra*, wo er sich auch grundsätzlich dahin ausspricht,
dass die „schreckenden Sagen ein Gewinn für den Dienst der
Götter seien". Dieser Gedanke zeigt eine nahe Verwandtschaft

mit den Ausführungen des Kritias im *Sisyphos* über die Entstehung der Religion (V. 11 ff., Nauck *Fr. 1* pg. 771): „Ein kluger und weiser Mann entschloss sich dann, wie mir scheint, Götter für die Sterblichen zu erfinden, damit es ein Schreckmittel für die Bösen und ihr heimliches Thun, Reden und Denken gebe. Er führte den religiösen Glauben ein, dass es einen ewig lebenden Gott gebe, der mit seinem Geiste dies hört, sieht, bemerkt und göttliche Natur hat, vermöge deren er jedes Wort der Menschen hört und jede That sieht; ja wenn du nur im Stillen etwas Böses denkst, wird es den Göttern nicht entgehen." Es wird dann weiter ausgeführt, dass der Wohnsitz der Götter deswegen in den Himmel verlegt worden sei, weil dorther die schreckenerregenden Naturerscheinungen, wie Donner und Blitz, zu kommen scheinen, dorther auch das Sonnenlicht und die Sonnenwärme sowie der Regen kommt. Durch die Statuierung Schrecken erregender Mächte suchte man die zum Unrechtthun geneigte Menschheit einzuschüchtern. Dabei ist zu beachten, dass die Sonne „eine glänzende Glutmasse" genannt wird (35) wie sie schon Anaxagoras bezeichnete. Ganz gleichbedeutend hiemit (μύδρος) ist der im *Phaethon* (*Fr.* 783) und *Orestes* (983) vorkommende und ebenfalls auf Anaxagoras zurückgehende Ausdruck χρυσέα βῶλος, der nach Valckenaers Vermutung auch in *Fr.* 771, 3 steckt [16]). Die Übereinstimmung zwischen Euripides und Kritias ist demnach eine doppelte: beide sehen im Anschluss an Anaxagoras in der Sonne eine natürliche Glutmasse, nichts Göttliches mehr. Das ausgehende 5. Jahrhundert ist nicht mehr die Zeit, von der Schiller singt:

Wo jetzt nur, wie uns're Weisen sagen,
Seelenlos ein Feuerball sich dreht,
Lenkte damals seinen gold'nen Wagen
Helios in stiller Majestät.

Solche Weise lebten schon damals. Und wenn sich auch Euripides für physikalische Einzelfragen wenig interessierte [17]), so war er doch über solche mythologische Vorstellungen längst hinaus und eignete sich die Hauptresultate der Naturforschung an. Diese stimmten hier auch überein mit der Heraklitischen Idee der ausnahmslosen Gesetzmässigkeit des Weltverlaufs: „Die Sonne wird ihre Bahn nicht überschreiten; wenn doch, so werden die Erinyen, die Helferinnen der Dike sie zu finden wissen" (*Fr.* 29 Byw.) [18]): auf dieses Wort spielt Euripides deutlich an in den *Phönissen* (546) an: „Gehorsam wandeln Tag und Nacht hin ihre Bahn." Die

zweite Übereinstimmung zwischen Euripides und Kritias besteht
in der Annahme, dass die mythologische Erklärung des Weltverlaufs den moralischen Zweck habe, die Menschen vom Bösen abzuschrecken und somit die Erfindung eines unbekannten Weisen
sei. Letzteres spricht freilich nur Kritias unzweideutig aus; aber
Euripides deutet es zum mindesten an. Es fragt sich nun, ob
Kritias selbst der Erfinder dieser Theorie ist und Euripides sie
von ihm übernommen hat, oder ob beide aus einer gemeinsamen
Quelle geschöpft haben. Protagoras kann bei seiner bekannten
Zurückhaltung in der Frage nach dem Dasein der Götter diese
nicht sein und ebensowenig Prodikos, der die Entstehung der
Religion zwar auch rationalistisch, aber wie wir sahen, in durchaus anderer Weise erklärte [19]. Nun finden wir den Kritias im
Altertum mehrfach mit zwei andern „Atheisten", nämlich dem
schon oben erwähnten Diagoras von Melos [20] und dem jüngeren
Cyrenaiker Theodoros in engen Zusammenhang gebracht [21] und
so liegt die Vermutung nahe, dass Kritias und mit ihm Euripides
die oben erwähnte Theorie von der Entstehung des Götterglaubens
von Diagoras übernommen hätten. Beweisen kann man das freilich
nicht, da uns von Diagoras gar nichts erhalten ist. Auch ist es
keineswegs undenkbar, dass Kritias, „der Philosoph unter den
Laien und Laie unter den Philosophen" [22], ein Mann, dessen Bedeutung Plato anerkannte, indem er einen Dialog nach ihm benannte, jene Lehre selbst erdacht hat. Dass infolge seiner Geistes-
verwandtschaft mit Euripides Werke von ihm im Altertum dem
Dichter zugeschrieben wurden, ist schon erwähnt worden [23]. Es
ist eine verhältnismässig untergeordnete Sage, die Euripides mit
jener kurzen Bemerkung kritisiert, und doch ist diese Kritik von
grundsätzlicher Wichtigkeit. Die Himmelserscheinungen haben
auf alle Völker den grössten Eindruck gemacht und zu einem
grossen Teil den Glauben an Götter mithervorgerufen. Es war
daher von grösster Bedeutung, als man anfing, die astronomischen
Vorgänge wissenschaftlich zu erforschen. Von der Vorausberechnung
der Sonnenfinsternis vom 28. Mai 585 durch Thales, deren Eintritt
den Friedensschluss zwischen Medern und Lydern infolge von deren
Aberglauben bewirkte [24], bis auf die Tage des Euripides herab
zieht sich eine ununterbrochene Kette von Versuchen der griechischen Naturphilosophen, die Probleme der Sternenwelt zu lösen.
Insbesondere Pythagoras und seine Schule, die damals durch
Philolaos vertreten war, hat auf diesem Gebiet zwar noch unvoll-

kommene, aber nichtsdestoweniger epochemachende Ergebnisse, wie z. B. die Erkenntnis der Kugelgestalt und der Bewegung der Erde, aufzuweisen. Das über allen Aberglauben erhabene Verhalten des Perikles bei einer Sonnenfinsternis ist höchst bezeichnend (*Plut. Per.* 35). Es ist nicht zufällig, dass unter den Vorwürfen, die man gegen die neu aufkommende wissenschaftliche Richtung der sogenannten Sophisten erhob, einer der schwersten der war, dass sie sich mit „Meteorologie" beschäftigten, ein Schlagwort, das bekanntlich Aristophanes in den „Wolken" auch gegen Sokrates ins Feld führte. Man ahnte instinktiv die Gefahr, die dem naiven religiösen Glauben von der neuen Wissenschaft der Astronomie drohte, ganz ähnlich, wie dies auch am Ausgang des Mittelalters und dem Beginn der Neuzeit mit dem Kopernikanischen System der Fall war. „Was an Kopernikus und Galilei hängt, weiss jeder nachdenkende Mensch. Die ganze kirchliche Mythologie ist hinfällig, wenn die Erde aus einem im Mittelpunkt des Weltalls stehenden Körper zu einem um eine Nebensonne kreisenden, höchstens mittelgrossen Planeten wird. Um das gesamte orthodoxe System, nicht um die alberne Judenmär von Iosuas Sonne handelte es sich, als die Kirche das ‚e pur si muove' zu hören bekam" [25]. So war es auch hier: hatte man einmal erkannt, dass nicht mehr Helios seinen goldenen Wagen auf der Himmelsbahn hinlenkte, sondern dass die Sonne, die Erde, der Mond und die Planeten Weltkörper seien, die sich nach bestimmten, wenn auch noch sehr unvollkommen erkannten Gesetzen bewegten, so war es nicht nur aus mit der Sage vom Raub des goldenen Lammes und seinen Folgen, sondern der ganze Olymp erzitterte in seinen Grundfesten und die Götter flohen. Dieser Erkenntnis verschloss sich auch Euripides nicht, obgleich er, wohl im Anschluss an Heraklit, um die Einzelheiten der Naturforschung sich wenig kümmerte (*Fr.* 913. K. II A. 17).

Die **Iphigeniensage** hat Euripides in zwei Dramen behandelt. Das eine schliesst mit der wunderbaren Entrückung der Jungfrau und das andere beginnt mit der Erzählung dieses Vorgangs durch Iphigenie selbst. In der *Iphigenie in Aulis* nennt Euripides die Hirschkuh, welche an Stelle des Mädchens untergeschoben wurde, „ein Scheinbild, das, obwohl gesehen, keinen Glauben fand" (1586) [26], und Klytämnestra, der man den Vorgang berichtet, hält ihn in ihrem Schmerz nur für einen leeren Trost (1616 ff.). Dies entspricht nun beides durchaus der dramatischen

Situation. Wie aber Euripides sich das Wunder zu erklären
suchte, deutet er in der *Iphigenie in Tauris* an. Gleich im
Prolog wird der Name Thoas von ϑοός = schnell abgeleitet und
auf des Thoas Schnellfüssigkeit gedeutet[27]). Verrall glaubt nun
aber (a. a. O. S. 190), dass Euripides in Wirklichkeit auf die
Schnelligkeit der Taurischen Schiffe hindeute, die zwar (1427) erwähnt und (1325) im allgemeinen vorausgesetzt, aber nirgends besonders betont wird. Der Chor setzt sich ferner aus griechischen
Frauen zusammen, die aus der Heimat geraubt wurden, wie sie
selbst sagen (447 ff.; 1106 ff.). So würde denn nach Verralls Ansicht Euripides das Wunder der Entrückung der Iphigenie sich
in rationalistischer Weise als in Wirklichkeit durch einen Raubzug
taurischer Seeräuber bewerkstelligt denken. Obwohl die fraglichen Andeutungen in dieser Hinsicht sehr versteckt sind, so
wird man die Möglichkeit zugeben müssen, besonders da der
Dichter seinen Rationalismus auch noch an einigen andern Stellen
des Dramas bekundet. Verrall weist auf die Erzählung des Hirten
(260 ff.) hin, der berichtet, einer seiner Genossen habe die ge-
landeten Fremdlinge für Götter gehalten und angebetet; ein
anderer „thörichter und frecher“ Bursche aber habe ihn ausgelacht
und gesagt, es seien gestrandete Ausländer (275 ff.). Daraus nun,
dass der letztere thatsächlich Recht behält, schliesst Verrall, dass
diese Darstellung die Geschichten von Erscheinungen der Götter
in Menschengestalt periflieren wolle (a. a. O. S. 174). Auch diese
Vermutung hat, obwohl sie sich nicht zwingend beweisen lässt,
viel für sich. Jedenfalls verfährt Euripides, worauf Steiger[28])
aufmerksam gemacht hat, an einer andern Stelle ganz ähnlich:
„Iphigenie erzählt dem König, die Opfer, die er der Göttin ge-
fangen habe, seien schuldbefleckt und bedürften daher mit dem
Götterbild der Reinigung am Meeresstrand. Thoas frägt, woher
sie das Erstere wisse, und sie antwortet (1165): „Das Bild der
Göttin wandte sich von seinem Sitz“. Die Möglichkeit der Rettung beruht nun darauf, dass der König diese Enthüllung der
Priesterin mit frommem Glauben aufnimmt. Der Dichter kann es
sich aber nicht versagen, im Interesse der Aufklärung seines
Publikums gegen seine eigene Erfindung zu polemisieren und dem
Barbaren mit der Frage (1166): „Von selber oder drehte es ein
Erdstoss um?“ eine rationalistische Erklärung dieses Wunders in
den Mund zu legen. Der Rationalismus des Euripides, der uns
in solchen Wundererklärungen entgegentritt, erinnert schon lebhaft

an die Methode des Palaephatus in seinem Büchlein περὶ ἀπίστων [29]),
der uns (Kap. 31) erzählt, dass Phrixus nicht von einem Widder,
sondern von einem Mann dieses Namens gerettet worden sei, dass
Aktaeon (Kap. 3) nicht von Hunden zerrissen worden sei, sondern
sich durch zu grosse Schwärmerei für die Jagd finanziell ruiniert
habe, dass Pelops (Kap. 30) keine Flügelrosse besessen habe, sondern ein Schiff, das diesen Namen führte und dass er vermittelst
dessen die Hippodamia raubte, u. s. w. Verrall macht darauf aufmerksam, dass im Prolog der *Iphigenie* Pelops zwar schnelle
(θοαί 2), aber keine geflügelten Rosse habe und dass schon damit
auf Thoas hingedeutet werde. Endlich würde noch die Behandlung der Erinyen in dem Drama hieher gehören, die aber besser
im Zusammenhang mit dem *Orestes* besprochen wird. Übrigens
treffen wir eben solchen Rationalismus auch schon bei den ersten
namhaften Vertretern der griechischen Geographie und Geschichts-
schreibung, Hekatäus und Herodot. Der erstere glaubt nicht,
dass Götter und Heroen am Argonautenzug und am Trojanischen
Krieg teilgenommen haben, sondern, dass dies rein menschliche
Unternehmungen wie die seiner Zeit gewesen seien; der drei-
köpfige Höllenhund Kerberos ist ihm eine das Vorgebirge Tänaron
bewohnende Schlange und das fabelhafte Erytheia, aus dem Herakles die Rinder des Geryones geholt haben sollte, verlegt er
aus dem fernen Westen in das nahe Epirus und erklärt seinen
Namen aus der roten Farbe der Erde. Bei Herodot werden aus
den Heroinen Io, Medea, Europa menschliche Königstöchter, an
die Stelle der göttergleichen Helden oder der Götter selbst treten
phönizische Kaufleute, kretische Seeräuber und griechische Frei-
beuter, die auf Frauenraub ausgehen. Nicht zwei Tauben haben
die Gründung des Ammonsorakels in Libyen und des Zeusorakels
in Dodona veranlasst, sondern zwei heilige, von Phönikern entführte und dorthin verkaufte Frauen. Überall zeigt sich das
„Bestreben, die Grenzen des Übernatürlichen weiter und weiter
zurückzuschieben, wodurch die von Poesie durchtränkten, hoheits-
vollen Gebilde der Sage auf das Niveau des Natürlichen und
Glaubhaften und damit freilich auch des Platten und Niedrigen
herabsanken" [30]). Die Methode ist hier schon ganz dieselbe wie
bei Paläphatus und man wird daher gut thun, diesen nicht zu
weit in das 4. Jahrhundert herabzurücken.

Aber nicht nur das kritische Verhalten gegenüber den alten
Mythen nahm immer mehr überhand, man suchte auch das positive

Wissen, das man errungen hatte, zu ihrer Erklärung nutzbar zu machen. So kommt es, dass aus dem von den Erinyen gesetzten Muttermörder O r e s t e s der früheren Dichter bei Euripides eine pathologische Figur, ein Geisteskranker, wird. Euripides ist nicht der erste Tragiker, der den Wahnsinn auf die Bühne bringt; aber er ist der erste, der ihn nicht mehr als ein von den Göttern verhängtes Übel, nicht mehr als „heilige Krankheit", sondern wie die wissenschaftlich gebildeten Ärzte seiner Zeit als eine durchaus natürliche, auf einer Affektion des Gehirns beruhende Krankheit betrachtet[81]. Ajax giebt sich bei Sophokles den Tod, weil er aus seiner Geistesumnachtung schliesst, dass er den Göttern verhasst sei[32]. Io im *Prometheus* des Äschylus beschreibt, obwohl wahnsinnig, selber ihren abnormen Zustand und in der Orestie trennt Äschylus im engsten Anschluss an den Mythus die Ursachen des Wahnsinns von der Person des Orestes, in dem er sie als Erinyen selbst personifiziert. Ganz anders verfährt Euripides: die beiden Formen der Geisteskrankheit, den Verfolgungswahn, an dem Io und Orestes leiden, und die Tobsucht, welche sich eines Ajax und Herakles bemächtigt, behandelt er gleichermassen als verschiedene Formen einer natürlichen geistigen Erkrankung, deren Symptome und Verlauf er mit der Genauigkeit eines Arztes schildert. Orestes selbst hat das Gefühl, dass er den Verstand verloren hat (*Or.* 216). Sein ganzer Zustand ist krankhaft: er hat Halluzinationen (407). Denn nicht etwa Gespenster, die jedermann sehen kann und denen also objektive Realität zukäme, sind die Erinyen bei Euripides, sondern lediglich subjektive Ausgeburten seines kranken Gehirns. Besonders bezeichnend ist die Schilderung in der ersten Scene zwischen Orestes und Elektra (*Or.* 211 ff.), die ganz realistisch gehalten ist. Orestes erwacht vom Schlummer, in den er nach seinem letzten Wahnanfall versunken ist, und Elektra lässt nun dem Kranken schwesterliche Pflege angedeihen. Er bittet sie, ihn aufzurichten und ihm den „klebrigen Schaum" (220; welcher Naturalismus!) von Mund und Augen zu wischen. Sein Blick ist noch getrübt (224). Elektra streicht ihm die wirren Locken aus dem Gesicht und bettet ihn auf sein Lager (225 f.). Nach dem Anfall tritt eine starke Abspannung der Glieder ein (227. f.). Es folgen einige lichte Augenblicke, in denen Elektra dem Bruder die Ankunft des Menelaos und der Helena in Nauplia mitteilt (237 ff.). Aber bald kündigt das Verdrehen der Augen (253) wieder einen neuen Anfall an. Orestes glaubt wieder die blutigen Schlangen-

jungfrauen zu sehen (256) und auch das beruhigende Wort der
Schwester, dass er „nichts von dem sehe, was er zu sehen glaube"
(259), verfängt nicht bei ihm: wie sie liebend den Arm um ihn
schlingt, hält er sie selbst für eine Erinys, die ihn in den Tartarus
schleudern will (263 ff.). Noch geht sein Atem schwer (277); aber
allmählich kehrt das Bewusstsein wieder. Diese Beschreibung der
„Krankheit" (νόσος, νοσεῖν 34; 227; 229; 232; 282; 792; 800; 881;
883), infolge deren Orestes auch nur von seinem Freund Pylades
gestützt vor der argivischen Volksversammlung erscheinen kann,
stimmt vollkommen überein mit der einige Jahre früher in der
Iphigenie in Tauris entworfenen Schilderung des kranken Orestes
(281—294). Hier berichtet ein Rinderhirte der Iphigenie über die
beiden Fremdlinge, die er am Strande getroffen hat: Der eine
von ihnen, Orestes, stöhnt und zittert, vom Wahnsinn erfasst, und
in der Meinung, die Erinyen zu sehen und zu hören, stürzt er
sich mit entblösstem Schwerte auf die Rinderherden, die er für
die ihn verfolgenden Göttinnen hält, bis er, von dem Anfall er-
schöpft, zusammenbricht und ihm Pylades die Liebesdienste erweist,
die im *Orestes* Elektra leistet (*Iph. T.* 307 ff.). Dass hiebei die
Erinyen in der Vorstellung des Orestes und der Elektra ganz das
traditionelle Aussehen haben, thut natürlich nichts zur Sache.
Dagegen ist es auffallend, dass bei Euripides die Erinyen sich
nicht einfach in Gewissensbisse des Orestes verwandelt haben,
wie man fälschlich behauptet hat [33]. Es kommen ihm zwar freilich sittliche Bedenken wegen des Muttermords, die ihn nicht nur
zur Verurteilung seiner eigenen That, sondern noch weiter zu
einem Angriff auf die Götter, insbesondere Apollo, führen; aber
im wesentlichen ist er nicht sowohl schuldbewusst, als vielmehr
krank, allerdings infolge der entsetzlichen That, die er vollbracht
hat. In der Schilderung dieser Geisteskrankheit nun hat sich
Euripides augenscheinlich an die medizinischen Erörterungen der
sogenannten *heiligen Krankheit,* d. h. der Epilepsie, angeschlossen,
von denen uns eine Probe in der hippokratischen Schriftensamm-
lung erhalten ist [34]. Der Verfasser dieser Schrift bemüht sich,
zu beweisen, dass diese Krankheit nicht „heiliger" als andere,
sondern ebenso natürlich sei und dass sie so wenig als sonstige
Leiden irgend ein „wunderbares" Element enthalte. Es ist deshalb auch mit religiösen Wunderkuren (Besprechung, Reinigungen,
Askese) hier gar nichts auszurichten. Überhaupt ist es, genau
besehen, ein Hohn auf die Gottheit, wenn solche Magier, Zauberer

und Propheten durch ihre menschlichen Mittel die angeblich göttliche Krankheit überwinden wollen; denn dann wäre ja die Gottheit schwächer als die Menschen. Die Krankheit hat also ihren
Grund keineswegs in einer besonderen göttlichen Wirkung und
bringt auch keinerlei sittliche Befleckung mit sich. Dagegen ist
sie wie auch andere Krankheiten erblich und hat ihren Sitz im
Gehirn (Kap. 1—6; 14; ἐπίληψις 13); und zwar wird sie von zu
grosser Feuchtigkeit dieses Organs abgeleitet, was einigermassen
an Heraklit (*Fr.* 73) erinnert (14; 17). Bei den einen Patienten
äussert sie sich in abnormer Apathie, bei den andern in Aufregung
(18). Das Gewöhnliche ist, dass sie mit dem Munde schäumen
und mit den Füssen schlegeln (4), mit den Zähnen knirschen,
Zuckungen in den Armen bekommen, die Augen verdrehen und die
Besinnung verlieren (10). Die Stimme versagt und der Atem wird
schwer (10; 13). Zuweilen geraten sie auch in Angst und sehen
Schreckgestalten und glauben Stimmen zu hören (17; 18): alles
das kommt vom Gehirn: „die Augen und Ohren, die Zunge, die
Hände und Füsse verrichten ihren Dienst entsprechend der Erkenntnis des Gehirns" (19). Tritt nun eine Störung im Zentral-
organ ein, so wirkt diese auf die peripherischen Organe und so
entstehen die Halluzinationen. Die Patienten spüren das Nahen
eines Anfalls und suchen sich daher aus der Umgebung der Menschen in die Einsamkeit zurückzuziehen oder, wenn dies nicht
möglich ist, so verhüllen sie sich, um ihr Leiden zu verbergen (15).
Die Heilung der Krankheit kann nur auf natürlichem Wege, hauptsächlich durch rationelle Diät, herbeigeführt werden. „Wahrhaft
göttlich ist es, nicht einen Unterschied zwischen göttlicheren und
weniger göttlichen Krankheiten zu machen, sondern alle als göttlich und alle als menschlich zu betrachten" (21). Ausser in der
angeführten Schrift finden sich noch an manchen zerstreuten Stellen
der Hippokratischen Sammlung Bemerkungen über die Geisteskrankheiten: so lesen wir in den *Aphorismen* (II. 2), dass es ein
gutes Zeichen sei, wenn der Schlaf einem Wahnsinnsanfall ein
Ende mache (vgl. D. m. s. 1)[35]). Euripides stimmt nun einmal
mit den hier ausgesprochenen allgemeinen Grundsätzen überein,
dass alle Krankheiten auf natürliche Weise zu heilen sind, und
dass es der Götter unwürdig ist, sie als Erreger bestimmter Krankheiten zu betrachten. „Der Arzt, der eine Krankheit heilen will,
muss diese untersuchen und nicht aufs Geratewohl ein Mittel nach
dem andern geben, auch wenn dies für die Krankheit gar nicht

passt. Die Krankheiten der Menschen sind teils selbstverschuldet, teils von den Göttern verhängt; aber wir heilen sie systematisch. Doch will ich dir sagen: wenn die Götter Böses thun, sind sie keine Götter" (*Bell. Fr.* 292)[36]); ferner ist schon den Alten aufgefallen, dass der Anfang der hippokratischen Schrift *Über Luft, Wasser, Lage* genaue Übereinstimmung mit einem andern Ausspruch des Euripides (*Fr.* 917) zeigt: „Wer ein guter Arzt sein will, muss bei der Behandlung der Krankheiten auf die Lebensweise der Bewohner einer Stadt und auf die Natur ihres Landes sehen;" wie denn der Dichter auch an mehreren anderen Stellen über den Einfluss des Klimas sich ganz ähnlich wie der Verfasser dieser Schrift (und wie Herodot) äussert[37]). Ein andermal spricht sich der Dichter gegen übereilte chirurgische Eingriffe aus (*Fr.* 1072)[38]) und der liebeskranken Phädra rät ihre Kammerfrau (*Hipp.* 293 ff.), zu ärztlicher Behandlung ihre Zuflucht zu nehmen. Auf irgendwelchen mystischen Zauber hält Euripides nichts (*Hipp.* 952 ff.; *Kykl.* 646 ff.; *Alc.* 966 ff.). Das alles ist von Bedeutung in einer Zeit, wo gegenüber der Medizin, obwohl dieselbe in der schönsten Entwicklung begriffen war, doch in weiten Kreisen noch ein starkes Vorurteil herrschte, was wir aufs deutlichste aus jener *Apologie der Heilkunst* sehen, welche höchstwahrscheinlich einen Sophisten des 5. Jahrhunderts zum Verfasser hat[39]). Aber nicht nur grundsätzlich stimmt Euripides mit der wissenschaftlichen Medizin überein; er hat auch im einzelnen von ihr gelernt und beschreibt in genauem Anschluss an dieselbe die Krankheitssymptome seines Helden, was bei einem Vergleich der beiderseits angeführten Stellen in die Augen springt. Das Krankheitsbewusstsein des Leidenden bis auf die Einzelheit, dass der Kranke beim Nahen des Anfalls sich in sein Gewand verbirgt und die Menschen flieht, finden wir hier wie dort (*Or.* 42 ff.; 216; *de morb. s.* 15); ferner das Schäumen mit dem Munde (*Or.* 220; *d. m. s.* 2); die Zuckungen in den Extremitäten (*Iph. T.* 283; *d. m. s.* 10); das Verdrehen der Augen (*Or.* 253; *d. m. s.* 10); den schweren Atem (*Or.* 277; *d. m. s.* 10; 13); die Bewusstlosigkeit (*Or.* 216; *d. m. s.* 10); Gesichts- und Gehörshalluzinationen (*Or.* 256; *d. m. s.* 1; 259; 263 ff.; *Iph. T.* 291 ff.; *d. m. s.* 17; 18); endlich Abspannung und Schlaf (211; 227 f.; *Aphor.* II. 2): in allem folgt der Dichter den Beobachtungen des Arztes. Fast sieht es wie eine Satire auf die Verkennung solcher pathologischen Zustände durch die grosse Menge aus, wenn Euri-

pides den Kranken Orestes mitsamt seiner Schwester Elektra durch
die argivische Volksversammlung zum Tode verurteilen lässt; ein
Urteil, dessen Vollstreckung Orestes nur durch das Versprechen,
seiner Schwester und sich selbst freiwillig den Tod zu geben, verhindern kann (*Or.* 944 ff.). Freilich vereitelt Apollo diesen Entschluss und das Stück schliesst, wie schon die Alten tadelnd bemerkten [40]), mehr wie eine Komödie als wie eine Tragödie, nämlich mit der Doppelhochzeit der zwei Paare Orestes und Hermione,
Pylades und Elektra (1654; 1658). —

Orestes ist nicht der einzige Geisteskranke, den Euripides
auf die Bühne gebracht hat: auch den griechischen Nationalhelden
H e r a k l e s führt er uns im Zustande des Wahnsinns vor, wobei
ihm freilich die Sage einen Anhaltspunkt bot, er aber doch durchaus in der ihm eigenen Weise verfuhr. Zwar wundern wir uns
zunächst, hier die Ursache des Wahnsinns in der von Hera gesandten Lyssa personifiziert vorzufinden (822 ff.), ähnlich wie in
der Orestie des Äschylus, in den Erinyen, während im *Orestes*
und der *Iphigenie T.* der Wahnsinn nur als eine Erkrankung des
Seelenlebens erschien. Und nicht nur dies: auch das Ende des
Wahnsinnsanfalls wird durch das Dazwischentreten einer Göttin,
der Athene, ganz in Übereinstimmung mit der geläufigen Sage
herbeigeführt (1002 ff.; vgl. 907). Aber trotz der Beibehaltung
dieser mythischen Bestandteile unterscheidet sich der *Herakles*
des Euripides von dem *Ajax* des Sophokles schon durch die entgegengesetzte Folgerung, die er aus seinem gleichartigen Leiden
zieht: Ajax erkennt in seinem Geschick den Hass der Götter und
giebt sich deswegen den Tod (457 ff., 854 ff.). Herakles dagegen
glaubt nicht an den religiösen Grund seiner Geistesumnachtung,
er betrachtet sie als ein natürliches Unglück und erträgt es daher, weiterzuleben (1340 ff.) [41]), wobei ihm die Freundschaft in der
Person des Theseus liebevoll ihre Hand zur Unterstützung reicht
(1214 ff., besonders 1227 f., 1234, 1314 ff.). Athene und Lyssa
sind bei Euripides kaum mehr als mythische Ornamente. Er
schildert ganz unbekümmert um diese den Wahnsinn des Herakles,
der seine Kinder und sein Weib tötet und schon auch den Vater
bedroht, als er ermattet zusammenbricht, wie den Zustand eines
Tobsüchtigen. Herakles hat den Lykos erschlagen und steht umgeben von seinem Vater, seiner Gattin und seinen Söhnen und
Dienern am Altar, um das Haus durch ein Opfer von der blutigen

Befleckung zu reinigen. Schon will er den Feuerbrand in das geweihte Wasser tauchen; da plötzlich hält er inne und ist wie verwandelt (932 ff.):

> Unstet rollten
> Die Sterne seiner Augen, während blutig
> Im Weissen sich ein rot Geäder zeigte;
> Schaum trof ihm von dem vollen Bart herab
> Und also hob er an in wirrem Lachen:
> „Was zünd' ich, Vater, jetzt die reine Flamme,
> Dieweil Eurystheus lebt? 's ist doppelt Arbeit,
> Wo ich die Hand nur einmal rühren könnte.
> Erst hol' ich des Eurystheus Haupt dazu,
> Dann will ich mich von diesem Blut entsühnen."   (W.)

Er verlangt dann seine Keule, Bogen und Pfeile, Hebebäume und Brechstangen, um die kyklopischen Mauern von Mykenä niederzureissen. Er glaubt einen Wagen zu besteigen und durch die Lande zu fahren, meint in Megara und auf dem Isthmus zu sein, wo er sich selbst als Sieger ausruft, und endlich in Mykenä anzukommen, wo er fürchterliche Drohungen gegen Eurystheus ausstösst, und in dem Wahn, die Kinder seines Feindes vor sich zu haben, tötet er seine eigenen Söhne, den einen mit dem Pfeil, den andern mit der Keule. Endlich erbricht er, während er sich vermeintlich vor dem Kyklopenbau befindet, die Thüre des Gemaches, in das sich Megara mit dem dritten Sohn eingeschlossen hat, und erschiesst Mutter und Kind. Schon legt er auf Amphitryo an, da streckt ihn Athene mit einem Felsstück zu Boden und er versinkt in einen tiefen Schlaf (941—1015), aus dem er erst allmählich wieder zum Bewusstsein erwacht (1089 ff.). — Man sieht: die Symptome des Wahnsinns sind hier z. T. dieselben wie bei Orestes. Nur fehlt bei Herakles alle und jede äussere Veranlassung, während bei Orestes sein Muttermord dieselbe bildet. Niemand wird glauben, Euripides habe deswegen die Lyssa eingeführt und also den Wahnsinn des Herakles als *heilige Krankheit* darstellen wollen, der in der hippokratischen Schrift (1) liest: „Ich sehe, dass Menschen wahnsinnig und irrsinnig werden ohne irgend einen sichtbaren Grund." (Vgl. 17 Anfang.) Das Symptom der sich rötenden und rollenden Augen (934) wird ebenfalls von dem Arzte aufgeführt (*d. m. s.* 18 und im VI. Buch über *Epidemien* 1, 15); desgleichen wird das Lachen des Wahnsinns (935) in den *Aphorismen* (6, 53) angeführt und als ein für den Verlauf der Krankheit günstiges Zeichen betrachtet. Wenn endlich Herakles ohne alle unmittelbare Veranlassung plötzlich an Eurystheus denkt, nach Mykenä zu fahren und mit ihm und den Seinen zu kämpfen glaubt, so finden wir auch solche Wahnideen in der Schrift *von der heiligen Krankheit* als deren Symptome aufgeführt und erklärt (17): „Träume und grundlose Irrtümer, unpassende Sorgen, Verkennung der Wirklichkeit, ungewohntes und sinnloses Benehmen [42]."

Ein drittes Stück, in dem Euripides abnorme Seelenzustände auf die Bühne bringt, sind die schon oben von uns besprochenen *Bacchen*. Hier ist es die orgiastische Verzückung der Mänaden, in der sich Anzeichen der Mania finden: so das Schäumen und Augenrollen der Agaue (1122 f.; 1166 f.) und überhaupt ihr ganzer Zustand, in welchem sie ihren Sohn Pentheus für einen Löwen hält und mit ihren Gefährtinnen zerreisst, ganz wie Herakles sein Weib und seine Kinder tötet, indem er sie für die des Eurystheus hält (*Bacch.* 1106 ff.). Wie diesen nicht die Bitten der Kinder, ihrer Mutter und des Amphitryo zum Bewusstsein seiner That bringen, ebensowenig die Agaue die flehentliche Bitte des Pentheus. Auch bei den Bacchen folgt auf die enthusiastische Aufregung die Abspannung, die sich in tiefem Schlaf geltend macht (683), bis sie wieder erwachen und zu neuen Orgien sich erheben. Erst ganz allmählich weicht die Wahnidee der Agaue, dass sie einen Löwen erlegt habe, während sie in Wirklichkeit ihren Sohn getötet hat (1263 ff.), und kehrt ihr Bewusstsein zurück, so dass sie ihren orgiastischen Zustand als Mania erkennt (1292 ff.). Wie in den *Bacchen* (1295) Kadmus die Begriffe μαίνεσθαι und βαχχεύειν identifiziert, ebenso bezeichnet im *Herakles* (1895) der Chor dessen Wahnsinn als βαχχεύειν. Diese Beobachtungen sind durchaus geeignet, unsere oben dargelegte Auffassung der *Bacchen* zu bestätigen [43]. —

Auch bei der von *Medea* verzauberten Glauke werden die Symptome des Wahnsinns ganz naturalistisch geschildert (*Med.* 1168—1175).

Wenn endlich Servius (zur *Aen.* VII. 337; *Fr.* 1022) sagt, in einer Tragödie des Euripides sei eine *Furie* aufgetreten, die sich „Glück, Rache, Schicksal, Notwendigkeit" genannt habe, so mag dies wohl, wie Wilamowitz (Her. [1] I. S. 371 A. 51; De trag. Gr. fr. pg. 14) scharfsinnig vermutet hat, im *Alkmeon* der Fall gewesen sein, in dem es sich um einen Muttermörder ähnlich dem Orestes handelte. Aber schon die Art und Weise, wie diese

Erinys sozusagen sich vorstellt, zeigt, dass auch hier der Dichter
den Stoff jedenfalls in seiner aufgeklärten Manier behandelt hat,
wenn er auch, ähnlich wie im *Herakles* die Lyssa, so hier die
populäre Gestalt der Rachegöttin auf die Bühne brachte (vgl.
Kap. III. 1 A. 15 a).

Um nach dieser Abschweifung noch einmal zum *Herakles*
des Euripides zurückzukehren, so ist die realistische Darstellung
des Wahnsinns in diesem Stück keineswegs die einzige oder auch
nur die hervorstechendste Kritik, die sich der Dichter gegenüber
der alten Sage erlaubt. Die letztere erscheint ihm überhaupt
unsittlich und er stellt sie daher nur dar, „um sie zu zerschlagen“
(Wil. Her. ² I. S. 127 ff.). Das dorische Mannesideal, das in erster
Linie auf physischer Kraft und auf Tapferkeit beruht und teils
die Gesamtfähigkeit des Menschen überschätzt, teils die sittliche
Wertung der Handlungen ausser Acht lässt, hat sich als unhalt-
bar erwiesen: es führt seinen Träger nicht in den Himmel sondern
zum Grössenwahnsinn. Dies will Euripides damit andeuten, dass
er, abweichend von den früheren Dichtern, die Wahnsinnsthat
des Herakles an den Schluss seiner Laufbahn setzt, so dass
er sie selbst mit bitterem Sarkasmus als seinen dreizehnten Athlos
bezeichnet (1279 f.). Auch der Gedanke, dass Genie und Wahnsinn dicht aneinander grenzen, mag mit hereinspielen. „Die tiefste
Erniedrigung ist an die Stelle der Verklärung getreten, mit der
der Dodekathlos schloss.“ Aber dies ist nicht das letzte Wort
des Dichters. „Euripides wollte Herakles als Ideal der selbst-
genügenden Menschenkraft trotz alledem darstellen, nur nicht das
der archaischen, sondern das der Sophistenzeit“).“ Das heisst
mit andern Worten: Euripides stellt nicht mehr den alten unüberwindlichen und siegesgewissen Heros dar, sondern „den Menschen
in des Lebens Drang“, den Menschen, der die Bitterkeit des
Lebens bis auf die Hefe kostet, der aber dennoch sich nicht vom
Elend besiegen lässt, sondern den Mut zu leben findet, obwohl er
erkannt hat, dass es leichter wäre, das Leben wegzuwerfen als
es fortzuführen (1245 ff., 1347 ff.). So richtet sich denn das ganze
Interesse des Dichters auf den leidenden, den ungerecht leidenden
und dennoch, wenn auch nach zeitweiligem Unterliegen, schliesslich siegenden Menschen. Mit um so grösserer Freiheit behandelt
er die mythisch-religiöse Grundlage der Sage. Es ist noch der
geringste Vorwurf, den Euripides den Göttern im *Herakles* macht,
wenn er ihnen, wie oben angeführt, „vernünftiges Einsehn“

(ξύνεσις 655) abspricht. Auch ihre Gerechtigkeit, die der Chor
(772 ff.) preist, bewährt sich im Verlauf des Stückes schlecht.
Besonders aber ist es das oberste Götterpaar, Zeus und Hera, auf
das sich die Angriffe des Dichters richten. Mit bitteren Worten
hält Amphitryo dem obersten Gott den Ehebruch vor, in dem er
Herakles erzeugte (339 ff.), um sich späterhin gleichgültig zu verhalten (vgl. 501):

> Zeus, meinem Weib bist du genaht — was hilft es?
> Zeus, meines Sohnes Vater hiess ich dich —
> Was hilft es mir? Du hieltest nicht die Treue,
> Die ich erwartet. Grosser Gott, ich Mensch
> Bin dir an Redlichkeit weit überlegen:
> Herakles Kinder hab' ich nicht verraten.
> Du aber wusstest den verbot'nen Weg
> Zu fremdem Bett vortrefflich auszufinden,
> Doch Rettung für die Deinen weisst Du nicht.
> An Weisheit fehlt dir's, Gott, wo nicht, an Güte[45]).   (W.)

Wilamowitz (Her. [2] II. S. 79 f.) bemerkt hiezu: „Die Schlussreihe
des in der Sophistenzeit gewiss gewaltig packenden Enthymems
ist folgende: ‚Wenn Zeus sich die Freiheit nimmt, einen Sohn
zu zeugen, aber nicht die Vaterpflichten auf sich nimmt, so stehen
wir vor dem Dilemma, entweder versäumt er die Pflicht, weil er
sie nicht begreift oder weil er trotz besserem Wissen sie unterlässt: in beiden Fällen steht er an ἀρετή (intellektueller und moralischer) unter dem braven Menschen.‘ Die dritte Möglichkeit,
die jedem zunächst einfällt, dass er trotz Wissen und Wollen
nicht kann, ist vorher ausgeschlossen; denn dass er μέγας θεός
ist, wird so wenig bezweifelt wie das Faktum." Auch Herakles
selbst deutet seinen Unglauben gegenüber Zeus, zum mindesten
seinen Mangel an Vertrauen zu ihm an (1263 f.):

> Dann hat mich Zeus erzeugt — ich will von Zeus
> Nichts weiter sagen — . . . . . .
> . . . . Ihm aber danke
> Ich Heras Hass[46]).   (W.)

Und von dieser Göttin, der Feindin seines Lebens, sagt er (1307 ff.):

> Das ist ein Gott, zu dem man beten könnte?
> Aus Eifersucht auf eine Sterbliche,
> Aus Missgunst wider ihres Gatten Neigung
> Hat Hera den Wohlthäter der Hellenen
> Zu Grund gerichtet ohne seine Schuld.   (W.)

Theseus sucht den über seine eigene That verzweifelten Herakles
damit zu trösten, dass (1314 ff.)

> Kein einz'ger Mensch ist ohne Sünde,
> Kein Gott, wenn wahr ist, was die Dichter singen.
> Sind nicht im Himmel Ehen, welche jedes
> Gesetz verbietet? War es nicht ein Gott,
> Der seinen Vater um des Thrones willen
> In Schmach und Ketten warf? Und dennoch wohnen
> Sie im Olymp und haben sich darein
> Gefunden, dass sie schuldig worden sind[47]).   (W.)

Auf diesen wohlgemeinten Trost des Theseus antwortet Herakles
mit dem unumwundenen Bekenntnis seines Unglaubens. Er hat
sich zu der Erkenntnis hindurchgerungen, dass das, was die Dichter
singen, nicht wahr ist, dass es mit dem ganzen anthropomorphistischen Polytheismus nichts ist, und er spricht dies aus in Worten,
die jetzt, nachdem er den innern Kampf um Sein oder Nichtsein
durchgekämpft hat und er mit sich im Reinen ist, um so gewichtiger und bedeutungsvoller sind (1340 ff.):

> Ach, freilich ist das Spiel in meinem Weh;
> Doch, dass ein Gott verbot'ner Liebe fröhne,
> Dass Götterarme Fesseln je getragen,
> Das hab' ich nie geglaubt und will's nicht glauben,
> Noch dass ein Gott dem andern Gott gebiete:
> Wahrhafte Gottheit kennet kein Bedürfnis,
> Nur frevle Märchen dichten es ihr an[48]).   (W.)

Der Zweifel an den Erzählungen der Dichter war schon frühe
erwacht: „Vieles lügen die Dichter", ist ein Wort Solons (*Fr.* 26)[49]).
Den Vorwurf, dass Zeus seinen Vater Kronos gefesselt habe, erheben sogar die Eumeniden bei dem frommen Äschylus; „aber sie
erfahren herbe Zurechtweisung, trotzdem die Thatsache zugegeben wird (*Eum.* 640 ff.). Äschylus vermag es, die Sittlichkeit
der Götter zu wahren, indem er die Sage vertieft, ohne sie doch
aufzugeben. Euripides muss die Sage und mit ihr eigentlich auch
die Götter preisgeben, um die Sittlichkeit zu erhalten" (Wil. zur
Stelle Her.² II. S. 269). Euripides wandelt hier deutlich in den
Spuren des Xenophanes, der gegen die Dichter polemisierte, welche
den Göttern „Frevelthaten aller Art, Diebstahl, Ehebruch und
gegenseitigen Betrug" zuschrieben (*Fr.* 7 Mull.). Dieser lehrte auch,
dass „keiner der Götter über den andern Herr sei" und dass „kein
Gott etwas bedürfe" (Diels Dox. Gr. pg. 580)[50]). Die Frage nach

dem Verhältnis der Götter zu einander wird auch im *Hippolytos* (1327 f.) gestreift. Ihre Bedürfnislosigkeit spricht wie Euripides und Xenophanes auch der Sophist Antiphon (*Fr.* 80 Blass)[51]) aus. Der Dichter selbst glaubt so wenig wie Lykos (148 f.) an die Abstammung des Herakles von Zeus: selbst der Chor (352 f.) lässt dieselbe dahingestellt. In Beziehung auf die Ermordung seiner Gattin und seiner Söhne wird er vollständig von Schuld entlastet: Hera stiftet das Übel an (830 ff.; 854) und Herakles handelt nur als Werkzeug der Gottheit (1153; 1357), d. h. in die Sprache der Aufklärung übersetzt: als seiner selbst nicht mächtiger und daher unzurechnungsfähiger kranker Mann. — Ausser im *Herakles* kommt Euripides noch in den *Herakliden* auf die Heraklessage zu sprechen. Hier erhebt Alkmene, nur in milderer Form als dort Amphitryo, gegen Zeus den Vorwurf der Unehrenhaftigkeit (718; 869 f.). Und offenbar polemisiert der Chor (910 ff.) gegen die homerische Vorstellung (*A* 601 ff.), 'dass man sich Herakles im Hades zu denken habe und betont seine sofortige Aufnahme in den Himmel, sobald die Flamme des Scheiterhaufens ihn verzehrt hatte[52]). Doch diese mythographische Abweichung tritt weit zurück hinter der Gesamtauffassung der Heraklessage bei Euripides: er hat auch diesen Mythus dem Zwecke dienstbar gemacht, seine Zuhörer von dem überlieferten polytheistischen Glauben zu einer richtigeren und reineren Erkenntnis der Gottheit, der Welt und der Menschheit hinzuführen.

b) Kritik einzelner religiöser Gebräuche.

Unter den religiösen Gebräuchen der Griechen ist augenscheinlich die Mantik derjenige, welcher am tiefsten und unmittelbarsten in das tägliche Leben des Volks eingriff; denn sie erhob den Anspruch, für die Menschen einen untrüglichen Wegweiser zu bilden, wenn sie sich im Leben vor mehr oder weniger wichtige Entscheidungen gestellt sahen. Orakel und sonstige Weissagungen wollen also allerdings Offenbarungen der Gottheit sein in dem Sinn, dass sie dem Willen der Götter entsprechende und daher zweckmässige und richtige Winke für das praktische Verhalten der Menschen geben, nicht aber in der Weise, dass sie eine dem menschlichen Verstand theoretisch nicht erreichbare höhere Wahrheit enthüllten. Wie hoch die Mantik im Volke geschätzt wurde, davon zeugt die oben angeführte Stelle der *Hiketiden* des Euripides, wo sie als eine der grössten Wohlthaten aufgeführt wird, welche die Götter den Menschen verliehen haben (*Hik.* 211 ff.), und wie tief der Glaube an sie eingewurzelt war, zeigt die Thatsache, dass selbst ein Mann wie Sokrates seinen Schüler Xenophon im entscheidendsten Augenblicke seines Lebens an das Delphische Orakel verwies. Herodot bekennt ausdrücklich seinen Glauben an die Mantik und zwar offenbar in bewusstem Gegensatz zu dem aufklärerischen Protagoras (*VIII.* 77), um von Xenophon (*Hipparch.* IX. 9.)[56]) zu schweigen, der allen Arten von Vorzeichen unerschütterliches Vertrauen entgegenbringt (*An.* III. 1, 11 ff.). Aber eben weil alle Schichten des Volkes von der Mantik einen so ausgedehnten Gebrauch machten, so war sie auch der Kritik am meisten ausgesetzt. Und obwohl die Orakelspender, wie eben der Fall des Xenophon zeigt, in der Regel eine Form zu finden wussten, die sie davor schützte, dass ihre Sprüche durch den Verlauf der Dinge widerlegt wurden[53]), so haben sich doch bei den verschiedenen Arten der Mantik sicher schon frühe Blössen genug gezeigt, die zu berechtigten Zweifeln an der Wahrhaftigkeit der ganzen Einrichtung Anlass gaben. Schon in der Ilias finden wir die Vogelzeichen dem Ratschluss des Zeus als untergeordnet gegenübergestellt und aus den berühmten Worten Hektors (*M* 237 ff.) klingt es wie ein erster leiser Zweifel aus jener götterfrohen Zeit herüber:

„Aber du ermahnest, den weitgeflügelten Vögeln
Mehr zu vertrau'n. Ich achte sie nicht, noch kümmert
                                      mich solches,
Ob sie rechts hinfliegen zum Tagesglanz und zur Sonne
Oder auch links dorthin zum nächtlichen Dunkel gewendet.
Nein des erhabenen Zeus Ratschluss vertrauen wir lieber,
Der die sterblichen all' und unsterbliche Götter beherrschet!
Ein Wahrzeichen nur gilt, das Vaterland zu erretten.“

(Voss.)

Und in der Odyssee wird der Wahrsager Halitherses von dem Freier Eurymachos (β 180 ff.) mit den Worten zurechtgewiesen:

Dieses versteh' ich selber und besser als du zu denken.
Freilich schweben der Vögel genug in den Strahlen der Sonne,
Aber nicht alle verkünden ein Schicksal[54]).   (Voss.)

Selbst der fromme Hesiod kann den Zweifel an der Mantik nicht ganz unterdrücken[55]). Kein Wunder, dass freiere Geister schon frühe sich offen gegen sie auflehnten. Solon glaubt nicht daran

(*Fr.* 12, 55 f.) und Epicharm macht sich einmal über das leicht-
gläubige Weibervolk lustig, das sich von den Wahrsagerinnen das
Geld aus dem Beutel locken lässt (*Fr.* 9 Kaibel)[56]). Plutarch
erzählt von Anaxagoras und Perikles folgende bezeichnende Geschichte: Man brachte eines Tags dem Perikles einen Widder,
der nur Ein Horn hatte. Der Seher Lampon deutete dies dahin,
dass die Doppelherrschaft des Thukydides und Perikles bald von
der Alleinherrschaft des Perikles werde abgelöst werden. Anaxagoras aber, der dabei war, öffnete den Schädel des Widders und
erklärte die Abnormität aus der Beschaffenheit des Gehirns des
Tieres[57]). Thukydides äussert sich höchst geringschätzig über
Orakel und Weissagungen *(II. 8. 17. 21. 54. V. 103)*[58]), ebenso wie
später Plato *(Politeia II. 7 pg. 364 B C)*. Und selbst Aristophanes
nimmt Lampon, Diopeithes und andere Wahrsager an zahlreichen
Stellen übel mit *(Vögel* 521; 959; 988; *Ritter* 797 ff.; 1088;
Wolken 331 ff.). Immerhin erfreuten sich die alten Orakelstätten,
wie Dodona und Delphi, noch eines verhältnismässig grösseren
Ansehens als die Menge der gewerbsmässigen Zeichendeuter und
Wahrsager, deren Gewinnsucht gar zu deutlich zu Tage trat. Auch
Euripides scheint hier einen gewissen Unterschied zu machen. In
der *Elektra* (399 f.) lässt er den Orestes unterscheiden zwischen
den Sprüchen des Delphischen Orakels und den Weissagungen
der Seher:

Des Loxias Sprüche sind gewiss;
Doch auf der Menschen Seherkunst — da geb' ich nichts[59]).

Die tiefere Begründung dieses Gedankens wird in den *Phönissen*
(954 ff.) dem Tiresias in den Mund gelegt:

Wer die Zeichenkunst des Sehers übt
Ist eitel thöricht: muss er Leid verkündigen,
So zürnen all' ihm, welchen er ihr Los enthüllt;
Und wenn er, Mitleid fühlend, Unwahrheit gesagt,
Beleidigt er die Götter. Phoebus musst' allein
Den Menschen Zukunft deuten, weil er keinen scheut[60]).

(D.)

Tiresias hat dies an sich selbst erfahren, wie die den Gedanken
umkehrende Äusserung des Eteokles (772 f.) zeigt: dieser sagt
hier, er habe schon dem Tiresias gegenüber die Seherkunst
getadelt und darum sei der Prophet schlecht auf ihn zu sprechen.
Die Unmöglichkeit der Mantik beruht somit nach des Euripides
Meinung darauf, das sie die sittliche Kraft des endlichen und in

den verschiedensten Beziehungen befangenen Menschen übersteigt.
Genau dies ist auch der Grundgedanke von Schillers *Kassandra*,
den diese in den Worten ausspricht:

> Schrecklich ist es, deiner Wahrheit
> Sterbliches Gefäss zu sein.

Und dies gilt nicht nur von den gewöhnlichen Opferschauern und
Zeichendeutern sondern auch von den Propheten der Orakel. Denn
auch hier bedarf der Gott menschlicher Vermittlung für seine
Offenbarungen. Darum lässt sich die oben bezeichnete Unterscheidung zwischen göttlicher und menschlicher Weissagung überhaupt nicht durchführen und ganz folgerichtig erklärt Euripides
im *Philoktet* (*Fr.* 795) auch die Weissagung der Orakel für Menschenwerk und den Anspruch, das Wesen des göttlichen Willens zu
erkennen und übernatürliche Offenbarungen zu besitzen, für Ver-
messenheit und Trug:

> Warum denn sitzet auf Weissagestühlen ihr
> Und schwört, der Götter Thun zu wissen hell und klar?
> Nur Menschenwerk sind diese eure Sprüche ja.
> Denn wer mit seinem Wissen von den Göttern prahlt,
> Ist darum mehr doch als ein eitler Schwätzer nicht [61]).

Von dieser Überzeugung erfüllt, greift denn Euripides die Zunft
der Wahrsager (μάντεις) aufs Schonungsloseste an. „Was ist ein
Seher?" ruft Achilles (*Iph. Aul.* 956 ff.): „Ein Mann, der wenig
Wahres unter viel Unwahrem sagt im besten Falle. Trifft er fehl,
so geht's ihm hin" [62]). Und Agamemnon und Menelaus sind darin
einig (*ib.* 520 f.), dass

> Die ganze Brut der Seher giert nach Ehre nur.
> Nichts Gutes schafft sie, stiftet Unheil überall [63]). (D.)

Und in der *Helena* (744 ff.) sagt der Bote zu Menelaus, der die
wirkliche Helena in Ägypten wiedergefunden hat, während der
Kampf vor Troja um ein Scheinbild derselben (750; s. o.) ent-
brannt war:

> Trau'n Weissagungen
> Sind eitel alle, seh' ich, und der Lügen voll.
> Nichts also magst du lernen aus der Flamme Glut,
> Nichts aus der Vögel Lauten. Thorheit ist es nur,
> Zu wähnen, Vögel schafften Rat den Sterblichen.
> Nie sagte Kalchas oder rief's dem Heere zu:
> „Für eine Wolke sterben seh' ich Hellas Volk."

Nie wahrlich! Fruchtlos ward die Troerstadt zerstört.
Du sagst: er schwieg wohl, weil der Gott es ihm gebot.
Was fragt ihr dann die Seher? Fleht die Götter an
Um Heil und opfert; doch die Kunst der Seher lasst!
Denn diese ward als eitler Köder nur erdacht
Und durch der Flamme Zeichen ward kein Träger reich.
Der beste Seher ist der Geist, ist kluger Sinn [54]).   (D.)

Denselben Gedanken, den der letzte Vers ausspricht, finden wir
in *Fr.* 973 wieder (Kap. II A. 22). Mit Opferschau und Vogelflug
ist es also nichts. Darum antwortet auch Theseus seinem Sohn
Hippolytos (1057 ff.), der sich gegenüber der Verleumdung, der
er zum Opfer fallen soll, u. a. anf die Sprüche der Seher beruft:

> Hier ist der Brief: sein Zeugnis ist Beweis.
> Darüber brauch' ich nicht das Los zu werfen.
> Was schiert's mich, wie die Vögel droben fliegen [55]).
>
>   (W.)

Und ebenso windig ist es mit der Traumdeuterei bestellt: Iphigenie
hat in Tauris einen Traum gehabt, den sie dahin deuten zu müssen
glaubte, dass ihr Bruder Orestes gestorben sei (*Iph. T.* 44 ff.).
Bald darauf erfährt sie aber von einem angeblichen Landsmann,
in Wirklichkeit von ihm selbst, dass er noch lebt und zwar im
Elend. Da ruft sie aus (569):

> Fahrt wohl, ihr Lügenträume! Nichts denn waret ihr.
>
>   (D.)

Aber auch die Träume kommen von den Göttern und so ist es
nur folgerichtig, wenn Orestes den Gedanken seiner Schwester
weiterspinnt (570 ff.):

> Und auch die Götter, die der Mensch allweise nennt,
> Sind lügenhaft, beschwingten Traumgebilden gleich.
> In allem, ob es göttlich, ob es menschlich sei,
> Ist viel Verwirrung. Schmerzlich ist ihm Eines nur:
> Obwohl verständig, baut' er auf Prophetenwort
> Und endet, wie ihn endend weiss der Kundige [56]).   (D.)

Was hier Orestes in der dritten Person redend von sich sagt,
das hat er schon am Anfang des Stückes gegenüber von Apollo
ausgesprochen (77 f.):

> Was lockst du, Phöbus, wieder mich in dieses Netz
> Durch dein Orakel!

Und angesichts des Todes, den er erleiden soll, ruft er aus (711 ff.):

Mir log Apollon, er der Schicksalskundige,
Und trieb mich trugvoll fern hinaus von Hellas Volk,
Von Scham erfüllt um seinen ersten Seherspruch.
Ihm ganz mich übergebend und auf sein Gebot
Die Mutter mordend fall' ich selbst des Todes Raub[67]). (D.)

Auf die schüchterne Einrede des Pylades endlich, dass trotz der drohenden Gefahr eine Rettung noch nicht ganz ausgeschlossen sei, erwidert Orestes (723 f.):

Sei still! Apollons Götterwort — nichts frommt es mir. (D.)

Diese Äusserungen erklären sich nun allerdings vollständig aus der augenblicklichen Lage des Orestes, in der er die Dinge in diesem Licht sehen musste, und der Schluss des Stücks rechtfertigt den Gott und seine Sehersprüche, auf welche sich Athene ausdrücklich beruft, wie sie den Thoas von der Verfolgung der Flüchtigen abhält (1438); und ebenso erweist sich auch die Unschuld des Hippolytos am Schluss des nach ihm benannten Stücks, so dass Theseus Vertrauen auf seine eigene Klugheit beschämt wird. Nichtsdestoweniger kann man Weckleins Beurteilung unserer Stellen unmöglich zustimmen, der (zu *Iph. T.* 77 ff.) sagt: „Oft lässt Euripides seine Personen ungläubige und missgünstige Meinungen über Orakelsprüche oder Anordnungen der Götter aussprechen, um durch den Verlauf der Handlung die kurzsichtigen Urteile der Menschen über die Wege der Gottheit zu kennzeichnen." Obwohl wir oben (Kap. I A. 133 a) die Ansicht Verralls ablehnten, dass Euripides in der *Iphigenie in Tauris* (1234 ff.) in bewusstem Gegensatz zu Äschylus die Habsucht des Delphischen Orakels habe geisseln wollen, so kann man sich doch des Eindrucks nicht erwehren, dass der Dichter bei den polemischen Stellen gegen die Mantik mit sichtlichem Behagen verweilt und die „Korrektur" dieser Ausfälle gegen den Volksglauben nicht sowohl Tendenz als Konzession ist: eine Konzession, die der Verlauf des Mythus geradezu notwendig machte. Der Fall liegt ähnlich wie beim *Ion*, wo auch der äussere Verlauf der Handlung den Gott zu entlasten scheint, ohne dass darum die von dem Dichter gegen die zu Grunde liegenden religiösen Vorstellungen erhobenen Einwände nicht ernst zu nehmen wären (s. o.). Dies gilt auch von dem Wort *Ions* an Kreusa (1537 f.):

Ob wahr der Gott sei; ob er unwahr prophezeit,
Das macht, o Mutter, mir mit Recht den Geist verwirrt.

An der wirklichen Ansicht des Euripides über die Mantik lassen
schon die sonstigen angeführten Stellen, welche mit denen in der
Iphigenie in Tauris und im *Ion* durchaus übereinstimmen,
keinen Zweifel aufkommen uud wir fügen diesen noch die folgenden hinzu. In der *Andromache* macht der Bote, welcher die Ermordung des Neoptolemus im Delphischen Heiligtum berichtet,
dem Gott bittere Vorwürfe über die Zulassung der That und bestreitet ihm daher seine Weisheit mit den Worten (*Andr.* 1161 ff.):

> So that der Gott, der andern Weisheitskunde lehrt
> Und alle Menschen richtet mit Gerechtigkeit,
> Dem Sohn Achilleus, welcher büsst um alte Schuld;
> Und noch, nach böser Menschen Art, erinnert er
> Sich alter Zwiste. Wie denn sollt' er weise sein? **⁶⁸) (D.)**

Der zuletzt ausgesprochene Gedanke erinnert an *Bacchen* 1348
und *Hippolytos* 120, Verse, die in dem Wort des römischen Dichters
widerhallen: „Tantaene animis caelestibus irae?" (*Virg. Aen.* I. 11)
So wird denn hier allerdings in erster Linie dem Gott ein sittlicher Fehler vorgeworfen. Ein solcher aber · hat nach einer tief
eingewurzelten Grundanschauung griechischer Ethik immer auch
einen Mangel an Erkenntnis zur Voraussetzung: Sophia, Weisheit,
ist nicht nur richtiges Erkennen, sondern auch richtiges praktisches
Verhalten und darum ist es eine böse Sache, wenn Apollo, der
Gott der Weisheit κατ' ἐξοχήν, sich in der einen oder anderen Hinsicht eine Blösse giebt. Genau dieselbe Gedankenverbindung finden
wir in der *Elektra* (971 f.): hier wirft Orestes dem Apollo das Gegenteil von Weisheit, Dummheit (ἀμαθία), vor und dieser Vorwurf wird
nicht abgeschwächt durch die Gegenfrage der Elektra: „Wenn
Apollo irrt, wer ist dann weise?" — Endlich liegt eine sarkastische
Abweisung der Mantik noch in der ironischen **Frage** der Hekabe
an Polymestor, der ihr unter Berufung auf den „Thrakischen Seher
Dionysos" ' ihr künftiges Schicksal verkündigt, ob er ihm nicht
auch sein· Unglück, die Blendung, die er eben erduldet, vorausgesagt habe (*Hek.* 1267 f.)? Die schärfste der angeführten Auslassungen gegen die Mantik gehört der im Jahre 412 aufgeführten
Helena an. Nach dem Zeugnis des Thukydides (VIII. 1) war
damals das Volk in Athen auf die Wahrsager und Seher heftig
erbittert wegen des Misslingens der Sizilischen Expedition, auf
deren glückliche Durchführung diese mit ihren Prophezeihungen
sichere Hoffnung gemacht hatten. Nimmt man dazu, dass es eine
Weisung der Propheten des frommen Nikias war, welche — wegen

einer Mondsfinsternis — die Rettung der im Hafen von Syrakus liegenden athenischen Flotte endgültig unmöglich machte und so die furchtbare Katastrophe herbeiführte (*Thuk.* VII. 50), so wird man den gerechten Grimm verstehen, mit dem Euripides, der Dichter, gegen solchen Aberglauben eifert, während der Geschichtsschreiber, der auch mit der nun einmal vorhandenen religiösen Anschauung der im Heer vertretenen Menge rechnet, sich mit der kühlen Bemerkung begnügt, dass Nikias „auf Götterzeichen und dergleichen Dinge zuviel Wert legte" [68]).

Wenn die Mantik den mittelbaren Verkehr zwischen Göttern und Menschen darstellt, so besteht der unmittelbare Verkehr zwischen beiden im Gebet. Bei dem naiven Menschen hat das Gebet den Sinn und Zweck, die Gottheit günstig für sich zu stimmen, um irgend welche Vorteile von ihr zu erlangen. Es setzt also ein bewusstes willkürliches Eingreifen derselben in den Weltlauf voraus. Somit verträgt es sich unmöglich mit der Annahme einer ausnahmslosen Gesetzmässigkeit des Geschehens. Derartige Bedenken mussten sich notwendig erheben in einer Zeit, die eifrig bestrebt war, alle Erscheinungen auf ihre natürlichen Ursachen zurückzuführen. Und dass in der That die Frage nach dem Werte des Gebets in den Hörsälen der Sophisten besprochen wurde, ersehen wir aus einer Erzählung des pseudoplatonischen Dialogs *Eryxias*, der uns eine solche Scene höchst anschaulich vor Augen führt (cap. 16 ff. pg. 397 ff. bei Mullach II pg. 140 s. *Prodikos Fr.* 4). Prodikos von Keos hielt im Gymnasium Lykeion in Athen einen Vortrag über den Reichtum und führte darin aus, dass dieser wie alles ebensowohl ein Gut als ein Übel sein könne; es komme nur auf den Gebrauch an, den man davon mache. Ein junges vorlautes Bürschchen unter den Zuhörern suchte darauf den Sophisten auf Grund von dessen Theorie, dass die Tugend lehrbar sei, durch verfängliche Fragen zu der Folgerung zu drängen, dass, wenn es bei allen Gütern auf die Tugend ankomme, diese aber erlernbar sei, das Gebet überflüssig werde. Noch ehe Prodikos erwidern konnte, wurde er von dem Gymnasiarchen aus dem Lokal ausgewiesen, weil er mit den jungen Leuten über „unpassende Dinge" rede. Sokrates knüpft in dem Dialog daran die Bemerkung, es zeige dies, wie damals die Leute gegen die Philosophie gesinnt gewesen seien. Es war dieselbe Zeit, in der auf den Kopf des Diagoras von Melos ein Preis gesetzt, die Schriften des Protagoras durch den Henker verbrannt und Diogenes von Apollonia in Athen ernstlich gefährdet wurde [70]). In den Dramen des Euripides nun kommen zahlreiche Gebete vor, teils solche einzelner Personen, teils solche eines ganzen Chors; dagegen kommt der Dichter nur an wenigen Stellen auf das Gebet zu sprechen und an diesen verhält er sich ablehnend gegen dasselbe. Es ist ein echt euripideischer Widerspruch zwischen Idee und Ausdruck, wenn Adrastos in den *Hiketiden* (260 ff.) den Chor auffordert, „die Götter, die Erde, Demeter und das Licht der Sonne" zu Zeugen aufzurufen, dass seine und der Seinigen Gebete zu den Göttern fruchtlos gewesen seien [71]). Allerdings erreicht derselbe später infolge der Umstimmung des Theseus doch seinen Zweck. In der *Elektra* fordert der Chor die Königstochter auf, sich an dem Opfer zu beteiligen, das die argivischen Jungfrauen der Hera darbringen (171 ff.) und auf ihre ablehnende, ihren unglücklichen Zustand betonende Antwort (175 ff.) erneuert der Chor seine Bitte mit den Worten (193 ff.): „Glaubst du, dass du durch deine Thränen, ohne die Götter zu ehren, deine Feinde überwinden wirst? Nicht durch Seufzen, sondern indem du mit Gebeten fromm die Götter ehrst, wirst du Glück erlangen, mein Kind." Elektra aber entgegnet (197 ff.): „Keiner der Götter hört die Rufe der Unglücklichen noch denken sie der Opfer, die einst mein Vater ihnen dargebracht" [72]). Ganz unverhüllt lässt Euripides seine Ansicht über das Gebet die Hekabe in den *Troades* (469 ff.) aussprechen:

Ihr Götter! Schlechte Helfer freilich ruf' ich an;
Doch gilt's für Anstand ja, die Götter anzuflehn,
Wenn eines von uns wird vom Unglück heimgesucht.

Und dieselbe nachher (*Troad.* 1280 f.):

Ihr Götter! Doch was ruf' ich auch die Götter an?
Schon früher hörten sie ja auf mein Rufen nicht [73]).

Das ist deutlich: es giebt keine Gebetserhörung und damit wird denn auch das Gebet thatsächlich überflüssig und sinnlos. Höchstens im Unglück greift man im Bewusstsein seiner Schwäche dazu und selbst dann ist es nicht sowohl der Ausdruck eines tief innerlichen unwiderstehlichen Bedürfnisses als eine Konzession an die konventionelle „gute Sitte" ($\sigma\chi\tilde{\eta}\mu\alpha$) [74]). Das Beste ist: hilf dir selbst, so hilft dir Gott (*Hipp. Fr.* 432; *Iph. T.* 910 f.) [74a]).

. Ganz falsch ist der Glaube, man könne bei den Göttern irgend etwas erzwingen, sei's durch Gebet oder durch Opfer (*Ion* 374 ff.). Nur das, was sie freiwillig geben, bringt den Men-

schen wirklichen Nutzen (*Ion* 380). An Opfern und Weih-
geschenken nimmt Euripides überhaupt schweren Anstoss: es
scheint ihm mit der Würde und Heiligkeit der Gottheit unvereinbar zu sein, dass sie von Menschen Gaben annimmt. Mit
bitterem Sarkasmus äussert er sich im *Philoktetes* (*Fr.* 794):
      Seht nur, wie auch die Götter schätzen den Profit!
      Und wer am meisten Gold in seinem Tempel hat,
      Der wird bewundert. Drum, was hindert dich denn auch
      Profit zu machen? Das stellt dich den Göttern gleich! [75])
Dem gegenüber ist die Anspielung auf den Reichtum des Delphischen Orakels in der *Iphigenie in Tauris* (1275) harmlos. Soll
das Opfer einen religiösen Wert haben, so muss es jedenfalls aus
aufrichtig frommer Gesinnung hervorgehen; sein materieller Wert
ist ganz gleichgültig (*Fr.* 946):
      Drum wisse: wer den Göttern opfert frommen Sinns,
      Der wird gerettet, sei das Opfer noch so klein [76]).
Und in der *Danae* (*Fr.* 327, 6 f.) heisst es:
      Oft sind die kleine Gaben bringen dar
      Den Göttern frömmer, als wer Hekatomben weiht [77]).
      Denselben Gedanken finden wir auch in der von Theopomp
überlieferten Erzählung von einem reichen Magnesier, der in Delphi
eine Hekatombe opferte und den das Orakel auf den armen und
ein materiell wertloses Opfer darbringenden, aber frommen Arkadier
Klearchos hinwies (*Fr.* 283 Müller). Ist dies ein Nachhall aus
späterer Zeit, so hat sich vor Euripides besonders Heraklit über
die Opfer geäussert. Auch er ist, wie Euripides, der Ansicht,
dass Opfer aus wirklich reiner, frommer Gesinnung den Göttern
nur äusserst selten dargebracht werden, vielmehr die meisten nach
der Ansicht ihrer Stifter durch den materiellen Wert wirken sollen
(*Fr.* 128). In den schärfsten Ausdrücken verwirft er die Sühnopfer: Kein Opfer vermag einen schuldbefleckten Menschen zu
reinigen (*Fr.* 129). „Da reinigen sie sich, ruft er aus (*Fr.* 130),
indem sie sich mit Blut beflecken, wie wenn jemand, der in Kot
getreten ist, sich mit Kot abwaschen würde." Sie gleichen
Schweinen, die sich im Schmutze wälzen, und Vögeln, die sich im
Staube baden (*Fr.* 53) [78]).
      Den Mittelpunkt des griechischen Kultus bildeten die Tempel,
die mit den kunstvollen Götterstatuen, die sie enthielten, vielfach
den Stolz der Städte bildeten, so in Athen der Parthenon mit der
Goldelfenbeinstatue des Phidias. Aber sobald einmal der Glaube

an den Anthropomorphismus der Götter erschüttert war, musste
sich die Kritik auch gegen den Tempel- und Bilderdienst
richten. Und so hören wir denn auch schon Heraklit mit heftigen
Worten dagegen eifern (*Fr.* 126): „Da beten sie zu diesen Bildern,
wie wenn jemand mit den Häusern schwatzte, ohne einen Begriff davon zu haben, was Götter und Heroen sind." Und auch
die Dionysische Phallusprozession greift er mit scharfen Worten
an (*Fr.* 127)[79]. Wenn wir uns ferner erinnern, wie Xenophanes
die Vermenschlichung der Götter durch die Dichter geisselte und
auf ihre Bedürfnislosigkeit hinwies, so ist es nicht zu verwundern,
wenn diese Gedanken den gebildeten Griechen des fünften Jahrhunderts geläufig sind, wie wir sie denn auch bei dem Sophisten
Antiphon nicht weniger als im *Herakles* des Euripides ausgesprochen gefunden haben. Es ist daher lediglich eine positive
Folgerung aus der Ablehnung des Anthropomorphismus der Gottheit, wenn wir im *Fr.* 1130 lesen:

Welch Haus, von ird'schem Meister aufgebaut, mag wohl
In seinen Mauern fassen göttliche Gestalt?

und in *Fr.* 1129:

Sag' mir, wie glaubst du denn, dass Gott zu denken ist,
Er, welcher alles sieht und selbst unsichtbar ist?

Man hat diese beiden Bruchstücke für christlich erklärt und, dass
sie mit der christlichen Gottesvorstellung übereinstimmen, ist ja
wahr und wurde auch schon von den altchristlichen Apologeten,
wie Clemens von Alexandria, bemerkt. Insbesondere 1130 stimmt
merkwürdig mit einer Stelle in der bekannten Rede des Paulus
auf dem Areopag in Athen zusammen (*Act.* 17, 25). Das ist aber
auch mit dem unbestreitbar echten Vers des *Herakles* und
seinen Vorlagen der Fall und mit vollem Recht sagt Wilamowitz
zu dieser Stelle (Her.[2]. II. S. 272): „Die Polemik gegen die
θεοὶ ἀνθρωποπαθεῖς und die Präzisierung eines geläuterten Gottes-
begriffs klingt der Polemik christlicher Apologeten (die sich diese
Stelle auch nicht haben entgehen lassen) und neutestamentlichen
Stellen ähnlich . . . . . Das hat äusserlich seinen Grund darin,
dass die Apologeten und ebenso jene Einlage der Apostelgeschichte
von der philosophischen Predigt der Hellenen abhängig sind."
Dieselbe Rede nimmt bekanntlich Beziehung auf einen Vers des
Aratos und die Apostelgeschichte im ganzen weist von allen
Büchern des Neuen Testaments in der Sprache am meisten Atti-
cismen auf. So können auch sachliche Anklänge an Gedanken

der griechischen Aufklärung nicht befremden[80]). Daraus folgt
aber auch umgekehrt, dass man in der profangriechischen Litteratur nicht gleich hinter jedem Wort, das an christliche Vorstellungen erinnert, eine Fälschung widdern darf, wenn nicht
anderweitige etwa der Sprache und Metrik entnommene Gründe
dies nahelegen.

Aber nicht nur die Tempel selbst, auch die mancherlei V o r -
r e c h t e d e r T e m p e l, die sich auf deren Heiligkeit gründeten,
fanden in den Augen des Euripides keine Gnade. Schon oben
wurden sarkastische Bemerkungen desselben über den Reichtum
gewisser Heiligtümer angeführt, der niemand als der Priesterschaft
zu gute kam und darum bei einem aufgeklärten Manne dasselbe
Ärgernis erregen musste, wie am Beginn der Neuzeit der Reichtum vieler Klöster. Es ist bemerkenswert, dass schon im Jahr
500 v. Chr. bei der Vorbereitung des ionischen Aufstands gegen
Persien Hekataeus von Milet den aufständischen Griechen den
allerdings erfolglosen Rat erteilte, sich wenigstens der reichen
Mittel des Tempels des Apollo zu Branchidae zu versichern, damit
ihr Unternehmen finanziell gesichert sei (*Herod.* V. 36). In Athen
veranlasste die Not des peloponnesischen Krieges wiederholt eine
Benützung des Tempelschatzes der Athene Polias und anderer
Götter[81]). Im vierten Jahrhundert wurde von derartigen Mass-
regeln ein noch viel ausgedehnterer Gebrauch gemacht. Damit
war in die Mauer, welche das Temenos des Gottes gegen die
profane Welt abschloss, sozusagen Bresche gelegt und wenn damit ein Vorurteil gebrochen war, das sich an die Heiligkeit der
Tempel knüpfte, so folgten bald andere nach. So wurde nach
griechischer Anschauung ein den Göttern geweihter Raum durch
eine darin stattfindende Geburt oder einen Todesfall gleichermassen entweiht. Dies findet Euripides sinnlos und er benutzt
den Menschenopfer fordernden Kult der taurischen Artemis, um
seinem Unwillen darüber Luft zu machen, indem er der *Iphigenie
in Tauris* die Worte in den Mund legt (380 ff.):

> Ich tadle uns're Göttin ob des Widersinns,
> Sie, die den Mann, der eines andern Blut vergoss,
> Der Leichen anrührt oder Neugeborenes,
> Ausschliesst von ihren Tempeln, ihm als Frevler zürnt
> Und selbst der Menschenopfer sich, des Mordes, freut.
> Nein nimmermehr hat Leto solchen Unverstand
> Erzeugt, Kronions hohe Braut[82]).   (D.)

Man wende nicht ein, dies beziehe sich nur auf den barbarischen
Kult der taurischen Artemis: schon die unmittelbare Verbindung
mit der Kritik der griechischen Tantalussage (386 ff. s. o.) und die
allgemeine Begründung (391) schliesst dies aus. Dazu denke man
an Iphigeniens eigenes Schicksal, die ja selbst am Altar der Artemis in Aulis hätte bluten sollen! Dass der Dichter griechische
Gebräuche im Auge hat, zeigt auch *Fr.* 266 der *Auge*, die in dem
nach ihr benannten Stück im Tempel der Athene zu Athen den
Telephos gebiert und sich der Göttin gegenüber also äussert:
„Gerne siehst du erbeutete menschenverderbende Waffen und
Überreste von Leichnamen und das gilt dir nicht für unrein. Wenn
aber ich geboren habe, so hältst du dies für etwas Schreckliches;“
ein Raisonnement, an dem Aristophanes schweres Ärgernis nimmt,
während es die rückhaltlose Zustimmung des Clemens von Alexandria findet [83]). — Ein weiteres Vorrecht der Tempel, das tief
in das bürgerliche Leben eingriff, war das Asylrecht. Nicht
nur der von seinem Herrn misshandelte Sklave, auch jeder Verbrecher konnte sich an einen Altar flüchten und war, so lang er
diesen nicht verliess, unverletzlich. Bekannt ist die Flucht
des Pausanias in den Tempel der Athene Chalkioikos zu Sparta
(um 467), in dem er Hungers starb, da die Ephoren die Thüren
vermauern liessen: ein Frevel, der auf Befehl eines Orakels später
gesühnt werden musste [84]). Gegen dieses Asylrecht nun legt Euripides im Namen der Sittlichkeit und Gerechtigkeit wiederholt
feierlichen Protest ein; so im *Ion* 1312 ff.:

> Ein schlimm Gesetz ist's, das der Gott den Sterblichen
> Gegeben, und entsprungen nicht aus weisem Sinn.
> Nicht sollten Frevler sitzen dürfen am Altar;
> Nein weichen sollten sie. Und keines Bösen Hand
> Sollt' Göttliches berühren; den Gerechten nur,
> Die Unrecht litten, sollt' ein Tempel Freistatt sein.
> Nicht aber sollten Götter leihen gleiches Recht
> Dem Guten wie dem Bösen, der zu ihnen kommt.

Und von der bloss theoretischen Betrachtung dieser Einrichtung
erhebt sich der Dichter zu fast revolutionärer Auflehnung gegen
dieselbe im *Fr.* 1049:

> Ich würde jeden, der, ein ungerechter Mann,
> Sich zum Altare flüchtet, dem Gesetz zum Trotz
> Hinführen vor Gericht und scheut' die Götter nicht,
> Denn Böses soll der Böse leiden immerdar [85]).

Endlich ist ein religiöser Brauch, den Euripides ebenfalls angreift, die Blutrache. Im Orestesmythus, der als das berühmteste Beispiel dafür, dem Euripides Gelegenheit giebt, sich darüber auszusprechen, erscheint die schon an sich furchtbare Sitte noch durch zwei Umstände in erschwerter Form: einmal ist es die eigene Mutter, an der Orestes die Blutrache vollziehen soll und dann thut er es auf ausdrücklichen Befehl eines Gottes. Das letztere Problem wird uns später beschäftigen; hier haben wir es nur mit der Blutrache als solcher zu thun. Die Äusserungen des Euripides über das Asylrecht zeigen deutlich, dass er gegenüber dem Verbrechen nichts weniger als sentimentale Weichlichkeit empfiehlt und dass er strenger Gerechtigkeit durchaus das Wort redet, ja auch die Strafe nicht etwa als Abschreckungsmittel [86]), sondern als Sühne für das Vergehen betrachtet. Trotzdem spricht er sich in den drei Stücken, wo er die fragliche That berührt, aufs schärfste gegen dieselbe aus: am kürzesten in der *Iphigenie in Tauris*, wo dem Apollo „Scham“ über seinen Orakelspruch zugeschrieben wird (713). Ergreifend ist das Zwiegespräch zwischen Tyndareus, dem Vater der Klytämnestra, und Orestes (*Or.* 490—629). Es ist dies wieder einer der bei Euripides so beliebten Redewettkämpfe (ἀγών 491), bei dem Menelaos und der Chor sozusagen Schieds·richter sind. Der erste und äusserlichste Grund, den Orestes in echt griechischer Weise zur Rechtfertigung seines Muttermordes geltend macht, ist derselbe, den auch Athene in den *Eumeniden* den Äschylus zu Gunsten des Orestes hervorhebt (*Eum.* 739 f.), dass nämlich das Weib eher weniger wert sei als der Mann und darum Orestes mehr zu entschuldigen als Klytämnestra (*Or.* 555 f.). Ferner dient ihm der Ehebruch der Klytämnestra mit Ägisthos zur Entschuldigung (557 ff.). Endlich beruft er sich auf den Befehl Apollons (591 ff. s. u.). Tyndareus dagegen ist zwar weit entfernt, seine verbrecherische Tochter in Schutz zu nehmen (499; 518 f.); aber Orestes, meint er, hat Unrecht gethan, nicht dem „allgemein hellenischen Brauch“ zu folgen (495). Diesem entsprechend hätte er ein förmliches Blutgericht über seine Mutter abhalten und dieselbe des Landes verweisen sollen; dann hätte er dem Recht und der Pietät zugleich genügt und — was das Wichtigste ist — der Vernunft (500 ff.). So aber habe er sich noch eines schwereren Verbrechens als Klytämnestra schuldig gemacht. Überhaupt sei die Einrichtung der Blutrache sinnlos und unmenschlich; denn sie führe zu einer endlosen Kette von Mordthaten (508 ff.):

Wenn irgendwen die eig'ne Gattin mordete
Und dessen Sohn die Mutter tötet wiederum
Und wenn des Mörders Sprosse dann mit Morde Mord
Vergälte, wo erreichte dann die Wut ihr Ziel?
Die grauen Väter haben's wohl geordnet so:
Wer einen Mord begangen, durft' im Volke nicht,
Vor keines Menschen Angesicht erscheinen; ihn
Reinigte Verbannung, nicht mit Mord vergalt man ihm.
Denn stets verfallen blieb dem Tod der Eine sonst,
Der seine Hand befleckte durch den letzten Mord. (D.)

Nach einer nochmaligen Versicherung, dass er seine Tochter, die
ihren Ehgemahl erschlug, hasse, bleibt er bei seinem Entschluss,
auch Orestes zu bestrafen (523 ff.):

„Doch schirmen werd' ich das Gesetz nach bester Kraft
Und diese tierisch wilde Lust nach Menschenblut
Bezähmen, welche Stadt und Land Verderben bringt" [87]).
(D.)

In dieser Kritik des im heroischen Mythos gerechtfertigten Brauchs
der Blutrache ist besonders der Begriff des „Tierischen" (*Or.* 524)
zu beachten. In den Augen des Dichters ist derselbe etwas Un-
menschliches und erinnert an die Natur des wilden Tieres. Mag
in Urzeiten der Mensch einmal ähnlich geartet gewesen sein
(Kritias, *Sisyphos Fr.* 1,1 ff.), des über diesen Tierzustand hinaus-
gehobenen, sittlich fühlenden und vernünftig denkenden Menschen
(*Hik.* 201 ff. s. o.) ist ein derartiges Verfahren nicht mehr würdig.
Obgleich das Bild nicht gebraucht wird, so ist der Grundgedanke
der Argumentation des Tyndareus doch genau derselbe wie in
dem Wort des Heraklit über die blutigen Sühnopfer, das ganz
wohl die Blutrache auch mit im Auge haben kann: es sei da, wie
wenn man Schmutz mit Schmutz abwaschen wollte (*Fr.* 130 s. o.).
— Noch stärker als in den Vorwürfen und Schlussfolgerungen
des Tyndareus lässt der Dichter den Widersinn der Blutrache
in den Seelenkämpfen des mit ihrer Vollziehung beauftragten
Orestes hervortreten. Dieser fühlt sich in einen unlösbaren sittlichen Konflikt verwickelt: er empfindet die That des Muttermords
als einen Frevel und die Rache für den Vater als ein frommes
Werk (*Or.* 546 f.). In der *Elektra* erörtert er vor der grausen
That noch einmal das „Problem" (*El.* 985) in tief bewegten Worten
(974 ff.):

E. Kann es dir schaden, wenn du unsern Vater rächst?

O. Als Muttermörder flieh' ich, der rein war bisher.   ?

E. Rächst du den Vater, wirst du auch kein Frevler sein.

O. Doch für den Mord der Mutter droht dann Strafe mir.

E. Nicht auch, wenn du des Vaters Rache unterlässt?

O. Riet dies ein Rachegeist in göttlicher Gestalt?

E. Der auf dem heil'gen Dreifuss sass? Das glaub' ich nicht.

O. Und ich glaub' nicht, dass dies ein gut Orakel war.

E. O, werd' nicht feig, verfall' nicht in Unmännlichkeit!

. . . .

O. Ich geh' hinein; ein schlimm fragwürdig Werk
Beginn' ich. Schlimmes thu' ich; doch wenn's Götterwill'
Ist, sei's! Doch bitter ist, nicht freudig dieser Kampf.

Wie man sieht, vertritt Elektra hier den traditionellen Standpunkt: sie fordert von Orestes die Erfüllung der heiligen Pflicht der Blutrache, gegen die sich sein sittliches Gefühl empört. Wohl nimmt auch bei Äschylus Orestes einen Augenblick Anstand an der Vollziehung des Muttermords; aber der Hinweis des Pylades auf den Spruch Apollos und den Willen der Götter genügt, um ihn über alle Bedenken hinwegzuheben (*Choeph.* 899 ff.). Bei Sophokles vollends ist von sittlichen Erwägungen des Orestes gar keine Rede: in kalter Berechnung geht er an das Werk der Rache (*Soph. El.* 1288 ff.). Da nun die Blutrache selbstverständlich zu Euripides Zeit längst nicht mehr üblich war, so lässt sich der Eifer und die Entrüstung, mit der er diesen Brauch der Urzeit bekämpft, nur erklären aus dem Gegensatz zu der Behandlung, den derselbe noch bei den zeitgenössischen Dichtern fand: „Der Philosoph Euripides hat das Drama (sc. die *Elektra*) gedichtet und zwar hat er es in sittlicher Entrüstung über die *Elektra* des Sophokles gedichtet[88].‟ Äschylus und Sophokles behalten noch den religiösen Standpunkt des Epos bei. Euripides muss bei seiner reineren Gottesanschauung und Sittlichkeit das Problem durchaus anders beurteilen. Was nach dem alten Glauben Pflicht ist, ist in seinen Augen eine Schuld und umgekehrt ist manches, was nach jenem ein Frevel ist, für die neue Weltanschauung irrelevant oder geradezu geboten. So kennt z. B. die letztere den Begriff der Befleckung, den der Verkehr mit einem Mörder mit sich bringen sollte, nicht und überwindet dieses Vorurteil durch die thatkräftige Liebe (*Herakles* 1161 ff.; 1231 ff., besonders 1234; 1399 f.).

Wenn so Euripides in seinen Tragödien an die heiligsten

Überlieferungen und Einrichtungen seines Volkes rührt, so versteht es sich von selbst, dass der Volksaberglaube niederer Gattung für ihn vollends nur ein Gegenstand des Spottes sein konnte. Ein Beispiel hiefür haben wir im *Kyklops.* Hier sagt Silen zu dem Kyklopen, indem er auf Odysseus hinweist (312 ff.):

Ich will dir raten: lass von dieses Mannes Fleisch
Nichts ungenossen; speisest du die Zunge weg,
So wirst du gar beredsam, gar gewandt Kyklop. (D.)

Dies ist eine Anspielung auf den bei den Griechen wie bei andern Völkern verbreiteten Glauben, dass man durch Verzehren von Herz oder Leber·von Schlangen die Tiersprache erlerne. Bei Odysseus, dessen Stärke in seinen listigen Reden liegt, muss es natürlich die Zunge sein, deren Verspeisung diese seine Gabe auf andere überträgt [89]).

Das Vorstehende hat gezeigt, wie Euripides an einzelnen Mythen und religiösen Gebräuchen Kritik übte. Diese Einzelkritik hat aber eine einheitliche Quelle und ein einheitliches Ziel: sie führt mit Notwendigkeit zu der Frage nach der intellektuellen und sittlichen Berechtigung der griechischen Götterwelt. Wer diese Frage stellte, musste den Mut haben, sie zu verneinen, und Euripides hatte ihn.

c) Allgemeine Kritik des Polytheismus.

Wir haben gesehen, wie sich dem Euripides die Kritik eines einzelnen Mythus gelegentlich zur Kritik des Polytheismus überhaupt erweitert: so im Ausgang des *Herakles* (1307 ff.; 1314 ff.; 1340 ff.), wo wir ihn in den Spuren des Xenophanes wandelnd fanden. Es ist für die griechische Aufklärung charakteristisch, dass es nicht in erster Linie der urteilende Verstand, sondern das sittliche Gefühl war, welches sich gegen die Vorstellungen der Volksreligion auflehnte. Nicht die widerspruchsvolle Vielheit der göttlichen Individuen sondern ihr mit sittlichen Fehlern beflecktes Wesen war die Stelle, an der die Kritik eines Xenophanes und Heraklit einsetzte. Diese Thatsache ist tief begründet im Wesen des griechischen Volkes. Einmal nämlich erlaubte eben der Anthropomorphismus des griechischen Götterstaates eine gewisse rationalistische Zurechtlegung der Schwierigkeiten; welche der Polytheismus als solcher in sich trägt; man stellte sich vor, dass die Götter, wo ihre Absichten in Kollision geraten, mit einander einen Vergleich treffen und dass in streitigen Fällen Zeus als höchster

Richter entscheide; endlich war ja der Macht jedes Gottes nach alter Anschauung durch die Moira ein Ziel gesetzt. So ist es verständlich, dass selbst manche Philosophen den Glauben an eine Mehrheit göttlicher Wesen zur Not festhalten konnten [90]). Was dem Griechen feststand, war, dass die Götter an Macht und Vollkommenheit ihres Wesens (nur nicht an sittlicher) über den Menschen stehen, dass vor allem ihr Wissen ein viel umfassenderes, ja geradezu ein unbegrenztes sei. Nun ist es aber eine tiefeingewurzelte Eigenheit griechischer Anschauung, dass Denken und Wollen nicht genügend unterschieden wird: wer das Gute weiss, der thut es auch. Das ist für den Mann aus dem Volke ebenso selbstverständlich wie für Sokrates. Daraus folgt aber, dass der Grund des Bösen Mangel an richtiger Erkenntnis ist. Die Sophia der Griechen umfasst beides: richtiges Wissen und richtiges Verhalten, und ebenso ihr Gegensatz, die Amathia, mangelndes Wissen und unrichtiges Verhalten. Daraus folgt, dass wenn es die Götter an richtigem Verhalten fehlen liessen, hieraus auf einen Mangel an „Weisheit“ ihrerseits weiter zu schliessen war. Ein solcher aber liess sich mit der Vollkommenheit göttlichen Wesens nicht mehr vereinigen und musste schliesslich gerade zur Verneinung der Existenz der Götter führen. Zunächst jedoch wandte man sich gegen den Anthropomorphismus in der Mythologie: dass der Eine grösste Gott den Sterblichen weder an Gestalt noch an Gesinnung gleich sei, betont Xenophanes in erster Linie (*Fr.* 1), dass die Götter nicht wie die Sterblichen geboren werden (*Fr.*5), dass überhaupt die griechischen Götter in ihrem Wesen auf das Urbild des Menschen zurückgehen (*Fr.* 6; vgl. *Epicharm Fr.* 173 Kaibel) und endlich, dass Homer und Hesiod den Göttern alles aufgebürdet haben, was bei den Menschen Schimpf und Schande ist, und viele schlimmen Thaten der Götter erzählt haben: Diebstahl, Ehebruch und gegenseitigen Betrug (*Fr.* 7). Solon sagt: „vieles lügen die Dichter“ (*Fr.* 26). [91]) Darum bedauert es Heraklit, dass die unverständige Menge den Dichtern als ihren Lehrern folgt (*Fr.* 14; 16; 111), und wünscht, dass Homer von den öffentlichen Festfeiern ausgeschlossen und mit Ruten weggepeitscht würde (*Fr.* 119) gleichwie Archilochos und Hesiod (*Fr.* 16; 35); denn sie sind in seinen Augen „Erfinder und Zeugen von Lügen“ (*Fr.* 118) [92]). Wie im Lauf des 5. Jahrhunderts Protagoras, Prodikos, Kritias sich den Götterglauben erklärten, wurde bei der Besprechung der *Hiketiden* auseinandergesetzt. Auch dass Diagoras von Melos ebenso wie der Philosoph

Hippon als „Atheisten" von der Komödie gebrandmarkt wurden,
ist schon erwähnt worden [93]). Euripides folgt durchaus den Bahnen
der genannten Männer. Die Vielheit der Götter — obwohl er sie
nicht acceptiert — würde ihn am wenigsten kümmern: zwar
erklärt er im *Herakles* (1344) in genauem Anschluss an Xenophanes (Diels, Dox. Gr. pg. 580 s. o.), er glaube nicht, dass ein
Gott über den andern herrsche; aber in der *Helena* (878 ff.)
führt er uns eine regelrechte Beratung der Götter vor und im
Hippolytos, in dem es sich um eine Kollision der Interessen
der Aphrodite und Artemis handelt, erklärt letztere dem Theseus
(1327 ff.):

> Kypris Wille hat es so gefügt,
> Um ihrem Zorn genug zu thun. Es kreuzt
> Ein Gott nicht eines andern Gottes Wunsch;
> Er steht zur Seite, was auch jener thue.
> Denn, glaube mir, nur Scheu vor den Gesetzen
> Des Zeus hat mich vermocht, mit anzuseh'n,
> Wie mir zur Schmach der einz'ge sterben musste,
> Der mir vor allen Menschen teuer war.   (W.)

Jedenfalls ist für Euripides der ausschlaggebende Grund für die
Ablehnung der Volksreligion nicht die Vielheit, sondern die Unsittlichkeit der Götter. Man kann den Gegensatz zwischen der Anschauung der Volksreligion und derjenigen des Euripides nicht
schärfer präzisieren, als es in den beiden folgenden Versen geschieht.
Sophokles (*Thyestes Fr.* 226,4) sagt:

> Was Götter auch betreiben, niemals ist es bös;

und Euripides antwortet darauf (*Beller. Fr.* 292,7):

> Wenn Götter etwas Böses thun, sind's Götter nicht.

Beide Dichter haben die Voraussetzung: Göttlichkeit und
Sünde schliessen einander aus; aber beide ziehen daraus
den entgegengesetzten Schluss: Sophokles folgert: somit muss alles,
was die Götter thun, gut sein, und damit ja kein Zweifel bestehe,
setzt er ausdrücklich hinzu: „auch wenn sie befehlen, den Boden
des Rechts zu verlassen." Euripides schliesst: „somit sind die
Wesen, von denen der griechische Mythus Böses erzählt, überhaupt
nicht vorhanden." Dies ist der Grundgedanke seiner Kritik des
Polytheismus [94]).

In der schon oben angeführten Stelle des *Herakles* (339 ff.),
welche in das Dilemma ausläuft, dass es dem Zeus entweder an

Weisheit oder an Gerechtigkeit fehle, bildet eine schlagende Parallele ein Bruchstück des *Polyidos* (*Fr.* 645):

Glaub' mir, dass gar nachsichtig oft die Götter sind,
Wenn jemand will durch einen Eid dem Tod entgeh'n,
Den Banden oder sonst'ger feindlicher Gewalt,
Wenn Söhne, die gemordet, er im Hause birgt:
Sei's dass sie thörichter noch sind als Sterbliche,
Sei's dass bei ihnen Sitte höher gilt als Recht[95]).

Dass der Begriff „Thorheit" (ἀσύνετον) mit der Gottheit unvereinbar ist, spricht auch Agamemnon und Klytemnestra in der *Iphigenie in Aulis* (393; 1189) aus. Nur ein anderes Wort dafür ist Amathia, die Euripides den Göttern sehr häufig vorwirft: so sagt Menelaos im *Orestes* (417), Phöbus habe bei seinem Orakel an Orestes Sittlichkeit und Recht verkannt (ἀμαθέστερος), desgleichen Orestes in der *Elektra* (971 ff.; vgl. 1246). *Iphigenie in Tauris* (386) wendet den Ausdruck auf die dortige Artemis an. Theseus im *Hippolytos* (952) will den Göttern nicht die Amathia zuschreiben, dass sie bös gesinnt seien, und ebensowenig glaubt Hekabe in den *Troades* (972; 981) dieses Wort auf sie anwenden zu dürfen, obgleich sie in einem Atem damit den Namen der Aphrodite von Aphrosyne ableitet (989 f.). Es ist überhaupt klar, dass Euripides auch da, wo er die Götter durch seine Personen gegen den Vorwurf der Amathia scheinbar verteidigen lässt, in Wirklichkeit dennoch denselben den populären Gottesvorstellungen imputiert, während er natürlich mit dem Gottesbegriff des Philosophen unvereinbar ist[96]). Auch aus den Worten der Iokaste (*Phön.* 85 ff.) klingt ein Zweifel an der „Weisheit" des Zeus heraus, die, wenn vorhanden, es nicht zulasse, dass das Unglück immer dieselben Menschen heimsuche, und dies führt zum Zweifel an der Existenz des Gottes (*Fr.* 900):

Wenn's wirklich einen Zeus im Himmel giebt, so sollt'
Er nicht dieselben stets unglücklich lassen sein[97]).

Ein Mangel an Weisheit ist es auch, wenn sich die Götter von Leidenschaft hinreissen lassen, wie die Menschen: sie sollten darüber erhaben sein (*Hipp.* 120: *Bacch.* 1348); wie auch Solon und Pindar schon meinten[98]).

Aber eben „Menschliches, Allzumenschliches" haftet den griechischen Göttern an. Sie sind so wenig wie die Menschen bedürfnislos (*Hipp.* 7 f.) oder ohne Sünde (*Herakles* 1314 ff., s. o.): damit tröstet Theseus den verzweifelnden Herakles und damit

sucht im *Hippolytos* die Kammerfrau in frivolster Weise die
Phädra über den verbrecherischen Charakter ihrer Liebe hinweg-
zutäuschen. Nachdem sie von der Allmacht der Liebe gesprochen,
fährt sie fort (451 ff.):

> Wer nun die Bücher der Geschichte liest
> Und wer gelernt hat, was die Dichter singen,
> Der weiss, wie Zeus in Liebesleidenschaft
> Zu Semele entbrannte, wie sich Eos,
> Die morgenlichte, Kephalos geraubt
> Um Liebe willen. Und sie wohnen doch
> Noch heut' im himmlischen Verein der Götter
> Und werden sich darein gefunden haben,
> Dass Leidenschaften stärker sind als sie.   (W.)

Es bedarf keines Beweises, dass der Dichter selbst mit diesen
Worten genau das Gegenteil von dem bezweckt, was die dramatische Person damit erreichen will: diese sagt: „die Götter sündigen; folglich dürfen es auch die Menschen;" Euripides denkt:
„die Götter des Volkes sündigen nach Menschenart; folglich sind
sie keine Götter." Ein sehr heftiger Angriff auf die Unsittlichkeit der Götter, speziell des Apollo, ist dem *Ion* in den Mund
gelegt (436 ff.):

> Den Phöbus tadl' ich laut:
> Wie hält er's? Jungfrauen verführt er mit Gewalt
> Und Kinder, die er heimlich zeugt, lässt er im Tod
> Im Stich. Nicht also! Sondern, da du mächtig bist,
> So jag' der Tugend nach! Denn jeden Sterblichen,
> Der Böses thut, bestrafen ja die Götter stets.
> Ist's billig, dass den Menschen ihr Gesetze gebt
> Und selbst durch eure Sünden das Gesetz verhöhnt?
> Wenn aber — zwar geschieht's nicht, doch ich nehm' es an —
> Ihr Busse zahlt für jede Vergewaltigung,
> Du und Poseidon und Zeus, der im Himmel herrscht,
> So leert der Busse Zahlung euch die Tempel aus
> Denn ohne Rücksicht geht ihr auf Vergnügen aus.
> Und sündiget. Nennt nicht uns Menschen bös, wenn wir
> Der Götter feinem Beispiel folgen: nein nur ihr,
> Die ihr uns solches lehrt, ihr heisset bös mit Recht **).

Es ist dies eine der heftigsten, ja vielleicht die heftigste Invektive
gegen die griechische Religion, welche sich bei Euripides findet,
und sie dürfte in der ganzen griechischen Litteratur, wenn wir

von der Satire des Lucian absehen, kaum ihresgleichen haben.
Der Gang des Dramas, in das sie eingefügt ist, wurde oben besprochen und dort auch gezeigt, dass man die scheinbare Rechtfertigung Apollos am Schlusse des Stücks unmöglich ernst nehmen
kann. Wir haben also hier die lautere Meinung des Dichters
selber vor uns und es ist kaum begreiflich, wie man in diesen
Versen, die wie Keulenschläge auf die religiöse Überlieferung
niedersausen, nichts weiter sehen konnte, als eine „naive Miss-
billigung der Lizenzen, welche Apollo gegen sterbliche Weiber
zum schlechten Vorbild für die Menschen sich erlaube" [100]).
Naivetät ist eine Eigenschaft, die dem immer und überall reflek-
tierenden Euripides vollständig abgeht und auch der Charakter
des Ion ist so gezeichnet, dass seine Äusserungen unmöglich für
naiv genommen werden können. Ferner handelt es sich nicht um
die „Lizenzen" des Phöbus an sich, sondern um die Konsequenzen,
die Euripides daraus zieht und die für die griechische Religion
geradezu grundstürzend sind: Die Volksreligion sagt: der Gott
ist mächtig, deswegen kann er thun, was ihm beliebt. Euripides
sagt: der Gott ist mächtig, deshalb soll er um so mehr der Tugend
nachjagen, er, der jeden menschlichen Fehltritt bestraft. Die Volksreligion leitet die sittlichen und politischen Gesetze von den
Göttern ab. Wer aber, so fragt Euripides, schlägt diesen Gesetzen
mehr ins Gesicht als die Götter selbst? Die Götter sind Richter
über die Menschen und diese zahlen ihnen Busse für ihre Verfehlungen, sagt die Volksreligion. Wenn man den Stiel umkehrt,
entgegnet Euripides, so reichen alle Tempelschätze nicht aus, um
die Sünden der Götter zu tilgen. Der Wille der Götter ist für
die Menschen die Norm des sittlichen Handelns, sagt die Volksreligion. Im Gegenteil, erwidert Euripides, wer dem Beispiel
der Götter folgt, wird dadurch zur Sünde verführt. Schroffer als
hier konnte der Gegensatz zwischen der wissenschaftlichen Betrachtung des Weltlaufs, wie ihn die Aufklärung lehrte, und dem
überlieferten Glauben an die weise Weltregierung der Götter nicht
zum Ausdruck gebracht werden.

Ein altes Postulat des polytheistischen wie des mono-
theistischen Gottesglaubens, besonders wenn demselben der Glaube
an eine individuelle Unsterblichkeit nicht zur Seite geht, ist der
Anspruch, dass es den guten Menschen auf der Welt
gut, den schlechten schlecht gehen sollte [101]). Die
Wahrnehmung, dass die Wirklichkeit dieser Forderung keineswegs

entspricht, hat schon in ziemlich frühen Zeiten und bei den verschiedensten Völkern die Gedanken der Menschen beschäftigt. In Palästina wirft ein unbekannter Denker in dem grossartigen Gedichte *Hiob* das Problem vom Leiden des Gerechten auf, ohne zu einer andern Lösung zu kommen, als dass die Erhabenheit Gottes über alles menschliche Können, Fühlen und Denken keine Kritik des Ewigen durch ein sterbliches Wesen zulasse. In Griechenland ist es der Dichter Theognis, der die Verehrung der Götter von der Gerechtigkeit der Weltregierung, der Bestrafung der Bösen und Beglückung der Guten abhängig macht (743 ff.) und der die Ausflucht, dass „die Sünden der Väter heimgesucht werden an den Kindern", die auch dem alten Testament so geläufig ist, rückhaltlos als unvernünftig verwirft (731 ff.) [102]). Auch Euripides greift von dieser Seite den Götterglauben an und schliesst aus der Ungerechtigkeit des Weltlaufs, in dem lediglich die Macht und die Gewalt den Ausschlag giebt und keineswegs das sittliche Verhalten entsprechende Folgen nach sich zieht, auf die Nichtexistenz der Götter (*Beller. Fr.* 286):

Sagt jemand, dass es Götter in dem Himmel geb'?
's giebt keine, keine! ausser für den Thoren, der
Den alten Märchen stets noch Glauben schenken will.
Doch nicht auf meine Meinung sollt ihr hören. Nein,
Ihr selbst sollt überlegen. Ich behaupte nun,
Dass die Tyrannis vielen Leben raubt und Gut
Und dass Meineid'ge viele Städte schon zerstört.
Und die, die solches thun — sie sind viel glücklicher,
Als wer in Frömmigkeit und Ruhe lebet hin.
Ich weiss manch kleine Stadt, die ihre Götter ehrt
Und einer grösseren und frevelhaften dient,
Weil sie der Überzahl der Lanzen unterlag [103]).

Unter den Beweisen für die Ungerechtigkeit der Götter oder vielmehr des Weltlaufs, die hier aufgeführt werden, ist besonders das Glück der Meineidigen (v. 7) zu beachten. Denn der Meineid galt dem griechischen Volk immer als eine der schrecklichsten, wenn nicht als die schrecklichste Sünde, die unausweichlich die Strafe der Götter nach sich ziehe (*El.* 1355). Dem Inhalt dieser Verse widerspricht geradezu *Fr.* 303 desselben Stückes: wie sich dies aus dem Gottesbegriff und der Weltanschauung des Dichters erklärt, wird im nächsten Abschnitt gezeigt werden [104]). Hier kommt es darauf an, die Anklagen des Euripides gegen die Ge-

rechtigkeit der Götter zusammenzustellen. So heisst es in *Fr.* 832
des *Phrixos*:

> Wenn ich, der fromme Mann, gottlosen Menschen gleich
> Dasselbe Schicksal duldet', wie wär' das gerecht?
> Oder sinnt Zeus, der beste, nicht Gerechtigkeit [105])?

In den *Phönissen* geht Antigone soweit, dass sie erklärt (1726 f.):
„Dike sieht die Bösen nicht, noch vergilt sie thöricht Thun der
Sterblichen." (D.) [106]) Bitter beklagt sich die nach Euripides
Darstellung unschuldige Helena (s. o.) über das unverdiente Un-
glück, in das die Götter sie stürzten (*Hel.* 267 ff.):

> Wen Gott in Einem Glücke nur, an dem er hing,
> Heimsuchte, schwer zwar, aber doch erträgt er es;
> Wir sehen uns in vieles Ungemach verstrickt.
> Vorerst verfolgt mich Tadellose böser Ruf
> Und grösser ist solch Übel als die Wirklichkeit,
> Muss einer Übles büssen, das er nicht beging.
> Dann führten Götter aus der Heimat mich hinweg
> Zu rohen Barbarenhorden; und, von Freunden bloss,
> Ward ich zur Sklavin, freier Eltern freies Kind.   (D.)

Und die „hinterlistige und mörderische Kypris" (238 f.) bezeichnet
sie als Urheberin des Unglücks der Griechen und Trojaner (vgl. 455).
Im *Bellerophontes* wünscht sich dieser Held mit den Worten den
Tod (*Fr.* 293):

> Ich stürbe gern; unwürdig ist's, zu schau'n das Licht,
> Sieht schlechte Menschen man, dem Recht zum Hohn, geehrt [107]).

Sehr zahlreich sind die Stellen, an denen die Götter als die Urheber des Unglücks bezeichnet worden. So äussert die dem Tode
verfallene Polyxena ihr Mitleid mit ihrer jammerbeladenen Mutter
Hekabe (197 ff.) in den Worten:

> Unglückliche, die so Schweres erfuhr,
> Der endlos Leid ihr Leben verzehrt.
> Welch unaussprechliche, bittere Schmach
> Hat wieder ein Dämon dir,
> O Mutter, gesendet.   (D.)

Und diese Meinung teilt der Chor (721 f.):

> Du wurdest, ach, der Menschen Unglückseligste
> Durch eine Gottheit, deren Hand dich schwer berührt [108]).

In den *Phönissen* nennt der Chor den Gott, welcher die Sphinx
nach Theben geschickt, geradezu einen Mörder (1031 f.). Admet
und Alcestis fühlen sich von den Göttern unverdientermassen ge-

troffen (*Alc.* 246 f.). Auch *Medea* redet (1109 ff.) von einem feindseligen Gott und fragt, wozu die Götter solches Unheil wie den Tod der Kinder den Sterblichen senden? Einmal taucht der merkwürdige Gedanke auf, dass die Götter eine Vorliebe für die „Edlen", d. h. von Geburt Adeligen (εὐγενεῖς), haben und zwar sind es die Dioskuren, welche die Worte sprechen (*Hel.* 1678 f.):

> Den edlen Männern grollen nicht die Himmlischen,
> Unedler wartet immer mehr des Lebens Not.   (D.)

Da sich diese Bemerkung an die Verkündigung anschliesst, dass Menelaos nach den Inseln der Seligen entrückt werden solle, so haben wir offenbar hier lediglich eine homerische Reminiszenz des Dichters. Denn im Epos wird jene dem Menelaos in Aussicht gestellte Gnade nicht durch irgendwelche sittliche Verdienste desselben begründet, sondern lediglich damit, dass er der „Gemahl der Helena und Schwiegersohn des Zeus" sei (δ 569)[109]). In die Gedankensphäre des Euripides passt diese Vorstellung nicht herein. Ihm steht es fest, dass weder Adel der Gesinnung (*Hel.* 1213) noch der Geburt (*Or.* 954 ff.) gegen das Unglück, gegen den Hass der Götter schützt. Der Bote, welcher der Elektra das über sie und ihren Bruder in Argos gefällte Todesurteil verkündigt, schliesst seinen Bericht:

> Dein erhab'ner Stamm
> Hat nicht gefrommt Dir noch der Gott in Pythos Haus,
> Der auf dem Dreifuss waltet; er vernichtet euch.   (D.)

So steht denn der Mensch oft ratlos dem Walten der Götter gegenüber, dessen Grund und Zweck er nicht zu erkennen vermag, wie z. B. Agamemnon, der sich vor die grausame Notwendigkeit gestellt sieht, seine Tochter zu opfern (*Iph. Aul.* 537). Und manchmal giebt es nur noch die Möglichkeit, den Grund der Übel nicht in irgendwelcher Schuld der Menschen, sondern in den Göttern selbst zu suchen, wie denn auch der Chor der zum Opfertod für ihr Vaterland entschlossenen Iphigenie zuruft (*Iph. Aul.* 1403 f.):

> Du handelst edel, Jungfrau; aber faul ist was
> Im Walten des Geschicks und in der Götter Thun[110]).

Wenn in den bisher angeführten Stellen das Übel in der Welt auf die Götter zurückgeführt wurde, ohne dass für dessen Vorhandensein ein anderer Grund oder Zweck als eben die göttliche Willkür angedeutet worden wäre, so sprechen die zuletzt citierten Verse es zwar noch nicht unverhüllt aus, weisen aber doch in verständlicher Weise darauf hin, dass der Dichter noch einen weiteren schwereren Vorwurf zu erheben hat, nämlich den, dass die Götter nicht nur das Übel, sondern auch das Böse in der Welt selbst hervorrufen. Die Volksvorstellung suchte diesen Gedanken durch die Aufstellung des Mittelwesens des Alastor zu umgehen und wir haben gesehen, dass auch Euripides sich nicht scheut, davon einen ausgiebigen Gebrauch zu machen, wo ihm der mythische Stoff dies nahelegte. Aber ebensowenig schreckte er davor zurück, die unvermeidliche Folgerung aus der Idee des Alastor zu ziehen: wenn die Götter den Alastor über einen Menschen schicken und ihn dadurch in Schuld und Unglück stürzen, so kommt dies sachlich ganz auf dasselbe hinaus, wie wenn sie ihn selbst zum Sündigen veranlassen und nötigen.

> Ihr führt ins Leben ihn hinein,
> Ihr lasst den Armen schuldig werden;
> Dann überlasst ihr ihn der Pein:
> Denn alle Schuld rächt sich auf Erden.

Der Gedanke, den der deutsche Dichter in diese Worte gekleidet hat, liegt ja freilich der ganzen antiken Tragödie zu Grunde. Aber während ein Äschylus und Sophokles diesen Sachverhalt in frommer Ergebung hinnehmen, ohne weiter darüber zu grübeln oder gar dadurch an den Göttern irre zu werden, tritt er uns bei Euripides in die schärfste Anklage gegen die Götter verwandelt entgegen.

Der Typus des vom Alastor besessenen Menschen ist in der griechischen Sage der unselige Muttermörder Orestes. Wir hatten schon mehrfach von ihm zu reden. Seine Person diente dem Euripides zur Darlegung der Thatsache, dass dämonische Besessenheit ein Wahn und in Wirklichkeit nichts anderes als eine die geistigen Funktionen des Menschen alterierende Krankheit sei. Ferner benützte er sein Schicksal, um gegen die von der mythischen Überlieferung geheiligte, aber in seinen Augen grausame und unvernünftige heroische Sitte der Blutrache Protest zu erheben. Nun aber gebrauchte er drittens diesen Mythus, um die angebliche Schuld des Menschen auf den Gott zu wälzen. Abgesehen davon, dass schon im Prolog des *Orestes* (12) hervorgehoben wird, dass „die Göttin dem Atreus Zwist in seinen Lebensfaden spann", dass immer und immer wieder darauf hingewiesen wird, wie die Götter das Haus des Atreus verderben (*Or.* 121; 160; 191 ff.; 337 s. o.; 394), legt der greise Dichter mit immer

steigénder Leidenschaft die angeblïche Schuld des Orestes dem
Apollo zur Last. Der Prolog verzichtet zwar noch scheinbar auf
eine Aufhellung des Dunkels, wenn Elektra, obwohl nicht ohne
Sarkasmus, sagt (28 ff.):

> Was soll ich Phöbus zeih'n der Ungerechtigkeit?
> Doch hiess er meinen Bruder, sie, die ihn gebar,
> Ermorden, was nicht überall für rühmlich gilt.   (D.)

Aber gleich darauf erklärt Helena der Tochter Agamemnons, dass
sie keineswegs sie und ihren Bruder für die Ermordung der
Klytämnestra verantwortlich mache, sondern Apollo (75 f.):

> Wohl nicht verunreint werd' ich durch ein Wort mit euch,
> Indem ich diese Sünde wälz' auf Phöbus Haupt.   (D.)

Denn sie weiss aus eigener Erfahrung, wie die Götter mit den
Menschen umgehen: infolge „gottgesandten Wahnsinns" (78 f.) fuhr
sie nach Ilion [111]). In gleichem Sinn äussert sich Elektra (162 ff.):

> Frevel, ja Frevel war's, dass, Gott Phöbus, du
> Sitzend auf Themis Thron, zum Unseligsten,
> Zum Mord meiner Mutter auffordertest.   (D.)·

Und Orestes selbst sagt im Gespräch mit der Schwester (285 ff.):

> Nur den Phöbus klag' ich an,
> Der, als er mich zum grässlich Ungeheuren trieb,
> Mit Worten mich erfreute, doch mit Thaten nicht.   (D.)

Wie sich Orestes in der Unterredung mit Menelaos auf den Befehl
Apollos beruft, muss auch dieser zugestehen (417):

> Des Guten und des Rechten wohl vergass er dann [112]);   (D.)

worauf Orestes bitter erwidert (418):

> Wir dienen Göttern, wie sie immer sei'n gesinnt.   (D.)

Endlich in seiner Verteidigungsrede gegen seinen Grossvater Tyndareus zieht Orestes die letzte Konsequenz (594 ff.):

> Dem Gotte folgend mordet' ich, die mich gebar.
> Nun, diesen achtet schuldig und ermordet ihn!
> Er hat gesündigt und nicht ich.   (D.)

Es ist dies genau dieselbe Auffassung, zu der sich der Dichter
schon einige Jahre vorher in der *Elektra* bekannt hat und die
er dort ironischer Weise sogar den göttlichen Dioskuren in den
Mund legt. Es ist blosser Schein, wenn sie von Klytämnestra
und Orestes sagen (1244):

> Gerecht ist, was sie leidet, aber nicht dein Thun. (O.-S.)

Denn sie fahren fort (1245):

Und Phöbus — aber Phöbus —; nur weil er mein Herr
Ist, schweig' ich; weise, that er dir nicht weisen Spruch.

(O.-S.)

Nach diesem klug reservierten Urteil über die Haltung des Gottes
wird Orestes an den Areopag in Athen verwiesen, der ihn frei-
sprechen werde (1266 f.),

weil Apollon alle Schuld auf sich

Wird nehmen, dessen Stimme Muttermord gebot.   (O.-S.)

Alsdann wird Orestes glücklich werden (1290 f.). Und nochmals
bekräftigen es die Dioskuren (1296 f.): „Dem Apollo lege ich
diese Mordthat zur Last"; „die Notwendigkeit hat dies Geschick
herbeigeführt und Apollos Mund, der Unweises befahl" (1301 f.).
— Man sieht: hier bedarf Orestes keiner Freisprechung mehr.
Wenn er dennoch nach Athen geht, um sich dem Areopag zu
stellen, so ist dies nur noch ein mythologisches Ornament, dem
jegliche organische Verbindung mit dem Bau des Dramas fehlt.
Orestes ist längst für unschuldig erklärt; der wahre Übelthäter
ist Apollo.

Es wurde oben gezeigt, wie Apollo in seiner Eigenschaft
als Prophet im *Ion* ad absurdum geführt wird; aber damit ist es
dem Dichter nicht genug. Auch in diesem Stück lässt er sich
die Gelegenheit nicht entgehen, den Gott als ein sittlich verwerfliches Wesen darzustellen ebenso wie bei der Behandlung des
Orestesmythus. Der schärfste Ausbruch des Ion gegen die Handlungsweise Apollos (436 ff.) wurde schon besprochen. Hier sind
noch die Stellen anzuführen, in denen Apollo nicht nur selbst als
schuldig, sondern auch als Anstifter fremder Schuld erscheint.
Gewiss, Kreusa hat einen Fehltritt begangen; aber mit vollem
Recht ruft sie aus (252 ff.):

Uns armen Frauen weh und weh den Freveln auch
Der Götter! Wie nun? Wer ist denn wohl schuld daran,
Wenn wir Gewalt erleiden von den Mächtigen?

Und wie sie dem noch unerkannten Ion die Geschichte ihres
Sohnes erzählt, entscheidet dieser (355): „Unrecht that ihm der
Gott; unglücklich nur nenn' ich die Mutter." Im weiteren Verlauf des Gesprächs tadelt es Ion, dass der Gott, der sich an der
gemeinsamen Handlung gefreut habe, nun einseitig ungerecht
handle (358), und glaubt nicht, dass Apollo in dieser für ihn so

kompromittierenden Sache der Kreusa Auskunft erteilen werde
(367):

>Er schämt sich seiner That; drum forsche ihn nicht aus.

Und auf den Einwand der Kreusa, dass auch sie, die solches
dulden müsse, Schmerz empfinde (368), entgegnet Ion 369 ff.:

>Niemals wird ein Prophet hier solches kund dir thun.
>Denn dem, der solches künden würde dir, wodurch
>In seinem eig'nen Hause schlecht erscheint der Gott,
>Dem möchte Phöbus wohl mit Recht ein Leid anthun.

In heftigen Worten macht darauf Kreusa ihrer Entrüstung gegen
den Gott Luft, der sich ihr gegenüber ungerecht zeige und nun
ihr gar die Auskunft über das Schicksal ihres und seines Sohnes
verweigere (384 ff.). In der grossen Monodie (859 ff.) klagt sie:
„Mein Herz thut mir weh, die ich schlimm beraten wurde von
Menschen und Göttern, die ich als undankbare Ehebrecher überführen werde" (877 ff.). Aus den Klängen der Leyer hört sie
den Tadel des Letosohns zum glänzenden Äther emportönen
(881 ff.). Sie nennt den Gott einen „schlimmen Lagergenossen"
(912) und schliesst ihr leidenschaftliches Selbstgespräch mit den
Worten (919 ff.): „Dich hasst Delos und der Spross des Lorbeers
bei der üppig belaubten Palme, wo Leto dich gebar in heiligen
Wehen aus der Frucht des Zeus". Endlich bestätigt auch der
Pädagog, nachdem er von Kreusa ihre Geschichte gehört hat,
dass den Apollo grössere Schuld als sie treffe, indem er im Blick
auf die Aussetzung des Kindes sagt (960):

>Weh dir ob solchen Frevels, doch dem Gott noch mehr.

Der glückliche Ausgang des Stücks ändert an der Tragweite der
gegen Apollo erhobenen Vorwürfe nichts; es bleibt dabei: der
Gott hat nicht nur selber Schuld auf sich geladen, sondern er hat
auch eine Sterbliche aus blosser Lüsternheit in Schuld und Jammer
gestürzt; er hat sich selbst als böse und als Verführer zum Bösen
erwiesen. Im Vergleich mit ihm erscheint auch der schuldige
Mensch verhältnismässig unschuldig.

Auch die Phaëthonsage scheint Euripides benützt zu haben,
um Apollo als den „Verderber" darzustellen (*Fr.* 781, 11 ff.); doch
ermöglichen die Bruchstücke des *Phaëthon* keine Einsicht in die
Durchführung des Gedankens. Eines derselben (*Fr.* 783) zeigt,
dass der Dichter dabei auch seine aufgeklärten Anschauungen in
der „Meteorologie" gelegentlich durchblicken liess[113]).

Die Götter, namentlich Hera und Aphrodite, sind auch am

Trojanischen Krieg mit all seinem Unheil schuld, nicht Paris oder Helena. Dies wird hauptsächlich in der *Helena* ausgeführt, die ja (s. o.) in Wirklichkeit gar nicht nach Troja kam, sondern nach Ägypten entrückt wurde, während sich Griechen und Trojaner um ein von Hera gesandtes Scheinbild stritten. Kurz und bündig drückt diesen Thatbestand Menelaos aus (*Hel.* 704; vgl. auch 708):

> Nicht sie, die Götter haben uns mit Trug berückt. (D.)

Helena selbst wälzt die Schuld auf Hera und Aphrodite (238 ff.):

> Kypris ja, die Schlaue that's, die Mörderin,
> Brachte Tod den Danaern, Tod den Priamiden,
> Wehe mir um mein Geschick! Here, Zeus erhab'ne
> Gattin, auf dem gold'nen Throne sitzend,
> Sie sandte Majas Sohn, den schnellfüssigen, der mich,
> Als ich frische Rosenblätter las in meinem Schosse,
> Zu Pallas eh'rnem Hause sie zu tragen,
> Durch heller Lüfte Raum in dies segenlose Land entraffte,
> Dass er argen Zwist erregte Priamos und Hellas Volk. (D.)

Und v. 929 ff. sagt sie:

> Doch kehr' ich heim nach Hellas und in's Sparterland,
> Dann hören sie, dann seh'n sie, dass durch Göttertrug
> Sie starben, dass ich uns're Freunde nicht verriet. (D.)

Ebenso verteidigt sich Helena in den *Troades* gegen die Anschuldigungen der Hekabe (948 ff.):

> Die Göttin strafe, werde mächtiger als Zeus,
> Der über alle andern Götter hat Gewalt
> Und nur der Kypris Sklav' ist; doch mir sei verzieh'n. (D.)

Wie seltsam die Verteidigung der Götter (969 ff.) in Hekabes Munde ist und wie sie selber wiederum nichts anderes als eine Kritik des Mythus durch den Dichter bedeutet (man beachte besonders das Wortspiel über Aphrodite 989 f.), wurde schon erörtert. Euripides steht ganz auf der Seite der Helena, die er (*Troad.* 1042 f.) die Hekabe anflehen lässt, sie nicht zu töten, indem sie „das, was in der Götter Walten faul sei" (τὴν νόσον τὴν τῶν θεῶν), nicht ihr anrechne. Denselben Ausdruck gebraucht Agamemnon in einem Gespräch mit Menelaos (*Iph. Aul.* 411). Auch Odysseus teilt diese Ansicht, der auf die spöttische Bemerkung des Kyklopen, es sei ein schimpflicher Feldzug gewesen, den die Griechen eines Weibes wegen gegen Ilion unternommen, erwidert (*Kykl.* 285):

> Ein Gott verhängt, es; keinen Menschen schilt darum. (D.)

Endlich standen in einem unbekannten Drama des Euripides die
Worte: „Vater Zeus ersann dies, weil er wollte, dass Troja Unglück und Hellas Leid widerfahre" (*Fr.* 1082)[114]). Bei all dem
ist wohl zu bedenken, dass Euripides ein entschiedener Lobredner
des Friedens ist und der Krieg ihm durchaus als etwas verwerfliches gilt (s. u.). Es ist ihm ganz gegen die Natur, dem Krieg
auch eine gute Seite abzugewinnen: als solche lässt sich nach
seiner Meinung der Umstand bezeichnen, dass der Krieg ein Mittel
gegen Übervölkerung ist (*Or.* 1641 ff.; *Hel.* 38 ff.)[115]) und dass er
Gelegenheit bietet, Ruhm zu erwerben; aber ein Verhängnis der
Götter ist und bleibt er (*Andromach.* 680 ff.); die Menschen, welche
dazu Anlass geben, sind, wie Helena, nur ihre unfreiwilligen Werkzeuge; und darum fällt der Gottheit die Verantwortung für alles
Elend des Krieges zu. —

Im Geschicke des Ödipus und seiner Familie sind gleichfalls
alles Übels Quell die Götter. In den *Phönissen* (379 ff.) sagt
Iokaste zu Polyneikes:

Ha schlimm vernichtet Ödipus Geschlecht ein Gott!
So hat's begonnen: ich gebar erst ohne Fug,
Schlimm freite mich dein Vater und dann wurdest du.
Doch wozu dieses? Tragen muss man göttliches Geschick.

(D.)

Selbst Teiresias giebt zu, dass Polyneikes und Eteokles „unwissend
fehlten" (874), und er hält es zwar für das Beste, dass niemand
aus Ödipus Geschlecht Herrscher oder auch nur Bürger in Theben
sei; aber er hat für die Nachkommen des Ödipus keine schlimmere
Bezeichnung als die „von einem Gott ergriffenen" (888), was freilich in üblem Sinne gemeint ist. Ein „Trugwerk der Götter"
nennt der Chor (1066) die Sphinx, welche den Ödipus zur Herrschaft führte. Im Tod des unglücklichen Brüderpaares sieht
Kreon (1355) wie der Chor (1425 f.) die Erfüllung der Flüche des
Ödipus durch einen Gott. Ödipus selbst bezeichnet sich als den
unseligsten Menschen, den das Schicksal je geschaffen (1595 f.),
und er schliesst den Rückblick auf sein Leiden und seine Schuld
mit den Worten (1612 ff.):

Denn so verständlos hat Natur mich nicht gezeugt,
Dass an den Augen und an meiner Söhne Glück
Ich so gefrevelt hätte, wollt' ein Gott es nicht.   (D.)

Somit ist auch hier der wahrhaft Schuldige nicht Ödipus oder sonst
ein Mensch, sondern ein Gott. —

Nicht anders steht es bei *Hippolytos* und den in sein Schicksal verwickelten Personen. Im Prolog verkündigt Aphrodite, dass die Liebesleidenschaft der Phädra für Hippolytos ihr Werk sei (27 f.). Am Schluss des Stücks bestätigt dies Artemis (1327 f.); diese „Frevlerin" (1400) hat ihr ihren Liebling entrissen. Und der gegen seinen Sohn so grundlos ergrimmte Theseus bekennt am Ende, dass Götter seinen Sinn berückt hätten (1414), und spricht in seiner berechtigten Erbitterung den Wunsch aus (1415).

Ha, wenn doch Menschenfluch die Götter träfe. (W.) —

Vom Wahnsinn des *Herakles* und der naturalistischen Behandlung seiner Symptone war schon die Rede und es wurde dabei auf die Inkonsequenz hingewiesen, dass Euripides trotzdem die Tobsucht des Herakles als ein Besessensein von der von Hera gesandten Lyssa darstellt. Aber eben die Einführung dieser Gestalt und der Iris benützt Euripides, um wiederum Hera als eine sinnlos grausame Göttin zu zeichnen. Darum lässt er die Iris (830 ff.) sagen:

Doch jetzt, wo er, was ihm Eurystheus auftrug,
Vollbracht, will Hera Blutschuld auf ihn laden
Durch seiner Kinder Mord; so will auch ich.
Auf, jungfräuliche Tochter finst'rer Nacht,
Zusammen nimm dein unerweichlich Herz
Und hetze Wahnsinn wider jenen Mann,
Treib' seinen Fuss zu tollem Tanz, sein Hirn
Zu kindesmörderischer Raserei,
Lass alle Zügel seiner Mordlust schiessen,
Er stosse seiner Söhne blüh'nde Schar
Mit eig'nen Händen in des Todes Rachen
Hinunter; dann erkennt er Heras Hass
Und auch, wie ich ihn hasse, lernt er dann.
Aus wär' es mit den Göttern, wenn ein Mensch
Für ihre Strafen unerreichbar bliebe.   (W.)

Wohl ist hier schliesslich von einer „Strafe" die Rede; aber man sieht nicht ein, wofür Herakles gestraft werden soll. Auch der Chor weiss sich dies nicht zu erklären (1086 f.), wenn er ausruft:

Woher der Grimm dir, Zeus, in dieses Meer
Von Jammer deinen eig'nen Sohn zu stürzen?   (W.)

Als endlich Herakles aus dem Schlafe, der seinem Tobsuchtsanfall gefolgt war, wieder erwacht, giebt ihm Amphitryo auf seine Frage, wer seine Kinder ermordet habe, die Antwort (1135):

Du selbst und deine Pfeile und der Gott,
Von dessen Willen du das Werkzeug warst.   (W.)
Also auch hier sind die wirklich Schuldigen die Götter. Deswegen
braucht auch Herakles keine Entsühnung. Wie Theseus die Hülle
von dem Haupte des Verzweifelnden hebt und dieser ihn fragt,
ob er es denn wage, „sein Haupt dem Licht zu zeigen" (1231), wird
ihm die Antwort (1232):

Warum nicht? Ewig ist das Element:
Du bist ein Mensch und kannst es nicht besudeln.   (W.)

Unter dem Element (τὰ θεῶν) ist die elementare Natur zu verstehen, die durch das Unreine, sowohl das physische als das moralische, befleckt wird. „Über diesen frommen aber beschränkten
Standpunkt erhebt sich allerdings erst die Philosophie; oder genauer die Menschen, welchen ihre Reflexion sagt, dass die Befleckung des Elements oder der Gottheit nur in unserer Vorstellung und in unserem Gewissen vorhanden ist, sind zu philosophi-
schem Denken reif. Das war Euripides (Wilh. Her. [2] II S. 250 f.).
In den Augen des Euripides ist Herakles durchaus unschuldig;
was aber das Merkwürdigste ist: auch seinen Peiniger Eurystheus
macht der Dichter nicht für die dem Helden auferlegten Leiden
verantwortlich. In den *Herakliden* beruft dieser sich gegen
die Vorwürfe der Alkmene, dass er den Herakles so gequält habe,
darauf dass er das Werkzeug der Hera gewesen sei (990): „Hera
— so sagt er — liess mich in diese Krankheit verfallen." —

Der furchtbare Entschluss der *Medea*, aus Hass gegen ihren
Gatten Jason und dessen Geliebte ihre eigenen Kinder ums Leben
zu bringen, erinnert den Chor an das Schicksal der Ino, die infolge eines von Hera über sie verhängten Wahnsinnsanfalls ebenfalls ihre beiden Kinder tötete und sich dann selbst ins Meer
stürzte [116]).

Nicht minder wird der Mordanschlag der Hermione, der
Gemahlin des Neoptolemos auf *Andromache* und ihren Sohn
Molossos samt den Gewissensbissen und der Angst vor Strafe, die
er im Gefolge hat, als „gottverhängtes Ungemach" bezeichnet;
und damit man diesen Ausdruck ja nicht missverstehen kann,
antwortet Hermione auf die Frage des Orestes (901):

Was ist es? Quälen Götter oder Menschen dich?
mit den klaren Worten (902 f.):

Ich hab' es selbst verschuldet, mein Gemahl zum Teil,
Zum Teil ein Gott auch; rettungslos sind wir dahin. (D.)

Die vorhandene Schuld wird also hier sozusagen zwischen Göttern und Menschen geteilt und der Vergleich mit den andern angeführten Stellen zeigt klar, was Euripides damit sagen will. — Endlich werden die Götter von Euripides beschuldigt, dass sie die Menschen täuschen und um ihr Lebensglück betrügen. Wenn auch im *Archelaos* Kisseus, der diesen Vorwurf erhob (*Fr.* 254), die Antwort erhielt:

Du machst dir's leicht, die Götter zu beschuldigen [117]),

so giebt doch der Dichter seiner wirklichen Überzeugung deutlichen Ausdruck in *Fr.* 273 der *Auge*:

Nicht uns allein nur, sondern alle Menschen hat,
Sei's gleich, sei's später, um des Lebens Wert ein Gott
Betrogen; glücklich ist kein Einz'ger bis zuletzt [118]).

Blicken wir auf unsere Untersuchung zurück, so ergiebt sich: Euripides nimmt nicht nur, wie etwa Pindar, an einzelnen Mythen Anstoss, er verwirft nicht nur diese und jene Gebräuche des Kultus, sondern er lehnt den Polytheismus überhaupt aus intellektuellen und noch mehr aus sittlichen Gründen ab. Wenn schon der Sänger der Odyssee (x 32 ff.) die Frage aufgeworfen hat, woher das Übel und das Böse in der Welt komme, und sie den Zeus dahin beantworten lässt, dass die Menschen selbst wider den Willen der Götter und des Schicksals dasselbe verursachen, so lässt der Dichter der Aufklärung diese Ansicht nicht gelten. Was ist der schwache Mensch gegen einen mächtigen Gott und das allgewaltige Schicksal! Er kann nichts sein, als deren Werkzeug. Somit kommt auch das Böse von den Göttern: Bosheit und Göttlichkeit ist aber unvereinbar und darum giebt es keine Götter derart, wie das griechische Volk sie sich vorstellt. —

Dies ist das negative Ergebnis des theologischen Nachdenkens des Euripides. Es erhebt sich nun die Frage: giebt es eine reinere Gottesvorstellung, welche das Rätsel des Lebens besser löst, als der Polytheismus? Seit man angefangen hatte, bei diesem sich nicht mehr zu beruhigen, hatte man zwei neue Wege eingeschlagen, die zur Gotteserkenntnis und zum Weltverständnis führen sollten, den der Mystik und den des Rationalismus, d. h. des vernunftmässigen Forschens. Euripides hat es mit beiden versucht. Er hat den ersten ungangbar gefunden und ist auf dem zweiten zu seinem Ziele gelangt. Aber auch auf jenem Irrweg müssen wir ihn, soweit er ihn ging, begleiten. —

In der zweiten Hälfte des 6. Jahrhunderts bildeten sich in
Griechenland, und zwar sowohl im Mutterland als in den westlichen Kolonien, im Anschluss an den Kultus des Dionysos-Zagreus
Orphische Sekten, die in mancher Hinsicht eine Verwandtschaft mit den Pythagoreern aufwiesen, wie uns als ältester litte-
rarischer Zeuge Herodot *(II. 81)* bezeugt. Sie huldigten ,einer
halb philosophischen, halb mystisch religiösen Lehre, die sie in
einer Menge von Schriften niederlegten. Es war eine Art Pantheismus („Anfang Zeus, Zeus Mitte, in Zeus ist alles vollendet"),
durch den sie sich die Entstehung der Welt zu erklären suchten.
Dabei macht sich das Streben geltend, die Vereinigung mit der
Gottheit, die der Mensch in seinem Einzeldasein verloren hat,
möglichst wiederherzustellen. Das Mittel dazu ist die Askese
(Enthaltung von Fleischnahrung u. dgl.). Der Leib ist das Gefängnis der Seele, aus dem sie durch den Tod befreit wird, um
dann erst zum wahren Leben einzugehen. In Athen bürgerte sich
dieser Orphismus durch Onomakritos ein, der am Hof der Pisistratiden lebte[119]). Pindar und Äschylus sind von solchen Vorstellungen, wenn auch nicht tief, berührt[120]). Auch Euripides ist trotz
seiner ausgesprochen rationalistischen Tendenzen an dieser merk-
würdigen Erscheinung nicht achtlos vorübergegangen; er hat auch
sie geprüft.

Vermischt mit dem Kultus des Idäischen Zeus finden wir den
orphischen Zagreuskult in den *Kretern* des Euripides (*Fr.* 472).
In weissen Gewändern halten die Eingeweihten sich ferne von
Geburt und Tod und meiden den Fleischgenuss. Das Bruchstück
ist aus einem Chorlied, das von den Mysten vorgetragen wurde.
Der Dichter selbst erhält sich jedes Urteils über die orphische
Religion und so können wir hieraus zunächst auf seine Stellung
zu ihr gar nichts schliessen und lediglich feststellen, dass er den
kretischen Lokalkultus des Zeus dazu benützt hat, um orphische
Ideen anzubringen[121]). — Auch das *Fr.* 912 hilft uns nicht viel
weiter: dem alles beherrschenden Gotte, mag er sich nun lieber
Zeus oder Hades nennen lassen, wird ein unblutiges Speise- und
Trankopfer dargebracht und dabei derselbe gebeten, Seelen der
Unteren ans Licht zu schicken für die, welche ihr Unglück erkennen wollen: woher sie entsprossen, was die Wurzel des Übels,
und welchem der seligen Götter sie opfern müssen, um Ruhe zu
finden von ihrer Qual. Wenn die Schreibung Naucks in v. 9
richtig ist, so liegt hier eine Totenbeschwörung vor. An die

Orphiker erinnert die Identifizierung des Zeus mit Hades, da der
orphische Zagreus die Herrschaft über die obere und untere Welt
in sich vereinigt. Übrigens findet sich die Gleichsetzung des
Hades mit Dionysos auch bei Heraklit (*Fr.* 127). Auch bei diesem
Fragment ist uns der Zusammenhang unbekannt und es lehrt uns
daher auch dieses Bruchstück nichts weiter, als dass Euripides ✓
den Orphismus kannte und gelegentlich berücksichtigte[122]). — Dass
den Dichter die orphische Seelenlehre mindestens eine Zeit lang
stark beschäftigt haben muss, das geht aus der Thatsache hervor,
dass er ihren Grundgedanken (σῶμα—σῆμα), ob nicht vielleicht
unsere ganze Auffassung von Leben und Tod verkehrt und gerade
die entgegengesetzte richtig sei, in zwei verschiedenen Stücken
vorbringt. Im *Polyidos* (*Fr.* 638) hiess es:

Wer weiss denn, ob das Leben nicht ein Sterben ist ✓
Und, was wir Sterben nennen, drunten Leben heisst?

(Rohde.)

Und im *Phrixos* (*Fr.* 833) standen die Verse:

Wer weiss, ob was man Sterben nennt, nicht Leben ist
Und Leben Sterben? Denn die Menschen, die das Licht
Noch schauen, leiden; aber die Gestorbenen,
Die leiden nichts mehr, sie sind frei von aller Pein.

Dass der in diesen Versen enthaltene Gedanke nicht, wie man
gemeint hat, heraklitisch ist, ist klar. Denn hier wird nicht,
wie Heraklit auf Grund von seiner Relativitätslehre thut, Leben
und Tod gleichgesetzt; sondern es wird die Möglichkeit erwogen,
ob nicht das sogenannte Leben in Wirklichkeit Tod und der sog.
Tod in Wirklichkeit Leben sei: dies passt aber nur in die Gedankensphäre der Orphiker. Die Stelle im *Phrixos* ist besonders
interessant durch die Art, wie Euripides den orphischen Gedanken
mit seiner pessimistischen Lebensauffassung verbindet. Ihm selber
steht zweierlei fest: nämlich einmal, dass Leben Leiden ist, und
dann, dass der Tod dem Leiden ein Ende macht. Von dem ersten
Satz aus ist er geneigt, dem Gedanken der Orphiker beizustimmen,
dass dieses Leben kein Leben sei; von dem zweiten aus kann er
noch in gewisser Hinsicht zugeben, dass Freiheit vom Leiden
mehr den Namen Leben verdiene; aber man sieht zugleich, dass
seine eigene Vorstellung vom Zustand nach dem Tod eigentlich
nur diese negative ist: „es giebt kein Leiden mehr" und so leistet
er den Orphikern auch hier nur scheinbar Gefolgschaft[123]). —
Eine Notwendigkeit, das Wort des Menelaos in der *Helena* (513 f.)

von der Unüberwindlichkeit der Ananke gerade auf die Orphiker
zurückzuführen, vermag ich nicht einzusehen, da es auch ausser
ihnen „Weise" genug gab, welche diese Ansicht teilten. Der Satz
kehrt wieder in einem Chorlied der *Alkestis* (962 ff.) und wird
hier eben dem Anspruch der Orphiker entgegengestellt, mit gewissen Zauberformeln die Macht der Ananke brechen zu können [124]).
Diese helfen dagegen so wenig, als gegen den Tod kein Kräutlein
gewachsen ist. Euripides will von irgendwelchen zauberhaften
Besprechungen, wie sie in solchen Kreisen gäng und gäbe waren,
nichts wissen, ebenso wie der Verfasser der Schrift *Von der
heiligen Krankheit* alles derartige zurückweist [125]). Solche Besprechungen (ἐπῳδαὶ) verhöhnt Euripides geradezu im *Kyklops*
(646 ff.). Der aus Satyrn bestehende Chor ist zu feige, um dem
Odysseus zu helfen, dem Kyklopen den glühenden Pfahl ins Auge
zu bohren und er sucht sich daher anderweitig zu helfen, indem
er sagt:

> Doch ist von Orpheus mir bekannt ein Zauberlied,
> Bei dessen Tönen ihm der Pfahl von selbst ins Hirn
> Einfährt und diesen Eisensohn in Flammen setzt [126]). (D.)

Deutlicher konnte Euripides seine Verachtung orphischer Phan-
tastereien und Wunderthaten nicht bezeugen. — Auch von der
Askese der Orphiker hält Euripides nichts: sie ist blosse Schein-
heiligkeit. Diese seine Überzeugung lässt er im *Hippolytos* den
Theseus gegenüber seinem vermeintlich schuldigen Sohn aussprechen (952 ff.):

> Jetzt wirf dich in die Brust, erschachre dir
> Die Heiligkeit, weil nur blutlose Kost
> Dich nähre, schwärme jetzt im Dienst des Orpheus
> Und such' andächtig des Propheten Wort
> In manchem dicken Buch. Du bist erkannt.
> Vor dieser ganzen Rotte rat' ich jedem,
> Sich wohl zu hüten. Ihre frommen Worte
> Sind Köder und das ärgste steckt dahinter [127]). (W.)

Nun erweist sich ja freilich am Ende des Dramas Hippolytos als
unschuldig; aber nichtsdestoweniger dürfen wir diese Expektoration
gegen die Orphiker als eigene Überzeugung des Euripides in Anspruch nehmen, so gut wie die Ausfälle gegen Apollo und die
Mantik im *Ion* und in der *Iphigenie auf Tauris* trotz der scheinbaren Rechtfertigung der Götter am Schluss dieser Stücke (s. o.).
— Endlich wird Orpheus noch in der *Medea* (543) erwähnt,

aber nur als berühmter Sänger, nicht in seiner Eigenschaft als Religionsstifter.

Aus dem allem geht hervor, dass Euripides als ein Mann, der für sämtliche Erscheinungen seiner Zeit ein offenes Auge hatte, auch dem Orphismus einige Beachtung geschenkt hat. Aber nur dessen Ideen über Leben und Tod haben sein Denken wirklich beschäftigt. Das Ergebnis war jedoch auch hier für ihn ein negatives. An den phantastischen Elementen der orphischen Lehre hat er geradezu eine abschätzige Kritik geübt. Bei dieser ablehnenden Haltung des Dichters gegenüber den Orphikern ist es auch von vornherein unwahrscheinlich, dass die Idee der Dike, welche in der Gedankenwelt des Euripides eine hervorragende Stelle einnimmt, auf orphische Quellen zurückgehe, obwohl sie hier eine nicht zu unterschätzende Rolle spielt [128]). —

Noch weniger als vom Orphismus zeigt sich Euripides von den Eleusinischen Mysterien beeinflusst. Es findet sich in seinen Werken, soweit diese uns bekannt sind, auch nicht Eine Stelle, worin auf dieselben in zustimmender oder ablehnender Weise hingedeutet würde. Ohne Zweifel hat er hier die Ansicht des von ihm aufs höchste geschätzten Heraklit geteilt, nach der es bei all diesen Mysteriendiensten recht „unheilig" zuging (*Fr.* 124; 125) [129]); und bei seinem Bedürfnis nach klarer verstandesmässiger Erkenntnis ist es überhaupt wohl begreiflich, dass ihm alle Mystik von Hause aus zuwider war.

3. Die Gottheit des Euripides.

Euripides hat den Göttern des griechischen Volksglaubens gänzlich abgesagt: nicht etwa, dass er sich nur an den wunderbaren Elementen in einzelnen Mythen stiesse oder diesen und jenen Gebrauch im Kultus absurd fände, sondern er verwirft den ganzen Anthropomorphismus der griechischen Götterwelt und damit diese überhaupt aus Gründen der Vernunft und der Sittlichkeit. Auch von der allegorisierenden Apologetik, wie sie schon im 6. Jahrhundert Theagenes von Rhegium, im 5. Metrodor von Lampsakus, ein Schüler des Anaxagoras, betrieb und die die alten Götter als personifizierte Naturmächte zu erklären und zu retten suchte, wollte er nichts wissen. Man darf es daher seinen Mitbürgern vom Durchschnittsmass der damaligen Bildung nicht übelnehmen, wenn sie ihn so gut wie Sokrates und noch manch andern

Denker als „Atheisten" betrachteten [1]). Für sie war er das. Denn
was konnte das für ein Gott sein, der keiner Tempel und Opfer
zu seiner Verehrung bedurfte, dessen Gestalt man sich in keinem
Bilde vorstellen konnte? Es ist gewiss echte Volksstimmung, wie
sie in der Menge gegenüber den aufgeklärten Kreisen herrschte,
wenn Aristophanes eine Kranzverkäuferin sich darüber beklagen
lässt, dass Euripides durch die Verbreitung des Atheismus in seinen
Dramen ihren Handel ruiniere [2]). — Dagegen fragt es sich nun,
ob Euripides mit dem Volksglauben zugleich überhaupt den Glauben
an eine Gottheit zurückgewiesen oder, wenn dies nicht der Fall,
wie er sich dieselbe philosophisch gedacht habe. Schon bei der
Erörterung seiner Stellung zur traditionellen Religion hat es sich
gezeigt, dass diejenige Eigenschaft, ohne die er sich die Gottheit
überhaupt nicht denken kann und die er an den Göttern des
Volks, obwohl sie ihnen zugeschrieben zu werden pflegt, dennoch
thatsächlich durchaus vermisst, die Gerechtigkeit ist (*El.* 583 f.;
Phrixus Fr. 832; *Oinom. Fr.* 577; *Herakles* 841 ff.; *Helena* 1030 f.) [3]).
Diese Eigenschaft menschenähnlich gedachter Götter, die für ihn
die Grundlage und den alleinigen Wert des religiösen Glaubens
ausmacht, hypostasiert sich ihm nun zur Gottheit selbst, die er
Dike nennt. Diese Dike umfasst aber viel mehr als den blossen
Begriff der Gerechtigkeit im juristischen und auch im moralischen
Sinn. Sie ist nicht nur das Recht, sondern auch das Rechte, das
Vernünftige, kurz sie ist ein kosmisches Wesen, der Weltgeist,
die Weltvernunft. Sie ist immanent in der Welt thätig, sowohl
in der geistig-sittlichen als in der materiellen Sphäre. Sie lebt
und webt nicht weniger im Fühlen, Denken und Handeln jedes
einzelnen Menschen als im unendlichen und unvergänglichen
Weltall. Als ihr materielles Substrat ist vielleicht der Äther zu
denken, der alles durchdringt. Diese allmächtige, allwissende und
allgegenwärtige Gottheit sich vorzustellen, übersteigt freilich die
menschliche Denkfähigkeit. Sie bleibt ein Rätsel für unsere Vernunft, die aber nichtsdestoweniger das Bedürfnis hat, an sie zu
glauben. Seltsam genug legt Euripides das Bekenntnis zu dieser
pantheistisch gedachten Gottheit in den *Troerinnen* (884 ff.) der
alten Trojanerkönigin Hekabe in den Mund und, als wollte er
seine Zuhörer noch besonders auf diese seine von der gewöhnlichen
Anschauung abweichende Gottesvorstellung aufmerksam machen,
lässt er den Menelaos zu ihr sagen (889):

Was ist das? Welch ein neu Gebet bringst du da vor?

Dieses „neue" Gebet lautet folgendermassen:

> Der Erde Träger, der du ob der Erde thronst,
> Wer du auch seist, du Rätsel unserer Vernunft,
> Ob Zeus, Naturgesetz, Geist in den Sterblichen,   ✔
> Dich bet' ich an; denn überall ja wandelst du
> Auf stillem Pfad und lenkst das Irdische gerecht.

Diese Stelle ist für die Theologie des Euripides grundlegend. Sie bestätigt zunächst, was oben über die Zurückhaltung des Dichters gegenüber transzendenten Fragen ausgeführt wurde. Das höchste Wesen ist ihm ein „schwer zu erratendes" Rätsel und er scheut sich, unter den verschiedenen Theorien über dasselbe einer einzelnen bestimmt den Vorzug zu geben. Aber Eines hält er fest: dieses Wesen wirkt überall in der Stille und lenkt die Welt gerecht (κατὰ δίκην). Auf dies letztere kommt es hier für uns an: die physikalischen Fragen, welche die Verse andeuten, werden uns im nächsten Abschnitt beschäftigen[4]. Wenn der Dichter hier von jeder bestimmten Bezeichnung des höchsten Wesens absieht und es ihm für die Sache offenbar gleichgültig ist, ob man sich dafür des populären Namens Zeus oder irgend eines andern bedienen will, so giebt er an andern Stellen seiner Allgottheit den Namen Dike. Ihre Allgegenwart und Allwissenheit und ihr unfehlbares Wirken zu schildern, wird er nicht müde. So heisst es im *Archelaos Fr.* 255:

> Glaubst du, dass du der Götter Walten je besiegst
> Und dass wohl Dike weile fern den Sterblichen?
> Nein, nah ist sie und, selber nicht gesehen, sieht
> Und kennt sie jeden, welcher Strafe braucht, und nie
> Weiss man, ob sie nicht raschen Schlags den Frevler trifft[5].

Allerdings scheint Dike oft zu verziehen und auch dem Dichter ist oft die bange Frage aufgestiegen, ob nicht einzig und allein der Zufall die Welt regiere im Widerspruch mit allen Anforderungen der Gerechtigkeit (*Fr.* 901; *Hek.* 488 ff.)[6]. Und dieser Zweifel bringt zuweilen in schlimmen Lebenslagen Stimmungen hervor, in denen aus der gepressten Brust auch ein so bitteres Wort sich hervorringen mag wie das der Antigone (*Phön.* 1726): „Dike sieht die Bösen nicht, noch vergilt sie thöricht Thun der Sterblichen"[7]. Aber derartige Urteile sind voreilig: die Gottheit waltet langsam aber sicher und nichts entgeht ihr (*Öd. Fr.* 555): „Die Götter sind nicht etwa bissige Hunde, aber Dike blickt auch durch die Finsternis." Und in der *Antiope* (*Fr.* 223) heisst es:

„Dike, ja Dike waltet langsam; aber dennoch bricht sie aus dem
Versteck hervor, wenn sie einen frevelnden Menschen trifft" [8]).
Ebenso *Fr.* 979:

> Sei ruhig; nie tritt an dich Dike je heran;
> Und von den andern Menschen auch stösst nicht ins Herz
> Den Frevler sie; nein, leisen Tritts und ruhigen Gangs
> Kommt sie einher und greift den Bösen, den sie trifft [9]).

Eine Zeit lang mag ja wohl der Frevler triumphieren, aber auf
die Dauer entgeht er dem Gerichte nicht. Dies wird des öfteren
ausgesprochen: z. B. im *Phrixos Fr.* 835:

> Wer von den Menschen meint, er könne sünd'gen heut',
> Ohn' dass die Götter es erfahren, der glaubt falsch;
> Und seines falschen Glaubens wird er überführt,
> Sobald einmal für ihn grad' Dike Musse hat [10]).

Denselben Gedanken fasst *Elektra* in das schöne Bild (953 ff.):

> Nie glaube, wer die Bahn siegreich ein einzig Mal
> Durchlaufen erst, er hab' Dike besiegt, eh' er
> Das Ziel erreicht und um des Lebens Ecke bog.

Und der Chor rühmt (957 f.) Dikes Macht, die den Ägisthos der
Strafe überlieferte. Zuweilen treffen wir auch den schon von
Theognis zurückgewiesenen Gedanken, dass die Sünden der Väter
an den Kindern gerächt werden [11]). Und so ist denn Dike dem
Euripides allerdings in erster Linie eine die Welt nach sittlichen
Gesetzen regierende Gottheit. Wie er aber dabei bestrebt ist,
jede anthropomorphistische Vorstellung von ihr fern zu halten
und namentlich von einem Gericht im Jenseits nichts wissen will,
das zeigt ein Bruchstück der *Melanippe desmotis* (*Fr.* 506):

> Glaubt ihr denn, dass die Sünden zu den Göttern hin
> Auf Flügeln eilen, dass sie in ein Buch für Zeus
> Dann jemand schreibe und dass Zeus, der dort sie liest,
> Darnach die Menschen richte? Selbst der Himmel wär',
> Schrieb' Zeus der Menschen Sünden auf, nicht gross genug,
> Noch könnt' er's überschau'n und jeden strafen. Nein,
> Üb'rall ist Dike nah, wenn man nur sehen will.

Wenn die hier vorliegende Zurückweisung der Vorstellung von
einem jenseitigen Gericht, das Zeus auf Grund der in einem Buche
aufgezeichneten Verfehlungen über die Menschen abhielte, wirklich, wie man vermutet hat, an die Adresse der Orphiker gerichtet
sein sollte, so wäre dies zugleich der beste Beweis dafür, dass
die Dike des Euripides mit derjenigen der Orphiker nichts zu

thun hat [12]). Aber wie dem sein mag, jedenfalls weisen uns auch sonstige Stellen nach einer andern Richtung für die Herkunft der Euripideischen Dike. In der *Antiope* (*Fr.* 222) wird sie eine „Tochter der Zeit" [13]) und in der *Andromeda Fr.* 151 eine Tochter des Zeus, die nahe der menschlichen Sünde wohne [14]), genannt. Im *Herakles* (739) ruft der Chor „Dike und das rückwärtsströmende Göttergeschick" an in dem Augenblick, da der übermütige Lykos seinem Verderben entgegengeht. Und in einer dieser ganz entsprechenden Situation sagt der Chor in der *Elektra* (1155; vgl. auch 958 f.) von der Klytämnestra, welche eben ermordet wird, dass „rückwärtsströmend" Dike sie fasse [15]). Hier wie auch in einem Chorlied der *Andromache* (778 ff.) erscheint Dike immer noch vorwiegend als eine aus sittlichen Gründen strafende Macht. Allgemeiner wird „die Gottheit", die allerdings hier nicht mehr Dike heisst, in der *Helena* (711 ff.) als ein vielgestaltiges und rätselhaftes Wesen bezeichnet, dessen Wirkung sich in der fortwährenden Wandlung aller Verhältnisse auf Erden geltend macht [16]). Es wurde ferner schon oben bei der Besprechung der Schicksalsidee gezeigt, dass Euripides die höchste Macht, deren Walten er eben in dem ewigen Wechsel alles scheinbar Bestehenden erkennt, mitunter als Nomos und Aion bezeichnet, und wir glaubten dort diese beiden Ausdrücke auf die Philosophie des Heraklit zurückführen zu dürfen [17]). Auch Dike ist nur ein anderer Name für diese selbe Macht, in dem nur eben ihr Wirken nach der sittlichen Seite hin besonders ausgeprägt ist. Wenn Euripides öfters hervorhebt, dass Dike zu ihrer Auswirkung Zeit brauche, so finden wir erstere durch letztere geradezu ersetzt in *Fr.* 441 des ersten *Hippolytos*: „Die Zeit in ihrem Lauf bringt alles an den Tag" [18]). Dass Euripides sich Dike als Weltvernunft gerade nach dem Vorgang des Heraklit vorstellt, dies beweist (neben den schon oben Kap. III 1 A. 27 beigebrachten Stellen) eben ihre Zusammenstellung mit dem „rückwärtsströmenden" Geschick. Dieser Ausdruck weist deutlich genug auf die bekannten Bilder des Ephesiers von der „rückwärtsgewendeten" Harmonie der Leyer und des Bogens hin (*Fr.* 45, 46, 56, 66): denn wie die angezogene Sehne des Bogens nach dem Schuss wieder in ihre vorherige Lage zurückgeht und ebenso die Saite der Leyer, wenn sie den Ton hat erklingen lassen, so kehrt auch im Weltall alles wieder in seine ursprüngliche Stellung zurück: aus Hoch wird Nieder, aus Nieder Hoch im Wechsel der stets nivellierenden Zeit [19]). Damit stimmt

auch das bekannte weitere Bild Heraklits vom Aion, der einem
Knaben gleicht, der mit sich selbst Brett spielt und, wenn das
Spiel aus ist, wieder von vorne anfängt[20]). Dies Spiel ist kein
sinnloses, willkürliches; sondern die ewige Zeit legt einen „gerechten Massstab" an die Thaten der Menschen an (*Eur. Bell.
Fr.* 303, 3 ff.)[21]) und „das Göttliche birgt Dike in sich" (*Androm.*
439). Daher ist auch, wer von den Menschen auf Erden die Dike
vertritt, unüberwindlich: „Ein einziger Gerechter siegt über tausend Ungerechte, weil ihm die Gottheit und Dike zur Seite steht,"
heisst es im *Palamedes* (*Fr.* 584)[22]) und im *Telephos* (*Fr.* 706)
sagt jemand (Telephus?) zu Agamemnon: „Selbst wenn man mit
dem Beil in der Hand meinen Nacken zu treffen droht, werde ich
nicht schweigen, solange ich Gerechtes entgegnen kann"[23]). In
der *Alkestis* (39) endlich klingt es fast komisch, wenn der Tod
zu Apollo sagt: „Was brauchst du denn einen Bogen, wenn du
doch Recht hast?" Diese Stellen erinnern wiederum an Heraklit,
besonders das Palamedesbruchstück an das Wort des Ephesiers
(*Fr.* 113)[24]): „Einer gilt mir für tausend, wenn er gut ist." Auch
im *Diktys* (*Fr.* 343)[25]), im *Erechtheus* (*Fr.* 353; 354) und in den
Hiketiden (564 f.) betont Euripides die Macht der Gerechtigkeit
und den Misserfolg des Unrechts[26]). — Aber, so fragt man sich,
entspricht denn in der That der Weltlauf diesem „Vernunftoptimismus"? Musste nicht dem Dichter die Diskrepanz zwischen der
Wirklichkeit und seiner idealistischen Konstruktion in die Augen
springen? Und diese Frage drängt sich um so mehr auf, als
Euripides in der Auffassung des Menschenlebens einem ausgesprochenen Pessimismus huldigte. Andererseits erleichterte ihm
wieder seine Überzeugung von der sittlichen Schwäche des Menschen (s. u.) die Theodicee. Bezeichnend ist *Fr.* 606 der *Peliaden*:
    Der Götter Walten ist nicht ungerecht; faul ist's
    In böser Menschenherz: das bürgt des Unheils viel.
Hier nähert sich also der Dichter wieder der homerischen Auffassung (α 32 ff.), dass das Übel der Welt auf die Sünden der
Menschen zurückzuführen sei[27]). Der Widerspruch ist nur lösbar
auf der Grundlage der Heraklitischen Weltanschauung, welche
eine doppelte Betrachtungsweise der Welt kennt: diejenige, welche
nur die Einzelerscheinungen ins Auge fasst und da freilich Übel
in Menge gewahr wird, und diejenige, welche den ganzen Welt-
gang überschaut und durch die einzelnen scheinbaren Dissonanzen
die Harmonie des Ganzen hindurchhört (*Fr.* 43. 45. 46. 47. 56.

61. 62. Byw.)[28]). Die ganze Welt, die materielle wie die sittliche, besteht in dem Ineinanderspielen von Gegensätzen, die aber eben darum keine absolute Geltung haben. Und so stellt sich der ganze Kosmos als ein Werk unabänderlicher Gesetzmässigkeit dar, welche Heraklit und, ihm folgend, Euripides Dike nennt: diese ist also in beider Sinn nicht mehr nur eine sittliche, sondern eine kosmische Macht. Schon oben wurde das Wort angeführt (*Fr.* 29): „Helios wird seine Bahn nicht überschreiten; wenn doch, so werden die Erinyen, die Helferinnen der Dike, ihn zu finden wissen"[29]). In der Welt nur Gerechtigkeit zu verlangen, ist absurd; denn, wenn das Unrecht nicht wäre, so würden die Menschen den Namen der Dike überhaupt nicht kennen (*Fr.* 60)[30]). Als menschlich gedachtes Recht bildet auch sie nur einen relativen Gegensatz zum Streite (*Fr.* 62); als kosmische, in der Welt immanent waltende Macht, ergreift sie die Frevler (*Fr.* 118)[31]). Dass diese bei Heraklit vorliegende Auffassung der Dike sich mit derjenigen des Euripides deckt, wird kaum bestritten werden können. Die wunderliche Etymologie des δίκαιον endlich, das in Platons *Kratylos (27 pg. 412 C. D.)* als „das durch alles andere hindurchgehende" (διαϊόν) erklärt wird, schliesst so deutlich an die Heraklitische Lehre vom Fluss aller Dinge an, dass es durchaus ungerechtfertigt erscheint, hier eine andere philosophische Theorie als die Heraklits hereinzuziehen[32]). Es handelt sich auch hier um die in der Welt immanent waltende Gesetzmässigkeit, die, im grossen und ganzen betrachtet, alle scheinbaren Ungleichheiten und Härten ausgleicht. Die letzteren anzuerkennen und doch das erstere zu behaupten, war nur auf dem Boden des Heraklitismus möglich und dies ist der ausschlaggebende Beweis dafür, dass sich Euripides in seiner Lehre von der Dike an ihn und keinen andern griechischen Denker anschliesst.

Denn es zeigt ja freilich ein Blick in die griechische Litteratur, dass Dike nicht nur als mythische Personifikation, sondern auch als philosophischer Begriff ausser bei Heraklit noch bei zahlreichen andern Dichtern und Denkern erscheint. Schon bei Hesiod (*Erga* 213 ff.; 248 ff.) finden wir die jungfräuliche Dike, die Tochter des Zeus, welche über der Einhaltung des Rechts unter den Menschen wacht[33]). Die Orphiker kennen sie ebenfalls und zwar schon mehr als kosmische Potenz (*Fr.* 33; 125; 126 der *rhapsodischen Theogonie*), aber, wie wir sahen, in Verbindung mit Vorstellungen, welche dem Euripides als durchaus phantastisch

erschienen[34]). Auch in die Philosophie Anaximanders spielt sie
herein, insofern er sagt, dass die Einzelwesen für ihre Abtrennung
vom All eine „Busse bezahlen" (*Fr.* 2)[35]). Als rechtlich-sittliche
Macht tritt sie uns bei Solon (*Fr.* 3, 14 ff.; 12, 25 ff.)[36]) und
Theognis (197 ff.)[37]) entgegen. Endlich reden auch die beiden
älteren Tragiker oft genug von ihr. Äschylus ist aufs tiefste von
der Überzeugung durchdrungen, dass die Götter die Welt gerecht
regieren, dass es zuletzt dem Guten gut, dem Frevler schlimm
gehen muss[38]), und auch Sophokles huldigt dem Glauben, dass
niemand der Strafgerechtigkeit der Dike entgehen kann. Dabei
hat Dike bei ihm fast noch mehr eine mythische Färbung als bei
Äschylus. Die Gottheit behält im Weltlauf immer die Hand oben:
„Die Würfel des Zeus fallen immer gut"[39]). Aber überall hier
ist Dike eine überweltliche Macht: auch in der orphischen Spekulation bedarf sie zur Ausübung ihres Strafamts einer jenseitigen
Vergeltung. Nur bei Heraklit und Euripides ist sie ganz und gar
immanent gedacht und ihres mythischen Gewandes völlig entkleidet. Sie allein haben auch den Versuch gemacht, das Walten
eines göttlichen Gesetzes in der Welt unter voller Anerkennung
des Übels im Leben mit diesem in Einklang zu bringen und so
in eigenartiger Weise einen gewissen Vernunftoptimismus mit
einem tiefgehenden Gefühlspessimismus zu vereinigen[40]).

Viertes Kapitel.

Physik.

Die Gottheit des Euripides hat sich als eine nach ewigen
Gesetzen immanent in der Welt wirkende kosmisch-sittliche Macht
gezeigt. Diese allgemeinen Bestimmungen ihres Wesens im Gegensatz zum anthropomorphistischen Polytheismus sind dem Dichter
offenbar auch die Hauptsache, während er sich für die verschiedenen
Theorien über die Entstehung und den Bestand der materiellen
Welt weniger interessiert und es wenigstens in den oben angeführten Versen der *Troerinnen* ablehnt, sich zu einem bestimmten
philosophischen System dieser Art zu bekennen, vielmehr sich bei
der Erkenntnis der Thatsächlichkeit eines den Weltlauf lenkenden
höchsten Wesens bescheidet, ohne dessen Natur und Schaffens-
weise im einzelnen enträtseln zu wollen[1]). Immerhin hat er sich

aber auch seine Gedanken über das Zustandekommen des Kosmos gemacht und die physikalischen Theorien der Naturphilosophen gekannt [1a]). Was er ihnen entlehnt hat und welche von ihnen am meisten auf ihn eingewirkt haben, soll nachher untersucht werden; zunächst sollen die Stellen, in denen Euripides auf die Entstehung des Kosmos zu reden kommt, aufgeführt werden.

An die Spitze stelle ich ein Bruchstück, das man zwar dem Euripides absprechen wollte, das aber mit hoher Wahrscheinlichkeit seiner *Antiope* zuzuweisen ist, weil dasselbe das dualistische Grundprinzip der Euripideischen Physik am einfachsten und ohne alle weiteren Zuthaten zum Ausdruck bringt (*Fr.* 1023, wozu 1004 zu vergleichen):

Äther und Erde besing' ich, sie aller Dinge Erzeuger [2]).

Indessen auch wenn dieser Hexameter dem Euripides je nicht zugehören sollte, so stände dennoch der auf den beiden Urelementen Äther und Erde fussende Dualismus seiner Physik ausser aller Frage. Hochberühmt waren schon im Altertum die Verse des *Fr.* 941:

Siehst du den hohen, den endlosen Äther, der
Mit seinen feuchten Armen rings die Erd' umfängt?
Ihn sieh für Zeus an und in ihm erkenn' den Gott.

Schon Ennius und Pacuvius haben diese Stelle nachgeahmt und Cicero sie übersetzt. Was ihren Inhalt anlangt, so wäre es ganz verkehrt, daraus, dass hier der Äther Zeus und Gott genannt wird, zu schliessen, dass Euripides sich ihn als den alleinigen Urgrund der materiellen Welt vorgestellt hätte [3]). Zwar erscheint der Äther, „den die Menschen Zeus nennen", auch in *Fr.* 877 als Erzeuger der Menschen [4]); aber abgesehen davon, dass der Gedanke der Vermählung zweier Elemente, unter denen nur dem Äther als dem erzeugenden männlichen Prinzip der Vorrang vor dem empfangenden weiblichen Teile zukommt, schon hier klar genug angedeutet ist, so lassen andere Bruchstücke hierüber vollends keinen Zweifel aufkommen. So *Chrysippos Fr.* 839: „Grosse Erde und Zeus Äther! Dieser ist aller Menschen und Götter Erzeuger, jene, die nassen, feuchten Tropfen aufnehmend, gebiert die Sterblichen, gebiert die Pflanzen und die Scharen der Tiere. Darum wird sie nicht mit Unrecht Allmutter genannt. Aber zurückkehrt, was aus der Erde ward, zur Erde. Was aber aus des Äthers Zeugung entsprosste, kehrt wieder zum Pol des

Himmels. Es stirbt nichts von dem, was wird, sondern indem
sich das Eine von dem Andern scheidet, zeigt es eine andere Gestalt." Hier ist deutlich der Gedanke ausgesprochen, dass Äther
und Erde, jedes in seinem Teil, die Grundelemente des Kosmos
bilden, der durch ihre Vereinigung entsteht; und wenn die Erde
„Allmutter" genannt wird, so bildet dieser Ausdruck das genaue
Korrelat zur Bezeichnung des Äthers als des Allerzeugers. Aus
der Verbindung des feuchten Elements (des Äthers) mit dem
trockenen (der Erde) geht die gesamte organische Welt, Pflanzen,
Tiere und Menschen hervor. Und der Bestand dieser Welt ist
unvergänglich, unzerstörbar: nur die Einzelwesen gehen vorüber;
ihre Bestandteile kehren zu ihrer Quelle, zu Äther und Erde,
zurück[5]). Die letztere Vorstellung finden wir auch in der *Antiope*
(*Fr.* 195): „Alles bringt die Erde hervor und nimmt es wieder"[6]).
Zu der Idee nun, dass die ganze organische Natur aus der Vermählung von Äther und Erde hervorgegangen sei, tritt in *Fr.* 898
noch der weitere Gedanke, dass diese Vermählung das Werk der
Aphrodite sei, die somit hier als ein metaphysischer Begriff eingeführt wird:

Siehst du nicht, welch grosse Gottheit Aphrodite ist?
Kein Mensch kann sagen und ermessen je, wie gross
Die Macht ist, die ihr ward, und wie weit diese reicht.
Sie ist's, die dich und mich und alle Menschen nährt.
Hier der Beweis, dass nicht nur meinem Wort du glaubst,
Dass du die Macht der Göttin siehst in Wirklichkeit.
Den Regen liebt die Erde, wenn das trock'ne Feld,
Durch Hitze unfruchtbar, der Feuchtigkeit bedarf.
Der hehre Himmel, der von Regen voll, lässt gern
Zur Erde nieder sich durch Aphrodites Macht.
Wenn beide sich vermählen nun zum inn'gen Bund,
Dann zeugen sie und lassen sprossen alles das,
Wodurch der Sterblichen Geschlecht lebt und erblüht.

Der in den früher angeführten Stellen ausgesprochene Gedanke
ist hier allerdings insofern etwas abgewandelt, als hier der Nachdruck auf die Ernährung der Menschheit durch die Früchte der
Erde gelegt ist; aber deren Entstehung wird wiederum auf dieselbe Weise erklärt, wie diejenige der Tiere und Menschen[7]).
Dass nach dem Sinne des Dichters beides ganz gleichbedeutend
ist, beweist eine Parallelstelle im *Hippolytos*, wo Phädras Kammerfrau den grossen Gedanken zu bösem Zwecke missbraucht (447 ff.):

Aphrodite

Gebeut in Äthershöh'n, in Meerestiefen,
Allschaffend, allerhaltend. In den Busen
Pflanzt sie den Trieb, durch den die Wesen alle
Geworden sind, auf die die Sonne scheint[8]).   (W.)

Wiederum nur in anderer Form hat Euripides seine dualistische
Physik in den *Bacchen* (274 ff.) niedergelegt, wo Demeter-Ge
(275 f.) und Dionysos-Äther (277 f.; 291 f.) als das „trockene" und
„feuchte" Element eingeführt werden, welche die Menschheit ernähren, die aber auch, wie man zwischen den Zeilen lesen kann,
als die Prinzipien (τὰ πρῶτα 275) der materiellen Welt gedacht
werden (vgl. oben Kap. III 1 die Besprechung der *Bacchen*). —
Paarweise verbunden erscheinen Ge und Äther, welch erstere
„die Weisen unter den Sterblichen auch Hestia nennen" in
Fr. 944 und 919[9]); und es ist jedenfalls nur eine lässigere, mehr
der Volksvorstellung sich annähernde Ausdrucksweise, wenn in der
Weisen Melanippe (*Fr.* 487) der Äther als „Wohnung des Zeus"
bezeichnet wird, wie denn auch Aristophanes gerade diesen Vers
angegriffen hat[10]). In demselben Stücke (*Fr.* 484) treffen wir
endlich „Himmel und Erde" ebenfalls als die Grundprinzipien der
Welt, aber im Unterschied zu den bisher angeführten Stellen, ist
es hier nicht ihre Vereinigung, sondern im Gegenteil die Trennung
ihrer ursprünglichen Verbindung, welche zur Entstehung der Einzelwesen, der Pflanzen, Tiere und Menschen führt. Mit einer bei
ihm beliebten Einleitungsformel lässt der Dichter hier seine Heldin
sagen:

Nicht mein ist dieses Wort, die Mutter lehrt' es mich:
Der Himmel und die Erde waren einstmals Eins.
Doch als sie dann sich von einander trennten, da
Erzeugten alles sie und brachten's an das Licht;
Die Bäume, das Gevögel und des Meers Getier
Und das Geschlecht der Menschen[11]).

Überblickt man diese sämtlichen Stellen, so kann darüber kein
Zweifel bestehen, dass die Physik des Euripides eine dualistische
ist: überall zieht sich der Gedanke hindurch, dass Äther und
Erde, das Feuchte und das Trockene, die beiden Urstoffe der
Welt sind. Auch das Feuchte und Trockene wird also, was wohl
zu beachten ist, als zwei Substanzen, nicht als Qualitäten Einer
Substanz gefasst. Auf ihnen beruht die Entstehung und die Er-
haltung der Welt, des Kosmos, in dem nur die Einzelwesen ver-

gänglich sind, während sein Gesamtbestand sich gleich bleibt. Das Vergehen der Einzelwesen findet durch deren Auflösung in ihre Bestandteile statt, die zu den beiden Grundelementen, aus denen sie hervorgingen, zurückkehren. Ein Werden und Vergehen im strengen Sinn giebt es demnach nicht, sondern nur Verbindung und Auflösung der beiden Grundstoffe. Soweit ist alles klar. Dagegen ist es auffallend, dass die Kosmogonie bei Euripides in dreifacher Form erscheint, nämlich 1. als Verbindung von Äther und Erde, ohne dass dafür noch eine besondere weiter zurückliegende Ursache gesucht würde (*Fr.* 839; 941; 1023); 2. als Verbindung von Äther und Erde durch die Macht der Aphrodite (*Fr.* 898; *Hipp.* 447 ff.); endlich aber 3. als Trennung der ursprünglichen Vereinigung von Äther und Erde (*Fr.* 484). Es ist klar, dass sich diese drei Theorien unmöglich vereinigen lassen und dass sie aus verschiedenen Systemen entlehnt sein müssen.

Man wird durch die Physik des Euripides zunächst an den uralten Naturmythus von Uranus und Ge erinnert: von diesem Paar leitet schon Hesiod „das heilige Geschlecht der ewigen Unsterblichen" ab (*Theog.* 45; 105 f.; 126 ff.; 463 ff.); ebenso wie ihre Gegner, die Titanen (*ib.* 147 ff.; 154 ff.; 421 ff.; 644 ff.) [12]). Indessen ist es ja klar, dass diese mythischen Gestalten für Euripides keine Bedeutung mehr haben, und es sich bei ihm lediglich um Naturkräfte handelt, oder vielmehr um Natursubstanzen, nämlich Äther und Erde, das Feuchte und das Trockene. Aus dem Altertum liegen uns zwei Versuche vor, die Physik des Euripides auf ihre Quellen zurückzuführen. Der eine ist der des Aristoteles (*Eth. Nic. VIII. 2 pg. 1155 B*), der besonders in *Fr.* 898 eine Ausführung des Heraklitischen Gedankens zu erkennen glaubte, dass durch das Ineinanderspielen der Gegensätze, hier also des feuchten Äthers und der trockenen Erde, die Harmonie des Kosmos bewirkt werde [13]). Viel mehr Anklang als diese aristotelische Erklärung fand jedoch die Behauptung, dass Euripides sich in seiner Physik an Anaxagoras angeschlossen habe; und zwar berief man sich (so *Vitruv praef. VIII. 1*) dafür hauptsächlich auf den *Chrysippos* (*Fr.* 839), wo ja die anaxagoreische Leugnung des Werdens und Vergehens deutlich genug vorzuliegen schien [14]). Eine dritte Richtung endlich scheint den Eklektizismus der Physik des Euripides erkannt zu haben: ihr folgt der Byzantiner Tzetzes, wenn er zu *Fr.* 484 der *Weisen Melanippe* bemerkt: „wie auch der alte Orpheus sagt und Hesiod und mit ihnen Empedokles von Agrigent und Anaxagoras von Klazomenae und der Schüler dieses Anaxagoras Euripides" [15]). Versuchen wir nun, die verschiedenen Elemente der Euripideischen Physik auf ihre Quellen zurückzuführen.

Vor allem springt die hervorragende Stellung in die Augen, welche Euripides in seiner Physik dem Äther angewiesen hat: schon die Identifizierung desselben mit dem höchsten Gotte der Volksreligion beweist diese. Dümmler hat eingehend nachgewiesen, dass Euripides hier der durch Diogenes von Apollonia erneuerten Spekulation des Anaximenes folgt, wie sich dies auch bei seiner Seelenlehre (Kap. V) zeigen wird. Denn der Äther ist für Euripides das stoffliche Substrat des Geistes, das beseelte Element, aber — und dadurch unterscheidet sich nun Euripides grundsätzlich von Diogenes — er bringt nicht aus sich allein, sondern in Verbindung mit dem trockenen Element der Ge den Kosmos hervor. Diogenes statuiert die Luft als einziges Prinzip der Welt und polemisiert ausdrücklich gegen die Annahme verschiedenartiger Substanzen (*Fr.* 2. 5. 6 Mullach). ̓ Auch darin, dass Euripides den Äther als feucht bezeichnet, weicht er einigermassen von Diogenes ab. Denn bei diesem ist er warm, allerdings mit Unterschieden: der Äther in der Nähe der Sonne ist heisser als die die Erde umgebende Atmosphäre, diese aber wieder kälter als der im Menschen wohnende Seelenäther (*Fr.* 6). Durch Verdichtung und Verdünnung der Luft entstehen die Einzelwesen (Diels Dox. Gr. pg. 477, 5). Von dieser letzteren Theorie findet sich bei Euripides keine Spur. So bleibt denn als einzige Verwandtschaft zwischen der Physik des Diogenes und des Euripides übrig, dass beide den Äther als weltbildendes Element ansehen, aber jener als einziges, dieser als eines von zweien [16]). — Der Äther spielte überhaupt in der Physik des 5. Jahrhunderts eine grosse Rolle: auch der Sophist Antiphon (*Fr.* 103 a Blass [2]) kennt „die feuchte Luft um die Erde", auf der die feurige Sonne gewissermassen schwimmt [17]), und sogar dem frommen Sophokles sind die ewigen Gesetze „im Äther geboren" (*Öd. Tyr.* 863 ff.) [18]). Am auffallendsten aber ist die Übereinstimmung zwischen *Fr.* 898 des Euripides und *Fr.* 44 der *Danaiden* des Äschylus: hier wie dort wird die gegenseitige „Liebe" von Himmel und Erde und ihre dadurch herbeigeführte Verbindung als die Ursache alles Lebens in der Welt gefeiert [19]). Selbst noch im Platonischen *Kratylos* (25 *pg. 410 B)* werden Äther und Ge unter Berufung auf Homer in einer Weise neben einander gestellt, welche lebhaft an *Fr.* 1023 des Euripides erinnert[20]).

Die Leugnung des Entstehens und Vergehens, wie sie in *Fr.* 839 des *Chrysippos* sich findet, mag Euripides nach der Annahme der Alten von Anaxagoras übernommen haben und auch in *Fr.* 484 der *Weisen Melanippe* glaubt man das Anaxagoreische Wort „alle Dinge waren beisammen" (*Fr.* 1) noch durchklingen zu hören. Aber im einzelnen ist Euripides der Lehre des Anaxagoras keineswegs gefolgt: er weiss nichts von seinen „Samen" und auch der gänzlich ausserweltliche Nus des Anaxagoras (*Fr.* 6) ist ihm fremd[21]).

Die Einführung der Aphrodite als eines kosmischen Prinzips in *Fr.* 898 und *Hipp.* 447 ff. scheint mir in unzweideutiger Weise auf Empedokles hinzuweisen, der bekanntlich den Streit und die Liebe (νεῖκος und φιλότης „mit dem Beinamen Aphrodite" v. 62 ff. Mullach) als die Kräfte einführte, welche die Mischung und Trennung seiner vier Elemente bewirkten. Diese Lehre scheinen dann die Orphiker aufgenommen zu haben; wenigstens lässt Apollonius Rhodius in seinen *Argonautica* (I, 494 ff.) den Orpheus eine Kosmogonie vortragen, welche in geradezu frappanter Weise mit *Fr.* 484 der *Weisen Melanippe* des Euripides übereinstimmt, wodurch übrigens der anaxagoreische Zug im Anfang desselben keineswegs ausgeschlossen ist[22]).

Damit sind verschiedene Einzelheiten der Euripideischen Physik erklärt; noch aber ist die Hauptfrage zu beantworten, woher Euripides seinen Dualismus eines feuchten und trockenen Elements entlehnt habe: denn hiefür kann seine Quelle weder Diogenes noch Anaxagoras noch Empedokles sein, noch auch die mit den beiden letzteren übereinstimmenden Orphiker und der blosse Verweis auf die Mythologie reicht ebensowenig zu seiner Erklärung aus. Mit Aristoteles an Heraklit zu denken, geht deswegen nicht an, weil dessen Physik eine durchaus monistische ist und so Begriffe wie feucht und trocken für ihn nichts Substantielles, sondern nur Accidenzien, ja selbst das kaum sind; denn im Grunde sind bei ihm ja alle Gegensätze nur menschlich unvollkommene Bezeichnungen der Zustände des ewig sich wandelnden Feuers von höchst relativem Wert[23]). Dagegen finden wir eine dualistische Physik bei Archelaos. Er nahm als die Elemente der Weltbildung das Warme und zugleich Trockene, das Kalte und zugleich Feuchte an, oder, wie er sich auch ausdrückte, Feuer und Wasser, Erde

und Luft. In der pseudohippokratischen Schrift *Von der Diaet*
finden sich in Kap. 3 und 4 deutliche Spuren seines Einflusses [24]).
Hier also haben wir wie bei Euripides eine dualistische Physik
und zwar eine solche, in der wir die wichtigen Gegensatzpaare
Feucht und Trocken, Äther und Erde wiederfinden. Es ist daher
sehr wahrscheinlich, dass dieser Philosoph es ist, dem der Dichter
den Hauptgedanken seiner Weltbildungslehre entnommen hat.
Manches von der Lehre des Archelaos hat Euripides freilich, wie
dies überhaupt seine Art ist, beiseite gelassen, und dafür, wie
wir gesehen haben, Züge aus andern Systemen in seine Physik
aufgenommen. Wenn irgendwo, so zeigt sich hier das eklektische
Verfahren des Euripides in geradezu handgreiflicher Weise. An
der oben (Kap. III. 3 A. 4) aufgeführten Stelle der *Troerinnen*
(884 ff.) sieht man deutlich, wie unsicher Euripides in diesen rein
physikalischen Fragen war, wie er zwischen verschiedenen Systemen
hin und her schwankte und wie er sich schliesslich mit einem
„Kompromiss zwischen der Philosophie des Ostens und der Theologie der Heimat und des Westens" begnügte [25]). Wenn man
fragt, ob Euripides in der Welt eine Teleologie anerkannt habe,
so lässt sich darauf eine ganz präzise Antwort nicht geben. Denn,
dass die Theodicee der *Hiketiden* dafür nicht ins Feld geführt
werden kann, wurde schon gezeigt (Kap. III. 1). Ganz sicher ist,
dass er eine absolute Gesetzmässigkeit alles Geschehens anerkannte; aber dies ist erst Kausalität, noch nicht Teleologie. Am
richtigsten wird seine Weltauffassung als Pantheismus bezeichnet
werden. „Der Äther wird dem Dichter zu einer wahren Lebens-
luft, einem alles umflutenden Seelenelement, nicht nur zum Träger
des Geistes, sondern zum Allgeist selber. Die Vorstellung von
ihm verdichtet sich zu halbpersönlicher Gestaltung; er wird mit
dem Namen der höchsten Gotteskraft Zeus benannt, wie von
einem persönlichen Gotte redend nennt ihn der Dichter unsterblich" [26]). Es erhebt sich nun die Frage: wie verhält sich dieser
Allgeist zum Menschengeist in den einzelnen Individuen? Dies
führt uns zur Anthropologie des Dichters.

Fünftes Kapitel.

Anthropologie. Der einzelne Mensch.

1. Psychologie.

Die Vorstellung des Euripides vom Wesen des Menschen schliesst sich aufs engste an seine Physik an und ist lediglich die Anwendung seines dualistischen Grundprinzips auf die spezielle Gattung. Wie die ganze Welt aus Äther und Erde besteht, so ist auch der Mensch eine Mischung aus diesen Elementen und wie (nach *Chrys. Fr.* 839) das Vergehen aller Dinge eben in der Trennung dieser beiden Stoffe besteht, so dass der ätherische Bestandteil wieder zum Äther, der irdische zur Erde zurückkehrt, genau so ist es auch beim Menschen. Aus dem allgemeinen Gedanken am Schluss des Chrysipposfragments wird die Folgerung für den Menschen im Besonderen gezogen, wenn Theseus in den *Hiketiden* (531 ff.) sagt:

> So übergebt die Leichen denn der Erde Schoss.
> Von wannen jedes in den Körper kam, dahin
> Kehr' es zurück: der Geist entweich' zum Äther hin,
> Zu Erde werd' der Leib; nicht eigen ist er uns,
> Ein Haus nur für dies Leben; doch alsdann muss ihn
> Die Mutter wied'r empfangen, die ihn hat ernährt [1]).

Also das Geistige im Menschen, die Seele, ist Äther, der Leib Erde und der Tod besteht darin, dass jeder dieser beiden Bestandteile in sein Element zurückkehrt. Von den beiden hier vereinigten Sätzen: der Geist kehrt in den Äther, der Leib zur Erde zurück, finden wir an manchen Stellen nur den einen ausgesprochen, der aber immer selbstverständlich den andern als sein Korrelat zur Voraussetzung hat. In demselben Stücke werden den die Asche ihrer Väter in den Händen tragenden Söhnen der sieben gegen Theben gezogenen Helden (1167) die Worte in den Mund gelegt (1139 f.): „Sie sind dahin; ich habe sie nicht mehr. Sie sind dahin; der Äther birgt sie jetzt." Ferner heisst es in einem wahrscheinlich dem *Phaëthon* zugehörigen Bruchstück (*Fr.* 971):

> Der eben blüh'nden Leibs noch dastand, er erlosch
> Wie ein vom Himmel gefall'ner Stern und seinen Geist
> Verhaucht' er in den Äther [2]).

Auch in den *Phönissen* (809), in der *Helena* (1016) und in *Fr.* 911 wird diese Vorstellung angedeutet[3]). Dagegen ist die Erwähnung des Äthers in *Fr.* 330 der *Danaë* nur bildlich zu verstehen: Wie der Himmel bald hell bald bewölkt ist, so liegt auch über dem Menschenleben bald der Sonnenschein des Glücks, bald ziehen sich die Wolken des Unglücks darüber zusammen. Allerdings steht es auf der Grenze von bildlicher Ausdrucksweise und eigentlicher Schilderung der Wirklichkeit, wenn von dem Äther noch weiter gesagt wird, dass er nicht nur den leuchtenden Sommer und den finstern Wintersturm herausführe, sondern auch das Blühen und Verblühen, das Leben und Dahinschwinden bewirke[4]). — Nur den zweiten der obigen Sätze, dass der Leib zur Erde zurückkehre, finden wir als Umschreibung des Todes in der *Hypsipyle* (*Fr.* 757)):

Was ich dich lehre, Frau, darauf merk' wohl nun auf!
Kein Sterblicher ist, den nicht Unglück heimgesucht,
Der Kinder nicht begräbt und andre dann bekommt,
Der selbst nicht stürbe. Und die Menschen klagen drob,
. Wenn Erde sie der Erde geben. Doch man muss
Auch Leben ernten wie der Ähre reife Frucht.
Sein muss der Eine und der Andre nicht. Warum
Darüber klagen, da der Lauf dies der Natur?
Nichts ist dem Menschen furchtbar, was notwendig ist.[5])

Auch hier muss endlich noch an die oben angeführten Verse der *Troerinnen* erinnert werden, in denen die Gottheit mit dem „Geist der Menschen" identifiziert wird (886) ebenso wie in *Fr.* 1018: „Der Geist in jeglichem von uns ist Gott"[6]).

Was nun die Quellen dieser Lehre anbelangt, so finden wir den zuletzt erwähnten Gedanken schon bei Heraklit (*Fr.* 121): „Der Geist ist für den Menschen Gott"[7]). Noch viel auffallender aber ist die Übereinstimmung des Euripides mit einigen Versen des Epicharm: „Es vereinigte sich und es schied sich und es ging wieder dahin, woher es kam: Erde zur Erde und der Geist nach oben. Was ist daran schrecklich? Nichts." (*Fr.* 245 Kaibel.) Und (*Fr.* 247): „Wenn du fromm von Charakter bist, kann dir im Tode nichts Schlimmes geschehen; der Geist wird fortdauern oben im Himmel"[8]). In dem ersten dieser Bruchstücke ist die geistige Verwandtschaft namentlich mit dem *Chrysippos*fragment und den Versen aus der *Hypsipyle* nicht zu verkennen; im zweiten unterscheidet sich allerdings Epicharm dadurch von Euripides,

dass er für die Fortdauer der Seele im Äther Frömmigkeit zur
Bedingung macht, was sich bei dem Tragiker nirgends findet. Wie
verbreitet dieser Glaube, dass die Seele aus Äther bestehe und
beim Tode in den Äther zurückkehre, im 5. Jahrhundert war,
sieht man daran, dass sie sogar in der offiziellen Grabschrift der
im Jahr 432 vor Potidäa gefallenen Krieger erscheint (*C. J. A.*
I. 442):

> Ihre Seelen empfing der Äther, die Leiber die Erde,
> Die vor Potidäas Thoren erlitten den Tod[9]).

Aristophanes richtet mehrfach (*Vögel* 689; *Friede* 827; 832) seinen
Spott gegen sie und bringt sie merkwürdigerweise mit dem Namen
des Prodikos und des Ion von Chios in Verbindung, wobei die
Variation auftaucht, dass die Seele als Gestirn zum Äther zurückkehre[10]). Nun war unter den griechischen Philosophen Xenophanes
der erste, welcher die Seele als „Pneuma" bezeichnete (*Diog. L.*
IX. 19), und es ist sehr wahrscheinlich, dass er es auch ist, von
dem Epicharm diese Lehre übernommen hat[11]). Im fünften Jahrhundert aber hat sie besonders Diogenes von Apollonia wieder in
Aufschwung gebracht und zwar in der Form, dass er die Seele
für wesensgleich mit dem Weltäther und geradezu für einen Teil
desselben erklärte. Aus ihm ist sie auch in die *Pseudohippokratische Schrift* περὶ φυσῶν übergegangen (Kap. 3)[12]). Freilich
stand Diogenes mit dieser Lehre keineswegs allein und folgte
auch nur den Spuren älterer Denker: „Anaximenes, Anaxagoras,
Archelaos, Diogenes erklärten die Seele für luftartig", heisst es
einmal bei Stobäus (*Ecl.* I. 49; Diels, Dox. Gr. pg. 387 b, 10 f.)[13]).
Aber er hat die Ansätze, die er dort vorfand, am selbständigsten
weitergebildet und auch Euripides ist ihm in der Seelenlehre entschieden mehr gefolgt als dem Archelaos, dessen Theorie sich
übrigens in der Hauptsache, nämlich in der Gleichsetzung des
Geistes mit der Luft von derjenigen des Diogenes kaum unterschieden zu haben scheint (Rohde, Psyche S. 551 A. 2). Diogenes
nun lehrte, dass die Seele aller lebendigen Wesen aus Luft bestehe, die zwar wärmer sei als die uns umgebende Atmosphäre,
aber kälter als die Luftschicht um die Sonne. Die psychischen
Verschiedenheiten der Lebewesen haben ihren Grund in der verschiedenen Verteilung der Luft unter dieselben; aber dieser Unterschied ist nur ein quantitativer, kein qualitativer: alles was lebt,
sieht, hört und Bewusstsein hat, hat diese Fähigkeiten aus derselben Quelle, nämlich eben der Luft (*Fr.* 6 Mull.). Diese den

Lebewesen innewohnende Luft, die ihr Bewusstsein ausmacht, ist „ein kleines Teilchen der Gottheit" (*Theophr. de sens.* 42 bei Diels Dox. Gr. pg. 511, 12 f.). Feuchtigkeit beeinträchtigt, wie auch schon Heraklit sagte (*Fr.* 73. 74), die geistigen Fähigkeiten (ib. 45 pg. 512, 3 ff.). Die Seele ist unvergänglich (*Theodoret* V. 23 bei Diels pg. 392). Ihr Sitz ist die ἀρτηριακὴ κοιλία des Herzens (*Plut. Epit.* IV. 5 Diels pg. 391). Wenn das im Körper zirkulierende Blut die Luft dadurch, dass es die Adern ganz ausfüllt, gegen den Brustkorb und den Unterleib drängt, so tritt Schlaf ein; wenn aber alle Luft aus den Adern entweicht, dann erfolgt der Tod (*Plut. Epit.* V. 24 bei Diels pg. 436). Plato berücksichtigt im *Phaedo* (45 pg. 96 B) neben der Lehre des Empedokles, Heraklit und Alkmaeon auch diese auf Anaximenes zurückgehende Theorie des Diogenes [11]). Was nach dem Tode aus der Seele wird, ist in den uns erhaltenen Bruchstücken des Diogenes nirgends gesagt: aber es ergiebt sich dies aus seinen eigenen Voraussetzungen und kann unbedenklich aus Euripides ergänzt werden: das göttliche Ätherteilchen kehrt in den das Weltall erfüllenden Äther zurück. Von einer persönlichen Unsterblichkeit ist also nach der Lehre des Diogenes und Euripides keine Rede. Deutlich sagt dies der Dichter in der *Helena* (1014 f.): „Der Geist der Toten lebt zwar nicht; doch hat er unsterbliches Bewusstsein, wenn er in den unsterblichen Äther eingegangen ist." Eben mit den Worten, dass der Geist der Toten „nicht lebt", will Euripides andeuten, dass er nicht an eine Fortdauer der Individualexistenz denkt, sondern weil der Weltäther selbst Geist ist, so hat auch das in ihn zurückkehrende Geistpartikelchen Anteil an seinem Bewusstsein [15]). Es ist der Rest von Unsterblichkeit oder besser gesagt Unvergänglichkeit, den der Pantheismus allein noch übrig lässt und den ein moderner Denker angesichts des Todes in die schönen Worte gekleidet hat:

Heute gilt's: verglimmen,
Wie ein Licht verglimmt;
In der Luft verschwimmen,
Wie ein Ton verschwimmt [16]).

Wohl dieselbe Vorstellung, das Aufgehen der Individualseele im All, meint Euripides, wenn er sich an einigen Stellen weniger bestimmter Ausdrücke bedient: so sagt *Medea* (1039) von ihren Kindern, die sie töten will, dass sie „in einen andern Zustand des Lebens" übergehen werden; der Chor im *Ion* (1067) spricht

von „andern Formen des Lebens", zu denen man „hinabsteigt",
und *Iphigenie in Aulis* scheidet vom Leben mit den Worten
(1505 ff.):

> O Fackel Iovis! Schöner Strahl des Tages!
> Ein ander Leben thut sich mir jetzt auf,
> Zu einem andern Schicksal scheid' ich über.
> Geliebte Sonne, fahre wohl[17]).   (Schiller.)

Eine andere heldenhafte Jungfrau, die auch für die Ihrigen freiwillig in den Tod geht, Makaria, bezeichnet das Sterben als „das
beste Heilmittel für alle Übel" (*Heraklid.* 595 f.). Der Chor tröstet
sie mit der Erwägung, dass ihr Ruhm sie jedenfalls überleben
werde (619 ff.). Dieser echt griechische Gedanke, den der deutsche
Dichter in die Worte gefasst hat:

> Von des Lebens Gütern allen
> Ist der Ruhm das Höchste doch:
> Ist der Leib in Staub zerfallen,
> Lebt der grosse Name noch —

er kehrt auch bei Euripides mehrfach wieder (*Andromach.* 775 f.;
Hek. 372 ff.; *Temenid. Fr.* 734; *Fr. inc.* 865; 994)[18]). Es kann
kaum ein Zweifel sein, dass die im Vorstehenden dargestellte
Auffassung des menschlichen Wesens bei dem Dichter die herrschende war.

Aber freilich hat er auch andere Möglichkeiten gelegentlich
berücksichtigt. Insbesondere konnte sein skeptischer Geist sich
der Thatsache nicht verschliessen, dass eben doch alles, was wir
über den Tod und das Jenseits mutmassen, keinen Anspruch auf
vollkommene Sicherheit erheben kann. Wir kennen nur das Leben,
nicht den Tod und was auf ihn folgt, und dies allein ist auch
der Grund der Todesfurcht (*Phoenix Fr.* 816, 10 f.; *Hipp.* 195)[19]).
So haben wir denn schon oben gesehen, dass der Dichter vorübergehend auch die orphische Anschauung überlegt, ob nicht unsere
Vorstellung von Leben und Tod geradezu umzukehren sei (*Polyid.
Fr.* 638; *Phrixos Fr.* 833)[20]). Auch die bei den Pythagoreern
und Empedokles vorkommende Seelenwanderungslehre[21]) berührt
er zweimal so, dass man sieht: er glaubt zwar nicht an sie,
wünscht aber, sie möchte wahr sein. Das einemal, im *Herakles*
(655 ff.), sollte die Wiedergeburt eine Belohnung und zugleich ein
Erkennungszeichen der guten Menschen sein:

> Wär' in dem Himmel vernünftiges Einseh'n
> Und bei den Menschen gesunder Verstand:

Doppeltes Leben lebte der Gute,
Stiege vom Tode wieder zum Lichte,
Wieder zum Leben; doch die Gemeinheit
Wäre mit einfachem Leben dahin.
Dann könnte man scheiden
Die Guten und Schlechten,
Wie an dem wolkigen Himmel der Schiffer
Zählet die Sterne.   (W.)

Das anderemal (*Hik.* 1080 ff.) erscheint ein zweites Leben darum
wünschenswert, dass man die Verfehlungen des ersten in demselben
gut macht:

O weh, warum ist's nicht im Menschenleben so,
Dass zweimal jung und zweimal wieder alt man wird!
Wenn in dem Hause etwas sich nicht recht verhält,
Kann man durch spät're Anordnung verbessern es,
Im Leben aber nicht. Wenn zweimal jung man wär'
Und zweimal alt, ein zweifach Leben lebte, dann
Könnt' man verbessern, was im ersten man gefehlt [22]).

Indessen ist es klar, dass dies nur ‚spielende Ausmalungen‘ sind;
ernsthaft hat Euripides die Seelenwanderungslehre nie erörtert.
Viel näher scheint ihm die Möglichkeit zu liegen, dass der Tod
die gänzliche Vernichtung bedeute. Im *Meleager* (*Fr.* 532)
heisst es:

Jeder tote Mann
Ist Erd' und Schatten; nichts kehrt in das Nichts zurück [23]).

In der *Iphigenie in Aulis* (1251) wird das Jenseits, in der
Alcestis (381; 527) der Tote als „Nichts“ bezeichnet. [24]) Im *Kresphontes* (*Fr.* 450) standen die Worte:

Wohnt einmal dort er, in dem unterird'schen Haus,
Bei denen, welche nicht mehr sind, ist kraftlos er [25]).

Und in den *Troerinnen* (636) sagt Andromache: „Nicht geboren
sein und Sterben halte ich für gleichbedeutend.“ Im *Herakles*
(296 f.) endlich richtet Megara an Amphitryo die verwundert ungläubige Frage:

Du glaubst an deines Sohnes Wiederkehr?
Wann aber wär' ein Toter auferstanden [26])?   (W.)

Aber wie dem nun sein mag, ob mit dem Tode die Seele zum
Äther zurückkehrt, ob er gänzliche Vernichtung und damit zwar
das Ende aller Freude, aber auch ewige Ruhe von allem Kummer
und Leid bringt, jedenfalls ist er notwendig, eine Einrichtung der

ewigen Natur und darum nicht schrecklich (*Hypsip. Fr.* 757, 9).
Wenn er daher kommt, so kann man ihm ruhig ins Auge schauen.
Es ist, wie der deutsche Dichter in kongenialen Versen seinen
antiken Chor sagen lässt:

> Da gehorcht die Natur
> Ruhig nur
> Ihrem alten Gesetze,
> Ihrem ewigen Brauch,
> Da ist nichts, was den Menschen entsetze[27])!

Bei solchen Anschauungen ist es selbstverständlich, dass
jeder Glaube an Einwirkungen der abgeschiedenen Seelen auf das
diesseitige Leben ausgeschlossen ist. Schon die vorhin angeführte
Stelle aus dem *Kresphontes* scheint dies andeuten zu wollen.
Dann hat es aber auch gar keinen Sinn, den Verstorbenen irgend
welche Verehrung zu bezeugen und Gaben darzubringen. Diesen
in Athen allgemein üblichen Brauch kritisiert der Dichter mit
Worten, die er der greisen Hekabe an der Bahre ihres Enkels
Astyanax in den Mund legt (*Troad.* 1247 ff.):

> Die Kränze hat er, wie den Toten sie gebühr'n.
> Doch, glaub' ich, ist's den Toten ziemlich einerlei,
> Ob reiche Opfergaben man noch ihnen weiht.
> Das ist nichts als ein eitler Prunk der Lebenden.

Und noch viel schärfer heisst es im *Polyidos* (*Fr.* 640):

> Die Menschen sind verrückt,
> Die den Verstorb'nen setzen vor ein eitles Mahl[28]).

Und ebensowenig kann man den Abgeschiedenen im Tode noch
wehe thun, indem man sie entehrt wie Kreon den Polyneikes.
Zu ihm sprach sein Sohn Hämon die Worte (*Antig. Fr.* 176):

> Der Tod ist für die Menschen allen Haders Ziel.
> Dies wahrzunehmen ist so leicht für jedermann.
> Wer stösst wohl eine Felsenklippe mit dem Speer,
> Dass es sie schmerze? Wer thut noch den Toten weh?
> Fürwahr sie fühlen nicht mehr, was man ihnen thut.

Die Überzeugung von der Empfindungslosigkeit der Toten ist hier
klar und deutlich ausgesprochen: Staub ist Staub und eine empfin-
dende Seele giebt es nach dem Tode nicht mehr[28a]). Man vergegen-
wärtige sich, was solche Auslassungen bedeuten auf einer Bühne,
über die einige Jahrzehnte vorher das weihevolle Stück der *Choephoren* des Äschylus gegangen war, wie sie wirken mussten auf
ein Publikum, das grösstenteils noch in den Anschauungen der

Väter befangen war und das jeden Frühling am Anthesterienfest (*Iph. T.* 958 ff.) seinen Allerseelentag mit dem obligaten Totenmahle feierte, wobei jede Verletzung der Verstorbenen, auch nur mit einem Worte, als Frevel galt. Für Euripides ist, was die überlieferte Religion vom Hades erzählt, nichts als Fabel (*Hipp.* 196)[19]).

Nichtsdestoweniger hat sich der Dichter vielfach der populären Vorstellungen bedient; aber es ist bei ihm dies nichts weiter als eine Anbequemung an den geläufigen Sprachgebrauch, oder es ist ein künstlerisches, dramatisches Interesse, das ihn veranlasst, seine eigene Überzeugung hinter den öffentlichen Glauben zurückzustellen. Besonders merkwürdig ist' in dieser Hinsicht die *Alcestis*, die man ein „romantisches Schauspiel" nennen könnte. Zwar entschlüpft auch hier dem Dichter gelegentlich ein seinem eigenen Glauben entsprechendes Wort (381. 527. 744 f.) und das den Prolog bildende Gespräch zwischen Apollo und dem Tod hat trotz des ernsten Gegenstandes eine leichte komische Färbung, die man fast für Ironie nehmen könnte, aber trotzdem liegt über dem ganzen Drama eine, man möchte fast sagen, mystisch-fromme Stimmung und es ist eine feinsinnige Bemerkung Rohdes, dass Euripides offenbar absichtlich hier mehr als sonst den Volkston anschlägt und durch „die leichte Heroisierung, die man vorzugsweise in Thessalien kannte, seinem Gedicht ein wenig thessalische Lokalfärbung geben wollte"[80]). Daimon — μάχαιρα δαίμων nennt der Chor die Alcestis nach ihrem Tod (1003) — ist dabei eine Art Mittelwesen (vgl. *Troad.* 55 f.; *Hel.* 1137) zwischen Göttern und Menschen und man erkennt hierin einen Rest des uralten Glaubens, dass die Seelen der Verstorbenen zu Göttern werden, der in den pythagoreischen Kreisen weiterlebte[31]). An die letzteren erinnert auch *Fr.* 782 des *Phaëthon*, wo von „kühlenden Bäumen" die Rede ist, welche die Abgeschiedenen „mit liebenden Armen aufnehmen"[32]). Ganz nach dem Volksbrauch bringt *Iphigenie in Tauris* (159 ff.) dem vermeintlich gestorbenen Orestes die Grabspenden dar und im *Herakles* (490 ff.) ruft Megara ihren Gemahl an, ihr und ihren Kindern, „sei's auch als Schatten oder Traumgebild" zu Hilfe zu kommen. Im *Hippolytos* (732 f.; besonders 741 ff.) malt sich der Dichter durchaus nach der Art des Volksglaubens den seligen Göttergarten aus, zu dem er entschweben möchte[33]). An andern Stellen treffen wir noch Reminiszenzen an die alten Vorstellungen vom

Todesgotte, der das Blut der ihm dargebrachten Opfer schlürft oder auf die Beute der Verstorbenen wartet (*Alc.* 843 ff.; *Hek.* 265; *Kykl.* 397)[34]), von den Erinyen, die in der *Elektra* (1252) noch als „Keren" benannt werden und im *Phaëthon* (*Fr.* 781) als feuerschnaubende Wesen mit lustraler Bedeutung erscheinen[35]). Dem allgemein menschlichen im Volke lebendigen Gefühl verleiht der Dichter endlich auch Ausdruck, wenn er da und dort die Schönheit und Süssigkeit des Lebens im Lichte der traurigen Nacht im Hades entgegenstellt. Wie Achilles in der *Odyssee* bekennt, dass er lieber ein Taglöhner auf Erden als der König der Schatten sein möchte (λ 487 ff.), so schliesst die dem Tod geweihte *Iphigenie in Aulis* (1249 ff.) ihre an Agamemnon gerichtete Bitte um Schonung mit den Worten:

> Nichts Süss'res giebt es, als der Sonne Licht
> Zu schau'n. Niemand verlanget nach da unten.
> Der raset, der den Tod herbeiwünscht! Besser
> In Schande leben als bewundert sterben! (Schiller.)

Damit stimmten die Worte der Althäa im *Meleager* (*Fr.* 533) genau überein:

> Süss ist dies Licht! In Hades unterird'sche Nacht.
> Ist's selbst im Traum nicht schön dem Menschen einzugeh'n.
> Ich, die ich schon so alt bin, hasse dennoch sie
> Und wünsche niemals mir zu sterben; nimmermehr[36])!

Und im *Orestes* (1082 ff.) wünscht dieser seinem Freunde Pylades, dass er in Freude weiterleben möge, während ihm selbst, der in den Tod gehe, drunten keine Freude mehr winke. — Die eigene Anschauung des Dichters ist das nicht: er möchte nicht noch eine Fortdauer dieses mühsalvollen Lebens wünschen: ihm ist es gerade das Tröstliche am Tod, dass er auch allem Leid und Kummer ein Ende macht (*Heraklid* 591 ff.; *Fr.* 916)[37]). Man hat Euripides mehrfach den Vorwurf gemacht, dass er hinsichtlich des Schicksals der Seele nach dem Tode „völlige Unsicherheit" zeige[38]). Mir scheint dies nicht berechtigt. Mindestens steht ihm negativ fest, dass es kein persönliches Fortleben nach dem Tode giebt[39]); positiv ist ihm das Wahrscheinlichste, dass das Wesen des Menschen sich in seine beiden Elemente, die Seele in den Äther, der Leib in die Erde auflöse. Wenn er da und dort noch andere Lehren über diese ewig ungelöste Frage berührt, so ist dies weiter nichts als ein Zeichen seines beweglichen Geistes und seines vielseitigen Interesses, seiner Abneigung, sich, zumal auf einem so dunkeln

Gebiete, auf irgend ein einzelnes bestimmtes System einzuschwören und von diesem Standpunkt aus alle andern Ansichten zu verdammen. Den Volksglauben hat er gänzlich überwunden. Und wenn er sich auch nicht immer „auf der Höhe der pantheistischen Erhabenheit" jener oben skizzierten Anschauung erhalten hat, so bleibt doch wahr, was Rohde von ihm sagt: „Keiner der Physiologen, denen die gleiche Vorstellung einer die persönliche Unsterblichkeit des Einzelnen ausschliessenden Unvergänglichkeit des im Menschen lebendigen Allgemeinen vorschwebte, hat seine Meinung so bestimmt ausgesprochen wie dieser philosophische Laie" [40]).

Noch zur Zeit des Euripides sehen wir eine angebliche Wissenschaft auftauchen, die sich unterfing, ein Problem zu lösen, dem sich auch die Aufklärung der Neuzeit im 18. Jahrhundert mit Eifer zugewandt hat, nämlich den Zusammenhang zwischen den Geistes- und Charaktereigenschaften eines Menschen mit seiner äusseren Erscheinung, insbesondere seinen Gesichtszügen, festzustellen: die Physiognomik [41]). Schon in den *Ilias* ist der Schlechteste der Griechen, Thersites, durch seine Hässlichkeit gekennzeichnet: dem niedrigen Charakter entspricht die körperliche Missbildung (*B* 212 ff.), die bis ins Einzelste geschildert wird. Ebenfalls in der *Ilias* (*N* 275 ff.) finden wir auch schon Beobachtungen darüber, wie die Charaktereigenschaften des Mutes und der Feigheit im Kampfe sich nicht nur im Verhalten, sondern auch im Aussehen des Kriegers ausprägen. Umgekehrt macht Odysseus in der *Odyssee* (ϑ 166 ff.) dem Euryalus und später (ρ 454) dem Antinous gegenüber die Bemerkung, dass leibliche Schönheit keineswegs ein Beweis für, und Unansehnlichkeit kein Beweis gegen einen bedeutenden Geist und guten Charakter sei, während Athene wiederholt auftritt als eine Frau, deren stattliche Schönheit ihrer inneren Tüchtigkeit entspricht (ν 288; π 157). — Eine ähnliche Schilderung der Symptome der Feigheit wie in der *Ilias* soll auch Anakreon gegeben haben (*Fr.* 144 bei Eustathios zu *N* 281; *Hesych* v. γονύκροτοι). Bei Pindar lesen wir (*Nem.* III. 19 f.): „Wenn Du, schön an Gestalt, Schönes thatest ingleichen, hast du der Männertugend Gipfel erreicht." Und von seinem Landsmann, dem Pankratiasten Strepsiades, sagt der Dichter (*Isthm.* VI. 21 f.): „Gar herrlich an Kraft und Schönheit, übet Tugend er aus nicht schlechter als der Wuchs." Kaum kann man hieher eine Stelle in Äschylus *Prometheus* (1002 ff.) ziehen, wo der Titane zu Hermes sagt, er werde nicht „nach Frauenart,

händeringend" den Zeus um Befreiung von seinen Fesseln bitten.
Heraklit dachte sich die Intensität der psychischen Thätigkeit
abhängig von der im Körper enthaltenen Menge von Feuchtigkeit
oder Trockenheit und erklärte die trockene Seele für die weiseste
und beste (*Fr.* 68. 72. 73. 74), während Empedokles Denken und
Empfinden auf die Mischung des Blutes begründete (*Theophr. de
sens.* 10 und 24; Diels Dox. pg. 502 und 506) und Diogenes von
Apollonia die geistigen Funktionen auf den im Körper enthaltenen
Äther zurückführte [42]). Das alles sind nur einzelne Beobachtungen
und Hypothesen über das Verhältnis des physischen Elementes
im Menschen zum psychischen. Hippokrates scheint zuerst diese
Fragen systematisch behandelt zu haben und ihn nennt auch
Galenus den Begründer der Physiognomik (*Anim. mor. corp. temp.*
c. 7) [43]). Der koische Arzt erklärt die Kenntnis derselben für
unerlässlich zum ärztlichen Beruf (*Galen, Prognost. de decubitu* 1) [44]).
In seiner Schrift *Über Luft, Wasser, Lage* (c. 5. 19. 23. 31. 32.
33 Erm.) hat er geistvolle Beobachtungen über den Einfluss des
Klimas auf das geistige Wesen und die Kultur der Völker niedergelegt und Herodot mag diesbezügliche Gedanken *(I. 142; II. 77;
III. 106; IX. 122)* ihm entlehnt haben. Physiognomische Lehren
im engeren Sinn, die sich namentlich auf den Gesichtsausdruck
beziehen, finden sich dann in den aus der Hippokratischen Schule
hervorgegangenen Büchern über die *Epidemien* (II. 5, 1; 5, 16;
5, 23; 6, 1; 6, 14; 6, 19; VI. 4, 19; 6, 14) und andern (*de
nat. puer.* 20; *praedict.* I. 3; *de virgin* 1; *de diaeta* I. 36.) [45])
Wir hören ferner, dass zur Zeit des Sokrates ein gewisser Zopyrus,
der ein thrazischer Sklave und Pädagog des Alcibiades gewesen
sein soll, sich mit Physiognomik befasste und in dem Silensgesicht
des Philosophen u. a. einen Zug von Sinnlichkeit sehen wollte.
Während die Schüler des Sokrates den Zopyrus verlachten, gab
jener selbst ihm Recht mit der Bemerkung, allerdings sei ihm
sinnliche Leidenschaft von Natur eigen gewesen, aber er sei durch
vernünftige Selbstzucht darüber Herr geworden (*Cic. de fato* V. 10;
Tusc. IV. 37, 80) [46]). Bei Xenophon (*Mem.* III. 10, 5) kommt
Sokrates einmal auf die Physiognomik zu sprechen. Endlich berührt auch Plato gelegentlich hieher gehörige Fragen (*Rep.* IV. 11
pg. 435 E; V. 19 pg. 474 D; *Gesetze* IV. 1 pg. 705 A; V. 16
pg. 747 D: *Tim.* pg. 24 C; 86 E; *Phaedr.* 35 pg. 253 C; *Phaedo* 31
pg. 81 E). Wirklich in Aufschwung hat aber erst Aristoteles die
neue Wissenschaft gebracht [47]). — Was nun Euripides betrifft, so

hat er jedenfalls die völkerpsychologischen Untersuchungen des Hippokrates gekannt: die Übereinstimmung des Dichters mit dem Arzt und Herodot kann nicht zufällig sein. Hippokrates hebt in der Schrift *Von Luft, Wasser, Lage* (c. 19) die „Mischung der Jahreszeiten", die glückliche Mittelstellung zwischen Hitze und Kälte, als die günstigsten Bedingungen für die Fruchtbarkeit und Kultur eines Landes hervor. Fast mit denselben Worten charakterisiert Herodot *(III. 106)* das Klima Griechenlands und bei Euripides lesen wir (*Fr.* 981): „Wenn ich noch etwas Nebensächliches rühmen soll, so wölbt sich über unserem Land ein Himmel von glücklicher Mischung, dass nicht zu viel Hitze und nicht zu viel Kälte uns zu teil wird. In Hellas und in Asien gedeiht alles am schönsten. Solch ein Land als Lockspeise bietend ziehen wir mit auf die Jagd [48]." Auch in der *Medea* leitet der Dichter die Geisteskultur Attikas aus seinen günstigen klimatologischen Verhältnissen ab (824 ff.): „Ihr Nachkommen des Erechtheus, redet der Dichter seine Athener an, glücklich von der Vorzeit her, geliebte Kinder der seligen Götter, ihr pflückt aus eurem heiligen uneroberten Lande die ruhmvolle Weisheit wie eine Frucht eures Bodens und schreitet beständig mit anmutigem Behagen durch den strahlenden Äther eures Himmels daher, in welchem die neun heiligen Musen Pieriens einst die blondgelockte Harmonie als ihr gemeinschaftliches Kind gepflegt haben sollen. Auch sagt man, dass die Göttin Kypris Wellen aus dem schönströmenden Kephissos geschöpft und sie in Gestalt milder, sanftfächelnder Lüfte über das Land hingehaucht habe, und immerfort sende die reizende Göttin, indem sie sich die Locken mit duftenden Rosengeflechten bekränzt, die Liebesgötter aus, um sich zur ehrwürdigen Weisheit zu gesellen und jeglicher Tugend Werke zu unterstützen." (O. Müller, Gr. Lit.Gesch.[4] ed. Heitz S. 462) [49]). Geben diese Worte Gedanken des Hippokrates in poëtischer Verklärung wieder, so weist der Dichter in *Fr.* 917 auch auf die Wichtigkeit hin, welche die Kenntnis der klimatologischen Verhältnisse für die praktische Medizin habe: „Wer ein rechter Arzt sein will, muss auf die Lebensweise der Bewohner der betreffenden Stadt und auf den Charakter des Landes sehen und danach die Krankheiten beurteilen" [30]). Hat somit der Dichter der Psychophysik seine Aufmerksamkeit nicht versagt, so verhält er sich gegen die Physiognomik im engeren Sinne durchaus ablehnend. Mehrfach beklagt er es, dass es kein Zeichen gebe, woran man den Charakter

der Menschen erkennen könne. An der Hauptstelle, wo er darauf
zu reden kommt, schliesst er sich deutlich an Theognis (119 ff.)
an und gebraucht sogar das gleiche Bild wie dieser: die Edelmetalle auf ihre Echtheit zu prüfen, ist keine Kunst; aber den
Charakter der Menschen zu erkennen, hat uns Zeus kein Mittel
gegeben (*Med.* 516 ff.):

> Warum verliehst du, grosser Zeus, uns sichere
> Merkmale, dass uns falsches Gold nicht täuschen kann,
> Und drücktest kein Kennzeichen auf dem Menschenleib,
> An dem man unterscheiden mag den schlechten Mann[51])? (D.)

Im *Hippolytos* kehrt der Gedanke wieder (925 ff.):

> O dass es doch ein Unterscheidungszeichen,
> Ein sich'res Merkmal gäbe für der Freunde
> Gesinnung, Treu und Falschheit zu erkennen.
> Zwei Stimmen sollte jeder Mensch besitzen,
> Die eine wahr und echt; die and're möchte
> Dann bleiben, wie sie wäre. Denn wir könnten
> Doch mit der wahren ihren Trug entlarven
> Und würden durch Verstellung nicht getäuscht. (W.)

Einen noch mehr ins Phantastische gehenden Vorschlag giebt dem
Dichter sein Wunsch, die Menschen, in ihrer wahren Natur zu
erkennen, im *Herakles* (655 ff. s. o. K. V. 1) ein: die Guten sollten
zweimal, die Schlechten nur einmal leben; dann könnte man sie
unterscheiden. Da nun aber dieses Ideal des Dichters auf der
Welt, wie sie einmal ist, seine Erfüllung nicht findet (*El.* 367 s.
K. V. 2), so ist es auch thöricht und ungerecht, einen Menschen
nur nach seiner äusseren Erscheinung zu beurteilen, ehe man ihn
kennen gelernt hat (*Med.* 219 ff.):

> In Menschenaugen wohnt ja nicht Gerechtigkeit.
> Wenn einer, eh' er wohl erforscht des Mannes Sinn,
> Beim ersten Blick hasst, ohne dass ihm Leid geschah. (D.)

Im *Chrysippus* (*Fr.* 842) heisst es:

> Hab' ich nur klugen Sinn und einen tapfern Arm,
> So mag ich hässlich sein; lieber als schön und schlecht.

Und auch im *Ödipus* (*Fr.* 548) wird die Übereinstimmung der
äusseren Gestalt mit dem inneren Wert des Menschen energisch
bestritten:

> Den Geist muss man betrachten, ja den Geist; was nützt
> Die Schönheit, wenn nicht schön dabei die Seele ist?

Speziell auf Ehegatten wird dieser Satz im *Fr.* 909 angewandt:

auch hier nützt weder dem Mann noch der Frau die körperliche
Schönheit etwas, sondern allein ihr geistiger Gehalt und sittlicher
Charakter, auf den man aber eben aus dem Äussern keinen
Schluss ziehen kann[52]. — Übersieht man die Stellung des Euripides zu diesen Fragen, so wird man zugeben müssen, dass sich
auch hier wieder sein klarer, nüchterner Sinn bewährt. Tiefdurch-
drungen von dem Bewusstsein der Abhängigkeit des einzelnen
Menschen von dem Ganzen, dem er angehört, folgt er gerne dem
Begründer der Völkerpsychologie auf seinen neuen Bahnen.
Andererseits aber weist er jede schablonenhafte Anwendung einer
der Erfahrung des Lebens so vielfach widersprechenden Theorie,
wie sie die Physiognomik im engeren Sinn ist, rundweg ab und
zwar ebenso im Interesse der Wahrheit in erkenntnistheoretischer
Hinsicht als in dem der Gerechtigkeit gegen seine Mitmenschen.
Geist und Körper, Leib und Seele sind dem Dichter allerdings
die zwei Elemente, aus denen sich das menschliche Wesen zu-
sammensetzt; aber sie sind ihm nicht gleichwertig: den unsichtbaren Geist schätzt er unendlich höher als den sichtbaren Körper.
Daher die sorgfältige Ausbildung, die er jenem in jeder Beziehung
angedeihen lässt, während er der Körperpflege mit einer gewissen
Abneigung gegenübersteht (s. u.). Und darum ist für ihn auch
der Leib nicht notwendig das Abbild der Seele, obwohl er nicht
betreitet, dass er es unter Umständen sein kann (*Aeolus Fr.* 15;
Kap. V. 2 A. 146).

2. Ethik.

Bei der Untersuchung der Physik des Euripides, der seine
Psychologie durchaus entspricht, hat sich gezeigt, dass er nirgends
dem Menschen eine Ausnahmestellung im Ganzen der Welt zuweist: wie Pflanzen und Tiere so sind auch die Menschen aus der
Verbindung von Äther und Erde hervorgegangen (*Chrys. Fr.* 839;
Mel. soph. Fr. 484)[1]. Von irgend einer Art von Descendenz-
theorie, wie sie in rohen Anfängen bei Anaximander vorliegt,
findet sich bei Euripides nichts und es ist daher wahrscheinlich,
dass er sich die geistige Überlegenheit des Menschen über die
andern lebenden Wesen nicht wie z. B. Archelaos aus einer allmählichen Entwicklung des Unvollkommenen zum Vollkommeneren
(*Fr.* 10 Mull.)[2], sondern im Anschluss an Diogenes von Apollonia
(*Fr.* 6 Mull.) aus der verschiedenartigen Verteilung des Äthers
auf die Gattungen der lebenden Wesen erklärt hat[3]: er nahm

also zwischen dem Menschen, dem Tier und der Pflanzë keinen qualitativen, sondern nur einen quantitativen Unterschied des ihnen zugewiesenen Anteils an dem ätherischen Lebenselement an. Es leuchtet ein, dass eine solche Anschauung vom Wesen des Menschen unmöglich zu irgendwelcher Überschätzung der Bedeutung und der Leistungen der Menschen führen konnte. Und so ist denn auch der Dichter tiefdurchdrungen nicht nur von der Hinfälligkeit alles Irdischen und so auch des Menschenlebens überhaupt, sondern auch von der Ohnmacht des Menschen nicht nur gegenüber der ihn umgebenden Natur und seinesgleichen, sondern vor allem auch von der Ohnmacht gegenüber sich selbst, von seiner Unfähigkeit, sittliche Vollkommenheit zu erreichen, ja überhaupt das Gute zu thun, auch wenn er will.

a) Das sittliche Wesen des Menschen.

Die Grundlage der Euripideischen Ethik bildet der Satz, dass die Naturanlage (φύσις) im Menschen das ausschlaggebende ist.

So wollt's Natur; die kümmert sich um kein Gesetz,

hiess es in einem der verlorenen Dramen (*Fr.* 920)[4]. Gegen die Naturanlage ist weder durch Einsicht noch durch Willensstärke aufzukommen und sie selber ist zwar bei den einzelnen Menschen verschieden, weist aber bei allen eine Neigung zum Bösen auf. So waren im *Chrysippos* (*Fr.* 840) dem Laios die Worte in den Mund gelegt:

Ich sehe alles ein, wozu du mich ermahnst;
Doch weiss ich's gleich, Natur thut doch Gewalt mir an.

Und ein weiteres Bruchstück desselben Dramas (*Fr.* 841) lautet:

Welch göttliches Verhängnis für die Menschen ist's,
Dass sie das Gute wissen, aber es nicht thun[5].

War es im *Chrysippos* die widernatürliche Leidenschaft des Laios, welche dem Dichter solche Betrachtungen nahelegte, so führte ihn im *Hippolytos* die Darstellung der unüberwindlichen Liebe der Phädra zu ihrem Stiefsohn zu demselben Ergebnis. Die Kammerfrau sucht dort die Königin zu trösten und zu entschuldigen mit der allgemeinen Erfahrung (358 f.):

Denn auch die Weisen lieben, widerstrebend zwar,
Dennoch das Böse.   (D.)

Und Phädra selbst äussert sich folgendermassen (374 ff.):

Woher des Menschenlebens Elend stammt,
Darüber hab' ich manche lange Nacht

Auch früher schon gegrübelt und ich finde:
Es liegt nicht an der menschlichen Vernunft,
Wenn Menschen sünd'gen. Denn die Einsicht haben
Ja viele. Sondern so muss man es anseh'n:
Was gut ist, weiss man wohl und sieht es ein,
Allein man thut es nicht. Bald ist man träge;
Dann wieder thut man lieber, was man mag,
Als was man soll. Ach, dazu beut das Leben
So viel Versuchung! Die Gesellschaft nimmt
Für ihr Geschwätz uns in Beschlag. Die Muse
Entnervt uns durch Genuss. Und dann die Scham!
Sie ist ja doppelt; Tugend ist die eine,
Die falsche lastet schwer auf unsrem Leben
Und, liessen sich die Grenzen sicher ziehn,
So würde beide nicht dasselbe Wort
Bezeichnen. Also dieser Überzeugung
Leb' ich und wüsste nicht, was sie mir rauben,
Zu andrer Ansicht mich bekehren sollte.[6]   (W.)

Schon die weite Ausführung des Gedankens und insbesondere die
Schlussworte zeigen, wie wichtig dem Dichter diese Überzeugung
ist und wie tief sie bei ihm wurzelt. Auch in andern Stücken
bringt er sie gelegentlich zum Ausdruck, so in der *Medea*, welche
die Ermordung der Kreusa und ihrer eigenen Kinder vollbringt
in dem vollen Bewusstsein, ihrer leidenschaftlichen Rachsucht zu
unterliegen (1078 ff.):

Wohl weiss ich, welchen Greuel ich anrichten will;
Doch über Einsicht sieget meine Leidenschaft,
Sie, die die grössten Leiden über Menschen bringt[7]. (O.-S.)

Im *Bellerophontes* (*Fr.* 297, 1) endlich wird es ausgesprochen, dass
„die Bosheit allen Menschen eingepflanzt" sei[8]. So führt also
schon die Betrachtung der menschlichen Gattung als solcher den
Dichterphilosophen zu dem Ergebnis, dass derselben die Neigung
zum Bösen von Natur innewohne und dass dieser Trieb so stark
sei, dass keine bessere Einsicht, ja kein widerstrebender Wille
des Individuums ihn im einzelnen Falle zu überwinden vermöge.
Schon bei Pindar (*Ol.* VII. 30 f.; IX. 100; *Pyth.* III. 54; IV. 287 f.;
Nem. III. 40 ff.), Theognis (besonders 429 ff.; vgl. 133 ff.; 165 f.;
171 f.) und Simonides, nach dem Gutsein ein Vorrecht der Gottheit ist (*Fr.* 3, 5; 44; 76), finden wir diese Anschauung ausgesprochen und Plato bekämpft sie im *Protagoras* (pg. 352 BCD)

als die Meinung „der Menge". Es ist dasselbe tiefempfundene Bewusstsein von der Schwachheit der menschlichen Energie zum Guten, die wir im Neuen Testament in Jesu eigenem Mund (*Marc.* 10, 18; 14. 38; *Luc.* 18, 19; *Matth.* 19, 17; 26, 41; *Joh.* 13, 17) und bei Paulus (*Römer* 7, 18) finden [9]). Trotzdem wäre es falsch, die Ansicht des Euripides in diesem Punkt mit der christlichen, namentlich Paulinischen Lehre zu identifizieren: von einer gänzlichen Unfähigkeit zum Guten, wie sie Paulus unter dem Einfluss der im Menschen herrschenden Sünde sich vorstellt (*Römer* 7, 20), weiss Euripides nichts. Vielmehr ist nach seiner Ansicht in der menschlichen Natur Gutes und Böses gemischt vorhanden und es kommt nun darauf an, was im Einzelnen die Oberhand bekommt (*Fr.* 954) [10]). Jedenfalls aber ist der ethische Pessimismus des Euripides der polare Gegensatz zu dem Vernunftoptimismus der Sokratischen Lehre, nach welcher das Wissen und das Thun des Guten zusammenfällt.

Ist so der Mensch als Angehöriger seiner Gattung mit einer unwiderstehlichen Neigung zum Bösen wider sein besseres Wissen behaftet, so liegt schon hierin eine wesentliche Beschränkung der Freiheit des Handelns, der Willensfreiheit. Diese Beschränkung steigert sich aber noch, wenn man alle die komplizierten Verhältnisse dazu nimmt, welche den Einzelnen beeinflussen: die Abstammung, die Umgebung (das Milieu), worin er lebt, die individuellen Neigungen. Und dies veranlasst den Dichter geradezu zu der Behauptung, dass überhaupt kein Mensch frei sei und handle. Dies lässt er die *Hekabe* (864 ff.) aussprechen:

's giebt keinen einz'gen freien Menschen auf der Welt:
Dem Geld dient dieser; jener ist des Zufalls Knecht.
Die Menge hindert den und jenen das Gesetz,
Zu handeln, wie ihm seines Herzens Trieb gebeut.

Das sittliche Handeln des Menschen geht also keineswegs aus dem souveränen Willen des Individuums hervor, sondern ist durch die verschiedenartigsten Voraussetzungen bedingt, vor allem durch die Abstammung. Euripides ist überzeugt von der Vererbung der sittlichen Eigenschaften: Von edlen Männern stammen edle Söhne ab, von schlechten schlechte (*Alkm. Fr.* 75) [11]). Und das ist keine neue Weisheit, sondern „ein alter Spruch": „von einem schlechten Vater stammt kein guter Sohn" (*Dikt. Fr.* 333) [12]). Ebenso aber lebt auch die Tugend edler Väter in den Söhnen fort, selbst wenn diese in ungünstigeren äusseren Verhältnissen

aufwachsen als jene (*Archel. Fr.* 232) [13]). Von einer schlechten
Mutter werden keine edlen Söhne abstammen (*Beller. Fr.* 298) [14])
und Hermione, die Tochter des Menelaos und der fluchwürdigen
Helena ist in ihrer Grausamkeit gegen die unglückliche Andromache, welche als Sklavin des Pyrrhus den Molossus geboren hat,
ein sprechendes Beispiel für den Übergang des schlechten Charakters
von der Mutter auf die Tochter. Vergebens hat Peleus seinen
Enkel vor der Verbindung mit ihr gewarnt. Er mahnt alle Freier,
nur die Tochter einer edlen Frau sich zum Weibe zu nehmen
(*Androm.* 619 ff.). Auf den Charakter der Eltern kommt es an,
nicht auf ihren Stand: ein Bastard kann tüchtiger sein als ein
echter Sohn (*ib.* 636 ff.). Endlich scheint auch noch *Fr.* 497 der
Melanippe desmotis in diesen Zusammenhang zu gehören. Eine
ungetreue Frau, heisst es hier, muss man schon deswegen bestrafen, um andere von gleichem Unrecht abzuschrecken: denn
das schlechte Weib schleppt ihre Untugend in fremde Familien
ein und bringt so diese um ihre Tüchtigkeit [15]). Phädra ist von
ihrer Mutter Pasiphaë her mit einer krankhaften Liebesleidenschaft
erblich belastet (337 ff. s. A. 157); *Danaë* dagegen, die freiwillig
das Todeslos ihres Kindes zu teilen bereit ist, ist ein Beweis für
die Stärke eines angeborenen guten Charakters (*Fr.* 329) [15a]). In
Fr. 166 der *Antiope* wird Thorheit als eine Krankheit bezeichnet,
die sich vom Vater auf den Sohn vererbt [16a]). Beide Ansichten
waren im *Meleager* einander gegenübergestellt: dem Vertreter der
sozialen Vererbungstheorie (*Fr.* 520) wurde entgegengehalten, dass
„Edelmut und Tüchtigkeit allein nicht um Geld feil sei und
dass auch von geringen Eltern ein trefflicher Sohn abstammen
könne". Der Dichter selbst erkennt nur Vererbung im individuellen Sinne, nicht in sozialer Hinsicht an (s. u.) [15b]). — Ausser
der Abstammung ist es ferner die ganze U m g e b u n g, das Milieu, in
dem jemand aufwächst, was auf die Gestaltung des Charakters einen
grossen Einfluss ausübt. Beides wird in *Fr.* 1067 zusammengefasst:

> Ich weiss es, dass dein Sohn verständig ist und stets
> Mit guten Menschen umgeht, fromm von Hause aus.
> Wie sollte nun von einem solchen Manne je
> Ein schlechter Mensch abstammen? Niemals glaub' ich dies [16]).

Mit seiner Ermahnung an die Jünglinge, in ihrem Umgang eben
wegen der sittlichen Folgen wählerisch zu sein, schliesst sich
Euripides offenbar an Theognis (31 ff.) an, mit dessen Gedanken
Fr. 609 der *Peliaden* genau übereinstimmt:

Ein schlechter Mensch wird in Gesellschaft stets, wie selbst
Er ist, zum Schlechten die Genossen auch erzieh'n,
Der Gute stets zum Guten; drum, ihr Jünglinge,
Seid drauf bedacht, dass eure Freunde edel sei'n [17]).

Naturanlage und Lebensweise, insbesondere der Umgang werden
im *Phoinix (Fr.* 812) [18]) und in der *Hypsipyle (Fr.* 759) [18a]) als
die entscheidenden Kennzeichen hingestellt, nach denen ein Mann
zu beurteilen ist: ,sage mir mit wem du umgehst, und ich will
dir sagen wer du bist' (vgl. *Andromache* 683 f.; *Ägeus Fr.* 7;
19, 1; *Bell. Fr.* 296) [19]). Endlich ist es Euripides, auf den die
sprichwörtlich gewordene und vom Apostel Paulus (*1. Kor.* 15, 33)
citierte Sentenz zurückgeht: „Böse Gesellschaft verdirbt gute
Sitten," genauer: einen guten Charakter (*Fr.* 1024) [20]). — Ein
weiteres Mittel, auf den Charakter einzuwirken, bildet die Erziehung. Freilich wäre es verkehrt, anzunehmen, dass dieselbe
im stande sei, die Naturanlage vollständig umzubilden. Der Mensch
kommt nicht als tabula rasa zur Welt; sondern seine angeborene
Natur wird sich schliesslich immer durchsetzen trotz aller Erzie-
hungs- und Bildungsversuche in einer bestimmten Richtung. So
heisst es im *Phoinix (Fr.* 810):

Die grösste Macht ist die Natur und niemand macht
Aus Bösem Gutes, mag er noch so wohl erziehn [21]).

Und hiemit stimmt *Fr.* 1068 überein:

Niemals kann jemand Kinder also wohl erziehn,
Dass Böse er in Gute zu verwandeln wüsst' [22]).

Sehr scharf äussert sich auch Theseus im *Hippolytos* (916 ff.):

O Menschen, Menschen, eitles Thorenvolk,
Was lernt ihr tausend Künste, müht euch ab,
Um alles zu ersinnen, zu erfinden:
Und eins versteht ihr nicht, erjagt ihr nicht,
Narren und Schurken zu Verstand zu bringen.   (W.)

Und Hippolytos bestätigt den Gedanken seines Vaters mit den
Worten (921 f.):

Ein grosser Künstler wär' es, der die Einsicht
Den Thoren aufzunötigen verstünde [23]).   (W.)

Eine schlechte und gemeine Natur kann sich nie auf die Dauer
verleugnen: dies ist etwa der Sinn von *Fr.* 617 des *Peleus* [24]). —
Von Grund aus umwandeln wird sich also die gute oder böse
Charakteranlage des Individuums durch Erziehung oder Lebens-
erfahrungen allerdings niemals lassen. Aber trotzdem darf man

derartige Einwirkungen nicht unterschätzen. Zwar kann man die
Erziehung nicht mit der Kultivierung des Bodens vergleichen:
schlechtes Erdreich kann, wenn ihm sorgsame Pflege zu teil wird,
dennoch gute Früchte tragen und gutes, das der nötigen Bearbeitung ermangelt, geringen Ertrag abwerfen; nicht so beim Menschen:
hier bleibt in allen Verhältnissen des Lebens der Schlechte
schlecht, der Gute gut. Doch Eines kann zum mindesten die Erziehung leisten: sie kann auch dem Schlechten ein Ideal, wie er
sein sollte (κανών τοῦ καλοῦ) vor Augen stellen, an dem er sich
messen kann (*Hek.* 592—602)[25]), während freilich die Geschicke
der Menschen einen richtigen Massstab für das Handeln nicht
geben (*Eur.* 376)[26]). Eine nicht zu verachtende Macht ist ferner
die Gewohnheit: ‚jung gewohnt, alt gethan'. Dies wird in
Fr. 1027 ausgeführt:

Als Knabe hüte dich vor der gemeinen That.
Wenn jemand gut erzogen wird, so schämt er sich
Als Mann, gemeines je zu thun; wer aber jung
Schon viel gefehlt hat, schleppt den Fehl ins Alter mit,
Bis im Charakter er sich eingewurzelt hat[27]).

Dies ist immerhin etwas und so geht denn Euripides trotz
seiner Überzeugung von dem Angeborensein der Grundzüge des
Charakters (vgl. auch *El.* 380; *Bacch.* 315 f.; *Hipp.* 79 f.;
Alc. 601 ff.) in der *Iphigenie in Aulis* (558 ff.) noch etwas
weiter, indem er der Erziehung einen, wenn auch beschränkten
praktischen Wert beimisst. Hier sagt der Chor: „Ungleich
ist die Natur der Sterblichen, ungleich ihr Charakter; aber das
wahrhaft Edle tritt stets zu Tage. Zucht und Bildung weisen
nachdrücklich den Weg zur Tugend." Und es wird dann weiter
ausgeführt, dass es für Männer und Frauen, beide in ihrer Art,
etwas Grosses sei, „der Tugend nachzujagen". Ja in den *Hiketiden* (911 ff.) wird geradezu gesagt, dass „die Mannestugend
lehrbar" sei und dass, was man als Kind lerne, man sich bis
ins Alter bewahre, woran dann die Mahnung geknüpft wird, die
Kinder gut zu erziehen (vgl. auch *Fr.* 1027)[28]). — Man wird
kaum sagen können, dass die angeführten Aussprüche des Euripides über Naturanlage und Erziehung einander widersprechen.
Seinen Grundsatz, dass die Natur in ihren wesentlichen Zügen
unveränderlich sei, hält er fest; aber sie kann nach seiner Meinung durch die Erziehung immerhin etwas modifiziert werden.
Wie wenig tiefgehend er sich aber diese Modifizierung denkt, er-

hellt aus seiner Polemik gegen den zu seiner Zeit äusserst beliebten Vergleich der menschlichen Naturanlage als Objekt der Erziehung mit dem Erdboden als Objekt der Kultivierung (*Hek.* 592 ff.). Der hier von ihm ausgesprochene Gedanke bildet den diametralen Gegensatz zu der z. B. von Antiphon (*Fr.* 134) vorgetragene Lehre: „Entsprechend dem Samen, den man in die Erde pflügt, muss man auch die Früchte erwarten und wenn man einem jungen Menschen edle Bildung einpflanzt, dann lebt und blüht das durchs ganze Leben und weder Regen noch Trockenheit kann dies mehr vernichten"[29]. Nur hinsichtlich der theoretischen, speziell medizinischen Bildung bedient sich des Gleichnisses Ps.-Hippokrates im *Nomos* (Kap. 3)[30]. In dem Worte des *Hippolytos* (921) könnte man versucht sein, geradezu Opposition gegen den Anspruch der Sophisten, Lehrer der Tugend sein zu wollen, zu erblicken. Jedenfalls hat Euripides diese Aufgabe für viel schwieriger und weniger erfolgreich erachtet als jene, weil er eben die menschliche Natur und ihre Macht besser kannte. Immerhin aber hat er dem Zeitgeist sich insofern hingegeben, als er der Erziehung nicht alle Wirkung absprach. „Der Unterricht muss auf Naturanlage und Übung rechnen und man muss in der Jugend anfangen zu lernen", sagt Protagoras (*Fr.* 8 Mull.)[31]. Ähnlich Demokrit: „Eine tüchtige Natur wird durch Vernachlässigung verderbt und eine schlechte durch Unterweisung verbessert. Die Oberflächlichkeit erreicht auch Leichtes nicht; der Fleiss wird auch über Schwierigkeiten Herr" (*Fr.* 130). Natur und Erziehung stehen in Wechselwirkung: denn die Erziehung wandelt den Menschen um und indem sie ihn umwandelt, giebt sie ihm eine andere Natur" (*Fr.* 133)[32]. Angeborenes und Angelerntes unterscheiden auch Herodot *(III. 81)* und Thukydides *(I. 121)*[33] und ein herrenloses Tragikerfragment (*Adesp. Fr.* 516) sagt geradezu: „Fortgesetzte Übung wird schliesslich zur Natur"[34], Endlich klingt bei Plato (*Phädr.* 53 pg. 269 D) und bei Isokrates (*Or.* 13, 17 f; 15, 189) der Gedanke nach, dass nur Naturanlage und Erziehung im Vereine zum Ziel führen[35]. Am weitesten hat Kritias die Überschätzung der Erziehung getrieben in dem Worte: „Mehr Menschen sind durch Übung als von Natur gut" (*Fr.* 4 Bergk-Hiller-Crusius)[36]. Dies ist so ziemlich das Gegenteil von der Meinung des Euripides: wer nicht von Natur gut ist, den wird auch die .beste Erziehung nicht dazu machen; wer es aber ist, bei dem wird auch der gute Charakter selbst unter den ungünstigsten Verhältnissen sich geltend machen. Dass dabei der

Dichter sich die Menschennatur als gut nur in sehr beschränktem
Sinne denkt, ihr vielmehr einen Hang zum Bösen überhaupt zu-
schreibt, wurde oben gezeigt. Trotz aller Modifizierungen durch
die Verhältnisse bleibt es also für den Dichter, ob er nun den
Menschen als Gattung oder als Individuum betrachtet, dabei
(*Phoin. Fr.* 810): „Das grösste ist die Natur."

Nach den bisher dargelegten Anschauungen des Euripides
läge der Gedanke sehr nahe, dass er auch der sozialen Klasse,
der Volksschichte, aus der der Einzelne hervorgeht, an sich einen
für dessen sittliches Wesen bestimmenden Einfluss zuschriebe.
Das ist z. B. die Meinung des Theognis, für den der Adel der
Gesinnung mit dem Adel der Geburt zusammenfällt; nur findet
allerdings eine Degeneration des Adels statt, wenn er eine Verbindung mit dem Reichtum, dem nicht adligen Protzentum, eingeht
(183 ff.) [37]). Anders dachte schon der gleichzeitige Phokylides
(*Fr.* 2) [38]), vollends aber Euripides: dieser ist hier keineswegs
Sozialist, sondern Individualist. Soviel auch auf die Naturanlage
des Einzelnen ankommt, so wird ihre Qualität dennoch keineswegs
durch die Volksklasse, der er entstammt, beeinflusst; sondern der
Charakter jedes Individuums neigt ganz unabhängig davon entweder mehr zum Bösen oder zum Guten. Mit sichtlicher Begeisterung trägt Euripides diese Theorie in seiner *Elektra* vor:
dem verbrecherischen Königspaar Ägisthus und Klytämnestra wird
hier mit aller Absicht der edelgesinnte schlichte Landmann gegenübergestellt, den Elektra zu heiraten gezwungen wurde, der aber
die Königstochter mit ehrfurchtsvoller Rücksicht behandelt. Er
selbst sagt zu Elektra und Orestes (362 f.):

Bin ich arm geboren auch,
Nicht sollt ihr niedrig finden meine Denkungsart. (O.-S.)
Und Orestes, der sich von seiner Redlichkeit überzeugt hat, trägt
seine oder vielmehr des Dichters Gedanken und Erfahrungen in
einer langen Rede vor (367 ff.):

Nichts ist ein sich'res Zeichen tugendhaften Sinns.
Verworren ist der menschlichen Naturen Art.
So sah ich oft vom edlen Vater schon den Sohn
370 Nichtswürdig und geringer Leute Kinder gut,
Sah im Gemüt des reichen Mannes Dürftigkeit
Und oft im armen Körper einen grossen Geist.
Nach welcher Regel also richtet einer recht?
Nach Reichtum? Einen schlechten Richter wählt er dann.

375 Vielleicht nach Armut? Aber diese kränkelt anch
Und lehrt den Menschen Böses oft im Drang der Not.
Nach Waffen also? Aber wer bewiese wohl,
Auf Kriegers Lanze blickend, dass er bieder sei?
Am besten scheint's, wir lassen das dahingestellt.
380 Denn dieser Mann, der weder gross in Argos Volk
Noch auch von seines Hauses Wahn geblähet ist,
Obwohl zum Volke zählend, zeigt sich hochgesinnt.
Wollt nimmer klug ihr werden, die ihr voll täuschender
Blendwerke tappet, richten nach dem Benehmen nie
375 Den Menschen, nach dem Charakter, wer geadelt sei?
Nur solche Männer walten wohl in Stadt und Haus.
Jedoch die Fleischesmenschen, leer am Geiste, sind
Bildsäulen auf dem Markte. Selbst ein starker Arm
Besteht den Kampf nicht besser als der schwächere;
390 Mut giebt den Sieg und angeborne Seelenkraft[39]). (O.-S.)
Wie man sieht, verkennt der Dichter nicht, dass in der Armut
eine Versuchung zum Bösen liegt (vgl. *Bell. Fr.* 288 Kap. VII.
2 A. 33); aber er ist weit entfernt, deshalb das Böse als eine
notwendige Folge der Armut zu bezeichnen. Hiegegen ist eben
sein Landmann der beste Beweis. Wahrhaft grosse Seelen wissen
sich auch mit Wenigem zu bescheiden (406 f.), während ein äusserlich glänzendes Auftreten für den Adel der Seele nichts beweist
(386 ff.; 550 f.). Am Schlusse der langen Deklamation kommt der
Dichter wieder auf seinen alten Satz, dass alles auf die angeborenen
Naturanlage des Einzelnen ankomme, die er sich aber von den
sozialen Verhältnissen, aus denen er hervorgeht, durchaus unabhängig denkt. Die Leidenschaftlichkeit, mit der Euripides seine
Ansicht verficht, zeigt, dass er es mit einem weitverbreiteten und
tiefgewurzelten Vorurteil zu thun hat, dessen Bekämpfung und
Widerlegung ihm Herzenssache ist. Dass die Tendenz gegen
einen bestimmten einzelnen Gegner, etwa einen Philosophen, gerichtet wäre, dürfte kaum anzunehmen sein, eher wohl gegen gewisse aristokratisch und oligarchisch gesinnte Kreise, wie sie
zwei Jahre nach der Aufführung der *Elektra* in der Revolution
von 411 das Haupt erhoben unter der Führung von Männern wie
Antiphon von Rhamnus, den Thukydides (*VIII. 68*) als einen ehren-
werten aber stolzen Volksfeind charakterisiert. Auch an den
sonst vielfach dem Euripides gleichgesinnten Kritias könnte man
denken, dessen Grabschrift sogar noch vom „verfluchten Demos"

sprach[40]). Doch dies spielt schon in das politische Gebiet hinüber
und wir haben es hier nur mit dem ethischen zu thun. Freilich
lässt sich beides nicht ganz trennen und es muss hier wenigstens
erwähnt werden, dass für Euripides sowohl der Geburts- als der
Geldadel lediglich etwas Konventionelles ist; nicht einmal ein
historisches Recht des ersteren erkennt er an. Nach seiner Meinung ist vielmehr Vernunft Adel und den Verstand verleiht die
Gottheit und nicht der Reichtum (*Alex. Fr.* 52). Er erkennt nur
den Adel der Gesinnung an, der sich bloss bei guten, nicht bei
schlechten Menschen findet (*Alex. Fr.* 53)[41]). Im *Diktys* (*Fr.* 336)
hiess es:

> Nur wenig Gutes weiss vom Adel zu sagen ich:
> Denn mir erscheint als Adliger der edle Mann,
> Unedel aber bleibt der Ungerechte, rühmt
> Er gleich sich eines bessern Vaters noch als Zeus[42]).

Trifft beides, Adel der Geburt und der Gesinnung in Einem
Menschen zusammen, dann ist es allerdings um diese Vereinigung
zweier Vorzüge etwas Schönes (*Hek.* 379 ff.; *Temenid. Fr.* 739)[43]).

Wenn also nach Euripides auch die Herkunft aus einer bestimmten Gesellschaftsklasse für die sittliche Natur des Einzelnen
gleichgültig ist, so ist doch der Charakter der Eltern wesentlich
bestimmend für das Wesen der Kinder und die angeborene Anlage kann auch durch die Erziehung nur in ganz geringem Masse
modifiziert werden. Von einer wirklichen Freiheit des Willens
kann also keine Rede sein, sondern der Dichter huldigt einem
ausgesprochenen Determinismus und es fragt sich nun nur
noch, wie er das Problem von Schicksal und Schuld zu lösen
versucht, ob er trotzdem an der Verantwortlichkeit des
Menschen für seine Handlungen festhält. Euripides hat dies
Problem so wenig zu lösen vermocht als irgend ein anderer Determinist, z. B. Paulus, Augustin und Luther. Wie diese trotz ihrer
Lehre von der göttlichen Vorherbestimmung der Menschen zur
Seligkeit und zur Verdammnis und vom geknechteten Willen derselben die Vorstellung eines auf die Idee der Verantwortlichkeit
gegründeten Gerichts über die Thaten der Menschen festhalten,
so geht auch bei Euripides in widerspruchsvoller Weise die Vorstellung von der Allgewalt des Schicksals, in dessen Hand der
einzelne Mensch nur ein willenloses Werkzeug ist, und von der
Möglichkeit einer Auflehnung des Individuums gegen den Willen
der Gottheit, welche entsprechende Strafe nach sich zieht, eine

neben der andern her. Die erstere wurde oben (Kap. III 1) aus-
führlich dargestellt, wobei auch gezeigt wurde, dass Euripides an
der volkstümlichen Vorstellung des Alastors festhält und an dem
Glauben, dass die Sünden der Väter sich an den Kindern und
Enkeln rächen: im *Hippolytos* fühlen sich die drei Hauptpersonen
Theseus (830 ff.), sein Sohn (1378 ff.) und Phaedra (319) in der
Hand einer höheren Macht, der sie nicht widerstehen können,
und diese Auffassung der Dinge wird am Ende des Stücks von
Artemis ausdrücklich als richtig bestätigt: zwar versichert sie,
dass die Götter nicht fühllos seien für des Frommen Tod und nur
den Frevler mit Kind und Kindeskind vernichten (1339 ff.); es
bleibt aber doch dabei: Theseus, Phädra und Hippolytos sind wider
ihren Willen, von höherer Macht verblendet, Opfer der Aphrodite
geworden (1403 ff.). „Der Mensch darf sünd'gen, wenn ein Gott
es schickt" (1434). Dieses Dürfen (εἰκός) fällt aber mit dem Müssen
vollständig zusammen. Wilamowitz (Hipp. S. 241) findet die Lösung
darin, dass Hippolytos nicht wider den Willen des Schicksals
stirbt: „so gesteht die Göttin zu, dass Hippolytos sich sein Geschick als Folge seines Thuns bereitet hat. Und wie hätte der
Dichter am Schlusse nicht, wenn auch in schonendster Weise,
andeuten sollen, dass Hippolytos wider die Natur, also wider die
ewigen göttlichen Gesetze verstossen hat, indem er Aphrodite die
τιμαί versagte? Diese ewigen Gesetze stehen hoch über den
göttlichen Personen des Mythos." Ich bezweifle, ob dies die
Meinung des Dichters ist; denn dieser betont zu stark die Un-
freiheit der handelnden Personen. Und selbst, wenn man im Verhalten des Hippolytos eine Art Schuld finden will, so ist sie doch,
wie die Phädras und des Theseus, durch die Macht einer Gottheit
herbeigeführt, bei den letzteren der Aphrodite, beim ersteren der
Artemis. Phädra selbst erscheint geradezu als erblich belastet
(337 ff.; s. A. 157). — Der Typus des unschuldig schuldigen Menschen
ist Orestes als Rächer seines Vaters und Mörder seiner Mutter
(*Or.* 546 f.), der eine „gerechte Übelthat" vollbracht hat (*Iph. T.*
559) unter dem Druck einer höheren Macht, in diesem Falle des
Apollo. Aber wie Hippolytos so wird auch er nichtsdestoweniger
für sein Verhalten verantwortlich gemacht. Ebenso war es wohl
auch bei Alkmäon, der gemäss dem Wunsch seines sterbenden
Vaters Amphiaraus dessen Tod an seiner frevelhaften Mutter
Eriphyle rächte (*Alkmaeon Fr.* 68)[43a]). Demgegenüber ist es nun
freilich eigentümlich, dass sich bei Euripides auch einige Stellen

finden, wo dem Menschen die Möglichkeit eingeräumt wird, gegen den Willen des Schicksals zu handeln, dieses zu vergewaltigen. Ein Beispiel hiefür ist Laios, der durch ein Orakel gewarnt wurde, keine Kinder zu zeugen, da sonst sein eigener Sohn ihn töten und sein ganzes Haus ins Verderben stürzen werde. Er thut es aber dennoch „mit Vergewaltigung der Götter" (δαιμόνων βίᾳ, βίᾳ θεῶν *Phön.* 18; 868; vgl. auch *Iph. T.* 1478 f.). Hier wird also die Möglichkeit vorausgesetzt, dass Laios entweder dem Befehl der Götter gehorchen und so das Glück seines Hauses erhalten, oder aber ihm widerstreben und damit sein Unglück herbeiführen könne (23). Von derselben Fähigkeit des Menschen, ‚das Bestimmte in das nicht Bestimmte zu verkehren', handelt *Fr.* 491 der *Melanippe desmotis:*

> So wisse denn: ein Thor ist, wer nicht Kinder hat
> Und alsdann fremde dafür aufnimmt in sein Haus:
> Denn das Geschick verkehrt er ins Unschickliche.
> Und, wem die Götter einmal Kinder nicht verliehn,
> Der soll sich schicken drein, mit ihnen kämpfen nicht[44]).

Giebt der Dichter hier ein Beispiel dafür, dass der Mensch bis zu einem gewissen Grade dem Willen der Gottheit widerstreben kann, so spricht er es doch zugleich aus, dass dieser Widerstand vom Übel sei, und ebenso in der *Ino* (*Fr.* 419):

> Reisst nur, ihr Bösen, Ehren mit Gewalt an euch
> Und jagt nach Reichtum und gewinnt ihn üb'rall her,
> Indem ihr Recht und Unrecht durcheinander mengt:
> Einst werdet ernten ihr ein traurig Sommerfeld[45]).

Umgekehrt darf derjenige, welcher das im Willen des Schicksals oder der Gottheit Liegende, d. h. das Gute, thut, sicher sein, dass er damit durchdringen und keine Macht der Welt ihn überwinden wird (*Fr.* 918): „Mögen sie gegen das, was sein soll, ankämpfen und Anschläge aller Art gegen mich schmieden; das Gute ist auf meiner Seite und das Recht wird mir zur Seite kämpfen und auf schlimmer That soll man mich nie betreffen"[46]). Im *Ion* (1247 ff.) erwartet der Chor der Dienerinnen, der mit seiner Herrin Kreusa die Ermordung des jungen Mannes geplant hat, dafür die gerechte Strafe und in den *Herakliden* (424) sagt Demophon: „Wenn ich recht thue, wird mir's auch recht gehen." Einmal spricht sich Euripides ganz ähnlich aus wie der Dichter des ersten Buchs der *Odyssee* (α 32 ff.): nicht von den Göttern kommt das Übel in der

Welt, sondern es ist eine Folge der bösen Thaten der Menschen (*Fr.* 1026):

> Der Übel meiste schafft der Sterbliche sich selbst[47]).

Und zwar kommt dies daher, dass die Menschen allzu wenig darauf bedacht sind, sich selbst und die Verhältnisse, in die sie das Schicksal gestellt hat, zu beobachten. Es gilt, die Fingerzeige, die die Gottheit giebt, zu beachten, zugleich aber auch selbst energisch zu handeln, doch ohne Überstürzung. Insofern ist etwas daran, dass „jeder seines Glückes Schmied' ist. Nicht auf die Fehler anderer, sondern auf die eigenen soll man achten (*Fr.* 1042)[48]); thut man dies nicht, so führt es gern zu Dreistigkeit und Tollkühnheit (*Fr.* 1031) und eben diese Eigenschaften haben schon manchen ins Verderben gestürzt (*Fr.* 1032)[49]). Eine allzurührige Thätigkeit führt auch zu vielen Verirrungen (*Oinom. Fr.* 576)[50]). Freilich darf man auch nicht die Hände in den Schoss legen und das Glück nur von den Göttern erwarten (*Hipp. I. Fr.* 432):

> Erst handle selbst und alsdann ruf' die Götter an:
> Dem, der sich anstrengt, fehlt auch Gottes Hilfe nicht[51]).

Und (*Mel. desm. Fr.* 490):

> Mit Gottes Hilfe soll der Kluge immerhin
> Zu seinem Nutzen wenden jeglichen Entschluss[52]).

Dagegen soll man immer auch die Folgen bedenken (*Kresphontes Fr.* 459):

> Nach solchem Vorteil trachte nur der Sterbliche,
> Der nicht in spät'rer Zeit ihm Not und Klage bringt[53]).

So fällt also dem Menschen doch eine gewisse Verantwortung für seine Thaten zu, obwohl allerdings der Spielraum, in dem sich seine Freiheit bewegt, ein sehr kleiner ist. ‚Hilf dir selbst, so hilft dir Gott,' aber ‚kämpfe nicht gegen den deutlich erkannten Willen des Schicksals an': das sind die beiden Angelpunkte, in denen die Ethik des Dichters ruht. Die Vernachlässigung dieser beiden Lebensregeln führt ins Verderben entweder durch Erschlaffung oder durch Überspannung der menschlichen Kraft. Kampf gegen das Schicksal oder den Willen der Gottheit ist Überhebung (ὕβρις) und davor zu warnen, wird der Dichter nicht müde. Noch in seinem letzten Stück, den *Bacchen*, hat er in der Person des Pentheus einen solchen brutalen Gewaltmenschen (θεομάχος) gezeichnet. Im *Hippolytos* aber missbraucht die Kammerfrau den richtigen Gedanken in raffiniertester Weise, indem sie

der Phädra einzureden sucht, dass ihr Widerstand gegen die
Leidenschaft für Hippolytos auch ein solch verwerflicher Kampf
gegen das Schicksal und die Götter sei (473 ff.), und in der ersten
Bearbeitung des Stücks gehörte ohne Zweifel *Fr.* 433 (vgl. *Hipp.*
steph. 501 f.) auch in diesen Zusammenhang[54]. — Wenn wir nun
auf Grund der angeführten Stellen eine Antwort auf die oben
aufgeworfene Frage suchen, so wird dieselbe dahin lauten: ,Der
Mensch hat allerdings die Möglichkeit, vermöge seines eigenen
Willens die Pläne des Schicksals für den Augenblick zu durch-
kreuzen; aber er kann ihre Ausführung nur aufhalten, nie ab-
wenden. Ja es gilt bei allen derartigen Versuchen das antik
gedachte Wort des modernen Dichters über das Schicksal:

> Wer sich vermisst, es klüglich zu wenden,
> Der muss es selber erbauend vollenden.

Wer versucht, das Schicksal zu vergewaltigen, führt dadurch stets
seinen eigenen Untergang herbei, und wird dann auch mit vollem
Recht dafür verantworlich gemacht; wer dagegen die vom Schicksal
ihm gewiesene Bahn erkennt und ,die Gottheit in seinen Willen
aufnimmt', der wird an der Verantwortung für seine Thaten nicht
zu schwer tragen und die Gerechtigkeit des Schicksals an sich
selbst erfahren (*Ion* 1621 f.).

b) Das Wesen des Sittlichen. Tugendlehre.

Wie in der Aufklärungsperiode des 18. Jahrhunderts so war
auch im letzten Drittel des 5. Jahrhunderts v. Chr. Tugend ein
Schlagwort der Zeit. Das Ziel der Erziehung hatte sie freilich
schon lange gebildet, aber der Begriff selbst machte eine Wandlung durch. In der guten alten Zeit hatte man unter Tugend
(ἀρετή) die vorwiegend auf gymnastischer Bildung beruhende männliche Tüchtigkeit verstanden, wie sie hauptsächlich im dorischen
Sparta gepflegt wurde und wie sie sich an den Nationalfesten,
besonders in Olympia, in den gymnischen und hippischen Wettkämpfen zeigte. Die Sieger in denselben wurden von ihren Landsleuten hochgeehrt und die Leyer eines Pindar und Bacchylides
erklang zu ihrem Preise. Der erste, der gegen die Überschätzung
der körperlichen Tüchtigkeit auftrat, war Xenophanes, und das
Vordringen der ionischen Geisteswissenschaft aus Kleinasien in
das Mutterland bewirkte allmählich eine völlige Umwandlung des
Bildungsideals. Der Mittelpunkt der neuen, auf geistig-sittlicher
Grundlage ruhenden Bildung wurde Athen und das Ziel der

ionisch-attischen Erziehung die καλοκάγαθία, die harmonische Ausbildung von Geist und Gemüt, neben der zwar die körperlichen
Übungen nicht vergessen wurden, hinter der sie aber doch zurück-
traten. „Wir pflegen das Schöne mit mässigem Aufwand und betreiben die Wissenschaft ohne Weichlichkeit": diesen Grundsatz
spricht der grösste Staatsmann Athens öffentlich aus, Perikles,
der Freund des Anaxagoras, Phidias und Euripides (*Thuk.* II. 40).
Beide, Kunst und Wissenschaft, hält der Grieche nicht scharf
auseinander; die zwei Begriffe gehen ineinander über: zur Kunst
gehört ein Wissen und wer das Wissen besitzt, dem ist damit
auch das Können gegeben. Das ist ein im griechischen Geistes-
leben tief eingewurzelter Gedanke[55]). Trotz des lebhaftesten
Strebens, die Persönlichkeit zur Geltung zu bringen und sich in
der Freiheit des Handelns durch keinerlei Schranken beengen zu
lassen, wie wir dies namentlich im öffentlichen Leben der Griechen
wahrnehmen, ist doch die griechische Kunst und Poesie durchweg
viel mehr typisch, viel weniger individuell als die moderne: der
Schüler lernt vom Meister, er übernimmt von ihm seine künst-
lerische und dichterische Technik und so bilden sich bestimmte
Formen der Darstellung aus, an denen der Einzelne nichts ändern
darf und in die er nur wenig von seiner eigenen Individualität
hineintragen kann. Es giebt gewisse unverrückbare Grenzen, die
der Dichter in der Behandlung des Mythus, der bildende Künstler
in der Darstellung seiner Götterideale nicht überschreiten darf,
wofern er noch von seinem Volke verstanden werden will. Dies
hängt damit zusammen, dass der Grieche der theoretischen Erkenntnis einen ungemessenen Wert beilegt: was man einmal als
richtig erkannt, die Form, in der eine Vorstellung einen befriedigenden Ausdruck gefunden hat, das wird festgehalten und es
handelt sich nun für die Zukunft nicht mehr sowohl um Neu-
schöpfungen als um sich allerdings noch vervollkommnende Re-
produktionen eines einmal gewonnenen Typus. Diese Hochschätzung
der Erkenntnis beherrscht auch das ethische Gebiet: „Weisheit"
ist dem Griechen der Gipfel der Vollkommenheit; denn wer wirklich „weise" ist, der weiss nicht nur das Richtige, d. h. das Gute,
sondern er thut es auch. Dieser Begriff umfasst also nicht nur
in intellektuellem Sinn die richtige Einsicht, sondern auch im
ethischen das richtige sittliche Verhalten. Bekanntlich beruht
auf dieser Grundanschauung der Griechen auch die sokratische
Ethik, so viel Ungriechisches sie sonst auch enthält, und die

Sophistik knüpft insofern ebenfalls an sie an, als sie nicht nur
ein theoretisches Wissen, sondern praktische Tüchtigkeit lehren
will; freilich betrachtet sie bei dem skeptischen Element, das sie
enthält, die Welt und das Menschenleben nicht sowohl als einen
Gegenstand der Erkenntnis, sondern vielmehr als ein Feld für
praktische Übung und Gewandtheit: die „Tugend", die sie ihren
Jüngern beibringen will, ist nicht das Wissen des Guten, dessen
Begriff sie völlig dahingestellt sein lässt, sondern die Kunst zu
leben sei's als einzelner für sich oder — und das noch mehr —
als Mann der Öffentlichkeit: „Wer mit Worten nur, nicht im
Leben weise ist, ist mir verhasst" (*Alex. Fr.* 61); und „Den
Weisen hass' ich, der für sich selbst nicht weise ist" (*Fr.* 905)[55a]).
Obwohl nun den Euripides sein Nachdenken über das sittliche
Wesen des Menschen, wie oben gezeigt wurde, zu einem Ergebnis
geführt hat, das jener gemeingriechischen Anschauung gerade
entgegengesetzt ist, so kann er sich doch nicht immer von der
geläufigen Ausdrucksweise ganz emanzipieren. Das haben schon
die oben angeführten Stellen gezeigt, in denen die Wörter σοφία,
σοφός, σώφρων keineswegs nur im intellektuellen, sondern zugleich
im moralischen Sinn gebraucht werden. Dem entspricht auch die
Anwendung der gegensätzlichen Begriffe: z. B. φαῦλος gegenüber
von σοφός (*Andromache* 379); μωρία bedeutet keineswegs nur eine
falsche Einsicht, sondern „Übermut" (ib. 938), ja geradezu ‚Un-
keuschheit' (*Hipp.* 644): allerdings wird an letzterer Stelle die
σοφὴ κακοῦργος der ἀμήχανος γυνή, welche durch ihren „kurzen
Verstand" am Bösen verhindert wird, entgegengesetzt und ebenso
findet sich die Verbindung σοφαὶ πανοῦργαι (*Androm.* 937). In
solchen Fällen geht also σοφός allerdings nur auf den Verstand,
nicht auf den Charakter. Dagegen setzt der Chor in der *Alcestis*
(602) ohne weiteres die σοφία als bei guten Menschen voraus:
Die Fülle der Weisheit wohnet dem Edlen in der Brust. (D.)
Im *Orestes* bezeichnet Tyndareus die That des Muttermörders als
„unverständig" (ἀξύνετος 493), wozu das Gerechte oder Rechte
(τὸ δίκαιον 493) den Gegensatz bildet. Im *Herakles* (172) ist ἀμαθία
nicht bloss ‚thöricht Schmäh'n', sondern zugleich boshafte Verleumdung (vgl. 174 f.); im *Archelaos* (*Fr.* 257) ist die ἀξυνεσία der
Leidenschaft (θυμὸς μέγας) beigeordnet und den Gegensatz zu
einem verblendeten, leidenschaftlichen Verhalten bildet eben wieder
die σοφία (z. B. *Bacch.* 655 f.). „Die Betonung der ἀμαθία ist für
die Werdezeit der auf Erkenntnis gebauten ἀρετή charakteri-

stisch" [56]). Die angeführten Stellen beweisen nun zwar, dass Euripides sich dem allgemeinen Sprachgebrauche seines Volkes und seiner Zeit nicht ganz zu entziehen vermochte;. mehr aber werden wir nicht darin sehen dürfen. Denn, dass seine Anschauung in der Sache genau die entgegengesetzte ist, hat er zu oft und zu deutlich ausgesprochen, als dass hierüber irgend ein Zweifel bestehen könnte (s. o.).

Es fragt sich nun, was des Euripides Begriff der Tugend (ἀρετή) ist. Dass er zuweilen einer jenseits von Gut und Böse stehenden Ethik das Wort zu reden scheint, wurde schon bei der Erörterung seines erkenntnistheoretischen Standpunktes hervorgehoben (*Aeol. Fr.* 19; *Phön.* 499 ff. Kap. II), eben dort aber auch gezeigt, wie der Dichter mit Hilfe der Heraklitischen Philosophie die radikale Skepsis, der ein Teil der Sophisten huldigte, überwand und sich zur Überzeugung von der Einfachheit der Wahrheit erhob, welche der durch die wechselnde Oberfläche der Dinge in deren Tiefe dringende Geist erkennt [57]). Und so redet er denn auch nicht von einer Mehrheit von Tugenden im Sinne technischer Fertigkeiten, sondern die Tugend ist ihm eine Einheit: sie ist **die auf richtiger Einsicht beruhende, durch nichts irre zu machende Hingabe des Menschen an das Gute** (*Thyest. Fr.* 393). Mit herrlichen Worten wird dies in *Fr.* 1029 ausgesprochen:

Die Tugend ist der allerwertvollste Besitz;
Denn sie ist niemand unterthan: dem Gelde nicht
Und nicht dem Adel, noch der Schmeichelei des Volks.
Je mehr du deinen Willen ihr zu eigen giebst,
Um so viel mehr wächst und vervollkommnet sie sich [58]).

Und *Fr.* 1030 fügt hinzu:
Die Tugend nur ist auf der Welt das höchste Gut [59]).

Demnach muss die Tugend durch Übung, durch Gewöhnung des Willens an das Gute erworben werden; dann führt sie zur wahren Freiheit und Unabhängigkeit der Persönlichkeit. Wie schwer das ist und wie oft ‚der Geist willig, aber das Fleisch schwach' ist, weiss der Dichter nur zu gut; aber dies entbindet den Menschen nicht von der notwendigen Pflicht der Selbstüberwindung. Diese trägt ihren Lohn ebenso in sich wie die Hingabe an das Laster seine Strafe. Dies bekennt die schuldbewusste Phädra im *Hippolytos* (426 ff.):

Ja, es ist wahr, wie köstlich auch das Leben,
Eins wiegt es auf, die Reinheit des Gewissens. ✓
Und einmal kommt der Tag, wo jedem Sünder
Die Zeit den Spiegel, wie dem eitlen Mädchen,
Vors Antlitz hält[60]). (W.)

Fragt man nun weiter, was ist das Gute, so antwortet der Dichter „dem Recht zu dienen". So sagt Hekabe zu Agamomnon (*Hek.* 844 f.):

Dem edlen Manne ziemt es, sich dem Recht zu weih'n
Und Bösen Böses überall und stets zu thun. (D.)

Es ist wohl zu beachten, dass dieser Grundsatz über die der ganzen alten Welt geläufige populäre Regel ‚den Freund lieben und den Feind hassen' (*Her.* 585 f.; 732 f.; *Med.* 809; *Fr.* 1092; *Iph. Aul.* 345 ff.; *Ion* 1046 f.; *Hek.* 1250 f.), doch wesentlich hinausgeht, indem alles Persönliche ausgeschieden und das Recht zur Norm des Handelns gemacht wird[61]). Der Macht also, in der Euripides die Gottheit erkennt, soll auch der Einzelne in seinem Teil zum Sieg verhelfen. Das Recht der Wiedervergeltung, der Rache, ist allerdings hierin eingeschlossen, aber der Rächer erscheint als Werkzeug der strafenden, ausgleichenden Gottheit. Denn „das goldene Antlitz der Gerechtigkeit leuchtet noch wunderbarer als Morgen- und Abendstern" (*Mel. soph. Fr.* 486)[61a]). — Man kann nicht behaupten, dass dies die höchste Stufe der Ethik sei: das christliche Gesetz der Liebe steht jedenfalls über ihr. Aber Euripides bewährt eben auch hier seinen tiefen Blick in die Schwachheit des menschlichen Wesens und bescheidet sich in nüchterner Erkenntnis des Erreichbaren bei einer mässigen Höhe der sittlichen Anforderungen. Es sind zwar Worte der in der Dialektik der Sünde raffiniert gewandten Kammerfrau der Phädra, die aber doch wohl die eigene demütige Meinung des Dichters wiedergeben (*Hipp.* 471 f.):

Du darfst mit dir schon ganz zufrieden sein,
Wenn du des Guten mehr als Böses thust;
Dafür bist du ein Mensch[61b]). (W.)

Und dem Menschen ist nun eben einmal die S e l b s t s u c h t eingepflanzt, die im Grunde das Leitmotiv all seines Handelns bildet, und soweit sie nur der Selbsterhaltung und Selbstförderung dient, ohne andere zu schädigen, ist sie auch nicht zu verwerfen. „Wer seine Naturanlagen gut auszunützen weiss, wird ein brauchbarer Mann", lesen wir im *Polyidos* (*Fr.* 634)[61c]) und im *Kresphontes* (*Fr.* 452):

Es geht mir, wie es allen Menschen geht: ich lieb'
Mich selbst am meisten und ich schäm' mich nicht darob.

Damit steht Euripides auf dem Boden der populären Anschauung
des gesamten Altertums: „Wer liebt nicht sich selbst?" fragt
Sophokles *(Öd. C. 309)*; „niemand liebt man mehr als sich selbst",
sagt Menander (Meineke *Fr. Com. Gr.* IV. pg. 355) und Terenz
in der *Andria* (426 f.) wiederholt dieses „viel citierte Wort"[62].
Doch unterschied man immerhin zwischen einem berechtigten
Egoismus und schnöder Gewinnsucht, welche auf die Schädigung
des Nebenmenschen ausgeht. So erwidert in der *Medea* (85 ff.)
der Pädagog auf die Bemerkung der Kammerfrau, dass Jason an
seinen Kindern aus Egoismus unedel handle:

Wer thäte denn nicht also? Nun erkennst du doch,
Dass jeder mehr sich liebe denn die anderen,
Der sonder Unrecht, um Gewinn auch mancher wohl. (D.)

Dass jeder sich selber mehr liebt als den Nächsten, gilt für selbstverständlich, für schimpflich und verwerflich gemeine und rücksichtslose Gewinnsucht (αἰσχροκέρδεια), wie schon die Scholiasten bemerken[63].
Am Anfang des Prologs der *Herakliden* (1 ff.) wird ebenfalls der
gerechte Mann dem gewinn- und selbstsüchtigen gegenübergestellt:

Das ist seit langer Zeit mir ein bewährter Satz:
Der Tugendhafte weiht sein Leben des Nächsten Wohl,
Doch wer ein Herz hat, welches nur dem Nutzen fröhnt,
Der hilft dem Staat nichts, ist ein ungesell'ger Mensch
Und dient nur sich. (O.-S.)

Wer immer nur sich selber und seinem Genusse lebt, der zerrüttet
nicht nur sein eigenes Hauswesen, sondern er wird auch für seine
Freunde und das öffentliche Leben unbrauchbar; wer sich von der
Lust übermannen lässt, der richtet seine natürlichen Fähigkeiten
zu Grunde (*Antiope Fr.* 187)[64]. Diese Selbstsucht zerstört schliesslich sogar die Bande der Familie (*Oineus Fr.* 566) und, wenn es
vom Glück begünstigt wird, so wächst sich das Böse immer mehr
aus (*Oineus Fr.* 564)[65]. Dagegen verlangt die wahre Tugend
Rücksicht, unter Umständen sogar Aufopferung für das Wohl
des Nächsten und des Vaterlandes, dem der Einzelne angehört.
Ein glänzendes Beispiel giebt dafür Makaria in den *Herakliden* und der ursprünglichen Fassung dieses Stücks gehören
möglicherweise auch die *Fragmente* 852—854 an, von denen
insbesondere das zweite die Quintessenz des Dramas enthält,
indem es als die drei Haupttugenden empfiehlt, die Götter, die

Eltern und die Gesetze der Heimat zu ehren[66]). Ebenso heisst es in den *Hiketiden* (506 f.), dass der Weise zuerst seine Kinder, dann seine Eltern und das Vaterland lieben müsse. Sogar der Euripideische *Bellerophon* ist „fromm gegen die Götter" und lässt es gegenüber den Fremden und Freunden an nichts fehlen (*Fr.* 311)[67]). Diese sittlichen Vorschriften sind nun freilich keineswegs unserem Dichter spezifisch eigen, sondern die genannte oder eine ähnliche Dreiheit von Gesetzen (z. B. Heilighaltung des Eides, Ehrung der Götter und Eltern) bildet den Grundbestand griechischer Religiosität und Moral: die Pythagoreer und Orphiker, Äschylus, Sophokles und der Xenophontische Sokrates verkünden gleichermassen diese „ungeschriebenen, von den Göttern gegebenen Gesetze" (*Mem.* IV. 4, 19 ff.) und von Aristoteles hören wir, dass die Athenischen Archonten bei der Dokimasie vor dem Antritt ihres Amtes unter anderem sich auch darüber auszuweisen hatten, dass sie die Pflichten gegen ihre Eltern erfüllten (*Ath. resp.* 55). Es ist nicht unwahrscheinlich, dass diese Gesetze der Moral ihre feste Formulierung in Eleusis fanden und von hier aus sich durch Griechenland verbreiteten. Die Übertreter derselben finden wir bei Aristophanes im Schlammpfuhl der Hölle (*Frösche* 145 ff.)[68]). Euripides folgt hier also der populären Ethik, die er in diesem Punkte als durchaus gesund anerkennt und die auch noch andere Grundsätze enthält, welche der Dichter ohne Einschränkung zu den seinigen macht. Der griechische Nationalheros κατ' ἐξοχὴν ist Herakles, und obwohl Euripides weit entfernt ist, die physische Kraft und ihre Leistungen zu überschätzen, ja vielmehr eine unverhohlene Antipathie gegen die Gymnastik hat, so entnimmt er doch gerne dem Heraklesmythus den sittlichen Gedanken, dass nur Mühe und Anstrengung die Manneskraft stählt und zur Entfaltung bringt und dass nur Entsagung und Hingabe an einen grossen Zweck die Mutter grosser Thaten ist. Besonders scheint der Dichter diesen Gedanken im *Archelaos* ausgeführt zu haben, wo er offenbar dem zweiten Leitmotiv des Stückes, der Hochschätzung einer edlen Abstammung, die Wage hielt. Da lesen wir folgende Sätze: *Fr.* 236:

Mit tausend Mühen kommt das Gute nur zu stand.

Fr. 237:

Etwas zu wagen ziemt sich stets dem jungen Mann. Denn wer nur hinlebt leichten Sinns, wird nie berühmt. Der Weg zur Grösse geht allein durch Kampf und Müh'.

Fr. 238:

    Noch nie hat, wer bloss angenehm zu leben sucht,
    Sich Ruhm erworben, sondern sich zu mühen gilt's.

Fr. 239:

    Geruhiges Leben und unthät'ge Weichlichkeit,
    Bringt nichts zu stand, im Haus so wenig als im Staat.

Fr. 240:

    Wer ward je ohne Anstrengung berühmt und wer
    Erreichte Grosses, der sich feig an nichts gewagt [69])?

Für äusseres Glück im Leben bietet freilich solche Tugend keine Gewähr; vielmehr kann eben edle Gesinnung zu äusserem Unheil führen. So sagte eine Person im *Alexander* (*Fr.* 58):

    Weh! sterben muss ich wegen der rechtschaffenen
    Gesinnung meines Herzens, die doch Heil sonst bringt [70]).

Aber ein Leben ohne Arbeit und Mühe ist inhaltslos und kann daher auch nicht zum Glück führen, das durch Anstrengung erkämpft sein will (*Kreterinnen Fr.* 461):

    Du kannst nicht glücklich werden ohne Anstrengung
    Und Schand' ist's, will sich mühen nicht ein junger Mann.

Ebenso *Telephus Fr.* 701 [71]). Endlich heisst es im *Likymnios* (*Fr.* 474):

    Des Ruhmes Vater ist, sagt man, Arbeit und Kampf. [72]).

Alle diese Stellen zeigen, dass Euripides keineswegs einer unthätigen Beschaulichkeit das Wort redete, sondern Thatkraft und Selbstüberwindung als unentbehrliche Bestandteile wahrer Mannestüchtigkeit betrachtete. Nur darf man nicht alle Menschen über Einen Leisten schlagen und nach Einer Schablone modeln wollen, sondern es gilt zu individualisieren und den Wert der Eigenart jeder Persönlichkeit zu erkennen (*Oineus Fr.* 560):

    Ein jeder freut sich wieder andrer Eigenart [73]);

und die Tugend der Menschen gleicht einer Münze, die man gebrauchen muss, um sie nutzbar zu machen (*Ödip. Fr.* 542) [74]). Das freie Denken und die freie Meinungsäusserung anderer zu unterdrücken und so „seine Freunde zu Sklaven zu machen" ist verwerfliche Tyrannenart (*Äolus Fr.* 29) [74a]). Dies bildet einen der grossen Unterscheidungspunkte zwischen dorischem und ionischem Wesen: das letztere verlangt — vielleicht in etwas übertriebener Weise — die Ausbildung und Geltendmachung der Individualität; das Dorertum dagegen betrachtet die Unterordnung der Einzelpersönlichkeit unter die allgemeine Sitte als sein Ideal:

dort ist das Ziel der Erziehung Individualisierung, hier Uniformie-
rung. Das ionisch-attische Gemeinwesen ist stark durch die Menge
seiner bedeutenden Persönlichkeiten; im dorisch-spartanischen
Staate ist der Einzelne stark durch sein Aufgehen in der als gut
erkannten allgemeinen Ordnung. Im Bewusstsein der Stärke,
welches die Zugehörigkeit zu einem so festgefügten Ganzen verleiht, ist der Dorier leicht geneigt, die menschliche Leistungsfähigkeit zu überschätzen und sein Mannesideal beruht eben „auf einer
ungeheuren Überschätzung der Menschengrösse", die schliesslich
zum Grössenwahnsinn führt. Das hat Euripides in seinem *Herakles*
gezeigt[75]). Er ist trotz aller Hochachtung vor menschlicher Willens-
energie und ihrer Bethätigung doch zugleich tief durchdrungen
von der Erkenntnis menschlicher Schwachheit und Kleinheit und
von der Überzeugung, dass es eine Macht giebt, gegen die anzu-
kämpfen für den Menschen ein vergebliches, thörichtes, ja geradezu
sündhaftes Unterfangen ist. Und so bildet denn die andere Seite
seiner Tugendlehre der Gedanke, dass es die **Aufgabe des
Menschen** sei, sich der Grenzen seiner Menschlichkeit bewusst
zu werden und nicht über dieselben hinauszutreten, sondern **sich
der überlegenen göttlichen Macht und Weisheit in
Ergebung unterzuordnen.** Der Sterbliche soll in seinen
Gedanken nicht zu hoch hinauswollen: diese allgemein griechische
Warnung vor Überhebung (μέγα φρονεῖν, ὕβρις) kehrt auch bei Euripides häufig wieder (z. B. *Alkmeon Fr.* 76; *Or.* 708; vgl. besonders auch oben die *Bacchen*)[76]). Dazu gehört auch, dass man
sich in das allgemeine Menschenschicksal findet und sich im Unglück nicht zu sehr dem Schmerze hingiebt (*Ino Fr.* 418):

Erkenn' das menschliche Geschick und härme dich
Nicht masslos; denn das Unglück trifft nicht dich allein.

Dies θνητὰ φρονεῖν (*Alc.* 799) ist ein altes Motiv, das uns schon bei
Pindar, Epicharm und Theognis, bei Simonides und Bacchylides,
bei Äschylus und Sophokles begegnet[77]). Ebenso wiederholt Euripides diese Lehre: der Mensch soll sich als endliches Wesen
bei seinem Lose bescheiden und sich nicht den Göttern gleich-
stellen wollen (*Fr.* 1075):

Du bist ein Mensch; drum glaub', du duldest Menschliches
Kannst fordern du als Mensch, zu leben wie ein Gott[78])?

Besonders gilt es im Unglück, sich vor allem darüber zu besinnen,
ob es nicht selbstverschuldet ist. So heisst es in einem Bruchstück, dessen Zugehörigkeit sich nicht ermitteln lässt (*Fr.* 1077):

Dir ist's gegangen, wie viel andern Sterblichen,
Die, unbesonnen strebend nach noch gröss'rem Glück,
Verscherzten, was sie hatten, um zu Grund zu geh'n [79]).

Ferner ist es thöricht, dem Willen der Götter widerstreben, gegen ihn sich auflehnen, im Widerspruch mit ihm etwas erzwingen zu wollen. So hat es Laïos gemacht, als er gegen das Gebot des delphischen Gottes einen Sohn erzeugte, und dadurch das Verderben über sein Haus heraufbeschworen (*Phön.* 17 ff.), und ein solcher brutaler Kämpfer gegen göttliche Macht ist auch Pentheus (s. o.) [80]). Derartige warnende Beispiele veranschaulichen die Wahrheit (*Fr.* 1076):

Das Best' ist, gegen die Götter nicht gewaltsam sein
Und mit dem Schicksal sich versöhnen. Wer da will
Unmögliches, verfehlt darob den Augenblick [81]).

Im *Orestes* (715 f.) spricht Menelaos von der Notwendigkeit, „die weise Männer dem Geschick sich fügen lehrt" und eben derselbe sagt im gleichen Stück (488):

Nichts gilt dem Weisen höher als Naturgebot. (D.)

Nachdem Tiresias in den *Phönissen* dem Kreon den grauenhaften Götterspruch eröffnet hat, dass er seinen Sohn Menoikeus für das Wohl des Vaterlandes opfern müsse, und dieser sich darüber entsetzt, hat der Seher für ihn nur das strenge Wort (916):

Was dir verhängt ward, das zu thun, ist deine Pflicht. (D.)

Und als der König sich ihm zu Füssen wirft und ihn um Abwendung des Unheils anfleht, erwidert er (924):

Wozu der Fussfall? Nimm, was unabwendbar, an [82])!

Wie endlich Menoikeus selbst den Kreon beschwichtigt hat und seinen hochherzigen Entschluss kundgiebt, sich freiwillig für das Vaterland zu opfern, da spricht er wieder von der ἀνάγκη δαιμόνων, in die er und die Seinigen geraten seien: es ist dasselbe, was Sophokles (*Öd. T.* 1527) κλύδωνα δεινῆς συμφορᾶς nennt. In einer solchen Zwangslage giebt es aber für den Menschen nichts anderes, als sich der Aufgabe zu unterziehen, welche die Götter ihm auferlegt haben (*Phön.* 1763; 382; *Med.* 1018; cf. *Soph. Tereus Fr.* 526) [83]). Lebenslagen wie die eben geschilderte gehören ja nun allerdings zu den Ausnahmen; aber auch das gewöhnliche Leben bringt Not und Schweres genug mit sich und auch hier heisst es eben: aushalten! So sagt in der *Helena* der Chor zu dieser Fürstin (253 f.):

Du leidest hart, ich weiss es; doch wohl frommt es dir,
Harmlos zu tragen, was die Not des Lebens bringt.   (D.)

Fr. 702 des *Telephus* giebt den Ratschlag:

Halt aus, giebt dir die Gottheit auch ein rauh Geschick[84])!

Dasselbe rät in der *Alcestis* (985) der Chor dem Admet nach dem
Tode seiner Gattin, und in den *Troades* redet Hekabe (101 ff.)
sich selbst zu: „Halt' aus, wenn Göttergeschick sich wandelt.
Fahr' übers Meer, fahr' nach dem Willen der Gottheit und stelle
dein Lebensschiff nicht gegen die Woge, mit dem Zufall segelnd."
Man soll sich also von den Wogen des Lebens dahintragen lassen
und nicht ihnen Trotz bieten wollen. Übersehen wir ja doch
nicht einmal den Verlauf und das Ziel der Fahrt und können
daher den Wert, den ein einzelnes Erlebnis für uns hat, gar nicht
sogleich beurteilen. *Temenos Fr.* 745:

Aushalten gilt's! Was im Augenblick
Als Unglück erscheint, hat oft schon zuletzt
Dem Menschen in Glück sich verwandelt[85]).

Und ähnlich heisst es im *Telephus* (*Fr.* 716):

Du weiche dem Geschick und kämpf' mit Göttern nicht.
Halt meinen Anblick aus, lass ab von deinem Stolz!
Denn oftmals hat auch schon das Höchste wohl ein Gott
Gestürzt zu Boden und in Niedrigkeit verkehrt[86]).

Denn diese Ergebung in die Notwendigkeit ist die wahre
Lebensweisheit. *Fr.* 965:

Wer der Notwendigkeit zu weichen weiss, der gilt
Für weise uns und der versteht der Gottheit Sinn[87]).

Auch im Unglück keinem Grolle Raum zu geben, das ist die Art
und das Kennzeichen des weisen Mannes. *Fr.* 1078:

Des weisen und gerechten Mannes Sache ist's,
Den Göttern nicht zu grollen, selbst im Ungemach[88]).

Wohl bringt es ja Linderung im Unglück, zu klagen und sich
auszuweinen (*Oineus Fr.* 563; *Oinom. Fr.* 573)[89]); aber der Kummer
darf sich nicht zur Verbitterung des Gemütes steigern. Denn
dadurch macht man sich seine Not nur noch schwerer, durch
Ergebung in dieselbe leichter. Freilich ist das leichter gesagt
als gethan; darum ist es aber doch wahr. *Oinom. Fr* 572:

Eins muss vor allem man zuerst versteh'n:
Zu tragen ohne Groll, was uns das Schicksal bringt.
Wer dies kann, ist der beste Mann. Das Unglück selbst

Thut alsdann wen'ger weh. — Dies wissen freilich wir
Zu sagen wohl; unmöglich ist's oft, es zu thun [90]).

Hiemit stimmt *Fr. 175* der *Antigone* überein:

Wer bei dem Unglück, das ihn trifft, geduldig trägt
Des Gottes Hand, fühlt weniger unglückselig sich.

Das Ideal des mutigen, trotz aller Not nicht verzweifelnden
Dulders ist wiederum *Herakles*, zu dem Theseus (1227 f.) sagt:

Das ist Menschenadel,
Der seine Schickung ohne Murren trägt [91]).   (W.)

Dieser von Euripides so oft wiederholte Grundsatz (*Iph. T.* 489;
Mel. desm. Fr. 491, 5) [92]) gilt nicht nur für die einzelnen Schickungen
im Leben, sondern auch für die Auffassung des Lebens als Ganzes,
des Menschenschicksals, das schliesslich im Tode endigt. Auch
darüber ist nicht zu klagen; sondern man soll die Notwendigkeit
des Naturlaufs ·einsehen und sich dabei zufrieden geben. Dies
spricht besonders eindringlich *Fr.* 757 der *Hypsipyle* aus:

Kein Sterblicher ist, den nicht Unglück heimgesucht,
Der Kinder nicht begräbt und andre dann bekommt,
Der selbst nicht stürbe. Und die Menschen klagen drob,
Wenn Erde sie der Erde geben. Doch man muss
Auch Leben ernten wie der Ähre reife Frucht:
Sein muss der eine und der andre nicht. Warum
Darüber klagen, da der Lauf dies der Natur?
Nichts ist dem Menschen furchtbar, was notwendig ist [93]).

Mit diesen Worten tröstete bei Euripides Amphiaraos die Mutter
des Archemoros über den Tod ihres Sohnes; später hat sie Plutarch
in der *Trostschrift an Apollonia* (c. 16 pg. 110 F) verwendet
und aus Cicero, der sie übersetzt hat (*Tusc.* III. 25, 59), erfahren
wir, dass der Stoiker Chrysippos darin eine seiner Lebensauffassung verwandte Saite anklingen hörte. Wie Äschylus (*Prom.* 10 f.)
und Sophokles (*Fr.* 809; 861) predigt also auch Euripides der
Menschheit als oberste Lebensweisheit „die Notwendigkeit zu
lieben", wie ·auch der deutsche Dichter in dem gesetzmässigen
Verlauf der Natur nichts findet, „was den Menschen entsetze" [94])·

Gehen wir nach der Darlegung dieser Hauptgrundsätze der
Euripideischen Ethik etwas mehr ins Einzelne, so machen wir
auch hier die Beobachtung, dass die von dem Dichter gestellten
sittlichen Anforderungen im wesentlichen auf dem **Tugendideal**
seines Volkes beruhen. Als den innersten Kern griechischer
Lebensweisheit kann man den Sinn für das **Mass** bezeichnen, die

Sophrosyne, aus der sich alle andern von den Griechen hoch-
gehaltenen Tugenden, die Gerechtigkeit, die Weisheit, die Mannhaftigkeit (um nur die „Kardinaltugenden" zu nennen) von selbst
ergeben. Sie nennt der Chor in der *Medea* (635 f.) „das schönste
Geschenk der Götter" und in *Fr.* 959 heisst es: „Nichts ist mir
ehrwürdiger als Sophrosyne; denn sie wohnt immer den Guten
bei"[95]). Den Gegensatz zur Sophrosyne bildet das Zuviel (ἄγαν),
wo es auch immer sei, und wie Horaz die *aurea mediocritas*, so
preist auch Euripides nicht selten das Einhalten der richtigen
Mitte zwischen den Extremen, das μέτριον. So knüpft in der
Medea (125 ff.) die Kammerfrau an eine kurze Vergleichung von
Monarchie und Demokratie (119 ff.) eine allgemeine Betrachtung
über den Vorteil eines mittelmässigen Lebensloses:

> Des Genügsamen Nam' hebt siegreich sich
> Vor den Höchsten empor und das seligste Los
> Ist bescheid'ner Genuss: nichts Gutes verschafft
> In der Menschen Geschlecht unmässiges Glück;
> Nein grössere Not, wann über dem Haus
> Ein Gott zürnt, bringt es dem Hause.   (D.)

Hier wird die populäre Vorstellung vom Neide der Götter auf
ihren wahren Gehalt zurückgeführt, dass nämlich alles Übermass,
auch das des Glücks, im Lauf der Welt seine Korrektur erfährt
und darum keinen Bestand hat (s. Kap. III 1). Geht mit einem
Übermass des Glückes Überhebung seitens des Menschen Hand in
Hand, so ist ein Eingreifen der Gottheit um so sicherer und
gerechtfertigter (*Heraklid.* 258; 387 f.). Mässigung (τὸ σῶφρον) gilt
in der ganzen Welt als das Höchste und ihr folgt der Ruhm
(*Hipp.* 431 f.). Als das Muster eines μέτριος ἀνήρ wird in den
Hiketiden Kapaneus von Adrastos dargestellt (861 ff.):

> Dies hier ist Kapaneus, der grosses Gut besass;
> Doch brüstet' niemals er mit seinem Reichtum sich;
> Bescheid'nen Sinnes war er wie ein armer Mann.
> Fern hielt er sich von allzu überlad'nem Tisch,
> Der übers Mass hinausging. Nicht des Gaumens Lust,
> So sagt' er, sei das Richt'ge; Wen'ges sei genug.
> Treu und wahrhaftig war den Freunden er, ob nah,
> Ob fern sie waren: solche Männer giebt's nicht viel.
> Ein redlicher Charakter und leutselig auch
> Liess keines Sklaven Bitte selbst er unerhört,
> Noch auch der Bürger.

Es berührt eigentümlich, dass bei der Charakteristik des verstorbenen Helden sein mässiger Aufwand für Tafelfreuden besonders erwähnt wird. Der Umstand, dass Euripides darauf öfter zu sprechen kommt, weist darauf hin, dass er mit Bewusstsein den Kampf gegen die Unmässigkeit auch hier aufgenommen hat. *Fr.* 893 sagt: „Mir genügt ein mässiger Lebensunterhalt bei bescheiden besetztem Tisch; doch alles Übermässige und Übertriebene lasse ich nicht zu." Und *Fr.* 892:

> Was weiter braucht der Mensch denn als der Dinge zwei,
> Brot aus Demeters Frucht und einen Wassertrunk?
> Das giebt es ja und uns zur Nahrung ist es da.
> Damit begnügt sich nicht die Üppigkeit. Es jagt
> Die Schwelgerei nach Leckerbissen andrer Art.

Wir hören, dass der Stoiker Chrysippus diese Verse besonders gern citierte [96]). Eine Gelegenheit, die Unmässigkeit zu verspotten, bot sich dem Dichter in dem Satyrspiel *Kyklops*, wo Polyphem sich rühmt, dass er neben dem Reichtum (316) den Bauch als seinen Gott betrachte (334 f.). Ebenso wie die Unmässigkeit hält aber Euripides auch das entgegengesetzte asketische Extrem für etwas Ungesundes, wie es z. B. bei den Pythagoreern und Orphikern in der Enthaltung von Fleischnahrung, sich ausprägte (*Hipp.* 952 ff. s. Kap. III 2 A. 127). Schwerlich wird er auch die Übung der „Monositen" gebilligt haben, welche täglich nur eine einzige Mahlzeit zu sich zu nehmen pflegten [97]). Denn er ist der Freude, auch der Freude des Mahles, nicht abhold (*Herakles* 682 ff.) und weiss gar wohl, was von der Magenfrage abhängt. An Worte des Odysseus (η 216 ff.) und Eumäus (ρ 286 ff.) erinnert *Fr.* 915:

> Mich zwingt die Not und mein gar übel leidender
> Magen, von dem bekanntlich alles Unheil kommt [98]).

Leider kennen wir den Zusammenhang nicht, in dem diese Verse standen. Die allgemeine Fassung der letzten Worte lässt es wohl als möglich erscheinen, dass der Gedanke des Dichters der war: vom Hunger kommt alles Schlimme in der Welt; er veranlasst die Menschen zu Diebstahl, Mord, Krieg u. s. w. [98a]) So empfiehlt sich denn schon im rein sinnlichen Genuss ein vernünftiger Mittelweg.

Die Überwindung sinnlicher Neigungen und Leidenschaften ist übrigens nur ein Teil der Selbstbeherrschung, die jeder sittliche Mensch gegen sich üben muss. „Mit Vergnügungen hat sich noch niemand Ruhm erworben" (*Fr.* 1043) [99]). Und an den bekannten Ausspruch Aristipps ἐγὼ οὐκ ἔχομαι erinnert das selbstbewusste Wort: „Ich gehöre mir selbst" (*Fr.* 1005) [100]). Wie dies zu verstehen ist, zeigt *Fr.* 634 des *Polyidos*:

> Wer gut die eigene Natur beherrschen kann,
> Der ist ein weiser Mann und nützlich für die Welt [101]).

Besonders verderblich ist es, sich von der Leidenschaft des Z o r n e s hinreissen zu lassen (*Aeolus Fr.* 31):

> Wer sich dem Zorne sogleich überlässt, der nimmt
> Ein schlimmes Ende; dies bringt Menschen Unheil oft [102]).

Der weise Mann wird dies vermeiden (*Hypsip. Fr.* 760):

> Denn frei vom Zorn ist jeder wirklich weise Mann [103]).

Philoktet Fr. 799:

> Und wie vergänglich unser ird'scher Körper ist,
> So soll vergänglich auch der Zorn des Menschen sein,
> Der weise und besonnen geht durchs Leben hin [104]).

Das Mindeste ist also, dass man einer Aufwallung nicht lange Raum gewährt, sondern ihrer rasch Herr zu werden sucht. Dass dies wie den Menschen so auch der Gottheit gegenüber gilt, ja dass leidenschaftliche Auflehnung gegen sie das Allerthörichtste und Verkehrteste sei, wurde schon oben ausgeführt. Auch vom E h r g e i z sich beherrschen zu lassen, ist verwerflich; denn der äussere Glanz, von dem er sich belohnt sieht, ist ein Gut von zweifelhafter Art: eine Warnung, die im Munde von Königen, des Menelaus (*Iph. Aul.* 527) und Agamemnon (21 ff.), den Inhabern der höchsten weltlichen Ehrenstellen, besonders bedeutungsvoll erscheint. Odysseus, der hier ein „Abkömmling des Sisyphos" genannt wird, dient als abschreckendes Beispiel eines ehrsüchtigen Demagogen (525 f.). — Zu den allerschlimmsten Erscheinungen auf sittlichem Gebiet gehört endlich der N e i d, den man, wenn es möglich wäre, mit allen Mitteln ausrotten sollte (*Ino Fr.* 403):

> Von welchem Vater, welcher Mutter stammt der Neid
> Zum Fluch den Sterblichen erzeugt, ein böses Wort?
> In welchem Teile uns'res Körpers haust er wohl?
> Sitzt in der Hand, im Eingeweid', im Auge er?
> Ach, dass wir's wüssten! Dann, wenn auch mit vieler Müh',
> Vermöchte wohl der Arzt durch Schnitt oder Arznei
> Zu heilen diese schlimmste Krankheit von der Welt [104a]).

Den Gegensatz zu solch leidenschaftlich anspruchsvollem Auftreten bildet B e s c h e i d e n h e i t u n d D e m u t (αἰδώς) und sie führen auch besser zum Ziele (*Temenos Fr.* 746):

> Bescheidenheit nützt mehr den Menschen als der Zorn [105]).

Ein in sich gefestigter Charakter wird Freud und Leid, die ihm
das Leben bringt, gleichermassen zu tragen vermögen (*Mel. desm.
Fr.* 505):

> Der Mann, der zu ertragen weiss, was ihn betrifft,
> Den nenn' ich gut und der dünkt weise mir zu sein [106]).

Im Leide mag man sich wohl von einem Freunde trösten lassen,
soll aber nicht den Schmerz betäuben wollen (*Fr.* 1079):

> Kein besser Mittel giebt es für des Menschen Leid
> Als eines lieben, edlen Mannes mahnend Wort.
> Doch wer in solchem Kummer sich durch Trunkenheit
> Betäuben und den trüben Geist beruhigen will,
> Wird froh im Augenblick; doch folgt verdoppelt Leid [107]).

Wie man in der Leidenschaft des Zornes zu weit gehen kann, so
kann man auch umgekehrt gar zu kleinmütig werden (*Androm.*
867 ff.) und wie man sich leicht vom Unglück zu sehr nieder-
drücken lässt, so führt das Glück leicht zur Überhebung. Darum
muss man in beiderlei Fällen sich seinen Gleichmut bewahren
und darf nie sich selbst verlieren (*Fr.* 963):

> Kein Glücksfall, der zu teil dir wird, sei je so gross,
> Dass er verleite dich zu übermüt'gem Sinn.
> Und trifft dich Unglück, werd' auch dann zum Sklaven nicht!
> Nein bleibe immerdar dir gleich und rette dir
> Dein Selbst, gleichwie das Gold im Feuer sich bewährt [108]).

Diese Selbstbeherrschung und Selbständigkeit (αἰδώς) verleiht allein
sittlichen Halt und die wahre Freiheit gegenüber den Menschen
und der Gottheit. Wo es an ihr fehlt, da steht es schlimm: denn
ihr Gegenteil, die Zügellosigkeit (ἀναίδεια), ist das grösste Übel
in der Welt (*Med.* 471). Manchmal könnte man freilich mit dem
alten Hesiod (*Erga* 197 ff.) meinen, die Aidos habe die Erde verlassen und sei zu den Göttern entschwebt, kann man doch nicht
einmal mehr auf die Heilighaltung der Eide sich verlassen
(*Med.* 439 f.) und Laster und Ungesetzlichkeit scheinen zu triumphieren (*Iph. Aul.* 1089 ff.). Aidos und Sophrosyne müssen allezeit
hochgehalten (*Hik.* 911 ff.) und das Übermass gemieden werden
(*Antiope Fr.* 209); denn nach einem alten Spruch ist das Mass
immer das Beste [109]). — Und damit aufs engste verbunden ist die
Gerechtigkeit. In ihr sieht ja Euripides, wie oben gezeigt,
das Grundprinzip des Weltlaufs, und sie im Menschenleben zu
verwirklichen ist die Aufgabe des Einzelnen. Wer sich diesem

Berufe weiht, ist sicher, sich wahren Ruhm zu erwerben (*Palam.
Fr.* 585):

Nur des Gerechten Ruhm wird immerdar bestehn
Vor Menschen und vor Göttern und wird nie vergehn.

Die Gerechtigkeit trägt ihren Wert in sich selbst und muss
schliesslich über das Unrecht siegen; sie ist unüberwindlich (*Palam.
Fr.* 584):

Ein einziger Gerechter siegt ob Tausenden
Von Ungerechten: Gott und Recht steht ihm zur Seit' [110]).

Das Schicksal des Palamedes scheint allerdings diesen Glauben
Lügen zu strafen; doch wissen wir nicht, in welcher Weise der
Dichter seinen Stoff behandelt hat. Die angeführten Bruchstücke
zeigen eben, dass der Dichter auch hier seiner Überzeugung Ausdruck gegeben hat, und die Unschuld des Palamedes kam ja
schliesslich doch zu Tage, wenn auch erst nach seinem Tode. —
Dass bei dieser Hochhaltung der Mässigung und Gerechtigkeit
dem Euripides jene ethische Richtung als verfehlt erscheinen
musste, welche auf Grund der Annahme eines „Naturrechts" rücksichtslos das Recht des Stärkeren proklamierte, ist selbstverständlich. Er zog, wie im nächsten Abschnitt nachgewiesen werden
wird, aus denselben Voraussetzungen gerade den umgekehrten
Schluss auf die Gleichberechtigung aller Menschen. In seinem
Kyklops hat er jene Moral der Selbstsucht und des Übermenschen-
tums, die sich über alle „konventionellen" sittlichen Begriffe,
hinwegsetzt, persifliert. Wir kennen dieselbe hauptsächlich aus
Platos *Gorgias*. Nichts ist instruktiver für die Entwicklung
dieser Gedankenrichtung als eine Vergleichung von *Heraklit
Fr.* 113, *Plato Gorg.* 44 pg. 490 A und *Euripides Palam. Fr.* 584.
„Einer gilt mir für zehntausend, wenn er der beste ist" (ἄριστος),
sagt Heraklit. „Oft ist Ein Verständiger (φρονῶν) stärker (κρείττων)
als zehntausend Unverständige", ist die Lehre des Kallikles bei
Plato, und „Ein Gerechter siegt über zehntausend Ungerechte",
meint Euripides. Nimmt man bei letzterem die Begründung dazu,
„weil er die Gottheit auf seiner Seite hat", so wird man in seinen
Worten nur eine im ganzen richtige Auslegung des Heraklitischen
Satzes erkennen dürfen, nur dass die aristokratisch-sittliche
Anschauung des Ephesiers hier in einen rein sittlichen Satz um-
gewandelt erscheint. Umgekehrt nimmt Kallikles aus dem Ausspruch des Heraklit nur das aristokratische Element heraus und
ersetzt den Begriff des sittlich Guten durch den der Macht: der

Mächtige ist für ihn „von Natur gerecht" und hat daher den berechtigten Anspruch, die schlechtere Menge zu knechten, indem er „seine Fesseln zerreisst, all den papiernen Wust, den ganzen Formel- und Gaukelkram und die naturwidrigen Gesetze von sich abschüttelt, mit Füssen tritt und dem Rechte der Natur gemäss als unser Herr, nicht unser Diener vor uns steht" (*Gorg.* 39 pg. 484 A)[111]. Selbstverständlich und mit Recht zieht nach dieser Lehre der Herrschende aus seiner Stellung materiellen Vorteil (ἄρχειν καὶ πλέον ἔχειν τῶν φαυλοτέρων) und von diesem Punkte aus gelangt Kallikles schliesslich zur Verkündigung eines Evangeliums ungezügelter Genusssucht: die Tugend besteht in der möglichst vollständigen Befriedigung der Begierden; es ist der polare Gegensatz zum cynisch-asketischen Sittlichkeitsideal (*Gorg.* 47 pg. 492 DE). Einen praktischen Vertreter dieser Theorien führt uns Xenophon in der Person des Menon, eines der Feldherrn der 10 000 Griechen vor, die mit Kyros gegen Artaxerxes zogen (*Anab.* II. 6, 21 ff.): Wahrheit und Aufrichtigkeit ist für ihn gleichbedeutend mit Thorheit. An Stelle der Frömmigkeit und Gerechtigkeit setzt er die Kunst, andere zu betrügen und zu übervorteilen. Wer sich noch an die bürgerliche Moral hält, erscheint ihm als „unmännlich" und wer kein Schurke ist als „ungebildet". Sein einziges Motiv zum Handeln ist die Selbstsucht, sein einziges Ziel Reichtum und Macht. Auch die düstere Schilderung, welche Thukydides von der Untergrabung aller sittlichen Gefühle und Begriffe zu Beginn des peloponnesischen Krieges entwirft (III. 82), gehört in diesen Zusammenhang. Er hebt dabei besonders hervor, dass man „die gewöhnliche Bedeutung der Worte nach Willkür ändert", um so für sich selbst den Schein des Guten zu retten oder auf den Gegner den des Bösen zu werfen. „Unmännlich" (ἄνανδρος) scheint dabei ein beliebtes Schlagwort gewesen zu sein, mit dem man die Anhänger der ehrlichen bürgerlichen Moral beschimpfte und verdächtigte, weil sie sich nicht zu der Höhe der neuen ‚Herrenmoral' erheben konnten[112]. Diese Anschauungen nun bekämpft und verspottet Euripides, indem er im *Kyklops* den rohen Polyphem zu ihrem Vertreter macht (316 ff.), der zu Odysseus sagt:

Reichtum, du Menschlein, Reichtum ist der Weisen Gott,
Das andre Dunst und eitel Wortgebilde nur.
Die Meeresfesten, die mein Vater aufgebaut,
Die lass' ich laufen; was erwähnst du sie mir auch?
Mir ist Kronions Donnerkeil nicht schrecklich, Freund,

Kein stärk'rer Gott auch scheint mir Zeus, als ich, zu sein.
Das and're sind mir Possen nur; das sollst du gleich
Vernehmen. Wenn er aus den Höh'n Platzregen schickt,
Beut diese Felsenhöhle mir ein dichtes Dach.
Ich brat' ein Kalb mir oder auch ein wildes Tier
Und schmaus' es, strecke den Bauch empor und feucht' ihn wohl,
Austrinkend einen Eimer Milch, und lärme mit
Zeus Donnern um die Wette, stampfend auf den Grund.
Giesst dann der Thraker Boreas uns Schnee herab,
So hüll' ich warme Pelze mir von Tieren um
Und mache Feuer, und der Schnee — nichts acht' ich ihn.
Auch muss das Land mir, woll' es oder woll' es nicht,
Gras wachsen lassen, dass die Herde fetter wird.
Die schlacht' ich keinem ausser mir (den Göttern nicht)
Und meinem Bauch hier, aller Götter Könige.
Denn voll sich essen jeden Tag, voll trinken sich
Und sich um nichts abhärmen, das, das ist der Zeus,
Den weise Männer ehren. Die mit künstlicher
Gesetze Kram der Menschen Leben buntgefärbt,
Die mag der Henker holen! Ich will meinem Sinn,
Ohn' abzulassen, gütlich thun und schmause Dich.   (D.)

So derb dieses Bild gezeichnet ist und so stark die Farben auf-
getragen sind, so erkennt man doch noch deutlich, wen es karri-
kiert: zumal diese Rede die Antwort des Kyklopen auf die Warnung des Odysseus bildet (310 ff.):

Gebiete deiner Lüsternheit, zieh' frommen Sinn
Dem gottvergess'nen Frevel vor; denn manchem Mann
Hat böse Gier mit schwerer Strafe schon gelohnt.   (D.)

Habsucht, Frivolität, rücksichtslose Selbstsucht und Genusssucht.
Verwerfung aller „konventionellen" Ordnungen und Anschauungen:
das sind die Grundsätze die der Kyklop in Übereinstimmung mit
der oben charakterisierten Richtung proklamiert, eine Moral, die
man nicht mit Unrecht eine „Kannibalenmoral" genannt hat[113]).
Auch im *Ixion* scheint Euripides einen Vertreter dieser Richtung
gezeichnet und durch den Gang des Stücks verurteilt zu haben[112a]).
Von solchen Anschauungen will Euripides nichts wissen, vielmehr
brandmarkt er sie mit beissendem Hohn. Denn eine solche Gesinnung rechtfertigt selbst grobe Verbrechen (*Androm.* 491) und
macht die wahrhaft menschlichen Empfindungen unmöglich, wie
das M i t l e i d (*El.* 294 ff., *Iph. Aul.* 981 ff.)[114]), die D a n k b a r k e i t

(*Med.* 659), die Nachsicht gegen andere Menschen und die
daraus entspringende Verzeihung ihrer Fehler (*Hipp.* 615), vor
allem auch die Treue in der Freundschaft, die sich im Unglück
erst recht bewährt. Denn die gegenseitige Hingabe schliesst eben
die Selbstsucht aus. Es giebt nichts besseres als einen treuen
Freund (*Or.* 1155)[115]. Wahre Freundschaft ist wertvoller als
zufällige Blutsverwandtschaft (*Or.* 804 ff.). Ein Mann, auf dessen
Treue man auch im Unglück bauen kann, ist ein so willkommener
Anblick wie für den Schiffer die ruhige See (*Or.* 727 f.). Erst in
der Not erkennt man überhaupt den wahren Freund (*Hek.* 1226 f.).
Freunde sollen ihren Kummer und überhaupt alles miteinander
teilen (*Iph. Aul.* 408, *Or.* 735; *Androm.* 376 ff.). Die grösste Schande
ist es, wenn ein Freund den andern in Not geraten lässt und nur
auf seine eigene Rettung bedacht ist (*Iph. T.* 605 f.); vielmehr
sollen Freunde, wenn es not thut, einander treu sein bis in den
Tod (*Hik.* 1006 ff.). — Aber auch noch eine dritte wichtige Tugend
sieht Euripides durch gewisse Richtungen seiner Zeit, namentlich
durch die einseitig rhetorische Ausbildung, wie sie manche Sophisten
übten, schwer bedroht: die Wahrhaftigkeit. In der oben erwähnten Charakteristik des Menon sagt Xenophon von diesem
Manne, dass er „das Einfache und Wahre für gleichbedeutend
mit Thorheit" gehalten habe (*An. II.* 6, 22). Dies erinnert auffallend an den Ausspruch des Äschylus (*Hoplon Krisis Fr.* 176),
den Euripides in den *Phönissen* (469) nachgeahmt hat:

> Das Wort der Wahrheit, einfach ist es immerdar.

Darum bedarf es auch keiner künstlichen Redewendungen, deren
sich nur die ungerechte Sache bedient, um sich den Schein des
Rechtes zu geben (*Phön.* 470 ff.; *Archelaos Fr.* 253; *Herakles*
236 f.)[116]. Diese Kunst aber, die Wahrheit zu verdrehen, das
Unrecht als Recht darzustellen, τὸν ἥττω λόγον κρείττω ποιεῖν, wie
man im Anschluss an Protagoras (*Fr.* 6 Mull.) sagte, ist nach der
Meinung des Dichters viel zu sehr im Schwange zum Schaden
der Einzelnen und des Gemeinwesens. Nichts beweist so sehr,
welch freie und selbständige Stellung Euripides gegenüber der
Sophistik einnahm, als die grosse Zahl von Stellen, in denen er
den Missbrauch der Rhetorik zum Zweck der Verdrehung der
Wahrheit rügt. Man hat den Euripides zu einem Verehrer der
„Suada" gestempelt, weil er der über den Tod ihres Sohnes Poly-
doros leidenschaftlich erregten *Hekabe*, die sich an Agamemnon

um Hilfe und Rache wendet, die Worte in den Mund gelegt hat
(814 ff.):

> Was mühn wir uns, wir Menschen, was erforschen wir
> Die Wissenschaften alle, wie es würdig ist!
> Doch die allein die Welt beherrscht, der Rede Kunst
> Uns anzueignen streben wir nicht gründlicher,
> Für Lohn sie lernend, um damit für jeden Wunsch
> Die Geister stimmend alles durchzusetzen einst[117])?   (D.)

Hier wird ja allerdings scheinbar die Rhetorik empfohlen; aber
dies erklärt sich einmal aus der dramatischen Situation: Hekabe
wünscht sich die grösste Beredsamkeit, um an ihr Ziel zu gelangen,
ihren heissen Schmerz in grimmiger Rache zu kühlen. Und ausserdem klingen ihre Worte zugleich fast wie eine Klage darüber,
dass man eben leider mit der einfachen schlichten Rede nicht
durch die Welt kommt, dass eine gewisse Kunst oder vielmehr
Künstlichkeit derselben ein notwendiges Übel ist, da nun einmal,
wie Achilles in der *Iph. Aul.* (1013) sagt, „die Worte die Worte
niederringen". Seine wahre Meinung lässt der Dichter dieselbe
Hekabe im selben Stücke demselben Agamemnon gegenüber aussprechen mit den Worten (1187 ff.):

> Wohl, Agamemnon, sollte bei den Sterblichen
> Die Zunge niemals mehr vermögen als die That.
> Wenn einer Gutes übte, sprech' er Gutes auch,
> Und that er Böses, sei die Red' unmächtig stets
> Und nicht vermögend, Übles gut zu nennen je.
> Die solches gründlich lernten, nennt man weise wohl;
> Doch bis zum Ende können sie nicht weise sein
> Und gehen unter; keiner noch entfloh der Schmach[120]).   (D.)

Deutlicher, als hier geschieht, kann man die moderne Scheinweisheit nicht als solche bezeichnen und zugleich die Überzeugung
vom schliesslichen Sieg der Wahrheit über die Lüge aussprechen.
Freilich für den Augenblick triumphiert die letztere nur allzu
häufig und dies presst dem Dichter den Seufzer aus (*Hipp. Kal.
Fr.* 439):

> Ach, dass der Menschen Thaten reden könnten und
> Die schlauen Redner also sänken in ihr Nichts!
> Doch nun beseit'gen mit geläuf'ger Zunge sie
> Die Wahrheit, dass aus Licht nicht kommt, was es doch soll[118]).

Auch in der zweiten Bearbeitung des *Hippolytos* finden wir Stellen,
welche diesen Gedanken aussprechen, so wenn Theseus sagt (925 ff.):

> O dass es doch ein Unterscheidungszeichen,
> Ein sich'res Merkmal gäbe für der Freunde
> Gesinnung, Treu' und Falschheit zu erkennen.
> Zwei Stimmen sollte jeder Mensch besitzen,
> Die eine wahr und echt; die andre möchte
> Dann bleiben, wie sie wäre. Denn wir könnten
> Doch mit der wahren ihren Trug entlarven
> Und würden durch Verstellung nicht getäuscht [119]). (W.)

Und Hippolytos selbst, seiner Unschuld sich bewusst, giebt seinem
Vater Theseus zu, dass seine Rede allerdings eindrucksvoll gewesen, die Sache aber, die er verfechte, schlecht sei, und fährt
dann fort (986 ff.):

> Hingegen mir gebricht es an Gewandtheit,
> Mich vor dem grossen Haufen zu verteid'gen.
> Vor meinesgleichen und im kleinen Kreise
> Versteh' ich's besser. Und das ist natürlich.
> Denn was gebildeter Geschmack verwirft,
> Hat für das Ohr der Menge vollsten Klang. (W.)

In dem schon oben besprochenen Redewettkampf zwischen Amphion
und Zethos in der *Antiope* (Kap. I. A. 114 ff.) wird von spitz-
findiger Dialektik gewarnt (*Fr.* 188) und die Gefährlichkeit der
Redekunst scharf betont (*Fr.* 206):

> Mein Sohn, die wohlgesetzte Rede trüget leicht
> Und durch der Worte Schönheit überwindet man
> Die Wahrheit. Doch nicht dies, Natur und Recht allein
> Sind Wirklichkeit. Wer aber durch Wohlredenheit
> Nur siegt, der ist zwar klug; doch bin ich überzeugt,
> Dass stärker als die Worte stets die Thaten sind [120]).

Und so versichert denn auch Amphion (*Fr.* 202), dass er sich nur
der Weisheit weihen und den krankenden Staat nicht verwirren
wolle. Man sieht deutlich, wie hier Zustände der Gegenwart in
die mythische Zeit übertragen und der Standpunkt des Dichters
seinem Helden untergeschoben ist. Denn in der That hatte der
Missbrauch der Rhetorik das Recht und das öffentliche Leben
überhaupt untergraben. Dies erkennt Phädra im *Hippolytos*
(486 ff):

> Das ist es, was im Haus und Staat das Glück
> Vernichtet, diese nur zu süssen Reden.
> Es soll das Wort nicht unsern Ohren schmeicheln,
> Es soll uns lehren, Rühmliches zu thun. (W.)

Infolgedessen siegt oft die Verleumdung über die Wahrheit, das
Unrecht über das Recht (*Alex. Fr.* 56):

Herr, welch ein Übel ist Verleumdung in der Welt!
Oft unterliegt ja ein gerechter Mann, nur weil
Die Red' er nicht beherrscht, der Zungenfertigkeit[121]).

In den *Phönissen* (526 f.) spricht der Chor seine Meinung dahin aus:

Nicht ziemt es, gut zu reden bei nicht schöner That;
Denn nimmer schön ist dieses und verhöhnt das Recht. (D.)

Ganz ähnlich *Palam. Fr.* 583:

Wenn jemand schön zwar spricht, doch schlecht die Thaten sind,
Wofür er spricht, den lob' ich nie als weisen Mann[122]).

In den *Bacchen* (266 ff.) äussert Teiresias dem Pentheus gegenüber:

Wenn schönen Stoff zu reden fand ein weiser Mann.
Dann ist es ihm nichts Schweres, wohlberedt zu sein.
Dir ist der Mund geläufig wie dem Klugen wohl;
Doch wohnt in deinen Reden nicht der kluge Sinn. (D.)

In *Fr.* 924 warnt jemand sich selbst vor Spitzfindigkeiten und
überklugen Reden, die nur Leuten von eben solcher Gesinnung
imponieren. Der Dichter bedauert, dass der rhetorische Unfug
straflos betrieben werden darf (*Fr.* 978):

Wenn für das Reden man müsst' zahlen einen Preis,
Dann wünschte wahrlich niemand wohlberedt zu sein;
Doch nun kann jeder sich vom blauen Himmel her
Die Reden holen mühelos und freut sich, wahr
Zu reden oder unwahr; niemand straft ihn ja[123]).

Angesichts dieses Missbrauchs der Sprache wünscht Euripides
einmal geradezu, „dass das Geschlecht der unglücklichen Sterblichen ohne Sprache wäre" (*Fr.* 987)[124]), und im vollen Bewusstsein, allein gegen den Strom der Zeitrichtung zu schwimmen,
lässt er seine *Medea* sagen (579 ff.):

In vielem bin ich andern Sinns als sonst die Welt.
So scheint der höchsten Strafe wert ein Frevler mir,
Der sich in schöne Reden fein zu hüllen weiss.
Unrecht zu schmücken rühmt er sich mit der Worte Kunst
Und wagt zu täuschen; wahre Weisheit ist ihm fremd. (D.)

Auch die Worte des Sklaven in demselben Stück (1225 ff.) sind
gegen die sophistische Scheinweisheit gerichtet. Mit dieser scharfen
Polemik gegen den Missbrauch der Rethorik und den Hinweis auf

die überaus schlimmen Folgen desselben für das private und öffentliche Leben hat Euripides das Thema zu Platons *Gorgias* vor-
weggenommen [125]). Wenn man sich fragt, wie Euripides trotz der
Gemeinsamkeit so vieler Gedanken mit der neuen sophistischen
Richtung dazu kam, diese gerade auf ihrem eigensten Felde, der
Rhetorik, so schonungslos zu bekämpfen und blosszustellen, so
wird man ausser an die angeborene unbestechliche Wahrheits-
liebe des Dichters selbst sich wiederum an den Einfluss erinnern
müssen, den Heraklit auf ihn ausgeübt hat. Denn auch dieser
war ein abgesagter Feind der Rhetorik, die er als eine „schlechte
Kunst" (κακοτεχνίη) bezeichnete und deren angeblichen Erfinder"
Pythagoras er eben deswegen scharf tadelte, weil er „die oberste
der Lügenkünste" begründete (*Fr.* 17. 138 Bywater) [126]). Ihm ist
offenbar Euripides auch hier gefolgt, wie er es auch war, mit
dessen Hilfe er die erkenntnistheoretische Skepsis überwand (s.
Kap. II). Manches erinnert auch an die Geringschätzung der
Rhetorik, wie sie in den vielleicht dem Sophisten Antiphon gehörigen Bruchstücken bei Jamblich zu Tage tritt (s. A. 120). Viel
mehr als die Rhetorik dient der Wahrheit die schlichte Rede
(*Herakles* 236 f.):

> Sei auch der edle Mann nicht flink im Reden,
> Was er zu sagen habe, weiss er stets [127]).   (W.)

Ebenso meint der Herold Talthybios in den *Troades* (411 f.):

> Die hohen Worte, die so weise scheinen, sind
> Um gar nichts besser als das Allerwichtigste. .

Und in *Fr.* 327 der *Danae* heisst es:

> Die Männer, die aus reichem Haus sind, lieben es,
> Die Worte klug zu setzen und, wenn einmal gut
> Ein armer Mann, der aus geringem Haus stammt, spricht,
> Zu lachen; aber ich bemerke oftmals, dass
> Die armen Männer weiser als die reichen sind [128]).

Im *Ion* (832 ff.) spricht sich der Chor folgendermassen aus:

> Wie hass' ich stets die frevelhaften Männer doch,
> Die Unrecht künstlich suchen zu beschönigen.
> Zum Freund wünscht' ich mir lieber den geringen Mann,
> Der redlich ist, als den der klug zwar, aber schlecht.

Ein solch einfacher aber rechtschaffener Charakter ist der Landmann in der *Elektra* (253 ff.). In der im *Orestes* von dem Boten
geschilderten Volksversammlung, welche über das Schicksal der
Kinder Agamemnons zu beraten hat, wird dem „doppelzüngig

redenden" und „sein böses Wort in gutes hüllenden" Talthybios
(890 ff.), sowie einem Argiver „von zügelloser Zunge" der „auf
Beifall bedacht" und „auf thörichten Freimut pochend, süss in
Worten und im Herzen schlecht, das Volk beschwätzt zum Unglück des Staates" (902 ff.), ein Redner gegenübergestellt, wie er
nach des Dichters Meinung sein soll (918 ff.):

Nicht lieblich zwar im Äussern, doch ein edler Mann;
Die Stadt besucht' er selten und des Marktes Rund,
Sein Feld bestellend (was allein das Land erhält),
Doch auch erfahren, wann er will, im Redekampf;
Unsträflich lauter wandelt' er sein Leben lang . . . .
Und edle Männer fanden gut, was er gesagt. (D.)

Auch führt der Dichter einige Beispiele mit Namen an, die seinem
Ideal eines tüchtigen Bürgers und damit auch Redners entsprechen:
so in den *Hiketiden* (889 ff.) den Parthenopaios, der (894)

Mit Worten nicht ein Kämpfer war, wodurch zumeist
Der Bürger wie der Gast dem Volk beschwerlich wird,

und den Tydeus, von dem es heisst (902 f.):

Nicht glänzt' in Worten er; doch war im Schildesamt
Ein grosser Weiser er, der Ungeübten Schreck [129].

In diesen Stellen sah schon Welcker (Kl. Schr. II. S. 509) eine Anspielung auf die Disputierkunst des Protagoras, welche der Dichter
missbilligt. Denn er ist ein Freund der Wahrhaftigkeit: „Der
Mund der Edeln soll ohne Lüge sein" (*Heraklid.* 890 f.). In der
Iph. Aul. (1005 f.) sagt Achilles zu Klytämnestra:

Denn Eines hör' und wisse: Lügen red' ich nicht;
Doch red' ich Lügen, spott' ich dein mit eitlem Wort,
So mög' ich sterben. (D.)

In einem uns unbekannten Zusammenhang standen die Verse (*Fr.*
1036):

Soll ich dir süsse Lügen sagen oder willst
Die herbe Wahrheit du? Sprich! Dein ist der Entscheid.

Wie der Dichter selbst von dieser Alternative dachte, zeigt *Fr.*
1035:

Unselig wer vom Guten nur in Lügen spricht
Und nicht wahrhaftig sich des Guten rühmen kann.

„Was recht ist, darf man niemals verschweigen" (*Fr.* 1037) [130].
Aufrichtigkeit und Freimut muss vor allem unter Freunden
herrschen, wie in der *Alcestis* Herakles zu Admet sagt (1008):

Zum Freunde reden muss man frei das freie Wort. (D.)

Aber auch im öffentlichen Leben ist Wahrhaftigkeit eine unerlässliche Eigenschaft des gerechten Mannes (*Alkmene Fr.* 91)[131].
Verstellung ist nach der Ansicht des Euripides etwas Abscheuliches und selbst die schuldbewusste Phädra im *Hippolytos* will davon nichts wissen und flucht „den Heuchlerinnen, die, sittsam in den Worten, insgeheim das ärgste wagen" (413 f. W.) Darum ist es auch nichts anderes als schnöde Verdrehung eines aus dem Zusammenhang gerissenen Wortes und boshafte Verleumdung, wenn Aristophanes (*Frösche* 101) einen Vers aus *Hippolytos* (612):

Es schwur nur meine Zunge, nicht mein Herz,   (W.)

so ausdeutet, als hätte Euripides den durch eine Reservatio mentalis verhüllten Meineid empfohlen[132]. Vielmehr ist es gerade die Heilighaltung seines Eides, welche auf Hippolytos den Schein der Schuld ladet (656 ff.):

Meine Frömmigkeit allein
Ist eure Rettung. Denn ich würde nie
Es unterlassen haben, meinem Vater
Die Sache vorzutragen, hätt' ich nicht
Arglos durch einen Eid mich fangen lassen.   (W.)

Für wie heilig Euripides den Eid hielt, beweisen die Worte des Chors in der *Medea* (439 f.):

Es schwand des Eides heil'ge Scheu; die Scham ist
Aus dem erhabenen Hellas entflohn; in den Himmel flog sie. (D.)

Hier wird also die Heilighaltung des Eides geradezu mit der Grundlage aller Sittlichkeit, dem Scham- und Ehrgefühl (αἰδώς), identifiziert. — Eine Reihe von Lebensregeln finden wir, übrigens ohne tieferen Zusammenhang, bei einander in der Rede des sterbenden Vaters im *Erechtheus* (*Fr.* 362): Fürs erste soll man eine freundliche Gesinnung gegen seine Nebenmenschen hegen und gegen jedermann sich als fromm und zuverlässig erweisen (6 ff.) Bei einander entgegengesetzten Dingen soll man charaktervoll für das Eine von beiden Partei ergreifen (9 ff.). Man soll kein unrechtes Gut erwerben; denn dies hat keinen Bestand (11 ff.). Keineswegs aber soll man auf die Erwerbung von Reichtum verzichten: denn dieser führt zu Ansehen und geachteter Stellung, während der arme Mann, auch wenn er gebildet ist, ungeehrt bleibt (14 ff.). Als Freunde wähle man solche, die keine zügellosen Reden führen; solche aber, die einem nur zu Gefallen reden, sollen aus dem Hause ausgeschlossen sein (17 ff.). Der Umgang mit älteren Männern ist leichtsinniger Gesellschaft vorzuziehen;

denn nur kurz ist die Freude an böser Lust (21 ff.). Niemals soll
man seine Machtstellung zu unsittlichen Handlungen missbrauchen;
denn die Vergewaltigung redlicher Armer zieht Strafe und Schande
nach sich (24 ff.). Niemals auch soll man schlechten Leuten zur
Herrschaft verhelfen; denn erlangen sie dieselbe, so macht sie
ihr unerwartetes Glück übermütig (28 ff.). Endlich soll ein weiser
Mann nicht „weibisch gesinnt" sein, sich den weichen Gefühlen
nicht zu sehr hingeben (32 ff.) [133]. — Wie man sieht, ist dies
nichts als eine Anzahl praktischer Ratschläge ohne alle und jede
philosophische Begründung. Im ganzen liegt denselben ein gewisser als berechtigt anerkannter natürlicher Egoismus zu Grunde,
der sich aber doch scharf abhebt von den oben skizzierten Lehren
des Kallikles und Genossen. Auch ist nicht zu vergessen, dass
in demselben Stück die Aufopferung für das Wohl des Vaterlandes das Hauptthema bildete (*Fr.* 360 s. u.) und diesen auf
Selbsterhaltung gerichteten Grundsätzen zum mindesten die Wage
hielt. —

Hat es sich so gezeigt, dass Euripides der sophistischen Rhetorik, Skepsis und Ethik gegenüber durchaus seinen eigenen Standpunkt gewahrt hat, dass er namentlich die Gefahr, welche der
Wahrheit und Wahrhaftigkeit von dieser Seite drohte, klar erkannt und jeden Missbrauch der rednerischen Kunstmittel zu verwerflichen Zwecken aufs schärfste getadelt hat, so hat er sich
doch auch das Gute, welches die neue Bildung in sich trug, mit
regem Eifer zu eigen gemacht, und die Betonung der Ausbildung des Geistes gegenüber vorwiegend körperlicher Schulung,
die Prüfung alles Bestehenden auf seine Berechtigung, die Auffindung neuer Erkenntnisse, kurz der ganze kritische und fortschrittliche Geist, der der Sophistik innewohnte, konnte unserem
Dichter nur sympathisch und willkommen sein. Nur wäre es falsch
anzunehmen, Euripides habe bloss in den Lehren der Sophisten
neue Ideen gefunden; im Gegenteil: mindestens ebensoviel, ja
noch mehr Aufmerksamkeit als diesen hat er der positiven Philosophie alter und neuer Zeit geschenkt, wie wir schon zur Genüge
gesehen haben. Da befremdet denn auf den ersten Anblick eine
Stelle in der *Medea*, an der der Dichter die Väter warnt, ihre
Kinder zur Weisheit zu erziehen (294 ff.):

Nie streb' ein Vater, dem Verstand im Busen wohnt,
Zu hoher Weisheit aufzuziehn der Kinder Geist.
Denn ausser dass ein Weiser, weil er Musse liebt,

Träg wird gescholten, trifft ihn auch der Bürger Hass.
Und wenn du Kluges vorgebracht, was neu erscheint,
Die Thoren nennen albern und nicht weise dich,
Doch giltst du mehr als andre, die sich Tüchtiges
Zu wissen dünken, folgt der Neid des Volkes dir.
Ich selber leide unter diesem Vorurteil:
Weil ich gebildet bin, drum feindet man mich an [134]). (D.)
Man kann hiezu *Fr.* 635 des *Polyidos* vergleichen:

Wer sich der Bildung hingiebt, ist unglücklicher,
Als wer noch ungebildet; denn sich allgemein
Nur tadeln lassen, ist ein unglückselig Los [135]).

Gewiss spricht aus solchen Versen die eigene bittere Erfahrung
des Dichters, der sich als Vertreter des geistigen Fortschritts und
Kämpfer gegen altererbte und tief eingewurzelte Vorurteile vielfach angefeindet, verkannt und misstrauisch betrachtet sah. Notwendig ist es daher nicht, in den Versen eine Beziehung auf die
Verweisung des Anaxagoras aus Athen *(Diodor XII. 39, 2)* zu
sehen, wenn auch die Möglichkeit einer solchen nicht ausgeschlossen ist [136]). Jedenfalls ist es dem Dichter mit seinem Rat
nicht ernst, sondern derselbe enthält nur ein sarkastisches Urteil
über die wirklichen Zustände seiner Zeit. Er will sagen: „wer
wahrhaft weise ist, der taugt nicht für das praktische öffentliche
Leben. Wer sich also dem letzteren widmen will, bleibe der
Weisheit fern." Solchen Leuten warf man Müssiggang (ἀργία)
vor *(Arist. Frösche* 1498), wie es ja selbst der für alle geistigen
Bewegungen sich interessierende Perikles als einen Vorzug Athens
bezeichnet, dass man hier allein den Mann, der sich um das
öffentliche Leben nichts kümmere, nicht nur als „unthätig", sondern
als „unnütz" ansehe *(Thuk. II. 40).* Gegen solchen Tadel verteidigt Euripides den θεωρητικὸς βίος in der *Antiope (Fr.* 184 ff.) [137]).
Zu diesem aber sieht sich leider der Weise verurteilt, da seine
geistige Überlegenheit doch bei der Menge keine Anerkennung
findet und sein Rat, wo nötig, neue Bahnen einzuschlagen, nicht
befolgt wird. Denn allerdings ist die Weisheit (σοφία) an sich
nicht nur eine theoretische Erkenntnis, sondern ein praktisches
Verhalten: „ich hasse den Mann, der nur in Worten weise ist,
aber nicht für die Praxis," heisst es im *Alexander (Fr.* 61) [138]).
Der ganze einem demokratischen Pöbel eigene Widerwille gegen
geistig überlegene Persönlichkeiten kam auch dem Euripides zur
Empfindung und er berührt sich hier in seinen Gedanken mit der

aristokratischen Anschauung des Heraklit, der von seinen Landsleuten sagte (*Fr.* 114 Byw.): „Die Ephesier wären wert, dass sich die Erwachsenen Mann für Mann henkten und den Unmündigen die Stadt nachliessen; denn den Hermodor, den wertvollsten Mann unter ihnen, haben sie vertrieben, indem sie sagten: unter uns soll keiner der Wertvollste sein; ist er aber das, so sei er es anderwärts und in der Fremde"[139]). Es ist dieselbe Wahrheit, die durch einen Ausspruch Jesu sprichwörtlich geworden ist: „Kein Prophet ist angenehm in seinem Vaterland" (*Matth.* 13, 57; *Marc.* 6, 4; *Luc.* 4, 24; *Logion* 5 bei Grenfell-Hunt-Harnack. Über die jüngst entdeckten Sprüche Jesu. Freiburg. Mohr. 1897, S. 21). Selbstverständlich liegt aber hierin nicht eine Verneinung, sondern eine Anerkennung der Notwendigkeit von „Propheten", d. h. von Männern, die ihrem Volk und ihrer Zeit ein Wort zu sagen, eine neue Wahrheit zu verkünden haben. So ist denn also Euripides ein abgesagter Feind aller Scheinbildung und alles hohlen und unwahren Wesens, aber ein um so grösserer und begeisterterer Freund echter Weisheit und wahrer Bildung; er bedauert nur, dass diese nicht durchdringt, keinen genügenden Anklang findet (*Phön.* 394):

Mit Thoren selbst auch Thor sein müssen, das ist schlimm[140]).

Es is eben leider eine Thatsache, dass die Weisheit nichts für die grosse Menge ist. Daher sagt Dionysos fast warnend in den *Bacchen* (480): „Wer zu Thoren von Weisheit spricht, ist nicht verständig." Das klingt beinahe wie Schillers Wort in der *Glocke*: „Weh' denen, die dem ewig Blinden des Lichtes Himmelsfackel leihn!" Aber trotzdem ist dem Dichter Unkultur, Unbildung und Roheit in der Seele zuwider. Dies hat seinen Hass gegen Sparta, der natürlich in der Hauptsache politische Gründe hatte, zum mindesten noch vermehrt. Er hat eine förmliche Antipathie gegen alles spartanische Wesen und bildet damit einen schroffen Gegensatz zu den Sokratikern wie Xenophon und Plato. In der *Andromache* und *Helena* wird Menelaos geradezu als der Typus eines verworfenen Spartaners eingeführt[141]) und in den *Hiketiden* (aufgeführt um 421)[142]) sagt Adrastos (187):

Sparta ist roh und von verschlag'ner Sinnesart.

Offenbar ist es das Überwiegen der gymnastischen Ausbildung und die Vernachlässigung des Geisteslebens, was dem Euripides so antipathisch ist: in der *Andromache* (599) spricht er von den „ihm unerträglichen Lauf- und Ringübungen", die in Sparta gar die Mädchen zusammen mit den Knaben betreiben und denen er geradezu eine unsittliche Wirkung auf den Charakter der Mädchen zuschreibt (595 ff. 600 f.). Dies führt uns auf die Beurteilung der Gymnastik durch Euripides. Sein abfälliges Urteil darüber beschränkt sich keineswegs auf die Teilnahme der Jungfrauen an turnerischen Übungen. Einmal (*Med.* 46) werden Turnspiele der Knaben rein objektiv erwähnt, ein andermal das Missverhältnis zwischen der Zahl der Heerführer und der „Weisen" überhaupt beklagt (*Palamedes Fr.* 581), wobei der Dichter natürlich an die körperlichen Fähigkeiten und die technische Gewandtheit denkt, welche der erstere Beruf erfordert[143]); am ausführlichsten und schärfsten aber lässt er sich in einem Bruchstück des Satyrspiels *Antolykos* (*Fr.* 282) über, d. h. gegen die Gymnastik aus:

1 Unzähl'ge schlechte Menschen giebt's in Griechenland,
  Doch schlechter keine als die vom Athletensport.
  Nie lernen diese richtig leben, niemals auch
  Vermöchten sie es; denn wie könnte wohl ein Mann,
5 Der Sklav' des Gaumens und des Bauches Diener ist,
  Reichtum erwerben mehr als einst sein Vater that?
  Doch auch nicht arm sein, sich zu finden ins Geschick,
  Verstehn sie; denn an gute Sitten nicht gewöhnt
  Verfallen jäh sie in ein unglückselig Los.
10 In Jugend prangend und der Städte Zier und Stolz
  Gehn sie einher; doch greift sie bittres Alter an
  So tragen sie ein fadenscheinig Bettlerkleid.
  Auch tadle der Hellenen Sitte ich, die sich
  Versammeln solcher Leute wegen und dabei
15 Unnützen Freuden huld'gen und dem üpp'gen Mahl.
  Denn welch ein guter Ringer oder Schnellläufer,
  Ein Diskuswerfer oder guter Faustkämpfer
  Nützt seiner Vaterstadt, wenn er den Kranz gewinnt?
  Kämpft mit dem Feind man denn den Diskus in der Hand
20 Und treibt man nicht vielmehr die Feinde aus dem Land
  Den Schild am Arme und dreinschlagend mit dem Schwert?
  Kein Mensch ist also thöricht vor des Feindes Schwert!
  Die weisen und die guten Männer sollte man
  Mit Kränzen ehren und den, der die Stadt regiert
25 Am glücklichsten durch Weisheit und Gerechtigkeit,
  Und wer durch Worte schlimme That zu hindern weiss

Und Kampf und Streit beseitigt. Denn wer solches thut,
Erwirbt sich um die Stadt und Hellas ein Verdienst.
Diese Predigt gegen die Gymnastik ist in mehr als Einer Hin-
sicht interessant. Einmal zeigt sie uns den tiefgewurzelten Wider-
willen des Dichters gegen das Kraftmenschentum und Sportswesen
und dann wird hier schonungslos die Kehrseite jener glänzenden
Einrichtungen für körperliche Übungen aufgezeigt, auf welche
Hellas so stolz war. Es ist ohne weiteres zuzugeben, dass Euripides von seiner Antipathie fortgerissen in der Verurteilung des
Turnwesens zu weit geht: berührt er doch auch nicht mit einer
Silbe die unbestreitbaren segensreichen Folgen, welche die Stäh-
lung des Körpers nicht nur für die Einzelnen, sondern auch für
die griechischen Staaten überhaupt hatte, insofern die physische
Überlegenheit der Hellenen über die Orientalen gerade hierauf
beruhte (*Xen. An.* III. 1, 23; 2, 25 f.). Der Dichter wird das
wohl auch nicht verkannt haben (vgl. die Charakteristik des Hippo-
medon *Hik.* 881 ff.); aber das brauchte er nicht zu sagen, das
war in Griechenland für jedermann selbstverständlich. Hier ist
es ihm darum zu thun, die seinem Volke geläufige Überschätzung
physischer Kraftleistungen zu kennzeichnen und zu rügen. Diese
Rüge ist freilich so scharf, dass an der ganzen Gymnastik kein
guter Faden mehr bleibt: der Tadel ist zunächst offenbar gegen
die professionellen Athleten gerichtet, die im Pankration aufzu-
treten pflegten, und ihnen wird Genusssucht und Üppigkeit, Unfähigkeit zum Erwerb und ebenso zur Entsagung, kurzum völlige
Unsittlichkeit vorgeworfen. Aber die ausdrückliche Erwähnung
des Laufs und des Diskuswurfs weisst doch darauf hin, dass der
Dichter zugleich auch die gewöhnlichen Übungen in der Palästra
im Auge hat und ebenfalls verurteilt. Ob er mit dem Ausdruck
σύλλογοι (vgl. *Fr.* 449, Kap. V. 3 A. 54) nur die hellenischen
Nationalfeste oder auch private Turnvereine meine, kann man
fragen. Euripides schwamm hier jedenfalls vergebens gegen den
Strom: das griechische Vereinswesen, für das unsere Stelle dann
einer der frühesten Belege wäre, nahm im 4. Jahrhundert einen
gewaltigen Aufschwung und gerade die Turnvereine standen z. T.
nicht nur unter Staatsaufsicht, sondern erhielten auch staatliche
Subvention, offenbar weil man ihre Nützlichkeit für das Gemeinwesen anerkannte. Euripides dagegen bestreitet diese aufs nach-
drücklichste und behauptet geradezu, niemand benehme sich im
Ernstfalle vor dem Feind so lächerlich wie die Athleten. Daher

ist er der Meinung, dass die Ehrenkränze, die man den letzteren
verleiht, würdiger von tüchtigen und verdienten Staatsmännern
getragen würden, die mehr als jene für das Vaterland leisten [144]).
Auch im *Phaethon* benützte Euripides den Umstand, dass der
unglückliche Jüngling durch seine Vorliebe für gefährliche Übungen
in Palästra und Rennbahn zu Grunde ging, zu einem Ausfall
gegen Waffen- und Turnübungen und verwünschte die Gymnasien
(*Fr.* 785) [144a]). Natürlich fehlt in dem Sündenregister, das Aristophanes in den *Fröschen* den Äschylus dem Euripides vorhalten
lässt, auch der Vorwurf der „Agymnasia" nicht (1088): er habe
es mit seinen Weisheitssprüchen dahin gebracht, dass die Stadt
jetzt voll sei von Subalternbeamten, von Gesindel und Betrügern
und dass infolge der Verweichlichung beim Fackellauf an den
Panathenäen kein Mensch mehr auch nur eine Fackel halten
könne (1083 ff.) Man sieht, was hier alles auf das Conto des
Euripides gesetzt wird: die Vermehrung des Beamtenstandes infolge des immer grösser werdenden athenischen Staatshaushalts,
die Zunahme der Bettler und sonstigen Gesindels, die in der
ersten Stadt Griechenlands etwas zu verdienen hofften, und endlich die gänzliche Verweichlichung der Jugend. Aber mit einem
„εὔχομαι εἶναι" hat der Tragiker zum voraus auf solche Vorwürfe
der Komödie in seiner *Antiope* durch den Mund des Amphion die
Antwort erteilt (*Fr.* 199):

Mit Unrecht tadelst du die weib'sche Schwächlichkeit
Des Körpers mir. Denn ich versteh', was Weisheit ist,
Und Geisteskraft ist besser als ein starker Arm [145]).

Pointierter kann man den Gegensatz zwischen dorisch-spartanischem
und ionisch-attischem Wesen nicht ausdrücken, als hier geschieht.
Es ist interessant, dazu eine Elegie des Tyrtäus (*Fr.* 10) zu
vergleichen, in der eben das dorische Mannesideal verherrlicht
wird: hier ist zunächst bemerkenswert, dass Tyrtäus in der
geringen Schätzung blosser Leibesübungen wie Lauf und Ringen
mit Euripides übereinstimmt (v. 2), aber auch Schönheit, Reichtum,
Ansehen, Beredsamkeit gilt ihm nichts (5 ff.); das einzige, was
er hochhält, ist kriegerische Tapferkeit, das allein ist „Tugend"
(ἀρετή), das der beste und schönste Preis, den ein junger Mann
auf der Welt davontragen kann (13 ff). Diesem dorischen Mannesideal erstanden die ersten Widersacher unter den ionischen Philosophen und zwar trifft der Gründer der eleatischen Schule mit
deren diametralem Gegner Heraklit in dieser Kritik zusammen.

Xenophanes verkündigt aufs eindringlichste die Überlegenheit der „Weisheit" über die Körperkraft (*Fr.* 2): mag immer jemand im Lauf oder im Fünfkampf, im Ringen oder im Faustkampf in Olympia den Sieg davontragen, mag er selbst als Sieger im Pankration von seinen Mitbürgern angestaunt werden, die Ehre der Proëdrie bei den Spielen, die öffentliche Speisung im Prytaneion und sonstige Auszeichnungen erlangen, oder mag einer mit Rennpferden einen Sieg davontragen, dennoch, so ruft der Philosoph in stolzem Selbstbewusstsein, ist er nicht so viel wert als ich: „denn besser als die Stärke von Männern oder Rossen ist unsere Weisheit" und „es ist nicht recht, die physische Kraft der trefflichen Weisheit vorzuziehen" (11 ff.). Alles was man mit den ersteren erreichen kann, trägt nichts bei zu einem wohlgeordneten Staatswesen (εὐνομίη); ein Sieg in Olympia ist ein kleines Vergnügen und bringt dem Staat keinen Gewinn (19 ff.). — Einen noch schärferen Ausfall gegen die Gymnastik und Athletik finden wir in dem durch Heraklit beeinflussten Teil der pseudohippokratischen Schrift *Von der Diät* (cap. 24 Bywater pg. 67). Hier heisst es: „Mit dem Turnunterricht verhält es sich folgendermassen: man lehrt es als Brauch, die Gesetze zu übertreten, rechtmässig Unrecht zu thun, zu betrügen, zu stehlen, zu rauben, Gewaltthaten zu verüben aufs beste und gemeinste; wer das nicht thut, gilt für feige (κακός), wer es thut, für tapfer (ἀγαθός). Es ist eine Schaustellung des Unverstandes der Menge; sie sehen zu und erklären einen von vielen für tapfer, die andern für feige; viele bewundern die Sache und nur wenige verstehen etwas davon. Kommen dann die Leute auf den Markt, so machen sie es ebenso: sie betrügen bei Kauf und Verkauf und wer am meisten betrügt, der wird bewundert. Sie trinken und rasen und thun dasselbe: sie laufen, ringen, kämpfen, stehlen und betrügen und Einer wird aus allen auserwählt." Vergleicht man die beiden Auslassungen des Xenophanes und Heraklit, so zeigt sich, dass der erstere nur die Überschätzung der Athletik bekämpft und der geistigen Bildung den Vorrang eingeräumt wissen will, während Heraklit dem Betrieb der Gymnastik geradezu vorwirft, dass er zur Unsittlichkeit verführe. Man kann dabei an die laxe Behandlung des Diebstahls denken, wie sie in Sparta zur Verwunderung der Athener üblich war (*Xen. An.* IV. 6, 14 ff.). Im *Autolykos* des Euripides finden wir die Ansichten des Xenophanes und Heraklit vereinigt. Auf die Berührung mit dem ersteren wiesen schon die Alten hin und

Athenäus (*X. 5 pg. 413 c*) sagt, etwas übertreibend, geradezu:
„Euripides habe dies aus den Elegien des Xenophanes von Kolophon
genommen." Indessen die Gedanken des Xenophanes bilden erst
den zweiten Teil des langen Euripideischen Bruchstücks; der
erste mit dem Vorwurf der Unsittlichkeit und der Genusssucht
insbesondere entspricht den Ausführungen Heraklits. Weiteres,
wie den Angriff auf die Turnfeste und -vereine, hat Euripides
selbst hinzugefügt. Er hat sich eben auch hier wieder zum Herold
der neuen Zeitrichtung gemacht, gewiss sich wohl bewusst, dass
er in weiten Kreisen mit dieser Polemik Anstoss erregen werde:
verherrlichten doch die Lieder eines Pindar und Bacchylides die
Männer, die im Stadion oder Hippodrom zu Olympia, Korinth,
Delphi oder Nemea gesiegt hatten. Aber diese Dichter selbst
erlebten noch den Zusammenbruch des dorischen Wesens, in dem
sie ihr Ideal sahen. Den Vertretern der ionischen Aufklärung
erschienen die von Festplatz zu Festplatz ziehenden Athleten mit
ihren zerquetschten Ohren und eingedrückten Nasen als ein un-
nützes und verächtliches Volk und sie konnten auch kein Verdienst
darin sehen, wenn ein Fürst wie Hieron mit einem Gespann seiner
Rosse, das unter Führung seines Kutschers zuerst ans Ziel kam,
einen Preis errang. Ebenso Euripides: nicht die physische Kraft
ist ihm das Ausschlaggebende und Bewundernswerte am Menschen,
sondern seine geistige und sittliche Haltung. Gewiss, ein gesunder
Geist soll in einem gesunden Körper wohnen, und Wehrhaftigkeit
ist eine Zierde des Mannes und unentbehrlich für den Staat.
Aber der sportsmässige Betrieb der Gymnastik ist zu verwerfen
und verdient keineswegs die Auszeichnungen, deren ihn die Menge
würdigt. So entfernt sich Euripides in seinem Begriff der vierten
der sogenannten Kardinaltugenden, der Andreia, erheblich von
der populären Auffassung: diese sieht in ihr eine Manifestation
der physischen Kraft, er betrachtet sie als Charakterfestigkeit
und Geistesreife und nennt sie lieber εὐανδρία. Insofern bildet
sie die Zusammenfassung der drei andern Tugenden, Sophia,
Sophrosyne und Dikaiosyne; denn im Grunde ist die Tugend eine
Einheit, eine Einheit auch der körperlichen und geistigen Tüchtigkeit; aber der Geist muss den Körper beherrschen (*Aeolus Fr.* 15) [116]).
     Ein Grenzgebiet des physischen und psychischen Lebens
bildet die Liebe und so mögen die Ansichten des Dichters über
dieselbe auch noch hier in dem Kapitel über die Ethik abgehandelt
werden, obwohl man sie mit gleichem Rechte in der Gesellschafts-

lehre unterbringen könnte. Der Begriff der Liebe ist für Euripides
nicht einheitlich: es giebt z w e i A r t e n v o n L i e b e, die ihrem
Wesen und ihren Wirkungen nach durchaus verschieden sind.
Ein schönes Chorlied der *Iphigenie in Aulis* lautet (543 ff.):

> Selig, wer in besonnener
> Scheu mit Mässigung deine Lust
> Kostet, göttliche Kypris!
> Ruhig fliesst sein Leben dahin,
> Nimmer getrübt von stürmender Wut.
> D e r g o l d l o c k i g e L i e b e s g o t t
> H ä l t z w e i B o g e n d e r H u l d g e s p a n n t;
> Einer bringt ein seliges Los,
> Der zertrümmert des Lebens Glück.
> Diesen, reizende Kypria,
> Halte fern von unserm Gemach!
> Mir sei bescheidener Liebreiz
> Gegönnt und heilige Lust,
> Auch Aphroditas keuscher Genuss;
> Doch unmässigen hass' ich. (D.)

Auf den ersten Blick scheint es, als werde hier nur ein quantitativer Unterschied zwischen mässigem und unmässigem Liebesgenuss
gemacht, wobei der allgemeine Satz, dass jedes Zuviel seine
schlimmen Folgen nach sich zieht, auch auf die Liebe seine Anwendung fände. Indessen andere Stellen zeigen, dass der Dichter
qualitativ Liebe und Liebe unterscheidet. Die eine, verderbliche,
Art schildert Akrisios in der *Danaë*, der allerdings infolge der
Erfahrungen, die er mit seiner Tochter gemacht hat, gegen die
Liebe überhaupt eingenommen ist. Er meint, Danaë sei durch
kostbare Geschenke eines reichen Müssiggängers verführt worden,
und sagt (*Fr.* 322):

> Träg' ist die Lieb'; bei trägen Leuten wächst sie auf;
> Sie hat den Spiegel gern und blondgefärbtes Haar
> Und flieht die Arbeit. Dies beweist das Eine schon:
> Kein Mensch, der seinen Unterhalt erbetteln muss,
> Liebt; bei Besitzenden allein gedeiht der Fant [146 a]).

Die andere berechtigte und nützliche Art der Liebe wird im
Theseus (*Fr.* 388) empfohlen:

> Noch eine andre Liebe giebt es auf der Welt,
> Der die gerechte, weise, gute Seele dient.
> Sie bilde das Gesetz der frommen Sterblichen,

Die immer nur mit Weisheit lieben, anders nicht;
Doch Kypris sei, die Tochter Zeus, uns immer fern [147]).

Mit grosser Wahrscheinlichkeit hat Meineke auch ein herrenloses Bruchstück (*Fr. adesp. 187*) für Euripides in Anspruch genommen. das lautet: „Einen doppelten Geist atmest du, Eros [148]).“ Es ist klar: der Dichter unterscheidet e i n e s i n n l i c h e u n d e i n e g e i s t i g e L i e b e. Die Personifikation der ersteren ist Aphrodite, die zweite bezeichnet er lieber als Eros. Offenbar waren diese beiden Arten von Liebe einander gegenübergestellt in der *Stheneboia*, wo in *Fr.* 672 von der zweiten die Rede ist mit den Worten:

Der Eros aber, der zur Weisheit führet und
Zur Tugend, ist erstrebenswert der Welt und mir [149]).

Ebenso heisst es in jenem herrlichen Chorlied der *Medea*, das den glücklichen Himmel des attischen Landes preist (842 ff.), Kypris habe dahin auch gesandt

Die Gespielen der Weisheit, Eroten,
Mannigfaltiger Tugend Helfer.   (D.)

Der hier nur angedeutete Gedanke über den Wert der Liebe für die sittliche Ausbildung des Menschen wird weiter ausgeführt in *Fr.* 897:

Für Weisheit und Tugend ist Liebe gewiss
Die trefflichste Schule
Und für den Umgang der Sterblichen
Ist Eros der holdste der Götter.
Denn kummerlos verleiht er Genuss
Und führet zur Hoffnung. Nie mög' ich verkehren
Mit Leuten, die seine Kämpfe nicht kennen.
Und fern will ich weilen von wilden Sitten.
Und die Liebe rat' ich den Jünglingen an
Niemals zu fliehen,
Nein, recht sie zu pflegen, wenn sie sich regt.

Unstreitig ist diese Art von Liebe, welche ein sittliches Bildungsmittel ist, ähnlich der, welche Sokrates und Plato meinen (*Symp.* 23 pg. 204 B; *Phaedrus* 48 pg. 265 B). Die Verse des Euripides nötigen uns zu der Annahme, dass die Lehre vom doppelten Eros schon damals von der Spekulation behandelt wurde [150]). Hier könnte allenfalls eine Berührung des Euripides mit Sokrates vorliegen. Allerdings wissen wir ja nicht, wann Sokrates die Bildhauerkunst,

in der er, nach dem Relief der drei Grazien zu schliessen, nicht
eben Glänzendes leistete, aufgab und sich der Philosophie zuwandte.
Es kann dies aber kaum nach 430 geschehen sein; denn im
Jahr 423, in dem die *Wolken* des Aristophanes aufgeführt wurden,
muss er eben auf Grund seiner Lehrthätigkeit schon eine allbekannte
Persönlichkeit gewesen sein. Nun stehen die angeführten Stellen
in folgenden Stücken: *Medea* 431, *Theseus* vor 422, *Stheneboia*
vor 423, *Iphigenie in Aulis* 406; dazu kommen noch zwei un-
bestimmbare Bruchstücke und *Fr.* 331 des im Jahr 431 aufgeführten
Diktys:

> Er war mein Freund; doch möge niemals Liebe mich
> Zur Thorheit führen oder in der Kypris Dienst.

Es führt uns also nichts über das Jahr 431 hinauf, in dem Sokrates
am Ende des vierten Jahrzehnts seines Lebens stand. Die chronologischen Verhältnisse lassen somit hier eine Einwirkung des
Philosophen auf den Dichter zum mindesten als möglich erscheinen [151]). Freilich ist es schwer zu sagen, ob der platonische
Eros überhaupt auf Sokrates zurückgeht und nicht erst ein Gedanke Platons ist. Umgekehrt zeigen aber eben die Stellen des
Euripides, dass es eine ähnliche geistige Auffassung der Liebe
im Gegensatz zur sinnlichen auch schon vor dem Gründer der
akademischen Schule in gewissen Kreisen Athens gegeben haben
muss. Beim platonischen Eros handelt es sich bekanntlich immer
um Liebe zwischen Angehörigen des männlichen Geschlechts untereinander. Euripides aber hat die Knabenliebe, die er sich im
Chrysippos zum Vorwurf nahm, im Gegensatz zu Äschylus und
Sophokles verworfen. Nur sein Kyklop giebt sich als Barbar
dieser Neigung hin (583 f.); und schon aus diesen Gründen ist
die Erzählung von einem Liebesverhältnis des Euripides zu dem
Dichter Agathon als thörichter Klatsch zu verwerfen [152]). In den
eben angeführten Stellen hat Euripides jedenfalls die Frauenliebe
im Sinn: die allgemeine Wahrheit, welche die Strophe und Gegenstrophe der *Iphigenie in Aulis* (543 ff.) aussprechen, wird durch
das Beispiel der verwerflichen Liebe von Paris und Helena illustriert (573 ff.) und dieser die verborgene Tugend des keuschen
Weibes gegenübergestellt (568 f.). Auch die von Bellerophontes
gesprochenen Worte aus der *Stheneboia* (*Fr.* 672) können nach
dem Inhalt des Stückes sich nur auf Frauenliebe beziehen [153]).
Ebenso bildet das herrliche Chorlied der *Medea* (824 ff.; 835 ff.)
mit seinem Preis der Liebe den glänzenden Hintergrund, von dem

sich das düstere Bild der hasserfüllten Gattin und Mutter abhebt.
Endlich wird auch. *Fr.* 897 von Athenäus (*XIII. 11 pg. 561 A*)
in einem Zusammenhang erwähnt, wo mit keinem Wort von Knabenliebe die Rede ist, sondern durchweg von der Liebe zwischen
Männern und Frauen, speziell davon, dass diese schon oft die
Ursache grosser Kriege gewesen sei. Die Worte aus dem *Diktys*
(*Fr.* 331) gehören vermutlich der Danaë, welche damit, in Erinnerung an den von ihr nicht erkannten und geliebten Perseus
einen Antrag des Polydektes zurückwies. Fragen wir uns nun, was
meint Euripides mit seinem doppelten Eros, so lautet die negative
Antwort: nicht einerseits Frauenliebe, andererseits Knabenliebe;
die positive: er hat dabei beidemal die Liebe zwischen Männern
und Frauen im Auge; er unterscheidet jedoch zwischen der rein
sinnlichen Leidenschaft, die ins Verderben führt und daher zu
verwerfen ist, und der auf Befriedigung von Gemüt und Geist
gerichteten Liebe, bei der das sinnliche Element nur eine untergeordnete Rolle spielt und der er einen hohen sittlichen Wert
beimisst. Ganz deutlich wird dies im *Ödipus* (*Fr.* 547) ausgesprochen:

> Eins ist die Liebe, aber Eines nicht die Lust:
> Der liebt was bös, was schön und gut ein anderer [154]).

Wie alles, so wird dem Euripides auch die Liebe zu einem Problem
und zwar zu einem psychologischen und ethischen. Unbestreitbar
ist vor allem die Macht der Liebe: Götter und Menschen hat sie
gleichermassen in ihrer Gewalt. In der *Andromeda* (*Fr.* 136)
wird Eros angeredet:

> Der Götter und der Menschen Herrscher, Eros Du!
> Entweder lass das Schöne uns erscheinen nicht
> Schön oder steh' dem Liebenden im Kampfe bei,
> Der ringt mit Qualen, deren Schöpfer du nur bist.
> Thust dies du, wirst geehrt du bei den Göttern sein,
> Wo nicht, so werden sie, weil sie du Lieb' gelehrt,
> Dir ihre Gnad' entziehn, womit sie dich geehrt [155]).

Besonders ist dem Problem der Liebe der *Hippolytos* in seiner
ersten und zweiten Bearbeitung gewidmet. In jener hiess es
(*Fr.* 431):

> Nicht nur die ird'schen Männer kommt die Liebe an
> Und ird'sche Frauen; nein, der Götter Seelen selbst
> Erregt sie und sie wandert übers Meer sogar.

Auch Zeus der Allgewaltige vermag es nicht,
Sie abzuhalten, weicht und giebt ihr willig nach.

Aus demselben Stück ist *Fr.* 430:

In Wagemut und Kühnheit hab' 'nen Lehrer ich,
Der möglich selbst Unmögliches zu machen weiss:
Eros, den Gott, wider den der Kampf am schwersten ist [156]).

Die uns erhaltene Bearbeitung des *Hippolytos* führt uns in dem
Helden und der Heldin zwei entgegengesetzte Repräsentanten des
Kampfes gegen die Liebe vor: Hippolytos kämpft diesen Kampf
innerlich siegreich, obwohl er äusserlich unterliegt; Phädra wird
rettungslos von dem mächtigen Gott umstrickt und, als der von
der Kammerfrau empfohlene verbrecherische Weg nicht zum Ziele
führt, bleibt auch ihr kein anderes Ende als der Tod. So fordert
die Liebe zwei Opfer. Das ganze Stück ist nichts anderes als
ein Kampf der Artemis, der Göttin der Keuschheit, mit Aphrodite,
der Göttin der Liebe (10 ff.; 1296 ff.). Ihre beiden Klienten,
Hippolytos sowohl als Phädra, sind pathologische Figuren, insofern
ersterer von Liebe und Ehe überhaupt nichts wissen will und in
asketischer Entsagung sein Ideal sieht, was er damit ausdrückt,
dass er Aphrodite das schlimmste von allen göttlichen Wesen
nennt (13 f.), Phädra insofern sie von ihrer Mutter Pasiphae her
als erblich belastet erscheint (337 ff.) und als Gattin des Theseus
in frevelhafter Liebe zu dem Stiefsohn entbrennt. Und so wird
denn neben der unwiderstehlichen Macht der Liebe (443 ff.; 525 ff.;
1268 ff.) in diesem Stücke gerade das krankhafte an der Liebe
betont und diese selbst wie auch in der *Ino* (*Fr.* 400) als „Krankheit" (νόσος 40; 405; 442) bezeichnet. Es geht eben fast über
Menschenkraft, für zwei zu leben (252 ff.) [157]). Aber nicht nur
hier, auch anderwärts spricht der Dichter den Gedanken aus,
dass die Liebe eine pathologische Erscheinung sei: *Antigone*
Fr. 161:

Ich liebte; lieben heisst für Menschen rasend sein [158]).

Ausführlicher gehalten sind zwei Bruchstücke des *Diktys* (*Fr.* 339):

Nicht etwas Selbsterwähltes ist
Die Liebe für den Menschen: er erkrankt an ihr
Und gar ein eigen Ding ist's, wenn man heilen will
Was doch der Ausfluss göttlichen Gesetzes ist.

Fr. 340 führt diesen Gedanken weiter:

Denn niemals auf Ermahnung lässt die Liebe nach.
Willst du sie zwingen, wird die Spannung grösser nur

Und dann kommt's zum Konflikt; und solches hat schon oft
Für ganze Häuser jähen Untergang gebracht [159]).

Diese beiden Bruchstücke geben offenbar die Grundanschauung
des Euripides über die Liebe wieder: als ein Gefühl ist sie etwas,
das man sich nicht selbst wählen und gegen das man sich auch
nicht mit Erfolg wehren kann; man steht diesen Empfindungen
passiv gegenüber und eben dadurch gerät man in ihre Gewalt.
Sie treten unter gewissen Umständen mit absoluter „Notwendigkeit" auf und da alles Notwendige göttlich ist, so muss auch die
Liebe als eine göttliche Macht oder Wirkung anerkannt werden.
Trotzdem aber scheut sich der Dichter nicht, sie als etwas Krankhaftes, ja geradezu als ein Übel (κακόν *Med.* 330) zu bezeichnen
und Aphrodites Name bedeutet ihm nichts anderes als Thorheit
(*Troad.* 989 f.) [160]). Jedenfalls ist die Liebe eine gefährliche Macht,
der gegenüber Vorsicht anzuraten ist (*Fr.* 1054):

Eros ist furchtbar. Meinen Worten denn entnimm
Das beste: dass dem Eros nicht zu trauen ist,
Dass gern er in der Sinne Schlimmstem Wohnung nimmt [161]).

Sie hat zwei Seiten und bringt Freude und Leid: Fast mit den
Worten des modernen Dichters ruft auch Euripides aus (*Fr.* 875):

O Lieb', wie bist du bitter, o Lieb', wie bist du süss [162]).

Und im *Aeolus* (*Fr.* 26) heisst es:

Die Lieb' enthält so manchen Gegensatz; denn sie
Erfreut am meisten und betrübt die Sterblichen
Ach, möchte mir sie immer freundlich lächeln doch [163])!

Aber trotz der Gefahren, welche die Liebe in sich birgt, empfiehlt
es sich doch nicht, sie ganz zu fliehen (*Hipp. Kal. Fr.* 428):

Denn wer die Kypris allzusehr vermeidet, ist
Nicht wen'ger krank, als wer zu hitzig nach ihr jagt [164]).

Ja, wer gar nichts von der Liebe wissen will, der verzichtet auf
das Schönste, was das Leben bietet (*Auge Fr.* 269):

Wer nicht den Eros anerkennt als mächt'gen Gott,
[Ja, als den höchsten unter allen Himmlischen,]
Der ist ein Thor entweder oder kennt das Schöne nicht;
Nichts weiss er von dem Gott, dem grössten auf der Welt [165]).

Wenn die Liebe rechter, edler Art ist, so bildet sie den Gipfel-
punkt menschlichen Glückes (*Andromeda Fr.* 138):

Verfällt der Liebe irgendwo ein Sterblicher
Und ist nur edel seiner Liebe Gegenstand,
So giebt's kein Glück, von dem dies übertroffen wird [166]).

Dann bringt sie sogar das Wunder fertig, einen unpoëtischen Menschen in einen Dichter zu verwandeln (*Stheneboia Fr.* 663) [167]). Die scheinbar widersprechenden Äusserungen des Euripides über die Liebe erklären sich am besten daraus, dass er sie, um mit den späteren Stoikern zu reden, für ein Adiaphoron erklärte: es kommt auf die Art und Weise an, wie man sich ihr überlässt, und je nachdem dabei der Geist über die Sinnlichkeit Herr wird oder umgekehrt, führt sie zum Glück oder zum Unglück. Wie in allen Dingen, so ist auch hier Mass zu halten und die beiden Extreme zu leidenschaftlichen Genusses und gänzlicher Entsagung zu vermeiden (s. o. *Hipp.* 252 ff.); die goldene Mitte ist das beste (*Mel. desm. Fr.* 503): „Einer massvollen Liebe, einer massvollen Ehe mit Besonnenheit teilhaftig zu werden, ist für die Sterblichen das beste" [168]); oder wie es in der *Medea* heisst (627 ff.):

Wenn Liebe sich über das Ziel verirrte, hat sie Männern nie
Würde verliehen und Ruhm; doch wenn sie bescheiden genug hat,
Ist sie reizvoll wie der Unsterblichen keine. (D.)

So münden die Auslassungen des Euripides über die Liebe in seine allgemeine Ansicht über die richtige Lebensführung aus: Sophrosyne muss auch auf diesem Gebiet die Herrschaft behalten.

Überblicken wir die ethischen Gedanken des Euripides, so kann nicht geleugnet werden, dass sie eines straffen systematischen Zusammenhangs entbehren: er ist entschiedener Determinist und doch tritt er mit sittlichen Anforderungen an den Einzelmenschen heran, ein Widerspruch, den er freilich mit sämtlichen Vertretern dieser Richtung teilt. Er ist sich der tiefen Kluft bewusst, die zwischen dem Wissen des Guten und dem Thun desselben liegt, und doch gründet er seine Lebensweisheit auf die Erkenntnis der Notwendigkeit des Weltverlaufs. Andererseits aber ist auch anzuerkennen, dass die Ethik des Dichters im grossen und ganzen in das Weltbild passt, das er sich zurecht gemacht hat. Er verlangt von dem Einzelnen die aktive und passive Einordnung in das Ganze des Weltverlaufs nach dem Grundsatz τῇ Δίκῃ ὑπηρετεῖν (*Hek.* 844). Der kosmischen Dike im Weltganzen entspricht die sittliche Dike im Menschenleben und sie soll jeder Mensch in sich selbst und seinem Handeln ausgestalten. In dieser Gesinnung mag jeder nach dem Mass der ihm verliehenen Fähigkeiten in den Gang der Dinge selbstthätig eingreifen, aber dabei seine Abhängigkeit von einer höheren Macht nicht vergessen. Und wenn es ihm anders geht, als sein Wunsch und Wille ist, so soll er

sich der überlegenen göttlichen Macht und Weisheit unterordnen
und ihr nicht widerstreben. Wenn sich der Dichter auch, wie wir
gesehen haben, im einzelnen nicht selten der Volksanschauung
anschliesst, so steht doch dieses „μὴ βιάζεσθαι θεούς, στέργειν δὲ
μοῖραν" (*Fr.* 1076) hoch über derselben und beruht auf einer tiefen
Einsicht in die Gesetzmässigkeit des göttlichen Waltens, das trotz
seiner oft unbegreiflichen Härten als gut anerkannt wird. Und
damit sind wir denn an dem Punkte in der Weltanschauung des
Euripides angelangt, wo sich die Frage erhebt: wie hat er das
Menschenleben im allgemeinen angesehen, war er in Wirklichkeit
der „Prophet des Weltschmerzes", den man in ihm zu erkennen
geglaubt hat [169])?

3. Das Menschenleben.

Es ist nicht zu leugnen, dass die Lebensauffassung der
Hellenen einen pessimistischen Zug an sich trägt. „Wer erfreute
sich des Lebens, der in seine Tiefen blickt?" ist eine Frage,
welche der moderne Dichter durchaus im Anschluss an die Alten
und in ihrem Sinn aufgeworfen hat. Auch Euripides teilt diese
Meinung seines Volkes; aber wie dieses selbst, so lässt auch der
Dichter sich nicht bis zu einer mutlosen Verneinung des Lebens
fortreissen, sondern er schaut dem Übel, welches das Leben mit
sich bringt, keck ins Auge und wagt es, ihm die Stirne zu bieten,
obwohl er es nicht unterschätzt. Schon aus der lebens- und
kampfesfrohen homerischen Welt, deren Helden das Los eines
Tagelöhners im Licht der Sonne dem Königtum über die Schatten
vorziehen, tönt eine wehmütige Klage über die Hinfälligkeit des
Menschenlebens zu uns herüber (*Z.* 146 ff.):

Gleich wie Blätter im Walde so sind die Geschlechter der
Menschen;
Einige streuet der Wind auf die Erd' hin, andere wieder
Treibt der knospende Wald, erzeugt in des Frühlinges Wärme:
So der Menschen Geschlecht, dies wächst und jenes verschwindet.
(V.)

Und die Lyriker Mimnermos (*Fr.* 2, 1 ff.) und Simonides von Keos
(*Fr.* 69, 1 ff.) wiederholen den Gedanken unter demselben Bilde [1]).
Auch Euripides bedient sich dieses Vergleichs (*Ino Fr.* 415):

O Fürstin, viele Menschen sucht das Unglück heim:
Bei diesen hört es auf und diesen droht es erst.
Den gleichen Kreislauf wie des Feldes Frucht macht auch

Der Sterblichen Geschlecht: dem blüht das Leben auf,
Dem schwindet's hin und wird dem Halme gleich gemäht.

Zugleich klingt in diesen Versen die heraklitische Lehre vom
Kreislauf des Werdens an[2]). In einem andern Bruchstück (*Danaë
Fr.* 330) vergleicht Euripides das über dem Menschenleben waltende Schicksal mit dem in der organischen Welt Segen und Un-
segen, Leben und Tod verursachenden Äther:

Das Schicksal waltend ob den Sterblichen, sag' ich,
Ist dem gleich, was man Äther nennt, der also wirkt:
Im Sommer sendet dieser hellen Lichtglanz aus,
Im Winter aber hüllt er sich in dicht Gewölk:
Blüh'n und Verblühen, Tod und Leben wirket er.
So ist's auch mit den Sterblichen: der eine lebt
Im Lichte heitern Glück's und der im Unglückssturm;
Im Jammer lebt der hier, der andre dort im Glück:
Sie schwinden hin gleich wie der Frühling kommt und geht[3]).

Wieder in ein anderes Bild kleidet den Gedanken von der Wandelbarkeit alles Irdischen *Fr.* 262 des *Archelaos*:

Schon lang betracht' ich das Geschick des Sterblichen,
Wie rasch es wechselt: morgen steht, wer heute fällt,
Schon wieder aufrecht, heute stürzt, wer gestern stand[4]).

Leichter als die Schriftzüge auf einer Schreibtafel tilgt die Gottheit menschliches Glück (*Peleus Fr.* 618). Und ohne Gleichnis
heisst es im *Ödipus Fr.* 554:

Gar viele Wandlungen des Lebens schickt uns Gott
Und mannigfachen Umschlag unseres Geschicks[5]).

Sich über diese Hinfälligkeit und Wandelbarkeit der menschlichen
Verhältnisse hinwegtäuschen und mit grossen Worten sie verdecken
zu wollen, ist Thorheit: mit diesem Gedanken schliesst in der
Medea (1224 ff.) der Bote seinen Bericht über den fürchterlichen
Tod der Kreusa und ihres Vaters, deren Geschick ein sprechendes
Bild menschlichen Glückswechsels darstellt. Er sagt:

Doch nicht zuerst heut' acht' ich alles Menschliche
Für einen Schatten und erkläre sonder Scheu:
Die klug sich dünken und mit Redereien viel
Sich wissen, seh' ich als die grössten Thoren an.
Denn auf der Welt lebt keiner, der glückselig ist;
Und strömte Reichtum dir in Fülle zu, du magst
Vor andern glücklich, aber nie glückselig sein.   (D.)

Wohl zu beachten ist hier der Unterschied, welchen der Dichter zwischen äusserem Glück (εὐτυχία) und innerer Glückseligkeit (εὐδαιμονία) macht[6]). Die materiellen Glücksgüter bringen keineswegs notwendig wahres Glück; es kommt zum mindesten auf den Gebrauch an, den man davon macht. Ihr Wesen ist Unbeständigkeit und darum ist es thöricht, hierauf sein Glück zu gründen. Vielmehr muss das wahre Glück von innen kommen und es beruht auf der Hingabe an das Gute. Dies spricht *Fr.* 198 der *Antiope* aus:

> Wenn's einem wohl geht und er grossen Reichtum hat,
> Das Schön' und Gute aber fern bleibt seinem Haus,
> Den werd' ich glucklich niemals nennen, nein!
> Er ist ein reicher Hüter seines Gelds, sonst nichts[7]).

Wie solch sogenanntem Glück die innere Befriedigung mangelt, so fehlt ihm auch die äussere Sicherheit. Dies spricht der Chor im *Orestes* (340 ff.) aus:

> Grosser Besitz besteht dauernd im Leben nicht;
> Sondern erschütternd, wie Segel des flüchtigen
> Schiffes, versenkt ein Gott des Reichtums Füll'
> In grau'nvolles Leid
> Wie in der Meeresflut gierig verschlingendes Grab. (D.)

Zwar hat ja der Reichtum seine unleugbaren Vorteile, indem man sich damit Genuss und Vergnügen verschaffen, ja unter Umständen auch das Unglück, in das man gerät, lindern kann (*Polyidos Fr.* 642); aber er bringt auch seine sittlichen Gefahren mit sich, indem er leicht Übermut und Müssiggang erzeugt, während die Armut zur Thätigkeit und zur Ausnützung der von der Natur dem Einzelnen verliehenen Gaben nötigt, selbst wenn dieselben nur mässig sind. Im *Polyidos Fr.* 641 heisst es:

> Reich bist du; doch sonst, glaube mir, verstehst du nichts.
> Denn bei dem Überfluss wohnt die Nichtsnutzigkeit,
> Der Armut aber ist die Weisheit zugesellt[8]).

Telephus Fr. 715:

> Verschlagen also ist Odysseus nicht allein;
> Auch wer langsamen Geist's, wird durch die Not gescheidt[9]).

Hippol. Kal. Fr. 438:

> Den Übermut erzeugt der Reichtum, nicht die Not[10]).

Häufig geht Reichtum und Macht Hand in Hand, beide gleich unbeständig (*Ino Fr.* 420):

> Du siehst Tyrannenmacht sich mehren lange Zeit

> Und klein erscheinet die Gefahr; doch plötzlich stürzt
> Ein Tag, was hoch stand, und erhebt, was niedrig war. ✓
> Reichtum hat Flügel. Die ihn einst besassen, seh'
> Aus ihrer Hoffnung jählings ich in Staub gestürzt [11]).

Aber trotz aller dieser Schattenseiten wird der Reichtum doch
von den meisten Menschen geradezu mit dem Glück identifiziert
(*Palam. Fr.* 580):

> Das Glück, o Agamemnon, hat für jedermann
> Das gleiche Ausseh'n und auf Eins läuft alles aus:
> Denn alle, gleichviel, ob der Musen Freunde sie,
> Ob nicht: ihr ganzes Leben dreht sich um das Geld
> Und als der Weiseste gilt, wer am meisten hat [12]).

Wer aber genauer zusieht, der bemerkt, dass (*Pleisth. Fr.* 632):
> An vielem Menschenunglück trägt das Geld die Schuld [13]).

So braucht man denn sich nicht allzusehr darüber zu grämen,
dass kein Mensch in jeder Hinsicht glücklich ist, dem einen sein
Besitz, dem andern seine soziale Stellung etwas zu wünschen
übrig lässt (*Stheneb. Fr.* 661) [14]), dass niemand immer glücklich
bleibt (*Alex. Fr.* 45; *Fr.* 1074) [15]), sondern das Glück auf- und
abschwankt, hin- und herspringt (*Troad.* 1203 ff.; *Ion* 381 ff.;
Herakles 884; *Hipp.* 981 f.; *Meleag. Fr.* 536) [16]). Neben der Wahrnehmung, dass das Glück oft ungünstige sittliche Folgen hat,
indem es zur Überhebung führt (*Hipp. Kal. Fr.* 437) [17]), während
harte Schicksalsschläge den Menschen weise machen (*Kresphont.
Fr.* 458) [18]), gilt es eben auch hier, die Notwendigkeit einzusehen,
dass die einen Menschen glücklich, die andern unglücklich sind.
So findet sich *Antiope* (*Fr.* 208) resigniert in ihr Geschick mit
den Worten:

> Wenn sich um mich und meine Söhn' die Götter nicht
> Gekümmert, so hat dies auch seinen Grund; denn von
> Den vielen Menschen kann ein Teil nur glücklich sein,
> Indes der andere des Unglücks Beute wird [19]).

Wo man ein Übermass von Glück, verbunden mit der dadurch
hervorgerufenen Überhebung gewahr wird, da darf man sicher
sein, dass der Umschlag (νέμεσις) nicht lange auf sich warten lässt
(*Fr.* 1040) [20]). Denn das Grundgesetz des Weltverlaufs und darum
auch des Menschenlebens ist ewiger Wechsel. Dieser Gedanke,
der wieder lebhaft an die heraklitische Philosophie erinnert,
wird besonders klar in *Fr.* 1073 ausgesprochen:

Bei wem es aufwärts ging im Glück, der glaube nicht
Dasselbe Schicksal immerdar zu haben; denn
Der Gott, wenn ich noch Gott darf nennen diese Macht,
Wird's müde, stets zu weilen in demselben Haus.
Und sterblich ist das Glück der Sterblichen. Doch wer
Auf künft'ge Zeit verwegen aus der Gegenwart
Schliesst, den wird Leid belehren, wie das Schicksal ist[21]).

Angesichts dieser Thatsache, dass Glück und Unglück, Freud und
Leid im Menschenleben sich ablösen, ist ein doppeltes Verhalten
möglich: entweder man geniesst die Lust des Augenblicks, ohne
sich um das zu kümmern, was die Zukunft bringen kann; oder
man mässigt den Genuss glücklicher Zeiten durch den Gedanken
an künftiges Unheil und tröstet sich umgekehrt auch im Unglück
damit, dass wieder bessere Tage kommen werden. Im *Herakles*
(503 ff.) stellt sich Amphitryo dem Chor als ein Beispiel jähen
Glückswechsels hin und richtet daher an ihn die Mahnung, das
Leben zu geniessen, solange es Gutes darbietet:

Ihr greisen Freunde,
Das Menschenleben währt nur eine Spanne,
Und doch, es wird der köstlichste Genuss,
Wenn man den Tag dahinlebt, unbekümmert,
Was uns der Abend bringe. Denn die Zeit
Vermag nicht unsre Wünsche zu erfüllen;
Sie kommt, giebt, was sie hat, und ist vorüber.

Ebenso warnt *Fr.* 196 der *Antiope* davor, sich zu viele Sorgen
zu machen[22]). Und ähnlich sagt Adrastos in den *Hiketiden*
(953 f.):

Das Menschenleben ist so kurz; so muss man denn
So leicht als möglich, ohne Müh', durchmessen es.

Den andern Rat, im Glück sich auf mögliches Unglück vorzu-
bereiten, giebt das unter anderem auch von Cicero (*Tusc.* III.
14, 29) übersetzte *Fr.* 964:

Von einem weisen Manne hab' ich dies gelernt:
Auf Sorg' und Unglück wandt' ich meinen Sinn und stellt'
Verbannung mir aus meinem Vaterlande vor,
Frühzeit'gen Tod und Unglück aller Art, dass, wenn
Von dem mich etwas träfe, was ich mir gedacht,
Ich vorbereitet sei und kleiner sei der Schmerz.

Mit dem Weisen, auf den sich Euripides hier bezieht, ist nicht
wie Posidonius, auf den das Citat bei Cicero geht, glaubte, Ana-

xagoras gemeint, sondern, wie Cobet gesehen hat, Pythagoras
und seine Schule; bei Jamblich (*Vita Pyth.* 196) lesen wir: „Es
war bei ihnen eine Vorschrift, dass den Vernünftigen kein menschlicher Unfall treffen dürfe, ohne dass er darauf gefasst sei"[23]).
Damit mag man die Verse aus der *Braut von Messina* vergleichen (IV. 4):

> Aber auch aus entwölkter Höhe
> Kann der zündende Donner schlagen.
> Darum in deinen fröhlichen Tagen
> Fürchte des Unglücks tückische Nähe.
> Nicht an die Güter hänge dein Herz,
> Die das Leben vergänglich zieren!
> Wer besitzt, der lerne verlieren,
> Wer im Glück ist, der lerne den Schmerz.

Aber wie das Glück nicht beständig andauert, so kann auch das
Unglück nicht immer fortbestehen und man darf daher nicht im
Ungemach verzweifeln, sondern soll an der Hoffnung auf eine
bessere Zukunft festhalten (*Herakles* 101 ff.):

> Auch des Geschickes Stürme legen sich
> So gut wie der Orkan nicht ewig wütet
> Und jedes Menschenglück ein Ende hat.
> Denn Leben ist Bewegung auf und ab.
> Der ist der Tapferste, der das Vertrauen
> Auf seine Hoffnung stets bewahrt: ein Feigling,
> Der, wo er keinen Ausgang sieht, verzweifelt.   (W.)

Kurz zusammengefasst giebt dieselben Lehren *Fr.* 409 der *Ino*:

> Bist du im Glück, auch dann lass nicht den Zügel los,
> Bist du im Unglück, halt' an frommer Hoffnung fest.

Die Hoffnung soll nach des Dichters Meinung den Menschen
tröstend durchs Leben begleiten: das spricht er wiederholt aus.
Ino Fr. 408:

> In Hoffnung bringt der weise Mann sein Leben hin[24]).

Hypsipyle Fr. 761:

> Nie stirbt die Hoffnung; hoffen kann man immerdar[25]).

Phrixus Fr. 826:

> In Hoffnung lebe und in Hoffnung schlag dich durch[26]).

Und der Chor im *Ion* mahnt (1510 f.):

> Nie glaube jemand, dass zu hoffen nichts mehr sei
> Dem Menschen, da wir diese Fügung jetzt erlebt.

So sagte auch schon Theognis (1135 ff.), von allen Gottheiten sei allein die Hoffnung in der Welt zurückgeblieben; die andern hätten sie verlassen und seien in den Olymp gezogen [27]). Und bei Sophokles (*Fr.* 862) heisst es:

Die Hoffnung ist's, die meist die Sterblichen erhält [28]).

Zuweilen sind freilich auch die Hoffnungen trügerisch wie die Worte der Menschen (*Protes Fr.* 650) [29]) und können unter Umständen auch zum Unglück verleiten (*Iph. Aul.* 592; *Hik.* 479 f.), während andererseits oft ganz unverhofft das göttliche Geschick ins Leben eingreift (*Alex. Fr.* 62) [30]). Giebt es endlich einmal wirklich keine Hoffnung mehr, dann ist der Rest Ergebung in das Schicksal, wie dies Orestes in der *Iph. T.* (484 ff.) mit den Worten ausdrückt:

Nicht weise dünkt mir, wer dem Tod verfallen,
Der Hoffnung bar, den Schrecken der Vernichtung
Durch Mitleid zu entgehen sucht. Zwei Übel
Schafft er aus Einem sich: er zeigt sich thöricht
Und gleichwohl stirbt er. Lasse man das Schicksal. (K.)

Also auch hier kommt der Dichter auf sein Ceterum censeo (*Mel. desm. Fr.* 491):

Bekämpf' die Gottheit nicht, lass' ihrem Thun den Lauf [31]).

Freilich, mag man noch so viel Schuld an menschlichem Unglück auf die Selbstsucht der Menschen schieben, mag man auch anerkennen, dass das sogenannte Glück und Unglück keineswegs immer voll diese Namen verdient, dass oft das Glück eine ungünstige, das Unglück eine günstige Wirkung auf das geistige und sittliche Wesen der davon Betroffenen ausübt, so ist doch der Zusammenhang der menschlichen Lebensschicksale dunkel und es ist schwer, fast unmöglich, eine zweckbewusste Führung darin zu erkennen. In der *Hekabe* (957 ff.) ruft Polymestor aus:

Nichts ist im Leben sicher, nicht erhab'ne Macht,
Nicht, dass das Unglück ewig flieht den Glücklichen.
Denn seine Lose, Wohl und Weh, mischt ohne Wahl
Ein Gott verwirrend, dass wir Unerfahr'nen ihn
Verehren sollen. (D.)

Hier wird also der Gottheit der Gedanke untergeschoben, dass sie das Leben so wirr gestaltet habe, um von den Menschen, die sich darin nicht zurechtfinden, gesucht und verehrt zu werden. Eine ähnliche Klage erhebt *Fr.* 304 des *Bellerophontes:* „Wo ist

denn, heisst es hier, den Sterblichen etwas im Leben klar? Den
schnellen Schiffen lenken die Winde die Fahrt über die· Tiefe des
Meers; bei den Geschicken der Sterblichen aber macht die Länge·
der Zeit das Grosse klein, das Kleine gross." Der Gedanke des
Bruchstücks ist offenbar: bei der Seefahrt kann man sich doch
nach dem Winde richten; aber auf der Fahrt des Lebens weiss·
man nicht, wie und wohin man steuern soll [32]). Auch die Götter,
auf die doch wenigstens ein Verlass sein sollte, helfen nicht
weiter: sie geben uns keine gewisse Offenbarung und unser hoff-
nungsvolles Mühen ist oft genug umsonst (*Eurystheus Fr.* 376;
Thyest. Fr. 391; vgl. *Theogn.* 381 f.): es fehlt durchaus an einem
Massstab (χανών), an dem der Menschen Leben und Thun zu messen
wäre [33]). Das L e i d e n   d e r   M e n s c h e n hat die mannigfachsten
Gestalten, aber niemand kennt seinen Zweck und Ziel (*Antiope
Fr.* 211) [34]). Man weiss nur, dass es allen Menschen gemeinsam
ist wie der Tod, mit dem es endigt (*Temenid. Fr.* 733) [35]). Dunkel
lagert somit über dem ganzen Menschenleben (*Alc.* 782 ff.):

> Den Menschen allen ist verhängt des Todes Los
> Und ihrer Keinem wurde noch geoffenbart,
> Ob nur der Tage nächster ihn am Leben trifft.
> Denn dunkel ist, wohin des Schicksals Wege geh'n,
> Und nicht erlernbar und die Kunst enthüllt es nicht. (D.)

Hiemit ganz übereinstimmend lautet *Fr.* 916: „Wie bist du,.
drangsalvolles Menschenleben, doch in jeder Hinsicht so unver-
lässlich: dort hebst du empor, hier demütigst du. Ein Ziel giebt's
nirgends, nach welchem der Sterbliche seinen Lauf lenken könnte,
als dass von Zeus zuletzt das grause Ende gesandt kommt: der
Tod" [36]). Erst an diesem Ziele ist es möglich, die Summe jedes
einzelnen Menschenlebens zu ziehen und zu beurteilen, ob es
glücklich genannt werden darf. Die Lehre, die nach Herodot
(*I. 29 ff.*) Solon dem Krösus gegeben haben soll, niemand sei vor
seinem Tode glücklich zu preisen, kehrt auch bei Euripides dreimal
wieder (*Andromache* 100 ff.; *Heraklid.* 863 ff.; *Troad.* 509 f.):

> Nie glücklich nennen sollst du mir den Sterblichen,
> Bevor du seinen letzten Tag gesehen, wie
> Er den vollendend niederwallt ins Totenreich.   (D.)

Der Grund dafür ist eben der Unbestand des Schicksals und wenn
Solon bei Herodot (*I. 32)* sagt: „Der Mensch ist ganz Zufall"
(συμφορή), so pflichtet ihm in der *Alcestis* des Euripides (800 ff.),
allerdings mit der Beschränkung auf „die ernsten und trübsinnigen

Menschen" der genusssüchtige Herakles bei, dass „das Leben
nicht in Wirklichkeit ein Leben, sondern Zufall" sei. Man wird
aber kaum fehlgehen mit der Annahme, dass der Dichter unter
die ernsten und trübsinnigen Betrachter des Lebens auch sich
selber rechnet und dass das Wort συμφορὰ hier im ungünstigen
Sinne zu fassen ist, etwa als „eine Kette von Unfällen" [37]). Denn
in der That bezeugen eine Reihe von Stellen bei Euripides eine
äusserst trübe Auffassung des Menschenlebens. Das Leben ist
nur dem Namen nach Leben, in Wirklichkeit Kampf und Mühe
(*Fr.* 966) [38]). Am stärksten drückt sich der Dichter in den Ein-
gangsversen des *Orestes* (1 ff.) aus, deren Wiederholung Sokrates
bei der Aufführung verlangt haben soll:

> Kein Übel ist so schrecklich, das die Sprache nennt,
> Kein Schicksal oder gottverhängtes Ungemach,
> Das nicht mit seiner Bürde last' auf Sterblichen [39]).   (D.)

Von allen Seiten bedrängt den Menschen das Unheil und jeder
hat wieder über etwas anderes zu klagen (*Alc.* 893 f.). Oft hat
man nur die Wahl zwischen zwei Übeln, wie Jolaos in den *Herakliden* (605 ff.) zwischen dem Tode der letzteren oder der Opfe-
rung ihrer Schwester Makaria, oder wie in der *Alcestis* Admet
nur zwischen seinem eigenen oder der Gattin Tod (*Alc.* 135).
Denn das Schicksal ist grausam und waltet unerbittlich (*Hek.* 1295;
Alc. 20. 147. 297 f.). Hilflos steht ihm der Mensch gegenüber
und so entringt sich seiner Brust der Seufzer (*Hipp. Kal. Fr.* 444):

> Ach Gott, dass für die Menschen es kein Mittel giebt,
> Das Unheil abzuwehren, das sie von Natur
> Betrifft und das die Gottheit ihnen zugesandt [40])!

Denn auch die Frömmigkeit hilft nichts. Es ist ein Wahn, zu
glauben, dass es dem frommen und guten Menschen gut, dem
Bösen schlimm gehe, wie man es wünschen möchte und eine sittliche Weltordnung es erforderte (*Hek.* 902 ff.). In Wirklichkeit
ist es umgekehrt (*Hipp. Kal. Fr.* 434):

> Der Sterblichen Geschick ruht nicht auf Frömmigkeit.
> Durch Wagemut und kecken Handstreich nur gewinnt
> Man und erjagt man alles, was man haben will [41]).

Ja, es kann einem gehen wie dem Paris, dem der drohende Tod
den Seufzer auspresst (*Alex. Fr.* 58):

> So muss ich also sterben, wegen der rechtschaffenen
> Gesinnung meines Herzens, die doch Heil sonst bringt [41a]).

Von einer gerechten und gesetzmässigen Verteilung von Glück
und Unglück unter die Menschen, je nach ihrem Verdienst, ist
keine Rede (*Skyrioi Fr.* 684):

> Wie regellos ist das Geschick der Sterblichen!
> Den einen geht es wohl und furchtbar Unheil trifft
> Die andern, ob sie Götter ehren noch so fromm,
> Ob sie in allem pünktlich und mit Sorgfalt auch
> Ihr Leben führen, ganz gerecht und ohne Schimpf[42]).

Zu solchen Gedanken mögen dem Dichter u. a. auch die Erfahrungen in den schweren Jahren des peloponnesischen Krieges, die
durch die fortwährenden Parteikämpfe herbeigeführte Entsittlichung,
wie sie z. B. Thukydides *(III. 82 ff.)* schildert, geführt haben
(Decharme, Euripide pg. 179). Auch die Worte des Chors in der
Hekabe (846), dass selbst die Bande der Verwandtschaft durch
die Ereignisse gelöst, die Freunde zu Feinden und Feinde zu
Freunden werden, mögen ein Reflex der allgemeinen Unsicherheit
der damaligen Verhältnisse sein. Aber auch abgesehen von solchen
Ausnahmezuständen bringt das Leben an sich der Übel genug
mit sich. Es ist im besten Falle eine Mischung aus Glück und
Unglück, das man tragen muss, ohne sich zu viele Sorgen zu
machen (*Antiope Fr.* 196 und 197[43]); *Iph. Aul.* 31 ff. und 161 ff.;
Ion 1502 ff.) und sich zu sehr zu härmen (*Aeol. Fr.* 37; *Alex.
Fr.* 46; *Thyest. Fr.* 392)[44]). Ja, zuweilen nähert sich der Dichter
dem Gedanken: Leben ist Leiden. Im *Hippolytos* (189 f.) sagt
die Kammerfrau:

> Das menschliche Leben ist Jammer und Not;
> Erlösung, Frieden ist nirgend,

und zu der liebeskranken Phädra gewendet (203 ff.):

> Geduld, meine Tochter! Was wirfst du so wild
> Dich herum? Mit Mut und Fassung erträgt
> Sich die Krankheit leichter. Bedenke, du bist
> Ein Mensch zum Leiden geboren. (W.)

Welche Beschwerden bringt allein das Alter mit sich! Im *Äolus
Fr.* 25 heisst es:

> O weh, wie recht hat immer doch der alte Spruch:
> Als Greise sind nichts weiter wir als Schall und Schein
> Und schleppen uns einher ein Bild von Träumen nur.
> Der Geist ist fort und dennoch denken wir uns klug[45]).

Das Alter macht mürrisch und trübsinnig (*Bacch.* 1251 f.). Darum
ist es am besten, wenn man gar nicht alt wird (*Oinom. Fr.* 575):

Nicht edel denkt der Mensch, der gerne kommen will
In das verhasste Alter. Denn gar lange ist
Das Leben dann und tausend Qualen bringt es mit [46]).

Wohl hat ja auch die Jugend ihre Gefahren (*Androm.* 184 ff.);
aber das Alter ist doch weit schlimmer und mit Wehmut blickt
der greise Dichter auf die Jugend zurück (*Herakles* 637 ff.):

Jugend, dich lieb' ich, Alter du drückest
Schwerer als Ätnas Felsen mein Haupt,
Hast meiner Augen Licht mir umschleiert.
Weder des Persers üppigen Thron,
Weder ein Haus voll Gold bis zum Giebel
Möcht' ich tauschen, Jugend, um dich.
Süss bist du dem König,
Süss bist du dem Bettler:
Aber das leidige neidische Alter
Hass ich von Herzen.
O dass es die Winde jagten
Fern hinaus in öde Meere!
Wär' es nie hinabgestiegen
In die Wohnungen der Menschen!
Möge doch am Himmel droben
Ewiglich sein Fittig kreisen! (W.)

Dass das Alter an Erfahrung reicher ist als die Jugend (*Peleus
Fr.* 619) [46a]), ist ein schwacher Trost. — Menschenkraft ist
gering und kann nicht viel ausrichten, wenn auch der menschliche Geist sich die Erde unterthan zu machen versteht. Nichts
ist bezeichnender für den Unterschied zwischen der Lebensauffassung des Sophokles und Euripides, als der Beginn zweier eben
diesen Gedanken behandelnder Chorlieder. Triumphierend stimmt
Sophokles in der *Antigone* (334 ff.) seinen Gesang an:

Vieles Gewaltige lebt, doch nichts ist gewaltiger als der
Mensch. (D.)

Euripides dagegen sagt bescheiden (*Aeolus Fr.* 27):

Nicht weit reicht Menschenkraft [47]).

Angesichts aller Übel im Menschenleben nimmt der Dichter keinen
Anstand, im Menschenleben und damit auch in der göttlichen
Weltregierung geradezu krankhafte Symptome aufzuzeigen (z. B.
Phoen. 66; andere Stellen s. o. Kap. III. 2 c bes. *Iph. Aul.* 1404).
Und zugleich empfindet er diese Erkenntnis der Unzulänglichkeit

und Elendigkeit alles Irdischen wieder als ein neues Uebel (*Antiope Fr.* 205):

> Ich bin mir meines Leids bewusst und dieses ist
> Kein kleines Übel; nicht zu wissen, dass man krank,
> Thut wohl; Unwissenheit im Unglück ist Gewinn [48]).

Sicher ist, dass kein Mensch glücklich wird, der sich nicht besonderer Gunst der Gottheit erfreut (*Andromed. Fr.* 150)[49]). Unter diesen Umständen ist es nur zu verwundern, dass die Menschen trotz allem gar so sehr am Leben hängen. Diesem H a n g z u m L e b e n, der auch im Greise trotz aller Gebrechen des Alters noch lebendig ist, schildert Euripides mit unverkennbarem Sarkasmus in der *Alcestis*, indem er den Admet seinem Vater Pheres und auch seiner Mutter Vorwürfe machen lässt, dass sie sich weigerten, für ihren Sohn zu sterben, und dessen junge Gattin sich opfern liessen, während doch ihr Leben schon vollendet hinter ihnen lag (*Alc.* 614 ff.). Hier im Munde des Greisen erscheint auf einmal das Menschenleben so kurz und so süss (693) und er bedauert, dass man es nicht zweimal lebt (712)[50]), während der Sohn bitter bemerkt (669 ff.):

> Vergeblich wünschen sich den Tod die Greise doch,
> Das Alter scheltend und des Lebens lange Zeit;
> Sobald der Tod sich nähert, wünscht niemand sich mehr
> Zu sterben, und das Alter ist ihm keine Last.

Ganz anders benimmt sich Iphis nach dem Tode seiner Tochter Euadne, die ihrem Gemahl Kapaneus freiwillig in den Tod gefolgt ist: er will sich durch Enthaltung von Speise den Tod geben und knüpft an seine Lage die Betrachtung (*Hik.* 1108 ff.):

> Du unbezwingbar Alter, o wie hass' ich dich
> Und hasse, wer sein Leben zu verlängern wünscht,
> Durch Speis' und Trank und Zaubermittel sucht,
> Den Strom noch abzuleiten, zu entflieh'n dem Tod.
> Sie sollten, die doch nichts mehr nützen auf der Welt,
> Im Tod dahingeh'n und der Jugend machen Platz.

Aber auch der reife Mann sollte nicht allzu sehr am Leben hangen. *Orestes* z. B. spielt in der nach ihm benannten Tragödie eine unwürdige Rolle, indem er trotz seiner Blutschuld das Leben sich um jeden Preis erhalten will (644 f.; 662; 777; 781 f.; 786; 1022; 1031; 1060 ff.). Wie sehr der Dichter dies verurteilt, zeigt er damit, dass er ihn eben wegen dieses seines übermässigen

Hangs zum Leben mit einem Sklaven auf Eine Stufe stellt (1522 ff.).
Viel verständlicher ist es, wenn die Jugend nichts vom Sterben
wissen will. Ihr, welche die Not des Lebens noch nicht aus
eigener Erfahrung kennt, erscheint das Leben schön und hoff-
nungsreich. In rührender Weise schildert Euripides in der *Aulischen Iphigenie* den Kampf, den es die blühende Jungfrau kostet,
dem Leben zu entsagen und sich zu dem Entschluss des Sterbens
durchzuringen:

> Diese Sonne ist
> So lieblich, zwinge mich nicht, vor der Zeit
> Zu sehen, was hier unten ist,   (Sch.)

fleht sie den gegen seinen Willen unbarmherzigen Vater an (1218);
ja sie versteigt sich zu dem in ihrer Lage so natürlichen, aber
der griechischen Anschauung ganz widersprechenden Ausruf
(1250 ff.):

> Nichts Süssers giebt es, als der Sonne Licht
> Zu schau'n! Niemand verlanget nach da unten.
> Der raset, der den Tod herbeiwünscht. Besser
> In Schande leben, als bewundert sterben[51]).   (Sch.)

Vortrefflich bemerkt Schiller (Note 11) zu diesen Worten: „Iphigenie darf und soll in dem Zustande, worin sie ist, und in dem
Affekte, worin sie redet, den Wert des Lebens übertreiben." Mit
den Worten (1509):

> Geliebte Sonne, fahre wohl!   (Sch.)

scheidet sie aus dem Leben. — Ebenso bedauert *Iphigenie in
Tauris* (378 f.) in der Meinung, Orestes sei gestorben, diesen
ihren Bruder, dass er aus dem schönen, vielversprechenden Leben
scheiden musste. Sobald eben die Möglichkeit des Todes ernstlich herantritt, gewinnt das Leben an Schönheit (*Meleager Fr.* 533,
Kap. V. 1 A. 36).

Und in ähnlicher Lage wie Iphigenie in Aulis sprach wohl
Makaria in den *Herakliden* (*Fr.* 854) die Worte:

> Furchtbar ist's, aber ruhmvoll, in den Tod zu gehn,
> Am Leben bleiben feige, aber — ach — so süss![51a])

Polyxena nimmt das ihr bestimmte Todesgeschick „willig" auf
sich; ihr Leben, das bisher voll von Liebe, Ehre und schönen
Hoffnungen war, erscheint ihr als innerlich abgeschlossen, da die
Zukunft ihr nur noch Leid und Entehrung bringen könnte. Darum
bildet der Tod nur noch den äusseren Abschluss dazu und sie
würde in ihren Augen als „feige und allzu anhänglich ans Leben"

(φιλόψυχος) erscheinen, wenn sie dem Tod mit Murren entgegen-
ginge (*Hek.* 346 ff.). Der Stoiker Kleanthes gedachte in seinem
Hymnus auf Zeus der von Polyxena gesprochenen Worte:
Der Not gehorsam, folg' ich dir auf diesem Pfad,
Und mich verlangt zu sterben; wenn ich's weigerte,
Ich wär' ein Weib nur, welche feig ihr Leben liebt.
Eine solch feige, weibische, durch und durch unhellenische Natur,
die um jeden Preis am Leben hängt, ist der verächtliche phry-
gische Eunuch im *Orestes* (1510 ff.).

Der tiefste Grund, warum doch alle Menschen den Tod
fürchten, mögen sie auch am Leben noch so schwer zu tragen
haben, ist der, dass man nicht weiss, was nach ihm kommt. Diese
Erfahrung hat der geblendete *Phoinix* an sich selbst gemacht
(*Fr.* 816):
Wenn früh'r ich einen Blinden durch die Stadt sah geh'n
An seines Führers Hand sich hängend und gar sehr
Beklagend sein Geschick, stimmt' ich mit ein:
Wie arm er sei, dass ihn der Tod noch nicht erlöst.
Und jetzo leb' ich meinem eignen Wort zum Trotz,
Ich Elender: Wie hängt ihr Menschen am Leben doch,
Die ihr den kommenden Tag zu sehen wünscht, indes
Ihr doch die Last von tausendfachem Unheil tragt!
Die Lust zu leben ist dem Menschen eingepflanzt:
Das Leben ist bekannt uns, aber nicht der Tod.
Drum scheut das Scheiden jeder aus der Sonne Licht[52]).
Es ist dieselbe Philosophie wie die *Hamlets* in dem berühmten
Monolog:
Wer trüge Lasten
Und stöhnt' und schwitzte unter Lebensmüh?
Nur dass die Furcht vor etwas nach dem Tode,
Vor jenem unentdeckten Land, aus dem
Kein Wand'rer wiederkehrt, den Willen irrt,
Dass wir die Übel, die wir haben, lieber
Ertragen als zu unbekannten flieh'n.   (Schlegel.)
Auf diese Weise also erklärt es sich, dass die Menschen trotz
allen Elends am Leben hangen und sich vor dem Tode fürchten.
Aber nichtsdestoweniger ist das Leben ein Gut von zweifelhaftem
Wert, ja, wie „der die griechische Lebensbetrachtung so tief
durchdringende theoretische Pessimismus" es in jener Sage vom
gefangenen Silen ausgedrückt hat, ist d a s g r ö s s t e G l ü c k,

Nestle, Euripides.   16

nicht geboren zu sein, das nächste, möglichst früh in
die Pforten des Hades einzugehen. In den Spruch-
gedichten des Theognis (425 ff.) und in den Liedern des Bacchylides (*Fr.* 2) ertönt diese trübsinnige, jedenfalls schon ältere
Lehre, und wer kennt nicht die Verse des Chors in Sophokles'
Ödipus auf Kolonos (1224 ff.):

> Nie geboren zu werden, ist
> Weit das beste; doch wenn du lebst,
> Ist das andere, schnell dahin
> Wieder zu gehen, woher du kamest. (D.)

Und so bekennt denn auch der Euripideische *Bellerophontes*
(*Fr.* 285):

> Ich halt' es mit dem allbekannten Wort:
> Am besten ist's dem Menschen, nicht geboren sein.

Und in den *Troades* (636 f.) setzt die gefangene Andromache
das Nichtgeborensein dem Sterben gleich und erklärt dieses für
besser als ein elendes Leben (ebenso *Fr.* 596 des von Kritias
verfassten *Peirithoos*)[58]). Eine ganz eigenartige Wendung aber
giebt der Dichter dem Gedanken in einem Bruchstück des *Kresphontes* (*Fr.* 449). Hier heisst es:

> Fürwahr, wir sollten schliessen einen Bund, drin man
> Beklagt den Neugebor'nen, der in soviel Not
> Erst kommt, den Toten aber, der, von Qual erlöst,
> Mit Freud' und Lobgesang bestattete zur Ruh'.

Schon Welcker (Gr. Tr. S. 832 f. und Prodikos von Keos Kl. Schr.
II S. 510) sah in diesen Versen eine bewusste Beziehung auf die
von Herodot (*V.* 4) erwähnten Gebräuche der thrakischen Trau-
ser: „Um den Neugeborenen sitzen die Verwandten herum und
beklagen ihn wegen des vielen Elends, das ihn noch erwartet,
indem sie alle menschlichen Leiden aufzählen; den Abgeschiedenen aber bestatten sie unter Scherzen und Freudenbezeugungen
zur Erde, indem sie dabei sagen, von wieviel Not erlöst er sich
jetzt in vollkommener Seligkeit befinde." Und in der That ist
die Übereinstimmung beider Stellen eine so frappante, dass sie
unmöglich zufällig sein kann, wie denn auch Rohde in dem Bruchstück des *Kresphontes* einen Hinweis auf Herodot sieht (Psyche
S. 325 A. 1). Dagegen ist es doch sehr fraglich, ob wir bei Herodot und Euripides hier, wie auch in der oben besprochenen
Theodicee der *Hiketiden* (195 ff.), einen Einfluss der pessimistischen Philosophie des Prodikos auf Euripides annehmen dürfen,

wie Welcker (a. a. O. S. 509), Bergk (Griech. Litt.Gesch. III
S. 473) und Dümmler (Akad. S. 278 ff.) thun. Eine Beziehung
mag wohl bestehen, aber dort wird ja eben der Pessimismus
scheinbar bekämpft (vgl. Kap. III, 1 A. 47 und 2 A. 123). Und
wenn auch die von Euripides in dem Kresphontesbruchstück vertretene Auffassung von Leben und Tod mit Keischen Grundsätzen
(Welcker S. 102 ff.) übereinstimmt, so beweist doch eben die Erzählung des Herodot, dass man diese Ansichten nicht nur in Keos
kannte. Dass der pseudoplatonische *Axiochos* (pg. 366) den Prodikos einen der Verse des Euripides citieren lässt, ist nicht von
Bedeutung und zeigt eher, dass der Verfasser seinen Sophisten
sich auf die selbständige, allerdings mit ihm übereinstimmende
Autorität des Euripides sich berufen lässt. Denn dass zwischen
beiden Berührungspunkte vorhanden sind und z. B. das oben geschilderte Verhalten des greisen Iphis nach dem Muster des Prodikos gezeichnet ist, soll nicht geleugnet werden [54]). Aber eben
hier stimmt der Dichter wieder sachlich in dem wichtigsten Punkt
mit dem Sophisten nicht überein, nämlich hinsichtlich der Beurteilung des S e l b s t m o r d s. Denn es kann kaum einem Zweifel
unterliegen, dass Prodikos im Anschluss an die Sitte seiner Heimat Keos diesen für durchaus erlaubt, ja geboten hielt, wenn gewisse Umstände das Leben nicht mehr lebenswert erscheinen
liessen. Zwar dass er (*Fr.* 2) nachweist, wie kein Lebensalter
vom Kinde bis zum Greis von Übeln frei sei, lässt für die obige
Frage noch keinen Schluss zu: erklären doch schon die Homerischen Gedichte das Leben für einen Jammer (Ω 525 f.) und den
Menschen für das elendeste aller Geschöpfe (*P* 446 f.). Aber wir
haben bestimmte Nachrichten, dass die Bewohner der Insel Keos
den Tod nicht als ein Übel ansahen, dass die Männer wegen der
Verstorbenen keine Trauer anlegten, die Frauen nur, wenn ihnen
ein Kind jung gestorben war, und dass die Alten, wenn ihnen
der Verlust des Augenlichts oder Gehörs oder sonstige das Leben
lähmende Beschwerden des Alters drohten, das natürliche Ende
nicht abwarteten, sondern durch Mohn oder Schierling ihrem Leben
ein Ende machten. Diese Sitte hat höchst wahrscheinlich auch
Prodikos gebilligt, ja er hat sogar vielleicht selbst freiwillig
seinen Tod herbeigeführt. Denn Suidas berichtet, er sei in Athen
als Verderber der Jünglinge durch den Schierlingstrank gestorben.
Dies ist bei dem Schweigen aller andern Quellen ganz unwahrscheinlich; denn die Hinrichtung eines so berühmten Mannes

müsste das grösste Aufsehen erregt haben. Wohl möglich aber
ist es, dass ein Grammatiker, der die Nachricht vorfand, Prodikos habe durch Schierling geendet, und der von der Keischen
Sitte nichts wusste, sich seinen Tod nach dem Muster von Sokrates' Ende vorstellte. Jedenfalls hat Prodikos den Tod als
etwas durchaus Gleichgültiges betrachtet: er gehe, so meinte er,
weder die Lebenden noch die Toten an (*Fr.* 3)[55]). Offenbar ist
Prodikos der Begründer des theoretisch formulierten Pessimismus
gewesen, unter dessen späteren Anhängern Alkidamas eine Lob-
rede auf den Tod schrieb mit einer eindringlichen Schilderung
der Übel des Lebens und Hegesias, ein Cyrenaiker, Vorträge mit
solchem Erfolg hielt, dass zahlreiche seiner Zuhörer Selbstmord
begingen, was ihm den Beinamen Peisithanatos und ein Verbot
öffentlichen Auftretens von seiten des Königs Ptolemäus zuzog[56]).
Bei Euripides nun mögen sich die Grundsätze und das Verhalten
des Iphis in den *Hiketiden* (1105 ff.) an die Lehren des Prodikos
anschliessen. Der Dichter selbst billigt aber den Selbstmord
nicht: Euadnes' schwärmerische That, die sich in den Scheiterhaufen ihres Mannes stürzte, wird vom Chor als δεινὸν ἔργον (1072)
bezeichnet. Euripides kann den Selbstmord nur als den Ausfluss
einer krankhaften Gemütsverfassung verstehen. Wie Teucer der
Helena den freiwilligen Tod des Ajax mitteilt, erklärt sie, eine
solche That sei nur einem Wahnsinnigen möglich (*Hel.* 96 f.).
Und wenn der Dichter es auch erklärlich und verzeihlich findet,
unerträglichem Leid durch absichtliches Scheiden aus dem Leben
ein Ende zu machen (*Hek.* 1107 f.), so bezeichnet er doch den
Zustand, der einen solchen Entschluss zur Reife gedeihen lässt,
mit aller Entschiedenheit als einen abnormen und krankhaften
(*Fr.* 1070):

> Wer sagt, ein Mensch, den Kummer niederdrückt, der müss'
> Sich hängen oder stürzen von einem Fels herab,
> Der ist nicht weise; aber jeder wünsche sich,
> Dass diese Krankheit nie er an sich selbst erfährt[57]).

Der Dichter hat also freilich kein hartes, vernichtendes Urteil
für den Selbstmörder, wie die von den Staatsgesetzen vertretene
gemeingriechische Anschauung, welche über denselben Atimie und
Versagung des Begräbnisses verhängten, sondern Mitleid[57a]); aber
er sieht auch im Selbstmord nichts weniger als eine Heldenthat.
Eben weil er die Schwere des Lebens kennt, deswegen kann er
es nicht für eine grosse Leistung halten, ihm zu entlaufen. Leben

ist schwerer als Sterben und darum auch der Entschluss, in Not
weiterzuleben, ein mutigerer als der, den Tod zu wählen. Diese
Ansicht hat der Dichter besonders im *Herakles* niedergelegt in
dem Gespräch zwischen diesem Heros und seinem Freunde Theseus. Der tiefgebeugte, kummerbeladene Wohlthäter der Menschheit, der in seinem Tobsuchtsanfall Gattin und Kinder erschlagen
hat und nun wieder zum Bewusstsein erwacht ist, ist an der
Grenze seiner Geduld, seiner Leidensfähigkeit, angelangt (*Herakles* 1245; 1251) und möchte am liebsten seinem Leben ein Ende
machen (1247). Aber der Freund warnt ihn (1248):

> An Selbstmord denkt nur ein gemeiner Sinn. (W.)

Seine Ehre, seine Verdienste um Hellas verbieten es ihm, in
solcher „Thorheit" zu enden (1254). Und in der That ringt sich
der schwergeprüfte Heros zu dem Entschlusse, weiterzuleben,
durch (1347 ff.):

> Ich aber hab' in allem meinem Jammer
> Bedacht, ob nicht der Selbstmord Feigheit sei.
> Denn wer des Schicksals Willen sich nicht fügt,
> Wagt nimmer vor das Feindesschwert zu treten.
> Ich trag's, zu leben [58]). (W.)

Diese Worte des Herakles stimmen genau zu der oben dargelegten Theorie des Dichters, dass der edle Mann auch in die
Härten des Schicksals sich zu finden wissen muss (1227 f.). In
dieser energischen Ablehnung des Selbstmords trifft die Anschauung des Euripides mit orphisch-pythagoreischen Lehren zusammen. Wir wissen aus Platos *Phädo* (cap. 6 pg. 61 E), dass
Philolaos den Selbstmord als unsittlich bezeichnete, und eben dort
(pg. 62 B) ist auch von „Geheimlehren" die Rede des Inhalts,
dass „wir Menschen in einem Gefängnis sind, aus dem sich selbst
zu befreien und zu entlaufen nicht erlaubt ist". Damit kann,
wie schon die Scholien bemerken, nichts anderes gemeint sein als
der Orphismus, der auf dem Gebiet der Seelenlehre mit dem Py-
thagoreismus verwandt ist [59]). Obwohl Euripides also wie die orphisch beeinflussten Pythagoreer den Selbstmord verwirft, so thut
er es doch offenbar nicht im Anschluss an diese. Denn die Motivierung des beiderseits gleichlautenden Urteils ist grundver-
schieden. Bei den Orphikern und Pythagoreern ist sie religiöser
Art: der Selbstmord erscheint hier als eine Auflehnung gegen
die Gottheit, in deren Dienst die einzelne Menschenseele steht,
solange es jener beliebt, das Wegwerfen des Lebens wird als die

Verschleuderung oder Entwendung eines anvertrauten Gutes betrachtet und würde auch gemäss dem Glauben an eine Seelenwanderung ihren Zweck gar nicht erreichen. Ganz anders bei Euripides: zwar verlangt auch er, dass der einzelne sich dem Willen der Gottheit, wie sich derselbe in seinem Schicksal kundgiebt, unterordnen soll, aber nicht aus religiösen, sondern aus sittlichen Gründen: es ist Feigheit, dem Ansturm des Lebens nicht zu stehen und seinen Posten zu verlassen. Zugleich ist der Dichter geneigt, die Verneinung des dem Menschen angeborenen Selbsterhaltungstriebs, wie sie im Selbstmord sich zeigt, als etwas Unnatürliches und daher Krankhaftes zu betrachten. Insofern gehört dann der Selbstmörder nicht mehr in die Sphäre der sittlichen Beurteilung, sondern bietet ein psychologisches Problem für den Dichter und Denker, der bei dessen Lösung freilich die thatsächliche Not des Menschenlebens aufs ernstlichste wird berücksichtigen müssen.

Berechtigt nun die hier dargelegte Auffassung des Menschenlebens dazu, in Euripides den „Propheten des Weltschmerzes", den Herold des Pessimismus, zu sehen? Diese Frage ist meines Erachtens zu verneinen. Ja, wenn Welcker, der geistvolle Wiederhersteller der verlorenen Tragödien, die Trümmer des *Bellerophontes*, eines der Stücke, deren Verlust am meisten zu beklagen ist, richtig gedeutet hat (Gr. Tr. S. 785 ff.), so hat sie Euripides selbst verneint. Denn wir haben Grund, dieses Drama in ganz besonderem Sinn als ein Selbstbekenntnis des Dichters zu betrachten. Diesem Helden hat er grossenteils seine eigenen Züge geliehen: den Hang zur Einsamkeit und zur Melancholie, die an Menschenverachtung streift (Aristot. *Probl.* 30, 1; Galen, *de med.* 13; Cic. *Tusc.* III, 26, 63), den Zweifel an der göttlichen Weltregierung, ja am Dasein der Götter selbst (*Fr.* 286; 292), die tiefe Empfindung für das Leid im Leben (*Fr.* 285), den unbezwingbaren Drang, die Wahrheit zu erkunden und hinter das Geheimnis der Welt und der Gottheit zu kommen (*Fr.* 308), aber auch neben dem Bewusstsein des Hanges zum Bösen (*Fr.* 297) den Glauben an sich selbst und seine im tiefsten Herzen wohnende Frömmigkeit und Rechtschaffenheit (*Fr.* 311) und die Ergebung in das Geschick, auch da, wo es schwer, wie eine Strafe, auf dem Menschen lastet (*Fr.* 299; 300). Dieser Glaube erhebt sich schliesslich sogar zu der Überzeugung von einer auch die menschlichen Schicksale richtig ausgleichenden Macht (*Fr.* 303;

304). Und so stirbt der himmelstürmende Bellerophon nach seinem Sturze „beruhigt, von der Krankheit seines Innern geheilt, im Bewusstsein seiner früheren natürlichen Frömmigkeit und Menschenfreundlichkeit" (Welcker). So lässt Euripides seinen Helden das Bewusstsein seiner Unschuld und damit den Frieden wiederfinden und rechtfertigt hiemit ebenso seinen Zweifel und Wahrheitsdrang, als er die pessimistische Verneinung des Lebens verwirft [60]). Gewiss also, Euripides beschönigt und verhüllt in keiner Weise das Übel in der Welt und im menschlichen Leben und Wesen; im Gegenteil, er macht das Leiden der Menschen zum Gegenstand seines Studiums und seiner Kunst. Dabei stellt er sich nicht, wie Äschylus und Sophokles, auf den religiösen, sondern auf den rein menschlichen Standpunkt. Aber er lässt sich von dem Leid, das er selbst fühlt und bei andern sieht, nicht zu Boden drücken; er behält den Kopf oben, und bei seinem kritischen Geist macht sich immer auch gleich das praktische Bestreben geltend, die auf falschen Anschauungen beruhenden Notstände zu heben und zu lindern, wie sich unten bei der Erörterung der sozialen Verhältnisse deutlich zeigen wird. Von Euripides kann man nicht sagen:

Er hatt' nicht Zeit, zu achten
Auf eines Volkes Schmerz.
Er konnte nur betrachten
Sein gross zerrissen Herz.

Im Gegenteil: „der Menschheit ganzer Jammer fasst ihn an", aber er führt ihn nicht zur Verzweiflung, nicht zur Verneinung des Lebenstriebes. Er bewahrt sich den Sinn für die Freuden des Lebens, und mit dem Wahlspruch „hoffe und ertrage" schlägt er sich auch durch das Ungemach tapfer durch und, indem er den Blick aufs Ganze richtet, schaut er doch durch das Wirrsal der Einzelheiten an der Oberfläche des Weltlaufs jene für den gedankenlosen Beschauer „unsichtbare Harmonie", die sich dem tiefsinnigsten der vorsokratischen Philosophen enthüllte und die auch Euripides anerkannte, indem er Dike als den Urgrund alles Seins bezeichnete [61]).

Sechstes Kapitel.

Anthropologie. Die menschliche Gesellschaft.

1. Die Familie.

Die griechische Polis beruht auf den Geschlechtern und diese setzen sich wieder aus einzelnen Familien zusammen. Die Familie bildet also die Grundlage der staatlichen Gemeinschaft (Aristot. *Pol.* I, 3 pg. 1253 b). Sie ist, insofern sie durch den Ahnenkult und die Verehrung des Herdes zusammengehalten wird, ebensosehr eine religiöse als eine natürliche Vereinigung. „Der Ahnenkult ist es auch, der die Monogamie bedingt, die, wie aus den umständlichen Trauungszeremonien und aus der schweren Ahndung des Ehebruchs hervorgeht, auf griechischem Boden von Anfang an vorhanden ist" [1]. Die populäre Anschauung des Altertums über die Ehe geht dahin, dass ihr Zweck die Erzielung legitimer Nachkommen ist. Euripides lässt bei seiner Betrachtung der Ehe sowohl diesen rechtlichen als den religiösen Gesichtspunkt völlig ausser Acht und sieht sie lediglich von ihrer natürlichen und sittlichen Seite an. Die Fortpflanzung ist ein Naturgesetz, das sich in der ganzen Welt vollzieht: nicht nur die Menschen, sondern auch die unter ihnen stehenden Tiere und die über ihnen stehenden Götter sind diesem Triebe unterworfen [2]. Dabei zeigt sich aber sofort, dass dieser natürliche Vorgang zugleich auch eine sittliche Wirkung hat: die Liebe der Erzeuger zu den Erzeugten: diese ist das der Götter-, Menschen- und Tierwelt gemeinsame Gesetz, das Band, das alles zusammenhält (*Diktys Fr.* 346).

Gemeinsam ist nur Ein Gesetz der Menschenwelt,
Auch bei den Göttern anerkannt, wie frei ich sag',
Und bei der Tierwelt: dass die Kinder lieben sie.
Sonst folgen wir, einander fremd, besondrem Brauch.

In diesem Punkte ist auch zwischen hoch und nieder, arm und reich kein Unterschied (*Her.* 633 ff.):

Menschlich Gefühl ist überall dasselbe,
Und Fürst und Sklave hängt an seinen Kindern:
Das Geld alleine scheidet hoch und niedrig,
In unsrer Kinder Liebe sind wir gleich [2a].   (W.)

Man erinnert sich bei diesem Gedanken eines Bruchstückes des Demokrit (*Fr. eth.* 184 Mull.): „Es scheint für die Menschen ein

notwendiges Naturgesetz und eine alte Übung zu sein, Kinder zu
erzielen, und offenbar auch für die andern Lebewesen. Denn alle
erzielen Nachkommen infolge eines Naturtriebs, nicht des Nutzens
wegen; sondern, wenn sie geboren werden, haben sie Not mit
ihnen und müssen sie so gut wie möglich aufziehen und sich für
sie absorgen, solange sie klein sind, und wenn ihnen etwas zu-
stösst, so sind sie bekümmert. Dies ist allen beseelten Wesen
von Natur eigen. Bei dem Menschen aber ist es Brauch geworden, auch einen Vorteil von seinen Nachkommen zu ziehen"[3].
Indessen mit der Befriedigung des Fortpflanzungstriebs ist die
Einrichtung der Ehe, zumal der Einehe, noch keineswegs gegeben. Bei barbarischen Völkern konnten die Griechen sowohl
die Polygamie (z. B. bei den Thraciern *Androm.* 215 ff.) als auch
die Weibergemeinschaft beobachten, wie z. B. Herodot (*IV, 104*)
die letztere von dem im heutigen Siebenbürgen ansässigen Volk
der Agathyrsen berichtet. Als Zweck dieser Sitte wird angegeben, „dass alle zu einander Brüder und Verwandte seien und
nicht Hass und Feindschaft sie entzweie". Aus demselben Grund
zieht auch Plato in seinem Idealstaat (*Pol.* V. 9 pg. 461 D und. 11 f.
pg. 464 A ff.) die Frauengemeinschaft der Einzelehe vor. Eben
auf diese Stellen bei Plato weist Clemens von Alexandria (*Strom.*
VI. 751) hin, indem er einen Vers des Euripideischen *Protesilaos*
(*Fr.* 653) citiert:

Gemeinsam sollte stets der Frauen Lager sein[4].

An einer andern Stelle (*Ino Fr.* 402) scheint Euripides die Polygamie zu empfehlen:

In Hinsicht auf die Frauen ist nicht gut der Brauch:
Der Reiche sollte ihrer haben möglichst viel,
Damit die Schlechten aus dem Haus er treiben könnt',
Die Brave aber glücklich für sich rettete.
Nun schaut man nur auf Eine und läuft schwer Gefahr.
Denn, ohn' auch nur zu kennen des Charakters Wert,
Nimmt in das Haus die Frau man auf sich selbst zur Last[5].

Ernst ist es aber dem Dichter mit diesem Vorschlag offenbar
nicht, der sich auch so, wie er vorliegt, nur für eine Schutzmass-
regel zu Gunsten einer glücklichen Ehe ausgiebt; und die Schluss-
bemerkung hat gewiss bei der geschäftsmässigen Art der griechischen Brautwerbung ihre gute Berechtigung. Welche Unzuträg-
lichkeiten die Polygamie mit sich bringt, weiss der Dichter wohl,
und er hat diese in der *Andromache*, in welcher die letztere

neben Hermione, der rechtmässigen Gemahlin des Neoptolemos,
als dessen Nebenfrau erscheint, mit aller Schärfe dargestellt. Er
legt hier dem Chor die Worte in den Mund (464 ff.):

Nimmer fürwahr lob' ich's, dass ein Mann der Frauen zwei
Und zweier Mütter Söhne nährt,
✓ Der Häuser Zwist und feindlich herbe Trauer.
Eine Liebe sei dem Mann genug,
Mit andern Frauen pfleg' er nicht Gemeinschaft.   (D.)

Hieran (vgl. auch 181 f.) zeigt sich deutlich, dass Euripides die
Polygamie verwirft, und auch von der Weibergemeinschaft ist
das anzunehmen, da er in der *Elektra* (933 f.) ausdrücklich dagegen polemisiert, dass die Kinder nach der Mutter statt nach
dem Vater genannt werden, was bei der genannten Voraussetzung
kaum zu umgehen ist. Wir haben darum in jenem Vers des
Protesilaos offenbar nicht die eigene Meinung des Dichters,
sondern nur die Erwähnung einer anderen Anschauung zu erblicken, zu der er Stellung nahm. Bei seinen Äusserungen über
das Verhältnis von Mann und Frau, Eltern und Kindern bildet
die Monogamie für ihn stets die selbstverständliche Voraussetzung. Und er, den man zum Typus eines Weiberfeinds gestempelt hat, der nach der Tradition zweimal in unglücklicher
Ehe gelebt haben soll (s. Kap. I A. 30), über dessen Frau oder
Frauen die Komödie ihren ätzenden Spott ausgegossen hat, hat
sich trotz alledem, wie hinsichtlich der ganzen Frauenfrage, so
auch über Ehe und Familie ein zwar nüchternes, aber im ganzen
durchaus objektives Urteil bewahrt. Euripides weiss es wohl und
spricht es wiederholt aus, dass eine glückliche Ehe zum Schönsten
und Besten gehört, was dem Menschen zu teil werden kann.
„Der grösste Reichtum ist es, ein edles Weib zu finden", heisst
es in der *Andromeda* (*Fr.* 137), und dass er dabei unter „edel"
nicht den Adel der Geburt versteht, beweist eine entsprechende
Äusserung in der *Antigone* (*Fr.* 164):

Des Mannes höchstes Gut ist ein mitfühlend Weib.

Dieser Vers sieht aus wie eine dichterische und vertiefte Wiederholung eines Wortes des Sophisten Antiphon (*Fr.* 131): „Was
giebt es Süsseres für den Menschen als ein holdes Weib!" Denn
allerdings darauf, auf das Zusammenstimmen der Charaktere, auf
das gegenseitige Verständnis in Gefühlen und Bestrebungen (σψμ-
παθής) kommt es an: hierauf beruht das wahre Glück der Ehe
und nicht auf günstigen äusseren Verhältnissen [6]). Nicht die leib-

liche Schönheit darf bei der Wahl des Gatten oder der Gattin massgebend sein, sondern die Vortrefflichkeit des Charakters. Dies kann der Dichter nicht oft genug wiederholen. In der *Andromache* weist diese den Vorwurf der Hermione, dass sie dieser die Liebe ihres Gatten Neoptolemos durch Zaubermittel geraubt habe, mit den Worten ab (205 ff.):

> Nicht meiner Zauber wegen hasst dein Gatte dich;
> Er hasst dich, weil du nicht mit ihm zu leben weisst.
> Auch dieses weckt die Liebe; nicht Schönheit, o Frau,
> Der Tugend Reize sind es, die den Gatten freu'n[7]).   (D.)

Und ebenso heisst es in der *Antiope* (*Fr.* 212):

> Ein schönes Weib —
> Was nützt's, wenn ihr Charakter nicht vortrefflich ist[8])?

Ferner im *Ödipus* (*Fr.* 548):

> Den Geist muss man betrachten, ja den Geist: was nützt
> Die Schönheit, wenn nicht schön dabei die Seele ist[9])!

In grösserer Ausführlichkeit wird dieser Gedanke in *Fr.* 909 vorgetragen:

> Keiner Frau noch nützte Schönheit gegenüber dem Gemahl,
> Doch die Tugend nützte vielen; denn ein jedes gute Weib,
> Die sich eins fühlt mit dem Manne, wird verständig immer sein.
> Erstens gelte diese Regel: ist der Mann auch unscheinbar,
> 5 Muss er schön der Gattin dünken, hat sie's Herz am rechten Fléck.
> Denn das Auge darf nicht richten bei ihr, sondern nur das Herz.
> Wenn er spricht, erschein' es schön ihr, ist die Red' auch
> ungewandt.
> Immer wird sie drauf bedacht sein, Liebes dem Gemahl zu
> thun.
> Süsse Pflicht der Gattin ist es, mitzutrauern mit dem Mann,
> 10 Trifft ein Unglück ihn, die Freud' mit ihm zu teilen wie das
> Leid:
> Bist du krank, so bin auch ich es; leidest du, so leid' ich mit;
> Mit dir trag' ich deinen Kummer; dann wird nichts mir bitter
> sein.

Ein schöneres Ideal ehelichen Lebens wird sich nicht aufstellen lassen, als hier geschieht. Die gemeingriechische Anschauung von der Minderwertigkeit der Frau gegenüber dem Manne schimmert hier nur noch insofern durch, als die Erfüllung der aufgeführten Forderungen in erster Linie der Frau zur Pflicht gemacht wird und nicht auch dem Manne. Doch können wir ja nicht wissen, ob das Stück, dem die Verse entstammen, nicht auch an den Mann entsprechende Zumutungen machte, und es liegt überdies in der Natur der Sache, dass ein so zartes, inniges Verhältnis, wie es hier geschildert ist, bei einer einseitigen Liebe zur Unmöglichkeit wird, wie ja denn auch der Dichter selbst die Gegenseitigkeit der Empfindungen dadurch andeutet, dass er sagt, Mann und Frau müssen „miteinander verschmelzen" (συντήκειν v. 3)[10]). In der *Alcestis* und den *Hiketiden* hat uns Euripides solch innige Gattenliebe vorgezeichnet. Rührend ist die gegenseitige Aussprache zwischen der sterbenden Alcestis und ihrem Gemahl, für den sie in den Tod geht (273 ff.):

Admet: Weh, weh! Ich vernehme das traurige Wort,
Das bittr'er mir ist als jeglicher Tod.
Bei den Himmlischen fleh' ich, verlass mich nicht,
Bei den Kinderchen, die dein Scheiden verwaist!
Wohlauf, harr' aus!
Denn stirbst du, leb' auch ich nicht mehr;
Bei dir ist Leben und Tod für mich;
Dich acht' ich als heilig, o Liebe!

Alcestis: Du siehst, Admetos, wie mein Los gefallen ist;
Drum eh' ich sterbe, sag' ich meine Wünsche dir.
Ich liebe dich und höher als mein Leben galt
Mir dieses, dass du fürder sähst der Sonne Licht;
So sterb' ich denn statt deiner, konnt' ich leben auch,
Und wen ich wollte freien aus Thessalia,
Ein Haus bewohnend hochbeglückt im Herrscherglanz.
Mich lockte nicht ein Leben, losgetrennt von dir,
Mit vaterlosen Kindern, und ich schonte nicht
Der Jugendblüte Gaben, die mein Herz erfreut.

Nur solche Ehen, wie die zwischen Alcestis und Admet, meint der alte Pheres, seien glücklich (627 f.). Eine solche Liebe überdauert den Tod (930)[11]). — Dies ist auch bei Euadne in den *Hiketiden* der Fall, welche den Tod ihres Gatten Kapaneus nicht überleben will und entschlossen ist, auf seinem Scheiterhaufen auch selbst zu enden. Vergebens' sucht ihr Vater Iphis sie davon abzuhalten (1059 ff.):

E. So schreit' ich also hier dahin als Siegerin.
I. Inwiefern siegst du denn? Das möcht' ich wissen doch.
E. Ob allen Frauen, die das Sonnenlicht bescheint.

I. Durch Werke der Athene oder klugen Sinn?
E. ·Durch meine Tugend; denn ich teil' des Gatten Tod.

Bringt man auch den schwärmerischen Zug im Charakter der
Euadne in Abzug, so bleibt doch die innige Liebe zu ihrem Gemahl, in der sie ganz aufgeht und ohne die das Leben für sie
seinen Wert verloren hat [17]. — In ergreifenden Worten thut sich
auch im *Hippolytos* (836 ff.) die innige Liebe des Theseus zu
Phädra kund, nach deren Tod er sich nicht ein zweites Mal vermählen will (860 ff.):

Ins Grab, in Grabesnacht
Hinunter zieht es mich,
Da deinen trauten Umgang ich verlor.
Dein Sterben war mir tödlicher als dir.
Wie kam in deine Seele
Der mörd'rische Gedanke?
So sagt doch, was geschah! Birgt denn umsonst
Das Königshaus der Dienerinnen Schar?
Weh mir, ich Armer,
Welch Schauspiel muss ich sehen?
Ich sag', ich trag' es nicht. Es ist zu viel,
Das Haus verödet, Waisen meine Kinder.
Verlassen hast du uns,
Verlassen, Liebste, Beste
Der Frauen, die der Sonne Glanz
Des Mondes Schimmer je beschienen.   (W.)

Wahrhaftig, wo solche Herzensklänge ertönen, da kann unmöglich die Frau nur die untergeordnete, dienende Stellung eingenommen haben, die ihr die vulgäre Ansicht zuweist. Euripides
jedenfalls hat ihren Beruf höher aufgefasst: die Ehe ist ihm
nicht nur die natürliche Vereinigung von Angehörigen beider Geschlechter, sie hat auch nicht nur den Zweck der Erzeugung
legitimer Nachkommen, sondern sie ist ein geistig-sittliches Verhältnis, das zur innigsten Gemeinschaft zwischen Mann und Frau
führen muss. Wir haben hier schon dieselbe Auffassung, die
später Aristoteles dargelegt hat mit den Worten (*Eth. Nic.* VIII.
14, 12 pg. 1162 A): „Zwischen Mann und Frau scheint Liebe
(φιλία) von Natur zu bestehen; denn der Mensch ist von Natur
noch mehr zur Verbindung zu zweien als zum gesellschaftlichen
Leben im allgemeinen angelegt, und dies um soviel mehr, als die
Familie früher und notwendiger als der Staat ist und hinsicht-

lich der Kindererzeugung zwischen den lebenden Wesen mehr
Gemeinsamkeit besteht. Bei den andern lebenden Wesen ist nun
das letztere der Zweck ihrer Vereinigung; die Menschen aber
vermählen sich nicht nur um der Kinderzeugung willen, sondern
sie verfolgen dabei einen Lebenszweck; sogleich findet eine Arbeitsteilung statt, und die Aufgabe des Mannes ist eine andere
als die der Frau: sie unterstützen nun einander, indem sie, was
jedes eigen hat, dem gemeinsamen Zweck dienstbar machen. Deshalb hat dieser Liebesbund nicht nur seinen Vorteil, sondern
auch seinen Reiz. Dieser beruht auch, wenn sie sind, wie sie
sein sollen, auf ihrer Tugend; denn jedes hat seine eigene Tugend,
und darüber freuen sie sich gegenseitig. Die Kinder aber bilden
offenbar das Band; deshalb trennen sich auch Kinderlose rascher;
denn die Kinder sind der gemeinsame Besitz beider, und sie
halten die Gemeinschaft aufrecht" [13]).

Ist demnach die Auffassung des Euripides von der Ehe eine
durch und durch sittliche und erhebt sie sich insofern über die
Volksanschauung, als er die Frau keineswegs als ein dem Manne
gegenüber inferiores Wesen betrachtet, sondern nur als ein an-
dersartiges, das in seinem Kreise seine Pflichten zu erfüllen hat,
so steht ihm doch andererseits der Grundsatz unverrückbar fest,
dass der Mann Haupt und Gebieter im Hause ist und die Frau
sich seinem Willen zu fügen hat. Dieses Verhältnis von
Mann und Frau hat nach der hier von Euripides acceptierten
Volksanschauung einen religiösen Grund: es wurzelt im Ahnenkult, der Pflicht der männlichen Generation der Familie ist. Die
Frau scheidet mit der Verheiratung aus ihrer Familie aus und
begiebt sich damit in die Gewalt ihres Mannes (*Danaë Fr.* 318):

> Denn wenn ein Weib das väterliche Haus verlässt,
> Gehört sie nicht den Eltern mehr, nein, dem Gemahl.
> Doch das Geschlecht der Männer bleibt im Hause stets
> Der Ahnen Götter schirmend und der Ahnen Grab.

Insofern nimmt also allerdings die Frau dem Manne gegenüber
eine untergeordnete Stellung ein (*Danaë Fr.* 319):

> Ich sage dir: wir Frauen stehen überall
> Und immer hinter dem männlichen Geschlecht zurück [14]).

Dies ist durchaus das Natürliche: tritt einmal der umgekehrte
Fall ein, so ist dies eine tadelnswerte Ausnahme (*Kreterinnen
Fr.* 463):

Nie überlassen darf der kluge Mann der Frau
Die Zügel und die Herrschaft treten an sie ab.
Ähnlich sagt auch Demokrit (*Fr. eth.* 179): „Sich von einem Weibe
beherrschen zu lassen, ist Frevel und äusserste Unmännlichkeit" [15]). Die Berechtigung der übergeordneten Stellung des
Mannes ist übrigens so einleuchtend, dass jede verständige Frau
dies von selber einsieht. So sagt die greise Äthra in den *Hiketiden*, allerdings mit Beziehung auf öffentliche Angelegenheiten
(40 f.):

Die Frau'n, die weise sind,
Vollbringen selbstverständlich alles durch den Mann.

Besonders aber wird Andromache in den *Troades* als das Muster
einer Gattin geschildert, welche selbst ihr häusliches Glück mit
folgenden Worten beschreibt (645 ff.):

Denn was als Frauensittsamkeit gepriesen ist,
Das hab' ich einst in Hektors Hause treu geübt.
Vor allem, weil, es hafte oder hafte nicht
An Weibern Tadel, eben dieses schlimmen Ruf
Herbei schon zieht, wenn eine nicht zu Hause bleibt,
So blieb, entsagend dieser Lust, ich gern daheim
Und gönnt' in meine Zimmer nicht dem glatten Wort
Der Weiber Einlass, sondern eignen Edelsinn
Zum Lehrer mir zu nehmen, das genügte mir.
Ich bot dem Gatten Schweigsamkeit und sanften Blick
Und, wo ich ihm obsiegen durfte, wusst' ich wohl,
Und wieder, wann ich musste lassen ihm den Sieg. (O.-S.)

Die hier von Andromache hervorgehobene Verschwiegenheit der
Frau wird wiederum auch bei Demokrit von ihr verlangt: „Das
Weib soll nicht das Wort führen; denn das ist schrecklich" (*Fr.
eth.* 177); und: „Wenig reden ist eine Zierde der Frau; schön
an ihr ist auch Sparsamkeit im Schmuck" (*Fr. eth.* 176) [16]). — In
den *Herakliden* (476 f.) sagt Makaria:

Der Frauen schönste Zier ist stille Sittsamkeit
Und dass sie bleiben ruhig drin in ihrem Haus.

Eine verständige Frau will ihren Mann nicht beherrschen (*Öd.
Fr.* 545):

Als des Mannes Dienerin sieht jede kluge Frau sich an;
Nur die thörichte will seine Herrin sein im Unverstand.

Hier geht nun Euripides allerdings so weit, dass er diese Unterordnung auch von einer ihrem Manne sittlich und geistig überlegenen Frau verlangt (*Andromache* 213 f.) und dies mit der Inferiorität des weiblichen Geschlechts gegenüber dem männlichen überhaupt begründet (*Öd. Fr.* 546)[17]). Doch bestreitet er nicht die Möglichkeit, dass eine treffliche Frau auf einen geringwertigen Mann einen günstigen Einfluss ausüben kann (*Fr.* 1055):

Dass schlecht ein Mann wirtschafte, kann ein tüchtig Weib,
Das ihm vermählt, verhindern, rettend so das Haus[18]).

Denn die Verwaltung des Hauswesens ist überhaupt Sache der Frau (*Fr.* 927):

Im Haus und bei den Dienern gilt das Wort der Frau.

Meleager Fr. 521:

Im Hause drinnen walten soll die brave Frau;
Nur die, die nichts nütz' ist, trifft vor der Thür man an[19]).

Sie soll aber überhaupt ihrem Manne eine treue Gefährtin sein und Freud und Leid mit ihm teilen (*Phrixus Fr.* 823):

Ganz richtig! Stets mit dem vermählten Manne soll
Die Frau gemeinsam tragen, was das Schicksal bringt.

Sie soll ihn versorgen und pflegen, seine Sorgen mittragen und einen besänftigenden Einfluss auf ihn ausüben (*Phrixus Fr.* 822):

In Leid und Krankheit ist des Gatten grösstes Glück
Sein Weib, das einzig waltet in dem Haus und das
Versteht, in Zorn und Unmut ihn zu sänftigen
Und umzustimmen[20]).

Friede und Eintracht soll unter den Gatten herrschen (*Med.* 14 f.):

Denn dieses ist des Erdenlebens höchstes Glück,
Wenn mit dem Manne sich verträgt des Weibes Sinn[21]).

(D.)

Ganz selbstverständlich ist es, dass die Frau dem Manne die eheliche Treue halten muss; ja dies wird sogar so weit getrieben, dass es fast als Unrecht hingestellt wird, wenn eine Frau nach dem Tode ihres Gemahls einen andern heiratet (*Troad.* 661 ff.): Andromache, die nur gezwungen die Nebenfrau des Neoptolemos wird, empfindet dies als eine Untreue gegen den verstorbenen Hektor[22]). Dagegen wird vom Manne nicht dasselbe verlangt: er darf auch Nebenfrauen haben und Andromache rühmt sich, dass sie an ihrer eigenen Brust die Kinder Hektors von dessen Nebenfrauen gesäugt habe (*Andromache* 222 ff.; vgl. *E* 69 ff.); immerhin bezeichnet sie dabei das Verhalten Hektors als eine „Bethörung durch Kypris" (223), die aber als durchaus verständlich und verzeihlich angesehen wird. Und wenn sich Klytämnestra für ihre Untreue gegen Agamemnon auf das Beispiel der Männer beruft (*El.* 1035 ff.), so erwidert ihr Elektra (1051 ff.):

Recht sprachst du; aber schimpflich steht es um dein Recht.
Denn alles soll gestatten dem Gemahl ein Weib,
Das klug ist. Eine Frau, die nicht so denkt, die kommt
Bei meiner Rechnung überhaupt nicht in Betracht.

Freilich ist es nicht undenkbar, dass der Dichter hier mit seiner Sympathie auf seiten der gegen solch ungleiches Recht protestierenden Klytämnestra stünde und Elektra nur sozusagen den überwundenen Standpunkt der alten Heroenzeit verträte. Wirklichen Ehebruch, d. h. Verstossung der Gattin, um eine andere zu heiraten, verurteilt der Dichter aufs schärfste, wie die *Medea* beweist (16 ff.), die ja nichts anderes als den rasenden Schmerz einer in ihrem Heiligsten tötlich verletzten Frau zum Gegenstand hat [23]). — Die Haupttugenden der Frau sind demnach Bescheidenheit, vermöge deren sie sich dem Gemahl unterordnet, Beschränkung auf den ihr zukommenden Berufskreis, Treue und Ergebenheit gegen den Gatten, Sorgfalt in der Führung des Haushalts und opferwillige Liebe, die Entsagung und Nachsicht zu üben versteht, eine gewisse Zurückgezogenheit von der Aussenwelt und unbedingte Achtung gegen den Gemahl. Das Ideal einer solchen Frau ist *Alcestis.* Die Bewunderung für sie entlockt dem aus Männern bestehenden Chor den Wunsch (473 ff.):

O würd' auch mir ein so zärtliches Weib,
Die sich in Liebe zu mir gesellt!
(Seltenes Glück im Leben der Sterblichen!)
Wahrlich das Leben sollt' ihr
Mit mir ohne Harm verfliessen.   (D.)

Freilich erscheint Alcestis, wie auch diese Verse zeigen, als eine weit sich über den Durchschnitt erhebende rühmliche Ausnahme, die durch ihre That das ganze weibliche Geschlecht in seinem Ansehen gehoben hat (623 f.). Denn in Wirklichkeit sind solche treffliche Frauen eine Seltenheit, die schlimmen sind viel häufiger, wie die Worte einer Frau, die sich zu den ersteren rechnet, der Klytämnestra, bezeugen (*Iph. Aul.* 1157 ff.). Die Eingehung einer Ehe ist daher immer ein gewagter Schritt: fällt sie gut aus, so ist sie ein seliger Stand, wo nicht, so herrscht Unglück nach innen und aussen (*Or.* 602 ff.; *Fr.* 1056; 1057) [24]). Wer keine brave Frau bekommen kann, nehme lieber gar keine (*Iph. Aul.* 749 f.). Oft können äussere Umstände die Ursache für eheliches

Unglück werden. So ist es nicht gut, wenn Mann und Frau
gleichaltrig sind, da die letztere schneller verblüht (*Aeol. Fr.* 24;
Fr. 914), aber auch nicht, wenn die Frau um gar zu viele Jahre
jünger ist als der Mann (*Danae Fr.* 317; *Phoinix Fr.* 804; 807):
denn einer solchen wird ihr Mann zur Last und sie wird ihn dann
zu beherrschen suchen [25]. Ferner ist es auch nicht rätlich, über
die Verhältnisse hinaus zu heiraten, so dass die Frau das Geld
mitbringt und schon darum sich als Herrin fühlt (*Mel. desm.
Fr.* 502):

> Wer sich vermählt und über seinen Stand hinaus
> Sowie nach Reichtum strebt, versteht die Ehe nicht:
> Des Weibes Herrschaft in dem Hause unterjocht
> Den Mann; denn seine Freiheit büsst er ein. Und wenn
> Die Frau den Reichtum in die Ehe bringt, so ist's
> Für ihn kein Vorteil, denn die Scheidung ist nicht leicht.

Schon Kleobulos von Lindos, einem der sog. sieben Weisen, wurde
das Wort zugeschrieben: „Man muss auf Grund gleicher Verhältnisse heiraten; denn wenn man darüber hinausstrebt, gewinnt
man Herren, nicht Verwandte." Vornehmer Stand und Reichtum
der Frau dürfen kein Beweggrund zum Heiraten sein (*El.* 1097 ff.
-*Kreterinnen Fr.* 464, 3 ff.) [26]. Denn „schimpflich ist es, wenn das
Weib dem Hause vorsteht und nicht der Mann" sagt *Elektra* im
gleichnamigen Drama (930 f.). Man darf bei der Ehe nichts erzwingen, sondern muss, wie in allem, so auch hier dem Wink und
Willen des Schicksals folgen (vgl. Kap. V). Das deutsche Sprichwort, dass „die Ehen im Himmel geschlossen werden", finden wir
in griechischen Anschauungen ausgedrückt in *Fr.* 501 der *Mel. desm.*:

> Wer strebt nach einer Ehe, die ihm nicht bestimmt,
> Müht sich vergebens; doch die ihm bestimmte Frau
> Kommt in das Haus des Gatten ohne sein Bemüh'n [27].

Freilich bringt auch die beste und glücklichste Ehe nicht nur Lust
und Freude, sondern auch Leid, wie das Beispiel von Alcestis und
Admetos beweist (*Alc.* 238 ff.):

> Nie sag' ich, dass die Verehelichung mehr
> Lust bring' als Schmerz,
> Urteil' ich nach dem, was früher geschah,
> Und betracht' ich des Königes Schicksal hier,
> Der, dieses des besten Gemahls beraubt,
> In der kommenden Zeit
> Ein erstorbenes Leben dahinlebt.   (D.)

So der Chor, und der trauernde Admet beneidet die Unverheirateten, die nur für Ein Leben zu sorgen und also auch nur Eines zu verlieren haben. Am Geschick mehrerer mitzutragen geht über Menschenkraft (*Alc.* 882 ff.)[27a]). Kann die Verheiratung mit einer braven Frau zum höchsten Glück führen, so ist andererseits ein böses Weib das Schlimmste, was einem Manne zu teil werden kann (*Mel. desm. Fr.* 494):

Nichts Schlimm'res als ein böses Weib giebt's auf der Welt;
Ein edles aber führt zum Gipfel wohl des Glücks.
Gar sehr verschieden sind die Frauen von Natur[28]).

In der Schilderung des bösen Weibes nun kann sich Euripides nicht genug thun und man kann seine diesbezüglichen Ausführungen wohl mit der bekannten Darstellung des bösen Weibes ⌐ in dem apokryphischen Buch *Sirach* (Kap. 25, 17 ff.) vergleichen. Das Stärkste in dieser Hinsicht enthält *Fr.* 1059:

Schrecklich ist die Gewalt der wilden Meeresflut,
Schrecklich der Flüsse Wogen und des Feuers Glut,
Schrecklich ist Armut, Schreckliches giebt's noch ohne Zahl:
Doch so schrecklich ist nichts als wie ein böses Weib.
Mit keiner Feder lässt sich dies beschreiben, noch
Mit Worten sagen. Wenn dies aber ein Gebild
Der Götter sein soll, nun, so wiss' der Schöpfer denn,
Dass er, den Menschen feind, der Übel grösstes schuf.

Ähnlich sagt *Andromache* (269 ff.):

Schrecklich, dass die Sterblichen
Ein Gott gelehrt hat, Waldgewürm zu bändigen:
Was schlimmer ist als Feuer, als der Schlange Brut,
Ein böses Weib zu zähmen fand noch keiner aus.
Ein solches Übel sind wir Frau'n den Sterblichen[28]). (D.)

Den Typus einer solchen bösen Frau sieht Andromache in Hermione, der Tochter des Menelaos und Gemahlin des Neoptolemos vor sich, die in ihrer Eifersucht „auch nicht den Tropfen Himmelstau an ihrem Mann dulden kann" (227 f.) und in ihrer Unersättlichkeit die echte Tochter ihrer schlimmen Mutter Helena ist (229 ff.). Die spartanischen Frauen, deren allzufreies Gebahren Euripides schwer missbilligt (*Androm.* 595 ff. s. o. Kap. V), liefern ihm in den Personen der genannten beiden Frauen abschreckende Beispiele dafür, wie ein Weib nicht sein soll, und Menelaos spricht in den *Troades* (1055 ff.) selbst das Verdammungsurteil über seine ungetreue Gemahlin aus, während in der *Andromache* Peleus die

arme Trojanerin gegenüber der grausamen Hermione und ihrem
Vater in Schutz nimmt (706 ff.). Von einem solch bösen Weibe
hat man sich schliesslich alles zu versehen: selbst des Lebens ist
ihr Mann nicht mehr sicher (*Kreterinnen Fr.* 464) [30]). Solche
Frauen verkehren das Glück der Männer in Unheil (*Or.* 605 f.);
ja sie üben am Ende auch auf den Mann einen schlimmen Einfluss aus, und es ist kein Wunder, wenn der Mann einer bösen
Frau auch selbst böse wird, wie z. B. Menelaos durch Helena
(*Or.* 736 f.).

Was Euripides an den angeführten Stellen über die Schlimmen
unter den Frauen gesagt hat, das wird im Munde des grundsätzlichen Weiberfeindes *Hippolytos* bei den bitteren Erfahrungen,
die dieser mit ihnen macht, zu einer Anklage des ganzen
weiblichen Geschlechts als solchen (616 ff.):

Zeus, warum musstest du das Weib erschaffen?
Ein Übel ist's von falschgemünztem Glanz.
Wenn du das Menschenvolk fortpflanzen wolltest,
So hättest du des Weibs entraten sollen.
Wir konnten ja für Silber, Gold und Erz
Aus deinen Tempeln uns die Knäblein kaufen,
Dem Wert entsprechend ihren Preis erlegend,
Und ohne Frauen frei zu Hause wohnen.
Ein Übel ist das Weib: hier der Beweis.
Der eig'ne Vater giebt die Mitgift drauf,
Um seiner Tochter, die er zeugt' und nährte,
Als eines Übels endlich los zu werden.
Und für den Gatten, der die gift'ge Blume
In seinen Garten pflanzt, ist ihre Schönheit
Zwar Augenweide; für das falsche Kleinod
Ist ihm kein Kleid zu reich, kein Schmuck zu kostbar,
Doch so vergeudet er des Hauses Reichtum.
Am besten fährt noch, wem ein harmlos Ding,
Unfähig so zum Guten wie zum Bösen
Im Hause sitzt. Die Klugen sind entsetzlich.
Bewahr' uns Gott vor einer Frau, die mehr
Als weiblichen Verstand hat. Aphroditen
Versteht sie frecher und verschlag'ner nur
Zu dienen. Davor sichert wenigstens
Die Blödigkeit das ganz beschränkte Weib.
Und vollends Kammerfrau'n und Zofen sollten

Verbannt sein. Stellt als Wächter vor die Thür'
Des Frau'ngemaches lieber wilde Bestien,
Die ohne Sprache sind. Jetzt macht sich drinnen
Das arge Weib den schlimmen Anschlag fertig,
Den draussen ihre Dienerin bestellt [31]). (W.)
Schwerer als das Feuer sind die Frauen zu bekämpfen, hiess es
im ersten *Hippolytos* (*Fr.* 429; vgl. *Ödip. Fr.* 544; *Phoin. Fr.*
808) [32]). Und sogar einer Frau, der Hermione, die schliesslich
ihr unrichtiges Verhalten gegen ihren Gemahl eingesehen hat, legt
der Dichter die Worte in den Mund (*Androm.* 943 ff.):
Ja nimmer, nimmer (denn nicht Ein Mal sag' ich es)
Lasse der Verständige, der ein Weib geehlicht hat,
Zu seiner Gattin andre Frau'n ins Haus herein:
Denn diese leiten immer nur zum Bösen an.
Die eine, jagend nach Gewinn, verführt die Frau;
Die andre möchte, dass sie gleich ihr sündigte;
Viel treibt der Wahnwitz. Also muss der Männer Glück
Im Hause schwinden. Drum verwahrt hiegegen euch
Mit Schlössern und mit Riegeln wohl des Hauses Thor:
Denn keinen Segen schaffen euch die fremden Frau'n
Mit Schwatzen und Besuchen, nein, viel Ungemach. (D.)
Der durch die Rache der Hekabe ins Unglück gestürzte Poly-
mestor sagt (*Hek.* 1178 ff.):
Wenn einer vor mir ehemals geschmäht die Frau'n,
Wenn einer nun sie schmähet oder künftig schmäht,
Dies alles press' ich kurzgefasst in dieses Wort:
Solch eine Brut hegt nicht die Erde, nicht das Meer;
Das weiss ja jeder, der mit ihr zusammenlebt. (D.)
Denselben Gedanken spricht ein Bruchstück des *Aeolus* aus
(*Fr.* 36):
Wer jemals aufhört, auf das Weib zu schmäh'n, der ist
Ein Unglücksmensch und niemals nennt man weise ihn [33]).
Unverhüllter Hass gegen das ganze weibliche Geschlecht wird
mehrfach ausgesprochen (*Meleager Fr.* 528; *Phoinix Fr.* 808)
und dabei wird einmal nur die eigene Mutter ausgenommen (*Mel.*
Desm. Fr. 498) [34]). Diese heftige Abneigung gegen das weibliche
Geschlecht wird mit den zahlreichen Fehlern desselben begründet.
Vor allem ist kein Verlass auf ihre Treue: sie begnügen sich
nicht mit der Liebe zu Einem Manne, sondern suchen heimlich
den Gemahl zu hintergehen und sich verbotenen Liebesgenuss zu

verschaffen (*Hipp.* 462 ff., 647 ff., 966 ff., *Androm.* 218 ff., *Elektra*
1035 ff., 1072 f., *Troad.* 1058 f., *Fr.* 1015, *Iph. T.* 1298, *Stheneb.*
Fr. 671; *Or.* 1103)[35]). Und gerade in den vornehmsten Häusern
wird in diesem Stück am meisten gesündigt: es genügt, an Helena,
Stheneboia und Phädra zu erinnern. Die letztere spricht es selbst
aus (*Hipp.* 406 ff.):

> Die Flüche dieser ganzen Welt verdient
> Die Frau, die ihrer Ehre Heiligtum
> Zuerst mit einem fremden Mann entweiht.
> Und diese Schande hat auf ihr Geschlecht
> Zuerst ein Weib aus edlem Haus gebracht:
> Denn was die Höchstgestellten sich erlauben
> Erscheint dem Volk notwendig als erlaubt.
> Nicht minder gilt mein Fluch den Heuchlerinnen,
> Die, sittsam in den Worten, insgeheim
> Das Ärgste wagen. — Schaumgebor'ne Herrin,
> Wie finden sie den Mut nur, ihren Gatten
> Ins Angesicht zu seh'n und zittern nicht,
> Die Helfershelfer ihrer Missethaten,
> Die Nacht, das Dach, die Wände könnten plötzlich
> Anklagend eine Stimm' ertönen lassen![36])   (W.)

Sehr häufig wird ferner der listige Sinn der Frauen hervorgehoben, den sie keineswegs nur, wie Penelope (β 118) zu guten
Zwecken bethätigen, sondern dessen sie sich zur Ausführung
schlimmer Absichten bedienen. Wie *Iphigenie in Tauris* dem
Orestes ihren Plan zur Rettung darlegt, erwidert dieser (1032):

> Im Ränkespinnen sind die Frau'n doch gar geschickt. (D.)

Und *Medea* sagt (407 ff.):

> Auch erschuf Natur
> Uns Frauen wohl in edlen Künsten ungeschickt,
> Doch klug in allem Bösen und erfinderisch.   (D.)

Derselbe Gedanke kehrt wieder *Androm.* 85, *Hipp.* 480 f., *Ino*
Fr. 401 und besonders *Danaë Fr.* 321:

> Man sagt, die Frauen üben Listen gern, indes
> Im Speereskampf die Männer treffen mehr das Ziel.
> Ja, wenn die Findigkeit erräng' den Siegespreis,
> Dann wär' die Herrschaft unser über die Männerwelt[37]).

Neben dieser Neigung zur Intrigue ist ein grosser Fehler der
Frauen die Eitelkeit und Koketterie (*Hipp* 630 ff.), vermöge deren
sie durch ihre Putzsucht zuweilen den Mann finanziell ruinieren.

Ferner wird ihre Rachsucht (*Androm.* 181 f.) und ihre Neigung zu boshaftem Gerede (*Androm.* 930 ff.; *Hipp.* 645 ff.) getadelt (*Phön.* 198 ff.):

> Schmähsüchtig ist ja von Natur der Frauen Art;
> Und wenn sich ihnen wenig Stoff zum Reden beut,
> Sie schaffen immer neuen; nichts Vernünftiges
> Zu schwatzen miteinander, das ist ihre Lust.   (D.)

Endlich wird den Frauen eine gewisse Verwegenheit zugeschrieben, die freilich mehr Sache des Augenblicks als langer Dauer ist (*Auge Fr.* 276), vermöge deren sie aber doch oft schwächliche Männer beherrschen (*Ägeus Fr.* 3)[38]. — Diese ungünstigen Auslassungen über das weibliche Geschlecht sind es, welche Euripides in den Ruf eines typischen Weiberfeindes gebracht haben. Auf den ersten Blick scheint ihm dieser auch durchaus mit Recht anzuhaften; aber bei näherer Untersuchung stellt sich doch die Sache wesentlich anders dar. Gerade an den stärksten Stellen nämlich unterlässt es Euripides nicht, selber darauf hinzuweisen, dass seine Darstellung hier einseitig und übertrieben, aber allerdings in der dramatischen Situation und dem Charakter der handelnden und redenden Personen begründet sei: so wenn er den *Hippolytos* seine heftige Invektive gegen das weibliche Geschlecht mit den Worten schliessen lässt (664 ff.):

> Fluch auf euch!
> Nie thu' ich meinem Weiberhass genug,
> Mag auch mein Reden überschwänglich scheinen,
> Denn überschwänglich ist auch ihre Tücke.
> So lang sie nicht zur Tugend sich bekehren,
> Lasst mich dabei, mit Hass sie zu verfolgen.   (W.)

Ebenso macht in der *Hekabe* der Chor auf das Übertriebene in den Vorwürfen des Polymestor gegen die Frauen aufmerksam mit den Worten (1183 ff.):

> Nicht übermütig hebe dich! Nicht also schilt
> Ob deines Unglücks ohne Wahl der Frau'n Geschlecht:
> Viel' unser strahlen neidenswert in Tugendglanz,
> Andre gesellen sich der Zahl der Bösen bei[39].   (D.)

Denselben Gedanken, dass man den berechtigten Tadel der bösartigen Frauen nicht auf das ganze Geschlecht ausdehnen dürfe, finden wir auch im *Protesilaos* (*Fr.* 657) im Blick auf Laodamia ausgesprochen:

Wer alle Frauen ohne Unterschied verfolgt
/. Mit Tadelwort, der ist ein Thor, kein weiser Mann.
Denn viele sind's; darunter findst du manche schlimm;
Doch manche ist, wie sie, von edler Sinnesart [40]).
Ja in der *Melanippe desmotis* (*Fr.* 499) heisst es sogar:
Vergebens schnellt die Männerwelt ihr Tadelwort,
Ihr Scheltwort auf die Frau'n; ein Fehlschuss ist das stets.
Denn besser sind sie als die Männer; das sag' ich [41]).
Diese letzteren ohne Zweifel von einer Frau gesprochenen Worte
geben nun die der bisher dargelegten entgegengesetzte Ansicht
wieder, nach der „ein einziger Mann das Leben mehr verdient
als tausend Frauen" (*Iph. Aul.* 1394). Aber wenn es auch nicht
die ernsthafte Meinung des Euripides war, das weibliche Ge-
schlecht über das männliche zu stellen, so fehlt es doch nicht an
Äusserungen, in denen er ihm unverhohlenes L o b zollt. Zu-
nächst erkennt er die Befähigung der Frau zur Ausfüllung ihres
besonderen Wirkungskreises rückhaltslos an (*Fr.* 953, 11 f.):
Wenn über and'res auch die Frau kein Urteil hat,
Was selber sie betrifft, das kann sie wohl versteh'n [41a]).
Orestes sieht in seiner Schwester Elektra ein vortreffliches Weib
und richtet an sie und seinen ihr zum Gemahl bestimmten Freund
Pylades die Worte (*Or.* 1204 ff.):
Du, die erhab'nen Mannessinn im Busen trägt
Und mit der Schönheit Glanze strahlt vor allen Frau'n,
Wohl bist du mehr zu leben als zu sterben wert.
Und solche Gattin sollst du nun verlieren, Freund,
Die dir das Leben schmücken sollt' in schönem Bund. (D.)
Freilich wird hier ausdrücklich der Elektra „männlicher Sinn"
zugeschrieben; aber Euripides hat nicht nur für solche energische
Frauennaturen ein Verständnis, sondern ebenso für die gemüt-
vollen und sich aufopfernden unter ihnen. Das zeigt ein Blick
auf die Reihe der von ihm geschaffenen Frauengestalten: Alcestis,
die für ihren Gemahl in den Tod geht, eröffnet den Reihen; ihr
schliesst sich die (wahrscheinlich von Euripides geschaffene und
nicht im Mythus schon gegebene) liebenswürdige Gestalt der Makaria an, die sich für ihre Brüder, die Herakliden, aufopfert; im
Erechtheus bringt es Praxithea über sich, ihre Tochter für das
Vaterland hinzugeben und Euadne und Laodamia folgen in
schwärmerischer Liebe ihren Männern in das Grab, während Polyxena als Jungfrau tapferen Mutes den bitteren Tod auf sich

nimmt und Iphigenie, wenn auch nach heissem Kampfe, zu gleichem
Entschlusse sich durchringt. Aber nicht nur im praktischen Verhalten erkennt Euripides oft genug den Edelsinn des weiblichen
Charakters an[42]. Auch verstandesmässige Erkenntnis spricht er
den Frauen keineswegs ab. Auf die Bitte seiner Mutter Äthra,
ihm einen Rat erteilen zu dürfen, antwortet Theseus in den
Hiketiden (294):

Wie viele Weisheit ging auch schon von Frauen aus!

Allerdings ist im allgemeinen bei den Frauen das Gefühl stärker
ausgebildet; sie lassen sich gerne rühren (*Herakles* 536); und in
der *Andromache* schildert diese die genannte Seite des Frauen-
charakters mit den Worten (91 ff.):

> Wir wollen, wie wir allezeit
> In Thränen leben, Klagelaut und Jammerton —
> Aufschrei'n zum Äther: denn es ist Erleichterung,
> Genuss den Frauen, die das Unglück heimgesucht,
> Es auf den Lippen und im Mund zu führen stets. (D.)

Aber es giebt auch Frauen, die sowohl durch ihre Natur als durch
ihre Lebensführung veranlasst werden, nach tieferer Erkenntnis
zu streben und damit freilich nach der populären griechischen Anschauung die Grenzen ihres Berufs zu überschreiten. So sagt
einmal der Chor in der *Medea* (1081 ff.):

> In die Tiefen der Weisheit hab' ich mich oft
> Schon sinnend vertieft und kecker gekämpft,
> Zu durchforschen die Wahrheit, als es geziemt
> Dem Geschlechte der Frau'n: denn Sinn und Geist
> Ward uns auch verlieh'n und die Muse besucht,
> Lehrt Weisheit uns — nicht jegliche zwar;
> Denn wenige derart fändest du wohl
> In der Menge heraus; —
> Wir lieben die Künste der Musen. (D.)

Es ist nicht unmöglich, dass der Dichter, wie man vermutet hat,
hiebei an Aspasia, die geistvolle Freundin und nachmalige Gattin
des Perikles, dachte: ist sie doch die hervorragendste Vertreterin
geistiger Bildung in der damaligen Frauenwelt Athens gewesen[43].
Man hört in den Versen noch das Vorurteil des Durchschnitts-
bürgers gegen das Hinaustreten der Frau aus den engen Grenzen
der Häuslichkeit in höhere geistige Sphären durchklingen. Auch
Medea selbst bezeichnet sich (303) als „weise" und klagt, dass sie
unter dem allgemeinen Odium, das die Weisheit mit sich bringe,

zu leiden habe. Aber damit nicht genug hat Euripides sogar in der *Weisen Melanippe* eine Frau zur Vertreterin der modernen Aufklärung gegenüber dem vulgären religiösen Aberglauben gestempelt. Dieser Melanippe legt er seine oben dargestellte Ansicht über Zeus und die Entstehung der Welt (*Fr.* 480, 481, 484, 487) in den Mund, allerdings mit der erklärenden Bemerkung, dass dies nicht ihre eigenen Gedanken seien, sondern dass sie das von ihrer Mutter (*Fr.* 484, 1), ihrem Vater und anderen Vorfahren gehört habe [44]). Immerhin sagt sie nicht ohne Selbstbewusstsein (*Fr.* 483):

> Ein Weib zwar bin ich; doch Verstand besitz' auch ich
> Und von mir selber denk' ich wahrlich niemals schlecht.
> Vom Vater und den Ahnen hab' ich viel gehört
> Der weisen Sprüche. Weisheit ist mir drum nicht fremd [45]).

Man würde jedoch den Euripides falsch verstehen, wenn man aus solchen Worten schliessen wollte, er sei ein Freund der Frauenemanzipation gewesen, wie sie Aristophanes in den *Ekklesiazusen* persifliert [46]). Vielmehr soll Mann und Weib je dem ihm von der Natur angewiesenen Wirkungskreis treu bleiben (*Meleagr. Fr.* 522):

> [Wie stünd' es um die Ordnung wohl in einer Stadt,]
> Wenn an der Spindel sich abmüht' die Männerwelt
> Und an der Waffenkunst die Weiber freuten sich!
> Denn ihrem Wirkungskreis entfremdet wären sie
> Dort nicht mehr nütze, ebensowenig als wir hier.

Die Stelle erinnert an den Mythus von Herakles und Omphale, der in der hellenistischen Zeit seine charakteristische Färbung erhielt (Wilamowitz, Herakles [2] I S. 71 ff.). Auch mochte das Mannweib Atalante, das von der Ehe nichts wissen will (*Mel. Fr.* 525), Veranlassung zu solchen Erwägungen geben [47]). — Manchmal bricht endlich bei Euripides etwas wie Mitleid mit der thatsächlich in der Regel gedrückten Stellung der griechischen Frau durch, so z. B. in der *Medea*, wo allerdings die Lage dieser Frau als eine aussergewöhnlich bedauernswerte geschildert wird (230 ff.):

> 230 Von allem, was auf Erden Geist und Leben hat,
> Sind doch wir Frau'n das Allerunglückseligste.
> Mit unermesslicher Gabe müssen wir zuerst
> Den Mann erkaufen, müssen wir uns einen Herrn
> Annehmen; dies ist schlimmer noch als jenes Leid:
> 235 Dann ist das grösste Wagnis, ob er bieder ist,

Ob böse: denn unrühmlich ist es dem Weibe, sich
Vom Gatten scheiden, und sie darf ihn nicht verschmäh'n.
Und freit in neue Sitten und Gesetze sie,
Muss eine, weiss sie's nicht von Haus, Prophetin sein,
240 Zu wissen, welchem Lose sie entgegengeht.
Doch wenn wir dieses glücklich uns vollendeten,
Der uns Verbund'ne froh mit uns am Joche trägt,
Ist unser Los zu beneiden: anders sei es Tod!
Wohl kann der Gatte, wenn daheim ihn Ärger quält,
245 Auswärts des Herzens Überdruss beschwichtigen
Bei Freunden oder Einem, der mit ihm erwuchs;
Uns ist in Eine Seele nur der Blick vergönnt.
Sie sagen wohl, wir lebten sicher vor Gefahr
Zu Hause, während sie besteh'n der Speere Kampf,
250 Die Thoren: lieber wollt' ich ja dreimal ins Grau'n
Der Schlacht mich werfen, als gebären Einmal nur.
Doch nur von mir gilt solche Rede, nicht von dir:
Denn eine Heimat hast du hier, ein Vaterhaus,
Genuss des Lebens, einen Kreis von Freundinnen;
255 Ich bin verlassen, ohne Heimat, bin verhöhnt
Vom Manne, der aus fremdem Lande mich geraubt;
Nicht Mutter hab' ich, Brüder, Anverwandte nicht,
Zu denen fliehend ich entränn' aus dieser Not.   (D.)

Trotz der Einschränkung, welche in den letzten Versen (252 ff.)
gemacht wird, bezieht sich die Stelle doch auf das Los der
griechischen Frau im allgemeinen, das im Durchschnitt kein rosi-
ges war. Und das schlimmste dabei ist, dass die bösen Frauen
ihr ganzes Geschlecht in Verruf bringen, so dass auch die Guten
darunter zu leiden haben (*Mel. desm. Fr.* 493; *Ion* 398 ff.)[48]). Da
kann man es ihnen denn auch nicht übelnehmen, wenn sie zu-
sammenhalten und gegenseitig ihre Schwächen zu beschönigen
und zu verbergen suchen (*Androm.* 954 ff.: *Alope Fr.* 108)[49]).
Endlich ist kurz und bündig der Beruf der Frau dem des Mannes
gegenübergestellt in der *Iph. Aul.* 568 ff.:

Nach der Tugend jagen ist gross, die still in Liebe das Weib übt;
Doch hoher männlicher Sinn, strahlend in tausendfältiger That,
Mehrt die Grösse des Volkes.   (D.)

Überblickt man die sämtlichen Auslassungen des Euripides
über das weibliche Geschlecht, so hält sich darin Lob und Tadel
so ziemlich die Wage, und in den Ruf eines grundsätzlichen

Weiberfeindes kann er nur dadurch gekommen sein, dass die Angriffe, die er gegen die bösen Frauen richtete, auf die Frauen
als solche bezogen und bei den allgemein gehaltenen, insbesondere
bei den Stellen im *Hippolytos*, die dramatischen Verhältnisse
gänzlich ausser acht gelassen wurden. . Genau besehen hat Euripides den Frauen nicht schlimmer mitgespielt als mancher Dichter
vor, mit und nach ihm; im Gegenteil, er hat sich entschieden
bemüht, ein möglichst objektives Urteil über sie abzugeben. Dass
der Mann als solcher mehr wert sei als die Frau, ist allgemeine
Anschauung des Altertums, die z. B. in den *Eumeniden* des
Äschylus zu Gunsten des Muttermörders Orestes geltend gemacht
wird (736 ff.). Euripides erkennt dieselbe übrigens nicht einmal
unbedingt an, indem er individualisiert und zugiebt, dass eine
bestimmte einzelne Frau besser sein könne als ein bestimmter
einzelner Mann. Nur die Herrschaft des Weibes über den Mann
lehnt er entschieden ab. Dass die Frau bösartiger sei als der
Mann, sagt Demokrit (*Fr. eth.* 175): „Die Frau ist mehr zur
Bosheit geneigt als der Mann“ [50]). Bekanntlich griff schon Archilochos in seinen Jamben die Töchter des Lykambes (*Fr.* 32
und 85) bitter an [51]). Doch war dies eine aus persönlichem Anlass und auch in persönlichen Schmähungen sich bewegende
Fehde. Dagegen war ein grundsätzlicher Gegner der Frauen
Simonides von Amorgos, von dem wir ein 118 Verse umfassendes
Gedicht über die Frauen besitzen (*Fr.* 7). Eine bestimmte Beeinflussung des Euripides durch diesen Dichter lässt sich nun
zwar nicht nachweisen, namentlich keine Spur von der merk-
würdigen, an die Tiersage erinnernden Einkleidung, in der Simonides seine Gedanken vorbrachte. Immerhin stimmen beide
Dichter in so manchen Punkten überein (vgl. A. 28), dass eine
sachliche Vergleichung jedenfalls lehrreich ist. Gleich der einleitende Gedanke des Simonides (1 f.), dass die Gottheit den Charakter der Frauen gar verschieden gebildet habe, findet sich auch
bei Euripides (*Mel. desm. Fr.* 494), und wenn der letztere mehrfach die Findigkeit und List der Frauen betont, so stimmt dies
mit dem ersten Weibertypus des Simonides überein, den er als
„auf alles sich verstehend, auf das Böse wie auf das Bessere“,
von dem schlauen Fuchs ableitet (7 ff.). Ferner die einmal in
der *Andromache* (218 f.) gerügte Sinnlichkeit mancher Frauen
erscheint ebenfalls bei Simonides, und diese Art wird auf das
Wiesel zurückgeführt (50 ff.). Die eitle Kokette, die eigentlich

nur ein Kleider- und Schmuckständer (ἄγαλμα Eur. *Hipp.* 631;
θέημα *Simonid.* 67) ist, wird bei Simonides mit dem Pferde verglichen. Bei beiden Dichtern endlich findet sich das harte Wort,
dass Zeus im Weib das grösste Übel erschaffen habe (*Simonides*
96 f.; 115 ff.). Deutlich nachgeahmt wurde Simonides von Phokylides (*Fr.* 1) [52]. Dass dagegen bei Euripides eine direkte Ent-
lehnung vorliege, wird sich trotz der mehrfachen Berührungspunkte
nicht behaupten lassen. Wenn endlich Aristophanes in den *Thesmophoriazusen* „die Miene annimmt, den Euripides für seine Läster-
ungen gegen die Weiber zu züchtigen, so ist wohl in dem ganzen
Stücke der grösste Spass der, dass er selbst dem weiblichen Geschlecht um vieles ärger mitspielt, als es Euripides jemals gethan
hat" [53]. Von dem typischen Weiberfeind Euripides bleibt demnach bei einer eingehenden Untersuchung so gut wie nichts mehr
übrig. —

Nach dieser Abschweifung über die Stellung des Euripides
zum weiblichen Geschlecht überhaupt kehren wir zu seinen Anschauungen über das Familienleben zurück. Wie über die Ehe,
so urteilt der Dichter auch über die Erzeugung von Kindern
sehr nüchtern, indem er Freude und Leid, die damit verbunden
sind, gegen einander abwägt. Ausführlich redet darüber der Frauenchor in der *Medea* (1090 ff.):

1090 So sag' ich es denn: ein Sterblicher, der
Unkundig der Eh' hinlebt und nie
Nachkommen erzeugt, ist glücklicher, als
Der Kinder erzielt.
Wer keine gezeugt, lebt sicher und frei
1095 Von mancherlei Müh'n sein Leben dahin;
Er erfuhr niemals, ob Vater zu sein
Uns Freud', ob Kummer bereite.
Wem aber im Haus ein holdes Geschlecht
Von Kindern erblüht, den seh' ich verzehrt
1100 Von Bekümmernis all sein Leben hindurch.
Erst muss er sorgen, sie gut zu erzieh'n,
Und woher er schaffe des Lebens Bedarf;
Dann weiss er niemals, ob er 'sich auch
Für wackere, nicht
1105 Für entartete Kinder geängstigt.
Doch Eins noch nenn' ich von allem zuletzt,
Fur die Sterblichen all' ein hartes Geschick:

Zu genügendem Wohlstand kam er empor,
Untadelig blüh'n, vollkräftig erstarkt,
1110 Ihm die Söhne heran: zeigt nun sich ein Gott
Feindselig wie hier, dann raffet der Tod
In des Hades Nacht ihm die Kinder hinab.
Was frommt's nun, dass zu dem übrigen Leid
Auch dies noch, diesen entsetzlichen Schmerz
1115 Um der Kinder Verlust
Uns Sterblichen fügen die Götter? (D.)

Den letzteren Gedanken vom Schmerz über den Tod herangewach-
sener Kinder wiederholt Iphis in den *Hiketiden* (1087 ff.). Und
ähnlich spricht sich in einem hinsichtlich seiner Zugehörigkeit
unsicheren Bruchstück (*Fr.* 908) eine Frau aus. Nachdem die
Sprecherin den bekannten Satz vorausgeschickt hat, Nichtgeborensein sei für die Menschen besser als Geborensein, fährt sie fort:

Alsdann gebär' mit bittern Schmerzen Kinder ich
Und, sind die Knaben dann geboren, seufz' ich schwer,
Wenn sie missraten, und auch wieder, wenn sie brav
Geworden und ich sie verlier'. Ja, selber wenn
Sie leben, so vergeht mein armes Herz vor Angst.
Was ist nun daran gut? Genügt es nicht, sich um
Ein einzig Leben abzusorgen und abzumüh'n [54])?

Im *Oinomaos* lässt es der Dichter dahingestellt, ob Kindersegen
oder Kinderlosigkeit vorzuziehen sei (*Fr.* 571):

Ich weiss es nicht und seh' es niemals deutlich ein,
Ob Kinder zu bekommen den Menschen besser ist
Oder durchs Leben einsam, kinderlos zu geh'n.
Unglücklich seh' ich die, die nie ein Kind gezeugt;
Doch sind, die Kinder haben, auch nicht glücklicher.
Wenn sie missraten, ist es schwere Kümmernis
Und, wenn sie wohl geraten, dann — o schwerer Schmerz! —
Betrüben sie die Eltern, geht es ihnen schlecht [55]).

Diese Äusserungen des Euripides über Freud und Leid, das die
Kinder den Eltern bereiten, erinnern lebhaft an einige Worte
Demokrits über denselben Gegenstand. Dieser sagt (*Fr.* 185):
„Es scheint mir, man sollte keine Kinder erzielen; denn ich sehe
bei der Erziehung von Kindern viele und grosse Gefahren und
viel Kummer, dagegen wenig Gedeihliches und das Wenige klein
und schwach." Ein andermal sagt er (*Fr.* 187): „Es ist etwas Gefährliches um das Aufziehen von Kindern." Ja, schliesslich empfiehlt

er, Kinder von Freunden zu adoptieren, wobei man sich dann
wenigstens solche auswählen könne, die einem passen (*Fr.* 188) [56]).
— Auf die schwermütige Betrachtung des Menschenlebens überhaupt, nach der man die Kinder bei ihrer Geburt mit Wehklagen
empfangen sollte (*Kresph. Fr.* 449), wurde schon oben hingewiesen [57]). Aber auch der entgegengesetzten Auffassung, dass
Kinder eine Freude und ein Glück für die Eltern seien, leiht Euripides oft Worte. Der ganze *Ion* dreht sich um die Kinderlosigkeit des Xuthos und der Kreusa, wegen deren sie bei dem Delphischen Orakel Hilfe suchen. Ein herrliches Chorlied (472 ff.)
preist hier das Glück des Kindersegens und es heisst darin ausdrücklich (488 ff.): „Ein kinderloses Leben hasse ich und tadle
den, dem es gefällt. Bei mässigem Besitz möchte ich mich eines
Lebens mit guten Kindern erfreuen." Und wie diese Frauen so
sagt *Andromache* (418 ff.):

> Kinder sind den Eltern stets
> Ihr Leben. Tadelt dieses Wort: wer's nicht erfuhr,
> Er leidet minder, aber hat Unglück im Glück.   (D.)

Im *Protesilaos* (*Fr.* 652) und ganz ähnlich in der *Alkmene* (*Fr.* 103)
ist geradezu von dem „Zauber" die Rede, welchen die Kinder
auf das Menschenherz ausüben und in den *Hiketiden* (1101 ff.)
preist sich der alte Iphis glücklich im Besitz einer zärtlich liebenden Tochter [58]). Im *Meleagros* (*Fr.* 518) heisst es, dass Kinder
ein köstlicheres Gut seien als Reichtum, der schnelle Schwingen
habe, während sie, selbst wenn sie sterben, für die Eltern „ein
Schatz und Weihgeschenk des Lebens" bleiben, das nie vergeht [59]).
Eine brave Frau und Kinder wiegen ein Fürstentum auf, und sie
entbehren zu müssen, ist ein Unglück wie Armut und Verbannung
(*Ödip. Fr.* 543) [60]). In der *Danaë* endlich wird das Elternglück
als das höchste und schönste gepriesen (*Fr.* 316):

> Schön ist, o liebes Weib, gewiss dies Sonnenlicht,
> Schön auch des Meeres Flut, von sanftem Wind bewegt,
> Die Erde, die im Frühling prangt, des Wassers Füll'
> Und vieles Schöne gäb's zu loben auf der Welt:
> Doch herrlicher ist nichts und schöner anzuschau'n,
> Als kinderlosen Eltern, deren·heisser Wunsch
> Ein Kindlein ist, im Haus ein neugebor'ner Spross.

Und ein weiteres Bruchstück desselben Dramas (*Fr.* 317) mahnt,
die Ehe nicht auf das Alter zu verschieben, damit man schon in
der Jugend die Freude erlebe, Kinder aufziehen zu dürfen [61]).

— Bei dem Verhältnis von Eltern ｊund Kindern ist das
erste Gesetz, das Geltung hat, das der Liebe. In den *Hiketiden*
(506 f.) heisst es:

> Es liebt der weise Mann zuerst die Kinder sein
> Alsdann auch seine Eltern und das Vaterland.

Und *Fr.* 853 sagt:

> Drei Tugenden musst üben du, mein liebes Kind:
> Die Götter ehren und die Eltern, welche dir
> Das Leben gaben, und die Gesetze Griechenlands.
> Dann wirst erwerben du den schönsten Ruhmeskranz.

Ebenso schärft *Fr.* 949 den Kindern ein, den Eltern die gebührende
Ehre zu erweisen, und *Fr.* 852 erinnert an das vierte Gebot des
jüdischen Dekalogs (*Exodus* 20, 12):

> Wer seine Eltern während ihres Lebens ehrt,
> Der ist im Leben wie im Tod der Götter Freund.
> Doch wer nicht ehren will, die ihn gezeugt, der mög'
> Mit mir nie opfern vor der Götter Angesicht,
> Noch trag' mit ihm mich auf der See dasselbe Schiff.

Schon oben (Kap. V, 2 A. 66—68) wurde darauf hingewiesen, dass
diese Gebote offenbar unter orphisch pythagoreischem Einfluss entstanden sind und vermutlich in Eleusis ihre Formulierung fanden:
erscheinen sie doch gleich im Eingang der *Goldenen Worte* der
Pythagoreer (1 ff.) und treffen wir ihre Übertreter bei Aristophanes
(*Frösche* 145 ff.) im Schlammpfuhl der Hölle. Und auch daran
mag noch einmal erinnert werden, dass die athenischen Archonten
bei der Dokimasie vor ihrem Amtsantritt nachzuweisen hatten, dass
sie die Pflichten gegen ihre Eltern gewissenhaft erfüllt hatten
(Aristot. *Ath. resp.* 55). Es ist nicht unmöglich, dass die uralte
Heilighaltung dieses Gebots in letzter Linie mit dem Ahnenkult
zusammenhängt; natürlich war man sich aber dessen in geschichtlicher Zeit nicht mehr bewusst [62]. — Pflicht der Kinder gegen
die Eltern ist vor allem der Gehorsam (*Archel. Fr.* 234):

> Des Vaters Wort gehorchen müssen Kinder stets [63].

Der Vater soll für sie geradezu der Vertreter der Dike, des
Rechten, sein. Was das bedeutet, zeigen die obigen Ausführungen
über diesen Begriff bei Euripides (Kap. III. 3). In der *Alope*
(*Fr.* 110) heisst es:

> Dies ist das Wichtigste; damit beginn' zuerst
> Die Rede ich: dem Vater gehorchen müssen stets
> Die Kinder und als recht ansehen dies allein [64].

An erster Stelle steht der Vater; die Mutter kommt nach griechischer Anschauung erst in zweiter Linie in Betracht (*Fr.* 1064):

> So wiss' es denn, o Mutter, dies ist nicht mein Brauch,
> Nicht freundlich dich auch zu verehren, weil ja das
> Für recht gilt und weil du es bist, die mich gebar.
> Doch ihn, der mich gezeugt, lieb' von den Sterblichen
> Am meisten ich. So sprech ich's aus; du zürn' mir nicht!
> Von ihm ja stamm' ich ab und immer wird ein Mann
> Sich seines Vaters rühmen, doch der Mutter nicht [65]).

Aber es wird auch anerkannt, dass schon die Schmerzen der Geburt den Müttern eine besondere Liebe für ihre Kinder einpflanzen (*Iph. Aul.* 917 f.) und dass darum auch wieder die Liebe des Kindes zur Mutter eine ganz einzigartige und besonders zarte ist (*Erechtheus Fr.* 358):

> Nichts giebt's, was Kindern lieber als die Mutter ist.
> Liebt eure Mutter, Kinder! Keine andre Lieb'
> Giebt es, die also süss, wie die zur Mutter, wär' [66]).

Und ein grundsätzlicher Weiberfeind nimmt ausdrücklich die Mutter von seinem Hasse aus und wirft damit, genau besehen, sein ganzes Prinzip über den Haufen (*Mel. desm. Fr.* 498)[67]). — Umgekehrt aber haben auch die Eltern Verpflichtungen gegen ihre Kinder (*Fr.* 950):

> Wie schön, wenn seinen Kindern gütig weiss zu sein
> Ein Vater und auch sie ihm niemals hegen Groll.

Ist das Verhältnis beider Teile durch Schuld der Eltern kein solch ungetrübtes, so haben sie selber am meisten darunter zu leiden (*Fr.* 952):

> Ein Vater, der lieblos zu seinen Kindern ist,
> Der lädt sich selbst dadurch ein schweres Alter auf.

Indem sich die Eltern in ihre eigene Jugend zurückversetzen, müssen sie das Treiben ihrer Kinder zu verstehen suchen und auch deren Fehler nachsichtig beurteilen (*Fr.* 951)[68]). In schwierigen Lagen haben sie aber auch das Recht, ihre Unterstützung in Anspruch zu nehmen (*Alkmeon Fr.* 84)[69]). So soll es in einer normalen Familie sein: Liebe und Pietät soll Eltern und Kinder verbinden. Aber freilich ist es nicht immer so; es treten allerlei Abnormitäten durch Schuld des einen oder andern Teils ein. Ein besonders schwieriges Verhältnis ist immer das einer Stiefmutter zu ihren angetretenen Kindern (*Ägeus Fr.* 4; *Phrixus Fr.* 824)[70]). — Dies sind die Anschauungen des Euripides über

Nestle, Euripides.

18

Ehe und Familie und über das weibliche Geschlecht. Im grossen und ganzen schliesst er sich darin der Volksmeinung an; doch haben wir gesehen, dass er sich da und dort über dieselbe erhebt. Ein grundsätzlicher Weiberfeind kann er nicht genannt werden. Das Glück eines gesunden Ehe- und Familienlebens weiss er hoch zu schätzen, verkennt aber auch nicht die damit unvermeidlich verbundenen Sorgen und eine unglückliche Ehe erscheint ihm allerdings als das grösste Unheil. Und überhaupt ist das Leben schon für den einzelnen schwer genug; warum es sich also durch die Sorge für die Familie noch schwerer machen (*Fr.* 908, 7 f.)? Originelle Gedanken vermissen wir; um so mehr aber bewundern wir die Kunst, mit der Euripides die verschiedenen Typen des weiblichen Charakters in den mannigfaltigsten Lebenslagen darzustellen wusste.

2. Der Staat.

In dem Verhör, welches Aristophanes in den *Fröschen* den Dionysos und Äschylus mit Euripides anstellen lässt, schreibt es der letzere sich als ein Verdienst zu, dass er die Tragödie „demokratisch gemacht“ habe (952), insofern bei ihm Mann und Weib, Herr und Sklave, alt und jung im gleichen Tone rede (948 ff.) und zwar dabei sich der Mittel der Rhetorik bediene und philosophische Gedanken vortrage (954 ff.; 971 ff.). Nach dem Urteil des Äschylus-Aristophanes hätte Euripides für diese seine neue dramatische Methode den Tod verdient (950 f.) Ganz anders dachten darüber spätere Geschlechter. Dio Chrysostomus äussert sich in einer seiner Reden hierüber folgendermassen (*Or.* 18, 7): „Wenn vielleicht die gewinnende und hinreissende Art des Euripides die hohe Kühnheit und Würde der alten Tragödie nicht vollständig erreicht, so hat doch der Mann des öffentlichen Lebens an ihm sehr viel; ferner ist er ein Meister im erschöpfenden Ausdruck der Charaktereigentümlichkeit und der Gemütsbewegungen, und da er zugleich in der Philosophie kein Fremdling ist, so bringt er in seinen Dichtwerken Sinnsprüche an, die für alle Lagen des Lebens passend sind“ [1]). So haben wir also aus Freundes- und Feindesmund das Zeugnis, dass die Tragödie des Euripides auch eine politische Seite hatte, und diese wollen wir nun näher ins Auge fassen. Wenn Aristophanes den Euripides als einen Freund der Demokratie bezeichnet, so hat er damit im allgemeinen recht. Doch müsste es bei einem so weit und so tief blickenden Manne, wie der grosse Tragiker war, wundernehmen, wenn er nicht auch für die zumal in seiner Zeit offen am Tage liegenden Schäden dieser Verfassungsform ein scharfes Auge gehabt, wenn er überhaupt irgend einer politischen Partei sich zugeschworen hätte. Das treffliche Wort eines modernen deutschen Dichters, Freiligraths,

Der Dichter steht auf einer höhern Warte,
Als auf den Zinnen der Partei,

findet auch auf Euripides in vollem Umfang seine Anwendung. Wie er nirgends das ewig wogende Leben, das er mit dem Auge des Künstlers und Denkers schaut, in eine enge Schablone zwängt, und wäre diese auch das erhabenste philosophische System, so giebt er auch nirgends ein politisches Programm im Sinne einer der sich befehdenden Parteien. Aber als geistvoller Beobachter macht er auch über die Erscheinungen des politischen Lebens seine Bemerkungen. Als Beobachter: denn Euripides hat sich, wie schon früher erwähnt, seiner kontemplativen Natur entsprechend (*Ion* 595 ff.), sein ganzes Leben hindurch vom politischen Treiben fern gehalten. Nur als Dichter ist er einmal in öffentlichem Auftrag thätig gewesen, indem er das Epigramm für das Riesengrab zu verfassen hatte, das im Jahr 412 nach der sizilischen Katastrophe „auf dem Staatsfriedhof für das Gedächtnis der Tausende errichtet ward, die im fernen Westen für das Vaterland gefallen waren" (Plut. *Nik.* 17). Die in diesem Jahr aufgeführte *Helena* scheint (397 ff.) eine Anspielung hierauf zu enthalten[2]). So ist denn allerdings Euripides nicht politischer Praktiker sondern Doktrinär; aber er hat die Geschicke seines Vaterlandes mit wärmster Teilnahme verfolgt und auch die politischen Verhältnisse, die inneren und die äusseren, mit dem ernsten Blicke des Dichterphilosophen beobachtet, der im Besonderen den Ausfluss allgemeiner Gesetze und Ideen erkennt und daher nicht in beschränktem Konservativismus und Lokalpatriotismus am „Altbewährten" und „Nationalen" als solchem haften bleibt, sondern vor dem sich ein weiterer Horizont aufthat, als ihn die Grenzen des attischen Staatswesens bilden, ein Horizont, den auch das gesamte Hellas noch nicht ausfüllt, sondern der die ganze von Menschen bewohnte Welt begrenzt. —

Freilich hat auch Euripides die starken Wurzeln seiner Kraft in der heimischen Erde und niemand konnte und kann es einfallen, an seiner Vaterlandsliebe zu zweifeln. Schon im

Altertum waren als ein laut redendes Zeugnis derselben die Worte
der Praxithea im *Erechtheus* berühmt, in denen sie ihre freudige
Bereitwilligkeit ausspricht, ihre eigene Tochter für das Wohl des
Vaterlands zu opfern. Der Redner Lykurg citiert dieselben in
seiner Anklage *gegen Leokrates* (100) als ein Beispiel hochherziger
und edler Gesinnung, würdig der Stadt und der Vorfahren, und
Plutarch (*de ex.* 13 pg. 604 D) sagt im Hinblick auf diese Stelle:
„Wer hat das Lob seines Vaterlandes so schön gesungen wie
Euripides"? Der König Erechtheus von Athen nämlich erhielt im
Kampfe gegen Eumolpos, den Fürsten der Thraker, ein Orakel
des Inhalts, dass er siegen werde, wenn er seine Tochter opfere.
Er thut dies, aber nicht wie Agamemnon, der selbst entschlossen
ist, aber sich im Widerspruch mit dem Wunsche seiner Gemahlin
Klytämnestra befindet, sondern umgekehrt, selbst zögernd und
ermutigt von seiner Gattin Praxithea. Nach dem Grundsatz: „Ich
liebe meine Kinder, aber noch mehr mein Vaterland" (*Fr. adesp.*
411) weiss sie ihren Gatten zu dem Entschlusse zu bestimmen
und spricht (*Fr.* 360):

  1 Wer rasch und gerne Liebe übt, ist immerdar
    Den Menschen angenehmer; jedoch wer es zwar
    Thut, aber zögernd thut, ist minder edler Art.
    Zum Opfer bringen will ich meine Tochter denn.
  5 Aus vielen Gründen thu' ich's: Für die beste Stadt,
    Die man zur Heimat haben kann, geschieht's fürs erst'.
    Nicht aus der Fremde zugewandert Volk lebt hier;
    Nein, uns'rem eig'nen Boden hier sind wir entstammt;
    Die andern Städte aber sind von da und dort
  10 Zusammen all' gewürfelt nur aus fremdem Volk.
    Doch wer aus einer Stadt in eine and're zieht,
    Gleicht einem Holze, das schlecht in den Bau sich fügt:
    Er heisst ein Bürger zwar, er ist es aber nicht.
    Wozu dann zeugen Kinder wir denn als zum Schutz
  15 Des Heiligtums der Götter und des Vaterlands?
    Und Einen Namen führt das ganze Vaterland,
    Ob viele auch drin wohnen. Darf ich diese nun
    Verderben, wenn Ein Opfer alle retten kann?
    Wenn ich aufs Rechnen mich versteh' und weiss, was mehr
  20 Und wen'ger ist, so kann eines einz'gen Hauses Leid
    Nicht mehr, ja gleich nicht wägen dem der ganzen Stadt.
    Und wäre statt der Tochter mir ein Sohn entsprosst

Und uns're Stadt bedrohete des Feindes Brand,
Schickt' ich ihn alsdann nicht hinaus zum Speereskampf,
25 Besorgt auch, dass er falle? Ich will Kinder nur,
Die streitbar und im Kreis der Männer brauchbar sind,
Nicht wie man sonst sie in der Stadt erwachsen sieht.
Der Mütter Thränen, die beim Auszug in die Schlacht
Den Sohn geleiten, machen ihm das Herz nur weich.
30 Die Frauen hass' ich, denen der Kinder Leben mehr
Wert ist als ihre Tapferkeit und die sie schlecht
Beraten. Fallen sie mit vielen in der Schlacht,
Wird ihnen Grab und Ruhm mit andern gleich zu teil:
Doch meine Tochter, wenn sie stirbt fürs Vaterland,
35 Erhält dafür allein den einz'gen Ruhmeskranz.
Dich und die Mutter und noch der Geschwister zwei
Wird retten sie. Was nimmt dafür man auf sich nicht?
Sie, die nicht mir gehört als nur durch die Natur,
Die Tochter, geb' ich hin fürs Vaterland; denn wenn
40 Sie dieses ruft, sind meine Kinder dann noch mein?
Wird mein Entschluss nicht retten uns're ganze Stadt?
Beherrschen mögen and're sie; ich rette sie.
Und jene alte Pflicht der Opferwilligkeit
Für das Gemeinwohl, wie die Ahnen sie geübt,
45 Wird niemand je entreissen meines Herzens Grund.
Und nie soll statt des Ölbaums und des Gorgoschilds
Eumolpos und der Thrazier Volk den Dreizack stolz
Aufpflanzen und bekränzen auf dem Grund der Stadt.
Nein! Pallas soll hier immerdar verehret sein.
50 Darum nehmt hin, ihr Bürger, meines Schosses Frucht
Und rettet euch und siegt! Nicht darf Ein Leben ich
Verschonen, wenn's die Rettung gilt der ganzen Stadt.
O Vaterstadt, wenn jedermann, der in dir wohnt,
Dich liebte so wie ich, dann würden leicht in dir
55 Wir wohnen und es träfe niemals dich ein Leid.

Es ist ein echt griechisches Raisonnement, das wir hier vor uns
haben: nicht in idealistischem Gefühlsüberschwang wird hier die
Vaterlandsliebe verherrlicht und an ihre Opferwilligkeit appelliert,
sondern mit nüchtern klaren Vernunftgründen wird jene und diese
als notwendig erwiesen. Es ist nichts anderes als ein Rechen-
exempel: ‚es ist besser, ein Mensch sterbe für das Volk, als dass
das ganze Volk verderbe‘. Und doch, trotz dieser kühlverständigen

Berechnung des Verstandes, welche Wärme des Gefühls und der
Begeisterung für die einzigartige, alle andern Städte übertreffende
Heimat Athen, für die das Herz in Liebe glüht, in der Liebe,
die sich nicht in schönen Worten und Gefühlsausbrüchen äussert,
sondern in der schlichten edlen That bewährt! Gerade die Schlussworte in den drei letzten Versen des grossen Bruchstücks sind
offenbar dem Dichter selbst aus tiefstem Herzen gesprochen, der
mit bitterer Wehmut mit angesehen haben mag, wieviel Selbstsucht, persönlicher Ehrgeiz und Habsucht die Handlungsweise der
fähigsten Staatsmänner und Feldherrn mitbestimmten zum Schaden
des allgemeinen Besten: man denke nur an Alkibiades, der
gerade um die Zeit, da der Friede des Nikias geschlossen und
der *Erechtheus* aufgeführt wurde, seine öffentliche Laufbahn
begann. Das ganze Stück behandelte eine spezifisch attische Sage
und parallelisierte im Kampf zwischen Erechtheus und Eumolpos
(vgl. *Phön.* 852 ff.) den Streit zwischen Athene und Poseidon um
das attische Land (*Fr.* 360, 45 ff.); zugleich wurde die angebliche
Autochthonie der Athener darin betont, die in der adeligen Gesinnung des Herrscherhauses ihren Ausdruck findet (*Fr.* 360, 7 ff.)[3]).
Es ist überhaupt beachtenswert, wie häufig Euripides seine dramatischen Stoffe der heimischen Sage entnommen hat: eine ausgesprochen patriotische Tendenz verfolgt ausser dem *Erechtheus*
auch der *Ion,* in dem durch die Mutter des Helden, Kreusa, an
den autochthonen Stamm des Erechtheus angeknüpft wird (589 ff.;
735 ff.; 719 ff.; 808 ff.; 836 ff.; 1058 ff.; 1291 ff.; 1463 ff.; 1571 ff.).
Unter den erhaltenen Stücken gehören ferner hieher die *Herakliden, Hiketiden, Hippolytos*; unter den verlorenen *Ägeus, Alope,
Hippolytos Kalyptomenos,* [*Peirithous* von Kritias?], *Skiron,
Theseus*[4]). Wir sehen somit auch hieran, dass sich das Interesse
des Dichters mit Eifer der heimischen Sage zuwandte. Durch
sämtliche Stücke sind zahlreiche Äusserungen zerstreut, welche
entweder der Vaterlandsliebe im allgemeinen Ausdruck geben oder
speziell das Lob Athens singen. So heisst es im *Ägeus* (*Fr.* 6):
    Was hat ein Mann denn Lieb'res als das Vaterland[5])?
„Das Vaterland ist den Menschen offenbar das Liebste," sagt
Iokaste in den *Phönissen* (406), und *Medea* (649 ff.) bezeichnet
die Verbannung aus der Heimat als das grösste Übel. Polyneikes
sieht in der Vaterlandsliebe geradezu ein allgemeines Naturgesetz;
wer sie nicht kennt, ist ein geistig und gemütlich abnormer
Mensch (*Phön.* 358 ff.)[6]). Besser als Reichtum ist es, in einer

„verständigen Heimat" zu wohnen und die Verhältnisse, in denen
man aufgewachsen ist, haben für den Menschen durchs ganze
Leben etwas Wohlthuendes (*Fr.* 1046)[7]). In der *Iphigenie in
Tauris* preist der Chor den Pylades glücklich, dass er wieder ins
Vaterland zurückkehren dürfe (647 ff.), und in der *Aulischen
Iphigenie* erinnert die Heldin ihre Mutter daran, dass sie nicht
nur ihr, sondern ganz Hellas gehöre (1386). Die Heimat ist der
Trost des Unglücklichen (*Phoinix Fr.* 817):

Du, meiner Ahnen heim'sches Land, sei mir gegrüsst!
Für einen Mann, den drückt des Unglücks Überschwang,
Giebt's süss'res nichts als jenes Land, das ihn ernährt[8]).

Darum ist es aber auch Pflicht, sich in den Dienst des Vaterlandes zu stellen und nicht nur in eigennütziger Weise sich selbst
zu leben (*Fr.* 886):

Den Bürger hass' ich, der zum Heil des Vaterlands
Langsam erscheint, doch, ihm zu schaden schnell bereit,
Für sich nur lebt und unnütz sich dem Staat erweist[9]).

Aber nicht nur so niedrig, wie es in diesen Versen als das mindestens zu Verlangende bezeichnet ist, stellt Euripides seine Anforderungen an den Staatsbürger. Vielmehr kann das Vaterland
auch die Hingabe des Lebens zu seinem Besten verlangen. Ja,
es ist süss und ehrenvoll, für das Vaterland zu sterben (*Troad.*
386; 1168 ff.). Und es ist in der That „eine merkwürdige Illustration zu der landläufigen Ansicht von dem Weiberhasse des Euripides, dass er es liebt, gerade die Frau in ihrer sich und ihre eigenen
Interessen hingebenden Opferwilligkeit darzustellen"[10]): Iphigenie
ringt sich nach zwar heissem aber natürlichem Kampfe mit jugend-
licher Lebenslust zu dem Entschluss durch, sich für Hellas zu
opfern (*Iph. Aul.* 1386 ff.); Makaria geht für das Wohl der Ihrigen
in den Tod (*Heraklid* 500 ff.); Andromeda lässt sich von ihrem
Vater Kepheus an einen Felsen schmieden, um das Land von
einem Ungeheuer zu befreien, während Alcestis, Euadne und Polyxena aus persönlichen Motiven mutvoll dem Tod ins Auge schauen.
Ein männliches Seitenstück patriotischer Aufopferung bildet zu
diesen Frauen Menoikeus in den *Phönissen*, der gegen den Willen
seines Vaters Kreon infolge eines Seherspruchs sein Leben für
das Vaterland freiwillig dahingiebt. Kreon, der lieber selbst zu
sterben bereit wäre, möchte den Sohn retten und rät ihm zu
schleuniger Flucht (962 ff.). Dieser aber urteilt gegenüber dem
Chor folgendermassen über das Verhalten seines Vaters (991 ff.):

Dem Vater nahm ich glücklich alle Furcht, ihr Frau'n,
Täuscht ihn mit Worten, meinen Wunsch erreicht zu seh'n;
Er treibt hinaus mich, opfert auf des Landes Heil
Und giebt der Feigheit mich dahin: wohl mag man dies
995 Verzeih'n dem Greise; nicht verzeihlich wär' es mir,
Mein Ahnenland zu verraten, das mir Leben gab.
So wisset also: retten geh' ich meine Stadt
Und opf're mich dem Tode für der Väter Land.
Wie schändlich! And're Bürger, die kein Seherspruch
1000 Unlösbar bindet, noch ein Schluss der Götter zwingt,
Steh'n mit den Schilden, zagen vor dem Tode nicht,
Vor unsern Burgen schirmend Herd und Vaterland;
Ich aber flöh' als Feiger aus dem Land hinaus,
Den Vater und den Bruder und der Väter Stadt
1005 Verratend! Wo ich lebte, würd' ich schlecht genannt.
Nein, bei dem Zeus der Sterne, bei dem Schlachtengott,
Der einst die Drachensöhne, die der Erde Schoss
Gebar, zu Herrschern dieses Landes aufgestellt,
Ich gehe. Dort, die hohen Burgbastei'n hinab,
1010 Will ich durchbohrt mich stürzen in die düst're Kluft
Des Drachen, wo der Seher uns die Stätte wies,
Und mein Geburtsland retten. Fest ist mein Entschluss.
Ich geh', in meinem Tode kein gemeines Gut
Dem Land zu bieten: aus der Not erlös' ich es.
1015 Ja, wollte, was er Gutes hat in seiner Hand,
Ein jeder üben und dem allgemeinen Wohl
Zum Opfer weih'n, dann träfe mind'res Ungemach
Fortan die Staaten; immer glücklich wären sie.　　(D.)

Der in den Schlussversen dieser Rede (1015 ff.) enthaltene Gedanke
ist im wesentlichen derselbe, mit dem auch Praxithea im *Erechtheus* ihre Auseinandersetzung schliesst: das eine wie das andere
Mal spricht der Dichter selbst durch den Mund seiner Personen.
— Die Anhänglichkeit an die Heimat zeigt sich endlich auch
darin, dass man nicht das Ausland auf ihre Kosten preist und das
Vaterland im Gegensatz zur Fremde lieblos heruntersetzt. So
heisst im *Diktys* (*Fr.* 347):

Wärst du kein schlechter Kerl, so würd'st du loben nicht
Auf Kosten deines Vaterlands hier diese Stadt.
Denn guten Charakters scheinet mir der nicht zu sein,

Der pietätslos spricht vom eig'nen Vaterland,
Die Fremde lobt und sich erfreut an ihrem Brauch.
Die Verbannung wird als eines der grössten Leiden empfunden
(*El.* 236; 352; 1314 ff.; *Herakles* 16 ff.; 302 ff.; *Med.* 34 f.; 328 f.;
643 ff.; *Phön.* 388 ff.). Der Zug zur Heimat wurzelt im griechischen
Charakter besonders tief: nicht mit Unrecht hat man die Odyssee
ein „Lied des Heimwehs" genannt und Theognis (783 ff.) sagt, er
habe Euböa, Sparta und Sizilien bereist und überall sei er freundlich aufgenommen worden; aber trotzdem sei er zu keinem wahren
Genuss gekommen: denn nichts sei eben lieber als das Vaterland [11]). Solche Gedanken erinnern an eine bekannte Strophe
unseres mittelalterlichen Sängers, Walters von der Vogelweide
(ed. Pfeiffer 39, 17 ff.):

> Ich hân lande vil gesehen
> Unde nam der besten gerne war:
> Übel müeze mir geschehen,
> Künde ich ie mîn herze bringen dar,
> Daz im wol gevallen
> Wolte fremeder site.
> Nû waz hulfe mich, ob ich unrehte strite?
> Tiuschiu zuht gât vor in allen.

Wie Walter von der Vogelweide sein deutsches Vaterland, so ist
dem Euripides Griechenland und insbesondere seine Heimat Athen
ans Herz gewachsen. Schon früher (Kap. V 1 A. 49) wurde auf
das schöne Chorlied in der *Medea* hingewiesen (824 ff.), das den
attischen Himmel preist und Athen als Lieblingssitz der Musen
und Eroten und als Stätte der Weisheit verherrlicht. Selbst die
gefangenen Trojanerinnen wünschen sich, ja nicht nach Sparta,
sondern in das „berühmte, glückliche Land des Theseus" zu
kommen (*Troad.* 207 ff.). Mit sichtlicher Liebe behandelt Euripides trotz aller Aufklärung Glauben und Sitte seiner Heimat. Abgesehen von den oben angeführten Dramen, deren Stoff
ganz der attischen Sage entnommen ist, erwähnt er auch sonst
vielfach einzelne Züge derselben. Unter den Göttermythen citiert
er mit Vorliebe solche, welche sich mit Athene beschäftigen: der
Kampf gegen Enkelados in der Gigantomachie wird im *Ion*
(209 ff.) erwähnt; im *Erechtheus* (*Fr.* 360, 46 ff.) wird auf den
Kampf der Athene und des Poseidon um das attische Land angespielt und hier wie auch an einigen andern Stellen die Sage
berührt, dass Athene auf der Burg den ersten Ölbaum gepflanzt

haben sollte (*Ion* 1433 ff.; *Iph. T.* 1101; *Troad.* 801 f.)[12]). Nach Eratosthenes (καταστερισμοί 13) und Hygin (*Astron.* II 13 pg. 446) hat Euripides auch die Sage von der Liebesverfolgung der Athene durch Hephästos behandelt, was schwerlich in einem andern Stücke als dem *Erechtheus* geschehen sein kann (Nauck, Eur. perd. trag. *Fr.* 925). Die Geburt des Erichthonios wird im *Ion* (19 ff.; 269 ff.) erwähnt. Die Heiligkeit des Areopags beruht auf dem ersten Blutgericht, das die Götter. auf jenem Hügel über Ares wegen der Tötung des Halirrothios hielten (*El.* 1258 ff.; *Iph. T.* 945 f.). Von den Gestalten der Heroenmythen begegnet uns ausser Erichthonios zunächst Kekrops und seine drei Töchter (*Ion* 1163 ff.; 1400), ferner der in Beziehung zum Erechtheiden- haus stehende und von Eos entführte Kephalos (*Hipp.* 454 ff.), besonders häufig aber Theseus mit den zu seinem Kreis gehören- den Personen: so Pandion, der Vater des Ägeus (*Heraklid.* 36; *Hik.* 6 und 562; *Med.* 665 und 1385), welch letzterer ausser in dem nach ihm benannten Drama auch in der *Medea* eine nicht unbedeutende Rolle spielt, und Äthra, die Mutter des Theseus (*Hiketiden*). Letzterer selbst, der Lieblingsheld der attischen Sage, tritt im *Hippolytos*, im *Herakles*, den *Hiketiden* auf, war der Held eines nach ihm benannten Stückes, das seinen Kampf mit dem Minotaurus und sein Verhältnis zu Ariadne be- handelte (vgl. *Herkls.* 1327 ff.) und wird auch sonst oft erwähnt; einer seiner Gegner ist Sinis (*Hipp.* 977), ein anderer *Skiron*: das Abenteuer mit letzterem behandelte ein Satyrspiel. [Der wahrscheinlich von Kritias verfasste *Peirithous* hatte die Fahrt des letzteren mit Theseus in die Unterwelt zum Gegenstand.] Auf zwei weitere Söhne der Äthra, Akamas und Demophon, die sich am Trojanischen Krieg beteiligen, wird im *Hippolytos* (314 Schol. und *Hek.* 123 Schol.; vgl. *Troad.* 31; *Iph. Aul.* 247 ff.) hin- gewiesen. Auf die Proknesage wird im *Herakles* (1019) ange- spielt; der Sage von *Alope* war ein ganzes Drama gewidmet. Die Freisprechung des Orestes vor dem Areopag ist in drei Stucken berührt (*El.* 1254 ff.; *Iph. T.* 942 ff.; 1470 ff.; *Or.* 1648 ff.). Das Grab des Ödipus in Kolonos wird am Schluss der *Phö- nissen* (1703 ff.), das des Eurystheus bei Pallene in den *Hera- kliden* (1030 f.) erwähnt. Mehrfach genannt wird der mit dem Theseischen Herrscherhaus verwandte Pittheus aus Trözen (*Hik.* 4; *Hipp.* 11. 24. 794; *Med.* 683). Von den Salaminischen Helden erscheint Telamon in den *Troades* (799; vgl. 1096) und im *Me-*

leagros (Fr. 530), häufig Ajas in den Stücken des troischen Kreises (*Hel.* 848; *Iph. Aul.* 193 und 289; *Troad.* 618 [*Rhes.* 497 und 601]); der jüngere Ajas, Oileus' Sohn, einmal (*Iph. Aul.* 192 f.); Teukros tritt in der *Helena* auf, und hier wird auch die Gründung von Salamis auf Cypern berührt. Auch manche spezifisch attische Gebräuche werden im *Ion, Herakles, Hippolytos*, der *Helena* und besonders in der *Iphigenie in Tauris* im Gewand ätiologischer Mythen vorgeführt [13]). Des der Athene an den Panathenäen dargebrachten Peplos wird in der *Iphigenie in Tauris* (222 ff.) und in der *Hekabe* (466 ff.) gedacht. Der Athenetempel auf Kap Sunion kommt im *Kyklops* (293 f.) vor. Endlich werden im *Ion* (1579) die 4 alten vorkleisthenischen Phylen aufgezählt und durch ihre Eponymen von Erechtheus abgeleitet [14]). —

Diese ausserordentlich häufige Rücksichtnahme auf spezifisch attisches Wesen zeigt, wie sehr Euripides in dem Vorstellungskreis seiner Vaterstadt Athen zu Hause war: er übertrifft hierin Sophokles und Äschylus, bei denen sich erheblich weniger direkte Anspielungen auf Athen finden. Ja selbst an Mythen, die seiner Weltanschauung widersprechen, hält er fest, wenn sie den Ruhm der attischen Heimat verkündigen [14a]). In der That gehörte seiner Heimat die ganze Liebe des Dichters. Und nicht der geringste Grund für diese seine treue Anhänglichkeit an heimische Einrichtungen war die freie Verfassung Athens. Im Gegensatz zu Sokrates und den von ihm ausgehenden philosophischen Schulen, deren Hauptvertreter einem aristokratischen Staatsideal huldigten und dieses bis auf einen gewissen Grad in der spartanischen Verfassung verwirklicht zu sehen glaubten, war Euripides sein ganzes Leben hindurch ein ausgesprochener Anhänger der Demokratie: nicht als ob er für deren Nachteile und Gefahren blind gewesen wäre und die Vorzüge eines strammen monarchischen Regiments verkannt hätte; aber die Vergleichung beider Verfassungsformen fällt doch nach seiner Meinung zu Gunsten der ersteren aus, und man muss nur darauf sehen, dass die Volksherrschaft nicht in Pöbelherrschaft, die Demokratie nicht in Ochlokratie ausartet. Der Grundsatz der Freiheit und Gleichheit (ἐλευθερία und ἰσονομία) muss unangetastet bleiben und nur über die Art seiner Durchführung im einzelnen, über die Anbringung gewisser Kautelen in der oben angedeuteten Richtung kann man verschiedener Meinung sein. Niemals freilich darf die Gleichmacherei so weit gehen, dass sie das Emporkommen und den Einfluss bedeutender Persönlichkeiten verhindert. Aber unter diesen Voraussetzungen ist die demokratische Staatsform die beste. Sie wird von dem Dichter mehrfach in beredten Worten gepriesen mit dem stolzen Bewusstsein, dass seine Heimat Athen sich derselben erfreue, während andere Städte unter dem Druck der Monarchie leiden.

Über sein Ideal einer Staatsverfassung spricht sich Euripides mehrfach aus. Ganz findet er es nirgends verwirklicht. Aber die Verfassung Athens mit ihrer Isonomia gehört immerhin zum Besten, was es in dieser Hinsicht giebt. Ihren bezeichnenden Ausdruck findet die Ansicht des Dichters zunächst in einer Scene der *Hiketiden*, in welcher der von Kreon gesandte thebanische Herold auftritt und auf athenischem Boden frägt, wer der Tyrannos dieses Landes sei, dem er seine Botschaft ausrichten könne (399 ff.). Darauf erhält er aus des Theseus Mund folgende stolz-bescheidene Antwort:

Unrichtig, Fremdling, fingst du deine Rede an,
Wenn du hier einen Fürsten suchst; denn nicht herrscht hier
Ein einzelner Mann; frei ist die Stadt, die du hier siehst.
In Ämtern jährlich wechselnd herrscht das Volk,
Und auch der Reichtum hat hier nicht die grösste Macht,
Vielmehr geniesst der Arme ganz das gleiche Recht.

Man sieht: mit einem gewaltigen Anachronismus wird hier der Heroenkönig Theseus zum Vertreter der Perikleischen Demokratie, die auf dem Grundsatz der Freiheit und Gleichheit aufgebaut ist, gestempelt, und er wie sein monarchischer Gegner, der thebanische Herold, lassen sich die Gelegenheit zu einer ‚ἄμιλλα λόγων' (428) nicht entgehen, in der Monarchie und Demokratie ihrem Werte nach gegeneinander abgewogen werden. So verteidigt denn zunächst der Thebaner die Monarchie mit den Worten (409 ff.):

Dies eine giebst du uns, gleichwie im Brettspiel, vor:
410 Denn jene Stadt, aus der ich komme, wird beherrscht
Von Einem Mann und dort regiert der Pöbel nicht.
Auch kann sie niemand, der mit lauten Worten prahlt,
Zu seinem Vorteil dahin oder dorthin dreh'n.
Kein Mann zeigt hier gefällig bald und freundlich sich,
415 Um bald darauf zu schaden und durch neuen Trug
Dem droh'nden Sturze und der Strafe zu entgeh'n.
Wie anders ⟨.....⟩ rügte es die Reden nicht,

Gerecht und gut verwalten seinen Staat ein Volk?
Denn besser ist es, langsam sich als allzu schnell
420 Zu bilden. Niemals kann ein armer Bauersmann,
Auch wenn er ganz verständig ist, des Staates Gang
Von seiner Arbeit Last gedrückt recht überschau'n.
Und für die guten Bürger ist's ein schlimmes Ding,
Wenn ein geringer Mann, der nichts bedeutet' früh'r,
425 Zu Würden kommt und seine Zung' das Volk beherrscht.
Darauf entgegnet Theseus (426 ff.):
Der Herold ziert sich und verschwendet Worte gern.
Doch da du diesen Kampf begonnen hast, wohlan,
So höre! Denn du fingst den Redewettstreit an.
Für eine Stadt giebt's Schlimm'res als 'nen Fürsten nichts.
430 Denn dann giebt's erstens kein gemeinsames Gesetz;
Er nur, der Eine ist ja des Gesetzes Herr,
Er für sich selbst: das nenn' ich Gleichheit nimmermehr.
Doch wo geschriebenes Gesetz besteht, da hat
Der Arme wie der Reiche gleiches Recht und oft
435 Gewinnt den Streit der Schwache gegen den Mächtigen.
Und dann die Freiheit! Wer, der guten Ratschlag weiss,
So fragt man, will ihn teilen der Gemeine mit?
Anseh'n erlangt, wer solches wünscht, bei uns; wer nicht,
Der schweigt. Wo giebt's ein bess'res Staatsrecht denn als dies?
440 Und wo das Volk des Landes unumschränkter Herr,
Freut sich's der jungen Bürger, die ihm unterthan.
Ein König aber ist den Unterthanen feind,
Und grad' die Besten, die er tiefer denken sieht,
Die tötet er, weil er für seine Herrschaft bangt.
445 Wie aber kann ein Staat erstarken, wenn man drin,
Wie man das Gras im Frühling auf der Wiese mäht,
Das Wachstum unterdrückt und jung die Männer fällt?
Und welchen Zweck hat's, Reichtum, Lebensunterhalt
Den Kindern sammeln, nur dem Fürsten zum Gewinn,
450 Und schöne Töchter sich im Haus heranzuzieh'n
Nur zu des Fürsten süsser Wonn', wenn er's begehrt,
Und uns zum Leid? Fürwahr, ich möcht' nicht leben mehr,
Zwäng' man mir Töchter zum verhassten Ehebund.
Dies ist's, was ich auf deine Red' erwidern wollt'.
Was der thebanische Herold in den angeführten Versen vorbringt,
ist weniger eine Verteidigung der Monarchie als eine Kritik der

Demokratie. Was er an jener rühmt, ist ihre Stetigkeit und ihre angebliche Uneigennützigkeit: der Fürst steht über dem Volk und hat daher kein Interesse, einen seiner Unterthanen zu schädigen. Die Demokratie fällt dem Thebaner mit der Ochlokratie, der Herrschaft des Pöbels, zusammen (411). Er weist dabei auf den Wankelmut der Menge hin, die sich von ihrem Charakter nach fragwürdigen Maulhelden leiten lasse, ohne selbst ein Urteil über politische Dinge zu haben. Die allgemeine Redefreiheit ist nach seiner Ansicht etwas Gefährliches; es sollte zum mindesten eine Art Zensur geben (417). Der gemeine Mann kann unmöglich in schwerwiegenden politischen Fragen sich ein eigenes Urteil bilden. Bemächtigt sich aber ein selbstsüchtiger und zungengewandter Demagog der Führung des Volks, so ist dies für die guten Bürger erst recht ein übler Zustand. — Wie der thebanische Herold weniger die Demokratie selbst als die Auswüchse, welche dieselbe in eine Ochlokratie verwandeln, kritisiert, so wendet sich auch die Rede des Theseus nicht sowohl gegen die legitime Monarchie als gegen die Tyrannis, und zwar nicht gegen die gemässigte, man möchte fast sagen konstitutionelle Tyrannis, z. B. eines Peisistratos, sondern gegen die Tyrannis als Willkürherrschaft im schlimmsten Sinne des Worts. Das hervorstechendste Kennzeichen einer solchen Tyrannis ist die Missachtung der Gesetze, an deren Stelle die unumschränkte Willkür des Herrschers tritt. Unter dieser aber leiden notwendig die beiden Grundprinzipien eines gesunden Staatswesens: die Gleichheit im Recht (ἰσονομία) und die Freiheit der Bürger. Wo keine freie Meinungsäusserung (παῤῥησία) gestattet wird, da können die geistig bedeutenden Männer nicht zur Geltung kommen. Ja, der Tyrann hat allen Grund, eben diese, deren Überlegenheit er fühlt, zu fürchten und womöglich zu beseitigen. Damit wird aber jedem Gemeinwesen die Lebensader unterbunden: es muss verkümmern. Endlich ist der einzelne Bürger mit seinem Hab und Gut, ja sogar mit seiner Familie den schwersten Eingriffen des Herrschers in seinen Lebenskreis ausgesetzt und dieses Bewusstsein, nicht für sich selbst und das allgemeine Wohl thätig zu sein, sondern nur den Lüsten und Begierden eines einzelnen zu dienen, muss in den Bürgern die Energie ihres Handelns und ihren Unternehmungsgeist lähmen. Nur in der Luft der Freiheit gedeiht wahre Grösse: hier sind alle Bürger gleich vor dem Gesetz, und die herrschende Generation kann sich über den jungen Nachwuchs nur um so mehr freuen, je kräftiger

und tüchtiger er ist [15]). — Wie hier Theseus gegenüber dem Thebaner, so vertritt in den *Phönissen* Iokaste gegenüber dem ty-
rannischen Eteokles, der das Recht des Stärkeren auf den Schild
erhebt (509 f.; 524 f.), das Prinzip der Isonomia in politischer
und sozialer Hinsicht. Die Mutter tadelt den Ehrgeiz ihres
Sohnes, den sie ein Unrecht nennt (531 ff.), und fährt dann fort
(535 ff.):

<blockquote>
Schöner ist's, Gleichheit, o Kind,
In Ehren halten, die den Freund dem Freunde stets,
Die Städte Städten, Bundsgenoss mit Bundsgenoss
Verbindet. Gleichheit ist der Menschheit Urgesetz.
Dem machtbegabten Manne lebt im Schwachen stets
540 Ein Widersacher, der des Haders Tag beginnt,
Gleichheit ja war es, die Gewicht den Sterblichen
Und Mass geordnet, die geschieden Zahl von Zahl.
Der Nacht umdüstertes Augenlid, der Sonne Licht,
Durchwandeln ihren Jahreskreis in gleichem Schritt,
545 Und ihrer kein's ist neidisch auf des andern Sieg.
So dient die Sonne, dient die Nacht den Sterblichen:
Und dir genügt am Reiche nicht der gleiche Teil,
Ihm gönnst du nicht den seinen? Wo bleibt hier das Recht?
Was liebst du sonder alles Mass dies glückliche
550 Unrecht, die Herrschaft, was bedünkt es dich so gross,
Wenn alles ehrend dich bestaunt? Welch eitler Wahn!
Viel Angst empfinden, da du viel im Hause hast,
Das willst du? Was ist Überfluss? Ein Name nur!
Denn was genug ist, das genügt dem Mässigen.
555 Der Mensch besitzt ja keinen Schatz als Eigentum,
Was gute Götter uns gegönnt, verwalten wir;
Sobald sie wollen, nehmen sie's uns wiederum.
Wenn ich die Wahl dir lasse, was du lieber willst,
Der Herrscher oder dieser Stadt Erretter sein,
560 Du wählst die Herrschaft? Aber wenn dein Bruder siegt,
Wenn Argos' Speere zwingen dein Kadmeierheer:
Dann siehst du diese Theberstadt in Grund gestürzt,
Siehst, ach, gewaltsam viele kriegsgefangene
Jungfrau'n in Knechtschaft fortgeschleppt von Feindesmacht.
565 So wird der Reichtum, den du suchst, Ehrsüchtiger,
Für Thebens Söhne Gegenstand des Jammers sein. (D.)
</blockquote>

Die Weigerung des Eteokles, sich mit Polyneikes in die Herr-

schaft zu teilen, bildet für Iokaste die Veranlassung, die Vorzüge
der Gleichheit zu preisen. Sie ist es, die einzelne Menschen und
ganze Gemeinwesen miteinander verbindet. Sie ist das beharrende
Grundgesetz der Welt sowohl in der Natur als im Menschenleben: jene besteht nur dadurch, dass alle Weltkörper ihren
Dienst versehen, ohne sich eine Macht übereinander anmassen zu
wollen, und auch dieses kann sich nur dann in geordneten Bahnen
bewegen, wenn nicht die Übermacht des einen Menschen den andern seine Lage als ungerechte Zurücksetzung empfinden lässt.
Dies gilt sowohl von politischem Einfluss als von materiellem Besitz. Das ehr- und habsüchtige Streben eines Einzelnen stürzt
das Gemeinwesen ins Verderben. — Aber trotz seiner Begeisterung für die Isonomia redet Euripides dennoch nicht einer öden,
geistlosen und, da die Menschen nun einmal von Hause aus sehr
verschieden an Charakter, geistigen Fähigkeiten, kurz an Wert
sind, ebendarum erst recht ungerechten Gleichmacherei das Wort.
Vielmehr muss man nach seiner Meinung den verschiedenen Elementen des Volkslebens Rechnung tragen und in der Verteilung
der Macht eine möglichst glückliche Mischung der Bestandteile
des Gemeinwesens herstellen (*Pleisth. Fr.* 626):

Dem Volke übertrage nicht die ganze Macht
Noch drücke es, indem du nur den Reichtum ehrst.
Vertreib' nicht einen Mann, wenn ihm das Volk vertraut,
Noch lass ihn mächtiger, als gut ist, werden; denn
Gefährlich ist's: leicht wird der Bürger zum Tyrann.
Wer wider Recht zu Ansehn kommt, den stürz'! Dem Staat
Sind schlechte Männer schädlich, wenn sie mächtig sind [16]).

Demnach soll weder der besitzlose Pöbel noch die Geldaristokratie einseitig das Regiment führen, sondern es soll ein Mittelweg eingeschlagen werden. Hinsichtlich der führenden Männer
kommt es darauf an, ob sie des Vertrauens, das das Volk ihnen
schenkt, würdig sind: dann mag man sie gewähren lassen und
soll nur darauf achten, dass sie nicht der Versuchung erliegen,
sich zu Alleinherrschern zu machen. Ganz rücksichtslos aber sind
eigennützige und charakterlose Streber zu bekämpfen, die, ohne
wirkliche Fähigkeiten zu besitzen, sich in die Gunst des Volkes
eingeschmeichelt haben (*Androm.* 699 ff.; *Med.* 223 f.). Überhaupt
fehlt es bei Euripides keineswegs an einer Kritik der Demokratie: trotz aller Begeisterung für eine freie Verfassung ist er
doch im tiefsten Grunde ein ''⁻ ʳaristokrat, wenn auch nicht

in der Schroffheit wie der von ihm hochgeschätzte Heraklit
(s. Kap. I A. 65). Aber er weiss nur zu gut, dass die Menge un-
selbständig in ihrem Denken und Handeln ist, dass sie sich leiten
lässt (*Or.* 696 ff.) und geleitet werden muss, und dass daher alles
auf ihre Führer (προστάται) ankommt. Vor allem darf man sich
von ihr nicht imponieren lassen: „Man darf nicht allzusehr die
Menge scheu'n", warnt Menelaos seinen königlichen Bruder (*Iph.
Aul.* 517; 1357), und im *Orestes* (772 f.) äussert dieser und sein
Freund Pylades:

Or. Schrecklich ist die Menge, wenn sie bösgesinnte Führer hat.
Pyl. Hat sie gute sich erlesen, dann beschliesst sie Gutes stets.

(D.)

Und der ganze Verlauf der Volksversammlung in Argos, in der
die verschiedenen Redner über die Verurteilung des Orestes und
der Elektra sich aussprechen, zeigt, wie das gemeint ist (866 ff.;
s. Kap. V 2). Denn eben dieser Botenbericht bezeugt uns, wie sehr
Euripides die Gefahren der Rhetorik für das öffentliche Leben
erkannte, wenn er auch die Redefreiheit (παρρησία) für einen
Grundpfeiler des freien Staates hielt (*Heraklid.* 181 ff.; *Hik.*
353 ff.; *Hipp.* 421 ff.; *Phön.* 391). Die zahlreichen hiehergehörigen
Stellen wurden bei der Besprechung der Ethik angeführt, da es
sich bei dieser Frage auch um Wahrheit und Lüge handelt. Als
das heroische Prototyp eines Demagogen im schlimmen Sinn figu-
riert in mehreren Stücken Odysseus: so muss er in der *Hekabe*
folgenden Zornesausbruch der tieferregten Fürstin über sich ergehen lassen (254 ff.):

Ihr Brut von Undankbaren, die nach Ehre jagt
Im Rat des Volkes! Hätt' ich euch doch nie gekannt,
Die nichts es achten, Freunden Böses anzuthun,
Wenn ihr der Menge sagen könnt ein Schmeichelwort! (D.)
Und schon vorher (131 ff.) nennt der Chor den Odysseus

Den verschlagenen Schalk und Schmeichler des Volks
Mit dem süssen Geschwätz. (D.)

Wie in den *Troades* Talthybios der Hekabe verkündigt, dass sie
zur Sklavin des Odysseus bestimmt sei (277), ruft sie aus: „Dem
abscheulichen, hinterlistigen Mann dienen zu müssen, hat mich
betroffen, dem Feinde des Rechts, dem giftigen Gesetzesver-
dreher, der mit seiner Zweizüngigkeit alles Feindliche von dort
hieher und wieder von hier dorthin zu bringen und, was früher
war, unlieb zu machen weiss." In einem Gespräch

des Agamemnon und Menelaos (*Iph. Aul.* 526 f.) wird er hinterlistig und ein Freund des Pöbels (ὄχλος) genannt, der sich ganz
von schlimmer Ehrsucht ·beherrschen lasse. Im *Philoktetes* wird
diese besonders hervorgehoben, und Odysseus tadelt sich in diesem
Stücke selbst, dass er, Ruhe und Behaglichkeit verachtend, des
Ruhmes wegen Gefahren und Mühen erdulde (Dio Chrys. *Or.* 52, 12
und 59, 1 f.). *Fr.* 788 dieses Stückes lautet dementsprechend:

> Nichts ist so voll von Ehrgeiz, wie der Mann es ist;
> Denn mächt'ge Männer, die etwas vollbringen, sind
> Ja mehr geehrt und hochgeachtet in der Stadt [17]).

Am übelsten kam er wohl in dem verlorenen *Palamedes* weg,
wie dies ja der Stoff mit sich brachte, und das oben erwähnte
Bruchstück von der falschen Weisheit, die gut von schlechten
Sachen spricht (*Fr.* 583), ist vermutlich auf ihn zu beziehen (vgl.
auch *Telephos Fr.* 715, 1) [17a]). So ist aus dem klugen Sohn des
Laertes, den uns Homer bewundernd schildert, ein sittlich verwerflicher Heuchler und Volksverführer geworden. Aber ein Politiker braucht nicht einmal so böse Eigenschaften zu haben, wie
sie hier dem Odysseus zugeschrieben werden, um einem demokratisch regierten Gemeinwesen Schaden zuzufügen: die Uner-
fahrenheit, Unbesonnenheit und der Ehrgeiz junger Leute genügen
dazu vollkommen. Diese Wahrheit schärfen besonders die *Hiketiden* ein. Adrastos beklagt es, dass er sich durch das Ungestüm
junger Leute zum Krieg gegen Theben bewegen liess (160). Der
Herold sagt (508 ff.):

> Ein kecker Führer oder Steuermann bringt oft
> Unheil. Der Weise ist im kritischen Augenblick
> Stets ruhig. Denn auch Besonnenheit ist Tapferkeit.

Und Theseus kann nicht umhin, dem Adrastos den Vorwurf zu
machen, dass er trotz warnender Sehersprüche auf das Drängen
ehrgeiziger junger Leute hin Argos ins Unglück gestürzt habe
(229 ff.):

> Wenn sämtliche Argiver du zum Kampf geführt
> Trotz Sehersprüchen, hast du schmachvoll mit Gewalt
> Die Götter übergangen und die Stadt gestürzt
> Ins Elend. Junge Leute haben dich verführt,
> Ehrgeiz'ge, die am Krieg sich freu'n und ohne Recht
> Ihn schüren zu der Stadt Unheil. Der eine will
> 'ne Feldherrnstell', der strebt nach Macht aus Übermut

Und jener gar Gewinnes wegen. Keiner frägt,
Ob das Volk davon Schaden leidet oder nicht.

Eigennützige und habsüchtige Bürger sind für den Staat unnütz;
manchmal rächt sich ihre Selbstsucht dadurch an ihnen, dass
andere den Verkehr mit ihnen meiden (*Heraklid.* 1 ff.; *Ino Fr.*
425)[18]. Zuweilen aber gelangen sie auch zu Macht und Einfluss,
und dies muss dann auf die guten Bürger niederschlagend wirken,
da diese hierin ein Beispiel von der Macht des Bösen sehen
(*Polyid. Fr.* 644)[19]. Das Glück des Pöbels ist kein gutes Zeichen
für einen Staat (*Phaëthon Fr.* 778)[20]. Denn die Menge (οἱ πολλοί)
ist schlimmer Art (*Iph. T.* 678). Sie hat auch kein politisches
Urteil; und darum sind Volksführer, die nicht besonnen und cha-
rakterfest sind, die gern experimentieren und etwas riskieren,
höchst gefährlich (*Antiope Fr.* 194):

Der ruhige und charakterfeste Mann, er ist
Der beste Freund, der beste Bürger auch. Lobt nicht
Gefährlich Spiel. Ich liebe keinen Steuermann
Und keinen Führer des Volkes, der zu vieles wagt[21].

Manchmal kommen Leute aus dem Volk in Stellungen, zu denen
sie weder die nötigen Fähigkeiten noch die nötige Erfahrung besitzen. Das war bei der athenischen Sitte der Ämterverlosung
etwas Alltägliches und wurde bekanntlich auch von Sokrates als
unvernünftig getadelt. Und Euripides sagt im *Phaëthon* (*Fr.* 784),
indem er eine Parallele aus der Erziehung beibringt:

Das rechne ich zur Thorheit in der Menschenwelt,
Wenn einem unerfahr'nen Sohn man oder auch
Unklugen Bürger allzugrosse Macht verleiht[22].

Derartige Demagogen sind also entweder unfähig oder sie sind
nicht in Wirklichkeit bestrebt, dem Volke zu dienen, sondern
stellen ihre eigenen ehrgeizigen Bestrebungen über das Gesamtwohl und suchen den Willen des Volks ihren Zwecken dienstbar
zu machen: das ist verkehrt und muss notwendig zum Schaden
des Ganzen ausschlagen. Der wahre Patriot denkt in erster Linie
an das Wohl des Vaterlands und fühlt sich darum auch zur Mit-
arbeit an demselben berufen (*Temenid. Fr.* 729):

Natürlich ist's, dass, wer die Heimat liebt, mit Rat
Und That arbeitet an dem Wohl des Vaterlands[23].

Denn durch die glücklichen oder unglücklichen Verhältnisse des
Staates wird auch die Lage des einzelnen Bürgers mittelbar beeinflusst (*Philokt. Fr.* 798)[24]. Eine wichtige Eigenschaft des Be-

amten und Staatsmannes ist die Verschwiegenheit, da übel ange-
brachtes Schwatzen viel Unheil anrichtet (*Antiope Fr.* 219; vgl.
Troad. 966 ff.) [25]) und ausserdem die Aufrichtigkeit (*Alkmene
Fr.* 91) [26]). Besonders aber kommt es darauf an, dass er richtig
zu denken, zu reden und zu handeln weiss. Mut und die Fähigkeit, wichtige Dinge ohne Schönrednerei richtig zu beurteilen und
zu besprechen, sind die Haupterfordernisse des Staatsmanns (*Äol.
Fr.* 16): so wird Herakles im *Likymnios* (*Fr.* 473) geschildert
als „ein schlichter, vortrefflicher Mann, voll thatkräftiger Weisheit, kein Schwätzer und Redekünstler" [26a]). Macht in der Hand
eines Thoren wirkt geradezu schädlich (*Temenid. Fr.* 732) [27]),
während ein Mann von Geist auch materielle Mittel zweckmässig
anzuwenden versteht. Dies besagt das schon im Altertum oft
paraphrasierte *Fr.* 200 der *Antiope*;

Der Rat der Männer ist's, der wohl die Stadt regiert,
Wohl auch das Haus und der im Krieg schwer wiegt sogar.
Ein guter Gedanke besiegt gar oft der Hände viel,
Und Thorheit war noch stets der Menge schlimmster Feind [28]).

Wir haben hier den allgemeinen, bei Euripides besonders beliebten Gedanken, dass immer und überall der Geist das Wert-
volle ist gegenüber der Materie, auch auf die Politik angewandt.
Über diesen, der eine seltene Gabe ist, verfügt aber eben deswegen die Menge nicht. Sie ist nicht mündig noch reif für die
Staatsverwaltung, und darum kommt alles auf ihre Führer, die
thatsächlichen Machthaber, an (*Alkmeon Fr.* 94) [29]). Auch der
Grundsatz der Gerechtigkeit, der doch bei einer demokratischen
Isonomie vor allem durchgeführt werden sollte, wird keineswegs
immer gewahrt, und zwar wird davon bald nach der einen, bald
nach der andern Seite abgewichen. Das eine Mal kommt das
Volk zu Gunsten eines einzelnen nicht zu seinem Recht oder zur
verdienten Anerkennung, wie dies Peleus in der *Andromache*
(693 ff.) ausführt:

Welch üble Sitte waltet doch in Hellas' Volk:
Wenn Kriegesheere Siegstrophä'n errichteten,
So nennt man solches nicht ein Werk der Kämpfenden;
Des Heeres Führer trägt allein den Ruhm davon,
Der, unter tausend einer nur, die Lanze schwang
Und mehr nicht that als einer, doch mehr Ruhm gewinnt.
Des Volkes Häupter, die sich hoch in Würden bläh'n,
Thun stolzer als die Menge, sind sie gleich nichts wert;

Denn tausendmal gescheiter sind die Niedern oft,
Wenn's nicht an Kühnheit ihnen und am Willen fehlt. (D.)
Zuweilen ist aber auch das Umgekehrte der Fall, dass nämlich
der edle und fähige Mann sich vor der Menge keine Geltung ver-
schaffen kann und in der gleichen nichts bedeutenden Stellung
verharren muss wie der Unfähige. Auch dies ist ein Schaden
für den Staat. Dieser Ansicht ist Odysseus in der *Hekabe*
(306 ff.):
Die meisten Städte sinken schwer dadurch in Not,
Wenn sich der edel unverdrossen Strebende
Nicht mehr gewinnt an Ehren als der schlechte Mann. (D.)
In der *Antiope* (*Fr.* 220)[30]) wird gesagt, es sei ein Fehler vieler
Menschen, dass sie sich selbst geistig überlegenen Freunden nicht
unterordnen wollen, während es im *Archelaos* (*Fr.* 261)[31]) heisst,
dass die Schwächeren gerne den Stärkeren dienen. Jedenfalls
entspricht es ganz der Meinung des Euripides, dass (*Fr.* 1107 dub.)
Gehorchen muss der schlechte Mann
Dem Guten und stets hören auf der Edlen Wort[32]).
Denn wie sollte auch ein Mann, der das Zeitalter des Perikles
miterlebte, da nach Thukydides in Athen „nur dem Namen nach
eine Demokratie bestand, in Wirklichkeit aber die Herrschaft des
ersten Mannes (*Thuk.* II. 65), für den Segen eines überlegenen
Genies kein Auge gehabt und nicht in der darauffolgenden Periode, in der das Volk ein Spielball ehrgeiziger Demagogen war,
was Aristophanes mit bitterem Hohn geisselte, die politische Urteilslosigkeit der grossen Menge erkannt haben? Im ganzen aber
gelten die angeführten Einwendungen des Euripides nicht einer
gemässigten Demokratie, der er stets zugethan blieb, sondern
ihrem Zerrbild, einer auf die Spitze getriebenen Pöbelherrschaft.
Dies muss man im Auge behalten, wenn man die einem monarchischen Regiment günstigen Äusserungen, die nun folgen
sollen, richtig verstehen will.
So sehr Euripides die Isonomia im Sinne der Gleichheit aller
Bürger vor dem Gesetz und gewisser gleicher politischer Rechte
befürwortet, so wenig konnte es ihm entgehen, dass der Grundsatz der Gleichheit, vollständig durchgeführt, zu einem Widersinn
und zu praktischen Misshelligkeiten führen musste deswegen, weil
er von einer falschen Voraussetzung ausgeht, nämlich von der
Annahme der Gleichheit aller Menschen, welche der Wirklichkeit
nicht entspricht. Vielmehr weist das Leben die grössten Unter-

schiede in den körperlichen, geistigen und sittlichen Fähigkeiten
und darum auch Leistungen der Menschen auf; und deswegen ist
es auch widersinnig, allen die gleichen Rechte einzuräumen. Die
Fähigsten und Besten sollten stets Führer sein und die Geringeren
ihnen sich unterordnen. Daher protestiert Euripides gegen eine
vernunftwidrige Gleichmacherei, die nur der Herrschaft des Zufalls Thür und Thor öffnet und in Wirklichkeit ungerecht und
unzweckmässig ist (*Fr.* 1048):

> Es giebt nichts Gleiches irgend in der ganzen Welt;
> Nichts gelten sollt' das Glück, das ziellos schweift umher.
> Das Grosse sollt' an hoher Stell' stets Führer sein.
> Wer immer sich als ersten Mann an Kraft erprobt
> Im Bogenschiessen oder auch im Speereskampf,
> Der, sag' ich, soll der schlechtern Männer Herrscher sein [33]).

Freilich nimmt Euripides hier die Herrschaft nicht für die Angehörigen einer Geburtsaristokratie in Anspruch und insofern
bleibt er auch hier seinen demokratischen Grundsätzen treu, als
er jedem bedeutenden Mann den Weg zur Herrschaft offen lassen
will. Aber ein solcher muss auch dem Volk, wenn es übermütig
wird, die Stirne zu bieten und es drunten zu halten wissen (*Hik.*
726 ff.):

> So sei der Feldherr, welchen man erwählen muss:
> Stark muss er in Gefahren sein und hassen stets
> Das übermüt'ge Volk, das, wenn es gut ihm geht,
> Der Leiter höchste Sprossen zu erklimmen strebt
> Und so das Glück verscherzt, das in den Schoss ihm fiel.

Demnach ist es eine Hauptaufgabe des Herrschers, die Unersättlichkeit des Volkes zu zügeln und in ihre Schranken zu verweisen, damit es nicht eben dadurch der errungenen Vorteile ver-
lustig geht. Jedenfalls sollte der Fürst und der „edle Mann“
(χρηστός) über dem Volk stehen und den Pöbel nicht dadurch
ehren, dass er sich mit ihm in Streit einlässt (*Fr.* 1050) [34]). Es
kommt eben hauptsächlich auf die Persönlichkeit des Herrschers
an und auf die Art und Weise, wie er seinen hohen Beruf ausübt (*Äg. Fr.* 8):

> In edlen Mannes Hand ist auch das Szepter schön [34a]).

Aber Euripides geht noch weiter: er gesteht sogar der Monarchie
als solcher gewisse Vorzüge zu, auch wenn ihr Inhaber keineswegs allen Anforderungen entspricht. In der nicht in Athen,

sondern wahrscheinlich in Argos aufgeführten *Andromache* [35])
sagt der Chor (479 ff.):

> Und wenn des Sturmes wilder Hauch die Schiffer fasst,
> Da teilt sich ihr Sinn, wie das Steuer zu wenden sei;
> Es schafft der Weisen Menge nichts; mehr richtet aus
> Ein selbstherrschender schwächerer Geist,
> Der ungeteilt in den Häusern und im Staat gebeut,
> Wenn das Heil soll gefunden werden.   (D.)

Die Einheitlichkeit und Stetigkeit der Regierung wird somit hier
so hochgeschätzt, dass sie selbst um den Preis eines unbedeuten-
den Fürsten zu erkaufen und besser sei als ein vielköpfiges und
darum schwankendes Regiment weiser Männer [36]). Ja, einmal geht
Euripides sogar so weit, dass er sich zu Gunsten der Monarchie
geradezu auf die Tradition beruft (*Dikt. Fr.* 337):

> Greif nicht mit deinem Wort die Herrscher an, o Greis!
> Die Mächt'gen zu verehren, ist ein alt Gesetz [37]).

Zum mindesten vom Standpunkt des Fürsten aus betrachtet, ist
Herrschaft etwas sehr Wünschenswertes. Mit einem Kompliment
gegen seinen königlichen Gönner Archelaos von Mazedonien
erklärt sie der greise Dichter in dem nach diesem Fürsten benannten Drama für das höchste Gut nach der Göttlichkeit, indessen nicht ohne die sarkastische Bemerkung, dass ihr zu dieser
selbst Eines fehle: die Unsterblichkeit (*Arch. Fr.* 250) [38]). Nur
die Barbarin Hekabe nennt die Tyrannis „göttergleich“ (ίσόθεος
Troad. 1169); aber das ist Täuschung: auch sie ist ein höchst
vergängliches Gut (*Diktys Fr.* 332, 7 f.) [38 a]). In Erechtheus, Theseus, Demophon (*Herakliden*) hat Euripides Fürstenideale nach
seinem Sinn gezeichnet [39]), während Eteokles in den *Phönissen*
als ein lediglich auf dem Recht des Stärkeren fussender und un-
gesetzlicher Tyrann erscheint. Er selbst bezeichnet seine Herrschaft als unrechtmässig, wenn er den Grundsatz ausspricht (524 f.):

> Muss Unrecht sein, so sei's um eine Krone;
> In allem andern sei man tugendhaft.   (Sch.)

Wie uns Cicero erzählt, hat Cäsar dieses Wort gern im Munde
geführt [40]). Die Entgegnung der Iokaste auf die Cäsarenmoral
des Eteokles (531 ff.) wurde schon oben angeführt, und man wird
sich deshalb hüten müssen, in den angeführten Worten die eigene
Meinung des Euripides zu sehen. Wie sehr er der Monarchie und
vollends ihrer ungesetzlichen Form, der Tyrannis, trotz einiger

Vorteile, die sie, wie er zugiebt, bietet, abhold ist, zeigen die
folgenden Auslassungen.

Die Monarchie vernichtet die politische Gleichheit der Bürger
und damit die Freiheit; aus diesem Grunde ist sie zu verwerfen
(*Antig. Fr.* 172):

Nicht Recht ist Herrschaft und nicht soll es Sitte sein,
Dass ein Tyrann regiert; auch ist es Thorheit, wenn
Ein Einzelner der Bürger Gleichheit unterdrückt[41]).

Fragt man weiter, warum das Thorheit ist, so antwortet der
Dichter darauf: deswegen, weil die Monarchie ein Hinausgehen
über das Mass von Macht bedeutet, die ein einzelner Mensch in
seiner Hand vereinigen kann und soll; sie masst sich göttliche
Rechte an und ist schon dadurch eine Ausgeburt der Hybris und
etwas Krankhaftes. Insofern dürfen wir auf sie die Worte aus
dem *Alkmeon* (*Fr.* 79) beziehen:

Was über das Mass hinausgeht, schafft den Menschen Not;
Der Götter Ehrenrecht ziemt nicht den Sterblichen[42]).

Das Verhältnis des Fürsten zu seinem Volk ist demnach von
Hause aus ein unnatürliches und beide Teile, Herrscher und Unterthanen, haben darunter zu leiden. Trotz des Glanzes seiner Stellung kann sich ein Fürst keines wahren Glückes erfreuen (*Ion*
621 ff.):

Die Fürstenmacht, die man vergebens lobt, hat zwar
Ein schönes Antlitz; aber drin sieht's traurig aus.
Denn wer kann glücklich sein, sich wohlbefinden nur,
Der stets in Furcht und Vorsicht leben muss?
Viel lieber leb' ich glücklich als ein Mann des Volks,
Denn als Tyrann. Vergnügen ist es diesem ja,
Die Freunde sich zu wählen aus der Schlechten Kreis;
Die Guten hasst er, weil er um sein Leben bangt.

Den Gedanken, den Ion hier ausspricht, hatte auch schon das
früheste, 30 bis 40 Jahre vorher (455) aufgeführte Drama des
Euripides, die *Peliaden*, enthalten (*Fr.* 605):

Nichts Unglücksel'g'res giebt es als der Fürsten Macht,
Die doch die Menschen staunen an aufs äusserste:
Die Freunde knechten, ja sie töten müssen sie;
Denn thun sie's nicht, so leben sie in steter Furcht[43]).

Auch Iokaste bezeichnet in der schon angeführten Rede der
Phönissen die Macht der Herrscher als eitlen Wahn (κενόν 551).
Durch die Unterdrückung der Freiheit ihrer Mitbürger haben sie

nicht einmal für sich selbst Unabhängigkeit errungen: denn
(*Antig. Fr.* 171)

Der Menge zu gefallen muss der Fürst sich müh'n.

In der *Iphigenie in Aulis* giebt Agamemnon diesem Gefühl,
keineswegs frei, sondern nur in goldene Fesseln gelegt zu sein,
beredten Ausdruck (446 ff.):

O Niedrigkeit, wie manchen Vorteil hast du doch!
Das Recht, sich auszuweinen, wird dir leicht gegönnt,
Und alles frei zu sagen. Doch den edlen Stand
Drückt dieses Unglück: immer will der Sitte Zwang
Sein Leben regeln, und dem Volke frönen wir[44]).   (D.)

Und Menelaos hält seinem Bruder vor, mit welcher Erniedrigung
er sich den Oberbefehl im Krieg gegen Troja erkauft und wie er
dann, nachdem er ihn erlangt, sofort sein Betragen geändert habe
und in hochmütigem Stolz aufgetreten sei (337 ff.):

Weisst du noch, als um den Heerstab du nach Troja dich
                                                      bewarbst,
Wohl dem Schein nach nichts erstrebend, doch in Wünschen
                                                  still entbrannt,
Wie du voll Demut dich schmiegtest, alle Hände schütteltest
Und in unverschloss'nen Thüren off'nes Ohr der Reihe nach
Allen aus dem Volke gönntest, wer es wünscht' und wer auch
                                                      nicht,
So bemüht, durch Schmeicheleien Ehr' im Volk zu kaufen dir?
Doch nach kaum errung'ner Würde nahmst du neue Sitten an,
Warest nicht den alten Freunden mehr der Freund von ehedem,
Schwer daheim zugänglich, aussen kaum zu sehen; doch der
                                                      Mann
Edler Art, der gross geworden, ändert sein Betragen nicht;
Nein, er sei gerad' am meisten dann dem Freunde treugesinnt,
Wenn er, selbst im Glücke wohnend, ihm am meisten nützen
                                                      kann.   (D.)

Diese Schilderung der Amtsbewerbung und -führung des heroischen
Königs mag freilich aus dem Leben gegriffen sein und auf manchen
athenischen Strategen nur zu gut gepasst haben[45]). Aber auch
die Sorgenlast und Verantwortung, die auf den Schultern eines
Fürsten ruht, ist gross (*Iph. Aul.* 645), wie Agamemnon sagt:

Ein Fürst, ein Feldherr hat der Sorgen mancherlei.   (D.)

Die Anforderungen an einen Fürsten und Heerführer sind sehr
bedeutend, und nicht jeder, den Geburt oder Wahl des Volks auf

einen solchen Posten gestellt hat, kann ihnen genügen; darum
sollte eben immer der Verständigste Herrscher sein (*Iph. Aul.*
366 ff.)[46]). Auch starken Versuchungen ist ein Fürst ausgesetzt:
Müssiggang und Nachgiebigkeit seiner Umgebung gegenüber
seinen Wünschen verderben ihn leicht (*Danae Fr.* 322)[47]). So
machen sich die Fürsten oft selbst verhasst, wie denn in der
Auge (*Fr.* 275) der Wunsch ausgesprochen wird:

> Umkommen mögen alle, die an Fürstenmacht
> [Und an der Herrschaft weniger?] sich freu'n im Staat;
> Des freien Namens würdig ist ein jeder Mann,
> Und ist er arm gleich, glaub' er dennoch reich zu sein[48]).

Auch die Diener der Fürsten teilen deren Unbeliebtheit beim
Volke[49]). Selbst ein Doppelkönigtum wie in Sparta erleichtert
weder das Regieren noch den Druck der Herrschaft (*Androm.*
471 ff.):

> Trägt sich ja doch auch im Staat zweier Herrscher Joch
> Nicht leichter als des Einen Herrn;
> Da häuft sich Last auf Last und Bürgeraufruhr.
> Zwischen zwei Gesangsmeistern liebt
> Die Muse Zwist und Eifersucht zu spinnen.   (D.)

Dies ist somit eine Einrichtung, die womöglich noch schlimmer
ist als die Monarchie. Diese selbst aber ist etwas Barbarisches:
in Barbarenländern ist nur Einer Herr, alle andern Leute Sklaven
(*Hel.* 276)[50]). Aus all diesen Gründen wird kein weiser Mann
nach der Krone streben (*Hipp.* 1013 ff.):

> Doch zu herrschen
> Ist auch für den Verständ'gen süss? Bewahre.
> Als ob nicht dessen Urteil längst verblendet
> Sein muss, den eine Krone reizen soll!
> Der erste möcht' ich wohl in der Hellenen
> Kampfspielen sein, allein im Staat zufrieden
> Im zweiten Rang mich halten mit den Besten.
> Auch so bleibt Raum, zu schaffen und zu wirken,
> Und da man die Gefahr der Stellung meidet,
> So lohnt es mehr als eines Königs Würde.   (W.)

Selbst im *Archelaos*, den doch Euripides im Schatten eines
Thrones verfasst hat, lässt er sich zu keiner unbedingten Lobpreisung der Monarchie herbei: wohl wird ihre Hoheit anerkannt
(*Fr.* 250 A. 38) und mehrfach der Wert einer edlen Abstammung
gerühmt, indessen nicht ohne ihr die Notwendigkeit eigener Ver-

dienste gegenüberzustellen (*Fr.* 232; 236—240 s. Kap. V 2 A. 13 und 69). Dass wenige Gute besser seien als viele Schlechte (*Fr.* 244), ist ein dem Euripides von Heraklit her (*Fr.* 113 Byw.) geläufiger Gedanke[51]). In *Fr.* 245 aber wird es sogar offen ausgesprochen, dass es besser sei, als freier Mann zu sterben, als lebend in Sklaverei zu verfallen[52]). Und darum handelt es sich in Wirklichkeit bei der Herrschaft eines Tyrannen, dessen abschreckendes Bild Euripides in der Person des Lykos gezeichnet hat (*Herakles* 34; 251 f.; 272 ff.; 541 ff.).

Von einer entschiedenen Neigung des Euripides zur Monarchie kann demnach keine Rede sein, wenn er auch die Vorzüge dieser Verfassungsform nicht verkannte; sondern, obwohl Geistesaristokrat und daher über die schwankenden und unselbständigen Meinungen des Pöbels hoch erhaben, wollte er doch die Freiheit und Gleichheit des Bürgers bis zu einem gewissen Grade gewahrt wissen und war weit entfernt, wie Kritias, vom „verfluchten Volk" zu reden[53]). Seine Kritik der Demokratie betrifft im wesentlichen nur deren Auswüchse, während er die monarchische Verfassung als solche missbilligt, mag sie nun gesetzlich oder ungesetzlich (Tyrannis) sein. Auf die Oligarchie kommt er gar nie oder höchstens einmal in Verbindung mit der Monarchie (*Fr.* 275 *Auge* s. o.) zu sprechen, und zwar hier in ablehnendem Sinn[54]). Ein Parteimann ist er überhaupt nicht und das, worum es ihm am meisten zu thun ist, ist die Ordnung im Staate, die Herrschaft des Gesetzes, in welcher Hand nun die Exekutivgewalt liegen mag[55]). Dafür aber scheint ihm eine gemässigte Demokratie, in der der konservative, ackerbautreibende Mittelstand der ausschlaggebende Faktor ist, die besten Garantien zu bieten. Es mag hier noch einmal an das oben angeführte Bruchstück des *Pleisthenes* (*Fr.* 626) erinnert werden[56]). Genauer legt der Dichter in den *Hiketiden* dem Theseus seine Ansicht über die beste Verfassung in den Mund (238 ff.):

Der Bürger Stände giebt es dreierlei: da sind
Die Reichen, die nichts nützen und nur mehr stets woll'n,
Und dann die Armen, denen fehlt der Unterhalt,
Gefährlich, weil dem Neid sie zuviel Raum verleih'n
Und ihren Stachel kehren gegen den Besitz,
Durch schlimmer Agitatoren Zunge leicht verführt.
Der mittlere von den drei Ständen hält den Staat:
Er ist der Ordnung Hüter, die der Staat erlässt.

Im *Orestes* (917 ff.) wird der Stand der Landleute (αὐτουργοί) als derjenige bezeichnet, der „allein das Land erhält" (920), und seinen Vertretern trotz ihres rauhen Äussern Verständigkeit und unsträflicher Lebenswandel nachgerühmt. Auch in der *Elektra* spielt bekanntlich der Landmann eine höchst ehrenwerte Rolle. Die Verse in den *Hiketiden* muten ganz modern an: da haben wir die Reichen, „die oberen Zehntausend", wie man heutzutage sagt, die wegen ihres Müssiggangs und ihrer Habsucht als „unnütz" bezeichnet werden: diese Bezeichnung kann man im Sinn der „nichtproduzierenden Stände fassen". Ihnen gegenüber stehen die Besitzlosen, das Proletariat, das grundsätzlich gegen den Besitz (εἰς τοὺς ἔχοντας) eifert, von dem aber der Dichter in gerechter Würdigung seiner Lage nur sagt, dass es „dem Neid zuviel Raum gebe"; er erkennt die Unzufriedenheit dieser Leute also zum Teil als berechtigt an. Dadurch aber, dass sie sich von gewissenlosen Agitatoren (πονηροὶ προστάται) verhetzen lassen, werden sie staatsgefährlich. Zwischen diesen Extremen steht der Mittelstand, der Hüter der Gesetze, oder, wie ihn Euripides wiederum mit einem modernen Ausdruck nennt, die „Ordnungspartei" (μερὶς κόσμον φυλάσσουσα). Er bildet das konservative Element (σώζειν) im Staate und ist ein Damm gegen fortschrittliche Überstürzung. Seinen Stamm bilden die Bauern. Er ist die staatserhaltende Partei (*Hik.* 312 f.):

Denn was der Menschen Staaten zusammenhält,
Das ist, dass richtig stets man die Gesetze wahrt [57]).

Wenden wir uns nun zu der Frage, welches die Quellen der politischen Anschauungen des Euripides sind, soweit sie bis jetzt dargelegt wurden! Was die Äusserungen über die Vaterlandsliebe betrifft, so braucht man hier selbstverständlich keinerlei Anlehnung an sonstige Denker und Dichter zu vermuten: ihr Quell liegt in der eigenen Brust des Euripides und ergiesst sich daraus in reicher Fülle. Anders steht es mit den politischen Theorien des Dichters. Die gemässigte Form der Demokratie, welche er im Gegensatz zu der in seiner Zeit bestehenden, fast zur Ochlokratie gewordenen Volksherrschaft empfiehlt, erinnert im Grundsatz an die Anschauungen Solons. der sich rühmt, in seiner Staatsordnung einen Mittelweg eingeschlagen und dem Volk und Adel eben so viel Recht eingeräumt zu haben, als ihm gebührte, und dem die Unzufriedenheit beider Parteien gerade ein Beweis für seine Unparteilichkeit ist (*Fr.* 3. 4.

5. 32. 32 a. 32 b. Aristot. *Ath. pol.* 12). Auch dass im *Herakles* Lykos infolge der Zwietracht und Verblendung der Bürger in Theben Tyrann wird, erinnert an die Warnungen und Rügen, die Solon anlässlich der Tyrannis des Pisistratus an die Athener richtete (*Fr.* 7. 9. 10)[58]). Sobald man freilich die Gedanken des Euripides im einzelnen weiter verfolgt, kommt man mit der alten Auktorität des Solon nicht mehr aus. Zum Vergleich namentlich der Auseinandersetzung des Theseus mit dem thebanischen Herold in den *Hiketiden* sind vor allem die Reden der vor der Königswahl des Darius sich über die beste Staatsverfassung beratenden Perser bei Herodot *(III. 80—82)* heranzuziehen. Der erste der Sprecher, Otanes, verwirft die Monarchie, die er sich nur in der Form der Tyrannis denken kann, als eine Ausgeburt der Hybris; ein Hauptmerkmal derselben ist die Thatsache, dass der Tyrann unnatürlicherweise sich genötigt sieht, gerade die besten Bürger zu beseitigen und mit den schlechten sich auf guten Fuss zu stellen, dass sein selbstsüchtiger Despotismus auch in das Heiligtum der Familie eingreift; und dieser absolutistischen Alleinherrschaft wird die Isonomie gegenübergestellt ganz wie bei Euripides (*Kap. 80; Eur. Hik.* 442 ff.; 448 ff.; 432 und 434; *Med.* 119 ff.; *Ion* 621 ff.; *Alkmeon Fr.* 795; *Pel. Fr.* 605)[59]). In der Rede des Megabyzos *(Kap. 81)* finden wir nur nach ihrer negativen Seite Berührungen mit Euripides, insofern dieser Verteidiger der Oligarchie den Pöbel als politisch urteilslos bezeichnet, wie schon Hesiod, Heraklit, Theognis und Demokrit (vgl. *Hik.* 420 ff.)[60]). Darius endlich *(Kap. 82)* redet der Monarchie das Wort, aber nicht der absoluten, wie sie thatsächlich in Persien herrschte, sondern einer gemässigten, welche „die zweckmässigen heimischen Gesetze nicht auflöst" (vgl. Eur. *Hik.* 410 ff.; *Äg. Fr.* 8; *Erechth. Fr.* 362, 5 ff.). Auch bei Thukydides *(VI. 89)* redet Alkibiades malgré lui einer gemässigten Demokratie das Wort, da die Athener nun einmal von jeher Gegner der Tyrannen gewesen seien[61]). Die Erfahrungen, die man nach dem Tode des Perikles machte, mochten in weiten Kreisen das Gefühl wachrufen, dass man das Staatsschiff nicht bloss den Ruderern überlassen dürfe, sondern dass es auch einer umsichtigen Leitung, sei es Eines oder einer Mehrzahl von Männern, bedürfe. Kein Wunder, wenn der durch die Verfassungsänderungen der letzten Jahrzehnte in seinen Rechten beschränkte Adel sich wieder regte, der im Athen des 5. Jahrhunderts immer noch eine Macht war[62]). Die olig-

archische Revolution von 411 beweist seinen Einfluss und seine
Gefährlichkeit für die Demokratie[63]). Man machte daher Versuche, zwischen den Gegensätzen zu vermitteln: praktische Politiker dieser Richtung waren Theramenes und Phormisios, der im
Jahr 403 den Antrag stellte, das aktive Bürgerrecht auf die
Grundbesitzer zu beschränken[64]). Die Wirksamkeit dieser Männer
fällt ja nun allerdings in die Zeit nach Euripides' Tod; aber sie
suchten doch eine Politik durchzuführen, die theoretisch schon
erheblich früher empfohlen wurde: Protagoras hatte sich in diesem
Sinne geäussert, und Hippodamos von Milet empfahl die Ein-
teilung des Volkes in die drei Stände der Krieger, Bauern und
Handwerker[65]). Euripides selbst huldigt, wie wir sahen, der
Theorie von der notwendigen Präponderanz des Mittelstandes im
Staat und er erblickt diesen vorzüglich in dem grundbesitzenden
Bauernvolk im Gegensatz zum reichen Adel und zum besitzlosen
Proletariat[66]). Er berührt sich hier schon sehr nahe mit der
Staatslehre des Aristoteles. Ganz auffallend ist, worauf Dümmler
aufmerksam gemacht hat (Prolegomena zu Platons Staat S. 16),
eine unzweifelhafte Anspielung des Euripides (*Hik.* 447 ff.) auf
die von Herodot *(V. 92)* und Aristoteles (*Pol.* III. 13 pg. 1284 a)
erwähnte Geschichte von den beiden Tyrannen Periander und
Thrasybul, deren einer dem andern durch die symbolische Handlung des Abhauens der höchsten Halme auf dem Feld den Rat
giebt, seine Herrschaft durch Beseitigung der hervorragendsten
Bürger zu sichern: eine Erzählung, die wir bei Livius *(1. 54)* auf
Tarquinius Superbus und seinen Sohn Sextus übertragen finden.
Der hier gegen die Tyrannis erhobene Vorwurf blieb nicht un-
widersprochen und der Verfasser der dem Xenophon zugeschriebenen Schrift *Vom Staat der Athener* giebt ihn (I. 14 und II. 18)
in schärfster Form der Demokratie zurück. Auch Aristoteles
schliesst sich a. a. O. diesem Urteil an und verweist zu seiner
Begründung auf die Einrichtung des Ostrazismus in Athen[67]).
Trägt hier Aristoteles eine von der des Euripides abweichende
Meinung vor, so stimmt der Philosoph mit dem Dichter um so
mehr überein in der Hochschätzung des Mittelstandes, der μέσοι
πολῖται. In der *Politik* (IV. 11 pg. 1295 a ff.) begründet Aristoteles
diese mit der allgemeinen Erwägung, dass die Tugend oder
Tüchtigkeit (ἀρετή) in der Einhaltung der Mitte zwischen den
Extremen (μεσότης) bestehe und so auch im Staate. Hier gebe
es drei Stände: „die sehr gut Bemittelten, die ganz Unbemittelten

und den Mittelstand". Ohne den letzteren würde es nur Herren und Sklaven geben; er vermittelt zwischen beiden und deshalb ist die Staatsverfassung, die auf ihn sich stützt, die beste: sie allein ermöglicht eine gewisse Gleichheit der politischen Rechte, wie schon Phokylides (*Fr.* 10) sagte: „Bei weitem das beste ist der Mittelstand; zu ihm will ich im Staat gehören." So sind denn auch die hervorragendsten Gesetzgeber, ein Solon, Lykurg und Charondas, aus dem Mittelstand hervorgegangen und haben ihre Verfassungen auf die mittlere Bevölkerungsklasse begründet. So weit Aristoteles[68]). Es springt in die Augen, dass sich diese Auffassung von der Organisation des Staates mit der des Euripides geradezu deckt. An sich wäre es ja nun nicht unmöglich, dass unser Dichter wie auf Plato[69]) so auch auf Aristoteles einen tiefergreifenden Einfluss ausgeübt hätte, als man bis jetzt anzunehmen geneigt war. Indessen die Berührungen beider mit Herodot weisen auf eine allen dreien gemeinsame ältere Quelle hin. Dümmler wird recht haben, wenn er (Prol. S. 20) zu dem Ergebnis kommt: „Euripides ist in den ‚Hiketiden‘, wahrscheinlich auch in den ‚Phönissen‘ und im ‚Orestes‘ [wir fügen hinzu: sowie in der ‚Elektra‘] lebhaft angeregt von einem sozialpolitischen Traktat, der in vieler Hinsicht sich bereits mit den politischen Lehren des Aristoteles berührte. Dieser Traktat feierte den Rechtsstaat und seine Stütze, die μέσοι πολῖται; wahrscheinlich trat er für die gemässigte (georgische) Demokratie ein; jedenfalls erklärte er sich energisch gegen die Tyrannis und jede andere Form der Willkürherrschaft und Vorteilherrschaft. Der politische Standpunkt wurde motiviert durch das Vorbild der Weltordnung und die bevorrechtete Stellung des Menschen innerhalb dieser, welche ihm auch entsprechende Pflichten auferlegt." Den Verfasser dieser Schrift zu eruieren ist nicht mehr möglich; Dümmlers Vermutung, dass es der Sophist Antiphon allenfalls sein könnte, lässt sich jedenfalls nicht beweisen. Überhaupt muss man sich bei Euripides sehr hüten, seine Gedanken über dieses oder jenes Problem nur aus einer einzigen Quelle herleiten zu wollen: sein Geist ist von so vielen Seiten befruchtet, dass er auf keines einzelnen Meisters Worte schwört. Gerade in seiner Kritik der Demokratie und der Anerkennung der Vorteile, welche die Monarchie bietet, begegnen uns Gedanken, wie sie auch schon Dichter und Denker vor Antiphon ausgesprochen haben. Über die Urteilslosigkeit und Unselbständigkeit der „unnützen Menge" (ὅμιλος ἀχρήιος *Herod.* III. 81;

inutile vulgus *Juv.* XV. 126) klagt schon Hesiod (*Erga* 296 f.), und
Theognis (847) nennt das Volk „Eitles denkend" (κενεόφρων) [70]).
Bekannt ist Heraklits scharfes Urteil über seine Landsleute,
welche den klugen Hermodoros verbannten (*Fr.* 114 Byw.): „Die
Ephesier wären wert, dass sich die Erwachsenen Mann für Mann
henkten und den Unmündigen die Stadt nachliessen; denn den
Hermodor, den wertvollsten Mann unter ihnen, haben sie ver-
trieben, indem sie sagten: unter uns soll keiner der wertvollste
sein; ist er aber das, so sei er es anderswo und in der Fremde" [71]).
In milderer Form rühmt *Fr.* 112 die Überlegenheit des Bias von
Priene über seine Landsleute. „Einer gilt mir für zehntausend,
wenn er vortrefflich ist", lautet ein anderes Wort des Ephesiers
(*Fr.* 113) [72]). Die Äusserungen über die Gedankenlosigkeit der
Menge im allgemeinen, nicht nur in politischer Hinsicht (*Fr.* 2.
3. 5), wurden schon oben (Kap. II) angeführt. Um so nötiger ist
nach Heraklits wie nach Euripides' Meinung eine feste gesetzliche Ordnung: „für das Gesetz muss das Volk kämpfen wie für
die Stadtmauer" (*Fr.* 100); denn alle menschliche Ordnung hat
ein göttliches Gesetz zur Grundlage (*Fr.* 91): ganz ebenso sieht
auch Euripides in den Staatsgesetzen das, was das Gemeinwesen
zusammenhält (*Hik,* 312 f.) [73]). „Das Schlimmste," sagt der Sophist
Antiphon (*Fr.* 135), „ist die Anarchie" [73a]). Die Herrschaft der
oder auch des Besten, sofern man diesen wirklich herausfinden
könnte, liesse auch Euripides sich gefallen, wie Heraklit; und
von Schlechteren beherrscht zu werden, sei es nun ein einzelner
oder eine vielköpfige Menge, widerstrebt ihm wie Demokrit (Stob.
Flor. 47, 25) [74]). „Das Volk ist eine unerfreuliche Gesellschaft",
soll nach Herodot *(VII. 156)* Gelon von Syrakus gesagt haben,
und Kritias redete, wie schon erwähnt, vom „verfluchten Demos" [75]).
Dies liegt Euripides fern; aber bei aller Liebe zur heimischen
Demokratie kommt es ihm doch immer wieder zum Bewusstsein,
dass er selbst zur Geistesaristokratie seines Volks gehört, zu
jenen Besten und Weisesten, von denen Plato den Staat regiert
wissen wollte. Dieses Gefühl mag im Laufe seines Lebens im
Verhältnis zu der zunehmenden Zügellosigkeit der athenischen
Demokratie, verbunden mit ihrer reaktionären Geistesrichtung,
und zu der seinen eigenen Werken und Ideen trotz seiner Popularität offiziell zu teil werdenden Verkennung an Stärke gewonnen und ihn schliesslich mitbewogen haben, die heissgeliebte
Heimat zu verlassen und an einem ausländischen Hof ein Asyl zu suchen.

Auch der nicht endenwollende Krieg zwischen Athen und Sparta, von dem Euripides noch 25 Jahre miterlebte, der Griechenland verheerte und in dem Athens Macht sich selbst verzehrte, mag zu dem verzweifelten Entschlusse des Dichters das Seinige beigetragen haben, und dies führt uns auf die **Stellung des Euripides zur auswärtigen Politik.** Wir verstehen darunter zunächst ganz allgemein die Beziehungen der verschiedenen Staaten zu einander in Krieg und Frieden. In keinem Punkte seiner Welt- und Lebensanschauung hat sich Euripides so vollständig von der Philosophie Heraklits emanzipiert, wie in seiner Auffassung von Krieg und Frieden. Während der Ephesier bekanntlich den Krieg für den Vater aller Dinge erklärte (*Fr.* 44 Byw.) und dabei keineswegs nur die in der materiellen Welt bestehenden Gegensätze, sondern den wirklichen Krieg im Auge hatte, in dem es sich um Freiheit oder Sklaverei handelte [76]), ist Euripides ein erklärter Gegner des Kriegs, und seine Äusserungen über diesen Gegenstand muten oft an, als kämen sie aus der Mitte einer Gesellschaft moderner Friedensfreunde. Zwar persönliche Tapferkeit, Waffenübung als ein Mittel, die Kraft und Gewandtheit des Körpers zu stählen, weiss auch er zu schätzen, den Tod fürs Vaterland hat er, wie wir sahen, oft genug verherrlicht, und der Trauer um die im sizilischen Feldzug gefallenen Mitbürger hat er im Auftrag seiner Vaterstadt in der von ihm verfassten Grabschrift Ausdruck gegeben (A. 2). Also er stand nicht grollend und schmollend beiseite, wenn es den Kampf fürs Vaterland galt, sondern hat denselben mit der wärmsten Teilnahme begleitet; aber gerade das tiefe Elend, das jener fast dreissigjährige Krieg über Hellas im ganzen und über Athen im besonderen gebracht hat, mag dazu mitgewirkt haben, dass Euripides ein so ausgesprochener grundsätzlicher Gegner des Krieges, dass er — und hier stimmt er mit seinem grossen Feind Aristophanes zusammen — ein so beredter Lobredner des Friedens geworden ist.

In den *Temeniden* brachte es wohl der Stoff (*Paus.* II 19 und 28) mit sich, gelegentlich einige das Waffenhandwerk preisende Redewendungen einzuflechten (*Fr.* 731; 743; 744). Doch ist es auch hier bezeichnend, dass Euripides den grössten Wert auf die geistige Seite der Kriegführung, die Taktik (*Fr.* 732 und 743), und auf die gerechte Behandlung des Heeres durch den Feldherrn (*Fr.* 744) legt. Eine Bemerkung im *Archelaos* (*Fr.* 243),

dass ein kleines und tüchtiges Heer mehr wert sei als ein grosses
und unfähiges, ist ohne Belang[77]). Dagegen wird in *Fr.* 1052
kriegerische Tüchtigkeit als Gegengewicht gegen Weichlichkeit,
als ein unerlässlicher Bestandteil der Mannhaftigkeit bezeichnet:

Der Jüngling, welcher Ares hasst, bestehet nur
Aus Haar und Fleisch; doch Thaten kennt er keineswegs.
Du siehst, wie süss am üpp'gen Tisch das Leben ist,
Und reich sein kann man, ohne dass ein Held man ist.
Doch hierin liegt nicht Ruhm noch auch Mannhaftigkeit,
Wenn man nicht auch was wagt und den Gefahren trotzt.
Der Kampf ist's, der allein Mannhaftigkeit erzeugt;
Die Vorsicht aber, welche nur nach Leben jagt,
Lässt deinen Namen dunkel stets in Griechenland.

Und wie für den einzelnen, so ist auch für ein ganzes Gemeinwesen der Kampf eine Schule, in der es an Kraft gewinnt. In
den *Hiketiden* sagt Äthra von der Stadt Athen (323 ff.):

Sie wächst im Kampf.
Die andern Städte leben hin in dunkler Ruh',
Und dunkel sieht es dort bei aller Vorsicht aus.

Die Ähnlichkeit dieser Stelle im Ausdruck mit *Fr.* 1052 (εὐλάβεια,
σκότος: σκοτεινός, εὐλαβεῖσθαι) wird schwerlich Zufall sein[78]). Und
so sehen wir denn den Dichter die Wahrheit nicht verkennen,
dass „müssige Ruh' das Grab des Glücks" ist und dass auch „der
Krieg seine Ehre hat, der Beweger des Menschengeschicks". Im
Herakles verteidigt er sogar (190 ff.) die von Athen zuerst im
peloponnesischen Krieg ausgebildete leichte Infanterie mit ihren
Vorzügen gegenüber der alten Hoplitentaktik (157 ff.). Freilich
sind die angeführten Stellen, in denen diese Anschauung zum
Ausdruck kommt, verschwindend wenige gegenüber denen, in
welchen Euripides den Krieg als etwas Thörichtes und Verwerfliches verurteilt. Hält man beide Gruppen gegeneinander, so
kommt man günstigsten Falls zu dem Ergebnis, dass er den
Krieg, wenn man die Welt nimmt, wie sie einmal ist, als ein notwendiges Übel gelten lässt. Die Tapferkeit an sich ist noch
keineswegs ein Beweis für einen guten Charakter (*El.* 377 f.).
Dies kurze Wort des Orestes zeigt uns, wie weit entfernt wir
bei Euripides von dem dorischen Mannesideal sind, das Tyrtäus
in seinen Schlachtgesängen preist. Ja es ist nach des Dichters
Ansicht überhaupt eine Frage, ob es mit der Tapferkeit der
Freunde des Kriegs wirklich so weit her ist, als es den Anschein

hat. In demselben Stück, dem die obige Stelle über das Wachstum Athens im Kampfe entnommen ist, den *Hiketiden*, finden wir
die schärfsten Auslassungen gegen den Krieg, wozu ja freilich
die Situation Anlass genug bot. Dass ein Volk sich überhaupt
entschliesst, Krieg zu führen, beruht nur auf einer ganz oberflächlichen Betrachtungsweise der Dinge: jeder denkt nämlich,
ihn werde gerade das Todeslos nicht treffen; sonst wären die
Menschen nicht so leicht für den Krieg zu haben (*Hik.* 481 ff.):

Denn wenn im Volke abgestimmt wird über Krieg,
So rechnet keiner da auf seinen eignen Tod.
Dies Unglück, denkt er, wendet sich den andern zu.
Ständ' ihnen bei der Abstimmung der Tod vor'm Aug',
Nicht stürbe Hellas hin im rasenden Lanzenkampf.
Es weiss doch jedermann, dass von zwei Dingen stets
Das eine besser ist; man weiss, was gut und schlecht,
Und dass mehr als der Krieg der Friede nützt der Welt.
Der Friede ist fürs erst' der Musen bester Freund,
Hält Feindschaft fern und freut der muntern Jugend sich
Und liebt den Reichtum. All das geben wir preis und dreist
Beginnen Krieg wir, und den Unterlegenen
Macht man zum Knecht, Mann gegen Mann, Stadt gegen Stadt [78a]).

Theseus selbst bezeichnet (119) den Krieg als etwas Unglück-
seliges, und Adrastos ist derselben Meinung wie der Herold und
der athenische König (744 ff.):

O eitle Sterbliche,
Die ihr den Bogen spannet übers Mass hinaus
Und darum ganz mit Recht erduldet soviel Leid!
Dem Rat der Freunde folgt ihr nicht; nein, nur der Not.
Ihr Städte, die ihr durchs Wort Unheil ablenken könnt,
Entscheidet nicht durchs Wort, nein, durch die Schlacht den Streit.

Also anstatt auf dem Weg friedlicher Verhandlung sich zu vertragen, lässt man die Gewalt der Waffen entscheiden. Und nochmals ruft Adrast vor der Leichenverbrennung der gefallenen Helden aus (949 ff.):

O unglücksel'ge Sterbliche,
Was kauft ihr Lanzen und bereitet blut'gen Mord
Einander? Höret auf, beendigt euren Kampf
Und waltet ruhig mit ruhigen Bürgern eurer Stadt!
Des Menschen Leben ist so kurz; drum muss man es
So leicht wie möglich führen, nicht in Kampf und Streit [78b]).

Auch in andern Stücken kehren diese Gedanken wieder: so in einem Chorlied der *Helena* (1151 ff.):

Unsinnige, die nach dem Ruhm des Kriegs verlangt!
Ihr seid mit der Schärfe des Speers
Menschenzwist in thörichtem Sinn mutig beizulegen bemüht;
Sollen ihn Kämpfe des Bluts entscheiden, gewänne der Streit
In der Menschen Städten nie sein Ziel.
Vom Speer umdrängt stürzte die Priamusburg;
Doch deinen Zwist, o Helena,
Hätte geschlichtet ein Wort.
Und jetzt ruh'n sie selbst unten in Hades' Haus;
Die Mauern fasste Feuer wie Blitzstrahl vom Zeus
Und häufte Leiden ohne Zahl
Auf Leiden Trojas armem Volke [79]).   (D.)

Ähnlich besingt der Chor in den *Phönissen* (784) Ares als den Stifter des Elends. Thorheit ist es, meint Poseidon in den *Troades* (95 ff.), der eigenen Sterblichkeit so wenig zu gedenken, dass man im Krieg auf das Verderben und die Schädigung anderer ausgeht. Dazu kommt, dass im Krieg besonders auch die schlimmen Eigenschaften der Menschen Gelegenheit zu ihrer Bethätigung erhalten: Ares ist ein Freund von Lug und Trug (*Beller. Fr.* 289) [80]), und ein den häuslichen Sorgen entrücktes Heer liebt, wenn es gerade nichts zu thun hat, üble Reden und faules Geschwätz (*Iph. Aul.* 1000 f.). Besonders gilt dies von dem Gesindel der Seetruppen (ναυτικὸς ὄχλος *Hek.* 606 ff.; *Iph. Aul.* 914). Schmerzlich ist es ferner, dass im Krieg gerade die Besten am leichtesten umkommen (*Temenid. Fr.* 728):

Nicht alle trifft des Krieges Los;
Am Fall der edlen jungen Männer freut er sich,
Die Schlechten hasst er. Das ist schlimm ja für die Stadt;
Doch denen, die gefallen, bleibet ew'ger Ruhm [81]).

Wenn irgend möglich, muss man daher den Krieg vermeiden; ist er aber unvermeidlich, so sollte man ihn wenigstens so human wie möglich zu führen suchen, seine Härten möglichst mildern (*Fr.* 1053) [82]). Dagegen darf man niemals feig sein und soll, wenn es einmal dazu kommt, den Tod fürs Vaterland nicht scheuen. So sagt Kassandra in den *Troades* (400 ff.):

Den Krieg muss also meiden, wer verständig ist;
Doch kommt's dazu, so ist's ein Ruhm, fürs Vaterland
In tapf'rem Kampf zu sterben; feig zu sein ist Schmach.

Trotz der Anerkennung der persönlichen Tapferkeit also, die sich
im Krieg hervorthut, trotz des Lobes, das Euripides den im
Kampf fürs Vaterland gefallenen Kriegern spendet, sieht man
doch deutlich, dass der Krieg ihm als etwas Unvernünftiges und
Verwerfliches erscheint, dass er allen Ernstes die Ansicht ver
tritt, die streitigen Punkte zwischen verschiedenen Staaten,
liessen sich bei allseitigem guten Willen auf dem Weg gütlicher
Verhandlungen statt durch blutige Gewalt entscheiden (λόγῳ statt
φόνῳ *Hik.* 749; *Hel.* 1159; *Autolykos Fr.* 282, 26 ff. Kap. V. 2
A. 144). Rein verstandesmässig betrachtet, hat der Krieg nach
seiner Meinung höchstens die Eine günstige Wirkung, dass er der
zunehmenden Übervölkerung auf der Erde Abbruch thut. Diesen
Gedanken finden wir in mythologischer Einkleidung schon in den
Kypria des Stasinos (*Fr.* 1 Kinkel). Euripides bringt ihn zweimal (*Hel.* 38 ff. und *Or.* 1638 ff.); als Nebenursache erscheint dabei im *Orestes* auch die „Hybris" der Menschheit, für die der
Krieg eine Strafe sein soll, ebenso wie der Scholiast zu *A* 5 f.
neben der Übervölkerung den Mangel an Frömmigkeit auf der
Welt als Motiv des Zeus zur Veranlassung des trojanischen und
anderer Kriege erwähnt. Dagegen finden wir bei Euripides keine
Spur von einer Rechtfertigung des Kriegs im Sinn einer Theodicee, wie sie Heraklit versucht hat (*Fr.* 61 Byw. Schol. B zu
Δ 4 pg. 120 Bekker)[83]. Es bleibt also dabei, dass Euripides den
Krieg als solchen mit einer Entschiedenheit verwirft, wie kaum
jemand vor oder nach ihm im ganzen Altertum. Einmal finden
wir auch bei Sophokles einen energischen Protest gegen den Krieg;
aber derselbe beschränkt sich auf den gerade vorliegenden Fall
des trojanischen Kriegs und wünscht dessen Urheber Paris den
Tod (*Ajas* 1192 ff.). Und selbst Plato erhebt sich im *Staat*
(V. 16 pg. 470 D ff.) nicht zu dem Gedanken, dass der Krieg als
solcher etwas Verwerfliches sei; sondern er verurteilt nur die
Kämpfe zwischen Hellenen, was allerdings im Sinne von zivili-
sierten Völkern gemeint sein könnte, nicht aber den Krieg
zwischen Hellenen und „Ausländern", der auch für die Bürger
des Idealstaats ausdrücklich vorbehalten wird, und zwar mit der
Begründung, dass das Recht des Stärkeren etwas Berechtigtes
und es daher Pflicht des Schwächeren sei, sich jenem unterzuordnen[84]. Es ist nicht unmöglich, dass ausser den idealen Ge-
sichtspunkten, von welchen die Ansicht des Euripides ausgeht,
zu seiner Abneigung gegen den Krieg auch die praktische Er-

wägung beitrug, dass durch denselben kein Stand so geschädigt
wird wie der Bauernstand, also gerade diejenige Bevölkerungsklasse, in welcher Euripides vor allen andern ein staatserhalten-
des Element sah. Der peloponnesische Krieg hat diese Thatsache
zumal den Bewohnern Attikas mit furchtbarer Deutlichkeit vor
Augen gemalt [85]).

Die Kehrseite zur Verwerfung des Kriegs bildet die Ver-
herrlichung des Friedens, und so fehlt diese denn auch bei Euripides nicht. Schon die oben angeführte Stelle der *Hiketiden*
(481 ff.) hat dies gezeigt, worin der Friede als Freund der
Musen, Feind der Trauer, Liebhaber der Jugend und Mehrer des
Wohlstands gepriesen wird. „Der Friede gefällt mir“, lässt der
Dichter daher den Chor in den *Herakliden* (371) sagen, und im
Orestes nennt Apollo selbst Eirene „die schönste der Göttinnen“ (1682 f.). Am lautesten aber erhebt der Dichter seine
Stimme zum Preis des Friedens in einem Chorlied des *Kres-
phontes* (*Fr.* 453):

> Friedensgöttin, du Reichste und
> Schönste im seligen Götterkreis,
> Wie lang stillst meine Sehnsucht du nicht!
> Fast fürcht’ ich, das Alter könnte mich
> Mit seinen Leiden treffen,
> Bevor ich darf schau’n deine glückliche Zeit,
> Deine fröhlichen Tänze und Lieder
> Und deine ruhmreichen Gesänge.
> Zeuch ein, Hehre, in meine Stadt!
> Halt von unseren Häusern ab
> Feindlichen Aufruhr, rasenden
> Streit, sich freuend an scharfem Eisen!

Das Lied, das einigermassen an einen Päan des Bacchylides
(*Fr.* 8) anklingt, entstammt wahrscheinlich dem Jahr 426. Schon
zwei Jahre nachher hören wir es den Syrakusaner Hermokrates
in Gela citieren. Es giebt der Sehnsucht nach dem Frieden, wie
sie schon die ersten Jahre des peloponnesischen Krieges erzeugten, ergreifenden Ausdruck. Aristophanes, der ja damals
auch für den Frieden plädierte (*Acharner* 425 v. Chr.), parodierte
es in seinen verlorenen *Georgoi* (425 Plut. *Nik.* 8) [86]). Noch
konnte niemand ahnen, dass der Friede, den auch der *Erechtheus*
(*Fr.* 369 s. u.) ersehnte, so lange auf sich warten lassen sollte,
dass in der That unsern Dichter das Alter traf, ehe er seine

Sehnsucht erfüllt sah. Vor seinem geistigen Auge aber stand „die segenspendende Eirene, die Knaben erziehende" (*Bacch.* 419 f.; vgl. Aristoph. *Friede* 308), so wie sie ein halbes Jahrhundert später Kephisodotos gebildet hat: die holde, anmutvolle Göttin mit dem lächelnden Plutos auf dem Arme, der in seiner Hand das Füllhorn des Segens hält [87]). Für sie schlägt das Herz des Dichters, ihr ist er um so mehr ergeben, als die letzten 25 Jahre seines Lebens von Krieg und Kriegsgeschrei erfüllt waren. Dass sie immer und überall geherrscht und über den männermordenden Krieg endgültig triumphiert hätte, das wäre sein Ideal gewesen. — Dies sind die allgemeinen Anschauungen des Euripides über Krieg und Frieden. Aber sein Jahrhundert war „seinem Ideal nicht reif", und noch heute fragen wir zweifelnd, ob es überhaupt jemals eine solche Zeit geben wird. So musste denn auch der Dichter sich in die rauhe Wirklichkeit finden, und wir haben nun noch zu fragen, was seine persönliche Stellung zur damaligen auswärtigen Politik Athens war und welche zeitgeschichtlichen Beziehungen sich in seinen Werken feststellen lassen.

Nach der Zeit des nationalen Aufschwungs während der Perserkriege, in welcher A t h e n u n d S p a r t a friedlich und gegenseitig sich fördernd wie zwei edle Rosse den Wagen von Hellas gezogen hatten (um das bekannte Bild Kimons zu gebrauchen) [88]), begann die Rivalität zwischen diesen beiden Staaten, welche im peloponnesischen Krieg zum gewaltsamen Ausbruch kam. Der Gegensatz zwischen Athen und Sparta war tief begründet: es war keineswegs bloss die politische Rivalität, welche sie einander entfremdete, sondern auch eine Stammesantipathie. Auf ganz verschiedenen Grundlagen beruhend, war die Entwicklung der beiden Gemeinwesen eine in vielen Beziehungen gegensätzliche gewesen: in Sparta legte man den Hauptnachdruck auf gymnastische, in Athen auf geistige Bildung, dort herrschte eine eiserne Disziplin, die von dem einzelnen unbedingte Unterordnung unter den Gesamtwillen verlangte, so dass der einzelne Bürger nur durch das Gemeinwesen, dem er angehörte und dessen Grösse ihm am Herzen lag, selbst Bedeutung erlangte; hier finden wir einen weitgehenden Individualismus: die Persönlichkeit auszubilden, ist das Hauptziel der Erziehung, sie zur Geltung zu bringen, der Ehrgeiz des erwachsenen Mannes: auf der grossen Zahl seiner bedeutenden Persönlichkeiten beruht die Grösse Athens; dort haben wir eine ackerbautreibende, konservative, sich

gegen die Aussenwelt möglichst abschliessende Bevölkerung, hier
ein handel- und industrietreibendes Volk mit weitem Horizont,
das jedem wirklichen oder vermeintlichen Fortschritt zugethan ist
und mit der ganzen Welt Verkehr hat; dort ist die Regierung
aristokratisch, hier demokratisch, und ihre Stütze ist dort das
Landheer und hier die Flotte. Wenn in der ersten Hälfte des
fünften Jahrhunderts diese Unterschiede zwischen den beiden
Staaten und Stämmen einander gegenseitig zum Heile von Hellas
in glücklicher Weise ergänzt hatten, so hatten die Perserkriege
Athen und Sparta zugleich Gelegenheit geboten, ihre Kräfte im
gemeinsamen Kampf gegen den Landesfeind zu messen und miteinander zu vergleichen, und die zweite Hälfte des Jahrhunderts
zeigt uns nun dieselben im Kampfe gegen einander. Die Zeit der
„Marathonskämpfer" war vorbei; nicht mehr im Kampf gegen
Persien, wie Äschylus, genügte Euripides seinen militärischen
Verpflichtungen; sondern wenn er es that, so focht er als Grieche
gegen Griechen, so verteidigte er die athenische gegen sonstige
griechische, vorwiegend spartanische Politik. So ist es denn auch
nicht zu verwundern, dass nicht etwa der Gegensatz zwischen
Griechen und Barbaren seine Dramen beherrscht, wo er sich zu
politischen Auslassungen veranlasst sieht, sondern der Gegensatz
zwischen Athen und Sparta. Vielleicht niemandem erschien die
Kluft zwischen beiden so gross wie ihm, und nicht in blindem
Lokalpatriotismus, sondern mit seiner tiefsten, in seinem ganzen
Wesen begründeten Überzeugung war er seiner Vaterstadt ergeben, sah er nur in ihrer Suprematie Griechenlands Heil, und
ihre vielfachen Misserfolge gegenüber der starken Gegnerin, die
so unverdient und so unheilvoll erschienen, reissen ihn oft zu
Ausbrüchen leidenschaftlichen Hasses gegen Sparta hin. Man
kann wohl sagen: die Spartaner erschienen dem Dichter als die
wahren Barbaren. Roheit und Verschlagenheit bilden die Grundzüge ihres Charakters (*Hik.* 187 f.); sie sind nichts als tapfere
Haudegen; in jeder andern Hinsicht stehen sie hinter den übrigen
Griechen, vor allem den Athenern, zurück (*Andromache* 724 ff.).
Als Typus des niedrig denkenden Spartaners erscheint Menelaos
und als Beispiel der verdorbenen spartanischen Frauenwelt (ib.
595 ff.) Helena. Den ersteren redet Andromache (445 ff.) mit folgenden, nicht eben schmeichelhaften Worten an:

Ihr, alle Menschen hassend voll Erbitterung,
Bewohner Spartas, sinnend auf verschlag'nen Rat,

Der Lügen Meister, böse List ausspinnende,
Geschmeidig, unwahr, hinterhältig, überall
Versteckt, mit Unrecht ehrt man euch in Hellas' Volk.
Was wäret ihr nicht? Häufet ihr nicht Mord auf Mord,
Jagt nicht nach schnödem Gewinne, spricht die Zunge nicht
Ein andres und ein andres denket stets das Herz?
Verderbet [89])!   (D.)

Es ist nicht unmöglich, dass dieser Zornesausbruch der durch Me-
nalos hinterlistig vom schützenden Altar weggelockten Andromache auf den Greuel von Tänarum hinweist, dessen sich einst
die Spartaner durch Wegschleppung schutzflehender Heloten vom
dortigen Heiligtum und Hinrichtung derselben schuldig gemacht
und dessen Sühnung Athen verlangte (*Thuk.* I. 128). Ebenso
gehässig wie hier ist Menelaos in den *Troades* gezeichnet, besser
kommt er im *Orestes* und namentlich in der *Helena* weg, in
welch letzterem Stück der Dichter einen freilich wohl kaum ernst
zu nehmenden Versuch macht, die Ehre der vielgescholtenen Frau
zu retten [90]); denn später, im *Orestes*, kehrt er zur gewöhnlichen
Vorstellung vom Charakter der Helena (*Or.* 520 ff.; 646 ff.;
1110 ff.) zurück, wie er ihn schon in den *Troades* geschildert
hatte: selbst ihr eigener Vater Tyndareus verzichtet darauf, sie
oder Klytämnestra irgendwie rechtfertigen oder entschuldigen zu
wollen. Am stärksten aber tritt der Hass des Euripides gegen
Sparta in der *Andromache* hervor, einem Stuck, das — mag es
nun schon 423 oder erst nach dem Frieden des Nikias 421 aufgeführt sein — eine ganz entschieden antispartanische Tendenz
hat, wie schon die Scholiasten bemerkten; des Neoptolemos Gemahlin Hermione zeigt sich hier als wurdige Tochter ihrer Mutter
Helena. Man muss angesichts der heftigen Ausfälle in diesem
Stück gegen den als habgierig, ränkesüchtig, grausam, treulos
und tückisch geschilderten Stammescharakter der Spartaner es
als wahrscheinlich annehmen, dass ein politisch unfreundlicher
Akt Spartas gegen Athen die Veranlassung zu diesem leidenschaftlichen Tone gegeben hat. Als solchen nennt ein auf Philochoros zurückgehendes Scholion einen „Vertragsbruch". Darunter
wird man höchst wahrscheinlich den Bruch des sogenannten Friedens des Nikias zu verstehen haben, mit dessen Ausführung es
die Spartaner niemals ernst nahmen (*Thuk.* V. 35) [91]). Die Entrüstung über die unredliche Politik Spartas spricht auch aus den
Herakliden, deren Aufführungszeit genau festzustellen bis jetzt

nicht gelungen ist, die aber vor 424 fallen müssen. Auch wenn das Stück schon in die ersten Jahre des peloponnesischen Krieges zu setzen sein sollte, so hat es die Tendenz, die Spartaner als undankbar gegen Athen erscheinen zu lassen, das einst den von Eurystheus verfolgten Herakliden Schutz bot. Aber auch der auf Befehl der Alkmene von einem Sklaven ermordete Eurystheus findet im Demos Pallene in Attika sein Grab und wird der Schutzgeist des Landes, das dementsprechend freundliche Beziehungen auch zu Argos haben sollte (1026 ff.) [92]). Ganz unzweideutig wird ein politisches Bündnis zwischen Athen und Argos in den *Hiketiden* empfohlen, die deswegen offenbar der Zeit entstammen, in welcher Alkibiades diesen Gedanken vertrat und verwirklichte (421—418), indem er sich dabei den Ruf der Unredlichkeit und Unzuverlässigkeit, in welchem die Spartaner standen, zu nutze machte (*Thuk.* V. 45; Plut. *Alk.* 14). Das Stück feiert zunächst wie die *Herakliden* Athen als Hort der Unterdrückten, und mit Recht bezeichnet schon die Hypothesis das Drama als „eine Verherrlichung Athens". Ferner schildert es die Geschichte der alten Feindschaft zwischen Athen und Theben, die ja bis in die Gegenwart herabreichte: verweigerten doch die Thebaner, wie sie dereinst den Müttern der vor Theben gefallenen Helden die Herausgabe der Leichname ihrer Söhne abgeschlagen hatten, so auch nach der Schlacht bei Delion 424 ebenso den Athenern die Erlaubnis zur Bestattung ihrer gefallenen Mitbürger (*Thuk.* IV. 97 ff.). Endlich aber befürwortet der Dichter in der Tragödie augenscheinlich ein Zusammengehen Athens mit Argos (1176 ff.; 1191 ff.), das gerade damals im Peloponnes mit andern Städten ein Gegengewicht gegen Sparta zu bilden suchte. Ob aber Euripides mit der Figur des demokratischen Königs Theseus (*Hik.* 352) speziell auf Alkibiades hinweisen wollte, muss dahingestellt bleiben. Ausser dem jugendlichen Alter, das mehrfach hervorgehoben wird (192), hat der heroische König mit dem heissblutigen Politiker nichts gemein (*Thuk.* V. 43) [93]). — Die vortreffliche Schilderung Messeniens in einem vielleicht dem *Kresphontes* angehörigen Bruchstücke (*Fr.* 1083), das demnach in die ersten Jahre des peloponnesischen Krieges gehören würde, mag auch eine politische Spitze gegen Sparta 'enthalten, insofern offenbar nach des Dichters Meinung die Spartaner sich diese schönste Landschaft des Peloponnes widerrechtlich angeeignet hatten und die Messenier mit Recht ihre Zurückführung dahin verlangten [94]). —

Endlich scheint auch der *Telephos* einen gegen Sparta keineswegs freundlichen Ton angeschlagen zu haben, was freilich die erhaltenen Bruchstücke nur noch schwach erkennen lassen (*Fr.* 722: 723)[95]). Man hat daher mit Recht gesagt, dass fast alle Stücke, welche sich auf den trojanischen Krieg beziehen (*Telephos, Andromache, Troades, Helena*), und ausserdem der *Orestes* und *Kresphontes* zu „historischen Tendenzdramen" wurden, deren Spitze gegen Sparta gerichtet ist[96]). — Auf die Perikleische Politik spielt Euripides sonst nirgends an; möglich ist es jedoch, dass die Schlussworte des zweiten *Hippolytos*, welche an Stelle des uns ebenfalls erhaltenen Schlusspassus des ersten *Hippolytos* (*Fr.* 446) traten, eine Anspielung auf den kurz vor der Aufführung dieses Stücks erfolgten Tod des Perikles enthalten, wie schon Böckh (De trag. Gr. pr. pg. 180) vermutete, während die Ansicht desselben Gelehrten, dass die Krankheit der Phädra eine allegorische Darstellung der grossen in Athen wütenden Pest sein sollte, entschieden abzulehnen ist[97]). — Wie schon oben gezeigt wurde, war Euripides immer ein Freund des Friedens, für den er im *Erechtheus* (*Fr.* 369) und im *Kresphontes* (*Fr.* 453 s. o.) plädierte. Ein Friedenslied aus dem ersteren Drama, das um 421 aufgeführt wurde, ward damals viel gesungen, und die darin ausgesprochene Friedenssehnsucht fand ihre, freilich nur allzu vorübergehende Erfüllung im „Frieden des Nikias". Eine daraus erhaltene Strophe lautet:

Der Speer soll mir liegen von Spinnweben dicht umzogen,
Und in Ruhe mög' ich nun das Alter, das graue, erreichen.
Singen will ich, mit Kränzen umwindend das graue Haupt.
Der thrazische Schild soll am säulenumgeb'nen
Tempel Athenes aufgehängt werden,
Und ein Lied will ich lassen ertönen,
Das die Weisen rühmen[98]).

Vielleicht sah der Dichter damals in Alkibiades, dessen Sieg in der Rennbahn zu Olympia er in einem lyrischen Lied gefeiert haben soll, den kommenden Mann[99]). Es wurde schon gezeigt, wie das von diesem empfohlene und zustandgebrachte Bündnis zwischen Athen und Argos seinen Beifall fand. Aber nach seiner Meinung sollte dieser Bund der Befestigung des Friedens dienen. Der Ehrgeiz des Alkibiades aber bedurfte zu seiner Befriedigung kriegerischer Waffenthaten: die sizilische Expedition sollte die Grossmachtstellung Athens auf eine noch breitere Grundlage, als

den Redekunst und Redefreiheit, ohne dass man dabei an einen
bestimmten einzelnen Redner zu denken hätte; aber die Charak-
terisierung des als ganz besonders zügellos geschilderten Redners
mit den Worten Ἀργεῖος οὐκ Ἀργεῖος (*Or.* 904) scheint doch, wenn
man dazu den Spott des Aristophanes (*Frösche* 679 ff.) über die
thrazische Abstammung des Kleophon vergleicht, eine gegen eine
bestimmte Persönlichkeit, d. h. eben gegen den genannten Redner
gerichtete Spitze zu haben (*Schol.* zu v. 903 und 904). Auch die
allgemeine Bemerkung, dass es etwas Schlimmes um die Menge
sei, wenn sie schlechte Führer habe (*Or.* 772), deutete schon ein
Scholiast auf Kleophon, während der andere dies bestritt. Eine
Beziehung dieser Stellen auf Kleon, an die man auch schon im
Altertum gedacht zu haben scheint, wird vom Scholiasten zu
v. 903 ausdrücklich und mit Recht abgelehnt. In der Aufforderung des Apollo, „Eirene, die schönste der Gottheiten, zu ehren"
(1682 f.), sieht der Scholiast ganz richtig eine Aufforderung an
Athen zum endlichen Friedensschluss mit Sparta, dessen Zustandekommen eben Kleophon verhinderte [106]). Allenfalls könnte die
heftige Schmähung der Redner, welche Euripides der *Hekabe*
(254 ff.) in den Mund legt, gegen Kreon gerichtet sein; aber beweisen lässt sich das nicht. Dass aber diese Schilderung ehrgeiziger Demagogen der Gegenwart entnommen ist, bemerkt ganz
treffend der Scholiast. Ihr heroisches Prototyp ist Odysseus (*Hek.*
131 ff.). Auch die Verse der *Bacchen* (266 ff.) sind zwar ganz
gewiss gegen die zeitgenössische Rhetorik, aber nicht gegen eine
bestimmte Persönlichkeit gerichtet, zumal sie in Makedonien, fern
von Athen, gedichtet sind [107]). Erfahrungen zu machen, welche
den Dichter zu einem derartigen Urteil über die Rhetorik und
ihre Verwendung im öffentlichen Leben bringen konnten, hatte er
selbstverständlich in Athen Gelegenheit genug gehabt. —

Überblickt man diese Anspielungen auf zeitgenössische Ereignisse und Personen, so kann nur ihre geringe Zahl auffallen.
Es zeigt sich eben auch hier, dass Euripides dem politischen
Leben praktisch fernstand. Die warme patriotische Gesinnung
verleugnet er freilich nicht: er zeigt sie, indem er die politischen
Vorzüge seiner heimatlichen Verfassung, den Grundsatz der Gleichheit aller Bürger (*Phön.* 531 ff.) und die Redefreiheit (*Phön.* 391;
Ion 674 f.) preist; er zeigt sie, indem er einen kräftigen Hass
gegen das mit seiner Vaterstadt rivalisierende und doch nach
seiner Meinung ihr keineswegs ebenbürtige Sparta an den Tag

legt; er zeigt sie endlich, indem er die Schäden am Körper des eigenen Mutterlandes aufdeckt, auf die wunden Stellen den Finger legt und verhängnisvolle Sitten und Personen als solche kennzeichnet. Sein Hass aber und seine Liebe sind nicht blind, sondern ruhen auf seiner Abneigung gegen rohe Gewalt, auf seiner Sehnsucht nach Frieden, auf seiner Hochschätzung aller geistigen und sittlichen Güter.

Siebentes Kapitel.

Anthropologie. Die sozialen Zustände.

1. Der Adel.

Wie das deutsche Epos des Mittelalters aus adeligen Kreisen hervorgegangen ist und sich an solche wendete, so tragen auch die Homerischen Gedichte durchaus ritterlichen Charakter: ihre Helden gehören dem ritterlichen Adel an, der sich ganz den Waffenübungen widmet und sich scharf unterscheidet von den gewerbetreibenden Leuten aus dem Volke (den δημιοεργοι ρ 382 ff.; τ 135); und Fursten und Adlige sind die Zuhörer der Sänger, welche ihre Lieder bei den Gelagen der Vornehmen in deren Palästen vortragen. Gelegentlich übt wohl auch — wiederum wie im deutschen Mittelalter — der ritterliche Held selbst die edle Sangeskunst aus: so finden die Abgesandten der Achäer den Achilleus in seinem Zelt, wie er seinem lauschenden Freunde Patroklus auf der Leier ein Heldenlied vorträgt (I 196 ff.). Diese Adeligen sind die Grossgrundbesitzer: sie leben, ausser von der Beute, die ihnen der Krieg bringt, von Landwirtschaft und Viehzucht. Sie sind der herrschende Stand; die Kleinbauern und Tagelöhner sind ihre Hörigen; ja ihre Macht ist mit der Zeit so gross geworden, dass sie das Königtum bedroht: sie legen sich selbst den Titel des Herrschers, ‚König‘, bei; dieser ist nur noch primus inter pares; die Monarchie ist in Gefahr, einer Aristokratie den Platz räumen zu müssen, und schon in der Ilias (B 204 f.) erhebt sich eine warnende Stimme, dass Vielherrschaft nicht gut sei und Einer Herrscher sein soll. Die Odyssee zeigt uns den Auflösungsprozess der Monarchie schon um ein Gutes weiter fortgeschritten: in Ithaka herrschen, allerdings ja in Abwesenheit des Königs, fast anarchische Zustände. Das Recht des Königssohnes

auf die Nachfolge im Regiment wird von dem trotzigen Adel lebhaft bestritten (*α* 383 ff.), während dieser weiterhin um so mehr
darauf bedacht ist, seine eigenen Rechte durch Erbschaft auf die
Nachkommen zu übertragen: dies beweist die mit der Zeit aufkommende Bezeichnung ,Eupatriden'. Aber von den fortschritt-
lichen Änderungen der Zeit, die er gegenüber dem Königtum
unterstützte, konnte der Adel selbst auch nicht unberührt bleiben.
Der zunehmende Aufschwung von Schiffahrt und Handel, die all-
mähliche Ersetzung der Naturalwirtschaft durch das Geldwesen,
das Aufkommen grösserer Städte inmitten der aus grossen Ritter-
gütern bestehenden Landschaften, die gesetzliche Festlegung und
schriftliche Fixierung der städtischen Verfassungen, die Neuord-
nung des Militärwesens, endlich der gegen die hergebrachte Sitte
da und dort sich auflehnende Individualismus: diese ganze Entwicklung hat auf den ritterlichen Adel einen Einfluss ausgeübt,
den mit einem starren Konservativismus paralysieren zu wollen,
ein Ding der Unmöglichkeit war, und der daher schliesslich zu
einer tiefgreifenden Umgestaltung der sozialen und politischen
Stellung des Adels führte. Mit dem blossen Spott über den ba-
nausischen, nur auf seinen Gewinn bedachten und ritterlichen
Übungen fernstehenden Handelsmann (*ϑ* 158 ff.) war es auf die
Dauer nicht gethan. Der mächtige Unternehmungsgeist, der mit
der Erweiterung des geographischen Horizontes, mit der Ausdehnung der Kolonisation im Osten und Westen, mit der immer
mehr zunehmenden Anknüpfung neuer Handelsverbindungen durch
das Bürgertum hindurchging, nötigte den Adel, aus seiner Abge-
schlossenheit herauszugehen, mit der Zeit fortzuschreiten und im
Kampf ums Dasein mit dem Bürger in die Schranken zu treten,
wenn er sich nicht widerstandslos von ihm überflügeln lassen
wollte. So muss denn der Adel wohl oder übel den neuen Zeit-
erscheinungen Rechnung tragen, und wir finden Angehörige desselben an der Spitze von kolonialen Unternehmungen und als
Schiffsrheder bei Handelsgeschäften beteiligt. In Athen treibt an
der Wende des siebten zum sechsten Jahrhundert kein Geringerer
als der dem hochadeligen Geschlechte der Medontiden entstam-
mende Solon einen schwunghaften Ölhandel[1]). In Städten wie
Korinth befreite sich allmählich auch das Handwerk von der ihm
anhaftenden Geringschätzung und stieg in seiner sozialen Wertung (*Herod.* II. 167)[2]). So bemächtigte sich der Adel seinerseits
der neuen Erwerbsmittel, namentlich des baren Geldes, was die

Folge hatte, dass er sich nicht mehr wie bisher ausschliesslich auf dem Lande aufhalten konnte, sondern in die Städte ziehen musste, dass an manchen Orten, z. B. in Milet (*Herod.* V. 29), die Zahl der Grossgrundbesitzer gar sehr abnahm, kurz, dass die grundbesitzende Geburtsaristokratie sich in eine von der Abstammung unabhängige Geldaristokratie verwandelte. Dieser Geldaristokratie war freilich der Kleinbauer noch wehrloser preisgegeben als dem alten Geburtsadel: denn da er jetzt nicht mehr bloss vom Ertrag seines Gutes aus der Hand in den Mund leben konnte, sondern für alle möglichen Zwecke bares Geld brauchte, das noch sehr rar und nur bei den reichen Herren gegen hohe Zinsen zu haben war, so geriet er bald in Schulden, vielfach dermassen, dass er nicht nur sein Gut, sondern auch seine und seiner Familie Freiheit dem Gläubiger verpfänden musste. Darum war es auch höchst misslich, in einer solchen Zeit Bürgschaften zu übernehmen: das Sprichwort: „Werde Bürge, und das Unglück ist da", sowie das andere: „Das Geld macht den Mann", ist bezeichnend für die sozialen Verhältnisse des siebten und sechsten Jahrhunderts[3]). Von der gedrückten Lage des Bauernstandes giebt uns Hesiod in seinen *Werken und Tagen* ein Bild; aber auch die Gewerbetreibenden mussten alle Kraft anstrengen, um sich gegen die Geldaristokratie zu behaupten. Immerhin trug auch der für den Bürger obligate Kriegsdienst das Seinige zur Nivellierung der Standesunterschiede bei: mit dem Vorrecht des Adels war es hier ohnedies vorbei, seit nicht mehr der Streitwagen und auch nicht mehr die Reiterei die wichtigste Waffengattung war, sondern das Hoplitenheer. In Sparta scheint zuerst eine auf den Mittelstand begründete Militärorganisation durchgeführt worden zu sein (*Thuk.* I. 6), die dann, wenn auch mit gewissen Abänderungen, für andere Städte vorbildlich wurde[4]). Und noch von einer andern Seite her wurde die Macht des Adels beschränkt: in der alten Zeit, da er der herrschende Stand war, lag selbstverständlich auch das Gerichtswesen und die Staatsverwaltung vollständig in seinen Händen. Nun aber führte die immer lauter erhobene Forderung nach einem geschriebenen Recht zur Festsetzung von Staatsverfassungen: es kam das Beamtentum auf, und die Rechte des Volks wurden gesetzlich normiert. Freilich waren diese alten Verfassungen, dem Zuge der Zeit entsprechend, alle timokratisch: also zwar nicht die Abstammung, aber das Vermögen war massgebend für die Zuteilung der politischen Rechte an den einzelnen Bürger, und es ist bezeichnend, dass schon im Jahr 581 in Athen die nichtgrundbesitzende Kaufmannsaristokratie zwei von den neun Archontenstellen in ihre Hände zu bringen wusste[5]). Der Adel musste also mit dem Bürgertum paktieren und konnte die Errichtung der Volkssouveränität als eines „rocher de bronce" im antiken Staate nicht verhindern. Selbst auf demjenigen Gebiete, auf welchem sich die Privilegien der alten Adelsgeschlechter am längsten erhielten, auf dem des religiösen Kultus, macht sich der Einfluss des auftretenden Bürgertums geltend, und die staatliche Anerkennung von Kulten, wie desjenigen der Athene Ergane, der Schutzgöttin der Gewerbetreibenden, beweist, dass dieser tiers état der damaligen Zeit eine Macht geworden war, die man nicht länger ignorieren konnte. Endlich blieb auch die Bildung nicht mehr ein Vorrecht der vornehmen Familien. Aus dem Agon der ritterlichen Geschlechter, wie er zuerst bei den Leichenspielen vornehmer Männer stattgefunden hatte, wurde ein Volksfest: die Nationalspiele zu Olympia, Delphi, Korinth und Nemea erfreuten sich einer immer lebhafteren Teilnahme, und wenigstens an den pythischen und isthmischen Spielen fanden nicht nur gymnische und hippische, sondern auch musische Wettkämpfe statt. Die Rhapsoden trugen die nationalen Heldenlieder nicht mehr bloss in den Palästen der Königs- und Adelsburgen vor, sondern an den öffentlichen Festen vor allem Volk, z. B. an den Panathenäen in Athen. Und dieser Feind, der dem alten, vorwiegend dorischen ritterlichen Bildungsideal in der ionischen, auf Poesie und Philosophie beruhenden Geistesbildung erwuchs, war schliesslich der gefährlichste[6]); denn bekanntlich sind die Menschen, welche denken, gefährlich: jeder Einrichtung nämlich, die lediglich auf dem Herkommen und nicht auf guten Gründen beruht. So begann man, wie über die Götter und die Entstehung und das Wesen der Welt, auch über die Berechtigung der alten Adelsprivilegien und über die Ansprüche des arbeitenden Bürgerstandes nachzudenken, man begann überhaupt, sich nicht mehr bloss körperlich, sondern auch geistig auszubilden, und erkannte bald, dass letzteres sogar die wichtigere Aufgabe war. Der selbstbewusst gewordene Bürger wollte sich nicht mehr blindlings von einer herrschenden Klasse leiten lassen, sondern verlangte das Recht der freien Meinungsäusserung und der Mitwirkung in öffentlichen Angelegenheiten. Leidenschaftlich geführte Kämpfe in allen bedeutenderen Städten Griechenlands waren die unvermeidliche Folge dieses Erwachens der Geister, und nicht selten gelang es nur einer mächtigen, zum Herrschen geborenen Persönlichkeit, durch die Tyrannis die widerstreitenden Interessen der Stände wenigstens zeitweilig zu versöhnen: so in Sikyon, Korinth, Megara, von dessen Parteikämpfen uns die Gedichte des Theognis ein Bild geben, und schliesslich sogar in Athen. Grösser und dauernder freilich war das Werk der Männer, welche, obwohl nicht minder zum Herrschen befähigt, trotzdem dem Reiz der Krone widerstanden und sich uneigennützig in den Dienst ihrer hadernden Mitbürger stellten: so trat in Athen Solon, nach seinem eigenen Zeugnis *(Fr. 3)* den Schild gegen beide Parteien kehrend, unter sein streitendes Volk und liess keine von beiden siegen, sondern gab dem Adel, was des Adels, dem Volk, was des Volkes war [7]. In der Unzufriedenheit beider Teile fand er mit Genugthuung den Beweis für die Gerechtigkeit seines Verfahrens. Der Grundsatz der Volkssouveränität und der Gleichheit aller Bürger vor dem Gesetz, den Solon ungeachtet der den vermöglichen Bürgern eingeräumten Vorrechte aufgestellt hatte, wurde nach der Episode der Tyrannis der Pisistratiden von Kleisthenes noch energischer und mit viel weitergehender Beseitigung der Adelsprivilegien durchgeführt, und die alten Adelsgeschlechter fügten sich ohne Groll in die unvermeidliche Neugestaltung der Dinge: gingen doch die politischen Reformatoren selbst, Solon aus dem Geschlecht der Medontiden, Kleisthenes aus der Familie der Alkmäoniden, beide aus dem alten Adel hervor [8]. Freilich war ihr Auftreten auch durchaus besonnen und frei von allem radikalen Doktrinarismus, lediglich den unausweichlichen Bedürfnissen einer neuen Zeit Rechnung tragend. Auch jetzt noch, und selbst nach den Verfassungsänderungen der Perikleischen Zeit, blieb der grosse Besitz des Adels und die ganze Fülle materieller Machtmittel, welche darin liegt, unangetastet, wenn auch der reiche Mann zu sehr erheblichen Leistungen an den Staat herangezogen wurde [9]. Nach wie vor blieben die Glieder der adligen Familien die hervorragendsten Vertreter politischer Einsicht und allgemeiner Bildung überhaupt: es genügt, den Namen des Grössten, des Alkmäoniden Perikles, zu nennen [10]. Sie waren auch im fünften Jahrhundert noch eine Macht im Staate und behielten seine Leitung in der Hand. In Athen wurden bis zum Anfang des peloponnesischen Krieges nur Adlige zu Strategen erwählt, obwohl verfassungsmässig der Zugang zu

diesem Amt jedem Bürger offenstand, der legitime Kinder und
Grundbesitz hatte. Letzterer war eben immer noch von grossem
Werte, und über bedeutende Vermögen verfügte der Adel ebenfalls[11]). Er stellte aber auch seine Kraft in den Dienst des
Staates und war, wenn es sein musste, bereit, wie jeder andere
Bürger Gut und Blut für das Vaterland zu opfern. Im Verlauf
des peloponnesischen Krieges änderten sich nun freilich die Verhältnisse einigermassen: als nach Perikles' Tod Männer wie Kleon
und Kleophon die politische Führung des Volkes übernahmen und
hiebei die Demokratie immer mehr zur Ochlokratie ausartete, als
dabei die Volkssouveränität selbst, so laut man sie auch im
Munde führte, immer mehr zu einem Schattenbild wurde, das den
Spott der Satiriker herausforderte[12]), als die ernstesten und
vaterlandsliebendsten Männer, wie Sokrates und seine begabtesten
Schüler, ein Plato, Kritias, Alkibiades und Xenophon, und nicht
minder Thukydides, schwere Bedenken gegen die zügellose Demokratie hegten und äusserten[13]), da tauchten allerdings auch wieder Versuche auf, die bestehende Verfassung zu stürzen und eine
Aristokratie oder doch Oligarchie an ihre Stelle zu setzen: es
wurde lebendig in den oligarchischen Klubs, deren Seele Männer
wie Antiphon von Rhamnus und Phrynichos waren, und die politische Leidenschaft schreckte auch vor dem Meuchelmorde nicht
zurück. Die Revolution von 411 ist ein Ausbruch dieser im geheimen sich entwickelnden aristokratisch-oligarchischen Gärung[14]).
Sparta bediente sich nach der Einnahme Athens solcher Elemente
zur Bildung des verhassten Regiments der sogenannten 30 Tyrannen, in deren Kollegium auch ein so vornehmer und aufge-
klärter Mann wie Kritias seine Stelle fand. Freilich war auch
dies nur eine Episode in dem Verfassungsleben Athens: die demokratische Restauration unter Thrasybul räumte rasch mit dem
oligarchischen Wesen auf; sie brachte aber auch die religiöse Re-
aktion und reichte dem Sokrates den Schierlingsbecher. Die
ganze Entwicklung zeigt, wie noch bis zum Ende des fünften
Jahrhunderts in Athen der Adel eine Macht war, die sich sowohl
im Einklang mit der demokratischen Verfassung als auch dann
und wann in leidenschaftlichem Gegensatz zu derselben aufs leb-
hafteste zur Geltung zu bringen wusste.

Diese Verhältnisse muss man im Auge behalten, wenn man
die Stellung des Euripides zum Adel verstehen und würdigen
will. Schon bei der Erörterung seiner Ansichten über das sitt-

liche Wesen des Menschen (Kap. V. 2a A. 11 ff.) wurde gezeigt,
dass der Dichter keineswegs wie noch Theognis den Adel der
Geburt für die notwendige Voraussetzung einer edlen Gesinnung
hält, dass er sich letztere zwar nicht unabhängig von der Abstammung überhaupt, aber, wie auch Phokylides (*Fr.* 2; 7; 10;
Kap. V. 2a A. 37 und 38), unabhängig von der sozialen Klasse,
zu der jemand gehört, denkt, ja dass er mit Vorliebe in seinen
Dichtungen schlichte Männer aus dem Volk dem sittlich verdorbenen Adel gegenüberstellt: so den Landmann in der *Elektra*
dem Verbrecher auf dem Throne, Ägisthus, und der buhlerischen
Königin Klytämnestra. Auch von der politischen Wertschätzung
des Mittelstandes bei Euripides war oben die Rede (Kap. VI. 2).
Schon dies beweist, dass der Dichter von Privilegien der Aristokratie nichts wissen wollte und trotz der geistigen, vielleicht auch
persönlichen Beziehungen, die er zu einem Manne wie Kritias
hatte [15]), für eine Adelsregierung nicht zu haben war. - Alle Unterschiede in den äusseren Verhältnissen der Menschen und so auch
die Standesunterschiede sind nach seiner Meinung nichts Ursprüngliches und Wesentliches, sondern nur etwas in der geschichtlichen
Entwicklung durch Sitte und Brauch Gewordenes, kurz etwas
Konventionelles, nichts Natürliches (νόμῳ, nicht φύσει). „Überflüssig ist es — so heisst es im *Alexander Fr.* 52 —, irdischen
Adel zu rühmen. Denn vor alters und am Anfang, als wir entstanden und die Erde bei der Geburt die Sterblichen ausschied,
da gab die Erde allen gleiche Gestalt; zu eigen haben wir nichts
bekommen; aus Einer Geburt gingen die Adligen und die Nichtadligen hervor; nur die Zeit hat durch ihren Brauch diesen Stolz
hervorgebracht" [16]). Der hier ausgesprochene Gedanke ist klar:
ursprünglich waren alle Menschen gleich; die Standesunterschiede
haben sich nur durch die Sitte gebildet; diese ist aber nichts an
sich Berechtigtes; darum hat der Adel als solcher keinen Anspruch auf Bevorzugung. Es kann kein Zweifel sein, dass dies
die wirkliche Meinung des Euripides ist: ihre Begründung ist ganz
in der Art der Sophistik gehalten. Sie könnte demselben sozialpolitischen Traktat entnommen sein, den Dümmler für die politischen Ansichten des Dichters in den *Hiketiden, Phönissen* und
im *Orestes* voraussetzt [17]). Erkennt aber auch Euripides grundsätzlich keine Vorrechte des Adels an, so verkennt er doch nicht
die thatsächliche Bedeutung, die ihm zu jener Zeit noch zukam.
Er zieht nicht in Abrede, dass der Adel auch seine tüchtigen,

wirklich edlen Vertreter hat, und bedauert es, wenn auch solche
Männer der Missgunst der Menge zum Opfer fallen. Dies wird
in zwei Bruchstücken des *Bellerophontes* ausgesprochen. *Fr.* 295:
Schon manchmal sah ich Männer, die des Rechtes Hort
Und wahrhaft edel, doch erliegen schnödem Hass.
Fr. 294:
Missgünstig sind die niedriger Gebor'nen oft,
Und das Erhab'ne nimmt die Missgunst sich zum Ziel [18]).

Auch im *Ion* wird es ausgesprochen, dass die Macht etwas Ge-
hässiges an sich habe in den Augen der minder Mächtigen
(595 ff.), dass freilich auch umgekehrt die Machthaber keine Rivalen aufkommen lassen wollen (605 f.). Aber wenn Euripides
auch mit Heraklit (*Fr.* 113 Byw.) anerkennt, dass „wenige Edle
besser sind als viele Schlechte" (*Arch. Fr.* 244), so setzt er eben
dabei auf der einen Seite die geistige und sittliche Tüchtigkeit
(ἐσθλός, nicht εὐγενής), auf der andern eine entsprechende Minderwertigkeit voraus: es heisst dies nichts anderes als: die Qualität,
nicht die Zahl der Menschen giebt den Ausschlag [19]). Gerade der
Archelaos, ein Drama, das doch an einem Fürstenhof und für
einen solchen abgefasst ist, betont neben der Einräumung, dass
auch edle Geburt einen gewissen Vorzug biete, immer und immer
wieder, dass das ererbte Standesansehen von seinem Träger selbst
immer neu erworben werden müsse, überhaupt, dass „Adel verpflichtet" (s. Kap. V. 2 a A. 69). Im *Alexander* (*Fr.* 53) wird geradezu gesagt, dass von „Adel" nur bei guten, nicht bei schlechten
Menschen die Rede sein könne. Hier wird das Wort εὐγενής ganz
deutlich in moralischem Sinne gebraucht, und so werden wir den
Dichter wohl auch richtig verstehen, wenn wir in *Fr.* 617 des
Peleus δυσγενής im Sinne von „gemein" fassen. Hier heisst es:
Kein Dunkel auf der Welt ist finster je genug,
Kein Wall so fest, dass sich die angeborene
Gemeinheit irgend hinter ihm verbergen könnt' [20]).

Dies stimmt genau zu der oben (Kap. V. 2a) dargelegten Theorie
des Euripides von der Unverbesserlichkeit des schlechten Menschen, der eben deswegen auch schliesslich einmal als solcher erkannt wird. — Bei der grossen Menge, auch der sogenannten Gebildeten, gilt aber der Adel der Geburt immer noch als etwas
Begehrenswertes (*Androm.* 766 ff.), und mancher Mann legt Wert
darauf, in eine adelige Familie zu heiraten: *Ino Fr.* 405:

Der Adel wird, selbst wenn die Braut unscheinbar ist,
Von vielen um der Kinder willen hochgeschätzt,
Und ihnen gilt der Stand noch mehr dann als das Geld [21]).
Diese *Ino* selbst bildet sich in ihrer Stellung als Gesellschafterin
der Königin Themisto etwas ein auf ihre adlige Erziehung und
brüstet sich damit in folgender Weise (*Fr.* 413):
Alles versteh' ich, was dem Adeligen ziemt:
Zu schweigen, wo sich's schickt; zu reden, wo man darf;
Zu seh'n, was seh'n ich soll, zu überseh'n, was nicht,
Auch meine Gier zu meistern. Bin beim Pöbel auch
Ich gleich, bin ich gebildet doch nach freier Art [22]).
Plutarch citiert diese Verse in seiner Schrift „Über die Schwatz-
haftigkeit" (c. 9 pg. 506 C) als Beispiel einer unpassenden Art zu
reden, und man kann sich in der That des Eindrucks nicht erwehren, als persifliere Euripides mit diesen der Ino selbst in den
Mund gelegten Worten einen ungerechtfertigten Bildungshochmut
vornehmer Kreise, der eben durch sein Vorhandensein bewies,
dass ihnen echte Bildung mangelte. Solche Scheinbildung mag in
der athenischen Aristokratie um so häufiger vorgekommen sein,
als eben vielfach der Reichtum ein Bündnis mit dem Geburtsadel
einging, wie vor Euripides (*Danaë Fr.* 326, 5) [23]) schon Theognis
(183 ff. s. Kap. V. 2 a A. 37) beklagt, und so ein ungebildetes
Protzentum vielvermögender Parvenus zu stande kam: hat doch
selbst ein Simonides die Frage, ob Bildung oder Reichtum den
Vorzug verdiene, zu Gunsten des letzteren beantwortet [23]). Denn
der Reichtum gewährte eben die Mittel zu allem, und so wird er
auch in einem Bruchstück der *Alkmene* des Euripides, offenbar
in sarkastischem Sinn, höher gewertet als der Adel (*Fr.* 95):
Nichts ist der Adel im Vergleiche mit dem Geld;
Denn Reichtum führt zur höchsten Stell' den schlechtesten Mann [24]).
In der That bedurfte eben der Adel der Grundlage eines bedeutenden Vermögens und hatte ohne dies nicht viel Wert (*El.*
37; *Phön.* 404 f.; 442; *Thyest. Fr.* 395). Endlich zeigt uns eine
Stelle der *Danaë* (*Fr.* 326), dass auch verarmte Adelige keine
seltene Erscheinung waren, und das beklagenswerte Los dieser
Leute, meint der Dichter, bildet das Gegenstück zu dem Gluck
reicher Emporkömmlinge, welche um ihres Geldes willen zu un-
verdientem Ansehen gelangt sind [25]).
Das Urteil des Euripides über den Adel lässt sich dahin zusammenfassen: seine thatsächlichen Vorrechte vor andern Ständen

entbehren einer sachlichen Begründung; sie sind nur konventionell. Wahrer Adel besteht in adliger Gesinnung, nicht in adliger Geburt. Besonders widerlich ist die Verbindung des Adels mit der haute finance. Die Berechtigung und die angeblichen Vorzüge einer Adelsherrschaft anzuerkennen, ist der Dichter so weit entfernt, dass er das Wesen einer aristokratischen Verfassung überhaupt nie erörtert (s. Kap. VI 2 A. 54).

2. Arm und Reich.

Die Griechen sahen sich infolge der Beschaffenheit und Lage ihres Landes auf das Meer hingewiesen und waren deshalb berufen, ein Handelsvolk zu werden. Nicht leicht giebt es sonst auf der Erde ein Gebiet, wo Land und Meer so ineinander eingreifen, sich gegenseitig umfassen wie in Griechenland. Nur zwei Landschaften, das gebirgige Arkadien in der Mitte des Peloponnes und die kleine Doris in Mittelgriechenland, sind Binnenlandschaften; alle übrigen grenzen an die See, ragen zum grossen Teil in der Form von Halbinseln in dieselbe hinaus, und diesen sind wieder Inseln vorgelagert, welche zu einem immer weitergehenden Vordringen förmlich einladen. Man kann geradezu sagen: die Verschmelzung von Land und Meer zu einer Einheit ist das Charakteristische des griechischen Landschaftsbildes. Dazu kommt, dass Hellas arm ist an grossen Strömen und weiten Ebenen. Selbst das „rossenährende" Argos umfasst eine hinsichtlich ihrer Ausdehnung nur sehr bescheidene Ebene; ähnlich ist es in Attika, etwas besser in Böotien, am besten in Thessalien bestellt, wo die Peneiosebene Getreidebau in grösserem Stil ermöglichte. Dass das Los des böotischen Bauern ein sehr gedrücktes war, zeigt Hesiods Gedicht. Attika konnte schon frühe seinen Bedarf an Getreide nicht mehr durch eigene Produktion decken, und der Kampf Athens mit Mitylene um die Stadt Sigeion am Hellespont hatte den Zweck, durch den Besitz dieses Platzes die Getreidezufuhr aus den Gegenden des Schwarzen Meeres zu sichern (*Herod.* VII. 147; V. 94 ff.). Umgekehrt soll schon Solon die Getreideausfuhr aus Attika verboten haben (Plut. *Sol.* 22. 24)[1]). Dagegen bildeten Öl und Töpferwaren einen Hauptexportartikel für Athen, wie ja die Auffindung attischer Vasen im ganzen Umkreis der Alten Welt zur Genüge beweist. Die allgemeinen Ursachen, welche zur Steigerung des Handelsverkehrs führten, wurden schon im vorigen Abschnitt angegeben. Das Aufblühen der

Hafenstadt Piräus zeigt am besten, wie lebhaft die Handels-
beziehungen Athens zu aller Welt waren. Wo aber der Handel
im Mittelpunkt des Erwerbslebens steht, spielt selbstverständlich
das Geld die erste Rolle. Wohl hatte auch schon zur Zeit der
Agrarwirtschaft ein grosser Unterschied zwischen arm und reich
bestanden, und schon Hesiod (*Erga* 313) sagt, dass nur der Reichtum zu Tüchtigkeit und Ruhm führe[2]). Mit der Zurückdrängung
derselben durch den Handel und das Aufkommen des gemünzten
Geldes im Verkehr erweiterte sich aber die Kluft noch mehr, und
wir sehen in der Solonischen Zeit Athen von einer sozialen Krisis
gefährlichster Art ergriffen. Nur durch ausserordentliche Mass-
regeln, gesetzlich vorgeschriebenen Nachlass an Kapital und Zinsen
und Annullierung der Schuldsklaverei, welche auch für künftig
verboten wurde, konnte man derselben Herr werden. Aber damit
war nur der schlimmste Notstand gehoben. „Das Geld, das Geld
macht den Mann", hiess es nach wie vor. Aus den Liedern des
Alcäus von Mitylene, wie aus den Gesängen des Thebaners Pindar,
von den Inseln des Ägäischen Meers und vom hellenischen Fest-
land tönt uns dieses Schlagwort des sechsten Jahrhunderts entgegen: ja, Pindar klagt, dass sogar die Muse gewinnsüchtig geworden sei[3]). Plutarch hat uns ein megarisches Sprichwort überliefert (περὶ φιλοπλουτίας 7): „Gewinne und spare und halte dich
für soviel wert, als du besitzest", und Theognis (699 ff.) eifert
gegen die verkehrte Lebensauffassung seiner Landsleute, nach
der Reichsein die einzige Tugend sei und kein anderer noch so
grosser Vorzug dagegen aufkomme. Schnöde Gewinnsucht, die
nicht nur auf ehrliche, sondern auch auf unehrliche Weise Reichtum zu erwerben sucht (πλεονεξία und αἰσχροκέρδεια), wird immer
mehr die Regel, und vergebens offenbar eifern Dichter wie Hesiod
(*Erga* 320), Solon (*Fr.* 12, 7 ff. und 71 ff.), Phokylides (*Fr.* 5. 7.
8 und 10) und Theognis (a. a. O. und 145 ff.; 149 f.) dagegen[4]).
All das beweist das Aufkommen eines kapitalkräftigen Standes
von Kaufleuten und Gewerbetreibenden, der zwischen den Adel
und die Bauernschaft trat. Seine Bedeutung nahm mit der Zeit
immer mehr zu. Im fünften Jahrhundert hat er den auf der
Landwirtschaft beruhenden Grundbesitz entschieden überflügelt:
„das Kapital steht organisierend, beherrschend, arbeitend im
Mittelpunkt des Produktions- und Umlaufsprozesses"[5]). In der
Rede, welche der korinthische Gesandte bei Thukydides (*I. 70*) in
Sparta hält, rühmt er den Unternehmungsgeist der Athener im

Gegensatz zu dem verknöcherten spartanischen Konservativismus und sagt, er gehe so weit, dass sie vor lauter Streben nach weiterem Erwerb gar nicht zum ruhigen Genuss des Erworbenen kommen. Sie halten thatlose Ruhe nicht minder für ein Übel als mühselige Geschäftslast und seien ihrem ganzen Charakter nach dazu gemacht, weder selbst Ruhe zu haben, noch andern Menschen Ruhe zu lassen[6]). Sehr interessant ist die Schilderung der sozialen Zustände in Athen, die der unbekannte Verfasser der Schrift *Vom Staate der Athener* in deren erstem Kapitel giebt. Obwohl durch und durch Aristokrat und entschiedenster Gegner der demokratischen Verfassung, kann er doch nicht umhin, dem in derselben durchgeführten Grundsatz der Gleichheit aller Bürger insofern eine gewisse Berechtigung zuzugestehen, als „die Armen und das Volk es sind, welche dem Staate Reichtum und Macht verschaffen, weit mehr als die edeln Bürger und die rechten Leute". Ihrer Armut wegen, die sie an der Erwerbung einer tüchtigen Bildung hindert und oft auch zu Verbrechen verführt, sind die Angehörigen der unteren Stände auf die Ämter der Ratsherren und Richter aus, weil diese ihnen etwas eintragen, während sie die hohen, aber nicht einträglichen Ehrenämter der Strategie und die Befehlshaberstellen bei der Reiterei gerne den Reichen überlassen. Ihre politische Urteilslosigkeit verhindert sie doch nicht, ihre Interessen in der Volksversammlung zu vertreten und die gebildeten „rechten Leute" niederzustimmen. Als Seemacht und handel- und industrietreibende Stadt ist Athen auch genötigt, den Metöken, ja sogar den Sklaven weitgehende Rechte einzuräumen, während den vermöglichen Bürgern in Gestalt der Liturgien grosse Leistungen für den Staat auferlegt werden: kurz, das Volk lässt es sich wohl sein und unterhält sich auf Kosten der oberen Zehntausend. So spiegeln sich die sozialen Zustände Athens im Kopfe dieses Oligarchen, der übrigens sichtlich sich einer vermeintlich objektiven Darstellung •befleissigt. Dass er aber die Verhältnisse der unteren Stände in viel zu rosigem Lichte sieht, giebt er malgré lui selber zu, indem er einräumt, dass eben die Arbeit dieser weit mehr als die Thätigkeit der Reichen und Vornehmen dem Staate seine Machtstellung verschaffe[7]). Den grellen Gegensatz zwischen arm und reich schildert uns der zuerst im Jahr 408 und dann in einer Umarbeitung 388 aufgeführte *Plutos* des Aristophanes, dessen leitender Gedanke ist, dass der Reichtum, weil er blind ist, mit Vorliebe bei den Schuften

sich einfindet, an den redlichen Menschen aber vorübergeht (28 ff.;
36 ff.; 50 ff.; 87 ff.; 771 ff.). Besonders werden als reiche Schurken „Tempelräuber, Redner und Sykophanten" (30 f.) genannt.
Das Treiben der letzteren Menschengattung wird als besonders
verächtlich geschildert: sie lebt davon, dass sie um des eigenen
Vorteils willen andere Leute ins Unglück stürzt (905 ff.). Die
thatsächliche Verteilung von Armut und Reichtum ist so himmel-
schreiend ungerecht, dass das Leben geradezu als eine Verrückt-
heit, als ein Unsinn erscheint (500 ff.). Ganz besonders schlimm
kommen dabei die Bauern weg, die in Not und Elend leben
(223 f.), deren Los schon, wenn man es sich nur vorstellt, einen
melancholisch machen kann (903). Chremylos schildert das Leben
der Armut in schreienden Farben (554 ff.): der Arme hat nichts
zu essen, nichts sich zu kleiden, keine ordentliche Wohnung, nicht
einmal ein Lager, auf dem er von seiner harten Arbeit ausruhen
könnte, er kann sich im Frost nicht wärmen, Schmutz und Un-
reinlichkeit bringen ihn fast um. Die Not treibt ihn unter Umständen auch zum Verbrechen (565). Trotz aller Sparsamkeit
hinterlässt er schliesslich nicht einmal die Kosten zu seinem Be-
gräbnis (556). Der Reichtum aber giebt die Möglichkeit, sich
alles zu verschaffen (144 ff.), vor allem ist er ein Mittel zur
Macht. Die Macht des Reichtums übertrifft selbst diejenige des
Zeus (124 ff.). Verhängnisvoll ist freilich, dass er seine Besitzer
unersättlich macht (193 ff.): wenn sie viel haben, so wollen sie
immer noch mehr. Die grösste Ironie des Stückes aber liegt
darin, dass der Reichtum, nachdem er sehend geworden und sich
deswegen bei den rechtschaffenen Bürgern einfindet, die Demokratie zu Grunde richtet (944 ff.) und die Religion überflüssig
macht (123 ff.; 139 ff.; 1112 ff.; 1172 ff.)[8]). Wie im *Reichtum*
des Aristophanes das Los der Landleute als besonders traurig erscheint, so finden wir in einer Rede des Prodikos, welche Sokrates im Platonischen *Axiochos* (cap. 7 pg. 368 A B) zur Sprache
bringt, auch die Lage der Handwerker und Schiffer als höchst
beklagenswert dargestellt: trotz angestrengtester Arbeit vom
frühen Morgen bis zum späten Abend können sie kaum den not-
dürftigsten Unterhalt für sich und die Ihrigen erwerben, und ihre
schlaflosen Nächte bringen sie mit Sorgen und Klagen hin. Die
Schiffer haben dazu einen äusserst gefahrvollen Beruf und schweben
immer zwischen Leben und Tod. Und auch hier wird es aufs
entschiedenste in Abrede gestellt, dass der Landmann ein behag-

liches Leben habe: auch er hat immer Grund zu Kummer und
Sorge, da seine Existenz von der stets unzuverlässigen Witte-
rung, von Hitze und Kälte, Trockenheit und Feuchtigkeit abhängt (ib. C). Freilich ist nach der Darstellung des Prodikos
auch das Los des Staatsmannes nicht beneidenswert: wenn man
genau zusieht, ist er ein „Spielzeug" des Pöbels, der mit ihm
nach Gefallen und oft recht grausam verfährt: das beweist das
Schicksal eines Miltiades, Themistokles, Ephialtes, der zehn Feld-
herren in der Arginusenschlacht, des Kallixenos und Theramenes⁹).
Die Träger dieser Namen sind — freilich unter sehr verschiedenen Verhältnissen — die Opfer politischer Parteikämpfe geworden. Diese politischen Kämpfe trugen aber zum grossen Teil
auch sozialen Charakter. Mit welcher Erbitterung dabei verfahren wurde, zeigt die Schilderung des Streites zwischen Oligarchen und Demokraten in Kerkyra im Jahr 427, und Thukydides bezeichnet dabei als die Hauptursachen dieser wilden Orgien
eines politischen Fanatismus die Habsucht und die Ehrsucht
(πλεονεξία und φιλοτιμία III 82)¹⁰). Nicht überall ging es so
grausig zu; aber die Ermordung des mit Perikles befreundeten
Ephialtes, die Meuchelmorde, welche dem Sturz der Demokratie
im Jahr 411 vorangingen, die Opfer, welche der Herrschaft der
30 Tyrannen fielen, und auch das Urteil im Arginusenprozess
zeigen zur Genüge, dass auch in Athen die Parteien und Stände
einander mit grimmigem Hass befehdeten. Und wäre diesen
Äusserungen politischer Leidenschaft wenigstens überall eine ehrliche Überzeugung zu Grunde gelegen! Aber vielfach war die
wahre Triebfeder nur die schnödeste Gewinnsucht (αἰσχροκέρδεια).
Xenophon hebt es in der Charakteristik seines Freundes Proxenos
aus Böotien, eines Schülers des Gorgias, rühmend hervor, dass
dieser sich allerdings der Unternehmung des Kyros angeschlossen
habe, um Macht und Reichtum zu erwerben, aber auf ehrliche
und redliche Weise (An. II 6, 16 ff.); Menon aus Thessalien dagegen habe das einzige Ziel gehabt, ein reicher Mann zu werden,
und in diesem Bestreben seien ihm die verwerflichsten Mittel,
Lug und Trug, Meineid und Gewaltthat, am willkommensten gewesen; und darauf habe er sich erst noch etwas eingebildet und
auf die ehrlichen Leute als auf Schwächlinge verächtlich her-
untergesehen (ib. 21 ff.)¹¹). Aristoteles endlich schildert uns ebenfalls den unversöhnlichen Hass zwischen den reichen Oligarchen
und den unbemittelten Demokraten. Zu billigen ist nach seiner

Ansicht das Verfahren keiner der beiden Parteien: die Demokraten bekämpfen blindlings den Besitz und alles, was aus diesen
Kreisen kommt; aber auch die kapitalistische Bourgeoisie „wird
sofort übermütig und lässt ihrer Gewinnsucht den Zügel schiessen,
wenn man ihr den Staat ausliefert". In einigen Städten mussten
die Mitglieder der oligarchischen Regierungen schwören: „Ich will
dem Volke feindlich gesinnt sein und ihm durch meinen Rat nach
Kräften schaden" (*Pol.* V. 9 pg. 1310 A.) [12]). Es thut nichts zur
Sache, dass die angeführten Beispiele und Stellen zum Teil den
allerletzten Jahren des fünften, manche erst dem vierten Jahrhundert entnommen sind. Wenn es bei Aristophanes (*Wespen* 702;
Ekkles. 188) heisst, dass der Richter- und Ekklesiastensold dazu
diene, dem Armen die tägliche Not zu lindern, und so die Beteiligung am öffentlichen Leben zur Tagelöhnerei geworden sei,
so müssen zur Zeit des Perikles die Zustände schon ganz ähnlich gewesen sein [13]). In seiner berühmten Leichenrede sagt Perikles (*Thuk.* II. 40): „Nicht arm zu sein gilt bei uns als schimpflich, sondern sich nicht durch Arbeit emporzuarbeiten". Man
schritt deswegen sogar von Staats wegen gegen den Müssiggang
ein, und wer sich über seinen Lebensunterhalt nicht ausweisen
konnte, wurde bestraft (νόμος ἀργίας). Nur die Kinder der im
Kriege gefallenen Männer wurden auf Staatskosten versorgt, und
Invalide und Krüppel erhielten jährlich eine Armenpension von
60 Drachmen (= 48 M.). Darum fühlte aber auch der Staat die
Verpflichtung, für Arbeitsgelegenheit zu sorgen, und Plutarch erzählt im Leben des *Perikles* (cap. 11 und 12), dass dieser seine
grossartige Bauthätigkeit auch unter dem Gesichtspunkt auf-
fasste, dass das Proletariat dabei Beschäftigung fand, und dass
er ausserdem durch seine umfassende Kolonialpolitik die Überzahl
desselben in Athen zu vermindern suchte. Die zum Teil erhaltenen Abrechnungen über den Bau des Erechtheions (*C. I. A.*
I. 321. 324) bestätigen diese Nachricht: die Handwerker, Gesellen
und Handlanger bei diesem Bau sind teils Bürger, teils Metöken,
aber fast lauter freie Leute. Nur einige Steinmetzen arbeiten
mit ihren Sklaven (oder ihren Kindern?) zusammen, welche denselben Tagelohn erhalten wie die Meister, nämlich eine Drachme
(= 80 Pf.). Die Kunstmaler und Bildhauer erhielten natürlich
mehr [14]). Dem Demosthenes erscheint allerdings diese Periode als
„die gute alte Zeit", in der noch das Volk „Herr über alles"
gewesen sei; jetzt, zu seiner Zeit, meint er, sei es anders ge-

worden (*Or.* XIII. 31). Dass dies eine Täuschung des grossen
Redners war, das bezeugen unter anderem auch die Dramen des
Euripides [16]).

Auch er kennt das Leben zu gut, um die Thatsache zu
übersehen, dass Reichtum Macht ist, dass das Geld seinem
Besitzer den allergrössten Einfluss verschafft, selbst noch einen
grösseren als vornehme Abstammung (*Alkmene Fr.* 95 s. K. VII. 1
A. 24). In den *Phönissen* sagt Polyneikes (438 ff.):

> Es ist ein altes Wort, doch bring' ich's wieder:
> Die Ehre wohnt beim Reichtum. Reichtum übt
> Die grösste Herrschaft über Menschenseelen.
> Ihn zu erlangen komm' ich an der Spitze
> So vieler Tausende. Der Arme, sei
> Er noch so gross geboren, gilt für nichts [16]).   (Sch.)

In der *Andromeda* (*Fr.* 142) lesen wir:

> Gold will vor allem haben ich in meinem Haus,
> Denn selbst den Sklaven ehrt man, wenn er reich nur ist;
> Nichts aber gilt der arme Mann, ist er auch frei.
> Drum glaube nur: allein der Reichtum bringt dir Glück.

Von einem armen Mann will niemand etwas wissen (*El.* 1131;
Med. 560 f.), aber durch Reichtum erwirbt man Freunde (*Kreterinnen Fr.* 462):

> Erfahren hab' ich das und weiss es nun schon längst:
> Der reiche Mann allein hat alle Welt zum Freund.

Oft aber verleugnet auch der emporgekommene Reiche die
Freunde, die ihm zu seinem Glück verholfen haben (*Peliad.
Fr.* 608 [16a]). Besondere Lobsprüche auf den Wert des Goldes finden
sich in der *Danaë,* deren Stoff eine solche Behandlung nahelegte.
In dieser Tragödie sprach eine Person die folgenden Verse
(*Fr.* 324):

> O Gold, du herrlichster Besitz der Sterblichen,
> Selbst einer Mutter Freuden kommen dir nicht gleich;
> Nicht Kinder, nicht ein lieber Vater ist so wert
> Wie du und die besitzen dich in ihrem Haus.
> Wenn so etwas auch in der Kypris Augen blinkt,
> Dann ist's kein Wunder, weckt sie Liebe tausendfach.

Dieser Hymnus auf den Mammon war selbst den Athenern zu
stark. Wie Seneca (*Ep.* 115, 14) erzählt, äusserte das Publikum
die lauteste Entrüstung über eine derartige Gesinnung und wollte
den Schauspieler und das Stück von der Bühne entfernt sehen,

so dass Euripides selbst auftreten und die erregte Menge bitten
musste, doch den Ausgang des Stückes abzuwarten, der dem Lobredner des Goldes das verdiente Ende bringen werde[17]. Die
Athener hatten also ihren Meister verkannt und, wüssten wir es
sonst nicht, so würde diese Anekdote beweisen, dass die eigene
Ansicht des Euripides über den Reichtum geradezu die entgegengesetzte war. So sind auch die folgenden Worte zu beurteilen.
Ebenfalls in der *Danaë* hiess es (*Fr.* 325), dass keine menschliche Macht das Geld übertreffe[18]. Deutlich ist der ironische
Ton in *Fr.* 378 des *Eurystheus:*

Wer heut' zu Hause eine reiche Krippe hat,
Der gilt als Erster und beherrscht die Besseren.
Die Thaten achten ja wir wen'ger als das Geld[19].

Auch vermittelst der Bestechung übt das Gold einen gewaltigen
und verhängnisvollen Einfluss aus. Schon ein altes Wort, dessen
Ursprung nicht nachweisbar ist, das aber seinem Sinne nach dem
Anschauungskreise des Hesiod angehört, lautet:

Schenken gewinnet die Götter, gewinnt die erhabenen Herrscher.

Die *Medea* des Euripides (964 f.) beruft sich darauf und meint:

Nicht also! Gaben, heisst es, freu'n die Götter auch,
Und tausend Reden übertrifft an Macht das Gold[20].

Ferner hiess es im *Phoinix* (*Fr.* 813):

O Reichtum, du bist in der Welt die leichtste Last,
Doch trägst auch Mühen und Versuchung mancherlei
Du in dir: schwach ist aller Menschen Leben ja[21].

Endlich führt uns als frivolsten Vertreter der Habsucht der
Dichter seinen *Kyklopen* (316 ff.) vor. Schon oben wurde gezeigt,
dass dies zwar eine Karikatur ist, dass ihr aber doch ein wirklich vorhandener Menschentypus zu Grunde liegt, dessen Exem-
plare am Ausgang des fünften Jahrhunderts in Griechenland nicht
allzu selten gewesen zu sein scheinen. Wenn die herrschende
Klasse in der Weise wie der Thessalier Menon bei Xenophon, ein
Eteokles und Polyneikes und deren Karikatur, der Kyklop bei
Euripides, das Recht des Stärkeren und die Allmacht des Reichtums proklamierten, so war es keineswegs zu verwundern, wenn
solche Ideen auch auf seiten der Gedrückten aufgefangen und
entsprechend abgeändert wurden[22]. Warum sollte, wer zwar
arm war, aber sich stark genug fühlte, nicht den Versuch wagen,
dem vielleicht schwächlichen oder unfähigen Reichen seinen Besitz abzunehmen? Wenn doch einmal nicht die Gerechtigkeit,

sondern nur die Macht in der Welt regierte, warum sollte sich,
wer das Zeug dazu zu besitzen glaubte, diese nicht aneignen?
Und dabei konnte er sich noch in dem Gedanken gefallen, wie
Karl Moor, das Werk der Vorsehung zu korrigieren und die Ge-
rechtigkeit an Stelle der ungerechten Wirklichkeit zu setzen.
Diese Folgerung wird aus den ungesunden sozialen Zuständen im
Theseus (*Fr.* 389) gezogen:

> Wenn arm ein Mann an Geld ist, aber stark sein Arm,
> Um Thaten zu vollbringen, wird er nicht sich scheu'n,
> Den Besitzenden das Geld zu nehmen mit Gewalt[23]).

Das heisst mit andern Worten: wenn die Kluft zwischen arm und
reich fortwährend offen erhalten wird und dazu die besitzenden
Klassen sich frivolerweise auf das Recht des Stärkeren berufen,
so wird sich dieser Grundsatz gegen sie selbst kehren. Die besitzlose Menge wird sich der in ihr wohnenden Kraft bewusst
werden und dieselbe nach dem gleichen Prinzip geltend machen:
damit ist dann die soziale Revolution gegeben. Euripides ist nun
zwar wohl ein Mann des Fortschritts (*Fr. adesp.* 509)[24]), aber
keineswegs der Revolution: um letzteres zu sein, hatte er den
Wert der Ordnung in der Schule heraklitischer Denkweise zu
hoch schätzen gelernt (s. o.). Darum strebt er auch in den Be-
sitzverhältnissen keine gewaltsame Umwälzung und keine uto-
pische Gleichheit an, sondern nur Ordnung und Gerechtigkeit an
Stelle der Unordnung und Ungerechtigkeit. Jedermann aber soll
die Möglichkeit haben, auf redlichem Wege, soviel er kann, zu
erwerben. Darum warnt der Dichter nach guter alter Sitte, wie
schon Solon und Theognis thaten und nach ihnen Demokrit (*Fr.
eth.* 61), vor allem vor der **ungerechten Erwerbung von
Reichtum** (*Erechtheus Fr.* 362, 11 ff.); jedem steht die Welt
offen, und er mag sehen, wieviel er sich auf redlichem Wege zu
eigen macht; aber Gewalt und Ungerechtigkeit soll er beiseite
lassen[25]). Diesen Grundsatz spricht *Helena* (903 ff.) aus:

> Die Götter hassen die Gewalt; was jeder sich
> Erwerben kann, erwerb' er, aber raube nicht!
> Nein, alles ungerechte Gut verschmähe man.
> Gemeinsam ist der Himmel allen Sterblichen,
> Gemein die Erde; mehrt den Schatz in eurem Haus,
> Nicht Raub verübend noch erpicht auf fremdes Gut. (D.)[26]).

Der Wunsch des Kaufmanns, auf seinen Handelsfahrten sich
etwas zu erwerben, ist an sich nicht anzufechten: nur Unersätt-

lichkeit im Besitz ist zu rügen, und sie reisst oft auch den verblendeten Unternehmer in Gefahren. Demgegenüber empfiehlt sich ein **massvolles Streben nach materiellem Besitz** (*Iph. T.* 407—420). Selten genug kommt Euripides auf den **Handel** zu sprechen: den Austausch der Produkte der verschiedenen Länder hält er zwar für etwas Natürliches (*Temenos Fr.* 742; *Kyklops* 137 ff.; *Stheneb. Fr.* 670): aber seine Sache wäre der Handel nicht: glücklich, wer es nicht nötig hat, sich und sein Vermögen dem ungetreuen Meere anzuvertrauen (*Philokt. Fr.* 793); und schnöde Gewinnsucht ist geradezu verwerflich (*Hypsip. Fr.* 758)[27]. Übrigens ist der **Reichtum** keineswegs, wie die Menge gern anzunehmen geneigt ist, ein unbedingtes Glück. Zunächst ist er ein unzuverlässiges, höchst **vergängliches Gut** (s. Kap. V. 3 A. 5—13). Oft genug ist er wie gewonnen, so zerronnen. Dann ist er auch in **sittlicher Hinsicht gefährlich**: er erzeugt leicht Überhebung und stürzt gerade dadurch seinen Besitzer ins Unglück (*Herakles* 774 f.):

> Gold und Glanz des Erfolges
> Führen zu Höhen den Menschen und machen ihn schwindeln. (W.)

Denn diese Überhebung wird leicht zur Verblendung, und so erscheint der reiche Mann sehr häufig als unverständig, wie Euripides mit einem sehr kräftigen Ausdruck (σκαιός) mehrfach sagt, als dumm, z. B. im *Phaëthon Fr.* 776:

> Merkwürdig! Angeboren scheint den Reichen dies,
> Dass dumm sie sind. Was mag davon die Ursach' sein?
> Sind blind sie selber etwa, weil in ihrem Schiff
> Das blinde Glück mitrudert ohne Kunst und Ziel?

Ganz in denselben Gedankenkreis gehören zwei andere Bruchstücke: in der *Alkmene* (*Fr.* 96) heisst es:

> Was Dummes ist's um Reichtum und Unwissenheit;

und *Fr.* 1069 lautet:

> A.: Du sollst der Menge Gelds dich freu'n und diese nicht?
> B.: Dumm ist es, reich sein und sich sonst auf nichts versteh'n.

Am schärfsten ist ein Wort aus dem *Archelaos* (*Fr.* 235):

> Reich bist du? — Reichtum: Dummheit ist und Feigheit dies.

Dies ist fast eine Parallele zu der sozialdemokratischen Behauptung: „das Kapital ist eine Stupidität und feige dazu"[28]. Ein Glück ist es, dass die geistigen und sittlichen Güter nicht auch um Geld feil sind, ja dass der Reichtum fast mehr als die Armut ein Hindernis für ihre Erlangung bildet. *Meleager Fr.* 527:

Nur Eines kann ums Geld man kaufen nicht: das ist
Geist und Charakter: auch geringen Eltern kann
Nicht minder auferwachsen ein vortrefflich Kind[29]).
Im *Ödipus* (*Fr.* 542) lesen wir:
Nicht nur das weisse Silber und das rote Gold
✓ Hat seinen Münzwert: sondern der Charakter auch
Ist eine Münze, welche Kurs hat in der Welt[30]).
Und eben die Charakterbildung wird thatsächlich durch den
Reichtum viel mehr gefährdet als durch die Armut. Dieses Pro-
blem ist offenbar unter anderem im *Archelaos* (*Fr.* 246—249) er-
örtert worden. Hier wird geradezu die Frage aufgeworfen, ob
ein reicher Mann überhaupt gut sein könne, allerdings in einer
Form, welche zeigt, dass der Fragesteller dieselbe zu bejahen ge-
neigt ist (*Fr.* 247); letzteres lag aber schwerlich im Sinne des
Dichters. Dieser meint vielmehr (*Fr.* 246):
Ein junger und ein armer Mann und weis' zugleich:
Wenn dies zusammenkommt, ist's der Beachtung wert.
Ganz die entgegengesetzte Ansicht wird in *Fr.* 249 vertreten, wo
davor gewarnt wird, jemanden reich zu machen: denn der Be-
dürftige sei demütiger, Reichtum, zumal in Verbindung mit Adel,
eine grosse Macht. Der Gesinnung des Euripides selbst aber ent-
spricht es wieder, wenn (*Fr.* 252, 3) frommer und gerechter Sinn
als der wahre Reichtum bezeichnet wird[31]). Auf den Reichtum als
solchen sich irgend etwas einzubilden, ist Thorheit (*Alkmene Fr.* 92):
So wisse, dass es thöricht ist, wenn prahlend man
Mit seinem Reichtum nicht aufkommen lässt das Volk[32]).
Freilich hat die Armut auch ihre Gefahren (*El.* 375 f. und
Beller. Fr. 288):
Auf Trug und dunkle Mittel kommt der arme Mann,
Der aus unwürd'ger Armut sich aufhelfen will[33]).
Aber so wenig man auch den Bildungswert der Armut anerkennen
will, obwohl die Vorteile, die sie mit sich bringt, nicht auf den
ersten Blick einleuchtend sind, obwohl diese „widerwärtigste" Göttin
kein Heiligtum und keine Verehrer hat (*Fr.* 248, 1)[34]), wie ihr
Gegenbild, der Reichtum, so bleibt es doch eine Thatsache, dass
die Not des Lebens tüchtigere Menschen erzieht als der Über-
fluss. Dies spricht *Fr.* 641 des *Polyidos* aus:
Reich bist du; doch sonst, glaube mir, verstehst du nichts.
Denn bei dem Überfluss wohnt die Nichtsnutzigkeit:
Der Armut aber ist die Weisheit zugesellt[35]).

Hiemit stimmen ganz folgende Verse aus dem *Alexander* (*Fr.* 54)
überein:

> Ein schlechtes Bildungsmittel für die Tüchtigkeit
> War stets der Reichtum und zu grosse Üppigkeit.
> Armut ist zwar ein Unglück; doch die Kinder zieht
> Zur Arbeit und zur Thatkraft sie viel besser auf[36]).

Den hier von Euripides angedeuteten Gedanken erweitert Aristophanes noch, indem er im *Plutos* die Armut sich geradezu als
die Mutter aller Kultur hinstellen lässt (507 ff.). So kann man
also weder sagen, dass der Reichtum an sich gut und die Armut
an sich schlimm sei oder umgekehrt; sondern es kommt darauf
an, wie der Reiche seinen Reichtum, der Arme seine Armut sich
zu nutze macht. Wenn man den Reichtum nur anhäuft, ohne ihn
zu guten und nützlichen Zwecken zu verwenden, so verliert er
allen Wert (*Antiope Fr.* 198 s. Kap. V. 3 A. 8). Ebenso besagt
Fr. 163 der *Antigone*, dass Reichtum und Unfähigkeit im Bunde
wertlos sei, dass er nur im Verein mit Tüchtigkeit zu etwas
nütze sei[37]). Zum richtigen Gebrauch des Reichtums gehört aber
vor allem auch die Wohlthätigkeit: Geiz und Hartherzigkeit
ist geradezu ein Mangel an Bildung (*Ino Fr.* 407):

> Unbildung ist's, dem Elend keine Thräne weih'n,
> Und Unrecht, wenn man selber Geld genug besitzt,
> In schlimmem Geiz nicht andern Menschen wohlzuthun[38]).

Aber dabei lässt es Euripides noch nicht bewenden: er erhebt
sich zu dem Gedanken, dass überhaupt kein Mensch in vollem
Sinn von seinem ‚Eigentum‘ reden könne, dass alles, was wir
besitzen, nur anvertrautes Gut ist. Wie dies überhaupt von den
Verhältnissen gilt, in die man durch die Geburt hereintritt (*Hik.*
534f. und *Alex. Fr.* 52, 6 s. Kap. VII. 1 A. 16), so speziell auch vom
Geldbesitz. In den *Phönissen* warnt Iokaste ihre Söhne gleichermassen vor Herrschsucht wie vor Habsucht. In letzterer Hinsicht sagt sie (553 ff.):

> Denn was ist Überfluss? Sprich selbst. Ein Name!
> Just haben, was er braucht, genügt dem Weisen,
> Und Schätze sind kein Eigentum des Menschen;
> Der Mensch verwaltet nur, was ihm die Götter
> Verlieh'n und, wenn sie wollen, wieder nehmen[39]). (Sch.)

Dieser Gedanke wird in *Fr.* 22 des *Äolus* vortrefflich in die Weltanschauung des Euripides eingefügt: wie alles in der Welt sich
in einem Kreislauf vollzieht, wie deswegen die Gegensätze in

eine höhere Harmonie sich auflösen müssen, so ist es auch mit dem irdischen Besitz: arm und reich sind nur relative Begriffe, und der Gesamtbesitz der Menschheit ist in einem ewigen Kreislauf begriffen χύχλῳ γὰρ ἕρπει *Fr.* 22, 3). Als Gesamtbesitz ist er allen Menschen gemeinsam; wer zufällig gerade viel davon hat, den nennt man „glücklich" (εὐτυχής) [40]). — Dies sind die ethischen Anschauungen des Euripides über Armut und Reichtum, welche mannigfache Berührungspunkte mit den diesbezüglichen Ansichten griechischer Philosophen haben. Der Gedanke vor allem, dass Armut und Reichtum erst durch den Gebrauch, den man davon macht, zu einem Gut oder zu einem Übel werden, scheint auf Prodikos zurückzugehen, der ihn in dem pseudoplatonischen *Eryxias* (cap. 16 ff. Mullach *Fr.* 4) in behaglicher Breite auseinandersetzt [41]). Euripides hat ihn mit der oben (Kap. II und III) dargelegten Heraklitischen Lehre von der Relativität der Gegensätze und vom Kreislauf aller Dinge kombiniert. Der in der *Antiope* (*Fr.* 198) ausgesprochene Gedanke, dass nicht der ohne Verwendung aufgespeicherte, sondern nur der zweckmässig, d. h. zu einem guten Zwecke benützte Reichtum einen Wert habe, klingt bei Plato im *Gorgias* (48 pg. 493 E.) an [42]). Wenn es hier heisst, dass, wer sein Vermögen nicht zu nützen wisse, „wie ein Stein lebe" (pg. 494 A), so finden wir denselben Gedanken in einem ähnlichen Gleichnis, das an die Parabel vom „vergrabenen Pfund" im Neuen Testament erinnert (*Matth.* 25, 14 ff.; *Luk.* 19, 12 ff.), von dem Sophisten Antiphon ausgeführt. Dieser sagt (*Fr.* 128): „Es giebt eine Geschichte, ein Mann habe einen andern im Besitz von viel Geld gesehen und ihn gebeten, ihm solches auf Zinsen zu leihen; dieser aber, der misstrauisch war und niemand einen Dienst erweisen wollte, verbarg es irgendwo. Ein anderer, der ihn dies thun sah, nahm es ihm heimlich, und als der, welcher das Geld deponiert hatte, später wieder an die Stelle kam, fand er es nicht mehr. Er war nun sehr unglücklich über diesen Verlust, besonders auch darum, dass er dem Mann, der ihn gebeten, es nicht gegeben hatte: denn dann wäre es ihm erhalten geblieben und würde noch weiteres dazu einbringen. Als er nun den Mann, der damals es von ihm entlehnen wollte, wieder traf, beklagte er ihm gegenüber den Verlust, sagte, dass er einen Fehler gemacht habe und dass es ihn reue, ihm den Gefallen nicht gethan zu haben, sondern ungefällig gewesen zu sein: nun sei das Geld für ihn ganz verloren. Dieser aber sagte zu ihm, er solle sich doch keinen Kummer machen, sondern denken, er habe das Geld noch und es sei ihm nicht verloren gegangen, indem er statt seiner einen Stein an jene Stelle lege; ,denn solange du es hattest, machtest du ja gar keinen Gebrauch davon, denke also jetzt auch nicht, man habe es dir geraubt. Denn was man nicht braucht und nicht brauchen wird, das bringt, ob es nun da ist oder nicht, dem Besitzer keinerlei, weder grösseren noch kleineren Schaden. Denn wenn Gott einem Menschen nicht lauter Gutes geben will, ihm aber Reichtum verleiht, während er ihn arm macht an edler Gesinnung, so nimmt er ihm, indem er ihm das eine vorenthält, beides'" [43]). — Auch in der Ethik Demokrits kehrt der Gedanke mehrfach wieder, dass nur mit Einsicht gepaarter Besitz glücklich mache: „Der Gebrauch des Geldes mit Verstand ist nützlich zu einem freien und gemeinnützigen Leben; mit Unverstand aber ist er allgemeine Verschwendung" (*Fr.* 57). „Ansehen und Reichtum ohne Verstand sind ein unsicherer Besitz" (*Fr.* 58). Auch nach Demokrit hat der Reichtum für den einzelnen wie für die Gesamtheit sittliche Gefahren: „Wer dem Geld gegenüber schwach ist, ist niemals gerecht" (*Fr.* 62). „Für seine Kinder zuviel Geld zusammenzubringen, ist nur ein Vorwand der Habsucht, welche dabei den eigenen Charakter enthüllt" (*Fr.* 69). Und die Armut ist keineswegs ohne weiteres als Übel zu betrachten: „Die Armut in einer Demokratie ist der sogenannten Wohlhabenheit bei den Vermögenden ebensosehr vorzuziehen als die Freiheit der Sklaverei" (*Fr.* 211). Sind diese Sätze auch nicht Teile eines förmlichen ethischen „Systems", mag Demokrit da und dort auf alte Spruchweisheit zurückgegriffen haben, immerhin liegt seinen ethischen Betrachtungen der im griechischen Wesen so tiefwurzelnde Begriff des Masshaltens zu Grunde und dieser beeinflusst, wie bei Euripides, auch seine sozialen Theorien. Eine objektive Verwandtschaft beider ist nicht abzustreiten, und ausgeschlossen ist es keineswegs, dass Euripides die Schriften des Abderiten kannte [44]). — Die Idee endlich, dass alles irdische Gut den Menschen nur zur Verwaltung anvertraut sei, möchte Dümmler (Proleg. zu Platons Staat S. 13) auf „jene teleologische Naturbetrachtung, welche seit Anaxogas die Naturphilosophie beherrscht und welche in Diogenes von Apollonia und Archelaos mit dem urgriechischen hylozoistischen Pantheismus der ionischen Physiologen wieder ein enges Bündnis eingeht", zurückführen,

während mir die Lehre vom Kreislauf aller Dinge, in deren Zusammenhang Euripides (*Fr.* 22 A. 40) die Idee der Gemeinsamkeit alles Besitzes stellt, auf Heraklit hinzuweisen scheint,
dessen System, wie oben gezeigt, eine teleologische Betrachtung
der Welt nicht sowohl ausschliesst als verlangt. Mit Sicherheit
wird sich allerdings diese Frage nicht entscheiden lassen, da uns
weder über die ethisch-sozialen Theorien Heraklits noch diejenigen
des Diogenes und Archelaos etwas Nennenswertes überliefert ist
(vgl. übrigens unten).

Wir haben nun weiter zu sehen, wie sich aus der sittlichen
Beurteilung der Armut und des Reichtums bei Euripides seine
soziale Theorie ergiebt. In einer eigentümlichen, etwas ironisch gefärbten Darstellung wird die Bevölkerung im *Bellerophontes* (*Fr.* 285, 3 ff.) in drei Klassen eingeteilt: nämlich 1. in
die sehr reichen, aber nicht adligen Leute, welche den Mangel
hoher Abkunft zwar peinlich empfinden, dafür aber in ihrem materiellen Besitz Ersatz finden. Verlieren sie den letzteren, dann
sind sie unwillig über das ihnen auferlegte „Joch". 2. Die
zweite Gattung bilden Leute aus vornehmer, aber armer Familie,
die unter ihrer Vermögenslosigkeit leiden, aber zu stolz sind, sich
mit ihrer Hände Arbeit zu ernähren. 3. Die dritte Klasse endlich besteht aus Leuten, die weder vornehm noch reich sind, die
sich aber ebendeshalb verhältnismässig am glücklichsten befinden,
weil sie das Glück gar nie gekannt haben und es ihnen daher
nicht recht zum Bewusstsein kommt, dass sie in der That unglücklich sind. Diese drei Klassen von Leuten werden nun hier
allerdings unter einem ganz bestimmten Gesichtspunkt, nämlich
dem des Glückswechsels, betrachtet. Aber dennoch ist diese Einteilung keine rein ideale Konstruktion: der reiche Parvenu, der
heruntergekommene Edelmann und der Proletarier sind Typen,
welche Athen zur Zeit des Euripides gewiss in Menge aufwies[45]).
Wir erinnern uns dabei der Einteilung der Bürger in drei
Stände in den *Hiketiden* (238 ff.) eines Bruchstücks des *Pleisthenes* (*Fr.* 626), der Stellen in der *Elektra*, welche uns den
Autargos vorführen (Kap. VI. 2 A. 16. 57), und einiger Verse aus
dem *Orestes* (917 ff.), in denen der Bauernstand als der
konservative Mittelstand nach oben den „nutzlosen" Besitzenden und nach unten dem besitzlosen, grundsätzlich gegen
die „Besitzenden" eifernden Proletariat entgegengestellt wird.
„Ich wünsch' ein harmlos Leben mir im Mittelstand", sagt *Ion*

(632). Auf diesen Mittelstand will Euripides die innere Politik begründet sehen; er ist nach seiner Ansicht auch das wichtigste soziale Element im Staate. Hiezu tritt noch ein sehr wichtiges und charakteristisches Bruchstück des *Äolus* (*Fr.* 21), in welchem neben dem politischen ganz besonders auch das soziale Verhältnis der Stände zum Ausdruck kommt:

Glaubt ihr, es liesse je bewohnen sich das Land,
Regierte ohne Reiche nur das arme Volk?
Nicht trennen lässt sich hoch und nieder jemals ganz.
Vermischt muss beides sein, soll wohl der Staat besteh'n.
Denn was der Arme nicht hat, muss der reiche Mann
Ersetzen, und was uns, den Reichen, gehet ab,
Das nehmen wir zu uns'rer Ehr' vom armen Mann.

Man sieht hier, wie Euripides den Hymnus auf die „Gleichheit", den er in den *Phönissen* (535 ff.) der Iokaste in den Mund legt, und seine auch sonst (*Alex Fr.* 52) ausgesprochenen Gedanken von der ursprünglichen Gleichheit der Menschen und der Gemeinsamkeit des Besitzes (*Fr.* 22) verstanden wissen will: nicht eine öde und sinnlose, weil auf falschen Voraussetzungen beruhend, thatsächlich ganz ungerechte Gleichmacherei strebt er an, sondern Gleichheit aller Bürger vor dem Gesetz. Der Staat aber ist wie die Welt ein Kosmos, worin jedes Glied in die das Ganze zusammenhaltende Ordnung sich einfügen muss: Reiche und Arme sind beide nötig für den Bestand des Staates. Der begüterte Mann soll seinem Vermögen entsprechende grössere Leistungen für das Gesamtwohl auf sich nehmen: ein Grundsatz, der in Athen vermittelst der die wohlhabenden Kreise sehr stark belastenden Leiturgien (cf. Ps.-Xen. *Staat der Ath.* c. 1) thatsächlich durchgeführt war; diejenigen Gebiete aber, die dem Armen vermöge seines engen Gesichtskreises verschlossen sind, die hohe Politik, die er gar nicht beurteilen kann, soll er ruhig den oberen Ständen überlassen: man denke dabei an die nichtbesoldeten Ehrenämter der Strategie und die hohen Offiziersstellen (ib.). Woher aber sollte man Leute für den Betrieb der doch auch unentbehrlichen niederen Gewerbe nehmen, wenn es keine Armut gäbe? (Vgl. Aristophanes, *Plutos* 510 ff.) Wir haben also hier im wesentlichen denselben Grundgedanken wie bei der bekannten Fabel des Menenius Agrippa (*Liv.* II. 32), nur dass der griechische Dichter den Organismus des Weltalls, der römische Geschichtschreiber den menschlichen Körper und seine Glieder

zum Bilde nimmt[46]). Wollte man aber behaupten, es sei ein
Widerspruch in der politischen und sozialen Anschauung des Euripides, einerseits der Gleichheit das Wort zu reden und andererseits doch politische und soziale Unterschiede, namentlich auch
hinsichtlich des materiellen Besitzes, festzuhalten, so ist dagegen
einzuwenden, dass Euripides hiezu von seinen Voraussetzungen
aus durchaus das Recht hat, da für ihn der Reichtum, sittlich
betrachtet, keinen absoluten Wert hat und ebensowenig die Armut
für ihn ein absolutes Übel ist. Die Gegensätze sind nur relativ
und lösen sich in der höheren Harmonie einer sie beide umfassen-
den Ordnung auf. Es ist wiederum ein Heraklitischer Gedanke,
den wir hier bei Euripides antreffen: zu den Gegensatzpaaren
des Ephesiers, die in einer höheren Harmonie sich auflösen, gehört auch die Not und das Sattsein (χρησμοσύνη und κόρος Fr. 24).
Wir haben freilich nichts als diese zwei Worte; aber sie können
kaum in einen anderen Zusammenhang gehören: auch die Armut
und der Überfluss sind nur relative Grössen, die jede in ihrer Art
zum notwendigen Bestand der Welt- und Staatsordnung gehören[47]).

Obwohl demnach Euripides keineswegs in sentimentalem und
utopistischem Gleichheitsstreben die Gegensätze von arm und
reich aus der Welt schaffen will, sondern im Anschluss an Heraklit dem vermöglicheren und urteilsfähigeren Teil der Bevölkerung auch gewisse Vorrechte zuerkennt, so darf man doch nicht
vergessen, dass er das entschiedene Wort gesprochen hat, der
unersättliche Kapitalismus sei für den Staat ein Schaden (Hik. 238 f.) und ebenso ein besitzloses Proletariat.
Euripides berührt sich hier mit Gedanken, die Plato in seinem
Staat ausgesprochen hat: dieser bekämpft (VIII. 7 pg. 552 A B) die
absolute Freiheit des Erwerbs und der Veräusserung der Güter,
welche auf der einen Seite zu einer ungesunden Anhäufung des
Kapitals, auf der andern zu gänzlicher Verarmung führe. Und
wie Plato diese nicht weiter produzierenden und nur von ihrem
Überfluss lebenden Kapitalisten mit Drohnen vergleicht (ib. 9
pg. 554 A—D und 16 pg. 565 A—E), so gebraucht Euripides für
das Proletariat das Bild der Arbeitsbienen, die ihren Stachel
gegen die reichen Schmarotzer kehren (Hik. 242)[48]). Soviel ist
sicher, dass Euripides von der das Recht des Stärkeren prokla-
mierenden Moral und Sozialpolitik, wie sie Kallikles in Platos
Gorgias (39 pg. 483 D) vertritt, nichts wissen will, dass er die
Habsucht eingeschränkt wissen will, wie Demokrit (Fr. eth. 215)

und Antiphon in seiner Schrift *über den Gemeinsinn* (περὶ ὁμονοίας) es empfiehlt und wie auch der Xenophontische Sokrates
(*Mem.* IV. 4, 16) den Gemeinsinn als das höchste Gut einer Bürger-
schaft preist, weshalb man überall die Bürger auf dessen Pflege
vereidige [49]). Euripides steht also auf dem Boden einer altruisti-
schen Moral, welche den Gedrückten aufhelfen will, und hiebei
ist der von ihm ausgesprochene Gedanke, dass aller Besitz nicht
wirkliches, sondern nur von der Gottheit dem Menschen zur Verwaltung anvertrautes Eigentum sei und dass er nur durch den
Gebrauch, den man davon mache, gut oder schlimm werde, wohl
zu beachten. Diese Ideen mögen zum Teil, wie gesagt, sophistischen Ursprungs sein, gingen aber bei Euripides eine Verbindung
mit Heraklitischen Gedanken ein. In der Theorie des Euripides fällt ferner die Dreiteilung der Stände auf. Wie uns
Aristoteles (*Pol.* II 8 pg. 1267 B) berichtet, war der Architekt
Hippodamos von Milet, der Erbauer der Hafenstadt Piräus,
der sich keineswegs auf die Thätigkeit in seinem Fache beschränkte, sondern „sich mit der ganzen Natur befasste", der erste
Laie, der ein Staatsideal aufstellte. Die Bevölkerung seines
Idealstaats teilte er in drei Stände: die Handwerker, die Bauern
und die Krieger. Auch der Grund und Boden wurde in drei Gebiete geteilt, nämlich in einen heiligen Bezirk für den Kultus, in
eine Staatsdomäne zur Unterhaltung des Kriegerstands und in ein
Gebiet, das den Bauern als Privateigentum überlassen wurde.
Auch in die Gesetzgebung führte er die Dreiteilung ein, insofern
sich die Gesetze beziehen sollten auf Beleidigung (ὕβρις), Schädigung (βλάβη), Leib und Leben (θάνατος). Für Leute, die sich um
das öffentliche Wohl verdient machten, wünschte er Auszeichnungen (vgl. Eur. *Autolykos Fr.* 282, 23 ff.). Für die Waisen
hatte der Staat zu sorgen. In seiner Kritik der Staatstheorie
des Hippodamos weist Aristoteles hauptsächlich darauf hin, dass
der herrschende Stand hier ausschliesslich die Krieger, die Handwerker beinahe zu einem Sklavenlos verurteilt seien und auch
die Bauern nicht zu einem ihrer Bedeutung entsprechenden Recht
kommen. Im allgemeinen enthält diese Theorie noch keinen Protest gegen die Grundlagen des bestehenden Staates. Dass sie
aber die Gesetzgebung auf die negative Seite des Rechtsschutzes
beschränkt und damit „in sozialökonomischer Hinsicht zur Un-
fruchtbarkeit verurteilt" habe, kann man nicht sagen. Vielmehr
lag es offenbar in der Absicht des Hippodamos, die Wohlfahrts-

gesetzgebung über das gewöhnliche Mass auszudehnen [50]). Radikaler waren die Reformvorschläge des etwas jüngeren, aber auch noch der zweiten Hälfte des fünften Jahrhunderts angehörigen Phaleas von Chalcedon (Aristot. *Pol.* II. 7 pg. 1266 f.). Dieser verlangte Gleichheit des Besitzes wenigstens hinsichtlich des unbeweglichen Vermögens und Verstaatlichung aller gewerblichen Arbeit, so dass die Vertreter der letzteren alle „Staatsdiener" (δημόσιοι) würden. In diesem Vorschlag findet Pöhlmann einen „untrüglichen Beweis dafür, dass die Forderung kollektivwirtschaftlicher Produktion nicht Ausfluss eines sozialen Demokratismus ist, der die extreme Durchführung des individualistischen Gleichheitsprinzipes im Auge hat, sondern einer antiindividualistischen Auffassungsweise, für welche diese Ausdehnung der Staatswirtschaft nur ein Mittel ist, durch die denkbar radikalste Unterordnung der gesamten gewerblichen Bevölkerung unter die Zwangsgewalt des Staates ihre, wenn auch gleichzeitig antikapitalistischen, so doch in erster Linie antidemokratischen Ziele zu verwirklichen". Ferner soll diese antidemokratische Tendenz auch daraus hervorgehen, „dass als der Zweck, um dessenwillen Phaleas die Gütergleichheit einführen wollte, die Sicherung des sozialen Friedens und die Hebung der Volkssittlichkeit bezeichnet wird" [51]). Es liegt nun aber doch wahrhaftig in der Sache, dass jede soziale Gesetzgebung vom „sozialen Interesse" ausgeht und dass eben dieses die Unterordnung des Individuums unter die Gesamtheit erheischt. Haben nicht die Gegner des modernen sozialdemokratischen Idealstaats diesen als „Zuchthausstaat" bezeichnet und folgt daraus irgend etwas für den antidemokratischen Ursprung dieses Ideals? Phaleas suchte nach einem Heilmittel gegen den krankhaften Zustand, dass die Leute „aus Hunger und Frost stehlen" (pg. 1267a), und glaubte dies in seiner gleichmässigen Aufteilung des Grundbesitzes und der Verstaatlichung der Gewerbe, wodurch jedermann sein Auskommen gesichert werden sollte, zu finden. Weil es aber mit der materiellen Versorgung noch nicht gethan ist, verlangte er auch weiter Verstaatlichung der Erziehung. Hier macht nun freilich Aristoteles den berechtigten Einwand, dass es eine einheitliche Bildung für alle Schichten der Bevölkerung niemals geben könne und dass man mit aller Nivellierung der Eigentumsunterschiede die verschiedenen Bedürfnisse und Ansprüche auf gesellschaftliche Stellung, kurz, den Ehrgeiz, doch niemals aus der Welt schaffen werde (pg. 1266b).

erscheint Phaleas
dass er
r
in
ich
icht
ndere
Fragen
ies auch
so wird
tschieden.
enen Euri-
se wünscht,
r einen, die
en, und darum
r dieses prak-
oretische Unter-
t, dass ursprüng-
noch aller Besitz
amos und Phaleas
in extremer Weise
s Doktrinär, bewährt
ben. Der Grundbesitz
heoretiker von grösster
dieser Systeme adoptiert
bleibt auch hier seiner
hält das Gute, bildet sich.
als getreuer Mentor seines
en aus. Klar genug geht aus
eder brauchbare Versuch will-
Anhäufung des Kapitals in den
den Notstand der untern Klassen
ist, einen kräftigen, von
au lebenden Mittelstand zu
erwartet der Dichter das Heil nicht
System, sondern von der pflicht-
des einzelnen Bürgers, der mit den
Körpers erwerben mag, soviel er auf
Schädigung seiner Mitbürger kann, aber
sucht und hartherziger Selbstsucht den

kleinen Mann ausbeuten, sondern auch diesem, soviel in seiner
Kraft steht, zu einer würdigen Existenz im Staate verhelfen soll.
Dafür mag ihm dann der letztere ein grösseres Mass äusserer
Ehre, das seiner höheren Einsicht und Fähigkeit, namentlich aber
auch seinen grösseren Leistungen für das Gesamtwohl entspricht,
neidlos gönnen.

3. Die Sklaven.

Der antike Mensch kann sich die Welt ohne Sklaverei nicht
vorstellen. Dies hat rechtliche und wirtschaftliche Ursachen. Die
Sklaverei beruht darauf, dass es ein Rechtsverhältnis zwischen
verschiedenen Stämmen nicht giebt. Man kann deswegen mit
einem Stammfremden anfangen, was man will, sofern man ihn nur
in seiner Gewalt hat. Bezeichnenderweise stehen daher im offiziellen Verkehr der Völker die Gesandten, im privaten die Fremden (ξένοι) nicht unter rechtlichem, sondern unter religiösem Schutz.
Das Wort „Sklave", das sich bekanntlich während der Slaven-
kriege des Mittelalters gebildet hat und aus dem Nordosten zu
den Völkern des westlichen und südlichen Europas gedrungen ist,
weil die Bezeichnung „servus" jetzt ein Hörigkeitsverhältnis ausdrückte, erinnert uns ferner daran, dass die Sklaverei aus wirtschaftlichen Gründen das Altertum lange überlebt hat, dass sie
im 15. und 16. Jahrhundert im Süden Europas noch einmal einen
grossen Aufschwung nahm und im 18. Jahrhundert in den tro-
pischen und subtropischen Ländern Amerikas der Plantagenwirt-
schaft als unentbehrlich galt. Erst die Antisklavereibewegung
am Ende des vorigen Jahrhunderts hat mit der Anschauung gebrochen, dass man Eigentumsrecht an einem Menschen erwerben
könne. Es ist somit die weitverbreitete Anschauung, dass das
Christentum die Abschaffung der Sklaverei herbeigeführt habe,
völlig unrichtig. Das Christentum hat allerdings, wie auch gewisse Richtungen der antiken Philosophie, namentlich die Stoa,
vermöge der Lehre von der Gleichheit aller Menschen indirekt
das Verhältnis von Herren und Sklaven beeinflusst; aber das
Rechtsverhältnis hat sowohl das Urchristentum als die spätere
Kirche einfach als bestehend und gültig hingenommen: Paulus
schickt den seinem Herrn entlaufenen Sklaven Onesimus, der
Christ wurde, diesem zurück *(Brief an Philemon).* Und wenn
später in den Kriegen zwischen verschiedenen christlichen Völkern keine Sklaven mehr gemacht wurden, so beruhte dies auf

dem Bewusstsein der kulturellen Ebenbürtigkeit der streitenden
Parteien, ähnlich wie es auch im Altertum trotz nicht unbedeuten-
der Ausnahmen, die aber als solche Aufsehen und Anstoss erregten, als Regel galt, dass Griechen nicht von Griechen zu
Sklaven gemacht wurden [1]).

In den ältesten Zeiten darf man sich die Sklaverei bei den
Griechen keineswegs ausgedehnt vorstellen. In den Verhältnissen,
welche uns die Homerischen Gedichte vorführen, sind die Sklaven
meistens Weiber, nur selten Männer; letztere, wie z. B. Eumäus
im Hause des Odysseus, sind meist als Kinder geraubt oder ge-
kauft (o 403 ff.). Man ging bei der Kriegführung überhaupt nicht
sehr auf den Raub männlicher Sklaven aus: die erwachsene Bevölkerung männlichen Geschlechts wurde vielmehr meist getötet;
denn man hielt dafür, dass ein Mann, der seine Freiheit einge-
büsst habe, nicht mehr viel nütze sei (ρ 320 ff.) [2]). Der hellenische Bauer besorgte seine Wirtschaft in der Regel in Gemeinschaft mit seiner Frau (Hesiod, *Erga* 405) [3]). Ausserdem arbeiteten
zahlreiche Freie, welche keinen eigenen Grundbesitz hatten, im
Dienste anderer. Die Sklaverei hatte daher in der Zeit, da Landwirtschaft und Viehzucht die Grundlage des Vermögens bildeten,
keine grosse Bedeutung, ebenso wie im Orient: „Die Sklaven
waren kein produktives, sondern ein sehr kostspieliges Inventar
des Hauses" [4]). Mit dem Aufkommen der Industrie und des Handels, namentlich auch des Geldwesens, wurde das anders: zahlreiche Angehörige der unteren Stände, namentlich Kleinbauern,
gerieten in Schulden und, wenn sie diese nicht bezahlen konnten,
weiterhin in Sklaverei. Und gerade die Einführung des demokratischen Staates, der mit allen Privilegien brach, die Standesunterschiede nach Möglichkeit beseitigte, das Landvolk eman-
zipierte, den Gewerbetreibenden und Industriellen zu einer selb-
ständigen Stellung verhalf, hat der Sklaverei die Wege geebnet.
Denn der Kampf zwischen den Agrariern auf der einen und den
Industriellen auf der andern Seite schloss im wesentlichen mit
dem Sieg der letzteren; und die Folge dieser Entwicklung war
die Bildung eines freien Proletariats, das nichts sein eigen nannte
als seine Arbeitskraft, aber doch den Anspruch erhob, in der
Weise freier Bürger leben zu können. Aus dem letzteren Grunde
wurde der freie Arbeiter für die Industrie zu teuer und, um möglichst billige Arbeiter zu bekommen, die sie rücksichtslos aus-
nützen konnte, griff sie zur Sklaverei. Zuerst sollen auf Chios

Kaufsklaven eingeführt worden sein [44]). Städte wie Korinth, Ägina, Athen, Syrakus weisen als Zentralpunkte von Handel und Industrie auch die grösste Sklavenzahl auf. Aus den Gegenden am Schwarzen Meer, den Barbarenländern im Westen, weniger aus dem Orient, bezog man jetzt den Bedarf an Sklaven. Und nun, da die Sklaverei in grösserem Massstab betrieben wurde, empfanden die Arbeiterkreise des Bürgertums sie als eine gefährliche Konkurrenz: denn die Sklaven wurden nicht bloss zur Minen- und Bergwerksarbeit verwendet, sondern vielfach nahmen sie auch die Stellung von Gesellen im Handwerk ein und wurden besonders auch in grösseren Betrieben eingestellt. So hören wir, dass in der Schildfabrik des Redners Lysias 120, in der väterlichen Möbelfabrik des Demosthenes 20, in dessen Messerfabrik 30 Sklaven eingestellt waren; ja, die in der Montanindustrie verwendeten Sklaven erscheinen in der Zahl von 300, 600 und 1000 Köpfen als Eigentum einzelner Besitzer. Thukydides sagt, dass ein grosser oder der grösste Teil der 20000 attischen Sklaven, die im dekeleischen Krieg zum Feind übergingen, Handwerker waren. Auch die Arbeitsteilung in den Fabriken muss schon eine sehr weitgehende gewesen sein: „Denn,“ sagt Xenophon, „es ist unmöglich, dass ein Mensch, der vieles verfertigt, alles gut macht. In den grossen Städten genügt daher, weil nach jedem Produkt eine grosse Nachfrage ist, dem einzelnen ein einziges Handwerk, um seinen Unterhalt zu finden, ja oft sogar nur ein Teil eines solchen: der eine macht Herrenschuhe, der andere Damenschuhe; hier lebt der eine nur vom Nähen der Schuhe, dort ein anderer nur vom Zuschneiden; der eine schneidet ausschliesslich Kleider zu, der andere setzt die Stücke nur zusammen. Je einfacher die Arbeit ist, desto besser muss die Ausführung sein.“ Auch bei der Herstellung von Waffen finden wir verschiedene Gattungen von Handwerkern, Schmiede und sonstige Metallarbeiter, Sattler und Maler, beschäftigt. Soweit nun diese Arbeiter Sklaven waren, waren sie in der That „dienende Leiber“ (σώματα οἰκετικά), gleichsam „Teile ihres Herrn“ oder „lebende Maschinen“ (ὄργανα ἔμψυχα), wie Aristoteles sich ausdrückt [45]). Um daher die freie Arbeit zu schützen, verbot schon Periander von Korinth die Sklaveneinfuhr, und in der ersten Hälfte des vierten Jahrhunderts hören wir in Phokis die Klage, dass durch die Einfuhr zahlreicher Sklaven vielen Bürgern der Verdienst genommen werde. In der Landwirtschaft scheint übrigens ihre Verwendung

immer eine beschränkte gewesen zu sein. Überhaupt darf man
sich auch in den späteren Zeiten das Sklavenpersonal nicht zu
zahlreich vorstellen: keineswegs jeder Bürger hatte einen Sklaven,
und nur in den grossen Industriestädten übertraf die Zahl der
Sklaven die der Freien [5]). Wie wenig man sich freilich die Welt
ohne Sklaverei denken konnte, beweist der Umstand, dass selbst
Aristoteles in seinem Idealstaat zwar keine Handwerker dulden
will, es aber durchaus natürlich findet, dass die Barbaren den
freien Griechen als Sklaven dienen [6]). Ein praktischer Versuch,
die Sklaverei abzuschaffen, wurde im Altertum nie gemacht; dagegen hat es an theoretischen Angriffen auf diese Einrichtung
nicht gefehlt: die Sophistik des fünften Jahrhunderts zog auch
dieses scheinbar unentbehrliche Institut vor ihr Forum und unter-
suchte es auf die unerbittliche Frage hin: φύσει oder νόμῳ? Übrigens war das Los des griechischen Sklaven leidlich. In Athen
war die thätliche Misshandlung der Sklaven verboten; im Notfall
fanden sie im Theseion und in andern Tempeln eine Zufluchts-
stätte (so auch bei Eur. *Androm.* 246; 253; *Hek.* 290), und sie
konnten dann verlangen, an einen andern Herrn verkauft zu werden. Was sich die Haussklaven (οἰκέται) erlauben durften, zeigt
die Komödie. Der aristokratische Verfasser der Schrift *vom Staat
der Athener* bemerkt (c. 1) mit einem gewissen Unmut, dass man
die Sklaven in der Tracht nicht von den Freien unterscheiden
könne und dass es auf der Strasse keinem einfalle, einem freien
Mann aus dem Wege zu gehen. Sklaven, die ein Handwerk verstanden, durften häufig ihrem Erwerb nachgehen, mussten an
ihren Herrn nur eine kleine Abgabe von ihrem Verdienst ab-
liefern und hatten so die Möglichkeit, sich schliesslich von ihren
Ersparnissen die Freiheit zu erkaufen. Wurden sie freigelassen,
so waren sie freilich damit noch keine Bürger, sondern traten
unter die Zahl der Schutzbefohlenen. Am härtesten war die Behandlung der Sklaven vor Gericht: hier konnte ihr Geständnis
mit der Folter erzwungen werden [7]).

In der dramatischen Poesie finden wir Sklaven schon
bei Äschylus, doch verhältnismässig selten und ohne dass der
Dichter ihrer Charakterzeichnung eingehendere Aufmerksamkeit
widmete, so z. B. eine „Amme" (τροφός) in den *Choephoren.*
Die Rolle des Pädagogen soll Neophron von Sikyon, ein älterer
Zeitgenosse des Euripides, der entweder selbst schon eine *Medea*
verfasst oder zu derjenigen des Euripides seinen Namen herge-

geben hat, in die Tragödie eingeführt haben. Auch scheute er
sich nicht, die Bestrafung von Sklaven mittelst der Folter auf
die Bühne zu bringen. Hat er so mit Euripides die Neigung
gemein, die Tragödie der Sphäre des wirklichen Lebens anzu-
nähern, so hat doch erst dieser gerade die Gestalten des Pädagogen und der Kammerfrau (τροφός) wirklich lebensvoll ausgebildet, wie er denn überhaupt seinem Sklavenpersonal trotz der
niederen Verrichtungen, welche dasselbe vielfach zu besorgen hat,
ein gewisses kameradschaftliches Standesgefühl zu verleihen weiss.
Auch ist es gewiss kein Zufall, dass bei Euripides niemals die
Folterung eines Sklaven vorkommt, obwohl die Drohung mit der
Todesstrafe nicht selten ist. Sophokles zeigt sich bei der
Zeichnung des Pädagogen in der *Elektra* und der Amme in den
Trachinierinnen entschieden von Euripides beeinflusst, obwohl er
dem ganzen Stand der Sklaven viel aristokratischer und weniger
human als dieser gegenübersteht [7a]).

Die Äusserungen des Euripides über die Sklaverei zerfallen
in zwei Gruppen: die eine von zahlreichen Personen seiner Dramen vertretene giebt die populäre Anschauung über die Sache
wieder, die andere zeigt uns die eigene, die Sklaverei ver-
werfende Meinung des Dichters, wobei er die dramatischen Figuren nur als sein Sprachrohr benützt. Wir beginnen mit der
ersten Gruppe. Ganz im gewöhnlichen antiken Sinn ist *Fr.* 1019
gedacht:

Denn von den Sklaven leben wir, die Freien, ja.

Hier haben wir ganz deutlich den Grundsatz ausgesprochen: es
muss einen Sklavenstand geben, um dem freien Mann ein seiner
würdiges Leben zu ermöglichen. Die Sklaven, deren Los nun
einmal nach dem Willen der Gottheit ein niedriges ist (*Antiope
Fr.* 218), müssen ihm die groben Arbeiten für das tägliche Leben
abnehmen, damit er sich seinem höheren Beruf, dem Kriegsdienst
und der Beteiligung am öffentlichen Leben, der Musse und der
geistigen Ausbildung widmen kann. In diesem Sinne nannte
schon Pindar (*Pyth.* IV. 41 [71]) die Sklaven ‚Arbeitsbefreier‘
(λυσίπονοι) [8]). Die Ergänzung hiezu liefert ein weiteres Bruchstück
der *Antiope* (*Fr.* 216):

Nicht soll ein Mann, der Sklave ist, der Freien Sinn
Sich anzueignen suchen und nicht träge sein [9]).

Demnach soll ein Sklave sich freier Geistesbildung enthalten und
seinen Sinn lediglich auf die ihm angewiesenen Geschäfte richten,

nicht aber, wie der freie Mann, sich die Musse (σχολή) nehmen,
sich mit höheren Dingen abzugeben. Hiezu hat er kein Recht:
ein solches Streben erscheint bei ihm nur als Trägheit (ἀργία).
Der Sklave hat nichts zu thun, als den Willen seines Herrn zu
erfüllen: seine einzige Tugend ist der Gehorsam (*Alkmene
Fr.* 93):

> Den Herren stets gefallen: dieser Grundsatz ist
> Der beste für den Sklaven. Jeden Auftrag wird
> Vollführen er zum Wohlgefallen seines Herrn [10]).

Der Wille des Herrn tritt als höchste Autorität an Stelle des
eigenen Denkens und Strebens. Ein Sklave soll gar nicht selber
denken: das ist der grösste Fehler, den er begehen kann. So
meint im *Alexander* (*Fr.* 48) Deiphobus:

> Zwar bist du weise, Priamus; doch sag' ich dir:
> Ein Sklave, der mehr denket, als er denken soll,
> Der ist die grösste Last nur für ein Haus und nichts
> Ist wohl ein schlimm'rer und unnützerer Besitz [11]).

Übertrifft der Sklave gar seinen Herrn an Klugheit, dann ist es
vollends schlimm (*Alexander Fr.* 51):

> Nicht ist es gut,
> Sich Sklaven kaufen, welche klüger als der Herr [12]).

Und im *Archelaos* (*Fr.* 251) wird gewarnt:

> Ein weiser Mann wird keinen Sklaven oder Frei'n,
> Der klüger ist als er, aufzieh'n in seinem Haus [13]).

Wie er nicht denken soll, so soll der Sklave auch nicht viel
reden (*Iph. Aul.* 313; *Ion* 674 f.; *Phön.* 391 f.), und die in Knechtschaft geratene *Andromache* fürchtet, sich durch ihre Beredsamkeit trotz ihres guten Rechts, dessen sich der edle Peleus annimmt (914), bei ihrer grausamen Herrin Hermione zu schaden
(186 ff.). Endlich kann der Sklave auch keine eigenen Gefühle
und Neigungen haben. Durch Liebe zu seinem Herrn zieht er
sich nur den Hass seiner niedriger gesinnten Mitsklaven zu
(*Alexander Fr.* 58):

> Wer von den Sklaven liebet seines Herrn Geschlecht
> Erregt bei seinesgleichen schwere Kämpfe sich [14]).

Und umgekehrt muss er seinem Herrn, mag es nun wahr sein
oder nicht, allezeit zu Gefallen reden (*Busiris Fr.* 313) [14a]).
Darum war es durchaus das Gewöhnliche, dass der Sklave überhaupt auf keine eigene Gesinnung und Gesinnungs-
tüchtigkeit Anspruch machte, sondern lediglich, je nachdem es

sein eigener Vorteil erheischte, den Mantel nach dem Wind
hängte. In der *Elektra* erkundigt sich Orestes nach den Leuten
des Ägisthus, den er ermorden will. Der Greis, den er frägt, beruhigt ihn: es seien nur Sklaven, die den Orestes noch nie gesehen hätten (628 ff.). Hierauf frägt Orestes (632 f.):
> Und wenn wir siegen, wären sie uns zugethan?

Und der Alte erwidert:
> Das ist ja sklavenüblich und dir förderlich.   (D.)

Im *Alkmeon* (*Fr.* 86) heisst es:
> Wer einem Sklaven jemals sein Vertrauen schenkt,
> Der ist in unsern Augen gar ein schlimmer Thor[15]).

Die Unverlässlichkeit bezeichnet auch Kreusa im *Ion* (983)
als „die Schwäche" der Sklaven: sie fürchtet, sie möchten die
ihnen aufgetragene Ermordung des Ion nicht ausführen[16]). — Dadurch nun, dass der Sklave systematisch drunten gehalten wird,
dass ihm das eigene Denken, Fühlen und Reden versagt ist, wird
in ihm — die unausbleibliche Folge aller unbedingten Subordi-
nation — die Persönlichkeit ertötet. Infolgedessen degene-
riert er intellektuell und sittlich: da ihm alles Höhere verschlossen
bleibt, kann er einzig noch Sinn für die gröbsten materiellen Ge-
nüsse, für die Sinnlichkeit, haben (*Alexander Fr.* 49):
> Ich hab's bewiesen. So schlecht ist der Sklaven Art:
> Der Bauch ist alles; weiter denkt ein Sklave nicht[17]).

Auf diese Weise wird die richtige Lakaienseele, die wahre
Knechtsgesinnung gezüchtet, die sich auch auf die Kinder vererbt (*Fr.* 976)[18]), so dass man schliesslich den Zustand, der nur
Folge einer Kulturverirrung ist, für ein Erzeugnis der Natur hält.
So werden abermals im *Alexander,* einem Stück, das die Enthüllung der fürstlichen Geburt des vermeintlichen Sklaven Paris
zum Gegenstand hatte und darum die Sklavenfrage besonders
häufig berührt haben muss, die Diener (*Fr.* 57) angeredet:
> Ihr schlimmen Schufte, die ihr nicht nur Sklaven heisst,
> Nein, die ihr Knechtsgesinnung heget von Natur[19]).

Die Ironie des Stückes lag darin, dass die Prinzen, indem sie den
vermeintlichen Sklaven verhöhnten, ihr eigenes Geschlecht ver-
spotteten und umgekehrt der Königssohn, indem er die Sache der
Sklaven vertrat, ebenfalls seinen eigenen Stand und Familie angriff, schliesslich aber durch seinen Sieg in den aus Anlass seines
eigenen vermeintlichen Todes veranstalteten Leichenspielen zum
grossen Ärger seiner Brüder über diese triumphierte[20]). — Weil

aber auch der Sklave, dessen Leben ja freilich nicht viel wert ist
(*Androm.* 89 f.), ein Mensch ist, so kann trotz allem das Menschen-
tum in ihm nicht ganz ausgetilgt werden: der letzte Rest davon ist
der Schmerz über seine Lage. Klagerufe dieser Art tönen uns
aus dem *Archelaos* mehrfach entgegen: *Fr.* 217:

Ach, siehst du nicht, welch Unglück ist die Sklaverei!

Fr. 218:

O weh, wie hat doch Gott der Sklaven arm Geschlecht
Zum niedrigeren Lose überall bestimmt.

Ein freier Mann wird den Tod der Sklaverei vorziehen (*Fr.* 245):

Eines sag' ich dir: lass niemals lebend dich in Sklaverei
Bringen, wenn es dir noch möglich, frei zu gehen in den Tod [21].

In ein solches Geschick begiebt sich selbstverständlich niemand
freiwillig, und so beruht denn die Sklaverei thatsächlich auf
Gewalt: sie ist ein Unrecht, das ein Mensch dem andern zu-
fügt, ein menschenunwürdiger Zustand (*Hek.* 332 f.):

Ach, welches Unglück ist das Los des Sklaven stets!
Er duldet Unrecht; denn Gewalt ist über ihm [22].   (D.)

Zu dieser Betrachtung seines Schicksals ist der aus gefangenen
Trojanerinnen bestehende Chor der *Hekabe* noch fähig: diese
Frauen waren ja bis jetzt noch frei und sollen nun erst Sklavinnen werden. Daher ist ihr Selbstbewusstsein noch lebendig;
sie haben sich noch nicht mit matter Resignation in ihr Schicksal
gefunden. Im Gegenteil, ihr Empfinden bäumt sich dagegen auf
(*Hek.* 349 ff.; *Troad.* 489 ff.), und dieses gesunde Gefühl giebt
ihnen die richtige Bezeichnung für die Sklaverei ein: sie ist Gewalt, sie ist Unrecht.

Diese Einsicht, oder wenigstens das instinktive Gefühl, dass
die Sklaverei nichts Natürliches und Berechtigtes, sondern ein Gewaltakt und also ein Unrecht sei, hat offenbar bei der scheinbaren oder wirklichen Unmöglichkeit, sie ganz aus der Welt zu
schaffen, in Hellas und besonders in Athen schon verhältnismässig
frühzeitig dazu geführt, das Los der Sklaven einigermassen
zu lindern, das Eigentumsrecht des Herrn, wenigstens soweit es
ihr Leben anbetraf, gesetzlich einzuschränken. Auch Euripides
vergisst nicht, dies hervorzuheben. Er lässt die Barbarin Hekabe
zu Odysseus sagen (*Hek.* 291 f.):

Denn gleiche Satzung straft in eurem Lande ja
Den Mord des freien Mannes und des Sklaven Mord [23]. (D.)

Und nicht nur dies: thatsächlich gestaltete sich oft das Verhältnis zwischen Herrn und Sklaven bei aller Ehrerbie-
tung der letzteren gegen die ersteren (*Hek.* 234 ff.; *Hipp.* 115;
1249 ff.; *Med.* 61; 83) leutselig, ja freundschaftlich: es wurde zu
einem Pietätsverhältnis. Im *Meleager* (*Fr.* 529) heisst es:

Wie schön für Sklaven, wenn sie haben brave Herrn,
Und für die Herrn, wenn ihre Sklaven wohlgesinnt[24]).

Das Verhältnis beruht also auf Gegenseitigkeit: beide Teile können
dazu beitragen, dass es trotz der harten Rechtsgrundlage sich
menschlich und erfreulich entwickelt. So finden wir eine wahrhaft warme Liebe und Anhänglichkeit der Sklaven an ihre milde
und freundliche Herrin in der *Alkestis*. Hier sagt die Sklavin in
ihrem Bericht über den Tod der Königin (192 ff.):

Und alle Diener im Palaste weinten laut,
Die Herrscherin bejammernd, und sie reichte dar
Die Rechte jedem, und so schlecht war keiner ihr,
Den nicht sie ansprach, der es nicht erwiderte. (D.)

Und 769 ff. beklagt ein Diener

Die Königin, die mir und allen Mutter war
Im Hause; tausend Übel wehrte sie von uns,
Des Mannes Zorn erweichend. (D.)

Wird auch (210 ff.) angedeutet, dass das Verhältnis zwischen
Herrscher und Unterthanen, Herrn und Sklaven, nicht überall ein
so freundliches sei, wie hier in Pherä, so finden wir doch auch
anderwärts Beispiele ähnlich herzlicher Beziehungen zwischen
Herrschaft und Dienerschaft. So redet im *Ion* (725 ff.) Kreusa
einen alten Haussklaven, der schon ihren Vater Erechtheus auf-
gezogen hatte, mit folgenden Worten an:

Du alter Mann, der einst Erechtheus' Lehrer war,
Des Vaters mein, als er noch lebt' im Sonnenlicht,
So gehe du denn zu des Gott's Orakel hin
Und freu' dich mit mir, wenn der Herrscher Loxias
Durch seinen Spruch mir Hoffnung macht auf einen Sohn.
Es ist so schön, mit lieben Freunden glücklich sein,
Und wenn, was nicht geschehen mög', ein Unglück kommt,
In eines braven Mannes treues Aug' zu schau'n.
Und wie du meinen Vater einst gepflegt, so will
Ich, obgleich Herrin, ehren dich an Vaters Statt.

Nicht minder intim finden wir das Verhältnis zwischen Herrn
und Sklaven in einer Botenrede der *Helena* (726 ff.) gezeichnet:

Schlecht ist ja, wen nicht kümmert seines Herrn Geschick,
Wer nicht im Leid mittrauert, nicht mit ihm sich freut.
Mir sei's beschieden, ward ich auch ein Sklave nur,
Den edelmüt'gen Dienern beigezählt zu sein;
Und wurde mir der freie Name nicht, so sei
Doch frei die Seele! Besser dies, als wenn ich zwei
Gebrechen hätt', ich Einer; wenn ich bösgesinnt
Dem Laster frönte, Knecht genannt der anderen [25]).   (D.)
Man sieht, wie hier der Sklave, der auch von seinem Herrn
freundlich behandelt wird (734 ff.), die frohen (vgl. *Ion* 566; *Hel.*
734 ff.; *Phaëth. Fr.* 773, 46 ff.) [25ᵃ]) und traurigen Geschicke seiner
Herrschaft mit Teilnahme verfolgt und sich eben dadurch als
einen der Gesinnung nach freien Mann zeigen will. Ähnlich,
wenn auch kürzer, heisst es im *Alkmeon Fr.* 85:
    Ist krank der Herr, hat auch der Sklave Teil daran [26]).
Treue und Anhänglichkeit ziemt sich für einen Sklaven (*Eurysth.
Fr.* 375):
    Treu soll ein Diener gegen seine Herrschaft sein
    Und für der Herren Sache einsteh'n immerdar [26ᵃ]).
In der *Medea* besprechen der Hofmeister und die Kammerfrau
voll Teilnahme die Vorgänge im Hause ihrer Herrschaft; denn
(54 f.):
    Dem wohlgesinnten Diener ist das Ungemach
    Des Herrn ein Unglück und ergreift ihm tief das Herz. (D.)
Und ebenso freuen sich in demselben Drama die Sklaven über die
vermeintliche Aussöhnung von Iason und Medea (1138 ff.). In
der *Iph. Aul.* (304 f.) rechnet sich der alte Haussklave den Vorwurf „allzugrosser Treue“, den ihm Menelaos macht, zur Ehre
an, und der Klytämnestra gegenüber bezeichnet er sich als „ihr
und ihren Kindern wohlgesinnt“ (867). Die Drohungen des Menelaos beantwortet er mit der Versicherung, dass es für einen
Sklaven nichts Ruhmvolleres gebe, als für seinen Herrn zu
sterben (312), und denselben Grundsatz der Treue bis in den Tod
spricht der aus geraubten griechischen Sklavinnen (191 ff.) bestehende Chor in der *Helena* (1639 f.) aus. Es liegt überhaupt
eine Art Anerkennung darin, dass Euripides in mehreren Stücken
(*Hekabe, Ion, Troades, Phönissen)* den Chor aus Sklaven oder
vielmehr Sklavinnen bestehen lässt, und Aristophanes vergisst
nicht, spöttisch zu bemerken, wie vortrefflich sich die Sklaven
des Euripides aufs Reden und Philosophieren verstehen (*Frösche*

949; *Ach.* 400 f.). Dass aber die Bilder treuer Anhänglichkeit
zwischen Sklaven und Herren, die uns Euripides vorführt, nicht
theoretische Phantasiegebilde, sondern dem Leben entnommen
sind, beweist mehr als eine Grabschrift auf treffliche Pflege-
sklaven und Ammen [26b]). Der Gedanke, welchen der Bote in der
Helena (726 ff.) ausspricht, dass nämlich auch ein Sklave die Gesinnung eines freien Mannes haben könne, findet sich auch bei
Sophokles (*Fr.* 854) und wird von Euripides mehrfach wiederholt;
so im *Phrixus* (*Fr.* 831):

> Bei vielen Sklaven ist der Name schimpflich nur:
> Ihr Sinn ist freier als derer, die nicht Sklaven sind [27]).

Ganz ähnlich sagt der Pädagog im *Ion* (854 ff.):

> Nur Eins ist, was den Sklaven Schande bringt, der Nam';
> In allen andern Dingen ist ein Sklave nicht
> Geringer als ein Freier, wenn er brav nur ist.

Noch weiter geht ein Bruchstück der *Melanippe desmotis* (*Fr.*
511), worin ausgesprochen wird, dass selbst der Sklavenname die
Ehre eines guten Menschen nicht herabdrücken könne:

> Den braven Sklaven schändet auch sein Name nie;
> Ja, mancher Sklav' ist besser als ein freier Mann.

Und in demselben Stück wird die Ansicht von der **Minderwertigkeit der Sklaven** gegenüber den Freien geradezu als
ein „leeres Vorurteil" bezeichnet. Ein Bote berichtet von der
Jagd, auf der Äolus und Böotus, die Söhne des Poseidon und der
Melanippe, von den Söhnen des Königs Metapontus und seiner
Gattin Theano angegriffen, diese töteten. „Uns, die Sklaven, so
schliesst der Bote seine Erzählung (*Fr.* 495, 37 ff.), würdigten sie
nicht des Todes durch das Schwert freier Männer", und fügt dann
hinzu (v. 40 ff.):

> Ich nun weiss nicht, warum auf edle Abstammung
> Man schauen soll; wer mannhaft und gerecht nur ist,
> Den nenn' ich edel trotz des leeren Vorurteils,
> Ist gleich er Sklave: mehr gilt der Charakter mir [28]).

In den *Hiketiden* (789; 890) erinnert ein Sklave seine Herrin an
ein ihm gegebenes Versprechen (vgl. *Hik.* 870). Im *Hippolytos*
endlich nimmt ein Sklave für sich das Recht in Anspruch, nur
die Götter „Herren" (δεσπόται) zu nennen (88), das bei Xenophon
(*An.* III 2, 13) den freien Hellenen zugeschrieben wird [29]). Die
für die Sklaven günstigen Äusserungen legt Euripides fast immer
den Sklaven selbst in den Mund [30]). Es wäre aber gewiss falsch,

daraus zu schliessen, der Dichter habe damit andeuten wollen, dass diese Ansichten ohne Belang und verkehrt seien und dass er selbst sie nicht teile. Keineswegs! Vielmehr ist es ja psychologisch durchaus richtig, dass in dem Unterdrückten selbst sich zuerst das Nachdenken über Recht oder Unrecht seiner Lage regt, während die herrschende Klasse wenigstens kein praktisches Motiv hat, an dem für sie vorteilhaften Zustand Kritik zu üben. Theoretisch aber geschah dies im fünften Jahrhundert auch in den Kreisen der Freien und Freiesten. Wenn man die von der Sklaverei handelnden Stellen bei Euripides überblickt, so sind es zwei Gedanken, welche immer wieder hervorbrechen: 1. Es ist nicht wahr, dass der Sklave in irgend welcher Hinsicht an sich einen geringeren Wert habe als der Freie; steht er sittlich unter ✓ diesem, so ist entweder seine individuelle Natur daran schuld oder die Sklaverei, insofern, als sie einen ursprünglich tüchtigen Menschen sittlich vernichtet hat. 2. Darum, weil es nämlich nicht wahr ist, dass es eine Menschenklasse giebt, die nur zum Dienen, und eine andere, die nur zum Herrschen geboren wäre, ist die Sklaverei ein Unrecht. Sie ist ein durch die Konvention (νόμῳ) bewirkter und als zu Recht bestehend anerkannter Gewaltakt, aber von Natur (φύσει) unvernünftig und ungerecht. Es ist die Lehre vom Naturrecht, von der ursprünglichen Gleichheit aller Menschen (*Alexander Fr.* 52, 3 ff. s. Kap. VII. 1 A. 16), welche die Vorrechte des Adels und die Unterdrückung der Sklaven, die verschiedene Wertung legitim und illegitim geborener Kinder (*Andromache* 637; *Antig. Fr.* 168; *Andromeda Fr.* 141; *Ion* 592; 670 ff.; *Phön.* 337 ff.; *Eurysth. Fr.* 377)[31] für gleich unvernünftig und gleich ungerecht erklärt. Der oder doch ein Hauptvertreter dieser Theorie war der Sophist Hippias von ﹀ Elis, dem Plato im *Protagoras* (pg. 337 D) die Worte in den Mund legt: „Ich glaube, dass wir alle von Einem Geschlecht und Verwandte und Mitbürger sind von Natur, nicht durch die Sitte; denn Gleichartiges ist mit Gleichartigem von Natur verwandt. Die Sitte aber, welche die Menschen tyrannisiert, erzwingt vieles Widernatürliche.“ Auch bei Xenophon (*Mem.* IV. 4, 14 ff.) erscheint Hippias als Vertreter der Ansicht, dass ursprünglich Recht und Natur einander gleich standen, jetzt Recht und Sitte (Gesetz) einander vielfach widersprechen, während Sokrates ihm zu beweisen sucht, dass die Gesetzlichkeit (νόμιμον) mit der Gerechtigkeit (δίκαιον) zusammenfalle[32]. — Auch *Gorgias* muss ähnliche

Lehren verkündigt haben: in dem nach ihm benannten Dialoge Platos (66 pg. 510 B) erwähnt Sokrates, offenbar als eine von Kallikles und Gorgias zugestandene Voraussetzung, dass jeder Mensch des andern Freund sein soll, nach dem Grundsatz, dass gleich und gleich zusammengehöre [33]). Und wenn dieser Gedanke im *Lysis* (pg. 214 B) nochmals wiederkehrt, so weist er deutlich auch hier auf die Sphäre der genannten Sophisten. Demnach ist es nicht zufällig, dass es ein Schüler des Gorgias, Alkidamas aus Eläa in Äolis war, der in seiner zu Gunsten der Messenier verfassten Schrift ausrief: „Gott hat uns alle frei geschaffen; niemanden hat die Natur zum Sklaven gemacht" (*Mess. Fr.* 1) [34]). Dass dies eine in weiten Kreisen verbreitete Ansicht war, sehen wir aus Aristoteles, der diese „Meinung gewisser Leute, dass der Despotismus etwas Widernatürliches sei, — denn Sklaven und Freie gebe es nur auf Grund der Sitte, von Natur sei kein Unterschied zwischen beiden; daher sei es etwas Ungerechtes und ein Gewaltakt", bekämpft (*Pol.* I. 3 pg. 1253 B) und, indem er einfach seinen Standpunkt auf dem Eigentumsrecht der Hauswirtschaft einnimmt, dabei bleibt, dass der Sklave ein „lebendiges Eigentum" sei, und weiter ausführt, dass das Vorhandensein von Herren und Sklaven für den Bestand der Welt eine unvermeidliche Notwendigkeit sei (4 pg. 1254 A), dass zwischen Sklaven und Freien ein natürlicher Unterschied bestehe, wie zwischen Mann und Weib, und dass daher die Barbaren die geborenen Knechte der freien Hellenen seien (2 pg. 1252 B) [35]). Es wird für alle Zeiten der griechischen Sophistik zur Ehre gereichen, dass sie, vom Begriff des Naturrechts ausgehend, das Existenzrecht der Sklaverei theoretisch bekämpft hat, und die Sokratische Schule, Plato und Aristoteles bedeuten ihr gegenüber in diesem Punkt entschieden einen Rückschritt. Es liegt auf der Hand, dass niemand anders als die Sophisten, besonders wohl Hippias, es waren, denen auch Euripides seine Gedanken über diese Frage entlehnt hat. Wir treffen ihn auch hier wieder als den Vertreter des Fortschritts, als den Verfechter der Ideen einer neuen Zeit. Die praktische Abschaffung der Sklaverei hat freilich auch er nicht gefordert, so wenig als später die in denselben Bahnen sich bewegenden Stoiker. Aber man kann diese Folgerung zwischen den Zeilen lesen, und ihre Ausführung hing eben von ganz anderen als ethischen Erwägungen ab, nämlich von einer völligen Umgestaltung der wirtschaftlichen Verhältnisse. Es wäre

daher ebenso ungerecht, aus diesem Mangel an Konsequenz den
Sophisten und dem Euripides als dem Christentum einen Vorwurf zu machen. In Einer Beziehung machten sich diese humaneren Anschauungen über die Sklaverei übrigens doch auch
praktisch geltend: sie führten zu einer milderen Handhabung des
grundsätzlich allerdings fortbestehenden grausamen Kriegsrechts,
nach welchem der überwundene Feind mit Leib und Leben Eigentum des Siegers wurde. Dies beweist der Widerruf des in der
ersten Zornesaufwallung gegen das aufständische Mitylene von
den Athenern gefassten Beschlusses, alle Erwachsenen zu töten
und Frauen und Kinder in die Sklaverei zu verkaufen, im Jahr
427; dies das Verfahren des spartanischen Admirals Kallikratidas
bei der Erstürmung von Methymna 406, der allen bürgerlichen
Bewohnern der Stadt ihre Freiheit liess, und das gleichartige
Vorgehen Lysanders bei der Einnahme von Lampsakus [36]). Zur
allgemeinen Anerkennung solcher Grundsätze fehlte freilich noch
viel, wenn auch die mittlere und neue Komödie im Anschluss an
Euripides sie immer weiter verbreitete [37]). Aber auch so schlimme
Erfahrungen, wie sie die nach der Niederlage vor Syrakus der
Sklaverei verfallenen Athener am eigenen Leibe machten, konnten
schliesslich doch nur dazu dienen, dem Bewusstsein Bahn zu
brechen, dass nicht der Sklavenstand, sondern die Sklaven-
gesinnung es sei, welche den Sklaven, und nicht der freie Stand,
sondern der freie Charakter, welcher den Freien ausmache. Das
Freiheitsbedürfnis der Hellenen und die daraus hervorgehende
Hochschätzung des Individuums und seiner Rechte waren es endlich im tiefsten Grunde, welche den Gedanken an die Eman-
zipation der Sklaven wachriefen. Damit aber trat man sofort auch auf internationales Gebiet: besteht zwischen Freien
und Sklaven kein Unterschied, wie verhält es sich dann mit dem
Unterschied zwischen Hellenen und Barbaren? Das war die
nächste Frage, die sich aufdrängte, und auch auf sie ist die
griechische Philosophie und ist Euripides die Antwort nicht schuldig
geblieben.

4. Weltbürgertum.

Es ist eine Stelle aus der *Iphigenie in Aulis* (1400) des
Euripides, auf die sich Aristoteles in der *Politik* (I. 2 pg. 1252 B)
bei seiner Lehre von dem Wesensunterschiede zwischen Griechen
und Barbaren beruft. Dort schliesst Iphigenie ihre Rede, worin

sieht (173 ff.). Dabei bemerkt sie aber nicht, dass in Wirklichkeit sie und ihr Vater sich „barbarisch" benehmen und die wahre Herzensbildung bei der Barbarin Andromache zu finden ist. Es liegt eine feine Ironie darin, dass im Munde des Menelaos und seiner Tochter den Hellenen der Volksanschauung gemäss alle Vorzüge vor den Barbaren zugestanden werden, während der Gang der Handlung und die Charakteristik der genannten Personen dieses Vorurteil gerade widerlegt. Dies muss man auch bei andern für die Barbaren ungünstig lautenden Stellen im Auge behalten. Es ist nur cum grano salis zu verstehen, wenn gesagt wird: die Barbaren haben eine niedrigere Gesinnung als die Hellenen (*Bacch.* 482 f.): sie missachten die Rechte und Pflichten der Gastfreundschaft (*Hek.* 1247 f.), sie kennen keine wahre Freundschaft und ehren die fürs Vaterland gefallenen Helden nicht (*Hek.* 328 ff.); sie seien unterwürfig, feige und unmännlich, mit Einem Worte charakterlos wie der Phryger, der im *Orestes* sofort bereit ist, auf die Seite der Mörder seines Herrn zu treten (1369—1528): denn die Angst vor dem Tode und der Hang zum Leben um jeden Preis sei echte Sklaven- und Barbarenart (1509; 1522); und darum seien sie auch weniger kriegstüchtig als die Hellenen (1483 f.)[3]). König Demophon von Athen will kein barbarischer Tyrann sein (*Heraklid.* 423). Aber freilich, in langem Umgang mit Barbaren entwöhnt sich der Hellene heimischer Sitte (*Or.* 485), und zuweilen geschehen auch auf griechischer Seite Dinge, wie sie der Barbaren würdig wären: Missachtung des Rechtes der Schutzflehenden (*Heraklid.* 130 f.), Ermordung unschuldiger Kinder, wie z. B. des kleinen Astyanax (*Troad.* 764 f.), oder gar einer Mutter durch den eigenen Sohn, wie bei Klytämnestra und Orestes (*Iph. T.* 1173 ff.). Aber solche Ausnahmen können das Gefühl für gemeingriechischen Brauch (*Hik.* 311; 526; 538; *Or.* 495) nicht aufheben. Euripides kennt demnach den Unterschied zwischen hellenischen und barbarischen Sitten und Einrichtungen so gut wie seine Zeitgenossen, z. B. Herodot, der auf diesen Gegensatz sein ganzes Geschichtswerk aufbaut (I. 1). Bekanntlich kommt das Wort Barbar, wie schon Thukydides (I. 3) bemerkt, bei Homer noch nicht vor: nur der Schiffskatalog (*B* 867) kennt die Zusammensetzung βαρβαρόφωνος. Also etwa vom 8. Jahrhundert an zerfällt für den Griechen die Bevölkerung der Erde in die zwei ungleichwertigen Teile der Hellenen und Barbaren[4]). Je näher beide Teile einander kennen lernten, desto mehr verstärkte sich der Gegensatz, der vorwiegend auf den abweichenden religiösen und politischen Einrichtungen beruhte, keineswegs aber auf der Unterscheidung zwischen kultiviert und unkultiviert, gebildet und ungebildet. Wie staunt z. B. Herodot die Ägypter und andere Orientalen an, weil sie angeblich die Griechen an Weisheit übertreffen! Ja er führt ja gerade das Beste, was die Hellenen an Kultur haben, teils mit Recht, teils mit Unrecht auf orientalische Einflüsse zurück. Erst im Lauf des 5. Jahrhunderts, nachdem die persische Invasion zurückgewiesen und die hellenische Kultur in Kunst und Wissenschaft über ihre orientalischen Lehrmeister weit hinausgewachsen war, nimmt das Wort „Barbar" die Bedeutung eines rohen, für höhere Bildung und feinere Sitten unzugänglichen Menschen an, etwa wie im frühen Mittelalter der Name der Vandalen: in den *Wolken* des Aristophanes (492) nennt der gelehrte Sokrates den groben und unwissenden Strepsiades einen „ungebildeten und barbarischen Menschen", und vollends bei Isokrates im 4. Jahrhundert ist Hellene soviel als gebildeter Mann im Gegensatz zum unzivilisierten Barbaren (*Paneg.* 50)[5]). Hinsichtlich mancher Länder waren sich die Griechen selbst nicht recht klar, ob sie deren Bewohner zu den Hellenen oder Barbaren rechnen sollten, so besonders hinsichtlich Macedoniens[6]). Im 5. Jahrhundert muss man trotz der Bildungsbestrebungen des Königs Archelaos das macedonische Wesen noch als ein, wenn auch mit einem gewissen Kulturfirnis überzogenes Barbarentum empfunden haben: das beweist eben der oben angeführte Vers des Euripides, der (wohlgemerkt!) am Hofe des macedonischen Königs gedichtet ist. Auch der Sophist Thrasymachos soll den Vers aus dem *Telephos* des Euripides (*Fr.* 719) in seiner Rede zu Gunsten der Stadt Larissa im Blick auf Archelaos citiert haben, der demnach diesen Männern nicht als Vollhellene galt[7]). Auch ein so hochgebildeter und hellenenfreundlicher Fürst, wie der jüngere Kyros war, blieb sich trotz allem des Unterschiedes, der zwischen ihm und den Griechen bestand, voll und schmerzlich bewusst. Dieser Unterschied liegt in dem verschiedenen Mass von Freiheit, das die Griechen und Barbaren geniessen. Bei den Hellenen ist auch der einfachste Burger ein freier Mann, der keinen Menschen als Herrn über sich anerkennt; bei den Barbaren ist — mit der einzigen Ausnahme des Königs selbst — auch der Höchstgestellte, und wäre er ein Prinz des königlichen Hauses, Statthalter über

weite Länderstrecken und Feldherr über Hunderttausende von
Kriegern, nichts als ein Sklave. In diesem Knechtschaftsverhält-
nis und Knechtschaftsbewusstsein sieht auch Euripides das wesentliche Charakteristikum des Barbarentums im Unterschied vom
Hellenentum (*Hel.* 276) [8]). Daneben aber brachte die neue Bedeutung, welche das Wort „barbarisch" im Lauf der Zeit erhalten
hatte, es mit sich, dass es auch unter den Hellenen „Barbaren",
d. h. ungebildete Leute, und unter den Barbaren „Hellenen", d. h.
gebildete Leute, geben konnte. Sobald die wissenschaftliche Erkenntnis eine gewisse Höhe erreicht hatte, musste es klar werden, dass Bildung etwas Internationales, an kein bestimmtes Volk Gebundenes ist. Das Gleichartige, was auch die
Menschen verschiedener Nationen verbindet, drängte die abweichenden und trennenden Stammeseigentümlichkeiten in den
Hintergrund. Der zunehmende Verkehr schliff die Gegensätze ab.
Männer wie Herodot, Hippokrates, Demokrit und Plato lernten
auf ihren Reisen auch die eigenartige Bedeutung des Auslands
kennen und schätzen, und man erkannte, dass es besser war, sich
in wechselseitigem Güter- und Gedankenaustausch zu ergänzen,
als sich in beschränktem Lokalpatriotismus von einander abzu-
schliessen. Gerade von Demokrit wird ein Wort überliefert,
das im Sinne eines die Grenzen der Nationalität überspringenden
Weltbürgertums gehalten ist (Stob. *Flor.* 40, 7): „Dem weisen
Manne ist die ganze Erde zugänglich; denn die Heimat einer
guten Seele ist die ganze Welt" [9]). Unter den Sophisten war besonders Hippias der Vertreter dieser Gesinnung. Abgesehen
von der oben angeführten Äusserung von der ursprünglichen Verwandtschaft aller Menschen wissen wir, dass er sich auch mit
dem Studium der Sitten und Überlieferung nichtgriechischer Völker befasst und seine Ergebnisse in einem Werk über „Völker-
namen" niedergelegt hat [10]). So sehen wir uns denn auch in
dieser Hinsicht zur Zeit des Euripides an einer Grenzscheide
zweier Perioden angelangt: die Nationalität fängt an, von
der Humanität verdrängt zu werden. Man fühlt sich
nicht mehr als Bürger dieses oder jenes Staates, d. h. einer bestimmten Stadt, sondern als Weltbürger. Auch bei Euripides
bricht dies Gefühl an manchen Stellen durch, seinem oben geschilderten Patriotismus und seinen Erfahrungen am Hof des
Archelaos zum Trotze. Ein Bruchstück seines vor 425 aufgeführten *Phaëthon* (*Fr.* 777) enthält für uns zuerst den Gedanken,

der in der Form „Ubi bene ibi patria" seinen Weg durch die
Jahrhunderte gefunden hat:

>Die Erde, die uns nährt, ist üb'rall Vaterland.

Schon etwas nüanciert ist der Gedanke im *Plutos* des Aristophanes (1151):

>Wo's einem gut geht, ist man stets im Vaterland.

Pacuvius legte seinem *Teucer* (nach Cic. *Tusc.* V. 37, 108) das
Wort in den Mund:

>Patria est ubicunque est bene.

Dass Euripides seinen Satz nicht in dem Sinn selbstsüchtiger
Gleichgültigkeit gegen die Heimat gemeint hat, wie ihn Lysias
(*Or.* 31, 6) ausdeutet [11]), sondern so verstanden wissen wollte,
dass der Mann von weitem Blick und weitem Herz sich in der
ganzen Welt heimisch fühle, da die Menschheit trotz aller Unterschiede eine Einheit bilde, zeigt *Fr.* 1047:

>Der ganze Äther steht dem Flug des Adlers frei;
>Die ganze Welt ist Vaterland dem edlen Mann.

Selbstverständlich hat nicht jeder Spiessbürger das Recht und die
Fähigkeit, ein Weltbürger zu sein oder sich dafür auszugeben
und damit etwa seinen Mangel an Vaterlandsliebe zu bemänteln.
Nur wer von einer hohen Warte, sozusagen von des Himmels
Höhe, auf die unter ihm liegende Erde herabschaut, nur dem verschwinden die Grenzen der Länder und Völker, nur der sieht
alles als Einheit. In dieser Form ist der Gedanke in Ovids *Fasti*
(I. 493 f.) und in Tycho Brahes *Astronomiae instauratae mecha-
nica* (fol. C. 3) übergegangen. Und den in seiner Verbannung
trostlosen Cicero tröstete der Epikureer Philiskus mit dieser Erwägung (*Dio Cass.* 38, 18 ff.) [12]). — Aber man braucht sich nicht
einmal aus seiner Heimat wegzubegeben, um mit andern fern-
wohnenden Menschen Freundschaft zu schliessen und sich mit
ihnen verwandt zu fühlen: es giebt eine Geistesgemeinschaft, für
welche die Grenzen von Raum und Zeit nicht vorhanden sind
(*Fr.* 902):

>Der edle Mann, ob fern er wohnt im fremden Land,
>Ob ich ihn nie mit Augen sah, ist doch mein Freund.

Auch dies ist schon im Altertum ein geflügeltes Wort geworden.
Ausser Basilius (*Ep.* 63 vol. III. pg. 156 D), dem wir das Bruchstück verdanken, führt es Jamblich im *Leben des Pythagoras*
(c. 33, 237), Procopius von Gaza (*Ep.* 154), Themistius (pg. 275 B)
und der Philosoph auf dem Kaiserthrone, Julian (*Ep.* 76), an [13]).

Cicero (*Tusc.* V. 37, 108) und Plutarch (*de ex.* 5) erzählen, schon
Sokrates habe auf die Frage, was für ein Landsmann er sei, ge-
antwortet: „ein Weltbürger". Das ist wahrscheinlich eine von
einem späteren Philosophen auf ihn übertragene Anekdote [14]).
Dass aber der Kosmopolitismus seine Wurzeln noch im 5. Jahrhundert hat, beweisen die angeführten Stellen aus Euripides zur
Genüge. Er ist von da an immer mehr erstarkt und hauptsächlich von den Cynikern und Stoikern gepflegt worden. Mögen
auch die Worte des *Fr. adesp.* 392:

Ob Argos oder Theben — nicht eine einz'ge Stadt,
Nein, jede Burg in Hellas ist mein Vaterland

im Munde des Herakles, des „gemeinsamen Wohlthäters der Hellenen" (vgl. Eur. *Herakles* 1309 f.), nichts anderes bedeuten, als
dass dieser nicht einer bestimmten Stadt oder Landschaft angehöre, sondern der griechische Nationalheros κατ᾽ ἐξοχὴν sei, jedenfalls sind die die angeführte Stelle parodierenden Verse, welche
dem Cyniker Krates (*Fr.* 1) zugeschrieben werden, in kosmopolitischem Sinn zu verstehen:

Nicht Eine Burg ist Vaterland mir, nicht Ein Dach;
Nein, jede Stadt und jedes Haus der ganzen Welt
Steht offen mir, so dass ich darin leben kann [15]).

Mit der stoischen Philosophie endlich bringt Cicero (*De nat. deor.*
I. 44, 121) den Euripideischen Gedanken von der Geistesgemeinschaft aller edlen Seelen in Verbindung: „Sie glauben, dass die
Weisen miteinander befreundet seien, auch wenn sie sich nicht
kennen. Denn nichts ist liebenswürdiger als die Tugend; wer
diese besitzt, wird von uns geliebt, wo er immer in der Welt
sein mag" [16]).

So bildet Euripides die Brücke vom nationalen
Hellenentum zum weltbürgerlichen Hellenismus. Wohl
dauerte es von dem Jahr an, da er Athen verliess, um sich an
den Hof des Königs Archelaos zu begeben, noch 70 Jahre, bis
bei Chäronea der griechische Stadtstaat dem macedonischen Weltreich erlag, wohl flammte der alte lokale Patriotismus in der Person des Demosthenes noch einmal gewaltig auf, um dann für
immer in Asche zu versinken: eine neue Zeit brach an. Euripides wusste nicht, dass von dem Lande, wo er seine Tage be-
schloss, der künftige Welteroberer ausgehen werde; aber er blickte
in seinem ahnungsvollen Geiste weiter als selbst der grosse Er-
zieher des grossen Alexander, Aristoteles, der für die Weltpolitik

seines königlichen Schülers kein Verständnis hatte [17]). Der politische Erfolg Alexanders, der neben Homer den Euripides besonders geliebt haben soll [16]), war ja allerdings ein vorübergehender, und der Bestand seines Weltreichs ruhte, wie die weitere Entwicklung zeigte, auf seinen zwei Augen. Unvergänglich aber ist und bleibt sein Werk insofern, als er die äussere Form für das Weltreich des Geistes geschaffen hat, das von Hellas sich unaufhaltsam ausbreitete, bis es auch die spätere Herrin der Welt, Rom, in sich einbezogen hatte. „Grieche war nun, wer an dem Einzigen teil hatte, was die Griechen in unterscheidender Eigentümlichkeit zusammenhielt, der griechischen Bildung; ... denn die Kultur, welche jetzt Griechen und Griechengenossen vereinigte, beruhte auf der Wissenschaft, die keine nationale Einschränkung kennt" [19]). Dieses geistige Weltreich des Hellenismus hat Euripides prophetisch vorausgeahnt und er hat es in seiner Art mit errichten helfen: wenn Alexander mit seinen Waffen dem Griechentum die Welt erobert hat, so ist Euripides einer der grössten und erfolgreichsten Führer im Kampfe der Geister gewesen, und die in seine Tragödien verwobenen Gedanken sind an die fernsten Grenzen der Alten Welt im Orient und Occident gewandert [20]). Seine Zeit hat ihn verkannt; die Nachwelt hat ihn gewürdigt; die Geschichte hat ihn gerechtfertigt. Auch er hätte von sich sagen können, wie der Vertreter des idealen Weltbürgertums vor hundert Jahren:

Das Jahrhundert

Ist meinem Ideal nicht reif. Ich lebe
Ein Bürger derer, welche kommen werden.

Anmerkungen.

Einleitung.

[1]) Das Grab des Euripides befand sich bei Arethusa (später Rentina) am Bolbesee. *Addäus* in Anth. Pal. VII. 51. *Plut. Lyk.* 31. Nach Suidas, der aber mit dieser Nachricht ganz allein steht, hätte Archelaos die Gebeine des Dichters nach Pella „überführen" lassen (ἐν Πέλλῃ μεταχομίσαι v. Εὐριπίδης), was also auch auf eine ursprüngliche andere Begräbnisstätte deutet. Am genauesten beschreibt *Ammianus Marcellinus* XXVII. 4, 8 den Ort des Grabes: Ex angulo tamen orientali Macedonicis jungitur conlimitiis per artas praecipitesque vias quae cognominantur Akontisma: cui proxima cursualis (so schrieb Haupt, andere convallis und für das sinnlose cures vales des Vat.) est statio, in qua visitur Euripidis sepulcrum tragoediarum sublimitate conspicui. Aus welcher Quelle Ammian schöpfte, ob aus einer „schematischen Geographie", der zum Teil eine versifizierte griechische Periegese zu Grunde lag, welche ihrerseits wiederum in manchen Stellen, und zwar gerade in dem Exkurs über die Thrazischen Provinzen, auf Eratosthenes zurückginge (Gardthausen, Die geographischen Quellen Ammians in Fleckeisens Jahrbüchern Suppl. VI. S. 507 ff., besonders 521 und 556; v. Gutschmid im Litt. Centralblatt 1873 S. 738) oder aus der „offiziellen Distrikts- und Stadtliste" des Römischen Reichs, aus dem „chorographisch geordneten Geschichtswerk des Rufius Festus" und den „ebenfalls chorographisch geordneten Plinisch-Solinischen Memorabilien, wozu er eine oder mehrere Ortsbeschreibungen in einzelnen Abschnitten hinzuzog" (Mommsen, Ammians Geographica im Hermes XVI. S. 602 ff.), lässt sich nicht mehr sicher feststellen. — Die erwähnte Sage steht bei *Vitruv* VIII. 16: Non minus in Macedonia, quo loci sepultus est Euripides dextra ac sinistra monumenti duo rivi concurrunt in unum, e quibus ad unum accumbentes viatores pransitare solent propter aquae bonitatem; ad rivum autem, qui est ex altera parte monumenti, nemo accedit, quod mortiferam aquam dicitur habere. Diese Stelle hat *Plinius N. H.* XXXI. 19 exzerpiert, was Detlefsen (Vitruv als Quelle des Plinius im Philologus XXXI. 1892 S. 385 ff.) übersehen hat. Wenigstens scheint es mir in diesem Falle überflüssig zu sein, den Umweg über Theopomp, einen griechischen Paradoxographen, und Varro zu nehmen (F. Münzer, Beiträge zur Quellenkritik der Naturgeschichte des Plinius. Berlin. Weidmann 1897 S. 160). Woher aber hat Vitruv seine Nachricht? Max Thiel (Philologisch-historische Beiträge, Kurt Wachsmut zum 60. Geburtstag gewidmet 1897) bekämpft in seiner Untersuchung, „quibus auctoribus Vitruvius quae de mirabilibus aquis refert, debeat",

die einseitige Ansicht Roses, dass Varro ausschliesslich Vitruvs Quelle sei und vermutet, er habe daneben griechische Quellen benützt, nämlich Posidonius und den falschen Democritus und für seine Angaben über die Nilquellen Jubas Λιβυκά. Nun nennt *Vitruv* selbst (VIII. 3, 27) unter seinen Quellen an erster Stelle den *Theophrast* und die erhaltenen Bruchstücke aus dessen Schrift περὶ ὑδάτων (Wimmer III. pg. 208 ff. Fr. 159—164) lassen recht wohl die Möglichkeit zu, dass auch Erzählungen, wie die des Vitruvius, darin berichtet waren. Was den Sinn und die Entstehung der Sage anbelangt, so glaube ich, dass ein Mythus, wie wir ihn z. B. bei *Theopomp* (*Fr.* 76 Müller aus *Älian V. H.* III. 18) von der Unterwelt auf die Oberwelt übertragen finden des Inhalts, dass zwei Flüsse, der der Freude und der des Leids, im Lande Ἄνοστος sich vereinigen und dass die Früchte der an ihren Ufern wachsenden Bäume dem, der sie geniesst, fortschreitende Verjüngung, bezw. Thränen und Tod bringen (vgl. Rohde im Rheinischen Museum XLVIII S. 124 ff.), am Grab des Euripides lokalisiert wurde. Den Anlass dazu mag eben die Doppelnatur seiner Dichtung gegeben haben. Vgl. meinen Aufsatz: Die Legenden vom Tode des Euripides im Philologus LVII. 1898 S. 145 ff. — In das Grab des Euripides in Macedonien wie in das an der Piräusstrasse bei Athen ihm errichtete Kenotaph soll der Blitz geschlagen haben: eine Ehre, die Euripides unter den grossen Männern des Altertums allein mit Lykurg teilte, was *Plutarch* (*Lyk.* 31) ausdrücklich hervorhebt. Vgl. noch *Vita* 43. *Bianor* in Anth. Pal. VII. 49.

¹) Ich sage „im wesentlichen": denn schon im Epos finden wir Keime philosophischen Denkens, und umgekehrt hat sich die Philosophie eines Xenophanes, Parmenides, Empedokles u. a. der poetischen Form bedient. Aber im ersteren Falle überwiegt weitaus das Interesse der Erzählung, in der nur beiläufig einzelne Gedankenblitze aufleuchten, im zweiten haben wir geradezu das Lehrgedicht. Bei Euripides trifft weder das eine noch das andere zu: bei ihm bilden Poesie und Philosophie ein neues organisches Ganze. Vgl. meine Abhandlung: Die Entwicklung der griechischen Aufklärung bis auf Sokrates in „Neue Jahrbücher f. kl. A. W." etc. 1899. II. S. 177 ff.

²) *Aristot. poët.* XIII. 1453 a 29 E: ὁ Εὐριπίδης εἰ καὶ τὰ ἄλλα μὴ εὖ οἰκονομεῖ, ἀλλὰ τραγικώτατός γε τῶν ποιητῶν φαίνεται. Man hat in diesen Worten früher fast allgemein ein dem Euripides auf Kosten von Äschylus und Sophokles gespendetes Lob gefunden (Lessing, Hamb. Dram. 49. Welcker, Die Äschyl. Tril. Prometheus S. 530. Eduard Müller, Gesch. der Theorie der Kunst bei den Alten II. S. 140. Hartung, Euripides restitutus I. pg. 508. Wolter, Aristophanes und Aristoteles als Kritiker des Euripides S. 5). Doch bemerkt schon Schiller (Briefwechsel mit Goethe IV. 97): „Uns fehlt grösstenteils die ganze Basis seines Urteils". Diese findet Bernhardy (Grundriss der griech. Litt Gesch.³ II. 2 S. 188) eben in der von Euripides begründeten „pathologischen Tragödie". Erst Susemihl (Aristoteles über die Dichtkunst 1874 S. 27 ff.) hat die Stelle im Zusammenhang mit den andern Aussagen des Aristoteles über Euripides, der auch zuweilen getadelt wird (pg. 1453 b 27; 1454 a 2, 28 und 30), behandelt. Kron (De loco poëticae Aristoteleae, quo Euripides poëtarum maxime tragicus dicitur 1845 pg. 8 f.) meint, es seien damit die Dichter gemeint, „qui hanc, quam Aristoteles maxime probat, fabularum compositionem reprehendunt", und welche diejenige vorziehen, „cui Aristoteles secundas defert, quae videlicet duplicem habet rerum conversionem". C. Schwabe endlich (Aristophanes und

Aristoteles als Kritiker des Euripides. Progr. der städtischen Realschule I. Ordnung zu Krefeld 1878 S. 38) sagt im Anschluss hieran: „Sonach scheint es uns nicht unwahrscheinlich, dass Aristoteles das ganze Lob des Euripides nicht etwa dem Sophokles gegenüber, sondern nur im Vergleich mit der von uns charakterisierten Klasse von jüngeren Dichtern hat aussprechen wollen, welche allerdings dem Euripides bedeutend mögen nachgestanden haben. Dass aber Euripides mit den jüngeren Dichtern verglichen wird, ist schon an und für sich deshalb nicht unwahrscheinlich, weil Euripides, wenn er auch noch zu den älteren Dichtern gerechnet werden kann, doch von diesen jedenfalls derjenige war, welcher vermöge seines ganzen Kunstcharakters den jüngeren Dichtern am nächsten stand und deshalb auch am meisten von diesen studiert wurde." Hieran mag soviel als richtig zugegeben werden, dass Euripides in dem Urteil des Aristoteles nicht b l o s s mit den zwei andern grossen Tragikern, sondern a u c h mit den jüngeren Dichtern verglichen wird. Aber das Urteil ist absolut, ohne jede Einschränkung ausgesprochen, die doch sehr leicht anzubringen gewesen wäre, wenn der Philosoph den Äschylus und Sophokles hätte ausnehmen wollen. Und dies ist um so mehr zu beachten, als der Satz ja zugleich einen Tadel gegen Euripides ausspricht (εἰ — οἰκονομεῖ): dieser Tadel setzt doch wohl den Euripides mit Äschylus und Sophokles in Vergleich und nicht mit den jüngeren Dichtern, deren οἰκονομία sich allerdings unserer Beurteilung entzieht. Eben der Umstand, dass Aristoteles den Euripides in Einem Atem lobt und tadelt, lässt das Lob um so gewichtiger erscheinen und macht den Einwand hinfällig, dass das letztere im Widerspruch stehe mit andern den Euripides tadelnden Äusserungen. Was Aristoteles mit seinem Urteil meinte, hängt meines Erachtens freilich auch mit der von Euripides bewirkten Veränderung der Tragödie zusammen; ich glaube, es ist dies: Euripides zeigt uns nicht mehr Heroen, sondern eben „den Menschen in des Lebens Drang"; das echt Menschliche in seinen Personen ist das Packende, Rührende, womit es freilich Hand in Hand geht, dass er nicht mehr bloss Schicksale, sondern Leidenschaften, oft geradezu pathologische Zustände darstellt, wie dies der Verfasser der Schrift: περὶ ὕψους 15, 3 treffend ausdrückt: ἔστι μὲν οὖν φιλοπονώτατος ὁ Εὐριπίδης δύο ταυτὶ πάθη, μανίας τε καὶ ἔρωτας, ἐκτραγῳδῆσαι κἂν τούτοις ὡς οὐκ οἶδ᾽ εἴ τις ἕτερος ἐπιτυχέστατος. Dies dürfte eine ziemlich richtige, wenn auch nicht ganz erschöpfende Auslegung der Aristotelesstelle sein.

⁴) *Dio* bemerkt zu *Fr.* 921: ἀωρὶ πόντου κύματ᾽ εὐρέος περᾷ . . . Σμικραῖς ἑαυτοὺς ἐπιτρέπουσιν ἐλπίσιν . . . Τριδάκτυλον σώζει σφε πεύκινον ξύλον (sämtliche Verse sind aus der prosaischen Paraphrase des Dio selbst rekonstruiert: 1 von Matthiae, 2 von Porson, 3 von Wilamowitz, De trag. Gr. Fr. pg. 28): ὦ παῖ Μνησαρχίδου, ποιητὴς μὲν ἦσθα, σοφὸς δὲ οὐδαμῶς (*or.* 64, 9). Freilich stimmt dies nicht ganz zu dem vortrefflichen Gesamturteil, das derselbe Rhetor (*or.* 18, 7) über Euripides abgiebt: ἥ τε Εὐριπίδου προσήνεια καὶ πιθανότης τοῦ μὲν τραγικοῦ ἀπαυθαδήματος καὶ ἀξιώματος τυχὸν οὐκ ἂν τελέως ἐφικνοῖτο, πολιτικῷ δὲ ἀνδρὶ πάνυ ὠφέλιμος· ἔτι δὲ ἤθη καὶ πάθη δεινὸς πληρῶσαι· καὶ γνώμας πρὸς ἅπαντα ὠφελίμους καταμίγνυσι τοῖς ποιήμασιν ἅτε φιλοσοφίας οὐκ ἄπειρος ὤν. Ironisch gemeint ist Platos Äusserung im *Staat* VIII. 18 pg. 568 A: ἥ τε τραγῳδία ὅλως σοφόν δοκεῖ εἶναι καὶ ὁ Εὐριπίδης διαφέρων ἐν αὐτῇ.

⁵) Aristoph. *Frösche* 893 ruft Euripides unter anderem die ξύνεσις im Gebet an.

⁶) Beloch, Griechische Geschichte I. S. 576. Vgl. schon das Epigramm des *Ion*, Lyr. Gr.⁴ 1897 pg. 127 Nr. 5.

⁷) Zielinski, Cicero im Wandel der Jahrhunderte S. 1.

⁸) Äschylus sagt bei *Aristoph. Frösche* 868 f.: ὅτι ἡ ποίησις οὐχὶ συντέθνηκέ μοι· Τούτῳ δὲ συντέθνηκεν. Vgl. Bergk, Gr. L.G. III. S. 568 f.

⁹) *Act.* 17, 28: ὡς καί τινες τῶν καθ᾽ ὑμᾶς ποιητῶν εἰρήκασιν.

¹⁰) Z. B. *Clemens Al. Strom.* V pg. 688: πάνυ θαυμαστῶς ὁ ἐπὶ τῆς σκηνῆς φιλόσοφος Εὐριπίδης τοῖς προειρημένοις (*Fr.* 912) ἡμῖν συνῳδὸς διὰ τούτων εὑρίσκεται πατέρα καὶ υἱὸν ἅμα οὐκ οἶδ᾽ ὅπως αἰνισσόμενος (v. 1—5). ὁλοκάρπωμα γὰρ ὁ Χριστός, καὶ ὅτι τὸν σωτῆρα αὐτὸν οὐκ εἰδὼς λέγει, σαφὲς ποιήσει ἐπάγων v. 6—8. ἔπειτα ἄντικρυς λέγει v. 9—13. Das *Fr.* 912 lautet: Σοὶ τῷ πάντων μεθέοντι χοὴν Πέλανόν τε φέρω, Ζεὺς εἴτ᾽ Ἀΐδης Ὀνομαζόμενος στέργεις· σὺ δέ μοι Θυσίαν ἄπυρον παγκαρπείας Δέξαι πλήρη προχυθεῖσαν. (6) Σὺ γὰρ ἔν τε θεοῖς τοῖς οὐρανίδαις Σκῆπτρον τὸ Διὸς μεταχειρίζεις Χθονίων θ᾽ Ἀΐδῃ μετέχεις ἀρχῆς. Πέμψον δ᾽ ἐς φῶς ψυχὰς ἐνέρων. Τοῖς βουλομένοις ἄθλους προμαθεῖν (11) Πόθεν ἔβλαστον, τίς ῥίζα κακῶν, Τίνα δεῖ μακάρων ἐκθυσαμένους Εὑρεῖν μόχθων ἀνάπαυλαν. — Ὁ σκηνικὸς φιλόσοφος heisst Euripides auch bei *Ath.* IV. 48 pg. 158 E. XIII. 12 pg. 561 A.; scenicus philosophus bei *Vitruv* VIII. praef. 1; Sext. Emp. adv. gramm. 288 pg. 666, *Origen. contra Cels.* IV. 77 pg. 215, *Äsch. adc. Tim.* 151 (ὁ οὐδενὸς ἧττον σοφὸς τῶν ποιητῶν Εὐριπίδης). Über Clemens von Alexandria, unter dessen Werken, *Protreptikus*, worin er 119 ff. auf Grund der *Bacchen* die μυστήρια des Dionysos denen des Christentums gegenüberstellt, *Pädagogus, Stromata*, das letztere (τῶν κατὰ τὴν ἀληθῆ φιλοσοφίαν γνωστικῶν ὑπομνημάτων στρωματεῖς Euseb. hist. eccl. VI. 13, 1) das wichtigste und jedenfalls vor dem Jahr 200 begonnen ist, vgl. F. Overbeck, Die Anfänge der patristischen Litteratur in Sybels Historischer Zeitschrift 1882 Bd. 48 (N. F. 12) S. 417 ff.; besonders 444 ff. Dieser definiert die patristische Litteratur als „die griechisch-römische Litteratur christlichen Bekenntnisses und christlichen Interesses" (S. 444). Über Clemens selbst sagt Overbeck S. 467: „Unter allen Kirchenvätern zeichnet sich Clemens durch den kühnen Freisinn seiner Auffassung der Dinge aus. Seine Schätzungen über griechische Philosophie z. B. sind von einer Weitherzigkeit, die schon im nächsten Jahrhundert im Bereich der Kirche unmöglich wird"; und über die symptomatische Bedeutung seines Werks S. 468: „Wenn das Werk des Clemens nichts Geringeres vorauszusetzen scheinen kann, als dass das christliche Publikum halb heidnisch geworden oder dass das griechisch-römische Heidentum in die Kirche selbst eingezogen ist, so erhält diese Thatsache, weit entfernt, sich mit den allgemeinen historischen Verhältnissen der Kirche am Ausgang des 2. Jahrhunderts nicht zu vertragen, aus denselben vielmehr die mannigfaltigste Bestätigung". — Die neueste Monographie ist von Eugène de Faye, Clément d'Alexandrie. Études sur les rapports du christianisme et de la philosophie grecque au IIme siècle (Bibliothèque de l'école des hautes études. Sciences réligieuses XII), Paris 1898. Leroux. IV. 320 S. gr. 8. Besprochen von Preuschen in der Berliner Philol. Wochenschrift 1899 S. 835 ff.

¹¹) U. v. Wilamowitz-Möllendorf, Analecta Euripidea 1874 pg. 163: „Euripides diligenter examinatis priorum philosophorum placitis novam atque suam protulit doctrinam neque hac laude frustrandus est, quia tragoediis maluit quam pedestri libro, quae sentiret, exponere". Kurz vorher: „frustra apud Zellerum

inter philosophos Euripidem requiris". Vgl. jetzt (allerdings sehr kurz): Gomperz, Griechische Denker II. 1897 S. 8 ff.

[12]) Es ist daher unbegreiflich, wie J. W. Draper, Professor an der Universität zu New York, seine „Geschichte der Konflikte zwischen Religion und Wissenschaft" (deutsch bei Brockhaus, Leipzig 1875) erst mit dem 4. Jahrhundert vor Christus beginnen kann. Er hat so eine der interessantesten Perioden wissenschaftlicher Aufklärung, welche die Weltgeschichte bietet, unbeachtet gelassen. — Pöhlmann, Sokrates und sein Volk S. 31 ff.

[13]) Aristoph. *Frösche* 82: ὁ δ᾽ εὔκολος μὲν ἐνθάδ᾽, εὔκολος δ᾽ ἐκεῖ.

[14]) Die einzige Stelle, aus welcher man eine politische Thätigkeit des Euripides herausfinden wollte, bei *Aristoteles Rhet.* II. 6 pg. 1384b, der von einer ἀπόκρισις des Euripides an die Syrakusaner spricht, woraus dann der Scholiast (Spengel II. 230) eine Gesandtschaft macht, ist höchst wahrscheinlich verdorben und, wie schon Ruhnken vermutete, wird statt Euripides vielmehr Hyperides einzusetzen sein (Decharme pg. 14 A. 2). Die Ausführungen von Haupt (Die äussere Politik des Euripides I. Progr. Eutin 1870 S. 16 A. 60) zu Gunsten der Aristotelischen Notiz sind nicht überzeugend: s. Kap. VI. 2 A. 2. Nach *Athenäus* I. 3a besass Euripides eine der reichsten Bibliotheken seiner Zeit. Euripides selber spielt mehrfach auf seine Bücherweisheit an: *Alc.* 962 ff.; *Hipp.* 451 f.; 954; *Iph. Aul.* 798; *Pleisthenes Fr.* 627; und Aristophanes verspottet ihn deshalb in den *Fröschen* 943 und 1409. An der letzteren Stelle kann man freilich zweifelhaft sein, ob τὰ βυβλία die Bücher bedeutet, aus denen der Dichter seine philosophische Weisheit schöpfte, oder „seine Schriften", d. h. seine Dramen, wie Droysen es in seiner Übersetzung auffasst, vgl. *Plato Ap.* 14 pg. 26 E, wozu Pöhlmann, Sokrates S. 36 A. 2. Kock (zur Stelle) versteht darunter „die Bibliothek" des Euripides, und der Spott ist bei dieser Deutung fast noch beissender.

[15]) *Vita* 59 ff.: φασὶ δὲ αὐτὸν ἐν Σαλαμῖνι σπήλαιον κατασκευάσαντα ἀναπνοὴν ἔχον εἰς τὴν θάλασσαν ἐκεῖσε διημερεύειν φεύγοντα τὸν ὄχλον· ὅθεν καὶ ἐκ θαλάσσης λαμβάνει τὰς πλείους τῶν ὁμοιώσεων. Die Nachricht geht auf Philochorus zurück: *Gellius* XV. 20, 5. Vermutlich waren die Eltern des Euripides in Salamis begütert und ist daraus auch seine Geburt auf dieser Insel zu erklären. Wilamowitz, Herakles[1] I. S. 6.

[16]) C. F. Meyer, Huttens letzte Tage S. 62.

[17]) *Act.* 4, 20. Zum folgenden vgl. das Bild vom Arzt und Koch bei *Plato Gorg.* 77 pg. 521 E.

[18]) Auch den in Macedonien zu Ehren des gleichnamigen regierenden Königs abgefassten *Archelaos* kann man kein historisches Drama nennen. Näheres s. u. — Später verfassten historische Tragödien: Theodektes (Mausolus), Moschion (Themistokles), Lykophron (Marathonios), Philiskos (Themistokles). Welcker, Gr. Tr. III. S. 1048; 1069; 1256; 1265.

[19]) *Aristot. poët.* 25 pg. 1460b 33: Σοφοκλῆς ἔφη αὐτὸς μὲν οἵους δεῖ ποιεῖν, Εὐριπίδης δὲ οἷοί εἰσι.

[20]) Fr. Nietzsche, Die Geburt der Tragödie oder Griechentum und Pessimismus[3] 1894 S. 77 f. 83 ff. — (*Quint.* X. 1, 69: Euripidem admiratus maxime est, ut saepe testatur, et secutus Menander.

[21]) Äschylus bei *Aristophanes Frösch?* 1055 f.: τοῖς μὲν γὰρ παιδαρίοισιν

Ἔστι διδάσκαλος ὅστις φράζει, τοῖς ἡβῶσιν δὲ ποιηταί. Vgl. auch v. 1008 ff. 1030 f. Vgl. Kap. I. A. 62 a.

[22]) Rohde, Psyche[1] S. 544 A. 4. — Vgl. auch Nägelsbach, Nachh. Theol. S. 438; Burckhardt, Gr. K.G. II. S. 111 und Lindskog, Studien zum antiken Drama I. S. 14 ff. und S. 65.

[23]) *Dion. Hal. Rhet.* 9, 11: ἡ Μελανίππη ἡ σοφή, τὸ δρᾶμα Εὐριπίδου, ἐπιγέγραπται μὲν σοφή, ὅτι φιλοσοφεῖ καὶ διὰ τοῦτο τοιαύτης μητρός ἐστιν (Fr. 484), ἵνα μὴ ἀπίθανος ᾖ ἡ φιλοσοφία. ἔχει δὲ διπλοῦν σχῆμα, τὸ μὲν τοῦ ποιητοῦ, τὸ δὲ τοῦ προσώπου τοῦ ἐν τῷ δράματι τὴν Μελανίππης. Vgl. auch ib. 8, 10.

[24]) *Luc. Jup. trag.* 41: ἐπεὶ καθ' ἑαυτὸν ὁπόταν Εὐριπίδης μηδὲν ἐπειγούσης τῆς χρείας τῶν δραμάτων τὰ δοκοῦντά οἱ λέγῃ, ἄκουσον αὐτοῦ τότε παρρησιαζομένου· folgt *Fr.* 480. Vgl. auch *Origen. contra Cels.* VII. 367.

[25]) *Cic. ad fam.* XVI. 8, 2: Ego certe singulos ejus versus singula ejus testimonia puto. Es ist durchaus unnötig, statt des zweiten ejus ,ἀληθείας' zu setzen. Bergk, Gr. L.G. I. S. 567 A. 389.

[26]) Wilamowitz geht daher entschieden zu weit, wenn er sagt (Her.[1] I. S. 27): „Was der Dichter wirklich meint, kann aus einer Äusserung nicht abstrahiert werden". Dies ist nur cum grano salis richtig trotz Diels, Archiv f. Gesch. d. Phil. IV. 1891 S. 120 A. 7.

[27]) Wenn Wilamowitz (Her.[2] I. S. 162) sagt, wofern man die Bruchstücke des Euripides nicht zu einer Rekonstruktion der Dramen in Welckers Sinn (Griech. Trag. Bd. II. 1839) verwende, so sei es „der Mühe der Sammlung gar nicht wert gewesen", so betont demgegenüber Dümmler (Proleg. zu Platons Staat. Progr. Basel 1891 S. 26), dass „die Reste des Euripides für das Gesamtbild der geistigen Bewegungen seiner Zeit die wichtigste Quelle bleiben".

[28]) Skizziert hat die Nachwirkung des Euripides Bergk, Gr. L.G. III. S. 565 ff.; S. 681. Über die Wirkung der *Antiope* z. B. vgl. Weil, Etudes sur le drame antique pg. 214 s.; 238 ss. — O. Ribbeck, Die römische Tragödie im Zeitalter der Republik (Leipzig 1875) an vielen Stellen.

- - - -

Erstes Kapitel.

Die Persönlichkeit des Euripides.

[1]) Der Tag der Schlacht bei Salamis war der 20. Boedromion 480. Die bei *Herodot* IX. 10 erwähnte Sonnenfinsternis fand am 2. Oktober desselben Jahres statt (Beloch, Griech. Gesch. I. S. 376 A. 1). Äschylus schildert den Kampf offenbar als Augenzeuge in dem berühmten Botenbericht der *Perser* 290 ff. Dass Sophokles um das Tropaion tanzte, erzählt dessen anonyme vita und *Athenäus* I. 36 pg. 20 F. Als Geburtstag des Euripides nennt den Tag der Schlacht dessen vita. Vgl. Lessing, Sophokles F. — Die *Vita* muss „von einem der alexandrinischen Kompilatoren der Zeit 230 – 130 herrühren", wenig-

stens ihrem Grundstock nach; denn Zeile 85 (Nauck) wird ein Vers des *Alexander Ätolus* citiert, auf den auch die Zeile 63 f. fälschlich dem Aristophanes zugeschriebenen Worte zurückgehen: *Gellius* XV. 20, 8. Aristoph. *Frösche* 839 Schol. (Wilamowitz, Herakles [1] I. S. 12 A. 18). Dass Euripides auf Salamis geboren wurde, kann recht wohl sein: denn dorthin flüchteten die Athener beim Anzug des Xerxes zum Teil ihre Frauen und Kinder (*Herod.* VIII. 41). Für die Eltern des Euripides war dies um so eher geboten, weil sie dort begütert waren; auf einer Inschrift (*C. I. Gr.* 6052) heisst Euripides geradezu Σαλαμίνιος. Seinen Geburtstag mit dem Schlachttag zu identifizieren, lag so sehr nahe. — Ein abweichendes Geburtsdatum giebt übrigens das *Marmor Parium*, nämlich 484: dies ist das Jahr des ersten Sieges des Äschylus, und Wilamowitz hält deshalb die ganze Berechnung für symbolisch: 484 Äschylus' erster Tragödiensieg. Euripides geboren. 455 Äschylus gestorben. Euripides' erstes Auftreten: zu den zwei feststehenden Daten des Jahres 455 und des einen des Jahres 484 wäre die Geburt des Euripides als viertes Glied ergänzt worden (Her. [1] I. S. 5). Somit wird Euripides um 480 geboren sein, womit die Angabe über sein Lebensalter bei Philochorus stimmt: ὑπὲρ τὰ ἑβδομήκοντα, nach Eratosthenes (*Vita* Z. 35) genauer 75 Jahre. Gestorben ist er aber kurz vor dem 8. Elaphebolion 406 (Archontat des Antigenes), an dem Sophokles zum Zeichen der Trauer im προάγων den Chor ohne Kränze auftreten liess. — Zu der einleitenden Bemerkung vgl. G. Rümelin, Über Gesetze der Geschichte in „Reden und Aufsätze" II. S. 118 ff.; besonders S. 128 f.

²) Dem *Philochoros* verdanken wir die zuverlässigsten Nachrichten über Euripides' Leben: *Fr.* 165—169 (Müller). *Suidas* v. Φιλόχορος behauptet geradezu, dieser habe eine Monographie περὶ Εὐριπίδου geschrieben; doch können die Nachrichten auch aus seiner Schrift περὶ τραγῳδιῶν stammen, wenn nicht beide geradezu identisch sind (Susemihl, Geschichte der griech. Litt. in der Alexandrinerzeit I. S. 596 A. 374). Übrigens steht in dem *Schol. Marc. zu Hek. 1* bei Schwartz (Scholia in Euripidem I. pg. 10) nur „ἐν τῇ πρὸς Ἀσκληπιάδην ἐπιστολῇ", und der Titel περὶ τραγῳδιῶν, für den diese Stelle immer als Beleg angeführt wird, steht im *Schol. zu Hekabe* 3. Philochorus, der schon im Jahr 306 in Athen das Amt eines Wahrsagers und Opferschauers bekleidete (*Fr.* 146 bei *Dion. Hal. de Din.* 3) und dessen Ατθίς bis 261 herabging, lebte demnach ungefähr 100 Jahre nach Euripides. Leider ist aus der Schrift über den letzteren nur ganz weniges erhalten. Am wichtigsten ist das kategorische Dementi gegenüber der dem Dichter von den Komikern zugeschriebenen Abstammung *Fr.* 165: οὐκ ἀληθὲς δέ, ὡς λαχανόπωλις ἦν ἡ μήτηρ αὐτοῦ· καὶ γὰρ τῶν σφόδρα εὐγενῶν ἐτύγχανεν, ὡς ἀποδεικνύσι Φιλόχορος (Suidas v. Εὐριπίδης). Ferner geht die Nachricht über die Höhle auf Salamis auf ihn zurück *Fr.* 166: Philochorus refert, in insula Salamine speluncam esse taetram et horridam, in qua scriptitavit (*Gell. N. A.* XV. 20, 5). — *Fr.* 167 ist eine Notiz zu *Hippol.* 73. — *Fr.* 168 bezieht sich auf das Verhältnis des Euripides zu Protagoras: φησὶ δὲ Φιλόχορος, πλέοντος αὐτοῦ (sc. Πρωταγόρου) εἰς Σικελίαν τὴν ναῦν καταποντισθῆναι καὶ τοῦτο αἰνίττεσθαι Εὐριπίδην ἐν τῷ Ἰξίονι (*Diog. Laert.* IX. 55). Worin diese Anspielung bestand, wissen wir nicht. — *Fr.* 169 endlich teilt uns die Thatsache mit, dass Euripides vor Sokrates gestorben sei (*Diog. Laert.* II. 44), womit er die Beziehung von *Palamedes Fr.* 588 auf Sokrates' Tod widerlegt. S. Kap. II. A. 12.

³) *Vita* 30 f.

⁴) Vgl. A. 2. Vielleicht haben wir einen Ansatz zu dem Gerede in einer Stelle der ersten Bearbeitung der *Thesmophoriazusen* des Aristophanes, die *Gellius* XV. 20, 7 erhalten hat: Ἄγρια γὰρ ἡμᾶς, ὦ γυναῖκες ὁρᾷ κακά, Ἀτ' ἐν ἀγρίοισι τοῖς λαχάνοις αὐτὸς τραφείς, die sich übrigens wörtlich in der erhaltenen Bearbeitung (456 f.) wiederfindet. Hierin wie in den Witzen *Ach.* 478 (457 nach der Erklärung der *Scholien*), *Frösche* 840 und 947 kann ich nur Anspielungen auf die ländliche Abkunft des Euripides von mütterlicher Seite sehen, so wie man etwa heutzutage von einem „Krautjunker" spricht. Allerdings ist daraus in den *Thesmoph.* 387 dann schon λαχανόπωλητρία geworden. Auf die gleiche Stufe ist die Geschichte bei Stobäus (*Flor.* 44, 41 nach *Nicolaus Damasc.* *Fr.* 113) zu stellen, dass der Vater des Euripides aus Böotien gewesen und dort wegen unbezahlter Schulden der Atimie verfallen sei. Wilamowitz, Herakles ¹ I. S. 9. O. Crusius in Mélanges Henri Weil 1898 pg. 87. Dass man in dem zur Industriestadt sich entwickelnden Athen auf einen Abkömmling des alten Bauernstandes herabzusehen geneigt war, ist leicht erklärlich. — Über die Schilderung des Euripides bei Aristophanes vgl. auch J. Bruns, Das litt. Porträt der Griechen S. 154 ff., wo mir nur die angeblich von Aristophanes gemachte Scheidung zwischen der Person und der Poesie des Dichters zweifelhaft erscheint.

⁵) Wilamowitz, Herakles ¹ I. S. 6.

⁶) *Hik.* 238 ff.

⁷) *Athenäus* I. 4 pg. 3 a nennt die Bibliothek des Euripides unter den berühmtesten der Welt, nämlich des Polykrates von Samos, Peisistratos von Athen, Eukleides von Athen, Nikokrates von Cypern, der Pergamenischen Könige und des Aristoteles. Freilich sind hier verschiedene Zeitperioden unterschiedslos nebeneinandergestellt.

⁸) *Aristoteles, rhet.* III. 15 spricht von einem Prozess des Euripides mit einem gewissen Hygiainon wegen ἀντίδοσις: der älteste Fall von Vermögenstausch, den wir kennen; da dabei der zweite *Hippolytos* (612) vorausgesetzt wird, jedenfalls nach 428.

⁹) Pöhlmann, Die Anfänge des Sozialismus in Europa in Sybels Hist. Zeitschrift Bd. 80 (N. F. 44), 1898 S. 214 f.

¹⁰) *Theoprast* bei *Ath.* X. 24 pg. 424 E. *Vita* 17 ff. Wilamowitz, Her. ¹ I. S. 5 A. 8. In Athen könnte es sich höchstens um den Kult des Apollo πατρῷος (*Paus.* I. 3, 4) handeln, dem die Thargelien gefeiert wurden (A. Mommsen, Heortologie S. 422 ff.). Indessen der von Theophrast erwähnte „Delische Apollo" ist offenbar mit dem von Zoster identisch, was die bei *Pausanias* I. 31, 1 erwähnte Legende wahrscheinlich macht; *Paus.* I. 31, 4 bezeugt auch diesen Apollokult für Phlya. Im *C. I. A.* III. 298 (vgl. 720 a) ist auch ein ἱερεὺς Ἀπόλλωνος δαφνηφόρου bezeugt. Die Nachrichten über Euripides gehen offenbar auf die Fasten der ὀρχησταί im Tempelarchiv des δαφνηφορεῖον zu Phlya zurück.

¹¹) *Vita* 6 f. *Gell.* XV. 20, 2. Burckhardt, Gr. K.G. II. S. 305 A. 5. *Herodot* IX. 33 erzählt die gleiche Geschichte von dem Seher Tisamenos. Da die Theseen erwähnt werden, kann die Stelle in der vita nicht über das 2. Jahrhundert hinaufgehen. Wilam. Her. ¹ I. S. 19. Auch die Abneigung des Euripides gegen die Athletik (*Fr.* 282 *Autolykos*) könnte zur Übertragung der Sage auf den Dichter beigetragen haben.

[17]) *Vita* 16 f. Megara ist 306 und um 264 zerstört worden. Sollte ein archaischer πίναξ dies überdauert haben und Pausanias davon nichts sagen? Wil. Her.[1] I. S. 19 A. 33. — Bergk, Griech. L.G. III. S. 468; 591. — Christ, Griech. L.G. S. 189.

[13]) Σπάρτη μὲν ὠμή *Hik.* 187.

[13 a]) *Vita* 9 f.; zweite *Vita* 112. — *Diog. Laert.* IX. 54: πρῶτον δὲ τὸν λόγον ἑαυτοῦ ἀνέγνω (sc. Πρωταγόρας) τὸν περὶ θεῶν ... ἀνέγνω δὲ Ἀθήνῃσιν ἐν τῇ Εὐριπίδου οἰκίᾳ, ἢ ὥς τινες ἐν τῇ Μεγακλείδου, ἄλλοι ἐν Λυκείῳ.

[14]) *Älian V. H.* II. 13: Σωκράτης σπάνιον μὲν ἐπεφοίτα τοῖς θεάτροις· εἰ ποτὲ δὲ Εὐριπίδης ὁ τῆς τραγῳδίας ποιητὴς ἠγωνίζετο καινοῖς τραγῳδοῖς, τότε γε ἀφικνεῖτο. καὶ Πειραιοῖ δὲ ἀγωνιζομένου τοῦ Εὐριπίδου καὶ ἐκεῖ κατῄει· ἔχαιρε γὰρ τῷ ἀνδρὶ δηλονότι διά τε τὴν σοφίαν αὐτοῦ καὶ τὴν ἐν τοῖς μέτροις ἀρετήν. *Cic. Tusc.* IV. 29, 63: Orestes 1—3 von Sokrates da capo verlangt; umgekehrt soll Sokrates nach *Diog. Laert.* II. 33 bei den Versen 367—379 das Theater mit Protest verlassen haben. Nach Aristophanes in der ersten Bearbeitung der *Wolken* hätte Sokrates gar dem Euripides beim Dichten geholfen: *Diog. Laert.* II. 18 (cap. 5, 2). Eine ähnliche Anspielung machte der Komiker *Teleldeidas* in seinen *Phrygiern: vita* 13 ff. und bei *Diog. L.* a. a. O. lesen wir Εὐριπίδης σωκρατογόμφους, was Nauck (A. 15 pg. XIII seiner Ausgabe Bd. I.) in Εὐριπιδοσωκρατοκόμπους ändert, „quo epitheto poëta comicus homines notare poterat Euripideae et Socraticae sapientiae fastu elatos".

[15]) S. o. A. 2 Ende. Der *Palamedes* wurde 415 aufgeführt: somit könnte sich die Geschichte höchstens bei einer späteren Wiederholung desselben ereignet haben. Vgl. auch Nauck, Trag. Gr. Fr.[2] Anm. zu *Fr.* 324 der *Danaë* S. 457. S. Kap. II. A. 12.

[16]) Wilamowitz, Her.[1] I. S. 27 und zu v. 236 Kommentar S. 61.

[17]) Bergk, Gr. L.G. III. S. 474 (Aristoph. *Frösche* 1180; *Wolken* 638); Dümmler, Akademika S. 257 A. 1; S. 77. 161. 171 A. 2. Derselbe, Prolegomena zu Platons Staat und der Platonischen und Aristotelischen Staatslehre. Un.-Progr. Basel 1891. Welcker, Prodikos von Keos Kl. Schr. II. S. 509 ff.

[18]) Wilamowitz, Her.[1] I. S. 25 erblickt ausser in *Fr.* 910 auch in *Alc.* 903 ff. einen Hinweis auf Anaxagoras, von dem man — wie später von Xenophon und andern — das ᾔδειν ὅτι θνητὸν ἐγέννησα erzählte.

[19]) Ich weiss wohl, dass die modernen Formeln auf die alten Philosophen nicht ganz passen, namentlich die Bezeichnung „Indeterminist" für Sokrates, da ja für diesen das Wissen des Guten mit dem Thun desselben zusammenfällt, er den Willen für sich also überhaupt nicht untersucht. Aber insofern das Streben nach dem Wissen des Guten jedermann freisteht und damit auch das Thun desselben, so mag der Ausdruck doch gelten, wenigstens der Euripideischen Anschauung gegenüber, dass der Mensch, auch wenn er das Rechte erkannt hat, es doch vielfach nicht thun kann, weil er dazu sittlich zu schwach ist: *Hipp.* 358 f. *Chrysipp. Fr.* 840. 841. Vgl. Wilamowitz, Zukunftsphilologie I. S. 27 f. Gerade dieser Hauptunterschied fehlt bei Bergk, Gr. L.G. III. S. 475.

[20]) Dümmler a. a. O. (A. 17) S. 144 ff. Rohde, Psyche[1] S. 548. Diels im Rhein. Mus. Bd. 42 S. 12 ff.

[21]) Wilamowitz geht daher in der oben (Einleitung A. 11) angeführten Stelle der An. Eur. pg. 163 etwas zu weit mit der Behauptung, dass Euripides „novam atque suam protulit doctrinam".

[22]) Von einem „Orphismus des Euripides" zu reden, wie Girard, „Le sentiment religieux en Grèce" pg. 421 ss. und in der Besprechung von Decharmes-
Buch (Euripide et l'esprit de son théatre, Paris 1893) thut (Revue des deux
mondes T. 133. 1896 pg. 750 ss.), geht nicht an, muss doch Girard selbst zugeben, dass dieser Orphismus „plus littéraire que réligieux" sei (pg. 759) und
mehr „esprit d'opposition" als „de prosélytisme" habe (Sent. pg. 421). Noch
mehr übertreibt A. Boué in einer Besprechung von Weils „Etudes sur le drame
antique" (Paris 1897) den „Orphismus des Euripides" (Bulletin critique XVIII.
1897. pg. 596 ss.).

[23]) Vgl. περὶ ἀέρων 19 mit *Fr.* 981 und *Med.* 824 ff., sowie *Herodot*
III. 106 (auch *Soph. Öd. Kol.* 686 ff.). In *Fr.* 449 des *Kresphontes* sieht
Welcker (Prodikos von Keos Kl. Schr. II. S. 510) gewiss mit Recht eine be-
wusste Beziehung auf *Herod.* V. 4. — Dass Euripides, der, wie Wilamowitz
(Her.[1] I. S. 37 A. 1) bemerkt, die Augesage ähnlich wie *Hekatäus* erzählt, in
der *Helena* diesen Logographen und Herodot nicht berücksichtigt hat, ist
kein Beweis für die Unbekanntschaft des Euripides mit Herodot. — Siehe
Kap. III. 2 A. 37.

[24]) *Peliad. Fr.* 606: Οὐκ ἔστι τὰ θεῶν ἄδικ', ἐν ἀνθρώποισι δὲ Κακοῖς
νοσοῦντα σύγχυσιν πολλὴν ἔχει.

[25]) Über die 438 aufgeführte *Alcestis* handelt ausführlich A. W. Verrall,
Euripides the rationalist, a study in the history of art and religion. Cambridge
1895. Wenn er pg. 77 f. sagt: „The purpose of Alcestis as a whole ... is
neither to solemnize the legend, as would have been the pose of Sophokles, but
to critize it, to expose it as fundamentally untrue and immoral before an au-
dience who were well acquainted with the general opinions of the author", so
ist daran gewiss soviel richtig, dass Euripides geflissentlich hervorhebt, wie unsittlich es sei, aus reiner Selbstsucht einen andern Menschen für sich sterben zu
lassen: dies sagt Pheres dem Admet mit wünschenswerter Deutlichkeit 694 ff.,
und auch Admet selbst sieht das ein: 954 ff. Zugleich benützt der Dichter die
Gelegenheit, den allzuzähen Hang am Leben zu ironisieren: dazu dient ihm Admet gegenüber Pheres zum Sprachrohr: 624 ff. 727. Hier blickt der Pessimismus des Dichters durch. Auch sonst lässt er seine eigenen Ansichten deutlich
genug merken: mit dem Tod ist alles aus: 381. 527. Ja man meint fast einen
Anklang an den Heraklitischen Gedanken vom Ineinanderfliessen des Lebens und
Todes (Bywater *Fr.* 66—68) zu vernehmen: 521. 528 f.; denn die Worte gehen
hier doch beträchtlich über „zwischen Leben und Tod schweben" hinaus. Und
wenn auch der Chor 602 ff. die Frömmigkeit preist, so spricht er doch 962 ff.
im Namen des Dichterphilosophen, welcher als grösste Macht in der Welt die
Ἀνάγκη erkannt hat, wobei ausdrücklich die gelehrte Bildung des Verfassers
angedeutet und orphische Mystik abgelehnt wird. Freilich gelangt auch die
menschliche Weisheit zu keiner klaren Erkenntnis des göttlichen Thuns (785 f.)
und der Rest ist: resignierte Abfindung mit den Thatsachen (930 ff.): der Mensch
darf nicht über das Menschengeschick hinaus wollen (799). So finden wir allerdings gleich in diesem frühesten unter den erhaltenen Dramen des Euripides
ganz wesentliche Züge von dessen Weltanschauung und von dessen Kriticismus.
Dass aber, wie Verall a. a. O. meint, Euripides die Alcestis gar nicht sterben
lasse, dass sie nur scheintot, ihre Auferstehung also eine Täuschung sei, lässt
sich mit nichts beweisen. Vielmehr zeigt das Stück dieselbe Zwiespältigkeit wie

die meisten Dramen des Euripides: er kritisiert den Mythus und behält ihn
doch bei. Und zwar liegt die Kritik, wie Lindskog (Stud. zum ant. Drama I.
S. 36 ff.) vortrefflich gezeigt hat, besonders in der Pheresepisode, welche den
traditionellen Charakter des Admet ironisiert. Übrigens gerade in diesem Stück
führt er die gefühlsmässige Seite der rührenden Geschichte mit einer gewissen
Liebe aus. Mit einer hypothetischen Wendung (wie sie von da gerade für das
Leben im Jenseits so überaus beliebt wurde: Dieterich, Nekyia S. 136 A. 2;
169 A. 1): εἰ δέ τι κἀκεῖ Πλέον ἐστ' ἀγαθοῖς, τούτων μετέχουσ' ᾿Αιδου νύμφῃ παρε-
δρεύοις (744 ff.), baut er sich die Brücke hinüber zum Volksglauben, und Rohde
(Psyche S. 540 f. A. 1) bemerkt feinsinnig, dass in der leichten Heroisierung,
wie man sie vorzugsweise in Thessalien kannte, der Dichter seinem Werk ein
wenig thessalische Lokalfärbung verlieh. Es liegt in manchen Scenen ungemein
viel Stimmung: die Worte Admets 935 ff. decken sich fast mit denen Wallensteins nach Max Piccolominis Tod: „Er ist der Glückliche. Er hat vollendet"
u. s. w. (V. 3), und über der Gegenstrophe des Chors im letzten Stasimon
(995 ff.) mit ihrem „νῦν δ' ἐστι μάχαιρα δαίμων" (1003) liegt ein Hauch wie über
Wolframs Lied in Wagners *Tannhäuser* (III. 2), wo Elisabeth „entschwebt dem
Thal der Erden, Ein sel'ger Engel dort zu werden". — Wenn endlich als drittes
Element in dem Stücke auch komische Züge sich finden, wie im Prolog bei der
Unterredung zwischen Apollo und Thanatos (28—76) und in der Rede des
Sklaven, der die Ess- und Trinklust des Herakles schildert (747 ff.), worauf
dieser ihn in einer aus Scherz und Ernst gemischten Rede zur Teilnahme an
seinem Gelage einlädt, so hat dies seinen Grund darin, dass die *Alcestis* an
der Stelle eines Satyrdramas stand und der Dichter sein Publikum offenbar nicht
ganz um den Genuss der in einem solchen üblichen Scherze bringen wollte.
Vgl. Hypothesis s. f. — Bergk, Gr. L.G. III. S. 494 ff. Jöhring, Ist die Alkestis
des Euripides eine Tragödie? Feldkirch 1884. — Bissinger, Über die Dich-
tungsgattung und den Grundgedanken der Alc. des Eur. — Ritter, De Eur. Al-
cestide. Jena 1875. — Wecklein in Bursians J. B. III. pg. 447. — Auch im
modernen Drama hebt sich oft die Tragik von grotesk-komischem Hintergrunde
ab: vgl. z. B. Wallensteins Tod V. 2; und wie oft bei Shakespeare!

¹⁶) Selbst Rohde, der die *Hiketiden* nur für den Ausfluss einer vorübergehenden, allerdings im Augenblick ernsten Stimmung erklärt, glaubt angesichts
der *Bacchen* an einen wirklichen Gesinnungswechsel des Dichters (Psyche¹
S. 544 f. A. 4 s. f.). Ebenso weitaus die meisten übrigen Forscher. Nur wenige,
wie E. Bruhn in der Einleitung zu seiner Ausgabe S. 17 ff., Pfander, Über Euripides' Bacchen, Bern 1868, und beiläufig H. Steiger, „Warum schrieb Euripides
seine Elektra?" (Philologus 1897 S. 593 A. 54), sind anderer Ansicht; kurz und
entschieden Wilamowitz, Herakles¹ I. S. 379 A. 54 (= Herakles² I. S. 124 A. 26).
Näheres s. u. Kap. III.

³⁷) Erster Sieg: 441 v. Chr. C. J. Gr. I. 2374. 2375 (Marm. Par. 60).
Welcker, Gr. Trag. II. S. 437 ff.; Bergk, Gr. L.G. III. S. 493 A. 88; Christ, Gr.
L.G. S. 191 ff. Wilamowitz, Analecta Euripidea pg. 172 ss. Nach Wilamowitz'
scharfsinniger Untersuchung waren zur Zeit der alexandrinischen Gelehrten unter
Euripides' Namen 78 Stücke erhalten (*Vita* 33), während ihm 92 (ib. 32) zugeschrieben wurden. Unter diesen 78 Stücken waren 3 unechte Tragödien: *Tennes, Rhadamantys, Perithous* (*Vita* 33), und ein unechtes Satyrspiel, der *Sisyphos*: diese ganze Tetralogie hat wahrscheinlich den Kritias zum Verfasser und

wird zwischen 411 und 405 gedichtet sein (pg. 166). Von den 88 echten Stücken waren schon damals 14 verloren: es bleiben somit als in alexandrinischer Zeit erhalten 74 echte Stücke, nämlich 67 Tragödien und 7 Satyrspiele (vgl. Wil., Herakles[1] S. 40). Die Tragödien waren: 1. *Alcestis* 438 (vertrat die Stelle eines Satyrspiels); 2. *Andromache* 430—424 (oder 421?) aufgeführt unter dem Namen des Demokrates nicht in Athen, *Schol.* zu 445); 3. *Alkmeon in Psophis* 438; 4. *Äolus* vor 421; 5. *Alexander* 415; 6. *Andromeda* 412 (*Schol. zu Aristoph. Thesm.* 1060; *Frösche* 53); 7. *Antiope* 411—408 (*Schol. Frösche* 53); 8. *Archelaos* (in Macedonien aufgeführt); 9. *Alkmeon in Korinth* (diesen soll der jüngere Euripides nach des Dichters Tod aufgeführt haben: *Schol.* zu *Aristoph. Frösche* 67); 10. *Ägeus;* 11. *Alkmene;* 12. *Alope;* 13. *Antigone;* 14. *Auge* nach 415; 15. *Bacchen* aufgeführt nach 406 (wie 9); 16. *Bellerophon* vor 425 (*Aristoph. Ach.* 426 f.); 17. *Diktys* 431 (*Hyp.* zur *Medea*); 18. *Danaë* vor 411; 19. *Hekabe* 425 oder 424; 20. *Helena* 412 (*Schol. zu Aristoph. Thesm.* 1012. 1040); 21. *Erechtheus* etwa 421; 22. *Epeus;* 23. *Herakliden* 429—427 (*Aristoph. Wespen* 1160 = *Hkld.* 1006); 24. *Herakles* nach 424; 25. *Elektra* 413; 26. *Thyestes* vor 425; 27. *Theseus* vor 422; 28. *Hippolytos steph.* 428; 29 *Hiketides* um 421; 30. *Iphigenia Taurica* 411—409; 31. *Iphigenia Aulidensis* nach 406 (wie 9); 32. *Ion* vor 421 (oder 416—412? Ermatinger, Attische Autochthonensage S. 138 A. 127); 33. *Hippolytos Kal.* vor 428; 34. *Ino* vor 425; 35. *Ixion* 410—408; 36. *Kreterinnen* 438; 37. *Kresphontes* 430—425; 38. *Kreter;* 39. *Likymnios;* 40. *Medea* 431; 41. *Meleagros* vor 415; 42. *Melanippe sophe* vor 411; 43. *Melanippe desmotis* nach 425; 44. *Orestes* 408 (*Schol.* 371); 45. *Oineus* vor 425; 46. *Oinomaos* 411—408; 47. *Ödipus* nach 425; 48. *Peliades* 455 (*Vita* 31); 49. *Peleus* vor 417; 50. *Pleisthenes* vor 415; 51. *Palamedes* 415; 52. *Polyidos* nach 415; 53. *Protesilaos;* 54. *Rhesus* 455—442 (der erhaltene ist wahrscheinlich unecht, das Machwerk eines etwa 100 Jahre jüngeren Dichters: Wilamowitz, De Rhesi Scholiis. Index schol. Greifswald 1877; Christ hält den *Rhesus* für ein Jugendwerk des Euripides, Gr. L.G. S. 203 f., was schon Welcker, Gr. Tr. S. 511 widerlegt hat); 55. *Sthenebioa* vor 423; 56. *Skyrioi;* 57. *Troades* 415; 58. *Telephos* 438; 59. *Temenidae;* 60. *Temenos;* 61. *Hypsipyle* 411—409; 62. *Phoenissae* 411—409; 63. *Philoktetes* 431; 64. *Phoinix* vor 425; 65. *Phaëthon* vor 425; 66. *Phrixus;* 67. *Chrysippus* 411—406. Da *Andromache* und *Archelaos*, weil nicht in Athen aufgeführt, selbstverständlich nicht in den athenischen Didaskalien standen, so ist der Verlust von Dramen noch höher anzunehmen, als die Alexandriner gethan haben (Wil., Her.[1] I. S. 40). - Satyrspiele: 1. *Autolykos*; 2. *Busiris*; 3. *Eurystheus*; 4. *Kyklops*; 5. *P* ... (Marmor Piraeicum); 6. *Skiron*; 7. *Sileus*. Das Satyrspiel 8. *Theristai* (*Hyp.* zur *Medea*) war schon in der alexandrinischen Zeit verloren. Die Ansicht Welckers (Trilog. S. 506), dass der *Syleus* mit den *Theristai* identisch sei, widerlegt Reichenbach, Die Satyrpoesie des Euripides (Progr. d. Gy. in Znaim 1889) S. 9 f. Von der hier nach Wilamowitz gegebenen Datierung der Euripideischen Tragödien weicht erheblich ab Zielinski, Die Gliederung der altattischen Komödie pg. 107: danach hätte bei den Scholiasten des Aristophanes eine doppelte Chronologie der Euripideischen Tragödien kursiert: „die eine, richtige (Asklepiades von Myrleia) ging in letzter Linie auf die Didaskalien zurück, die andere, fehlerhafte war mit leichter Mühe aus den Komödien zunächst des Aristophanes erschlossen, wobei Missverständnisse leicht mit unterlaufen konnten".

Zielinski setzt *Elektra, Melanippe desmotis, Andromeda* und *Helena* ins Jahr
425, in dem eine Expedition von 40 Schiffen nach Sizilien unter Sophokles und
Eurymedon abging. Ich kann mich von der Richtigkeit dieser Ansetzung,
wenigstens hinsichtlich der *Elektra* und *Helena*, nicht überzeugen. Vgl. Kap. VI. 1
A. 41. — Dass *Iphigenia Taurica* vor die *Helena* fällt, sucht Lindskog (Stud.
z. ant. Dr. I. S. 118) dadurch wahrscheinlich zu machen, dass in dieser der deus
ex machina v. 1447 es ausdrücklich motiviert, dass er sich an eine abwesende
Person wendet, was in der *Helena* (1662) nicht mehr der Fall ist. — Die Zusammenstellung der Tetralogien zeigt, dass Euripides einen Zusammenhang
zwischen den Stücken einer und derselben Tetralogie nur selten, wie z. B. in
der troischen, gesucht hat. — Die fünf Siege bezeugt *Vita* II. 128 (Nauck);
Gell. XVII. 4, 3; der fünfte erst nach Euripides' Tod mit den *Bacchen, Alkmeon in Korinth* und *Iph. Aulid. Suidas* v. Εὐριπίδης.

[18]) Erhaltene Stücke: 1. *Alcestis*, 2. *Andromache*, 3. *Bacchen*, 4. *Hekabe*,
5. *Helena*, 6. *Elektra*, 7. *Herakliden*, 8. *Herakles*, 9. *Hiketiden*, 10. *Hippolytos
steph.*, 11. *Iphigenia Taurica*, 12. *Iphigenia Aulidensis*, 13. *Ion*, 14. *Kyklops*,
15. *Medea*, 16. *Orestes*, 17. *Troades*, 18. *Phoenissae*. Unecht: *Rhesus:* Nach
den *Schol.* zu 528 ff. machte Krates auf einen astronomischen Irrtum aufmerksam, der hier dem Euripides ,διὰ τὸ νέον ἔτι εἶναι' passiert sei. Demnach hätte
also Euripides in seiner Jugend einen *Rhesus* geschrieben. Ob dies aber der
uns erhaltene ist, welcher allerdings dem Krates schon vorgelegen haben muss,
ist eine andere Frage. Die sprachliche Form beweist nun zwar nichts gegen
die Echtheit des Stückes, wie L. Eysert (Rhesus im Lichte des Euripideischen
Sprachgebrauches. Progr. von Böhm.-Leipa 1891) gegen Valckenaer (Diatribe
pg. 88 ss.), G. Hermann (Opusc. III. 262 ss.), Hagenbach (De Rheso trag. diss.
Basel 1863), Albert (De Rheso trag. diss. Halle 1876), Nöldeke (De Rhesi fab.
aetate et forma. Schwerin 1877) scharfsinnig nachgewiesen hat. Vater (Ausgabe. Berlin 1837), Hartung (Eur. restitutus I. pg. 38) und neuerdings Christ
(Griech. Litt.Gesch. S. 203 f.) halten ihn daher für ein Jugendstück des Dichters. Aber der Mangel aller tieferen Gedanken, vermöge dessen das Stück sich
selbst von den Fragmenten der *Peleiaden* abhebt, spricht entschieden für die
Unechtheit. Wilamowitz (An. Eur. pg. 199 und De Rhesi scholiis, Greifswalde
1877 pg. 12) setzt die erhaltene Tragödie in die Zeit des Demosthenes. Vgl.
auch K. O. Müller, Griech. Litt.G.[4] ed. Heitz I. S. 622 A. 3. — Von den *Fragmenten* lassen sich einzelnen Stücken zuweisen 844; sicher Euripideisch, aber
sonst unbestimmbar sind 262: zusammen 1106; dazu kommen noch „dubia et
spuria" 26 und Vereinzeltes aus den „Adespota". Vgl. Nauck, Tragicorum
Graecorum fragmenta[2], Lipsiae 1889 pg. 361 ss.; L. C. Valckenari Diatribe
in Euripidis perditorum dramatum reliquias, Lugdun. Batav. 1767. Wilamowitz, De tragicorum Graecorum fragmentis commentatio. Index schol. Göttingen 1893.

[19]) *Schol.* zu 445: οὐ δεδίδακται γὰρ Ἀθήνησιν. ὁ δὲ Καλλίμαχος ἐπιγραφῆναί φησι τῇ τραγῳδίᾳ Δημοκράτην. Dass das Stück in Argos aufgeführt wurde, vermutet Decharme (Euripide pg. 161 A. 1) auf Grund von
v. 733 ff.

[20]) *Vita* 26 ff. 65 ff. Danach wäre er zweimal verheiratet gewesen, zuerst mit einer Melito und dann mit einer Choirine, woraus *Gellius* XV. 20, 6
gar eine Doppelehe („duas simul uxores habuerat") macht. Z. 66 heisst die

Frau Χοιρίλη. Den letzteren Namen finden wir als Spitznamen der kinder-
reichen Hekabe bei Philochoros (*Schol.* zur *Hekabe* 3): Φιλόχορος γάρ ἐν τῷ
περὶ τραγῳδιῶν συγγράμματι Χοιρίλην αὐτήν φησι καλεῖσθαι, ἴσως δὲ διὰ τὸ πο-
λύπαιδα γεγενῆσθαι· ἡ γὰρ χοῖρος πολλὰ τίκτει καὶ ἐν τοῖς Ὀρφικοῖς οἱ χοῖροι
ἐκάβαι προςαγορεύονται. Wilamowitz hat daher schon An. Eur. pg. 149 A. vermutet, dass Χοιρίλη oder Χοιρίνη nur ein der Melito von den Komikern aufge-
triebener Unname sei und somit Euripides nur Eine Frau gehabt habe. Er hat
daran mit Recht festgehalten (Herakles[1] I. S. 7 A. 12) gegenüber dem Einwand
Zielinskis (Gliederung der attischen Komödie S. 83 A. 3), dass so gut wie die
inschriftlich nachgewiesenen Namen Choira und Choiridion auch Choirine ein
solcher sei. Natürlich konnte er nichtsdestoweniger zu einem boshaften Witz
verwendet werden. Ganz gezwungen ist es, wenn Zielinski in *Thesm.* 289 (χοῖρος) eine Anspielung auf Choirile findet. Mit Recht sagt Wilamowitz (Her.[1] I.
S. 9): „Es liegt auf der Hand, dass Aristophanes ganz anders reden würde,
wenn er in den *Thesmophoriazusen* (aufgeführt etwa 411) etwas von den ehelichen Erfahrungen des Dichters gewusst hätte". (Anders Bergk, Gr. L.G. III.
S. 527 A. 190.) Aber erst in den *Fröschen* 1048 spielt er auf die inzwischen
von irgend einem Komiker erfundene Hahnreischaft des Euripides an, die „aus
der Thatsache herausgesponnen ist, dass Euripides gern Probleme des weiblichen Liebeslebens behandelt und von der weiblichen Treue recht häufig geringschätzig redet". — Die bösartige Anekdote bei *Athenäus* XIII. 5 pg. 557 E,
(vgl. 81 pg. 603 E), welche dem Sophokles das Wort in den Mund legt: μισο-
γύνης ἐστὶν Εὐριπίδης ἔν γε ταῖς τραγῳδίαις· ἐπεὶ ἔν γε τῇ κλίνῃ φιλογύνης, was
Zurborg (Hermes X. pg. 212) für authentisch hält, während es Pikkolomini
(Hermes XVII. pg. 333) für eine Bosheit der Komödie erklärt, könnte recht wohl
aus *Kyklops* 186 f. entstanden sein, indem das Wort Polyphems: μηδαμοῦ γένος ποτὲ Φῦναι γυναικῶν ὤφελ' εἰ μὴ 'μοὶ μόνῳ auf den Dichter selbst übertragen
wurde (cf. *Med.* 573 ff. *Hipp.* 616 ff.). — Ebenso wird die Sage, dass Agathon
der ἐρώμενος des Euripides gewesen sei (*Älian* V. H. XIII. 4) und dass Euripides ihm zu Ehren den *Chrysippos* verfasst habe (ib. II. 21), nur aus den beiden Thatsachen entstanden sein, dass Euripides im *Chrysippos* (verfasst etwa
410) die Knabenliebe behandelte und in Pella mit Agathon zusammen war.
Übrigens verwarf Euripides — im Gegensatz zu Äschylus und Sophokles —
diese Volkssitte in Theorie und Praxis. Wil., Her.[1] I. S. 16 A. 26.

[81]) *Or.* 1682 τὴν Καλλίστην θεῶν Εἰρήνην. Vgl. auch *Kresphontes Fr.* 453.
Über die Anspielung auf Alkibiades vgl. Kap. VI. 2 A. 93.

[82]) Bergk-Hiller-Crusius, Lyrici Graeci[4] 1897 S. 130: Σὲ δ' ἀείσομαι ὦ
Κλεινίου παῖ· καλὸν ἁ νίκα· [τὸ] Κάλλιστον [δ'] ὃ μηδεὶς ἄλλος Ἑλλάνων [ἔλαχες],
Ἅρματι πρῶτα δραμεῖν καὶ δεύτερα καὶ τρίτα[τα], Βῆναί τ' ἀπονητὶ Διὸς στεφθέντι
ἐλαίᾳ κάρυκι βοὰν παραδοῦναι. Vgl. Bergk, Gr. L.G. III. S. 545.

[82a]) *Plut. Nic.* 17. Lyr. Graeci[4] S. 130: Οἶδε Συρακοσίους ὀκτὼ νίκας
ἐκράτησαν Ἄνδρες, ὅτ' ἦν τὰ θεῶν ἐξ ἴσου ἀμφοτέροις. Auch in der 412 aufgeführten *Helena* v. 397 ff. wird man eine Anspielung auf die grosse Niederlage erkennen dürfen. Wilam., Her.[1] I. S. 14 A. 20.

[83]) *Vita* 21 f.: μετέστη δὲ ἐν Μαγνησίᾳ καὶ προξενίᾳ ἐτιμήθη καὶ ἀτελείᾳ.
Welches Magnesia gemeint ist, weiss man nicht. Nicht unwahrscheinlich ist es,
dass die persönliche Anwesenheit des Dichters in der ihn ehrenden Stadt von
einem Litterarhistoriker aus der Ehrung selbst nur gefolgert wurde. Mög-

licherweise ist die Nachricht des Eparchides bei *Athen.* II. 57 pg. 61 hieher zu beziehen, wo von der Anwesenheit des Euripides auf der Insel Ikaros an der kleinasiatischen Küste die Rede ist. Dann wäre Magnesia am Mäander gemeint (Haupt, Äussere Politik des Eur. I. Progr. Eutin 1875 S. 20 A. 70). Die Μαγ-νῆτις λίθος im *Oineus Fr.* 567 hat jedenfalls mit dieser Sache nichts zu thun. Vgl. Wil., Her.[1] I. S. 12 A. 17. So legten sich schon die Alten Euripides' Weg-gang von Athen zurecht: *Vita* 82 ff.: διὸ καὶ ξενοφιλώτατον κεκλῆσθαί φασι διὰ τὸ μάλιστα ὑπὸ ξένων φιλεῖσθαι· ὑπὸ γὰρ Ἀθηναίων ἐφθονεῖτο. Und Nauck, Tr. Gr. fr.[2] pg. 427 A: „De Euripide dicta videntur, quae Philodemus habet de vitiis libro X pg. 20 Sauppe: διὸ καὶ φασιν ἀχθόμενον αὐτὸν ἐπὶ τῷ σχεδὸν πάν-τας ἐπιχαίρειν πρὸς Ἀρχέλαον ἀπελθεῖν." Wie eine Klage über die eigenen Misserfolge des Dichters, der sich aus dem Lärm der Stadt wegsehnte, klingt das Wort des *Ion* 636 f.: κεῖνο δ' οὐκ ἀνασχετόν, Εἴκειν ὁδοῦ χαλῶντα τοῖς κα-κίοσιν. Auch *Fr.* 685 des *Polyidos* mag man hieherziehen: Οἱ τὰς τέχνας δ' ἔχοντες ἀθλιώτεροι Τῆς φαυλότητος· καὶ γὰρ ἐν κοινῷ ψέγειν (ψόγῳ conj. F. G. Schmidt) Ἅπασι κεῖσθαι δυστυχὲς κοὐκ εὐτυχές. Hiezu vgl. *Gellius* XVII. 4, 3: Euripidem quoque M. Varro ait, cum quinque et septuaginta tragoedias scripserit, in quinque solis vicisse, cum eum saepe vincerent aliquot poetae ignavissimi. Und wie dankbare Befriedigung über den dem Dichter in Mace-donien zu teil gewordenen ruhigen Lebensabend tönt es uns aus den *Bacchen* 902 ff. entgegen: Εὐδαίμων μὲν ὃς ἐκ θαλάσσας Ἔφυγε χεῖμα, λιμένα δ' ἔκιχεν· Εὐδαίμων δ' ὃς ὑπερθε μόχθων Ἐγένεθ'.

[34]) *Plato, Menon* 1 pg. 70 B. — *Xen. An.* II. 6, 21 ff. — *Philostratus Vit. soph.* 16 pg. 212 f.

[35]) *Clem. Al. Strom.* VI. pg. 624 C. In der unter *Herodes Atticus*' Namen erhaltenen Rede περὶ πολιτείας (Bekker, Or. Att. V. pg. 658) haben wir entweder die Rede des Thrasymachos selbst (Beloch, Griech. Gesch. II. S. 132 A. 2) oder eine Nachahmung derselben (Köhler, Macedonien unter König Archelaos. Sitz.-Ber. der Berliner Akad. 1893 S. 503 ff.). Das Citat darin: Ἀρχελάῳ δουλεύ-σομεν Ἕλληνες ὄντες βαρβάρῳ stammt aus Euripides' *Telephos Fr.* 719: Ἕλληνες ὄντες βαρβάρῳ δουλεύσομεν, wozu vgl. *Iph. Aul.* 1400: βαρβάρων δ' Ἕλληνας ἄρ-χειν εἰκός. Wilam., Her.[1] I. S. 17 A. 28.

[35a]) *Plato, Kriton* 4 pg. 45 C.

[36]) Gegen O. Müller, Über die Wohnsitze und die ältere Geschichte des macedonischen Volkes (Berlin 1825); G. Meyer in Fleckeisens Jahrbüchern Bd. 111 S. 185 ff.; Gomperz, Die Akademie und ihr vermeintlicher Philomacedo-nismus in den „Wiener Studien" 1882 S. 116 ff., welche aus historischen und sprachlichen Gründen die Macedonier nicht als Griechen anerkennen (ebenso Blass in seiner griechischen Grammatik), stehen Sturz, De dialecto Macedonica et Alexandrina 1808; Otto Abel, Macedonien vor König Philipp 1847; August Fick in Kuhns Zeitschrift XXII. S. 193 ff.; Beloch, Griech. Gesch. I. S. 68; E. Meyer, Geschichte des Altertums II. S. 66 f.; Paul Kretschmer, Einleitung in die Geschichte der griechischen Sprache S. 286 ff., die sämtlich mehr oder weniger dazu hinneigen, die Macedonier als Griechen zu betrachten. Aufs entschiedenste und mit sehr guten Gründen verficht die Zugehörigkeit der Macedonier zu den Hellenen G. N. Hatzidakis, Zur Abstammung der alten Macedonier. Eine ethno-logische Studie. Athen 1897 (Übersetzung eines Aufsatzes in der Zeitschrift Ἀθηνᾶ Bd. VIII.). Unter anderem verweist er auch auf den oben (A. 35)

angeführten Vers 1400 der *Iphigenia Aulidensis*, der, „wenn die Macedonier
nicht Griechen gewesen und sich nicht als Griechen gefühlt hätten, eine schreckliche Beleidigung gegen die gastfreundliche königliche Familie und die macedonischen Notabeln gewesen wäre" (S. 40). Der hiegegen erhobene Einwand
(Litterarisches Centralblatt 1898 S. 728: Besprechung der genannten Schrift),
dass die hellenische Abkunft des macedonischen Königshauses niemals bezweifelt
worden sei, erscheint mir nicht stichhaltig. Dagegen ist es richtig, worauf auch
H. selbst hinweist, dass die Macedonier wie die übrigen nordgriechischen Stämme
in der Kultur hinter Mittelgriechenland zurückgeblieben waren, und da der Begriff Ἕλλην im 4. Jahrhundert schon mehr den „Gebildeten" als den Griechen
von Abstammung bezeichnete (*Isokrates Paneg.* 50), so konnten Demosthenes
und andere die Macedonier in diesem Sinn recht wohl „Barbaren" nennen.
Das hat aber mit ihrer ethnographischen Zugehörigkeit zu Griechenland, die
schon *Herodot* I. 56 und VIII. 43 ganz richtig festhält, nichts zu thun. Auch
die Geschichte von Alexander, dem Sohn des Amyntas, bei *Herodot* V. 22 beweist nichts für das Nichtgriechentum der Macedonier: es war für diesen natürlich leichter und wurde auch von den olympischen Kampfrichtern nur verlangt,
die hellenische Abkunft seiner Familie als seines ganzen Volkes nachzuweisen.

[37]) *Suidas* vv. Μελανιππίδης und Ἱπποκράτης.

[38]) Über die Regierung des Archelaos vgl. v. Gent, De Archelao, Mace-
doniae rege. Leyden 1834. — Otto Abel, Macedonien vor König Philipp. Leipzig
1847 S. 193 ff. — Ulrich Köhler, Macedonien unter König Archelaos in den
Sitzungsberichten der Berliner Akademie 1893 S. 489 ff. — Beloch, Griechische
Geschichte II. S. 130 ff. — Berufung des Zeuxis *Älian V. H.* XIV. 17; des Timotheos: Apophthegm. Arch. S. 177; des Agathon *Älian V. H.* XIII. 4, *Schol.*
zu *Aristoph. Frosche* 83; des Choirilos *Suidas* v. Χοίριλος *Athen.* VII. 36
pg. 345 D. — Dass Thukydides in Macedonien gestorben sei, ist freilich nicht
sicher; aber dort gewesen ist er höchst wahrscheinlich. Damit kann es auch
zusammenhängen, dass ihm sowohl als dem Timotheos die Abfassung des Grab-
epigramms für Euripides zugeschrieben wird (*Athen.* V. 12 pg. 187 D). *Vita* 36 ff.
Wilam., Her.[1] I. S. 16 A. 25). Freilich scheint es nach der *Vita*, dass dieses
Epigramm für das Kenotaph in Athen, nicht für das wirkliche Grab in Macedonien bestimmt war. — Ablehnung der Berufung durch Sokrates: *Aristot. Rhet.*
II. 23. *Stob. Anth.* 97 pg. 522. *Diog. Laert.* II. 5, 9. Urteil des Sokrates:
Plato Gorg. 26 pg. 470 D. E. In Dion, „im seligen Pierien" (Eur. *Bacch.* 560 ff.).
das 219 zerstört wurde (*Polyb.* IV. 62), fand Leake (Travels in the northern
Greece 1835 ff.) noch deutliche Reste eines Stadions und Theaters. Vgl. dazu
Diodor XVII. 16. *Dio Chrysost. or.* 2. *Arrian* I. 16, 7. *Ulp.* zu *Dem. de fals.*
leg. 242. *Liv.* XLIV. 7. — Über den Charakter des Archelaos s. *Äl. V. H.*
XIV. 17. *Seneca, De benef.* V. 6. — Günstig urteilt über ihn Droysen, Ge-
schichte Alexanders d. Gr. S. 37.

[39]) *Vita* 22 ff.: Εἰς Μακεδονίαν περὶ Ἀρχέλαον γενόμενος διέτριψε καὶ χαρι-
ζόμενος αὐτῷ δρᾶμα ὁμονύμως ἔγραψε. Die *Fragmente* s. bei Nauck 228—264
pg. 426 ff. Dass das Stück in eine Prophezeiung auslief, vermutet nach der
Analogie des *Ion* Köhler a. a. O. S. 500.

[40]) *Vita* 24: καὶ μάλα ἔπραττε παρ' αὐτῷ, ὅτε καὶ ἐπὶ τῶν διοικήσεων ἐγένετο. *Solin* IX. 17: Archelaus in tantum litterarum mire amator fuit, ut Euripidi tragico consiliorum summam concrederet.

⁴¹) So die Geschichte, dass ein Höfling den Euripides wegen seines übelriechenden Atems verhöhnte und deshalb ihm vom König zur Durchpeitschung
ausgeliefert wurde, *Aristoteles Pol.* V. 10. *Vita* 84 f. Wilam., Her.¹ 1. S. 17
A. 27. S. übrigens A. 33.

⁴²) Im Januar 405, im Monat Gamelion unter dem Archontat des Kallias,
führte Aristophanes seine *Frösche* auf. Am 8. Elaphebolion unter dem Archontat des Antigenes, Ende März 406, gab Sophokles der Trauer um Euripides im Theater öffentlichen Ausdruck. Somit muss der Dichter kurz vorher,
im Anfang des Jahres 406, gestorben sein. Vgl. auch L. Mendelssohn, Quae-
stionum Eratosthenicarum caput I in Actis societatis Philologicae Lipsiensis ed.
Fr. Ritschelius 1872 II. 1 pg. 159 ss.

⁴²ᵃ) „Der Dienst der Freiheit ist ein strenger Dienst.“ Uhland, Herzog
Ernst IV. 2.

⁴³) Über die Legenden vom Tode des Euripides vgl. E. Piccolomini, Sulla
morte favolosa di Eschilo, Sofocle, Euripide, Cratino, Eupoli. Pisa 1883. Ab-
druck aus den Annali delle università Toscane XVIII; die Besprechung dieser
Schrift von O. Crusius im Philologischen Anzeiger XV. 1885 S. 634 f. Derselbe,
Plutarchi de prov. Al. libellus ineditus Tüb. Un.Progr. 1887; Verhandlungen der
37. Philologenversammlung in Dessau 1894/95; Fleckeisens Jahrbücher 1887
S. 252, sowie dessen Kommentar zu Plutarchi Proverbia Alexandrina, Tübinger
Un.Progr. 1895 S. 61. W. Nestle im Philologus LVII. (N. F. XI.) 1898 S. 134 ff. —
Die Legenden, die sich schon sehr frühe gebildet haben müssen, spalten sich in
zwei Äste: Zerreissung durch Weiber und Zerreissung bezw. tödliche Verwun-
dung durch Hunde. 1. Mordversuch durch Weiber, *Vita* 74 ff. 96 ff. *Suidas*
v. Εὐριπίδης: οἱ δὲ ἱστόρησαν οὐχ ὑπὸ κυνῶν ἀλλ’ ὑπὸ γυναικῶν νύκτωρ διασπασθῆναι
πορευόμενον ἀωρὶ πρὸς Κρατερὸν τὸν ἐρώμενον Ἀρχελάου· καὶ γὰρ σχεῖν αὐτὸν
καὶ περὶ τοὺς τοιούτους ἔρωτας· οἱ δὲ πρὸς τὴν γαμετὴν Νικοδίκου τοῦ Ἀρεθου-
σίου. — 2. Tod durch Hunde: *Sotades*: κύνες οἱ κατὰ Θρᾴκην Εὐριπίδην ἔτρω-
γον. *Stob. flor.* 96, 9 III. pg. 222 M. *Vita* II. 117 f.: ὀψαίτερον ἀναλύων ὑπὸ
βασιλικῶν ἐφθάρη κυνῶν. Vgl. dazu *Val. Max.* IX. 12. *Anth. Pal.* VII. 44.
Ibis 595. Nach *Diodor* XIII. 103 wäre der Dichter auf einem Spaziergang
(κατὰ τὴν χώραν ἐξελθόντα), nach *Vita* 1. 52 ff., im Walde ausruhend, von Jagd-
hunden des Archelaos, nach *Hygin fab.* 247 in einem Tempel von Hunden zerrissen worden. *Stephanus Byz.* pg. 176, 1 nennt als Schauplatz des Unfalls
Bormiskos (χωρίον Μακεδονίας) und kennt auch schon die Hunderasse: οὓς κύνας
τῇ πατρῴᾳ φωνῇ ἐστερικὰς καλοῦσιν οἱ Μακεδόνες, ὁ δὲ ποιητῆς τραπεζίας (X 69.
Ψ 173. ρ 309). Auf persönliche Gegner des Euripides am Hofe führt diese
sonderbare Todesart zurück, *Seleucus* bei *Plut. Prov. Alex.* S. 14 Nr. 26. Er
erklärt so das Sprichwort Προμέρου κύνες: ein von Euripides bei Archelaos ver-
leumdeter Diener, Promeros, habe nachts auf dem Heimweg die Hunde auf
Euripides losgelassen (ebenso *Ps. Diogenian.* VII. 52). Bei *Suidas* heisst der
Diener Lysimachos und wird zu dem genannten Zweck von zwei auf Euripides
eifersüchtigen Dichtern, dem Thessalier Krateuas und dem Macedonier Arrhi-
daios, mit 10 Minen bestochen. Bei *Gellius* XV. 20, 9 werden die Hunde „a
quodam aemulo“ auf Euripides losgelassen. Endlich finden wir auch in diese
zweite Tradition ein erotisches Motiv eingeführt durch *Hermesianax* aus Kolophon (bei *Athenäus* XIII. 71 pg. 598 D); danach wäre Euripides der Unfall zu-
gestossen, als er „Αἰγεῖ μέθεπεν δ’ Ἀρχέλεω ταμίην“. — Das wichtigste ist

nun, dass diese sämtlichen Anekdoten unsern zuverlässigsten Gewährsmännern,
dem *Philochoros* und *Eratosthenes*, entweder unbekannt waren oder, was wahrscheinlicher ist, als unglaubwürdig von ihnen ignoriert wurden, wie denn auch
später *Pausanias* (I. 2, 2) sie völlig auf sich beruhen lässt; aber nicht nur dies,
sondern sie werden kategorisch in Abrede gezogen schon von einem Zeitgenossen Alexanders des Grossen (also 70 bis 80 Jahre nach Euripides' Tod),
dem Epigrammatiker *Addäus*, der *Anth. Pal.* VII. 51 sagt:

> οὔ σε κυνῶν γένος εἷλ᾽, Εὐριπίδη, οὐδὲ γυναικός
>   οἶστρος τὸν σκοτίης Κύπριδος ἀλλότριον
> ἀλλ᾽ Ἀΐδης καὶ γῆρας.

Also Euripides ist eines natürlichen Todes gestorben, findet sich doch auch in
Aristophanes' *Fröschen* nicht die leiseste Andeutung eines aussergewöhnlichen
Ablebens, und gewiss hätte sich der Komiker die pikante Motivierung eines
solchen nicht entgehen lassen. Aus *Frösche* 1046 f. (Bergk, Gr. L.G. III. S. 483
A. 68) lässt sich nichts schliessen. Es kann sich nur fragen und lässt sich
nicht mit Sicherheit entscheiden, ob Addäus schon beide Hauptversionen der
Sage oder nur den Tod durch Hunde kannte: denn γυναικὸς οἶστρος kann sowohl „weibliche Raserei" bedeuten, wobei dann der Singularis γυναικὸς kollektiv
zu fassen wäre, als „rasende Liebe zu einem Weibe". Im *Hippolytos* 1300 bedeutet οἶστρος γυναικὸς die rasende Liebe der Phädra zu Hippolytos, und auch
die scharfe Disjunktion in dem Epigramm spricht für die erstere Erklärung.
Andererseits eignete sich die Thatsache, dass Euripides „der heimlichen Kypris
fremd" war, wohl zur Widerlegung eines Gerüchts, wie das von Hermesianax
wiedergegeben war, nicht wohl aber zur Widerlegung der Sage von der Zerreissung des Dichters durch Weiber. — Wenn nun aber die Erzählungen nicht
wahr sind, wie sind sie entstanden? Die blosse Annahme eines Scherzes der
Komödie (Lehrs, Wahrheit und Dichtung in der Gr. L.G. Pop. Aufs. S. 395 f.)
genügt nicht. Piccolomini (a. a. O. S. 28) hält die Version mit den Hunden für
das Ursprüngliche und leitet ihre Ersetzung durch die Weiber wunderlicher-
weise „dalla critica e dallo scetticismo dei dotti" her, und nach Wilamowitz
(Her.[1] I. S. 17 A. 29) „hat erst der Aberwitz eines Litterators aus den Hunden Weiber
gemacht". Crusius hält umgekehrt die Version mit den Weibern für die erste
und meint, wie Orpheus von den Bistoniden zerrissen wurde (*Phanokles* bei
Stob. flor. 64, 14):

> οὕνεκα πρῶτος δεῖξεν ἐνὶ Θρήκεσσιν ἔρωτας
>   ἄρρενας οὐδὲ πόθους ᾔνεσε θηλυτέρων,

so habe man dasselbe Schicksal dem Weiberfeind und angeblich der Knabenliebe ergebenen Euripides angedichtet und späterer Rationalismus habe aus den
Weibern Hunde gemacht. Eine Schwäche dieser Erklärung ist es nur, dass von
dem Orpheusmythus zu der Geschichte mit den Hunden keine Brücke führt. Ich
habe daher statt dessen auf den Pentheusmythus verwiesen und in dem Umstand, dass die Mänaden häufig κύνες heissen (*Bacch.* 731 f. 1146. 1189 f. 1195)
und ihr Schwärmen als „Jagd" bezeichnet wird, die Verbindung zwischen beiden Versionen der Sage gesucht. Charakteristisch scheint mir der Zug der
„Zerreissung", der auf einen religiösen Gedankengang hinweist, den man freilich später nicht mehr verstand: daher die erkünstelte Erklärung mittels der
κυνὸς δίκη *Vita* 46 ff. Ähnliche Zerreissungsmythen sind die Sage von Zagreus

(Rohde, *Psyche* S. 411 ff.), die bekannte Geschichte von Aktäou und die sonderbare Nachricht über das Ende des Romulus, den die Senatoren zerrissen haben sollen, *Liv.* 1. 16, worüber vgl. Schwegler, Römische Gesch. 1853 I. S. 532 ff. Merkwürdig ist, dass es auch von Heraklit eine Sage giebt, laut deren er von Hunden zerrissen worden sein soll. *Diog. Laert.* IX. 3: Νεάνθης ὁ Κυζικηνός φησι, μὴ δυνηθέντα αὐτὸν ἀποσπάσαι τὰ βόλβιτα μεῖναι καὶ διὰ τὴν μεταβολὴν ἀγνωηθέντα κυνόβρωτον γενέσθαι. Ebenso Suidas v. Ἡράκλειτος. Nach Gladisch (Herakleitos und Zoroaster, Progr. des Gymn. zu Krotoschin 1859 S. 62 ff.) weist der Gebrauch von Rinderdünger und das Aussetzen an die Sonne auf Zoroastrische Bestattungsweise hin. Vgl. auch Zeller, Phil. der Griechen⁵ I. 2 S. 748 A. Die andere Überlieferung, Heraklit sei an der Wassersucht gestorben, sieht fast wie ein Witz auf seine Lehre aus: ψυχῇσι θάνατος ὕδωρ γενέσθαι (*Fr.* 68 Bywater). Wenn auch die Sage durch Gladischs Versuch keineswegs befriedigend erklärt ist, so weist doch ihr Vorhandensein auf eigenartige Gedankenverbindungen hin, die sich an das Ende solcher grosser Ketzer knüpften. Indessen sind freilich auch noch ganz andere Fäden später „in den Einschlag gewoben worden". Man wird bei Euripides hinsichtlich der ersten Version vor allem auch daran zu denken haben, dass er als typischer Weiberfeind galt, und nicht umsonst citiert daher die *Vita* 96 ff. in diesem Zusammenhang die *Thesmophoriazusen* des Aristophanes, und zwar in deren erster Bearbeitung (διὰ τὰς Μούσας, was Zielinski, Gliederung der altattischen Komödie S. 89 auf die Anwesenheit eines Musenchors deutet), und den angeblichen Widerruf des Dichters in *Fr.* 499 der *Melanippe desmotis:* wird doch *Thesmoph.* 428 ff. von einer Frau der Tod des Euripides beantragt. Und in der Anklage derselben Frau wird es auf die Verleumdungen des weiblichen Geschlechts durch Euripides zurückgeführt, dass die Männer Μολοττικοὺς Τρέφουσι μορμολυκεῖα τοῖς μοιχοῖς κύνας (416 f.). Aus dieser Stelle könnte sich ganz wohl die Wendung der Sage gebildet haben, nach der Euripides eben als μοιχός durch Hunde umkam, vermöge desselben Gedankens, wie mutatis mutandis bei Aristoph. *Frösche* 1048: αὐτὸς τούτοισιν ἐπλήγης. Nach *Vita* I. 49 sollen es ja in der That Molosserhunde gewesen sein. — Noch nicht beachtet wurde es meines Wissens ferner, dass über das Ende des Königs Archelaos ganz ähnliche Gerüchte umliefen, wie über den Tod des Euripides. *Aristoteles* (*Politik* V. 10 pg. 1311 B Bekker) erzählt, Archelaos sei das Opfer einer Verschwörung (ἐπίθεσις) geworden, deren Haupt (ἡγεμών) ein gewisser Dekamnichos gewesen sei, den der König dem Euripides zur Durchpeitschung ausgeliefert habe, weil er den Dichter wegen seines übelriechenden Atems verhöhnt hatte (s. o. A. 41). An dieser Verschwörung war auch ein Κραταῖος (sic!) beteiligt διὰ τὸ εἰς τὸ σῶμα αἰσχύνεσθαι, wozu noch kam, dass der König das Versprechen, ihm eine seiner Töchter zur Frau zu geben, nicht hielt. Bei *Diodor* XIV. 37 dagegen lesen wir: κατὰ δὲ τὴν Μακεδονίαν Ἀρχέλαος ὁ βασιλεὺς ἔν τινι κυνηγίῳ πληγεὶς ἀκουσίως ὑπὸ Κρατερού τοῦ ἐρωμένου τὸν βίον μετήλλαξε. Hienach wäre Archelaos also zufällig auf der Jagd von Krateros getroffen worden. Verkürzt giebt diese Nachricht *Plutarch* (*Erotikos* pg. 768 F. cap. 23) wieder, mit dem Namen Krateuas, während *Ps. Plato* im II. *Alcibiades* V. pg. 141 D überhaupt keinen Namen nennt und nur sagt, Archelaus sei von seinen παιδικά ermordet worden. *Alian V. H.* VIII. 9 endlich nennt ebenfalls Krateuas. Vergleicht man diese Erzählungen mit den Anekdoten über den Tod des Euripides, so fallen dreierlei Ähnlichkeiten auf:

1. das päderastische Motiv; 2. die Ähnlichkeit, zum Teil Identität der Namen
der beteiligten Personen: bei Euripides Κρατερός und Κρατεύας; bei Archelaos
Κραταῖος, Κρατερός und Κρατεύας: offenbar alle eine und dieselbe Person; 3. die
Erwähnung der Jagd, auf der hier wie dort ein Unfall geschehen sein soll.
Archelaos starb oder wurde ermordet 399, also 7 Jahre nach Euripides' Tod.
Ich glaube daher, dass die erotischen Motive, die offenbar beim Tod des Archelaos thatsächlich mitspielten (Aristoteles konnte das wissen), später in die schon
im Fluss befindliche Sage über den Tod des Euripides hineingetragen wurden:
schienen sie doch eine rationelle Erklärung derselben zu geben, und hatte man
doch sogar an der Geschichte von Dekamnichos einen unmittelbaren An-
knüpfungspunkt, vermöge dessen man den Tod des Königs mit dem des Dichters in Beziehung setzen konnte. Wir haben somit in den Legenden über den
Tod des Euripides zweierlei Elemente zu unterscheiden: ein religiöses, das den
Anstoss zu der Sage gab, und ein geschichtliches, das sich aus falscher Übertragung wirklicher Vorgänge auf den Dichter erklärt.

⁴⁴) Vita 44 f.

⁴⁵) Vita 85 f.: κενοτάφιον δέ αὐτοῦ ἐν Ἀθήνησιν ἐγένετο καὶ ἐπίγραμμα
ἐπεγέγραπτο Θουκυδίδου τοῦ ἱστοριογράφου ποιήσαντος ἢ Τιμοθέου τοῦ μελοποιοῦ.

> μνῆμα μὲν Ἑλλὰς ἅπασ' Εὐριπίδου· ὀστέα δ' ἴσχει
> γῇ Μακεδών, ᾗπερ δέξατο τέρμα βίου·
> πάτρη δ' Ἑλλάδος Ἑλλὰς Ἀθῆναι. πολλὰ δὲ μούσαις
> τέρψας ἐκ πολλῶν καὶ τὸν ἔπαινον ἔχει.

⁴⁶) Gellius XV. 20, 10.

⁴⁷) Vita 43. Bianor in Anth. Pal. VII. 49. Plutarch, Lyk. 31: λέγεται
δὲ καὶ τῶν λειψάνων αὐτοῦ κομισθέντων οἴκαδε κεραυνὸν εἰς τὸν τάφον (sc. Λυ-
κούργου) κατασκῆψαι· τοῦτο δὲ οὐ ῥᾳδίως ἑτέρῳ τινὶ τῶν ἐπιφανῶν πλὴν Εὐριπίδῃ συμπεσεῖν ὕστερον τελευτήσαντι.

⁴⁸) Die Nachricht geht auf Hermippos von Smyrna, einen Schüler des
Kallimachos, zurück: Vita 77 ff.

⁴⁹) Solche Becher bespricht Karl Robert, „Homerische Becher" im 50. Pro-
gramm zum Winckelmannsfeste der archäologischen Gesellschaft zu Berlin 1890
S. 1 ff. Einer, welcher in fünf Scenen eine fortlaufende Illustration zur Euri-
pideischen Iphigenie in Aulis trägt, was mit der Inschrift Εὐριπίδου Ἰφιγενείας
ausdrücklich bezeugt wird, ist in 3 Exemplaren vorhanden, deren eines im
K. Antiquarium in Berlin (J.N. 3161 q.) sich befindet und aus Anthedon stammt.
Das zweite, aus Böotien, ist im Polytechnion zu Athen (Ephemeris arch. 1887
Tafel 5; Arch. Anzeiger 1889 S. 119). Das dritte gehört der Sammlung Bran-
thegem in Brüssel an. S. 51 ff. — Von einem weiteren solchen Becher ist ein
Fragment erhalten, den Ödipus in der Schlussscene der Phönissen 1480 ff. dar-
stellend. Es ist im Britischen Museum in London (G. 51). Vgl. Benndorf.
Wiener Vorlegeblätter 1889 T. 9. 11. Hirschfeld, Arch. Zeitung 1873 S. 109:
Murray, Classical Review II. S. 328. Robert a. a. O. S. 59 ff. Was die Ent-
stehungszeit dieser Becher anlangt, so führen sie mit ihren erklärenden Inschriften „in die Anfänge alexandrinischer Gelehrsamkeit" (Robert S. 68. 96).
Endlich bespricht Dr. H. Bulle ein von ihm im Sommer des Jahrs 1894 in Athen
erworbenes Fragment eines solchen Bechers in der Zeitschrift des Münchener
Altertumsvereins N. F. VIII. 1897 S. 13 ff. Dieses besteht aus dem Boden des

Bechers, der auf der Innenseite den Kopf des Euripides zeigt, während die Wände, die wahrscheinlich Darstellungen aus seinen Dramen trugen, hier abgebrochen sind. Die Ähnlichkeit mit der durch Inschrift sichergestellten Neapeler Büste ist sprechend; an dieser ist ein Teil der Nase, wie das Thonfragment zeigt, mit Unrecht gewölbt, ergänzt. Dass es solche Becher mit toreutischen Darstellungen aus Homer auch in edlen Metallen gab, zeigt *Sueton*, *Nero* 47; aber gerade, dass wir Darstellungen aus Euripides auf den anspruchslosen Erzeugnissen der Keramik finden, zeugt für die Popularität des Dichters. Auch auf Sarkophagen treffen wir sehr häufig Euripideische Scenen: die Geschichte von Phädra und Hippolytos ist hier ein oft wiederholtes Thema, besonders schön ausgeführt auf einem Sarkophag im Dom von Girgenti (Arch. Zeit. 1847 T. 5. 6) und einem solchen in Petersburg (Mon. dell' Inst. VI. T. 1—3. Brunn in den Annali 1857 S. 36 ff.); aber auch Alkestis und Admet (Florenz; Arch. Zeitung XXIII. 73 ff.), die Iphigeniensage in unverkennbarem Anschluss an Euripides (München, Glyptothek Nr. 222; Weimar, Sitz.Ber. der Sachs. Ak. 1850 T. VII), die Medeasage (Jahn, Arch. Zeit. 1866 S. 233 ff. und Dilthey, Annali 1869 pg. 6 ff., die übrigens auch auf Senecas Einfluss hinweisen) u. a. finden sich. Die Gruppe des „Farnesischen Stiers" in Neapel ist offenbar von des Euripides *Antiope* beeinflusst. Weil, Etudes sur le drame antique pg. 231. — Über „Scenen Euripideischer Tragödien auf griechischen Vasengemälden" handelt Vogel, Leipzig 1886, und R. Engelmann, Archäologische Studien zu den Tragikern, Berlin 1900. — Von Pompejanischen Wandgemälden, die Euripideische Stoffe behandeln, erwähne ich nur die Medea aus dem Hause der Dioskuren nach dem berühmten Gemälde des Timomachus von Byzanz (Helbig, Wandgemälde 1262) und ein ähnliches aus Herkulanum (ib. 1264), ferner Phädra und Hippolytos auf einem Herkulanischen Wandgemälde (Arch. Zeit. 1883 S. 136 ff.). S. auch Robert, Bild und Lied S. 33 f.; 35 f.; 48; 74; 77; 146; 159; 162; 175; 181; 184; 210; 215; 234 f.: 243. — Was die Darstellungen des Euripides selbst betrifft, so hören wir aus *Ps. Plut. Leben der 10 Redner* pg. 841 F. dass Lykurgos im Gesetz durchgebracht habe, ὡς χαλκᾶς εἰκόνας ἀναθεῖναι τῶν ποιητῶν Αἰσχύλου, Σοφοκλέους Εὐριπίδου καὶ τὰς τραγῳδίας αὐτῶν ἐν κοινῷ γραψαμένους φυλάττειν καὶ τόν τῆς πόλεως γραμματέα παραναγιγνώσκειν τοῖς ὑποκρινομένοις· οὐκ ἐξεῖναι γὰρ αὐτὰς (ἄλλως?) ὑποκρίνεσθαι. Diese Bronzestatuen standen ohne Zweifel im Dionysostheater in Athen, in welchem *Pausanias* (I. 21. 1) die Statuen zahlreicher Dichter sah: τραγῳδίας δὲ κεῖνται τῶν φανερῶν Εὐριπίδης καὶ Σοφοκλῆς. Es ist zwar nicht zu beweisen, aber ganz wohl möglich, dass wir in dem Lateranischen Sophokles eine Marmorkopie dieser Erzstatue besitzen; und ebenso gut kann die im Museo Nazionale in Neapel befindliche Marmorbüste des Euripides, bei der das über die Schulter geworfene Gewandstück die Ergänzung zu einer Statue zu verlangen scheint, auf das entsprechende Bronzeoriginal in Athen zurückgehen (s. Titelbild). Es ist dies unter den zahlreichen erhaltenen Büsten die beste, und sie trägt die Inschrift Εὐριπίδης. Eine andere befindet sich in Mantua (Visconti, Iconographie gr. pl. V. 1. Baumeister, Denkmäler des klass. Alt. Abb. 558). Eine Bronzebüste im Museum von Braunschweig s. bei Decharme (Euripide) Titelblatt. Weitere sind im Britischen Museum in London (Arch. Zeitung 1881 T. I. S. 6) und in Rom. In drei Doppelhermen ist Euripides mit Sophokles gepaart, in einer andern (jetzt verlorenen) mit Solon (Welcker, Alte Denkmäler I. 486;

Friederichs, Bausteine 478). Eine Statuette im Louvre, deren Kopf ergänzt ist, zeigt den Dichter auf dem Thron sitzend, die tragische Maske in der Rechten, den Thyrsus in der Linken; auf der Rückseite stehen 37 Tragödientitel bis zum Orestes, obwohl noch Platz für weitere da ist (Clarac, Musée pl. 294; Winckelmann, Mon. ined. 168; Bouillon III. 18, 1; Welcker, Gr. Tr. S. 444 f.). In neuester Zeit fand sich auf Bechern, die zu dem jetzt im Louvre befindlichen Silberschatz von Boscoreale gehören, ein Totentanz, dessen individuellen Gesichtsausdruck tragende Skelette den Euripides in Gesellschaft des Cynikers Monimos, des Menander und Archilochos darstellen, während Sophokles mit Zeno, Epikur und Moschion gruppiert ist (Héron de Villefosse, Trésor d'Argenterie de Boscoreale 1895 pg. 13 ss.; 41 ss.; Fondation Eugène Piot, Monuments et mémoires T. V 1899 pg. 58 ss. Tfl. 7 und 8). Auch dies spricht für die grosse Popularität des Dichters ebenso wie jenes in den *Schol.* zu *Plato, Ap.* pg. 21 A (und oft: vgl. G. Wolff, De Porphyrii ex oraculis philosophia pg. 76 s.) angeführte Orakel, dessen Echtheit freilich schon Apollonius Molon bestritt (*Schol.* zu *Aristoph. Wolken* 144), das aber eben deswegen schon im 1. Jahrhundert v. Chr. existiert haben muss (Rohde, Afterphilologie S. 38 A.): Σοφὸς Σοφοκλῆς, σοφώτερος Εὐριπίδης· Ἀνδρῶν δ' ἁπάντων Σωκράτης σοφώτατος.

³⁰) *Plutarch. Nicias* 29.

³¹) *Vita* 104 ff.

³²) *Athenäus* IV. 76 pg. 175 B; VIII. 27 pg. 342 B. Schon bei Aristophanes (*Ritter* 18 κομψευριπικῶς) erscheint der Stil des Euripides als typisch.

³³) *Lucian,* πῶς δεῖ ἱστορίαν συγγράφειν 1 f.

³⁴) Zur Verherrlichung eines grausigen Vorgangs mussten bei den asiatischen Barbaren Euripides' *Bacchen* dienen: *Plutarch* (*Crassus* 33) erzählt von dem Parther Hyrodes und dem Armenierkönig Artavasdes: ἑστιάσεις δὲ και πότοι δι' ἀλλήλων ἦσαν αὐτοῖς καὶ πολλὰ παρεισήγετο τῶν ἀπὸ τῆς Ἑλλάδος ἀκουσμάτων. ἦν γὰρ οὔτε φωνῆς οὔτε γραμμάτων Ὑρώδης Ἑλληνικῶν ἄπειρος, ὁ δ' Ἀρταουάσθης καὶ τραγωδίας ἐποίει καὶ λόγους ἔγραψε καὶ ἱστορίας, ὧν ἔνιαι διασώζονται. τῆς δὲ κεφαλῆς τοῦ Κράσσου κομισθείσης ἐπὶ θύρας ἀπηρτημένα μὲν ἦσαν αἱ τράπεζαι, τραγωδῶν δὲ ὑποκριτὴς Ἰάσων ὄνομα Τραλλιανὸς ᾖδεν Εὐριπίδου Βακχῶν τὰ περὶ τὴν Ἀγαύην. Dazu vgl. *Plut.* περὶ τῆς Ἀλεξάνδρου τύχης ἢ ἀρετῆς I. 5 pg. 328 D, wo unter den Verdiensten Alexanders um die Kultur von Asien aufgezählt wird: Ἀλεξάνδρου τὴν Ἀσίαν ἐξημεροῦντος Ὅμηρος ἦν ἀνάγνωσμα καὶ Περσῶν καὶ Σουσιανῶν καὶ Γεδρωσίων παῖδες τὰς Εὐριπίδου καὶ Σοφοκλέους τραγωδίας ᾖδον.

³⁵) In Rom hat *Ennius* und andere in den Tragödien (s. Ribbeck, Röm Trag.), *Ovid* in den *Heroiden,* den *Metamorphosen* und der *Medea* da und dort sich an Euripides angeschlossen: Teuffel, Röm. L.G. §§ 102; 248 A. 3, 249 A. 1. Rohde, Griechischer Roman S. 125 A. und 129 A. Über *Senecas* Tragödien vgl. Teuffel a. a. O. § 290. — Wecklein, Über fragmentarisch erhaltene Trag. d. Eur. (Sitz.B. d. B. Ak. d. W. 1888 I. S. 87 ff.). Die Geschichte des Tragikertextes, speziell des Euripideischen, die Handschriften, Ausgaben, ὑποθέσεις und Kommentare der alexandrinischen Gelehrten behandelt ausführlich Wilamowitz, Herakles¹ I. S. 120 ff. 205 ff. Die Scholien hat nach Dindorf zu 9 Stücken (Hekabe, Orestes, Phönissen, Hippolytos, Medea, Alcestis, Andromache, Troades, Rhesus) Eduard Schwartz, Berlin, Reimer 1887—91, in 2 Bänden herausgegeben. — Von christlichen Schriftstellern, die sich des Euripides zu

apologetischen Zwecken bedienten, nenne ich an erster Stelle *Clemens von Alexandria* (s. Einl. A. 10). Auch *Hieronymus, Origenes, Tertullian* und zahlreiche andere berufen sich oft auf ihn. — In der Neuzeit hat sich besonders Racine nach ihm gebildet (Decharme S. 24). Lessing giebt seiner Vorliebe für ihn in der „Hamburgischen Dramaturgie" zur Genüge Ausdruck. Schiller hat die *Aulische Iphigenie* und Scenen aus den *Phonissen* übersetzt, Goethe ihn durch seine *Iphigenie in Tauris* geehrt. Auch in der Renaissance wurde Euripides vor Äschylus und Sophokles wieder bekannt: Erasmus übersetzte die *Hecuba* und die *Iphigenie in Aulis* ins Lateinische (1506), und Hugo Grotius nahm vieles in seine „Excerpta tragicorum et comicorum" (1526) auf.

⁵⁶) *Phaëthon Fr.* 777; *Fr.* 902. 1047.

⁵⁷) *Vita* 25. *Aristoph. Thesmoph.* 190 setzt sich Euripides in einen Gegensatz zu dem schönen Agathon.

⁵⁸) *Alexander Aetolus* (bei *Gell.* XV. 20, 8) „hos de Euripides versus composuit":

ὁ δ' Ἀναξαγόρου τρόφιμος [ἀρ]χαίου στριφνὸς μὲν ἔμοιγε προςειπεῖν,
καὶ μισογέλως καὶ τωθάζειν οὐδὲ παρ' οἶνον μεμαθηκώς,
ἀλλ' ὅτι γράψαι τοῦτ' ἂν μέλιτος καὶ σειρήνων ἐτετεύχει.

Den ersten Vers citiert die *Vita* 58 f. fälschlich unter Aristophanes' Namen (Wilam., Her. ¹ I. S. 12 A. 18), und der Schlussvers klingt ebendaselbst 84 ff. an, in der Erzählung, dass Euripides einem Knaben, der ihn wegen seines übelriechenden Atems berief, erwiderte: εὐφήμει · μέλιτος καὶ Σειρήνων γλυκύτερον στόμα. S. A. 41 und 43. — Zu v. 2 vgl. *Melanippe desmotis Fr.* 492.

⁵⁹) *Vita* 63.

⁶⁰) Furtwängler-Urlichs, Denkmäler griechischer und römischer Skulptur. Handausgabe. München 1898. Sophokles T. 43 S. 150 ff. Euripides T. 44 S. 152 ff. Wilamowitz, An. Eur. pg. 162 bemerkt gegen Elmsley, der die Echtheit des *Peirithous* verteidigte, weil Euripides oft sich selbst widerspreche: „Ego persuadere mihi non possum, magnum poëtam, scaenicum philosophum aut sibi aut spectantibus mentitum esse. Et quisquis effigiem ejus, frontem cogitando rugatam, supercilia tanquam hominis, qui magna et bona facere frustra conatus sit, contracta, labra clusa et contorta, qualia in homine summum dolorem frustra compescente spectantur, quisquis denique oculos retractos quidem at ardentes, qui non in superficie rerum subsistere sed in intimam medullam penetrare consuerint, contemplatus erit, mecum sentiet." — Der Gedanke aus Schillers Kassandra schon bei Menander (Meineke, Fr. Com. Gr. IV. pg. 361 v. 756): Ὡς ἡδὺς ὁ βίος ἄν τις αὑτὸν μὴ μάθῃ.

⁶¹) S. A. 58. Vgl. Eur. *Hik.* 180 ff.

⁶²) *Medea* 579. „Der Satz bezieht sich auf eigene Erfahrungen des Dichters" (Wecklein z. St.). Vgl. *Äsch. Ag.* 757: δίχα δ' ἄλλων μονόφρων εἰμί. Zur Konstruktion vgl. *Eur. Hik.* 612: διάφορα πολλὰ βροτῶν θεοῖσιν εἰςορῶ. Somit ist πολλοῖς masc., nicht neutrum. Vgl. auch Klotz z. St.

⁶²ᵃ) *Val. Max.* III. 7 Ext. 1: Ne Euripides quidem Athenis adrogans visus est, cum postulante vi populo, ut ex tragoedia quandam sententiam tolleret, progressus in scaenam dixit se, ut eum doceret, non ut ab eo disceret fabulas componere solere. Vgl. A. 76; 98; 99; 100 (*Hipp.* 986 ff.) und Kap. V. 2. A. 100 und 108. Pöhlmann, Sokrates S. 79.

Friederichs, Bausteine 478). Eine Statuette im Louvre, deren Kopf ergänzt ist, zeigt den Dichter auf dem Thron sitzend, die tragische Maske in der Rechten, den Thyrsus in der Linken; auf der Rückseite stehen 37 Tragödientitel bis zum Orestes, obwohl noch Platz für weitere da ist (Clarac, Musée pl. 294; Winckelmann, Mon. ined. 168; Bouillon III. 18, 1; Welcker, Gr. Tr. S. 444 f.). In neuester Zeit fand sich auf Bechern, die zu dem jetzt im Louvre befindlichen Silberschatz von Boscoreale gehören, ein Totentanz, dessen individuellen Gesichtsausdruck tragende Skelette den Euripides in Gesellschaft des Cynikers Monimos, des Menander und Archilochos darstellen, während Sophokles mit Zeno, Epikur und Moschion gruppiert ist (Héron de Villefosse, Trésor d'Argenterie de Boscoreale 1895 pg. 13 ss.; 41 ss.; Fondation Eugène Piot, Monuments et mémoires T. V 1899 pg. 58 ss. Tfl. 7 und 8). Auch dies spricht für die grosse Popularität des Dichters ebenso wie jenes in den *Schol.* zu *Plato, Ap.* pg. 21 A (und oft: vgl. G. Wolff, De Porphyrii ex oraculis philosophia pg. 76 s.) angeführte Orakel, dessen Echtheit freilich schon Apollonius Molon bestritt (*Schol.* zu *Aristoph. Wolken* 144), das aber eben deswegen schon im 1. Jahrhundert v. Chr. existiert haben muss (Rohde, Afterphilologie S. 38 A.): Σοφός Σοφοκλῆς, σοφώτερος Εὐριπίδης· Ἀνδρῶν δ' ἁπάντων Σωκράτης σοφώτατος.

⁵⁰) *Plutarch. Nicias* 29.

⁵¹) *Vita* 104 ff.

⁵²) *Athenäus* IV. 76 pg. 175 B; VIII. 27 pg. 342 B. Schon bei Aristophanes (*Ritter* 18 κομψευριπικῶς) erscheint der Stil des Euripides als typisch.

⁵³) *Lucian,* πῶς δεῖ ἱστορίαν συγγράφειν 1 f.

⁵⁴) Zur Verherrlichung eines grausigen Vorgangs mussten bei den asiatischen Barbaren Euripides' *Bacchen* dienen: *Plutarch* (*Crassus* 33) erzählt von dem Parther Hyrodes und dem Armenierkönig Artavasdes: ἐστιάσεις δὲ καὶ πότοι δι' ἀλλήλων ἦσαν αὐτοῖς καὶ πολλὰ παρεισηγέτο τῶν ἀπὸ τῆς Ἑλλάδος ἀκουσμάτων. ἦν γὰρ οὔτε φωνῆς οὔτε γραμμάτων Ὑρώδης Ἑλληνικῶν ἄπειρος ὁ δ' Ἀρταουάσθης καὶ τραγῳδίας ἐποίει καὶ λόγους ἔγραψε καὶ ἱστορίας, ὧν ἔνιαι διασῴζονται. τῆς δὲ κεφαλῆς τοῦ Κράσσου κομισθείσης ἐπὶ θύρας ἀπηρτημένας μὲν ἦσαν αἱ τράπεζαι, τραγῳδιῶν δὲ ὑποκριτὴς Ἰάσων ὄνομα Τραλλιανός ᾖδεν Εὐριπίδου Βακχῶν τὰ περὶ τὴν Ἀγαύην. Dazu vgl. *Plut.* περὶ τῆς Ἀλεξάνδρου τύχης ἢ ἀρετῆς I. 5 pg. 328 D, wo unter den Verdiensten Alexanders um die Kultur von Asien aufgezählt wird: Ἀλεξάνδρου τὴν Ἀσίαν ἐξημεροῦντος Ὅμηρος ἦν ἀνάγνωσμα καὶ Περσῶν καὶ Σουσιανῶν καὶ Γεδρωσίων παῖδες τὰς Εὐριπίδου καὶ Σοφοκλέους τραγῳδίας ᾖδον.

⁵⁵) In Rom hat *Ennius* und andere in den Tragödien (s. Ribbeck, Röm. Trag.), *Ovid* in den *Heroides*, den *Metamorphosen* und der *Medea* da und dort sich an Euripides angeschlossen: Teuffel, Röm. L.G. §§ 102; 248 A. 3 249 A. 1. Rohde, Griechischer Roman S. 125 A. und 129 A. Über *Senecas* Tragödien vgl. Teuffel a. a. O. § 290. — Wecklein, Über fragmentarisch erhaltene Trag. d. Eur. (Sitz.B. d. B. Ak. d. W. 1888 I. S. 87 ff.). Die Geschichte des Tragikertextes, speziell des Euripideischen, die Handschriften, Ausgaben, über θέσεις und Kommentare der alexandrinischen Gelehrten behandelt ausführlich Wilamowitz, Herakles¹ 1. S. 120 ff. 205 ff. Die Scholien hat nach Dindorf zu 9 Stücken (Hekabe, Orestes, Phönissen, Hippolytos, Medea, Alcestis, Andromache, Troades, Rhesus) Eduard Schwartz, Berlin. Reimer 1887—91, in 2 Bänden herausgegeben. — Von christlichen Schriftstellern, die sich des Euripides

2
ar
—
—
lk..
lw—
.xvj
Be—
lium—
—
Glaxe-
—xrj
zux
lehnene
d ccrßcln
nich t
Vertreter
elche den
lłon benn:
łsuūanige
huct hive

der Verfasser der Schrift περὶ τέχνης ganz wie Euripides die Philosophie als
ἱστορίη im Gegensatz zu der empirischen Fachwissenschaft der Medizin. —
Einige Ähnlichkeit mit *Fr.* 910 hat *Plato*, *Theätet* 24 pg. 173 E (nicht D, wie
seit Valckenaer, Diatribe pg. 29 immer citiert wird). Auch mag die Stelle dem
Virgil vorgeschwebt haben, als er *Georg.* 11. 490 schrieb: felix, qui potuit
rerum cognoscere causas. — Das *Fr.* 910 erinnert übrigens auch ein wenig an
Empedokles 387 : Ὄλβιος ὃς θείων πραπίδων ἐκτήσατο πλοῦτον und *Heraklit Fr.* 20·
(Byw.): κόσμον τόνδε ... οὔτε τις θεῶν οὔτε ἀνθρώπων ἐποίησε, ἀλλ᾽ ἦν ἀεὶ καὶ
ἔστι καὶ ἔσται πῦρ ἀείζωον ἁπτόμενον μέτρα καὶ ἀποσβεννύμενον μέτρα. Vgl.
Gomperz, Zu Heraklits Lehre S. 1006 f. — Pöhlmann, Sokrates S. 68.

[76]) *Aristoph. Frösche* 1009: δεξιότητος καὶ νουθεσίας, ὅτι βελτίους τε
ποιοῦμεν Τοὺς ἀνθρώπους ἐν ταῖς πόλεσιν.

[77]) *Aristoteles, Poetik* 25 pg. 1460 b. S. A. 19.

[78]) *Diomedes* pg. 488, 20 : Tristitia namque tragoediae proprium ideoque
Euripides petente Archelao rege, ut de se tragoediam scriberet, abnuit ac de-
precatus est, ne accideret Archelao aliquid, tragoediam ostendens nihil aliud esse
quam miseriarum comprehensionem (Nauck, Tr. Gr. Fr. pg. 427).

[79]) Otto Ribbeck, Euripides und seine Zeit. Ein Vortrag. Programm der
Berner Kantonsschule 1860 S. 13.

[80]) So führt der Redner *Lykurgos gegen Leokrates* § 100 die Rede der
Praxithea, der Gemahlin des Erechtheus, welche bereit ist, ihre Tochter für das
Vaterland zu opfern, als leuchtendes Beispiel des Patriotismus an: ἄξιον δέ, ὦ
ἄνδρες δικασταί, καὶ τῶν ἰαμβείων ἀκοῦσαι, ἃ πεποίηκε (sc. Εὐριπίδης) λέγουσαν
τὴν μητέρα τῆς παιδός· ὄψεσθε γὰρ ἐν αὐτοῖς μεγαλοψυχίαν καὶ γενναιότητα
ἀξίαν καὶ τῆς πόλεως καὶ τοῦ γένους. Folgt *Fr.* 360 des *Erechtheus.*

[81]) S. Einleitung A. 3 περὶ ὕψους 15, 3. Ganz richtig sagt in Überein-
stimmung mit dem antiken Beurteiler K. Steinhart (Euripides' Charakteristik
und Motivierung in Gosches Archiv für Litteraturgeschichte I. 1870 S. 20):
„Womöglich noch grösser (sc. als in der Darstellung von Leidenschaften) ist die
Kunst unseres Dichters bei den eigentlich pathologischen Schilderungen, bei den
Schilderungen der Krankheiten des Körpers oder der Seele, namentlich aber des
Wahnsinns oder wahnsinnähnlicher Zustände. Schon Sophokles hatte den Wahnsinn des Ajax, den sinnbethörenden Körperschmerz des Philoktet, des Herakles
auf die Bühne gebracht, aber im ganzen zart, massvoll und den höchsten Kunst-
zwecken untergeordnet. Aber Euripides stellt uns nur zu oft in den Körper-
und Seelenleiden, die er schildert, das blosse Leiden und die Schwäche dar."
Auch A. Boué (Besprechung von Weils „Etudes sur le drame antique" im Bulletin critique XVIII pg. 598) sagt durchaus zutreffend : „C'est que par sa curio-
sité inquiète, par son esprit critique, par son scepticisme à l'endroit des vieilles
croyances, Euripides ressemble beaucoup aux lettres de notre temps. Quand il
raille les dieux et les héros antiques, quand il explique toutes les catastrophes
tragiques par une étude psychologique des passions humaines, on dirait un
psycho-physiologiste de l'école de Charcot, s'évertuant à démontrer que les mi-
racles, les possessions, les extases ne sont que des effets pathologiques et qu'au
lieu de héros, il n'y a dans l'humanité que des hommes malades." - Vgl. auch
Girard, Le sentiment religieux en Grèce pg. 494 ss. — Auch vor dem Gräss-
lichen schreckt Euripides nicht zurück: man denke nur an die Todesart des
Pentheus in den *Bacchen* und an den *Ixion,* der damit endet, dass er an

ein glühendes Rad genagelt wird (*Plut. de aud. poët.* 4 pg. 19 E). — Eine realistische Neuerung des Euripides ist die Einführung von Kindern in das Drama, wie z. B. in der *Medea*: s. Decharme pg. 276 ss.; besonders 285 ff. — Über die Neuerungen im Kostüm s. u. A. 94.

⁸²) Vgl. den Farnesischen Stier, die Laokoongruppe, den Pergamenischen Fries, den sterbenden Gallier, die Galliergruppe der Villa Ludovisi u. a. und als ein Beispiel des derbsten Realismus und Naturalismus in der Kunst die betrunkene Alte des Myron in der Glyptothek zu München (3. Jahrh. v. Chr.) und die „vecchia pastora" im Kapitol. Mus. in Rom.

⁸³) *Aristoph. Frösche* 1054 ff.: ἀλλ' ἀποκρύπτειν χρή τὸ πονηρὸν τόν γε ποιητὴν καὶ μὴ παράγειν μηδὲ διδάσκειν· τοῖς μὲν γὰρ παιδαρίοισιν Ἔστι διδάσκαιλος ὅστις φράζει, τοῖς ἡβῶσιν δὲ ποιηταί. Πάνυ δὴ δεῖ χρηστὰ λέγειν ἡμᾶς. — Vgl. auch *Theognis* 789 ff. und *Euripides* selbst: *Troad.* 384 f.; 1188 ff.

⁸⁴) Vgl. *Thesmoph.* 545 ff.: ὃς ἡμᾶς (sc. den Frauen) πολλὰ κακὰ δέδρακεν Ἐπίτηδες εὑρίσκων λόγους, ὅπου γυνὴ πονηρὰ ἐγένετο, Μελανίππας ποιῶν Φαίδρας τε· Πηνελόπην δὲ οὐπώποτ' ἐποίησ', ὅτι γυνὴ σώφρων ἔδοξεν εἶναι.

⁸⁵) Gemeint ist *Auge Fr.* 266.

⁸⁶) *Polyidos Fr.* 638; *Phrixos Fr.* 833.

⁸⁷) *Frösche* 973 f.: λογισμὸν ἐνθεὶς τῇ τέχνῃ καὶ σκέψιν. Vgl. 771 ff. *Wolken* 319 ff.

⁶⁸) Die Vernunft (σύνεσις) ist es, die den Menschen über das Tier erhebt: *Hik.* 201 ff.: Αἰνῶ δ' ὃς ἡμῖν βίοτον ἐκ πεφυρμένου Καὶ θηριώδους θεῶν διεσταθμήσατο Πρῶτον μὲν ἐνθεὶς σύνεσιν, εἶτα δ' ἄγγελον Γλῶσσαν λόγων δούς etc. Vgl. *Troad.* 671 f.: Καίτοι τὸ θηριῶδες ἄφθογγόν τ' ἔφυ Ξυνέσει τ' ἄχρηστον τῇ φύσει τε λείπεται. Wilamowitz zu *Herakles* 655: „ξύνεσις hat zwar schon Pindar in dem gewöhnlichen Sinne der ‚Vernunft' im Gegensatze zur vis consili expers; bei Äschylus, Sophokles fehlt es. Euripides aber liebt es und wendet es sehr besonders an, wie sein Feind Aristophanes wohl bemerkt hat, der ihn zu dieser seiner Göttin, der ‚Raison', beten lässt (*Frösche* 893 und 1483. . . . ξύνεσις und Sprache fehlen dem Tiere, sie verlieh Gott dem Menschen, als er die Welt ordnete. Sie möchten wir gern durch die ἐλπίς zum Schweigen bringen, d. h. die Vernunft durch den Glauben (*Hipp.* 1105 ff.). Sie wird schliesslich, weil sie uns erkennen lehrt, was wir gethan haben, geradezu zum Gewissen (*Or.* 396). Sonst bedeutet das Wort auch in der Sophistenzeit nur ‚Verstand'. . . . Thukydides hat das Wort oft und gesellt gern ἀρετὴ καὶ ξύνεσις (IV. 81), ‚Energie und Intelligenz'. . . ." In den Hippokratischen Schriften „scheint das Wort ein Kennzeichen für den Einfluss der Sophistik zu sein". (Gomperz (a. a. O. S. 99) bemerkt zum zweiten Satz der Schrift *περὶ τέχνης*: ἐμοὶ δὲ τὸ μέν τι τῶν μὴ εὑρημένων ἐξευρίσκειν, ὅτι καὶ εὑρεθὲν κρέσσον ἢ ἀνεξεύρετον, συνέσιος δοκεῖ ἐπιθύμημά τε καὶ ἔργον εἶναι, καὶ τό τα ἡμίεργα ἐς τέλος ἐξεργάζεσθαι ὡσαύτως, d. h. „Mir aber scheint es allerdings ein Werk und ein Begehren der Vernunft, etwas von dem noch nicht Erfundenen zu erfinden (wenn es anders erfunden besser ist als nicht erfunden) und ebenso das Halbvollendete zu Ende zu führen": „σύνεσις ist ein Lieblingswort unseres Autors, welches er ebenso emphatisch zu gebrauchen pflegt wie Euripides . . . und Thukydides, der . . . das Wort, von dem häufigen συνετός und συνετόν abgesehen, nicht weniger als 13mal, darunter 6mal in Reden, anwendet. In unserer Schrift (die 14 Kapitel umfasst) erscheint es 5mal, d. h. häufiger als im ganzen Plato. . . . Das Wort scheint der attischen Umgangs-

~prache fremd gewesen zu sein; mindestens fehlt es in der Komödie vor Menander (denn die zwei Stellen der *Frösche* sind eben die Ausnahme, die die Regel bestätigt). Und von den Rednern wenden es nur *Isokrates*, und zwar im *Enk. Hel.* 56 (also in einem nicht zu wirklichem Vortrag bestimmten Stücke· und *Äschines* (*adv. Ktes.* 260) je einmal an." — Sein Rationalismus zeigt sich auch in seinem Stil: er hat eine Vorliebe für abstrakte Ausdrücke auf μα und τις, und die Worte σοφός, σοφία, σοφίζεσθαι sind bei ihm sehr häufig. Bergk, Gr. L.G. III. S. 597 A. 390 und S. 599 A. 397. Auch im *Konnos* des *Ameipsias* bestand der Chor aus „Grüblern". Pöhlmann, Sokrates S. 87 A. 1.

⁸⁸) Vgl. Einleitung A. 14.

⁸⁹) *Frösche* 1058 ff.: ἀνάγκη Μεγάλων γνωμῶν καὶ διανοιῶν ἴσα καὶ τὰ ῥήματα τίκτειν. Κἄλλως εἰκὸς τοὺς ἡμιθέους τοῖς ῥήμασι μείζοσι χρῆσθαι· καὶ γὰρ τοῖς ἱματίοις ἡμῶν χρῶνται πολὺ σεμνοτέροισιν.

⁹⁰) *Frösche* 941: τὸ βάρος ἀφεῖλον.

⁹¹) *Frösche* 959: οἰκεῖα πράγματ᾽ εἰςάγων, οἷς χρώμεθ᾽, οἷς ξύνεσμεν.

⁹²) *Frösche* 1058: φράζειν ἀνθρωπείως.

⁹³) *Frösche* 952: δημοκρατικὸν γὰρ αὖτ᾽ ἔδρων. Daran schliesst sich eine Bemerkung des Äschylus, dass es mit der demokratischen Gesinnung des Euripides nicht ganz sauber sei: οὐ σοί γάρ ἐστι περίπατος κάλλιστα περὶ γε τούτου. Vgl. Wil., Her.¹ I. S. 15 A. 22. — *Aristoph. Ach.* 400 f. mit *Schol. Orig. c. Cels.* VII. pg. 720. *Aristot. Rhet.* III. 2 pg. 1404 b.

⁹⁴) Über das Kostüm der Euripideischen Tragödie vgl. Decharme pg. 290 ss. Übrigens wurden die Dramen des Euripides, wenigstens in späterer Zeit, sehr prunkvoll aufgeführt: „erzählte man sich doch, dass die Inscenierung einer Euripideischen Tragödie mehr gekostet haben soll, als einst der Bau der Propyläen". Pöhlmann, Die Anfänge des Sozialismus in Europa in Sybels Histor. Zeitschr. 80 (N. F. 44), 1898 S. 221. Die Kosten der Propyläen beliefen sich auf 2012 Talente (etwa 9¹/₂ Millionen Mark). — Übrigens scheint Euripides hinsichtlich des Realismus in der Kostümierung in Sophokles einen Nachfolger gefunden zu haben: in *Soph. Philoktetes* ist v. 274 von dessen ῥάκη βαιὰ die Rede. Allerdings ist der *Telephos* schon 438, *Sophokles' Philoktet* erst 409 aufgeführt (*Hypoth.*). — *Aristoph. Frösche* 1063 f.: Πρῶτον μὲν τοὺς βασιλεύοντας ῥάκι᾽ ἀμπισχών, ἵν᾽ ἐλεεινοὶ Τοῖς ἀνθρώποις φαίνοιντ᾽ εἶναι. — Späteren Geschlechtern erschien ein *Telephos* wie ein cynischer Philosoph: *Diog. Laert.* VI. 87: Τοῦτόν (sc. Krates von Theben) φησιν Ἀντισθένης ἐν ταῖς διαδοχαῖς θεασάμενον ἐν τινι τραγῳδίᾳ Τήλεφον σπορίδιον ἔχοντα καὶ τ᾽ ἄλλα λυπρὸν ἀΐξαι ἐπὶ τὴν Κυνικὴν φιλοσοφίαν. Vgl. *Max. Tyr.* VII. 10 pg. 77. — Von den erhaltenen Bruchstücken s. *Fr.* 697: Πτωχ᾽ ἀμφίβληστρα σώματος λαβὼν ῥάκη, Ἀλκτήρια τύχης. *Fr.* 698: Δεῖ γάρ με δόξαι πτωχὸν εἶναι τήμερον, Εἶναι μὲν ὥσπερ εἰμί, φαίνεσθαι δὲ μή (v. 1 conj. Meineke εἰς τὸ σήμερον, Wecklein ἐν παρόντι καί). *Fr.* 703: Μή μοι φθονήσητ᾽, ἄνδρες Ἑλλήνων ἄκροι, Εἰ πτωχὸς ὢν τέτληκ᾽ ἐν ἐσθλοῖσιν λέγειν.

⁹⁴ᵃ) Euripides hat die Tragödie zur Oper umgebildet. Aristophanes verspottet seine langen Arien (Κρητικαὶ μονῳδίαι) *Frösche* 849, Lieder, die von dem Schauspieler nach kretischer Weise unter mimischer Tanzbewegung gesungen wurden. Vgl. ferner *Thesmoph.* 1077 f. und *Friede* 1012. In den *Fröschen* 1329 ff. haben wir eine vollständige Parodie einer solchen Monodie. Vorher wird 1323 die fehlerhafte Metrik des Euripides gerügt und 1301 ff. sein·

Musik verspottet: Οὗτος δ' ἀπὸ πάντων μὲν φέρει, παροινίων, Σκολίων Μελήτου, Καρικῶν αὐλημάτων, θρήνων, χορείων. S. Kock z. St. Die „Muse des Euripides‟ braucht keine Lyra mehr zur Begleitung: die ὄστρακα (Klappern) genügen dazu vollständig. V. 1314 wird die Gewohnheit des Euripides verspottet, eine Silbe auf sechs Noten zu verteilen: ἡ ἐπέκτασις τοῦ ‚εἱλίσσετε‘ κατὰ μίμησιν τῆς μελο-ποιίας Schol. — Nach Plutarch (A.S.R.G.S.28 pg. 795 D) ermunterte Euripides den Reformator der damaligen Musik, Timotheus von Milet, auf seinen neuen Bahnen aller Anfeindung zum Trotz weiterzugehen. Dieser, wie sein Lehrer Phrynis von Mitylene, Melanippides aus Melos und die jüngeren Musiker Philoxenos aus Kythera und Kinesias aus Athen erstrebten vor allem eine reichere Klang-wirkung durch Vervollkommnung der Instrumente, Vereinfachung der künst-lichen Rhythmen und realistische Darstellung: „so wurde das Brüllen der Her-den des Kyklopen, das Toben des Sturmes u. a. zur Darstellung gebracht. Die Anhänger des Alten schrieen natürlich ach und wehe über diesen „Verfall‟ der Musik (Pherekrates, Chairon Fr. 145 Kock I. S. 188; Plato, Gesetze III. 700 f.), ganz ebenso, wie wir es in unsern Tagen gegenüber einer musikalischen Re-formbewegung derselben Art gesehen haben....‟ Timotheus erwiderte seinen Kritikern: „Altes mag ich nicht singen; Viel schöner ist neue Weise; Gott Zeus der junge herrscht heute Und Kronos' Macht ist vorüber; Hinweg mit der alten Muse.‟... „Bald galten Timotheos und Philoxenos selbst als Klassiker, deren Lieder in der Schule gelernt wurden und deren grosse Kompositionen noch nach Jahrhunderten zur Aufführung kamen.‟ Beloch, Griech. Gesch. II. S. 384. E. Rohde, Afterphilologie S. 37. Auch dem Euripides gebührt ein Teil des Verdienstes um diese Erneuerung der Musik. Decharme pg. 540 ss. Neuer-dings hat sich auf einem Papyrusfetzen ein kleines Bruchstück einer Partitur des Orestes (336 ff.) gefunden: s. Mitteilungen aus der Sammlung der Papyrus Erzherzog Rainer Bd. V.; Le papyrus musical d'Euripides in Revue des études Grecques V. 19 pg. 265 ss. Crusius (Zu neuentdeckten antiken Musikresten im „Philologus‟ 52 [N. F. 6] 1894 S. 174 ff.) und A. Thierfelder, System der alt-griech. Instrumentalnotenschrift, ib. 56, 1897 S. 517 A. 29) nehmen an, dass die Noten aus der Zeit des Euripides stammen und dass die Skala dieser Musik zu denen gehört, αἷς οἱ πάνυ παλαιότατοι πρὸς τὰς ἁρμονίας κέχρηνται (Aristides Quintilianus pg. 21 nach Aristoxenus).

⁹⁵) „Wir sehen hier (bei der Blendung des Polymestor in der Hekabe, der als Typus des Geizigen gezeichnet ist) den Dichter schon in das Gebiet der Komödie hinüberschweifen‟ (Steinhart in Gosches Archiv für Litt.Gesch. I. 1870 S. 20). — „In ihr (der neueren attischen Komödie) lebte die entartete Ge-stalt der Tragödie fort‟, Nietzsche, Geburt der Tragödie S. 78.

⁹⁶) Schol. zu Andromache 32: κεκρυμμένοις (Schwartz II. pg. 254): οἱ φαύλως ὑπομνηματισάμενοι ἐγκαλοῦσι τῷ Εὐριπίδῃ φάσκοντες ἐπὶ τραγικοῖς προσώποις κωμῳδίαν αὐτὸν διατεθεῖσθαι. γυναικῶν τε γὰρ ὑπονοίας κατ' ἀλλήλων καὶ ζή-λους καὶ λοιδορίας καὶ ἄλλα ὅσα εἰς κωμῳδίαν συντελεῖ, ἐνταῦθα ἀπαξάπαντα τοῦτο τὸ δρᾶμα περιειληφέναι. ἀγνοοῦσιν· ὅσα γὰρ εἰς τραγῳδίαν συντελεῖ, ταῦτα περιέχει ἐν τέλει, τὸν θάνατον τοῦ Νεοπτολέμου καὶ θρῆνον Πηλέως, ἅπερ ἐστὶ τραγικά. Dass diese Entgegnung auf einer sehr oberflächlichen Auffassung der Tragödie beruht und die gegen die Andromache erhobenen Bedenken keines-wegs entkräftet, leuchtet ein. — Hypoth. zur Alcestis s. f.: παρὰ τῶν γραμμα-τικῶν ἐκβάλλεται ὡς ἀνοίκεια τῆς τραγικῆς ποιήσεως ὅτε Ὀρέστης καὶ ἡ Ἄλκηστις,

ὡς ἐκ συμφορᾶς μὲν ἀρχόμενα, εἰς εὐδαιμονίαν δὲ καὶ χαρὰν λήξαντα, ἅ ἐστι μᾶλλον κωμῳδίας ἐχόμενα. — *Orestes*, *Hypoth.* I. (pg. 244, 5 Nauck): τὸ δὲ δρᾶμα κωμικωτέραν ἔχει τὴν καταστροφήν. — *Hypoth.* II. (pg. 247, 22 ff. Nauck): ἰστέον δὲ, ὅτι πᾶσα τραγῳδία σύμφωνον ἔχει καὶ τὸ τέλος· ἐκ λύπης γὰρ ἄρχεται καὶ εἰς λύπην τελευτᾷ· τὸ παρόν δὲ δρᾶμά ἐστιν ἐκ τραγικοῦ κωμικόν· λήγει γὰρ εἰς τὰς παρ' Ἀπόλλωνος διαλλαγὰς ἐκ συμφορῶν εἰς εὐθυμίαν κατηντηκός· ἡ δὲ. κωμῳδία γέλωσι καὶ εὐφροσύναις ἐνύφανται (ähnlich *Schol.* zu 1691). Die letzten Worte deuten an, dass der Verfasser der Hypothesis doch noch einen Unterschied zwischen einer Tragödie mit glücklichem Ausgang und einer Komödie herausfühlt, wenn er ihn auch nicht begrifflich zu bestimmen weiss. In der Neuzeit hat man dafür den neutralen Begriff „Schauspiel" geschaffen. Vgl. auch A. 129. — Bekanntlich bedient sich Euripides oft zur Lösung des Knotens des sogenannten Deus ex machina. Wilamowitz in den Anal. Eur. pg. 176 s. bemerkt dazu, dass derselbe vor 430 bei Euripides nicht vorkomme; auch die Artemis im *Hippolytos* lässt er nicht dafür gelten. Als erstes Beispiel dafür bezeichnet er die Thetis in der *Andromache* (zwischen 430 und 424 aufgeführt). In den *Bacchen* und in der *Iphigenie in Aulis* ist er wieder aufgegeben. Vgl. auch über ὁ ἀπὸ μηχανῆς θεός (*Menand.* bei *Schol. Plut.* pg. 394). Decharme pg. 389 ss.; 397 s.; Christ, Gr. L.G. S. 205. *Sophokles* führt im *Philoktetes* (1409 ff.) den Herakles als deus ex machina ein; auch der Kaufmann (542 ff.) ist ein realistisches Element, das Ganze ein Intriguenstück (aufgeführt 409), offenbar von der Technik des Euripides beeinflusst. — Vgl. ferner: Kuhlenbeck, Der Deus ex machina in der griech. Tragödie. Osnabrück 1874. — A. Dühr, De Deo ex machina Euripideo. Stendaliae 1875. — Schrader. Zur Würdigung des Deus ex machina der griech. Tragödie im Rhein. Museum 23 S. 115 ff. — Mit letzterer sehr gründlichen Abhandlung setzt sich in äusserst geistvoller Weise auseinander Lindskog, Studien zum ant. Drama I. S. 70 ff., welcher zeigt, dass Euripides den μηχανή-Schluss besonders gern bei Dramen mit antireligiösem Inhalt anwendet, um äusserlich den Schein der Religiosität zu retten, so dass oft der Dramenschluss geradezu eine „Palinodie" des vorhergehenden Stückes bildet: z. B. *Orestes*, *Ion*, *Elektra*. Ausserdem benützt Euripides dieses Mittel allerdings auch gern zum Hinweis auf noch kommende, ausserhalb des Dramas liegende Ereignisse und, wie schon die Alten erkannten, zur Lösung des sonst unlösbaren Knotens der Handlung: *Plato*, *Krat.* 36 pg. 425 D; *Antiphanes* bei *Athen.* VI. 1 pg. 222 C; *Cicero*, *De nat. deor.* I. 20, 53. — Ausser der *Medea* und *Iphigenia Aulidensis*, in deren ursprünglicher Fassung Artemis am Schluss auftrat, haben unter den erhaltenen Stücken den Deus ex machina nicht: *Alcestis*, *Hekabe*, *Herakliden*, *Herakles*, *Troades*, *Phoenissen*.

⁹⁷) Den Dionysos in den *Fröschen*, den Herakles in den *Vögeln*, z. B. 1650; vgl. auch den Hermes im *Plutos* 1112 ff.; 1139 ff. Allerdings besteht ein Unterschied zwischen dieser volksmässigen Komik und der zersetzenden Kritik, welcher Euripides die Götter unterzieht. Die Art des Aristophanes kann man etwa mit den mittelalterlichen „Misterien" oder den Fabeln eines Hans Sachs vergleichen, in denen auch oft an sich ehrwürdige Personen, wie z. B. der Apostel Petrus, eine komische Rolle spielen, ohne dadurch in den Augen des Volks an ihrem Ruf etwas einzubüssen. — Über das Wesen der Komödie vgl. K. O. Müller, Gesch. der griech. Litt.⁴ ed. Heitz II. S. 1 f. Pöhlmann,

Sokrates und sein Volk S. 11. Nägelsbach, Nachhom. Theol. S. 472 ff.; Burckhardt, Gr. K.G. II. 1 S. 115 f.; Lorenz, Epicharm S. 141 ff.

⁹⁵) *Danaë Fr.* 324. *Seneca ep.* 115, 14, welcher die Stelle irrigerweise dem *Bellerophontes* zuschreibt. S. Kap. VII. 2 A. 17.

⁹⁹) *Plutarch, De aud. poet.* 4 pg. 19 E: Εὐριπίδης εἰπεῖν λέγεται πρὸς τοὺς τὸν Ἰξίονα λοιδοροῦντας ὡς ἀσεβῆ καὶ μιαρόν· οὐ μέντοι πρότερον αὐτὸν ἐκ τῆς σκηνῆς ἐξήγαγον ἢ τῷ τροχῷ προςηλῶσαι. Vgl. Kap. VI. 2 A. 112 a.

¹⁰⁰) *Melanippe sophe Fr.* 480 und 481. „Aus einer Vermischung von *Herakles* 1263 Ζεὺς δ', ὅστις ὁ Ζεύς, πολέμιόν μ' ἐγείνατο und des Anfangs der *weisen Melanippe* (*Fr.* 481) Ζεὺς ὡς λέλεκται τῆς ἀληθείας ὕπο hat sich im Altertum die Sage gebildet, ... Euripides habe einmal gesagt: Ζεὺς ὅστις ὁ Ζεύς, οὐ γάρ οἶδα πλὴν λόγῳ. Man versetzte ihn in die *weise Melanippe*, und da man ihn da nicht fand, so erfand man eine Umarbeitung (*Plut. Erot.* pg. 756 C). Die Stellen der Alten vereinigt Nauck zu *Fr.* 480. Wir können diese Sage aber Lügen strafen: denn Kritias hat den echten Vers in seinen *Peirithoos* übernommen (*Ps. Eur. Fr.* 591: Ζεύς, ὡς λέλεκται τῆς ἀληθείας ὕπο), und Aristophanes citiert ihn ebenfalls (*Frösche* 1244).“ Wil. zum *Herakles* 1263 II. S. 257. Zum Ausdruck: *Äsch. Ag.* 160. Ob ausser dem *Hippolytos* überhaupt ein Drama umgearbeitet wurde, ist mehr als zweifelhaft. Christ, Gr. L.G. S. 195 A. 1 und 204 A. 1; Wilamowitz im Hermes XV. S. 488 ff.

¹⁰¹) *Hippol.* 612. Kap. V. 2 A. 132.

¹⁰²) *Frösche* 1050 f.: Ὅτι γενναίας καὶ γενναίων ἀνδρῶν ἀλόχους ἀνέπεισας Κώνεια πιεῖν αἰσχυνθείσας διὰ τοὺς σοὺς Βελλεροφόντας. Droysen (Aristophanes II. S. 320) bemerkt dazu: „Dieser Äusserung liegt gewiss eine auffallende stadtkundige Geschichte zum Grunde, die uns aber unbekannt ist“. — Πεισιθάνατος wurde der Cyrenaiker *Hegesias* genannt (um 280 v. Chr.), der in seiner Schrift Ἀποκαρτερῶν den Selbstmord empfahl (*Cic. Tusc.* I. 34, 84), und das mit solchem Erfolg, dass mehrere seiner Schüler Hand an sich legten, so dass schliesslich Ptolemäus Philadelphus ihm seine Vorträge verboten haben soll. *Diog. Laert.* II. 86.

¹⁰³) Im *Chrysippos* wurde Laïos als derjenige bezeichnet, der die Knabenliebe in Griechenland einführte: *Älian, Nat. an.* VI. 15: Λάϊος δὲ ἐπὶ Χρυσίππῳ, ὦ καλὲ Εὐριπίδη, τοῦτο οὐκ ἔδρασε, καίτοι τοῦ τῶν ἀρρένων ἔρωτος, ὡς λέγεις αὐτός καὶ ἡ φήμη διδάσκει, Ἑλλήνων πρώτιστος ἄρξας. *Schol.* zu *Phön.* 1760. — *Cic. Tusc.* IV. 33, 71: ut muliebris amores omittam, quis aut de Ganymedi raptu dubitat, quid poëtae velint, aut non intelligit, quid apud Euripidem et loquatur et cupiat Laïus? — Übrigens hatten schon *Äschylus* in den *Myrmidonen* und *Sophokles* in den *Kolcherinnen* und der *Niobe* päderastische Motive verwendet. *Athen.* XIII. 79 pg. 602 E; 75 pg. 601 B. *Plato, Symp.* 7 pg. 180 A.

¹⁰⁴) *Schol.* zu *Aristoph. Frösche* 849: οἱ μὲν εἰς τὴν τοῦ Ἰκάρου μονῳδίαν ἐν τοῖς Κρησί, Τιμαχίδας δὲ διὰ τὴν ἐν τοῖς Κρησὶ μῖξιν Πασιφάης πρὸς τὸν ταῦρον.

¹⁰⁵) *Schol.* zu *Soph. Ajas* 1297: ἡ ἱστορία ἐν ταῖς Κρήσσαις Εὐριπίδου, ὅτι διαφθαρεῖσαν αὐτὴν (sc. Ἀερόπην) λάθρα ὑπὸ θεράποντος ὁ πατὴρ Ναυπλίῳ παρέδωκεν ἐντειλάμενος ἀποποντῶσαι (l. καταποντῶσαι)· ὁ δὲ οὐκ ἐποίησεν ἀλλ' ἐνεγγύησε Πλεισθένει.

¹⁰⁶) *Aristoph. Wolken* 1371 f.: Ὁ δ' εὐθὺς ᾖσ' Εὐριπίδου ῥῆσίν τιν' ὡς

ἐκίνει Ἀδελφός, ὦλεξίκακε τὴν ὁμομητρίαν ἀδελφήν. Hiezu *Schol.*: γέγραπται
Εὐριπίδου Αἴολος δρᾶμα οὕτως καλούμενον, ἐν ᾧ παρήγαγε Μακαρέα τὸν παῖδα
τοῦ Αἰόλου φθείραντα Κανάκην τὴν ἀδελφήν. Auch *Aristoph.* Frösche 1081
μιγουμένας τοῖς ἀδελφοῖς und möglicherweise 850 γάμους ἀνοσίους (Kock z. St.;
bezieht sich auf dieses Stück. Vgl. *Dion. Hal. rhet.* IX. 11. *Ovid Trist.*
II. 384. *Ath.* X. 62 pg. 444 C. Offenbar folgte Euripides der *Odyssee* x 7.

¹⁰⁷) *Aristoph.* Frösche 1043; 1050 f. *Schol.* (Welcker, Trag. pg. 777):
Βελλεροφόντου δὲ φεύγοντος ἐκ Κορίνθου διὰ φόνον αὐτὸν μὲν ἥγνισε (sc. Προῖτος;
τοῦ μύσους, ἡ γυνὴ δὲ αὐτοῦ (sc. Σθενέβοια) τὸν Βελλεροφόντην ἠγάπησε· τυχεῖν δὲ
οὐ δυναμένη τῶν ἐπιθυμηθέντων διέβαλλεν ὡς ἐπιθέντα αὐτῇ τὸν Κορίνθιον.

¹⁰⁸) Die *Thesmophoriazusen* sind 411 aufgeführt (K. O. Müller, Gr. L.G.¹
ed. Heitz II. S. 49 A. 1); somit mussten die *Alcestis* (438), der *Erechtheus*
(um 421), die *Herakliden* (429—427), die *Hiketiden* (um 421) jedenfalls dem
Aristophanes bekannt sein. Die Aufführungszeit des *Protesilaos*, in dem Laodamia vorkam (*Hygin. Fab.* 103 und 104), ist unbekannt; unsicher auch diejenige der *Taurischen Iphigenie* (frühestens 412: Wecklein, Einleitung zu seiner
Ausgabe S. 18); die *Aulische* ist später: 406.

¹⁰⁹) Περὶ ὕψους 15, 3: S. Einl. A. 3 Schluss.

¹⁰⁹ᵃ) *Dionysius* (VIII. 10 und IX. 11) urteilt hier offenbar treffender als
Aristoteles, der in der *Poetik* 30 pg. 1454a die ῥῆσις der Melanippe gegen den
von Hellen als dem Repräsentanten altväterisch-abergläubischer Religionsanschauung vertretenen Wunderglauben als Beispiel des ἀπρεπὲς καὶ μὴ ἁρμόττον
anführt. Um die Philosopheme im Mund der Melanippe wahrscheinlich zu
machen, hat sie Euripides zur Tochter der Hippe gemacht, welche ihr die Weisheit ihres Vaters, des gelehrten Centauren Chiron, übermittelte (vgl. *Fr.* 484.
Plato, Symp. 5 pg. 177a). Das Drama erfreute sich im Altertum grosser Be-
liebtheit. *Ennius* hat es lateinisch bearbeitet (Ribbeck, R. Tr. S. 176 ff.). Wahrscheinlich gehört es auch zu den 6 Euripideischen Stücken, die *Accius* nachgeahmt hat (Ribbeck, Röm. Trag. S. 521): vgl. besonders *Fr.* 6: „reicis abs te
religionem". Selbst *Nonnus* (*Dionys.* VIII. 236) bezieht sich noch darauf: Καὶ
σε σοφῆς προσέβουλεν ἀειδομένης Μελανίππης. — Für das fehlerhafte ἐπαιδεύθη
bei Dionysius, wofür schon Valckenaer ἐπλήσθη konjicierte, vermutete A. Dieterich ἠπατήθη. Ebenso R. Wünsch in seinem Aufsatz „Zu den Melanippen
des Euripides" im Rhein. Mus. 1894 S. 91 ff. — Welcker S. 840 ff. weist auch
die *Fr.* 1130 und 1131 der *Weisen Melanippe*, *Fr.* 910 der *Melanippe desmotis* zu.

¹¹⁰) *Aristoteles* (*Eth. Nic.* I. 3 pg. 1095 B) unterscheidet dreierlei Lebens-
arten: Τὸ γὰρ ἀγαθὸν καὶ τὴν εὐδαιμονίαν οὐκ ἀλόγως ἐοίκασιν ἐκ τῶν βίων ὑπο-
λαμβάνειν. οἱ μὲν πολλοὶ καὶ φορτικώτατοι τὴν ἡδονήν· διὸ καὶ τὸν βίον ἀγα-
πῶσι τὸν ἀπολαυστικόν. τρεῖς γάρ εἰσι μάλιστα οἱ προέχοντες, ὅ τε νῦν εἰρημένος
καὶ ὁ πολιτικὸς καὶ τρίτος ὁ θεωρητικός. Vgl. auch *Plut. Cic.* 3; ἐπὶ τὸν σχο-
λαστὴν καὶ θεωρητικὸν ἐλθὼν βίον Ἕλλησι συνῆν φιλολόγοις καὶ προσεῖχε τοῖς
μαθήμασιν.

¹¹¹) *Protag. Fr.* 5 Mullach: δύο λόγοι εἰσὶ περὶ παντὸς πράγματος ἀντι-
κείμενοι ἀλλήλοις. Zur Kunst des ἀντιλέγειν vgl. *Euenos Fr.* 1 mit *Hik.* 466.
Kap. V. 3 A. 54. Welcker S. 820 ff.; Ribbeck, R. Tr. S. 28, 5 ff. *Cornificius,
Rhet. ad Her. Fr.* 2.

¹¹²) *Antiope Fr.* 184: Μοῦσάν τιν' ἄτοπον εἰσάγεις, ἀσύμφορον, Ἀργόν.

φίλοινον, χρημάτων ἀτημελῇ. Vgl. Weil, Etudes sur le drame antique pg. 222 ss.

¹¹³) *Antiope Fr.* 186: πῶς γὰρ σοφόν τοῦτ' ἐστιν, ἥτις εὐφυᾶ λαβοῦσα τέχνη φῶτ' ἔθηκε χείρονα. *Plato, Gorgias* 41 pg. 486 B.

¹¹⁴) *Antiope Fr.* 188: ἀλλ' ἐμοὶ πιθοῦ· Παῦσαι μελῳδῶν, πολέμων δ' εὐμουσίαν Ἀσκει· τοιαῦτ' ἄειδε καὶ δόξεις φρονεῖν, Σκάπτων, ἀρῶν γῆν, ποιμνίοις ἐπιστατῶν, Ἄλλοις τὰ κομψὰ ταῦτ' ἀφεὶς σοφίσματα, Ἐξ ὧν κενοῖσιν ἐγκατοικήσεις δόμοις. *Plato, Gorgias* 41 pg. 486 C.

¹¹⁵) *Antiope Fr.* 193: Ὅστις δὲ πράσσει πολλὰ μὴ πράσσειν παρόν, Μῶρος παρόν ζῆν ἡδέως ἀπράγμονα. — Vgl. *Oinom. Fr.* 576: Ὁ πλεῖστα πράσσων πλεῖσθ' ἁμαρτάνει βροτῶν.

¹¹⁶) *Antiope Fr.* 194: Kap. VI. 2 A. 21.

¹¹⁷) *Antiope Fr.* 195: Ἅπαντα τίκτει χθὼν πάλιν τε λαμβάνει. Vgl. *Ennius (Epicharm Fr.* 241 Kaibel): Terris gentis omnis peperit et resumit denuo (sc. Terra mater).

¹¹⁸) *Antiope Fr.* 197: Βροτοῖσιν εὔχρας οὐ γένοιτ' ἂν ἡδονή.

¹¹⁹) *Antiope Fr.* 198: Εἰ δ' εὐτυχῶν τις καὶ βίον κεκτημένος Μηδὲν δόμοισι τῶν καλῶν πειράσεται, Ἐγὼ μὲν οὔποτ' αὐτὸν ὄλβιον καλῶ, φύλακα δὲ μᾶλλον χρημάτων εὐδαίμονα. Nauck will εὐδαίμονα im letzten Vers in δυςδαίμονα ändern. Ich halte dies trotz *Medea* 1229, wo εὐδαίμων im Gegensatz zu εὐτυχής so viel wie hier ὄλβιος bedeutet, nicht für notwendig: es bedeutet hier einfach „wohlhabend", wie wir z. B. bei *Xenophon* in der *Anabasis* regelmässig lesen: πόλιν οἰκουμένην, μεγάλην καὶ εὐδαίμονα (I. 4, 1; 4, 11 und oft); auch I, 5, 7 kann εὐδαίμων nichts anderes bedeuten. S. Kap. V. 3 A. 7.

¹²⁰) *Antiope Fr.* 199: Τὸ δ' ἀσθενές μου καί τὸ θῆλυ σώματος Κακῶν ἐμέμφθης· εἰ γὰρ εὖ φρονεῖν ἔχω, Κρεῖσσον τό δ' ἐστι καρτεροῦ βραχίονος.

¹²¹) *Antiope Fr.* 200: Γνώμαις γὰρ ἀνδρός εὖ μὲν οἰκοῦνται πόλεις, Εὖ δ' οἶκος. εἰς τ' αὖ πόλεμον ἰσχύει μέγα· Σοφὸν γὰρ ἓν βούλευμα τὰς πολλὰς χέρας Νικᾷ, σὺν ὄχλῳ δ' ἀμαθία πλεῖστον κακόν.

¹²²) *Antiope Fr.* 201: Καὶ μὴν ὅσοι μὲν σαρκός εἰς εὐεξίαν Ἀσκοῦσι βίοτον, ἣν σφαλῶσι χρημάτων Κακοὶ πολῖται. Der Schluss des Fragments ist verdorben und daher unverständlich. Es geht offenbar auf die Athleten.

¹²³) *Antiope Fr.* 206: Ὦ παῖ, γένοιντ' ἂν εὖ λελεγμένοι λόγοι Ψευδεῖς, ἐπῶν δὲ κάλλεσιν νικῷεν ἂν Τἀληθές· ἀλλ' οὐ τοῦτο τἀκριβέστατον, Ἀλλ' ἡ φύσις καὶ τοὐρθόν· ὃς δ' εὐγλωσσίᾳ Νικᾷ, σοφός μέν, ἀλλ' ἐγὼ τὰ πράγματα Κρείσσω νομίζω τῶν λόγων ἀεί ποτε. Die Anrede ὦ παῖ legt die Vermutung nahe, dass diese Worte der Mutter Antiope gehörten.

¹²⁴) *Antiope Fr.* 202: Ἐγὼ μὲν οὖν ᾄδοιμι καὶ λέγοιμί τι Σοφόν, ταράσσων μηδὲν ὧν πόλις νοσεῖ. Nach Horaz (*epist.* I. 18, 43 f.) „fraternis cessisse putatur Moribus Amphion". Welcker S. 820. Das Stück endigte mit dem Übergang der Herrschaft über Theben an die beiden Brüder, wobei jedoch Amphion den Vorrang erhielt. Dies beweisen die in Fajum gefundenen Bruchstücke: Blass, Jahrb. für Philol. 1892 S. 578 ff.; Weil, Etudes sur le drame antique pg. 243 ss.

¹²⁵) Ein Γοργίου Ἑλένης ἐγκώμιον ist uns erhalten: ed. Blass in „Antiphontis orationes et fragmenta adjunctis Gorgiae, Antisthenis, Alcidamantis declamationibus"² 1892 pg. 150 ff. Praef. pg. XVIII spricht sich Blass für die Echtheit der Rede aus, während Gomperz (Apologie der Heilkunst S. 165 in

den Sitz.Ber. der Wiener Akad. 1890) die *Helena* wie den *Palamedes* für unecht erklärt: „Die Art, wie *Isokrates* im Prooemium seiner *Helena* des Gorgias und in § 14 des Verfassers der angeblich Gorgianischen *Helena* gedenkt, lässt die Annahme, dass hier und dort dieselbe Person gemeint sei, als eine ganz und gar unzulässige erkennen." — Gomperz, Griech. Denker I. S. 383; 475 f. - - Vgl. K. III. 2 A. 9. Gegenteilig E. Maass, Zur Geschichte der griech. Prosa. Hermes XXII. 1887 S. 566 ff.

[126]) *Fr.* 924: Μή μοι λεπτῶν θίγγανε μύθων, ψυχή. Τί περισσά φρονεῖς; εἰ μή μέλλεις σεμνύνεσθαι παρ' ὁμοίοις.

[127]) *Mel. soph. Fr.* 484, 1: Κοὐκ ἐμὸς ὁ μῦθος, ἀλλὰ τῆς μητρὸς πάρα.

[128]) *Helena* 513: Λόγος γάρ ἐστιν οὐκ ἐμός, σοφῶν δ' ἔπος. Vgl. *Fr.* 964, 1: Ἐγὼ δὲ ταῦτα παρὰ σοφοῦ τινος μαθών.

[129]) *Pollux On.* IV. 111: Εὐριπίδης αὐτὸ πεποίηκεν ἐν πολλοῖς δράμασιν· ἐν μὲν γὰρ τῇ Δανάῃ τὸν χορόν, τὰς γυναῖκας, ὑπὲρ αὐτοῦ τε ποιήσας παρειπεῖν ἐκλαθόμενος, ὡς ἄνδρας λέγειν ἐποίησε τῷ σχήματι τῆς λέξεως τὰς γυναῖκας. Auch hier wird betont, dass Euripides zum Publikum spreche wie ein Komiker in der Parabase; das passe aber nicht für die Tragödie: τῶν δὲ χορικῶν ἀσμάτων τῶν κωμικῶν ἕν τι καὶ ἡ παράβασις, ὅταν ἃ ὁ ποιητὴς πρὸς τὸ θέατρον βούλεται λέγειν, ὁ χορὸς παρελθὼν λέγῃ. ἐπιεικῶς δ' αὐτὸ ποιοῦσιν οἱ κωμῳδοποιηταί, τραγικὸν δὲ οὐκ ἔστιν. Vgl. A. 96. *Schol.* zu *Hek.* 254: καί ἐστι τοιοῦτος ὁ Εὐριπίδης περιάπτων τὰ καθ' ἑαυτὸν τοῖς ἥρωσι καὶ τοὺς χρόνους συγχέων.

[130]) *Schol.* zu *Or.* 1691: τοῦτο παρὰ τοῦ χοροῦ ἐστι λεγόμενον ὡς ἐκ προσώπου τοῦ ποιητοῦ.

[131]) Es ist bezeichnend, dass eine Sentenz, deren Gedankeninhalt Euripides von Äschylus entlehnte, dennoch nicht in der Äschyleischen, sondern in der Euripideischen Form geflügeltes Wort wurde: *Äschylus*, ὅπλων κρίσις, *Fr.* 176: ἁπλᾶ γάρ ἐστι τῆς ἀληθείας ἔπη. *Euripides Phön.* 469: ἁπλοῦς ὁ μῦθος τῆς ἀληθείας ἔφυ. S. Wecklein z. St. — *Äschines ado. Tim.* 153: σκέψασθε τὰς γνώμας, ἃς ἀποφαίνεται ὁ ποιητής. *Plato, Phädr.* 51 pg. 267 C und 52 pg. 268 C. — *Aristot. Rhet.* II. 21 pg. 1394. F. Hofinger, Euripides und seine Sentenzen. Gymnas.Programm Schweinfurt 1896 (1. Teil), Landau 1899 (II. Teil).

[132]) *Dio Chrys. Or.* 152, 11: ἥ τε τοῦ Εὐριπίδου σύνεσις καὶ περὶ πάντα ἐπιμέλεια, ὥστε μήτε ἀπίθανόν τι καὶ παρημελημένον ἐᾶσαι μήτε ἁπλῶς, τοῖς πράγμασι χρῆσθαι, ἀλλὰ μετὰ πάσης ἐν τῷ εἰπεῖν δυνάμεως· ὥσπερ ἀντίστροφός· ἐστι τῇ τοῦ Αἰσχύλου [ἁπλότητι Reiske], πολιτικωτάτη καὶ ῥητορικωτάτη οὖσα καὶ τοῖς ἐντυγχάνουσι πλείστην ὠφέλειαν παρασχεῖν δυναμένη. — Dazu vgl. *Quintilian* X. 1, 68: Illud quidem nemo non fateatur necesse est, iis, qui se ad agendum comparant utiliorem longe fore Euripidem. Namque is et in sermone. quod ipsum reprehendunt, quibus gravitas et cothurnus et sonus Sophoclis videtur esse sublimior, magis accedit oratorio generi: et sententiis densus et in iis, quae a sapientibus tradita sunt, paene ipsis par, et dicendo ac respondendo cuilibet eorum, qui fuerunt in foro diserti, comparandus: in affectibus vero cum omnibus mirus tum in iis, qui miseratione constant, facile praecipuus. *Schol.* zu *Or.* 388 s. K. VI. 2 A. 104 und zu *Hek.* 254 ib. A. 107.

[133]) Vgl. Hugo Steiger, Warum schrieb Euripides seine Elektra? Philologus LVI. (N. F. X.) 1897 S. 561 ff. O. Ribbeck, Leipziger Studien VIII. 382 ff. — Christ, Gr. L.G. S. 182.

[133a]) H. Steiger, Wie entstand der Orestes des Euripides? Progr. des St. Anna-Gymnasiums in Augsburg 1898.

[133b]) Dagegen kann ich nicht mit Verrall (pg. 248 ff.) in der letzten Scene der *Phönissen* (1583—1763) eine Selbstdarstellung des Dichters sehen: Ödipus soll Euripides, Antigone seine Poesie, die Sphinx der religiöse Aberglaube sein, den Euripides durch die Aufklärung beseitigt habe; die Verbannung des Ödipus bedeute des Dichters Aufenthalt in Macedonien. Das sind Phantasien. Dass Antigone ganz ausserhalb der Situation stehe und mit keinem Wort die gegenwärtige Lage berühre (Verrall S. 252), ist einfach unrichtig: sie redet mit Kreon über die Beerdigung des Polyneikes und die von ihr zurückgewiesene Verbindung mit Hämon, mit Ödipus über den Tod der Iokaste und seiner beiden Söhne, sowie über sein und ihr künftiges Schicksal. — Die Scene ist offenbar, wie man längst bemerkt hat, stark interpoliert: 1758 ff. = *Soph. Öd. tyr.* 1524 ff.; 1634 = *Soph. Ant.* 29; 1703 ff. nimmt Verrall selbst als von einem Verfasser herrührend an, der den Sophokleischen *Ödipus in Kolonos* im Kopfe hatte (S. 245); in v. 1754 ff. könnte man die Anspielung eines Interpolators auf Euripides' *Bacchen* sehen. Aber dies alles anzusehen als „composed in the Euripidean circle and understood by contemporaries as a sort of last ‚epistle to the Athenians‘ from the poete himself", ist absurd. — Ebensowenig vermag ich mich der Ansicht Verralls anzuschliessen, dass das Chorlied der *Iphigenie in Tauris* (1234 ff.) in direktem und bewusstem Gegensatz zum Prolog der *Eumeniden* des *Äschylus* gedichtet (S. 220 ff.) sei. Eine Anspielung auf den Reichtum des Delphischen Orakels mag man ja darin erkennen; aber dass es „a satire on Pythian greed" und „from first to last a stroke of malice, struck as with a cats' paw velvet and clawed" (S. 226; 229) sei, ist doch zuviel gesagt.

[134]) *Soph. Ant.* 563 f.: Οὐ γάρ ποτ', ὦναξ, οὐδ' ὃς ἂν βλάστῃ, μένει Νοῦς τοῖς κακοῖς πράσσουσιν, ἀλλ' ἐξίσταται. Dagegen *Eur. Ant. Fr.* 165: Ἄκουσον· οὐ γάρ οἱ κακῶς πεπραγότες Σὺν ταῖς τύχαισι τοὺς λόγους ἀπώλεσαν. Die Antigone des Sophokles wurde kurz vor dem Samischen Aufstand, für den Sophokles zum Strategen gewählt wurde 440 v. Chr., aufgeführt (441); für die euripideische giebt nur die vorliegende Beziehung einen chronologischen Anhaltspunkt.

[135]) *Soph. Thyest. Fr.* 226, 4: Αἰσχρὸν γὰρ οὐδὲν ὧν ὑφηγοῦνται θεοί. *Eur. Bell. Fr.* 292, 7: Εἰ θεοί τι δρῶσιν αἰσχρόν, οὐκ εἰσιν θεοί. Der *Bellerophontes* muss vor 425 aufgeführt sein (*Aristoph. Ach.* 426 f.); die Aufführungszeit des Sophokleischen *Thyestes* ist unbekannt. S. Kap. III. 2 A. 94.

[136]) *Mel. desm. Fr.* 492: Ἀνδρῶν δὲ πολλοὶ τοῦ γέλωτος εἵνεκα Ἀσκοῦσι χάριτας κερτόμους· ἐγὼ δὲ πως Μισῶ γελοίους, οἵτινες τήτει σοφῶν Ἀχάλιν' ἔχουσι στόματα, κεἰς ἀνδρῶν μὲν οὐ Τελοῦσιν ἀριθμόν, ἐν γέλωτι δ' εὐπρεπεῖς Οἰκοῦσιν οἴκους καὶ τὰ ναυστολούμενα Ἔσω δόμων σώζουσι. Welcker S. 857. Über die Bedeutung des Spottes bei den Griechen im öffentlichen und Privatleben vgl. Burckhardt, Griech. Kulturgeschichte II. S. 354 ff. — *Hippolytos* (v. 1000) will kein ἐγγελαστὴς τῶν ὁμιλούντων sein. Und *Medea* (797; 1049; 1355; 1362) kann den Spott ihrer Feinde nicht ertragen.

[137]) Zu *Hik.* 176—183 bemerkt Nauck: „Euripide indigni et partim jam ab aliis damnati". Kirchhoff und Wilamowitz (Ausgabe der *Hik.* in *An. Eur.* pg. 73 ss.) halten sie dagegen fest und nehmen vor v. 180 eine Lücke an. Decharme (pg. 14) und Rohde (Psyche S. 545 A. 4) halten sie ebenfalls für echt

und letzterer bemerkt ausdrücklich, dass der Dichter hier „von sich selbst offenbar redet". Die Ausdrücke ὑμνοποιός und μέλη, die allerdings an sich mehr auf den Lyriker passen, dürfen daran nicht irre machen. S. A. 141 und Kap. III. 1 A. 41.

[138]) *Stheneboia Fr.* 663: ποιητὴν δ' ἄρα Ἔρως διδάσκει κἂν ἄμουσος ᾖ τὸ πρίν. Von *Aristophanes* parodiert *Wespen* 1074. Später viel citiert (s. Nauck).

[139]) *Troad.* 120 f.: Μοῦσα δὲ καὐτή τοῖς δυστήνοις Ἄτας κελαδεῖν ἀχορεύτους. *Schol.*: ἔστι δὲ καὶ Μοῦσα θρηνῳδίας. Vgl. Wecklein, Beiträge zur Krit. d. Eur. in Sitz.B. d. B. Ak. 1896 S. 535 f.

[140]) *Troad.* 608 f.: ὡς ἡδὺ δάκρυα τοῖς κακῶς πεπραγόσι θρήνων τ' ὀδυρμοὶ μοῦσά θ' ἢ λύπας ἔχει.

[141]) *Herakles* 694 f.: τὸ γὰρ εὖ Τοῖς ὕμνοισιν ὑπάρχει.

[142]) Οὐ παύσομαι τὰς Χάριτας Μούσαις συγκαταμειγνὺς ἁδίσταν συζυγίαν. „Die Chariten unter die Musen mischen heisst zunächst nur ein Danklied singen. den καλλίνικος. Und Mnemosyne bedeutet zunächst nur, dass das Alter den Chor noch nicht vergesslich gemacht hat. Aber der oft schon im Altertum angeführte Spruch ist vom Dichter darauf berechnet, im weitesten Sinne gefasst zu werden: das zeigt 676 f.: Μὴ ζῴην μετ' ἀμουσίας· Ἀεὶ δ' ἐν στεφάνοισιν εἴη.‟ (Wilamowitz z. St.).

[143]) Rohde, Psyche S. 691. — Nach dem vorstehenden wird es einleuchten, wie verkehrt das von Tieck über Euripides gefällte und von Steinhart (Archiv für Litt.G. I. S. 47) accepticerte Gesamturteil ist, dass er „der romantische Tragiker des Altertums" sei. Strauss hat Julian mit Recht den „Romantiker auf dem Thron der Cäsaren" genannt, weil er das absterbende Heidentum ins Leben zurückrufen wollte. Die Wirkung des Euripides war die entgegengesetzte: er wollte nicht die mythische Religion konservieren, sondern hat, soviel an ihm lag, zu ihrem Niedergang beigetragen. Dass er an den mythischen Stoffen festhielt, war eine ihm von den Zeitverhältnissen abgedrungene Konzession. Euripides selbst spricht sich über seine ästhetischen Grundsätze nie aus. Wilamowitz, Zukunftsphilologie II. S. 17 A. 1.

Die Weltanschauung des Euripides.

Zweites Kapitel.

Die erkenntnistheoretische Grundlage.

[1]) *Helena* 1617 f.: ΄σώφρονος δ' ἀπιστίας Οὐκ ἔστιν οὐδὲν χρησιμώτερον βροτοῖς. *Epicharm* 250 (Kaibel): Νᾶφε καὶ μέμνασ' ἀπιστεῖν· ἄρθρα ταῦτα τᾶν φρενῶν: Ein schon im Altertum geflügeltes Wort: *Polyb.* XVIII. 28, 4; *Dio Chrysost.* 74 (pg. 636 ed. Morell.); *Cicero ad Att.* I. 19, 8. ἄρθρα wörtlich „die Gelenke"; aber wir haben dieses Bild im Deutschen nicht. Die Frage nach der Echtheit der Epicharmischen Fragmente habe ich eingehend erörtert in meiner Untersuchung über die philosophischen Quellen des Euripides im Philolgus N. F. Suppl. VIII. 1900.

²) *Herakles* 62: Ὡς οὐδὲν ἀρθρώποισι τῶν θείων σαφές. ‚θείων' schreibt Wilamowitz mit Recht für θεῶν (Nauck): *Ps. Justin. exp. fid.* 8.

³) *Iph. Taur.* 476: πάντα γὰρ τὰ τῶν θεῶν Εἰς ἀφανὲς ἕρπει, κοὐδὲν οἶδ' οὐδεὶς κακόν· Ἡ γὰρ τύχη παρήγαγ' εἰς τὸ δυςμαθές.

⁴) *Fr.* 901: Πολλάκι μοι πραπίδων διῆλθε φροντίς Εἴτε τύχα[τις] εἴτε δαίμων τὰ βρότεια κραίνει, Παρά τ' ἐλπίδα καὶ παρὰ δίκαν Τοὺς μὲν ἀπ' οἴκων κατα-πίπτοντας Ἄτερ θεοῦ, τοὺς δ' εὐτυχοῦντας ἄγει. V. 4 f. καταπίπτοντας für ἀνα-πίπτοντας), ἄτερ (für ἀτάρ) conj. Gessner. Der Sinn der Worte steht fest durch die Paraphrase bei *Athenag. Suppl. pro Christ.* 25 pg. 132: [εἰ] τὸ παρ' ἐλπίδα καὶ δίκην εὖ πράττειν ἢ κακῶς ἐν ἀφασίᾳ τὸν Εὐριπίδην ἐποίησε, τίνος ἡ τοιαύτη τῶν περιγείων διοίκησις, ἐν ᾗ εἴποι τις ἄν· Πῶς οὖν τάδ' εἰσορῶντες ἢ θεῶν γένος Εἶναι λέγωμεν ἢ νόμοισι χρώμεθα (*Fr.* 99 adesp.). Der Sinn ist somit deutlich: die ungerechte Verteilung von Glück und Unglück in der Welt er-weckt den Zweifel an einer göttlichen Weltregierung und legt den Gedanken nahe, daß nur der Zufall herrsche. Ob *Fr.* 99 adesp. dem Euripides gehört, läßt sich nicht entscheiden; es führt den Gedanken weiter: wenn es keine Gottheit giebt, dann giebt es auch keine Sittlichkeit: dann entbehrt das Gesetz seiner ewigen Grundlage.

⁵) *Hekabe* 488 ff.: Ὦ Ζεῦ, τί λέξω; πότερά σ' ἀνθρώπους ὁρᾶν, Ἢ δόξαν ἄλλως τήνδε κεκτῆσθαι μάτην Ψευδῆ, δοκοῦντας δαιμόνων εἶναι γένος, τύχην δὲ πάντα τὰν βροτοῖς ἐπισκοπεῖν.

⁵,) *Hek.* 959 f.: ὡς ἀγνωσίᾳ Σέβωμεν αὐτούς.

⁶) *Hel.* 1137 ff.: Ὅτι θεός, ἢ μὴ θεός ἢ τὸ μέσον, Τίς φησ' ἐρευνήσας βρο-τῶν Μακρότατον πέρας εὑρεῖν, ὃς τὰ θεῶν ἐσορᾷ Δεῦρο καὶ αὖθις ἐκεῖσε καὶ πάλιν ἀντιλόγοις Πηδῶντ' ἀνελπίστοις τύχαις. Hier ist die Einteilung in θεός, μὴ θεός und μέσον beachtenswert; vgl. Nägelsbach, Nachhomerische Theologie S. 104 ff. S. besonders *Plato Symp.* 23 pg. 202 E, wo vom Eros gesagt wird, daß er ein δαίμων μέγας sei, und hinzugefügt wird: καὶ γὰρ πᾶν τὸ δαιμόνιον μεταξύ ἐστι θεοῦ τε καὶ θνητοῦ. Übrigens gebraucht Euripides δαίμων voll-ständig gleichbedeutend mit θεός: z. B. *Fr.* 901 (A. 4); und er läßt sich auf weitere Unterscheidungen nicht ein, da sie für seine Weltanschauung belang-los sind.

⁷) Über Mysterien und Orphiker s. Rohde, Psyche S. 256 ff. 395 ff. Ορφεὺς ἄναξ *Hipp.* 953: Rohde S. 418 A. 2.

⁸) *Philoktet Fr.* 795: Τί δῆτα θάκοις μαντικοῖς ἐνήμενοι Σαφῶς διόμνυσθ' εἰδέναι τὰ δαιμόνων; Οἱ τῶνδε χειρώνακτες ἄνθρωποι λόγων· Ὅστις γὰρ αὐχεῖ θεῶν ἐπίστασθαι πέρι, Οὐδέν τι μᾶλλον οἶδεν ἢ πείθειν λέγων. Nauck hat in v. 2 das handschriftliche οἱ in οὐ geändert: das ist meines Erachtens eine Ver-schlimmerung. Οἱ giebt den vortrefflichen Sinn: ‚was ihr da als Gottesoffen-barung ausgebt, ist nichts als Menschenwerk'; somit ist es der Kritik unter-worfen und hat keinen Anspruch auf absolute Auktorität: λόγοι sind dann die Orakelsprüche. Schreibt man οὐ, so muß man unter τῶνδε λόγων alles das verstehen, was Euripides sonst τὰ θεῖα nennt, und bekommt dann den Ge-danken: ‚mit diesen Dingen sich abzugeben, geht über Menschenkraft'. Der Vorwurf gegen das mantische Treiben ist bei der handschriftlichen Überliefe-rung viel treffender. Vgl. Kap. III. 2 A. 69.

⁹) *Protag. Fr.* 2 (Mullach): περὶ μὲν θεῶν οὐκ ἔχω εἰδέναι, οὔθ' ὡς εἰσίν, οὔθ' ὡς οὐκ εἰσιν. Πολλὰ γὰρ τὰ κωλύοντα εἰδέναι, ἥ τε ἀδηλότης καὶ βραχὺς ὢν

ὁ βίος τοῦ ἀνθρώπου. Die Schrift περὶ θεῶν, die so begann und die er im Hause des Euripides vorgelesen haben soll, kann nicht identisch mit den ‚καταβάλλοντες' sein. S. Kap. I. A. 13 a. Ribbeck, Euripides und seine Zeit S. 11. Gomperz, Griechische Denker I. S. 359 ff. und 472. S. unten A. 12.

[10]) *Xenophanes Fr.* 14 (Mullach): Καὶ τὸ μὲν οὖν σαφὲς οὔτις ἀνὴρ γένετ' οὐ δὲ τις ἔσται Εἰδὼς ἀμφὶ θεῶν τε καὶ, ἄσσα λέγω περὶ πάντων· Εἰ γὰρ καὶ τὰ μάλιστα τύχοι τετελεσμένον εἰπών, Αὐτὸς ὅμως οὐκ οἶδε· δόκος δ' ἐπὶ πᾶσι τέτυκται. δόκος ist gleich δόκησις: subjektive Meinung im Gegensatz zu objektiver Wahrheit (σαφές). Für λέγω vermutet Döring (Preussische Jahrbücher 1900 S. 282 ff.): λέγει. *Fr.* 28 (Bergk): Οὗτοι ἀπ' ἀρχῆς πάντα θεοὶ θνητοῖς ὑπέδειξαν, Ἀλλὰ χρόνῳ ζητοῦντες ἐφευρίσκουσιν ἄμεινον. Denselben Grundsatz auch bei *Hippokrates d: prisc. med.* 20: ἰητρικῇ δὲ πάλαι πάντα ὑπάρχει καὶ ἀρχὴ καὶ ὁδὸς εὑρημένη, καθ' ἣν καὶ τὰ εὑρημένα πολλά τε καὶ καλῶς ἔχοντα εὕρηται ἐν πολλῷ χρόνῳ καὶ τὰ λοιπὰ εὑρεθήσεται, ἤν τις ἱκανός τ' ἐὼν καὶ τὰ εὑρημένα εἰδὼς ἐκ τούτων ὁρμώμενος ζητέῃ. Vgl. *Epicharm Fr.* 263 (Kaibel); *Pindar Isthm.* IV. 14; *Eur. Bacch.* 395 ff.

[11]) *Theognis* 119 ff.: Χρυσοῦ κιβδήλοιο καὶ ἀργύρου ἀνσχετὸς ἄτη, Κύρνε, καὶ ἐξευρεῖν ῥῄδιον ἀνδρὶ σοφῷ. Εἰ δὲ φίλου νόος ἀνδρὸς ἐνὶ στήθεσσι λελήθῃ, Ψυδρὸς ἐών, δόλιον δ' ἐν φρεσὶν ἦτορ ἔχῃ, Τοῦτο θεὸς κιβδηλότατον ποίησε βροτοῖσιν καὶ γνῶναι πάντων τοῦ τ' ἀνιηρότατον.

[12]) *Protag. Fr.* 1 (Mullach): πάντων χρημάτων μέτρον ἄνθρωπος· τῶν μὲν ἐόντων ὡς ἔστι, τῶν δὲ οὐκ ἐόντων, ὡς οὐκ ἔστι. Dies war der Anfang der ‚Ἀλήθεια' des Protagoras (*Plato, Theätet* 16 pg. 161 C). Nach *Sextus Emp. adv. math.* VII. 60 hätten die ‚καταβάλλοντες' so begonnen: beides ist wohl dasselbe. Dagegen scheint περὶ θεῶν eine andere Schrift gewesen zu sein, da von ihr der andere, oben (A. 9) angeführte Anfang citiert wird. Ein dritter Titel der ersteren Schrift scheint noch περὶ τοῦ ὄντος gewesen zu sein (*Porphyr.* bei *Euseb. pr. ev.* X. 3, 17). Die subjektivistische Auffassung des Protagoreischen Satzes haben im Anschluss an G. Grote, Plato II. S. 322 ff. bestritten und durch eine „generelle" ersetzen zu müssen geglaubt: D. Peipers, Untersuchungen über das System Platos. I. Die Erkenntnistheorie Platos mit besonderer Rücksicht auf den Theätet, Leipzig 1874 S. 44 ff.; 276 ff.; W. Halbfass, Die Berichte des Platon und Aristoteles über Protagoras in Fleckeisens Jahrbüchern für klass. Philol. Suppl. XIII. 1884 S. 151 ff.; Gomperz, Apologie der Heilkunst in den Sitz.Ber. der Wiener Ak. 120, 1890 S. 26 und 174; Derselbe, Griechische Denker I. 1896 S. 361 ff.; 472 f. Eine vermittelnde Stellung nimmt Laas ein, der in „Neuere Untersuchungen über Protagoras" (Vierteljahrsschrift für wissenschaftliche Philosophie VIII. 1884 S. 479 ff.) die Arbeit von Halbfass, sowie die gegen diesen gerichtete Schrift von P. Natorp, Forschungen zur Geschichte des Erkenntnisproblems im Altertum (H. Usener gewidmet 1884) bespricht; gegen Gomperz wendet sich Natorp im Philologus N. F. IV. S. 262 ff. Mit Natorp hält die individualistische Auffassung mit, wie mir scheint, durchschlagenden Gründen fest E. Zeller, Philosophie der Griechen ⁵ 1892. I. 2 S. 1095 ff. — Am erschöpfendsten und geistreichsten, mit oft wahrhaft bestechenden Argumenten hat die Hypothese Gomperz durchgeführt. In der Überzeugung, dass (nach dem Zeugnis des Porphyrios, s. o.) der Satz des Protagoras gegen die Eleaten gerichtet sei (πρὸς τοὺς ἓν τὸ ὂν εἰσάγοντας). worin ihm auch Zeller zustimmt, glaubt er dasselbe erkenntnistheoretische

Prinzip in folgendem Satz der von ihm dem Protagoras zugeschriebenen Rede περὶ τέχνης 2 zu erkennen: ἀλλὰ τὰ μὲν ἐόντα ἀεὶ ὁρᾶταί τε καὶ γινώσκεται, τὰ δὲ μὴ ἐόντα οὔτε ὁρᾶται οὔτε γινώσκεται. Und er vergleicht dazu die Paraphrase des Protagoreischen Satzes durch *Hermias* (*Irrisio gentil. philos.* 9 bei Diels Doxogr. Gr. pg. 653): Πρωταγόρας φάσκων· ὅρος καὶ κρίσις τῶν πραγμάτων ὁ ἄνθρωπος καὶ τὰ μὲν ὑποπίπτοντα ταῖς αἰσθήσεσιν ἐστιν πράγματα, τὰ δὲ μὴ ὑποπίπτοντα οὐκ ἐστιν ἐν τοῖς εἴδεσι τῆς οὐσίας. Hinsichtlich der letzteren Stelle hat Zeller (S. 1096 A. 1) entschieden recht mit der Behauptung, dass sie kein Anzeichen dafür enthalte, dass der Verfasser an den „Menschen als solchen" denke. Und auch der von Gomperz (Apologie S. 27 f.; Griech. Denker S. 363) aufgestellten, auf den ersten Anblick bestechenden Alternative, dass man sich unter Festhaltung der individualistischen Deutung bei der Auffassung von ὡς = wie (*Cic. de nat. deor.* I. 23, 63) in eine sprachliche (vgl. die Analogie des Götterbruchstücks *Fr.* 2) oder in eine sachliche Unmöglichkeit verwickle (denn es habe keinen Sinn, zu sagen: Mass des Nichtseienden, wie es nicht ist), bei der Auffassung von ὡς = dass aber zur Gleichsetzung der Protagoreischen Lehre mit der des Aristippos gelange, begegnet meines Erachtens Zeller (S. 1094 A. 1) ausserordentlich glücklich mit seiner Übersetzung: „Der Mensch ist das Mass aller Dinge, des Seienden für sein Sein, des Nichtseienden für sein Nichtsein". Denn hierin ist sowohl ein Urteil über die Existenz als über die Qualität der Dinge enthalten; und „wenn einem Subjekt ein Prädikat abgesprochen wird, so wird damit nicht gesagt, d a s s es nicht ist, sondern wie beschaffen es nicht ist, inwiefern ihm ein Sein nicht zukommt". Ähnlich dieser Erklärung Zellers ist die von Peipers (a. a. O. S. 279): „Vielmehr entspricht dem kurzen Ausdruck, dessen sich Protagoras bedient, dem Sinne nach etwa der ausführlichere: τῶν μὲν ἑκάστοτε λεγομένων εἶναι πραγμάτων, ὡς ἐστι, τῶν δὲ λεγομένων μὴ εἶναι, ὡς οὐκ ἐστιν. Ferner ist, wie sämtliche Vertreter der neueren Ansicht (Gomperz mit der oben angeführten nicht stichhaltigen Ausnahme) zugeben, das ganze Altertum, dem doch nicht bloss wie uns der vereinzelte Satz, sondern die ganze Schrift, in der er stand, vorlag, von Plato und Aristoteles an bis auf Sextus Empiricus und Porphyrius, in der subjektivistischen Auffassung des Satzes einig (Πρωταγόρου γὰρ τὸν περὶ τοῦ ὄντος ἀναγινώσκων λόγον ... εὑρίσκω, *Porphyr.* bei *Euseb. pr. ev.* X. 3, 17; τὰ σωζόμενα βιβλία, *Diog. L.* IX. 55; *Plato, Thëätet* 8 pg. 152 A ff.; *Kratylos* 4 pg. 386 A; *Aristoteles, Met.* XI. 6; III. 4. 5; *Demokrit* bei *Sext. Emp. adv. math.* VII. 389; *Sext. Emp.* in Abhängigkeit von einer nicht auf Plato beschränkten Quelle ib. c. 60—64 pg. 388—390). Übersieht man die angeführten Arbeiten der Neueren, so ist zu beachten, dass sie sich alle zu gewissen Konzessionen an die alte Auffassung herbeilassen müssen. Selbst Gomperz (Apol. S. 176) muss zugeben: „Weiters kann man es insbesondere auf Grund des Berichts über die Polemik des Demokrit gegen die Sophisten nicht für ganz unwahrscheinlich halten, dass jene Lehre (sc. der Homomensurasatz) von diesem (sc. Protagoras) nicht immer mit der Behutsamkeit ausgesprochen wurde, die sie in unverrückbar feste Grenzen bannte und jeden möglichen Missbrauch ausschloss". Nach Halbfass S. 209 f. „gewinnen wir eine sichere historische Auslegung des Ausspruches weder aus Platon noch aus Aristoteles", und es hat nur die „grösste Wahrscheinlichkeit, dass Protagoras ἄνθρωπος im generellen Sinn aufgefasst hat"; „die authentische Lehre des Protagoras dem Wortlaut nach vorzuführen, halten wir für eine Unmöglichkeit". Peipers S. 48: „Nebenbei zeigt diese Argumentation (in dem Götterbruchstück *Fr.* 2), wie nahe die rein subjektivistischen Konsequenzen des ursprünglich vielleicht generell gemeinten Satzes. dass der Mensch das Mass aller Dinge sei, lagen". Laas S. 485: „,ἄνθρωπος' hatte vage der Sophist gesagt"; und S. 488 erklärt auch Laas sich für die Ansicht Natorps (S. 17 ff.), Protagoras habe „mindestens diese (sc. die individualistische) Deutung nicht ferngehalten, dieser bedenklichen Konsequenz nicht vorgebeugt". Aus allen diesen Zugeständnissen geht hervor, dass es den Entdeckern der neuen Deutung des Homomensurasatzes bei ihrer Auffassung, nach welcher „der Phänomenalismus des Protagoras in seinem allgemeinen Ergebnis mit dem Kants zusammenträfe" (Zeller S. 1095), selber nicht recht wohl ist, und dass Plato und Aristoteles durchaus recht gehabt haben, wenn sie in Protagoras. jedenfalls thatsächlich, auch wenn er es sich selbst nicht vollständig bewusst gewesen sein sollte, einen Subjektivisten sahen. Wer zwischen sinnlicher Wahrnehmung (αἴσθησις) und Denken keinen Unterschied macht, dem muss die Objektivität der Welt unter den Händen zerfliessen (*Theätet* 8 pg. 151 E, ἐπιστήμη, = αἴσθησις). Und selbst Halbfass „schliesst aus mehreren Anzeichen, dass Protagoras ‚ἀληθὲς' in einer Weise anwandte, welche Missverständnisse herbeizuführen nur zu sehr geeignet war" (S. 189). Wenn ferner Halbfass (S. 191) nach *Theätet* 23 pg. 172 B als die „das Glaubensbekenntnis des Sophisten in der praktischen Philosophie ausdrückende Formel" den Satz hinstellt: τὸ κοινῇ δόξαν τοῦτο γίγνεται ἀληθὲς τότε ὅταν δόξῃ καὶ ὅσον ἂν δοκῇ χρόνον, so hat Natorp (S. 50 f.) unter Zustimmung von Laas (S. 492) mit vollem Recht behauptet, „dass dies dem Individualismus des Grundgedankens nicht widerspreche". Über das vielberufene Wort des Protagoras: ‚τὸν ἥττω λόγον κρείττω ποιεῖν' sagt Halbfass (S. 157 f.): „Darin, dass *Aristophanes* mit dichterischer Freiheit (*Wolken* 1338 f.; 1397; 1421 f.; 1427 f.) aus dem λόγος κρείσσων einen λόγος δίκαιος und aus dem ἥττων einen ἄδικος macht und in einem Wettkampf der beiden personifizierten λόγοι den ἄδικος siegen lässt, können wir nur eine Anspielung auf die damalige Unsicherheit ethischer Begriffe überhaupt erkennen, keineswegs aber einen Beweis dafür, dass der Sophist jenen Satz auch ausserhalb der Rhetorik angewandt hat". Das ist denn doch einfach gedankenlos! Die sophistische Rhetorik hatte lediglich praktische Zwecke und jener Satz fand seine Anwendung selbstverständlich weniger in der epideiktischen und symbuleutischen als in der Gerichtsrede: was soll er denn nun da anderes bedeuten, als der schlechten Sache, d. h. dem Unrecht, zum Sieg verhelfen, wie man ihn auch sofort (s. u. A. 16 Euripides) ganz richtig verstanden hat; und ist dann eine solche Praxis nur noch „Rhetorik"? Greift sie nicht in bedenklichster Weise in das ethische und Rechtsgebiet über? Darum behält *Aristoteles* (*Rhet.* II. 24 s. f.) recht: καὶ ἐντεῦθεν δικαίως ἐδυσχέραινον οἱ ἄνθρωποι τὸ Πρωταγόρου ἐπάγγελμα· ψεῦδος γάρ ἐστι καὶ οὐκ ἀληθὲς ἀλλὰ φαινόμενον καὶ ἐν οὐδεμιᾷ τέχνῃ ἀλλ' ἐν ῥητορικῇ καὶ ἐριστικῇ. καὶ περὶ μὲν ἐνθυμημάτων καὶ τῶν ἐντων καὶ τῶν φαινομένων εἴρηται. D. h. diese Methode gehört allerdings bloss in die Eristik, aber sie wird auch sonst angewandt, und deshalb zürnt man ihr, δικαίως; (vgl. *Gell.* V. 3, 7). Dadurch, dass auch heutzutage im öffentlichen Leben noch vielfach Gebrauch von ihr gemacht wird (Gomperz, Griech. Denker S. 379), wird sie nicht besser. — Endlich muss Halbfass (S. 168 f.) zugeben, dass, „wie aus den Berichten Platons und den Klagen, z. B. von *Aristophanes* (s. o.) und I—

krates (*De perm.* §§ 168. 175. 197. 202. 213. 230; *contra soph.* 292 B f.; *Paneg.*
§ 8), unleugbar hervorgeht, der Ausspruch (sc. der Homomensurasatz) so gedeutet worden sei, als ob er die subjektive Willkür zur alleinigen Sittenrichterin
erhob und der pietätlosen Ausbeutung egoistischer Interessen Thür und Thor
öffnete"; ferner, dass „Plato doch wohl im Recht war, wenn er den Ausspruch
des Abderiten als das Signal zu einer philosophischen Bewegung betrachtete,
deren nach erkenntnistheoretischer Seite von Aristipp, nach der moralphilo-
sophischen Seite von der Volksmeinung gezogene Konsequenzen nicht nur
schnurstracks seinen persönlichen Überzeugungen entgegenliefen, sondern mit
jeder besonnenen philosophischen Ansicht in Kollision geraten mussten. Wir
haben aber bisher keine Ursache gefunden, diese Konsequenzen Protagoras
selber schon aufzubürden". Wie steht es denn hier mit der Zeitrechnung? Die
Wolken des *Aristophanes*, auf die man sich beruft, sind 423, also 8 Jahre vor
dem im Jahr 415 (oder gar erst 411? Gomperz, Griech. Denker S. 471) erfolgten Tode des Protagoras, aufgeführt worden. Die „Volksmeinung" hat also
jedenfalls schon frühe die fraglichen Konsequenzen gezogen, und wir hören
nichts davon, dass Protagoras zur Berichtigung dieser Missverständnisse ein
Wort verloren hätte. Die Bekämpfung der Protagoreischen Erkenntnistheorie
im *Theätet* soll aber gar nicht dem Protagoras, sondern dem Aristippos ge-
golten haben, der, wie Mullach (II. pg. 397) annimmt, um 435 geboren sein
mag (vgl. H. Stein, De philosophia Cyrenaica. Göttingen 1855); beim Tod des
Sokrates gehört er zu dessen abwesenden Schülern (*Plato, Phädo* 2 pg. 59 C).
Wie nun, wenn sich nachweisen lässt, dass die angeblich Aristippischen Konsequenzen der Protagoreischen Erkenntnislehre schon mindestens 10 Jahre vor
dem Tod des Sokrates sich zeigen und bekämpft werden, und zwar von einem
Manne, der dem Protagoras notorisch nahestand? Es befremdet, dass ausser
Gomperz keiner der Vertreter der generellen Auffassung des Homomensurasatzes sich danach umgesehen hat, ob sich nicht vielleicht auch aus Euripides
eine oder die andere Instanz für die Protagoreische Lehre gewinnen lasse. Und
doch lag dies nahe genug: denn das ganze Altertum hat nicht ohne Grund
beide Männer in nahe Berührung miteinander gebracht (s. Kap. 1 A. 13 a), und,
wenn Gomperz (Griechische Denker S. 353 und 471) richtig vermutet, so haben
wir in *Fr.* 588 des *Palamedes* eine Anspielung nicht auf den Tod des Sokrates,
wie irrtümlich *Diog. Laert.* II. 44 meint, sondern auf den des Protagoras, der
vor der ihm bevorstehenden Verurteilung wegen ἀσέβεια Athen verliess, um
nach Sizilien zu fahren, und hiebei durch Schiffbruch den Tod fand. Jene
Daktyloepitriten (Wilamowitz, De trag. Gr. Fr. pg. 29) lauten: Ἐκάνετ' ἐκάνετε
τὰν πάνσοφον, ὦ Δαναοί, Τὰν οὐδὲν ἀλγύνουσαν ἀηδόνα Μουσᾶν. Nach *Philochoros*
bei *Diog. L.* IX. 55 hätte Euripides auch im *Ixion* auf Protagoras' Tod angespielt. Indessen auch Gomperz zieht nicht alles heran, was in den Euripideischen Dramen auf Protagoras hinweist. Er vergleicht zu *Fr.* 810 des
Phoinix die *Fr.* 7 und 8 des *Protagoras* (*Apologie der Heilkunst* S. 139) und
zu *Fr.* 5 δύο λόγοις εἰσὶ περὶ παντὸς πράγματος ἀντικείμενοι ἀλλήλοις, *Fr.* 189
der *Antiope*: beide erklärt er (a. a. O. S. 177) im Sinne seiner Übersetzung
(Griech. Denker S. 370 f.): „Aus jeder Sache weiss des Sprechers Kunst Zwie-
spältger Reden Wettstreit zu erwecken", „als den Ausdruck einer uns Neueren
ziemlich geläufigen Wahrheit, die einst Diderot also formuliert hat: ‚In allen
Fragen, mit Ausnahme der mathematischen . . . giebt es ein Für und ein Wider'."

26*

Erst *Seneca* (*ep. mor.* 88, 43) habe den Satz dahin missverstanden, als ob die beiden λόγοι einander gleichwertig wären. Dies liege aber, wie schon Bernays (Rhein. Mus. VII. S. 467) eingesehen, keineswegs im Wortlaut und werde dadurch widerlegt, dass *Arkesilaos* dem ganzen Altertum als Urheber der von Seneca dem Protagoras beigelegten Lehre galt (*Apologie der Heilkunst* S. 177). Indessen lesen wir doch schon in *Platons Sophistes* 20 pg. 232 E, dass der Sophist die ἀντιλογικὴ τέχνη περὶ πάντων πρὸς ἀμφισβήτησιν betreibe: also doch wohl, ohne eine objektive Entscheidung zwischen den λόγοι ἀντικείμενοι herbeizuführen, und zwar ist gerade an dieser Stelle von τὰ Πρωταγόρεια, d. h. von den Schriften des Protagoras die Rede. Hiemit scheint mir die Auffassung von Gomperz widerlegt zu sein. Ich behaupte aber weiter: in den v. 499 ff. von *Euripides' Phönissen* und in *Fr.* 19 des *Äolus* haben wir nichts weiter als eine Anwendung des Homomensurasatzes. Denn in welcher philosophischen Richtung soll man denn den Standpunkt des Eteokles unterbringen, wenn nicht in der sophistischen und zwar speziell der Protagoreischen? Er passt weder ganz zur Gegensatzlehre des Heraklit, weil er über diese hinausgeht, noch zu den drei skeptischen Dogmen des Gorgias, weil er hinter diesen zurückbleibt; aber er passt ganz genau zum Subjektivismus des Protagoras, so dass man wohl sagen kann: *Phön.* 499 ff. und *Äolus Fr.* 19 verhalten sich zu *Fr.* 1 des *Protagoras* wie *Antiope Fr.* 189 zu *Protagoras Fr.* 5. Nun ist (s. Kap. 1 A. 27) der *Äolus* vor 421, die *Phönissen* um 411—409 aufgeführt. Zu Beginn des peloponnesischen Kriegs war Protagoras schon in Athen. Aristippos aber war im Jahr 421 etwa 14 Jahre alt und hatte auch 409 noch lange keine eigene Schule. Wir haben somit in den Versen des Euripides, obwohl er selbstverständlich den Namen des Protagoras nicht nennt, ein deutliches Zeugnis für dessen Subjektivismus, das mit dem des Plato und Aristoteles durchaus übereinstimmt. Wenn *Plato* im *Protagoras* des Homomensurasatzes nicht gedenkt, so geschieht es einfach deshalb, weil derselbe von dem hier verhandelten Thema über die Lehrbarkeit der Tugend zu weit ablag. Die Verbindung, in welche derselbe im *Kratylus*, sowie im *Theätet* mit der Heraklitischen Lehre gebracht wird, ist auch für das Verständnis des Euripides lehrreich.

¹³) *Phön.* 499 ff.: Εἰ πᾶσι ταὐτὸν καλὸν ἔφυ σοφόν θ' ἅμα, Οὐκ ἦν ἂν ἀμφίλεκτος ἀνθρώποις ἔρις· Νῦν δ' οὔθ' ὅμοιον οὐδὲν οὔτ' ἴσον βροτοῖς Πλὴν ὀνόμασιν, τὸ δ' ἔργον οὐκ ἔστιν τόδε. V. 500 bildet wahrhaftig eine deutliche Erklärung zu *Fr.* 189 der *Antiope*, und zwar im Sinn von *Plato* (*Soph.* a. a. O.) und nicht von Gomperz. — Vgl. auch die *Scholien* z. St.

¹⁴) *Äolus Fr.* 19: Τί δ' αἰσχρόν, ἢν μὴ τοῖσι χρωμένοις δοκῇ; *Aristophanes Frosche* 1475: τί δ' αἰσχρόν, ἢν μὴ τοῖς θεωμένοις δοκῇ: *Plato* bei *Stob. flor.* 5, 82 oder *Antisthenes* bei *Plut. de aud. poët.* 12 pg. 33 C: αἰσχρόν τό γ' αἰσχρόν, κἂν δοκῇ κἂν μὴ δοκῇ. Vgl. auch den Scherz der Lais bei *Ath.* XIII. 45 pg. 582 D. Wahrscheinlich bezog sich das Wort auf den Brauch der Geschwisterehe. Welcker S. 865; Dümmler, Proleg. zu Platos Staat S. 54 f.

¹⁵) *Protag. Fr.* 5 (Mull.): δύο λόγοι εἰσὶ περὶ παντὸς πράγματος ἀντικείμενοι ἀλλήλοις. *Eur. Antiope Fr.* 189: Ἐκ παντός ἄν τις πράγματος δισσῶν λόγων Ἀγῶνα θεῖτ' ἄν, εἰ λέγειν εἴη σοφός. Vgl. die dorischen Dialexeis Mullach I. pg. 544 ff.

¹⁶) *Phön.* 469 ff.: Ἁπλοῦς ὁ μῦθος τῆς ἀληθείας ἔφυ Κοὐ ποικίλων δεῖ τἄνδιχ' ἑρμηνευμάτων· Ἔχει γὰρ αὐτὰ κύρος· ὁ δ' ἄδικος λόγος Νοσῶν ἐν αὑτῷ φαρμάκων δεῖται σοφῶν. Obwohl v. 469 eine Nachahmung von *Fr.* 176 der

ἔπλων κρίσις des Aschylus ist, sieht es doch aus, als ob eben die „Einfachheit"
der Wahrheit der „Zwiespältigkeit" (den διασοί λόγοι) der Sophisten entgegengestellt würde. Ebenso finden wir in der 425 oder 424 (s. Kap. 1 A. 27) aufgeführten *Hekabe* 1187 einen Ausfall gegen die sophistische Rhetorik, indem
das μὴ δύνασθαι τᾶδιχ' εὖ λέγειν ποτέ deutlich genug auf das Protagoreische
τὸν ἥττω λόγον κρείττω ποιεῖν hinweist. Vgl. ausserdem *Antiope Fr.* 206;
Archelaos Fr. 253; *Hipp.* I. *Fr.* 439; *Palamedes Fr.* 583; *Med.* 579 ff.; 1224 ff.;
Hipp. 486 ff.; *Phön.* 509 f.; 526 f. und *Xenoph. An* II. 6, 22; *Plato Gorg.* 46
pg. 492 A B; gegen die Doppelzüngigkeit *Theogn.* 89 ff.; *Soph. Aletes Fr.* 97.
Dümmler, Proleg. zu Platons Staat S. 10 s. Kap. V. 2 S. 206 ff.

[17]) *Fr.* 913: Τίς τάδε λεύσσων θεόν οὐχί νοεῖ, Μετεωρολόγων δ' ἑκάς ἔρρι-
ψεν Σκολιάς ἀπάτας; ὦν ἀτηρά Γλῶσσ' εἰκοβολεῖ περί τῶν ἀφανῶν Οὐδὲν γνώμης
μετέχουσα. F. Lommer, In quantum Euripides Heracliti rationem auctoritatemque susceperit. Progr. der Studienanstalt Metten 1878/79 S. 8 und 10 glaubt,
dass Euripides mit diesen Versen: „Heraclito assensum esse vituperanti eos,
qui numinis vim ex iis, quae sub adspectum cadunt, concludere non possent sed
proprias sibi inanesque cogitationes de rerum natura volverent, cum expertes
universae mentis viverent, ac si propria mens sibi inesset". Vgl. *Heraklit
Fr.* 91. 92 (Bywater).

[17a]) *Heraklit Fr.* 16: πολυμαθίη νόον ἔχειν οὐ διδάσκει· Ἡσίοδον γάρ ἄν
ἐδίδαξε καὶ Πυθαγόρην αὖτίς τε Ξενοφανέα καὶ Ἑκαταῖον. — *Fr.* 17: Πυθαγόρης
Μνησάρχου ἱστορίην ἤσκησε ἀνθρώπων μάλιστα πάντων. Καί [ἐκλεξάμενος ταύτας
τὰς συγγραφάς] ἐποίησε ἑαυτοῦ σοφίην πολυμαθίην, κακοτεχνίην. Zu dem letzteren
Bruchstück vgl. Gomperz, Zu Heraklits Lehre S. 1001 ff. Dieser sieht πολυμαθίην κακοτεχνίην als Objekt (Bergk, Opusc. II. pg. 89 wollte ,καί' dazwischen-
setzen), σοφίην als Prädikat an und übersetzt wie oben. Über die Bedeutung
von ἱστορίη vgl. Kap. I. A. 75. Die Worte ,ἐκλεξάμενος τὰς συγγραφάς' hat
schon Schleiermacher als unecht erkannt. Sie passen für die Zeit des Pythagoras, in der die Litteratur noch geringfügig war, nicht, dagegen allerdings für
Diogenes Laertius (VIII. 6), den Sohn eines „tintenklecksenden Säkulums"
(Gomperz a. a. O. S. 1003 f.). — Zu beiden Bruchstücken vgl. Gomperz, Griech.
Denker I. S. 61 f. und Kap. V. 2 A. 120. — Weil (Etudes sur le drame antique
pg. 111) glaubt, das *Fr.* 918 des *Euripides* als Korrektiv der „Kühnheiten des
Dichters" betrachten zu sollen, und schreibt es dem Chor des *Bellerophon* zu.
Dies ist mir sehr unwahrscheinlich.

[18]) Obwohl Euripides Eklektiker ist, so scheint er doch von keinem der
vorsokratischen Philosophen so tiefe Eindrücke bekommen zu haben wie von
Heraklit, von dessen wichtigsten Lehren er sich einige ganz zu eigen gemacht
hat, ohne jedoch andern gegenüber seine ablehnende Meinung aufzugeben.
Wilamowitz (De trag. Gr. fr. pg. 7) sagt, er überzeuge sich immer mehr,
„Euripidem in plerisque idem sensisse atque Heracliti ad seclas aequales, e quibus Cratylum solum nominare possumus, civem Atheniensem eundemque philo-
sophiae doctorem, quod genus tunc temporis rarissimum erat". Um an die in
Anm. 16 aufgeführten Stellen anzuknüpfen, so ist eben diese scharfe Polemik
gegen den Missbrauch der Rhetorik echt heraklitisch. Denn das von Gomperz
(Rhein. Mus. XXXII. S. 476) ans Licht gezogene Heraklitfragment, in welchem
der Ephesier die Rhetorik ,Κοπίδων ἀρχηγός' (,die oberste der Lügenkünste')
nennt, beweist im Verein mit einer Notiz des *Etym. Mag.* v. Κοπίς und dem

freilich schwer zerrütteten *Scholion* zu *Hekabe* 131 (Schwartz I. pg. 26; *Timäus*
bei Müller, Fr. hist. Gr. IV. pg. 640 B), das Bywater als letztes der *Fragmenta*
spuria 138 aufführt, dass die von letzterem vorgenommene Änderung von Πυθαγόραν in Πρωταγόραν und Ἡράκλειτον in Ἡρακλείδην unzulässig ist, wie Gomperz nachgewiesen hat („Zu Heraklits Lehre' in Sitz.Ber. der Wiener Akad.,
philosoph.histor. Klasse 113. 1886 S. 1002). Dieser bringt damit *Fr.* 17 in Verbindung, wo eben mit κακοτεχνίη die Rhetorik gemeint ist: „Pythagoras
machte zu seiner Weisheit Vielwisserei und schlechte Künste" (ebenso in *Apo-*
logie der Heilkunst ib. 120. 1890 S. 97). Der Chor der *Hekabe* spricht von dem
„ποικιλόφρων, κόπις, ἡδυλόγος, δημοχαριστής Λαερτιάδης' (130 ff.). Hiezu *Schol.*:
ὁλάλος ... κοπίδας τε τὰς τῶν λόγων τέχνας ἄλλοι τε καὶ ὁ Τίμαιος οὕτω γρά-
φων· ‚ὥστε καὶ φαίνεσθαι μὴ τὸν Πυθαγόραν εὑράμενον τῶν ἀληθινῶν κοπίδων
μηδὲ τὸν ὑφ' Ἡρακλείτου κατηγορούμενον ἀλλ' αὐτὸν Ἡράκλειτον εἶναι τὸν ἀλαζονευόμενον'. — Was die Erkenntnistheorie anlangt, so musste Heraklit allerdings
fürchten, bei seiner Lehre vom Fluss aller Dinge überhaupt kein Objekt ver-
lässlicher Erkenntnis zu besitzen, worin er sich mit Protagoras und Gorgias
berührte. Und in der That erhebt *Aristoteles* diesen Vorwurf gegen ihn (*Met.*
I. 6): τοῖς Ἡρακλειτείοις δόξαις, ὡς τῶν αἰσθητῶν ἀεὶ ῥεόντων καὶ ἐπιστήμης
περὶ αὐτῶν οὐκ οὔσης (wo auch auf Kratylus hingewiesen wird). Aber „inmitten
alles Wandels der Einzeldinge, inmitten alles Wechsels der Stoffformen, der Zer-
störung zum Trotz, welche das Gefüge des Kosmos selbst in gemessenen Fristen
ereilen und aus dem er sich immer von neuem wieder aufbauen sollte, steht
das Weltgesetz unverrückt und unerschüttert aufrecht neben dem beseelt und
vernunftbegabt gedachten Urstoff (mit welchem es als Weltvernunft in mystisch
unklarer Auffassung zusammenschmilzt), das einzig Beharrende im anfangs und
endlos kreisenden Strome des Geschehens" (Gomperz, Zu H. Lehre S. 1023.
1047 f.; Griechische Denker S. 62 f.). — Ausser Gomperz vgl. über Heraklit,
dessen Bruchstücke am besten gesammelt sind von Bywater (Heracliti Ephesii
reliquiae. Oxford 1877): Schleiermacher, H. der Dunkle in Wolfs und Butt-
manns Museum der Altertumswissenschaft 1. 1807 S. 315 ff. (= Sämtl. Werke
III. 2 S. 1 ff.); F. Lassalle, Die Philosophie Heraklits, Berlin 1858; Schuster,
Heraklit von Ephesus in „Acta societatis philologicae Lipsiensis III. 1873;
Zeller, Philosophie der Griechen⁵ 1892 I. 2 S. 623 ff.; Teichmüller, Neue Studien
zur Geschichte der Begriffe, Gotha 1876 ff.; E. Pfleiderer, Die Philosophie des
Heraklit im Lichte der Mysterienidee. 1886; Fr. Nietzsche, Die Philosophie im
trag. Zeitalter der Griechen. Werke X. S. 27 ff. Die Erkenntnislehre Heraklits behandelt auch D. Peipers, Untersuchungen über das System Platons 1.
(1874) S. 5 ff. — *Fr.* 2: τοῦ δὲ λόγου τοῦ δ' ἐόντος ἀεὶ ἀξύνετοι γίνονται ἄνθρωποι καὶ πρόσθεν ἢ ἀκοῦσαι καὶ ἀκούσαντες τὸ πρῶτον. γινομένων γὰρ πάντων
κατὰ τὸν λόγον τόνδε ἀπείροισι ἐοίκασι πειρώμενοι καὶ ἐπέων καὶ ἔργων τοιου-
τέων ὁκοίων ἐγὼ διηγεῦμαι, διαιρέων ἕκαστον κατὰ φύσιν καὶ φράζων ὅκως ἔχει.
τοὺς δὲ ἄλλους ἀνθρώπους λανθάνει ὁκόσα ἐγερθέντες ποιοῦσι, ὅκωσπερ ὁκόσα
εὕδοντες ἐπιλανθάνονται. Aus dem Schlusssatz scheint das allen Erklärungs-
versuchen widerstrebende *Fr.* 64 verdorben zu sein. Vgl. *Fr.* 94. — *Fr.* 4:
κακοὶ μάρτυρες ἀνθρώποισι ὀφθαλμοὶ καὶ ὦτα βαρβάρους ψυχὰς ἐχόντων. — *Fr.* 10:
φύσις κρύπτεσθαι φιλεῖ. Dazu vgl. *Fr.* 47: ἁρμονίη ἀφανὴς φανερῆς κρείσσων. —
Fr. 19: ἓν τὸ σοφόν, ἐπίστασθαι γνώμην, ᾗ κυβερνᾶται πάντα διὰ πάντων. —
(S. Kap. III. A. 49) *Fr.* 111: τίς γὰρ αὐτῶν νόος ἢ φρήν; [δήμων] ἀοιδοῖσι ἕπονται

καὶ διδασκάλῳ χρέωνται ὁμίλῳ, οὐκ εἰδότες ὅτι πολλοὶ κακοὶ ὀλίγοι δὲ ἀγαθοί. αἱρεῦνται γὰρ ἒν ἀντία πάντων οἱ ἄριστοι, κλέος ἀέναον θνητῶν, οἱ δὲ πολλοὶ κεκόρηνται ὅκωςπερ κτήνεα. — *Fr.* 1: οὐκ ἐμεῦ ἀλλὰ τοῦ λόγου ἀκούσαντας ὁμολογέειν σοφόν ἐστι, ἒν πάντα εἶναι. — *Fr.* 91: ξυνόν ἐστι πᾶσι τὸ φρονέειν. ξὺν νόῳ λέγοντας ἰσχυρίζεσθαι χρὴ τῷ ξυνῷ πάντων ὅκωςπερ νόμῳ πόλις καὶ πολὺ ἰσχυροτέρως. τρέφονται γὰρ πάντες οἱ ἀνθρώπειοι νόμοι ὑπὸ ἑνὸς τοῦ θείου· κρατέει γὰρ τοσοῦτον ὁκόσον ἐθέλει καὶ ἐξαρκέει πᾶσι καὶ περιγίνεται. — *Fr.* 92: τοῦ λόγου δ' ἐόντος ξυνοῦ ζώουσι οἱ πολλοὶ ὡς ἰδίην ἔχοντες φρόνησιν (s. Pfleiderer S. 51). — *Fr.* 94 (vgl. *Fr.* 2 und 64): οὐ δεῖ ὥςπερ καθεύδοντας ποιεῖν καὶ λέγειν. — Mit *Fr.* 10 (s. o.) bringt Gomperz (Zu H. Lehre S. 1000) *Fr.* 116 zusammen und schreibt scharfsinnig: φύσις κρύπτεσθαι φιλεῖ ἀπιστίῃ ἀγαθῇ· ἀπιστίῃ γὰρ διαφυγγάνει μὴ γιγνώσκεσθαι, wobei er ἀπιστίῃ mit „Unglaublichkeit" wiedergiebt, was jedenfalls mehr einleuchtet als Pfleiderers (S. 63) gezwungener Deutungsversuch. — An *Fr.* 19 reiht Gomperz (ib. S. 1004) *Fr.* 65 und schreibt: ἒν τὸ σοφὸν μοῦνον, ἐπίστασθαι γνώμην, ᾗ κυβερνᾶται πάντα διὰ πάντων· λέγεσθαι οὐκ ἐθέλει καὶ ἐθέλει Ζηνὸς ὄνομα. „Die negative Äusserung soll von der Vorstellung des obersten Weltprinzips jede anthropomorpische Beimengung abwehren, die positive ... eine etymologisierende (ζῆν) Brücke schlagen zwischen Volksglauben und Weltweisheit." Auch *Fr.* 7 fasst Gomperz S. 999 erkenntnistheoretisch: „Wenn ihr nicht Unerwartetes erwartet, so werdet ihr die Wahrheit nicht finden, welche schwer erspähbar und schwer zugänglich ist". — Über Dike s. u. Kap. III. 3.

¹⁸ᵃ) *Heraklit Fr.* 57: ἀγαθὸν καὶ κακὸν ταὐτόν. Vgl. περὶ διαίτης 24. Διὰ λέξεις, A. Mullach I. pg. 544. Fredrich, Hippokratische Untersuchungen S. 151.

¹⁹) *Eur. Fr.* 909, 4 ff.: Πρῶτα μέν γε τοῦθ' ὑπάρχει· κἂν ἄμορφος ᾖ πόσις Χρὴ δοκεῖν εὔμορφον εἶναι τῇ γε νοῦν κεκτημένῃ· Οὐ γὰρ ὀφθαλμὸς τὸ κρῖνόν ἐστι κάλλος ἀλλὰ νοῦς. In v. 6 steht bei *Clemens, Strom.* IV. pg. 620 f.: κρίνειν ἐστιν. Dafür lese ich mit G. A. Hirschig: κρῖνον ἐστι κάλλος. Ähnlich *Hel.* 122: καὶ νοῦς ὁρᾷ. So ist zu lesen nach Wilamowitz, Her.¹ I. S. 30 A. 54. Hiemit stimmt merkwürdig überein: *Epicharm Fr.* 253 (Mullach = 249 Kaibel): Νόος ὁρῇ καὶ νόος ἀκούει· τἆλλα κωφὰ καὶ τυφλά. Auch sonst finden sich mehrfach Berührungen zwischen Euripides und Epicharm (vgl. A. 1), die sich meistens durch Benützung derselben Philosophen erklären. In diesem Fall wäre es Heraklit (s. o. *Fr.* 4 Pfleiderer S. 62 f.). Gomperz (Griech. Denker S. 50) setzt die Abfassung seines Werks „kaum vor 478"; Epicharms Blütezeit fällt etwa in die Jahre 478—467 (Müller-Heitz, Griech. Litt.G. II. S. 65). Vgl. A. 23. Die von Wilamowitz (Herakl.¹ I. S. 29 A. 54) und Kaibel (Com. Gr. Fr. I. pg. 134) angezweifelte Echtheit hält Rohde (Psyche S. 551 A. 1) fest.

²⁰) *Eur. Fr.* 1018: Ὁ νοῦς γὰρ ἡμῶν ἐστιν ἐν ἑκάστῳ θεός. *Heraklit Fr.* 121: ἦθος ἀνθρώπῳ δαίμων. Zu *Troad.* 886 vgl. Diels, Rhein. Mus. 42 S. 12; Rohde, Psyche S. 548 A. 1; S. 552 A. 3. Vgl. *Epicharm Fr.* 258 (Kaibel): ὁ τρόπος ἀνθρώποισι δαίμων ἀγαθός, οἷς δὲ καὶ κακός, cf. *Fr.* 269.

²¹) *Oinom. Fr.* 574: Τεκμαιρόμεσθα τοῖς παροῦσι τἀφανῆ. *Phoinix Fr.* 811: Τἀφανῆ τεκμηρίοισιν εἰκότως ἁλίσκεται. Vgl. *Fr.* 47 des *Heraklit* mit Anmerkung (Schuster *Fr.* 96. 99). Lommer a. a. O. S. 10. — Ferner *Herodot* II. 33: ἐγὼ συμβάλλομαι τοῖσι ἐμφανέσι τὰ μὴ γινωσκόμενα τεκμαιρόμενος.

²²) *Eur. Fr.* 973: Μάντις ἄριστος ὅστις εἰκάζει καλῶς.

[23]) *Hel.* 757: Γνώμη δ' ἀρίστη μάντις ἤ τ' εὐβουλία. Vgl. *Theogn.* 381 f.; 895 f.; 1171 f. Für die Bedeutung von γνώμη hier ist ein Satz aus der Schrift περὶ τέχνης 2 lehrreich: εἰ γὰρ δὴ ἔστι γ' ἰδεῖν τὰ μὴ ὄντα ὥςπερ τὰ ἐόντα, οὐκ οἶδ', ὅπως ἄν τις αὐτὰ νομίσειε μὴ ἐόντα, ἄγε εἴη καὶ ὀφθαλμοῖσιν ἰδεῖν καὶ γνώμῃ νῶσαι ὡς ἔστιν. Kap. 11: ὅσα γὰρ τὴν ὀμμάτων ὄψιν ἐκφεύγει, ταῦτα τῇ τῆς γνώμης ὄψει κεκράτηται. Im gleichen, erkenntnistheoretischen Sinn finden wir γνώμη beim Sophisten *Antiphon*, ἀλήθεια *Fr.* 81 (Blass² 1892): ταῦτα δὲ γνοὺς εἰς ἕν τε οὐδὲν αὐτῷ οὐτέων ὄψει ὁρᾷ μακρότητα οὐτέην γνώμῃ γιγνώσκει ὁ μακρότητα γιγνώσκων. καί· πᾶσι γὰρ ἀνθρώποις ἡ γνώμη τοῦ σώματος ἡ γεῖται καὶ εἰς ὑγίειαν καὶ νόσον καὶ εἰς τἄλλα πάντα. Ferner *Kritias* (bei *Galen* 18, 2 pg. 656 Kühn): ἐν τῷ πρώτῳ Ἀφορισμῷ τάδε γράφει· μήτε ἃ τῷ ἄλλῳ σώματι αἰσθάνεται μήτε ἃ τῇ γνώμῃ γιγνώσκει. „Allen diesen Äusserungen ist die ständige Anwesenheit des Wortes γνώμη, und zwar in erkenntnistheoretischen Erörterungen, gemein, eine Verwendung, welche den bezüglichen Schriften Platos (um von Aristoteles zu schweigen) bereits völlig fremd geworden ist." Gomperz, Apologie der Heilkunst S. 5 ff. (vgl. S. 167 A. 2). — Vgl. auch noch *Eur. Antiope Fr.* 200, 1 s. Kap. I A. 121.

[24]) Über Dike und Kultus s. u. Kap. III. 2 und 3. — Das aristokratische Bewusstsein *Heraklits* spricht sich am schärfsten in *Fr.* 114 aus: ἄξιον Ἐφεσίοις ἡβηδὸν ἀπάγξασθαι πᾶσι καὶ τοῖς ἀνήβοις τὴν πόλιν καταλιπεῖν, οἵτινες Ἑρμόδωρον ἄνδρα ἑωυτῶν ὀνήιστον ἐξέβαλον φάντες· ἡμέων οὐδὲ εἷς ὀνήιστος ἔστω, εἰ δὲ μή, ἄλλῃ τε καὶ μετ' ἄλλων. Hermodorus soll dann in Rom bei der Zwölftafelgesetzgebung zu Rate gezogen worden sein. *Cic. Tusc.* V. 36, 105. *Plin. N. H.* XXXIV. 5, 21. — Unter den oben angeführten (A. 18) Stellen vgl. besonders *Fr.* 111 s. f.; ausserdem 11; 12; 18; 51; 112; 113. *Timon von Phlius* nannte ihn den „Pöbelschmäher" (ὀχλολοίδορος), Sillograph. Graec. rel. ed. Wachsmuth pg. 135 *Fr.* 29. — Ein Anklang an *Heraklit Fr.* 113 bei *Plato Gorg.* 44 pg. 490 A; 75 pg. 520 A.

[25]) So hat denn auch A. W. Verrall seinem Buch über Euripides den Titel gegeben: „Euripides the rationalist" (Cambridge 1895). Als Rationalist zeigt sich Euripides auch in seinen Abweichungen von Heraklit: so in der Ablehnung von dessen Zentraldogma, der Feuerlehre mit der periodischen Weltverbrennung. Dies ging ihm offenbar schon zu sehr ins Mystische. Von dem „Doppelantlitz des Heraklitismus" (Gomperz, Gr. Denker S. 64 f. Zu H. Lehre S. 1026 ff.) hat ihn die autoritätsfeindliche und radikal-revolutionäre Seite mehr angezogen als die religiös-optimistische und historisch-konservative. — Auch Thukydides bezeichnet den ἀνθρώπειος λόγος als oberste Instanz V. 89. Pöhlmann, Sokrates und sein Volk S. 30.

Drittes Kapitel.

Theologie.

1. Der alte Glaube.

[1] *Aristoph. Thesm.* 450 ff.: Νῦν δ' οὗτος ἐν ταῖσιν τραγῳδίαις ποιῶν Τοὺς ἄνδρας ἀναπέπεικεν, οὐκ εἶναι θεούς. Ebenso einseitig und verfehlt sind aber die Versuche von Bussler, Religionsanschauungen des Euripides (Hamburg 1894), und Zambaldi, Euripides de rebus divinis et humanis quid semserit (Roma 1875), den Euripides zu einem frommen Gläubigen zu stempeln.

[2] Diagoras von Melos lebte ungefähr gleichzeitig mit Euripides: seine Blütezeit fällt in die ersten Jahre des peloponnesischen Krieges. Er leugnete offen die Existenz der Götter und damit auch die Berechtigung des Kultus. Er wurde deshalb ἄθεος genannt, in Athen geächtet und ein Preis auf seinen Kopf gesetzt. *Aristoph. Vögel* 1072 f.; in den *Wolken* (830) nennt er ihn den „Melischen Sokrates". *Diodor* XIII. 6 setzt seine Verurteilung in die Zeit der sizilischen Expedition 414/413. Ausserdem reden von ihm *Josephus gegen Apion* 37; *Sext. Emp. adv. Math.* IX. 53; *Suidas* v. Diagoras; *Hesych.* v. Diagoras; *Tatian adv. Gr.* 27; *Athenag. Supplic.* 4; *Clemens Al., Protrept.* 15 B; *Cyrill c. Jul.* VI. 189 E; *Arnob. adv. gent.* IV. 29; *Ath.* XIII. 92 pg. 611 A; *Diog. L.* IX. c. 9; *Cic. de nat. deor.* I. 1, 21; 23, 63; 42, 117; III. 37, 89. Er soll Dithyrambendichter und ursprünglich gottesfürchtig gewesen sein, aber durch ein ihm zugefügtes schweres Unrecht, das ungestraft blieb, oder infolge des entsetzlichen Untergangs seiner Heimat (Burckhardt, Gr. K.G. I. S. 298 A. 3) zum Zweifel und Unglauben gekommen sein. In Athen zieh man ihn der Veröffentlichung der Mysterien und strengte einen Asebeiaprozess gegen ihn an. Diesem entzog er sich durch Flucht und soll dabei (wie Protagoras!) durch Schiffbruch den Tod gefunden haben (s. A. 31). Die unter Anklage gestellte Schrift führte den Titel Φρύγιοι λόγοι oder ἀποπυργίζοντες. Erhalten ist gar nichts daraus. Dass er ein Schüler Demokrits gewesen wäre, macht das Altersverhältnis unwahrscheinlich, obwohl es ein Teil der Überlieferung behauptet. Vgl. Zeller, Phil. d. Gr.[5] I. 2 S. 967; Beloch, Gr. Gesch. I. S. 628; 634 f.; Gomperz, Griechische Denker I. S. 328 und 463; Nägelsbach, Nachhom. Theol. S. 430. In *Bell. Fr.* 286, 15 spielt Euripides vielleicht auf Diagoras' Schrift an. Vgl. Kap. III. 2 A. 103.

[3] *Aristot. Rhet.* III. 15: s. Kap. I. A. 8. — Gesetz des Diopeithes bei *Plut. Perikles* 32: Διοπείθης ἔγραψεν εἰςαγγέλλεσθαι τοὺς τὰ θεῖα μὴ νομίζοντας ἢ λόγους περὶ μεταρσίων διδάσκοντας. Vgl. *Aristoph. Wespen* 380; *Ritter* 1085 (Kock z. St.); *Her. Hell.* III. 3, 3; *Plut. Ages.* 3. — Vgl. auch Pöhlmann, Sokrates und sein Volk. Ein Beitrag zur Geschichte der Lehrfreiheit. Oldenburg, München-Leipzig 1899 S. 22 und 112 ff. Dieser erinnert auch (S. 91) an das merkwürdigerweise von Kritias eingebrachte Gesetz λόγων τέχνην μὴ διδάσκειν. *Xen. Mem.* I. 2, 31. Anders als Athen (οὐ γὰρ ἠνείχοντο τοὺς φυσικούς, *Plut. Nik.* 23) verhielt sich z. B. Lampsakos gegen Anaxagoras, das ihm zu Ehren einen dem Νοῦς und der Ἀλήθεια geweihten Altar errichtete und auf

sein Grab die Inschrift setzte: 'Ενθάδ' ὁ πλεῖστον ἀληθείας ἐπὶ τέρμα περήσας Οὐρανίου κόσμου κεῖται 'Αναξαγόρας. *Al. V. H.* VIII. 19.

⁴) So wird die 'Οσία im Gegensatze zur ὕβρις auch in den *Bacchen* aufgefasst (370 ff.). Genaueres unten bei Besprechung des Stücks.

⁵) γ 48: πάντες δὲ θεῶν χατέουσ' ἄνθρωποι. Diesen Vers hielt Melanchthon für den schönsten im ganzen Homer.

⁶) *Arch. Fr.* 256: Μακάριος ὅστις νοῦν ἔχων τιμᾷ θεόν, Καὶ κέρδος αὐτῷ τοῦτο ποιεῖται μέγα. Nauck in seiner fast zur fixen Idee gewordenen Meinung, dass bei Euripides ja nichts vorkommen dürfe, was von weitem an das Christentum anklinge, will hier wieder ganz grundlos θεόν in θεοὺς ändern.

⁷) *Fr.* 1025: Θεοῦ γὰρ οὐδεὶς χωρὶς εὐτυχεῖ βροτῶν Οὐδ' εἰς τὸ μεῖζον ἦλθε· τὰς θνητῶν δ' ἐγὼ Χαίρειν κελεύω θεῶν ἄτερ προθυμίας.

⁸) *Fr.* 948: Θεοῖς ἀρέσκου· πᾶν γὰρ ἐκ θεῶν τέλος. Nauck ändert θεοῖς in θεοὺς, weil die Attiker für ἀρέσκειν mit Akkusativ eine Vorliebe haben.

⁹) *Philokt. Fr.* 800: Φεῦ, μήποτ' εἴην ἄλλο πλὴν θεοῖς φίλος 'Ως πᾶν τελοῦσι κἂν βραδύνωσιν χρόνῳ. Weitere Parallelstellen s. u. bei Besprechung der *Bacchen*. Vgl. *Plut. De sera num. vindicta* 2 pg. 549 A.

¹⁰) *Fr.* 946: Εὖ ἴσθ' ὅταν τις εὐσεβῶν θύῃ θεοῖς, Κἂν μικρὰ θύῃ, τυγχάνει σωτηρίας. Der Gedanke erinnert an die Erzählung des N. T. bei *Markus* 12, 42 ff. und *Lukas* 21, 1 ff. S. Kap. III. 2 A. 77.

¹¹) *Hipp. Kal. Fr.* 446: ᾿Ω μάκαρ, οἵας ἔλαχες τιμάς, Ἱππόλυθ' ἥρως, διὰ σωφροσύνην· Οὔποτε θνητοῖς 'Αρετῆς ἄλλη δύναμις μείζων· ᾿Ηλθε γὰρ ἢ πρόσθ' ἢ μετόπισθεν Τῆς εὐσεβίας χάρις ἐσθλή. Vgl. *Epicharm. Fr.* 261 (Kaibel): Εὐσεβὴς βίος μέγιστον ἐφόδιον θνατοῖς ἐστι.

¹²) *Thyest. Fr.* 397: Θεοῦ θέλοντος κἂν ἐπὶ ῥιπὸς πλέοις. Es ist nicht ganz sicher, aber sehr wahrscheinlich, dass der Vers aus dem *Thyestes* des Euripides ist. Nauck, Fr. tr. Gr.² pg. 482. *Aristophanes* im *Frieden* 697 ff. bringt die Namen des Simonides und Sophokles mit dem Vers in Verbindung; *Plutarch* (*De Pyth. or.* 22 pg. 405 B) nennt Pindar als seinen Verfasser. *Lucian* (*Hermotimus* 28) nennt ihn ein „Sprichwort" (παροιμία). So wird wohl der Satz nicht erst durch Euripides geflügeltes Wort geworden sein, sondern er selbst citierte ihn schon als Sprichwort. — Cf. *Epicharm Fr.* 226 (Kaibel): ἀδυνατεῖ δ' οὐδὲν θεός.

¹³) *Alkmene Fr.* 100: Θάρσει, τάχ' ἂν γένοιτο· πολλά τοι θεὸς Κἀκ τῶν ἀέλπτων εὔπορ' ἀνθρώποις τελεῖ.

¹⁴) *Or.* 667 f.: 'Οταν δ' ὁ δαίμων εὖ διδῷ, τί δεῖ φίλων; 'Αρκεῖ γὰρ αὐτὸς ὁ θεὸς ὠφελεῖν θέλων. Vgl. *Herakles* 1338 f.: Θεοὶ δ' ὅταν τιμῶσιν, οὐδὲν δεῖ φίλων· 'Αλις γὰρ ὁ θεὸς ὠφελῶν, ὅταν θέλῃ. Hiezu bemerkt Wilamowitz, Her.² II. S. 271: „Das (die Orestesstelle) hat in dem Gedächtnis des Lesers, der es hier (im Herakles) beigeschrieben hat, diese Gestalt angenommen (1338 f.), auch hier mit einem Verstosse gegen Euripides' Metrik, der das Wortende im spondeischen fünften Fusse selbst bei οὐδὲν meidet."

¹⁵) Gomperz, Griechische Denker I. S. 24: 28.

¹⁵ᵃ) *Serv. in Virg. Än.* VII. 337: „tibi nomina mille": secundum Euripidem, in cujus tragoedia dicit furia, se non esse unius potestatis, sed se fortunam, se nemesin, se fatum, se esse necessitatem. Dies sind griechisch die Namen τύχη, νέμεσις, μοῖρα, ἀνάγκη (Max Meyer, De Eur. mythopoeia pg. 82). —

Dio Chrysost. or. 64, 8: ὠνόμασται δὲ ἡ τύχη καὶ πολλοῖς τισιν ἐν ἀνθρώποις ὀνόμασι· τὸ μὲν ἴσον αὐτῆς νέμεσις, τὸ δὲ ἄδηλον ἐλπίς, τὸ δὲ ἀναγκαῖον μοῖρα, τὸ δὲ δίκαιον θέμις, πολυώνομός τις ὡς ἀληθῶς θεὸς καὶ πολύτροπος. — Wilamowitz (Herakles[1] I. S. 371 A. 51) vermutet, diese Furie sei im *Alkmeon* aufgetreten. — Auch den aus Homer (B 111 und oft; im Plural I 115; K 391; T 270) geläufigen Ausdruck ἄτη oder ἄται wendet Euripides manchmal in verwandtem Sinn an: er bedeutet bei ihm etwa so viel wie gottverhängtes Unglück: *Med.* 129 f.; *Herakles* 1284; *Iph. T.* 148; *Or.* 987; *Troad.* 121. R. Wünsch („Zu den Melanippen des Euripides" im Rhein. Mus. 1894 S. 106 f.) will ihn daher statt des jedenfalls fehlerhaften αὔτας in den ersten der drei Verse einsetzen, die *Stob. Ecl.* I. 3, 14 a pg. 54, 22 (Nauck[2], *Adesp. Fr.* 489), nach *Fr.* 506 citiert, wo Nauck ,λύπας' schreibt: Ἄτας μὲν ἀνθρώποισιν, ὦ γύναι, θεοὶ Τοῖσιν διδοῦσιν, οὓς ἂν ἐχθαίρωσ', ἐπεὶ Οὗ σφιν πονηρόν ἐστιν. Er findet so in den Versen eine Verbindung der Homerischen ἄτη mit dem Herodoteischen θεῖον φθονηρόν, welche der durch den Tod der Theano verbitterte Metapontus der Dike der philosophierenden Melanippe entgegensetzen würde. Über *Fr.* 506 vgl. Kap. III. 3 A. 12. — Eine Göttin *Tyche*, die bei Äschylus und Sophokles einigemal vorkommt, kennt Euripides überhaupt nicht. H. Meuss, Tyche bei den attischen Tragikern. Progr. Hirschberg in Schlesien 1899.

[16]) In *Alcestis, Andromache, Bacchen, Helena* lauten diese Schlussverse: Πολλαὶ μορφαὶ τῶν δαιμονίων, Πολλὰ δ' ἀέλπτως κραίνουσι θεοί· Καὶ τὰ δοκηθέντ' οὐκ ἐτελέσθη, Τῶν δ' ἀδοκήτων πόρον εὗρε θεός· Τοιόνδ' ἀπέβη τόδε πρᾶγμα. In der *Medea* 1415 stehen an der Stelle des ersten Verses die Worte: Πολλῶν ταμίας Ζεὺς ἐν Ὀλύμπῳ. G. Hermann bemerkt zum Schluss der *Bacchen*: „Qui factum sit, ut Euripides quinque fabulas iisdem versibus finierit, non memini me a quoquam interpretum indicatum legisse. Scilicet, ut fit in theatris, ubi actorum partes ad finem deductae essent, tantus erat surgentium atque abeuntium strepitus, ut, quae chorus in exitu fabulae recitare solebat, vix exaudiri possent. Eo factum, ut illis chori versibus parum curae impenderetur". Wecklein (zur *Med.* 1415 ff.) meint: „Solche Schlussgesänge haben die Schauspieler von einem Stück auf andere übertragen"; und er verweist auf den ebenfalls gleichlautenden Schluss der *Iphigenie in Tauris*, des *Orestes* und der *Phönissen*: Ὦ μέγα σεμνὴ Νίκη, τὸν ἐμὸν βίοτον κατέχοις Καὶ μὴ λήγοις στεφανοῦσα. Zur *Andromache* 1284 bemerkt der Scholiast: ταῦτα εἴωθεν ὁ ποιητὴς λέγειν διὰ τὰ ἐν τοῖς δράμασιν ἐκ παραδόξου συμβαίνοντα. Zum *Or.* 1691 *Schol.*: τοῦτο παρὰ τοῦ χοροῦ ἐστι λεγόμενον ὡς ἐκ προσώπου τοῦ ποιητοῦ. Zu *Phön.* 1764 ff. sagt Klotz, offenbar im Anschluss an G. Hermann und das Scholion zum Orestes: „Hic versus ita collocati sunt, ut una poëtae mentem explicent, propterea autem eisdem verbis etiam in Oreste et Iphigenia Taurica positi, quod auditores exeuntes eos non magni existimabant". — Es ist nicht unmöglich, dass an manchen Stücken der echte Schluss auf diese Weise verdrängt wurde. — *Lucian, Pisc.* 39 citiert die Verse am Schluss des *Orestes* und der *Iphigenie in Tauris.* — Vgl. Lindskog, Stud. z. ant. Dram. I. S. 17 f.

[17]) *Antiope Fr.* 211: Φεῦ, φεῦ, βροτείων πημάτων ὅσαι τύχαι Ὅσαι τε μορφαί· τέρμα δ' οὐκ εἴποι τις ἄν.

[18]) *Hel.* 711 ff.: Ὦ θύγατερ, ὁ θεὸς ὡς ἔφυ τι ποικίλον Καὶ δυστέκμαρτον. εὖ δέ πως ἀναστρέφει Ἐκεῖσε κἀκεῖσ' ἀναφέρων· ὁ μὲν πονεῖ, Ὁ δ' οὐ πονήσας αὖθις ὄλλυται κακῶς, Βέβαιον οὐδὲν τῆς ἀεὶ τύχης ἔχων. Das Neutrum im Prä-

dikat der Gottheit ist wohl zu beachten. Vgl. *Herakles* 739; *Elektra* 1155; *Heraklit Fr.* 45 und 56, worüber unten; ποιχίλον „unerforschlich". D. *Epicharm Fr.* 170, 13 ff. (Kaibel).

[19]) *Bell. Fr.* 299: Πρὸς τὴν ἀνάγκην πάντα τἄλλ' ἔστ' ἀσθενῆ.

[20]) Dieterich, Nekyia S. 124 A. 2 meint, die Weisen, auf die sich *Helena* v. 513 beziehe, seien „ohne Zweifel die Orphiker". Er verweist (A. 2) auf Wilamowitz, Homerische Untersuchungen 224, 22 und O. Kern, De Orphei, Epimenidis, Pherecydis theogonia pg. 45 und sagt: „Die Alkestisverse 967 von der Ananke, gegen die auch orphische Sprüche nichts helfen, besagen doch über den Inhalt der orphischen Sprüche nichts. Es sind gerade Beschwörungen, die die Ananke zu brechen sich anheischig machen". Indessen es ist doch seltsam, die Lehre von der Unwiderstehlichkeit der Ananke zugleich mit Zaubersprüchen, die eben die Ananke überwinden sollen, auf die Orphiker zurückzuführen. Ἀνάγκῃ δ' οὐδὲ θεοὶ μάχονται ist ein Spruch, der schon dem *Pittakus* (*Fr.* 4 Mullach I. pg. 224) zugeschrieben wird. Unter den Philosophen könnte man bei der ἀνάγκη allenfalls an Demokritos denken; doch ist die Vorstellung so verbreitet, dass schwerlich eine bestimmte Quelle des Euripides sich dafür wird ausfindig machen lassen. Das Wort des Pittakus auch bei *Simonides* 3, 16 (*Lyr. Gr.* ed. Crusius 1897 pg. 235). Vgl. auch περὶ διαίτης I. 5 αὐτοῖσι (sc. τοῖς ἀνθρώποις) πάντα γίνεται δὶ ἀνάγκην θείην καὶ ἃ βούλονται καὶ ἃ μὴ βούλονται nach Heraklit. Fredrich, Hippokratische Untersuch. S. 143.

[21]) Zu *Heraklid.* 613 f. vgl. *Troad.* 612 f.

[22]) Wilamowitz z. St. verweist auf v. 1227, wo die Ergebung in das Schicksal als ein Kennzeichen wahren Adels gerühmt wird, und auf *Iph. T.* 910 f., eine Stelle, welche das Gegenstück zum vorliegenden Gedanken bildet: fortes fortuna juvat. Wecklein bringt dazu *Hipp. Kal. Fr.* 432 bei: Αὐτός τι νῦν δρῶν εἶτα δαίμονας κάλει· Τῷ γὰρ πονοῦντι καὶ θεὸς συλλαμβάνει.

[23]) *Andromeda Fr.* 153: Ὁ μὲν ὄλβιος ἦν, τὸ δ' ἀπέκρυφεν Θεὸς ἐκ κείνων τῶν ποτε λαμπρῶν· Νεύει βίοτος, νεύει δὲ τύχα Κατὰ πνεῦμ' ἀνέμων.

[24]) *Iph. T.* 1486: τὸ γὰρ χρεὼν σοῦ τε καὶ θεῶν κρατεῖ. Nauck bezeichnet diesen Vers wieder ganz grundlos als „spurius". Wecklein schreibt τὸ χρή, worüber vgl. Wilamowitz zu *Her.* 311.

[25]) *Hek.* 798 ff.: Ἡμεῖς μὲν οὖν δοῦλοί τε κἀσθενεῖς ἴσως· Ἀλλ' οἱ θεοὶ σθένουσιν χὡ κείνων κρατῶν Νόμος· νόμῳ γὰρ τοὺς θεοὺς ἡγούμεθα Καὶ ζῶμεν ἄδικα καὶ δίκαι' ὡρισμένοι. Ganz richtig erklärt schon Nägelsbach (Nachhomer. Theologie 1857 S. 449) diese Stelle in dem Sinn, „dass diese Göttervielheit zusammengehalten und beherrscht wird von einer über ihr stehenden Macht, welche Euripides νόμος nennt". Er verweist dabei auf *Hipp.* 1328, wo indessen νόμος weniger ‚Gesetz' als ‚Brauch, Übung' bedeutet. Falsch verstanden hat die Stelle Donner (Euripides, Deutsche Übers. 1841. I. S. 30): „Den Göttern aber ward die Macht; und ihr Gesetz, Es waltet mächtig". Pflugk zur Stelle: „Respexit nobilissimum Pindari sententiam (Bergk, *Fr.* 169), νόμος ὁ πάντων βασιλεὺς θνατῶν τε καὶ ἀθανάτων, de qua consulendus Boeckh T. II. P. II. pg. 640. Intellegitur autem lex naturae sive ordo rerum fatalis, cui ipsi etiam dii obnoxii. Cf. *Äsch. Prom.* 517 ss. Ex eadem suprema lege omnis suspensa est religio ac sanctimonia deorum; ad eandem referuntur, quibus vita humana continetur, justi injustique discrimina". *Kallikles* in *Platons Gorgias* 39 pg. 484 B beruft sich auf die Stelle *Pindars* zu Gunsten seiner Theorie vom Rechte des Stärkeren.

Vgl. auch *Bacchen* 890 ff., worüber unten. — Wilamowitz (Aus Kydathen. Philol. Untersuch., herausgeg. von Kiessling und Wilamowitz. Berlin 1880 S. 48) findet in den Versen eine Verherrlichung der athenischen ἰσονομία: „Das ist modernes Empfinden, das der Hekabe des Epos so schlecht stehen mag wie die Empfehlung der Gorgianischen Rhetorik, . . . aber nichts Treffenderes, Wahreres für das Empfinden der Generation des Archidamischen Krieges kann es geben". Ähnlich fasst Dümmler die Stelle auf (Prolegomena zu Platons Staat, Baseler Un.Progr. 1891 S. 35 f.: „Das heisst nicht etwa im Sinne des Kritias: die Götter sind nicht wirklich, sondern nur νόμῳ — denn wie könnte im selben Atem ihre Kraft behauptet werden? — sondern der νόμος ist deshalb Herrscher der Götter, weil diese ihm selbst ihre Verehrung verdanken insofern, als der erste νόμος ist θεοὺς σέβειν (*Xen. Mem.* IV. 4, 19). Freilich, dass dieser νόμος selbst θεῖος ist, verschweigt Euripides; dies ist ein sophistisch-panegyrischer Kniff, der bei unserem Dichter nicht allein steht". Darin, dass hier nicht der Gegensatz νόμῳ — φύσει vorliegt, wie *Herodot* III. 38 (Stein z. St.) und mit ihm Gomperz (Griech. Denker S. 325), Weil (Etudes sur le drame antique pg. 107), Wilamowitz (Herakles² I. S. 97 A. 179), Fredrich (Hippokratische Untersuchungen S. 133 A. 1) meinen, hat Dümmler gewiss recht. Aber ich kann weder mit ihm hier durch einen sophistischen Kniff den νόμος der Götterverehrung verherrlicht, noch mit Wilamowitz die athenische ἰσονομία gewissermassen auf den Götterstaat übertragen sehen. Denn von dem Begriff der Gleichheit, der der ἰσονομία innewohnt, ist in unsern Versen gar nichts zu finden. Vielmehr ist der νόμος, von dem Euripides hier spricht, nichts anderes als das Naturgesetz, das der ganzen Welt zu Grunde liegt und darum auch die Religion, die Ethik und das Staatswesen hervorgebracht hat und beherrscht. Er spricht hier wieder ganz im Sinne *Heraklits Fr.* 91: τρέφονται γὰρ πάντες οἱ ἀνθρώπειοι νόμοι ὑπὸ ἑνὸς τοῦ θείου· κρατέει γὰρ τοσοῦτον ὁκόσον ἐθέλει καὶ ἐξαρκέει πᾶσι καὶ περιγίνεται. Allerdings macht dann Heraklit die Anwendung hievon auf das staatliche Leben: *Fr.* 100: μάχεσθαι χρὴ τὸν δῆμον ὑπὲρ τοῦ νόμου ὅκως ὑπὲρ τείχεος. *Fr.* 110: νόμος καὶ βουλῇ πείθεσθαι ἑνός. Vgl. Pfleiderer, Heraklit S. 244. — S. A. 27. — Wecklein (Sitz.Ber. d. Bayr. Ak. 1895 S. 491) schreibt gewaltsam κείνων νόμος und streicht v. 800—801.

²⁶) *Andromeda Fr.* 152: τὸ δαιμόνιον οὐχ ὁρᾷς Ὅπῃ μοίρας διεξέρχεται; Στρέφει δ' ἄλλους ἄλλως εἰς ἁμέραν. Vgl. *Hel.* 712 f.

²⁷) *Heraklid.* 898 ff.: Πολλὰ γὰρ τίκτει Μοῖρα τελεσσιδώτειρ' Αἰών τε χρόνου παῖς. Ob man hier χρόνου oder χρόνου schreibt (Pflugk), kommt dem Sinn nach ganz auf dasselbe hinaus: vgl. *Bell. Fr.* 304, 3 ff.: τύχας δὲ θνητῶν Τὸ μὲν μέγ' εἰς οὐδὲν ὁ πολὺς χρόνος Μεθίστησι, τὸ δὲ μεῖον αὔξων. *Hipp.* 1108 ff.: Ἄλλα γὰρ ἄλλοθεν ἀμείβεται, μετὰ δ' ἵσταται ἀνδράσιν αἰὼν Πολυπλάνητος ἀεί. *Iph. T.* 1121 f.: Τὸ δὲ μετ' εὐτυχίαν κακοῦσθαι θνατοῖς βαρὺς αἰών. *Herakles* 776 ff.: Χρόνου γὰρ οὔτις ῥόπαλον εἰσορᾶν ἔτλα Νόμον παρέμενος ἀνομίᾳ χάριν διδούς· Ἔθραυσεν ὄλβου κελαινὸν ἅρμα. Hier hat Wilamowitz aus dem sinnlosen τὸ πάλιν der Überlieferung ῥόπαλον vortrefflich hergestellt. Er verweist (z. St.) auf Pherekydes von Syros, Heraklit und die Pythagoreer, die schon viel über die Zeit nachgedacht hätten. Ausser *Andromache* 777 ff., die Wilamowitz anführt, gehört auch noch *Bell. Fr.* 303, 3 ff. hieher: ὁ γὰρ οὐδενὸς ἐκφὺς Χρόνος δικαίους ἐπάγων κανόνας Δείκνυσιν ἀνθρώπων κακότητας ἐμοί. Auch wenn man Anstand nimmt, *Fr.* 864: παίζω· μεταβολὰς γὰρ πόνων

ἀεὶ φιλῶ, was, wie *Älian* (*V. H.* XII. 15) berichtet, der „Gott" Herakles bei Euripides sagte, hieher zu beziehen, so wird man Lommer doch recht geben müssen, der (In quantum Eur. Heracliti rationem auctoritatemque susceperit. Progr. Metten 1878/79 pg. 14 f.) schon einen Teil dieser Stellen auf Heraklit bezogen hat, und auch die übrigen hier einreihen: vgl. *Heraklit Fr.* 79: αἰὼν παῖς ἐστι παίζων πεσσεύων· παιδὸς ἡ βασιληίη. Αἰών — νόμος — Δίκη sind bei Heraklit und Euripides verschiedene Namen für denselben Begriff: den Weltgeist, das Naturgesetz. Näheres s. u. Kap. III. 3. — Vgl. auch A. 25; 51. (In *Bell. Fr.* 303, 3 konizierte Herwerden in *Mnem. nov.* XII. pg. 311 ganz unsinnig ἐχθρός für ἐκφύς: die Zeit ist niemands Sohn; sie ist ewig.) Vgl. endlich auch *Heraklit Fr.* 63: ἐστι γὰρ εἱμαρμένα πάντως. Wil. zu *Her.* 669 S. 155 f.

[38]) Auch sonst: z. B. δ 181, ε 118 ff. und φ 211 (ἄγασθαι = φθονεῖν); *Pindar, Ol.* 13, 25; *Pyth.* 10, 20; *Isthm.* 6, 39. — *Herodot* I. 32 (*Krösus*), III. 40 (*Polykrates*): τὸ θεῖον πᾶν ἐὸν φθονερόν. *Artabanos* an *Xerxes*: VII. 10; VII. 46. Den Sinn der Anschauung giebt *Herodot* I. 5 mit den Worten: τὴν ἀνθρωπηίην ὢν ἐπιστάμενος εὐδαιμονίην οὐδαμὰ ἐν τὠυτῷ μένουσαν und I. 207 (*Krösus* zu *Kyros*): μάθε, ὡς κύκλος τῶν ἀνθρωπηίων ἐστὶ πραγμάτων, περιφερόμενος δὲ οὐκ ἐᾷ αἰεὶ τοὺς αὐτοὺς εὐτυχέειν. Ganz genau diese Anschauung mit demselben terminus technicus κύκλος haben wir bei *Euripides, Ino Fr.* 415, 3 ff., worin das Menschenschicksal mit dem Blühen und Verblühen bezw. Fruchttragen der Pflanzen verglichen wird: Κύκλος γὰρ αὐτὸς καρπίμοις τε γῆς φυτοῖς θνητῶν τε γενεᾷ· τῶν μὲν αὔξεται βίος, Τῶν δὲ φθίνει τε καὶ θερίζεται πάλιν. Vgl. auch *Herakles* 739: δίκα καὶ θεῶν παλίρρους πότμος und *Elektra* 1155: παλίρρους δὲ τάνδ' ὑπάγεται δίκα. Man kann sich kaum dem Eindruck entziehen, dass diese Lehre vom Kreislauf der Dinge bei Herodot wie bei Euripides von *Heraklit* beeinflusst sei: ξυνὸν γὰρ ἀρχὴ καὶ πέρας ἐπὶ κύκλου περιφερείας κατὰ τὸν Ἡράκλειτον (*Schol.* zu Ξ 200; Byw. *Fr.* 70 Anm.). Bei *Censorinus, De die natali* 17 spricht Heraklit von einem „orbis aetatis" (Byw. *Fr.* 87 Anm.), womit zu vergleichen ist (Schuster) *Fr.* 63: καὶ ὁ τῆς γενέσεως ποταμὸς οὗτος ἐνδελεχῶς ῥέων οὔποτε στήσεται καὶ πάλιν ἐξ ἐναντίας αὐτῷ ὁ τῆς φθορᾶς εἴτε Ἀχέρων εἴτε Κωκυτὸς καλούμενος ὑπὸ τῶν ποιητῶν. Ferner *Fr.* 59 (Schuster): ὡς γὰρ ἐκ τοῦ αὐτοῦ πηλοῦ δύναταί τις πλάττων ζῷα συγχεῖν καὶ πάλιν πλάττων καὶ συγχεῖν καὶ τοῦ το ἓν παρ' ἓν ποιεῖν ἀδιαλείπτως, οὕτω καὶ φύσις ἐκ τῆς αὐτῆς ὕλης πάλαι μὲν τοὺς προγόνους ἡμῶν ἀνέσχεν, εἶτα συνεχεῖς αὐτοῖς ἐγέννησε τοὺς πατέρας, εἶτα ἡμᾶς, εἶτ' ἄλλους ἐπ' ἄλλοις ἀνακυκλήσει. Lommer a. a. O. S. 10. Vgl. auch *Eur. Hek.* 57 f.

[39]) H. Steiger, der im Philologus LVI. (N. F. X.) 1897 S. 561 ff. die Frage aufwirft, „warum schrieb Euripides seine ‚Elektra'?" und dieselbe ebenso wie Lindskog (Stud. zum ant. Drama 1. S. 119 ff.) im Widerspruch gegen Wilamowitz, welcher sich (Hermes 1883 S. 214 ff.) für die Priorität des Euripideischen Stückes vor dem gleichnamigen des Sophokles ausgesprochen hatte, dahin beantwortet, dass Euripides sein Drama „in sittlicher Entrüstung über die *Elektra des Sophokles*" gedichtet habe, sagt S. 593 A. 54: „So lieb war dem Euripides diese Erfindung von dem ἀλάστωρ (*El.* 979), dass er sie im *Orestes* noch einmal vorbringt, und zwar in einer Weise, dass sie noch mehr an den Haaren herbeigezogen erscheint (*Or.* 1666 ff.)". Es ist nicht recht klar, wie Steiger den Alastor eine „Erfindung" des Euripides nennen kann, da er doch auch bei Äschylus und Sophokles schon oft genug vorkommt: z. B. *Eum.* 236

nennt sich Orestes selbst einen Alastor; im *Ag.* 1501 und 1507 ist von einem „alten unerbittlichen Alastor des Atreus" die Rede (vgl. 1469, 1477 und 1482); vgl. ferner *Hik.* 415; *Perser* 354; *Soph. Aj.* 372; *Öd. Kol.* 788; *Trach.* 1235; Wilamowitz zu *Eur. Her.* 1234. Zu den im Text angeführten Stellen des Euripides ist noch folgendes zu bemerken: *Med.* 1259 f. haben die Handschriften οἴκων φονίαν τάλαιναν τ' Ἐρινύν, was Wecklein in φονῶσαν ἀλαόν τ' geändert hat im Anschluss an Kirchhoff und Heimsoeth, während Prinz die handschriftliche Lesart beibehalten hat. Bei der letzteren erscheint das Beiwort τάλαινα unpassend für eine Erinys, und das ὑπ' ἀλαστόρων steht in der Luft: beide Schwierigkeiten werden durch die Konjektur ἀλαόν τ' beseitigt. Immerhin ist sachlich auch so der Ausdruck: „die von Rachegeistern verblendete Erinys" befremdlich, aber nicht unmöglich. — *Phön.* 1557 ergänzt Seidler mit φονίοισι. Wecklein Anhang S. 168. — Zu *Hek.* 686 bemerkt der *Scholiast:* οὐκ ἐκ Διονύσου τὸν βακχεῖον νόμον μαθοῦσα ἀλλ' ἀπό τινος ἀλάστορος. *Troad.* 940: Ἦλθ' οὐχὶ μικρὰν θεὸν ἔχων αὖ τοῦ μέτα Ὁ τῆς δ' ἀλάστωρ, εἴ τ' Ἀλέξανδρον θέλεις Ὀνόματι προσφωνεῖν νιν. Das Pronomen τῆςδε kann nur auf die anwesende Hekabe gehen. — In der *Iph. Aul.* 944 (an einer Stelle, die allerdings Wecklein beanstandet (Beiträge zur Kritik des Euripides in Sitz.Ber. d. B. Ak. 1896 S. 519) bezeichnet sich Achilles hypothetisch als „Sohn eines Alastor", wenn er zur Tötung der Iphigenie die Hand böte. — In der *Medea* 1371 steht μιάστορες statt ἀλάστορες. — Die ganze Vorstellung vom Alastor und seinem unglücklichen Träger erinnert an das Wort Jesu: „Ärgernis musste kommen; aber wehe dem Menschen, durch welchen es kommt": ἀνένδεκτόν ἐστιν τοῦ τὰ σκάνδαλον μὴ ἐλθεῖν, πλὴν οὐαὶ δι' οὗ ἔρχεται. *Luk.* 17, 1; vgl. *Matth.* 18, 7.

³⁰) *Fr.* 974: τῶν ἄγαν γὰρ ἅπτεται θεός, τὰ μικρὰ δ' εἰς τύχην ἀφεὶς ἐᾷ. Der Begriff ἄγαν erinnert an die Idee des φθόνος θεῶν; die Unterscheidung zwischen θεός und τύχη ist aber sehr unphilosophisch und der ganze Gedanke äusserst laienhaft und populär ausgedrückt. Nach *Plutarch, reipubl. ger. praec.* 15 pg. 811 D stellte der Peripatetiker Kritolaus diese Anforderung an den „König der Welt" (τοῦ κόσμου βασιλεύς). In der Schrift *De cohib. ira* 16 pg. 464 A citiert *Plutarch* das Wort ebenfalls und setzt widersprechend hinzu: ἐγὼ δὲ τῇ τύχῃ μὲν οὐδὲν οἶμαι δεῖν ἐπιτρέπειν οὐδὲ παρορᾶν τὸν νοῦν ἔχοντα.

³¹) Angesichts dieser offenbar ganz dem Volksglauben entlehnten Anschauung (Burckhardt, Gr. K.G. II S. 148) mag darauf hingewiesen werden, wie religiös verdächtige Personen nach der Überlieferung gern im Schiffbruch umkommen: so Protagoras und Diagoras von Melos (s. A. 2). Bei Protagoras giebt es in der That eine Überlieferung, nach der er zwar auf der Reise, aber nicht durch Schiffbruch, sondern eines natürlichen Todes gestorben wäre. S. Zeller ⁵ I. 2 S. 1053 A. 2. — Das Gegenbild dazu ist Arion in der bekannten Sage. *Herod.* I. 23 f. Zu *Cic. de nat. deor.* III. 37, 89 vgl. *Act.* 28, 3 ff.

³²) *Helena* 903 ff. verteidigt Klotz mit Recht gegen Dindorf und Nauck, die sie streichen wollen: „Ego ut fateor communes has sententias ab ipsa precatione Helenae videri posse esse alieniores, ita, si Euripideum morem specto, concedere non queo, recidendos hoc loco hos versus esse propterea, quod saepenumero tragici docendi causa uberius aliquem locum persequuntur etiam ibi, ubi opus non esse videbatur alte repetere argumenta rerum, et hoc tamen loco argumentum illud, quod tractatur in illis versibus, per se ab hoc loco alienum non

est estque iis verbis a poëta exornatum, quae majorem vim in animos mortalium habere possint".

[32]) *Herakles* 772 ff. und *Bell. Fr.* 303 s. A. 27.

[32a]) *Alkmeon Fr.* 82: Τὰ τῶν τεκόντων ὡς μετέρχεται θεὸς Μιάσματα. — Und *Fr.* 980: Τὰ τῶν τεκόντων σφάλματ' εἰς τοὺς ἐκγόνους Οἱ θεοὶ τρέπουσιν.

[34]) *Peliad. Fr.* 606: Οὐκ ἔστι τὰ θεῶν ἄδικ', ἐν ἀνθρώποισι δὲ Κακοῖς νοσοῦντα σύγχυσιν πολλὴν ἔχει. Die Odysseestelle (α 32 ff.) wird besprochen im Pseudo-Platonischen *zweiten Alcibiades* 5 pg. 142 D E.

[35]) Die Verse 1409 f. der *Iph. Aul.* mit Dindorf und Nauck zu streichen, sehe ich keinen Grund ein.

[36]) Zu *Her.* 757 bemerkt Wilamowitz: „Hohn gegen Lykos, der δαιμάτων ἔξωθεν war und die Heiligkeit des Altars und Herdes nicht respektierte. Die ἀνομία liegt nicht in dem sonstigen moralischen Handeln, sondern οὐ νομίζει θεούς, es ist in unserer Rede ‚Unglaube‘. Aber die Werke dieser ἀνομία sind natürlich unmoralische, ungesetzliche 779". Vgl. dazu unten die Charakteristik des Pentheus in den *Bacchen*. — Das Schicksal zu vergewaltigen sucht auch Laios in den *Phönissen* (18; 868). Speziell ein Fall, ähnlich dem des Laios kommt auch in der *Mel. desm. Fr.* 491 zur Sprache: Ἴστω δ' ἄφρων ὢν ὅστις ἄτεκνος ὢν τὸ πρὶν Παῖδας θυραίους εἰς δόμους ἐκτήσατο, Τὴν μοῖραν εἰς τὸ μὴ χρεὼν παραστρέφων· Ὧι γὰρ θεοὶ διδῶσι μὴ φῦναι τέκνα, Οὐ χρὴ μάχεσθαι πρὸς τὸ θεῖον ἀλλ' ἐᾶν. Auch auf unrechte Weise erworbener Reichtum und Ehre zieht die Strafe nach sich, *Ino Fr.* 419: Βίᾳ νῦν ἕλκετ' ὦ κακοὶ τιμὰς βροτοί, Καὶ κτᾶσθε πλοῦτον πάντοθεν θηρώμενοι Σύμμικτα μὴ δίκαια καὶ δίκαι' ὁμοῦ· Ἔπειτ' ἀμᾶσθε τῶνδε δύστηνον θέρος. Endlich vgl. Adrastos in den *Hik.* 231.

[37]) *El.* 583 f.: ἢ χρὴ μηκέθ' ἡγεῖσθαι θεούς, Εἰ τἄδικ' ἔσται τῆς δίκης ὑπέρτερα.

[38]) *Phrixos Fr.* 832: Εἰ δ' εὐσεβής ὢν τοῖσι δυσσεβεστάτοις Εἰς ταὐτ' ἔπρασσον, πῶς τάδ' ἂν καλῶς ἔχοι; Ἢ Ζεὺς ὁ λῷστος μηδὲν ἔνδικον φρονεῖ.

[39]) *Oinom. Fr.* 577: Ἐγὼ μὲν εὖτ' ἂν τοὺς κακοὺς ὁρῶ βροτῶν Πίπτοντας, εἶναι φημὶ δαιμόνων γένος.

[40]) Rohde, Psyche S. 545 A. 4.

[41]) *Hik.* 195 ff.: Ἄλλοισι δὴ 'πόνησα' ἁμιλληθεὶς λόγῳ Τοιῷδ'. Ἔλεξε γάρ τις, ὡς τὰ χείρονα Πλείω βροτοῖσίν ἐστι τῶν ἀμεινόνων· Ἐγὼ δὲ τούτοις ἀντίαν γνώμην ἔχω [πλείω τὰ χρηστὰ τῶν κακῶν εἶναι βροτοῖς· Εἰ μὴ γὰρ ἦν τόδ', οὐκ ἂν ἦμην ἐν φάει]. Αἰνῶ δ' ὅς ἡμῖν βίοτον ἐκ πεφυρμένου Καὶ θηριώδους θεῶν διεσταθμήσατο, Πρῶτον μὲν ἐνθεὶς σύνεσιν, εἶτα δ' ἄγγελον Γλῶσσαν λόγων δούς, ὡς γεγωνίσκειν ὄπα, Τροφήν τε καρποῦ τῇ τροφῇ τ' ἀπ' οὐρανοῦ Σταγόνας ὑδρηλάς, ὡς τά γ' ἐκ γαίης τρέφῃ Ἄρδῃ τε νηδύν· πρὸς δὲ τοῖσι χείματος Προβλήματ'. αἴθρον ἐξαμύνασθαι θεοῦ, Πόντου τε ναυστολήμαθ' ὡς διαλλαγὰς Ἔχοιμεν ἀλλήλοισιν ὧν πένοιτο γῆ. Ἃ δ' ἔστ' ἄσημα κοὐσαφῆ, γιγνώσκομεν Εἰς πῦρ βλέποντες καὶ κατὰ σπλάγχνων πτυχὰς Μάντεις προσημαίνουσιν οἰωνῶν τ' ἄπο. Ἆρ' οὐ τρυφῶμεν θεοῦ κατασκευὴν βίῳ Δόντος τοιαύτην, οἷσιν οὐκ ἀρκεῖ τάδε; Ἀλλ' ἡ φρόνησις τοῦ θεοῦ μεῖζον σθένειν Ζητεῖ, τὸ γαῦρον δ' ἐν φρεσὶν κεκτημένοι Δοκοῦμεν εἶναι δαιμόνων σοφώτεροι. Vers 199 f. bezeichnet Nauck als „manifesto spurii": mit Recht; 199 ist eine ganz unnötige Ergänzung zu 197, und 200 stört geradezu den Zusammenhang. Dagegen erscheint mir die Annahme so umfangreicher Interpolationen, wie sie Nauck, Dindorf, Kirchhoff, Gebhardt, Wecklein u. a. vertreten, nicht genügend begründet (vgl. R. Gebhardt, De

Supplicum Euripidis interpolationibus, Koburg 1882, und besonders Wecklein,
Beiträge zur Kritik des Euripides in den Sitzungsberichten der K. Bayr. Akademie der Wissenschaften zu München. Philos.philol. und hist. Klasse 1895
S. 479 ff.; 1896 S. 449 ff.; 1897 S. 445 ff.). — Man hat schliesslich fast die ganze
Unterredung zwischen Theseus und Adrast weggestrichen: Gebhardt (a. a. O.
S. 10 ff.) beanstandet die ganze Partie v. 176—218 und meint: „Languor non
latet in singulis versibus, sed in eo, quod talia abs re aliena omnino comme-
morat Theseus, in tota igitur ipsa oratione, quae inanis garrulitatis crimen evi-
tare non potest", und er citiert J. H. Bremi (Allg. Schulzeitung 1828. II. pg. 263):
„Für ein geschwätziges Weib oder einen seichten Philosophen möchte sich diese
Chrie schicken, aber für einen Mann, für einen Helden vollends, ist das gar zu
abgeschmackt.... Wahrhaftig, Adrast musste finden, dass er sich an den un-
rechten Mann gewandt habe, der wohl seine vermeintliche Weisheit gerne hören
lasse und den Schulmeister mache, aber weder helfen könne noch wolle". Solchen
Urteilen gegenüber, welche die Eigenart des Euripides, der nun einmal Exkurse
über allgemeine Fragen liebt, gänzlich verkennen (vgl. *Schol.* zu *Phön.* 388
Kap. VII. 2 A. 104) und die auch wenig Verständnis für die die damalige Zeit
bewegenden Probleme verraten, hat Wilamowitz mit Recht irgendwo gesagt:
„Man streicht, was man nicht versteht". Nauck tilgt in der Rede des Adrast
v. 176—183 und 190—192, und Wecklein fügt dazu in der Rede des Theseus
die Verse 222—228 und 232—245, während er die Theodicee 195—218 stehen
lässt. Letztere kann auch ganz unmöglich ausgeschieden werden: denn woran
sollte denn ohne sie v. 219 anknüpfen? Indessen auch für die Beseitigung der
vv. 176—183 finde ich keinen zureichenden Grund. Sie fügen sich ganz gut in
den Zusammenhang ein: „Hilf mir; denn der Reiche soll dem Armen, der Glückliche dem Unglücklichen beistehen, wie auch der frohe Sänger dem kummer-
vollen sein Leid verscheucht. Du und deine Stadt haben allein die Eigenschaften,
die man bei einem Retter in der Not voraussetzen muss; Sparta hat sie nicht".
Lassen wir die vermittelnden allgemeinen Gedanken weg, so ist der Übergang
von 175 zu 184 geradezu hart. Eher könnten v. 190—192 interpoliert sein, da
sie den Schlussgedanken 189 f. abschwächen und mit 232 ff. in entschiedenem
Widerspruch stehen (vgl. Kap. VI. 2 A. 93. Über v. 180—183 s. Kap. I. A. 137).
Ebenso fehlt in der Rede des Theseus bei Weglassung der Verse 222—228 der
dem ἀπώλεσας πόλιν (231) entsprechende Gedanke ἥλκωσας οἴκους. Und nicht
der in den beanstandeten Versen enthaltene Gedanke, sondern eher das βίᾳ
παρελθὼν θεοὺς (231) erinnert einigermassen an *Äsch. Septem* 529 f., ist übrigens
auch ganz euripideisch gedacht (s. Kap. V. 2 Ethik). Letzteres gilt vollends
von den vv. 232—245 mit ihrem Lob des konservativen Mittelstandes und dem
auch im *Hippolytos* (563 f.) und sonst bei Euripides vorkommenden Bild von
der Biene (s. Kap. VI. 2 A. 57 und Kap. VII. 2 A. 48). Demgegenüber ist die
angeblich dem tragischen Sprachgebrauch fremde Form παραχθείς für die Annahme einer Interpolation nicht beweiskräftig genug, da doch das Wort im
Aktiv und Passiv den attischen Dichtern und Prosaikern durchaus geläufig ist.
Der Übergang von der allgemeinen Betrachtung zum vorliegenden Fall (246)
ist allerdings etwas hart, aber auch nicht härter als v. 558 in demselben Stück.
Wilamowitz (An. Eur. pg. 89) nimmt nach v. 245 eine Lücke an. — *Moschion
Fr.* 6 (Nauck² pg. 813) sieht aus wie von Euripides beeinflusst: vgl. besonders
v. 24 f.

⁴²) Welcker, Prodikos von Keos (Kleine Schriften II. S. 393 ff.), bezieht S. 509 den Anfang unserer Theodicee auf den genannten Sophisten; ebenso Bergk, Griech. Litt.Gesch. III. S. 473 A. 26: „Hier wird zwar die trübe Anschauung von dem menschlichen Leben, welche Prodikos vertrat, bestritten; aber diese Widerlegung ist ganz im Geist und Ton der modernen sophistischen Bildung gehalten". Ebenso folgt Dümmler (Akad. S. 279 f.) dieser Annahme. In dem *Axiochos* 6 pg. 368 A wird der 2. Vers aus *Fr.* 449 des *Kresphontes* citiert. Auch Gomperz (Griech. Denker I. S. 344) erkennt diese Beziehung an und sagt von Prodikos: „Man darf ihn den ältesten Pessimisten heissen". — Vgl. übrigens schon *Pindar, Pyth.* 3, 81 f.: Ἕν παρ' ἐσλὸν πήματα σύνδυο δαίονται βροτοῖς Ἀθάνατοι: auf Ein Gut kommen zwei Übel. Dass die Theodicee des Theseus nicht ernst zu nehmen ist, zeigen schon seine gänzlich widersprechenden Worte 549 ff. Burckhardt, Gr. K.G. II. S. 391 A. 1.

⁴³) *Kritias, Sisyphos Fr.* 1, 1 ff. (Nauck², Tr. Gr. Fr. pg. 771): Ἦν χρόνος ὅτ' ἦν ἄτακτος ἀνθρώπων βίος Καὶ θηριώδης ἰσχύος θ' ὑπηρέτης, Ὅτ' οὐδὲν ἆθλον οὔτε τοῖς ἐσθλοῖσιν ἦν Οὔτ' αὖ κόλασμα τοῖς κακοῖς ἐγίγνετο. Κἄπειτά μοι δοκοῦσιν ἄνθρωποι νόμους Θέσθαι κολαστάς, ἵνα δίκη τύραννος ᾖ. Man beachte besonders den Begriff θηριῶδες v. 2 und *Hik.* 202. — S. auch Kap. III. 2 A. 16.

⁴⁴) Wilamowitz, Analecta Euripidea pg. 166: „Omnibus autem ejus numeris satisfactum erit, si posuerimus, Critiam docuisse tetralogiam Τέννην, Ῥαδάμανθυν, Πειρίθουν, Σίσυφον (quod vix alio tempore potuit quam postquam ex Thessalia Athenas rediit 411), posteriore tempore cum partim casu partim invidia fama ejus oblitterata esset, Euripidi attributam esse tetralogiam illam, Alexandrinos tandem grammaticos tragoedias quidem uno ore ei restituisse, in satyrica paulo haesisse, quia ejus nominis fabulam revera perditam ab Euripide doctam esse scirent". — Vgl. *Ath.* XI. 93 pg. 496 B: ὁ τὸν Πειρίθοον γράφας εἴτε Κριτίας ἐστὶν ὁ τύραννος ἢ Εὐριπίδης. — *Vita* 33 f.: τούτων νοθεύεται τρία, Τέννης, Ῥαδάμανθυς, Πειρίθους.

⁴⁵) *Philodemos, De piet. c.* 10 citiert eine Schrift des Stoikers Persäus, eines Schülers des Zeno, περὶ θεῶν, in welcher dieser auf Prodikos hinwies: τὰ τρέφοντα καὶ ὠφελοῦντα θεοὺς νενομίσθαι καὶ τετειμῆσθαι (sic!) πρῶτον ὑπὸ Προδίκου γεγραμμένα, μετὰ δὲ ταῦτα τοὺς εὑρόντας ἢ τροφὰς ἢ σκέπας ἢ τὰς ἄλλας τέχνας ὡς Δήμητρα καὶ Διόνυσον καὶ τοὺς (Diels, Doxogr. Gr. p. 544 b). Die Stelle wird ergänzt durch *Sext. Emp. adv. math* IX. 18 pg. 394, 22 b: καὶ διὰ τοῦτο τὸν μὲν ἄρτον Δήμητρα νομισθῆναι, τὸν δ' οἶνον Διόνυσον (vgl. auch 39 und 52 pg. 399, 39 und 402, 15 Bekk.). Vgl. ferner *Philod.* pg. 71 c. 6 c: τοὺς μὲν ὑπ' ἀνθρώπων νομιζομένους θεοὺς οὔτ' εἶναί φησιν οὔτ' εἰδέναι, τοὺς δὲ καρποὺς καὶ πανθ' ὅλως τὰ χρήσιμα ποὸς τὸν βίον τοὺς ἀρχαίους ἀγασθέντας. Diels pg. 126. Auch Sonne, Mond und Flüsse und alles, was den Menschen Nutzen bringt, habe man deswegen für Götter angesehen: *Cic. de nat. deor.* I. 42, 118: Quid? Prodicus Cius, qui ea, quae prodessent hominum vitae, deorum in numero habita esse dixit, quam tandem religionem reliquit? — Wenn somit Prodikos das den Menschen Nützliche auf der Welt erwähnte, so geschah es in der Weise, dass er es für seine Theorie von der Entstehung des Götterglaubens verwandte, keineswegs aber, wie Euripides, als einen Beweis für die Existenz der Götter. Beides ist durchaus zu scheiden; und darum ist Dümmlers Annahme verfehlt. — Vgl. Welcker, Prodikus S. 520; Gomperz, Griech. Denker S. 346. — S. A. 91.

⁴⁶) *Aristoph. Vögel* 690 ff.: Ἴν' ἀκούσαντες πάντα παρ' ἡμῶν ὀρθῶς περὶ

τῶν μετεώρων, Φύσιν οἰωνῶν γένεσίν τε θεῶν ποταμῶν τ' Ἐρέβος τε Χάος τε
Εἰδότες ὀρθῶς Προδίκῳ παρ' ἐμοῦ κλάειν εἴπητε τὸ λοιπόν.

⁴⁷) Die Berufung auf *Axiochos* 10 pg. 870 B (Akad. S. 280) erscheint mir
durchaus nicht beweiskräftig. Denn hier wird keineswegs aus der zweckmässigen
Einrichtung der Welt auf das Dasein der Götter geschlossen, sondern aus der
thatsächlichen Überwindung der an physischer Kraft stärkeren Tiere durch den
Menschen auf die göttliche Natur der menschlichen Seele: οὐ γὰρ ἂν θνητή γε
φύσις τοσόνδ' ἂν ἤρατο μεγαθουργίας, ὥστε καταφρονῆσαι μὲν ὑπερβαλλόντων
θηρίων βίας. Es wird dann der von den Menschen bewerkstelligte Verkehr auf
dem Meere, der Städtebau, die Einrichtung von Staaten, die astronomischen
Kenntnisse u. s. w. zum Beweis dafür angeführt, dass θεῖον ὄντως ἐνῆν πνεῦμα
τῇ ψυχῇ, δι' οὗ τὴν τῶν τηλικῶνδε περίνοιαν καὶ γνῶσιν ἔσχεν. Und das alles
ist **gegen** das Wort des Prodikos gerichtet: ὅτι ὁ θάνατος οὔτε περὶ τοὺς ζῶντάς ἐστιν οὔτε περὶ τοὺς μετηλλαχότας (c. 8 pg. 369 B). Aber selbst wenn diese
Argumente dem Prodikos entlehnt sein sollten, so wollte dieser damit die hohe
Stellung des Menschen in der Welt, nicht das Dasein der Götter beweisen, ganz
im Sinn des Sophokleischen Πολλὰ τὰ δεινὰ κοὐδὲν ἀνθρώπου δεινότερον πέλει
(*Antig.* 334).

⁴⁸) *Diog. Ap. Fr.* 4 (Mull.): οὐ γὰρ ἂν οὕτω δεδάσθαι οἰόν τε ἦν ἄνευ νοή-
σιος, ὥστε καὶ πάντων μέτρα ἔχειν, χειμῶνός τε καὶ θέρεος καὶ νυκτὸς καὶ ἡμέρης καὶ ὑετῶν καὶ ἀνέμων καὶ εὐδιέων. Καὶ τὰ ἄλλα εἴ τις βούλεται ἐννοέεσθαι
εὑρίσκοι ἂν οὕτω διακείμενα ὡς ἀνυστὸν κάλλιστα (*Simplic.* in *Aristot. phys.* 36 b).
Zeller ⁵ I. S. 260 A. 3 bemerkt dazu: „Ob und inwieweit Diogenes diese Zweckmässigkeit der Welteinrichtung in seiner Physik an den einzelnen Naturerscheinungen nachzuweisen bemüht war, ist nicht überliefert; der Versuch (Dümmler,
Ak. S. 112 ff.), diese Lücke aus *Xenophon, Mem.* I. 4; IV. 3 auszufüllen, liefert
meines Erachtens ein sehr unsicheres Ergebnis; vgl. Arch. f. G. d. Ph. IV. 128 f.“

⁴⁹) *Plato, Krat.* 14 pg. 396 A B: οἱ μὲν γὰρ Ζῆνα, οἱ δὲ Δία καλοῦσι·
... συμβαίνει οὖν ὀρθῶς ὀνομάζεσθαι οὗτος ὁ θεὸς εἶναι, δι' ὃν ζῆν ἀεὶ πᾶσι τοῖς
ζῶσιν ὑπάρχει. Darauf wird Δία mit διάνοια in Verbindung gebracht. — *Hera-*
klit Fr. 65: ἓν τὸ σοφὸν μοῦνον λέγεσθαι οὐκ ἐθέλει καὶ ἐθέλει Ζηνὸς οὔνομα.
Diesen Satz vereinigt Gomperz (Zu Heraklits Lehre S. 1004 ff.) mit *Fr.* 19: ἓν
τὸ σοφόν, ἐπίστασθαι γνώμην, ᾗ κυβερνᾶται πάντα διὰ πάντων zu folgendem
Ganzen: ἓν τὸ σοφὸν μοῦνον, ἐπίστασθαι γνώμην, ᾗ κυβερνᾶται πάντα διὰ πάντων·
λέγεσθαι οὐκ ἐθέλει καὶ ἐθέλει Ζηνὸς οὔνομα. Ders., Griech. Denker S. 53; 64.
Zeller ⁵ I. S. 268 A. 1.

⁵⁰) *Äolus Fr.* 21, 3 f.: Οὐκ ἂν γένοιτο χωρὶς ἐσθλὰ καὶ κακά, Ἀλλ' ἔστι
τις σύγκρασις, ὥστ' ἔχειν καλῶς. Hiezu Gomperz, Zu Heraklits Lehre S. 1012 f.;
Griech. Denker S. 63 f. Ἐσθλός und κακός sind hier freilich zunächst in poli-
tisch-sozialem Sinn zu verstehen, drücken aber doch zugleich auch einen moralischen Wert aus.

⁵¹) *Hik.* 550 ff.: Παλαίσμαθ' ἡμῶν ὁ βίος· εὐτυχοῦσι δὲ Οἱ μὲν τάχ' οἱ δ'
ἐσαῦθις, οἱ δ' ἤδη βροτῶν. Τρυφᾷ δ' ὁ δαίμων. — τρυφάω: schwelgen, übermütig
sein (*Hik.* 214). Wenn E. Bruhn (Rhein. Mus. 1893 S. 628 f.) mit seiner Konjektur
πάλιν für πόλιν v. 557 recht hat, so passt auch dies vortrefflich in den Heraklitischen
Gedankenkreis (Kap. III. 3 A. 19). — *Heraklit Fr.* 79: Αἰὼν παῖς ἐστι παίζων πεσ-
σεύων· παιδὸς ἡ βασιληίη. *Plut., De Ei apud Delphos* 21 redet offenbar ebenfalls
in Anlehnung an Heraklit von einem „schöpferischen Kinde“: ποιητικοῦ παιδός,

27*

ἦν ἐκεῖνος ἔν τινι ψαμάθῳ συντιθεμένῃ καὶ διαχευμένῃ πάλιν ὑφ' αὐτοῦ παίζει παιδιάν. Allerdings vergleicht Heraklit mit einem spielenden Kinde den Aion, der Welten baut und wieder zertrümmert; aber von da aus lag die Anwendung auf die wechselvollen Schicksale der Menschen innerhalb Einer Welt äusserst nahe. In dem Bilde klingt O 361 ff. an. — Vgl. A. 27. 28.

⁵²) *Hik.* 564 f.: Θάρσει· τὸ γὰρ τοι τῆς Δίκης σώζων σέβας Πολλοὺς ὑπεκφύγοις ἂν ἀνθρώπων ψόγους.

⁵³) Fr. Nietzsche, Werke X. S. 37 mit Anspielung auf *Fr.* 47: ἁρμονίη ἀφανὴς φανερῆς κρείσσων.

⁵⁴) Die Verse 531—536, wie Nauck thut, zu streichen, liegt gar kein Grund vor. Über die Psychologie s. Kap. V. 1.

⁵⁵) *Hik.* 913 f.: ἡ δ' εὐανδρία Διδακτός. Welcker, Prodikos S. 509.

⁵⁶) *Hik.* 894 f.: Parthenopaios: Οὐ δ' ἐξεριστὴς τῶν λόγων, ὅθεν βαρὺς Μάλιστ' ἂν εἴη δημότης τε καὶ ξένος. — 902 f.: Tydeus: Οὐκ ἐν λόγοις ἦν λαμπρός, ἀλλ' ἐν ἀσπίδι Δεινός σοφιστὴς πολλά τ' ἐξευρεῖν σοφός.

⁵⁷) Vgl. den nächsten Abschnitt. Der Mantik günstig lautet nur noch das ‚zweifelhafte' *Fr.* 1110: Ζεὺς ἐν θεοῖσι μάντις ἀψευδέστατος Καὶ τέλος αὐτὸς ἔχει. Wahrscheinlich gehört dasselbe dem *Archilochos* (Blass, Philologus 129 S. 496), unter dessen Bruchstücke es nun als Nr. 101 eingereiht ist (Lyr. Gr. ed. Bergk-Hiller-Crusius 1897 S. 14).

⁵⁸) *Hik.* 220 f.: Ὅστις κόρας μὲν θεσφάτοις Φοίβου ζυγεὶς Ξένοισιν ὧδ' ἔδωκας ὡς ζώντων θεῶν. — 230: μάντεων λεγόντων θέσφατ'. Radermacher (Euripides und die Mantik im Rhein. Museum 53. 1898 S. 507 meint, Euripides empfehle hier ernsthaft die Sprüche der χρησμολόγοι, weil diese damals die von ihm gutgeheissene Politik des Alkibiades (Bündnis mit Argos gegen Sparta) unterstützten. Aber dieses momentane Zusammentreffen der Tendenzen der Seher mit denjenigen des Dichters konnte doch für eine so allgemein gehaltene Erörterung kaum bestimmend sein, und der gerügte Widerspruch bleibt auch so. Auch sollte der Bund mit Argos nach dem Sinn des Euripides nur der Aufrechterhaltung des Friedens dienen, nicht aber, wie Alkibiades und die χρησμολόγοι wollten (*Plut. Nik.* 13), dem Wiederbeginn des Kriegs. S. Kap. VI. 2. — Auch Lindskog (S. 31 ff.) erklärt die Befürwortung der Mantik aus politisch-patriotischen Gründen. Vgl. aber *Ps. Hippocr. de diaeta* I. 12 (Byw. pg. 64 f.): μαντικὴ τοιόνδε· τοῖσι μὲν φανεροῖσι τὰ ἀφανέα γινώσκει. S. Kap. II. A. 21.

⁵⁹) *Hyp.*: τὸ δὲ δρᾶμα ἐγκώμιον Ἀθηναίων. „Die Muse des Dichters ist vollständig im Interesse der Politik des Tages thätig." Bergk, Griech. L.G. III. S. 533. Näheres Kap. VI. 2.

⁶⁰) Besonders *Ion* 252 ff.; 355; 369 ff.; 384 ff.; 436 ff.; 877 ff.; 960.

⁶¹) *Ion* 534 ff. Ion: Ὁ δὲ λόγος τίς ἐστι Φοίβου; Xuthos: τὸν συναντήσαντά μοι ... δόμων τῶν δ' ἐξιόντι τοῦ θεοῦ ... παῖδ' ἐμὸν πεφυκέναι.

⁶²) *Ion* 10 f.: Φοῖβος ἔζευξεν γάμοις Βίᾳ Κρέουσαν. — 1568: ὡς πέφυκας τῆςδε καὶ Φοίβου πατρός. Sollte auch je der Prolog unecht sein (Bernhardy, Gr. L.G.³ II. S. 488. Eysert, Über die Echtheit des Prologs in Eur. Ion. Progr. Prag 1880. Ermatinger, Die attische Autochthonensage Berlin 1897 S. 66 A. 11), so bleibt doch die letztere Stelle. S. A. 67.

⁶³) Verrall, Euripide the rationalist S. 131 ff. Er sagt über das Orakel: „Either that statement is true or it is false. If it is false, the oracle does not reveal truth; if it is true, the oracles are not dictated by Apollo; for Apollo,

by his deputy Athena, confirms the incompatible story of Creusa" (S. 144); und weiter: „Either the drama is nonsense or the comments of Athena are nonsense: between this alternatives Euripide forces us to choose" (S. 146). Endlich: „The work as a whole (if E. was a man of sense) is possible only on the assumption that he meant to exhibit the Delphian Apollo as an impudent myth and the oracle therefore as a fraud" (S. 154). — Als durchaus ernst gemeint betrachtet Welcker die Lösung S. 727. — Lindskog (Stud. z. ant. Dram. I. pg. 66) bemerkt ganz vortrefflich über diese Technik des Euripides: „So finden wir auch, dass er, während er gegen den alten Glauben zu Felde zog, doch den religiösen Gehalt des Dramas nur dem Anschein nach und für solche, die, wie der grosse Haufen, es nur oberflächlich betrachteten, zu retten suchte. Zu diesem Zwecke wandte er in vielen seiner Stücke eine gleichartige Technik an. Diese seine Technik tritt insbesondere in den Schlusspartien der Dramen hervor; er verleiht dem dramatischen Gang der Ereignisse eine solche Schlussrichtung, dass dieser zugleich eine ganz bewusste Inkonsequenz und einen bestimmten negativen Charakter in Bezug auf das ganze vorangehende Drama erhält". — Auch der „Deus ex machina" dient häufig dazu (S. 83). — Speziell am *Ion* wird dies gezeigt S. 68 ff. — Am Schluss der *Elektra* 1246 f. deutet der Dichter diese seine Methode selber an mit den Worten: Σιγῶ · σοφὸς δ' ὢν οὐκ ἔχρησέ σοι σοφά (sc. Apollo). Αἰνεῖν δ' ἀνάγκη ταῦτα.

[84]) *Ion* 1392: Ὡς οὐ γεγήρακ' ἔκ τινος θεηλάτου.

[85]) *Ion* 1606 ff.: οὐκ ἀπιστίᾳ Σοὺς λόγους ἐνδεξόμεσθα · πείθομαι δ' εἶναι πατρὸς Λοξίου καὶ τῆςδε · καὶ πρὶν τοῦτο οὐκ ἄπιστον ἦν.

[86]) *Ion* 1615: Χρόνια μὲν τὰ τῶν θεῶν πως, εἰς τέλος δ' οὐκ ἀσθενῆ. Zum Gedanken vgl. *Antiope Fr.* 223; *Hipp. Kal. Fr.* 441; *Ödip. Fr.* 555, 1 und oben die Stellen über die Gerechtigkeit und Macht der Götter.

[87]) Über die Ionsage vor und bei Euripides vgl. E. Ermatinger, Die attische Autochthonensage bis auf Euripides. Berlin 1897. S. 112 ff. Sollte auch der Prolog unecht sein, was Lindskog (Stud. zum ant. Dram. I. S. 141 ff.) sehr wahrscheinlich macht, besonders da er fast nur den Inhalt des Berichts des Xuthos über dessen Reise zum Trophoniosorakel wiedergiebt (401 ff.), so ändert das nichts an unserer obigen Auffassung (S. 66 A. 11). „Die meiste Schwierigkeit macht das Verhältnis der beiden Väter. Da muss Xuthos hinter Apollon zurücktreten" (S. 131). Gewiss; aber hiemit ist der oben aufgezeigte Widerspruch nicht erklärt oder gar gehoben. Ist, wie Ermatinger S. 132 annimmt, das Verhältnis des Apollo zu Kreusa, die Erziehung des Ion im Pythischen Heiligtum und die Reise des Xuthos und der Kreusa nach Delphi freie Erfindung des Euripides, so wird dadurch nicht nur die patriotische, sondern auch die verhüllt antireligiöse Tendenz des Stückes noch deutlicher. Als Abfassungszeit glaubt Ermatinger die Jahre 416—412 annehmen zu dürfen. S. 138 f. A. 127, wo die Litteratur über diese Frage angegeben ist. — Über die moderne Bearbeitung des *Ion* von Leconte de Lisle s. Ermatinger in „Neue Jahrb. f. d. kl. Alt." 1900. I. S. 139 ff.

[88]) Psyche S. 545 A. 4.

[89]) Lobeck, Aglaophamos pg. 623 f.; O. Müller, Griech. Litt.G. (ed. Heitz 1882) I. S. 619 f.; Nägelsbach, Nachhomerische Theologie VIII. 21 S. 463 ff.; Ribbeck, Euripides und seine Zeit (Progr. d. Berner Kantonsschule 1860) S. 30; Rohde, Psyche S. 545 A. 4 s. f.; Beloch, Griech. Gesch. II. S. 10 f.; Gomperz,

Griech. Denker II. S. 12; Decharme, Euripide et l'esprit de son théatre pg. 87 ss.; Patin, Etudes sur les tragiques Grecs II. pg. 233 ss.; Boeckh, De Graec. trag. principiis pg. 312 ff.; Bode, Gesch. d. hell. Dichtkunst III. S. 516 ff.; Eduard Müller, Euripides deorum popularium contemptor pg. 18 ss.; H. Weil, Etudes sur le drame antique 1897 pg. 105 ss.; Hartung, Euripides restitutus II. pg. 539 ff.; Gruppe, Ariadne. Die trag. Kunst bei den Griechen S. 381 ff.; G. H. Meyer, De Euripidis Bacchabus. Göttingen 1833; E. W. Silber, De Euripidis Bacchis. Berlin 1837; E. Pfander, Über Eur. Bacchen. Bern 1868; Wecklein, Einleitung zu seiner Ausgabe S. 8 ff.; E. Bruhn, Einleitung zu seiner Ausgabe S. 17 ff.; Wilamowitz, Herakles[1] I. S. 379 A. 54 (2. Bearbeitung S. 134 A. 26); H. Steiger im Philologus 1897 S. 593 A. 54; W. Nestle, Die Bacchen des Euripides ib. 1899 S. 362 ff.; Lindskog, Stud. z. ant. Dram. I. S. 20 ff.; Schenkl, Die politischen Anschauungen des Euripides in der Zeitschr. f. östr. Gymn. 1862 S. 508. Die Boeckhsche Annahme einer doppelten Rezension der *Bacchen* (a. a. O. pg. 302. 305) habe ich als zu unsicher und für die Hauptfrage belanglos nicht berücksichtigt. Wecklein S. 8 A. 20.

[70]) Griech. Denker I. Vorrede S. V.

[71]) Sie wird bewerkstelligt durch das Wortspiel ὁ μηρός — ὅμηρος oder μηρός — μέρος (Hartung, Kommentar zu den Bacchen S. 291). Vgl. A. 88.

[72]) *Bacch.* 202: οὐδεὶς αὐτὰ καταβαλεῖ λόγος. Diese Worte hat Usener (Rhein. Museum 23 S. 161) auf die ‚καταβάλλοντες‘ des Protagoras gedeutet. E. Bruhn z. St. verweist auf *Herod.* VIII. 77 f. (Kap. III. 2 A. 66). — Vgl. A. 90 und 96 und *Iph. Aul.* 1013.

[73]) θεομαχεῖν und θεομάχος sind in der griechischen Litteratur ziemlich seltene Worte und scheinen, soweit sie vorkommen, durch Euripides aufgebracht worden zu sein. Er hat es *Bacch.* 45 und 1255; *Iph. Aul.* 1409, welch letzteren Vers Dindorf und Nauck mit Unrecht tilgen wollen. Wir finden es dann bei *Xenophon, Ökon.* 16, 3; bei *Menander, Eun.* bei *Stob. flor.* 108, 46; bei *Plut., Apophth.* pg. 225 und *Marcellus* 16; bei *Diodor. Sic.* XIV. 69; bei *Lucian, Jup. trag.* 45. *Plato, Politeia* II. 17 pg. 378 D hat θεομαχία im Sinn vom Kampf der Götter untereinander, wovon *Ammonius* pg. 68 θεημαχία im Sinn vom Kampf gegen die Götter unterscheidet; wie Plato auch *Philo* T. II. pg. 305. II. *Makk.* 7, 19 wird θεομαχεῖν von Antiochus ausgesagt. W. Schmid, Atticismus I. 332. IV. 303. Den Begriff, ausgedrückt mit θεοῖσι μάχεσθαι haben wir noch bei *Eur. Telephos Fr.* 716 und μάχεσθαι πρός τὸ θεῖον *Mel. desm. Fr.* 491; πρός θεόν εἰς μάχην ἐλθεῖν *Bacch.* 635 f.; πρός τοὺς σθένοντας θεοὺς ἁμιλλᾶσθαι *Iph. T.* 1479. Im N. T. findet sich *Act.* 5, 30 θεομάχοι, wozu Blass bemerkt: „θεομαχεῖν inde ab Euripide". Das Lukasevangelium und die Apostelgeschichte weisen nebst dem Hebräerbrief nach Blass (Proleg. zu seiner Ausgabe der Acta apost. § 8 pg. 14 und 19) im ganzen N. T. am meisten Atticismen auf. W. Nestle, Anklänge an Euripides in der Apostelgeschichte im „Philologus" 1900 S. 60 ff.; vgl. auch *Act.* 4, 19 mit *Plato Ap.* 17 pg. 29 D. — Zur Sache s. A. 36.

[74]) *Bacch.* 489 nennt Pentheus die Ansprüche des Dionysos auf göttliche Abkunft und Verehrung σοφίσματα κακά, genau wie Dionysos selbst (30) den Unglauben des Kadmus und der Schwestern der Semele nennt. Auch 482 f. ist zu beachten: Dionysos beruft sich auf die Verehrung, die er bei allen Barbaren geniesse, worauf Pentheus: φρονοῦσι γὰρ κάκιον Ἑλλήνων πολύ.

[75]) Die ὕβρις ist nun freilich ein dem religiösen Fühlen und Denken der

Griechen durchaus geläufiger Begriff; aber es darf doch daran erinnert werden, welch hervorragende Stellung er gerade auch in der *Heraklitischen* Philosophie einnimmt: ὕβριν χρὴ σβεννύειν μᾶλλον ἢ πυρκαϊήν (*Fr.* 103 Byw.). „Jenes gefährliche Wort ‚Hybris‘ ist in der That der Prüfstein für jeden Herakliteer; hier mag er zeigen, ob er seinen Meister verstanden oder verkannt hat." Nietzsche, Werke X. S. 37. — Ein solcher Mann der Hybris ist auch Kapaneus *Phön.* 182 ff.

⁷⁵ᵃ) So Bruhn zur Stelle unter Hinweis auf *Or.* 907 f.; vgl. auch 903: ἀνὴρ τις ἀθυρόγλωσσος ἰσχύων σθένει und *Hipp. Kal. Fr.* 439, 3 f.: εὐτρόχοισι στόμασι τἀληθέστατα Κλέπτουσιν. — In v. 271 ist πολίτης allerdings anstössig, da Pentheus König ist; auch schliesst 272 gut an 269 an. Mit der Annahme der Interpolation werden die verschiedenen zu der Stelle gemachten Konjekturen (s. Wecklein, Anhang S. 95 f.) überflüssig.

⁷⁶) Kap. I. A. 136.

⁷⁷) *Bacch.* 395 f.: τὸ σοφὸν δ’ οὐ σοφία τό τε μὴ θνητὰ φρονεῖν. Dazu vgl. *Epicharm* 263 (Kaibel): θνατὰ χρὴ τὸν θνατόν, οὐκ ἀθάνατα τὸν θνατὸν φρονεῖν. — *Pind. Isthm.* IV. 14: θνατὰ θνατοῖσι πρέπει. Vgl. auch *Pindar Pyth.* III. 61; *Äsch. Prom.* 61 und 1011; *Soph. Kolch. Fr.* 321; *Polyxena Fr.* 481; *Tereus Fr.* 531; *Fr.* 671. — *Xenophanes Fr.* 14 s. Kap. II. A. 10. — *Protag. Fr.* 2: περὶ θεῶν μὲν οὐκ ἔχω εἰδέναι, οὐθ’ ὡς εἰσὶν οὔθ’ ὡς οὐκ εἰσιν. πολλὰ γὰρ τὰ κωλύοντα εἰδέναι, ἥ τε ἀδηλότης καὶ βραχὺς ὢν ὁ βίοτος τοῦ ἀνθρώπου. Vgl. K. II. A. 12. — *Fr.* 913 s. K. II. A. 17 und 17 a. — *Aristot. Eth. Nic.* X. 7 pg. 1177 b: οὐ χρὴ δὲ κατὰ τοὺς παραινοῦντας ἀνθρώπινα φρονεῖν ἄνθρωπον ὄντα οὐδὲ θνητὰ τὸν θνητόν, ἀλλ’ ἐφ’ ὅσον ἐνδέχεται, ἀθανατίζειν καὶ πάντα ποιεῖν πρὸς τὸ ζῆν καὶ τὸ κράτιστον τῶν ἐν αὐτῷ. „Beispiele für die σοφία sind dem Aristoteles Thales und Anaxagoras (*Eth. Nic.* VI. 7 pg. 1141 b), und an den letzteren denkt Euripides bei *Fr.* 910." Wil. (bei Bruhn z. St.). — Vgl. auch *Fr.* 1075—1077 Kap. V. 2 A. 78; 79; 81.

⁷⁸) *Bacch.* 430 f.: τὸ πλῆθος ὅτι τὸ φαυλότερον Ἐνόμισε χρῆταί τε, τόδ’ ἂν δεχοίμαν. Bruhn erklärt φαυλότερον mit ἀμαθέστερον, wie es *Thuk.* III. 37 im Gegensatz zu ξυνετώτερος steht. Der Sinn der Worte ist genau derselbe wie *Phön.* 469—472. Die Stelle wendet sich lediglich gegen die sophistische Herrenmoral à la *Plato, Gorg.* 42 pg. 488 B: ἄγειν βίᾳ τὸν κρείττω τὰ τῶν ἡττόνων καὶ ἄρχειν τὸν βελτίω τῶν χειρόνων καὶ πλέον ἔχειν τὸν ἀμείνω τοῦ φαυλοτέρου. Über φαῦλος bei Euripides vgl. Kap. VI. 2 A. 26 a (*Likymn. Fr.* 473). Lindskog (S. 30) sieht in den Worten eine „ziemlich grosse Selbstironie von seiten des Chors". R. Pöhlmann, Sokrates und sein Volk S. 23 findet, dass damit „der Chor der *Bacchen* aller höheren Geisteskultur den Krieg erklärt".

⁷⁹) *Plut., De sera num. vindicta* 2 pg. 549 A 3 pg. 549 D.

⁸⁰) Ganz unnötig ist Weckleins Änderung von δόξᾳ in δοχᾷ, *Bacch.* 887.

⁸¹) W. Schmid, Kritisches und Exegetisches zu Euripides’ Kyklops. Philologus 1896 S. 53 ff. A. 10. — Eine Illustration zu diesen sittenlosen sophistischen Theorien bildet die Charakteristik des Menon in Xenophons Anabasis II. 6, 21 ff.

⁸²) Über *Heraklit* vgl. A. 25. — *Bacch.* 890 ff.: οὐ γὰρ κρεῖσσόν ποτε τῶν νόμων γιγνώσκειν χρὴ καὶ μελετᾶν. Κούφα γὰρ δαπάνα νομίζειν ἰσχὺν τόδ’ ἔχειν, Ὅτι ποτ’ ἄρα τὸ δαιμόνιον Τό τ’ ἐν χρόνῳ μακρῷ Νόμιμον ἀεὶ φύσει τε πεφυκός. Bruhn (Einl. S. 23) lehnt die Übersetzung: „das, was die Länge der

Zeit hindurch beständig Satzung war und von Natur existiert", ab und meint, die Worte besagen: „und zu glauben, dass dasjenige, was eine Zeitlang hindurch νόμῳ bestanden hat, ewig und φύσει existiert". Ähnlich Wecklein z. St.: „Aus dem Alter der religiösen und sittlichen Satzungen ergiebt sich, dass sie von Natur bestehen und der Brust des Menschen innewohnen". Indessen wir können dem Euripides weder den naiv inkorrekten Schluss von dem Alter eines Brauchs auf dessen absolute Geltung (wie Wecklein), noch die Charakterlosigkeit, wider besseres Wissen und nur aus Bequemlichkeit das, was bloss νόμῳ ist, als φύσει bestehend, anzuerkennen (wie Bruhn), zumuten. Dagegen entspricht seinem Denken der Sinn: ‚der ganzen Welt und so auch den νόμοι liegt etwas Göttliches zu Grunde'; das ist der Wahrheitsgehalt jeder und so auch der griechischen Religion, wenn auch die einzelnen bestimmten Formen, in welche die Religion geschichtlich gefasst wurde, etwas Menschliches sind. Im Blick auf jene Grundthatsache kann man sich daher schliesslich auch mit dem Bestand dieser Formen versöhnen. So dachte auch Heraklit (s. Kap. III. 2 A. 79).

⁸³) *Bacch.* 1001: τἀνίκατον ὡς κρατήσων βίᾳ hat Wilamowitz vortrefflich für τὰν ἀνίκατον geschrieben, während vorher die Erklärer die Korruption in βίᾳ suchten und dafür 'Ρεἰαν (Nauck) oder νίκαν (Wecklein) setzen wollten.

⁸⁴) *Bacch.* 1002: Ich folge der Emendation Weckleins: θνατοῖς ἀπροφασίστοις für das handschriftliche ἀπροφάσιστος θάνατος.

⁸⁵) *Bacch.* 1005 ff.: Τὸ σοφὸν οὐ φθονῶ. — Die Stelle ist verzweifelt. „Hos versus (1002—1008) praetereat lector, nisi si quis in eorum emendatione ingenii vires experiri velit." Brunck. — 1010 erklärt Wecklein „die den heiligen Satzungen widersprechenden νόμιμα". Aber δίκη kann doch nicht „heilige Satzungen" bedeuten. Dike ist hier wie auch *Andromach.* 787, worauf Wecklein verweist, das Weltgesetz nach Heraklit.

⁸⁶) *Bacch.* 641: Πρὸς σοφοῦ γὰρ ἀνδρὸς ἀσκεῖν σώφρονα εὐοργησίαν. Zum Ausdruck vgl. *Hipp.* 1039.

⁸⁷) Pfänder a. a. O. S. 35 A. 29 findet in diesen Worten des Kadmus die Tendenz des Stücks und sagt: „Die Plurale δαιμόνων und θεοὺς sind wohl zu beachten; denn der Euripideische Pentheus erscheint eben nicht bloss als Widersacher des Dionysos und Leugner dieser Gottheit, sondern als ein vollendeter Gottesleugner überhaupt". Indessen keine der für diese Behauptung angeführten, von uns oben durchweg besprochenen Stellen beweist dies im geringsten. Vielmehr hoffen wir durch unsere Ausführungen das Gegenteil erwiesen zu haben.

⁸⁸) Solche etymologisierende Wortspiele liebt Euripides: Πενθεὺς wird mit πένθος in Verbindung gebracht *Bacch.* 367 und 508, Καπανεὺς mit καπνόω (*Hik.* 496 f.), Θόας mit θοός (*Iph. T.* 32), was *Aristophanes Fr.* 324 (Dindorf) parodiert, Ζῆθος mit ζητεῖν (*Antiope Fr.* 181); 'Αμφίων ist ὁ ἀμφ' ὁδὸν γεννηθείς (*Fr.* 182), 'Ατρεὺς der „Nichtzitternde" (τρέω), wie dieser Name auch in *Platons Kratylos* 14 pg. 395 B C mit ἄτρεστος und ἀτηρός erklärt wird; Ζεὺς (Ζηνὸς) kommt von ζῆν (cf. *Plato, Kratylos* 14 pg. 396 a; *Heraklit Fr.* 19; 65. Gomperz, Zu Heraklits Lehre S. 1004 f.), *Or.* 1635; 'Ίων von ἰέναι (*Ion* 661 ff.); 'Απόλλων von ἀπόλλυμι (*Phaëth. Fr.* 781, 11 f.); 'Αφροδίτη von ἀφροσύνη (*Troad.* 989 f.); Ἠλέκτρα von ἄλεκτρος *Schol.* zu *Or.* 22; 72; Μελέαγρος: μελέαν γὰρ ποτ'

ἀγρεύεις ἄγραν (*Meleagros Fr.* 517); vgl. endlich Θεοκλύμενος und Θεονόη *Hel.* 9 und 13 und die Erklärung von δούρειος ἵππος von dem κρυπτὸν δόρυ (*Troad.* 14). — Solche Wortspiele kommen nun freilich schon bei *Homer* (α 62 Ὀδυσσεὺς — ὀδύσσομαι), *Äschylus* (*Prometh.* 85 ff. mit dem Namen des Titanen, *Ag.* 681 ff. mit dem der Helena) und *Sophokles* (*Aias* 430 ff. und 904 mit dessen Namen und *Fr.* 880 mit Odysseus nach dem Vorgang Homers) vor. Aber ein Blick in den *Kratylos*, der von solchen Etymologien ganz durchsetzt ist, zeigt, dass dieselben im Geschmack der damaligen Herakliteer waren. — Die Beispiele s. bei Wecklein zur *Iph. T.* 32 und Bruhn, *Bacchen*, Einl. S. 20 f. Dazu noch *Herakl.* 153 βρόχος — βραχίων. Wilamowitz (Her.[1] I. S. 27): „Zu Prodikos sind Bemühungen nicht nachweisbar: denn die etymologischen Spiele, an denen Euripides seine Freude hat und die er, wenigstens in seinen letzten 20 Jahren, mit grösserem Ernste vorträgt, als die andern Dichter, weisen vielmehr auf die ὀρθοέπεια des Protagoras und auf Heraklit zurück".

[89]) Wecklein, *Bacchen*, Anhang S. 96: Interpoliert sollen sein v. 242—245 (oder 247 vgl. S. 34), 286—297, 301 f., 305.

[90]) *Bacch.* 200: οὐδὲν σοφιζόμεσθα τοῖσι δαίμοσι. Vgl. A. 72 und 96.

[91]) *Bacch.* 274 ff. Zu 276 ὄνομα ὁπότερον βούλει, κάλει vgl. *Fr.* 912, 2 f.: Ζεὺς εἴτ' Ἀίδης ὀνομαζόμενος στέργεις. Zur sachlichen Erklärung verweist Bruhn (Einl. S. 21) auf die schon von Welcker (Prodikos S. 520) hervorgehobene Stelle des *Sext. Emp. adv. math.* IX. 394, 22 B: τὸν μὲν ἄρτον Δήμητρα νομισθῆναι, τὸν δ' οἶνον Διόνυσον (s. bes. v. 284 οὗτος θεοῖσι σπένδεται θεὸς γεγώς). Welcker (A. 810) nimmt ausdrücklich den Prodikos gegen den ihm von *Cicero* (*De nat. deor.* I. 42, 118) und *Minucius felix* (21: Prodicus adsumtos in deos loquitur, qui errando inventis novis frugibus utilitati hominum profuere. In eandem sententiam et Persaeus philosophatur et adnectit inventas fruges et frugum ipsarum repertores iisdem nominibus) untergeschobenen Euhemerismus in Schutz, der nur den Persäus treffe: „Wenn er ... von den vielen Volksgöttern den einen natürlichen oder den wahren Gott unterschied ..., so hebt dies nicht die Verehrung des einen Gottes in den Göttern als Symbolen oder Organen seiner Wohlthaten und seiner Herrlichkeit nach des Landes Gesetzen auf" (S. 521). — Vgl. oben A. 45 und 47. — Euripides mag hier an Prodikos anknüpfen, geht aber jedenfalls über ihn hinaus. Dass er in seiner Behandlung des Mythos die Äthertheorie des Diogenes von Apollonia andeutet, glaube ich mit Dümmler (Akad. S. 144 ff.) annehmen zu müssen, obwohl Zeller[5] I. S. 263 A. 1 diese Vermutung ablehnt. Nur möchte ich Dümmler, der die einzelnen Züge des Mythus presst, ins Detail nicht folgen; auch lässt er den dualistischen Charakter der Kosmogonie ganz unberücksichtigt.

[92]) Wecklein, Einleitung S. 1 f.; A. Rapp, Die Beziehungen des Dionysoskultus zu Thrakien und Kleinasien (Progr. des Karlsgymnasiums in Stuttgart 1882) S. 12 und 23.

[93]) *Bacch.* 1123: οὐ φρονοῦσ' ἃ χρὴ φρονεῖν.

[94]) *Bacch.* 1348: Ὀργὰς πρέπει θεοὺς οὐχ ὁμοιοῦσθαι βροτοῖς. — *Hipp.* 120: Σοφωτέρους γὰρ χρὴ βροτῶν εἶναι θεούς. *Andromache* 1164 f. Vgl. *Solon Fr.* 12, 25 f.; *Virg. Än.* I. 11. Lindskog S. 28.

[95]) Pfander a. a. O. S. 33 A. 22: „Es ist nicht eben schwer einzusehen, zu welchem Zwecke der Dichter den Kadmus und Teiresias eingeführt hat, wie sehr die Handlungsweise dieser beiden mit den vom Chor ausgesprochenen

Grundsätzen übereinstimmt, und dass die Worte dieser ältesten, erfahrungs-
reichsten und würdigsten Männer der Stadt Theben doppeltes und dreifaches
Gewicht haben müssen".

⁹⁶) *Bacch.* 200 ff.: Οὐδὲν σοφιζόμεσθα τοῖσι δαίμοσι. Πατρίους παραδοχὰς
ἃς θ᾽ ὁμήλικας χρόνῳ Κεκτήμεθ᾽, οὐδεὶς αὐτὰ καταβαλεῖ λόγος, Οὐδ᾽ εἰ δι᾽ ἄκρων
τὸ σοφὸν ηὕρηται φρενῶν. — Bruhn schreibt, was sehr einleuchtet: οὐδ᾽ ἐν-
σοφιζόμεσθα (s. zur Stelle); αὐτὰ geht auf den in π. π. enthaltenen Begriff
νόμιμα. Vgl. A. 72 und 90; *Fr.* 2 des *Protagoras* s. A. 77.

⁹⁷) Dies bemerkte schon Silber a. a. O. pg. 42: „Novus est deus; a ma-
joribus de eo nihil traditum est; quidnam igitur in mente habet Tiresias?"
Aber Silbers Grundgedanke, dass die *Bacchen* gegen die philosophische Askese,
wie sie bald darauf im Cynismus ihren Ausdruck fand, gerichtet seien, ist verfehlt. Dann wäre ja Pentheus der Vertreter der Askese! Es ist merkwürdig:
die einen Erklärer machen Pentheus zum Asketen oder „pedantischen Mora-
listen", die andern zeihen ihn der Lüsternheit. Beide gehen fehl: in Wirklichkeit ist er der Verteidiger der Tradition mittels brutaler Gewalt gegen neu auf-
tretende Geistesrichtungen.

⁹⁸) *Bacch.* 206 ff. In der Überlieferung lautet v. 209: δι᾽ ἀριθμῶν οὐδὲν
αὔξεσθαι θέλει. Bruhn schreibt: διαριθμῶν οὐδέν᾽, also: „niemanden einer Klasse
zuzählend, will er verehrt werden" (*Äsch. geg. Ktes.* 83, 32). Dies ist eine entschiedene Verbesserung und giebt denselben Sinn, den schon Reiske in dem
sprachlich kaum zu rechtfertigenden δι᾽ ἀριθμῶν fand: „non vult deus a certis
numeris, ordinibus hominum, ut a juvenibus e. c. solis, coli senibus exclusis".

⁹⁹) *Bacch.* 314 muss gelesen werden: Οὐχ ὁ Διόνυσος μὴ φρονεῖν ἀναγκάσει,
wie G. Hermann sah; ebenso schon Valckenaer zu *Phön.* 397. Brunck schrieb
ἀφρονεῖν für σωφρονεῖν. Schon *Stob.* 74, 8 hat μὴ σωφρονεῖν. Wilamowitz bei
Bruhn z. St. glaubt die Lesart durch die Annahme des Ausfalls eines Verses
halten zu können, giebt aber auch als Sinn an: „Stosse dich doch nicht daran,
dass bei den ὄργια äusserlich die Weiber die gewohnte Sitte durchbrechen".
Ganz gezwungen ist Weckleins Erklärung: „Dionysos wird nicht Zucht erzwingen". Auch Lindskog (S. 25) Verteidigung der überlieferten Lesart überzeugt mich nicht. Die Verse müssen eine Entgegnung auf 225 und 260 ff. enthalten. V. 316 ist interpoliert und stammt aus einer Dittographie zu *Hipp.*
79 f. (Wecklein, Curae criticae pg. 18). Somit gehört τοῦτο zu ἐν τῇ φύσει. Dann
steht σκοπεῖν χρή · für sich und weist auf das folgende hin. Vgl. *Troad.* 729.
Bei v. 318 ist die Lesart des *Suidas* v. Ἀρίστιππος wohl zu beachten, wo statt
οὐδ᾽ ἢ γε σώφρων steht: ὁ νοῦς ὁ σώφρων. Boeckh, De trag. Gr. fr. pg. 302 s.
Dies würde für unsere Erklärung noch besser passen; aber freilich *Stob. Flor.*
V. 15, *Diog. L.* II. 78 und *Ath.* XII. 63 pg. 544 E haben die Stelle, die *Suidas*
citiert, ohne dessen abweichende Lesarten. Zum Gedanken vgl. *Fr.* 959:
ἐγὼ δ᾽ Οὐδὲν πρεσβύτερον νομίζω τᾶς σωφροσύνας Ἐπεὶ τοῖς ἀγαθοῖς ἀεὶ
ξύνεστιν.

¹⁰⁰) *Bacch.* 333—336 sollen nach Nauck interpoliert sein (Anhang S. 96).
Hartung (Euripides' Werke. Griech. u. deutsch 1849) bemerkt dazu: „Der Rat,
den hier Kadmus dem Pentheus erteilt, . . . ist uns auffällig, war aber der Gesinnung des griechischen Volkes angemessen". Wecklein vergleicht zu κατα-
ψεύδου καλῶς 334 *Soph. Ant.* 74: ὅσια πανουργήσασα. Die Verse sind nicht
zu beanstanden. — Das mir nachträglich bekannt gewordene Programm von

F. Kraus, Euripides ein bekehrter Rationalist? (Passau 1898), das sich hauptsächlich gegen Bruhn wendet, vermochte meine Auffassung der *Bacchen* in keinem Punkte zu erschüttern, zumal das Ergebnis, zu dem der Verfasser (S. 46 ff.) gelangt, der nötigen Klarheit und Einheitlichkeit durchaus entbehrt. Um so mehr freue ich mich der Übereinstimmung mit Lindskog in der Grundauffassung des Stücks (Stud. zum ant. Drama I. S. 20 ff.).

2. Die Kritik des alten Glaubens.

a) Kritik einzelner Mythen.

[1]) Beloch, Griech. Gesch. I. S. 146. Gomperz, Griech. Denker I. S. 404. *Thuk.* I. 9 ff.

[2]) *Iph. Aul.* 794: εἰ δὴ φάτις ἔτυμος. *Hel.* 21: εἰ σαφὴς οὗτος λόγος. Vgl. auch das Wortspiel (Ζηνὸς — ζῆν) *Or.* 1635 f. H. Steiger, Wie entstand der Orestes des Euripides S. 27 A. 36 und S. 48. *Troad.* 766 ff.: οὔποτ' εἰ Διός etc.

[3]) Decharme, Euripide pg. 364: „Mais, où est donc la tragédie“. Bergk, Griech. L.G. III. S. 553 ff.

[4]) *Stesichoros Fr.* 11 (Lyr. Gr.[4] 1897 ed. Crusius): Οὐκ ἔστ' ἔτυμος λόγος οὗτος· Οὐδ' ἔβας ἐν ναυσὶν εὐσέλμοις, Οὐδ' ἵκεο πέργαμα Τροίας. Stesichoros selbst scheint bei seiner Auffassung ein lakonisches Volksmärchen benützt zu haben: *Herod.* VI. 61. O. Müller, Gr. L.G. (ed. Heitz) I. S. 338. Robert, Bild und Lied S. 25 (165; 175; 181; 184). Lindskog, Stud. z. ant. Drama I. S. 101 ff.

[5]) O. Müller, Gr. L.G. I. S. 111; Bergk, Gr. L.G. III. S. 555. *Stasinus*, *Kypr.* bei Kinkel, *Ep. Gr. Fr.* 1 s. A. 115.

[6]) Auch Hekatäus kannte schon diese Sage. Gomperz, Gr. D. S. 209. Diels im Hermes XXII. S. 411 ff.

[7]) In dem 408 aufgeführten *Orestes* (78 f.) hat Euripides die Geschichte mit dem Trugbild wieder aufgegeben.

[8]) *Troad.* 989 f.: 'Ἀφροδίτη — ἀφροσύνη. Vgl. K. III. 1 A. 88.

[9]) Vgl. K. I. A. 125.

[10]) *Iph. Taur.* 388: ἄπιστα κρίνω. 391: Οὐδένα γὰρ οἶμαι δαιμόνων εἶναι κακόν. Vgl. *Bell. Fr.* 292, 7 (s. u.). *Goethe, Iph.* I. 3.

[11]) *Ovid. Met.* I. 198 ff.

[12]) Schiller, Ak. Antrittsrede: „Was heisst und zu welchem Ende studiert man Universalgeschichte?“ Werke IV. S. 218. *Pindar, Ol.* I. 52: 'Εμοὶ δ' ἄπορον γαστρίμαργον μακάρων τιν' εἰπεῖν, ἀφίσταμαι.

[13]) *El.* 737 f.: Λέγεται, τὰν δὲ πίστιν σμικρὰν παρ' ἔμοιγ' ἔχει.

[14]) Die *Schol.* zu *Or.* 998 erzählen die Geschichte ausführlich; Atreus war, scheint's, als Sternkundiger aufgefasst. Das Lamm allein wird auch noch *Iph. T.* 196 erwähnt.

[15]) *Fr.* 861: Δείξας γὰρ ἄστρων τὴν ἐναντίαν ὁδὸν Δήμους τ' ἔσωσα καὶ τύραννος ἱζόμην. F. G. Schmidt, Krit. Stud. II. pg. 496 hat in diesen Versen mit grosser Wahrscheinlichkeit ein Bruchstück des *Thyestes* erkannt. — Ribbeck, R. Tr. S. 201; Welcker S. 612.

[16]) *El.* 743 f.: Φοβεροὶ δὲ βροτοῖσι μῦθοι Κέρδος πρὸς θεῶν θεραπείας. *Kritias, Sisyphos* 1, 14 werden die Götter erfunden, ὅπως εἴη τι δεῖμα τοῖς κακοῖσι, nud der Erfinder Νεῖσιν δ' ἔφασκε τοὺς θεοὺς ἐνταῦθ', ἵνα Μάλιστ' ἂν

ἐξέπληξεν ἀνθρώπους λέγων, Ὅθεν περ ἔγνω τοὺς φόβους ὄντας βροτοῖς etc. Die Ausmalung der Allwissenheit Gottes 17 ff. erinnert etwas an *Xen. An.* II. 5, 7, eine Stelle, die mit ihrem Bilderreichtum an *Psalm* 139, 7 ff. gemahnt. — *Kritias Fr.* 1, *Sis.* 35 heisst die Sonne λαμπρὸς ἀστέρος μύδρος. *Eur. Phaeth. Fr.* 783: χρυσέα βῶλος. *Diog. L.* II. 10: φασὶ δ' αὐτόν (sc. Anaxagoras) προειπεῖν τὴν περὶ Αἰγὸς ποταμὸν γενομένην τοῦ λίθου πτῶσιν, ὃν εἶπεν ἐκ τοῦ ἡλίου πεσεῖσθαι. Ὅθεν καὶ Εὐριπίδην μαθητὴν ὄντα αὐτοῦ χρυσέαν βῶλον εἰπεῖν τὸν ἥλιον ἐν Φαέθοντι. Deshalb wollte Valckenaer (Diatribe pg. 31) in *Phaëthon Fr.* 771, 3 statt „ἥλιος ἀνίσχων χρυσέᾳ βάλλει φλογί" schreiben: χρυσέᾳ βώλῳ φλέγει, was aber zu dem Objekt χθόνα nicht passt. Zu *Or.* 983: βῶλον bemerkt ein *Scholiast* (Schwartz I. pg. 193): Ἀναξαγόρου δὲ μαθητὴς γενόμενος ὁ Εὐριπίδης μύδρον λέγει τὸν ἥλιον· οὕτως γὰρ δοξάζει· μύδρον δὲ καλοῦσι τὸν πεπυρακτωμένον σίδηρον. πέτραν δὲ καὶ βῶλον κατὰ τοῦ αὐτοῦ εἴρηκεν. Nach *Diog. L.* II. 8 nannte Anaxagoras die Sonne μύδρος διάπυρος, wozu noch zu vergleichen ist *Hippol. phil.* II. 6 (Diels Dox. Gr. pg. 562, 14): ἥλιον δὲ καὶ σελήνην καὶ πάντα τὰ ἄστρα λίθους εἶναι ἐμπύρους συμπεριληφθέντας ὑπὸ τῆς αἰθέρος περιφορᾶς. Vgl. auch *Xen. Mem.* IV. 7, 6 f. und *Plato, Ap. Socr.* 14 pg. 26 D. — Über den Anfang des *Sisyphos* s. Kap. III. 1 A. 43. — S. auch A. 113. — Pöhlmann, Sokrates und sein Volk S. 20.

[17]) Wilamowitz, Herakles [1] I. S. 33. Gewöhnlich folgt Euripides in astronomischen Dingen allerdings der Volksvorstellung, z. B. *Herakles* 403 ff. (Wilamowitz z. St.). Bei der Beschreibung einer Zeltdecke im *Ion* 1147 ff. schwebt ihm wohl ein Himmelsglobus mit Darstellung der Sternbilder vor, hatte doch schon Kleostratos von Tenedos um 520 eine Himmelskarte gezeichnet, Thales angeblich eine ναυτικὴ ἀστρολογίη verfasst (Maass, Aratea pg. 162). Auch Demokrit verwandte, wahrscheinlich in den σημεῖα, schon gewisse Sternbilder für den Kalender. Diese Dinge kannte Euripides ohne Zweifel. Umgekehrt haben seine Dramen wieder Anlass zur weiteren mythologischen Ausmalung des Himmelsbildes gegeben. Die Darstellung der Zwillinge in der illustrierten Leidener Germanicushandschrift ist beeinflusst von dem Typus des Zethus und Amphion in *Euripides' Antiope* (vgl. Schreiber, Hellenische Reliefbilder 5). Ebendort scheint auch das Bild der *Andromeda* auf das gleichnamige Drama des Euripides hinzuweisen (*Fr.* 124), wie überhaupt die Gruppe, welche dieses Sternbild mit dem des Perseus, Kepheus und der Kassiopeja zusammen bildet, wahrscheinlich auf „ein astronomisches Lehrgedicht zurückgeht, das von Euripides abhängig war". Vgl. G. Thiele, Antike Himmelsbilder. Mit Forschungen zu Hipparchos, Aratos und seinen Fortsetzern und Beiträgen zur Kunstgeschichte des Sternhimmels. Berlin, Weidmann 1898, S. 5. 6. 7. 17. 41. 98. 107 Fig. 24. 31.

[18]) *Heraklit Fr.* 29 (Byw.): ἥλιος οὐχ ὑπερβήσεται μέτρα· εἰ δὲ μή, Ἐρινύες μιν δίκης ἐπίκουροι ἐξευρήσουσι. — *Phön.* 546: Εἶθ' ἥλιος μὲν νύξ τε δουλεύει μέτροις. Vgl. *Philo Jud.* pg. 734 E: τίς γὰρ ἀγνοεῖ τοῦθ', ὅτι ἡλίῳ με μέτρηνται πρὸς νύκτας ἡμέραι καὶ πρὸς ἡμέρας νύκτες ἰσότητι διαστημάτων ἀναλογούντων. — Parodiert von *Strattis, Phön. Fr.* 2.

[19]) Kap. III. 1 A. 42.

[20]) Kap. III. 1 A. 2.

[21]) *Sext. Emp.* pg. 172, 18: θεοὺς γὰρ οἱ μὲν πολλοί φασιν εἶναι, τινὲς δὲ οὐκ εἶναι, ὥσπερ οἱ περὶ Διαγόραν τὸν Μήλιον καὶ Θεόδωρον καὶ Κριτίαν τὸν Ἀθηναῖον. *Plutarch, De superstitione* 12: τί δὲ Καρχηδονίοις οὐκ ἐλυσιτέλει:

Κριτίαν λαβοῦσιν ἢ Διαγόραν νομοθέτην ἀπ' ἀρχῆς, μήτε τινὰ θεῶν μήτε δαιμόνων νομίζειν ἢ τοιαῦτα θύειν οἷα τῷ Κρόνῳ ἔθυον. Bei *Cicero, De nat. deor.* I. 42, 117 f. werden zwar nur Diagoras und Theodoros genannt; aber die folgenden Worte passen so genau auf die im *Sisyphus Fr.* 1 ausgesprochene Meinung des Kritias, dass kaum jemand anderes damit gemeint sein kann: „Quid? ii qui dixerunt, totam de dis immortalibus opinionem fictam esse ab hominibus sapientibus reipublicae causa, ut, quos ratio non posset, eos ad officium religio duceret, nonne omnem religionem funditus sustulerunt?" Vgl. N. Bach, Critiae tyranni carminum aliorumque ingenii monumentorum quae supersunt. Lips. 1827 pg. 65 s. — Von des *Kritias* sehr durch die Astronomie beeinflusstem Gottesbegriff geben *Fr.* 592 und 593 des *Peirithous* eine Vorstellung. Welcker S. 590.

²²) Ἰδιώτης ἐν φιλοσόφοις καὶ φιλόσοφος ἐν ἰδιώταις. *Schol. Plat.* ed. Ruhnken pg. 200.

²³) Kap. III. 1 A. 44.

²⁴) *Herodot* I. 74. — *Plutarch, De plac. phil.* II. 24, 1. Nach Herodot hätte Thales die Sonnenfinsternis „vorausgesagt" (προηγόρευσε); dies ist aber bei den damaligen astronomischen Kenntnissen kaum möglich. Nach Plutarch scheint es vielmehr, als ob er sie nur auf natürliche Weise erklärt habe: Θαλῆς πρῶτος ἔφη ἐκλείπειν τὸν ἥλιον, τῆς σελήνης αὐτὸν ὑποτρεχούσης κατὰ κάθετον οὔσης φύσει γεώδους· βλέπεσθαι δὲ τοῦτο κατοπτρικῶς ὑποτιθεμένῳ τῷ δίσκῳ. Gomperz, Gr. D. I. S. 39 nimmt an, dass er „der babylonischen Wissenschaft, mit deren Elementen er in Sardes vertraut werden mochte, das Gesetz der periodischen Wiederkehr der Verfinsterungen entlehnte, welches ihn in den Stand setzte, die totale Sonnenfinsternis vom 28. Mai 595 ... vorherzusagen. Denn unmöglich kann er, dessen Vorstellung von der Gestalt der Erde noch eine kindlich naive war — hielt er sie doch für eine flache Scheibe, die auf Wasser ruht —, solche Einsicht auf theoretischem Weg gewonnen haben". Dazu S. 424 f. und Zeller, Phil. der Griechen ⁵ I. S. 183 ff. A. 2. Pöhlmann (Sokrates und sein Volk S. 14) hebt hervor, dass die geometrisch-astronomische Schulung der ionischen Philosophen aus den nautischen Bedürfnissen des milesischen Handels hervorging. Vgl. Über die ältesten Philosophenschulen der Griechen. Philos. Aufsätze, E. Zeller gewidmet, 1887 S. 244. — Wie anders noch *Archilochos Fr.* 71!

²⁵) P. de Lagarde, Deutsche Schriften ³ S. 49. Auf diesem Gedanken beruht auch das Buch von Tröls-Lund, Himmelsbild und Weltanschauung im Wandel der Zeiten. Deutsch von L. Bloch. Leipzig 1899.

²⁶) *Iph. Aul.* 1586: Φάσμ' οὐ γε μηδ' ὁρωμένου πίστις παρῆν. Der Vers gehört allerdings der hinsichtlich ihrer Echtheit zweifelhaften Schlusspartie des Stückes an, worin R. Wünsch (Rhein. Mus. 51. 1896 S. 141 ff.) und Wecklein (Sitz.Ber. der K. B. Ak. d. W. philos.philol. Kl. 1899 S. 310) die Fälschung neuerdings mit v. 1578 beginnen lassen. Wünsch will sogar nachweisen, dass Markos Musuros der Fälscher war. Sollte dem so sein, so hat er sich jedenfalls in den Geist des Dichters gut eingelebt, dem wenigstens v. 1586 so gut entspricht, dass man nicht gern an seinen nichteuripideischen Ursprung glaubt.

²⁷) *Iph. Taur.* 32 f.: Θόας, ὃς ὠκὺν πόδα τιθεὶς ἴσον πτεροῖς Εἰς τοὔνομ' ἦλθε τόδε ποδωκείας χάριν.

²⁸) H. Steiger, Warum schrieb Euripides seine Elektra? Philologus 1897 S. 593 A. 54.

²⁹) *Paläphatus* περὶ ἀπίστων bei Westermann, Mythographi Graeci pg. 268 ss. Susemihl, Gesch. d. gr. Litt. in der Alexandrinerzeit II. S. 54 ff. sagt, die Schrift sei „spätestens im letzten Jahrhundert v. Chr." verfasst. Die älteste Erwähnung findet sich allerdings erst in dem Ps.Virgilischen Gedicht *Ciris* 88. Aber Inhalt und Form, „die Verbindung rationalistischer Kritik mit romanhafter Erzählung, deren erstes bekanntes Beispiel die Schriften des Herakleoten Herodor sind" (vgl. Festa, Intorno all' opusculo di Palephato. Firenze-Roma 1890), und die zahlreichen Ionismen der Sprache, die mit Herodot und Hippokrates stimmen, sprechen dafür, dass die Schrift nicht über das 4. Jahrhundert herabzusetzen ist. „Er schrieb eben vor dem Hellenismus, vor Alexander, aber im 4. Jahrhundert": dies ist das Ergebnis von E. Schwartz (Berliner, Philolog. Wochenschrift XIV. 1894 S. 1575 ff.) in seiner Besprechung der folgenden drei Schriften: G. Vitelli, I manoscritti di Palefato. Studi italiani di filologia classica. Vol. I. pg. 241 ss. Firenze 1893. — F. Wipprecht, Quaestiones Palaephateae. Capita VI. Diss. Lips. Fock. 1892. — J. Schrader, Palaephatea. Berliner Abhandlungen zur klass. Alt.Wiss. I. 1. Berlin 1894. Durch diese Arbeiten ist überholt, was Westermann, Praef. XI ss. ausführt. Vgl. endlich Wilamowitz, Herakles² I. S. 100 f. A. 184.

³⁰) Über *Hekatäus* vgl. Gomperz, Griech. Denker S. 205 ff.; Pöhlmann, Sokrates und sein Volk S. 12. Die Bruchstücke bei Müller, Fr. hist. Gr. I. 1 ff.; über *Herodot*: Gomperz ib. S. 208 ff. und S. 451. — Ausserdem: G. Grote, Gesch. Griechenlands. Aus dem Englischen (Berlin 1880). I. S. 270 f. — Diels im Hermes XXII. pg. 411 ff. — E. Meyer im Philologus. Neue Folge II. S. 270. — Einen Überblick über ‚die Entwicklung der griechischen Aufklärung bis auf Sokrates' habe ich gegeben in „Neue Jahrbücher für kl. Alt.Wiss." etc. 1899 II. S. 177 ff.

³¹) *Alkmäon von Kroton*, ein jüngerer Zeitgenosse und Anhänger des Pythagoras, erkannte zuerst im Gehirn das geistige Zentralorgan. Die Bruchstücke seiner Schrift sind gesammelt und erörtert von Julius Sander in einem Programm des Gymnasiums in Wittenberg 1893. Er war ein Vorläufer des Hippokrates (Gomperz, Griech. Denker I. S. 119 ff.; 438 f.) und hat wohl auch auf Diogenes von Apollonia eingewirkt (ib. S. 302). Vgl. Th. Puschmann, Geschichte des medizinischen Unterrichts. Leipzig 1889 S. 38 f.

³²) Zum folgenden vgl. die treffliche Dissertation von A. Harries, Tragici Graeci qua arte usi sint in describenda insania. Kiel 1891, und A. Dieterich, Schlafscenen auf der attischen Bühne im Rhein. Mus. N. F. 46 (1891) S. 301 ff.

³³) Wilamowitz, De trag. Gr. Fr. pg. 14: „Orestis furia σύνεσις est, conscientia". Allerdings sind die Furien von Euripides in das ‚Bewusstsein' des Orestes verlegt, aber nicht als Gewissensqualen, sondern als subjektive Einbildungen. Dies zeigt auch die ganze Erörterung 395 ff., aus der man den v. 396 nicht einzeln herausgreifen darf. Vgl. auch Girard, Le sentiment religieux en Grèce pg. 494 ss.

³⁴) Hieher gehört auch der Aufsatz von Ch. Daremberg, Etat de la médecine entre Homère et Hippocrate in der Revue archéologique 1869, wo von Euripides freilich nur sehr kurz (Vol. XIX. pg. 67 s.) die Rede ist; vgl. ferner Weil, Etudes sur le drame antique pg. 119 s. und Dieterich, Schlafscenen auf der attischen Bühne im Rhein. Mus. 46 pg. 25 ff. — In der dem *Corpus Hippocratis* einverleibten Schrift περὶ ἱερῆς νόσου (ed. Ermerins Vol. II. pg. 49 ss.)

scheint unter der ‚heiligen Krankheit' teils die Epilcpsie, teils der Wahnsinn verstanden zu werden. Man schrieb eben im Volk alle abnormen Geisteszustände einer übernatürlichen Einwirkung der Götter zu, und gegen diese Auffassung protestiert die Schrift gleich mit den einleitenden Worten: cap. 1: περὶ μὲν τῆς ἱερῆς νούσου καλευμένης ὧδε ἔχει· οὐδέν τί μοι δοκέει τῶν ἄλλων θειοτέρη εἶναι νούσων οὐδὲ ἱερωτέρη, ἀλλὰ φύσιν μὲν ἔχειν, ἣν καὶ τὰ λοιπὰ νοσήματα, ὅθεν γίγνεται. — Vgl. auch Wilamowitz, Herakles[2] II. S. 205 f. Hier ist es nur unverständlich, dass in den *Bacchen* Pentheus wahnsinnig sein oder eine „fixe Idee" haben soll. Vielmehr ist Agaue dort als wahnsinnig gezeichnet (1269 f.). Pentheus ist nichts als ein nüchterner Gewaltmensch (s. o.). — Weiter äussert sich Wilamowitz περὶ τῆς ἱερῆς νούσου ib. S. 250, und S. 195 sagt er, dass Lyssa den Pentheus durch die Mänaden verfolge (*Bacch.* 977).

[25]) *De morbo sacro* 2: Ἐμοὶ δὲ δοκέουσι οἱ πρῶτοι τοῦτο τὸ νόσημα ἀφιερώσαντες τοιοῦτοι εἶναι ἄνθρωποι, οἷοι καὶ νῦν εἰσι μάγοι τε καὶ καθάρται καὶ ἀγύρται καὶ ἀλαζόνες, ὁκόσοι δὴ προςποιέονται σφόδρα θεοσεβέες εἶναι καὶ πλέον τι εἰδέναι. Οὗτοι ... ἱερὸν ἐνόμισαν τοῦτο τὸ πάθος εἶναι καὶ λόγους ἐπιλέξαντες ἐπιτηδείους τὴν ἴησ ν κατεστήσαντο ἐς τὸ ἀσφαλές σφισι αὐτοῖσι καθαρμοὺς προςφέροντες καὶ ἐπαοιδάς. — cap. 4: Οἱ ταῦτ' ἐπιτηδεύοντες δυσσεβέειν ἔμοιγε δοκέουσι καὶ θεοὺς οὔτ' εἶναι νομίζειν οὔτ' ἐόντας ἰσχύειν οὐδὲν οὔτ' εἰργεσθαι ἂν οὐδενός τῶν ἐσχάτων ... Οὐκ ἂν ἔγωγέ τι θεῖον νομίσαιμι τούτων εἶναι ἀλλ' ἀνθρώπινον. εἰ δὴ τοῦ θείου ἡ δύναμις ὑπὸ ἀνθρώπου γνώμης κρατέεται καὶ δεδούλωται ... Οὐ μέντοι ἔγωγε ἀξιῶ ὑπὸ θεοῦ ἀνθρώπου σῶμα μιαίνεσθαι. — cap. 5: Ἄρχεται δὲ ὥςπερ καὶ τὰ ἄλλα νοσήματα κατὰ γένος. — cap. 6: Ἀλλὰ γὰρ αἴτιος ὁ ἐγκέφαλος τούτου τοῦ πάθεος ὥςπερ καὶ τῶν ἄλλων νοσημάτων τῶν μεγίστων. — Zu grosse Feuchtigkeit des Gehirns: cap. 14: ὁ γὰρ ἐγκέφαλος ὑγρότερος γέγονε τῆς φύσιος. — cap. 17: μαινόμεθα μὲν ὑπὸ ὑγρότητος. Hiezu vgl. *Heraklit Fr.* 73 (Byw.): Ἀνὴρ ὁκόταν ἂν μεθυσθῇ, ἄγεται ὑπὸ παιδὸς ἀνήβου σφαλλόμενος, οὐκ ἐπαΐων, ὅκη βαίνει, ὑγρὴν τὴν ψυχὴν ἔχων. — Symptome: cap. 18: οἱ μὲν γὰρ ὑπὸ τοῦ φλέγματος μαινόμενοι ἥσυχοί τέ εἰσι καὶ οὐ βοῶσι οὐδὲ θορυβέουσι, οἱ δὲ ὑπὸ χολῆς κεκράκται τε καὶ κακοῦργοι καὶ οὐκ ἀτρεμαῖοι ἀλλ' ἀεί τι ἄκαιρον δρῶντες. — cap. 4: Ἂν δὲ ἀφρὸν ἐκ τοῦ στόματος ἀφίῃ καὶ τοῖσι ποσὶ λακτίζῃ, Ἄρης τὴν αἰτίαν ἔχει (letzteres natürlich nur nach der Meinung der Wunderthäter). — cap. 10: Ἄφωνός τε γίγνεται καὶ πνίγεται καὶ ἀφρός ἐκ τοῦ στόματος ἐκρέει καὶ οἱ ὀδόντες ξυνηρείκασι καὶ αἱ χεῖρες ξυσπῶνται καὶ τὰ ὄμματα διαστρέφονται καὶ οὐδὲν φρονέουσι. — cap. 17: Δείματα καὶ φόβοι παρίστανται ἡμῖν τὰ μὲν νύκτωρ τὰ δὲ καὶ μεθ' ἡμέρην καὶ ἐνύπνια καὶ πλάνοι ἄκαιροι καὶ φροντίδες οὐχ ἱκνεύμεναι καὶ ἀγνωσίη τῶν καθεστεώ των καὶ ἀήθεια καὶ ἀπειρίη. καὶ ταῦτα πάσχομεν ἀπὸ τοῦ ἐγκεφάλου πάντα. — cap. 19: Οἱ δὲ ὀφθαλμοὶ καὶ τὰ οὔατα καὶ ἡ γλῶσσα καὶ αἱ χεῖρες καὶ οἱ πόδες οἷα ἂν ὁ ἐγκέφαλος γιγνώσκῃ τοιαῦτα ὑπηρετοῦσι. — cap. 15: Προγιγνώσκουσι ὁκόταν μέλλωσι ληφθήσεσθαι καὶ φεύγουσι ἐκ τῶν ἀνθρώπων, ἤν μὲν ἐγγὺς αὐτῶν ὁ οἶκος ᾖ, οἴκαδε, ἢν δὲ μὴ ἐς τὸ ἐρημότατον, ὅπη μέλλουσι ὄψεσθαι αὐτὸν ἐλάχιστοι πεσόντα, εὐθύς τε ἐγκαλύπτεται· τοῦτο δὲ ποιέει ὑπ' αἰσχύνης τοῦ πάθεος καὶ οὐχ ὑπὸ φόβου, ὡς οἱ πολλοὶ νομίζουσι, τοῦ δαιμονίου. — cap. 1: Οἶδα ... παραφρονέοντας, μέχρις ἂν ἐξέγρωνται, ἔπειτα δὲ ὑγιέας ἐόντας καὶ φρονέοντας ὥςπερ καὶ πρότερον, ὠχροὺς δὲ καὶ ἀσθενέας. — *Aphorismi* (II. 2 Ermerius Vol. I. pg. 402): Ὅκου παραφροσύνην ὕπνος παύει, ἀγαθόν. — Gesamturteil *de morbo sacro* cap. 21: Ταῦτα δ' ἐστὶ θεῖα, ὥστε μὴ δεῖν διακρίνοντα τὸ νόσημα θειότερον τῶν

λοιπῶν νοσημάτων νομίζειν ἀλλὰ πάντα θεῖα καὶ ἀνθρώπινα πάντα. — Vgl. auch Wilamowitz zu *Hippolytos* 131 ff. S. 193. — Auch die bildende Kunst stellte an Herakles die Symptome des Wahnsinns dar: *Philostr. Im.* 2, 23.

36) *Eur. Beller. Fr.* 292: Πρὸς τὴν νόσον τοι καὶ τὸν ἰατρὸν χρεὼν Ἰδόντ' ἀκεῖσθαι, μὴ ἐπιτὰξ τὰ φάρμακα Διδόντ', ἐὰν μὴ ταῦτα τῇ νόσῳ πρέπῃ· Νόσοι δὲ θνητῶν αἱ μέν εἰσ' αὐθαίρετοι, Αἱ δ' ἐκ θεῶν πάρεισιν, ἀλλὰ τῷ νόμῳ Ἰώμεθ' αὐτάς. ἀλλά σοι λέξαι θέλω, Εἰ θεοί τι δρῶσιν αἰσχρόν, οὐκ εἰσιν θεοί. Der Gedankengang der Verse ist: Die Behandlung jeder Krankheit erfordert vorher eine Untersuchung durch den Arzt. Was die Ursachen der Krankheit angeht, so ziehen sich manche Menschen durch eigene Schuld Leiden zu. Bei vielen Krankheiten aber lässt sich keine Selbstverschuldung nachweisen; diese kommen also von den Göttern. Wenn aber die Götter Menschen ohne Grund quälen, so ist das schändlich und ungöttlich. — Es ist sehr wahrscheinlich, dass Euripides hier besonders solche Krankheiten im Auge hat, die man mit Vorliebe auf die Götter zurückführte, nämlich eben Geisteskrankheiten; und er stimmt mit der Ablehnung dieser Meinung durchaus mit dem Verfasser der Schrift περὶ ἱερῆς νούσου überein. Vgl. *Pyth.* χρυσᾶ ἔπη 54: Γνώσῃ δ' ἀνθρώπους αὐθαίρετα πήματ' ἔχοντας Τλήμονας ... λύσιν δὲ κακῶν παῦροι συνίσασι.

37) *Fr.* 917: ὅσοι δ' ἰατρεύειν καλῶς, Πρὸς τὰς διαίτας τῶν ἐνοικούντων πόλιν Τὴν γῆν ἰδόντας τὰς νόσους σκοπεῖν χρεὼν (den ersten Vers zu ändern ist unnötig; natürlich muss ἰατρεύειν von einem vorausgegangenen θέλουσι oder dergleichen abhängig sein). Schon *Clemens Al. Strom.* VI. pg. 749 erinnert hiebei an *Hippokrates* und hat offenbar den Anfang der Schrift περὶ ἀέρων, ὑδάτων, τόπων (Ermerius Vol. I. pg. 239 ss.) im Sinn: Ἰητρικὴν ὅστις βούλεται ὀρθῶς ζητεῖν, τάδε χρὴ ποιέειν· πρῶτον μὲν ἐνθυμέεσθαι τὰς ὥρας τοῦ ἔτεος, ὅτι δύναται ἀπεργάζεσθαι ἑκάστη ... ἔπειτα δὲ τὰ πνεύματα τὰ θερμά τε καὶ τὰ ψυχρά· μάλιστα μὲν τὰ κοινὰ πᾶσι ἀνθρώποισι, ἔπειτα δὲ καὶ τὰ ἐν ἑκάστῃ χώρῃ ἐπιχώρια ὄντα. Δεῖ δὲ καὶ τῶν ὑδάτων ἐνθυμέεσθαι τὰς δυνάμιας ... Ὥστε ἐς πόλιν, ἐπειδὰν ἀφίκηταί τις, ἧς ἄπειρός ἐστι, διαφροντίσαι χρὴ τὴν θέσιν αὐτῆς ὅκως κέεται ... καὶ τὴν γῆν, πότερον ψιλή τε καὶ ἄνυδρος ἢ δασεῖα καὶ ἔφυδρος ... καὶ τὴν δίαιταν τῶν ἀνθρώπων, ὁκοίῃ ἥδονται. Daremberg a. a. O. S. 67; Harries S. 14. — In cap. 19 derselben Schrift lesen wir: Τὸ δὲ αἴτιον τούτου (sc. an der Fruchtbarkeit Asiens) ἡ κρᾶσις τῶν ὡρέων· ὅτι τοῦ ἡλίου ἐν μέσῳ τῶν ἀνατολῶν κεῖται πρὸς τὴν ἠῶ, τοῦ τε ψυχροῦ πορρωτέρω καὶ τοῦ θερμοῦ· τὴν δὲ αὔξησιν καὶ ἡμερότητα παρέχει πλεῖστον ἁπάντων, ὁκόταν μηδὲν ᾖ ἐπικρατοῦν βιαίως ἀλλὰ παντὸς ἰσομοιρίη δυναστεύῃ. Hiezu vgl. *Eur. Fr.* 981: Εἰ δὲ πάρεργον χρή τι κομπάσαι, γύναι, Οὐρανὸν ὑπὲρ γῆς ἔχομεν εὖ κεκραμένον, Ἵν' οὔτ' ἄγαν πῦρ οὔτε χεῖμα συμπίτνει· Ἃ δ' Ἑλλὰς Ἀσία τ' ἐκτρέφει κάλλιστα, γῆν Δέλεαρ ἔχοντες [τήνδε] συνθηρεύομεν (v. 4 f. nach der Konjektur von Lobeck). Ebenso rühmt *Herodot* III. 106, dass ἡ Ἑλλὰς τὰς ὥρας πολλόν τι κάλλιστα κεκρημένας ἔλαχε. Offenbar stehen hier der Dichter wie der Geschichtschreiber unter dem Einfluss der von Hippokrates vertretenen Lehre, wenigstens prinzipiell, wenn auch mit dem Unterschied, dass Euripides und Herodot die glückliche Mischung der Jahreszeiten, welche Hipp. nur für Asien gelten lässt, auch für das europäische Griechenland beanspruchen. Auch in dem Chorlied der *Medea* 824 ff. rühmt *Euripides* das Klima von Hellas. Nach *Plato, Phädrus* 54 pg. 270 C hat Hippokrates zuerst systematisch derartige Beobachtungen angestellt, und unter allen Hippokratischen Schriften kann die genannte am meisten

Anspruch auf die Autorschaft des grossen Arztes erheben. Weygoldt (Die pseudohippokratische Schrift περὶ διαίτης in Fleckeisens Jahrbüchern 1882 S. 161 ff.) nennt die Schrift περὶ ἀέρων „das eigentliche Programm der Hippokratischen Medizin". — Bei *Herodot* vgl. auch noch II. 77 (Ägypten). *Sophokles* in dem berühmten Chorlied im *Öd. Kol.* 668 ff. nähert sich auch dieser Gedankensphäre. Endlich wird sie noch von *Isokrates* VII. 74 berührt in seinen Ausführungen über Attika (Wecklein zu *Med.* 844). — R. Pöhlmann, Hellenische Anschauungen über den Zusammenhang von Natur und Geschichte. Leipzig 1879 S. 12 ff.

[38]) *Fr.* 1072: Μέλλων τ' ἰατρὸς τῇ νόσῳ διδοὺς χρόνον Ἰάσαι ἤδη μᾶλλον ἢ τεμὼν χρόα. — *Fr.* 1086: Ἄλλων ἰατρὸς αὐτὸς ἕλκεσιν βρύων. Vgl. *Luk.* 4, 23 und 23, 35.

[39]) Die Schrift περὶ τέχνης, schreibt Gomperz in seiner trefflichen Ausgabe, Übersetzung und Erklärung dem *Protagoras* zu. Sitz.Ber. der Wiener Ak. d. W. phil.hist. Kl. 120. 1890. IX. Abhandlung S. 1—196. Doch vgl. Zeller, Phil. d. Gr.[5] I. 2 S. 1055 A. 3.

[40]) *Hypoth.* I.: τὸ δὲ δρᾶμα κομικώτερον ἔχει τὴν καταστροφήν. *Hypoth.* II.: τὸ δὲ παρὸν δρᾶμά ἐστιν ἐκ τραγικοῦ κωμικόν· λήγει γὰρ εἰς τὰς παρ' Ἀπόλλωνος διαλλαγὰς ἐκ συμφορῶν εἰς εὐθυμίαν κατηντηκός. S. Kap. I. A. 96.

[41]) Mit Recht schreiben Wecklein und Wilamowitz v. 1351 statt des überlieferten ἐγκαρτερήσω θάνατον vielmehr βίοτον. Nur dies entspricht dem Zusammenhang 1347 ff.

[42]) *De morbo sacro* 1: Τοῦτο δὲ ὁρέω μαινομένους ἀνθρώπους καὶ παραφρονέοντας ἀπὸ μηδεμιῆς προφάσιος ἐμφανέος καὶ πολλά τε καὶ ἄκαιρα ποιέοντας. — Rötung und Rollen der Augen c. 18: τὸ πρόσωπον φλογιᾷ καὶ οἱ ὀφθαλμοὶ ἐρεύθονται, ὁκόταν φοβῆται. — *Epidem.* VI. Buch 1, 15: Ὄμματος θράσος παρακρουστικόν· καὶ ἔρριψις καὶ κατάκλασις, κακόν. — Lachen: *Aphorismi* 6, 53: Αἱ παραφροσύναι αἱ μὲν μετὰ γέλωτος γενόμεναι ἀσφαλέστεραι, αἱ δὲ μετὰ σπουδῆς ἐπισφαλέστεραι. — Bewusstloses Handeln: *de morbo sacro* 17: παρίστανται ἡμῖν ... ἐνύπνια καὶ πλάνοι ἄκαιροι καὶ φροντίδες οὐχ ἱκνεύμεναι καὶ ἀγνωσίη τῶν καθεστεώτων καὶ ἀήθεια καὶ ἀπειρίη. — Vgl. auch Weil, Etudes sur le drame antique pg. 190 s.

[43]) S. A. 34 Schluss. Man vergleiche besonders *Herakles* 988 f. die Worte des Sohnes des Herakles, die er an diesen richtet: „Ὦ φίλτατ", αὐδᾷ, „μή μ' ἀποκτείνῃς, πάτερ· Σός εἰμι, σὸς παῖς, οὐ τὸν Εὐρυσθέως ὀλεῖς", mit der Bitte des Pentheus an Agaue (*Bacch.* 1118 ff.): „ἐγώ τοι, μῆτερ, εἰμὶ παῖς σέθεν Πενθεύς, ὃν ἔτεκες ἐν δόμοις Ἐχίονος· Οἴκτειρε δ', ὦ μῆτέρ, με μηδὲ ταῖς ἐμαῖς Ἁμαρτίαισι σπέρμα σὸν κατακτάνῃς". Selbst die begleitenden Gesten sind ganz ähnlich: *Her.* 987: πρὸς γένειον χεῖρα καὶ δέρην βαλών. *Bacch.* 1117 f.: παρηΐδος ψαύων.

[43a]) *Alkmeon Fr.* 68: Μητέρα κατέκταν' τὴν ἐμήν, βραχὺς λόγος. Ἑκὼν ἑκοῦσαν ἢ [οὐ] θέλουσαν οὐχ ἑκών; *Aristoteles Eth. Nic.* V. 11 pg. 1336 a bemerkt dazu: πότερον γὰρ ὡς ἀληθῶς ἐστιν ἑκόντα ἀδικεῖσθαι ἢ οὒ ἀλλ' ἀκούσιον ἅπαν, ὥσπερ καὶ τὸ ἀδικεῖν πᾶν ἑκούσιον; Welcker S. 578.

[44]) Wilamowitz, Herakles[2] I. S. 127 ff. — Derselbe, Bakchylides S. 14 f. *Aristot. Probl.* 30, 1: Διὰ τί πάντες ὅσοι περιττοὶ γεγόνασιν ἄνδρες ἢ κατὰ φιλοσοφίαν ἢ πολιτικὴν ἢ ποίησιν ἢ τέχνας φαίνονται μελαγχολικοὶ ὄντες καὶ οἱ μὲν οὕτως ὥστε καὶ λαμβάνεσθαι τοῖς ἀπὸ μελαίνης χολῆς ἀρρωστήμασιν οἷον λέγεται τῶν τε ἡρωικῶν τὰ περὶ τὸν Ἡρακλέα. Καὶ γὰρ ἐκεῖνος ἔοικε γενέσθαι ταύτης

τῆς φύσεως, διὸ καὶ τὰ ἀρρωστήματα τῶν ἐπιληπτικῶν ἀπ' ἐκείνου προςηγόρευον οἱ ἀρχαῖοι ἱερὰν νόσον. καὶ ἡ περὶ τοὺς παῖδας ἔκστασις καὶ ἡ πρὸ τῆς ἀφανίσεως ἐν Οἴτῃ τῶν ἑλκῶν ἔκφυσις γενομένη τοῦτο δηλοῖ· καὶ γὰρ τοῦτο γίνεται πολλοῖς ἀπὸ μελαίνης χολῆς. — *Senec. De tranqu. an.* 17, 10: sive credimus ... Aristoteli: nullum magnum ingenium sine mixtura dementiae fuit. — Weil, Etudes sur le drame antique pg. 191.

⁴⁵) *Herakles* 347: Ἀμαθής τις εἶ θεός, ἢ δίκαιος οὐκ ἔφυς.

⁴⁶) *Her.* 1263: Ζεὺς δ', ὅστις ὁ Ζεύς. S. Kap. I. A. 100. Mit v. 1263 steht 1258, wo sich Zeus als einen Sohn des Amphitryo bezeichnet, im Widerspruch. Man könnte geneigt sein, darin eine verdeckte Kritik des Mythus zu sehen, ähnlich wie im *Ion* (s. Kap. III. 1). Aber Weil (Drame antique pg. 196 s.) hat scharfsinnig bemerkt, dass diese doppelte Vaterschaft des Zeus und Amphitryo schon in dem angeblich *Hesiodeischen Schild des Herakles* (27 ff. und 79 ff.) vorkommt.

⁴⁷) *Her.* 1314 f.: Οὐδεὶς δὲ θνητῶν ταῖς τύχαις ἀκήρατος Οὐ θεῶν, ἀοιδῶν εἴπερ οὐ ψευδεῖς λόγοι ... 1317 f.: ἀλλ' οἰκοῦσ' ὅμως Ὄλυμπον ἠνέσχοντό θ' ἡμαρτηκότες.

⁴⁸) *Her.* 1340 ff.: Οἴμοι πάρεργα [μὲν] τάδ' ἔστ' ἐμῶν κακῶν· Ἐγὼ δὲ τοὺς θεοὺς οὔτε λέκτρ' ἃ μὴ θέμις Στέργειν νομίζω, δεσμά τ' ἐξάπτειν χεροῖν Οὔτ' ἠξίωσα πώποτ' οὔτε πείσομαι Οὐδ' ἄλλον ἄλλου δεσπότην πεφυκέναι. Δεῖται γὰρ ὁ θεός, εἴπερ ἐστ' ὀρθῶς θεός, Οὐδενός· ἀοιδῶν οἴδε δύστηνοι λόγοι. Vgl. *Hipp.* 1327 ff. (S. 126) und dazu ζ 328 ff. (Poseidon und Athene).

⁴⁹) *Solon Fr.* 26: πολλὰ ψεύδονται ἀοιδοί.

⁵⁰) *Xenophanes Fr.* 7 (Mullach): Πάντα θεοῖς ἀνέθηκαν Ὅμηρος θ' Ἡσίοδος τε, Ὅσσα παρ' ἀνθρώποισιν ὀνείδεα καὶ ψόγος ἐστίν, Καὶ πλεῖστ' ἐφθέγξαντο θεῶν ἀθεμίστια ἔργα Κλέπτειν, μοιχεύειν τε καὶ ἀλλήλους ἀπατεύειν. — In *Fr.* 6 wendet sich *Xenophanes* gegen den Anthropomorphismus überhaupt (s. u.). Dass Euripides hier dem Kolophonier folgt, ist allgemein anerkannt: Wilamowitz z. St. Her.² II. S. 272 f. Gomperz (Griech. Denker S. 131 und 140 f.) will X. nur nicht als „Monotheisten" gelten lassen (nach Freudenthals Vorgang: Über die Theologie des Xenophanes, Breslau 1886), eine Ansicht, die von Zeller, Phil. d. Gr.⁵ I. S. 524 ff. glänzend widerlegt wird. Mit Dümmler (Akad. S. 146 A. 1) in den Versen ausser dem Xenophanischen Einfluss eine „Konzession an Protagoras" zu erkennen, sehe ich keinen Grund ein. — Vgl. noch die Paraphrase Xenophanischer Verse bei *Ps.Plutarch, Strom.* 4 (Diels Dox. Gr. pg. 580, 14 ff.): ἀποφαίνεται δὲ καὶ περὶ θεῶν ὡς οὐδεμιᾶς ἡγεμονίας ἐν αὐτοῖς οὔσης· οὐ γὰρ ὅσιον δεσπόζεσθαί τινα τῶν θεῶν· ἐπιδεῖσθαί τε μηδενὸς αὐτῶν μηδένα μηδ' ὅλως.

⁵¹) *Antiphon* sagte im 1. Buch seiner Ἀλήθεια von der Gottheit: διὰ τοῦτο οὐδενός δεῖται οὐδὲ προςδέχεται οὐδενός τι ἀλλ' ἄπειρος καὶ ἀθέητος. Blass, *Ant. Fr.* 80 pg. 130.

⁵²) Nägelsbach, Nachhomerische Theologie S. 44.

b) Kritik einzelner religiöser Gebräuche.

⁵³) Die harmloseste und ungefährlichste, offenbar auch häufigste Art war das Kultusorakel, wobei der konsultierende Pilger anfragte: τίνι θεῶν θύων καὶ εὐχόμενος [καλῶς πράξω]; Die in Dodona gefundenen Bleitäfelchen zeigen dies aufs deutlichste (Carapanos, Dodone et ses ruines Pl. XXXIV—XL. pg. 68 ss.).

Es ist nicht unmöglich, dass Xenophon, der nach dem Rat des Sokrates anfragen sollte, o b er den Zug des Kyros mitmachen solle, ein Formular mit dem obigen stereotypen Anfang zur Ausfüllung erhielt und somit den Tadel des Sokrates eigentlich nicht verdiente. *Xen. An.* III. 1, 5 ff.; Pomtow, Die Orakelinschriften in Dodona in Fleckeisens Jahrbüchern Bd. 127. 1883 S. 305 ff. — Burckhardt, Gr. K.G. II. S. 323. 331 f.

⁵⁴) M 243: Εἰς οἰωνὸς ἄριστος ἀμύνεσθαι περὶ πάτρης. Freilich werden ja hier die οἰωνοὶ nur in einen Gegensatz zum Ratschluss des Zeus gestellt, den dieser durch Iris dem Hektor direkt hat mitteilen lassen (Λ 185 ff.). Aber sonst kommen eben die Vogelzeichen von Zeus; es wird also zum mindesten diese Art der göttlichen Offenbarung geringschätzig behandelt. Burckhardt, Gr. K.G. II. S. 277. — β 181 f.: Ὄρνιθες δέ τε πολλοὶ ὑπ' αὐγὰς Ἠελίοιο Φοιτῶσ', οὐδέ τε πάντες ἐναίσιμοι. Dies sagt allerdings der freche Eurymachos; aber bezeichnend ist es doch, dass es schon solche Zweifler gab: darunter Telemach α 415 f.: Οὔτε θεοπροπίης ἐμπάζομαι, ἥντινα μήτηρ Ἐς μέγαρον καλέσασα θεοπρόπον ἐξερέηται.

⁵⁵) *Hesiod Fr.* 187 Kinkel = 197 Rzach (*Melampodia*): Μάντις δ' οὐδείς ἔστω ἐπιχθονίων ἀνθρώπων, Ὅστις ἂν εἰδείη Ζηνὸς νόον αἰγιόχοιο. Burckhardt, Gr. K.G. II. S. 295.

⁵⁶) *Epicharm Fr.* 9 (Kaibel) aus den Ἁρπαγαί: ὡςπεραὶ πονηραὶ μάντιες Αἴ θ' ὑπονέμονται γυναῖκας μωρὰς ἄμ πεντόγχιον Ἀργύριον, ἄλλαι δὲ λίτραν, ταὶ δ' ἀν' ἡμιλίτριον δεχόμεναι καὶ πάντα γινώσκοντι τῶι... λόγωι. — *Solon Fr.* 12, 55 f.: τὰ δὲ μόρσιμα πάντως Οὔτε τις οἰωνὸς ῥύσεται οὔθ' ἱερά.

⁵⁷) *Plutarch, Per.* 6. Er macht dazu die wohlweise Bemerkung: ἐκώλυε δ' οὐδέν, οἶμαι, καὶ τὸν φυσικὸν ἐπιτυγχάνειν καὶ τὸν μάντιν, τοῦ μὲν τὴν αἰτίαν, τοῦ δὲ τὸ τέλος ἐκλαμβάνοντος· ὑπέκειτο γὰρ τῷ μὲν, ἐκ τίνων γέγονε καὶ πῶς πέφυκε, θεωρῆσαι· τῷ δέ, πρός τί γέγονε καὶ τί σημαίνει, προειπεῖν. Lampon scheint übrigens sogar bei der Gründung von Thurii beteiligt gewesen zu sein (*Aristoph. Wolken* 332).

⁵⁸) Vgl. auch *Thuk.* VII. 50: s. A. 69.

⁵⁹) *El.* 399 f.: Λοξίου γὰρ ἔμπεδοι Χρησμοί, βροτῶν δὲ μαντικὴν χαίρειν ἐῶ. Vgl. übrigens Kap. VI. 2 A. 101. Die Wahrsager wurden vielfach auch von den politischen Parteiführern erkauft und dadurch oft geradezu staatsgefährlich, weshalb sich zuweilen die Regierung veranlasst sah, ihr Treiben zu überwachen, wie aus *Äneas Tacticus* X. 4 hervorgeht, der für den Fall einer Belagerung den Rat giebt, man solle nicht zulassen ,θύεσθαι μάντιν ἰδίᾳ ἄνευ τῶν ἀρχόντων'. Kleon hatte viel mit Hilfe der χρησμολόγοι gearbeitet, wie aus *Aristophanes' Rittern* (115 f. mit *Schol.*; 217 ff.; 817 ff.; 961; 1058; 1080; 1229) hervorgeht. — Ribbeck (Röm. Tr. S. 158) glaubt aus *Hygin 26* („sacerdos Dianae Medeam exagitare coepit") schliessen zu dürfen, dass auch im *Ägeus* „durch Umtriebe der Parteien, darunter der Pfaffen (als Spiegel der Gegenwart), die Klarheit und der Adel athenischen Wesens vorübergehend getrübt wurde".

⁶⁰) *Phön.* 958 f.: Φοῖβον ἀνθρώποις μόνον Χρῆν θεσπιωδεῖν, ὃς δέδοικεν οὐδένα. Vgl. *Soph. Öd. T.* 316 f.: Φεῦ, φεῦ, φρονεῖν ὡς δεινὸν ἔνθα μὴ τέλη λύῃ φρονοῦντι. Auf die prekäre Lage der Seher beziehen sich wahrscheinlich auch die Worte des *Polyidos Fr.* 635: s. Kap. I. A. 33 S. 383. Welcker S. 770. — J. Öri, De Herodoti fonte Delphico (Diss. Basel 1899), sucht nachzuweisen, dass

Herodot unter anderem aus einer Sammlung von Apologien, gleichsam Rettungen des Apollo, geschöpft habe, welche beabsichtigte, den stark erschütterten Ruhm der Unfehlbarkeit des Gottes wiederherzustellen.

⁶¹) S. Kap. II. A. 8 und unten A. 69.

⁶²) *Iph. Aul.* 956 ff.: τίς δὲ μάντις ἔστ'; ἀνήρ, "Ος ὀλίγ' ἀληθῆ, πολλὰ δὲ ψευδῆ λέγει Τυχών· ὅταν δὲ μὴ τύχῃ, διοίχεται. So ist zu interpungieren. Achilles wirft die Frage auf, was ein Seher sei, und giebt selbst darauf die Antwort. Nauck setzt ganz sonderbar nach ἔστ' kein Interpunktionszeichen und nach διοίχεται ein Fragezeichen.

⁶³) *Iph. Aul.* 520 f. Ag.: Τὸ μαντικὸν πᾶν σπέρμα φιλότιμον κακόν. Men.: Κοὐδὲν ἀρεστὸν οὐδὲ χρήσιμον παρόν.

⁶⁴) *Hel.* 744 f.: ἀλλά τοι τὰ μάντεων Ἐςεῖδον ὡς φαῦλ' ἐστι καὶ ψευδῶν πλέα. 757: Γνώμη δ' ἀρίστη μάντις ἥ τ' εὐβουλία. Burckhardt, Griech. K.G. II. S. 297.

⁶⁵) *Hipp.* 1058 f.: τοὺς δ' ὑπὲρ κάρα Φοιτῶντας ὄρνεις πόλλ' ἐγὼ χαίρειν λέγω.

⁶⁶) *Iph. T.* 569 ff. Iph : Ψευδεῖς ὄνειροι, χαίρετ'· οὐδὲν ἦτ' ἄρα. Or.: Οὐδ' οἱ σοφοί γε δαίμονες κεκλημένοι Πτηνῶν ὀνείρων εἰσὶν ἀψευδέστεροι. Πολὺς ταραγμὸς ἔν τε τοῖς θείοις ἔνι Κἀν τοῖς βροτείοις. Schon *Herodot* VII. 116 lässt den Artabanos die mantische Bedeutung der Träume bestreiten und dafür die natürliche Erklärung geben: πεπλανῆσθαι αὗται μάλιστα εἰώθασι αἱ ὄψεις τῶν ὀνειράτων, τά τις ἡμέρης φροντίζει. Der Verfasser der Schrift περὶ τῆς ἱερῆς νούσου 17 führt (Littré VI. pg. 352 s.) schreckliche Träume auf Blutandrang zum Kopfe zurück und empfiehlt dagegen diätetische Mittel. „Diese Ansicht wird in der zweiten Hälfte des 5. Jahrhunderts besonders unter den Gebildeten weit verbreitet gewesen sein" (Fredrich, Hippokratische Untersuchungen S. 214 . Einen Niederschlag dieser griechischen Aufklärung hinsichtlich der Träume finden wir in einem Bruchstück des *Brutus* von *Accius* bei *Cicero de div.* I. 22, 45, wo es sich um einen Traum des Tarquinius Superbus handelt: „Rex, quae in vita usurpant homines, cogitant, curant, vident, Quaeque agunt vigilantes agitantque, ea si cui in somno accidunt, Minus mirandum est". — Vgl. übrigens *Herodots* Bekenntnis VIII. 77: χρησμοῖσι δὲ οὐκ ἔχω ἀντιλέγειν ὡς οὐκ εἰσι ἀληθέες, οὐ βουλόμενος ἐναργέως λέγοντας πειρᾶσθαι καταβάλλειν ἐς τοιάδε πρήγματα ἐς-βλέψας. Mit καταβάλλειν deutet *Herodot*, wie Radermacher gesehen hat (Euripides und die Mantik im Rhein. Mus. 53. 1898 S. 501 A. 4), wie *Euripides* (*Bacch.* 202 vgl. Kap. III. 1 A. 72) und *Aristophanes* (*Wolken* 1229: ‚τὸν ἀκατάβλητον λόγον') auf die καταβάλλοντες λόγοι des *Protagoras*. Vgl. auch *Ps.Epicharm Fr.* 254,5 (Kaibel) und *Eur. Iph. Aul.* 1013. Nach *Cicero de div.* I. 3,5 wäre ausser Epikur Xenophanes der einzige Philosoph gewesen, der trotz seines Götterglaubens die Mantik radikal verwarf: X. unus, qui deos esse dicunt, divinationem funditus sustulit.

⁶⁷) *Iph. T.* 711 ff.: Ἡμᾶς δ' ὁ Φοῖβος μάντις ὢν ἐψεύσατο· Τέχνην δὲ θέμενος ὡς προσωτάθ' Ἑλλάδος Ἀπήλασ' αἰδοῖ τῶν πάρος μαντευμάτων.

⁶⁸) *Andromache* 1161 ff.: Τοιαῦθ' ὁ τοῖς ἄλλοισι θεσπίζων ἄναξ, Ὁ τῶν δικαίων πᾶσιν ἀνθρώποις κριτής, Δίκας διδόντα παῖδ' ἔδρασ' Ἀχιλλέως. Ἐμνημόνευσε δ' ὥσπερ ἄνθρωπος κακὸς Παλαιὰ νείκη· πῶς ἂν οὖν εἴη σοφός; vgl. A. 98.

⁶⁹) *Thuk.* VIII. 1: ὠργίζοντο δὲ καὶ τοῖς χρησμολόγοις τε καὶ μάντεσι καὶ ὁπόσοι τι τότε αὐτοὺς θειάσαντες ἐπήλπισαν ὡς λήψονται Σικελίαν. VII. 50: ἦν γὰρ (sc. Nikias) τι καὶ ἄγαν θειασμῷ τε καὶ τῷ τοιούτῳ προσκείμενος. — Ähnlich

war es am Anfang des Kriegs nach den ersten Misserfolgen: *Thuk.* II. 8 und 21; auch V. 103. Vgl. *Philokt. Fr.* 795 s. A. 61 und Kap. II. A. 8. Pöhlmann, Sokrates und sein Volk S. 29. — Ob auch *Pleisth. Fr.* 627 eine Anspielung enthält, lässt sich nicht mehr ausmachen: Εἰσὶν γάρ, εἰσὶ διφθέραι μελεγγραφεῖς Πολλῶν γέμουσαι Δοξίου γηρυμάτων.

⁷⁰) Zu der Erzählung im *Eryxias* vgl. Welcker, Prodikos von Keos, Kl. Schr. II. S. 525 f. Sokrates sieht darin ein Zeichen dafür, ὡς ἔχουσιν οἱ ἄνθρωποι πρὸς τὴν φιλοσοφίαν. — Diagoras von Melos geächtet: *Diodor* XIII. 6. — Des Protagoras Schriften verbrannt: *Diog. Laert.* IX. 24, 51. 54 ff.; *Cic. de nat. deor.* I. 23, 63. — Diogenes von Apollonia gefährdet: *Diog. L.* IX. cap. 9, 52 (der Ankläger des Protagoras, Pythodoros, ist neuerdings in einem zu Eleusis aufgefundenen Reiterdenkmal mit hoher Wahrscheinlichkeit erkannt worden: Brückner, Ath. Mitteil. XIV. 398 ff.; Gomperz, Gr. Denker I. S. 471). — Pöhlmann, Sokrates S. 91. 112 ff.

⁷¹) *Hik.* 262: Ὡσ οὐδὲν ἡμῖν ἤρκεσαν λιταὶ θεῶν.

⁷²) *El.* 198: Οὐδεὶς θεῶν ἐνοπὰς κλύει Τᾶς δυσδαίμονος.

⁷³) *Troad.* 469 ff.: Ὦ θεοί· κακοὺς μὲν ἀνακαλῶ τοὺς συμμάχους, Ὅμως δ᾽ ἔχει τι σχῆμα κικλήσκειν θεούς, Ὅταν τις ἡμῶν δυστυχῇ λάβῃ τύχην. — 1280 f.: ἰὼ θεοί. καὶ τί τοὺς θεοὺς καλῶ; Καὶ πρὶν γὰρ οὐκ ἤκουσαν ἀνακαλούμενοι.

⁷⁴) Hieher gehört wohl auch der Schluss von *Beller. Fr.* 286, 10 ff.: s. A. 103.

⁷⁴ᵃ) *Hipp. Fr.* 432 s. Kap. V. 2 A. 51.

⁷⁵) *Philoktet Fr.* 794: Ὁρᾶτε δ᾽ ὡς κἂν θεοῖσι κερδαίνειν καλόν, Θαυμάζεται δ᾽ ὁ πλεῖστον ἐν ναοῖς ἔχων Χρυσόν· τί δῆτα καὶ σὲ κωλύει [λαβεῖν] Κέρδος, παρόν γε κἀξομοιοῦσθαι θεοῖς; v. 3 λαβεῖν add. Sylburg. Ribbeck, R. Tr. S. 391.

⁷⁶) S. Kap. III. 1 A. 10.

⁷⁷) *Danaë Fr.* 327, 6 f.: εἰσορῶ . . . τοὺς θεοῖσι μικρὰ θύοντας τέλη Τῶν βουθυτούντων ὄντας εὐσεβεστέρους. Vgl. auch *Anth. Pal.* XIV. 71.

⁷⁸) *Heraklit Fr.* 128 bei *Jamblich, De myst.* 15: θυσιῶν τοίνυν τίθημι διττὰ εἴδη· τὰ μὲν τῶν ἀποκεκαθαρμένων παντάπασιν ἀνθρώπων, οἷα ἐφ᾽ ἑνὸς ἂν ποτε γένοιτο σπανίως, ὥς φησιν Ἡράκλειτος, ἤ τινων ὀλίγων εὐαριθμήτων ἀνδρῶν· τὰ δ᾽ ἔνυλα καὶ σωματοειδῆ καὶ διὰ μεταβολῆς συνιστάμενα, οἷα τοῖς ἔτι κατεχομένοις ὑπὸ τοῦ σώματος ἁρμόζει. — *Fr.* 130: καθαίρονται δὲ αἵματι μιαινόμενοι ὥσπερ ἂν εἴ τις ἐς πηλὸν ἐμβὰς πηλῷ ἀπονίζοιτο. — *Fr.* 129 „ἄκεα" gehört vermutlich in einen ähnlichen Zusammenhang. Zeller, Phil. d. Gr.⁵ I. 2 S. 731 A. 3. — *Fr.* 53 bei *Columella de re rust.* VIII. 4, 4: sues coeno, cohortales aves pulvere lavari. Pfleiderer, Heraklit S. 27.

⁷⁹) *Heraklit Fr.* 126: Καὶ τοῖς ἀγάλμασι τουτέοισι εὔχονται, ὁκοῖον εἴ τις τοῖς δόμοισι λεσχηνεύοιτο, οὔ τι γινώσκων θεοὺς οὐδ᾽ ἥρωας, οἵτινές εἰσι. — *Fr.* 127: εἰ μὴ γὰρ Διονύσῳ πομπὴν ἐποιεῦντο καὶ ὕμνεον ᾆσμα αἰδοίοισι, ἀναιδέστατα εἴργαστ᾽ ἄν· ωὑτὸς δὲ Ἀΐδης καὶ Διόνυσος, ὅτεῳ μαίνονται καὶ ληναΐζουσι. Der Sinn der Worte dürfte der sein: gälte die Phallusprozession nur dem populären Gott Dionysos, so wäre sie unbedingt zu verwerfen. Nun hat aber dieser Dionysos eine tiefere Bedeutung als der Gott des Werdens und Vergehens; und so mag man denn das Anstössige an seinem Kultus mit in den Kauf nehmen. Pfleiderer, Heraklit S. 28. S. Kap. III. 1 A. 82.

⁸⁰) *Eur. Fr.* 1130: Ποῖος δ᾽ ἂν οἶκος τεκτόνων πλασθεὶς ὑπο δέμας τὸ

θεῖον περιβάλοι τοίχων πτυχαῖς; „Christianus poëta haec scribere potuit, non potuit Euripides", Nauck. — *Fr.* 1129: Θεὸν δὲ ποῖον, εἰπέ μοι, νοητέον; Τὸν πάνθ' ὁρῶντα καὐτὸν οὐχ ὁρώμενον. „Christiani hominis esse recte judicat, Meineke in *Men.* pg. 434", Nauck. *Clemens Alex. Protrept.* pg. 59 schreibt die Verse dem Euripides, *Justinus Martyr, De monarchia* 2 pg. 132 dem Lustspieldichter Philemon zu. — *Act.* 17, 24 f.: ὁ θεὸς ὁ ποιήσας τὸν κόσμον καὶ πάντα τὰ ἐν αὐτῷ, οὗτος οὐρανοῦ καὶ γῆς ὑπάρχων Κύριος οὐκ ἐν χειροποιήτοις ναοῖς κατοικεῖ οὐδὲ ὑπὸ χειρῶν ἀνθρωπίνων θεραπεύεται προςδεόμενός τινος, αὐτὸς διδοὺς πᾶσι ζωὴν καὶ πνοὴν καὶ τὰ πάντα. Vgl. 1. *Könige* 8, 27. Burckhardt, Gr. K.G. II. S. 89. — *Act.* 17, 28: τοῦ γὰρ καὶ γένος ἐσμὲν, Citat aus *Arat, Phän.* 5. — Über sonstige „Anklänge an Euripides in der Apostelgeschichte" vgl. W. Nestle im Philologus 1900 S. 60 ff. Wesentlich anders steht es mit *Fr.* 1025 des *Sophokles.* S. Nauck, Tr. Gr. Fr.² pg. 358 s. — Es ist ein beherzigenswertes Wort, mit dem Wilamowitz sein Programm De trag. Graec. fragm. (Gött. 1893 pg. 33) schliesst: „populus idem erat, eisdem moribus, eadem vita, eodem melioris vitae, puriorum morum desiderio, eadem denique superstitione. quapropter neque sine Graecis Christianae neque sine Christianis Graecae litterae recte aut intellegi aut aestimari possunt. hoc mementote commilitones". Xenophanes und Antiphon s. A. 50 und 51.

⁸¹) S. Beloch, Gr. Gesch. II. S. 455; Burckhardt, Gr. K.G. II. S. 158; *Thuk.* I. 121. 143.

⁸²) *Iph. T.* 385 f.: Οὐκ ἔσθ' ὅπως ἔτικτεν ἡ Διὸς δάμαρ Λητὼ τοσαύτην ἀμαθίαν.

⁸³) *Fr.* 266 *Auge:* σκῦλα μὲν βροτοφθόρα Χαίρεις ὁρῶσα καὶ νεκρῶν ἐρείπια, Κοὐ μυσαρά σοι ταῦτ' ἐστίν· εἰ δ' ἐγὼ ἔτεκον, Δεινὸν τόδ' ἡγῇ; hiezu sagt *Clemens Strom.* VII. pg. 841 s.: εὖ δὲ καὶ ἡ Αὔγη δικαιολογουμένη πρὸς τὴν Ἀθηνᾶν. — *Aristoph. Frösche* 1080.

⁸⁴) *Thuk.* I. 134. Burckhardt, Gr. K.G. II. S. 157.

⁸⁵) *Fr.* 1049: Ἐγὼ γὰρ ὅστις μὴ δίκαιος ὢν ἀνὴρ Βωμὸν προςίζει, τὸν νόμον χαίρειν ἐῶν Πρὸς τὴν δίκην ἄγοιμ' ἂν οὐ τρέσας θεούς· Κακὸν γὰρ ἄνδρα Χρὴ κακῶς πάσχειν ἀεί.

⁸⁶) Als Abschreckungsmittel betrachtete die Strafe wahrscheinlich Protagoras: Gomperz, Griech. Denker I. S. 358 ff. und Apologie der Heilkunst. Sitz.Ber. der Wiener Ak. Phil.hist. Kl. 120. 1890 S. 186. *Plut. Per.* 36. *Plato Protag.* pg. 324 B.

⁸⁷) *Or.* 523 ff.: Ἀμυνῶ δ' ὅσον περ δυνατός εἰμι τῷ νόμῳ, Τὸ θηριῶδες τοῦτο καὶ μιαιφόνου Παύων, Ὁ καὶ γῆν καὶ πόλεις ὄλλυσ' ἀεί.

⁸⁸) Steiger, Warum schrieb Eur. seine Elektra? Philologus 1897 S. 567. S. Kap. I. A. 133.

⁸⁹) W. Schmid, Kritisches und Exegetisches zu Euripides' Kyklops, Philologus 1896 S. 56.

c) Allgemeine Kritik des Polytheismus.

⁹⁰) Z. B. *Anaximenes:* ἀέρα ἄπειρον ἔφη τὴν ἀρχὴν εἶναι, ἐξ οὗ τὰ γινόμενα καὶ τὰ γεγονότα καὶ τὰ ἐσόμενα καὶ θεοὺς καὶ θεῖα γίνεσθαι. *Hippol. Phil.* 7, 1 bei Diels, Dox. Gr. pg. 560, 13 ff. — *Augustinus de civ. dei* VIII. 2 (Diels, Dox. Gr. pg. 173): Nec deos negavit aut tacuit. Non tamen ab ipsis aërem factum sed ipsos ex aëre factos credidit. — *Anaximander* scheint die

Gestirne für Götter erklärt zu haben: *Cic. de nat. deor.* I. 10, 25: Anaximandri autem opinio est, nativos esse deos, longis intervallis orientes occidentesque eosque innumerabiles esse mundos. — *Aëtii plac.* I. 7: Ἀναξίμανδρος τοὺς ἀπείρους οὐρανοὺς θεούς (Diels, Dox. Gr. pg. 302 a 4). Zeller, Phil. d. Gr.⁵ I. S. 226 ff. — Wenn dagegen Gomperz (Zu Heraklits Lehre, Sitz.Ber. d. Wiener Ak. phil.hist. Kl. 113. 1886 S. 1010 f. und 1041) auch dem *Heraklit* eine Vielheit von Göttern vindiziert, so scheint mir diese Annahme aus keinem der angeführten Fragmente (20. 123. 126) sich ableiten zu lassen. Daraus, dass H. sagt: „keiner der Götter habe die Welt geschaffen" (20), und die idololatrietreibenden Menschen „wüssten nicht, was Götter und Heroen scien" (126), folgt doch nicht, dass H. an eine Mehrheit von Göttern glaubte; und in *Fr.* 123 steht der Text nicht sicher; jedenfalls redet dasselbe nicht von Göttern, sondern nur von Seelendämonen (ebenso *Fr.* 67), und auf diese werden sich auch die „Heroen" des *Fr.* 126 beziehen. Zeller, Phil. d. Gr.⁵ I. 712 f. Die von Gomperz selbst zu einem Zusammenhang vereinigten *Fr.* 19 und 65 (a. a. O. S. 1004 f.) zeigen doch deutlich, dass H. „von der Vorstellung des obersten Weltprinzips jede anthropomorphische Beimengung abwehren" will, wenn er auch zugleich eine „etymologisierende Brücke zwischen Volksglauben und Weltweisheit" schlägt. — Ebensowenig scheint mir Freudenthals Annahme (Uber die Theologie des *Xenophanes*, Breslau 1886), die Gomperz (Zu Heraklits Lehre S. 1041 und Griech. Denker I. 131 f.; 440 f.) acceptiert, Xenophanes habe an eine Mehrheit von Göttern geglaubt, erwiesen. Der Pluralis θεοί in *Fr.* 1 beweist hiefür nicht das mindeste, wie Zeller, Phil. d. Gr.⁵ I. S. 528 ff. vortrefflich dargelegt hat. Schon *Fr.* 2—4 widerlegen diese Meinung. Vgl. auch Dilthey, Einleitung in die Geisteswissenschaften I. S. 190 f. und Döring, Xenophanes in den Preuss. Jahrb. 1900 S. 282 ff. — An sich wäre freilich diese Weltansicht nicht verwunderlich, hat doch auch in der Gegenwart Wellhausen seine Weltanschauung als „Polytheismus und Monotheismus zugleich" bezeichnet. S. Encyclopedia of living Divines and Christian Workers of all denominations in Europe and America ed. by Ph. Schaff and S. M. Jackson. New York 1887 pg. 233.

⁹¹) *Xenophanes Fr.* 1: Εἷς θεὸς ἔν τε θεοῖσι καὶ ἀνθρώποισι μέγιστος Οὔτε δέμας θνητοῖσιν ὁμοίϊος οὔτε νόημα. — *Fr.* 5: Ἀλλὰ βροτοὶ δοκέουσι θεοὺς γεννᾶσθαι [ὁμοίως] Τὴν σφετέρην τ' αἴσθησιν ἔχειν φωνήν τε δέμας τε. — *Fr.* 6: Ἀλλ' εἴ τοι χεῖρας γ' εἶχον βόες ἠὲ λέοντες Ἢ γράψαι χείρεσσι καὶ ἔργα τελεῖν ἅπερ ἄνδρες, Ἵπποι μέν θ' ἵπποισι, βόες δέ τε βουσὶν ὁμοίας Καί κε θεῶν ἰδέας ἔγραφον καὶ σώματ' ἐποίουν Τοιαῦθ' οἷόν περ καὶ αὐτοὶ δέμας εἶχον ὁμοῖον. Hiezu vgl. *Epicharm* 173 (Kaibel): Θαυμαστὸν οὐδὲν ἀμὲ ταῦθ' οὕτως λέγειν καὶ ἀνδάνειν αὐτοῖσιν αὐτούς καὶ δοκεῖν Καλῶς πεφύκειν. καὶ γὰρ ἁ κύων κυνὶ Κάλλιστον εἶμεν φαίνεται καὶ βῶς βοΐ, Ὄνος δ' ὄνωι κάλλιστόν ὕς δέ θην ὑΐ. — *Xenoph. Fr.* 7 s. A. 50. In einer Elegie (*Lyr. Gr. Fr.* 1, 21 f.) nennt er Titanen, Giganten und Kentauren πλάσματα τῶν προτέρων. — Zu *Fr.* 6 vgl. Schillers Wort: „In seinen Göttern malet sich der Mensch" (Ak. Antrittsrede: „Was heisst und zu welchem Ende studiert man Universalgeschichte?"). — *Solon* A. 49.

⁹²) *Heraklit Fr.* 14 bei *Polyb.* IV. 40: τοῦτο γὰρ ἴδιόν ἐστι τῶν νῦν καιρῶν, ἐν οἷς πάντων πλωτῶν καὶ πορευτῶν γεγονότων οὐκ ἂν ἔτι πρέπον εἴη ποιηταῖς καὶ μυθογράφοις χρῆσθαι μάρτυσι περὶ τῶν ἀγνοουμένων, ὅπερ οἱ πρὸ ἡμῶν περὶ τῶν πλείστων ἀπίστους ἀμφισβητουμένων παρεχόμενοι βεβαιωτὰς κατὰ τόν

Ἡράκλειτον. — *Fr.* 16: πολυμαθίη νόον ἔχειν οὐ διδάσκει· Ἡσίοδον γὰρ ἂν ἐδίδαξε καὶ Πυθαγόρην αὖτίς τε Ξενοφανέα καὶ Ἑκαταῖον. — *Fr.* 111: τίς γὰρ
αὐτῶν νόος ἢ φρήν; [δήμων] ἀοιδοῖσι ἔπονται καὶ διδασκάλῳ χρέωνται ὁμίλῳ, οὐκ
εἰδότες ὅτι πολλοὶ κακοί, ὀλίγοι δὲ ἀγαθοί. — *Fr.* 35: διδάσκαλος δέ πλείστων
Ἡσίοδος· τοῦτον ἐπίστανται πλεῖστα εἰδέναι, ὅστις ἡμέραν καὶ εὐφρόνην οὐκ ἐγί-
νωσκε· ἔστι γὰρ ἕν. — *Fr.* 118: δοκεόντων ὁ δοκιμώτατος γινώσκει πλάσσειν· καὶ
μέντοι καὶ δίκη καταλήψεται ψευδέων τέκτονας καὶ μάρτυρας. — *Fr.* 119: τόν θ'
Ὅμηρον ἔφασκεν ἄξιον ἐκ τῶν ἀγώνων ἐκβάλλεσθαι καὶ ῥαπίζεσθαι καὶ Ἀρχί-
λοχον ὁμοίως.

⁹³) Gegen Hippon waren die πανόπται des *Kratinos* gerichtet. Kock,
Attic. com. fr. I. 60 ff. — Gegen Diagoras: *Aristoph. Vogel* 1072 f.; *Wolken*
830; gegen die ἄθεοι im allgemeinen: *Plutos* 491; 496.

⁹⁴) *Soph. Thyest. Fr.* 226: [Σοφὸς γὰρ οὐδεὶς πλὴν ὃν ἂν τιμᾷ θεός.] Ἀλλ'
εἰς θεοὺς ὁρῶντα, Κἂν ἔξω δίκης Χωρεῖν κελεύῃ, κεῖσ' ὁδοιπορεῖν χρεών. Αἰσχρὸν
γὰρ οὐδὲν ὧν ὑφηγοῦνται θεοί. — *Eur. Beller. Fr.* 292, 7: Εἰ θεοί τι δρῶσιν
αἰσχρόν, οὐκ εἰσιν θεοί. — Vgl. *Iph. T.* 391: Οὐδένα γὰρ οἶμαι δαιμόνων εἶναι
κακόν, wo Nauck ganz unnötig οὐδένα in οὐδὲν geändert hat. S. Kap. I. A. 135.
Zu *Hipp.* 1327 ff. vgl. *Odyssee* ι 525 f.

⁹⁵) *Polyid. Fr.* 645: Συγγώμονάς τοι τοὺς θεοὺς εἶναι δόκει, Ὅταν τις ὅρκῳ
θάνατον ἐκφυγεῖν θέλῃ Ἢ δεσμὸν ἢ βίαια πολεμίων κακά, Ἢ παισὶν αὐθένταισι
κοινωνῇ δόμων. Ἤ τ' ἄρα θνητῶν εἰσιν ἀσυνετώτεροι Ἢ τἀπιεικῆ πρόσθεν ἡγοῦνται
δίκης. — V. 6: ἐπιεικής ist, was der Anstand erfordert, also was θέσει für sittlich gilt: den Gegensatz dazu bildet die δίκη, welche φύσει ist. Daher das
Dilemma: entweder: die Götter sind thörichter als die Menschen, von denen
wenigstens die Weisen die δίκη erkennen, oder: die Götter kennen zwar die
δίκη auch, aber sie ordnen sie dem konventionellen Brauch unter. Es ist alles
in Ordnung und die Konjekturen εἰ statt ἢ (Valckenaer) oder οἵ (Usener) durchaus überflüssig. Vgl. A. 98.

⁹⁶) Über ἀμαθία Wilamowitz zu *Herakles* 347; II. S. 79 f. und (zu 1255)
S. 256. Vgl. Kap. I. A. 88.

⁹⁷) *Eur. Fr.* 900: Ὤφελε δῆθεν, εἴπερ ἔστ' ἐν οὐρανῷ Ζεύς, μή τόν αὐτόν
δυστυχῆ καθιστάναι.

⁹⁸) *Solon Fr.* 12, 25 f. (*Lyr. Gr.* pg. 38): Τοιαύτῃ Ζηνὸς πέλεται τίσις, οὐδ'
ἐφ' ἑκάστῳ, Ὥσπερ θνητός ἀνήρ, γίγνεται ὀξύχολος. — Cf. *Virg. Än.* I. 11:
Tantaene animis caelestibus irae? Vgl. S. 114 A. 68 und Kap. III. 1 A. 94.

⁹⁹) Wilamowitz, An. Eur. pg. 22 hält mit Recht v. 450 das handschriftliche καλά fest, das auch *Justinus Mart. de mon.* 5 pg. 148 hat, und glaubt,
dass *Lactanz* diese Stelle meine, wenn er *Instit.* V. 15, 11 schreibt: neque enim
falsa est illa sententia, quae apud Euripidem fertur in hunc modum: quae hic
mala putantur, haec sunt in caelo bona. Nauck, *Fr.* 1118. Erst Stephanus
hat κακά geschrieben. Καλά ist bitterer Sarkasmus.

¹⁰⁰) O. Ribbeck, Euripides und seine Zeit. Ein Vortrag. Programm der
Berner Kantonsschule 1860 S. 21. — Vgl. Nägelsbach, Nachhomerische Theologie
S. 443.

¹⁰¹) Z. B. *Pindar Isthm.* III. 4 ff.: Ζεῦ, μεγάλαι δ' ἀρεταὶ θνατοῖς ἔπονται
Ἐκ σέθεν· Ζώει δὲ μάσσων ὄλβος ὀπιζομένων, πλαγίαις δὲ φρένεσσιν Οὐχ ὁμῶς
πάντα χρόνον θάλλων ὁμιλεῖ. Burckhardt, Gr. K.G. II. S. 119 ff.

¹⁰²) Vgl. Kap. III. 1 A. 33 und 33 a.

[103]) *Eur. Beller. Fr.* 286: Φησίν τις εἶναι δῆτ' ἐν οὐρανῷ θεούς; Οὐκ εἰσιν, οὐκ εἰσ, εἴ τις ἀνθρώπων θέλει Μὴ τῷ παλαιῷ μῶρος ὢν χρῆσθαι λόγῳ. Σκέψασθε δ' αὐτοί, μὴ ἐπὶ τοῖς ἐμοῖς λόγοις Γνώμην ἔχοντες. φημ' ἐγὼ τυραννίδα Κτείνειν τε πλείστους κτημάτων τ' ἀποστερεῖν Ὅρκους τε παραβαίνοντας ἐκπορθεῖν πόλεις· Καὶ ταῦτα δρῶντες μᾶλλόν εἰσ' εὐδαίμονες Τῶν εὐσεβούντων ἡσυχῇ καθ' ἡμέραν. Πόλεις τε μικρὰς οἶδα τιμώσας θεούς Αἳ μειζόνων κλύουσι δυσσεβεστέρων Λόγχης ἀριθμῷ πλείονος κρατούμεναι. Οἶμαι δ' ἂν ὑμᾶς, εἴ τις ἀργὸς ὢν θεοῖς Εὔχοιτο καὶ μὴ χειρὶ συλλέγοι βίον [Μαθεῖν ἄν, ὡς οὐκ εἰσιν. αἱ δ' εὐπραξίαι] Τὰ θεῖα πυργοῦσιν αἱ κακαί τε συμφοραί. In v. 15 sieht Bergk, Gr. L.G. III. S. 473 A. 24 scharfsinnig eine Anspielung auf die ἀποπυργίζοντες λόγοι des *Diagoras von Melos.* S. Kap. III. 1 A. 2. Dass der Meineid, diese Todsünde, von den Göttern unnachsichtlich gestraft werde, war allgemeiner Volksglaube, wie ihn z. B. *Xenophon* vertritt *Anab.* II. 5, 7 ff.; III. 2, 10. — Der Schluss des Bruchstücks ist leider verdorben: zwischen dem letzten und vorletzten Vers muss mindestens Einer ausgefallen sein. Ob der von Herwerden ergänzte den Gedanken richtig trifft, ist mir sehr zweifelhaft. Man erwartet den Sinn: ‚Wenn einer zu den Göttern betet und selbst nichts thut für sein Leben (14), so geht er zu Grunde‘. Es ist dies eine zum Zweck der Polemik gegen die Weltregierung der Götter schärfer formulierte Anwendung des Gedankens: ‚Hilf dir selbst, so hilft dir Gott‘, fortes fortuna juvat: vgl. *Soph. Minos Fr.* 374: Οὐκ ἔστι τοῖς μὴ δρῶσι σύμμαχος τύχη und *Soph. Fr.* 841: οὐ τοῖς ἀθύμοις ἡ τύχη ξυλλαμβάνει. — *Xen. An.* III. 2, 11: ἵνα εἰδῆτε, ὡς ἀγαθοῖς τε ὑμῖν προσήκει εἶναι σώζονταί τε σὺν τοῖς θεοῖς καὶ ἐκ πάνυ δεινῶν οἱ ἀγαθοί (die Tapferen). — *Eur. Hipp. Kal. Fr.* 432 s. A. 74 a.

[104]) *Beller. Fr.* 303: Οὐδέποτ' εὐτυχίαν κακοῦ ἀνδρὸς ὑπέρφρονά τ' ὄλβον Βέβαιον εἰκάσαι χρεὼν Οὐδ' ἀδίκων γενεάν· ὁ γὰρ οὐδενὸς ἐκφὺς Χρόνος δικαίους ἐπάγων κανόνας Δείκνυσιν ἀνθρώπων κακότητας ἐμοί. Vgl. K. III. 1 A. 27.

[105]) Vgl. K. III. 1 A. 37 – 39.

[106]) Τί τλᾷς; τί τλᾷς; οὐχ ὁρᾷ Δίκα κακοὺς Οὐδ' ἀμείβεται βροτῶν ἀσυνεσίας. Antigone zu Ödipus in *Phön.* 1725 f. *Schol.*: τί, φησίν, ἀεὶ λέγεις ὅτι δεινὰ τλᾷς; εἰ γὰρ καὶ συνεχῶς αὐτὸ λέγεις, ὅμως ἡ Δίκη τοὺς κακοὺς οὐχ ὁρᾷ οὐδὲ μετέρχεται αὐτῶν τὰς ἀσεβείας καὶ ἀσυνεσίας.

[107]) *Beller. Fr.* 293: [Τιμὴ σ' ἐπαίρει τῶν πέλας μεῖζον φρονεῖν.] Θνήσκοιμ' ἄν· οὐ γὰρ ἄξιον λεύσσειν φάος Κακοὺς ὁρῶντας ἐκ δίκως τιμωμένους. Der erste der drei Verse gehört wohl, wie Meineke vermutete, zu einem andern Fragment. Welcker S. 792.

[108]) *Hek.* 722 später als v. 1087 wiederholt.

[109]) Rohde, Psyche S. 63 ff.; 74.

[110]) *Iph. Aul.* 1403: Τὸ τῆς τύχης δὲ καὶ τὸ τῆς θεοῦ νοσεῖ. Diesen Ausdruck, dass in der göttlichen Weltregierung etwas „krank ist“ (oder nach *Shakespeare, Hamlet* I. 4 „faul ist“), gebraucht Euripides mit Vorliebe: *Troad.* 27 und 1042; *Iph. Aul.* 411. Offenbar unter dem Einfluss der nacharistotelischen Philosophie gebraucht das jüdische Buch *Qohelet* (2, 6), allein im ganzen Alten Testament, das hebräische ‚choli‘ im moralischen Sinn, wie Euripides νόσος und νοσεῖν. Palm, Qohelet und die nacharistotelische Philosophie (Mannheimer Gymnasialprogramm 1885) S. 18.

[111]) Im *Orestes* und in den *Troades* folgt *Euripides* der gewöhnlichen Form der Helenasage: s. K. III. 2 A. 7.

¹¹³) *Or.* 417: Ἀμαθέστερος γ' ὢν τοῦ καλοῦ καὶ τῆς δίκης. S. A. 96.

¹¹⁴) *Phaëthon Fr.* 781, 11 ff.: Ὦ καλιφεγγὲς Ἥλι', ὥς μ' ἀπώλεσας Καὶ τόνδ'. Ἀπόλλων δ' ἐν βροτοῖς ὀρθῶς καλῇ, Ὅστις τὰ σιγῶντ' ὀνόματ' οἶδε δαιμόνων. *Macrob. sat.* I. 17, 10: alii cognominatum Apollinem putant ὡς ἀπολλόντα τὰ ζῷα ut Euripides in Phaëthonte. — *Fr.* 783 und *Fr.* 771, 3: vgl. A. 16. Welcker S. 594 ff.

¹¹⁴) *Fr.* 1082: Ζεὺς γὰρ κακὸν μὲν Τρωσί, πῆμα δ' Ἑλλάδι Θέλων γενέσθαι ταῦτ' ἐβούλευσεν πατήρ.

¹¹⁵) Dieser Gedanke ist den *Kyprien* des *Stasinos* entlehnt: *Fr.* 1 Kinkel, Ep. Gr. Fr. pg. 20. *Schol.* zu A 5 f. Kap. VI. 2 A. 83.

¹¹⁶) *Med.* 1282 ff. Nach dem *Schol.* zu dieser Stelle weicht Euripides von der gewöhnlichen Sage, der er in seiner Tragödie *Ino* folgte (*Hyg. Fab.* 4) und nach der Athamas auf der Jagd den Learchos im Wahnsinn tötete, worauf Ino mit Melikertes sich ins Meer stürzte, hier insofern ab, als er Ino ihre beiden Söhne töten lässt: Εὐριπίδης δέ φησιν αὐτὴν αὐτόχειρα τῶν δύο παίδων γενομένην, Λεάρχου καὶ Μελικέρτου, αὐτὴν ὕστερον εἰς τὴν θάλασσαν ῥῖψαι.

¹¹⁷) *Archel. Fr.* 254. K.: Πολλ', ὦ τέκνον σφάλλουσιν ἀνθρώπους θεοί. A.: Τὸ ῥᾷστον εἶπας αἰτιάσασθαι θεούς.

¹¹⁸) *Auge Fr.* 273: Πᾶσιν γὰρ ἀνθρώποισιν, οὐχ ἡμῖν μόνον, Ἢ καὶ παραυτίχ' ἢ χρόνῳ δαίμων βίον Ἔσφηλε κοὐδεὶς διὰ τέλους εὐδαιμονεῖ. — Auch in dem unechten *Rhesus* erscheinen Aphrodite (637 ff.) und Athene (938 ff.) als Anstifterinnen von Unheil.

¹¹⁹) Über die Orphiker vgl. Rohde, Psyche S. 395 ff.; Gomperz, Griech. D. I. S. 65 ff.; 100 ff. —*Herod.* II. 81: ὁμολογέουσι δὲ (sc. die Ägypter) ταῦτα τοῖσι Ὀρφικοῖσι καλεομένοισι καὶ Βακχικοῖσι, ἐοῦσι δὲ Αἰγυπτίοισι καὶ Πυθαγορείοισι· οὐδὲ γὰρ τούτων τῶν ὀργίων μετέχοντα ὅσιόν ἐστι ἐν εἰρινέοισι εἵμασι θαφθῆναι. ἔστι δὲ περὶ αὐτῶν ἱρὸς λόγος λεγόμενος. — Pantheismus: Ζεὺς πρῶτος γένετο, Ζεὺς ὕστατος ἀργικέραυνος, Ζεὺς κεφαλὴ Ζεὺς μέσσα, Διὸς δ' ἐκ πάντα τέτυκται (*Fr.* VI. 10 ff. Mullach; Abel *Fr.* 46; 33). Rohde, Psyche S. 405 A. 2. — Askese (ἄψυχος βορὰ, *Eur. Hipp.* 952): Psyche S. 418 A. 5. — Die Lehre σῶμα — σῆμα: *Plato, Phädo* 6 pg. 62 B; *Kratylos* 17 pg. 400 C. *Psyche* S. 415 A. 1 und 423 A. 1. — Einführung des Orphismus durch Onomakritos in Athen: *Paus.* VIII. 37, 5; *Psyche* S. 398.

¹²⁰) *Pindar* orphisch beeinflusst: er zeigt eine Neigung zum Pantheismus: τί θεός; τί τὸ πᾶν (*Fr.* 105 Schneidewin). — Götter und Menschen sind Eines Geschlechts: *Nem.* VI. 1 ff. Rohde, Psyche S. 508. — *Äschylus* zeigt ebenfalls zuweilen orphischen Pantheismus: man vgl. mit dem A. 119 angeführten Vers über Zeus *Äsch. Heliad. Fr.* 70: Ζεύς ἐστιν αἰθήρ, Ζεὺς δὲ γῆ, Ζεὺς δ' οὐρανός, Ζεύς τοι τὰ πάντα χὦτι τῶνδ' ὑπέρτερον. Gomperz, Griech. D. I. S. 80.

¹²¹) *Eur. Kreter Fr.* 472: Φοινικογενοῦς [παῖ τῆς Τυρίας] τέκνον Εὐρώπης Καὶ τοῦ μεγάλου Ζηνός, ἀνάσσων Κρήτης ἑκατομπτολιέθρου· Ἥκω ζαθέους ναοὺς προλιπών, Οὓς αὐθιγενὴς τμηθεῖσα δοκὸς Στεγανοὺς παρέχει Χαλύβῳ πελέκει Καὶ ταυροδέτῳ κόλλῃ κραθεῖσ' Ἀτρεκεῖς ἁρμοὺς κυπαρίσσου. Ἁγνὸν δὲ βίον τείνων ἐξ οὗ Διὸς Ἰδαίου μύστης γενόμην, Καὶ νυκτιπόλου Ζαγρέως βροντὰς Τοὺς ὠμοφάγους δαῖτας τελέσας Μητρί τ' ὀρείῳ δᾷδας ἀνασχὼν Καὶ κουρήτων Βάκχος ἐκλήθην ὁσιωθείς. Πάλλευκα δ' ἔχων εἵματα φεύγω Γένεσίν τε βροτῶν καὶ νεκροθήκας Οὐ χριμπτόμενος τήν τ' ἐμψύχων Βρῶσιν ἐδεστῶν πεφύλαγμαι. v. 17: νεκρο-

ϑήκαις aus νεκροϑήκης verbessert von Wecklein (Sitz.Ber. d. Berl. Akad. 1895 S. 500). Hiezu bemerkt J. Girard, Euripide (Revue des deux mondes T. 133. 1896 pg. 757): „On voit tout de suite que ces mystères de Jupiter Idéens sont une combinaison assez complexe. Les initiés sont à la fois des Corybantes, des Curètes, des Bacchans et des Orphiques. Ils appartiennent à la fois au culte phrygien de Cybèle, au culte crétois de Zeus, au culte enthousiaste de Bacchus Grec et au culte Orphique de Zagreus. C'est le dernier qui domine; c'est un idéal de pureté qu'ils se proposent et c'est la vie orphique dont ils suivent les prescriptions dans leur costume, dans leurs mœurs et dans leur vie". Vgl. auch G. Körte, Die Kreter des Euripides in ‚Histor. und philolog. Aufsätze, E. Curtius gewidmet‘. Berlin 1884 S. 197 ff. und Wilamowitz, De trag. Graec. fragmenta pg. 17.

[121]) *Fr.* 912: Den Wortlaut des Bruchstücks und seine wunderliche Deutung durch *Clemens Al.* s. Einleitung A. 10. V. 9 ist verderbt und lautet in den Hss.: πέμψον μὲν φῶς ψυχὰς ἀνέρων, was sinnlos ist. Girard a. a. O. S. 758 scheint zu lesen φῶς ψυχᾶς. Denn er sagt: „Il est douteux qu'aucun prêtre ou aucun initié ait jamais adressé à un dieu quelconque de la Grèce une semblable prière; aucun n'a demandé, la lumière de l'âme; mais le caractère Orphique est ici fortement imprimé. C'est une glorification du dieu de l'orphisme, Zagreus, représenté comme un autre Zeus et un autre Hadès, c'est à dire comme le dieu de la vie dans le monde supérieur et dans le monde inférieur, de la vie universelle et comme celui qui donne la paix à l'âme humaine. Il est l'unique et grande divinité bienfaitrice". — Man könnte bei den Worten πέμψον δ' ἐς φῶς etc. an sich auch an die orphische Seelenwanderungslehre denken, welche es keineswegs ausschliesst, dass die Seelen zwischen zwei Leben eine Zeit lang im Hades verweilen (Rohde, Psyche S. 421 f.); aber die folgenden Verse weisen doch offenbar auf eine Befragung der abgeschiedenen Seelen durch Lebende, also auf eine Totenbeschwörung hin. — *Heraklit Fr.* 127 s. A. 79. — Vgl. auch Wilamowitz, De trag. Gr. fr. pg. 17 und *Heraklit Fr.* 66.

[122]) *Polyidos Fr.* 638: Τίς δ' οἶδεν, εἰ τὸ ζῆν μέν ἐστι κατϑανεῖν, Τὸ κατϑανεῖν δὲ ζῆν κάτω νομίζεται. Übersetzt von Rohde, Psyche S. 1 und besprochen S. 545 A. 2. — *Phrixos Fr.* 833: Τίς δ' οἶδεν, εἰ ζῆν τοῦϑ', ὃ κέκληται ϑανεῖν, Τὸ ζῆν δὲ ϑνήσκειν ἐστί; πλὴν ὅμως βροτῶν Νοσοῦσιν οἱ βλέποντες, οἱ δ' ὀλωλότες Οὐδὲν νοσοῦσιν οὐδὲ κέκτηνται κακά. Der hier ausgesprochene Gedanke wird von *Aristoph. Frösche* 1082 und 1477 f. verspottet. Ernsthaft befasst sich damit *Plato* im *Gorgias* 47 pg. 492 E. Auf Heraklit führen die Idee fälschlich Bergk (Griech. L.G. III. S. 475 f. A. 33) und Wilamowitz (Her.[1] I. S. 28 A. 52) zurück, was Rohde (Psyche S. 545 A. 2) schlagend widerlegt hat. Gegen die *Heraklit*ische Lehre der Gleichsetzung von Tod und Leben (*Fr.* 67. 68. 78 Bywater) scheint sogar *Euripides* ausdrücklich zu polemisieren: *Troad.* 632 f.: οὐ ταὐτόν, ὦ παῖ, τῷ βλέπειν τὸ κατϑανεῖν etc.; und auch *Alc.* 528 dürfte hieherzuziehen sein. Ebensowenig aber ist mit Welcker (Gr. Tr. S. 776 und Kl. Schr. II. S. 510) bei den obigen Stellen an *Prodikos von Keos* zu denken: ja selbst *Krsph. Fr.* 449, das auf *Herod.* V. 4 anspielt, geht wohl in letzter Linie auf thrazisch-dionysischen Ursprung zurück, wenn auch *Prodikos* in seinem Pessimismus sich den Gedanken angeeignet haben mag (Rohde, Psyche S. 325 A. 1; Dieterich, Nekyia S. 73 A. 3). — Ganz ohne Grund bezieht Girard (a. a. O. pg. 759) auch *Med.* 1039 auf die Orphiker. Denn dieser allgemeine Ausdruck

εἰς ἄλλο σχῆμ' ἀποστάντες βίου kann ebensogut auf die gewöhnlichen Hadesvorstellungen gehen. — In *Fr.* 833, 2 sind die Worte πλὴν ὅλως verdorben. Sollte etwa zu schreiben sein: ἔστ'; ἦ μὴν ὅλως. Das gäbe einen befriedigenden Sinn. βλέπειν = ζῆν kommt bei *Euripides* öfter vor: *Troad.* 682 und *Erechtheus Fr.* 361, 2, wo freilich auch eine Textverderbnis vorliegt.

¹²⁴) S. Kap. III. 1 A. 20.

¹²⁵) *Hipp.* περὶ ἱερῆς νούσου 2 verwahrt sich gegen die Heilung von Geisteskrankheiten durch μάγοι τε καὶ καθάρται καὶ ἀγύρται καὶ ἀλαζόνες, ὁκόσοι δὴ προςποιέονται σφόδρα θεοσεβέες εἶναι καὶ πλέον τι εἰδέναι und welche die angeblich heilige Krankheit heilen wollen καθαρμοὺς προςφέροντες καὶ ἐπαοιδάς (eine ἐπαοιδή kommt Einmal in der *Odyssee* vor τ 457, in der *Ilias* nie). Ebenso rügt der Verfasser cap. 4 an diesen Quacksalbern, dass sie καθαρμοῖσί τε χρέονται καὶ ἐπαοιδῇσι, und betont am Schluss seiner Schrift (c. 21), dass die richtige Heilung ἄνευ καθαρμῶν καὶ μαγευμάτων καὶ πάσης ἄλλης βαναυσίης τοιαύτης erfolgen müsse. Vgl. auch Wil., Her.² II. S. 250.

¹²⁶) *Kykl.* 646: Ἀλλ' οἶδ' ἐπῳδὴν Ὀρφέως ἀγαθὴν πάνυ. Dieterich, Nekyia S. 82 A. 2.

¹²⁷) *Hipp.* 953 οἴτοις καπήλευ' ist verdorben. Wil. z. St. in seiner Ausgabe S. 225. Dass Euripides hier ganz ohne Rücksicht auf den Charakter des Hippolytos und den Gang des Dramas spricht, bemerkt ganz richtig Decharme, Euripide pg. 92. Anders Burckhardt, Gr. K.G. II. S. 183 f. Enthaltung von Fleischnahrung predigte auch *Empedokles* 425 ff. (Mull.). Vgl. Kap. I. A. 22.

¹²⁸) *Orphica* ed. *Abel, Fr.* 33; 125, 1; 126. Gomperz, Gr. D. I. S. 110.

¹²⁹) *Heraklit Fr.* 124: νυκτιπόλοι, μάγοι, βάκχοι, λῆναι, μύσται. — *Fr.* 125: τὰ γὰρ νομιζόμενα κατ' ἀνθρώπους μυστήρια ἀνιερωστὶ μυεῦνται. *Plato, Pol.* II. 8 pg. 365 E: ἀδικητέον καὶ θυτέον.

8. Die Gottheit des Euripides.

¹) Als ἄθεοι galten *Diagoras von Melos* (Kap. III. 1 A. 2) und *Hippon* (*Athen.* XIII. 91 pg. 610 B). Von *Sokrates* behauptete allerdings die offizielle Anklage nur, dass er „nicht an die Götter glaube, an die der Staat glaubt" (*Xen. Mem.* I. 1, 1); aber wie er und die Philosophen überhaupt in der öffentlichen Meinung angesehen wurden, zeigen *Aristophanes' Wolken* zur Genüge, besonders 817 ff. — Über Theagenes, der den Götterkampf in der *Ilias* (Υ 4 ff.) als einen Kampf feindlicher Naturmächte deutete, und Metrodor, der z. B. Agamemnon als den Äther, Achilles als die Sonne erklärte etc., vgl. Gomperz, Gr. Denker I. S. 304 ff.; Zeller, Philosophie der Griechen⁵ I. S. 1019 A. 4; Zielinski in Neue Jahrb. f. kl. A.W. 1899 S. 90 A. 2.

²) *Aristoph. Thesmoph.* 443 ff. Vgl. Paulus und den Silberarbeiter Demetrius in Ephesus *Act.* 19, 24 ff.

³) Kap. III. 1 A. 37—39.

⁴) *Troad.* 884 ff.: Ὦ γῆς ὄχημα κἀπὶ γῆς ἔχων ἕδραν, Ὅστις ποτ' εἶ σύ, δυστόπαστος εἰδέναι, Ζεύς εἴτ' ἀνάγκη φύσεος εἴτε νοῦς βροτῶν, Προςευξάμην σε· πάντα γὰρ δι' ἀψόφου Βαίνων κελεύθου κατὰ δίκην τὰ θνήτ' ἄγεις. Wichtig ist hier vor allem die Unbestimmtheit der Bezeichnung der Gottheit (ὅστις ποτ' εἶ σύ vgl. Äsch. *Ag.* 160 f.), ferner die Betonung der Unergründlichkeit derselben (δυστόπαστος εἰδέναι) und daneben die Behauptung ihrer Immanenz in der Welt (γῆς ὄχημα κἀπὶ γῆς ἔχων ἕδραν) und des rechtmässigen, d. h. gesetzmässigen

Verlaufs der Dinge (πάντα — ἄγεις). In zweiter Linie wirft der Dichter die Frage nach der genaueren Vorstellung vom Wesen der Gottheit auf und nennt dabei verschiedene Theorien: den Ausdruck ὄχημα hat Diels als einen Terminus technicus aus der Philosophie des Diogenes von Apollonia erwiesen, auf welche auch das νοῦς βροτῶν hinzuweisen scheint, obwohl sich für dieses auch bei *Heraklit* eine Analogie findet (ἦθος ἀνθρώπῳ δαίμων *Fr.* 121 Byw.), sowie bei *Epicharm Fr.* 258 (Kaibel): Ὁ τρόπος ἀνθρώποισι δαίμων ἀγαθός, οἷς δὲ καὶ κακός. Vgl. Diels, Leukippos und Diogenes von Apollonia im Rhein. Museum N. F. XLII. 1887 S. 12 ff., der hier auch auf *Eur. Fr.* 1018 hinweist: Ὁ νοῦς γὰρ ἡμῶν ἐστιν ἐν ἑκάστῳ θεός, und auf eine Stelle des *Ps.Hippokrates de flatibus* 3: ἀλλὰ μὴν καὶ ἡ γῆ τούτου (sc. τοῦ ἀέρος) βάθρον, οὗτός τε γῆς ὄχημα. Übrigens kommt das Verbum ὀχεῖσθαι auch schon bei Anaximenes (Diels, Dox. Gr. pg. 561, 2), den Orphikern (*Hymn.* 62, 6 *Abel*) und bei Anaxagoras (ib. pg. 563, 7) vor. Gegen Natorp, der (Rhein. Mus. XLI. S. 849 ff.) die ganze Stelle auf Heraklit bezog, erkennt auch Rohde (Psyche S. 548 A. 1) in dem νοῦς βροτῶν einen Hinweis auf Diogenes an. Doch, dies auch zugegeben, sieht Wilamowitz (Her.[1] I. S. 28) gewiss mit Recht in der Stelle eine „Aufzählung von δόξαι", so dass man nicht die ganze Stelle auf Diogenes beziehen darf: Zeus repräsentiert den Volksglauben, bei der ἀνάγκη φύσεος mag man an die Atomisten denken, bei γῆς ὄχημα an Diogenes, endlich bei νοῦς βροτῶν an diesen oder Heraklit, zu welch letzterem auch das κατὰ δίκην passt.

⁵) *Archel. Fr.* 255: Δοκεῖς τὰ τῶν θεῶν ξυνετὰ νικήσειν ποτὲ καὶ τὴν Δίκην που μάκρ' ἀπῳκίσθαι βροτῶν· Ἥ δ' ἐγγύς ἐστιν, οὐχ ὁρωμένη δ' ὁρᾷ Ὃν χρὴ κολάζειν τ' οἶδεν· ἀλλ' οὐκ οἶσθα σύ, Ὁπόταν ἄφνω μολοῦσα διολέσῃ κακούς.

⁶) Kap. II. A. 4 und 5.

⁷) Kap. III. 2 A. 106.

⁸) *Antiope Fr.* 223: Δίκα τοι Δίκα χρόνιος, ἀλλ' ὅμως ὑποπεσοῦσ' Ἔλαθεν, ὅταν ἔχῃ τιν' ἀσεβῆ βροτῶν. Es ist die Frage περὶ τῶν ὑπὸ τοῦ θείου βραδέως τιμωρουμένων (Plutarch). Vgl. *Bacch.* 882 ff.; *Ion* 1615; *Or.* 420.

⁹) *Fr.* 979: Οὗτοι προσελθοῦσ' ἡ Δίκη σε, μὴ τρέσῃς, Παίσει πρὸς ἧπαρ οὐδὲ τῶν ἄλλων βροτῶν Τὸν ἄδικον, ἀλλὰ σῖγα καὶ βραδεῖ ποδὶ Στείχουσα μάρψει τοὺς κακούς, ὅταν τύχῃ. Das Wort muss im Zusammenhang des verlorenen Stücks jemand zur Beruhigung gesagt worden sein.

¹⁰) *Phrixos Fr.* 835: Ὅστις δὲ θνητῶν οἴεται τοὐφ' ἡμέραν Κακόν τι πράσσων τοὺς θεοὺς λεληθέναι, Δοκεῖ πονηρὰ καὶ δοκῶν ἁλίσκεται Ὅταν σχολὴν ἄγουσα τυγχάνῃ Δίκη. Hieher gehört auch *Fr.* 1131: Ὁραθ' ὅσοι νομίζετ' οὐκ εἶναι θεόν, Δὶς ἐξαμαρτάνοντες οὐκ εὐγνωμόνως. Ἔστιν γάρ, ἔστιν. Εἰ δέ τις πράσσει καλῶς Κακὸς πεφυκώς, τὸν χρόνον κερδαινέτω. Χρόνῳ γὰρ οὗτος ὕστερον δώσει δίκην. *Clem. Alex. Strom.* V. pg. 722 schreibt die Verse dem *Diphilus* zu. Nauck hält sie mit Valckenaar für eine jüdische oder christliche Auslassung. Zuzugeben ist, dass sie fast aussehen wie eine Antwort auf *Beller. Fr.* 286 (οὐκ εἰσίν, οὐκ εἰσ' [Kap. III. 2 A. 103] — ἔστιν γάρ, ἔστιν). Auch erinnert der Gedanke etwas an *Psalm* 14, 1. Aber die Begründung des Gottesglaubens ist eine ganz andere, der Gedankensphäre des Euripides konformere, als in dem Psalm. Auch hätte wenigstens ein Christ ohne Zweifel auf das jenseitige Gericht verwiesen und nicht auf einen diesseitigen Glücksumschlag. Vgl. *Bell. Fr.* 303 (ib. A. 104) und die Stellen Kap. III. 1 A. 27; 37—39. Immerhin sind

die Verdachtsgründe für die Unechtheit hier stärker als bei andern von Nauck als christlich verworfenen Stellen.

[11]) Kap. III. 1 A. 33 a. *Theognis* 731 ff.; vgl. A 160 ff.; Crusius zu den neuen *Bacchylides*fragmenten II. im Philologus 1898 S. 161.

[12]) *Mel. desm. Fr.* 506: Δοκεῖτε πηδᾶν τἀδικήματ' εἰς θεοὺς Πτεροῖσι, κἄπειτ' ἐν Διὸς δέλτου πτυχαῖς Γράφειν τιν' αὐτά, Ζῆνα δ' εἰςορῶντά νιν Θνητοῖς Δικάζειν; οὐδ' ὁ πᾶς ἂν οὐρανὸς Διὸς γράφοντος τὰς βροτῶν ἁμαρτίας Ἐξαρκέσειεν οὐδ' ἐκεῖνος ἂν σκοπῶν Πέμπειν ἑκάστῳ ζημίαν· ἀλλ' ἡ Δίκη Ἐνταῦθά ποθ στιν ἐγγύς, εἰ βούλεσθ' ὁρᾶν. Dreierlei ist an diesem Fragment bemerkenswert: 1. Die Abweisung aller anthropomorphistischen Vorstellungen von der Dike und ihrer Thätigkeit, besonders eines jenseitigen Gerichts; 2. die positive Behauptung der Immanenz der Dike in der Welt und 3. die Behauptung, dass es nur auf den Menschen ankomme, ihr Walten zu erkennen. Die beiden letzten Punkte weisen wieder deutlich auf Heraklit, der zwar erklärt, dass „die Natur sich zu verbergen liebt" (*Fr.* 10), es aber auch mit scharfen Worten rügt, dass die meisten Menschen nur eine Art Traumleben führen, statt sich zu wahrer Erkenntnis aufzuraffen (*Fr.* 2, aus dessen Schluss 64 verderbt zu sein scheint; 3. 4. 5). Wer aber ist der Gegner, der die Vorstellung von dem Sündenregister hat, die Euripides als ungereimt zurückweist? Nägelsbach (Nachhom. Theol. S. 447) sieht in dem Fragment „Polemik gegen ein Bild des *Äschylus*" (*Eum.* 272 ff.: Μέγας γὰρ Ἅιδης ἐστὶν εὔθυνος βροτῶν, Ἔνερθε χθονός, δελτογράφῳ δὲ παντ' ἐπωπᾷ φρενί). Ihm folgt auch Ribbeck (Euripides und seine Zeit S. 13). Indessen hier liegt lediglich eine bildliche Ausdrucksweise vor: thatsächlich behält Hades die Sünden in seinem Gedächtnis (φρενί), und dieses wird nur mit einem Buche verglichen. Vgl. *Soph. Tript. Fr.* 540: Θὲς δ' ἐν φρενὸς δέλτοισι τοὺς ἐμοὺς λόγους. Die Vorstellung des Buches selbst beim Gericht, die uns bei Euripides so auffällt, fehlt also gerade hier, weshalb auch von keiner Polemik gegen Äschylus die Rede sein kann. Denn die Vorstellung eines Unterweltsgerichts, die allerdings hier vorschwebt, schliesst das Sündenregister keineswegs notwendig in sich. Die Richter im Hades haben ursprünglich die Aufgabe, die Streitigkeiten der Verstorbenen zu schlichten, wie Minos λ 568 ff. thut; dann erst entsteht, vielleicht unter ägyptischem Einfluss, die Vorstellung eines Gerichts über die im Leben begangenen Thaten. Rohde, Psyche S. 284 A. 3. Für die Vorstellung von dem Buche, in das die Sünden eingetragen werden, ist das Melanippefragment thatsächlich der älteste Beleg in der griechischen Litteratur. Denn die von Crusius (De Babrii aetate pg. 119) aufgeführten Stellen gehören alle dem späteren Altertum an; diese sind: *Plautus, Rudens* 5 ff.; *Lucian de merc. cond.* 12: ἐκ τῶν Διὸς δέλτων ὁ μάρτυς, und *Macar.* III. 68 ebenso; *Babrius Fab.* 130, wo Zeus dem Hermes befiehlt, die Sünden aller Menschen auf Täfelchen zu schreiben und diese in eine Kiste zu legen, Ὅπως ἑκάστῳ τὰς δίκας ἀναπράσσῃ. Τῶν δ' ὀστράκων δὲ κεχυμένων ἐπ' ἀλλήλοις, Τὸ μὲν βράδιον, τὸ δὲ τάχιον ἐμπίπτει Εἰς τοῦ Διὸς τὰς χεῖρας, εἴ ποτ' εὐθύνοι. Τῶν οὖν πονηρῶν οὐ προςῆκε θαυμάζειν, Ἂν θάσσων ἀδικῶν ὀψέ τις κακῶς πράσσῃ. Endlich ein Sprichwort: Ζεὺς κατεῖδε χρόνιος εἰς τὰς διφθέρας bei *Zenob.* IV. 11, *Ps.Diogenian* (Excerpt aus *Plutarch-Seleucus prov. Alex.* ed. Crusius. Progr. Tübingen 1887 und 1895) V. 95 a und *Schol. Ven.* zu A 175, das übereinstimmend erklärt wird: φασὶ γὰρ τὸν Δία εἰς διφθέρας τινὰς ἀπογράφεσθαι τὰ πραττόμενα τοῖς ἀνθρώποις (mit gleichgültigen Variationen im Ausdruck). Von diesen Stellen

gehört also die früheste, Plautus, ins 2. Jahrhundert vor, die andern ins 2. Jahrhundert n. Chr.; und das Sprichwort wird schwerlich viel älter sein. Dieterich (Nekyia S. 126 f. A. 1) weist die Vorstellung von dem Buche den Orphikern zu. In den uns erhaltenen Fragmenten derselben kommt sie meines Wissens allerdings nicht vor, und auch Dieterich bringt keine Stelle bei. Nichtsdestoweniger kann die Vermutung richtig sein. Er verweist auf die jüdisch-apokalyptische, von *Maleachi* 3, 16 ausgehende Litteratur, aus der die Vorstellung vom „Buche des Lebens" (*Apokal. Joh.* 3, 5; 20, 12; 21, 27; 22, 19; *Philipper* 4, 3; vgl. auch *Ev. Luc.* 10, 20) auch in das Neue Testament übergegangen ist. Dieterich nimmt an, dass diese „charakteristischen Vorstellungen in so verschiedenen Kulturkreisen unabhängig von einander entstanden" seien. Diese Möglichkeit, die auch Wellhausen (Israelitische und jüdische Geschichte[1] S. 257; 2. Ausgabe S. 289) in Rechnung zieht, ist ja zuzugeben. Doch ist Wellhausen nicht abgeneigt, einen Einfluss der griechischen, speziell orphischen Litteratur auf das spätere Judentum anzunehmen. Auch wirft er die Frage auf, ob nicht vielleicht der Zoroastrismus eingewirkt habe. „Das himmlische Buch", sagt er, „ist im Alten Testament zuerst eine Bürgerliste (*Ez.* 13, 9), ein Verzeichnis der Angehörigen der Theokratie, besonders der Frommen (*Ps.* 69, 29; 87, 6; *Mal.* 3, 16). Schon bei Maleachi werden zu den Namen Vermerke gemacht über die Thaten und Leiden der betreffenden Personen (vgl. auch *Ps.* 56, 9) . . . Dann wird die Bürgerliste zu einer Konduitenliste und zu einem Kontobuch, nicht bloss für die Frommen, sondern auch für die Heiden. In *Daniel* 7, 10 werden bei den himmlischen Gerichtssitzungen Bücher aufgeschlagen, in denen über die Verschuldung der Heiden Rechnung geführt ist. Als Anschreiber sind die Engel angestellt; dabei kommt es noch im Mittelalter vor, dass der Satan ganz seiner ursprünglichen Funktion (*Sach.* 3, 1; *Hiob* 1, 6 ff.; 2, 1 ff.; *Psalm* 109, 6) gemäss die bösen Thaten verzeichnet, für welche die Seelen zur Verantwortung gezogen werden. Die Vorstellung vom himmlischen Buch ist bekanntlich besonders im Islam ausgebildet; da aber ist dasselbe zugleich die Summe und der Quell aller Offenbarung, das Gegenbild der Bibel. Vgl. Dodwell, Über die tabulae coeli bei *Fabricius Cod. Ps.* V. T. I. 551 ss.; Smend, Alttest. Rel.Gesch. S. 313". Da nun die Vorstellung von dem himmlischen Buch bei den Juden erst nachexilisch ist und dieselbe im Zoroastrismus nachgewiesenermassen vorhanden ist (P. Horn, Die Reiche der Meder und Perser in Hellwalds Kulturgeschichte[4] I. S. 325), so liegt doch die Annahme sehr nahe, dass die Juden sie von den Persern übernommen haben. Warum sollten aber diese nicht auch die Quelle für dieselbe Idee bei den Griechen (unbeschadet ihrer Aneignung durch die Orphiker) gewesen sein? Bei einem Volke, das für bedeutsame fremde Erscheinungen einen so offenen Sinn hatte wie die Griechen, das fremde Elemente, z. B. in der Kunst, so bereitwillig aufnahm, um sie dann selbständig zu verarbeiten, wäre es doch sehr auffallend, wenn die jahrhundertelang bestehende Verbindung mit dem Orient, speziell mit den Persern, keinerlei Spuren zurückgelassen haben sollte. Dazu wissen wir, dass *Xanthus* in seinen Λυδιακά (*Fr.* 19 und 29 Müller) den Zoroaster und seine Religion, z. B. die Heilighaltung des Feuers, erwähnte. Warum sollte also nicht auch die Vorstellung von dem himmlischen Buch durch irgend einen Kanal nach Griechenland gedrungen sein? Ob sie dann Euripides aus einer historischen Quelle oder durch Vermittlung der Orphiker überkommen hat, lässt sich freilich nicht mehr ausmachen. Dass Euripides den Xanthus kannte, sagen die *Schol.* zu *Andromache* 10 und *Phön.* 159 (Schwartz I. pg. 272 = *Xanthus Fr.* 13; II. pg. 249). — Über die von *Stob. Ecl.* I. 3, 14 a noch angeführten weiteren drei Verse (Nauck, *Adesp. Fr.* 489) vgl. Kap. III. 1 A. 15 a.

¹²) *Antiope Fr.* 222: Τὴν τοι Δίκην λέγουσι παῖδ' εἶναι χρόνου, Δείκνυσι δ' ἡμῶν ὅστις ἐστὶ μὴ κακός. Busche (Fleckeisens Jb. 1895 S. 664) vermutet v. 2: ὅστις ὅσιός ἐστιν ἤ.

¹⁴) *Andromeda Fr.* 151: Τὴν τοι Δίκην λέγουσι παῖδ' εἶναι Διὸς Ἐγγύς τε ναίειν τῆς βροτῶν ἁμαρτίας.

¹⁵) *Herakles* 739: Ἰὼ Δίκα καὶ θεῶν παλίρρους πότμος. *Elektra* 1155 f.: παλίρρους δὲ τάνδ' ὑπάγεται Δίκα διαδρόμου λέχους.

¹⁶) Kap. III. 1 A. 18.

¹⁷) Kap. III. 1. Der alte Glaube.

¹⁸) *Hipp. Kal. Fr.* 441: Χρόνος διέρπων πάντ' ἀληθεύειν φιλεῖ. „Die enge Verbindung der Dike mit dem χρόνος gehört in diesen Gedankenkreis und weiter, wenn auch der χρόνος personifiziert wird und mitunter fast an die Stelle der Dike tritt." Dümmler, Proleg. zu Platons Staat (Progr. Basel 1891) S. 32. Vgl. auch Kap. III. 1 A. 27, 28 und 33.

¹⁹) *Heraklit Fr.* 45: οὐ ξυνίασι ὅκως διαφερόμενον ἑωυτῷ ὁμολογέει· παλίντροπος ἁρμονίη ὅκωσπερ τόξου καὶ λύρης. — *Fr.* 46: καὶ Ἡράκλειτος τὸ ἀντίξουν συμφέρον καὶ ἐκ τῶν διαφερόντων καλλίστην ἁρμονίαν καὶ πάντα κατ' ἔριν γενέσθαι. — *Fr.* 56: παλίντονος ἁρμονίη ὅκωσπερ λύρης καὶ τόξου. — *Fr.* 66: τοῦ βιοῦ ὄνομα βίος, ἔργον δὲ θάνατος. Pfleiderer, Heraklit S. 89 ff., besonders S. 90 A. 1. — *Fr.* 69: ὁδὸς ἄνω κάτω μία καὶ αὐτή. Pfleiderer S. 140.

²⁰) *Heraklit Fr.* 79 s. Kap. III. 1 A. 27. Zur Erklärung s. Pfleiderer, Heraklit S. 110 ff., der meines Erachtens mit vollem Recht die Plutarchische, an O 360 ff. sich anschliessende Variante von dem sandhäufchenbauenden und wieder einwerfenden Knaben als minderwertig und von der Originalmeinung Heraklits ablenkend bei Seite schiebt. Zeller (Phil. d. Gr.⁵ I. 2 S. 642 A. 1) legt den Nachdruck nicht sowohl auf die berechnende Thätigkeit, wie Pfleiderer, sondern auf die fortwährende Veränderung des Spiels. Jedenfalls scheint mir Gomperz zu irren, wenn er (Griech. Denker I. S. 53) vom „zwecklosen Brettspiel" spricht, an dem sich der Knabe ergötze, und diese Zwecklosigkeit wie Nietzsche (Werke X. S. 37 ff.) eben aus der Plutarchischen Variation erkennt.

²¹) S. Kap. III. 1 A. 27 und 28. Vgl. *Prediger* Kap. 3, besonders v. 15, wohin ähnliche Gedanken wohl durch Vermittlung der Stoa kamen. A. Palm, Qohelet und die nacharistotelische Philosophie (Mannheimer Gymn.Programm 1885) S. 14.

²²) *Palam. Fr.* 584: Kap. V. 2 A. 110.

²³) *Teleph. Fr.* 706: Ἀγάμεμνον, οὐδ' εἰ πέλεκυν ἐν χεροῖν ἔχων Μέλλοι τις εἰς τράχηλον ἐμβαλεῖν ἐμόν, Σιγήσομαι δίκαια γ' ἀντειπεῖν ἔχων. Welcker S. 487.

²⁴) *Heraklit Fr.* 113: εἰς ἐμοὶ μύριοι, ἐὰν ἄριστος ᾖ.

²⁵) *Diktys Fr.* 343: Θάρσει· τό τοι δίκαιον ἰσχύει μέγα.

²⁶) *Erechtheus Fr.* 353: Οὐδεὶς στρατεύσας ἄδικα σῶς ἦλθεν πάλιν. — *Fr.* 354: Τὰς οὐσίας γὰρ μᾶλλον ἢ τὰς ἁρπαγὰς Τιμᾶν δίκαιον· οὔτε γὰρ πλοῦτός ποτε Βέβαιος ἄδικος.

²⁷) *Peliad. Fr.* 606 s. Kap. III. 1 A. 34. — Wilamowitz (De trag. Gr. Fr.

Ind. Schol. Gött. 1893 pg. 26) nimmt aus metrischen Gründen auch *Fr.* 499 der *Adespota* für Euripides in Anspruch: Τὸ δὲ θεῶν κράτος μέγα κατ' ἀνθρώπους· Ἄφρονες δ' ὁπόσοι τὸ δίκαιον ἄγουσ' Ὑπὸ τᾶς ἀδίκου Βιοτᾶς ἀφανές· Μέγα γὰρ ὄμμα δαιμόνων, οἷς τίνουσ' Ἀμοιβὰς κακῶν. In v. 3 konjizierte Heeren: τᾶς βιοτᾶς für τᾶς βιοτάς. Nauck, Tr. Gr. Fr.² pg. 937.

²⁶) *Heraklit Fr.* 45, 46 und 56 s. A. 19. — *Fr.* 43: καὶ Ἡράκλειτος ἐπιτιμᾷ τῷ ποιήσαντι (Σ 107), ὡς ἔρις ἔκ τε θεῶν καὶ ἀνθρώπων ἀπόλοιτο· οὐ γὰρ ἂν εἶναι ἁρμονίαν μὴ ὄντος ὀξέος καὶ βαρέος οὐδὲ τὰ ζῷα ἄνευ θήλεος καὶ ἄρρενος ἐναντίων ὄντων. — *Fr.* 47: ἁρμονίη ἀφανὴς φανερῆς κρείσσων. — *Fr.* 61: *Schol.* zu Δ 4: ἀπρεπές φασιν, εἰ τέρπει τοὺς θεοὺς πολέμων θέα ... καὶ Ἡράκλειτος λέγει, ὡς τῷ μὲν θεῷ καλὰ πάντα καὶ ἀγαθὰ καὶ δίκαια, ἄνθρωποι δὲ ἃ μὲν ἄδικα ὑπειλήφασιν, ἃ δὲ δίκαια. — *Fr.* 62: εἰδέναι χρὴ τὸν πόλεμον ἐόντα ξυνόν, καὶ Δίκην ἔριν· καὶ γινόμενα πάντα κατ' ἔριν καὶ χρεών. Gomperz (Zu Heraklits Lehre in den Sitz.Ber. d. Wien. Akademie. Philos.hist. Kl. 113. 1886 S. 1014 f.; 1043 f.) erklärt ξυνόν hier für = κοινόν: Krieg und Eintracht ist dasselbe. Von den Verbesserungen des verderbten letzten Wortes χρεώμενα ist Diels Vorschlag χρεών am einleuchtendsten (Jenaer Litt. Zeit. 1877. 394 a).

²⁹) Kap. III. 2 a A. 18.

³⁰) *Heraklit Fr.* 60: Δίκης οὔνομα οὐκ ἂν ᾔδεσαν, εἰ ταῦτα μὴ ἦν. Hier erklärt Pfleiderer (Heraklit S. 88 A. 1) das ταῦτα für das Unrecht, nicht, wie andere, für die νόμοι. Letzteres gäbe in der That eine „matte Tautologie", während die erstere Erklärung vortrefflich in den Gedankenkreis Heraklits passt.

³¹) *Heraklit Fr.* 62 s. A. 28; *Fr.* 118 s. Kap. III. 2 c A. 92.

³²) *Plato, Kratylos* 27 pg. 412 D: ὅσοι γὰρ ἡγοῦνται τὸ πᾶν εἶναι ἐν πορείᾳ, τὸ μὲν πολὺ αὐτοῦ ὑπολαμβάνουσι τοιοῦτόν τι εἶναι, οἷον οὐδὲν ἄλλο ἢ χωρεῖν, διὰ δὲ τούτου παντὸς εἶναί τι διεξιόν, δι' οὗ πάντα τὰ γιγνόμενα γίγνεσθαι ... ἐπεὶ δ' οὖν ἐπιτροπεύει τὰ ἄλλα πάντα διαϊόν, τοῦτο τὸ ὄνομα ἐκλήθη ὀρθῶς δίκαιον. Dazu vgl. 19 pg. 402 A: λέγει που Ἡράκλειτος ὅτι πάντα χωρεῖ καὶ οὐδὲν μένει καὶ ποταμοῦ ῥοῇ ἀπεικάζων τὰ ὄντα λέγει ὡς δὶς ἐς τὸν αὐτὸν ποταμὸν οὐκ ἂν ἐμβαίης (*Fr.* 41 und 42 Byw.; Zeller, Phil. d. Gr.⁵ S. 634 A. 1 und 2; S. 635 A. 1). Es ist doch, wie schon Lassalle (Heraklit I. 92) erkannt hat, ganz klar, dass Plato hier von Heraklit und seinen Anhängern spricht, deren Neigung zu gezwungenen Etymologien er persifliert, und es ist mit nichts zu erweisen, dass dieser Begriff des δίκαιον auf Diogenes von Apollonia oder gar Antisthenes hinweise, wie Dümmler (Akademika S. 136 ff. und Proleg. zu Platons Staat S. 33) behauptet. Dies wird auch dadurch nicht anders, dass *Plato* (*Ges.* IV. pg. 715 E) „der kosmischen Dike huldigt". Warum diese kosmische Dike nur orphisch sein soll, ist angesichts der Heraklitstellen nicht einzusehen, muss doch Dümmler (Proleg. S. 32) selbst zugeben, dass „bei Heraklit eine verwandte Auffassung vorkommt". Vgl. auch *Epicharm Fr.* 170, 12 ff. (Kaibel). *Diog. L.* III. 12. S. Kap. V. 3 A. 2 ff.

³³) *Hesiod, Erga* 217 f.: Δίκη δ' ὑπὲρ ὕβριος ἴσχει Ἐς τέλος ἐξελθοῦσα. — 256 ff.: Ἡ δέ τε παρθένος ἐστὶ Δίκη Διὸς ἐκγεγαυῖα, Κυδρή τ' αἰδοίη τε θεοῖς, οἳ Ὄλυμπον ἔχουσι. Καί ῥ' ὁπότ' ἄν τίς μιν βλάπτῃ σκολιῶς ὀνοτάζων, Αὐτίκα πὰρ Διὶ πατρὶ καθεζομένη Κρονίωνι Γηρύετ' ἀνθρώπων ἀδίκων νόον, ὄφρ' ἀποτίσῃ.

³⁴) Über Dike bei den Orphikern s. Dieterich, Nekyia S. 139: im *Orph. Hymn.* 62, 2 ff. sitzt sie auf dem Thron des Zeus οὐρανόθεν καθορῶσα βίον θνη-

τῶν πολυφύλων. Weiter wird sie hier angeredet (v. 6 ff.): Πάντα γὰρ ὅσσα κακαῖς γνώμαις θνητοῖσιν ὀχεῖται (*Troad.* 884 vgl. A. 4), Δύςκριτα βουλομένοις τὸ πλέον βουλαῖς ἀδίκοισι, Μούνη ἐπεμβαίνουσα δίκην ἀδίκοις ἐπεγείρεις. — *Arg.* 352 wird Dike Ἰθύντειρα mit den Ἐριννύες αἰνοδότειραι zusammengestellt; ebenso *Hymn.* 69, 11. — Im 10. *Hymnus* (v. 13) wird sie geradezu mit der Natur (φύσις) identifiziert, es werden ihr unzählige, teils kosmische, teils sittliche Attribute beigelegt und diese dahin zusammengefasst (v. 28): Πάντα σὺ ἔσσι· τὰ πάντα σὺ γὰρ μούνη τάδε τεύχεις. — Im 43. *Hymn.* v. 2 erscheint sie neben den Horen, Eunomia und Eirene. — *Fr.* 33 (*Plato, Ges.* IV. pg. 715 D): ὁ μὲν δὴ θεός, ὥσπερ καὶ ὁ παλαιὸς λόγος, ἀρχήν τε καὶ τελευτὴν καὶ μέσα τῶν ὄντων ἁπάντων ἔχων εὐθείᾳ περαίνει κατὰ φύσιν περιπορευόμενος· τῷ δ' ἀεὶ ξυνέπεται Δίκη τῶν ἀπολειπομένων τοῦ θείου νόμου τιμωρός (vgl. Dümmler, Proleg. S. 33). Plato hat hier zwei, später in die *Rhapsodische Theogonie* (2. Jahrh. v. Chr., Abel S. 168 A. 1) aufgenommene Verse (*Fr.* 123. 125) im Auge: Ζεὺς ἀρχὴ Ζεὺς μέσσα καὶ ἐκ Διὸς πάντα τέτυκται. Τῷ δὲ Δίκη πολύποινος ἐφέσπετο πᾶσιν ἀρωγός. Vgl. auch *Fr.* 126: πρὸ τοῦ κόσμου Δίκη συνάπτεται τῷ Διί· πάρεδρος γὰρ ὁ Νόμος τοῦ Διός, ὥς φησιν Ὀρφεύς. Endlich hat die die Hymnen einleitende Εὐχὴ πρὸς Μουσαῖον 25: Πίστιν τ' ἠδὲ Δίκην. Gomperz, Griechische Denker S. 110.

³⁵) *Anaximander Fr.* 2: διδόναι γὰρ αὐτὰ (sc. τὰ ὄντα) τίσιν καὶ δίκην τῆς ἀδικίας κατὰ τὴν τοῦ χρόνου τάξιν.

³⁶) *Solon* 2, 14 ff. redet von Dike, Ἡ σιγῶσα σύνοιδε τὰ γιγνόμενα πρό τ' ἐόντα, Τῷ δὲ χρόνῳ πάντως ἦλθ' ἀποτεισομένη. — 12, 25 ff. ist zwar Dike nicht genannt, aber es heisst von Zeus: Τοιαύτη Ζηνὸς πέλεται τίσις, οὐδ' ἐφ' ἑκάστῳ Ὥσπερο θνητὸς ἀνὴρ γίγνεται ὀξύχολος. Αἰεὶ δ' οὔ ἑ λέληθε διαμπερές, ὅστις ἀλιτρὸν Θυμὸν ἔχει, πάντως δ' ἐς τέλος ἐξεφάνη. Zum ersten Gedanken vgl. *Eur. Hipp.* 120; *Bacch.* 1348 (Kap. III. 1 A. 94); an den zweiten schliesst sich die weitere Erwägung, dass zuweilen auch die Nachkommen des Frevlers dessen Sünden „schuldlos" (ἀναίτιοι) zu büssen haben, während er selbst frei ausgeht. Vgl. *Theogn.* 731 ff.

³⁷) *Theogn.* 197 ff.: Χρῆμα δ' ὃ μὲν Διόθεν καὶ σὺν δίκῃ ἀνδρὶ γένηται Καὶ καθαρῶς, ἀεὶ παρμόνιμον τελέθει. Εἰ δ' ἀδίκως παρὰ καιρὸν ἀνὴρ φιλοκερδέι θυμῷ Κτήσεται, εἴθ' ὅρκῳ παρ τὸ δίκαιον ἑλών, Αὐτίκα μιν φέρειν κέρδος δοκεῖ, ἐς δὲ τελευτὴν Αὖθις ἔγεντο κακόν, θεῶν δ' ὑπερέσχε νόος... Ἄλλον δ' οὐ κατέμαρψε Δίκη· θάνατος γὰρ ἀναιδὴς Πρόςθεν ἐπὶ βλεφάροις ἕζετο κῆρα φέρων.

³⁸) Über Äschylus s. Gomperz, Gr. D. II. S. 6 f. — *Ag.* 374 ff. (384 Δίκας βωμός); 757 ff. (772 f.: Δίκα δὲ λάμπει μὲν ἐν δυςκάπνοις δώμασιν, τὸν δ' ἐναίσιμον τίει βίον); *Choeph.* 57 ff. (61: ῥοπὴ Δίκας); 306 ff. (310 f.: τοὐφειλόμενον πράσσουσα Δίκη μέγ' αὔτεῖ); 639 ff. (646: Δίκας δ' ἐρείδεται πυθμήν); 946 ff. (949 f.: Διὸς κόρα· Δίκαν δέ νιν προςαγορεύομεν βροτοὶ τυχόντες καλῶς); *Phryger Fr.* 266, 4 f.: Ἡμῶν γε μέντοι Νέμεσίς ἐσθ' ὑπερτέρα, Καὶ τοῦ θανόντος ἡ Δίκη πράσσει κότον. Der letzte Vers besagt: den Zorn des Toten führt Dike aus, d. h. weil er selbst sich nicht mehr rächen kann, rächt ihn Dike. Wozu hier Konjekturen?

³⁹) Über *Sophokles* s. Gomperz, Gr. D. II. 7 f. — *Öd. tyr.* 882 ff. (884 f.: Δίκας ἀφόβητος οὐδὲ δαιμόνων ἕδη σέβων); *Antig.* 451: ἡ ξύνοικος τῶν κάτω θεῶν Δίκη; *Aias Lokros Fr.* 11: Τὸ χρύσεον δὲ τᾶς Δίκας δέδορκεν Ὄμμα, τὸν δ'

ἄδιχον ἀμείβεται. — *Fr. inc.* 809 : Ἀεὶ γὰρ εὖ πίπτουσιν οἱ Διὸς κύβοι: Nachgeahmt im *Rhesus* 183. Vgl. auch *Äschylus Sept.* 414. S. Kap. VI. 2 A. 15.

⁴⁰) Diesen scheinbaren Widerspruch des Heraklitismus hat Nietzsche
(Werke X. S. 37 s. Kap. III. 1 A. 53) unübertrefflich charakterisiert. — In der
Neuzeit erinnert vielfach an diese Philosophie der Amerikaner Ralph Waldo
Emerson in seinen Essays (deutsch von V. Federn und Th. Weigand), besonders
in „Überseele" III. S. 7 ff.; „Ausgleichungen" III. S. 41 ff. (S. 49 *Heraklit Fr.* 29
citiert); „Geistige Gesetze" III. S. 61 ff.

Viertes Kapitel.
Physik.

¹) Kap. III. 3 A. 4.

¹ᵃ) Dies gilt auch von manchen Einzelheiten. Unter den verschiedenen
Erklärungen der Nilschwelle z. B., welche *Herodot* II. 20 ff. aufzählt, hat Euripides die einzig richtige, welche sie auf die Schneeschmelze in südlich ge-
legenen Hochgebirgen zurückführt, angenommen, während sie Herodot (22 ff.)
mit überlegener Weisheit zu widerlegen sucht: *Archel. Fr.* 228 : Δαναὸς ὁ πεντή-
χοντα θυγατέρων πατὴρ Νείλου λιπὼν κάλλιστον ἐκ γαίας ὕδωρ, Ὃς ἐκ μελαμβρό-
τοιο πληροῦται ῥοὰς Αἰθιοπίδος γῆς, ἡνίκ' ἂν ταχῇ χιὼν τέθριππ' ἄγοντος ἡλίου
κατ' αἰθέρα, Ἐλθὼν ἐς Ἄργος ᾤκισ' Ἰνάχου πόλιν. Diese Ansicht kannte schon
Äschylus (Hik. 559 ff.: λειμῶνα χιονόβοσκον ὄντ' ἐπέρχεται Τυφῶ μένος ὕδωρ τὸ
Νείλου νόσοις ἄδιχτον). Wissenschaftlich begründet aber hat sie besonders
Anaxagoras, der wie Parmenides eine kalte, antarktische Zone annahm (Berger,
Geschichte der wissenschaftl. Erdkunde der Griechen I. S. 116 ff.; II. S. 105;
III. S. 101; II. 37): *Plut. epit.* IV. 1 (Diels, Dox. Gr. pg. 385 A. 5 ff.): Ἀναξα-
γόρας ἐκ τῆς χιόνος τῆς ἐν τῇ Αἰθιοπίᾳ τηκομένης μὲν τῷ θέρει, ψυχομένης δὲ
τῷ χειμῶνι (sc. νομίζει πληροῦσθαι τὸν ποταμόν). *Hippol. philos.* 8, 5: τὸν δὲ
Νεῖλον αὔξεσθαι κατὰ τὸ θέρος καταφερομένων εἰς αὐτὸν ὑδάτων ἀπὸ τῶν ἐν τοῖς
ἄρκτοις χιόνων (Diels, Dox. Gr. pg. 562, 12 f.). Hier ist offenbar: ἐν τοῖς ἀντ-
αρκτικοῖς zu lesen. Fredrich, Hippokratische Untersuchungen in „Philologische
Untersuchungen, herausgegeben von Kiessling und Wilamowitz-Möllendorf,
Heft 15", 1899 S. 164 f. — Auch mit ärztlichen Fragen befasst sich *Euripides*
gelegentlich: *Fr.* 917 giebt einen Gedanken wieder, den Hippokrates in der
Schrift περὶ ἀέρων ὑδάτων τόπων ausgeführt hat. Vgl. Fredrich a. a. O. S. 9 f. —
S. o. Kap. I. A. 23 und III. 2 A. 37. — Vgl. auch *Fr.* 1072: Μέλλων τ' ἰατρός
τῇ νόσῳ διδοὺς χρόνον Ἴασατ' ἤδη μᾶλλον ἢ τεμὼν χρόα, mit *Xen. Mem.* I.
2, 54; *Plato, Gorgias* 77 pg. 521 E, *Politikos* pg. 293 B und *Heraklit Fr.* 58
(Bywater): οἱ γοῦν ἰατροί, φησὶν ὁ Ἡράκλειτος, τέμνοντες καίοντες πάντη βασανί-
ζοντες κακῶς τοὺς ἀρρωστοῦντας ἐπαιτιῶνται μηδὲν' ἄξιον μισθὸν λαμβάνειν παρὰ
τῶν ἀρρωστούντων ταῦτα ἐργαζόμενοι τὰ ἀγαθὰ καὶ τὰς νόσους. Der Schluss ist
verdorben: vielleicht ist mit Petersen κατὰ τὰς νόσους zu lesen.

⁸) *Fr.* 1023: Αἰθέρα καὶ Γαῖαν πάντων γενέτειραν ἀείδω. Valckenaer
wollte diesen Vers dem Euripides absprechen und hielt ihn für ein Bruchstück

29*

aus einem Physiker. Wagner nahm ihn für die *Antiope* in Anspruch, und Wilamowitz unterstützte diese Vermutung durch den Hinweis auf *Philostr. Imag.* 1, 10: ᾄδει δὲ (sc. Amphion), οἶμαι, τὴν γᾶν ὅτι, πάντων γενέτειρα οὖσα καὶ αὐτόματα ἤδη τείχη δίδωσιν. Vgl. Wil., De tr. Gr. Fr. pg. 8. — *Fr.* 1004, nur in einer prosaischen Paraphrase des Porphyrius erhalten, glaubt Wilamowitz (ib. pg. 17) den *Kretern* zuweisen zu dürfen: καὶ γὰρ τροφαὶ αἱ αὐταὶ πᾶσιν αὐτοῖς καὶ πνεύματα ὡς Εὐριπίδης καὶ ‚φοινίας ἔχει ῥοὰς τὰ ζῷα πάντα‘ κοινοὺς ἁπάντων δείκνυσι γονεῖς οὐρανὸν καὶ γῆν. — Die Worte in den *Hiketiden* (690): ‚αἵματός τε φοινίου ῥοάς‘, auf die Nauck verweist, stehen in einem so ganz andern, von aller Spekulation abgekehrten Zusammenhang, dass sie Porphyrius bei seinem Citat nicht wohl im Auge gehabt haben kann. — S. auch Dieterich, Nekyia S. 100 A. 5.

   ⁸) *Fr.* 941: Ὁρᾷς τὸν ὑψοῦ τόνδ’ ἄπειρον αἰθέρα Καὶ γῆν πέριξ ἔχονθ’ ὑγραῖς ἐν ἀγκάλαις; Τοῦτον νόμιζε Ζῆνα, τόνδ’ ἡγοῦ θεόν. Von *Cicero* übersetzt *De nat. deor.* II. 25, 65: Vides sublime fusum immoderatum aethera, Qui tenero terram circumjectu amplectitur? Hunc summum habeto divum, hunc perhibeto Jovem. Wie Cicero dazu kommt, in v. 2 ὑγρός mit ‚tener‘ zu übersetzen, ist unklar. — *Ennius* (*Thyestes Fr.* 7) bei Ribbeck, Trag. Rom. Fr. pg. 58 und R. Trag. S. 202: Aspice hoc sublime candens, quem invocant omnes Jovem. Endlich *Pacuvius Fr.* 6 f. (ib. pg. 87 und R. Tr. S. 256): Hoc vide circum supraque quod complexu continet terram. — Ganz ähnlich *Fr.* 911: Κορυφὴ δὲ θεῶν ὁ πέριξ χθόν’ ἔχων Φαεννὸς αἰθήρ. Schon *Epicharm* muss ähnliche Theorien gekannt haben. *Menander* bei *Stob. flor.* 91, 29 (Kaibel *Fr.* 239): Ὁ μὲν Ἐπίχαρμος τοὺς θεοὺς εἶναι λέγει Ἀνέμους, ὕδωρ, γῆν, ἥλιον, πῦρ, ἀστέρας. *Varro de re rust.* I. 4: ejus (sc. agriculturae) principia sunt eadem, quae mundi esse Ennius scribit (in Epicharmo sc.), aqua, terra, anima et sol. — *Vitruv* VIII. praef. 1: Pythagoras, Empedocles, Epicharmus aliique physici et philosophi haec principia quattuor esse posuerunt, aërem, ignem, aquam, terram, eorumque inter se cohaerentiam naturali figuratione ex generum discriminibus efficere qualitates. — *Varro de lingua Latina* V. 65 (Kaibel *Fr.* 240): idem hi dei caelum et terra Jupiter et Juno, quod, ut ait Ennius, „Istis est is Jupiter quem dico, quem Graeci vocant Aërem, qui ventus est et nubes, imber postea, Atque ex imbre frigus, ventis post fit aër denuo: haece propter Jupiter sunt ista quae dico tibi, Quando mortalis atque urbes beluasque omnis juvat". — Gegen Wilamowitz (Her.¹ I. S. 29 A. 54), dem jetzt auch Diels (Sibyll. Blätter S. 34; Arch. f. Geschichte d. Philosophie IV. 1891 S. 120), Susemihl (die Ψευδεπιχάρμεια im Philol. 1894 S. 566 ff.) und Kaibel (Com. Gr. Fr. I. 1899 S. 133 ff.) folgen, verteidigen Rohde (Psyche S. 551 A. 1) und Gomperz (Gr. D. II. S. 327 f.) die Echtheit der Bruchstücke, die nach jenen einem pseudoepicharmischen Carmen physicum entstammen sollen. — Vgl. A. 6. — Sonstige Berührungen des Euripides mit Epicharm s. Kap. II. Anm. 1. 19. 20; III. 1 A. 11. 12; III. 3 c A. 91; Kap. V. 1 A. 2. 8; V. 2 A. 6. 36. 77; V. 3 A. 4; Kap. VII. 1 A. 3. Vgl. meine Untersuchungen über die philosophischen Quellen des Euripides im Philologus N. F. Suppl. VIII. 1900.

   ⁴) *Fr.* 877: Ἀλλ’ αἰθὴρ τίκτει σε, κόρα, Ζεὺς ὃς ἀνθρώποις νομίζεται.

   ⁵) *Chrysipp. Fr.* 839: Γαῖα μεγίστη καὶ Διὸς Αἰθήρ, Ὁ μὲν ἀνθρώπων καὶ θεῶν γενέτωρ, Ἡ δ’ ὑγροβόλους σταγόνας νοτίας Παραδεξαμένη τίκτει θνητούς, Τίκτει βοτάνην φῦλά τε θηρῶν· Ὅθεν οὐκ ἀδίκως Μήτηρ πάντων νενόμισται.

Χωρεῖ δ' ὀπίσω Τὰ μὲν ἐκ γαίας φύντ' εἰς γαῖαν, Τὰ δ' ἀπ' αἰθερίου βλαστόντα γονῆς Εἰς οὐράνιον πάλιν ἦλθε πόλον. Θνῄσκει δ' οὐδὲν τῶν γιγνομένων, Διακρινόμενον δ' ἄλλο πρὸς ἄλλου Μορφὴν ἑτέραν ἀπέδειξεν. — Diese Verse schwebten offenbar dem *Lucrez* vor, bei dem es *De rer. nat.* II. 991 ff. heisst: „Denique caelesti sumus omnes semine oriundi: Omnibus ille idem pater est, unde alma liquentis Umoris guttas mater cum terra recepit, Feta parit nitidas fruges arbustaque laeta Et genus humanum, parit omnia saecla ferarum, Pabula cum praebet, quibus omnes corpora pascunt Et dulcem ducunt vitam prolemque propagant; Quapropter merito maternum nomen adepta est. Cedit idem retro, de terra quod fuit ante, In terras et quod missum est ex aetheris oris, Id rursum caeli rellatum templa receptant. Nec sic interemit mors res, ut materiai Corpora conficiat sed coetum dissupat ollis. — Bei *Pacuvius Fr.* 6 f. (Ribbeck, Rom. Tr. Fr. pg. 87 und R. Tr. S. 256'f.) finden sich die Verse: Id quod nostri caelum memorant, Grai perhibent aethera: Quidquid est hoc, omnia animat format alit auget creat Sepelit recipitque in sese omnia omniumque idem est pater Indidemque eadem aeque oriuntur de integro atque eodem occidunt. Vgl. A. 3. — Endlich äussert sich *Vitruv* VIII. praef. 1 zu der Stelle: Euripides auditor Anaxagorae, quem philosophum Athenienses scenicum appellaverunt, aëra et terram eamque ex coelestium imbrium conceptionibusque inseminatam fetus gentium et omnium animalium in mundo procreavisse, et quae ex ea essent prognata cum dissolverentur temporum necessitate coacta, in eandem redire, quaeque de aëre nascerentur item in coeli regiones reverti neque interitiones recipere, sed dissolutione mutata (mutua? Nauck) in eandem recidere in qua fuerant proprietatem. Diese lateinischen Paraphrasen sprechen gegen die Vermutung Welckers (Gr. Tr. S. 535), dass das Chorlied weiterhin „auf das Prinzip des Eros" eingegangen sei.

⁶) *Antiope Fr.* 195: Ἄπαντα τίκτει χθὼν πάλιν τε λαμβάνει. *Ennius* übersetzte (in seinem naturphilosophischen Lehrgedicht *Epicharmus?*) den Vers (*Fr.* 7 pg. 78 ed. Müller, 241 Kaibel): Terris gentis omnis peperit et resumit denuo, quae dat cibaria (sc. Terra mater). Vgl. *Bacch.* 276 f. — S. A. 3.

⁷) *Eur. Fr.* 898, von Welcker S. 737 f. dem *Hipp. Kal.* zugewiesen, wozu vgl. *Äschylus, Danaïd. Fr.* 44:

Τὴν Ἀφροδίτην οὐχ ὁρᾷς ὅση θεός;	
Ἣν οὐδ' ἂν εἴποις οὐδὲ μετρήσειας ἂν	
Ὅση πέφυκε κἀφ' ὅσον διέρχεται.	
Αὕτη τρέφει σε κἀμὲ καὶ πάντας βροτούς.	
Τεκμήριον δέ, μὴ λόγῳ μόνον μάθῃς,	
Ἔργῳ δὲ δείξω τὸ σθένος τὸ τῆς θεοῦ.	
Ἐρᾷ μὲν ὄμβρου γαῖ', ὅταν ξηρὸν πέδον	Ἐρᾷ μὲν ἁγνὸς οὐρανὸς τρῶσαι χθόνα,
Ἄκαρπον αὐχμῷ νοτίδος ἐνδεῶς ἔχῃ ·	Ἔρως δὲ γαῖαν λαμβάνει γάμου τυχεῖν.
Ἐρᾷ δ' ὁ σεμνὸς οὐρανὸς πληρούμενος	Ὄμβρος δ' ἀπ' εὐνατῆρος οὐρανοῦ πεσὼν
Ὄμβρου πεσεῖν εἰς γαῖαν Ἀφροδίτης ὕπο ·	Ἔδευσε γαῖαν · ἡ δὲ τίκτεται βροτοῖς
Ὅταν δὲ συμμιχθῆτον εἰς ταὐτὸν δύο,	Μήλων τε βοσκὰς καὶ βίον Δημήτριον.
Φύουσιν ἡμῖν πάντα καὶ τρέφουσ' ἅμα,	Δένδρων ὀπώρα δ' ἐκ νοτίζοντος γάνους
Δι' ὧν βρότειον ζῇ τε καὶ θάλλει γένος.	Τέλειός ἐστι. τῶνδ' ἐγὼ παραίτιος.

Dass Äschylus diesen Dualismus nicht philosophisch durchführt wie Euripides, sondern dass er bei ihm nur mythologisch ist, zeigt der Anfang der Monodie des *Prometheus* 88 ff., wo zwar auch der ὅῖος αἰθήρ und die παμμήτωρ γῆ, daneben aber auch die Winde, die Binnengewässer, das Meer und die Sonne zu Zeugen dafür angerufen werden, was der Gott Prometheus von den Göttern leiden muss (Valckenaer, Diatribe pg. 47 a). Vgl. auch *Prom.* 281; 1092.

⁸) *Hipp.* 447 ff.: Φοιτᾷ δ' ἀν' αἰθέρ', ἔστι δ' ἐν θαλασσίῳ Κλύδωνι Κύπρις, πάντα δ' ἐκ ταύτης ἔφυ· Ἥδ' ἐστιν ἡ σπείρουσα καὶ διδοῦσ' ἔρον, Οὗ πάντες ἐσμὲν οἱ κατὰ χθόν' ἔκγονοι.

⁹) *Fr.* 944: Καὶ Γαῖα μῆτερ· Ἑστίαν δέ σ' οἱ σοφοὶ Βροτῶν καλοῦσιν ἡμένην ἐν αἰθέρι. Wie καὶ beweist, war vorher eine andere Gottheit angerufen, wahrscheinlich der Äther oder Zeus als Vater der Welt. Vgl. *Macrob. Sat.* I. 23, 8: Haec sola (sc. Ἑστία), quam terram esse accipimus, manet immobilis intra domum deorum, id est intra mundum, ut ait Euripides. — Hestia wird hier von ἕζομαι, ἕδος abgeleitet, eine Etymologie, die Plato im *Kratylos* 18 pg. 401 B C übergeht. Dümmler, Akad. S. 131. — Schon bei den Pythagoreern hatte Hestia eine kosmische Bedeutung: das Weltfeuer hiess bei ihnen „der Altar", der „Herd des Alls": Φιλόλαος πῦρ ἐν μέσῳ περὶ τὸ κέντρον, ὅπερ ἑστίαν τοῦ παντὸς καλεῖ καὶ Διὸς οἶκον καὶ μητέρα θεῶν, βωμόν τε καὶ συνοχὴν καὶ μέτρον φύσεως (*Stob. Ecl.* I. 22, 1 bei Diels, Dox. Gr. pg. 336 b 20 ff.). Ebenso bei *Aëtius plac. phil.* III. 10, 3 (Diels, Dox. Griech. pg. 377 a 10 f.). Gomperz, Griechische Denker I. S. 95. Zeller, Griech. Phil.⁵ I. S. 412 A. 1. — *Fr.* 919: s. A. 3.

¹⁰) *Mel. soph. Fr.* 487: Ὄμνυμι ἱερὸν αἰθέρ', οἴκησιν Διός. Vgl. *Bacch.* 392 ff.: πόρσω γὰρ ὅμως αἰθέρα ναίοντες ὁρῶσιν τὰ βροτῶν οὐρανίδαι. — *Aristoph. Thesm.* 272: Ὄμνυμι τοίνυν αἰθέρ' οἴκησιν Διός. *Frösche* 100 und 311: αἰθέρα Διὸς δωμάτιον. Die ganze Ätherlehre verspottet er *Thesm.* 13 ff.; in den *Fröschen* 892 lässt er den Euripides zu ‚αἰθήρ, ἐμὸν βόσκημα' beten.

¹¹) *Mel. soph. Fr.* 484: Κοὐκ ἐμὸς ὁ μῦθος ἀλλ' ἐμῆς μητρὸς πάρα, Ὡς οὐρανός τε γαῖά τ' ἦν μορφὴ μία· Ἐπεὶ δ' ἐχωρίσθησαν ἀλλήλων δίχα, Τίκτουσι πάντα κἀνέδωκαν εἰς φάος, Δένδρη, πετεινά, θῆρας οὕς θ' ἅλμη τρέφει Γένος τε θνητῶν. Über die Einleitungsformel vgl. Kap. I. A. 109 a; 127—129. — Dieterich (Nekyia S. 101 f.) vergleicht dazu eine Stelle aus *Apoll. Rhod. Arg.* I. 494 ff.: ἄν δὲ καὶ Ὀρφεὺς Λαιῇ ἀνασχόμενος κίθαριν πείραζεν ἀοιδῆς. Ἤειδεν δ' ὡς γαῖα καὶ οὐρανὸς ἠδὲ θάλασσα Τὸ πρὶν ἐπ' ἀλλήλοισι μιῇ συναρηρότα μορφῇ Νείκεος ἐξ ὀλοοῖο διέκριθεν ἀμφὶς ἕκαστα Ἤδ' ὡς ἔμπεδον αἰὲν ἐν αἰθέρι τέκμαρ ἔχουσιν Ἄστρα σεληναίη τε καὶ ἠελίοιο κέλευθοι· Οὖρεά θ' ὡς ἀνέτειλα καὶ ὡς ποταμοὶ κελάδοντες Αὐτῇσιν νύμφῃσιν καὶ ἑρπετὰ πάντ' ἐγένοντο.

¹²) *Hesiod Theog.* 105 f.: κλείετε δ' ἀθανάτων ἱερὸν γένος αἰὲν ἐόντων, Οἳ γῆς τ' ἐξεγένοντο καὶ Οὐρανοῦ ἀστερόεντος. V. 126 erscheint Ge als Uranfang. die „sich selbst gleich" den Uranos gebiert. — Rohde, Psyche¹ S. 547 A. 4: „Uranos und Gaia empfahlen sich ihm (sc. dem Euripides) sicherlich auch darum als Urpotenzen, weil die kosmogonische Dichtung seit langem diese an die Spitze der Götter und der Welt gestellt hatte". Auch der Kult des Ζεὺς Νάϊος und der Dione in Dodona hatte offenbar diesen Sinn. *Herod.* II. 52 ff.; *Paus.* X. 12, 10. Karapanos, Dodona et ses ruines. Paris 1878. Burckhardt, Gr. K.G. II. S. 20 ff.

¹³) *Aristoteles Eth. Nic.* VIII. 2 pg. 1155 b 1 (Bywater, *Heraklit Fr.* 46): καὶ περὶ αὐτῶν τούτων ἀνώτερον ἐπιζητοῦσι καὶ φυσικώτερον· Εὐριπίδης μὲν φάσκων ἐρᾶν μὲν ὄμβρου γαῖαν ξηρανθεῖσαν, ἐρᾶν δὲ σεμνὸν οὐρανὸν πληρούμενον

ὄμβρου πεσεῖν ἐς γαῖαν· καὶ Ἡράκλειτος τὸ ἀντίξουν συμφέρον καὶ ἐκ τῶν δια-
φερόντων καλλίστην ἁρμονίαν καὶ πάντα κατ' ἔριν γενέσθαι. Aristoteles citiert
die Stelle ausserdem noch *Eth. Mag.* II. 11 pg. 1208 b 16; pg. 1210 a 14; *Eth.
Eud.* VIII. 1 pg. 1235 a 16. Auch *Plut. Amat.* 24 pg. 770 a und *Marc Ant.*
X. 21 citieren die Stelle. — Heraklits Gegensatzlehre schimmert durch in *Palam.
Fr.* 578 (ἄφωνα — φωνήεντα). Fredrich, Hippokrat. Unters. S. 156 A. 1.

¹⁴) S. A. 5.

¹⁵) *Tzetzes Ex. Il.* pg. 41: καθά φησιν Ὀρφεύς τε ὁπαλαιὸς καὶ Ἡσίοδος,
Ἐμπεδοκλῆς τε σὺν αὐτοῖς ὁ Ἀκραγαντῖνος καὶ Ἀναξαγόρας ὁ Κλαζομένιος καὶ ὁ
τοῦ Ἀναξαγόρου τουτουὶ μαθητὴς Εὐριπίδης.

¹⁶) Über den Einfluss des Diogenes auf Euripides handelt Dümmler, Akademika S. 144 ff. im Anschluss an *Bacch.* 287 ff. und in den Prolegomena zu
Platons Staat (Un.Progr. Basel 1891) S. 48 ff. Aber an beiden Orten übertreibt
er stark: In den *Bacchen* zieht er nur die Deutung der Schenkelgeburt des
Dionysos in Betracht, ohne zu berücksichtigen, dass unmittelbar vorher eine
dualistische Auffassung der Welt aus der Mythologie abgeleitet wird (274 ff.);
und bei seiner Anführung des *Fr.* 941 lässt er in geradezu unverantwortlicher
Weise den 2. Vers, welcher die Ge als zweites weltbildendes Element einführt,
aus. Er will eben den „scheinbaren Dualismus bei Euripides, αἰθὴρ und γῆ,
νοῦς und σῶμα" (Proleg. S. 48 A. 4) nicht anerkennen, um „durchaus die nächste
Verwandtschaft (der Physik des Euripides) mit dem monistischen System des
Diogenes" zu erweisen, was Rohde (Psyche S. 547 f. A. 2) unter Anerkennung
des Richtigen an Dümmlers Theorie mit Recht zurückweist. — *Diogenes Fr.* 2
(Mullach): ἐμοὶ δὲ δοκέει, τὸ μὲν ξύμπαν εἰπεῖν, πάντα τὰ ἐόντα ἀπὸ τοῦ αὐτοῦ
ἑτεροιοῦσθαι καὶ τὸ αὐτὸ εἶναι· καὶ τοῦτο εὔδηλον. Εἰ γὰρ τὰ ἐν τούτῳ τῷ
κόσμῳ ἐόντα νῦν γῆ καὶ ὕδωρ καὶ τἄλλα, ὅσα φαίνεται ἐν τῷδε τῷ κόσμῳ ἐόντα,
εἰ τουτέων τε ἦν τὸ ἕτερον τοῦ ἑτέρου ἕτερον ἐὸν τῇ ἰδίῃ φύσεϊ καὶ μὴ τὸ αὐτὸ
ἐὸν μετέπιπτε πολλαχῶς καὶ ἠτεροιοῦτο, οὐδ' ἂν οὔτε μίσγεσθαι ἀλλήλοισι ἠδύ-
νατο οὔτε ὠφέλησις τῷ ἑτέρῳ οὔτε βλάβη εἶναι. Οὐδ' ἂν οὔτε φυτὸν ἐκ τῆς γῆς
φῦναι οὔτε ζῷον οὔτε ἄλλο γενέσθαι οὐδέν, εἰ μὴ οὕτω συνίστατο ὥστε τωυτὸ
εἶναι· ἀλλὰ πάντα ταῦτα ἐκ τοῦ αὐτοῦ ἑτεροιούμενα ἄλλο τε ἀλλοῖα γίνεται καὶ
ἐς τὸ αὐτὸ ἀναχωρέει. — *Fr.* 5: ἔτι δὲ πρὸς τούτοισι καὶ τάδε μεγάλα σημήϊα·
ἄνθρωποι γὰρ καὶ τὰ ἄλλα ζῷα ἀναπνέοντα ζώει τῷ ἀέρι, καὶ τοῦτο αὐτοῖσι καὶ
ψυχή ἐστι καὶ νόησις ὡς δεδήλωται ἐν τῇ δε τῇ συγγραφῇ ἐμφανέως, καὶ ἐὰν
τοῦτο ἀπαλλαχθῇ, ἀποθνήσκει καὶ ἡ νόησις ἐπιλείπει. — *Fr.* 6: καί μοι δοκέει
τὸ τὴν νόησιν ἔχον εἶναι ὁ ἀὴρ καλεόμενος ὑπὸ τῶν ἀνθρώπων καὶ ὑπὸ τούτου
πάντα καὶ κυβερνᾶσθαι καὶ πάντων κρατέειν· ἀπὸ γάρ μοι τούτου δοκέει νόος
εἶναι καὶ ἐπὶ πᾶν ἀφῖχθαι καὶ πάντα διατιθέναι καὶ ἐν παντὶ ἐνεῖναι. Καὶ οὐκ
ἔστιν οὐδὲ ἕν, ὅτι μὴ μετέχοι τούτου, μετέχει δὲ οὐδὲ ἓν ὁμοίως τὸ ἕτερον τῷ
ἑτέρῳ, ἀλλὰ πολλοὶ τρόποι καὶ αὐτοῦ τοῦ ἀέρος καὶ τῆς νοησιός εἰσιν. Ἔστι γὰρ
πολύτροπος καὶ θερμότερος καὶ ψυχρότερος καὶ ξηρότερος καὶ ὑγρότερος καὶ στασι-
μώτερος καὶ ὀξυτέρην κίνησιν ἔχων καὶ ἄλλαι πολλαὶ ἑτεροιώσιες ἔνεισι καὶ ἡδονῆς
καὶ χροιῆς ἄπειροι. Καὶ ἁπάντων ζῴων δὲ ἡ ψυχὴ τὸ αὐτό ἐστι, ἀὴρ θερμότερος
μὲν τοῦ ἔξω, ἐν ᾧ εἰμεν, τοῦ μέντοι παρὰ τῷ ἡλίῳ πολλὸν ψυχρότερος etc. Durch
diese letztere Unterscheidung wird der von Wilamowitz (Her.¹ I. S. 30 A. 54)
erhobene Einwand hinfällig, dass in *Fr.* 941 das Wort ὑγραῖς nicht auf den
feurigen Äther des Diogenes passe. S. auch Rohde, Psyche 548 A. 2 und 551
A. 3. Die Bezeichnungen αἰθὴρ und ἀὴρ bedeuten keinen Begriffsunterschied. —

Diogenes bei *Theophrast* (*Phys. op. Fr.* 2, Diels, Dox. Gr. pg. 477, 8 ff.): τὴν δὲ τοῦ παντὸς φύσιν ἀέρα καὶ οὑτός φησιν ἄπειρον εἶναι καὶ ἀίδιον, ἐξ οὗ πυκνουμένου καὶ μανομένου καὶ μεταβάλλοντος τοῖς πάθεσι τὴν τῶν ἄλλων γίνεσθαι μορφήν. Zeller, Phil. d. Gr.⁵ I. 1 S. 259 ff.; Panzerbieter, Diogenes Apolloniates, Leipzig 1830.

¹⁷) *Antiphon Fr.* 103 a (Blass ² pg. 135): Ἀντιφῶν (τὸν ἡλιόν φησιν εἶναι) πῦρ ἐπινεμόμενον μὲν τὸν περὶ τὴν γῆν ὑγρὸν ἀέρα, ἀνατολὰς δὲ καὶ δύσεις ποιούμενον τῷ τὸν μὲν ἐπικαιόμενον ἀεὶ προλείπειν, τοῦ δ' ὑπονοτιζομένου πάλιν ἀντέχεσθαι.

¹⁸) *Soph. Öd. tyr.* 865: νόμοι ... ὑψίποδες, οὐρανίαν Δι' αἰθέρα τεκνωθέντες, ὧν Ὄλυμπος Πατὴρ μόνος, οὐδὲ νιν θνατὰ φύσις ἀνέρων Ἔτικτεν οὐδὲ μή ποτε λάθᾳ κατακοιμάσῃ· Μέγας ἐν τούτοις θεὸς οὐδὲ γηράσκει. Vgl. die ἄγραπτα κἀσφαλῆ θεῶν νόμιμα, *Antig.* 454 f. Schneidewin verweist zu der *Ödipusstelle* auf *Empedokles* 438 f. (Mullach): Ἀλλὰ τὸ μὲν πάντων νόμιμον διά τ' εὐρυμέδοντος Αἰθέρος ἠνεκέως τέταται διά τ' ἀπλέτου αὖ γῆς.

¹⁹) S. A. 7.

²⁰) *Eur. Fr.* 1023 s. A. 2. — *Plato, Kratylos* 25 pg. 410 B wird ἀὴρ davon abgeleitet: ὅτι αἴρει τὰ ἀπὸ τῆς γῆς oder ὅτι ἀεὶ ῥεῖ oder ὅτι πνεῦμα ἐξ αὐτοῦ γίγνεται ῥέοντος. Αἰθὴρ aber ὅτι ἀεὶ περὶ τὸν ἀέρα θέων ἀειθεὴρ δικαίως ἂν καλοῖτο. γῆ δὲ μᾶλλον σημαίνει ὃ βούλεται, ἐάν τις γαῖαν ὀνομάσῃ· γαῖα γὰρ γεννήτειρα ἂν εἴη ὀρθῶς κεκλημένη, ὥς φησιν Ὅμηρος· τὸ γὰρ γεγάασι γεγεννῆσθαι λέγει. Dümmler, Ak. S. 135 sucht auch diese Etymologien zum Teil für die Lehre des Diogenes zu verwerten.

²¹) *Eur. Chrys. Fr.* 839 s. A. 5. Die beiden Schlussverse stimmen mit der Anaxagoreischen Leugnung des Werdens überein: *Fr.* 17 (Mull.): τὸ δὲ γίνεσθαι καὶ ἀπόλλυσθαι οὐκ ὀρθῶς νομίζουσι οἱ Ἕλληνες· οὐδὲν γὰρ χρῆμα οὐδὲ γίνεται οὐδὲ ἀπόλλυται, ἀλλ' ἀπὸ ἐόντων χρημάτων συμμίσγεται τε καὶ διακρίνεται. καὶ οὕτως ἂν ὀρθῶς καλοῖεν τό τε γίνεσθαι συμμίσγεσθαι καὶ τὸ ἀπόλλυσθαι διακρίνεσθαι. Den Dualismus Äther-Ge mochte man wohl auch in *Fr.* 8 zu erkennen glauben; τὸ μὲν πυκνὸν καὶ διερὸν καὶ ψυχρὸν καὶ τὸ ζοφερὸν ἐνθάδε συνεχώρησε ἔνθα νῦν ἡ Γῆ· τὸ δὲ ἀραιὸν καὶ τὸ θερμὸν καὶ τὸ ξηρὸν καὶ τὸ λαμπρὸν ἐξεχώρησε ἐς τὸ πρόσω τοῦ αἰθέρος (*Fr.* 2 wird ἀὴρ und αἰθὴρ unterschieden). Bei Euripides ist es umgekehrt: ihm ist Ge das trockene, der Äther das feuchte Element. — *Fr.* 1: ὁμοῦ πάντα χρήματα ἦν. — Das Fürsichsein des Nus wird allerdings von Anaxagoras nicht konsequent durchgeführt: vgl. *Fr.* 6: τὰ μὲν ἄλλα παντός μοῖραν μετέχει, νόος δέ ἐστι ἄπειρον καὶ αὐτοκρατὲς καὶ μέμικται οὐδενί χρήματι, ἀλλὰ μοῦνος ἐφ' ἑωυτῷ ἐστι etc. und *Fr.* 5: ἐν παντὶ παντός μοῖρα ἔνεστι πλὴν νόου· ἔστι οἷσι δὲ καὶ νόος ἔνι. Vgl. Rohde, Psyche S. 484 ff., besonders S. 486 A. 1. Auch Rohde hält in *Fr.* 839 s. f. die Beziehung auf Anaxagoras fest: Psyche S. 547 A. 1. Wilamowitz, De trag. Gr. Fr. pg. 7 verweist dagegen auf *Heraklit* und dessen Einfluss auf *Ps.Hippokrates'* περὶ διαίτης I. 4, worüber s. A. 23.

²²) Die Stelle des Apollonius und *Eur. Fr.* 484 s. A. 11; *Fr.* 898 A. 7; *Hipp.* 447 ff. A. 8. *Empedokles* 62 ff. und besonders 77 ff. (Mull.) sagt: Διπλ' ἐρέω· τὸ τὲ μὲν γὰρ ἓν ἢ ὀξήθη μόνον εἶναι Ἐκ πλεόνων, τὸ τὲ δ' αὖ διέφυ πλέον ἐξ ἑνὸς εἶναι· Πῦρ καὶ ὕδωρ καὶ γαῖα καὶ αἰθέρος ἤπιον ὕψος, Νεῖκος τ' οὐλόμενον δίχα τῶν, ἀτάλαντον ἑκάστῳ Καὶ Φιλότης μετὰ τοῖσιν, ἴση μῆκός τε πλάτος τε· Τὴν σὺ νόῳ δέρκευ μηδ' ὄμμασιν ἧσο τεθηπώς· Ἣ τις καὶ θνητοῖσι νομίζεται ἔμφυτος ἄρθροις, Τῇ τε φίλα φρονέουσ' ἰδ' ὁμοῖα ἔργα τελοῦσι, Γηθο-

σύνην καλέοντες ἐπώνυμον ἠδ' Ἀφροδίτην. Auch das Werden und Vergehen im eigentlichen Sinn bestritt *Empedokles* wie Anaxagoras v. 98 ff.: Ἄλλο δέ τοι ἐρέω· φύσις οὐδενός ἐστιν ἀπάντων θνητῶν οὐδέ τις οὐλομένου θανάτοιο τελευτή, Ἀλλὰ μόνον μῖξίς τε διάλλαξίς τε μιγέντων Ἐστί, φύσις δ' ἐπὶ τοῖς ὀνομάζεται ἀνθρώποισιν. Ἐκ τοῦ γὰρ μὴ ἐόντος ἀμήχανόν ἐστι γενέσθαι Τό τ' ἐὸν ἐξόλλυσθαι ἀνήνυστον καὶ ἄπρακτον. Vergleicht man diese Verse des Empedokles mit denen des Euripides, so sieht man, dass beider Inhalt sich zwar nicht deckt, aber Ähnlichkeiten aufweist: Empedokles hat vier, Euripides nur zwei Elemente, aber beide leugnen nach dem Vorgang des Anaxagoras das Werden und Vergehen und feiern Aphrodite als vereinigende Macht, wofür Äschylus nur mit einem andern Wort „Eros" sagt. — Den νεῖκος finden wir bei Euripides zwar nicht genannt, aber doch in *Fr.* 484 seine Wirkung, die Trennung, während der den Orphikern folgende Empedokles ihn anführt und ausser der Ge und dem Uranos auch noch das Meer besonders nennt. Rohde, Psyche (S. 546 A. 4) nimmt für *Fr.* 484 an, dass „hier wirklich, wie die alten Zeugen annehmen, dem Euripides das ὁμοῦ πάντα χρήματα ἦν des Anaxagoras vorschwebe" (ich erinnere auch noch an *Phön.* 1192, wo in einem ganz unphilosophischen Zusammenhang das Wort fast wie parodiert erscheint: πάντα δ' ἦν ὁμοῦ κακά, Wecklein z. St.). Es ist sehr schwer, ja kaum mehr möglich, diesen Synkretismus von Philosophemen zu entwirren, und man wird sich bei dem bescheiden müssen, was Dieterich (Nekyia S. 154) sagt: „Man glaubt wie in den Apolloniosversen den Einfluss Empedokleischer, so in den *Vergil*versen (*Aeneis* VI. 724 ff.) Anaxagoreischer Doktrin zu erkennen, und es wäre durchaus begreiflich, wenn diese Systeme im Lauf der Zeit auf orphische Dichtung gewirkt und ihre Wandlung zum Teil bestimmt hätten. Ob man aber nicht, da gerade in den mit dieser Lehre verbundenen Dingen die Abhängigkeit des Empedokles von den unteritalischen orphisch-pythagoreischen Offenbarungen ausser Zweifel steht, ob man nicht auch hier das Verhältnis umgekehrt aufzufassen hat? Ich muss das dahingestellt sein lassen". Vgl. Girard, Le sentiment religieux en Grèce pg. 289 ss.

[33]) Wilamowitz (De trag. Gr. Fr. pg. 7) glaubt gerade wie Aristoteles (s. A. 13) *Fr.* 839 auf Herakliteer in der Art des Kratylos zurückführen zu können und führt zum Beweis dessen eine Stelle aus *Ps.Hippokrates* περὶ διαίτης 4 an, die auch Bywater in Appendix II. der Heraklitfragmente (pg. 61 s.) aufgenommen hat. Es heisst da: ἀπόλλυται μέν νυν οὐδὲν ἀπάντων χρημάτων οὐδὲ γίνεται ὅτι μὴ καὶ πρόσθεν ἦν· συμμισγόμενα δὲ καὶ διακρινόμενα ἀλλοιοῦται. Und nachher: ταῦτα δὲ συμμίσγεσθαι καὶ διακρίνεσθαι δηλῶ. Wilamowitz selbst bemerkt übrigens, dass das Elementenpaar des „Sophisten" nicht dasselbe sei wie das des Euripides, nämlich Wasser und Erde statt Äther und Erde; jedenfalls aber sei er Herakliteer gewesen. Nun hat aber Weygoldt (Die pseudohippokratische Schrift περὶ διαίτης in Fleckeisens Jahrbüchern 1882 S. 161 ff.) meines Erachtens überzeugend nachgewiesen, dass der Verfasser der fraglichen Schrift keineswegs strenger Herakliteer, sondern Kompilator ist: in der Kosmogonie vereinigt er die widersprechenden Lehren Heraklits von der substantiellen Veränderung der Materie einerseits und diejenige des Anaxagoras, Empedokles und der Atomisten über Mischung und Entmischung andererseits. Ebenso ist seine Psychologie widerspruchsvoll: bald ist ihm die Seele nach Heraklit nur Feuer, bald nach Archelaos eine Mischung aus Feuer und Wasser. Heraklitisch

beeinflusst sind besonders cap. 9—11, weniger 5—8 und 12—24, während cap. 3 und 4 sich an Anaxagoras und Archelaos anschliessen. Vgl. nunmehr die eingehende Erörterung von Fredrich, Hippokratische Untersuchungen S. 81 ff.; besonders 130 ff., 151 und 223, der eine im letzten Viertel des 5. Jahrhunderts verfasste Vorlage eines Herakliteers als Quelle der fraglichen Abschnitte annimmt.

²⁴) *Archelaos Fr.* 10 (Mull.): ἔλεγε δὲ δύο αἰτίας εἶναι γενέσεως θερμὸν καὶ ψυχρόν. — *Fr.* 11: τηκόμενόν φησι τὸ ὕδωρ ὑπὸ τοῦ θερμοῦ, καθὸ μὲν εἰς τὸ πυρῶδες συνίσταται, ποιεῖν γῆν· καθὸ δὲ περιρρεῖ, ἀέρα γεννᾶν. ὅθεν ἡ μὲν ὑπὸ τοῦ ἀέρος, ὁ δὲ ὑπὸ τῆς τοῦ πυρὸς περιφορᾶς κρατεῖται. — *Ps. Hipp. de diaeta* 8: συνίσταται μὲν οὖν τὰ ζῷα τά τε ἄλλα καὶ ὁ ἄνθρωπος ἀπὸ δυοῖν, διαφόροιν μὲν τὴν δύναμιν, συμφόροιν δὲ τὴν χρῆσιν, πυρὸς λέγω καὶ ὕδατος. cap. 4: τούτων δὲ πρόσκειται ἑκατέρῳ τάδε· τῷ μὲν πυρὶ τὸ θερμὸν καὶ τὸ ξηρόν, τῷ δὲ ὕδατι τὸ ψυχρὸν καὶ τὸ ὑγρόν. Er trennte nicht, wie Anaxagoras, den Nus von der Materie, sondern dachte sich dieselbe, und zwar insbesondere die Luft, von ihm durchdrungen: *Fr.* 8: Ἀρχέλαος ἀέρα καὶ νοῦν τὸν θεόν, οὐ μέντοι κοσμοποιὸν τὸν νοῦν. — *Fr.* 10: νοῦν δὲ λέγει πᾶσιν ἐμφύεσθαι ζῴοις ὁμοίως. Vgl. Rohde, Psyche S. 551 A. 2. Zeller, Phil. d. Gr.⁵ I. 2 S. 1031 ff. — Er soll Lehrer des Sokrates gewesen sein. *Diog. L.* II. 16.

²⁵) Wilamowitz, Herakles ¹ I. S. 30.

²⁶) Rohde, Psyche S. 551 f. — *Euripides Hel.* 1016: εἰς ἀθάνατον αἰθέρ' ἐμπεσών.

Fünftes Kapitel.

Anthropologie.

1. Psychologie.

¹) *Eur. Hik.* 531—536 werden von Nauck athetiert. Wilamowitz in seiner den Analecta Euripidea eingefügten Ausgabe hält sie mit Ausnahme von v. 531 fest (pg. 101). Dieser thut nichts zur Sache, stört im Gegenteil den Zusammenhang insofern, als er 534 vorausnimmt. Ebenso Rohde, Psyche S. 541 A. 1 und 549 A. 1 und Dieterich, Nekyia S. 104 A. 1. Es liegt auch keinerlei Grund vor, die Verse zu verdächtigen. Vgl. A. 8.

²) *Fr.* 971: Ὁ δ' ἄρτι θάλλων σάρκα διοπετὴς ὅπως Ἀστὴρ ἀπέσβη πνεῦμ' ἀφεὶς εἰς αἰθέρα. Nach Welckers Vermutung gehört das Bruchstück in den *Phaëthon.* — Vgl. *Epicharm Fr.* 265 (Kaibel): ἄνω τὸ πνεῦμα διαμένει κατ' οὐρανόν.

³) *Phön.* 809 wird von den durch die Sphinx getöteten Thebanern gesagt. sie seien αἰθέρος εἰς ἄβατον φῶς getragen worden. — *Hel.* 1016 Kap. IV. A. 26. — Weniger deutlich heisst es in der *Elektra* 59: γόους τ' ἀφίημ' αἰθέρ' εἰς μέγαν πατρί, was Rohde, Psyche S. 549 A. 1 auch hieherbezieht. Vielleicht gehört auch *Medea* 1218 f. in diesen Zusammenhang, wo es von dem sterbenden Kreon heisst: Χρόνῳ δ' ἀπέσβη (conj. Ruhnken für ἀπέστη, Valckenaer, Diatr. pg. 57b) καὶ μεθῆκ' ὁ δύσμορος Ψυχήν. Nicht ganz klar ist die Stelle *Orestes* 1086 ff.:

Μήθ' αἱμά μου δέξαιτο κάρπιμον πέδον, Μὴ λαμπρὸς αἰθήρ, εἴ σ' ἐγὼ προδούς ποτε Ἐλευθερώσας τοὐμὸν ἀπολίποιμί σε. Hiezu bemerkt ein *Schol.*: ὃ ἐστιν· ἀπο-θανὼν μὴ ἑνωθείην τοῖς στοιχείοις, ἐξ ὧν εἰμί, ἀλλά πλανῴμην εἰκῆ ὑπ' οὐδενὸς τῶν στοιχείων λαμβανόμενος. Ein anderer scheint, wie schon Valckenaer (Diatr. pg. 56 a) bemerkt, σῶμα statt αἱμα gelesen zu haben und erklärt demnach: μήτε τὸ σῶμά μου, φησίν, ἀποθανόντος ἡ γῆ παραδέξαιτο μήτε εἰς αἰθέρα ἡ ἐμὴ ψυχὴ χωροίη, εἴ σε προδοίην τὰ νῦν, τουτέστι· μὴ ἑνωθείην τοῖς στοιχείοις τελευτήσας. ὃτε γὰρ ἀποθνήσκουσιν, εἰς τὰ στοιχεῖα λύονται ἐξ ὧν εἰσιν. Der zweite Scho-liast erklärt also die Stelle ganz auf Grund der dualistischen Physik des Euri-pides. Aber es steht nun einmal αἱμα und nicht σῶμα da, und von der Psyche im besonderen ist erst recht keine Rede. Sollte hier vielleicht die Lehre des *Empedokles* (374 Mull.) vorschweben: αἱμα γὰρ ἀνθρώποις περικάρδιόν ἐστι νόημα? Rohde, Psyche S. 470 A. 1. — Endlich mag man noch *Fr.* 911 hieherziehen: Χρύσεαι δή μοι πτέρυγες περὶ νώτῳ καὶ τὰ Σειρήνων πτερόεντα πέδιλ' ἁρμόζεται, Βάσομαι δ' εἰς αἰθέρων πόλον ἀρθεὶς Ζηνὶ προςμείξων. „Ex iis enim est, iu quibus non chorus loquitur de rebus fabulosis, sed quod ardente anima sentit poëta medullitus propinat". Wilamowitz, De tr. Gr. Fr. pg. 29.

⁴) *Danaë Fr.* 330: Ἐς ταὐτὸν ἥκειν φημὶ ταῖς βροτῶν τύχαις Τόνδ' ὃν καλοῦσιν αἰθέρ' ᾧ τάδ' ἐστὶ δή. Οὗτος θέρους τε λαμπρὸν ἐκπέμπει σέλας Χει-μῶνά τ' αὔξει συντιθεὶς πυκνὸν νέφος Θάλλειν τε καὶ μή, ζῆν τε καὶ φθίνειν ποιεῖ· Οὕτω δὲ θνητῶν σπέρμα τῶν μὲν εὐτυχεῖ λαμπρᾷ γαλήνῃ, τῶν δὲ συννέφει πάλιν, Ζῶσίν τε σὺν κακοῖσιν, οἱ δ' ὄλβου μέτα Φθίνουσ' ἐτείοις προςφερεῖς μεταλλαγαῖς.

⁵) *Hypsipyle Fr.* 757: Ἆγ' οὖν παραινῶ, ταῦτά μου δέξαι γύναι· Ἔφυ μὲν οὐδεὶς ὅστις οὐ πονεῖ βροτῶν, Θάπτει τε τέκνα χἄτερ' αὖ κτᾶται νέα, Αὐτός τε θνήσκει· καὶ τάδ' ἄχθονται βροτοί, Εἰς γῆν φέροντες γῆν. ἀναγκαίως δ' ἔχει Βίον θερίζειν ὥστε κάρπιμον στάχυν Καὶ τὸν μὲν εἶναι τὸν δὲ μή· τί ταῦτα δεῖ Στένειν, ἅπερ δεῖ κατὰ φύσιν διεκπερᾶν; Δεινὸν γὰρ οὐδὲν τῶν ἀναγκαίων βροτοῖς. *Cicero Tusc.* III. 25, 59 hat die Verse übersetzt: Mortalis nemo est, quem non attingit dolor Morbusque. multis sunt humandi liberi, Rursum creandi morsque est finita omnibus. Quae generi humano angorem nequiquam adferunt. Red-denda terrae est terra, tum vita omnibus Metenda ut fruges: sic jubet ne-cessitas. Vgl. A. 8.

⁶) Kap. II. A. 20.

⁷) Kap. II. A. 20, wo auch *Epicharm Fr.* 258.

⁸) *Epicharm Fr.* 245 (Kaibel): Συνεκρίθη καὶ διεκρίθη κἀπῆλθεν, ὅθεν ἦλθεν, πάλιν, Γᾶ μὲν εἰς γᾶν, πνεῦμ' ἄνω. τί τῶνδε χαλεπόν; οὐδὲ ἕν. — 265 f.: Εὐσεβὴς νόῳ πεφυκὼς οὐ πάθοις κ' οὐδὲν κακὸν Κατθανών· ἄνω τὸ πνεῦμα δια-μένει κατ' οὐρανόν. Auch die uns durch *Cicero* (*Tuscul.* I. 8. 15) lateinisch überlieferte Sentenz des *Epicharm* (vgl. *Fr.* 247 Kaibel: ἀποθανεῖν ἢ τεθνάναι οὔ μοι διαφέρει): „emori nolo, sed me esse mortuum nihil aestimo" wird von Euripides in den *Herakliden* 1016 f. nachgeahmt: θανεῖν μὲν οὐ Χρῄζω, λιπὼν δ' ἂν οὐδὲν ἀχθοίμην βίον. Vgl. Kap. II. A. 1 und 19.

⁹) *C. I. A.* I. 442: Αἰθὴρ μὲμ ψυχὰς ὑπεδέξατο, σώ[ματα δὲ χθὼν] Τῶνδε. Ποτειδαίας δ' ἀμφὶ πύλας ἔδ[αμεν]. — Ähnlich eine attische *Grabschrift* bei Kaibel p. 41: Εὐρυμάχου ψυχὴν καὶ ὑπερφιάλους διανοίας Αἰθὴρ ὑγρὸς ἔχει, σῶμα δὲ τύμβος ὅδε. Hier ist besonders die Bezeichnung des Äthers als „feucht" zu be-achten. Zeit 4. Jahrh. v. Chr. Weitere Beispiele aus späterer Zeit bei Diete-rich, Nekyia S. 106 A. 1 und S. 57 A. 2. Auch bei *Ovid, Met.* XV. 845 schwebt

sie vor. Durch Vermittlung der Epikureischen Philosophie scheint diese offenbar sehr weit verbreitete Seelenlehre auch in das jüdische Buch *Qohelet* (3, 21 und 12, 7) übergegangen zu sein: vgl. Aug. Palm, Qohelet und die nacharistotelische Philosophie (Mannheimer Gymnasialprogramm 1885) S. 15 und 25 und Schwally, Das Leben nach dem Tode nach den Vorstellungen des alten Israel und des Judentums einschliesslich des Volksglaubens im Zeitalter Christi (Giessen 1892) S. 180 f. Auch die *Weisheit Salomos* (8, 19 f.) scheint davon beeinflusst zu sein und, wenn *Josephus* (*Bell. Jud.* II. 8, 11) zu trauen ist, ebenso die Seelenlehre der Essener, die freilich zugleich mit orphisch-pythagoreischen Elementen (σῶμα — σῆμα) vermischt gewesen wäre. Schwally nimmt allerdings an, dass Josephus dieselbe wie auch die Lehre der Pharisäer und Sadduzäer „durch Einschmuggeln griechisch-philosophischer Elemente tendenziös gefärbt" habe (S. 183 f.).

[10]) *Aristoph. Vögel* 688 ff.: Προσέχετε τὸν νοῦν τοῖς ἀθανάτοις ἡμῖν, τοῖς αἰὲν ἐοῦσι, Τοῖς αἰθερίοις, τοῖσιν ἀγήρῳς, τοῖς ἄφθιτα μηδομένοισιν, Ἵν᾽ ἀκούσαντες πάντα παρ᾽ ἡμῶν ὀρθῶς περὶ τῶν μετεώρων Φύσιν οἰωνῶν γένεσίν τε θεῶν ποταμῶν τ᾽ Ἐρέβους τε Χάους τε Εἰδότες ὀρθῶς Προδίκῳ παρ᾽ ἐμοῦ κλάειν εἴπητε τὸ λοιπόν. Vgl. Kap. III. 1 die Besprechung der *Hiketiden* 195 ff. Dümmler, Ak. S. 128 ff.; 156 ff. Welcker, Kl. Schr. II. S. 516. — *Friede* 827 ff.: Diener: Ἄλλον τιν᾽ εἶδες ἄνδρα κατὰ τὸν ἀέρα Πλανώμενον πλὴν σαυτόν; Tryg.: οὐκ, εἰ μή γε που Ψυχὰς δύ᾽ ἢ τρεῖς διθυραμβοδιδασκάλων. 832 ff.: Diener: Οὐκ ἦν ἄρ᾽ οὐδ᾽ ἃ λέγουσι κατὰ τὸν ἀέρα Ὡς ἀστέρες γιγνόμεθ᾽, ὅταν τις ἀποθάνῃ; Tryg.: Μάλιστα. Diener: καὶ τίς ἐστιν ἀστὴρ νῦν ἐκεῖ Ἴων ὁ Χῖος; Dieser *Ion* hatte einen Dithyrambus gedichtet, der anfing: „Den Morgenstern, den luftdurchwandelnden, Der Sonne Läufer mit weissem Fittich, erharr᾽ ich hier". Droysen zur Stelle. *Fr.* 7. Lyr. Gr. pg. 127.

[11]) Rohde, Psyche S. 550 A. 2. Dieterich, Nekyia S. 106. Doch scheint die Lehre auch pythagoreisch gewesen zu sein. Zeller, Gr. Ph.[5] I. S. 416 A. 3.

[12]) *Ps.Hippokrates* περὶ φυσῶν 3: πνεῦμα δὲ τὸ μὲν ἐν τῷ σώματι φῦσα καλέεται, τὸ δὲ ἔξω τοῦ σώματος ἀήρ. οὗτος δὲ μέγιστός ἐστι ἐν ἅπασι τῶν ξυμπάντων δυνάστης ... καὶ μὲν ἥ τε γῆ τούτου βάθρον, οὗτός τε τῆς γῆς ὄχημα, κενεόν τε οὐδέν ἐστι τούτου. Vgl. Kap. III. 3 A. 4. Zum Ausdruck ἀήρ — δυνάστης vgl. das dem *Gorgias* zugeschriebene *Lob der Helena* 8: λόγος δυνάστης μέγας ἐστίν. E. Maass, Zur Geschichte der griech. Prosa im Hermes 22. 1887 S. 566 ff. Vgl. Kap. I. A. 125 und Kap. III. 2 a die Kritik der Helenasage.

[13]) *Stob. Ekl.* I. 49 bei Diels, Dox. Gr. pg. 387 b 10 f.: Ἀναξιμένης, Ἀναξαγόρας. Ἀρχέλαος, Διογένης ἀερώδη (sc. ἔφασαν τὴν ψυχὴν εἶναι). *Theodoret* V. 18: Ἀναξιμένης δὲ καὶ Ἀναξίμανδρος καὶ Ἀναξαγόρας καὶ Ἀρχέλαος ἀερώδη τῆς ψυχῆς τὴν φύσιν εἰρήκασιν.

[14]) *Diogenes Ap. Fr.* 6 (Mull.): Καὶ ἁπάντων τῶν ζῴων δὲ ἡ ψυχὴ τὸ αὐτό ἐστι, ἀὴρ θερμότερος μὲν τοῦ ἔξω, ἐν ᾧ εἰμεν, τοῦ μέντοι παρὰ τῷ ἡλίῳ πολλὸν ψυχρότερος· ὅμοιον δὲ τοῦτο τὸ θερμὸν οὐδενὸς τῶν ζῴων ἐστί, ἐπεὶ οὐδὲ τῶν ἀνθρώπων ἀλλήλοισι, ἀλλὰ διαφέρει, μέγα μὲν οὔ, ἀλλ᾽ ὥστε παραπλήσια εἶναι, οὐ μέντοι ἀτρεκέως γε ὅμοιόν γ᾽ ἐόν· οὐδὲν δ᾽ οἷόν τε γενέσθαι τῶν ἑτεροιουμένων ἕτερον ἑτέρου, πρὶν τὸ αὐτὸ γένηται. Ἄτε οὖν πολυτρόπου ἐούσης τῆς ἑτεροιώσιος πολύτροπα καὶ τὰ ζῷα καὶ πολλά, καὶ οὔτε ἰδῆν ἀλλήλοισι ἐοικότα οὔτε δίαιταν οὔτε νόησιν ὑπὸ τοῦ πλήθεος τῶν ἑτεροιωσίων. Ὅμως δὲ πάντα τῷ αὐτῷ καὶ ζῇ καὶ ὁρᾷ καὶ ἀκούει καὶ τὴν ἄλλην νόησιν ἔχει ὑπὸ τοῦ αὐτοῦ πάντα. Vgl. Kap. IV.

A. 16. — *Theophr. de sens.* 42, Diels, Dox. Gr. pg. 511, 12 f.: ὅτι δὲ ὁ ἐντὸς ἀὴρ αἰσθάνεται μικρὸν ὢν μόριον τοῦ θεοῦ, σημεῖον εἶναι, διότι πολλάκις πρὸς ἄλλα τὸν νοῦν ἔχοντες οὖθ' ὁρῶμεν οὔτ' ἀκούομεν. — Ib. 45 pg. 512, 3 f.: ταὐτὸν δ' αἴτιον εἶναι καὶ ὅτι τὰ παιδία ἄφρονα. πολὺ γὰρ ἔχειν τὸ ὑγρόν, ὥστε μὴ δύνασθαι (sc. τὸν ἀέρα) διὰ παντὸς διιέναι τοῦ σώματος, ἀλλὰ ἐκκρίνεσθαι περὶ τὰ στήθη, διὸ νωθῆ τε εἶναι καὶ ἄφρονα. Vgl. *Heraklit Fr.* 73: ἀνὴρ ὁκότ' ἂν μεθυσθῇ, ἄγεται ὑπὸ παιδὸς ἀνήβου σφαλλόμενος, οὐκ ἐπαΐων, ὅκη βαίνει, ὑγρὴν τὴν ψυχὴν ἔχων. Und *Fr.* 74: αὔη ψυχὴ σοφωτάτη καὶ ἀρίστη. *Hippokr. De morbo sacro* 6 Kap. III. 2 A. 35. — *Theodoret* V. 23, Diels pg. 392: καὶ Πυθαγόρας μὲν καὶ Ἀναξαγόρας καὶ Διογένης καὶ Πλάτων καὶ Ἐμπεδοκλῆς καὶ Ξενοκράτης ἄφθαρτον εἶναι τὴν ψυχὴν ἀπεφήναντο. — *Plut. Epit.* IV. 5, Diels pg. 391: Διογένης ἐν τῇ ἀρτηριακῇ κοιλίᾳ τῆς καρδίας, ἥτις ἐστὶ πνευματική, sc. φησὶν εἶναι τὸ ἡγεμονικόν. — *Plut. Epit.* V. 24, Diels pg. 436 a 1 ff.: Διογένης εἰ ἐπὶ πᾶν τὸ αἷμα διαχεόμενον πληρώσει μὲν τὰς φλέβας, τὸν δὲ ἐν αὐταῖς περιεχόμενον ἀέρα ὥσει εἰς τὰ στέρνα καὶ τὴν ὑποκειμένην γαστέρα, ὕπνον γενέσθαι καὶ θερμότερον ὑπάρχειν τὸν θώρακα· ἐὰν δὲ ἅπαν τὸ ἀερῶδες ἐκ τῶν φλεβῶν ἐκλίπῃ, θάνατον συντυγχάνειν. — *Plato, Phädo* 45 pg. 96 B: καὶ πότερον τὸ αἷμά ἐστιν ᾧ φρονοῦμεν (*Empedokles*), ἢ ὁ ἀὴρ (*Anaximenes, Diogenes, Archelaos*) ἢ τὸ πῦρ (*Heraklit*) ἢ τούτων μὲν οὐδέν, ὁ δὲ ἐγκέφαλός ἐστιν (*Alkmäon*) ὁ τὰς αἰσθήσεις παρέχων τοῦ ἀκούειν καὶ ὁρᾶν καὶ ὀσφραίνεσθαι, ἐκ τούτων δὲ γίγνοιτο μνήμη καὶ δόξα, ἐκ δὲ μνήμης καὶ δόξης λαβούσης τὸ ἠρεμεῖν κατὰ ταῦτα γίγνεσθαι ἐπιστήμην. Diels pg. 202. Über Alkmäon vgl. Kap. III. 2 A. 31.

[15]) *Hel.* 1014 f.: ὁ νοῦς Τῶν κατθα νόντων ζῇ μὲν οὔ, γνώμην δ' ἔχει Ἀθάνατον εἰς ἀθάνατον αἰθέρ' ἐμπεσών. Nauck will wieder v. 1013—1016 streichen, während sie Wilamowitz in seiner Ausgabe mit Recht festhält, übrigens mit der Änderung ἀνθρώποις ὁμῶς. Ὁ κατθανὼν γάρ (Au. Eur. pg. 164 A. 4). Dieterich (Nek. S. 103 A. 3) möchte auch noch μνήμην statt γνώμην schreiben. Beide Änderungen scheinen mir den klaren Sinn der Worte nur zu verdunkeln und abzuschwächen. Über γνώμη vgl. Kap. II. A. 23. — „Im Tode wird ... der Geist, das Pneuma des Menschen zwar ‚nicht leben‘ in der Weise, wie es in dem Sonderdasein des Einzelmenschen gelebt hatte, aber es wird ‚unsterbliches Bewusstsein behalten‘, indem es in den unsterblichen Äther eingeht, mit dem Alllebendigen und Allvernünftigen sich verschmilzt". Rohde, Psyche S. 552.

[16]) Dav. Fr. Strauss, · Ausgewählte Briefe, herausgegeben von E. Zeller Nr. 602 S. 573.

[17]) *Med.* 1039: ἐς ἄλλο σχῆμ' ἀποστάντες βίου. *Ion* 1067: Εἰς ἄλλας βιότου μορφὰς κάτεισιν. *Iph. Aul.* 1507 f.: ἕτερον Ἕτερον αἰῶνα καὶ μοῖραν οἰκήσομεν. In dem möglicherweise unechten Schluss des Stücks 1621 heisst es nach der Erzählung von der Entrückung der Iphigenie: Ἔχει γὰρ ὄντως ἐν θεοῖς ὁμιλίαν.

[18]) *Heraklid.* 623 ff.: Οὐδ' ἀκλεής νιν Δόξα πρὸς ἀνθρώπων ὑποδέξεται· Ἁ δ' ἀρετὰ βαίνει διὰ μόχθων. — *Andromach.* 775 f.: ἁ δ' ἀρετὰ Καὶ θανοῦσι λάμπει. — *Hek.* 378: τὸ γὰρ ζῆν μὴ καλῶς μέγας πόνος. — *Temenid. Fr.* 734: Ἀρετὴ δὲ κἂν θάνῃ τις οὐκ ἀπόλλυται, Ζῇ δ' οὐκέτ' ὄντος σώματος· κακοῖσι δὲ Ἅπαντα φροῦδα συνθανόνθ' ὑπὸ χθονός. — *Fr.* 865: Φήμη τὸν ἐσθλὸν κἄν μυχοῖς δείκνυσι γῆς. Hiezu bemerkt *Äschines gegen Timarch* 128: καὶ πάλιν τὸν Εὐριπίδην ἀποφαίνωμεν τὴν θεὸν ταύτην (sc. Φήμην) οὐ μόνον τοὺς ζῶντας ἐμφανίζειν δυναμένην ἀλλὰ καὶ πούς τετελευτηκότας. — *Fr.* 994: Εἰ δὲ θανεῖν θέμις, ὦδε θανεῖν καλόν, Εἰς ἀρετὴν καταλυσαμένους βίον.

¹⁹) *Phoiniœ Fr.* 816, 10 f.: Τὸ ζῆν γὰρ ἴσμεν, τοῦ θανεῖν δ' ἀπειρίᾳ Πᾶς τις φοβεῖται φῶς λιπεῖν τόδ' ἡλίου. — *Hipp.* 193 ff.: Δυςέρωτες δὴ φαίνομεθ' ὄντες Τοῦ δ' ὅτι τοῦτο στίλβει κατὰ γῆν, Δι' ἀπειροσύνην ἄλλου βιότον κοὐκ ἀπόδειξιν τῶν ὑπὸ γαίας· Μύθοις δ' ἄλλως φερόμεσθα. Vgl. A. 29. Vgl. *Shakespeare, Hamlet* III. 1 (Monolog).

²⁰) Kap. III. 2 A. 123.

²¹) Dass Euripides die Pythagoreische Litteratur kannte, geht aus *Fr.* 962 hervor, dessen Inhalt mit *Jamblich, Vita Pyth.* 196 übereinstimmt. Wil., Her.¹ I. S. 28 A. 53. — Über die Pythagoreische Seelenwanderungslehre s. Rohde, Psyche S. 453 ff. — *Empedokles* 442 ff. (Mullach).

²²) Diese Stelle haben Rohde (Psyche S. 546 A. 1) und Wilamowitz (Zum *Herakles* 662) übersehen. Dümmler (Proleg. zu Platons Staat S. 22) vergleicht dazu *Antiphon Fr.* 106 (Blass): ἀναθέσθαι δὲ ὥσπερ πεττὸν τὸν βίον οὐκ ἔστιν, ἀντὶ τοῦ ἄνωθεν βιῶναι μετανοήσαντας ἐπὶ τῷ, προτέρῳ βίῳ.

²³) *Mel. Fr.* 532: κατθανὼν δὲ πᾶς ἀνὴρ Γῆ καὶ σκιά· τό μηδὲν εἰς οὐδὲν ῥέπει.

²⁴) *Iph. Aul.* 1251: Τὰ νέρθε δ' οὐδέν. — *Alc.* 381: οὐδέν ἐσθ' ὁ κατθανών. 527: κοὐκετ' ἐσθ' ὁ κατθανών.

²⁵) *Kresphont. Fr.* 450: Εἰ μὲν γὰρ οἰκεῖ νερτέρας ὑπὸ χθονὸς Ἐν τοῖσιν οὐκετ' οὖσιν, οὐδὲν ἄν σθένοι. Dies ist wohl gegen den noch im Volk lebendigen Glauben an die Einwirkung der Seelen auf das diesseitige Leben gerichtet, auf dem z. B. in Athen das Anthesterienfest beruhte und dem Sprichwörter, wie „de mortuis nil nisi bene", ihren Ursprung verdankten. Rohde, Psyche S. 216 ff.; 224.

²⁶) *Troad.* 636: Τὸ μὴ γενέσθαι τῷ θανεῖν ἴσον λέγω. — *Herakles* 297: Καὶ τίς θανόντων ἦλθεν ἐξ Ἅιδου πάλιν.

²⁷) *Schiller, Braut von Messina* IV. 4.

²⁸) *Troad.* 1248 ff.: Δοκῶ δὲ τοῖς θανοῦσι διαφέρειν βραχύ, Εἰπλουσίων τις τεύξεται κτερισμάτων. Κενὸν δὲ γαύρωμ' ἐστὶ τῶν ζώντων τόδε. Vgl. 622 f.; 628 f. und *Hek.* 260 f. — *Polyid. Fr.* 640: ἀνθρώπων δὲ μαίνονται φρένες, Δαπάνας ὅταν θανοῦσι πέμπωσι κενάς. — Am Ende des 4. Jahrhunderts (317—307) wurde in Athen von Demetrius von Phaleron der übermässige Aufwand bei Begräbnissen durch offizielle Verfügungen eingeschränkt. Gomperz, Gr. Denker II. S. 68. — Dem Euripides erschien überhaupt eine allzugrosse Trauer um die Toten sinnlos: *Melan. desm. Fr.* 507: Τί τοὺς θανόντας οὐκ ἐᾷς τεθνηκέναι καὶ τάκχυθέντα συλλέγεις ἀλγήματα.

^{28a}) *Antig. Fr.* 176: Θάνατος γὰρ ἀνθρώποισι νεικέων τέλος Ἔχει· μαθεῖν δὲ πᾶσίν ἐστιν εὐμαρές. Τίς γὰρ πετραῖον σκόπελον οὐτάζων δορί Ὀδύναισι δώσει, τίς δ' ἀτιμάζων νέκυς; Εἰ μηδὲν αἰσθάνοιντο τῶν παθημάτων. v. 2 *Stob. flor.* 120, 3 A; τί γὰρ τοῦδ' ἐστὶ μεῖζον ἐν βροτοῖς; *Stob. flor.* 125, 6. S M A. v. 5 conj. F. G. Schmidt: οὐ μὴν ἄν für εἰ μηδέν. Welcker S. 570 f. glaubt in diesen Worten, die er dem Hämon zuweist, die „Sokratische Ansicht" zu erkennen, dass „die Strenge gegen die Leiche des Polyneikes keinen Sinn gehabt" habe. Worin hiebei das Sokratische bestand — wohl in der Sinnlosigkeit der fortgesetzten Feindschaft —, sagt er nicht. Man mag dabei an die Anekdote von dem Ausspruch Karls V. an Luthers Grab denken: „Ich führe gegen die Lebendigen Krieg, nicht gegen die Toten". — Jedenfalls aber ist die Stelle auch gegen den Glauben an ein Fortempfinden der Seele nach dem Tod, somit auch

indirekt gegen den Totenkult gerichtet. Vgl. *Moschion Pheräi Fr.* 3: Κενὸν θανόντος ἀνδρὸς αἰκίζειν σκιάν· Ζῶντας κολάζειν, οὐ θανόντας εὐσεβές. — Ders. *Fr.* inc. 7: Τί κέρδος οὐκέτ' ὄντας αἰκίζειν νεκρούς; Τί τὴν ἄναυδον γαῖαν αἰκίζειν πλέον; Ἐπὰν γὰρ ἡ κρίνουσα καὶ τὰς ἡδονὰς Καὶ τἀνιαρὰ φροῦδος αἴσθησις φθαρῇ, Τὸ σῶμα κωφοῦ τάξιν εἴληφεν πέτρου. v. 2 will Nauck ὑβρίζειν schreiben für αἰκίζειν nach *Eur. Phön.* 1663 und *El.* 902. Ausserdem haben wir hier eine freie Nachahmung von *Antig. Fr.* 176. Bei Antigone in den *Phönissen* l. c. ist die Scheu vor den Toten nur noch Pietät; bei Elektra waltet noch ein leichtes religiöses Bedenken, übrigens nur mit Rücksicht auf die Volksmeinung (904). — Gerade Moschion erscheint unter anderen auf einem der Skelettbecher von Boscoreale (Héron de Villefosse, Le trésor d'argenterie de Boscoreale Nr. 22), und auf dem andern (Nr. 21) sieht man ein Skelett, das eine Spende auf einen Haufen Knochen ausgiesst, mit der Inschrift: εὖ σέβου τὰ σκύβαλα = verehre pflichtschuldig den Kehricht (Michaelis in den Preuss. Jahrb. 1896 Bd. 85 S. 43). Dies ist offenbar eine Satire auf den volksmässigen Totenkult. Über diesen und die Anthesterien vgl. Rohde, Psyche S. 216 ff. *Plutarch, Solon* 21. — Ganz aufgeklärt auch *Virgil Aen.* II. 646.

²⁹) S. A. 19 und 25. Wilamowitz zu *Hipp.* 190 ff. verweist auf Demokrit bei *Stobäus flor.* 120, 20 (= 98, 61): ἔνιοι θνητῆς φύσιος διάλυσιν οὐκ εἰδότες ἄνθρωποι συνειδήσει τῆς ἐν τῷ βίῳ κακοπρηγμοσύνης τὸν τῆς βιοτῆς χρόνον ἐν ταραχῆσι καὶ φόβοισι ταλαιπωρέουσι ψεύδεα περὶ τοῦ μετὰ τὴν τελευτὴν μυθοπλαστέοντες χρόνου. „Das klingt so nahe an, dass man an eine Beziehung auf ein uns unbekanntes Drittes denken muss, insbesondere die Ablehnung der Mythen geschieht in fast identischer Form". — Wenn aber Wilamowitz weiter andeutet, dass Euripides aus dem Heraklitismus „irgendwelche Versprechungen künftiger Seligkeit" abgeleitet habe, so kann ich ihm hierin nicht folgen, zumal *Fr.* 638 des *Polyidos*, das er citiert, mit Heraklit nichts zu thun hat, sondern, wie oben gezeigt wurde, orphischen Charakter trägt. Von den angeführten *Heraklitfragmenten* (86; 122; 125) enthält nur das *Fr.* 122 eine Beziehung auf den Tod, für die sich eine sichere Analogie bei Euripides nicht findet. Pfleiderer, Heraklit S. 217.

³⁰) S. Kap. 1. A. 25. Rohde, Psyche S. 540 A. 1. Verrall, Euripide the rationalist pg. 77 f. Ausser den schon angeführten Stellen (381; 527) ist besonders auch die hypothetische Wendung über das jenseitige Leben (744 ff.) zu beachten, zu der Dieterich (Nekyia S. 136 A. 2 und 169 A. 1) Analogien beibringt, von denen besonders *Tac. Agr.* 46 und die Travestie bei *Ovid, Am.* II. 6, 51 hervorgehoben sein mögen.

³¹) *Hesiod, Erga* 122: Τοὶ μὲν δαίμονές εἰσι Διὸς μεγάλου διὰ βουλὰς Ἐσθλοί. *Pythag. carm. aur.* 70 s. (Mullach): Ἢν δ' ἀπολείψας σῶμα ἐς αἰθέρ' ἐλεύθερον ἔλθῃς, Ἔσσεαι ἀθάνατος, θεὸς ἄμβροτος οὐκέτι θνητός. Hier liegt eine ganz eigentümliche Vereinigung des alten Aberglaubens mit der Lehre von der Göttlichkeit des Äthers vor. — Ähnlich auch *Empedokles* 355 (Stein). — Dieterich, Nekyia 88 A. 2. — *Hik.* 593 scheint δαίμων den Schutzgeist eines lebenden Menschen zu bedeuten. Burckhardt, Gr. K.G. II. S. 74.

³²) *Phaëthon Fr.* 782: Ψυκτήρια Δένδρεα φίλαισιν ὠλέναισιν δέξεται. v. 2 verbesserte Casaubonus λέξεται in δέξεται. Vgl. *Äschylus, Neaniskoi Fr.* 146: αὔρας ὑπη κόοισιν ἐν Ψυκτηρίοις. Dieterich, Nekyia S. 95 f.

³³) Zu *Hippolytos* 732 ff. s. Wilamowitz S. 217 f.; Dieterich, Nek. S. 22 f.

³⁴) Zu *Alc.* 843 und *Hek.* 265 s. Dieterich, Nek. S. 46 A. 2; *Kykl.* 397 ib. S. 47.

³⁵) *El.* 1252, Dieterich, Nek. S. 55 A. 5; *El.* 1227 S. 56 A. 2; *Phaethon Fr.* 781, 1: πυρός τ' Ἐρινύς ib. S. 199 A. 2.

³⁶) *Meleag. Fr.* 533: Τερπνὸν τὸ φῶς τόδ'. ὁ δ' ὑπὸ γῆς Ἅιδου σκότος Οὐδ' εἰς ὄνειρον ἡδὺς ἀνθρώποις μολεῖν. Ἐγὼ μὲν οὖν γεγῶσα τηλικήδ' ὅμως Ἀπέπτυσ' αὐτὸ κοὖποτ' εὔχομαι θανεῖν. v. 1 wörtlich: „es ist schon nicht schön, wenn einem der finstere Hades nur im Traum vorkommt". — *Fr.* 534: Τό μὲν γάρ ἐν φῷ, τὸ δὲ κάτω σκότος κακόν. Welcker S. 760.

³⁷) *Heraklid.* 592 ff.: εἴ τι δὴ κάτω χθονός· Εἴη γε μέντοι μηδέν· εἰ γάρ ἕξομεν Κἀκεῖ μερίμνας οἱ θανούμενοι βροτῶν, Οὐκ οἶδ', ὅποι τις τρέψεται· τὸ γάρ θανεῖν Κακῶν μεγίστων φάρμακον νομίζεται. — *Fr.* 916: Ὦ πολύμοχθος βιοτή θνητοῖς, Ὡς ἐπὶ παντὶ σφαλερὰ κεῖσαι, Καὶ τὰ μὲν αὔξεις, τὰ δ' ἀποφθινύθεις· Κοὐκ ἔστιν ὅρος κείμενος οὐδεὶς Εἰς ὄντινα χρὴ κέλσαι θνητοῖς, Πλὴν ὅταν ἔλθῃ κρυερὰ Διόθεν Θανάτου πεμφθεῖσα τελευτή. — In den *Bacchen* (1360 ff.) freut sich Kadmus keineswegs der ihm angekündigten Versetzung auf die Inseln der Seligen und bedauert, dass er nicht sterben darf.

³⁸) Nägelsbach, Nachhomerische Theologie S. 459 und noch neuestens Gomperz, Griech. Denker II. S. 68: „Neben jenem pantheistischen Glauben tritt auch völlige Unsicherheit über das Seelenschicksal, ja selbst die Hoffnung auf ein endgültiges Erlöschen des Bewusstseins in seinen Dramen hervor".

³⁹) Dümmler, Proleg. zu Platons Staat S. 48: „Denn dass die Persönlichkeit mit dem Tode aufhört und die Leiche empfindungsloser Staub ist, ist eine der wenigen Überzeugungen, welche wir Euripides mit Sicherheit zuschreiben können".

⁴⁰) Psyche S. 552 f.

⁴¹) Vgl. über diesen Abschnitt: Scriptores Physiognomici Graeci et Latini rec. Richardus Foerster. Vol. I. II. Lipsiae, Teubner 1893; insbesondere die Sylloge locorum physiognomicorum II. pg. 233 ss. Nr. 1—38 und Addenda pg. 337 ss. Nr. 4 a bis 4 c. — Ders., Die Physiognomik der Griechen. Rede am Geburtsfest Kaiser Wilhelms I. Kiel 1884 S. 11 ff.

⁴²) Homer: Die Stelle über Thersites fehlt seltsamerweise in Försters Sylloge, obwohl er II. 279 und 316 Bemerkungen des Eustathius dazu citiert. Die weiteren Stellen aus *Ilias* und *Odyssee* bei Förster, Syll. 1—4; *Anakreon* 5; *Pindar* 6; *Äschylus* 7; *Empedokles* 8; *Heraklit* Addenda 4 c; *Diogenes von Apollonia* (von Förster nicht erwähnt), *Fr.* 6 (Mull.) s. A. 14.

⁴³) Förster, Proleg. pg. XIV. *Galenus, Anim. mor. corp. temp.* c. 7 T. IV. pg. 797 K. pg. 57 ed. Iw. Müller. Lips. 1891: [οὐκ] ὀλίγων δὲ μέμνηται καὶ κατ' ἄλλο σύγγραμμα φυσιογνωμονικῶν θεωρημάτων, ὧν καὶ παρεθέμην ἄν τινας ῥήσεις, εἰ μήτε μακρολογίας ἔμελλον ἀποίσεσθαι δόξαν ἀναλίσκειν τε τὸν χρόνον μάτην ἐξὸν ἐπὶ τὸν πάντων ἰατρῶν τε καὶ φιλοσόφων πρῶτον εὑρόντα τὴν θεωρίαν ταύτην ἀφικέσθαι μάρτυρα, τὸν θεῖον Ἱπποκράτην. — Andere schrieben die Begründung der Physiognomik schon dem Pythagoras zu: so *Hippolytos, Refut. haeres.* I. 2, *Porphyr. vita Pyth.* 13, *Nicomachus* aus Gerasa bei *Jamblich. vita Pyth.* XVII. 71 und wohl auch *Gellius Noct. Att.* I. 9, 2, der von Pythagoras sagt: „Jam a principio adulescentes, qui sese ad discendum optulerant, ‚ἐφυσιογνωμόνει'. Id verbum significat, mores naturasque hominum conjectatione quadam de oris et vultus ingenio deque totius corporis filo atque habitu sciscitari". Förster, Proleg. pg. XIII. s.

⁴⁴) Förster, Syll. 11. *Galen. prognost. de decubitu* 1 (XIX. pg. 530 K): Ἱπποκράτης γοῦν ὁ πολὺς σὺν τῇ ἀρχαιότητι καὶ θαυμαστὸς τὴν ἐπιστήμην φησίν· ὁπόσοι τὴν ἰατρικὴν ἀσκέοντες φυσιογνωμονίης ἀμοιρέουσι, τουτέων ἡ γνώμη ἀνὰ σκότος καλινδουμένη νωθρὰ γηράσκει.

⁴⁵) Förster, Syll. 12—29.

⁴⁶) *Cicero, Tusc.* IV. 37, 80: Qui autem natura discuntur, iracundi aut misericordes aut invidi aut tale quid, ei sunt constituti quasi mala valetudine animi, sanabiles tamen, ut Socrates dicitur, cum multa in conventu vitia conlegisset in eum Zopyrus. Qui se naturam cujusque ex forma perspicere profitebatur, derisus est a ceteris, qui illa in Socrate vitia non agnoscerent, ab ipso autem Socrate sublevatus, cum illa sibi insita, sed ratione a se dejecta diceret. — *De fato* V. 10: Quid? Socratem nonne legimus quem ad modum notarit. Zopyrus physiognomon, qui se profitebatur hominum mores naturasque ex corpore, oculis, vultu, fronte pernoscere? Stupidum esse Socraten dixit et bardum, quod jugula concava non haberet, obstructas eas partes et obturatas esse dicebat; addidit etiam mulierosum; in quo Alcibiades cachinnum dicitur sustulisse. — Vgl. auch *Schol. zu Persius Sat.* IV. 24. — *Ps.Plut.* περὶ ἀσκήσεως vers. syr. fol. 179 (Rhein. Mus. XXVII. S. 527). — *Alexander Aphrodis. de fato* 6. — Förster, Proleg. pg. VII. ss. — Gomperz, Griech. Denker II. S. 38 macht den Zopyrus zu einem Syrer, mit welchem Grund, weiss ich nicht. Nach *Ps.Plato I. Alcibiades* 17 pg. 122 B war er ein Thraker. *Plutarch (Alcib.* 1 und *Lykurg* 16) sagt nichts über seine Nationalität. *Phaedo* von Elis betitelte einen seiner Dialoge *Zopyros.* Förster, Proleg. pg. XI. Anm. 1.

⁴⁷) Sokrates bei *Xenophon,* Mem. III. 10, 5: ἀλλὰ μὴν καὶ τὸ μεγαλοπρεπές τε καὶ ἐλευθέριον καὶ τὸ ταπεινόν τε καὶ ἀνελεύθερον καὶ τὸ σωφρονητικόν τε καὶ φρόνιμον καὶ τὸ ὑβριστικόν τε καὶ ἀπειρόκαλον καὶ διὰ τοῦ προσώπου καὶ διὰ τῶν σχημάτων καὶ ἑστώτων καὶ κινουμένων διαφαίνει. Förster, Syll. 30. — *Plato,* ib. 31—38. — *Aristoteles* 39 ff. Unter seinem Namen ist eine besondere Schrift: φυσιογνωμονικὰ erhalten, worüber s. Förster, Prolegomena pg. XVIII. ss.

⁴⁸) Ich setze die drei Hauptstellen des Hippokrates, Herodot, Euripides nebeneinander:

| *Hippokrates* περὶ ἀέρων 19 (Ermerins): τὸ δὲ αἴτιον τούτων (sc. an der grössern Fruchtbarkeit Asiens gegenüber von Europa) ἡ κρᾶσις τῶν ὡρέων, ὅτι τοῦ ἡλίου ἐν μέσῳ τῶν ἀνατολῶν κεῖται πρὸς τὴν ἠῶ τοῦ τε ψυχροῦ πορρωτέρω καὶ τοῦ θερμοῦ· τὴν δὲ αὔξησιν καὶ ἡμερότητα παρέχει πλεῖστον ἁπάντων, ὁκόταν μηδὲν ᾖ ἐπικρατοῦν βιαίως, ἀλλὰ παντὸς ἰσομοιρίη δυναστεύῃ. | *Herodot* III. 106: αἱ δὲ ἐσχατιαί κως τῆς οἰκεομένης τὰ κάλλιστα ἔλαχον, κατάπερ ἡ Ἑλλὰς τὰς ὥρας πολλόν τι κάλλιστον κεκρημένας ἔλαχε. | *Euripides Fr.* 981: Εἰ δὲ πάρεργον χρή τι κομπάσαι, γύναι, Οὐρανὸν ὑπὲρ γῆς ἔχομεν εὖ κεκραμένον, Ἵν' οὔτ' ἄγαν πῦρ οὔτε χεῖμα συμπίτνει· 'Α δ' Ἑλλὰς 'Ασίατ' ἐκτρέφει κάλλιστα, γῆν δέλεαρ ἔχοντες [τήνδε] συνθηρεύομεν. |

⁴⁹) Zu *Med.* 824 ff. vgl. besonders *Hipp.* περί ἀέρων 5 (Förster, Syll. 12): Ὁκόσαι μὲν πρὸς τὰς ἀνατολὰς τοῦ ἡλίου κέονται, ταύτας εἰκὸς εἶναι ὑγιεινοτέρας τῶν πρὸς τὰς ἄρκτους ἐστραμμένων καὶ τῶν πρὸς τὰ θερμά, ἢν καὶ στάδιον τὸ μεταξὺ ᾖ. τά τε εἴδεα τῶν ἀνθρώπων εὔχροά τε καὶ ἀνθηρά ἐστι μᾶλλον, ἢν μή τις νοῦσος ἄλλη κωλύῃ. λαμπρόφωνοί τε οἱ ἄνθρωποι καὶ ὀργήν τε καὶ ξύνεσιν βελτίους εἰσὶ τῶν πρὸς βορέην, ᾗπερ καὶ τὰ ἄλλα τὰ ἐμφυόμενα ἀμείνω ἐστί. — cap. 23 Erm. (Förster, Syll. 15): περὶ δὲ τῆς ἀθυμίης τῶν ἀνθρώπων καὶ τῆς ἀνανδρείης, ὅτι ἀπολεμώτεροί εἰσι τῶν Εὐρωπαίων οἱ Ἀσιηνοὶ καὶ ἡμερώτεροι τὰ ἤθεα, αἱ ὧραι αἴτιαι μάλιστα οὐ μεγάλας τὰς μεταβολὰς ποιεύμεναι οὔτε ἐπὶ τὸ θερμὸν οὔτε ἐπὶ τὸ ψυχρόν, ἀλλὰ παραπλήσιαι αἰεὶ ἐοῦσαι … αἱ γὰρ μεταβολαί εἰσι τῶν πάντων, αἵ αἰεί τε ἐγείρουσι τὴν γνώμην τῶν ἀνθρώπων καὶ οὐκ ἐῶσιν ἀτρεμίζειν. — cap. 31 E (Förster 16): διότι εὐψυχοτέρους νομίζω τοὺς τὴν Εὐρώπην οἰκέοντας εἶναι ἢ τοὺς τὴν Ἀσίην· ἐν μὲν γὰρ τῷ αἰεὶ παραπλησίῳ αἱ ῥᾳθυμίαι ἔνεισιν, ἐν δὲ τῷ μεταβαλλομένῳ αἱ ταλαιπωρίαι τῷ σώματι καὶ τῇ ψυχῇ. καὶ ἀπὸ μὲν ἡσυχίης καὶ ῥᾳθυμίης ἡ δειλίη αὔξεται, ἀπὸ δὲ τῆς ταλαιπωρίης καὶ τῶν πόνων αἱ ἀνδρεῖαι. διὰ τοῦτό εἰσι μαχιμώτεροι οἱ τὴν Εὐρώπην οἰκέοντες καὶ διὰ τοὺς νόμους, ὅτι οὐ βασιλεύονται ὥσπερ οἱ Ἀσιηνοί. — Vgl. auch *Soph. Öd. Kol.* 668 ff. *Plato, Phädrus* 54. 55 pg. 270 C. D; *Isokrates* VII. 74; *Xen. An.* III. 1, 23 und *Cicero, De fato* 4, 7 (Athen und Theben). — R. Pöhlmann, Hellenische Anschauungen über den Zusammenhang zwischen Natur und Geschichte S. 49 (Erlanger Habilitationsschrift. Leipzig, Hirzel, 1879).

⁵⁰) *Eur. Fr.* 917: Kap. III. 2 A. 377. Valckenaer, Diatribe pg. 245 will für τηρήσει schreiben χρήσαι. Ganz richtig bemerkt dieser auch: „Ab omissis pendere potuit in Euripideis ἰατρεύειν". Allerdings will er doch ὅσοι in ὅσον verändern. Ganz willkürlich ist jedenfalls die Konjektur F. G. Schmidts: ὅσοι νόσους θέλουσιν ἰᾶσθαι καλῶς. — Vgl. Kap. V. 2 A. 104 a.

⁵¹) Vgl. schon *Theogn.* 117 f.: κιβδήλου δ' ἀνδρὸς γνῶναι χαλεπώτερον οὐδέν, Κύρν' οὐδ' εὐλαβίης ἔσθ' ἕτερον πλέονος. Besonders aber

Theognis 119 ff.:	*Eurip. Med.* 516 ff.:
Χρυσοῦ κιβδήλοιο καὶ ἀργύρου ἀνσχετὸς ἄτη,	Ὦ Ζεῦ, τί δὴ χρυσοῦ μὲν ὃς κίβδηλος ᾖ
Κύρνε καὶ ἐξευρεῖν ῥᾴδιον ἀνδρὶ σοφῷ.	Τεκμήρι' ἀνθρώποισιν ὤπασας σαφῆ,
Εἰ δὲ φίλου νόος ἀνδρὸς ἐνὶ στήθεσσι λελήθῃ	Ἀνδρῶν δ' ὅτῳ χρὴ τὸν κακὸν διειδέναι
Ψυδρὸς ἐών, δόλιον δ' ἐν φρεσὶν ἦτορ ἔχῃ.	Οὐδεὶς χαρακτὴρ ἐμπέφυκε σώματι;
Τοῦτο θεὸς κιβδηλότατον ποίησε βροτοῖσιν	
Καὶ γνῶναι πάντων τοῦτ' ἀνιηρότατον.	

Das Wort κίβδηλος gebraucht Euripides auch *El.* 550 in ähnlichem Sinn: Ἀλλ' εὐγενεῖς μέν, ἐν δὲ κιβδήλῳ τόδε. D. h. Orestes und Pylades sehen zwar wie „Edle" aus, aber darauf kann man nicht gehen. — F. Hotinger (Euripides und seine Sentenzen I. Progr. des Gymn. zu Schweinfurt 1896), der S. 10 mehrfach auf Theognis als Quelle des Euripides verweist, hat die obige Stelle übersehen. — *El.* 367: Οὐκ ἔστ' ἀκριβὲς οὐδὲν εἰς εὐανδρίαν.

⁵²) In Försters Sylloge sind aus Euripides aufgeführt: *Med.* 215 ff. Nr. 9; *Med.* 516 ff. mit *Theognis* 119 ff. in Addenda 4a, wo auch *Hippol.* 922 ff., womit verglichen wird *Hyperides Fr.* 198: χαρακτὴρ οὐδεὶς ἔπεστιν ἐπὶ τοῦ προσώπου τῆς διανοίας τοῖς ἀνθρώποις. *Cicero Lael.* 17, 62: capras et oves quot quisque haberet dicere posse, amicos quot haberet non posse dicere et in illis quidem parandis adhibere curam, in amicis eligendis neglegentes esse nec habere quasi signa quaedam et notas, quibus eos, qui ad amicitiam essent idonei, judicarent. Sunt igitur firmi et stabiles et constantes eligendi, cujus generis est magna penuria, et judicare difficile est, sane nisi expertum, experiendum autem est in ipsa amicitia. — Förster führt noch *Troad.* 821: ἀβρὰ βαίνων (Syll. 131) und *Med.* 928 (Syll. 131, 12): γυνὴ δὲ θῆλυ κἀπὶ δακρύοις ἔφυ an. Dagegen hat er drei wichtigere Stellen übersehen: *Ödip. Fr.* 548: Νοῦν χρὴ θεᾶσθαι, νοῦν· τί τῆς εὐμορφίας Ὄφελος, ὅταν τις μὴ φρένας καλὰς ἔχῃ; und *Fr.* inc. 909: vgl. Kap. II. A. 19 und V. 2 A. 10. — *Chrysipp Fr.* 842: Γνώμης σόφισμα καὶ χέρ' ἀνδρείαν ἔχων Δύςμορφος εἴην μᾶλλον ἢ καλὸς κακός. v. 1: γνώμη σοφός μοι codd.; γνώμης σόφισμα Nauck. — *Ion* 237 ff.: τρόπων τεκμήριον τὸ σχῆμ' ἔχεις etc.

2. Ethik.

¹) S. Kap. IV. A. 5 und 11.

²) *Archelaos Fr.* 10 (Mull.): περὶ δὲ τῶν ζῴων φησίν, ὅτι θερμαινομένης τῆς γῆς τὸ πρῶτον ἐν τῷ κάτω μέρει, ὅπου τὸ θερμὸν καὶ τὸ ψυχρὸν ἐμίσγετο, ἀνεφαίνετο τά τε ἄλλα ζῷα πολλὰ καὶ ἀνόμοια πάντα τὴν αὐτὴν δίαιταν ἔχοντα, ἐκ τῆς ἰλύος τρεφόμενα· ἦν δὲ ὀλιγοχρόνια. ὕστερον δὲ αὐτοῖς καὶ ἐξ ἀλλήλων γένεσις ἀνέστη καὶ διεκρίθησαν ἄνθρωποι ἀπὸ τῶν ἄλλων καὶ ἡγεμόνας καὶ νόμους καὶ τέχνας καὶ πόλεις καὶ τὰ ἄλλα συνέστησαν. νοῦν δὲ λέγει πᾶσιν ἐμφύεσθαι ζῴοις ὁμοίως· χρῆσασθαι γὰρ ἕκαστον καὶ τῷ σώματι ἀναλόγως, τὸ μὲν βραδυτέρως, τὸ δὲ ταχυτέρως.

³) S. Kap. IV. A. 16.

a) Das sittliche Wesen des Menschen.

⁴) *Fr.* 920: Ἡ φύσις ἐβούλεθ', ᾗ νόμων οὐδὲν μέλει. Wilamowitz nimmt es für den *Chrysippus* als Worte des Laïos in Anspruch (De trag. Gr. fr. pg. 7). Eine Parodie des Verses von dem Komiker *Anaxandridas* hat *Aristoteles* (*Eth. Nic.* VII. pg. 1152a 23) erhalten, der statt φύσις das Wort πόλις einsetzt. — *Antiope Fr.* 187, 5 f.: ἡ φύσις γὰρ οἴχεται Ὅταν γλυκείας ἡδονῆς ἥσσων τις ᾖ widerspricht dem obigen Satz nur scheinbar: φύσις bedeutet hier die natürliche Leistungsfähigkeit, dort die natürliche Leidenschaft.

⁵) *Chrysipp. Fr.* 840: Δέληθεν οὐδὲν τῶνδέ μ' ὧν σὺ νουθετεῖς, Γνώμην δ' ἔχοντά μ' ἡ φύσις βιάζεται. — *Fr.* 841: Αἰαῖ, τόδ' ἤδη θεῖον ἀνθρώποις κακόν, Ὅταν τις εἰδῇ τἀγαθόν, χρῆται δὲ μή.

⁶) *Hipp.* 358 f.: Οἱ σώφρονες γὰρ οὐχ ἑκόντες ἀλλ' ὅμως Κακῶν ἐρῶσι. — 374 f. scheint von *Aristophanes Lys.* 26 f. parodiert zu werden. — 379 f.: Τὰ χρῆστ' ἐπιστάμεσθα καὶ γιγνώσκομεν, Οὐκ ἐκπονοῦμεν δ'. — In *Platos Protagoras* pg. 352 B ff. wird diese „Ansicht der Menge" zur Sokratischen Lehre in Gegensatz gestellt, nach welcher das Wissen auch für das Thun des Guten ausschlaggebend ist: δοκεῖ δὲ τοῖς πολλοῖς περὶ ἐπιστήμης τοιοῦτόν τι, οὐκ ἰσχυρὸν οὐδ' ἡγεμονικὸν οὐδ' ἀρχικὸν εἶναι· οὐδὲ ὡς περὶ τούτου αὐτοῦ ὄντος διανοοῦνται,

30*

ἀλλ' ἐνούσης πολλάκις ἀνθρώπῳ ἐπιστήμης οὐ τὴν ἐπιστήμην αὐτοῦ ἄρχειν, ἀλλ' ἄλλο τι, τοτὲ μὲν θυμόν, τοτὲ δὲ ἡδονήν, τοτὲ δὲ λύπην, ἐνίοτε δὲ ἔρωτα, πολλάκις δὲ φόβον, ἀτεχνῶς διανοούμενοι περὶ τῆς ἐπιστήμης, ὥσπερ περὶ ἀνδραπόδου, περιελκομένης ὑπὸ τῶν ἄλλων ἁπάντων. — 352 D: οἶσθα οὖν, ὅτι οἱ πολλοὶ τῶν ἀνθρώπων ἐμοί τε καὶ σοὶ οὐ πείθονται, ἀλλὰ πολλούς φασι γιγνώσκοντας τὰ βέλτιστα οὐκ ἐθέλειν πράττειν ἐξὸν αὐτοῖς, ἀλλ' ἄλλα πράττειν; Offenbar nachgeahmt ist die Hippolytosstelle von *Seneca*, *Phädra* 177: quae memoras, scio vera esse, nutrix; sed furor cogit sequi pejora. — *Antiphon Fr.* 129 (ed. Blass) streift wenigstens den Gedanken: σωφροσύνην δὲ ἀνδρὸς οὐκ ἄν ἄλλο ὀρθότερόν τις κρίνειεν ἢ ὅστις τοῦ θυμοῦ ταῖς παραχρῆμα ἡδοναῖς ἐμφράσσει αὐτὸς ἑαυτὸν κρατεῖν τε καὶ νικᾶν ἠδυνήθη αὐτὸς ἑαυτοῦ· ὃς δὲ θέλει χαρίσασθαι τῷ θυμῷ παραχρῆμα, θέλει τὰ κακίω ἀντὶ τῶν ἀμεινόνων. Allerdings wird hier die Möglichkeit der Selbstüberwindung angenommen. — Vgl. auch Wilamowitz, Hippolytos S. 203 f. Die gegensätzliche Ansicht hat auch *Epicharm Fr.* 171 (Kaibel): τό γα Ἀγαθὸν τὸ πρᾶγμ' εἶμεν καθ' αὐθ, ὅστις δέ κα Εἰδῇ μαθὼν τῆν', ἀγαθὸς ἤδη γίνεται. — Denn in *Fr.* 78: οὐδεὶς ἑκὼν πονηρός bedeutet πονηρός (πόνος) mühsalvoll wie bei *Hesiod* und *Solon Fr.* 14. Zeller, Griechische Phil. I. S. 107 A. 1.

⁷) *Med.* 1078 ff.: Καὶ μανθάνω μὲν οἷα δρᾶν μέλλω κακά. Θυμὸς δὲ κρείσσων τῶν ἐμῶν βουλευμάτων, Ὅσπερ μεγίστων αἴτιος κακῶν βροτοῖς. *Ovid* (*Met.* VII. 19 ff.) lässt danach die Medea sagen: Sed gravat invitam nova vis. Aliudque cupido, Mens aliud suadet. Video meliora proboque, Deteriora sequor. Vgl. *Demokrit Fr. eth.* 77: θυμῷ μάχεσθαι μὲν χαλεπόν, ἀνδρὸς δὲ τὸ κρατέειν εὐλογίστου· s. A. 102.

⁸) *Beller. Fr.* 297, 1: Ὡς ἔμφυτος μὲν πᾶσιν ἀνθρώποις κάκη. Welcker S. 789.

⁹) *Pindar Ol.* VII. 30 f.: αἱ δὲ φρενῶν ταραχαὶ παρέπλαγξαν καὶ σοφόν. IX. 100: τὸ δὲ φυᾷ κράτιστον ἅπαν· πολλοὶ δὲ διδακταῖς Ἀνθρώπων ἀρεταῖς κλέος, ὥρουσαν ἑλέσθαι. *Pyth.* III. 54: ἀλλὰ κέρδει καὶ σοφία δέδεται. IV. 287 ff.: φαντὶ δ' ἔμμεν τοῦτ' ἀνιαρότατον, καλὰ γιγνώσκοντ' ἀνάγκᾳ ἐκτὸς ἔχειν πόδα. *Nem.* III. 40 ff.: συγγενεῖ δέ τις εὐδοξίᾳ μέγα βρίθει· ὃς δὲ διδάκτ' ἔχει, ψεφεννὸς ἀνὴρ ἄλλοτ' ἄλλα πνέων οὔποτ' ἀτρεκεῖ κατέβα ποδί, μυριᾶν δ' ἀρετᾶν ἀτελεῖ νόῳ γεύεται. *Theognis* 437 f.: ἀλλὰ διδάσκων Οὔποτε ποιήσεις τὸν κακὸν ἄνδρ' ἀγαθὸν (vgl. *Plato*, *Menon* 36 pg. 95 D. E). 133 ff.: Οὐδεὶς, Κύρν', ἄτης καὶ κέρδεος αἴτιος αὐτός, Ἀλλὰ θεοὶ τούτων δώτορες ἀμφοτέρων· Οὐδέ τις ἀνθρώπων ἐργάζεται ἐν φρεσὶν εἰδώς, Ἐς τέλος εἴτ' ἀγαθὸν γίνεται εἴτε κακόν. 165 f.: Οὐδεὶς ἀνθρώπων οὔτ' ὄλβιος οὔτε πενιχρὸς Οὔτε κακὸς νόσφιν δαίμονος οὔτ' ἀγαθός. 171 f.: Θεοῖς εὔχευ, θεοῖς ἐστιν ἐπὶ κράτος· οὔτοι ἄτερ θεῶν Γίνεται ἀνθρώποις οὔτ' ἀγάθ' οὔτε κακά. — *Paulus*, *Römer* 7, 18: τὸ γὰρ θέλειν παράκειταί μοι, τὸ δὲ κατεργάζεσθαι τὸ καλὸν οὔ. — *Ev. Joh.* 13, 17: εἰ ταῦτα οἴδατε, μακάριοί ἐστε, ἐὰν ποιῆτε αὐτά. — *Er. Mark.* 10, 18 (*Luk.* 18, 19; *Matth.* 19, 17): οὐδεὶς ἀγαθὸς εἰ μὴ εἷς ὁ θεός. — *Ev. Mark.* 14, 38 (*Matth.* 26, 41): τὸ μὲν πνεῦμα πρόθυμον, ἡ δὲ σὰρξ ἀσθενής. — *Heraklit Fr.* 96: ἦθος γὰρ ἀνθρώπειον οὐκ ἔχει γνώμας, θεῖον δὲ ἔχει. Vgl. *Fr.* 97.

¹⁰) *Paulus*, *Römer* 7, 20: εἰ δὲ ὃ οὐ θέλω τοῦτο ποιῶ, οὐκέτι ἐγὼ κατεργάζομαι αὐτὸ ἀλλὰ ἡ οἰκοῦσα ἐν ἐμοὶ ἁμαρτία. — *Eurip. Fr.* 954 bei *Philo Jud. Quaest. in Gen.* Vol. VII. pg. 188 ed. Richter: Euripides: „quicunque incontinentes sunt et redundat in eis malum inimicitiae et injustitiae. mali sunt; in quibus autem opposita praevalent, virtute praediti: in aliis vero ita quasi

acqualis sit commixtio, ita ut nulli sint, qui omnia mala habeant sine ullo bono. Ib. pg. 240: Euripides quoque neminem irreprehensibilem dixit, tamen quibusdam abundantur malitiarum fomenta turpia iniqua, adeo pravis adversantur strenui; quibusdam tamen ita altrinsecus inest temperantia ut nonnulli (,immo nulli' Nauck) omnia pessima obtineant absque ullo bono, nonnulli omnia necessaria (,exspectes nulli omnia bona' Nauck) sine ullo malo. Vgl. *Hipp.* 471 f. *Epicharm Fr.* 299. Diels, Atacta im Hermes 23. 1888 S. 280 f.

[11]) *Alkmeon Fr.* 75: 'Ω παῖ Κρέοντος ὡς ἀληθὲς ἦν ἄρα, Ἐσθλῶν ἀπ' ἀνδρῶν ἐσθλὰ γίκνεσθαι τέκνα, Κακῶν δ' ὅμοια τῇ φύσει τῇ τοῦ πατρός. Vgl. *Antigone Fr.* 167.

[12]) *Diktys Fr.* 333: Φεῦ, φεῦ παλαιὸς αἶνος ὡς καλῶς ἔχει · Οὐκ ἂν γένοιτο χρηστὸς ἐκ κακοῦ πατρός.

[13]) *Archel. Fr.* 232: Ἐν τοῖς τέκνοις γὰρ ἀρετὴ τῶν εὐγενῶν Ἔλαμψε; κρεῖσσόν τ' ἐστι πλουσίου γάμου [Γένος] · πένης γὰρ οὐκ ἐκεῖν' ἀπώλεσεν Τὸ τοῦ πατρὸς γενναῖον. v. 3 hat Nauck γένος hinzugefügt. Cobet schrieb: πένης γὰρ ὢν ὅδ'.

[14]) *Beller. Fr.* 298: Οὐκ ἂν γένοιτο τραῦμ', ἐάν τις ἐγξέσῃ θάμνοις ἐλείοις, οὐδ' ἂν ἐκ μητρὸς κακῆς Ἐσθλοὶ γένοιντο παῖδες εἰς ἀλκὴν δορός. Vgl. *Theognis* 537 f. Welcker S. 796.

[15]) *Mel. desm. Fr.* 497: Τείσασθε τήνδε · καὶ γὰρ ἐντεῦθεν νοσεῖ Τὰ τῶν γυναικῶν · οἱ μὲν ἢ παίδων πέρι ἢ συγγενείας εἵνεχ' οὐκ ἀπώλεσαν Κακὴν λαβόντες · εἶτα τοῦτο τἄδικον Πολλαῖς ὑπερρύηκε καὶ χωρεῖ πρόσω, Ὥστ' ἐξίτηλος ἀρετὴ καθίσταται.

[15a]) *Danaë Fr.* 329: Φεῦ, τοῖσι γενναίοισιν ὡς ἀπανταχοῦ Πρέπει χαρακτὴρ χρηστὸς εἰς εὐψυχίαν.

[15b]) S. Kap. VII. 2 A. 29.

[16]) *Fr.* 1067: Τὸν σὸν δὲ παῖδα σωφρονοῦντ' ἐπίσταμαι Χρηστοῖς θ' ὁμιλοῦντ' εὐσεβεῖν τ' ἠσκηκότα. Πῶς οὖν ἂν ἐκ τοιοῦδε σώματος κακὸς Γένοιτ' ἄν; οὐδεὶς τοῦτό μ' ἂν πίθοι ποτέ.

[16a]) *Antiope Fr.* 166: Τὸ μῶρον αὐτῷ τοῦ πατρός νόσημ' ἔνι · Φιλεῖ γὰρ οὕτως ἐκ κακῶν εἶναι κακούς. Da φιλεῖ hier in ganz ungewöhnlicher Weise impersonal gebraucht wird, vermutet Wecklein (Sitz.Ber. d. K. B. Ak. d. W. 1888 II. S. 870) φιλοῦσι δ' . . . κακοί. Vgl. übrigens *Bell. Fr.* 296, 3 A. 19.

[17]) *Peliad. Fr.* 609: Ὁ γὰρ ξυνὼν κακὸς μὲν ἦν τύχῃ γεγώς, Τοιούσδε τοὺς ξυνόντας ἐκπαιδεύεται, Χρηστοὺς δὲ χρηστός · ἀλλὰ τὰς ὁμιλίας Ἐσθλὰς διώκειν, ὦ νέοι, σπουδάζετε. — Vgl. *Theogn.* 31 ff.: Ταῦτα μὲν οὕτως ἴσθι · κακοῖσι δὲ μὴ προςομίλει Ἀνδράσιν, ἀλλ' αἰεὶ τῶν ἀγαθῶν ἔχεο . . . Ἐσθλῶν μὲν γὰρ ἄπ' ἐσθλὰ μαθήσεαι · ἢν δὲ κακοῖσιν Συμμίσγῃς, ἀπολεῖς καὶ τὸν ἐόντα νόον. Ταῦτα μαθὼν ἀγαθοῖσιν ὁμίλει, καί ποτε φήσεις Εὖ συμβουλεύειν τοῖσι φίλοισιν ἐμέ. Vgl. *Plato, Menon* 36 pg. 95 D. E: s. A. 9.

[18]) *Phoinix Fr.* 812: Ἤδη δὲ πολλῶν ᾑρέθην λόγων κριτὴς Καὶ πόλλ' ἁμιλληθέντα μαρτύρων ὕπο Τἀναντί' ἔγνων συμφορᾶς μιᾶς πέρι. Κἀγὼ μὲν οὕτω χὥστις ἔστ' ἀνὴρ σοφὸς Λογίζομαι τἀληθές, εἰς ἀνδρός φύσιν Σκοπῶν δίαιτάν θ' ἥντιν' ἡμερεύεται . . . Ὅστις δ' ὁμιλῶν ἥδεται κακοῖς ἀνήρ, οὐ πώποτ' ἠρώτησα, γιγνώσκων ὅτι Τοιοῦτός ἐστιν, οἷσπερ ἥδεται ξυνών.

[18a]) *Hypsip. Fr.* 759: Πρός τὰς φύσεις χρὴ καὶ τὰ πράγματα σκοπεῖν Καὶ τὰς διαίτας τῶν κακῶν τε κἀγαθῶν, Πειθὼ δὲ τοῖσι σώφροσιν πολλὴν ἔχειν, Τοῖς μὴ δικαίοις δ' οὐδὲ συμβάλλειν χρεών. v. 4 conj. Wecklein λόγον für χρεών.

[19]) *Ägeus Fr.* 7: Κρεῖσσον δὲ πλούτου καὶ βαθυσπόρου χθονός Ἀνδρῶν

δικαίων κάγαθῶν ὁμιλίαι. *Beller. Fr.* 296: Ἀνὴρ δὲ χρηστὸς χρηστὸν οὐ μισεῖ ποτε, Κακὸς κακῷ δὲ συντέτηκεν ἡδονῇ · Φιλεῖ δὲ θούμόφυλον ἀνθρώπους ἄγειν. Vgl. *Aristot. Eth. M.* Π. 11 pg. 1209 b 36; *Eth. Eud.* VII. 5 pg. 1239 b 22. Vgl. auch Kap. VII. 8 A. 32 und 33. — Vgl. auch das zwischen *Sophokles* (*Aias Lokros Fr.* 13) und *Euripides* (*Stob. flor.* 48, 5) streitige Wort: Σοφοὶ τύραννοι τῶν σοφῶν ξυνουσίᾳ.

[20]) *Fr.* 1024: Φθείρουσιν ἤθη χρήσθ᾽ ὁμιλίαι κακαί. Im Altertum viel citiert ohne Angabe des Dichters, so bei *Diodor* XVI. 54: ταῖς πονηραῖς ὁμιλίαις διέφθειρε τὰ ἤθη τῶν ἀνθρώπων. Wörtlich, nur ohne die Elision des α in in χρηστά, führt *Paulus* das Wort an 1. *Kor.* 15, 33: φθείρουσιν ἤθη χρηστὰ ὁμιλίαι κακαί. *Clemens Alex.* (*Strom.* I. pg. 350) nennt den Vers τραγικὸν ἰαμβεῖον, und *Sokrates* (*Hist. eccl.* III. 16, 189 D) sagt, dass der Vers „δείκνυσι μὴ ἀνήκοον (sc. Παῦλον) τῶν Εὐριπίδου δραμάτων τυγχάνοντα", während *Photius* (*ad Amphiloch. quaest.* 151) und *Hieronymus* (T. III. fol. 148 D) ihn dem **Menander** zuschreiben. *Tertullian* (*ad uxorem* I. 8) hat ihn ins Lateinische übersetzt: „memor illius versiculi sanctificati per apostolum: ‚bonos corrumpunt mores congressus mali‘". Dass Paulus einen Griechen citiert, ist um so bemerkenswerter. als ihm im Alten Testament *Sprüche* 13, 20 und *Sirach* 6, 35 f. denselben Gedanken darboten. Vgl. *Demokrit Fr.* 168 und 234 (Mullach).

[21]) *Phoinix Fr.* 810: Μέγιστον ἄρ᾽ ἦν ἡ φύσις· τὸ γὰρ κακὸν Οὐδεὶς τρέφων εὖ χρηστὸν ἂν θείη ποτέ. Vgl. *Fr.* 904: ἀλλ ἄκρας εὐηθίας Ἄπτοιτ᾽ ἂν ὅστις τὴν φύσιν νικᾶν θέλει.

[22]) *Fr.* 1068: Οὐ γάρ τις οὕτω παῖδας εὖ παιδεύσεται, Ὥστ᾽ ἐκ πονηρῶν μὴ οὐ κακοὺς πεφυκέναι.

[23]) *Hipp.* 921 f.: Δεινὸν σοφιστὴν εἶπας, ὅστις εὖ φρονεῖν Τοὺς μὴ φρονοῦντας δυνατός ἐστ᾽ ἀναγκάσαι. Vgl. *Eur. Hik.* 902 f.; *Gorgias, Lob der Helena* 8: λόγος δυνάστης μέγας ἐστίν, ὃς σμικροτάτῳ σώματι καὶ ἀφανεστάτῳ θειότατα ἔργα ἀποτελεῖ und ähnlich *Ps. Hippokrates, De flatibus* 3: οὗτος δὲ (sc. ὁ ἀὴρ) μέγιστος ἐν τοῖσι πᾶσι τῶν πάντων δυνάστης ἐστίν. *De diaeta* I. 9 δυνάστης δὲ ἄνθρωπος. *Eur. Alkmeon Fr.* 94 s. Kap. VI. 2 A. 29. E. Maass, Zur Gesch. der griech. Prosa im Hermes XXII. 1887 S. 566 ff. Fredrich, Hippokratische Untersuchungen S. 103 A. 1.

[24]) *Peleus Fr.* 617: Οὐκ ἔστιν ἀνθρώποισι τοιοῦτος σκότος, Οὐ χῶμα γαίας κλῃστόν, ἔνθα τὴν φύσιν Ὁ δυσγενὴς κρύψας ἂν εἴη σοφός. Zum Anfang vgl. *Xen. An.* II. 5, 7: τὸν γὰρ θεῶν πόλεμον οὐκ οἶδα οὔτ᾽ ἀπὸ ποίου ἂν τάχους τις φεύγων ἀποφύγοι οὔτ᾽ εἰς πόσον ἂν σκότος ἀποδραίη οὐδ᾽ ὅπως ἂν εἰς ἐχυρὸν χωρίον ἀποσταίη. Ähnlich im Alten Testament *Psalm* 139, 7—12. — v. 2 χῶμα für δῶμα conj. Meineke. — v. 3 ist verderbt. Die Konjekturen von Lewis ἂν κἂν ἴ, von Halm ἂν ἐκβαίη und Ellis ἂν ἐξίοι, von denen die beiden letzteren auf demselben Gedanken beruhen, scheinen mir nicht befriedigend. Denn dem δυσγενής soll offenbar die σοφία, die keineswegs Klugheit und Verschlagenheit. sondern Lebensweisheit bedeutet [s. u. b) Das Wesen des Sittlichen], abgesprochen werden; ferner ist nicht davon die Rede, dass der δυσγενής in der Finsternis oder dem Abgrund sich selbst verberge, sondern nur seine φύσις. Darum passt das ἐκβαίη und ἐξίοι nicht. Dem Sinne näher kommt Gomperz mit seiner freilich etwas gewaltsamen Änderung ἐκφεύγοι φόγον. Denn offenbar ist es dem δυσγενής darum zu thun, dass die Menschen sich über ihn ein günstiges, in Wirklichkeit also unrichtiges Urteil bilden. Er will anders scheinen.

als er ist. Setzt man für εἶναι den Begriff δοκεῖν ein, so ist der Gedanke vollständig in Richtigkeit: etwa ὁ δυσγενὴς δόξειεν ἄν κρύψας σοφός. — Die Konjektur Ribbecks (R. Tr. S. 427) μὴ σοφός ist mir unverständlich.

²⁵) Vgl. *Bacch.* 314 ff. Kap. III. 1 A. 99 und A. 29.

²⁶) *Eurysth. Fr.* 376: Οὐκ οἶδ' ὅτῳ χρή, κανόνι τὰς βροτῶν τύχας Ὀρθῶς σταθμήσαντ' εἰδέναι τὸ δραστέον.

²⁷) *Fr.* 1027: Παῖς ὢν φυλάσσου πραγμάτων αἰσχρῶν ἄπο· Ὡς ἦν τραφῇ τις μὴ κακῶς, αἰσχύνεται Ἀνὴρ γενόμενος αἰσχρὰ δρᾶν· νέος δ' ὅταν Πολλ' ἐξαμάρτῃ, τὴν ἀμαρτίαν ἔχει Εἰς γῆρας αὐτοῦ τοῖς τρόποισιν ἔμφυτον. Ob in v. 1 φυλάττεσθαι ἀπό geradezu als fehlerhaft bezeichnet werden muss, kann man doch bezweifeln im Blick auf die Konstruktion des Aktivums φυλάττειν ἀπό τινος bei *Xen. Cyrop.* I. 4, 7 und des Mediums φυλαττέσθαι *Hell.* VII. 2, 10.

²⁸) *Hik.* 913 f.: ἡ δ' εὐανδρία Διδακτός. S. Kap. III. 1 A. 55. Welcker (Kl. Schr. II. S. 509) nimmt hier eine Beziehung auf Prodikos an. — Vgl. A. 27.

²⁹) Dümmler (Proleg. zu Platons Staat S. 23) vergleicht zu *Hek.* 592 ff. *Antiphon Fr.* 134 Blass: πρῶτον οἶμαι τῶν ἐν ἀνθρώποις ἐστὶ παίδευσις· ὅταν γάρ τις πράγματος κἂν ὁτουοῦν τὴν ἀρχὴν ὀρθῶς ποιήσηται, εἰκὸς καὶ τὴν τελευτήν ὀρθῶς γίγνεσθαι. καὶ γὰρ τῇ γῇ οἷον ἄν τις τὸ σπέρμα ἐναρόσῃ, τοιαῦτα καὶ τὰ ἔκφορα δεῖ προςδοκᾶν, καὶ ἐν νέῳ σώματι ὅταν τις τὴν παίδευσιν γενναίαν ἐναρόσῃ, ζῇ τοῦτο καὶ θάλλει διὰ παντὸς τοῦ βίου καὶ αὐτὸ οὔτε ὄμβρος οὔτε ἀνομβρία ἀφαιρεῖται. Es muss indessen darauf hingewiesen werden, dass nicht nur, wie Dümmler sagt, „bei Euripides die φύσις, bei Antiphon die παίδευσις mehr betont", sondern dass der Gedanke des Tragikers und des Sophisten gerade der entgegengesetzte ist: Euripides sagt: „Natur ist alles", Antiphon: „Bildung ist alles". Letzterer teilt den ethischen Optimismus des Sokrates; ersterer ist von dem Bewusstsein der Unmöglichkeit, die individuelle Natur wesentlich zu verändern, tief durchdrungen.

³⁰) *Ps.Hippokrates, Nomos* cap. 3: Ὁκοίη γὰρ τῶν ἐν τῇ γῇ φυομένων ἡ θεωρίη, τοιήδε καὶ τῆς ἰατρικῆς ἡ μάθησις. ἡ μὲν γὰρ φύσις ἡμέων ὁκοῖον ἡ χώρη· τὰ δὲ διδάγματα τῶν διδασκόντων ὁκοῖον τὰ σπέρματα· ἡ δὲ παιδομαθίη τὸ καθ' ὥρην αὐτὰ πεσεῖν εἰς τὴν ἄρουραν· ὁ δὲ τόπος, ἐν ᾧ ἡ μάθησις, ὁκοῖον ἡ ἐκ τοῦ περιέχοντος ἠέρος τροφὴ γιγνομένη τοῖσι φυομένοισι· ἡ δὲ φιλοπονίη ἐργασίη· ὁ δὲ χρόνος ταῦτα ἐνισχύει πάντα ὡς ἐκτραφῆναι τελέως.

³¹) *Protagoras Fr.* 8 (Mull.): φύσεος καὶ ἀσκήσεος διδασκαλία δέεται· καὶ ἀπὸ νεότητος δὲ ἀρξαμένους δέει μανθάνειν. *Fr.* 7: μηδὲν εἶναι μήτε τέχνην ἄνευ μελέτης μήτε μελέτην ἄνευ τέχνης. Ein weiteres Bruchstück: „Nicht spriesst Bildung in der Seele, wenn man nicht zu grosser Tiefe kommt", in der syrischen Übersetzung des *Ps.Plut.* περὶ ἀσκήσεως (Rhein. Mus. 27 S. 526 ff.); vgl. *Matth.* 13, 5. Gomperz, (Gr. Dox. S. 354 und 471). Vgl. auch *Antiphon Fr.* B. A. 120.

³²) *Demokrit Fr.* 180: φύσεως μὲν γὰρ ἀρετὴν διαφθείρει ῥαθυμία, φαυλότητα δὲ ἐπανορθοῖ διδαχή· καὶ τὰ μὲν ῥᾴδια τοὺς ἀμελοῦντας φεύγει, τὰ δὲ χαλεπὰ ταῖς ἐπιμελείαις ἁλίσκεται. — *Fr.* 133: ἡ φύσις καὶ ἡ διδαχὴ παραπλήσιόν ἐστι· καὶ γὰρ ἡ διδαχὴ μεταρρυσμοῖ τὸν ἄνθρωπον, μεταρρυσμοῦσα δὲ φυσιοποιέει. Vgl. *Eupolis Fr.* 1: ἡ μὲν φύσις τὸ μέγιστον ἦν· ἔπειτα δὲ κἀγὼ προθύμως τῇ φύσει συνελάμβανον.

³³) *Herod.* III. 81: ὁ μὲν γάρ, εἴ τι ποιέει, γινώσκων ποιέει, τῷ δὲ οὐδὲ γινώσκειν ἔνι· κῶς γὰρ ἄν γινώσκοι ὃς οὔτ' ἐδιδάχθη οὔτε οἶδε καλὸν οὐδὲν οἰκήιον, ὠθέει τε ἐμπεσὼν τὰ πρήγματα ἄνευ νόου χειμάρρῳ ποταμῷ εἴκελος; vgl.

VII. 10: οὐδε μιᾷ σοφίη οἰκηίη αὐτὸς ταῦτα συμβάλλομαι. — *Thukyd.* I. 121:
ὃ γὰρ ἡμεῖς ἔχομεν φύσει ἀγαθόν, ἐκείνοις οὐκ ἂν γένοιτο διδαχῇ· ὃ δ' ἐκεῖνοι
ἐπιστήμῃ προύχουσι, καθαιρετέον ἡμῖν ἐστι μελέτῃ. — I. 138: ἣν γὰρ ὁ Θεμιστο-
κλῆς βεβαιότατα δὴ φύσεως ἰσχὺν δηλώσας καὶ διαφερόντως τι ἐς αὐτὸ μᾶλλον
ἑτέρου ἄξιος θαυμάσαι· οἰκείᾳ γὰρ ξυνέσει καὶ οὔτε προμαθὼν ἐς αὐτὴν οὐδὲν
οὔτ' ἐπιμαθών, τῶν τε παραχρῆμα δι' ἐλαχίστης βουλῆς κράτιστος γνώμων καὶ τῶν
μελλόντων ἐπὶ πλεῖστον τοῦ γενησομένου ἄριστος εἰκαστής. — Vgl. auch *Xen.*
Hell. V. 4, 31: ἢ αὐτὸς νοήσας ἢ διδαχθεὶς ὑπό του.

[34]) *Adesp. Fr.* 516: Μελέτη χρονισθεῖσ' εἰς φύσιν καθίσταται. *Stob. Ecl.*
II. 7, 11 m pg. 107, 20 als ἐν ταῖς παροιμίαις λεγόμενον angeführt.

[35]) *Plato, Phädr.* 53 pg. 269 D: εἰ μέν σοι ὑπάρχει φύσει ῥητορικῷ εἶναι,
ἔσει ῥήτωρ ἐλλόγιμος, προσλαβὼν ἐπιστήμην τε καὶ μελέτην· ὅτου δ' ἂν ἐλλίπῃς
τούτων, ταύτῃ ἀτελὴς ἔσει. — *Isokrates* κατὰ τῶν σοφιστῶν 13, 17 sagt, wenn
jemand ein guter Redner werden wolle, δεῖν τὸν μὲν μαθητὴν πρὸς τὸ τὴν
φύσιν ἔχειν, οἵαν χρή, τὰ μὲν εἴδη τὰ τῶν λόγων μαθεῖν, περὶ δὲ τὰς χρήσεις
αὐτῶν γυμνασθῆναι, τὸν δὲ διδάσκαλον τὰ μὲν οὕτως ἀκριβῶς οἷόν τ' εἶναι διελ-
θεῖν, ὥστε μηδὲν τῶν διδακτῶν παραλιπεῖν, περὶ δὲ τῶν λοιπῶν ... αὐτὸν παρά-
δειγμα παρασχεῖν ... καὶ τούτων μὲν ἁπάντων συμπεσόντων τελείως ἕξουσιν οἱ
φιλοσοφοῦντες· καθ' ὃ δ' ἂν ἐλλειφθῇ τι τῶν εἰρημένων, ἀνάγκη ταύτῃ χεῖρον
διακεῖσθαι τοὺς πλησιάζοντας. — *Or.* 15. 189: πρὸς τὴν τῶν λόγων παιδείαν τὸ
τῆς φύσεως ἀνυπέρβλητόν ἐστιν.

[36]) *Kritias Fr.* 4 (Lyr. Gr.[4] ed. Hiller-Crusius): ἐκ μελέτης πλείους ἢ
φύσεως ἀγαθοί. Vgl. *Epicharm Fr.* 284 (Kaibel): Ἀ δὲ μελέτα φύσιος ἀγαθᾶς
πλέονα δωρεῖται φίλοις. Zur ganzen Frage vgl. Baumeister, Verhältnis der
Tugend zur Erkenntnis der Griechen und Römer. Berliner Zeitschrift f. Gym-
nasialwesen 1880.

[37]) *Theogn.* 190 ff.: πλοῦτος ἔμειξε γένος. Οὕτω μὴ θαύμαζε γένος, Πολυ-
παΐδη, ἀστῶν Μαυροῦσθαι· σὺν γὰρ μίσγεται ἐσθλὰ κακοῖς.

[38]) *Phok. Gnom. Fr.* 2: Καὶ τόδε Φωκυλίδεω· τί πλέον γένος εὐγενὲς
εἶναι, Οἷς' οὔτ' ἐν μύθοις ἔπεται χάρις οὔτ' ἐνὶ βουλῇ.

[39]) Zu *Elektr.* 367 ff. In v. 370 bedeutet κακός nicht „lasterhaft", wie
Ludwig übersetzt, sondern „von geringem Stand"; denn darum handelt es sich,
ob auch ein Mann, wie der αὐτουργός, tugendhaft sein kann. Freilich klingt in
γενναῖος wie in κακός auch die sittliche Bedeutung noch mit an. — v. 385 τοῖς
ἤθεσιν habe ich mit „Charakter" übersetzt statt mit ‚Sitten‘, wie Ludwig. — Bei
v. 379 soll Sokrates aus Entrüstung das Theater verlassen haben (*Diogenes L.*
II. 33). — Interessant ist der Ausdruck ‚αἱ δὲ σάρκες αἱ κεναὶ φρενῶν' v. 387
im Vergleich mit der neutestamentlichen Lehre von der σάρξ: *Matth.* 26, 41:
τὸ μὲν πνεῦμα πρόθυμον, ἡ δὲ σάρξ ἀσθενής. *Ev. Joh.* 3, 6: τὸ γεγεννημένον ἐκ
τῆς σαρκός σάρξ ἐστιν, καὶ τὸ γεγεννημένον ἐκ τοῦ πνεύματος πνεῦμά ἐστιν.
Paulus an die Römer 8, 12 ff.: Ἄρα οὖν, ἀδελφοί, ὀφειλέται ἐσμέν, οὐ τῇ σαρκὶ
τοῦ κατὰ σάρκα ζῆν· εἰ γὰρ κατὰ σάρκα ζῆτε, μέλλετε ἀποθνήσκειν· εἰ δὲ πνεύ-
ματι τὰς πράξεις τοῦ σώματος θανατοῦτε, ζήσεσθε. — Zu v. 388 ff. vgl. *Xen.*
An. III. 1, 42: ἐπίστασθε γὰρ δή, ὅτι οὔτε πλῆθός ἐστιν οὔτ' ἰσχὺς ἡ ἐν τῷ πο-
λέμῳ τὰς νίκας ποιοῦσα, ἀλλ' ὁπότεροι ἂν σὺν τοῖς θεοῖς ταῖς ψυχαῖς ἐρρω-
μενέστεροι ἴωσιν ἐπὶ τοὺς πολεμίους· τούτους γὰρ ἐπὶ τὸ πολὺ οἱ ἀντίοι οὐ δέχονται.

[40]) *Schol. zu Aschines adv. Timarch.* 39 (Orat. Att. II. 15): Κριτίου γὰρ
ἑνός τῶν λ' ἀποθανόντος ἐπέστησαν τῷ μνήματι· Ὀλιγαρχίαν δᾷδα κατέχουσαν καὶ

ὑφάπτουσαν Δημοκρατίαν καὶ ἐπέγραψαν τάδε· Μνῆμα τόδ' ἐστ' ἀνδρῶν ἀγαθῶν, οἳ τὸν κατάρατον Δῆμον Ἀθηναίων ὀλίγον χρόνον ὕβριος ἔσχον.

[41]) *Alex. Fr.* 52, 9 f.: Τὸ φρόνιμον εὐγένεια καὶ τὸ συνετὸν Ὁ θεὸς δίδωσιν οὐχ ὁ πλοῦτος. Das ganze Bruchstück wird unten bei den sozialen Zuständen besprochen werden. Kap. VII. 1 A. 16. — *Fr.* 53: Οὐκ ἔστιν ἐν κακοῖσιν εὐγένεια, παρ' ἀγαθοῖσι δ' ἀνδρῶν.

[42]) *Diktys Fr.* 336: Εἰς δ' εὐγένειαν ὀλίγ' ἔχω φράσαι καλά· Ὁ μὲν γὰρ ἐσθλὸς εὐγενὴς ἔμοιγ' ἀνήρ, Ὁ δ' οὐ δίκαιος, κἂν ἀμείνονος πατρὸς Ζηνὸς πεφύκῃ, δυσγενὴς εἶναι δοκεῖ.

[43]) *Temenid. Fr.* 739: Φεῦ, φεῦ, τὸ φῦναι πατρὸς εὐγενοῦς ἄπο Ὅσην ἔχει φρόνησιν ἀξίωμά τε, Κἂν γὰρ πένης ὢν τυγχάνῃ, χρηστὸς γεγὼς Τιμὴν ἔχει τιν', ἀναμετρούμενος δέ πως Τὸ τοῦ πατρὸς γενναῖον ὠφελεῖ τρόπῳ. Das Fragment ist verderbt: in v. 2 hat Meineke für das sinnlose φρόνησιν ἀξίωμά τε konjiziert δόκησιν ἀξιώματος. Aus v. 3 ff. bringe ich nur einen Sinn heraus, wenn man bei ἀναμετρούμενος Subjektswechsel annimmt: auch der arme Mann kann es durch eigene Tüchtigkeit zu einem gewissen Ansehen bringen; der geborene Adlige (der den Adel des Vaters ‚wiederholt') stützt den angeborenen Adel durch seinen diesem entsprechenden Charakter. Ich halte daher die Änderungen Kocks (ἀναμετρούμενον ὠφελεῖ τόκους) und Weckleins (ἀλφάνει τρόπῳ) für unnötig.

[43a]) *Alkmeon Fr.* 68: Μητέρα κατέκταν' τὴν ἐμήν, βραχὺς λόγος. Ἑκὼν ἑκοῦσαν ἢ [οὐ] θέλουσαν οὐχ ἑκών; v. 2: οὐ addidit Grotius. — *Aristot. Eth. Nic.* V. 11 pg. 1136 a.

[44]) *Mel. desm. Fr.* 491: Ἴστω δ' ἄφρων ὢν ὅστις ἄτεκνος ὢν τὸ πρὶν Παῖδας θυραίους εἰς δόμους ἐκτήσατο, Τὴν μοῖραν εἰς τὸ μὴ χρεὼν παραστρέφων· Ὧι γὰρ θεοὶ διδοῦσι μὴ φῦναι τέκνα, Οὐ χρὴ μάχεσθαι πρὸς τὸ θεῖον ἀλλ' ἐᾶν. Vgl. Kap. VI. 1 A. 56. Burckhardt, Gr. K.G. II. S. 105 A. 4.

[45]) *Ino Fr.* 419: Βίᾳ νῦν ἕλκετ' ὦ κακοὶ τιμὰς βροτοί, Καὶ κτᾶσθε πλοῦτον παντόθεν θηρώμενοι Σύμμικτα μὴ δίκαια καὶ δίκαι' ὁμοῦ. Ἔπειτ' ἀμᾶσθε τῶνδε δύστηνον θέρος.

[46]) *Fr.* 918: Πρὸς ταῦθ' ὅτι χρὴ καὶ παλαμάσθων Καὶ πᾶν ἐπ' ἐμοὶ τεκταινέσθων· Τὸ γὰρ εὖ μετ' ἐμοῦ Καὶ τὸ δίκαιον ξύμμαχον ἔσται, κοὐ μήποθ' ἁλῶ κακὰ φράσσων. *Aristophanes* (*Acharner* 659 ff.) hat die Stelle mit Beziehung auf Kleon parodiert. Bergk (De com. ant. pg. 135) vermutete, die Verse seien aus dem *Telephus*. Vgl. Wecklein, Sitz.Ber. der philos.philol. und hist. Klasse der K. Bayr. Ak. d. W. 1878. II. p. 221 ff.

[47]) *Fr.* 1026: Τὰ πλεῖστα θνητοῖς τῶν κακῶν αὐθαίρετα. Vgl. α 32 ff. (Zeus spricht): Ὢ πόποι, οἷον δή νυ θεοὺς βροτοὶ αἰτιόωνται· Ἐξ ἡμέων γάρ φασι κάκ' ἔμμεναι, οἱ δὲ καὶ αὐτοὶ Σφῇσιν ἀτασθαλίῃσιν ὑπὲρ μόρον ἄλγε' ἔχουσιν.

[48]) *Fr.* 1042: Ἅπαντές ἐσμεν εἰς τὸ νουθετεῖν σοφοί, Αὐτοὶ δ' ἁμαρτάνοντες οὐ γιγνώσκομεν.

[49]) *Fr.* 1031: Τὸ μὴ εἰδέναι σε μηδὲν ὧν ἁμαρτάνεις, Ἔκκαυμα τόλμης ἱκανόν ἐστι καὶ θράσους. — *Fr.* 1032: Τὸ δ' ὠκὺ τοῦτο καὶ τὸ λαιψηρὸν φρενῶν Εἰς συμφορὰν καθῆκε πολλὰ δὴ βροτούς.

[50]) *Oinom. Fr.* 576: Ὁ πλεῖστα πράσσων πλεῖσθ' ἁμαρτάνει βροτῶν.

[51]) *Hipp. Kal. Fr.* 432: Αὐτός τι νῦν δρῶν εἶτα δαίμονας κάλει· Τῷ γὰρ πονοῦντι καὶ θεὸς συλλαμβάνει. Vgl. *El.* 80 f. und *Äschylus, Perser* 742: Ἀλλ' ὅταν σπεύδῃ τις αὐτός, χὠ θεὸς ξυνάπτεται (ξυλλήψεται?). *Aristoph. Ritter* 229:

χῷ θεὸς ξυλλήψεται. *Menander* (*Com.* IV. pg. 249): γινώσκων ὅτι τόλμῃ δικαίᾳ χαὶ θεὸς συλλαμβάνει. Nach *Claudian ep.* IV. 9: Fors juvat audentes Cei sententia vatis ginge die Formulierung des Gedankens auf Simonides von Keos zurück. *Macrob. Sat.* VI. 6 citiert als Worte des Ennius: Fortibus est fortuna viris data. — *Terenz, Phormio* I. 4, 25: Fortes fortuna adjuvat. — *Cic. Tusc.* II. 4, 11 bezeichnet das Wort als „vetus proverbium". Sprichwörtlich erscheint es auch bei *Liv.* 8, 29 und 34, 37; *Virg. Aen.* X. 284; *Seneca Ep.* 94; *Plin. Ep.* VI. 16.

⁵²) *Mel. desm. Fr.* 490: Σύν τοι θεῷ χρὴ τοὺς σοφοὺς ἀναστρέφειν Βουλεύματ' ἀεὶ πρὸς τὸ χρησιμώτερον.

⁵³) *Kresph. Fr.* 459: Κέρδη τοιαῦτα χρή τινα κτᾶσθαι βροτῶν, Ἐφ' οἷσι μέλλει μήποθ' ὕστερον στένειν.

⁵⁴) *Hipp. Kal. Fr.* 433: Ἔγωγε φημὶ χαὶ νόμον γε μὴ σέβειν Ἐν τοῖσι δεινοῖς τῶν ἀναγχαίων πλέον. Die Konjektur von Gomperz: μὴ σθένειν für σέβειν ist verkehrt: es würde sich dann nicht um ein Sollen, sondern um eine Thatsache handeln, somit οὐ stehen. Ich möchte die Worte eher der Amme zuteilen als der Phädra, wie Welcker thut (S. 738): diese will der Königin ihre Liebesleidenschaft, welche den ‚Brauch‘ (νόμος) durchbricht, als Naturnotwendigkeit (ἀναγχαῖα) hinstellen, wie sie auch im *Hipp. steph.* 439 ff. thut.

b) Das Wesen des Sittlichen. Tugendlehre.

⁵⁵) Er hat schon in der Sprache des Homerischen Epos seinen Ausdruck gefunden, insofern εἰδέναι dort sehr häufig nicht theoretisches Wissen bedeutet, sondern Lebenserfahrung, ja geradezu sittliche Gesinnung bezeichnet: α 428 f.: χεδνὰ ἰδυῖα Εὐρύχλεια. β 15 f.: Αἰγύπτιος ... ὅς ... μυρία ᾔδη. β 188: πολλὰ ... εἰδώς. β 231: βασιλεὺς ... φρεσὶν αἴσιμα εἰδώς. η 157 ff.: Ἐχένηος ... παλαιά τε πολλὰ τε εἰδώς. ι 281: εἰδότα πολλά. Vgl. auch γ 20: ψεῦδος δ' οὐχ ἀρέει· μάλα γὰρ πεπνυμένος ἐστίν. ι 189: ἀθεμίστια ᾔδη.

⁵⁶ᵃ) *Alex. Fr.* 61: Μισῶ σοφὸν [ὄντ' ἐν] λόγοισιν, ἐς δ' ὄνησιν οὐ [σοφόν]. Vgl. *Pacuvius* bei *Gell.* XIII. 8, 4: Ego odi homines, ignava opera et philosopha sententia. — *Fr.* 905: Μισῶ σοφιστήν, ὅστις οὐχ αὐτῷ σοφός. Vgl. *Ennius Fr.* 50 (Ribbeck): Quipse sibi prodesse non quit, sapiens nequiquam sapit.

⁵⁶) Über ἀμαθία und ἀξυνεσία vgl. Wilamowitz, Herakles² II. S. 79 f. und S. 256; s. o. Kap. III. 2 A. 96.

⁵⁷) *Heraklit Fr.* 61 (Byw.): *Schol.* B zu Δ 4 pg. 120 Bekk.: ἀπρεπές φασιν, εἰ τέρπει τοὺς θεοὺς πολέμων θέα. ἀλλ' οὐχ ἀπρεπές· τὰ γὰρ γενναῖα ἔργα τέρπει. ἄλλως τε πόλεμοι χαὶ μάχαι ἡμῖν μὲν δεινὰ δοκεῖ, τῷ δὲ θεῷ οὐδὲ ταῦτα δεινά. συντελεῖ γὰρ ἅπαντα ὁ θεὸς πρὸς ἁρμονίαν τῶν ὅλων, οἰκονομῶν τὰ συμφέροντα, ὅπερ χαὶ Ἡράχλειτος λέγει, ὡς τῷ μὲν θεῷ χαλὰ πάντα χαὶ ἀγαθὰ χαὶ δίχαια, ἄνθρωποι δὲ ἃ μὲν ἄδιχα ὑπειλήφασιν, ἃ δὲ δίχαια. — *Fr.* 57: ἀγαθὸν χαὶ χαχὸν ταὐτόν.

⁵⁸) *Thyest. Fr.* 393: Γνώμης γὰρ οὐδὲν ἀρετὴ μονουμένη. *Fr.* 1029: Οὐχ ἔστιν ἀρετῆς χτῆμα τιμιώτερον· Οὐ γὰρ πέφυχε δοῦλον οὔτε χρημάτων Οὔτ' εὐγενείας οὔτε θωπείας ὄχλου. Ἀρετὴ δ' ὅσφπερ μᾶλλον ἂν χρῆσθαι θέλῃς, Τοσῷδε μείζων αὔξεται τελουμένη. S. A. 74.

⁵⁹) *Fr.* 1030: Ἀρετή, μέγιστον τῶν ἐν ἀνθρώποις χαλόν. Meineke konjiziert χαλῶν.

⁶⁰) Reinheit des Gewissens: γνώμη δικαία χἀγαθή. Vgl. v. 317: auch

schon ein böser Gedanke befleckt das Herz: χεῖρες μὲν ἀγναί, φρὴν δ' ἔχει μίασμά τι.

⁵¹) *Hek.* 844: τῇ δίκῃ ὑπηρετεῖν. Dadurch modifiziert sich, was Burckhardt (Griechische Kulturgeschichte II. S. 347) über die Rache bei Euripides sagt. *Fr.* 1092: Ἐχϑροὺς κακῶς δρᾶν ἀνδρὸς ἡγοῦμαι μέρος. *Heraklid.* 881 f.; *Bacch.* 877 ff. Vgl. zu dem angeführten Grundsatz der populären Moral: *Archilochus Fr.* 61: ἕν δ' ἐπίσταμαι μέγα, Τὸν κακῶς [με] δρῶντα δέννοις' ἀνταμείβεσϑαι κακοῖς. *Solon* (*Fr.* 12, 5 f.) will Εἶναι δὲ γλυκὺν ᾧδε φίλοισ', ἐχϑροῖσι δὲ πικρόν, Τοῖσι μὲν αἰδοῖον, τοῖσι δὲ δεινὸν ἰδεῖν. *Theogn.* 871 f.: ἐγὼ τοῖσιν μὲν ἐπαρκέσω, οἵ με φιλεῦσιν, Τοῖς δ' ἐχϑροῖς ἀνίη καὶ μέγα πῆμ' ἔσομαι. Ähnlich 337 ff. *Pindar, Pyth.* II. 151 f.: φίλον εἴη φιλεῖν. Ποτὶ δ' ἐχϑρὸν ἅτ' ἐχϑρὸς ἐὼν λύκοιο δίκαν ὑποϑεύσομαι ἀλλ' ἄλλοτε πατέων ὁδοῖς σκολιαῖς. Nur der Platonische Sokrates erhebt sich zu der Anschauung, dass Unrechtthun überhaupt, also auch dem Feind gegenüber, unzulässig sei (nicht der Xenophontische: *Mem.* II. 6, 35: ἀνδρὸς ἀρετὴν εἶναι νικᾶν τοὺς μὲν φίλους εὖ ποιοῦντα, τοὺς δ' ἐχϑροὺς κακῶς). *Plato, Kriton* 10 pg. 49 B C: οὐδαμῶς ἄρα δεῖ ἀδικεῖν ... οὔτε ἄρα ἀνταδικεῖν δεῖ οὔτε κακῶς ποιεῖν οὐδένα ἀνϑρώπων, οὐδ' ἂν ὁτιοῦν πάσχῃ ὑπ' αὐτῶν. *Gorgias* 24 pg. 469 C: εἰ δ' ἀναγκαῖον εἴη ἀδικεῖν ἢ ἀδικεῖσϑαι, ἑλοίμην ἂν μᾶλλον ἀδικεῖσϑαι ἢ ἀδικεῖν. *Politeia* I. 8 pg. 334 f. wird ebenfalls der Satz widerlegt, dass die δικαιοσύνη bestehe im ὠφελεῖν μὲν τοὺς φίλους, βλάπτειν δὲ τοὺς ἐχϑρούς und das Ergebnis ist (c. 9 pg. 335 E): εἰ ἄρα τὰ ὀφειλόμενα ἑκάστῳ ἀποδιδόναι φησί τις δίκαιον εἶναι, τοῦτο δὲ δὴ νοεῖ αὐτῷ, τοῖς μὲν ἐχϑροῖς βλάβην ὀφείλεσϑαι παρὰ τοῦ δικαίου ἀνδρός, τοῖς δὲ φίλοις ὠφέλειαν, οὐκ ἦν σοφὸς ὁ ταῦτα εἰπών· οὐ γὰρ ἀληϑῆ ἔλεγεν· οὐδαμοῦ γὰρ δίκαιον οὐδένα ἡμῖν ἐφάνη ὃν βλάπτειν. — Dem Alcäus schreibt *Diog.* L. I. 4, 3 das Wort zu: συγγνώμη τιμωρίας κρείσσων.

⁵¹ᵃ) *Mel. soph. Fr.* 486: Δικαιοσύνας τὸ χρύσεον πρόσωπον· Οὐϑ' ἕσπερος οὐϑ' ἑῷος οὕτω ϑαυμαστός. *Schol.* cod. Par. 1854 von Osann in Wolfs Anal. II. pg. 538 herausgegeben. — *Ath.* XII. 65 pg. 546 B. — *Aristot. Eth. Nic.* V. 2 pg. 1129 b 28: κρατίστη τῶν ἀρετῶν εἶναι δοκεῖ ἡ δικαιοσύνη καὶ οὐϑ' ἕσπρος οὐϑ' ἑῷος οὕτω ϑαυμαστός. Rose und Bywater im Hermes V. pg. 79 und 356. Meineke, Exerc. phil. in Ath. II. pg. 25 und Ausgabe des Athen. IV. pg. 250.

⁵¹ᵇ) Vgl. *Fr.* 954 oben A. 10. *Philo Jud. Quaest. in Gen.* vol. 7 pg. 188 ed. Richter vergleicht dazu *Epicharm Fr.* 299 (Kaibel): Quicunque minus delinquit, optimus est vir; nemo enim est innocens, nemo reprehensionis expers. Vgl. auch *Hor. Sat.* I. 3, 69 f.

⁵¹ᶜ) *Polyid. Fr.* 634: Ὅστις νέμει κάλλιστα τὴν αὑτοῦ φύσιν, Οὗτος σοφός πέφυκε πρὸς τὸ συμφέρον. Welcker S. 770 s. A. 101.

⁵²) *Kresph. Fr.* 452: Ἐκεῖνο γὰρ πέπονϑ', ὅπερ πάντες βροτοί· Φιλῶν μάλιστ' ἐμαυτὸν οὐκ αἰσχύνομαι. Vgl. *Soph. Od. Kol.* 309: τίς γάρ ἐσϑ', ὃς οὐχ αὑτῷ φίλος: *Menand. mon.* 407: Οὐκ ἔστιν οὐδείς, ὅστις οὐχ αὑτῷ φίλος. *Ter. Andria* II. 5, 15: Verum illud verbum est volgo quod dici solet, Omnes sibi malle melius esse quam alteri. — *Eurip. Antiop. Fr.* 183: Λαμπρὸς ϑ' ἕκαστος κἀπὶ τοῦτ' ἐπείγεται Νέμων τὸ πλεῖστον ἡμέρας τούτῳ μέρος, Ἵν' αὐτὸς αὑτοῦ τυγχάνῃ κράτιστος ὤν.

⁵³) Die *Scholiasten* citieren zu dieser Stelle das obige Bruchstück des *Kresphontes;* weiter: ὁ δὲ νοῦς· πᾶς ἑαυτὸν τοῦ πέλας μᾶλλον φιλεῖ. Zu 87: αἰσχροκερδίας. - Vgl. auch Blass, De *Antiphonte* Jamblichi auctore (Kiel 1889), *Fr.* E und F.

⁶⁴) *Antiope Fr.* 187: Ἀνὴρ γὰρ ὅστις εὖ βίον κεκτημένος Τὰ μὲν κατ' οἴκους ἀμελίᾳ παρεὶς ἐᾷ, Μολπαῖσι δ' ἡσθεὶς τοῦτ' ἀεὶ θηρεύεται, Ἀργὸς μὲν οἴκοις καὶ πόλει γενήσεται, Φίλοισι δ' οὐδείς· ἡ φύσις γὰρ οἴχεται, Ὅταν γλυκείας ἡδονῆς ἥσσων τις ᾖ. Vgl. auch A. 4 und *Kyklops* 311 f.

⁶⁵) *Oineus Fr.* 566: Ὡς οὐδὲν ἀνδρὶ πιστὸν ἄλλο πλὴν τέκνων· Κέρδους δ' ἕκατι καὶ τὸ συγγενὲς νοσεῖ. — *Fr.* 564: Ὅταν κακοὶ πράξωσιν, ὦ ξένοι, καλῶς, Ἄγαν κρατοῦντες κοὐ νομίζοντες δίκην Δώσειν ἔδρασαν πάντ' ἐφέντες ἡδονῇ.

⁶⁶) *Heraklid.* 547 ff.; 559; 597 ff. — *Fr.* 852: Ὅστις δὲ τοὺς τεκόντας ἐν βίῳ σέβει, Ὅδ' ἐστὶ καὶ ζῶν καὶ θανὼν θεοῖς φίλος· Ὅστις δὲ τοὺς φύσαντας μὴ τιμᾶν θέλῃ, Μή μοι γένοιτο μήτε συνθύτης τοῖς θεοῖς Μήτ' ἐν θαλάσσῃ κοινόπλουν στέλλῃ σκάφος. — *Fr.* 853: Τρεῖς εἰσιν ἀρεταί, τὰς χρεών σ' ἀσκεῖν τέκνον, Θεούς τε τιμᾶν τούς τε φύσαντας γονῆς Νόμους τε κοινοὺς Ἑλλάδος· καὶ ταῦτα δρῶν Κάλλιστον ἕξεις στέφανον εὐκλείας ἀεί. — *Fr.* 854: Τὸ μὲν σφαγῆναι δεινόν, εὔκλειαν δ' ἔχει· Τὸ μὴ θανεῖν δὲ δειλόν, ἡδονὴ δ' ἔνι. — Das erste und zweite dieser Bruchstücke stammt nach *Stob.* *flor.* 79, 2 und 1, 8 aus den *Herakliden*, das dritte soll Ἡρακλεῖ gestanden haben (7, 9), wobei nach Naucks Vermutung die Endung (δαις) abgefallen ist. — Die Figur der Makaria ist wahrscheinlich (trotz *Paus.* I. 32, 6) wie auch Menoikeus in den *Phönissen* und die Tochter des *Erechtheus* eine Erfindung des Euripides. Wilamowitz, De Euripidis Heraclidis. Index schol. Greifswalde 1882 pg. 7 ss. — Derselbe im Hermes XVII. pg. 337 ff. Zur Dreiheit der Gebote in *Fr.* 853 vgl. Dieterich, Nekyia S. 168. Dümmler, Proleg. zu Platons Staat S. 53.

⁶⁷) *Beller. Fr.* 311: Ἦσθ' εἰς θεοὺς μὲν εὐσεβής, ὅτ' ἦσθ', ἀεὶ Ξένοις τ' ἐπήρκεις οὐδ' ἔκαμνες εἰς φίλους. Überhaupt hält Euripides die Pflicht der Gastfreundschaft sehr hoch (*Alc.* 855 ff.; 1147) und verurteilt scharf ihre Verletzung (*Hec.* 715; 774).

⁶⁸) Dieterich, Nekyia S. 163 ff. und 71. *Xen.* *Mem.* IV. 4, 19: νόμοι ἄγραφοι. *Soph.* *Ant.* 454: κηρύγματα ἄγραπτα. Dazu vgl. *Aristot.* *Rhet.* I. 13 pg. 1873 b. R. Hirzel, Ἄγραφος νόμος in den Abhandl. der philol.hist. Klasse d. K. Sächs. Gesellsch. d. W. XX. Nr. 1. Leipzig 1900, besprochen von O. Immisch in der Deutsch. Litt.Z. 1900 S. 2014 ff.

⁶⁹) Hochschätzung edler Abstammung im *Archelaos* betont: Kap. I. A. 39: *Arch. Fr.* 231; 232; 242; 244; 250. Welcker S. 705. — Eigene Anstrengung: *Fr.* 236: Σὺν μυρίοισι τὰ καλὰ γίγνεται πόνοις. Welcker S. 707. — *Fr.* 237: Νεανίαν γὰρ ἄνδρα χρὴ τολμᾶν ἀεί· Οὐδεὶς γὰρ ὢν ῥᾴθυμος εὐκλεὴς ἀνήρ, ἀλλ' οἱ πόνοι τίκτουσι τὴν εὐδοξίαν. — Vgl. *Iph. T.* 114 f. — *Fr.* 238: Οὐκ ἔστιν ὅστις ἡδέως ζητῶν βιοῦν Εὔκλειαν εἰσεκτήσατ', ἀλλὰ χρὴ πονεῖν. — *Fr.* 239: Ὁ δ' ἡδὺς αἰὼν ἡ κακή τ' ἀνανδρία Οὔτ' οἶκον οὔτε πόλιν ἀνορθώσειεν ἄν. — *Fr.* 240: Ἐμὲ δ' ἄρ' οὐ μοχθεῖν δίκαιον; τίς δ' ἄμοχθος εὐκλεής; Τίς τῶν μεγίστων δειλὸς ὢν ὠρέξατο; Welcker S. 703 f. — Wilamowitz hält *Fr.* 238 für Verse eines Interpolators (De tragicor. Graec. fr. pg. 28). — Vgl. auch *Temenos Fr.* 745. das Wecklein an *Fr.* 230 des *Archelaos* angliedern will (A. 85), was aber nicht passt.

⁷⁰) *Alex. Fr.* 58: Οἴμοι, θανοῦμαι διὰ τὸ χρήσιμον φρενῶν, Ἡ τοῖσιν ἄλλοις γίγνεται σωτηρία. Danach scheinen die *Troad.* 742 f. interpolierten Verse gemacht zu sein: Ἡ τοῦ πατρὸς δέ σ' εὐγένει' ἀπώλεσεν. Ἡ τοῖσιν ἄλλοις γίγνεται σωτηρία. Zur Konstruktion vgl. Klotz zu *Medea* 14. Welcker S. 471.

⁷¹) *Kreterinnen Fr.* 461: Οὐκ ἂν δύναιο μὴ καμὼν εὐδαιμονεῖν, Αἰσχρόν τε μοχθεῖν μὴ θέλειν νεανίαν. — *Teleph. Fr.* 701: Μοχθεῖν ἀνάγκη τοὺς θέλοντας εὐτυχεῖν.

[72]) *Likymn. Fr.* 474: Πόνος γὰρ, ὡς λέγουσιν, εὐκλείας πατήρ. „Arbeit und Kampf": beides bedeutet πόνος in der Sprache des Euripides. In der Ilias ist πόνος Kampf, bei Hesiod Arbeit.

[73]) *Oineus Fr.* 560: Ἀλλ' ἄλλος ἄλλοις μᾶλλον ἥδεται τρόποις. Welcker S. 585.

[74]) *Ödip. Fr.* 542: Οὗτοι νόμισμα λευκὸς ἄργυρος μόνον Καὶ χρυσός ἐστιν, ἀλλὰ κἀρετὴ βροτοῖς Νόμισμα κεῖται πᾶσιν, ᾗ χρῆσθαι χρεών. Gomperz will damit die beiden letzten Verse des *Fr.* 1029 (A. 58) verbinden, wie mir scheint, ohne Grund: schon in formaler Hinsicht wäre das zweimal so rasch aufeinanderfolgende χρῆσθαι (542, 2; 1029, 4) unschön. Ferner ist der Gedanke beider Bruchstücke ganz verschieden: *Fr.* 1029 sagt: „je mehr man die ἀρετή übt, desto mehr vervollkommnet sie sich'; *Fr.* 542: die ἀρετή ist etwas Praktisches, nicht etwa eine blosse Theorie, und kann sich daher auch nur in der Praxis bewähren: wie das Geld an sich keinen Nutzen bringt, ohne dass man es anwendet, so ist auch die beste Tugendlehre nichts wert, wenn sie nicht im Leben geübt wird.

[74a]) *Äolus Fr.* 29: Σιγᾶν φρονοῦντα κρεῖσσον' εἰς ὁμιλίαν Πεσόντα· τούτῳ δ' ἀνδρὶ μήτ' εἴην φίλος Μήτε ξυνείην. ὅστις αὐτάρκη φρονεῖν Πέποιθε δούλους τοὺς φίλους ἡγούμενος· Welcker S. 866.

[75]) Wilamowitz, Herakles[2] I. S. 128. Simonides nannte Sparta wegen seiner Bändigung der Individualität δαμασίμβροτος. *Plut. Ages.* 1. Burckhardt, Griech. K.G. I. S. 110.

[76]) *Alkmäon Fr.* 76, 2: φρονεῖν δὲ θνητόν ὄντ' οὐ χρὴ μέγα.

[77]) *Ino Fr.* 418: Γίγνωσκε τἀνθρώπεια μηδ' ὑπερμέτρως Ἄλγει· κακοῖς γὰρ οὐ σὺ πρόσκεισαι μόνη. — Vgl. *Pindar Ol.* V. 55 f.: ὑγίεντα δ' εἴ τις ὄλβον ἄρδει, Ἐξαρκέων κτεάτεσσι καὶ εὐλογίαν προστιθείς, μὴ ματεύσῃ θεὸς γενέσθαι. — *Pyth.* III. 109 f.: Μή, φίλα ψυχά, βίον ἀθάνατον Σπεῦδε. — *Isthm.* IV. 17 ff.: Μὴ μάτευε Ζεὺς γενέσθαι· πάντ' ἔχεις, εἴ σε τούτων μοῖρ' ἐφίκοιτο καλῶν. Θνατὰ θνατοῖσι πρέπει. — *Fr.* 33 (*Paianes* 10): Τί δ' ἔλπεαι σοφίαν ἔμμεναι, ἃ τ' ὀλίγον Ἀνὴρ ὑπὲρ ἀνδρὸς ἰσχύει; Οὐ γὰρ ἔσθ' ὅπως τὰ θεῶν βουλεύματ' ἐρευνάσει Βροτέᾳ φρενί· θνατᾶς ἀπὸ ματρὸς ἔφυ. — *Theogn.* 133 f.: Οὐδείς, Κύρν', ἄτης καὶ κέρδεος αἴτιος αὐτός, Ἀλλὰ θεοὶ τούτων δώτορες ἀμφοτέρων. 165 f.: Οὐδεὶς ἀνθρώπων οὔτ' ὄλβιος οὔτε πενιχρὸς Οὔτε κακὸς νόσφιν δαίμονος οὔτ' ἀγαθός. 171 f.: Θεοῖς εὔχευ, θεοῖς ἐστιν ἐπὶ κράτος· οὗτοι ἄτερ θεῶν Γίνεται ἀνθρώποις οὔτ' ἀγάθ' οὔτε κακά. Dies klingt an γ 48 πάντες δὲ θεῶν χατέουσ' ἄνθρωποι an. — *Epicharm Fr.* 263 (Kaibel): Θνατὰ χρή τὸν θνατόν, οὐκ ἀθάνατα τὸν θνατὸν φρονεῖν. — *Simonides Fr.* 3. 16: ἀνάγκᾳ δ' οὐδὲ θεοὶ μάχονται. *Fr.* 44: Οὔτις ἄνευ θεῶν Ἀρετὰν λάβεν, οὐ πόλις, οὐ βροτός. Θεός ὁ πάμμητις· ἀπήμαντον δὲ οὐδέν ἐστιν ἐν (ἀνθρώποις). — *Bacchylides Fr.* 28: Θνατοῖσι δ' οὐκ αὐθαίρετοι Οὔτ' ὄλβος οὔτ' ἄκαμπτος Ἄρης οὔτε πάμφθερσις στάσις, Ἀλλ' ἐπιχρίμπτει νέφος ἄλλοτ' ἐπ' ἄλλαν Γαῖαν ἁ πάνδωρος αἶσα. — *Aschylus, Prom.* 61 f.: Καὶ τήνδε νῦν πόρπασον ἀσφαλῶς, ἵνα Μάθῃ σοφιστής ὢν Διὸς νωθέστερος. 1011 ff.: Ἀτὰρ σφοδρύνει γ' ἀσθενεῖ σοφίσματι. Αὐθαδία γὰρ τῷ φρονοῦντι μὴ καλῶς Αὐτή καθ' αὑτὴν οὐδενὸς μεῖον σθένει. — *Sophokl. Kolchides Fr.* 321: Καλὸν φρονεῖν τὸν θνητὸν ἀνθρώποις ἴσα. — *Polyxena Fr.* 481, 6 f.: Πῶς δῆτ' ἔγωγ' ἂν θνητὸς ἐκ θνητῆς τε φὺς Διὸς γενοίμην εὖ φρονεῖν σοφώτερος; — *Tereus Fr.* 531: Θνητὰ

φρονεῖν χρή θνητὴν φύσιν, Τοῦτο κατειδότας ὡς οὐκ ἔστιν Πλὴν Διὸς οὐδεὶς τῶν μελλόντων Ταμίας ὅτι χρὴ τετελέσθαι. Burckhardt, Gr. K.G. II. S. 105. — Vgl. S. 429 A. 77.

[78]) *Eur. Fr.* 1075: Θνητὸς γὰρ ὢν καὶ θνητὰ πείσεσθαι δόκει· ("Η) θεοῦ βίον ζῆν ἀξιοῖς ἄνθρωπος ὤν. Vgl. *Pindar* mehrfach A. 77.

[79]) *Fr.* 1077: Πέπονθας οἷα χἄτεροι πολλοὶ βροτῶν· Τὰς γὰρ παρούσας οὐχὶ σφζοντες τύχας 'Ωλοντ' ἐρῶντες μειζόνων ἀβουλίᾳ.

[80]) S. Kap. III. 1 die Besprechung der *Bacchen.*

[81]) *Fr.* 1076: Πάντων ἄριστον μὴ βιάζεσθαι θεούς, Στέργειν δὲ μοῖραν· τῶν ἀμηχάνων δ' ἔρως Πολλοὺς ἔθηκε τοῦ παρόντος ἀμπλακεῖν.

[82]) *Phön.* 916: "Απερ πέφυκε, ταῦτα κἀνάγκη σε δρᾶν, so ist überliefert. Mag man nun so interpungieren oder, wie G. Hermann that, ἅπερ πέφυκε, ταῦτα· und diese Worte allein als Antwort auf die Frage des Kreon fassen, in beiden Fällen müsste πέφυκε die Bedeutung haben: ‚es ist vom Schicksal bestimmt‘. wie εἵμαρται. Das ist nun allerdings hart, aber, wie ich glaube, nicht unmöglich; πέπηγε (Valckenaer) macht nichts besser; am meisten, auch in paläographischer Hinsicht, hat noch die Konjektur von Herwerden für sich: ἅπερ πέφυκ' ἄψυχα. Noch weitere bei Wecklein, Krit. Anhang S. 159. Dessen eigene Schreibung πέφηνε und σ' ὁρᾶν statt σε δρᾶν ist geradezu gewaltsam und der Sinn: „was ans Licht gekommen ist, musst du auch sehen", sehr gezwungen. — v. 924 ist überliefert: Τί προςπίτνεις με; δυςφύλακτ' αἰτῇ κακά. Dies ist ganz unmöglich. Hier ist die leichte Änderung W900's in αἰνεῖ vortrefflich und besser als alles sonst Vorgeschlagene (Krit. Anhang S. 160). Wecklein verweist für den Ausdruck auf *Alcestis* 2: θῆσσαν αἰνέσαι τράπεζαν. Dem Sinne nach gehört auch das στέργειν μοῖραν (*Fr.* 1076) hieher.

[83]) *Soph. Tereus Fr.* 526: 'Αλγεινά, Πρόκνη, δῆλον· ἀλλ' ὅμως χρεὼν Τὰ θεῖα θνητοὺς ὄντας εὐπετῶς φέρειν.

[84]) *Eur. Teleph. Fr.* 702: Τόλμα σύ, κἄν τι τραχὺ νείμωσιν θεοί. Vgl. auch *Herakliden* 615 ff.

[85]) *Temenos Fr.* 745: Τολμᾶν δὲ χρεών· ὁ γὰρ ἐν καιρῷ Μόχθος πολλὴν εὐδαιμονίαν Τίκτει θνητοῖσι τελευτῶν. S. A. 69.

[86]) *Teleph. Fr.* 716: Σὺ δ' εἶχ' ἀνάγκη καὶ θεοῖσι μὴ μάχου· Τόλμα δὲ προςβλέπειν με καὶ φρονήματος Χάλα. Τά τοι μέγιστα πολλάκις θεὸς Ταπείν' ἔθηκε καὶ συνέστειλεν πάλιν.

[87]) *Fr.* 965: "Οστις δ' ἀνάγκῃ συγκεχώρηκεν βροτῶν, Σοφὸς παρ' ἡμῖν καὶ τὰ θεῖ' ἐπίσταται.

[88]) *Fr.* 1078: 'Ανδρῶν τάδ' ἐστι ἐνδίκων τε καὶ σοφῶν, Κἂν τοῖς κακοῖσι μὴ τεθυμῶσθαι θεοῖς.

[89]) *Oineus Fr.* 563: Σχολή, μὲν οὐχί, τῷ δὲ δυστυχοῦντί πως Τερπνόν το λέξαι κἀποκλαύσασθαι πάλιν. Das letzte Wort, πάλιν, ist unerträglich: κακὰ Pappageorgios, τύχην F. G. Schmidt. — *Oinom. Fr.* 573: 'Αλλ' ἔστι γὰρ δὴ κἄν κακοῖσιν ἡδονή Θνητοῖς ὀδυρμοὶ δακρύων τ' ἐπιρροαί· 'Αλγηδόνας δὲ ταῦτα κουφίζει φρενῶν καὶ καρδίας ἔλυσε τοὺς ἄγαν πόνους.

[90]) *Oinom. Fr.* 572: "Εν ἐστι πάντων πρῶτον εἰδέναι τουτί, Φέρειν τὰ συμπίπτοντα μὴ παλιγκότως· Χοῦτος γ' ἀνὴρ ἄριστος αἵτε συμφοραὶ ῾Ησσον δάκνουσιν. ἀλλὰ ταῦτα γὰρ λέγειν Ἐπιστάμεσθα, δρᾶν δ' ἀμηχάνως ἔχει. — Vgl. auch *Hek.* 375 ff. und *Alex. Fr.* 43: Παλαιὰ καινοῖς δακρύοις οὐ χρὴ στένειν. *Fr.* 44: Λ. Οἶδ' ἀλλὰ κάμπτειν τῷ χρόνῳ λύπας χρεών. Β. Χρῆν· τοῦτο δ' εἰπεῖν ῥᾷον ἢ φέρειν κακά.

⁹¹) Vgl. Wilamowitz z. St. Herakles² II. S. 249; *Med.* 1018. *Ant. Fr.* 175: "Όστις δὲ πρὸς τὸ πῖπτον εὐλόφως φέρει Τὸν δαίμον', οὗτος ἧσσόν ἐστιν ἄθλιος. ⁹²) *Mel. desm. Fr.* 491, 5: Οὐ χρὴ μάχεσθαι πρὸς τὸ θεῖον, ἀλλ' ἐᾶν. ⁹³) S. Kap. V. 1 A. 5. ⁹⁴) *Soph. Fr.* 809: Kap. III. 3 A. 39. *Fr.* 861: Στέργειν δὲ τἀκπεσόντα καὶ θέσθαι πρέπει Σοφὸν κυβευτήν, ἀλλὰ μὴ στένειν τύχην. Vgl. R. W. Emerson, Essays, deutsch von K. Federn, III. S. 46 „Ausgleichungen". — *Schiller, Braut von Messina* IV. 4. — Girard, Revue des deux mondes 133. 1896 pg. 769. ⁹⁵) *Fr.* 959: ἐγὼ δ' Οὐδὲν πρεσβύτερον νομίζω τᾶς σωφροσύνας, ἐπεὶ Τοῖς ἀγαθοῖς ἀεὶ ξύνεστιν. Vgl. *Heraklit Fr.* 107: σωφρονεῖν ἀρετὴ μεγίστη. ⁹⁶) *Fr.* 893: Ἀρκεῖ μετρία βιοτά μοι σώφρονος τραπέζης, τὸ δ' ἄκαιρον ἄπαν ὑπερβάλλον τε μὴ προσείμαν. — *Fr.* 892: Ἐπεὶ τί δεῖ βροτοῖσι πλὴν δυοῖν μόνον, Δήμητρος ἀκτῆς πώματος θ' ὑδρηχόου, Ἅπερ πάρεστι καὶ πέφυχ' ἡμᾶς; Ὧν οὐκ ἀπαρκεῖ πλησμονή· τρυφῇ δέ τοι Ἄλλων ἐδεστῶν μηχανὰς θηρεύομεν. *Gell. N. A.* VI. 16, 7: Indagines cuppediarum majore detestatione dignas censebimus, si versus Euripidi recordemur, quibus saepissime Chrysippus philosophus [usus est]. ⁹⁷) Vgl. Kühlewein, Die chirurgischen Schriften des Hippokrates. Programm der K. Klosterschule zu Ilfeld 1898 S. 20; περὶ ἀρχαίης ἰατρικῆς cap. 10 und 11; *Xen. Kyr.* VIII. 8, 9. ⁹⁸) *Fr.* 915: Νικᾷ δὲ χρεία μ' ἡ κακῶς ὀλουμένη Γαστήρ, ἀφ' ἧς δὴ πάντα γίγνεται κακά. Schon *Clemens Al. Strom.* VI. pg. 743 verweist hier auf Homer. ⁹⁸ᵃ) S. *El.* 375 f. S. 182. ⁹⁹) *Fr.* 1043: Οὐδεὶς ἔπαινον ἡδοναῖς ἐκτήσατο. ¹⁰⁰) *Fr.* 1005: Ἐγὼ δ' ἐμός εἰμι. *Priscian, Inst.* 17, 110 Vol. II. pg. 166, 20: „In una autem eademque persona possessor simul et possessio intransitive intellegi non potest, nisi figurate dicat aliquis, meus ego sum et servus et dominus et similia. *Persius* ‚vindicta postquam meus a praetore recessi' et *Euripides* ἐγὼ δ' ἐμός. Vgl. *Inst.* 17, 198 Vol. II. pg. 205, 3. Ein Vers des Komikers *Apollodor*, den *Donatus* zu *Terenz, Phormio* IV. 1, 21 citiert, lautet ähnlich: ἐγὼ γάρ εἰμι τῶν ἐμῶν ἐμός μόνος. ¹⁰¹) *Polyidos Fr.* 634: vgl. A. 61c. Der Ausdruck νέμειν schillert zwischen den Bedeutungen ‚benützen' und ‚beherrschen'. ¹⁰²) *Äolus Fr.* 31: Ὀργῇ γὰρ ὅστις εὐθέως χαρίζεται, Κακῶς τελευτᾷ· πλεῖστα γὰρ σφάλλει βροτούς. *Archelaos Fr.* 257: Πολλοὺς δ' ὁ θυμὸς ὁ μέγας ὤλεσεν βροτῶν Ἤ τ' ἀξυνεσία, δύο κακὼ τοῖς χρωμένοις. S. auch A. 7. Vgl. *Theognis* 631 f.: Ὧιτινι μὴ θυμοῦ κρέσσων νόος, αἰὲν ἐν ἄταις, Κύρν', [ὅγε] καὶ μεγάλαις κεῖται ἐν ἀμπλακίαις. — *Epicharm Fr.* 281: Μὴ ἐπὶ μικροῖς αὐτός αὐτὸς ὀξύθυμον δείκνυε. *Fr.* 282: Ἐπιπολάζειν οὔτι χρὴ τὸν θυμὸν ἀλλὰ τὸν νόον. *Fr.* 283: Οὐδὲ εἰς οὐδὲν μετ' ὀργᾶς κατὰ τρόπον βουλεύεται. ¹⁰³) *Hyps. Fr.* 760: Ἔξω γὰρ ὀργῆς πᾶς ἀνὴρ σοφώτερος. Vgl. *Bacch.* 1348; *Hipp.* 120. Vgl. *Heraklit Fr.* 105: θυμῷ μάχεσθαι χαλεπόν und *Demokrit Fr.* 77: S. 474 A. 7. ¹⁰⁴) *Philokt. Fr.* 799: Ὥσπερ δὲ θνητὸν καὶ τὸ σῶμ' ἡμῶν ἔφυ, Οὕτω προσήκει μηδὲ τὴν ὀργὴν ἔχειν Ἀθάνατον ὅστις σωφρονεῖν ἐπίσταται. ¹⁰⁴ᵃ) *Ino Fr.* 403: Τίς ἄρα μήτηρ ἢ πατὴρ κακὸν μέγα Βροτοῖς ἔφυσε τὸν δυσώνυμον φθόνον; Ποῦ καί ποτ' οἰκεῖ σώματος λαχὼν μέρος; Ἐν χερσὶν ἢ σπλάγχνοισι ἢ κατ' ὄμματα; Ἐσθ' ἡμῖν ὡς ἦν μόχθος ἰατροῖς μέγας Τομαῖς ἀφαιρεῖν ἢ ποτοῦσι φαρμάκοις Πασῶν μεγίστην τῶν ἐν ἀνθρώποις νόσων. In v. 5 lese ich

mit Herwerden und Wecklein (Sitz.Ber. d. K. B. Ak. d. W. 1888 II. S. 372 f.) εἰϑ'
ἥσμεν. Auf die Thätigkeit der Ärzte kommt Euripides öfter zu sprechen. Er muss
sich dafür interessiert haben: *Fr.* 917 s. Kap. V. 1 A. 50 und III. 2 A. 37. *Fr.* 1072:
Μέλλων τ' ἰατρὸς τῇ νόσῳ διδοὺς χρόνον Ἰάσατ' ἤδη μᾶλλον ἢ τεμὼν χρόα. —
Bell. Fr. 292: Πρὸς τὴν νόσον τοι καὶ τὸν ἰατρὸν χρεὼν Ἰδόντ' ἀκεῖσϑαι, μὴ
ἐπιτὰξ τὰ φάρμακα Διδόντ', ἐὰν μὴ ταῦτα τῇ νόσῳ πρέπῃ. Νόσοι δὲ ϑνητῶν αἱ
μέν εἰσ' αὐϑαίρετοι, Αἱ δ' ἐκ ϑεῶν πάρεισιν, ἀλλὰ τῷ νόμῳ Ἰώμεϑ' αὐτάς. v. 5
vermutet Gomperz ἀλλ' ἁπλῷ statt ἀλλὰ τῷ, wodurch die Polemik gegen eine
schablonenhafte Anwendung der Medizin noch deutlicher erscheint.

[105]) *Temenos Fr.* 746: Αἰδὼς γὰρ ὀργῆς πλεῖον ὠφελεῖ βροτούς.

[106]) *Mel. desm. Fr.* 505: Τὰ προςπεσόντα δ' ὅστις εὖ φέρει βροτῶν, Ἄριστος
εἶναι σωφρονεῖν τ' ἐμοὶ δοκεῖ. Vgl. *Med.* 884 ff.

[107]) *Fr.* 1079: Οὐκ ἔστι λύπης ἄλλο φάρμακον βροτοῖς Ὡς ἀνδρὸς ἐσθλοῦ
καὶ φίλου παραίνεσις· Ὅστις δὲ ταύτῃ τῇ νόσῳ ξυνὼν ἀνὴρ Μέθῃ ταράσσει καὶ
γαληνίζει φρένα Παραυτίχ' ἡσθεὶς ὕστερον στένει διπλᾶ.

[108]) *Fr.* 963: Μηδ' εὐτύχημα μηδὲν ὧδ' ἐστιν μέγα, ὃ σ' ἐξεπαρεῖ μεῖζον ἤ,
χρεὼν φρονεῖν, Μηδ' ἢν τι συμβῇ δυςχερές, δουλοῦ πάλιν· ἀλλ' αὐτὸς αἰεὶ μίμνε
τὴν σαυτοῦ φύσιν Σῴζων βεβαίως ὥστε χρυσὸς ἐν πυρί. Die Verse erinnern lebhaft an die bekannte Ode des *Horaz* an Dellius (II. 3, 1 ff.); nur hat der Römer
in seiner leichten Art den tiefgründigen Schlussgedanken des Euripides weggelassen: „Aequam memento rebus in arduis Servare mentem, non secus in bonis
Ab insolenti temperatam Laetitia, moriture Delli!“ — Vgl. auch *Fr.* 1005 A. 100.

[109]) *Hesiod, Erga* 197 ff.: Καὶ τότε δὴ πρὸς Ὄλυμπον ἀπὸ χϑονὸς εὐρυς-
δείης Λευκοῖσιν φάρεσσι καλυψαμένα χρόα καλὸν Ἀθανάτων μετὰ φῦλον ἴτον
προλιπόντ' ἀνθρώπους Αἰδὼς καὶ Νέμεσις· τὰ δὲ λείψεται ἄλγεα λυγρὰ Θνητοῖς ἀνθρώποισι · κακοῦ δ' οὐκ ἔσσεται ἀλκή. Diese Stelle schwebte dem Dichter wohl vor
bei Abfassung von *Med.* 439 f.: Βέβακε δ' ὅρκων χάρις οὐδ' ἔτ' αἰδὼς Ἑλλάδι τῇ
μεγάλᾳ μένει, αἰθερία δ' ἀνέπτα. Vgl. auch *Hipp.* 936 ff. — *Antiope Fr.* 209:
Οὐ σωφρονίζειν ἔμαθον· αἰδεῖσθαι δὲ χρή, Γύναι, τὸ λίαν καὶ φυλάσσεσθαι φθόνον. —
Dieterich, Nekyia S. 178 f.: „Zahlreiche Stellen können beweisen, dass jenes
dreifach variierte πάντων μέτρον ἄριστον (*Ps.Phokyl.* 69), καλὸν δ' ἐπὶ μέτρον
ἅπασιν (v. 14), τὸ γὰρ μέτρον ἐστὶν ἄριστον (v. 98) eine alte griechische Sentenz
ist (vgl. Nauck, De Pythagorae aureo carmine hinter *Jamblichi vit. Pyth.*
pg. 222). Auch in den so vielfach verwandten Pythagoreischen χρυσᾶ ἔπη, steht
μέτρον δ' ἐπὶ πᾶσιν ἄριστον (v. 38). Wie bei *Theognis* (401) καιρὸς δ' ἐπὶ πᾶσιν ἄριστος
erhalten ist, so steht dieser Satz auch in *Hesiods Werken und Tagen* (694),
wo unzweifelhaft μέτρον für καιρὸς gestanden hat: Μέτρα φυλάσσεσθαι, μέτρον
δ' ἐπὶ πᾶσιν ἄριστον“. — *Xenophon* hebt bei der Schilderung des Charakters und
der Erziehung des älteren und jüngeren Kyros auch ganz besonders die σωφροσύνη und αἰδὼς hervor: *Kyrop.* I. 2, 7 f.; *Anab.* I. 9, 5.

[110]) *Palam. Fr.* 585: Τοῦ γὰρ δικαίου κἂν βροτοῖσι κἂν θεοῖς Ἀθάνατος
ἀεὶ δόξα διατελεῖ μόνου. — *Fr.* 584: Εἴς τοι δικαίων μυρίων οὐκ ἐνδίκων Κρατεῖ
τὸ θεῖον τὴν Δίκην τε συλλαβών. Welcker S. 509. Zu dem letzteren Wort vgl.
den Ausspruch *Heraklits* (*Fr.* 113 Byw.): Εἷς ἐμοὶ μύριοι, ἐὰν ἄριστος ᾖ. —
Verwandten Inhalts ist auch ein Bruchstück des von Kritias verfassten und
fälschlich dem Euripides zugeschriebenen *Peirithous* (*Fr.* 597): Τρόπος δὲ χρηστὸς
ἀσφαλέστερος νόμου. Τὸν μὲν γὰρ οὐδεὶς ἂν διαστρέψαι ποτὲ Λόγος δύναιτο, τὸν
δ' ἄνω τε καὶ κάτω Ῥήτωρ σπαράσσων πολλάκις λυμαίνεται.

¹¹¹) Gomperz, Griechische Denker. I. S. 327.

^{11²}) Ἀνανδρία: Eteokles in *Phön.* 509 f.: Ἀνανδρία γάρ, τὸ πλέον ὅστις ἀπολέσας Τοὔλασσον ἔλαβε. *Xen. An.* II. 6, 25: καὶ ὅσους μὲν δὴ αἰσθάνοιτο (sc. Menon) ἐπιόρκους καὶ ἀδίκους, ὡς εὖ ὡπλισμένους ἐφοβεῖτο, τοῖς δ' ὁσίοις καὶ ἀληθειαν ἀσκοῦσιν ὡς ἀνάνδροις ἐπειρᾶτο χρῆσθαι. — *Thuk.* III. 82: Καὶ τὴν εἰωθυῖαν ἀξίωσιν τῶν ὀνομάτων ἐς τὰ ἔργα ἀντήλλαξαν τῇ δικαιώσει. τόλμα μὲν γὰρ ἀλόγιστος ἀνδρία φιλέταιρος ἐνομίσθη, μέλλησις δὲ προμηθὴς δειλία εὐπρεπής, τὸ δὲ σῶφρον τοῦ ἀνάνδρου πρόσχημα καὶ τὸ πρὸς ἅπαν ξυνετὸν ἐπὶ πᾶν ἀργόν. — *Plato, Gorg.* 46 pg. 492 A B. Kallikles: ἀλλὰ τοῦ τ' (sc. die Befriedigung der ἐπιθυμίαι) τοῖς πολλοῖς οὐ δυνατόν· ὅθεν ψέγουσι τοὺς τοιούτους δι' αἰσχύνην, ἀποκρυπτόμενοι τῶν αὑτῶν ἀδυναμίαν, καὶ αἰσχρὸν δή φασιν εἶναι τὴν ἀκολασίαν, ὅπερ ἐν τοῖς πρόσθεν ἐγὼ ἔλεγον, δουλούμενοι τοὺς βελτίους τὴν φύσιν ἀνθρώπους, καὶ αὐτοὶ οὐ δυνάμενοι ἐκπορίζεσθαι ταῖς ἡδοναῖς πλήρωσιν ἐπαινοῦσι τὴν σωφροσύνην καὶ τὴν δικαιοσύνην διὰ τὴν αὑτῶν ἀνανδρίαν. Vgl. 40 pg. 485 D. — *Antiphon Fr.* F (Blass, De Antiphonte, Jamblichi auctore. Kiel, Progr. 1889 S. 13): οὐδὲ (δεῖ) τὸ κράτος τὸ ἐπὶ πλεονεξίᾳ ἡγεῖσθαι ἀρετὴν εἶναι, τὸ δὲ τῶν νόμων ὑπακούειν δειλίαν. Hier wird also die Richtung des Kallikles bekämpft. Dümmler, Proleg. zu Platons Staat. Progr. Basel 1891 S. 10. — Eingehend hat G. Sorof (Νόμος und φύσις in Xenophons Anabasis im Hermes 34. 1899 S. 568 ff.) das Verhältnis der Xenophontischen Charakteristiken der beiden Gorgiasschüler Proxenos und Menon in ihrem Verhältnis zu Gorgias, Plato, Thukydides und den von Blass entdeckten neuen Antiphonbruchstücken behandelt und die von Ivo Bruns (Litterar. Porträts S. 140 ff.) aufgestellte Vermutung einer Abhängigkeit des Xenophon vom *Euagoras* des *Isokrates* widerlegt. Er bemerkt dabei feinsinnig, dass X. bei Menon, dieser Karikatur, aber eben doch folgerichtigen Karikatur Gorgianischer Herrenmoral, dessen Schülertum bei Gorgias verschweigt. Auf Euripides kommt Sorof nicht zu sprechen; aber sein besonders auf *Fr.* C der Antiphonfragmente, worin er die Leidensgeschichte des Atheners Timon sich widerspiegeln sieht, gestütztes Ergebnis, dass die Schrift Antiphons in die Zeit des Archidamischen Krieges, zwischen 431 und 421, zu setzen sei, stimmt auch für die Beeinflussung des Euripides durch dieselbe vortrefflich. — Vgl. auch *Thuk.* V. 90 und 105. Pöhlmann, Sokrates und sein Volk S. 29 f.; Burckhardt, Gr. K.G. I. S. 298.

^{11²ª}) Welcker S. 750. Vgl. die Anekdote Kap. I. A. 99. Mit grosser Wahrscheinlichkeit teilt Welcker dem *Ixion* des *Euripides Fr.* 4 der *Adespota* (Nauck pg. 838) zu: Τοῦ μὲν δικαίου τὴν δόκησιν ἄρνυσο, Τὰ δ' ἔργα τοῦ πᾶν δρῶντος ἔνθα κερδανεῖς. *Plutarch, De aud. poet.* 3 pg. 18 E citiert es neben einer Stelle aus den *Phönissen* (524 f.) und nennt in einem Atem „Eteokles und Ixion". — *Fr.* 425 ist gegen die πλεονεξία gerichtet: Ὅστις γὰρ αὐτὸν πλέον ἔχειν πέφυχ' ἀνήρ, [Οὐδὲν φρονεῖ δίκαιον οὐδὲ βούλεται] Φίλοις [τ'] ἀμικτός ἐστι καὶ πάσῃ πόλει. *Stob. flor.* 10, 7; v. 2 fehlt ib. 22, 2. Vgl. *Heraklid.* 1 ff. Auch *Fr.* 426 gehört wohl in diesen Zusammenhang: Τὰ γὰρ μέγιστα πάντ'. ἀπείργασται βροτοῖς Τόλμ' ὥστε νικᾷν· οὔτε γὰρ τυραννίδες Χωρὶς πόνου γένοιντ' ἂν οὔτ' οἶκος μέγας.

¹¹³) W. Schmid, Kritisches und Exegetisches zu Euripides' Kyklops im Philologus 1896 S. 53 f.: „Der Agon zwischen Odysseus und dem Kyklopen ist gewiss nicht ohne Beziehung auf aie Sophisten à la Kallikles und Thrasymachus geschrieben, welche schon dem 5. Jahrhundert die Lehre vom Einzigen und

sur ce point, en contradiction avec lui-même et dans la même pièce". Vgl. auch schon Valckenaer, Diatribe pg. 250 ss.: de eloquentiae abusu in Attica republica.

118) *Hipp. Kal. Fr.* 439: Φεῦ, φεῦ, τὸ μὴ τὰ πράγματ' ἀνθρώποις ἔχειν Φωνήν, ἵν' ἦσαν μηδὲν οἱ δεινοὶ λέγειν. Νῦν δ' εὐτρόχοισι στόμασι τἀληθέστατα Κλέπτουσιν, ὥστε μὴ δοκεῖν ἃ χρὴ δοκεῖν. Vgl. auch *Thyest. Fr.* 396: Ἀλλ εἴπερ ἐστὶν ἐν βροτοῖς ψευδηγορεῖν Πιθανά, νομίζειν χρή σε καὶ τοὐναντίον Ἄπιστ' ἀληθῆ πολλὰ συμβαίνειν βροτοῖς. Welcker S. 681 f. — Zu *Hipp. steph.* 986 ff. vgl. Pöhlmann, Sokrates S. 57 f.

119) Vgl. *Theogn.* 119 ff. (Kap. II. A. 11); *El.* 367; *Herakles* 655 ff.; *Med.* 516 ff.

120) Kap. I. A. 123. Hier (*Fr.* 206, 6) und *Hek.* 1188 haben wir πράγματα im Gegensatz zu λόγοι oder γλῶσσα. Das Wort bedeutet beides: ‚Handlungen' und ‚Dinge', und kann daher im Deutschen nicht in seiner vollen Bedeutung wiedergegeben werden. Καταπαλαίουσι (*Iph. Aul.* 1013) könnte auf die ‚καταβάλλοντες' des *Protagoras* anspielen wie *Bacch.* 202 (S. 84). Vgl. auch *Ps.-Epicharm Fr.* 254, 5 (Kaibel). Den Gegensatz von Worten und Thaten im Sinn einer Geringschätzung der Rhetorik finden wir auch in den von Blass dem Sophisten *Antiphon* zugeschriebenen Bruchstücken *Fr.* B Z. 14: καὶ τέχνην μὲν ἄν τις τὴν κατὰ λόγους πυθόμενος καὶ μαθὼν οὐ χείρων τοῦ διδάσκοντος ἂν γένοιτο ἐν ὀλίγῳ χρόνῳ· ἀρετὴ δὲ ἥτις ἐξ ἔργων πολλῶν συνίσταται, ταύτην δὲ οὐχ οἷόν τε [οὔτε] ὀψὲ ἀρξαμένῳ οὔτε ὀλιγοχρονίως ἐπὶ τέλος ἀγαγεῖν ἀλλὰ συντραφῆναί τε αὐτῇ δεῖ καὶ συναυξηθῆναι τῶν μὲν εἰργομένων κακῶν καὶ λόγων καὶ ἠθῶν τὰ δ' ἐπιτηδεύοντα καὶ κατεργαζόμενον σὺν πολλῷ χρόνῳ καὶ ἐπιμελείᾳ. (†. Sorof (Hermes 34. 1899 S. 582) ist geneigt, den Verfasser dieser Sätze unter den Anhängern des Sokrates zu suchen, während Gomperz (Griech. Denker I. S. 349 f.) ihn trotz seiner Abneigung gegen die Rhetorik zu den Sophisten rechnet. *Hek.* 1191 schreibt Wecklein (Sitz.Ber. d. B. Ak. 1895 S. 508 f.) nach *Med.* 582 und einem γνωμολόγιον des *Cod. Marc.* 507: καὶ μηδέν' αὐχεῖν τάδικ' εὖ περιστελεῖν.

121) *Alex. Fr.* 56: Ἄναξ, διαβολαὶ δεινὸν ἀνθρώποις κακόν· Ἀγλωσσίᾳ δὲ πολλάκις ληφθεὶς ἀνὴρ Δίκαια λέξας ἧσσον εὐγλώσσου φέρει.

122) *Palam. Fr.* 583: Ὅστις λέγει μὲν εὖ, τὰ δ' ἔργ', ἐφ' οἷς λέγει, Αἰσχρ' ἐστί, τούτου τὸ σοφὸν οὐκ αἰνῶ ποτε. — Vgl. *Meleager Fr.* 528: Μισῶ γυναῖκα... ἐκ πασῶν δὲ σέ, Ἥτις πονηρὰ τἄργ' ἔχουσ' [εἶτ'] εὖ λέγεις. Welcker S. 757.

123) *Fr.* 924: Μή μοι λεπτῶν θίγγανε μύθων, ψυχή· Τί περισσὰ φρονεῖς; εἰ μὴ μέλλεις σεμνύνεσθαι παρ' ὁμοίοις. — *Fr.* 978: Εἰ δ' ἦσαν ἀνθρώποισιν ὠνητοὶ λόγοι, Οὐδεὶς ἂν αὐτὸν εὖ λέγειν ἐβούλετο· Νῦν δ' ἐκ βαθείας γὰρ πάρεστιν αἰθέρος Λαβεῖν ἀμοχθί, πᾶς τις ἥδεται λέγων Τά τ' ὄντα καὶ μή· ζημίαν γὰρ οὐκ ἔχει.

124) *Fr.* 987: Εἴθ' ἦν ἄφωνον σπέρμα δυστήνων βροτῶν.

125) Wecklein zu *Hipp.* 486 ff.

126) *Heraklit Fr.* 17 (Byw.): Πυθαγόρης Μνησάρχου ἱστορίην ἤσκησε ἀνθρώπων μάλιστα πάντων. Καὶ ἐκλεξάμενος ταύτας τὰς συγγραφὰς ἐποίησε ἑωυτοῦ σοφίην, πολυμαθίην, κακοτεχνίην. — *Fr.* 138 (*Schol.* zu *Eur. Hek.* 131 f., ed. Schwartz I. pg. 26): κοπίδας τε τὰς τῶν λόγων τέχνας [ἔλεγον] ἄλλοι τε καὶ ὁ Τίμαιος οὕτως γράφων (Müller, Fr. hist. Gr. IV. pg. 640 b)· ὥστε καὶ φαίνεσθαι μὴ τὸν Πυθαγόραν εὑράμενον τῶν ἀληθινῶν κοπίδων μηδὲ τὸν ὑφ' Ἡρακλείτου κατηγορούμενον, ἀλλ' αὐτὸν [τὸν] Ἡράκλειτον εἶναι τὸν ἀλαζονευόμενον. Bywater

hat in dem zweiten Bruchstück die Namen Pythagoras und Heraklit in Protagoras und Herakleides geändert. Mit Unrecht, wie Gomperz (Zu Heraklits Lehre in Sitz.Ber. der Wiener Ak. Philosoph.hist. Kl. 113. 1886 S. 1001 ff. und Rhein. Mus. 32, 476) scharfsinnig gezeigt hat. — Das Wort κόπις bei *Eurip.* *Hek.* 132.

[127]) Über die Bedeutung von ἀφορμή hier und *Bacch.* 267 vgl. Wilamowitz zu Herakles² 286 Bd. II. pg. 60 f.

[128]) *Danaë Fr.* 327: Φιλοῦσι γάρ τοι τῶν μὲν ὀλβίων βροτοὶ Σοφοὺς τίθεσθαι τοὺς λόγους, ὅταν δέ τις Λειτῶν ἀπ' οἴκων εὖ λέγῃ πένης ἀνήρ, Γελᾶν· ἐγὼ δὲ πολλάκις σοφωτέρους Πένητας ἄνδρας εἰςορῶ τῶν πλουσίων Καὶ [τοὺς] θεοῖσι μικρὰ θύοντας τέλη Τῶν βουθυτούντων ὄντας εὐσεβεστέρους. Zum Schluss des Bruchstücks vgl. Kap. III. 2 A. 77.

[129]) *Hik.* 902 f.: ἐν ἀσπίδι Δεινὸς σοφιστὴς πολλά τ' ἐξευρεῖν σοφός. Vgl. A. 23. Hier hat Wilamowitz aus *Numenios'* Traktat περὶ τῆς τῶν Ἀκαδημαϊκῶν πρὸς Πλάτωνα διχοστάσεως aus dem Urteil über Arkesilaos, ὠνομάζετο οὖν δεινὸς σοφιστὴς τῶν ἀγυμνάστων σφαγεὺς die ursprüngliche Form des Verses wiederhergestellt. Wecklein (Beiträge zur Kritik des Euripides. Sitz.Ber. d. B. Ak. 1895 S. 490) nimmt Interpolation von v. 904—908 an wegen ‚βραχεῖ‘ in v. 901. Mit der Schilderung der gefallenen Helden will Euripides „dem heranwachsenden Geschlecht geeignete Vorbilder vor Augen stellen". Bergk, Gr. L.G. III. S. 536 A. 221. Noch treffender sagt J. Bruns, Das litterarische Porträt der Griechen S. 57 ff. von diesen Charakteristiken: „Sie sind nur verständlich in einer Umgebung, die seit langem im Auffassen und Beurteilen des Besonderen im Menschen geübt ist; sie setzen ein Publikum voraus, das seit geraumer Zeit Interesse an seinen Mitgliedern hat, und zwar auch an den mittelmässigen und kleinen".

[130]) *Fr.* 1036: Πότερα θέλεις σοι μαλθακὰ ψευδῆ λέγω Ἢ σκλήρ' ἀληθῆ; φράζε· σῇ γὰρ ἡ κρίσις. — *Fr.* 1035: Δύστηνος ὅστις τὰ καλὰ καὶ ψευδῆ λέγων Οὐ τοῖςδε χρῆται τοῖς καλοῖς ἀληθέσιν. — *Fr.* 1037: Ἀτὰρ σιωπᾶν τά γε δίκαι' οὐ χρή ποτε.

[131]) *Alkmene Fr.* 91: Ἀτρέκεια δ' ἄριστον ἀνδρὸς ἐν πόλει δικαίου πέλει.

[132]) *Hipp.* 612: Ἡ γλῶσσ' ὀμώμοχ', ἡ δὲ φρὴν ἀνώμοτος. parodiert von *Aristophanes, Frösche* 101 f. und 1471; *Thesmophor.* 275 f. *Plato* kommt *Sympos.* 20 pg. 199 A und *Theätet* 10 pg. 154 D darauf zu sprechen. Vgl. noch *Ath.* III. 94 pg. 122 B und *Luc. Vit. auct.* 9. Bei einem Prozess wegen Antidosis, den Euripides mit einem gewissen Hygiainon hatte, soll letzterer ihn unter Hinweis auf diesen Vers ἀσεβής genannt haben (*Aristot. Rhet.* III. 15): ὥσπερ Εὐριπίδης πρὸς Ὑγιαίνοντα ἐν τῇ ἀντιδόσει κατηγοροῦντα ὡς ἀσεβής, ὃς γ' ἐποίησε κελεύων ἐπιορκεῖν ‚ἡ — ἀνώμοτος‘. — *Cic. de off.* III. 29, 108: „Non enim falsum jurare perjurare est, sed, quod ex animi tui sententia juraris, sicut verbis concipitur more nostro, id non facere perjurium est. Scite enim Euripides: ‚Juravi lingua, mentem injuratam gero‘.

[133]) *Erechtheus Fr.* 362: Ὀρθῶς μ' ἐπήρου· βούλομαι δὲ σοί, τέκνον — Φρονεῖς γὰρ ἤδη κἀποσῶσαι' ἂν πατρὸς Γνώμας φράσαντος — ἢν θάνω, παραινέσαι Κειμήλι' ἐσθλὰ καὶ νέοισι χρήσιμα. Βραχεῖ δὲ μύθῳ πολλὰ συλλαβὼν ἐρῶ. Πρῶτον φρένας μὲν ἠπίους ἔχειν χρεών· Τῷ πλουσίῳ τε τῷ τε μὴ διδοὺς μέρος Ἴσον σεαυτὸν εὐσεβεῖν πᾶσιν δίδου. Δυοῖν παρόντοιν πραγμάτοιν πρὸς θάτερον γνώμην προσάπτων τὴν ἐναντίαν μέθες. Ἀδίκως δὲ μὴ κτῶ χρήματ', ἢν βούλῃ

πολὺν Χρόνον μελάθροις ἐμμένειν· τὰ γὰρ κακῶς Οἴκους εἰςελθόντ' οὐκ ἔχει σωτηρίαν. Ἔχειν δὲ πειρῶ· τοῦτο γὰρ τότ' εὐγενὲς καὶ τοὺς γάμους δίδωσι τοὺς πρώτους ἔχειν. Ἐν τῷ πένεσθαι δ' ἐστὶν ἥ τ' ἀδοξία, Κἂν ᾖ σοφός τις, ἥ τ' ἀτιμία βίου. Φίλους δὲ τοὺς μὲν μὴ χαλῶντας ἐν λόγοις Κέκτησο· τοὺς δὲ πρὸς χάριν σὺν ἡδονῇ Τῇ σῇ πονηροὺς κλῆθρον εἰργέτω στέγης. Ὁμιλίας δὲ τὰς γεραιτέρων φίλει, Ἀκόλαστα δ' ἤδη λαμπρὰ συγγελᾶν μόνον Μίσει· βραχεῖα τέρψις ἡδονῆς κακῆς. Ἐξουσίᾳ δὲ μήποτ' ἐντρυφῶν, τέκνον, Αἰσχροὺς ἔρωτας δημοτῶν διωκαθεῖν. Ὁ καὶ σίδηρον ἀγχόνας τ' ἐφέλκεται, Χρηστῶν πενήτων ἤν τις αἰσχύνῃ τέκνα. Καὶ τοὺς πονηροὺς μήποτ' αὔξαν' ἐν πόλει· Κακοὶ γὰρ ἐμπλησθέντες ἢ νομίσματος Ἢ πόλεος ἐμπεσόντες εἰς ἀρχήν τινα Σκιρτῶσιν, ἀδόκητ' εὐτυχησάντων δόμων. Ἀλλ' ὦ τέκνον μοι δὸς χέρ', ὡς θίγῃ πατήρ, Καὶ χαῖρ'. ὑπ' αἰδοῦς δ' οὐ λίαν ἀσπάζομαι· Γυναικόφρων γὰρ θυμὸς ἀνδρὸς οὐ σοφοῦ. — Als γνῶμαι bezeichnet der Dichter (v. 3) selbst die folgenden Ratschläge, die Erechtheus wohl an Kekrops richtete (Welcker S. 724), und verzichtet damit auf eine systematische Anordnung der Gedanken. — v. 7 f., obwohl von niemand beanstandet, ist sehr hart: „Dem Reichen und dem Nichtreichen gleichen Teil gebend, gieb dich gegenüber jedermann als frommen Mann". In B ist von zweiter Hand εὐσεβεῖν in εὐσεβῆ korrigiert, da ersteres fast unerträglich ist. — v. 9 f. erinnert an das Verbot Solons, bei politischen Parteiungen neutral zu bleiben. — Zu v. 11 f. vgl. Solon Fr. 12, 7 f.: Χρήματα δ' ἱμείρω μὲν ἔχειν, ἀδίκως δὲ πεπᾶσθαι Οὐκ ἐθέλω und Theogn. 145 f.: Βούλεο δ' εὐσεβέων ὀλίγοις σὺν χρήμασιν οἰκεῖν, Ἢ πλουτεῖν, ἀδίκως χρήματα πασάμενος. Ps.Phokyl. 5: Μὴ πλουτεῖν ἀδίκως, ἀλλ' ἐξ ὁσίων βιοτεύειν. Dieterich, Nekyia S. 178. — v. 18 muss χαλῶντας (sc. χαλινὰ) intransitiv gefasst werden: die Zügel schiessen lassen, was freilich sonst nicht bezeugt ist (χαλᾶν δεσμά, Androm. 577); λαλοῦντας conj. Matthiae, λέγοντας Herwerden. — Ganz ähnliche Ratschläge wie hier und Pleisth. Fr. 626 (Kap. VI. 2 A. 16) erteilt Isokrates dem Herrscher von Salamis in den Reden Νικοκλῆς (36 ff.) und πρὸς Νικοκλέα (11 ff.; 16; 19; 29; 31).

[184]) Vgl. Kap. I. A. 68 und 69.

[185]) Polyidos Fr. 635: Οἱ τὰς τέχνας δ' ἔχοντες ἀθλιώτεροι Τῆς φαυλότητος· καὶ γὰρ ἐν κοινῷ ψέγειν Ἅπασι κεῖσθαι δυστυχὲς κοὐκ εὐτυχές. v. 2 dürfte vielleicht mit F. G. Schmidt φόγῳ statt ψέγειν zu schreiben sein.

[186]) Decharme, Euripide pg. 34 A. 1.

[187]) Vgl. Kap. I. A. 112 ff.

[188]) Vgl. A. 55a.

[189]) Kap. I. A. 68. E. Pfleiderer, Heraklit S. 243 A. 1: „In gleicher Weise persifliert einmal der Encyklopädist Helvetius diese unsterbliche Unart der neidisch gemeinen Mittelmässigkeit mit den unter uns berühmten und bekannten Worten: Si quelqu'un excelle parmi nous, qu'il aille exceller ailleurs! Es ist sehr wahrscheinlich, dass dies eben auf unsern Heraklitischen Ausspruch zurückzudatieren ist, nämlich durch die Vermittlung Ciceros, der (Tusc. V. 36, 105) denselben wörtlich also übersetzt: ‚Nemo de nobis unus excellat: sin quis existerit, alio in loco et apud alios sit'. In der That verdient auch dies goldene Wort, zum mindesten alle paar hundert Jahre wieder aufgefrischt zu werden". Burckhardt, Gr. K.G. I. S. 269.

[140]) Phön. 394: ‚συνασοφεῖν': „Die ungewöhnliche Form (vgl. συναλικεῖν) ist der Prägnanz des Gedankens zu Liebe gebildet". Wecklein.

[141]) Decharme, Euripide pg. 189 und 292.

[142]) Wilamowitz, Herakles[2] I. S. 144.

[143]) *Andromache* 599: Δρόμους παλαίστρας τ' οὐκ ἀνασχετοὺς ἐμοί. Vgl. *Aristoph. Lys.* 82. Burckhardt, Gr. K.G. I. S. 111 A. 3 findet diese sittliche Empörung „höchst lächerlich“. — *Palamed. Fr.* 581: Στρατηλάται τ' ἂν μύριοι γενοίμεθα, Σοφὸς δ' ἂν εἷς τις ἢ δύ' ἐν μακρῷ χρόνῳ.

[144]) *Autolykos Fr.* 282: Κακῶν γὰρ ὄντων μυρίων καθ' Ἑλλάδα Οὐδὲν κάκιόν ἐστιν ἀθλητῶν γένους. Οἳ πρῶτα μὲν ζῆν οὔτε μανθάνουσιν εὖ Οὔτ' ἂν δύναιντο· πῶς γὰρ ὅστις ἔστ' ἀνὴρ Γνάθου τε δοῦλος νηδύος θ' ἡσσημένος Κτήσαιτ' ἂν ὄλβον εἰς ὑπερβολὴν πατρός; Οὐδ' αὖ πένεσθαι κἀξυπηρετεῖν τύχαις Οἷοί τ'. ἔθη γὰρ οὐκ ἐθισθέντες καλὰ Σκληρῶς μεταλλάσσουσιν εἰς τἀμήχανον. Λαμπροὶ δ' ἐν ἥβῃ καὶ πόλεως ἀγάλματα Φοιτῶσ'· ὅταν δὲ προσπέσῃ γῆρας πικρόν, Τρίβωνες ἐκβαλόντες οἴχονται κρόκας. Ἐμεμψάμην δὲ καὶ τὸν Ἑλλήνων νόμον, Οἳ τῶνδ' ἕκατι σύλλογον ποιούμενοι Τιμῶσ' ἀχρείους ἡδονὰς δαιτὸς χάριν. Τίς γὰρ παλαίσας εὖ, τίς ὠκύπους ἀνὴρ Ἢ δίσκον ἄρας ἢ γνάθον παίσας καλῶς Πόλει πατρῴα στέφανον ἤρκεσεν λαβών; Πότερα μαχοῦνται πολεμίοισιν ἐν χεροῖν Δίσκους ἔχοντες ἢ δι' ἀσπίδων χερὶ Θείνοντες ἐκβαλοῦσι πολεμίους πάτρας; Οὐδεὶς σιδήρου ταῦτα μωραίνει πέλας Στάς. ἄνδρας χρὴ σοφούς τε κἀγαθοὺς Φύλλοις στέφεσθαι, χὤστις ἡγεῖται πόλει Κάλλιστα σώφρων καὶ δίκαιος ὢν ἀνήρ, Ὅστις δὲ μύθοις ἔργ' ἀπαλλάσσει κακὰ μάχας τ' ἀφαιρῶν καὶ στάσεις· τοιαῦτα γὰρ Πόλει τε πάσῃ πᾶσί θ' Ἕλλησιν καλά. — v. 12 hat *Diog. Laert.* I. 56 ἐκλείποντες oder ἐκλιπόντες statt ἐκβαλόντες. v. 20 f. hat Mähly mit seiner sich an *Galen* (vol. I. pg. 23) anlehnenden Konjektur διὰ σταδίου ποσὶν θέοντες den ganzen Gedanken zerstört. Euripides will die Nutzlosigkeit der gymnastischen Übungen für den Krieg darlegen und fragt daher: ‚Treibt man den Feind aus dem Land, indem man mit dem Diskus in der Hand daherkommt oder mit Schwert und Schild?‘ Denn χερὶ θείνοντες, ‚mit der Faust einherstürmend‘, heisst natürlich ‚mit dem Schwert in der Hand‘. — v. 15 vermutet Busche (Fleckeisens J.B. 1895 S. 665): ἀνδρείους ἄνδρας ἡδονῆς χάριν. Zum Vorwurf der Unmässigkeit, den Euripides v. 5 und 15 gegen die Athleten erhebt, vgl. A. 96 ff. — Über die Turnvereine (v. 13 ff.) vgl. E. Ziebarth, Das griechische Vereinswesen. Preisschrift der Fürstlich Jablonowskischen Gesellschaft zu Leipzig. 1896: Turnvereine unter Staatsaufsicht und mit staatlicher Subvention S. 110 ff. Inschriftlich bezeugte Turnvereine S. 116 ff. *Aristoteles* sagt (*Eth. Nic.* VIII. 11 pg. 1160 A 28) über das Vereinswesen: πᾶσαι δὲ φαίνονται αἱ κοινωνίαι μόρια τῆς πολιτικῆς εἶναι, und pg. 1160 A 9: αἱ δὲ κοινωνίαι πᾶσαι μορίοις ἐοίκασιν τῆς πολιτικῆς. Er unterscheidet zwei Gattungen von Vereinen: 1. solche mit einem praktischen Zweck (14 ff.): αἱ μὲν οὖν ἄλλαι κοινωνίαι κατὰ μέρη τοῦ συμφέροντος ἐφίενται οἷον πλωτῆρες μὲν τοῦ κατὰ τὸν πλοῦν πρὸς ἐργασίαν χρημάτων ἤ τι τοιοῦτον, συστρατιῶται δὲ τοῦ κατὰ τὸν πόλεμον, εἴτε χρημάτων εἴτε νίκης ἢ πόλεως ὀρεγόμενοι, ὁμοίως δὲ καὶ φυλέται καὶ δημόται. 2. Vergnügungsvereine: ἔνιαι δὲ τῶν κοινωνιῶν δι' ἡδονὴν δοκοῦσι γενέσθαι θιασωτῶν καὶ ἐρανιστῶν. αὗται γὰρ θυσίας ἕνεκα καὶ συνουσίας. Da die von Ziebarth angeführten Inschriften nicht über das 4. Jahrhundert hinaufgehen, so wäre das Fragment des Euripides eine der ältesten Belegstellen für das griechische Vereinswesen, abgesehen etwa von Kultvereinen wie dem θίασος τῶν Μουσῶν des Sophokles (Poland, De collegiis artificum Dionysiacorum. Progr. des Wettiner Gymn. in Dresden 1895). — Auszeichnungen für verdiente Männer verlangte Hippodamos von Milet in seinem Idealstaat. *Aristot. Pol.* II. 8 pg. 1268 A.

¹⁴⁴^a) *Phaëth. Fr.* 785: Μισῶ ... εὐάγκυλον Τόξον κρανείας; γυμνάσια δ'
οἰχοίατο. *Plut. Cons. ad ux.* 3 pg. 608 E. Welcker, Griechische Trag. II. S. 603;
Äsch. Trilog. S. 580.

¹⁴⁵) Kap. I. A. 120 und *Fr.* 201 ib. A. 122.

¹⁴⁶) Geradezu typisch heisst es in der *Odyssee* ϑ 147: Οὐ μὲν γὰρ μεῖζον
Κλέος ἀνέρος, ὄφρα κ' ἔῃσιν, Ἢ ὅτι ποσσίν τε ῥέξῃ καὶ χερσὶν ἑῇσιν. *Tyrt.
Fr.* 10: Οὔτ' ἂν μνησαίμην οὔτ' ἐν λόγῳ ἄνδρα τιθείμην Οὔτε ποδῶν ἀρετῆς οὔτε
παλαισμοσύνης ... Οὐδ' εἰ πᾶσαν ἔχοι δόξαν πλὴν θούριδος ἀλκῆς· Οὐ γὰρ ἀνὴρ
ἀγαθὸς γίγνεται ἐν πολέμιν, Εἰ μὴ τετλαίη μὲν ὁρῶν φόνον αἱματόεντα Καὶ δηίων
ὀρέγοιτ' ἐγγύθεν ἱστάμενος. Ἠδ' ἀρετή, τόδ' ἄεθλον ἐν ἀνθρώποισιν ἄριστον
Κάλλιστόν τε φέρειν γίγνεται ἀνδρὶ νέῳ. Vgl. Burckhardt, Gr. K.G. I. S. 112 f. —
Xenophanes Fr. 2 (Lyr. Gr.⁴ 1897 ed. Bergk-Hiller-Crusius): Ἀλλ' εἰ μὲν ταχυτῆτι ποδῶν νίκην τις ἄροιτο Ἢ πενταθλεύων, ἔνθα Διὸς τέμενος Παρ' Πίσαο ῥοῇσ'
ἐν Ὀλυμπίῃ, εἴτε παλαίων, Ἢ καὶ πυκτοσύνην ἀλγινόεσσαν ἔχων, Εἴτε τὸ δεινὸν
ἄεθλον, ὃ παγκράτιον καλέουσιν, Ἀστοῖσίν κ' εἴη κυδρότερος προσορᾶν, Καί κε
προεδρίην φανερὴν ἐν ἀγῶσιν ἄροιτο Καί κεν σῖτ' εἴη δημοσίων κτεάνων Ἐκ πόλιος
καὶ δῶρον, ὅ οἱ κειμήλιον εἴη· Εἴτε καὶ ἵπποισιν, ταῦτά κε πάντα λάχοι, Οὐκ ἐὼν
ἄξιος ὥσπερ ἐγώ· ῥώμης γὰρ ἀμείνων Ἀνδρῶν ἠδ' ἵππων ἡμετέρη σοφίη. Ἀλλ'
εἰκῇ μάλα τοῦτο νομίζεται· οὐδὲ δίκαιον Προκρίνειν ῥώμην τῆς ἀγαθῆς σοφίης.
Οὔτε γὰρ εἰ πύκτης ἀγαθὸς λαοῖσι μετείη Οὔτ' εἰ πενταθλεῖν οὔτε παλαισμοσύνην
Οὐδὲ μὲν εἰ ταχυτῆτι ποδῶν, τόπερ ἐστὶ πρότιμον Ῥώμης ὅσσ' ἀνδρῶν ἔργ' ἐν
ἀγῶνι πέλει, Τοὔνεκεν ἂν δὴ μᾶλλον ἐν εὐνομίῃ πόλις εἴη· Σμικρὸν δ' ἄν τι πόλει
χάρμα γένοιτ' ἐπὶ τῷ, Εἴ τις ἀεθλεύων νικῷ Πίσαο παρ' ὄχθας· Οὐ γὰρ πιαίνει
ταῦτα μυχοὺς πόλιος. — *Ps.Hipp.* περὶ διαίτης I. 24 (Bywater, Herakl. rel.
pg. 67): παιδοτριβίῃ τοιόνδε· διδάσκουσι παρανομεῖν κατὰ νόμον, ἀδικέειν δικαίως,
ἐξαπατᾶν, κλέπτειν, ἁρπάζειν, βιάζεσθαι τὰ κάλλιστα καὶ αἴσχιστα· ὁ μὴ ταῦτα
ποιέων κακός, ὁ δὲ ταῦτα ποιέων ἀγαθός. ἐπίδειξις τῶν πολλῶν ἀφροσύνης· θεῶν-
ται ταῦτα καὶ κρίνουσιν ἕν' ἐξ ἁπάντων ἀγαθόν, τοὺς δὲ ἄλλους κακούς· πολλοὶ
θωμάζουσιν, ὀλίγοι γινώσκουσιν. ἐς ἀγορὴν ἐλθόντες [ἄνθρωποι] ταὐτὰ διαπρήσ-
σονται· ἐξαπατῶσιν ἄνθρωποι πωλέοντες καὶ ὠνεύμενοι· ὁ πλεῖστα ἐξαπατήσας
οὗτος θωμάζεται. πίνοντες καὶ μαινόμενοι ταὐτὰ διαπρήσσονται· τρέχουσι, παλαί-
ουσι, μάχονται, κλέπτουσι, ἐξαπατῶσιν· εἰς ἐκ πάντων κρίνεται. ὑποκριταὶ [καὶ]
ἐξαπάται· πρὸς εἰδότας λέγουσιν ἄλλα καὶ φρονέουσιν ἕτερα, οἱ αὐτοὶ ἐξέρπουσι
καὶ εἰσέρπουσιν καὶ οὐχ οἱ αὐτοί. ἔνι δὲ ἀνθρώπῳ ἄλλα μὲν λέγειν, ἄλλα δὲ
ποιεῖν καὶ τὸν αὐτὸν μὴ εἶναι τὸν αὐτόν, καὶ ποτὲ μὲν ἄλλην ἔχειν γνώμην ὁτὲ
δὲ ἄλλην. οὕτω μὲν αἱ τέχναι πᾶσαι τῇ ἀνθρωπίνῃ φύσει ἐπικοινωνέουσιν. —
Athen. X. 5 pg. 413 C: ταῦτ' εἴληφεν ὁ Εὐριπίδης ἐκ τῶν τοῦ Κολοφωνίου ἐλε-
γείων Ξενοφάνους. Unbegreiflicherweise will Decharme (Euripide pg. 29) weder
von einem Einfluss des Xenophanes noch des Heraklit, sowohl hinsichtlich der
Gymnastik als überhaupt, auf Euripides etwas wissen „en l'absence de toute
autre indice". Diese Ansicht glaube ich an vielen Stellen meiner Untersuchung
widerlegt zu haben. — Wilamowitz, Bakchylides S. 15: „Es ist gut, nicht bloss
an den Diadumenos Polyklets oder gar den Schaber Lysipps bei den Leuten zu
denken, denen die Sängerlieder gelten, sondern auch an den Faustkämpfer des
Museums der Thermen ... Es war ja auch eine absterbende Gesellschaft. Die
athenische Demokratie und die ionische Aufklärung haben ihr bald ein Ende
bereitet". Die angeführten Athletenstatuen hat man jetzt am bequemsten beisammen abgebildet und besprochen bei Furtwängler und Urlichs, Denkmäler

griech. und röm. Skulptur (Handausgabe) S. 85 ff. In dem Faustkämpfer des Thermenmuseums glaubt C. Wunderer den Thebaner Kleitomachos (*Polyb.* XXVII. 9, 7 ff.) erkannt zu haben, der den von Ptolemäus V. Epiphanes (205—181) nach Olympia geschickten ägyptischen Faustkämpfer Aristonikos besiegte (vgl. *Paus.* VI. 15, 3). Philologus LVII. 1898 S. 1 ff. — Es mag auch noch an den in Olympia gefundenen Bronzekopf eines Faustkämpfers mit seinen zerquetschten Ohren erinnert werden (Baumeister, Denkmäler des klass. Alt. S. 1087 Abb. 1296 a und b). — Eigentümlich ist, dass sich Euripides dazu herbeigelassen haben soll, einen Sieg des Alcibiades im Hippodrom zu Olympia durch ein Epigramm zu verherrlichen (Lyr. Gr. *Fr.* 3 pg. 130): Σὲ δ' ἀείσομαι, ὦ Κλεινίου παῖ· καλὸν ἁ νίκα· [τὸ] Κάλλιστον [δ'] ὃ μηδεὶς ἄλλος Ἑλλάνων [ἔλαχες] Ἅρματι πρῶτα δραμεῖν καὶ δεύτερα καὶ τρίτα[τα] Βῆναί τ' ἀπονητὶ Διὸς στεφθέντ' ἐλαίᾳ Κάρυκι βοᾶν παραδοῦναι. In dem Wort ἀπονητὶ (‚ohne Mühe‘) könnte man allenfalls eine leise Ironie bemerken. Übrigens war die Autorschaft des Euripides schon im Altertum bestritten (*Plut. Demosth.* 1). Haupt (Die äussere Politik des Euripides II. Plön 1877 S. 27) verwirft deshalb die Notiz. — *Eur. Äolus Fr.* 15: Ἴδοιμι δ' αὐτῶν ἔκγον' ἄρσεν' ἀρσένων· Πρῶτον μὲν εἶδος ἄξιον τυραννίδος· Πλείστη γὰρ ἀρετὴ τοῦδ' ὑπάρχον ἐν βίῳ, Τὴν ἀξίωσιν τῶν καλῶν τὸ σῶμ' ἔχειν. Der Sinn dieser Verse kann nur sein: ‚der geborene Herrscher giebt sich als solcher schon in seiner äusseren Erscheinung kund‘ (Welcker S. 863). Diese kann also wenigstens der Spiegel der geistigen Fähigkeiten und Charaktereigenschaften eines Menschen sein (*Schiller, Wallensteins Tod* 3, 13): „Es ist der Geist, der sich den Körper baut"). Vgl. *Ion* 239 ff. und das oben (Kap. V. 1) über die Physiognomik Gesagte. — Auch *Demokrit* (*Fr. eth.* 128) teilt des Euripides Ansicht: ἀνθρώποισι ἁρμόδιον, ψυχῆς μᾶλλον ἢ σώματος ποιέεσθαι λόγον· ψυχὴ μὲν γὰρ τελεωτάτη σκήνεος μοχθηρίαν ὀρθοῖ, σκήνεος δὲ ἰσχὺς ἄνευ λογισμοῦ ψυχὴν οὐδέν τι ἀμείνω τίθησι.

¹⁴⁶ˣ) *Danaë Fr.* 322: Ἔρως γὰρ ἀργὸς κἀπὶ τοῖς ἀργοῖς ἔφυ· Φιλεῖ κάτοπτρα καὶ κόμης ξανθίσματα, Φεύγει δὲ μόχθους. ἐν δέ μοι τεκμήριον· Οὐδεὶς προσαιτῶν βίοτον ἠράσθη βροτῶν, Ἐν τοῖς δ' ἔχουσιν ἡβητὴς πέφυχ' ὅδε. Vgl. *Plut. Amat.* 13 pg. 757 A.; 17 pg. 760 D.

¹⁴⁷) *Theseus Fr.* 388: Ἀλλ' ἔστι δή τις ἄλλος ἐν βροτοῖς ἔρως Ψυχῆς δικαίας σώφρονός τε κἀγαθῆς. Καὶ χρῆν δὲ τοῖς βροτοῖσι τόνδ' εἶναι νόμον Τῶν εὐσεβούντων οἵτινές τε σώφρονες Ἐρᾶν, Κύπριν δὲ τὴν Διὸς χαίρειν ἐᾶν. Vgl. auch Weil, Études sur le drame antique pg. 118 und 133.

¹⁴⁸) *Fr. adesp.* 187: Δισσὰ πνεύματα πνεῖς, Ἔρως. Lucian, Amor. 37. Meineke (Com. 4 pg. 171) hat den Vers dem Euripides zugeteilt und Wilamowitz (De trag. Gr. fr. pg. 26) ihn speziell dem *Philoktet* zugewiesen.

¹⁴⁹) *Stheneb. Fr.* 672: Ὁ δ' εἰς τὸ σῶφρον ἐπ' ἀρετήν τ' ἄγων ἔρως Ζηλωτὸς ἀνθρώποισιν· ὧν εἴην ἐγώ. Vgl. A. 153. Welcker S. 783. Vgl. *Demokrit Fr.* 4: δίκαιος ἔρως ἀνυβρίστως ἐφίεσθαι τῶν καλῶν.

¹⁵⁰) *Fr.* 897: Παίδευμα δ' ἔρως σοφίας ἀρετῆς Πλεῖστον ὑπάρχει, Καὶ προσομιλεῖν οὗτος ὁ δαίμων Πάντων ἥδιστος ἔφυ θνητοῖς· Καὶ γὰρ ἄλυπον τέρψιν τιν' ἔχων Εἰς ἐλπίδ' ἄγει. τοῖς δ' ἀτελέστοις Τῶν τοῦδε πόνων μήτε συνείην Χωρὶς τ' ἀγρίων ναίοιμι τρόπων. Τὸ δ' ἐρᾶν προλέγω τοῖσι νέοισιν Μήποτε φεύγειν Χρῆσθαι δ' ὀρθῶς, ὅταν ἔλθῃ. — Vgl. *Plato Symp.* 23 pg. 204 B: ἔστι γὰρ δὴ τῶν καλλίστων ἡ σοφία, Ἔρως δ' ἐστὶν ἔρως περὶ τὸ καλόν, ὥστε ἀναγκαῖον Ἔρωτα φιλόσοφον εἶναι, φιλόσοφον δὲ μεταξὺ εἶναι σοφοῦ καὶ ἀμαθοῦς. *Phädr.* 48

pg. 265 B: ἐρωτικὴν μανίαν ἐφήσαμέν τε ἀρίστην εἶναι καὶ οὐκ οἶδ' ὅπῃ τὸ ἐρωτικὸν πάθος ἀπεικάζοντες, ἴσως μὲν ἀληθοῦς τινος ἐφαπτόμενοι, τάχα δ' ἂν καὶ ἄλλοσε παραφερόμενοι, κεράσαντες οὐ παντάπασιν ἀπίθανον λόγον, μυθικόν τινα ὕμνον προςεπαίσαμεν μετρίως τε καὶ εὐφήμως τὸν ἐμόν τε καὶ σὸν δεσπότην Ἔρωτα, ὦ Φαῖδρε, καλῶν παίδων ἔφορον. — Merkwürdigerweise kommt Ivo Bruns („Attische Liebestheorien", N. Jb. f. kl. A.W. 1900 S. 17 ff.) auf Euripides gar nicht zu sprechen. Er weist nach, dass im *Phädrus* die Liebe als eine Krankkeit (μανία) aufgefasst wird, die aber nichtsdestoweniger zu einem Bund fürs ganze Leben führt (besonders cap. 37 pg. 256 D). Im *Symposion* dagegen, wo als Zweck der Liebe „Zeugung im Schönen" hingestellt wird (25 pg. 206 C), erscheint sie nach Bruns als eine Entwicklungsstufe, die mit der Zeit überwunden werden muss (vgl. übrigens 9 pg. 181 D). Pausanias unterscheidet zwischen der „gemeinen" (πάνδημος) und der „erhabenen" (οὐράνιος) Liebe, was für ihn ziemlich gleichbedeutend mit Frauenliebe und Knabenliebe ist (cap. 8 f. pg. 180 C bis 181 C), obwohl er die erstere auch als ἔρως τῶν σωμάτων μᾶλλον ἢ τῶν ψυχῶν (9 pg. 181 B; 10 pg. 183 D E) definiert. Diese Unterscheidung zwischen geistiger und sinnlicher Liebe macht auch *Xenophon* im *Symp.* 8. Freilich verschwimmt ihm dabei, weil er bei der geistigen Liebe das sinnliche Element ganz beiseite lässt, die Grenze zwischen Liebe und Freundschaft. Euripides denkt schärfer: er verlangt nur die Beherrschung des sinnlichen Triebs durch den Geist. (Die spätere, mehr asketisch gefärbte Liebestheorie *Platos* s. *Gesetze* VIII. 6 ff. pg. 837 a—d.) Vgl. Bulwer bei Rohde, Gr. Roman S. 55 A. 4. Wilamowitz, Herakles [1] I. S. 24 A. 44: „Die Prophezeiung (*Med.* 830 ff.), dass am Kephisos die Eroten als πάρεδροι der Weisheit walten, ist dadurch in Erfüllung gegangen, dass Platon neben dem Gymnasium der Akademie seine Schule gegründet hat und in jener schon zu Euripides' Zeit die Jünglinge den Sophisten lauschten und der Erosaltar stand. Der doppelte Eros ist wohl wirklich schon in jenem Zeitalter von der Spekulation viel behandelt. Übrigens ist die Anregung auf Platon von Euripides stärker, als man annimmt.... Am meisten aber hat Platon den *Hippolytos* gelesen. Das Motiv des *Symposions*, Ἔρωτα δὲ τὸν τύραννον τῶν ἀνδρῶν οὐ σεβίζομεν, stammt aus ihm (538).... Der *Hippolytos* (374 ff.) enthält auch die Euripideische Lehre von des Fleisches Schwäche, die den Willen überwindet; auch diese schärfste Formulierung des Gegensatzes zur Sokratik hat Platon aufgenommen, natürlich mit schärfster Verurteilung als Ansicht der πολλοί (*Protag.* pg. 352 B). Vgl. Kap. V. 2 A. 6. — Zu v. 5 hat Wilamowitz (Zukunftsphilologie II. S. 78 A. 1) konjiziert καὶ παρὰ λυπῶν: „denn wer schmerzlose Lust besitzt, führt nicht mehr zur Hoffnung". Welcker S. 655 weist das Bruchstück der *Andromeda* zu.

[151]) Sokrates' Relief der Grazien: *Paus.* I. 22, 8; IX. 35, 2; *Schol. zu Aristoph. Wolken* 773; *Plin. N. H.* 36, 32; vom Original fanden sich Bruchstücke dicht hinter den Propyläen an der von Pausanias bezeichneten Stelle, und diese stimmen in den Massen ganz genau mit dem im Museo Chiaramonti im Vatikan in Rom befindlichen Relief, das eine Kopie des Werks darstellt: Baumeister, Denkmäler des klass. Alt. S. 375 f. Abb. 411. Über den Beginn der Lehrthätigkeit des Sokrates vgl. Grote, Geschichte Griechenlands (Deutsche Ausgabe [3]) IV. S. 627; Decharme, Euripide pg. 45 meint, dass zur Zeit der Aufführung der *Medea* und des *Diktys* (431) „Socrate était encore sans influence", was aber kaum glaublich ist. Vgl. auch Gomperz, Griech. Denker II. S. 75. Über die

Aufführungszeit der angeführten Stücke s. Kap. I. A. 27. — *Diktys Fr.* 331: Φίλος γάρ ἦν μοι καί μ' ἔρως ἕλοι ποτέ Οὐκ εἰς τὸ μῶρον οὐδέ μ' εἰς Κύπριν τρέπων. Bei *Stobäus, Eclog.* I. 9, 4 a pg. 112, 12 schliessen sich hieran die Verse *Fr.* 388 des *Theseus (Stob. flor.* 5, 21) A. 147. — Welcker S. 672.

¹⁵²) Welcker S. 777 ff.; Wilamowitz, Herakles ¹ I. A. 26. *Älian, Var. hist.* XIII. 4; II. 21. In dem oben besprochenen Bruchstück des *Erechtheus (Fr.* 362, 25) könnte mit den αἰσχροί ἔρωτες δημοτῶν recht wohl die Knabenliebe gemeint sein (A. 133). — Auch das Problem der Geschwisterliebe wirft Euripides einmal auf, nämlich im *Äolus* (Wil Her.¹ I. S. 34 A. 65). Ohne Zweifel hat er sie ebenfalls verworfen. Vgl. Kap. I. A. 106.

¹⁵³) S. A. 149: ταῦτα λέγει Εὐριπίδης ἐν Σθενεβοίᾳ τῷ δράματι εἰσάγων τὸν Βελλεροφόντην γνωμολογοῦντα. *Schol.* zu *Äsch. c. Tim.* 151 cod. Med. Greg. Cor. Rhet. Vol. VII. pg. 1321 zu *Äsch. c. Tim.* 151. Bei *Stob. Ecl.* I. 9, 2 pg. 112, 5 sind die Verse verbunden mit *Ödip. Fr.* 547 (s. A. 154).

¹⁵⁴) *Ödip. Fr.* 547: Ἑνὸς [δ'] ἔρωτος ὄντος οὐ μί' ἡδονή. Οἱ μὲν κακῶν ἐρῶσιν, οἱ δὲ τῶν καλῶν.

¹⁵⁵) *Andromeda Fr.* 136: Σὺ δ' ὦ θεῶν τύραννε κἀνθρώπων Ἔρως, Ἢ μὴ δίδασκε τὰ καλὰ φαίνεσθαι καλά, Ἢ τοῖς ἐρῶσιν εὐτυχῶς συνεκπόνει Μοχθοῦσι μόχθους ὧν σὺ δημιουργός εἶ. Καί ταῦτα μὲν δρῶν τίμιος θεοῖς ἔσῃ, Μὴ δρῶν δ' ὑπ' αὐτοῦ τοῦ διδάσκεσθαι φιλεῖν Ἀφαιρεθήσῃ χάριτας αἷς τιμῶσί σε. Welcker S. 655.

¹⁵⁶) *Hipp. Fr.* 431: Ἔρως γάρ ἄνδρας οὐ μόνους ἐπέρχεται Οὐδ' αὖ γυναῖκας, ἀλλὰ καί θεῶν ἄνω Ψυχὰς χαράσσει κἀπὶ πόντον ἔρχεται· Καί τόνδ' ἀπείργειν οὐδ' ὁ παγκρατὴς σθένει Ζεύς, ἀλλ' ὑπείκει καί θέλων ἐγκλίνεται. — *Fr.* 430: Ἔχω δὲ τόλμας καί θράσους διδάσκαλον Ἑν τοῖς ἀμηχάνοισιν εὐπορώτατον, Ἔρωτα πάντων δυσμαχώτατον θεόν.

¹⁵⁷) *Hipp.* 441 f. ist allerdings τούς πέλας νόσον μαλάσσειν Konjektur von Wecklein für τῶν πέλας ὅσοι τε μέλλουσ'. Das οὐ λύει erklären die *Schol.* mit οὐ λυσιτελεῖ, οὐ συμφέρει (Schwartz II. pg. 58 vgl. *Med.* 566). Wilamowitz (z. St.) glaubt die handschriftliche Überlieferung halten zu können („τῶν πέλας gehört natürlich als partitiver Genetiv zu τοῖς ἐρῶσι. Dies Verbum bedarf keines Objekts. Die gewählte Form statt eines τοῖς ἄλλοις ἀνθρώποις ὅσοι νῦν ἐρῶσι ἤ ἐρᾶν μέλλουσιν ist dem Stil angemessen. Vgl. zu οἱ πέλας *Her.* II. 92, zu dem partitiven Genetiv *Her.* II. 206") und übersetzt: „Und alle sonst, die lieben, lieben werden, Die sollen's auch (sc. sterben)? Ist das der Liebe Lohn?" Οἱ πέλας übersetzt Wilamowitz (*Her.* 192) mit „der Nebenmann" und bemerkt (Her.² II. S. 52) dazu: „im alten Attisch sehr häufig, wird dann durch ὁ πλησίον (zuerst *Theogn.* 221) verdrangt, das uns aus dem N. T. geläufig ist. Beides bezeichnet die Menschen, mit denen wir in keiner andern als einer zufälligen und vorübergehenden Berührung stehen, die nicht unsere οἰκεῖοι ἐπιτήδειοι ἀναγκαῖοι φίλοι sind; das deutsche ‚unsere Nächsten' giebt den Sinn ganz schlecht wieder, und ein Spruch wie ἀγαπήσεις τὸν πλησίον σου ὡς σεαυτόν (*Matth.* 22, 39) wird dadurch seiner ganzen Kraft und Bedeutung entkleidet; meist trifft das französische autrui den richtigen Sinn". Aber was soll das τῶν πέλας als partitiver Genetiv (Wilamowitz zu *Her.*² 846 S. 185) bei τοῖς ἐρῶσι bedeuten? Es mit „sonst" zu übersetzen, wie Wilamowitz thut, ist mindestens sehr frei. Aber freilich auch W300000000000000000000000000000s Erklärung seines geänderten Textes („Die Liebenden haben keinen Vorteil davon, dass die andern ihnen die Krankheit zu lindern suchen, wenn das Sterben eine Notwendigkeit für sie ist")

befriedigt nicht. — Die egoistischen Reflexionen 253 ff. bekämpft *Cicero, De amic.* 13, 45: „Nam quibusdam, quos audio sapientes habitos in Graecia, placuisse opinor mirabilia quaedam — sed nihil est, quod illi non persequantur argutiis: partim fugiendas esse nimias amicitias, ne necesse sit unum sollicitum esse pro pluribus: satis superque esse sibi suarum cuique rerum, alienis nimis implicari molestum esse: commodissimum esse quam laxissimas habenas habere amicitiae, quas vel adducas, quum velis, vel remittas: caput enim esse ad beate vivendum securitatem, qua frui non possit animus si tamquam parturiat unus pro pluribus“. — Dass Phädra erblich belastet ist, erkannte schon der *Scholiast* zu v. 337: αἰνιγματικῶς θέλει φράσαι τὸν ἔρωτα· πιθανώτατα δὲ ἅμα τῷ αἰνιγμῷ καὶ τὴν συγγνώμην ᾐτήσατο ὡς προγονικὸν κεκτημένη τὸ πάθος καὶ οὐκ ἰδίας φύσεως ἁμάρτημα. Vgl. Weil, Etudes sur le drame antique pg. 115. — *Ino Fr.* 400: Ὦ θνητὰ πράγματ᾽. ὦ γυναικεῖα φρένες, Ὅσον νόσημα τὴν Κύπριν κεκτήμεθα. — Endlich *Hipp.* 441 ff., wozu vgl. W. H. Roscher, Ephialtes (Abh. d. K. S. Ges. d. W. philol.hist. Kl. XX. Nr. II) S. 79.

[158]) *Antig. Fr.* 161: Ἥρων· τὸ μαίνεσθαι δ᾽ ἄρ᾽ ἦν ἔρως βροτοῖς.

[159]) *Diktys Fr.* 339, 3 ff.: καὶ γὰρ οὐκ αὐθαίρετοι Βροτοῖς ἔρωτες οὐδ᾽ ἐκουσία νόσος. Σκαιόν τι δὴ τὸ χρῆμα γίγνεσθαι φιλεῖ, Θεῶν ἀνάγκας ὅστις ἰᾶσθαι θέλει. — *Fr.* 840: Κύπρις γὰρ οὐδὲν νουθετουμένη χαλᾷ, Ἢν τ᾽ αὖ βιάζῃ, μᾶλλον ἐντείνειν φιλεῖ, Κἄπειτα τίκτει πόλεμον· εἰς δ᾽ ἀνάστασιν Δόμων περαίνει πολλάκις τὰ τοιάδε.

[160]) S. Kap. III. 1 A. 88. Wecklein (Sitz.Berichte d. B. Ak. d. W. 1896 S. 479 f.) will v. 988—990 streichen; ohne Grund: 989 f. ist ein Zwischengedanke allgemeiner Art; 991 führt zu dem Einzelfall zurück.

[161]) *Fr.* 1054: Ἔρωτα δεινὸν ἔχομεν· ἐκ δ᾽ ἐμῶν λόγων Ἑλοῦ τὰ βέλτισθ᾽· ὡς ἄπιστόν ἐστ᾽ ἔρως Κἂν τῷ κακίστῳ τῶν φρενῶν οἰκεῖν φιλεῖ. In v. 3 verstehe ich die Worte κἂν — φρενῶν als .im schlimmsten Teil der φρένες‘. Meincke änderte unbegreiflicherweise κακίστῳ in κρατίστῳ, Ribbeck (R. Tr. S. 171) in τοῖς κράτιστα, noch unnötiger F. G. Schmidt φρενῶν in μελῶν, Gomperz οἰκεῖν in θακεῖν und Meineke in ἄρχειν. Meinckes Änderung von ἄπιστον in ἄπειστον hat viel für sich.

[162]) *Fr.* 875: Ὦ Κύπρις, ὡς ἡδεῖα καὶ μοχθηρὸς [εἶ]

[163]) *Iolus Fr.* 26: Τῇ δ᾽ Ἀφροδίτῃ πόλλ᾽ ἔνεστι ποικίλα· Τέρπει τε γὰρ μάλιστα καὶ λυπεῖ βροτούς. Τύχοιμι δ᾽ αὐτῆς, ἡνίκ᾽ ἐστὶν εὐμενής.

[164]) *Hipp. Kal. Fr.* 428: Οἱ γὰρ Κύπριν φεύγοντες ἀνθρώπων ἄγαν Νοσοῦσ᾽ ὁμοίως τοῖς ἄγαν θηρωμένοις.

[165]) *Auge Fr.* 269: Ἔρωτα δ᾽ ὅστις μὴ κρίνει θεὸν μέγαν [Καὶ τῶν ἁπάντων δαιμόνων ὑπέρτατον], Ἢ σκαιός ἐστιν ἢ καλῶν ἄπειρος ὢν Οὐκ οἶδε τὸν μέγιστον ἀνθρώποις θεόν. v. 2 fehlt bei *Athenäus* XIII. 74 pg. 600 D und ist offenbar interpoliert (Wilamowitz, De trag. Gr. fr. pg. 28). Er fehlt auch in der bei *Cicero* (*Tusc.* IV. 32, 68) erhaltenen Übersetzung des *Cäcilius Statius* (Ribbeck, Com. Rom. fr. pg. 76): „Amor; ... quem Caecilius ‚deum qui non summum putet, Aut stultum aut rerum esse imperitum‘ existumat“. Dem Statius scheinen die Verse durch die. Vermittlung der Συναριστῶσαι des *Menander* bekannt geworden zu sein (Tischer-Sorof zu *Tusc.* IV. 32, 68 pg. 95).

[166]) *Andromeda Fr.* 138: Ὅσοι γὰρ εἰς ἔρωτα πίπτουσιν βροτῶν, Ἐσθλῶν ὅταν τύχωσι τῶν ἐρωμένων, Οὐκ ἐσθ᾽ ὁποίας λείπεται τόδ᾽ ἡδονῆς.

[167]) *Stheneb. Fr.* 663: s. Kap. I. A. 138.

[168]) *Mel. desm. Fr.* 503: Μετρίων λέκτρων, μετρίων δὲ γάμων Μετὰ σωφρο-

σύνης Κῦρσαι θνητοῖσιν ἄριστον. Allenfalls könnte hier das μέτριος auch auf die soziale Stellung der Gattin gehen: nicht zu arm und nicht zu reich, nicht zu vornehm, nicht zu gering. In einen derartigen Zusammenhang scheint auch *Fr.* 895 zu gehören: Ἐν πλησμονῇ τοι Κύπρις, ἐν πεινῶντι δ' οὔ. Nach *Ath.* VI. 99 pg. 270 B f. hätte Euripides den Gedanken aus dem Satyrspiel *Aithon* des *Achäus* entlehnt, wo es hiess: ἐν κενῇ γὰρ γαστρὶ τῶν καλῶν ἔρως Οὐκ ἔστι· πεινῶσιν γὰρ ἡ Κύπρις πικρά. Zur Liebe gehört demnach ein gewisser Wohlstand. Man mag dabei an das deutsche Sprichwort denken: „Armut ist eine Haderkatze". Der Gedanke von der Richtigkeit des μέσον ist durch die nacharistotelische Philosophie auch in den jüdischen *Prediger* (7, 15—18; 1. 17: 2, 12) übergegangen. Palm, Qohelet (Mannheimer Gymn.Progr. 1885) S. 13 und 19. Vgl. Wilamowitz, Herakles² II. S. 56 zu v. 215.

¹⁶⁹) O. Ribbeck, Euripides und seine Zeit. Progr. der Berner Kantonschule 1860 S. 13. Anders Girard, Euripide (Revue des deux mondes T. 133. 1896. pg. 765 ss.). Dieser giebt zwar zu: „En effet, il vaut surtout par le pathétique et cela vient de ce qu'il analyse la souffrance humaine. Il se place à un point de vue humain; Eschyle se plaçait, au contraire à un point de vue religieux", und die Zuschauer „reviennent des représentations d'Euripide plus pénétrés de leur misère et moins confiants dans la bienveillance divine". Aber trotzdem, meint Girard, war Euripides kein absoluter Pessimist; er kennt auch die Freuden des Lebens: „La mélancolie paraît avoir été le fond de son caractère, mais ses facultés de voir et de sentir restaient entières et libres". — Viel ausgesprochener ist z. B. der Pessimismus des Verfassers des jüdischen Buchs *Qohelet*: vgl. besonders 2, 17 ff.; und doch finden wir auch hier neben der energischen Empfindung des Übels in der Welt einen gewissen Vernunftoptimismus: 3, 10 ff. Beziehungen desselben zu Heraklit sucht Pfleiderer, jedenfalls im einzelnen zu weit gehend, darzuthun: Philosophie des Heraklit. Anhang S. 255 ff. — Den Sinn der Ethik des Euripides trifft ziemlich genau *Cicero*, wenn er im Anschluss an stoische Lehren (*De off.* 1. 31, 110) sagt: Sic enim est faciendum, ut contra universam naturam nihil contendamus, ea tamen conservata propriam naturam sequamur, ut, etiam si sint alia graviora atque meliora, tamen nos studia nostra nostrae naturae regula metiamur. Neque enim attinet naturae repugnare nec quidquam sequi quod adsequi non queas.

8. Das Menschenleben.

¹) Vgl. zum ganzen Abschnitt: J. Burckhardt, Griech. Kulturgeschichte II. S. 341 ff. Zur Gesamtbilanz des griechischen Lebens. Z 146 ff.: Οἵη περ φύλλων γενεή, τοίη δὲ καὶ ἀνδρῶν. Φύλλα τὰ μέν τ' ἄνεμος χαμάδις χέει, ἄλλα δέ θ' ὕλη Τηλεθόωσα φύει, ἔαρος δ' ἐπιγίγνεται ὥρη· Ὣς ἀνδρῶν γενεὴ ἡ μὲν φύει ἡ δ' ἀπολήγει. — *Mimnermus Fr.* 2, 1 ff.: Ἡμεῖς δ' οἷά τε φύλλα φύει πολυάνθεμος ὥρη Ἔαρος, ὅτ' αἶψ' αὐγῇς' αὔξεται ἠελίου, Τοῖς ἴκελοι πήχυιον ἐπὶ χρόνον ἄνθεσιν ἥβης Τερπόμεθα, πρὸς θεῶν εἰδότες οὔτε κακὸν Οὔτ' ἀγαθόν. — *Simonides von Keos* mit direkter Beziehung auf die Iliasstelle *Fr.* 69, 1 f.: Ἐν δὲ τὸ κάλλιστον Χῖος ἔειπεν ἀνήρ· Οἵη — ἀνδρῶν. Vgl. A. Baumstark, Der Pessimismus in der griechischen Lyrik. Heidelberg 1898. S. 14 und 25 ff. — M. Schulze. Der ethische Gedankengehalt der griech. Elegiker und Jambographen. Progr. Freiberg 1899 S. 18. Fr. Nietzsche, Die Geburt der Tragödie oder Griechentum und Pessimismus³ S. 30 ff. Burckhardt, Gr. K.G. II. S. 42. — Bekanntlich finden

λόγον καὶ τοῦτο· τῶν πολλῶν βροτῶν Δεῖ τοὺς μὲν εἶναι δυςτυχεῖς, τοὺς δ' εὐτυχεῖς.

²⁰) *Fr.* 1040: Ἐὰν ἴδῃς πρὸς ὕψος ἡρμένον τινὰ Λαμπρῷ τε πλούτῳ καὶ γένει γαυρούμενον, Ὀφρύν τε μείζω τῆς τύχης ἐπηρκότα, Τούτου τάχεῖαν νέμεσιν εὐθὺς προςδόκα.

²¹) *Fr.* 1073: Οὐ χρή ποτ' ὀρθαῖς ἐν τύχαις βεβηκότα Ἕξειν τὸν αὐτὸν δαίμον' εἰς ἀεὶ δοκεῖν· Ὁ γὰρ θεός πως, εἰ θεόν σφε χρὴ καλεῖν, Κάμνει ξυνὼν τὰ πολλὰ τοῖς αὐτοῖς ἀεί. Θνητῶν δὲ θνητὸς ὄλβος· οἱ δ' ὑπέρφρονες Καὶ τῷ παρόντι τοὔπιὸν πιστούμενοι Ἔλεγχον ἔλαβον τῆς τύχης ἐν τῷ παθεῖν — Der Sinn von v. 3 erinnert an *Fr.* 65 des *Heraklit*, das Gomperz (Zu Heraklits Lehre S. 1004 f.) mit *Fr.* 19 verbindet: ἓν τὸ σοφὸν μοῦνον, ἐπίστασθαι γνώμην, ἣ κυβερνᾶται πάντα διὰ πάντων, λέγεσθαι οὐκ ἐθέλει καὶ ἐθέλει Ζηνὸς οὔνομα. Vgl. auch Gr. Denker I. S. 53. — Zu v. 3 vgl. *Herakles* 101 ff.; zu v. 5 ff. vgl. A. 23.

²²) Wilamowitz (Herakles² II. S. 121) citiert hiezu *Matth.* 6, 34: μὴ μεριμνήσετε εἰς τὴν αὔριον· ἡ γὰρ αὔριον μεριμνήσει ἑαυτῆς· ἀρκετὸν τῇ ἡμέρᾳ ἡ κακία αὐτῆς. „Aber das Evangelium begründet dies damit, dass der Mensch zunächst das Reich Gottes und seine Gerechtigkeit suchen soll. Das hatte mit andern Worten *Demokritos* gesagt (*Fr.* 2 bei *Stob. flor.* I. 47 Hense): ἄριστον ἀνθρώπῳ, τὸν βίον διάγειν ὡς πλεῖστον εὐθυμηθέντι καὶ ἐλάχιστα ἀνιηθέντι· τοῦτο δ' ἂν εἴη, εἴ τις μὴ ἐπὶ τοῖσι θνητοῖσι τὰς ἡδονὰς ποιοῖτο. Euripides redet in der Form ähnlich; das Morgen hat schon das Seine zu besorgen und deshalb keine Zeit, sich um die Erfüllung dessen zu bemühen, was wir von ihm erwarten. Den Sinn wiederholt er *Antiope Fr.* 196: Τοιόςδε θνητῶν τῶν ταλαιπώρων βίος· Οὔτ' εὐτυχεῖ τὸ πάμπαν οὔτε δυςτυχεῖ [Εὐδαίμονεῖ δὲ καὖθις κοὐκ εὐδαιμονεῖ]. Τί δῆτ' ἐν ὄλβῳ μὴ σαφεῖ βεβηκότες Οὐ ζῶμεν ὡς ἥδιστα μὴ λυπούμενοι;"

²³) *Fr.* 964: Ἐγὼ δὲ [ταῦτα] παρὰ σοφοῦ τινος μαθὼν Εἰς φροντίδας νοῦν συμφοράς τ' ἐβαλλόμην, Φυγάς τ' ἐμαυτῷ προςτιθεὶς πάτρας ἐμῆς Θανάτους τ' ἀώρους καὶ κακῶν ἄλλας ὁδούς, Ἵν', εἴ τι πάσχοιμ' ὧν ἐδόξαζον φρενί. Μή μοι νεῶρες προςπεσὸν μᾶλλον δάκοι. — *Cic. Tusc.* III. 14, 29: „Itaque apud Euripidem a Theseo dicta laudantur: Nam qui haec audita a docto meminissem viro, Futuras mecum commentabar miserias. Aut mortem acerbam aut exili maestam fugam Aut semper aliquam molem meditabar mali, Ut si qua invecta diritas casu foret, Ne me imparatum cura laceraret repens. Die von Nauck vorgeschlagene Ersetzung von repens durch recens ist eine Verschlimmbesserung: repens ist gleich repentinus: „hostium repens adventus" (22, 52). Zum Gedanken vgl. *Terenz, Phormio* 241 ff.: Qam ob rem omnis, quom secundae res sunt maxume, tum maxume Meditari secum oportet, quo pacto adversam aerumnam ferant. Pericla, damna peregre rediens semper secum cogitet Aut fili peccatum aut uxoris mortem aut morbum filiae, Communia esse haec, ne quid horum unquam accidat animo novom. — Vgl. auch *Fr.* 1073 A. 21. Wilamowitz (An. Eur. pg. 172) schreibt die Verse dem *Peirithous* zu; dann wären sie also von *Kritias*. Sie können aber auch aus dem *Theseus* des *Euripides* stammen oder aus dessen *Ägeus* oder *Hippol. Kal.*, wie Wilamowitz selbst (Herakles¹ I. S. 28 A. 53) anerkennt. — *Jamblich vit. Pyth.* 196: ἦν αὐτοῖς παράγγελμα, ὡς οὐδὲν δεῖ τῶν ἀνθρωπίνων συμπτωμάτων ἀπροςδόκητον εἶναι παρὰ τοῖς νοῦν ἔχουσι. „Das steht hier in einer Partie, deren Herkunft unbekannt ist; wahrscheinlich stammt es von *Aristoxenos.* Die Benützung einer Pythagorasschrift durch beide ist nicht abzuweisen. Aber es ist auch durchaus verkehrt, diese alle als junge Fälschungen zu betrachten" (Wil. a. a. O.). Diels (Archiv f. Gesch. d. Philos.

IV. 1891 S. 119 A. 6) halt an Anaxagoras fest. Jedenfalls fällt Welckers Ansicht, der in dem Weisen (S. 785) den Pittheus sah.

²⁴) *Ino Fr.* 409: Μήτ' εὐτυχοῦσα πᾶσαν ἡνίαν χάλα Κακῶς τε πράσσουσ' ἐλπίδος κεδνῆς ἔχου. — *Fr.* 408: Ἐν ἐλπίσιν χρὴ τοὺς σοφοὺς ἄγειν βίον.
²⁵) *Hypsip. Fr.* 761: Ἄελπτον οὐδέν, πάντα δ' ἐλπίζειν χρεών. Vgl. *Linos* 11 f. (Mull. 1. p. 156).
²⁶) *Phrixos Fr.* 826: Δι' ἐλπίδος ζῇ καὶ δι' ἐλπίδος τρέφου.
²⁷) *Theogn.* 1135 ff.: Ἐλπὶς ἐν ἀνθρώποις μούνη θεὸς ἐσθλὴ ἔνεστιν, Ἄλλοι δ' Οὔλυμπόνδ' ἐκπρολιπόντες ἔβαν.
²⁸) *Soph. Fr.* 862: Ἐλπὶς γὰρ ἡ βόσκουσα τοὺς πολλοὺς βροτῶν. Vgl. *Eur. Phon.* 396: Αἱ δ' ἐλπίδες βόσκουσι φυγάδας, ὡς λόγος. Der Gedanke scheint auf ein Sprichwort zurückzugehen (*Äsch. Ag.* 1668): Οἶδ' ἐγὼ φεύγοντας ἄνδρας ἐλπίδας σιτουμένους.
²⁹) *Protes. Fr.* 650: Πολλ' ἐλπίδες ψεύδουσι καὶ λόγοι βροτούς. — καὶ conj. Dindorf. ἄλογοι SMA; ψεύδουσιν ἄλογοι conj. Matthiae besser als εὔλογοι (Prinz) und αἱ τυφλαί (Herwerden), κουφόνοι (Enger).
³⁰) *Alec. Fr.* 62: Ἑκάβη, τὸ θεῶν ὡς ἄελπτον ἔρχεται θνητοῖσιν, ἕλκει δ' οὔποτ' ἐκ ταὐτοῦ τύχας. Weckleins Änderung von τύχας in ζυγοῦ ist sinnreich und jedenfalls einfacher als F. G. Schmidts Vorschlag: ἥκει... εἰς ταὐτοῦ στέγας.
³¹) *Mel. desm. Fr.* 491, 5: Οὐ χρὴ μάχεσθαι πρὸς τὸ θεῖον, ἀλλ' ἐᾶν.
³²) *Belleroph. Fr.* 304: Ποῦ δὴ τὸ σαφὲς θνατοῖσι βιοτᾶς; Θοαῖσι μὲν ναυσὶ πόρον πνοαὶ κατὰ βένθος ἅλιον Ἰθύνουσι· τύχας δὲ θνητῶν Τὸ μὲν μέγ' εἰς οὐδὲν ὁ πολὺς χρόνος Μεθίστησι, τὸ δὲ μεῖον αὔξων. „Metrum loci laborat" (Nauck).
³³) *Eurysth. Fr.* 376: Kap. V. 2 A. 26. — *Thyest. Fr.* 391: Οὐκ ἔστιν οὐδὲν χωρὶς ἀνθρώποις θεῶν· Σπουδάζομεν δὲ πόλλ' ὑπ' ἐλπίδων, μάτην Πόνους ἔχοντες, οὐδὲν εἰδότες σαφές. *Fr.* 972: Πολλαῖσι μορφαῖς οἱ θεοὶ σοφισμάτων Σφάλλουσιν ἡμᾶς κρείσσονες πεφυκότες. *Plut. de def. or.* 38 pg. 431 A. Dies mit *Ino Fr.* 418 (S. 483 A. 77) zu verbinden (Busche im Rh. M. 55. 1900 S. 301), liegt kein zwingender Grund vor. — *Theogn.* 381 f: Οὐδέ τι κεκριμένον πρὸς δαίμονός ἐστι βροτοῖσιν, Οὐδ' ὁδόν, ἥν τις ἰὼν ἀθανάτοισιν ἅδοι.
³⁴) *Antiope Fr.* 211: Kap. III. 1 A. 17.
³⁵) *Temenid. Fr.* 733: Τοῖς πᾶσιν ἀνθρώποισι κατθανεῖν μένει. Κοινόν δ' ἔχοντες αὐτὸ κοινὰ πάσχομεν Πάντες· Τὸ γὰρ χρεὼν μεῖζον ἢ τὸ μὴ χρεών. Nauck meint, in v. 2 gehöre an Stelle von κοινόν vielmehr πάντες aus v. 3 und schreibt letzteren: Τὸ γὰρ χρεὼν οὐκ ἔστι μὴ χρεὼν ποιεῖν. Vgl. *Adesp. Fr.* 368: τό τοι χρεὼν οὐκ ἔστι μὴ χρεὼν ποιεῖν. Ferner *Eur. Herakles* 311: Ὁ χρὴ γὰρ οὐδεὶς μὴ χρεὼν θήσει ποτέ und *Bacch.* 515 f.: ὁ τι γὰρ μὴ χρεών, οὗτοι χρεὼν παθεῖν. Wilamowitz, Her.² II. S. 74 f. und De Trag. Gr. Fr. pg. 25.
³⁶) *Fr.* 916: Kap. V. 1 A. 37.
³⁷) *Herod.* I. 32: πᾶν ἐστι ἄνθρωπος συμφορή (vgl. VII. 49: αἱ συμφοραὶ τῶν ἀνθρώπων ἄρχουσι καὶ οὐκὶ ἄνθρωπος τῶν συμφορέων). *Alc.* 799 ff.: Ὄντας δὲ θνητοὺς θνητὰ καὶ φρονεῖν χρεών, Ὡς τοῖς γε σεμνοῖς καὶ συνωφρυωμένοις Ἅπασίν ἐστιν, ὡς γ' ἐμοὶ χρῆσθαι κριτῇ. Οὐ βίος ἀληθῶς ὁ βίος, ἀλλὰ συμφορά. — *Antiphon Fr.* 132 (Blass): εὐκατηγόρητος πᾶς ὁ βίος θαυμαστῶς [ὥς] καὶ οὐδὲν ἔχων περιτὸν οὐδὲ μέγα καὶ σεμνόν, ἀλλὰ πάντα σμικρὰ καὶ ἀσθενῆ καὶ ὀλιγοχρόνια καὶ ἀναμαμιγμένα λύπαις μεγάλαις. — *Fr.* 133: τὸ ζῆν ἔοικε φρουρᾷ ἐπημέρῳ τό τε μῆκος τοῦ βίου ἡμέρᾳ μιᾷ, ὡς ἔπος εἰπεῖν, ἣν ἀναβλέψαντες πρὸς τὸ φῶς παρεγγυῶμεν τοῖς ἐπιγιγνομένοις ἑτέροις.

38) *Fr.* 966: Βίος γὰρ ὄνομ' ἔχει πόνος γεγώς.

39) *Cicero Tusc.* IV. 29, 63: „Itaque non sine causa, cum Orestem fabulam doceret Euripides, primos tris versus revocasse dicitur Socrates: „Neque tam terribilis ulla fando oratio est Nec sors nec ira caelitum invectum malum. Quod non natura humana patiendo ecferat".

40) *Hipp. Kal. Fr.* 444: Ὦ δαῖμον, ὡς οὐκ ἔστ' ἀποστροφὴ βροτοῖς Τῶν ἐμφύτων τε καὶ θεηλάτων κακῶν.

41) *Hipp. Kal. Fr.* 434: Οὐ γὰρ κατ' εὐσέβειαν αἱ θνητῶν τύχαι, Τολμήμασιν δὲ καὶ χρεῶν ὑπερβολαῖς Ἁλίσκεταί τε πάντα καὶ θηρεύεται.

41a) *Alex. Fr.* 58 s. Kap. V. 2 A. 70.

42) *Skyr. Fr.* 684: Φεῦ, τῶν βροτείων ὡς ἀνώμαλοι τύχαι. Οἱ μὲν γὰρ εὖ πράσσουσι, τοῖς δὲ συμφοραὶ Σκληραὶ πάρεισιν εὐσεβοῦσιν εἰς θεούς, Καὶ πάντ' ἀκριβῶς κἀπὶ φροντίδων βίον Οὕτω δικαίως ζῶσιν αἰσχύνης ἄτερ.

43) *Antiope Fr.* 196: s. A. 22. — *Fr.* 197: s. Kap. I. A. 118.

44) *Äol. Fr.* 37: Μοχθεῖν ἀνάγκη· τὰς δὲ δαιμόνων τύχας Ὅστις φέρει κάλλιστ' ἀνὴρ οὗτος σοφός. — *Alex. Fr.* 46: Πάντων τὸ θανεῖν· τὸ δὲ κοινὸν ἄχος Μετρίως ἀλγεῖν σοφία μελετᾷ. — *Thyest. Fr.* 392: εἰ δ' ἄτερ πόνων Δοκεῖς ἔσεσθαι, μῶρος εἶ, θνητὸς γεγώς.

45) *Äolus Fr.* 25: Φεῦ φεῦ, παλαιὸς αἶνος ὡς καλῶς ἔχει· Γέροντες οὐδὲν ἄλλο ἐσμὲν πλὴν ψόφος Καὶ σχῆμ'· ὀνείρων δ' ἕρπομεν μιμήματα· Νοῦς δ' οὐκ ἔνεστιν, οἰόμεσθα δ' εὖ φρονεῖν. Vgl. *Mel. desm. Fr.* 508: Παλαιὸς αἶνος· ἔργα μὲν νεωτέρων. Βουλαὶ δ' ἔχουσι τῶν γεραιτέρων κράτος. — *Fr.* 509: Τί δ' ἄλλο; φωνὴ καὶ σκιὰ γέρων ἀνήρ. — Burckhardt S. 403 ff. — Vgl. auch über Epicharm *Ilian V. H.* II. 34.

46) *Oinom. Fr.* 575: Ὅστις δὲ θνητῶν βούλεται δυςώνυμον Εἰς γῆρας ἐλθεῖν, οὐ λογίζεται καλῶς· Μακρὸς γὰρ αἰὼν μυρίους τίκτει πόνους. Welcker S. 674.

46a) *Peleus Fr.* 619: Τὸ γῆρας, ὦ παῖ, τῶν νεωτέρων φρενῶν Σοφώτερον πέφυκε κἀσφαλέστερον Ἐμπειρία τε τῆς ἀπειρίας κρατεῖ.

47) *Soph. Antig.* 334: Πολλὰ τὰ δεινὰ κοὐδὲν ἀνθρώπου δεινότερον πέλει. — *Eur. Äol. Fr.* 27: Ἡ βραχύ τοι σθένος ἀνέρος· ἀλλὰ Ποικιλίᾳ πραπίδων Δεινὰ μὲν φῦλα πόντου Χθονίων τ' ἀερίων τε Δάμναται παιδεύματα. Das letzte Wort ist in diesem Zusammenhang ein Unsinn. Den Sinn trifft jedenfalls F. G. Schmidts Änderung γεννήματα. Welcker S. 866. Vgl. S. 66.

48) *Antiope Fr.* 205: Φρονῶ δ' ὃ πάσχω καὶ τόδ' οὐ σμικρὸν κακόν· Τὸ μὴ εἰδέναι γὰρ ἡδονὴν ἔχει τινὰ Νοσοῦντα, κέρδος δ' ἐν κακοῖς ἀγνωσία.

49) *Andromeda Fr.* 150: Οὐκ ἔστιν ὅστις εὐτυχὴς ἔφυ βροτῶν, Ὃν μὴ τὸ θεῖον ὡς τὰ πολλὰ συνθέλει. In v. 2 ist ὃν unerträglich: ᾧ konj. Porson.

50) Vgl. *Herakles* 655 ff.; *Hik.* 1080 ff. S. Kap. V. 1.

51) *Iph. Aul.* 1416 (Achilleus): ὁ θάνατος δεινὸν κακόν. Vgl. *Prediger* 11. 7. Palm. Qohelet und die nacharistotel. Philos. Mannheimer Gymn.-Progr. 1885 S. 23.

51a) *Fr.* 854. Nach *Stob. flor.* VII. 9: Εὐριπίδης Ἡρακλεῖ, was nach Naucks sehr wahrscheinlicher Vermutung aus Ἡρακλείδαις verderbt ist. Vgl. Kap. V. 2 A. 66. — *Erechtheus Fr.* 361 dagegen meint, dass ein ruhmvoller Tod besser sei als ein Leben ohne Ehre: ἐγὼ δὲ τοὺς καλῶς τεθνηκότας Ζῆν φημι μᾶλλον τοῦ βλέπειν τοὺς μὴ καλῶς. Salmasius konj. τοῦ βλέποντος. Wecklein dazu οὐ für μή; immerhin weniger gewaltsam als Nauck: φημι· φημὶ δ' οὐ βλέπειν. Vgl. S. 449 A. 123.

52) *Phoinix Fr.* 816: Καίτοι ποτ' εἴ τιν' εἰσίδοιμ' ἀνὰ πόλιν Τυφλὸν

IV. 1891 S. 119 A. 6) halt an Anaxagoras fest. Jedenfalls fällt Welckers Ansicht, der in dem Weisen (S. 735) den Pittheus sah.

²⁴) *Ino Fr.* 409: Μήτ' εὐτυχοῦσα πᾶσαν ἡνίαν χάλα Κακῶς τε πράσσουσ' ἐλπίδος κεδνῆς ἔχου. — *Fr.* 408: Ἐν ἐλπίσιν χρή τούς σοφούς ἄγειν βίον.

²⁵) *Hypsip. Fr.* 761: Ἄελπτον οὐδέν, πάντα δ' ἐλπίζειν χρεών. Vgl. *Linos* 11 f. (Mull. I. p. 156).

²⁶) *Phrixos Fr.* 826: Δι' ἐλπίδος ζῇ καί δι' ἐλπίδος τρέφου.

²⁷) *Theogn.* 1135 ff.: Ἐλπίς ἐν ἀνθρώποις μούνη θεός ἐσθλή ἔνεστιν, Ἄλλοι δ' Οὐλυμπόνδ' ἐκπρολιπόντες ἔβαν.

²⁸) *Soph. Fr.* 862: Ἐλπίς γάρ ἡ βόσκουσα τούς πολλούς βροτῶν. Vgl. *Eur. Phön.* 396: Αἱ δ' ἐλπίδες βόσκουσι φυγάδας, ὡς λόγος. Der Gedanke scheint auf ein Sprichwort zurückzugehen (*Äsch. Ag.* 1668): Οὐδ' ἐγώ φεύγοντας ἄνδρας ἐλπίδας σιτουμένους.

²⁹) *Protes. Fr.* 650: Πολλ' ἐλπίδες ψεύδουσι καί λόγοι βροτούς. — καί conj. Dindorf. ἄλογοι SMA; ψεύδουσιν ἄλογοι conj. Matthiae besser als εὔλογοι (Prinz) und αἱ τυφλαί (Herwerden), κουφόνοι (Enger).

³⁰) *Alex. Fr.* 62: Ἑκάτη, τό θεῶν ὡς ἄελπτον ἔρχεται Θνητοῖσιν, ἕλκει δ' οὔποτ' ἐκ ταὐτοῦ τύχας. Weckleins Änderung von τύχας in ζυγοῦ ist sinnreich und jedenfalls einfacher als F. G. Schmidts Vorschlag: ἥκει ... εἰς ταὐτοῦ στέγας.

³¹) *Mel. desm. Fr.* 491, 5: Οὐ χρή μάχεσθαι πρός τό θεῖον, ἀλλ' ἐᾶν.

³²) *Bellероph. Fr.* 304: Ποῦ δή τό σαφές θνατοῖσι βιοτᾶς; Θοαῖσι μέν ναυσί πόρον πνοαί κατά βένθος ἅλιον Ἰθύνουσι· τύχας δέ θνητῶν Τό μέν μέγ' εἰς οὐδέν ὁ πολύς χρόνος Μεθίστησι, τό δέ μεῖον αὔξων. „Metrum loci laborat" (Nauck).

³³) *Eurysth. Fr.* 376: Kap. V. 2 A. 26. — *Thyest. Fr.* 391: Οὐκ ἔστιν οὐδέν χωρίς ἀνθρώποις θεῶν· Σπουδάζομεν δέ πόλλ' ὑπ' ἐλπίδων, μάτην Πόνους ἔχοντες, οὐδέν εἰδότες σαφές. *Fr.* 972: Πολλαῖσι μορφαῖς οἱ θεοί σοφισμάτων Σφάλλουσιν ἡμᾶς κρείσσονες πεφυκότες. *Plut. de def. or.* 38 pg. 431 A. Dies mit *Ino Fr.* 418 (S. 483 A. 77) zu verbinden (Busche im Rh. M. 55. 1900 S. 301), liegt kein zwingender Grund vor. - *Theogn.* 381 f: Οὐδέ τι κεκριμένον πρός δαίμονός ἐστι βροτοῖσιν, Οὐδ' ὁδόν, ἥν τις ἰών ἀθανάτοισιν ἅδοι.

³⁴) *Antiope Fr.* 211: Kap. III. 1 A. 17.

³⁵) *Temenid. Fr.* 733: Τοῖς πᾶσιν ἀνθρώποισι κατθανεῖν μένει. Κοινόν δ' ἔχοντες αὐτό κοινά πάσχομεν Πάντες· Τό γάρ χρεών μεῖζον ἤ τό μή χρεών. Nauck meint, in v. 2 gehöre an Stelle von κοινόν vielmehr πάντες aus v. 3 und schreibt letzteren: Τό γάρ χρεών οὐκ ἔστι μή χρεών ποιεῖν. Vgl. *Adesp. Fr.* 368: τό τοι χρεών οὐκ ἔστι μή χρεών ποιεῖν. Ferner *Eur. Herakles* 311: Ὅ χρή γάρ οὐδείς μή χρεών θήσει ποτέ und *Bacch.* 515 f.: ὅ τι γάρ μή χρεών, οὔτοι χρεών παθεῖν. Wilamowitz, Her.² II. S. 74 f. und De Trag. Gr. Fr. pg. 25.

³⁶) *Fr.* 916: Kap. V. 1 A. 37.

³⁷) *Herod.* I. 32: πᾶν ἐστι ἄνθρωπος συμφορή (vgl. VII. 49: αἱ συμφοραί τῶν ἀνθρώπων ἄρχουσι καί οὐχί ἄνθρωποι τῶν συμφορέων). *Alc.* 799 ff.: Ὄντας δέ θνητούς θνητά καί φρονεῖν χρεών. Ὡς τοῖς γε σεμνοῖς καί συνωφρυωμένοις Ἅπασίν ἐστιν, ὡς γ' ἐμοί χρῆσθαι κριτῇ, Οὐ βίος ἀληθῶς ὁ βίος, ἀλλά συμφορά. *Antiphon Fr.* 132 (Blass): εὐκατηγόρητος πᾶς ὁ βίος θαυμαστῶς [ὥς] καί οὐδέν ἔχων περιττόν οὐδέ μέγα καί σεμνόν, ἀλλά πάντα σμικρά καί ἀσθενῆ καί ὀλιγοχρόνια καί ἀναμεμιγμένα λύπαις μεγάλαις. — *Fr.* 133: τό ζῆν ἔοικε φρουρᾷ ἐφημέρῳ τό τε μῆκος τοῦ βίου ἡμέρᾳ μιᾷ, ὡς ἔπος εἰπεῖν, ἥν ἀναβλέψαντες πρός τό φῶς παρεγγυῶμεν τοῖς ἐπιγιγνομένοις ἑτέροις.

Axiochos 5 pg. 366 D ff.: τί μέρος τῆς ἡλικίας ἄμοιρον τῶν ἀνιαρῶν; etc.; ebenᵃ dort (8 pg. 369 B) auch das Wort über die Gleichgültigkeit des Todes (*Fr.* 3): ὅτι ὁ θάνατος οὔτε περὶ τοὺς ζῶντάς ἐστιν οὔτε περὶ τοὺς μετηλλαχότας. Vgl. Gomperz, Griech. Denker I. S. 344 ff. und 467 f.

⁵⁵) *Cic. Tusc.* I. 48, 116: Alcidamas quidem, rhetor antiquus in primis nobilis scripsit etiam laudationem mortis, quae constat ex enumeratione humanorum malorum. Vgl. Kap. VII. 3 A. 34. — I. 34, 83: A malis igitur mors abducit, non a bonis, verum si quaerimus. Et quidem hoc a Cyrenaico Hegesia sic copiose disputatur, ut is a rege Ptolemaeo prohibitus esse dicatur illa in scholis dicere, quod multi iis auditis mortem sibi ipsi consciscerent. Er lebte um 280 unter Ptolemäus Philadelphus. Sein Beiname Πεισιθάνατος *Diog. Laert.* II. 8. — Vgl. auch J. Burckhardt, Griech. K.G. II. S. 411 ff.

⁵⁷) *Fr.* 1070: Ὅστις δὲ λύπας φησὶ πημαίνειν βροτούς, Δεῖν δ' ἀγχονῶν τε καὶ πετρῶν ῥίπτειν ἄπο, Οὐκ ἐν σοφοῖσίν ἐστιν, εὐχέσθω δ' ὅμως Ἄπειρος εἶναι τῆς νόσου ταύτης ἀεί. v. 3 δὲ πᾶς conj. Gomperz.

⁵⁷ᵃ) K. F. Hermann, Griech. Privataltertümer § 61, 25 f.

⁵⁸) *Herakles* 1351: ἐγκαρτερήσω βίοτον. So schreibt Wilamowitz mit Recht für das überlieferte, in diesem Zusammenhang (trotz *Andromache* 262) völlig sinnlose ἐγκαρτερήσω θάνατον und bemerkt dazu treffend: „Das ist kein Schreibfehler: da hat vielmehr die gemeine Menschenansicht geändert, die es zwar für schwer hält, zu sterben, aber nicht begreift, dass zu leben unendlich viel schwerer ist". Vgl. *Odyssee* x 49 ff. und *Theognis* 1029: Τόλμα θυμέ, κακοῖσιν ὅμως ἄτλητα πεπονθώς.

⁵⁹) *Plato, Phädo* 6 pg. 62 B: ὁ μὲν οὖν ἐν ἀπορρήτοις λεγόμενος περὶ αὐτῶν λόγος, ὡς ἔν τινι φρουρᾷ ἐσμεν οἱ ἄνθρωποι καὶ οὐ δεῖ δὴ ἑαυτὸν ἐκ ταύτης λύειν οὐδ' ἀποδιδράσκειν, μέγας τέ τίς μοι φαίνεται καὶ οὐ ῥᾴδιος διιδεῖν. — *Kratylus* 17 pg. 400 C ist von der orphischen Lehre σῶμα-σῆμα die Rede; οἱ ἀμφὶ Ὀρφέα meinen, dass die Seele den Leib περίβολον ἔχειν, ἵνα σώζηται, δεσμωτηρίου εἰκόνα. Vgl. Rohde, Psyche¹ S. 415 A. 1 und S. 399.

⁶⁰) *Aristot. Probl.* 30, 1: ἔτι δὲ τὰ περὶ Αἴαντα καὶ Βελλεροφόντην, ὧν ὁ μὲν ἐκστατικὸς ἐγένετο παντελῶς, ὁ δὲ τὰς ἐρημίας ἐδίωκεν, διὸ οὕτως ἐποίησεν Ὅμηρος· Αὐτὰρ ἐπεὶ καὶ κεῖνος ἀπήχθετο πᾶσι θεοῖσιν, Ἤτοι ὁ καπ πεδίον τό Ἀλήϊον οἶος ἀλᾶτο, Ὃν θυμὸν κατέδων πάτον ἀνθρώπων ἀλεείνων (Z 200 ff.). Obwohl somit schon in der Homerischen Schilderung ein Ansatz zu dem oben geschilderten Charakter des B. lag, so muss Euripides ihn doch wesentlich verändert und vertieft haben; denn ein Grammatiker bemerkt zu der Iliasstelle: οὐχ ὡς οἱ νεώτεροί φασι μελαγχολήσας, ἀλλ' ὀδυνώμενος ἐπὶ τῇ τῶν ἑαυτοῦ παίδων ἀπωλείᾳ ἐμόναζε. Vgl. *Rutilius Nam.* I. 449 ff.; *Ausonius*, epist. 25, 71. Welcker, S. 791. — *Cicero, Tusc.* III. 26, 63 bezieht sich nur auf die Homerstelle. — *Galenus, De medico* 13: τῆς δὲ μελαγχολίας αἰτία μέλαινα χολή, ψυχρότερος χυμὸς καὶ ζοφώδης. διὸ ζοφοειδεῖς τέ εἰσι καὶ δύσθυμοι οἱ τοιοῦτοι, ὕποπτοι δὲ εἰς πάντα καὶ μισάνθρωποί τε καὶ ἐρημίαις χαίροντες, οἷος ὁ Βελλεροφόντης ἱστορεῖται. — *Bell. Fr.* 286 s. Kap. III. 2 A. 103; *Fr.* 292 ib. A. 94; *Fr.* 285 Kap. V. 3 A. 53; *Fr.* 297 Kap. V. 2 A. 8; *Fr.* 303 Kap. III. 1 A. 27 und 2 A. 104; *Fr.* 304 Kap. V. 3 A. 32. — *Fr.* 299: Πρὸς τὴν ἀνάγκην πάντα τἆλλ' ἐστ' ἀσθενῆ. — *Fr.* 300: Οἴμοι· τί δ' οἴμοι; θνητά τοι πεπόνθαμεν. — *Fr.* 308: Πάρες, ὦ σκιερὰ φυλλάς, ὑπερβῶ Κρηναῖα νάπη· τὸν ὑπὲρ κεφαλῆς Αἰθέρ' ἰδέσθαι σπεύδω, τίν' ἔχει Εἰνοδία. v. 4 Εἰνοδία konj. Valckenaer für εὐοδίας. Parodiert

von *Aristoph. Wespen* 757, der auch im *Frieden* v. 56, 66, 76 auf B. und den Pegasus anspielt.

⁸¹) *Heraklit Fr.* 47 (Byw.): ἁρμονίη ἀφανὴς φανερῆς κρείσσων. Über Dike s. Kap. III. 3. Zu den dort (A. 19. 20. 28. 29. 30. 31) angeführten Bruchstücken *Heraklits* füge ich noch *Fr.* 91: τρέφονται γὰρ πάντες οἱ ἀνθρώπειοι νόμοι ὑπὸ ἑνὸς τοῦ θείου; κρατέει γὰρ τοσοῦτον ὁκόσον ἐθέλει καὶ ἐξαρκέει πᾶσι καὶ περιγίγνεται.

Sechstes Kapitel.

Anthropologie: Die menschliche Gesellschaft.

1. Die Familie.

¹) Jakob Burckhardt, Griechische Kulturgeschichte², herausgegeben von J. Öri (Berlin und Stuttgart 1898) I. S. 57. *Cicero, De off.*, I. 17, 54.

²) Kap. V. 2 A. 156; *Hipp.* 1268 ff.; *Hipp. Kal. Fr.* 431.

²ᵃ) *Herakles* 633 πάντα τἀνθρώπων ἴσα ist nur in diesem speziellen Sinn zu verstehen (Wilamowitz z. St.).

³) *Diktys Fr.* 346: Εἷς γάρ τις ἐστι κοινὸς ἀνθρώποις νόμος Καὶ θεοῖσι τοῦτο δόξαν, ὡς σαφῶς λέγω, Θηρσίν τε πᾶσι, τέκνα τίκτουσιν φιλεῖν· Τὰ δ' ἄλλα χωρὶς χρώμεθ' ἀλλήλων νόμοις. — *Demokrit Fr. eth.* 184 (Mull.): ἀνθρώποισι τῶν ἀναγκαίων δοκέει εἶναι παῖδας κτήσασθαι ἀπὸ φύσιος καὶ καταστάσιός τινος ἀρχαίης. δῆλον δὲ καὶ τοῖσι ἄλλοισι ζῴοισι. Πάντα γὰρ ἔκγονα κτᾶται κατὰ φύσιν ἐπωφελείης γε οὐδεμιῆς εἵνεκα, ἀλλ' ὅταν γένηται, ταλαιπωρέει καὶ τρέφει ἕκαστον ὡς δύναται καὶ ὑπερδέδοικε μέχρι σμικρῆς καὶ, ἥν τι πάθῃ, ἀνιᾶται. ἡ μὲν φύσις τοιαύτη πάντων ἐστὶ ὅσσα ψυχὴν ἔχει· τῷ δὲ δὴ ἀνθρώπῳ νόμιμον ἤδη πεποίηται, ὥστε καὶ ἐπαύρεσίν τινα γίγνεσθαι ἀπὸ τοῦ ἐκγόνου. Vgl. *Cicero, De off.* I. 4, 11 f. und 17, 54.

⁴) *Protesil. Fr.* 653: Κοινὸν γὰρ εἶναι χρῆν γυναικεῖον λέχος. *Herod.* IV. 104: ᾿Αγάθυρσοι ... ἐπίκοινον τῶν γυναικῶν τῶν μῖξιν ποιεῦνται, ἵνα κασίγνητοί τε ἀλλήλων ἔωσι καὶ οἰκήιοι ἐόντες πάντες μήτε φθόνῳ μήτ' ἔχθεϊ χρέωνται ἐς ἀλλήλους. — *Plato. Staat* V. 9 pg. 461 D: πατέρας δὲ καὶ θυγατέρας καὶ ἃ νῦν δὴ ἔλεγες πῶς διαγνώσονται ἀλλήλων; οὐδαμῶς. ἢν δ' ἐγώ, ἀλλ' ἀφ' ἧς ἂν ἡμέρας τις αὐτῶν νυμφίος γένηται, μετ' ἐκείνην δεκάτῳ μηνὶ καὶ ἑβδόμῳ δὴ ἃ ἂν γένηται ἔκγονα, ταῦτα πάντα προςερεῖ τὰ μὲν ἄρρενα υἱεῖς, τὰ δὲ θήλεα θυγατέρας, καὶ ἐκεῖνα ἐκεῖνον πατέρα κα. οὕτω δή, τὰ τούτων ἔκγονα παίδων παῖδας καὶ ἐκεῖνα αὖ ἐκείνους πάππους τε καὶ τηθάς. τὰ δ' ἐν ἐκείνῳ τῷ χρόνῳ γεγονότα, ἐν ᾧ αἱ μητέρες καὶ οἱ πατέρες αὐτῶν ἐγέννων, ἀδελφάς τε καὶ ἀδελφούς. — *Staat* V. 5 pg. 464 A: ἆρ' οὖν τούτων αἰτία πρὸς τῇ ἄλλῃ καταστάσει ἡ τῶν γυναικῶν τε καὶ παίδων κοινωνία τοῖς φύλαξιν; πολὺ μὲν οὖν μάλιστα, ἔφη. — Vgl. Pöhlmann. Geschichte des antiken Kommunismus und Sozialismus I. S. 121; Derselbe, Die soziale Dichtung der Griechen in „Neue Jahrbücher für das klassische Altertum" etc. 1898 S. 28. Unrichtig fasst die Stelle Welcker S. 495.

⁵) *Ino Fr.* 402: Νόμοι γυναικῶν οὐ καλῶς κεῖνται πέρι· Χρῆν γὰρ τὸν εὐτυχοῦνθ' ὅπως πλείστας ἔχειν [Γυναῖκας εἴπερ τροφὴ δόμοις παρῆν] Ὡς τὴν κακὴν

μὲν ...ἐραλλε δωμάτων, Τὴν δ' οὖσαν ἐσθλήν ἡδέως ἐσῴζετο. Νῦν δ' εἰς μίαν βλέπουσι, κίνδυνον μέγαν 'Ρίπτοντες· οὐ γὰρ τῶν τρόπων πειρώμενοι Νύμφας ἐς οἴκους ἑρματίζονται βροτοί. V. 3 ist interpoliert. — Welcker ·S. 622 übergeht den allgemeinen Gedanken dieser Rede.

[6]) *Andromeda Fr.* 137: Τῶν γὰρ πλούτων ὅδ' ἄριστος Γενναῖον λέχος εὑρεῖν. — *Antigone Fr.* 164: "Ἄριστον ἀνδρὶ κτῆμα συμπαθής γυνή. — *Antiphon Fr.* 131 (ed. Blass² pg. 142 s.): τί γὰρ ἥδιον ἀνθρώπῳ γυναικὸς καταθυμίας;

[7]) Ob v. 206 interpoliert ist, wie Nauck annimmt, oder nicht, thut für den hier in Rede stehenden Gedanken nichts zur Sache.

[8]) *Antiope Fr.* 212: Εἰ νοῦς ἔνεστιν· εἰ δὲ μή, τί δεῖ καλῆς Γυναικός, εἰ μὴ τὰς φρένας χρηστὰς ἔχοι; vor εἰ fehlt der Hauptsatz.

[9]) *Ödip. Fr.* 548: Kap. V. 1 A. 52.

[10]) *Fr.* 909: Οὐδεμίην ὤνησε κάλλος εἰς πόσιν ξυνάορον. Ἀρετὴ δ' ὤνησε πολλάς· πᾶσα γὰρ ἀγαθὴ γυνή, Ἥτις ἀνδρὶ συντέτηκε σωφρονεῖν ἐπίσταται. Πρῶτα μέν γε τοῦθ' ὑπάρχει· κἂν ἄμορφος ᾖ πόσις, Χρὴ δοκεῖν εὔμορφον εἶναι τῇ γε νοῦν κεκτημένῃ· Οὐ γὰρ ὀφθαλμὸς τὸ κρῖνόν ἐστι κάλλος ἀλλὰ νοῦς. Εὖ λέγειν δ', ὅταν τι λέξῃ, χρὴ δοκεῖν, κἂν μὴ λέγῃ, Κἀκπονεῖν ἂν τῷ ξυνόντι πρὸς χάριν μέλλῃ τελεῖν. Ἡδὺ δ', ἢν κακόν πάθῃ τι, συσκυθρωπάζειν πόσει "Ἄλοχον ἐν κοινῷ τε λύπης ἡδονῆς τ' ἔχειν μέρος ... Σοὶ δ' ἔγωγε καὶ νοσοῦντι συννοσοῦσ' ἀνέξομαι Καὶ κακῶν τῶν σῶν ξυνοίσω κοὐδὲν ἔσται μοι πικρόν. Über die Schreibung von v. 6 s. Kap. II. A. 19. K. Fr. Hermann wies das Bruchstück dem *Ödipus* zu, weil dort *Fr.* 545 (s. A. 17) in Form und Inhalt ähnlich ist. Ebenso Welcker S. 542. — Vgl. auch *Demokrit Fr.* 128 Kap. V. 2 A. 146 Schluss; und *Fr.* 129: σώματος κάλλος ζωῶδες, εἰ μὴ νόος ὑπείη.

[11]) Nur dies kann, wie mir scheint, der Sinn von v. 930 sein: ἔθανε δάμαρ, ἔλιπε φιλίαν, d. h. „die Gattin ist tot; die Liebe hat sie zurückgelassen", und nicht wie Donner übersetzt: „Die Gattin starb, die Liebe schwand".

[12]) Dass in dieser Sage ohne Zweifel noch ein Rest der bekanntlich in Indien heute noch üblichen Sitte vorliegt, nach welcher die Witwe sich mit dem toten Gatten verbrennen lässt, kommt für das Empfinden der geschichtlichen Zeit nicht mehr in Betracht. Vgl. O. Seeck, Die Bildung der griechischen Religion in „Neue Jahrbücher für das klass. Altertum" etc. 1899 S. 240. Vgl. die Bestattung des Patroklus Ψ 22 f. Beloch, Griech. Gesch. I. S. 115. *Dio Chrys. Or.* 13, 1: Burckhardt, Gr. K.G. II. S. 151.

[13]) Dass gerade die Alkestis sich über die *Iph. Aul.* 1394 ausgesprochene populäre Auffassung vom Wert der Frau erhebt, betont Lindskog (Stud. z. ant. Drama S. 49. *Aristot. Eth. Nic.* VIII. 14, 12 pg. 1162 A: ἀνδρὶ δὲ καὶ γυναικὶ φιλία δοκεῖ κατὰ φύσιν ὑπάρχειν· ἄνθρωπος γὰρ τῇ φύσει συνδυαστικὸν μᾶλλον ἢ πολιτικόν, ὅσῳ πρότερον καὶ ἀναγκαιότερον οἰκία πόλεως Καὶ τεκνοποιία κοινότερον τοῖς ζῴοις. τοῖς μὲν οὖν ἄλλοις ἐπὶ τοσοῦτον ἡ κοινωνία ἐστίν, οἱ δ' ἄνθρωποι· οὐ μόνον τῆς τεκνοποιίας χάριν συνοικοῦσιν, ἀλλὰ καὶ τῶν εἰς τὸν βίον· εὐθὺς γὰρ διῄρηται τὰ ἔργα καὶ ἔστιν ἕτερα ἀνδρὸς καὶ γυναικός· ἐπαρκοῦσιν οὖν ἀλλήλοις εἰς τὸ κοινὸν τιθέντες τὰ ἴδια. διὰ ταῦτα δὲ καὶ τὸ χρήσιμον εἶναι· δοκεῖ καὶ τὸ ἡδὺ ἐν ταύτῃ τῇ φιλίᾳ. εἴη δ' ἂν καὶ δι' ἀρετήν, εἰ ἐπιεικεῖς εἶεν· ἔστιν γὰρ ἑκατέρου ἀρετὴ καὶ χαίροιεν ἂν τῷ τοιούτῳ. σύνδεσμος δὲ τὰ τέκνα δοκεῖ εἶναι· διὸ θᾶττον οἱ ἄτεκνοι διαλύονται· τὰ γὰρ τέκνα κοινὸν ἀγαθὸν ἀμφοῖν, συνέχει δὲ τὸ κοινόν.

[14]) *Danaë Fr.* 318: Γυνὴ γὰρ ἐξελθοῦσα πατρῴων δόμων Οὐ τῶν τεκόντων

ἐστὶν ἀλλὰ τοῦ λέχους. Τὸ δ' ἄρσεν ἕστηχ' ἐν δόμοις ἀεὶ γένος Θεῶν πατρῴων καὶ τάφων τιμάορον. — *Fr.* 319: Συμμαρτυρῶ σοι· πανταχοῦ λελείμμεϑα Πᾶσαι γυναῖκες ἀρσένων ἀεὶ δίχα. v. 2 δίκη conj. Madvig, λίαν F. G. Schmidt. - Auf eine Veränderung in der Stellung der Frau scheint η 67 f. zu deuten.

[15]) *Kreterinnen Fr.* 463: Οὐ γάρ ποτ' ἄνδρα τὸν σοφὸν γυναικὶ χρὴ Δοῦναι χαλινοὺς οὐδ' ἀφέντ' ἐᾶν κρατεῖν· Πιστὸν γὰρ οὐδέν ἐστιν· εἰ δέ τις κυρεῖ Γυναικὸς ἐσϑλῆς εὐτυχεῖ κακὸν λαβών. Ob v. 4 in Ordnung ist, kann man füglich bezweifeln. — Vgl. auch *El.* 932—937, Verse, deren Echtheit Wecklein (Sitz.-Ber. d. Bayr. Ak. 1895 S. 488) ohne triftigen Grund anzweifelt. — *Demokrit Fr.* 179: ὑπὸ γυναικὸς ἄρχεσϑαι ὕβρις καὶ ἀνανδρίη ἐσχάτη. Vgl. *Fr.* 181.

[16]) Uber den nachteiligen Einfluss des Verkehrs der Frauen untereinander (*Troad.* 651 f.) vgl. noch *Andromach.* 944 ff.; *Hipp.* 645 ff. — *Demokrit Fr.* 177: γυνὴ μὴ ἀσκείτω λόγον· δεινὸν γάρ. Vgl. *Menander* (Meineke, Fr. Com. Gr. IV. 347 und 260): ἱστοὶ γυναικῶν ἔργα κοὐκ ἐκκλησίαι. 1. *Kor.* 14, 34: αἱ γυναῖκες ἐν ταῖς ἐκκλησίαις σιγάτωσαν· οὐ γὰρ ἐπιτρέπεται αὐταῖς λαλεῖν, ἀλλὰ ὑποτασσέσϑωσαν καϑὼς καὶ ὁ νόμος λέγει. 1. *Timoth.* 2, 11 f.: γυνὴ ἐν ἡσυχίᾳ μανϑανέτω ἐν πάσῃ ὑποταγῇ· διδάσκειν δὲ γυναικὶ οὐκ ἐπιτρέπω οὐδὲ αὐϑεντεῖν ἀνδρός ἀλλ' εἶναι ἐν ἡσυχίᾳ. — *Demokrit Fr.* 176: Κόσμος ὀλιγομυϑίη γυναικί· καλὸν δὲ καὶ κόσμου λιτότης.

[17]) *Od. Fr.* 545: Πᾶσα γὰρ δούλη πέφυκεν ἀνδρὸς ἡ σώφρων γυνή· Ἡ δὲ μὴ σώφρων ἀνοίᾳ τὸν ξυνόνϑ' ὑπερφρονεῖ. — Vgl. A. 9. — *Fr.* 546: Πᾶσα γὰρ ἀνδρὸς κακίων ἄλοχος, Κἂν ὁ κάκιστος Γήμῃ τὴν εὐδοκιμοῦσαν.

[18]) *Fr.* 1055: Οἰκοφϑόρον γὰρ ἄνδρα κωλύει γυνὴ Ἐσϑλὴ παραζευχϑεῖσα καὶ σῴζει δόμους.

[19]) *Meleager Fr.* 521: Ἔνδον μένουσαν τὴν γυναῖχ' εἶναι χρεὼν Ἐσϑλήν, ϑύρασι δ' ἀξίαν τοῦ μηδένος. — *Fr.* 927: Ἔνδον γυναικῶν καὶ παρ' οἰκέταις λόγος.

[20]) *Phrixus Fr.* 823: Δίκαι' ἔλεξε· χρὴ γὰρ εὐναίῳ πόσει Γυναῖκα κοινῇ τὰς τύχας φέρειν ἀεί. — *Fr.* 822: Γυνὴ γὰρ ἐν κακοῖσι καὶ νόσοις πόσει: Ἥδιστόν ἐστι, δῶμα τ' ἢν οἰκῇ καλῶς Ὀργήν τε πραΰνουσα καὶ δυσϑυμίας Ψυχὴν μεϑιστᾶσ'· ἡδὺ κἀπάται φίλων. Die letzten Worte sind verdorben: κἀπῳδαὶ konj. F. G. Schmidt, Krit. Stud. II. pg. 493 s.

[21]) *Med.* 14 f.: Ἥπερ μεγίστη γίγνεται σωτηρία, Ὅταν γυνὴ πρὸς ἄνδρα μὴ διχοστατῇ. Vgl. ζ 182 ff.: οὐ μὲν γὰρ τοῦ γε κρεῖσσον καὶ ἄρειον, Ἢ ὅϑ' ὁμοφρονέοντε νοήμασιν οἶκον ἔχητον Ἀνὴρ ἠδὲ γυνή· πόλλ' ἄλγεα δυςμενέεσσιν, Χάρματα δ' εὐμενέτῃσι, μάλιστα δέ τ' ἔκλυον αὐτοί.

[22]) Ich sehe keinen Grund ein, warum, wie Nauck meint, *Troad.* 667 f. interpoliert sein sollen.

[23]) Unter diesem Gesichtspunkt behandelt das Stück richtig Rauber in seiner sonst wunderlichen Schrift „Medea im Lichte biologischer Forschung".

[24]) *Or.* 602 ff.: Γάμοι δ' ὅσοις μὲν εὖ καϑεστᾶσιν βροτῶν, Μακάριος αἰών· οἷς δὲ μὴ πίπτουσιν εὖ, Τἄτ' ἔνδον εἰσὶ τά τε ϑύραζε δυστυχεῖς. Zum Ausdruck εὖ πίπτειν v. 603 vgl. *Soph. Fr.* 809: Ἀεὶ γὰρ εὖ πίπτουσιν οἱ Διὸς κύβοι. *Schol.* — *Eur. Fr.* 1056: Οὐ πάντες οὔτε δυστυχοῦσιν ἐν γάμοις Οὔτ' εὐτυχοῦσι· συμφορὰ δ' ὃς ἂν τύχῃ Κακῆς γυναικός, εὐτυχεῖ δ' ἐσϑλῆς τυχών. — *Fr.* 1057: Μακάριος ὅστις εὐτυχεῖ γάμον λαβὼν Ἐσϑλῆς γυναικός, δυστυχεῖ δ' ὁ μὴ λαβών. — Vgl. *Epicharm Fr.* B 35 Lorenz pg. 265.

[25]) *Danae Fr.* 317: Καὶ νῦν παραινῶ πᾶσι τοῖς νεωτέροις Μὴ πρὸς τά

γήρας ἀναβολὰς ποιουμένους Σχολῇ τεχνοῦσθαι παῖδας· οὐ γὰρ ἡδονή, Γυναικὶ τ'
ἐχθρὸν χρῆμα πρεσβύτης ἀνήρ· Ἀλλ' ὡς τάχιστα. Καὶ γὰρ ἐκτροφαὶ καλαὶ Καὶ
ξυννεάζων ἡδὺ παῖς νέῳ πατρί. — *Phoinix Fr.* 804: Μοχθηρόν ἐστιν ἀνδρὶ
πρεσβύτῃ τέκνα Δίδωσιν ὅστις οὐκέθ' ὡραῖος γαμεῖ· Δέσποινα γὰρ γέροντι νυμφίῳ
γυνή. — In v. 2 ist δίδωσιν unmöglich; νεᾶνιν und λέχος in v. 1 konj. Wecklein.
ἄκοιτις Kock, ἄφρων γὰρ Blaydes, ἠλίθιος Nauck. Meineke nahm Ausfall eines oder
einiger Verse an und dachte sich als Objekt zu δίδωσιν etwa τιμωρίαν. *Äol.
Fr.* 24: Κακὸν γυναῖκα πρὸς νέαν ζεῦξαι νέον· Μακρὰ γὰρ ἰσχὺς μᾶλλον ἀρσένων
μένει, Θήλεια δ' ἥβη θᾶσσον ἐκλείπει δέμας. Hiezu vgl. *Fr.* 914: Κακὸν γυναῖκα
πρὸς νέον ζεῦξαι νέαν· Ὁ μὲν γὰρ ἄλλης λέκτρον ἱμείρει λαβεῖν, Ἡ δ' ἐνδεὴς
τοῦδ' οὖσα βουλεύει κακά. *Clem. Al. Strom.* VI. pg. 740, der hiebei an *Epicharm
Fr.* 298 (Kaibel) erinnert: ὦ θύγατερ αἰαῖ τύχας· Ξυνοικεῖς ὢν νέωι γ' ἔσσα
παλαιτέρα· Ὁ μὲν γὰρ ἄλλην λαμβάνει νεανίδα, Ἀ δ' ἄλλον ἄλληι δῆτα μαστεύει
τινά. — *Phoinix Fr.* 807: Πικρὸν νέᾳ γυναικὶ πρεσβύτης ἀνήρ.

²⁶) *Mel. desm. Fr.* 502: Ὅσοι γαμοῦσι δ' ἢ γένει κρείσσους γάμους Ἢ
πολλὰ χρόματ', οὐκ ἐπίστανται γαμεῖν· Τὰ τῆς γυναικὸς γὰρ κρατοῦντ' ἐν δώμασιν Δουλοῖ τὸν ἄνδρα κοὐκέτ' ἔστ' ἐλεύθερος· Πλοῦτος δ' ἐπακτὸς ἐκ γυναι-
κείων γάμων Ἀνόνητος· αἱ γὰρ διαλύσεις οὐ ῥᾴδιαι. Vgl. *Kleobulos* von *Lindos:*
γαμεῖν ἐκ τῶν ὁμοίων· ἐὰν γὰρ ἐκ τῶν κρειττόνων, δεσπότας οὐ συγγενεῖς κτήσῃ.
Pittakos bei *Diog. L.* I. 80. Auch *Fr.* 60 des *Alexander:* Ἐκ τῶν ὁμοίων οἱ
κακοὶ γαμοῦσ' ἀεί gehört hieher: „Geringe Leute heiraten wieder in geringen
Stand“, wie es Welcker S. 470 ganz richtig erklärt: „Κακοὶ im politischen Sinn
wie bei Theognis“; während Ribbeck (R. Tr. S. 88) darin „die degenerierende
Wirkung der Ehe in den enggezogenen Kreisen ebenbürtiger Stammgenossen“
hervorgehoben glaubt. Der Begriff der Degeneration fehlt gänzlich; es wird
nur eine Thatsache konstatiert. — Die Verse, welche wir in der *Elektra*
1097 ff. lesen, stammen nach *Stob. flor.* 72, 4 aus den *Kreterinnen* und schlossen
sich an *Fr.* 464 an: s. A. 30 und 28.

²⁷) *Mel. desm. Fr.* 501: Γάμους δ' ὅσοι σπεύδουσι μὴ πεπρωμένους, Μάτην
πονοῦσιν· ἡ δὲ τῷ χρεὼν πόσει Μένουσα κἀσπούδαστος ἦλθεν εἰς δόμους. Vgl. A. 28.

²⁷ᵃ) Vgl. *Antiphon Fr.* 131 (Blass): οὐκοῦν δῆλον ὅτι γυνὴ ἀνδρί, ἐὰν ᾖ
καταθυμία, οὐδὲν ἐλάσσους τὰς φιλότητας παρέχεται καὶ τὰς ὀδύνας ἢ αὐτὸς αὑτῷ
ὑπέρ τε τῆς ὑγιείας δισσῶν σωμάτων ὑπέρ τε τοῦ βίου τῆς συλλογῆς ὑπέρ τε τῆς
σωφροσύνης καὶ τῆς εὐκλείας.

²⁸) *Mel. desm. Fr.* 494: Τῆς μὲν κακῆς κάκιον οὐδὲν γίγνεται Γυναικός,
ἐσθλῆς δ' οὐδὲν εἰς ὑπερβολὴν Πέφυκ' ἄμεινον· διαφέρουσι δ' αἱ φύσεις. Wir
haben hier offenbar eine Umschreibung eines alten Spruches: vgl. *Hesiod, Erga*
702 f.: Οὐ μὲν γάρ τι γυναικὸς ἀνὴρ ληίζετ' ἄμεινον Τῆς ἀγαθῆς, τῆς δ' αὖτε
κακῆς οὐ ῥίγιον ἄλλο. *Semonides* von Amorgos *Fr.* 6: Γυναικὸς οὐδὲν χρῆμ'
ἀνὴρ ληίζεται Ἐσθλῆς ἄμεινον οὐδὲ ῥίγιον κακῆς. In der *Melanippe desmotis*
muss die Frauenfrage, besonders das Problem der Ehe, ziemlich eingehend behandelt worden sein. R. Wünsch, Zu den Melanippen des Euripides im Rh. M.
1894 S. 98 ff.

²⁹) *Fr.* 1059: Δεινὴ μὲν ἀλκὴ κυμάτων θαλασσίων, Δειναὶ δὲ ποταμῶν καὶ
πυρὸς θερμοῦ πνοαί, Δεινὸν δὲ πενία, δεινὰ δ' ἄλλα μυρία, Ἀλλ' οὐδὲν οὕτω δεινόν
ὡς γυνὴ κακή· Οὐδ' ἂν γένοιτο γράμμα τοιοῦτον γραφῇ, Οὐδ' ἂν λόγος δείξειεν. εἰ δέ
του θεῶν τόδ' ἐστὶ πλάσμα, δημιουργὸς ὢν κακῶν Μέγιστος ἴστω καὶ βροτοῖσι
δυσμενής. Welcker S. 789 weist die Verse dem *Belleroph.* zu. Hinsichtlich des

von *Aristoph. Wespen* 757, der auch im *Frieden* v. 56, 66, 76 auf B. und den Pegasus anspielt.

⁶¹) *Heraklit Fr.* 47 (Byw.): ἁρμονίη ἀφανὴς φανερῆς κρείσσων. Über Dike s. Kap. III. 3. Zu den dort (A. 19. 20. 28. 29. 30. 31) angeführten Bruchstücken *Heraklits* füge ich noch *Fr.* 91: τρέφονται γὰρ πάντες οἱ ἀνθρώπειοι νόμοι ὑπὸ ἑνὸς τοῦ θείου; κρατέει γὰρ τοσοῦτον ὁκόσον ἐθέλει καὶ ἐξαρκέει πᾶσι καὶ περιγίγνεται.

Sechstes Kapitel.

Anthropologie: Die menschliche Gesellschaft.

1. Die Familie.

¹) Jakob Burckhardt, Griechische Kulturgeschichte², herausgegeben von J. Öri (Berlin und Stuttgart 1898) I. S. 57. *Cicero, De off.*, I. 17, 54.

²) Kap. V. 2 A. 156; *Hipp.* 1268 ff.; *Hipp. Kal. Fr.* 431.

²ᵃ) *Herakles* 683 πάντα τἀνθρώπων ἴσα ist nur in diesem speziellen Sinn zu verstehen (Wilamowitz z. St.).

³) *Diktys Fr.* 346: Εἷς γάρ τις ἔστι κοινὸς ἀνθρώποις νόμος Καὶ θεοῖσι τοῦτο δόξαν, ὡς σαφῶς λέγω, Θηρσίν τε πᾶσι, τέκνα τίκτουσιν φιλεῖν· Τὰ δ' ἄλλα χωρὶς χρώμεθ' ἀλλήλων νόμοις. — *Demokrit Fr. eth.* 184 (Mull.): ἀνθρώποισι τῶν ἀναγκαίων δοκέει εἶναι παῖδας κτήσασθαι ἀπὸ φύσιος καὶ καταστάσιός τινος ἀρχαίης. δῆλον δὲ καὶ τοῖσι ἄλλοισι ζῴοισι. Πάντα γὰρ ἔκγονα κτᾶται κατὰ φύσιν ἐπωφελείης γε οὐδεμιῆς εἴνεκα, ἀλλ' ὅταν γένηται, ταλαιπωρέει καὶ τρέφει ἕκαστον ὡς δύναται καὶ ὑπερδέδοικε μέχρι σμικρῆς καὶ, ἤν τι πάθῃ, ἀνιᾶται. ἡ μὲν φύσις τοιαύτη πάντων ἐστὶ ὅσσα ψυχὴν ἔχει· τῷ δὲ δὴ ἀνθρώπῳ νόμιμον ἤδη πεποίηται, ὥστε καὶ ἐπαύρεσίν τινα γίγνεσθαι ἀπὸ τοῦ ἐκγόνου. Vgl. *Cicero. De off.* I. 4, 11 f. und 17, 54.

⁴) *Protesil. Fr.* 653: Κοινὸν γὰρ εἶναι χρῆν γυναικεῖον λέχος. *Herod.* IV. 104: Ἀγάθυρσοι ... ἐπίκοινον τῶν γυναικῶν τῶν μῖξιν ποιεῦνται, ἵνα κασίγνητοί τε ἀλλήλων ἔωσι καὶ οἰκήϊοι ἐόντες πάντες μήτε φθόνῳ μήτ' ἔχθεϊ χρέωνται ἐς ἀλλήλους. — *Plato, Staat* V. 9 pg. 461 D: πατέρας δὲ καὶ θυγατέρας καὶ ἃ νῦν δὴ ἔλεγες πῶς διαγνώσονται ἀλλήλων; οὐδαμῶς, ἦν δ' ἐγώ, ἀλλ' ἀφ' ἧς ἂν ἡμέρας τις αὐτῶν νυμφίος γένηται, μετ' ἐκείνην δεκάτῳ μηνὶ καὶ ἑβδόμῳ δὴ ἃ ἂν γένηται ἔκγονα, ταῦτα πάντα προςερεῖ τὰ μὲν ἄρρενα υἱεῖς, τὰ δὲ θήλεα θυγατέρας, καὶ ἐκεῖνα ἐκεῖνον πατέρα καὶ· οὕτω δὴ τὰ τούτων ἔκγονα παίδων παῖδας καὶ ἐκεῖνα αὖ ἐκείνους πάππους τε καὶ τηθάς, τὰ δ' ἐν ἐκείνῳ τῷ χρόνῳ γεγονότα, ἐν ᾧ αἱ μητέρες καὶ οἱ πατέρες αὐτῶν ἐγέννων, ἀδελφάς τε καὶ ἀδελφούς. - *Staat* V. 5 pg. 464 A: ἆρ' οὖν τούτων αἰτία πρὸς τῇ ἄλλῃ καταστάσει ἡ τῶν γυναικῶν τε καὶ παίδων κοινωνία τοῖς φύλαξιν; πολὺ μὲν οὖν μάλιστα, ἔφη. — Vgl. Pöhlmann. Geschichte des antiken Kommunismus und Sozialismus I. S. 121; Derselbe, Die soziale Dichtung der Griechen in „Neue Jahrbücher für das klassische Altertum" etc. 1898 S. 28. Unrichtig fasst die Stelle Welcker S. 495.

⁵) *Ino Fr.* 402: Νόμοι γυναικῶν οὐ καλῶς κεῖνται πέρι· Χρῆν γάρ τὸν εὐτυχοῦνθ' ὅπως πλείστας ἔχειν [Γυναῖκας εἴπερ τροφὴ δόμοις παρῆν] Ὡς τὴν κακήν

οὐδὲν ὡς γυνή. *Ino Fr.* 410: Τοίανδε χρὴ γυναικὶ πρόςπολον ἐᾶν, Ἥτις τὸ μὲν δίκαιον οὐ σιγήσεται, Τὰ δ' αἰσχρὰ μισεῖ καὶ κατ' ὀφθαλμοὺς ἔχει. v. 3 konj. Dobree ἐρεῖ, F. G. Schmidt ψέγει für ἔχει. — Übrigens ist es auch nicht klug, eine Frau von allem abzusperren: *Fr.* 1063, in dem Verse des *Euripides* und *Menander* vermengt zu sein scheinen (Nauck² pg. 697): Τὸ μὲν μέγιστον, οὔποτ' ἄνδρα χρὴ σοφὸν Λίαν φυλάσσειν ἄλοχον ἐν μυχοῖς δόμων etc.

³²) *Hipp. Kal. Fr.* 429: Ἀντὶ πυρὸς γὰρ ἄλλο πῦρ Μεῖζον ἐβλάστομεν γυναῖκας πολὺ δυςμαχώτερον. — *Öd. Fr.* 544: Ἄλλως δὲ πάντων δυςμαχώτατον γυνή (ἄλλως SA, ἄλλων M, ἄλλως δέ· Busche, Rh. Mus. 1900 S. 303). — *Phoinix Fr.* 808: Γυνὴ δὲ πάντων ἀγριώτατον κακόν.

³³) *Aolus Fr.* 36: Γυναῖκα δ' ὅστις παύσεται λέγων κακῶς, Δύστηνος ἄρα κοὐ σοφὸς κεκλήσεται.

³⁴) *Meleager Fr.* 528: Μισῶ γυναῖκα ... ἐκ πασῶν δὲ σέ, Ἥτις πονηρὰ τἄργ' ἔχουσ' [εἶτ'] εὖ λέγεις. v. 1 ist unheilbar verdorben. — *Phoinix Fr.* 808 N. A. 32. — *Mel. desm. Fr.* 498: Πλὴν τῆς τεκούσης θῆλυ πᾶν μισῶ γένος.

³⁵) *Stheneb. Fr.* 671: Κομίζετ' εἴσω τήνδε· πιστεύειν δὲ χρὴ Γυναικὶ μηδὲν ὅστις εὖ φρονεῖ βροτῶν. — *Fr.* 1015: Αἰεὶ δὲ μήτηρ φιλότεκνος μᾶλλον πατρός· Ἡ μὲν γὰρ αὑτῆς οἶδεν ἔνθ', ὁ δ' οἴεται. *Schol.* zu α 215 f. und δ 387.

³⁶) *Schol.* zu *Hipp.* 407 f.: Ἡρωδιανὸς ἐν τῷ μονοβίβλῳ τῷ Περὶ κυρίων καὶ ἐπιθέτων καὶ προςηγορικῶν (II. pg. 1) λέγει εἶναι τὰς πρῶτον πορνευσάσας θυγατέρας τοῦ Εὐρυπύλου, οὐ τοῦ Κώου, ἀλλὰ ἄλλου τινός. ἔστι δὲ τὰ ὀνόματα αὐτῶν Μορφὴ καὶ Κλυτή. In der *Andromache* 218 ff. wird geradezu gesagt, dass das Laster der ἀπληστία den Frauen mehr eigen sei als den Männern.

³⁷) *Danae Fr.* 321: Ἦν γάρ τις αἶνος, ὡς γυναιξὶ μὲν τέχναι Μέλουσι, Λόγχῃ δ' ἄνδρες εὐστοχώτεροι. Εἰ γὰρ δόλοισιν ἦν τὸ νικητήριον, Ἡμεῖς ἂν ἀνδρῶν εἴχομεν τυραννίδα. *Ino Fr.* 401: Φεῦ Ὅσῳ τὸ θῆλυ δυστυχέστερον γένος Πέφυκεν ἀνδρῶν· ἔν τε τοῖσι γὰρ καλοῖς Πολλῷ λέλειπται κἀπὶ τοῖς αἰσχροῖς πλέον. Man kann hier allerdings im Zweifel sein, ob καλὰ — αἰσχρὰ im ethischen Sinn zu nehmen sind, oder sich auf die soziale Stellung der Geschlechter beziehen sollen. Welcker S. 619 bezieht dieses Bruchstück, ebenso wie *Fr.* 400 (Ὦ θνητὰ πράγματ', ὦ γυναικεῖαι φρένες· Ὅσον νόσημα τὴν Κύπριν κεκτήμεθα) auf die „Ausschweifungen unter der Dionysischen Freiheit".

³⁸) *Auge Fr.* 276: Γυναῖκές ἐσμεν· τὰ μὲν ὄκνῳ νικώμεθα, Τὰ δ' οὐκ ἂν ἡμῶν θράσος ὑπερβάλοιτό τις. — *Ageus Fr.* 3: Δειλῶν γυναῖκες δεσποτῶν θρασύστομοι.

³⁹) *Hekabe* 1183 ff. Der Sinn von v. 1185 f. muss ungefähr der sein, welchen die Donnersche Übersetzung giebt. Aber es ist natürlich unmöglich, dass ἐπίφθονος „neidenswert im Tugendglanz" bedeutet. Es kann nur die zwei Bedeutungen ‚neidisch' oder ‚verhasst' haben. Hier hat es die letztere im Sinne von bösartig. Deswegen kann aber auch 1186 unmöglich κακῶν stehen, und Reiske änderte dasselbe in καλῶν, während G. Hermann ἀντάριθμοι τῶν κακῶν schrieb: „die andern sind an Zahl den Bösen gleich". Gesucht ist die Erklärung des *Scholiasten*, nach welcher v. 1186 den Sinn haben soll: αἱ δὲ καταταττόμεθα μὴ οὖσαι φαῦλαι εἰς ἀριθμὸν τῶν φαύλων.

⁴⁰) *Protesil. Fr.* 657: Ὅστις δὲ πάσας συντιθεὶς ψέγει λόγῳ Γυναῖκας ἑξῆς, σκαιός ἐστι κοὐ σοφός· Πολλῶν γὰρ οὐσῶν τὴν μὲν εὑρήσεις κακήν, Τὴν δ' ὥσπερ αὕτη λῆμ' ἔχουσαν εὐγενές.

⁴¹) *Mel. desm. Fr.* 499: Μάτην ἄρ' ἐς γυναῖκας ἐξ ἀνδρῶν ψόγος Ψάλλει

von *Aristoph. Wespen* 757, der auch im *Frieden* v. 56, 66, 76 auf B. und den Pegasus anspielt.

⁸¹) *Heraklit Fr.* 47 (Byw.): άρμονίη άφανής φανερής κρείσσων. Über Dike s. Kap. III. 3. Zu den dort (A. 19. 20. 28. 29. 30. 31) angeführten Bruchstücken *Heraklits* füge ich noch *Fr.* 91: τρέφονται γάρ πάντες οί άνθρώπειοι νόμοι ύπό ένός τοῦ θείου; κρατέει γάρ τοσοῦτον ὁκόσον ἐθέλει καί ἐξαρκέει πᾶσι καί περιγίγνεται.

Sechstes Kapitel.

Anthropologie: Die menschliche Gesellschaft.

1. Die Familie.

¹) Jakob Burckhardt, Griechische Kulturgeschichte², herausgegeben von J. Öri (Berlin und Stuttgart 1898) I. S. 57. *Cicero, De off.*, I. 17, 54.

²) Kap. V. 2 A. 156; *Hipp.* 1268 ff.; *Hipp. Kal. Fr.* 431.

²ᵃ) *Herakles* 633 πάντα τάνθρώπων ίσα ist nur in diesem speziellen Sinn zu verstehen (Wilamowitz z. St.).

³) *Diktys Fr.* 346: Είς γάρ τις έστι κοινός άνθρώποις νόμος Καί θεοῖσι τοῦτο δόξαν, ώς σαφώς λέγω, Θηρσίν τε πᾶσι, τέκνα τίκτουσιν φιλεῖν· Τά δ' άλλα χωρίς χρώμεθ' άλλήλων νόμοις. — *Demokrit Fr. eth.* 184 (Mull.): άνθρώποισι τῶν άναγκαίων δοκέει εἶναι παῖδας κτήσασθαι άπό φύσιος καί καταστάσιός τινος άρχαίης. δῆλον δέ καί τοῖσι άλλοισι ζώοισι. Πάντα γάρ έκγονα κτᾶται κατά φύσιν έπωφελείης γε ούδεμιῆς είνεκα, άλλ' όταν γένηται, ταλαιπωρέει καί τρέφει έκαστον ώς δύναται καί ύπερδέδοικε μέχρι σμικρῆς καί, ἤν τι πάθῃ, άνᾶται. ἡ μέν φύσις τοιαύτη πάντων έστί όσσα ψυχήν έχει· τῷ δέ δή άνθρώπῳ νόμιμον ἤδη πεποίηται, ώστε καί έπαύρεσίν τινα γίγνεσθαι άπό τοῦ έκγόνου. Vgl. *Cicero. De off.* I. 4, 11 f. und 17, 54.

⁴) *Protesil. Fr.* 653: Κοινόν γάρ εἶναι χρῆν γυναικεῖον λέχος. *Herod.* IV. 104: 'Αγάθυρσοι . . . έπίκοινον τῶν γυναικῶν τῶν μῖξιν ποιεῦνται, ίνα κασίγνητοί τε άλλήλων έωσι καί οίκήϊοι έόντες πάντες μήτε φθόνῳ μήτ' έχθεϊ χρέωνται ές άλλήλους. — *Plato, Staat* V. 9 pg. 461 D: πατέρας δέ καί θυγατέρας καί ἃ νῦν δή έλεγες πῶς διαγνώσονται άλλήλων; ούδαμῶς, ἤν δ' έγώ, άλλ' άφ' ἦς ἃν ήμέρας τις αύτῶν νυμφίος γένηται, μετ' έκείνην δεκάτῳ μηνί καί έβδόμῳ δή ἃ ἃν γένηται έκγονα, ταῦτα πάντα προςερεῖ τά μέν άρρενα υίεῖς, τά δέ θήλεα θυγατέρας. καί έκεῖνα έκεῖνον πατέρα καί, ούτω δή, τά τούτων έκγονα παίδων παῖδας καί έκεῖνα αὖ έκείνους πάππους τε καί τηθάς, τά δ' έν έκείνῳ τῷ χρόνῳ γεγονότα, έν ῷ αί μητέρες καί οί πατέρες αύτῶν έγέννων, άδελφάς τε καί άδελφούς. - *Staat* V. 5 pg. 464 A: άρ' οὖν τούτων αίτία πρός τῇ άλλῃ καταστάσει ἡ τῶν γυναικῶν τε καί παίδων κοινωνία τοῖς φύλαξιν; πολύ μέν οὖν μάλιστα, έφη. — Vgl. Pöhlmann. Geschichte des antiken Kommunismus und Sozialismus I. S. 121; Derselbe, Die soziale Dichtung der Griechen in „Neue Jahrbücher für das klassische Altertum" etc. 1898 S. 28. Unrichtig fasst die Stelle Welcker S. 495.

⁵) *Ino Fr.* 402: Νόμοι γυναικῶν ού καλῶς κεῖνται πέρι· Χρῆν γάρ τόν εύτυχοῦνθ' όπως πλείστας έχειν [Γυναῖκας είπερ τροφή δόμοις παρῆν] 'Ως τήν κακήν

Aristophanes Vögel 829 ergänzt (vgl. *Soph. Phädra Fr.* 622, 1 und *Eur. Hik.* 447). Welcker S. 755. Der ihm aus Euripides vorschwebende und ähnlich wie *Aristoph. Ritter* 1172 lautende Vers ist wohl *Äolus Fr.* 21, 1: Δοκεῖτ' ἂν οἰκεῖν γαῖαν. — *Meleager Fr.* 525, 1: Εἰ δ' εἰς γάμους ἔλθοιμ', ὃ μὴ τύχοι ποτέ.

⁴⁸) *Mel. desm. Fr.* 493: "Ἀλγιστόν ἐστι θῆλυ μισηθὲν γένος· Αἱ γὰρ σφαλεῖσαι ταῖσιν οὐκ ἐσφαλμέναις Αἶσχος γυναιξὶ καὶ κεκοίνωνται ψόγον Ταῖς οὐ κακαῖσιν αἱ κακαί· τὰ δ' εἰς γάμους Οὐδὲν δοκοῦσιν ὑγιὲς ἀνδράσιν φρονεῖν. Vgl. A. 28.

⁴⁹) *Alope Fr.* 108: Γυνὴ γυναικὶ σύμμαχος πέφυκέ πως.

⁵⁰) *Demokrit Fr. eth.* 175: γυνὴ πολλὰ ἀνδρὸς ὀξυτέρη πρὸς κακοφραδμοσύνην.

⁵¹) *Archil. Fr.* 82: Οΐην Λυκάμβεω παῖδα τὴν ὑπερτέρην. — *Fr.* 85: Πάτερ Λυκάμβα, ποῖον ἐφράσω τόδε; Τίς σὰς παρήειρε φρένας; ʿΗις τὸ πρὶν ἠρήρεισθα· νῦν δὲ δὴ πολὺς ʿΑστοῖσιν φαίνεαι γέλως.

⁵²) *Simonides Amorg. Fr.* 7, 1 f.: Χωρὶς γυναικὸς θεὸς ἐποίησεν νόον Τὰ πρῶτα. — 7 ff.: Τὴν δ' ἐξ ἀλιτρῆς θεὸς ἔθηκ' ἀλώπεκος Γυναῖκα πάντων ἴδριν· οὐδέ μιν κακῶν λέληθεν οὐδὲν οὐδὲ τῶν ἀμεινόνων· Τὸ μὲν γὰρ αὐτῶν εἶπε πολλάκις κακόν, Τὸ δ' ἐσθλόν· ὀργὴν δ' ἄλλοτ' ἀλλοίην ἔχει. — 50 ff.: Τὴν δ' ἐκ γαλῆς, δύστηνον οἰζυρὸν γένος. Κείνη γὰρ οὔτι καλόν οὐδ' ἐπίμερον Πρόσεστιν οὐδὲ τερπνὸν οὐδ' ἐράσμιον· Εὐνῆς δ' ἀληνής ἐστιν ἀφροδισίης, Τὸν δ' ἄνδρα τὸν παρόντα ναυσίῃ διδοῖ· Κλέπτουσα δ' ἔρδει πολλὰ γείτονας κακά, Ἄθυστα δ' ἱρὰ πολλάκις κατεσθίει. — 67 ff.: Καλὸν μὲν ὦν θέημα τοιαύτη γυνὴ Ἄλλοισι, τῷ δ' ἔχοντι γίγνεται κακόν, Ἤν μή τις ἢ τύραννος ἢ σκηπτοῦχος ᾖ, Ὅστις τοιούτοις θυμὸν ἀγλαΐζεται. Ähnlich nennt *Epicharm* (*Fr.* B 35, 5 Stob. flor. 69, 17; bei Kaibel weggelassen) ein böses Weib eine ἀτυχίαν κοσμουμέναν. — 96 f. u. 115 ff.: Ζεὺς γὰρ μέγιστον τοῦτ' ἐποίησεν κακόν, Καὶ δεσμὸν ἀμφέθηκεν ἄρρηκτον πέδης, Ἐξ οὖτε τοὺς μὲν Ἄϊδης ἐδέξατο Γυναικὸς εἵνεκ' ἀμφιδηριωμένους. — *Phokylides Fr.* 1: Καὶ τόδε Φωκυλίδεω· τετόρων ἀπὸ τῶνδε γένοντο Φῦλα γυναικείων· ἡ μὲν κυνός, ἡ δὲ μελίσσης, ʿΗ δὲ συὸς βλοσυρῆς, ἡ δ' ἵππου χαιτηέσσης. Εὔφορος ἥδε, ταχεῖα, περίδρομος, εἶδος ἀρίστη· ʿΗ δὲ συὸς βλοσυρῆς οὔτ' ἂν κακὴ οὐδὲ μὲν ἐσθλή· ʿΗ δὲ κυνὸς χαλεπή τε καὶ ἄγριος· ἡ δὲ μελίσσης Οἰκονόμος τ' ἀγαθὴ καὶ ἐπίσταται ἐργάζεσθαι· ʿΗς εὔχευ, φίλ' ἑταῖρε, λαχεῖν γάμου ἱμερόεντος.

⁵⁵) K. O. Müller, Griechische Litteraturgeschichte ed. Heitz⁴ (1882) S. 50 f. Vgl. *Aristophanes, Frösche* 1043 ff. Kap. I. A. 104 ff. — Weil, Etudes sur le drame antique pg. 117. In den Mélanges Henri Weil à l'occasion de son 80° anniversaire 1898 pg. 81 ss. weist O. Crusius mit grossem Scharfsinn nach, dass ein in den Papyrus Grenfell-Hunt (New Classical Fragments and other Papyri, Oxford 1897 pg. 24; British Museum papyri 295a) enthaltenes, von diesen Gelehrten der *Melanippe desmotis* zugeteiltes Bruchstück vielmehr dem *Gerytades* des *Aristophanes* angehöre, worin der Weiberhasser Euripides in der Unterwelt umgeben von einem Chor grimmiger Weiber vorgeführt wurde, indem er zur Strafe für die schlechte Behandlung, die er ihnen zu seinen Lebzeiten angedeihen liess, nun selbst die Strafe des Einspannens in den Stock erdulden musste.

⁵⁶) *Fr.* 908: Τὸ μὴ γενέσθαι κρεῖσσον ἢ φῦναι βροτοῖς. Ἔπειτα παῖδας σὺν πικραῖς ἀληδόσιν Τίκτω· τεκοῦσα δ' ἢν μὲν ἄφρονας τέκω, Στένω ματαίως, εἰσορῶσα [μὲν] κακούς, Χρηστοὺς δ' ἀπολλῦσ'· ἢν δὲ καὶ σεσωσμένους, Τήκω τάλαιναν καρδίαν ὀρρωδίᾳ. Τί τοῦτο δή; τὸ χρηστόν; οὐκ ἀρκεῖ μίαν Ψυχὴν ἀλύειν

κἀπὶ τῇδ' ἔχειν πόνους; Welcker. vermutete, die Stelle sei aus dem *Kresphontes*. Zum Schlussgedanken vgl. S. 225 A. 157.

⁵⁵) *Oinom. Fr.* 571: Ἀμηχανῶ δ' ἔγωγε κοὐκ ἔχω μαθεῖν, Εἴτ᾽ οὖν ἄμεινόν ἐστι γίγνεσθαι τέκνα θνητοῖσιν εἴτ᾽ ἄπαιδα καρποῦσθαι βίον. Ὁρῶ γὰρ οἷς μὲν οὐκ ἔφυσαν ἀθλίους· Ὅσοισι δ' εἰσίν, οὐδὲν εὐτυχεστέρους. Καὶ γὰρ κακοὶ γεγῶτες ἐχθίστη νόσος, Κἂν αὖ γένωνται σώφρονες, κακὸν μέγα, Λυποῦσι τὸν φύσαντα, μὴ πάθωσί τι. Statt μὴ konjizierte F. G. Schmidt ἦν: meines Erachtens unnötig: λυπεῖν ist hier prägnant gebraucht: sie machen Kummer durch die Besorgnis dass. — In ganz ähnlichem Sinn spricht sich Admetos aus *Alc.* 878 ff.

⁵⁶) *Demokrit Fr. eth.* 185: οὐ δοκέει μοι χρῆναι παῖδας κτᾶσθαι· ἐνορέω γάρ ἐν παίδων κτῆσι πολλοὺς μὲν καὶ μεγάλους κινδύνους, πολλὰς δὲ λύπας. ὀλίγα δὲ τὰ εὐθηνέοντα καὶ ταῦτα λεπτὰ καὶ ἀσθενέα. — *Fr.* 187: τεκνοτροφίη σφαλερόν. — *Fr.* 188: Ὅτεῳ χρήματά ἐστι, παῖδα ποιήσασθαι ἐκ τῶν φίλων ἐμοὶ δοκέει ἄμεινον εἶναι· καὶ τῷ μὲν παῖς ἐστι τοιοῦτος, οἷον ἂν βούληται· ἔστι γὰρ ἐκλέξασθαι οἷον ἐθέλει καὶ ὃς ἂν δοκέῃ ἐπιτήδειος εἶναι καὶ μάλιστα κατὰ φύσιν ἕπηται. Καὶ τοῦτο τοσοῦτον διαφέρει, ὅσα ἐνταῦθα μὲν ἔστι τὸν παῖδα λαβεῖν καταθύμιον ἐκ πολλῶν, τῶν ἂν δέῃ· ἢν δέ τις ποιῆται ἀπὸ ἑωυτοῦ, πολλοὶ ἔνεισι κίνδυνοι· ἀνάγκη γάρ, ὃς ἂν γένηται, τούτῳ χρέεσθαι. Vielleicht nimmt darauf *Mel. denm. Fr.* 491 Bezug. S. Kap. V. 2 A. 44. Anders *Eur. Erechth. Fr.* 359: Θετῶν δὲ παίδων ποῦ κράτος; τὰ φύντα γὰρ Κρείσσω νομίζειν τῶν ἐπικτήτων χρεών. v. 2 ἐπικτήτων für δοκημάτων konjiziert Herwerden.

⁵⁷) Kap. V. 3 A. 54.

⁵⁸) *Protes. Fr.* 652: Ὦ παῖδες οἷον φίλτρον ἀνθρώποις φρενός. Welcker S. 495. — *Alkmene Fr.* 103: Δεινόν τι τέκνων φίλτρον ἐνῆκεν Θεὸς ἀνθρώποις.

⁵⁹) *Meleagr. Fr.* 518: Καὶ κτῆμα δ', ὦ τεκοῦσα, κάλλιστον τόδε, Πλούτου δὲ κρεῖσσον· τοῦ μὲν ὠκεῖα πτέρυξ, Παῖδες δὲ χρηστοί, κἂν θάνωσι, δώμασιν Καλόν τι θησαύρισμα τοῖς τεκοῦσί τε Ἀνάθημα βιότου κοὔποτ' ἐκλείπει δόμους.

⁶⁰) *Ödip. Fr.* 543: Μεγάλη τυραννὶς ἀνδρὶ τέκνα καὶ γυνή· Ἴσην γὰρ ἀνδρὶ συμφορὰν εἶναι λέγω Τέκνων θ' ἁμαρτεῖν καὶ πάτρας καὶ χρημάτων Ἀλόχου τε κεδνῆς, ὡς μόνον τῶν χρημάτων Ἡ κρεῖσσόν ἐστιν ἀνδρί, σώφρον' ἢν λάβῃ. Welcker S. 542.

⁶¹) *Danaë Fr.* 316: Γύναι, καλὸν μὲν φέγγος ἡλίου τόδε, Καλὸν δὲ πόντου χεῦμ' ἰδεῖν εὐήνεμον Γῇ τ' ἐρινὸν θάλλουσα πλούσιόν θ' ὕδωρ Πολλῶν τ' ἔπαινον ἔστι μοι λέξαι καλῶν· Ἀλλ' οὐδὲν οὕτω λαμπρὸν οὐδ' ἰδεῖν καλὸν Ὡς τοῖς ἄπαισι καὶ πόθῳ δεδηγμένοις Παίδων νεογνῶν ἐν δόμοις ἰδεῖν θάλος. — *Fr.* 317 s. A. 25.

⁶²) Der Ausdruck πατρίδα καταγνύναι ist kein hinreichender Grund, um *Hik.* 506—510 für interpoliert zu erklären (Wecklein, Beiträge zur Kritik des Eur. Sitz.Ber. d. Bayr. Ak. 1895 S. 486. — *Fr.* 949: Καὶ τοῖς τεκοῦσιν ἀξίαν τιμὴν νέμειν. — *Pyth.* χρυσᾶ ἔπη 1 ff. (Mull. I. pg. 193): Ἀθανάτους μὲν πρῶτα θεούς, νόμῳ ὡς διάκεινται, Τίμα καὶ σέβου ὅρκον, ἔπειθ' ἥρωας ἀγαυοὺς Τούς τε καταχθονίους σέβε δαίμονας ἔννομα ῥέζων. Τούς τε γονεῖς τίμα τούς τ' ἄγχιστ' ἐκγεγαῶτας. Τῶν δ' ἄλλων ἀρετῇ ποιοῦ φίλον, ὅστις ἄριστος. — Zusammenhang des Gebots, die Eltern zu ehren, mit dem Ahnenkult: auf einen solchen weist in der jüdischen Religion Schwally (Das Leben nach dem Tode. Nach den Vorstellungen des alten Israel und des Judentums einschliesslich des Volksglaubens im Zeitalter Christi. Eine biblisch-theologische Untersuchung. Giessen 1892 S. 29) hin: „Das fünfte (gewöhnlich sogen. vierte) Gebot des Dekalogs *Exod.* 20, 12 schärft ausdrücklich ein: ‚ehre deinen Vater und deine Mutter'. Es ist hiebei

beachtenswert, dass dasselbe in der Reihe der spezifisch religiösen Satzungen steht, während mit v. 13 die Nächstenpflichten beginnen. Es ist deshalb zu vermuten, dass dem Gesetzgeber vielleicht eine Erinnerung an die den Toten zu leistenden Ehren vorschwebt. Denn ausser dem Vater wurde nur noch der Mutter nach dem Tode kultische Verehrung zu teil. Von hier aus fällt auch erst ein genügendes Licht auf die schweren Strafen, welche gewissen Vergehen gegen die Eltern auf dem Fusse folgen". — *Fr.* 852 und 853 s. S. 193, 66.

63) *Archel. Fr.* 234: Πατρὸς δ' ἀνάγκη παισὶ πείθεσθαι λόγῳ.

64) *Alope Fr.* 110: Ἐγὼ δ', ὃ μὲν μέγιστον, ἄρξομαι λέγειν Ἐκ τοῦδε πρῶτον· πατρὶ πείθεσθαι χρεὼν Παῖδας νομίζειν τ' αὐτὸ τοῦτ' εἶναι δίκην.

65) *Fr.* 1064: Ἀλλ' ἴσθ', ἐμοὶ μὲν οὗτος οὐκ ἔσται νόμος, Τὸ μὴ οὐ σέ, μῆτερ, προσφιλῆ νέμειν ἀεὶ Καὶ τοῦ δικαίου καὶ τόκων τῶν σῶν χάριν. Στέργω δὲ τὸν φύσαντα τῶν πάντων βροτῶν Μάλισθ'· ὁρίζω τοῦτο, καὶ σὺ μὴ φθόνει· Κείνου γὰρ ἐξέβλαστον· οὐδ' ἂν εἰς ἀνὴρ Γυναικὸς αὐθήσειεν ἀλλὰ τοῦ πατρός.

66) *Erechth. Fr.* 358: Οὐκ ἔστι μητρὸς οὐδὲν ἥδιον τέκνοις· Ἐρᾶτε μητρός, παῖδες, ὡς οὐκ ἔστ' ἔρως Τοιοῦτος ἄλλος ὅστις ἡδίων ἐρᾶν.

67) A. 84.

68) *Fr.* 950: Ὡς ἡδὺ πατέρα παισὶν ἤπιον κυρεῖν Καὶ παῖδας εἶναι πατρὶ μὴ στυγουμένους. — *Fr.* 951: Ἦν οἱ τεκόντες τοῦτο γιγνώσκωσ' ὅτι Νέοι ποτ' ἦσαν, ἠπίως τὴν τῶν τέκνων Οἴσουσι κύπριν, φύντες οὐ σκαιοὶ φύσιν. Der Schluss ist verdorben: ὄυντες cod.; φύντες Nauck. — *Fr.* 952: Ὅστις πατὴρ πρὸς παῖδας ἐκβαίνει πικρός, Τὸ γῆρας οὗτος ἑρματίζεται βαρύ.

69) *Alkmeon Fr.* 84: Ἦ τί πλέον εἶναι παῖδας ἀνθρώποις, πάτερ. Εἰ μὴ ἐπὶ τοῖς δεινοῖσιν ὠφελήσομεν;

70) *Ig. Fr.* 4: Πέφυκε γάρ πως παισὶ πολέμιον γυνὴ Τοῖς πρόσθεν ἡ ζυγεῖσα δευτέρῳ πατρὶ Scharfsinnig vermutete Elmsley: δευτέρα πόσει. — *Phrixus Fr.* 824: Ὡς οὐδὲν ὑγιὲς φασὶ μητρυιᾶς φρονεῖν Νόθοισι παισίν, ὧν φυλάξομαι ψόγον. Hier handelt es sich allerdings um νόθοι, d. h. um illegitime Kinder.

2. Der Staat.

1) *Ar. Frösche* 952: Δημοκρατικὸν γὰρ αὔτ' ἔδρων. 954 ff.: Ἔπειτα τουτουσὶ λαλεῖν ἐδίδαξα... Λεπτῶν τε κανόνων εἰσβολάς, ἐπῶν τε γωνιασμούς, Νοεῖν, ὁρᾶν, ξυνιέναι, στρέφειν, ἐρᾶν, τεχνάζειν Κἀχ' ὑποτοπεῖσθαι, περινοεῖν ἅπαντα... Οἰκεῖα πράγματ' εἰσάγων, οἷς χρώμεθ', οἷς ξύνεσμεν, Ἐξ ὧν γ' ἂν ἐξηλεγχόμην. 973 f.: Λογισμὸν ἐνθεὶς τῇ τέχνῃ Καὶ σκέψιν. Vgl. *Aristides* 3 pg. 221: Εὐριπίδην δὲ λαλεῖν αὐτοὺς ἐθίσαι κατ αιτιαθέντα, ἀφελεῖν τι δόξαντα τοῦ βάρους. — *Dio Chrys.* 18, 7 ℵ. Einleitung A. 4; die Übersetzung nach Kraut S. 360.

2) Wilamowitz, Herakles[1] I. S. 14 A. 20. — *Plut. Nik.* 17: Οἶδε Συρακοσίους ὀκτὼ νίκας ἐκράτησαν Ἄνδρες, ὅτ' ἦν τὰ θεῶν ἐξίσου ἀμφοτέροις. Über die angebliche Gesandtschaft des Euripides nach Syrakus (*Schol.* zu *Aristot. Rhet.* II. 6) s. Einleitung A. 14. Haupt (Die äussere Politik des Euripides I. Eutin 1870; II. Plön 1877) nimmt diese, höchst wahrscheinlich gar nicht auf den Dichter sich beziehende Stelle zum Ausgangspunkt für seine gründliche, aber insofern ganz verfehlte Untersuchung über die Politik des Euripides, als er diesen mit aller Gewalt zum aktiven Politiker stempeln will, den Selbstzeugnissen des Dichters und der sonstigen litterarischen Überlieferung zum Trotz. Hätte sich Euripides aktiv am politischen Leben beteiligt, so hätte er gewiss ebenso gut auch einmal ein höheres Staatsamt bekleidet wie Sophokles. Aber

ἐστὶν ἀλλὰ τοῦ λέχους. Τὸ δ' ἄρσεν ἔστηκ' ἐν δόμοις ἀεὶ γένος Θεῶν πατρῴων καὶ τάφων τιμάορον. — *Fr.* 319: Συμμαρτυρῶ σοι· πανταχοῦ λελείμμεθα Πᾶσαι γυναῖκες ἀρσένων ἀεὶ δίχα. v. 2 δίκῃ conj. Madvig, λίαν F. G. Schmidt. - Auf eine Veränderung in der Stellung der Frau scheint η 67 f. zu deuten.

[16]) *Kreterinnen Fr.* 463: Οὐ γάρ ποτ' ἄνδρα τὸν σοφὸν γυναικὶ χρὴ Δοῦναι χαλινοὺς οὐδ' ἀφέντ' ἐᾶν κρατεῖν· Πιστὸν γὰρ οὐδέν ἐστιν· εἰ δέ τις κυρεῖ Γυναικὸς ἐσθλῆς εὐτυχεῖ κακὸν λαβών. Ob v. 4 in Ordnung ist, kann man füglich bezweifeln. — Vgl. auch *El.* 932—937, Verse, deren Echtheit Wecklein (Sitz.-Ber. d. Bayr. Ak. 1895 S. 488) ohne triftigen Grund anzweifelt. — *Demokrit Fr.* 179: ὑπὸ γυναικὸς ἄρχεσθαι ὕβρις καὶ ἀνανδρίη ἐσχάτη. Vgl. *Fr.* 181.

[16]) Über den nachteiligen Einfluss des Verkehrs der Frauen untereinander (*Troad.* 651 f.) vgl. noch *Andromach.* 944 ff.; *Hipp.* 645 ff. — *Demokrit Fr.* 177: γυνὴ μὴ ἀσκείτω λόγον· δεινὸν γάρ. Vgl. *Menander* (Meineke, Fr. Com. Gr. IV. 347 und 260): ἱστοὶ γυναικῶν ἔργα κοὐκ ἐκκλησίαι. 1. *Kor.* 14, 34: αἱ γυναῖκες ἐν ταῖς ἐκκλησίαις σιγάτωσαν· οὐ γὰρ ἐπιτρέπεται αὐταῖς λαλεῖν, ἀλλὰ ὑποτασσέσθωσαν καθὼς καὶ ὁ νόμος λέγει. 1. *Timoth.* 2, 11 f.: γυνὴ ἐν ἡσυχίᾳ μανθανέτω ἐν πάσῃ ὑποταγῇ· διδάσκειν δὲ γυναικὶ οὐκ ἐπιτρέπω οὐδὲ αὐθεντεῖν ἀνδρός ἀλλ' εἶναι ἐν ἡσυχίᾳ. — *Demokrit Fr.* 176: Κόσμος ὀλιγομυθίη γυναικί· καλὸν δὲ καὶ κόσμου λιτότης.

[17]) *Öd. Fr.* 545: Πᾶσα γὰρ δούλη πέφυκεν ἀνδρός ἡ σώφρων γυνή· Ἡ δὲ μὴ σώφρων ἀνοίᾳ τὸν ξυνόνθ' ὑπερφρονεῖ. - Vgl. A. 9. — *Fr.* 546: Πᾶσα γὰρ ἀνδρὸς κακίων ἄλοχος, Κἂν ὁ κάκιστος Γήμῃ τὴν εὐδοκιμοῦσαν.

[18]) *Fr.* 1055: Οἰκοφθόρον γὰρ ἄνδρα κωλύει γυνὴ Ἐσθλὴ παραζευχθεῖσα καὶ σῴζει δόμους.

[19]) *Meleager Fr.* 521: Ἔνδον μένουσαν τὴν γυναῖκ' εἶναι χρεὼν Ἐσθλήν, θύρασι δ' ἀξίαν τοῦ μηδένος. — *Fr.* 927: Ἔνδον γυναικῶν καὶ παρ' οἰκέταις λόγος.

[20]) *Phrixus Fr.* 823: Δίκαι' ἔλεξε· χρὴ γὰρ εὐναίῳ πόσει Γυναῖκα κοινῇ τὰς τύχας φέρειν ἀεί. — *Fr.* 822: Γυνὴ γὰρ ἐν κακοῖσι καὶ νόσοις πόσει Ἥδιστόν ἐστι, δώματ' ἢν οἰκῇ καλῶς Ὀργήν τε πραΰνουσα καὶ δυσθυμίας Ψυχὴν μεθιστᾶσ'· ἡδὺ κἀπάται φίλων. Die letzten Worte sind verdorben: κἀπῳδαὶ konj. F. G. Schmidt, Krit. Stud. II. pg. 493 x.

[21]) *Med.* 14 f.: Ἥπερ μεγίστη γίγνεται σωτηρία, Ὅταν γυνὴ πρὸς ἄνδρα μὴ διχοστατῇ. Vgl. ζ 182 ff.: οὐ μὲν γὰρ τοῦ γε κρεῖσσον καὶ ἄρειον, Ἢ ὅθ' ὁμοφρονέοντε νοήμασιν οἶκον ἔχητον Ἀνὴρ ἠδὲ γυνή· πόλλ' ἄλγεα δυςμενέεσσιν, Χάρματα δ' εὐμενέτῃσι, μάλιστα δέ τ' ἔκλυον αὐτοί.

[22]) Ich sehe keinen Grund ein, warum, wie Nauck meint, *Troad.* 667 f. interpoliert sein sollen.

[23]) Unter diesem Gesichtspunkt behandelt das Stück richtig Rauber in seiner sonst wunderlichen Schrift „Medea im Lichte biologischer Forschung".

[24]) *Or.* 602 ff.: Γάμοι δ' ὅσοις μὲν εὖ καθεστᾶσιν βροτῶν, Μακάριος αἰών· οἷς δὲ μὴ πίπτουσιν εὖ, Τά τ' ἔνδον εἰσὶ τά τε θύραζε δυστυχεῖς. Zum Ausdruck εὖ πίπτειν v. 603 vgl. *Soph. Fr.* 809: Ἀεὶ γὰρ εὖ πίπτουσιν οἱ Διὸς κύβοι. *Schol.* — *Eur. Fr.* 1056: Οὐ πάντες οὔτε δυστυχοῦσιν ἐν γάμοις Οὔτ' εὐτυχοῦσι· συμφορὰ δ' ὃς ἂν τύχῃ Κακῆς γυναικός, εὐτυχεῖ δ' ἐσθλῆς τυχών. — *Fr.* 1057: Μακάριος ὅστις εὐτυχεῖ γάμον λαβὼν Ἐσθλῆς γυναικός, δυστυχεῖ δ' ὁ μὴ λαβών. — Vgl. *Epicharm Fr.* B 35 Lorenz pg. 265.

[25]) *Danae Fr.* 317: Καὶ νῦν παραινῶ πᾶσι τοῖς νεωτέροις Μὴ πρὸς τὸ

ναιότητα ἀξίαν καὶ τῆς πόλεως καὶ τοῦ γένους. — *Plut. de exs.* 13 pg. 604 D: τίς γὰρ εἴρηκε τῆς ἑαυτοῦ πατρίδος ἐγκώμιον τοιοῦτον οἷον Εὐριπίδης; — *Fr. adesp.* 411: Φιλῶ τέκν' ἀλλὰ πατρίδ' ἐμὴν μᾶλλον φιλῶ wird von Porson und Wilamowitz (De trag. Gr. fr. pg. 26) fast mit Sicherheit für den *Erechtheus* in Anspruch genommen auf Grund von *Lyc. c. Leocr.* 101: φύσει γὰρ οὐσῶν φιλο- τέκνων πασῶν τῶν γυναικῶν ταύτην ἐποίησε (sc. Euripides die Praxithea) τὴν πατρίδα μᾶλλον τῶν παίδων φιλοῦσαν. Citiert bei *Plut. Praec. ger. reip.* 14 pg. 809 D) und bei *Cic. ad fam.* XII. 14, 7. — Aufführungszeit des *Erechtheus* um 421: Ermatinger S. 85 A. 40. — Pöhlmann, Sokrates und sein Volk S. 43.
   ⁴) Ermatinger S. 21. 28. 59. 71 f. 75 ff. 133 ff. 140. — Vgl. auch die vor- treffliche Abhandlung von K. Schenkl, Die politischen Anschauungen des Euripides in der „Zeitschrift für österreichische Gymnasien" XIII. 1862 S. 357 ff.; 486 ff.
   ⁵) *Ägeus Fr.* 6: Τί γὰρ πατρῴας ἀνδρὶ φίλτερον χθονός; vgl. ι 34 ff.
   ⁶) *Phön.* 358 ff.: ἀλλ' ἀναγκαίως ἔχει Πατρίδος ἐρᾶν ἅπαντας· ὃς δ' ἄλλως λέγει, Λόγοισι χαίρει, τὸν δὲ νοῦν ἐκεῖσ' ἔχει. „Seine Gedanken sind dorthin ge- richtet, d. h. wenn er auch anders spricht, denkt er doch so (minder richtig Schiller: ,Wer anders redet, Mutter, spielt mit Worten, und nach der Heimat stehen die Gedanken')". Wecklein. Thatsächlich kommt Weckleins Erklärung ganz genau auf dasselbe hinaus wie Schillers Übersetzung; aber beide sind un- richtig. ἐκεῖσε bedeutet „nach jener Seite", d. h. nicht nach der Heimat, also nach einer verkehrten Richtung. Die Worte mögen schön klingen, aber sie haben einen verwerflichen Inhalt.
   ⁷) *Fr.* 1046: Πολλοῦ γὰρ χρυσοῦ καὶ πλούτου Κρείσσων πάτρα σώφρονι ναίειν. Τὸ δὲ σύντροφον ἁδύ τι θνητοῖς Ἐν βίῳ χωρεῖ. — v. 2 ist zu lesen κρείσσον πάτρᾳ oder πάτραν σώφρονα. Σώφρων gehört zu πάτρα und ist nicht etwa masculinum. Denn warum sollte die Heimat nur für den „Verständigen" einen Reiz haben?
   ⁸) *Phoinix Fr.* 817: Σὺ δ', ὦ πατρῴα χθὼν ἐμῶν γεννητόρων, Χαῖρ'· ἀνδρὶ γάρ τοι, κἂν ὑπερβάλλῃ κακοῖς, Οὐκ ἔστι τοῦ θρέψαντος ἥδιον πέδον.
   ⁹) *Fr.* 886: Μισῶ πολίτην ὅστις ὠφελεῖν πάτραν Βραδὺς φανεῖται, Μεγάλα δὲ βλάπτειν ταχύς, Καὶ πόριμον αὑτῷ, τῇ πόλει δ' ἀμήχανον. Vgl. *Erechtheus Fr.* 360, 1 f. A. 3.
   ¹⁰) Ermatinger S. 95 A. 86.
   ¹¹) *Diktys Fr.* 347: Εἰ δ' ἦσθα μὴ κάκιστος, οὔποτ' ἂν πάτραν Τὴν σὴν ἀτίζων τήνδ' ἂν ηὐλόγεις πόλιν· Ὡς ἕν γ' ἐμοὶ κρίνοιτ' ἂν οὐ καλῶς φρονεῖν, Ὅστις πατρῴας γῆς ἀτιμάζων ὅρους Ἄλλην ἐπαινεῖ καὶ τρόποισιν ἥδεται. Mög- lich, dass die Stelle gegen die λακωνίζοντες (politische Oligarchen und antidemo- kratische Theoretiker, wie Sokrates) gerichtet ist. Ribbeck, Eur. u. s. Z. S. 24. — Ausdruck des Heimwehs in der *Odyssee* α 57 ff.; ε 82 ff.; 151 ff. „Du Lied des Heimwehs, Odyssee", E. Geibel. — *Theognis* 783: Ἦλθον μὲν γὰρ ἔγωγε καὶ εἰς Σικελήν ποτε γαῖαν, Ἦλθον δ' Εὐβοίης ἀμπελόεν πεδίον Σπάρτην τ' Εὐρώτα δονακο- τρόφου ἀγλαὸν ἄστυ· Καί μ' ἐφίλεον προφρόνως πάντες ἐπερχόμενον· Ἀλλ' οὔτις μοι τέρψις ἐπὶ φρένας ἦλθεν ἐκείνων. Οὕτως οὐδὲν ἄρ' ἦν φίλτερον ἄλλο πάτρης.
   ¹²) Zu *Troad.* 803 λιπαραὶ Ἀθῆναι vgl. *Aristoph. Ach.* 639 f., wo die Stelle parodiert wird. R. Bartels, Beziehungen zu Athen und seiner Geschichte in den Dramen des Euripides. Wiss. Beilage zu dem Jahresbericht über das Joachimsthalsche Gymnasium. Berlin 1889. S. 1 ff.

⚥ Ξ̈.̈.̈.̈.̈:̈.̈·̈g̈.̈r̈ z̈ ä. O. S. 21 ff. 26 ff. 63 ff. 71.

⚥ Zu 1579 ist Γαλέων statt Ταλέων zu lesen, wie bei Nauck steht.
Ξ̈.̈.̈.̈.̈.̈:̈.̈.̈r̈ S. 119. 121. 127. 130. 142.

⚥ Wie bei Lindskog gezeigt: Studien zum antiken Drama I. S. 58 ff.
Ξ̈.̈ s̈.̈.̈.̈n̈ Ξ.̈ G̈.̈r̈.̈ ẅ.̈:̈.̈.̈ër̈ und Menschen bei Euripides. Basel 1889 S. 93.

⚥ Zur ganzen Erörterung vgl. Pöhlmann, Sokrates S. 81 ff. *Hik.* 409
Ξ̈.̈.̈.̈.̈.̈:̈ im B̈.̈.̈.̈-̈ und Würfelspiel diente Euripides (und *Sophokles Fr.* 809
Ξ̈.̈ S̈.̈.̈ .̈ .̈ .̈ .̈.̈m̈ vgl. *Fr.* 360, 9 A. 3) zu Gleichnissen, aber es erscheint
ẍ .̈ .̈.̈.̈m̈ .̈.̈.̈m̈ .̈.̈.̈n̈ in Wirklichkeit; vgl. *Iph. Aul.* 195 ff., wo er Πρωτεσί-
λα̈ρ̈ .̈ .̈ .̈ẍ .̈.̈.̈.̈.̈.̈ .̈.̈.̈.̈.̈.̈ν̈ ἡδομένους μορφαῖσι πολυπλόκοις Παλαμήδεά θ' etc.
ẍ .̈.̈.̈.̈.̈.̈ .̈.̈ .̈.̈.̈ .̈.̈.̈.̈ ẅ.̈.̈: Βέβληχ' Ἀχιλλεὺς δύο κύβω καὶ τέσσαρα (*Aristoph.*
.̈.̈.̈.̈.̈.̈ .̈.̈.̈ m̈.̈ .̈ S̈ .̈ .̈.̈ Die Alten waren schon zweifelhaft, wo die Stelle
.̈.̈.̈.̈ .̈ .̈ .̈.̈ .̈ .̈ .̈äẍ .̈der *Philoktetes*, oder ob *Aristoph.* obigen Vers der
.̈ .̈ .̈ .̈.̈ .̈ .̈.̈ täẅ. *Or.* 603 s. Kap. VI. 1 A. 24. Der Sophist *Antiphon*
.̈.̈ .̈.̈.̈.̈ .̈.̈.̈.̈.̈.̈.̈ẗ auch das Bild ἀναθέσθαι ὥσπερ πεττὸν τὸν βίον οὐκ
.̈ .̈ .̈.̈.̈.̈ .̈ S̈.̈ S̈ 35 (Lor.) vergleicht das Heiraten mit dem Würfel-
.̈.̈.̈.̈.̈ẍ .̈.̈.̈.̈.̈ν̈ (428) vgl. ἀμιλληθεὶς λόγῳ (195) und *Diktys*
.̈.̈ .̈.̈ .̈.̈.̈.̈.̈.̈ν̈ εἰς ἅμιλλαν ἐξιών. — In den Versen V. 417 ff. ist
.̈ .̈ .̈ .̈ .̈ .̈.̈ .̈ .̈rü dieselbe wie die des Sokrates bei *Xen. Mem.* III.
.̈.̈.̈ .̈ S̈ 4. Zu *Hik.* 426 vgl. *Or.* 895 f., wozu die *Schol.*: καὶ
.̈ .̈ .̈.̈.̈.̈.̈ν̈ λέγει, ὅτι „Ἀεί ποτ' [ἐστὶ] σπέρμα κηρύκων λάλον“
.̈ .̈ .̈r̈. 889 f. auf die Zweizüngigkeit der spartanischen
.̈ .̈.̈.̈ 424 ff.: Ἦ δεινὸς ὁ λάτρις. τί ποτ' ἔχουσι τοῦ-
.̈ .̈.̈ .̈.̈.̈.̈.̈:̈ .̈.̈.̈.̈ .̈.̈.̈.̈.̈.̈ν̈ ρροτοῖς Οἱ περὶ τυράννους καὶ πόλεις ὑπη-
.̈ .̈ .̈.̈ Πᾶσι γὰρ οὗτος κήρυξι νόμος, δὶς τόσα πυργοῦν τῶν
.̈ .̈.̈ .̈.̈ Heralds galt nicht für sehr ehrenvoll: Talthybios
.̈.̈ .̈ 786 ff.). Wilamowitz, Herakles² I. S. 122 A. 18. —
.̈ .̈ S̈ 4.: *Phön.* 552 f. und *Peleiad. Fr.* 605 s. A. 43. —
.̈ .̈.̈.̈.̈ν̈ λαμπρός ἐσθ', ὁ μὴ θέλων Σιγᾷ bezog Gais-
.̈ .̈.̈ V. 9 pg. 1310a: ὥστε ζῇ ἐν ταῖς τοιαύταις δημο-
.̈.̈.̈.̈ καὶ εἰς ὁ χρῄζων, ὡς φησὶν Εὐριπίδης. Allein
.̈ .̈ .̈.̈.̈.̈ Stellen nichts gemein. In den *Hik.* han-
.̈ .̈ .̈.̈.̈.̈ jeder kann sagen, was er will; Aristoteles
.̈.̈ .̈ .̈ .̈.̈ kein, was er will. Letzteres war gewiss
.̈ .̈ .̈ die Stelle, die Aristoteles vorschwebt, stand
.̈ .̈ .̈ Ansehen als einer lobenden Betrachtung
.̈.̈ .̈.̈.̈ in den Hss. die zwei Verse: Ἔστιν δ'
.̈ .̈.̈ .̈.̈τα ταῦθ' ὅταν κλύῃ κακῶς. *Stobäus*
.̈ Neben vorhergehenden Verse lauten bei
.̈.̈.̈ Κακῶς τεθέντες· ὅ τε γὰρ ἀσθενὲ-
.̈ .̈ .̈ nicht, der in der sonst überlieferten
.̈.̈ .̈.̈.̈ zusammengezogen erscheint.
.̈ .̈ in Sitz.Ber. der K. Bayr. Ak. d. W.
.̈ .̈ in der Annahme, dass Stobäus die
.̈ .̈ .̈.̈ν̈ νόμων gesetzt habe, um die
.̈ .̈.̈.̈ff und Wecklein verworfenen
.̈ .̈.̈.̈.̈ν̈ von 432, der bei *Stob. flor.*
.̈ .̈.̈. Auf Gebhards Künsteleien

¹De Supp. Eur. interpolationibus, Koburg 1882 S. 23 ff.) einzugehen, würde zu weit führen. Vgl. auch Wilamowitz, Analecta Eur. pg. 97. — Zu v. 445 f. vgl. Cäsars Wort über Cassius bei *Shakespeare* (*Julius Cäsär* I. 2): „Er denkt zu viel; die Leute sind gefährlich" (Schlegel). Vgl. endlich *Fr.* 850: Ἡ γὰρ τυραννὶς πάντοθεν τοξεύεται, Δεινοῖς ἔρωσι, ἧς φυλακτέον πέρι.

¹⁶) *Plisth. Fr.* 626: Δήμῳ δὲ μήτε πᾶν ἀναρτήσῃς κράτος Μήτ' αὖ κακώσῃς, πλοῦτον ἔντιμον τιθείς, Μηδ' ἄνδρα δήμῳ πιστὸν ἐκβάλῃς ποτὲ Μηδ' αὖξε καιροῦ μεῖζον', οὐ γὰρ ἀσφαλές, Μή σοι τύραννος λαμπρὸς ἐξ ἀστοῦ φανῇ. Κόλους δ' ἄνδρα παρὰ δίκην τιμώμενον· Πόλει γὰρ εὐτυχοῦντες οἱ κακοὶ νόσος. — Vgl. *Äolus Fr.* 21 Kap. VII. 2 A. 46 und Kap. V. 2 A. 133.

¹⁷) *Philokt. Fr.* 788: Οὐδὲν γὰρ οὕτω γαῦρον ὡς ἀνὴρ ἔφυ· Τοὺς γὰρ περισσοὺς καί τι πράσσοντας πλέον Τιμῶμεν ἄνδρας τ' ἐν πόλει νομίζομεν. v. 1 parodiert von *Aristoph. Frösche* 282. Pöhlmann, Sokrates S. 69. — In der Paraphrase des *Philoktetes* bei *Dio Chrys. Or.* 59 fällt die fabelhafte Ähnlichkeit des Gesprächs zwischen dem noch unerkannten Odysseus und Philoktet mit dem zwischen Priamus und Sinon bei *Virg. Aen.* II. 69 ff. auf. Beide wollen von Odysseus wegen ihrer Freundschaft mit Palamedes zum Opfer auserkoren worden (*Dio* 8. 9 = *Aen.* II. 81 ff.) und dann entflohen sein (*Dio* 10 = *Aen.* 134 ff.). Es ist mir nicht unwahrscheinlich, dass Virgil hier den Euripides benützt hat, möglicherweise durch die Vermittlung des *Philocteta* des *Accius* (Ribbeck, R. Tr. S. 382 f.). Vgl. Weidner, Kommentar zur Aeneis S. 266 und 295. Über die Behauptung des *Macrobius* (*Sat.* V. 2, 4 ff.), das ganze 2. Buch sei aus *Pisander* übersetzt, vgl. Weidner S. 260 ff. — Welcker S. 513; Ribbeck, R. Tr. S. 377.

¹⁷ᵃ) *Palam. Fr.* 583. Welcker S. 504. S. Kap. V. 2 A. 122. — *Telephus Fr.* 715, 1: Οὖ γάρ 'Οδυσσεύς ἐστιν αἱμύλος μόνος.

¹⁸) *Ino Fr.* 425: Ὅστις γὰρ ἀστῶν πλέον ἔχειν πέφυκ' ἀνήρ, [Οὐδὲν φρονεῖ δίκαιον οὐδὲ βούλεται] Φίλοις τ' ἀμικτός ἐστι καὶ πάσῃ πόλει· v. 2 gehört nicht hierher: Wecklein, Stud. zu Eur. S. 355.

¹⁹) *Polyid. Fr.* 644: Ὅστις κακός τις ἐν πόλει πράσσῃ καλῶς, Νοσεῖν τίθησι τὰς ἀμεινόνων φρένας, Παράδειγμ' ἐχόντων τὴν κακῶν ἐξουσίαν.

²⁰) *Phaeth. Fr.* 778: Εὐδαιμονίζων ὄχλος ἐξέπληξέ με.

²¹) *Antiope Fr.* 194: Ὁ δ' ἥσυχος φίλοισί τ' ἀσφαλὴς φίλος, Πόλει τ' ἄριστος. μὴ τὰ κινδυνεύματα Αἰνεῖτ'· ἐγὼ γὰρ οὔτε ναύτιλον φιλῶ Τολμῶντα λίαν οὔτε προστάτην χθονός. In v. 3 erscheint χθονός auffallend; Nauck conj. πόλεως wie auch *Iph. Aul.* 373. Da aber auch an letzterer Stelle χθονός steht, wird man sich eben dem Sprachgebrauch beugen müssen. — Vgl. *Hik.* 508 f.

²²) *Phaëth. Fr.* 784: Ἐν τοῖσι μώροις τοῦτ' ἐγὼ κρίνω βροτῶν, Ὅστις τῶν πατέρων παισὶ μὴ φρονοῦσιν εὖ Ἢ καὶ πολίταις παραδίδωσ' ἐξουσίαν. In v. 2 ist τῶν πατέρων sonderbar, da es nur zu παισί und nicht auch zu πολίταις passt: παρείκων conj. F. G. Schmidt, κρατύνων Busche (Rh. Mus. 1900 S. 306 f.). — Vielleicht steckt auch in dem ganz verdorbenen *Fr.* 738 der *Temeniden* ein ähnlicher Gedanke: Πολλοὶ γεγῶτες ἄνδρες οὐκ ἔχουσ' ὅπως Δείξουσιν αὐτοὺς τῶν κακῶν ἐξουσίᾳ. So wie die Worte dastehen, geben sie keinen Sinn. v. 1 ἐσθλοί conj. Wecklein; πόλει δ' ἀπόντες F. G. Schmidt. v. 2 ἄρξουσ' ἀλύπως conj. F. G. Schmidt.

²³) *Temenid. Fr.* 729: Εἰκὸς δὲ παντὶ καὶ λόγῳ καὶ μηχανῇ Πατρίδος δρῶντας ἐκπονεῖν σωτηρίαν.

¹²) Ermatinger a. a. O. S. 21 ff. 26 ff. 63 ff. 71.

¹⁴) *Ion* 1579 ist Γαλέων statt Τελέων zu lesen, wie bei Nauck steht. Ermatinger S. 119. 121. 127. 180. 142.

¹⁴ᵃ) Dies hat Lindskog gezeigt: Studien zum antiken Drama I. S. 58 ff. Vgl. auch J. Öri, Götter und Menschen bei Euripides. Basel 1889 S. 93.

¹⁵) Zur ganzen Erörterung vgl. Pöhlmann, Sokrates S. 81 ff. *Hik.* 409 πεσσοί: das Brett- und Würfelspiel diente Euripides (und *Sophokles Fr.* 809 S. 510 A. 3) gerne (vgl. *Fr.* 360, 9 A. 3) zu Gleichnissen, aber es erscheint in keinen Dramen auch in Wirklichkeit; vgl. *Iph. Aul.* 195 ff., wo er Πρωτεσί-λαον τ' ἐπὶ θάκοις πεσσῶν ἡδομένους μορφαῖσι πολυπλόκοις Παλαμήδεά θ' etc. einführt, und *Fr.* 888: Βέβληκ' Ἀχιλλεὺς δύο κύβω καὶ τέσσαρα (*Aristoph. Frösche* 1400 mit *Schol.*). Die Alten waren schon zweifelhaft, wo die Stelle stand, ob im *Telephus* oder *Philoktetes*, oder ob *Aristoph.* obigen Vers der *Iph. Aul.* im Auge habe. *Or.* 603 s. Kap. VI. 1 A. 24. Der Sophist *Antiphon Fr.* 106 (Blass) gebraucht auch das Bild ἀναθέσθαι ὥσπερ πεττὸν τὸν βίον οὐχ ἔστιν. *Epicharm Fr.* B 35 (Lor.) vergleicht das Heiraten mit dem Würfel-spiel. — Zu ἅμιλλα λόγων (428) vgl. ἁμιλληθεὶς λόγῳ (195) und *Diktys Fr.* 334, 3: λόγων ματαίων εἰς ἅμιλλαν ἐξιών. — In den Versen V. 417 ff. ist die Kritik im wesentlichen dieselbe wie die des Sokrates bei *Xen. Mem.* III 9, 10. Pöhlmann S. 82 ff. Zu *Hik.* 426 vgl. *Or.* 895 f., wozu die *Schol.*: ἐν ἄλλοις κατὰ τὸν κηρύκων λέγει, ὅτι ."Ασι κοτ [ἐστί] σπέρμα κηρύκων λάλον (*Fr.* 1012). Vielleicht wird *Or.* 889 f. auf die Zweizüngigkeit der spartani-schen Talthybiaden angespielt. *Troad.* 424 ff.: Ἡ δεινὸς ὁ λάτρις. τί ποτ' ἔχουσι τ. νομα Κήρυκες; ἐν ἀπέχθημα παγκοινὸν βροτοῖς Οἱ περὶ τυράννοις καὶ πόλεις ὑπη-ρέται. *Heraklid.* 292 f.: Πᾶν γὰρ οὗτος κήρυξ νόμος. Δὶς τόσα πυργοῦν ... γιγνομένων. Das Amt eines Herolds galt nicht für sehr ehrenvoll: Talthybios schämt sich desselben (*Troad.* 786 ff.). Wilamowitz, Herakles² I. S. 122 A. .. Zu *Hik.* 444 ff. vgl. *Ion* 621 ff.; *Phön.* 552 f. und *Peliad. Fr.* .. s. A .. Auf *Hik.* 440 „Καὶ ταῦθ' ὁ χρῄζων λαμπρός ἐσθ'. ὁ μὴ θέλων Σιγᾷ ..."ford *Fr.* 891 bei *Aristot. pol.* V. 9 pg. 1310 a: ὥστε ζῆ ἐν ταῖς τοιαύταις κρατίαις ἕκαστος ὡς βούλεται καὶ εἰς ὃ χρῄζων, ὡς φησὶν Εὐριπ.) — ausser dem Wort χρῄζειν haben beide Stellen nichts gemein. In .. delt es sich um die Redefreiheit: jeder kann sagen, was er will, aber redet davon, dass jeder thun kann, was er will. Letztere .. nicht im Sinn des Euripides, und die Stelle, die Aristoteles v.. wohl eher im Zusammenhang einer kritischen als einer lobenden der Demokratie. — Nach v. 434 stehen in den Hss. die zwei ἐνισπεῖν τοῖσιν ἀσθενεστέροις Τὸν εὐτυχοῦντα ταῦθ' ὅταν κλύῃ, κακ.. (*Flor.* 44, 6) hat dieselben nicht. Die beiden vorhergehenden v.. ihm: Οὐκ ἔστιν οὐδὲν κεῖσσον ἢ νόμοι πόλει Καλῶς τεθέντες .. στερος etc. Wir haben hier also einen Vers mehr, der in der s.. Lesart in die Worte γεγραμμένων δὲ τῶν νόμων zusammengezog.. Wecklein Beiträge zur Kritik des Euripides in Sitz.Ber. der k. bayr. philos.-philol. Kl. 1895 S. 494 folgt Dindort in der Annahme .. .. beiden Verse an Stelle des γεγραμμένων δὲ τῶν νόμων .. .. .. Sentenz für sich auszuheben. Die von Kirchhoff und W.. .. .. vv. 423—425 und 432—439 scheinen mir, abgesehen von .. 49. 1 τοὐμ. und 445 :. s. 6. durchaus unverdächtig. \

Aristophanes Vögel 829 ergänzt (vgl. *Soph. Phädra Fr.* 622, 1 und *Eur. Hik.* 447).
Welcker S. 755. Der ihm aus Euripides vorschwebende und ähnlich wie *Aristoph.*
Ritter 1172 lautende Vers ist wohl *Äolus Fr.* 21, 1: Δοκεῖτ' ἂν οἰκεῖν γαῖαν. —
Méleager Fr. 525, 1: Εἰ δ' εἰς γάμους ἔλθοιμ', ὃ μὴ τύχοι ποτέ.

⁴⁸) *Mel. desm. Fr.* 493: "Ἀλγιστόν ἐστι θῆλυ μισηθὲν γένος· Αἱ γὰρ σφαλεῖσαι ταῖσιν οὐκ ἐσφαλμέναις Αἴσχος γυναιξὶ καὶ κεκοίνωνται ψόγου Ταῖς οὐ κακαῖσιν αἱ κακαί· τὰ δ' εἰς γάμους Οὐδὲν δοκοῦσιν ὑγιὲς ἀνδράσιν φρονεῖν.
Vgl. A. 28.

⁴⁹) *Alope Fr.* 108: Γυνὴ γυναικὶ σύμμαχος πέφυκέ πως.

⁵⁰) *Demokrit Fr. eth.* 175: γυνὴ πολλὰ ἀνδρὸς ὀξυτέρη πρὸς κακοφραδμοσύνην.

⁵¹) *Archil. Fr.* 32: Οἵην Λυκάμβεω παῖδα τὴν ὑπερτέρην. — *Fr.* 85: Πάτερ
Λυκάμβα, ποῖον ἐφράσω τόδε; Τίς σὰς παρήειρε φρένας; Ἧις τὸ πρὶν ἠρήρεισθα·
νῦν δὲ δὴ πολὺς Ἀστοῖσιν φαίνεαι γέλως.

⁵²) *Simonides Amorg. Fr.* 7, 1 f.: Χωρὶς γυναικὸς θεὸς ἐποίησεν νόον Τὰ
πρῶτα. — 7 ff.: Τὴν δ' ἐξ ἀλιτρῆς θεὸς ἔθηκ' ἀλώπεκος Γυναῖκα πάντων ἴδριν·
οὐδέ μιν κακῶν Λέληθεν οὐδὲν οὐδὲ τῶν ἀμεινόνων· Τὸ μὲν γὰρ αὐτῶν εἶπε πολλάκις κακόν, Τὸ δ' ἐσθλόν· ὀργὴν δ' ἄλλοτ' ἀλλοίην ἔχει. — 50 ff.: Τὴν δ' ἐκ
γαλῆς, δύστηνον οἰζυρὸν γένος. Κείνῃ γὰρ οὔτι καλὸν οὐδ' ἐπίμερον Πρόσεστιν
οὐδὲ τερπνὸν οὐδ' ἐράσμιον· Εὐνῆς δ' ἀληνής ἐστιν ἀφροδισίης, Τὸν δ' ἄνδρα τὸν
παρόντα ναυσίῃ διδοῖ· Κλέπτουσα δ' ἔρδει πολλὰ γείτονας κακά, Ἄθυστα δ' ἱρὰ
πολλάκις κατεσθίει. — 67 ff.: Καλὸν μὲν ὧν θέημα τοιαύτη γυνὴ Ἄλλοισι, τῷ δ'
ἔχοντι γίγνεται κακόν, "Ἢν μή τις ἢ τύραννος ἢ σκηπτοῦχος ᾖ, "Οστις τοιούτοις
θυμὸν ἀγλαΐζεται. Ähnlich nennt *Epicharm* (*Fr.* B 35, 5 *Stob. flor.* 69, 17; bei
Kaibel weggelassen) ein böses Weib eine ἀτυχίαν κοσμουμέναν. — 96 f. u. 115 ff.: Ζεὺς
γὰρ μέγιστον τοῦτ' ἐποίησεν κακόν, Καὶ δεσμὸν ἀμφέθηκεν ἄρρηκτον πέδης, Ἐξ
οὔτε τοὺς μὲν Ἀίδης ἐδέξατο Γυναικὸς εἵνεκ' ἀμφιδηριωμένους. — *Phokylides*
Fr. 1: Καὶ τόδε Φωκυλίδεω· τετόρων ἀπὸ τῶνδε γένοντο Φῦλα γυναικείων· ἡ μὲν
κυνός, ἡ δὲ μελίσσης, Ἡ δὲ συὸς βλοσυρῆς, ἡ δ' ἵππου χαιτηέσσης. Εὔφορος ἥδε,
ταχεῖα, περίδρομος, εἶδος ἀρίστη· Ἡ δὲ συὸς βλοσυρῆς οὔτ' ἂν κακὴ οὐδὲ μὲν
ἐσθλή· Ἡ δὲ κυνὸς χαλεπή τε καὶ ἄγριος· ἡ δὲ μελίσσης Οἰκονόμος τ' ἀγαθὴ καὶ
ἐπίσταται ἐργάζεσθαι· Ἧς εὔχευ, φίλ' ἑταῖρε, λαχεῖν γάμου ἱμερόεντος.

⁵³) K. O. Müller, Griechische Litteraturgeschichte ed. Heitz⁴ (1882) S. 50 f.
Vgl. *Aristophanes, Frösche* 1043 ff. Kap. I. A. 104 ff. — Weil, Etudes sur le
drame antique pg. 117. In den Mélanges Henri Weil à l'occasion de son 80ᵉ
anniversaire 1898 pg. 81 ss. weist O. Crusius mit grossem Scharfsinn nach, dass
ein in den Papyrus Greenfell-Hunt (New Classical Fragments and other Papyri,
Oxford 1897 pg. 24; British Museum papyri 295 a) enthaltenes, von diesen Gelehrten dem *Melanippe desmotis* zugeteiltes Bruchstück vielmehr dem *Gerytades*
des *Aristophanes* angehöre, worin der Weiberhasser Euripides in der Unterwelt
umgeben von einem Chor grimmiger Weiber vorgeführt wurde, indem er zur
Strafe für die schlechte Behandlung, die er ihnen zu seinen Lebzeiten angedeihen liess, nun selbst die Strafe des Einspannens in den Stock erdulden
musste.

⁵⁴) *Fr.* 908: Τὸ μὴ γενέσθαι κρεῖσσον ἢ φῦναι βροτοῖς. Ἔπειτα παῖδας
σὺν πικραῖς ἀλγηδόσιν Τίκτω· τεκοῦσα δ' ἣν μὲν ἄφρονας τέκω, Στένω ματαίως,
εἰσορῶσα [μὲν] κακούς, Χρηστοὺς δ' ἀπολλῦσ'· ἢν δὲ καὶ σεσωσμένους, Τήκω
τάλαιναν καρδίαν ὀρρωδίᾳ. Τί τοῦτο δή; τὸ χρηστόν; οὐκ ἀρκεῖ μίαν Ψυχὴν ἀλύειν

⁵⁵) Nicht hieher gehört *Hek.* 798 ff.; s. Kap. III. 1 A. 25.

⁵⁶) *Pleisth. Fr.* 626 s. A. 16.

⁵⁷) Steiger, Wie entstand der Orestes des Euripides (Augsburger Gymn.-Progr. 1898 S. 16 A. 22), stellt mit *Hik.* 238 ff. *Aristoph. Ach.* 32 ff. zusammen und setzt οἵπερ σώζουσι γῆν = εἰρήνης ἐρῶν. Das ist viel zu eng. Bei Aristophanes ist nur von der Friedenssehnsucht die Rede, in den *Hiketiden* handelt es sich um das konservative Element im Staate überhaupt. Über die Echtheit der Verse vgl. Kap. III. 1 A. 41. — Vgl. noch *Or.* 487.

⁵⁸) *Solon Fr.* 3: Δήμῳ μὲν γὰρ ἔδωκα τόσον κράτος ὅσον ἐπαρκεῖ, Τμῆς οὔτ' ἀφελὼν οὔτ' ἐπορεξάμενος etc. — *Fr.* 4: Δῆμος δ' ὧδ' ἂν ἄριστα σὺν ἡγεμόνεσσιν ἕποιτο, Μήτε λίην ἀνεθεὶς μήτε πιεζόμενος etc. — *Fr.* 32, 18 ff.: Θεσμοὺς δ' ὁμοίως τῷ κακῷ τε κἀγαθῷ Εὐθεῖαν εἰς ἕκαστον ἁρμόσας δίκην Ἔγραψα. — *Fr.* 7, 3 f.: Ἀνδρῶν δ' ἐκ μεγάλων πόλις ὄλλυται· εἰς δὲ μονάρχου Δῆμος ἀιδρείῃ δουλοσύνην ἔπεσεν.

⁵⁹) *Herod.* III. 80: φθονέει γὰρ (sc. ὁ τύραννος) τοῖσι ἀρίστοισι περιεοῦσι τε καὶ ζώουσι, χαίρει δὲ τοῖσι κακίστοισι τῶν ἀστῶν, διαβολὰς δὲ ἄριστος ἐνδέκεσθαι... νόμαιά τε κινέει: πάτρια καὶ βιᾶται γυναῖκας κτείνει τε ἀκρίτους. Die Übereinstimmung mit *Hik.* 444 ff. (worauf Stein z. St. hinweist) ist frappant.

⁶⁰) *Herod.* III. 81: ὁμίλου γὰρ ἀχρηίου οὐδέν ἐστι ἀσυνετώτερον οὐδὲ ὑβριστότερον... τῷ δὲ οὐδὲ γινώσκειν ἔνι· κῶς γὰρ ἂν γινώσκοι ὃς οὔτ' ἐδιδάχθη οὔτε οἶδε καλόν οὐδὲν [οὐδ'] οἰκήιον, ὠθέει τε ἐμπεσὼν τὰ πράγματα ἄνευ νόου, χειμάρρῳ ποταμῷ εἴκελος; vgl. *Hesiod, Erga* 296 f.: Ὃς δέ κε μήθ' αὐτῷ νοέῃ μήτ' ἄλλου ἀκούων Ἐν θυμῷ βάλληται, ὁ δ' αὖτ' ἀχρήιος ἀνήρ. — *Theogn.* 847 f.: Λὰξ ἐπίβα δήμῳ κενεόφρονι, τύπτε δὲ κέντρῳ Ὀξέι καὶ ζεύγλην δύσλοφον ἀμφιτίθει. — *Demokrit Fr.* 192 bei *Stob. flor.* 45. 27: χαλεπὸν ἄρχεσθαι ὑπὸ χείρονος. — *Eur. Hik.* 420 ff.

⁶¹) *Herod.* III. 82: ἀνδρὸς γὰρ ἑνὸς τοῦ ἀρίστου οὐδὲν ἄμεινον ἂν φανείη... ἡ μουναρχίη κράτιστον... χωρίς τε τούτου πατρίους νόμους μὴ λύειν ἔχοντας εὖ. — *Eur. Hik.* 410 ff.; *Ag. Fr.* 8 s. A. 34; *Erechth. Fr.* 362, 5 ff. werden einem künftigen Fürsten allerlei Ratschläge erteilt: Βραχεῖ δὲ μύθῳ πολλὰ συλλαβὼν ἐρῶ. Πρῶτον φρένας μὲν ἠπίους ἔχειν χρεών· Τῷ πλουσίῳ τε τῷ τε μὴ διδοὺς μέρος Ἴσον σεαυτὸν εὐσεβεῖν πᾶσιν δίδου. 28 ff.: Καὶ τοὺς πονηροὺς μήποτ' αὔξαν' ἐν πόλει· Κακοὶ γὰρ ἐμπλησθέντες ἢ νομίσματος Ἢ πόλεος ἐμπεσόντες εἰς ἀρχήν τινα Σκιρτῶσιν ἀδόκητ' εὐτυχησάντων δόμων. — Alkibiades bei *Thuk.* VI. 89: τοῖς γὰρ τυράννοις ἀεί ποτε διάφοροί ἐσμεν, πᾶν δὲ τὸ ἐναντιούμενον τῷ δυναστεύοντι δῆμος ὠνόμασται· καὶ παρ' ἐκείνου ξυμπαρέμεινεν ἡ προστασία ἡμῖν τοῦ πλήθους. ἅμα δὲ τῆς πόλεως δημοκρατουμένης τὰ πολλὰ ἀνάγκη ἦν τοῖς παροῦσιν ἕπεσθαι. τῆς δὲ ὑπαρχούσης ἀκολασίας ἐπειρώμεθα μετριώτεροι ἐς τὰ πολιτικὰ εἶναι. ἄλλοι δ' ἦσαν καὶ ἐπὶ τῶν πάλαι καὶ νῦν οἳ ἐπὶ τὰ πονηρὰ ἐξῆγον τὸν ὄχλον· οἵπερ καὶ ἐμὲ ἐξήλασαν. ἡμεῖς δὲ τοῦ ξύμπαντος προεστημεν δικαιοῦντες ἐν ᾧ σχήματι μεγίστη ἡ πόλις ἐτύγχανε καὶ ἐλευθερωτάτη οὖσα καὶ ὅπερ ἐδέξατό τις, τοῦτο ξυνδιασώζειν· ἐπεὶ δημοκρατίαν γε καὶ ἐγιγνώσκομεν οἱ φρονοῦντές τι καὶ αὐτὸς οὐδενὸς ἂν χεῖρον, ὅσῳ καὶ λοιδορήσαιμι· ἀλλὰ περὶ ὁμολογουμένης ἀνοίας οὐδὲν ἂν καινὸν λέγοιτο· καὶ τὸ μεθιστάναι αὐτὴν οὐκ ἐδόκει ἡμῖν ἀσφαλὲς εἶναι ὑμῶν πολεμίων προσκαθημένων. Pöhlmann, Sokrates S. 81 ff. Vgl. auch *Xen. Mem.* III. 9, 3: φύσει διαφέροντας τοὺς ἀνθρώπους.

⁶²) Beloch, Griech. Geschichte I. S. 475: „Trotz alledem behielt selbst in Athen der Adel noch lange Zeit die Leitung des Staates in der Hand. Zur

niemand weiss etwas davon. Er zeigt sich immer nur als aufmerksamen vaterlandsliebenden Beobachter, nie auch nur als ausgesprochenen Anhänger einer der bestehenden Parteien. Von „eigentlichen Staatsgeschäften", die er getrieben hätte (Haupt II. S. 12), kann daher keine Rede sein.

⁸) *Erechtheus Fr.* 360: Τὰς χάριτας ὅστις εὐγενῶς χαρίζεται, Ἥδιον ἐν βροτοῖσιν· οἱ δὲ δρῶσι μέν, Χρόνῳ δὲ δρῶσι δυσγενέστερον ... Ἐγὼ δὲ δώσω παῖδα τὴν ἐμὴν κτανεῖν. Λογίζομαι δὲ πολλά· πρῶτα μὲν πόλιν Οὐκ ἄν τιν' ἄλλην τῆςδε βελτίω λαβεῖν· Ἧι πρῶτα μὲν λεὼς οὐκ ἐπακτὸς ἄλλοθεν, Αὐτόχθονες δ' ἔφυμεν· αἱ δ' ἄλλαι πόλεις Πεσσῶν ὁμοίως διαφοραῖς ἐκτισμέναι Ἄλλαι παρ' ἄλλων εἰσὶν εἰσαγώγιμοι. Ὅστις δ' ἀπ ἄλλης πόλεος οἰκήσῃ πόλιν, Ἁρμὸς πονηρὸς ὥσπερ ἐν ξύλῳ παγείς, Λόγῳ πολίτης ἐστί. τοῖς δ' ἔργοισιν οὔ. Ἔπειτα τέκνα τοῦδ' ἕκατι τίκτομεν, Ὡς θεῶν τε βωμοὺς πατρίδα τε ῥυώμεθα. Πόλεως δ' ἁπάσης τοὔνομ' ἔν, πολλοὶ δέ νιν Ναίουσι· τούτους πῶς διαφθεῖραί με χρή, Ἐξὸν προπάντων μίαν ὑπερδοῦναι θανεῖν; Εἴπερ γὰρ ἀριθμὸν οἶδα καὶ τοὐλάσσονος Τὸ μεῖζον, Οὐνὸς οἶκος οὐ πλέον σθένει Πταίσας ἁπάσης πόλεος οὐδ' ἴσον φέρει. Εἰ δ' ἦν ἐν οἴκοις ἀντὶ θηλειῶν στάχυς Ἄρσην, πόλιν δὲ πολεμία κατεῖχε φλόξ, Οὐκ ἄν νιν ἐξέπεμπον εἰς μάχην δορός, Θάνατον προταρβοῦσ'; Ἀλλ' ἔμοιγ' εἴη τέκνα [Ἃ] καὶ μάχοιτο καὶ μετ' ἀνδράσιν πρέποι, Μὴ σχήματ' ἄλλως ἐν πόλει πεφυκότα. Τὰ μητέρων δὲ δάκρυ' ὅταν πέμπῃ τέκνα, Πολλοὺς ἐθήλυν' εἰς μάχην ὁρμωμένους. Μισῶ γυναῖκας αἵτινες πρὸ τοῦ καλοῦ Ζῆν παῖδας εἵλοντ' ἢ παρῄνεσαν κακά. Καὶ μὴν θανόντες γ' ἐν μάχῃ πολλῶν μέτα Τύμβον τε κοινὸν ἔλαχον εὐκλειάν τ' ἴσην· Τῇμῇ δὲ παιδὶ στέφανος εἰς μιᾷ μόνῃ Πόλεως θανούσῃ τῆς δ' ὑπερδοθήσεται. Καὶ τὴν τεκοῦσαν καὶ σὲ δύο θ' ὁμοσπόρω Σώσει· τί τούτων οὐχὶ δέξασθαι καλόν; Τὴν οὐκ ἐμὴν ... πλὴν φύσει δώσω κόρην Θῦσαι πρὸ γαίας. εἰ γὰρ αἱρεθήσεται Πόλις, τί παίδων ἐμῶν μέτεστί μοι; Οὐκ οὖν ἅπαντα τοὐπ' ἐμοὶ σωθήσεται; Ἄρξουσιν ἄλλοι, τήνδ' ἐγὼ σώσω πόλιν. Ἐκεῖνο δ' οὔ [τὸ] πλεῖστον ἐν κοινῷ μέρος, Οὐκ ἔσθ' ἑκούσης τῆς ἐμῆς ψυχῆς ἄτερ Προγόνων παλαιὰ θέσμι' ὅστις ἐκβαλεῖ· Οὐδ' ἀντ' ἐλαίας χρυσέας τε Γοργόνος Τρίαιναν ὀρθὴν στᾶσαν ἐν πόλεως βάθροις Εὔμολπος οὐδὲ Θρῇξ ἀναστέψει λεὼς Στεφάνοισι, Παλλάς δ' οὐδαμοῦ τιμήσεται. Χρῆσθ', ὦ πολῖται, τοῖς ἐμοῖς λοχεύμασιν, Σῴζεσθε, νικᾶτ'· ἀντὶ γὰρ ψυχῆς μιᾶς Οὐκ ἔσθ' ὅπως οὐ τήνδ' ἐγὼ σώσω πόλιν. Ὦ πατρίς, εἴθε πάντες, οἱ ναίουσί σε. Οὕτω φιλοῖεν ὡς ἐγώ· καὶ ῥαδίως Οἰκοῖμεν ἄν σε κοὐδὲν ἂν πάσχοις κακόν. — In v. 1 wäre ich geneigt, εὐπετῶς statt εὐγενῶς zu schreiben, da notwendig ein Begriff erfordert wird, der zu χρόνῳ einen Gegensatz bildet; εὐγενῶς könnte von einem unverständigen Abschreiber als (ganz überflüssiger) Gegensatz zu δυσγενέστερον geschrieben worden sein. Dem Sinne nach kommt Rehdantz' Konjektur εὐθέως auf dasselbe hinaus: ,bis dat qui cito dat'. Eine Änderung von δυσγενέστερον in δυσχερέστερον oder δισφιλέστερον erscheint mir unnötig (vgl. *Fr.* 886 A. 9). — v. 9 πεσσῶν: vom Brettspiel entlehntes Bild wie auch *Hik.* 409 und *Or.* 603, wozu *Schol.*: εἴρηται δὲ ἀπὸ μεταφορᾶς τῶν κύβων. καὶ Σοφοκλῆς (*Fr.* 809): ἀεὶ γὰρ εὖ πίπτουσιν οἱ Διὸς κύβοι. Hier ist freilich der Sinn des Bildes ein ganz anderer. Aber man sieht, wie beliebt das Spiel war und zu welchen Gedanken es anregte. Vgl. A. 15. v. 38 fehlt ein Wort: etwa γε. — v. 42 hält Busche (Rhein. Museum 1900 S. 300) für interpoliert: v. 52. — v. 46 ff. Vgl. zur Sache E. Ermatinger, Die attische Autochthonensage bis auf Euripides S. 21. Zu v. 16 ff. und 51 f. vgl. *Ev. Joh.* 11, 50. — *Lyc. contr. Leocr.* 100: ἄξιον δέ, ὦ ἄνδρες δικασταί, καὶ τῶν ἰαμβείων ἀκοῦσαι ἃ πεποίηκε (sc. Εὐριπίδης) λέγουσαν τὴν μητέρα τῆς παιδός· ὄψεσθε γὰρ ἐν αὐτοῖς μεγαλοψυχίαν καὶ γεν-

⁷²) *Heraklit Fr.* 100 (Byw.): μάχεσθαι χρή τόν δῆμον ὑπὲρ τοῦ νόμου ὅκως ὑπὲρ τείχεος. — *Fr.* 91: τρέφονται γὰρ πάντες οἱ ἀνθρώπειοι νόμοι ὑπό ἑνός τοῦ θείου· κρατέει γὰρ τοσοῦτον ὁκόσον ἐθέλει καὶ ἐξαρκέει πᾶσι καὶ περιγίνεται. — *Eur. Hik.* 312 f.: τὸ γάρ τοι συνέχον ἀνθρώπων πόλεις Τοῦτ' ἐσθ', ὅταν τις τοὺς νόμους σῴζῃ καλῶς.

⁷³ᵃ) *Antiphon Fr.* 135 (Blass): ἀναρχίας δ' οὐδὲν κάκιον ἀνθρώποις. Blass, Att. Bereds.² I. S. 108 ff. Fr. C (bei *Jamblich*): τοῦτο γὰρ (sc. τὸ δίκαιον) τάς τε πόλεις καὶ τοὺς ἀνθρώπους τὸ συνοικίζον καὶ τὸ συνέχον.

⁷⁴) S. A. 60 und 34.

⁷⁵) S. A. 58.

⁷⁶) *Heraklit Fr.* 44 (Byw.): Πόλεμος πάντων μὲν πατήρ ἐστι, πάντων δὲ βασιλεύς, καὶ τοὺς μὲν θεοὺς ἔδειξε τοὺς δὲ ἀνθρώπους, τοὺς μὲν δούλους ἐποίησε, τοὺς δὲ ἐλευθέρους. — *Fr.* 36: ὁ θεός . . . πόλεμος εἰρήνη · . . . ὀνομάζεται καθ' ἡδονὴν ἕκαστον. — *Fr.* 62: εἰδέναι χρή τὸν πόλεμον ἐόντα ξυνὸν καὶ δίκην ἔριν καὶ γινόμενα πάντα κατ' ἔριν καὶ [χρεώμενα?]. — *Fr.* 102: ἀρηιφάτους θεοὶ τιμῶσι καὶ ἄνθρωποι. Vgl. die vortreffliche Auseinandersetzung bei Gomperz. Zu Heraklits Lehre S. 1009 ff., besonders S. 1012 und 1014 f., und Griechische Denker I. S. 59 f. Das letzte Wort von *Fr.* 62 ist trotz aller Heilungsversuche noch immer verderbt.

⁷⁷) *Temenid. Fr.* 731: Οὐκ ἔστι κρεῖσσον ἄλλο πλὴν κρατεῖν δόρυ. — *Fr* 743: Τὸ δὲ στρατηγεῖν τοῦτ' ἐγὼ κρίνω, καλῶς Γνῶναι· τὸν ἐχθρόν ᾗ μάλισθ' ἁλώσιμος. — *Fr.* 732: A. 27. — *Fr.* 744: Ἄρξεις ἄρ' οὕτω· χρή δὲ τὸν στρατηλάτην Ὁμῶς δίκαιον ὄντα ποιμαίνειν στρατόν. — *Archel. Fr.* 243: ὀλίγον ἄλκιμον δόρυ Κρεῖσσον στρατηγῷ μυρίου στρατεύματος. v. 2 στρατηγῷ conj. Grotius und Gomperz.

⁷⁸) *Fr.* 1052: Νεανίας γὰρ ὅστις ὢν Ἄρη στυγῇ, Κόμη μόνον καὶ σάρκες, ἔργα δ' οὐδαμοῦ. Ὁρᾷς τὸν εὐτράπεζον ὡς ἡδύς βίος Ὅτ' ὄλβος ἔξωθέν τίς ἐστι πραγμάτων· Ἀλλ' οὐκ ἔνεστι στέφανος οὐδ' εὐανδρία, Εἰ μή τι καὶ τολμῶσι κινδύνου μέτα· Οἱ γὰρ πόνοι τίκτουσι τὴν εὐανδρίαν. Ἡ δ' εὐλάβεια σκότον ἔχει καθ' Ἑλλάδα Τὸ διαβιῶναι μόνον ἀεὶ θηρωμένη. — v. 2. Halms Konjektur ἔργμα für ἔργα ist unglücklich: man erwartet einen zu den Weichteilen des Körpers einen Gegensatz bildenden Begriff wie ἄρθρα oder ὀστᾶ. — Ob v. 4 wirklich verderbt ist, fragt sich: πράγματα könnte hier im ungünstigen Sinne gebraucht sein, wie in der Redensart πράγματα παρέχειν. — *Hik.* 323 ff.: ἐν γὰρ τοῖς πόνοισιν αὔξεται (sc. Athen)· Αἱ δ' ἥσυχοι σκοτεινά πράσσουσι πόλεις Σκοτεινά καὶ βλέπουσιν εὐλαβούμεναι. Vgl. auch *Xen. An.* III. 1, 43.

⁷⁸ᵃ) *Hik.* 487 will Gomperz nach *Hipp.* 379 f., *Med.* 1078 f., *Fr.* 220 (*Antiope*) und *Fr.* 841 (*Chrysippus*) ändern in τὸν κρείσσον' ἴσμεν, θατέρῳ δὲ χρώμεθα. Wecklein (Beiträge zur Kritik des Euripides in Sitz.Ber. d. Bayr. Ak. 1896 S. 520 f.) stimmt ihm bei und sagt: „Damit aber wird der Abschluss gegeben und das folgende 488—493 als unecht erwiesen". Unter der angenommenen Voraussetzung allerdings; aber es ist doch völlig unmethodisch, eine ganz klare Stelle durch gewaltsames Hereintragen eines ihr fremden Gedankens zu zerstören und dann einen Teil von ihr als unbrauchbar zu verwerfen. Die Idee der obigen Stellen, wir kennen das Gute, thun es aber nicht, hat mit dem das Lob des Friedens einleitenden Gedanken gar nichts zu thun; denn dieser lautet: „wir können doch sonst gut und schlecht unterscheiden, warum also nicht auch die Vorteile des Friedens von den Nachteilen des Krieges?" v. 486 f.: Καίτοι δυοῖν γε πάντες ἄνθρωποι λόγοιν Τόν κρείσσον' ἴσμεν καὶ τὰ χρηστὰ καὶ

[12]) Ermatinger a. a. O. S. 21 ff. 26 ff. 63 ff. 71.

[14]) *Ion* 1579 ist Γαλίων statt Τελίων zu lesen, wie bei Nauck steht. Ermatinger S. 119. 121. 127. 130. 142.

[14a]) Dies hat Lindskog gezeigt: Studien zum antiken Drama I. S. 58 ff. Vgl. auch J. Öri, Götter und Menschen bei Euripides. Basel 1889 S. 93.

[15]) Zur ganzen Erörterung vgl. Pöhlmann, Sokrates S. 81 ff. *Hik.* 409 πεσσοί: das Brett- und Würfelspiel diente Euripides (und *Sophokles Fr.* 809 S. 516 A. 3) gerne (vgl. *Fr.* 360, 9 A. 3) zu Gleichnissen, aber es erscheint in seinen Dramen auch in Wirklichkeit; vgl. *Iph. Aul.* 195 ff., wo er Πρωτεσίλαον τ' ἐπὶ θάκοις πεσσῶν ἡδομένους μορφαῖσι πολυπλόκοις Παλαμήδεά θ' etc. einführt, und *Fr.* 888: Βέβληκ' Ἀχιλλεὺς δύο κύβω καὶ τέσσαρα (*Aristoph. Frösche* 1400 mit *Schol.*). Die Alten waren schon zweifelhaft, wo die Stelle stand, ob im *Telephus* oder *Philoktetes*, oder ob *Aristoph.* obigen Vers der *Iph. Aul.* im Auge habe. *Or.* 603 s. Kap. VI. 1 A. 24. Der Sophist *Antiphon Fr.* 106 (Blass) gebraucht auch das Bild ἀναθέσθαι ὥσπερ πεττὸν τὸν βίον οὐκ ἔστιν. *Epicharm Fr.* B 35 (Lor.) vergleicht das Heiraten mit dem Würfelspiel. — Zu ἄμιλλα λόγων (428) vgl. ἀμιλληθεὶς λόγῳ (195) und *Diktys Fr.* 334, 3: Λόγων ματαίων εἰς ἄμιλλαν ἐξιών. — In den Versen V. 417 ff. ist die Kritik im wesentlichen dieselbe wie die des Sokrates bei *Xen. Mem.* III. 9, 10. Pöhlmann S. 82 ff. Zu *Hik.* 426 vgl. *Or.* 895 f., wozu die *Schol.*: καὶ ἐν ἄλλοις κατὰ τῶν κηρύκων λέγει, ὅτι „Ἀεί ποτ' [ἐστὶ] σπέρμα κηρύκων λάλον“ (*Fr.* 1012). Vielleicht wird *Or.* 889 f. auf die Zweizüngigkeit der spartanischen Talthybiaden angespielt. *Troad.* 424 ff.: Ἦ δεινὸς ὁ λάτρις. τί ποτ' ἔχουσι τοὔνομα Κήρυκες; ἓν ἀπέχθημα πάγκοινον βροτοῖς Οἱ περὶ τυράννους καὶ πόλεις ὑπηρέται. *Heraklid.* 292 f.: Πᾶσι γὰρ οὗτος κήρυξι νόμος, Δὶς τόσα πυργοῦν τῶν γιγνομένων. Das Amt eines Herolds galt nicht für sehr ehrenvoll: Talthybios schämt sich desselben (*Troad.* 786 ff.). Wilamowitz, Herakles[2] I. S. 122 A. 18. — Zu *Hik.* 444 ff. vgl. *Ion* 621 ff.; *Phön.* 552 f. und *Peleiad. Fr.* 605 s. A. 43. — Auf *Hik.* 440 ‚Καὶ ταῦθ' ὁ χρῄζων λαμπρός ἐσθ', ὁ μὴ θέλων Σιγᾷ' bezog Gaisford *Fr.* 891 bei *Aristot. pol.* V. 9 pg. 1310a: ὥστε ζῇ ἐν ταῖς τοιαύταις δημοκρατίαις ἕκαστος ὡς βούλεται καὶ εἰς ὃ χρῄζων, ὥς φησιν Εὐριπίδης. Allein ausser dem Wort χρῄζειν haben beide Stellen nichts gemein. In den *Hik.* handelt es sich um die Redefreiheit: jeder kann **sagen**, was er will; Aristoteles aber redet davon, dass jeder **thun** kann, was er will. Letzteres war gewiss nicht im Sinn des Euripides, und die Stelle, die Aristoteles vorschwebt, stand wohl eher im Zusammenhang einer kritischen als einer lobenden Betrachtung der Demokratie. — Nach v. 434 stehen in den Hss. die zwei Verse: Ἔστιν δ' ἐνισπεῖν τοῖσιν ἀσθενεστέροις Τὸν εὐτυχοῦντα ταῦθ' ὅταν κλύῃ κακῶς. *Stobäus* (*Flor.* 44, 6) hat dieselben nicht. Die beiden vorhergehenden Verse lauten bei ihm: Οὐκ ἔστιν οὐδὲν κρεῖσσον ἢ νόμοι πόλει Καλῶς τεθέντες· ὅ τε γὰρ ἀσθενέστερος etc. Wir haben hier also einen Vers mehr, der in der sonst überlieferten Lesart in die Worte γεγραμμένων δὲ τῶν νόμων zusammengezogen erscheint. Wecklein (Beiträge zur Kritik des Euripides in Sitz.Ber. der K. Bayr. Ak. d. W. philos.-philol. Kl. 1895 S. 494) folgt Dindorf in der Annahme, dass Stobäus die beiden Verse an Stelle des γεγραμμένων δὲ τῶν νόμων gesetzt habe, um die Sentenz für sich auszuheben. Die von Kirchhoff und Wecklein verworfenen vv. 428—425 und 432—439 scheinen mir, abgesehen von 432, der bei *Stob. flor.* 49, 1 fehlt, und 435 f. (s. o.) durchaus unverdächtig. Auf Gebhards Künsteleien

(De Supp. Eur. interpolationibus, Koburg 1882 S. 23 ff.) einzugehen, würde zu weit führen. Vgl. auch Wilamowitz, Analecta Eur. pg. 97. — Zu v. 445 f. vgl. Cäsars Wort über Cassius bei *Shakespeare* (*Julius Cäsär* I. 2): „Er denkt zu viel; die Leute sind gefährlich" (Schlegel). Vgl. endlich *Fr.* 850: Ἡ γὰρ τυραννὶς πάντοθεν τοξεύεται, Δεινοῖς ἔρωσι, ἧς φυλακτέον πέρι.

[16]) *Pleisth. Fr.* 626: Δήμῳ δὲ μήτε πᾶν ἀναρτήσῃς κράτος Μήτ' αὖ κακώσῃς. πλοῦτον ἔντιμον τιθείς, Μηδ' ἄνδρα δήμῳ πιστὸν ἐκβάλῃς ποτὲ Μηδ' αὖξε καιροῦ μεῖζον', οὐ γὰρ ἀσφαλές, Μή σοι τύραννος λαμπρὸς ἐξ ἀστοῦ φανῇ. Κόλουε δ' ἄνδρα παρὰ δίκην τιμώμενον· Πόλει γὰρ εὐτυχοῦντες οἱ κακοὶ νόσος. — Vgl. *Äolus Fr.* 21 Kap. VII. 2 A. 46 und Kap. V. 2 A. 138.

[17]) *Philokt. Fr.* 788: Οὐδὲν γὰρ οὕτω γαῦρον ὡς ἀνὴρ ἔφυ· Τοὺς γὰρ περισσοὺς καί τι πράσσοντας πλέον Τιμῶμεν ἄνδρας τ' ἐν πόλει νομίζομεν. v. 1 parodiert von *Aristoph.* Frösche 282. Pöhlmann, Sokrates S. 69. — In der Paraphrase des *Philoktetes* bei *Dio Chrys. Or.* 59 fällt die fabelhafte Ähnlichkeit des Gesprächs zwischen dem noch unerkannten Odysseus und Philoktet mit dem zwischen Priamus und Sinon bei *Virg. Aen.* II. 69 ff. auf. Beide wollen von Odysseus wegen ihrer Freundschaft mit Palamedes zum Opfer auserkoren worden (*Dio* 8. 9 = *Aen.* II. 81 ff.) und dann entflohen sein (*Dio* 10 = *Aen.* 184 ff.). Es ist mir nicht unwahrscheinlich, dass Virgil hier den Euripides benützt hat, möglicherweise durch die Vermittlung des *Philocteta* des *Accius* (Ribbeck, R. Tr. S. 382 f.). Vgl. Weidner, Kommentar zur Aeneis S. 266 und 295. Über die Behauptung des *Macrobius* (*Sat.* V. 2, 4 ff.), das ganze 2. Buch sei aus *Pisander* übersetzt, vgl. Weidner S. 260 ff. — Welcker S. 513; Ribbeck, R. Tr. S. 377.

[17a]) *Palam. Fr.* 588. Welcker S. 504. S. Kap. V. 2 A. 122. — *Telephus Fr.* 715, 1: Οὐ γάρ' Ὀδυσσεύς ἐστιν αἱμύλος μόνος.

[18]) *Ino Fr.* 425: Ὅστις γὰρ ἀστῶν πλέον ἔχειν πέφυχ' ἀνήρ, [Οὐδὲν φρονεῖ δίκαιον οὐδὲ βούλεται] Φίλοις τ' ἄμικτός ἐστι καὶ πάσῃ πόλει· v. 2 gehört nicht hierher: Wecklein, Stud. zu Eur. S. 355.

[19]) *Polyid. Fr.* 644: Ὅστις κακός τις ἐν πόλει πράσσῃ καλῶς, Νοσεῖν τίθησι τὰς ἀμεινόνων φρένας, Παράδειγμ' ἐχόντων τὴν κακῶν ἐξουσίαν.

[20]) *Phaëth. Fr.* 778: Εὐδαιμονίζων ὄχλος ἐξέπληξέ με.

[21]) *Antiope Fr.* 194: Ὁ δ' ἥσυχος φίλοισί τ' ἀσφαλὴς φίλος, Πόλει τ' ἄριστος. μὴ τὰ κινδυνεύματα Αἰνεῖτ'· ἐγὼ γὰρ οὔτε ναύτιλον φιλῶ Τολμῶντα λίαν οὔτε προστάτην χθονός. In v. 3 erscheint χθονός auffallend; Nauck conj. πόλεως wie auch *Iph. Aul.* 373. Da aber auch an letzterer Stelle χθονός steht, wird man sich eben dem Sprachgebrauch beugen müssen. — Vgl. *Hik.* 508 f.

[22]) *Phaëth. Fr.* 784: Ἐν τοῖσι μώροις τοῦτ' ἐγὼ κρίνω βροτῶν, Ὅστις τῶν πατέρων παισὶ μὴ φρονοῦσιν εὖ Ἤ καὶ πολίταις παραδίδωσ' ἐξουσίαν. In v. 2 ist τῶν πατέρων sonderbar, da es nur zu παισὶ und nicht auch zu πολίταις passt: παρείχων conj. F. G. Schmidt, κρατύνων Busche (Rh. Mus. 1900 S. 306 f.). - Vielleicht steckt auch in dem ganz verdorbenen *Fr.* 738 der *Temeniden* ein ähnlicher Gedanke: Πολλοὶ γεγῶτες ἄνδρες οὐκ ἔχουσ' ὅπως Δείξουσιν αὐτοὺς τῶν κακῶν ἐξουσίᾳ. So wie die Worte dastehen, geben sie keinen Sinn. v. 1 ἐσθλοὶ conj. Wecklein; πόλει δ' ἀπόντες F. G. Schmidt. v. 2 ἄρξουσ' ἀλύπως conj. F. G. Schmidt.

[23]) *Temenid. Fr.* 729: Εἰκὸς δὲ παντὶ καὶ λόγῳ καὶ μηχανῇ Πατρίδος ἐρῶντας ἐκπονεῖν σωτηρίαν.

24) *Philokt. Fr.* 798: Πατρίς καλῶς πράσσουσα τὸν τυχόντ' ἀεὶ Μείζω τίθησι, δυςτυχοῦσα δ' ἀσθενῆ.

25) *Antiope Fr.* 219: Κόσμος δὲ σιγὴ στεγανὸς ἀνδρὸς οὐ κακοῦ · Τὸ δ' ἐκλαλοῦν τοῦθ' ἡδονῆς μὲν ἅπτεται, Κακὸν δ' ὁμίλημ', ἀσθενὲς δὲ καὶ πόλει. — v. 1 σιγὴ στεγανὸς conj. Herwerden; σιγῆς στέφανος SMA.

26) *Alkmene Fr.* 91: s. S. 212, 131.

26a) *Äolus Fr.* 16: Λαμπροὶ δ' ἐν αἰχμαῖς Ἄρεος ἔν τε συλλόγοις, Μή μοι τὰ κομψὰ ποικίλοι γενοίατο, 'Αλλ' ὧν πόλει δεῖ μεγάλα βουλεύοντες εὖ. Vgl. die Charakteristik des Tydeus *Hik.* 901 ff. (s. Kap. V. 2 A. 129). — *Likymn. Fr.* 473: Φαῦλον ἄκομφον, τὰ μέγιστ' ἀγαθόν, Πᾶσαν ἐν ἔργῳ περιτεμνόμενον Σοφίαν, λέσχης ἀτρίβωνα. *Diog. L.* 3, 63: ὁ γοῦν φαῦλος λέγεται παρ' αὐτῷ (sc. *Plato*) καὶ ἐπὶ τοῦ ἁπλοῦ ὡς καὶ παρ' Εὐριπίδῃ ἐν Λικυμνίῳ φέρεται ἐπὶ τοῦ Ἡρακλέους. — *Plut. Marc.* 21: ῥαθυμίας ἄπειρον καὶ κατὰ τὸν Εὐριπίδειον Ἡρακλέα φαῦλον — ἀγαθόν. — *Cim.* 4: φαῦλον — ἀγαθὸν κατὰ τὸν Εὐριπίδειον Ἡρακλέα. — *Julianus* pg. 54 a: φαύλῳ καὶ ἀκόμφῳ θεατῇ. — *Phot. Lex.* pg. 642, 20: φαῦλον · τὸ ἁπλοῦν · ὡς Εὐριπίδης ἐν τῷ Λικυμνίῳ. — *Didymus* bei Miller, Mél. de litt. gr. pg. 402: φαῦλον ἐπὶ τοῦ ἁπλοῦ τίθεται ὡς παρ' Εὐριπίδῃ ἐπὶ τοῦ Ἡρακλέους. — *Anecd. Bachm.* 1. p. 412, 7: φαῦλον — ἐπὶ δὲ ἀγαθοῦ Εὐριπίδης ἐν Ἡρακλεῖ. — *Lex. Vindob.* pg. 187, 6: φαῦλον τὸ ἁπλοῦν καὶ ἀπονήρευτον. Εὐριπίδης. — *Phryn.* Bekk. pg. 6, 19 und 368, 31: ἄκομφον καὶ φαῦλον · οἷον κομφείας καὶ πανουργίας ἀπηλλαγμένον. — *Anecd.* Bekk. pg. 213, 27: ἄκομφον — ἀπάνουργον. — Endlich ganz verderbt bei *Eustathius Π.* pg. 1356, 62. — Vgl. *Bacch.* 430 Kap. III. 1 A. 78.

27) *Temenid. Fr.* 732: 'Ρώμη δέ τ' ἀμαθὴς πολλάκις, τίκτει βλάβην. ι' ist unerträglich: γ' Matthiae; γὰρ F. G. Schmidt. — Vgl. *Schiller, Kampf mit dem Drachen*: „Doch seinen Mut muss Weisheit leiten und List muss mit der Stärke streiten".

28) *Antiope Fr.* 200: S. 36, 121.

29) *Alkmeon Fr.* 94: Τῶν γὰρ δυναστῶν πλεῖστος ἐν πόλει λόγος. Vgl. Kap. V. 2 A. 23.

30) *Antiope Fr.* 220: Πολλοὶ δὲ θνητῶν τοῦτο πάσχουσιν κακόν · Γνώμῃ φρονοῦντες οὐ θέλουσ' ὑπηρετεῖν Ψυχῇ τὰ πολλὰ πρὸς φίλων νικώμενοι.

31) *Archel. Fr.* 261: Ἔσωσα δούλην οὖσαν · οἱ γὰρ ἥσσονες Τοῖς κρείσσοσι φιλοῦσι δουλεύειν βροτῶν.

32) *Fr.* 1107 (dub.): ἄρχεσθαι χρεὼν Κακοὺς ὑπ' ἐσθλῶν καὶ κλύειν τῶν κρεισσόνων.

33) *Fr.* 1048: Οὐκ ἔστιν οὐδὲν τῶν ἐν ἀνθρώποις ἴσον · Χρῆν γὰρ τύχας μὲν τὰς μάτην πλανωμένας Μηδὲν δύνασθαι, τἀμφανῆ δ' ὑψηλ' ἄγειν. Ὅστις κατ' ἰσχὺν πρῶτος ὢν ἠτάζετο Ἡ τόξῳ πάλλων ἤ μάχῃ δορὸς σθένων, Τοῦτον τυραννεῖν τῶν κακιόνων ἐχρῆν.

34) *Fr.* 1050: 'Αλλ' οὐ πρέπει τύραννον; ὡς ἐγὼ φρονῶ, Οὐδ' ἄνδρα χρηστὸν νεῖκος αἴρεσθαι κακοῖς · Τιμὴ γὰρ αὕτη τοῖσιν ἀσθενεστέροις.

34a) *Äg. Fr.* 8: 'Ανδρὸς ὑπ' ἐσθλοῦ καὶ τυραννεῖσθαι καλόν.

35) *Schol.* zu *Andromache* 445: εἰλικρινῶς δὲ τοὺς τοῦ δράματος χρόνους οὐκ ἔστι λαβεῖν · οὐ δεδίδακται γὰρ 'Αθήνησιν. ὁ δὲ Καλλίμαχος (*Fr.* 100 d, 26) ἐπιγραφῆναί φησι τῇ τραγῳδίᾳ Δημοκράτην. Demnach hätte Euripides das Stück unter einem Pseudonym veröffentlicht. Decharme (Eur. pg. 191) nimmt Argos als Ort der Aufführung an. Bergk, der früher derselben Ansicht war, nahm diese im Hermes XVIII. pg. 488 f. zurück auf Grund einer neugefundenen Inschrift, die einen ... νεχρατης als Sieger im tragischen Agon an den grossen Dionysien zu Athen 423 nennt. In diesem [Me]nekrates glaubt er das wahre Pseudonym des Euripides zu erkennen und nimmt an, dass daraus Demokrates (und Timokrates *Vita* I. 15) verdorben worden sei. Wie man sieht, ist diese Vermutung sehr gewaltsam. Vgl. A. 91.

[35]) „Euripides redet in diesem Chorlied ganz offen der Tyrannis das Wort". Bergk, Gr. L.G. III. S. 550 A. 259. — Das Bild vom Staatsschiff bei *Aleäus Fr.* 6 f. und danach *Hor. carm.* I. 14.

[37]) *Diktys Fr.* 337: Μὴ νεῖκος, ὦ γεραιέ, κοιράνοις τίθου· Σέβειν δὲ τοὺς κρατοῦντας ἀρχαῖος νόμος. Allerdings scheinen diese Worte nur ein Ausfluss der Vorsicht zu sein: Welcker S. 673.

[38]) *Arch. Fr.* 250: Τυραννίδ', ἣ θεῶν δευτέρα νομίζεται· Τὸ μὴ θανεῖν γὰρ οὐκ ἔχει· τὰ δ' ἄλλ' ἔχει. Diese Stelle meint wohl *Plato* im *Staat* VI. 18 pg. 568 B, wenn er sagt: ὡς ἰσόθεον τὴν τυραννίδα ἐγκωμιάζει.

[38a]) *Diktys Fr* 332, 7 f.: (εἰ λογίζεσθαι θέλοις ...) Τοὺς δ' ἐκ μέγιστον ὀλβίας τυραννίδος Τὸ μηδὲν ὄντας.

[39]) Theseus insbesondere erscheint ganz als ein „demokratischer König", der es nicht versäumt, vor der Ausführung seiner Entschlüsse die Genehmigung des souveränen Volkes einzuholen (*Hik.* 352 ff.). Ribbeck, Eur. u. s. Zeit S. 26. Bergk III. S. 535. Letzterer macht S. 537 A. 224 darauf aufmerksam, dass v. 466 der *Hik.*: Σοὶ μὲν δοκείτω ταῦτ', ἐμοὶ δὲ τἀντία an einen Vers des *Euenos* von Paros (*Fr.* 1, 4) erinnert: Σοὶ μὲν ταῦτα δοκοῦντ' ἔστω, ἐμοὶ δὲ τάδε. Vgl. *Plato Ap.* 4 pg. 20 B; *Phädo* 4 pg. 60 D; *Phädr.* 51 pg. 267 A.

[40]) *Cic. de off.* III. 21, 82: Ipse autem socer (sc. Pompeji) in ore semper Graecos versus de *Phoenissis* habebat, quos dicam ut potero, incondite fortasse, sed tamen, ut res possit intelligi: „Nam si violandum est jus, regnandi gratia Violandum est: aliis rebus pietatem colas". Capitalis Eteocles vel potius Euripides, qui id unum, quod omnium sceleratissimum fuerit, exceperit!

[41]) *Antig. Fr.* 172: Οὔτ' εἰκὸς ἄρχειν οὔτε χρῆν εἶναι νόμον Τύραννον εἶναι· μωρία δὲ καὶ θέλειν, Ὃς τῶν ὁμοίων βούλεται κρατεῖν μόνος. v. 1. Sehr bestechend sind die Konjekturen ἄνευ νόμων (Bothe) oder νόμου (Badham): denn es ist in der That ein Widerspruch in der Ausdrucksweise: ,es soll nicht Gesetz sein, dass ein Tyrann regiert'; doch könnte man allenfalls νόμος im Sinn von ,Brauch, Sitte' fassen und so die handschriftliche Lesart retten. — v. 2. Ganz unerträglich ist θέλειν: πέλειν conj. Dindorf. Sollte nicht zu schreiben sein: μωρίαν δὲ καὶ θέλει?

[42]) *Alkmeon Fr.* 79: Βροτοῖς τὰ μείζω τῶν μέσων τίκτει νόσους· Θεῶν δὲ θνητοὺς κόσμον οὐ πρέπει φέρειν. Von etwas anderem Gesichtspunkt aus, nämlich weil die Herrschaft immer den Unterthanen lästig, naturwidrig erscheint, verwirft *Ion* (595 ff.) die Monarchie: λυπρὰ γὰρ τὰ κρείσσονα.

[43]) *Peleiad. Fr.* 605: Τὸ δ' ἔσχατον δὴ τοῦτο θαυμαστὸν βροτοῖς Τυραννίς, οὐχ εὕροις ἂν ἀθλιώτερον. Φίλους τε πορθεῖν καὶ κατακτανεῖν χρεών, πλεῖστος φόβος πρόσεστι μὴ δράσωσί τι. v. 3 fällt πορθεῖν auf, ist aber nicht unmöglich: vgl. *Phön.* 564 f.: χώρας βίᾳ πρὸς ἀνδρῶν πολεμίων πορθουμένας, wozu die *Schol.* bemerken: ,γράφεται καὶ λεληϊσμένας' (vgl. *Troad.* 373). Aber eben dies weist darauf hin, dass Euripides πορθεῖν auch von Personen gebrauchte: dies schien anstössig, und darum änderte man. — v. 4 ist, wie er dasteht, unmöglich. Ent-

²⁴) *Philokt. Fr.* 798: Πατρὶς καλῶς πράσσουσα τὸν τυχόντ' ἀεὶ Μείζω τίϑησι, δυςτυχοῦσα δ' ἀσϑενῆ.

²⁵) *Antiope Fr.* 219: Κόσμος δὲ σιγή στεγανὸς ἀνδρὸς οὐ κακοῦ· Τὸ δ' ἐκλαλοῦν τοῦϑ' ἡδονῆς μὲν ἅπτεται, Κακὸν δ' ὁμίλημ', ἀσϑενὲς δὲ καὶ πόλει. — v. 1 σιγή στεγανὸς conj. Herwerden; σιγῆς στέφανος SMA.

²⁶) *Alkmene Fr.* 91: s. S. 212, ¹³¹.

²⁶ᵃ) *Äolus Fr.* 16: Λαμπροὶ δ' ἐν αἰχμαῖς "Αρεος ἔν τε συλλόγοις, Μή μοι τὰ κομφὰ ποικίλοι γενοίατο, 'Αλλ' ὧν πόλει δεῖ μεγάλα βουλεύοντες εὖ. Vgl. die Charakteristik des Tydeus *Hik.* 901 ff. (s. Kap. V. 2 A. 129). — *Likymn. Fr.* 473: Φαῦλον ἄκομφον, τὰ μέγιστ' ἀγαϑόν, Πᾶσαν ἐν ἔργῳ περιτεμνόμενον Σοφίαν, λέσχης ἀτρίβωνα. *Diog. L.* 3, 63: ὁ γοῦν φαῦλος λέγεται παρ' αὐτῷ (sc. *Plato*) καὶ ἐπὶ τοῦ ἁπλοῦ ὡς καὶ παρ' Εὐριπίδῃ ἐν Λικυμνίῳ φέρεται ἐπὶ τοῦ Ἡρακλέους. — *Plut. Marc.* 21: ῥαϑυμίας ἄπειρον καὶ κατὰ τὸν Εὐριπίδειον Ἡρακλέα φαῦλον — ἀγαϑόν. — *Cim.* 4: φαῦλον — ἀγαϑὸν κατὰ τὸν Εὐριπίδειον Ἡρακλέα. — *Julianus* pg. 54 a: φαύλῳ καὶ ἀκόμφῳ ϑεατῇ. — *Phot. Lex.* pg. 642, 20: φαῦλον· τὸ ἁπλοῦν· ὡς Εὐριπίδης ἐν τῷ Λικυμνίῳ. — *Didymus* bei Miller, Mél. de litt. gr. pg. 402: φαῦλον ἐπὶ τοῦ ἁπλοῦ τίϑεται ὡς παρ' Εὐριπίδῃ ἐπὶ τοῦ Ἡρακλέους. — *Anecd. Bachm.* I. p. 412, 7: φαῦλον — ἐπὶ δὲ ἀγαϑοῦ Εὐριπίδης ἐν Ἡρακλεῖ. — *Lex. Vindob.* pg. 187, 6: φαῦλον τὸ ἁπλοῦν καὶ ἀπονήρευτον. Εὐριπίδης. — *Phryn.* Bekk. pg. 6, 19 und 368, 31: ἄκομφον καὶ φαῦλον· οἷον κομφείας καὶ πανουργίας ἀπηλλαγμένον. — *Anecd.* Bekk. pg. 213, 27: ἄκομφον — ἀπάνουργον. — Endlich ganz verderbt bei *Eustathius Il.* pg. 1356, 62. — Vgl. *Bacch.* 430 Kap. III. 1 A. 78.

²⁷) *Temenid. Fr.* 732: 'Ρώμη δέ τ' ἀμαϑῆς πολλάκις, τίκτει βλάβην. ι' ist unerträglich: γ' Matthiae; γὰρ F. G. Schmidt. — Vgl. *Schiller, Kampf mit dem Drachen*: „Doch seinen Mut muss Weisheit leiten und List muss mit der Stärke streiten".

²⁸) *Antiope Fr.* 200: S. 36, 121.

²⁹) *Alkmeon Fr.* 94: Τῶν γὰρ δυναστῶν πλεῖστος ἐν πόλει λόγος. Vgl. Kap. V. 2 A. 23.

³⁰) *Antiope Fr.* 220: Πολλοὶ δὲ ϑνητῶν τοῦτο πάσχουσιν κακόν· Γνώμῃ φρονοῦντες οὐ ϑέλουσ' ὑπηρετεῖν Ψυχῇ τὰ πολλὰ πρὸς φίλων νικώμενοι.

³¹) *Archel. Fr.* 261: Ἔσωσα δούλην οὖσαν· οἱ γὰρ ἥσσονες Τοῖς κρείσσοσι φιλοῦσι δουλεύειν βροτῶν.

³²) *Fr.* 1107 (dub.): ἄρχεσθαι χρεὼν Κακοὺς ὑπ' ἐσϑλῶν καὶ κλύειν τῶν κρεισσόνων.

³³) *Fr.* 1048: Οὐκ ἔστιν οὐδὲν τῶν ἐν ἀνϑρώποις ἴσον· Χρῆν γὰρ τύχας μὲν τὰς μάτην πλανωμένας Μηδὲν δύνασϑαι, τἀμφανῆ δ' ὑψηλ' ἄγειν. Ὅστις κατ' ἰσχὺν πρῶτος ὢν ἠτάζετο Ἢ τόξα πάλλων ἢ μάχῃ δορὸς σϑένων, Τοῦτον τυραννεῖν τῶν κακιόνων ἐχρῆν.

³⁴) *Fr.* 1050: 'Αλλ' οὐ πρέπει τύραννον· ὡς ἐγὼ φρονῶ, Οὐδ' ἄνδρα χρηστὸν νεῖκος αἴρεσϑαι κακοῖς· Τιμὴ γὰρ αὕτη τοῖσιν ἀσϑενεστέροις.

³⁴ᵃ) *Äg. Fr.* 8: 'Ανδρὸς ὑπ' ἐσϑλοῦ καὶ τυραννεῖσϑαι καλόν.

³⁵) *Schol.* zu *Andromache* 445: εἰλικρινῶς δὲ τοὺς τοῦ δράματος χρόνους οὐκ ἔστι λαβεῖν· οὐ δεδίδακται γὰρ 'Αϑήνησιν. ὁ δὲ Καλλίμαχος (*Fr.* 100 d, 26) ἐπιγραφῆναί φησι τῇ τραγῳδίᾳ Δημοκράτην. Demnach hatte Euripides das Stück unter einem Pseudonym veröffentlicht. Decharme (Eur. pg. 191) nimmt Argos als Ort der Aufführung an. Bergk, der früher derselben Ansicht war, nahm

diese im Hermes XVIII. pg. 488 f. zurück auf Grund einer neugefundenen In-
schrift, die einen ... νεκρατης als Sieger im tragischen Agon an den grossen
Dionysien zu Athen 423 nennt. In diesem [Me]nekrates glaubt er das wahre
Pseudonym des Euripides zu erkennen und nimmt an, dass daraus Demokrates
(und Timokrates *Vita* I. 15) verdorben worden sei. Wie man sieht, ist diese
Vermutung sehr gewaltsam. Vgl. A. 91.

[36]) „Euripides redet in diesem Chorlied ganz offen der Tyrannis das
Wort“. Bergk, Gr. L.G. III. S. 550 A. 259. — Das Bild vom Staatsschiff bei
Alcäus Fr. 6 f. und danach *Hor. carm.* I. 14.

[37]) *Diktys Fr.* 337: Μὴ νεῖκος, ὦ γεραιέ, χοιράνοις τίθου · Σέβειν δὲ τοὺς
κρατοῦντας ἀρχαῖος νόμος. Allerdings scheinen diese Worte nur ein Ausfluss
der Vorsicht zu sein: Welcker S. 673·

[38]) *Arch. Fr.* 250: Τυραννίδ', ἢ θεῶν δευτέρα νομίζεται · Τὸ μὴ θανεῖν γὰρ
οὐκ ἔχει · τὰ δ' ἄλλ' ἔχει. Diese Stelle meint wohl *Plato* im *Staat* VI. 18
pg. 568 B, wenn er sagt: ὡς ἰσόθεον τὴν τυραννίδα ἐγκωμιάζει.

[38a]) *Diktys Fr* 332, 7 f.: (εἰ λογίζεσθαι θέλοις ...) Τοὺς δ' ἐκ μέγιστον
ὀλβίας τυραννίδος Τὸ μηδὲν ὄντας.

[39]) Theseus insbesondere erscheint ganz als ein „demokratischer König“,
der es nicht versäumt, vor der Ausführung seiner Entschlüsse die Genehmigung
des souveränen Volkes einzuholen (*Hik.* 352 ff.). Ribbeck, Eur. u. s. Zeit S. 26.
Bergk III. S. 535. Letzterer macht S. 537 A. 224 darauf aufmerksam, dass
v. 466 der *Hik.*: Σοὶ μὲν δοκείτω ταῦτ', ἐμοὶ δὲ τἀντία an einen Vers des *Euenos*
von Paros (*Fr.* 1, 4) erinnert: Σοὶ μὲν ταῦτα δοκοῦντ' ἔστω, ἐμοὶ δὲ τάδε. Vgl.
Plato Ap. 4 pg. 20 B; *Phädo* 4 pg. 60 D; *Phädr.* 51 pg. 267 A.

[40]) *Cic. de off.* III. 21. 82: Ipse autem socer (sc. Pompeji) in ore semper
Graecos versus de *Phoenissis* habebat, quos dicam ut potero, incondite fortasse,
sed tamen, ut res possit intelligi: „Nam si violandum est jus, regnandi gratia
Violandum est: aliis rebus pietatem colas“. Capitalis Eteocles vel potius Euripides, qui id unum, quod omnium sceleratissimum fuerit, exceperit!

[41]) *Antig. Fr.* 172: Οὔτ' εἰκὸς ἄρχειν οὔτε χρῆν εἶναι νόμον Τύραννον εἶναι ·
μωρία δὲ καὶ θέλειν, Ὃς τῶν ὁμοίων βούλεται κρατεῖν μόνος. v. 1. Sehr bestechend sind die Konjekturen ἄνευ νόμων (Bothe) oder νόμου (Badham): denn
es ist in der That ein Widerspruch in der Ausdrucksweise: ‚es soll nicht Gesetz sein, dass ein Tyrann regiert‘; doch könnte man allenfalls νόμος im Sinn
von ‚Brauch, Sitte‘ fassen und so die handschriftliche Lesart retten. —
v. 2. Ganz unerträglich ist θέλειν: πέλειν conj. Dindorf. Sollte nicht zu
schreiben sein: μωρίαν δὲ καὶ θέλει?

[42]) *Alkmeon Fr.* 79: Βροτοῖς τὰ μείζω τῶν μέσων τίκτει νόσους · Θεῶν δὲ
θνητοὺς κόσμον οὐ πρέπει φέρειν. Von etwas anderem Gesichtspunkt aus, nämlich weil die Herrschaft immer den Unterthanen lästig, naturwidrig erscheint,
verwirft *Ion* (595 ff.) die Monarchie: λυπρὰ γὰρ τὰ κρείσσονα.

[43]) *Peleiad. Fr.* 605: Τὸ δ' ἔσχατον δὴ τοῦτο θαυμαστὸν βροτοῖς Τυραννίς,
οὐχ εὕροις ἂν ἀθλιώτερον. Φίλους τε πορθεῖν καὶ κατακτανεῖν χρεών, πλεῖστος
φόβος πρόσεστι μὴ δράσωσί τι. v. 3 fällt πορθεῖν auf, ist aber nicht unmöglich:
vgl. *Phön.* 564 f.: κόρας βίᾳ πρὸς ἀνδρῶν πολεμίων πορθουμένας, wozu die *Schol.*
bemerken: ‚γράφεται καὶ λεληγμένας‘ (vgl. *Troad.* 373). Aber eben dies weist
darauf hin, dass Euripides πορθεῖν auch von Personen gebrauchte: dies schien
anstössig, und darum änderte man. — v. 4 ist, wie er dasteht, unmöglich. Ent-

weder es ist etwas ausgefallen, wie Gomperz annimmt, oder man muss ändern: etwa πρόςεστι γὰρ δράσασι μή. Das ist allerdings gewaltsam, gäbe aber doch einen guten Sinn. Der Gedanke findet sich so auch *Hik.* 442 ff.; *Ion* 621 ff. s. A. 15. *Ion* 625 verbessert Wecklein (Sitz.Ber. d. B. Ak. 1896 S. 487) in ἄνευ πόνου.

⁴⁴) *Antig. Fr.* 171: Ἀεὶ τοῖσι πολλοῖς τὸν τύραννον ἀνδάνειν. Vgl. hiezu und zu den Worten des Agamemnon die mehrfachen Auslassungen der Königin Elisabeth in *Schillers Maria Stuart* II. 2: „Die Könige sind nur Sklaven ihres Standes, Dem eignen Herzen dürfen sie nicht folgen"; II. 9: „Ich darf ja mein Herz nicht fragen" und besonders den Anfang des Monologs IV. 10: „O Sklaverei des Volksdiensts" u. s. w.

⁴⁵) v. 343 ff. ins Bürgerliche übertragen bei *Goethe, Faust* I. Scene vor dem Thor: „Nein, er gefällt mir nicht, der neue Burgemeister! Nun, da er's ist, wird er nur täglich dreister".

⁴⁶) Zu *Iph. Aul.* 373 ff., wo Schiller übersetzt: „Der Einsichtsvolle, er soll König sein", vgl. *Wallensteins Tod* I. 5: „Und stets der Herrschverständigste ... sollte Herrscher sein und König".

⁴⁷) *Danaē Fr.* 322: Ἔρως γὰρ ἀργὸν κἀπὶ τοιούτοις ἔφυ· Φιλεῖ κάτοπτρα καὶ κόμης ξανθίσματα, Φεύγει δὲ μόχθους. ἐν δέ μοι τεκμήριον· Οὐδεὶς προςαιτῶν βίοτον ἠράσθη βροτῶν, Ἐν τοῖς δ' ἔχουσιν ἡβητὴς πέφυχ' ὅδε. v. 5 ist wohl ἡβητὴς verdorben: δεσπότης Kayser, Rhein. Mus. VII. pg. 126 s. Wilamowitz (Herakles¹ I. S. 24 A. 44) erinnert an die Schilderung der Genesis des Tyrannen in *Platons Staat* VIII. 2 pg. 572—573. Vgl. oben K. V. 2 A. 150.

⁴⁸) *Auge Fr.* 275: Κακῶς ὄλοιντο πάντες οἳ τυραννίδι Χαίρουσιν ὀλίγῃ τ' ἐν πόλει μοναρχίᾳ· Τοὐλεύθερον γὰρ ὄνομα παντὸς ἄξιον, Κἂν σμικρ' ἔχῃ τις μεγάλ' ἔχειν νομιζέτω. Vgl. A. 54.

⁴⁹) S. A. 15.

⁵⁰) *Hel.* 276: Τὰ βάρβαρα γὰρ δοῦλα πάντα πλὴν ἑνός. Vgl. *Xenoph. An.* I. 7, 3; II. 5, 23 und 38.

⁵¹) *Arch. Fr.* 244: Ὀλίγοι γὰρ ἐσθλοὶ κρείσσονες πολλῶν κακῶν. Vgl. *Heraklit Fr.* 113 (Bywater): εἷς ἐμοὶ μύριοι, ἐὰν ἄριστος ᾖ· Vgl. auch *Arch. Fr.* 243: ὀλίγον ἄλκιμον δόρυ Κρεῖσσον στρατηγοῦ μυρίου στρατεύματος. v. 2 στρατηγῷ conj. Grotius und Gomperz.

⁵²) *Arch. Fr.* 245: Ἐν δέ σοι μόνον προφωνῶ, μὴ ἐπὶ δουλείαν ποτὲ Ζῶν ἑκὼν ἔλθῃς παρόν σοι κατθανεῖν ἐλευθέρως. v. 2 ändert Nauck unnötig ἐλευθέρῳ.

⁵³) Gomperz, Griech. Denker I. S. 400 und 477. *Schol. zu Äsch. adv. Timarch.* 89 (*Or. Att.* II. 15). S. Kap. V. 2 a A. 40.

⁵⁴) S. A. 48. In *Fr.* 275 ist v. 2 verdorben. Hense schlug vor: οἳ μοναρχίᾳ Χαίρουσιν ὀλίγον τ' ἐν πόλει τυραννίδι. Im *Herakles* 588 ff. findet sich auch eine gegen die Oligarchie gerichtete Stelle. Wilamowitz, der zum Vergleich auf *Plato, Staat* VII. 10 pg. 555 D verweist, will die Verse tilgen, wie mir scheint, mit Unrecht. Wenigstens der Einwand „in Athen konnte Euripides diese Typen nicht wohl finden" ist nicht stichhaltig: einmal konnte der Dichter seinen Blick auch über Attika hinausschweifen lassen, und dann gab es doch immer auch in Athen eine starke oligarchische Partei, wie die Revolution von 411 beweist: *Thuk.* VIII. 68 ff. Freilich ist der *Herakles* früher abgefasst (Wil. Her.² I. S. 143 f.); aber die oligarchische Partei bestand auch schon damals. Vgl. Schenkl a. a. O. S. 490.

⁵⁵) Nicht hieher gehört *Hek.* 798 ff.; s. Kap. III. 1 A. 25.

⁵⁶) *Pleisth. Fr.* 626 s. A. 16.

⁵⁷) Steiger, Wie entstand der Orestes des Euripides (Augsburger Gymn.-Progr. 1898 S. 16 A. 22), stellt mit *Hik.* 238 ff. *Aristoph. Ach.* 32 ff. zusammen und setzt οἵπερ σώζουσι γῆν = εἰρήνης ἐρῶν. Das ist viel zu eng. Bei Aristophanes ist nur von der Friedenssehnsucht die Rede, in den *Hiketiden* handelt es sich um das konservative Element im Staate überhaupt. Über die Echtheit der Verse vgl. Kap. III. 1 A. 41. — Vgl. noch *Or.* 487.

⁵⁸) *Solon Fr.* 3: Δήμῳ μὲν γὰρ ἔδωκα τόσον κράτος ὅσον ἐπαρκεῖ, Τιμῆς οὔτ' ἀφελὼν οὔτ' ἐπορεξάμενος etc. — *Fr.* 4: Δῆμος δ' ὧδ' ἂν ἄριστα σὺν ἡγεμόνεσσιν ἕποιτο, Μήτε λίην ἀνεθεὶς μήτε πιεζόμενος etc. — *Fr.* 32, 18 ff.: Θεσμοὺς δ' ὁμοίως τῷ κακῷ τε κἀγαθῷ Εὐθεῖαν εἰς ἕκαστον ἁρμόσας δίκην Ἔγραψα. — *Fr.* 7, 3 f.: Ἀνδρῶν δ' ἐκ μεγάλων πόλις ὄλλυται· εἰς δὲ μονάρχου Δῆμος ἀιδρείῃ δουλοσύνην ἔπεσεν.

⁵⁹) *Herod.* III. 80: φθονέει γὰρ (sc. ὁ τύραννος) τοῖσι ἀρίστοισι περιεοῦσί τε καὶ ζώουσι, χαίρει δὲ τοῖσι κακίστοισι τῶν ἀστῶν, διαβολὰς δὲ ἄριστος ἐνδέκεσθαι . . . νόμαιά τε κινέει πάτρια καὶ βιᾶται γυναῖκας κτείνει τε ἀκρίτους. Die Übereinstimmung mit *Hik.* 444 ff. (worauf Stein z. St. hinweist) ist frappant.

⁶⁰) *Herod.* III. 81: ὁμίλου γὰρ ἀχρηίου οὐδέν ἐστι ἀσυνετώτερον οὐδὲ ὑβριστότερον . . . τῷ δὲ οὐδὲ γινώσκειν ἔνι· κῶς γὰρ ἂν γινώσκοι ὃς οὔτ' ἐδιδάχθη οὔτε οἶδε καλὸν οὐδὲν [οὐδ'] οἰκήιον, ὠθέει τε ἐμπεσὼν τὰ πράγματα ἄνευ νόου, χειμάρρῳ ποταμῷ εἴκελος; vgl. *Hesiod, Erga* 296 f.: Ὃς δέ κε μήθ' αὑτῷ νοέῃ μήτ' ἄλλου ἀκούων Ἐν θυμῷ βάλληται, ὁ δ' αὖτ' ἀχρήιος ἀνήρ. — *Theogn.* 847 f.: Λὰξ ἐπίβα δήμῳ κενεόφρονι, τύπτε δὲ κέντρῳ Ὀξέι καὶ ζεύγλην δύσλοφον ἀμφιτίθει. — *Demokrit Fr.* 192 bei *Stob. flor.* 45, 27: χαλεπὸν ἄρχεσθαι ὑπὸ χείρονος. — *Eur. Hik.* 420 ff.

⁶¹) *Herod.* III. 82: ἀνδρὸς γὰρ ἑνὸς τοῦ ἀρίστου οὐδὲν ἄμεινον ἂν φανείη . . . ἡ μουναρχίη κράτιστον . . . χωρίς τε τούτου πατρίους νόμους μὴ λύειν ἔχοντας εὖ. — *Eur. Hik.* 410 ff.; *Ag. Fr.* 8 s. A. 34; *Erechth. Fr.* 362, 5 ff. werden einem künftigen Fürsten allerlei Ratschläge erteilt: Βραχεῖ δὲ μύθῳ πολλὰ συλλαβὼν ἐρῶ. Πρῶτον φρένας μὲν ἠπίους ἔχειν χρεών· Τῷ πλουσίῳ τε τῷ τε μὴ διδοὺς μέρος Ἴσον σεαυτὸν εὐσεβεῖν πᾶσιν δίδου. 28 ff.: Καὶ τοὺς πονηροὺς μήποτ' αὔξαν' ἐν πόλει· Κακοὶ γὰρ ἐμπλησθέντες ἢ νομίσματος Ἢ πόλεος ἐμπεσόντες εἰς ἀρχήν τινα Σκιρτῶσιν ἀδόκητ' εὐτυχησάντων δόμων. — Alkibiades bei *Thuk.* VI. 89: τοῖς γὰρ τυράννοις ἀεί ποτε διάφοροί ἐσμεν, πᾶν δὲ τὸ ἐναντιούμενον τῷ δυναστεύοντι δῆμος ὠνόμασται· καὶ παρ' ἐκείνου ξυμπαρέμεινεν ἡ προστασία ἡμῖν τοῦ πλήθους. ἅμα δὲ τῆς πόλεως δημοκρατουμένης τὰ πολλὰ ἀνάγκη ἦν τοῖς παροῦσιν ἕπεσθαι. τῆς δὲ ὑπαρχούσης ἀκολασίας ἐπειρώμεθα μετριώτεροι ἐς τὰ πολιτικὰ εἶναι. ἄλλοι δ' ἦσαν καὶ ἐπὶ τῶν πάλαι καὶ νῦν οἳ ἐπὶ τὰ πονηρὰ ἐξῆγον τὸν ὄχλον· οἵπερ καὶ ἐμὲ ἐξήλασαν. ἡμεῖς δὲ τοῦ ξύμπαντος προέστημεν δικαιοῦντες ἐν ᾧ σχήματι μεγίστη ἡ πόλις ἐτύγχανε καὶ ἐλευθερωτάτη οὖσα καὶ ὅπερ ἐδέξατό τις, τοῦτο ξυνδιασῴζειν· ἐπεὶ δημοκρατίαν γε καὶ ἐγιγνώσκομεν οἱ φρονοῦντές τι καὶ αὐτὸς οὐδενός ἂν χεῖρον, ὅσῳ καὶ λοιδορήσαιμι· ἀλλὰ περὶ ὁμολογουμένης ἀνοίας οὐδὲν ἂν καινὸν λέγοιτο· καὶ τὸ μεθιστάναι αὐτὴν οὐκ ἐδόκει ἡμῖν ἀσφαλὲς εἶναι ὑμῶν πολεμίων προσκαθημένων. Pöhlmann. Sokrates S. 81 ff. Vgl. auch *Xen. Mem.* III. 9, 3: φύσει διαφέροντας τοὺς ἀνθρώπους.

⁶²) Beloch, Griech. Geschichte I. S. 475: „Trotz alledem behielt selbst in Athen der Adel noch lange Zeit die Leitung des Staates in der Hand. Zur

Strategie sind bis zum Anfang des peloponnesischen Krieges fast nur Adelige erwählt worden (*Ps.Xen. Pol. Ath.* 1, 3; *Eupolis Fr.* 117 Kock; *Aristot. Pol. Ath.* 26, 1), obgleich der Zugang dazu jedem Bürger offenstand, der aus einer rechtmässigen Ehe Kinder hatte und liegendes Eigentum besass".

⁵⁹) Grote, Geschichte Griechenlands IV. S. 316 ff.

⁶¹) Beloch, Griech. Gesch. II. S. 123.

⁶²) Beloch a. a. O. S. 30. *Diog. L.* IX. 55; III. 57. Über Hippodamos vgl. auch Gomperz, Griech. Denker I. S. 461. *Aristot. Pol.* II. 8 pg. 1267 b— 1268 b. Auch der Grund und Boden sollte in drei Teile geteilt werden: ein Drittel sollte den Göttern geweiht sein, ein Drittel staatliches Eigentum zum Unterhalt des Kriegerstandes und ein Drittel sollte als Privatbesitz den Bauern gehören.

⁶⁵) Vgl. Pöhlmann, Anfänge des Sozialismus in Europa in Sybels Histor. Zeitschrift 1898 (Bd. 80 N. F. 44) S. 235.

⁶⁷) *Herod.* V. 92: (Θρασύβουλος) ἐξάς ἐς ἄρουραν ἐσπαρμένην ἅμα τε διεξήιε τὸ λήϊον ... καὶ ἐκόλουε ἀεὶ ὅκως τινὰ ἴδοι τῶν ἀσταχύων ὑπερέχοντα, κολούων δὲ ἔρριπτε, ἐς ὃ τοῦ ληΐου τὸ κάλλιστόν τε καὶ βαθύτατον διέφθειρε τρόπῳ τοιούτῳ. — *Aristot. Pol.* III. 13: Περίανδρον ... ἀφαιροῦντα τοὺς ὑπερέχοντας τῶν σταχύων ὁμαλῦναι τὴν ἄρουραν ... τοῦτο γὰρ οὐ μόνον συμφέρει τοῖς τυράννοις οὐδὲ μόνον οἱ τύραννοι ποιοῦσιν, ἀλλ' ὁμοίως ἔχει περὶ τὰς ὀλιγαρχίας καὶ τὰς δημοκρατίας· ὁ γὰρ ὀστρακισμὸς τὴν αὐτὴν ἔχει δύναμιν τρόπον τινὰ τῷ κολούειν τοὺς ὑπερέχοντας καὶ φυγαδεύειν. — *Eurip. Hik.* 447 ff.: Πῶς οὖν ἔτ' ἂν γένοιτ' ἂν ἰσχυρὰ πόλις, Ὅταν τις ὡς λειμῶνος ἠρινοῦ στάχυν Τόλμας ἀφαιρῇ κἀπολωτίζῃ νέους; — *Ps.Xen. Pol. Ath.* I. 14 sagt von den Demokraten: τοὺς μὲν χρηστοὺς ἀτιμῶσι καὶ χρήματα ἀφαιροῦνται καὶ ἐξελαύνουσι καὶ ἀποκτείνουσι· τοὺς δὲ πονηροὺς αὔξουσι. Zum letzteren Satz vgl. *Eur. Erechtheus Fr.* 362. 28: Καὶ τοὺς πονηροὺς μήποτ' αὔξαν' ἐν πόλει (s. A. 61). II. 18 f. wird ausgeführt, dass der Hass des Volkes sich gegen alle nichtdemokratischen Bürger richte, ohne Rücksicht auf deren Charakter, und dass man sie auch insbesondere schutzlos dem Spott der Komödie preisgebe. Zu letzterem Punkt vgl. *Schol. zu Aristoph. Ach.* 67 und 1150 und *zu Vögel* 1297. Beloch, Gr. G. I. S. 475. — *Liv.* I. 54 (Tarquinius) inambulans tacitus summa papaverum capita dicitur baculo decussisse.

⁶⁸) *Aristot. Pol.* IV. 9 pg. 1295 f.: ἐν ἁπάσαις δὲ ταῖς πόλεσίν ἐστι τρία μέρη τῆς πόλεως, οἱ μὲν εὔποροι σφόδρα, οἱ δὲ ἄποροι σφόδρα, οἱ δὲ τρίτοι οἱ μέσοι τούτων. ἐπεὶ τοίνυν ὁμολογεῖται τὸ μέτριον ἄριστον καὶ τὸ μέσον, φανερὸν ὅτι καὶ τῶν εὐτυχημάτων ἡ κτῆσις ἡ μέση βελτίστη πάντων· ῥᾴστη γὰρ τῷ λόγῳ πειθαρχεῖν ... βούλεται δέ γε ἡ πόλις ἐξ ἴσων εἶναι καὶ ὁμοίων ὅτι μάλιστα, τοῦτο δ' ὑπάρχει μάλιστα τοῖς μέσοις ... καὶ σώζονται δ' ἐν ταῖς πόλεσιν οὗτοι μάλιστα τῶν πολιτῶν ... σημεῖον δὲ δεῖ νομίζειν καὶ τὸ τοὺς βελτίστους νομοθέτας εἶναι τῶν μέσων πολιτῶν· Σόλων τε γὰρ ἦν τούτων ... καὶ Λυκοῦργος ... καὶ Χαρώνδας. — *Phokyl. Fr.* 10: Πολλὰ μέσοισιν ἄριστα· μέσος θέλω ἐν πόλει εἶναι.

⁶⁹) Wilamowitz, Herakles¹ I. S. 24 A. 44.

⁷⁰) S. A. 60.

⁷¹) S. Kap. I. A. 68 und V. 1 A. 139 E. Pfleiderer, Heraklit S. 243.

⁷²) S. A. 51. — *Heraklit Fr.* 112: ἐν Πριήνῃ Βίας ἐγένετο ὁ Τευτάμεω, οὗ πλέων λόγος ἢ τῶν ἄλλων.

— 525 —

¹³) *Heraklit Fr.* 100 (Byw.): μάχεσθαι χρή τόν δῆμον ὑπέρ τοῦ νόμου ὅκως ὑπέρ τείχεος. — *Fr.* 91: τρέφονται γάρ πάντες οἱ ἀνθρώπειοι νόμοι ὑπό ἑνός τοῦ θείου· κρατέει γάρ τοσοῦτον ὁκόσον ἐθέλει καί ἐξαρκέει πᾶσι καί περιγίνεται. — *Eur. Hik.* 312 f.: τό γάρ τοι συνέχον ἀνθρώπων πόλεις Τοῦτ' ἔσθ', ὅταν τις τούς νόμους σῴζῃ καλῶς.

¹³ᵃ) *Antiphon Fr.* 135 (Blass): ἀναρχίας δ' οὐδέν κάκιον ἀνθρώποις. Blass, Att. Bereds.² I. S. 108 ff. Fr. C (bei *Jamblich*): τοῦτο γάρ (sc. τό δίκαιον) τάς τε πόλεις καί τούς ἀνθρώπους τό συνοικίζον καί τό συνέχον.

¹⁴) S. A. 60 und 34.

¹⁵) S. A. 53.

¹⁶) *Heraklit Fr.* 44 (Byw.): Πόλεμος πάντων μέν πατήρ ἐστι, πάντων δέ βασιλεύς, καί τούς μέν θεούς ἔδειξε τούς δέ ἀνθρώπους, τούς μέν δούλους ἐποίησε, τούς δέ ἐλευθέρους. — *Fr.* 36: ὁ θεός ... πόλεμος εἰρήνη· ... ὀνομάζεται καθ' ἡδονήν ἕκαστον. — *Fr.* 62: εἰδέναι χρή τόν πόλεμον ἐόντα ξυνόν καί δίκην ἔριν καί γινόμενα πάντα κατ' ἔριν καί [χρεώμενα?]. — *Fr.* 102: ἀρηιφάτους θεοί τιμῶσι καί ἄνθρωποι. Vgl. die vortreffliche Auseinandersetzung bei Gomperz, Zu Heraklits Lehre S. 1009 ff., besonders S. 1012 und 1014 f., und Griechische Denker I. S. 59 f. Das letzte Wort von *Fr.* 62 ist trotz aller Heilungsversuche noch immer verderbt.

¹⁷) *Temenid. Fr.* 731: Οὐκ ἔστι κρεῖσσον ἄλλο πλήν κρατεῖν δόρυ. — *Fr.* 743: Τό δέ στρατηγεῖν τοῦτ' ἐγώ κρίνω, καλῶς Γνῶναι τόν ἐχθρόν ᾖ μάλισθ' ἁλώσιμος. -- *Fr.* 732: A. 27. — *Fr.* 744: Ἄρξεις ἄρ' οὕτω· χρή δέ τόν στρατηλάτην Ὅμως δίκαιον ὄντα ποιμαίνειν στρατόν. — *Archel. Fr.* 243: ὀλίγον ἄλκιμον δόρυ Κρεῖσσον στρατηγοῦ μυρίου στρατεύματος. v. 2 στρατηγῷ conj. Grotius und Gomperz.

¹⁸) *Fr.* 1052: Νεανίας γάρ ὅστις ὤν Ἄρη στυγῇ, Κόμη μόνον καί σάρκες, ἔργα δ' οὐδαμοῦ. Ὁρᾷς τόν εὐτράπεζον ὡς ἡδύς βίος Ὅτ' ὄλβος ἔξωθέν τίς ἐστι πραγμάτων· Ἀλλ' οὐκ ἔνεστι στέφανος οὐδ' εὐανδρία, Εἰ μή τι καί τολμῶσι κινδύνου μέτα· Οἱ γάρ πόνοι τίκτουσι τήν εὐανδρίαν, Ἡ δ' εὐλάβεια σκότον ἔχει καθ' Ἑλλάδα Τό διαβιῶναι μόνον ἀεί θηρωμένη. — v. 2. Halms Konjektur ἔργμα für ἔργα ist unglücklich: man erwartet einen zu den Weichteilen des Körpers einen Gegensatz bildenden Begriff wie ἄρθρα oder ὀστᾶ. — Ob v. 4 wirklich verderbt ist, fragt sich: πράγματα könnte hier im ungünstigen Sinne gebraucht sein, wie in der Redensart πράγματα παρέχειν. — *Hik.* 323 ff.: ἐν γάρ τοῖς πόνοισιν αὔξεται (sc. Athen)· Αἱ δ' ἥσυχοι σκοτεινά πράσσουσαι πόλεις Σκοτεινά καί βλέπουσιν εὐλαβούμεναι. Vgl. auch *Xen. An.* III. 1, 43.

¹⁸ᵃ) *Hik.* 487 will Gomperz nach *Hipp.* 379 f., *Med.* 1078 f., *Fr.* 220 (*Antiope*) und *Fr.* 841 (*Chrysippus*) ändern in τόν κρείσσον' ἴσμεν, θατέρῳ δέ χρώμεθα. Wecklein (Beiträge zur Kritik des Euripides in Sitz.Ber. d. Bayr. Ak. 1896 S. 520 f.) stimmt ihm bei und sagt: „Damit aber wird der Abschluss gegeben und das folgende 488—493 als unecht erwiesen". Unter der angenommenen Voraussetzung allerdings; aber es ist doch völlig unmethodisch, eine ganz klare Stelle durch gewaltsames Hereintragen eines ihr fremden Gedankens zu zerstören und dann einen Teil von ihr als unbrauchbar zu verwerfen. Die Idee der obigen Stellen, wir kennen das Gute, thun es aber nicht, hat mit dem das Lob des Friedens einleitenden Gedanken gar nichts zu thun; denn dieser lautet: „wir können doch sonst gut und schlecht unterscheiden, warum also nicht auch die Vorteile des Friedens von den Nachteilen des Krieges?" v. 486 f.: Καίτοι δυοῖν γε πάντες ἄνθρωποι λόγοιν Τόν κρείσσον' ἴσμεν καί τά χρηστά καί

κακά sieht fast aus wie eine Polemik gegen *Protagoras Fr.* 5 (Kap. II. A. 15 und des Dichters eigene *Antiope Fr.* 189), sowie *Protag. Fr.* 1 (und *Äolus Fr.* 19 Kap. II. A. 14). Über die Chronologie der Stücke s. Kap. I A. 27. — Auch die Änderung Weckleins in v. 951 (μὴ δῆτα für παύσασθε. ib. 1895 S. 502) ist ganz unnötig.

[79]) *Hel.* 1151 ff. v. 1158 Αἱ Πριαμίδος γᾶς ἔλιπον θαλάμους ist in dem Zusammenhang sinnlos. Donners Übersetzung dieses Verses ist Phantasie. Nicht übel ist die von Häberlin (Philologus 1896 S. 72) vorgeschlagene Schreibung: ἃ Πριαμίδας γ' ᾆσε φιλοπτολέμους. Nur ist das Subjekt zu ᾆσε (Homer oder die Muse) nirgends genannt und deshalb seine Ergänzung nicht ganz selbstverständlich.

[80]) *Beller. Fr.* 289: Νείκη γὰρ ἀνδρῶν φόνια καὶ μάχας χρεών Δόλοισι κλέπτειν· τῆς δ' ἀληθείας ὁδὸς Φαύλη τίς ἐστι· ψεύδεσιν δ' Ἄρης φίλος.

[81]) *Temenid. Fr.* 728: φιλεῖ τοι πόλεμος οὐ πάντων τυχεῖν, Ἐσθλῶν δὲ χαίρει πτώμασι νεανιῶν, κακοὺς δὲ μισεῖ. Τῇ πόλει μὲν οὖν νόσος Τόδ' ἐστί, τοῖς δὲ κατθανοῦσιν εὐκλεές. Zum letzteren Gedanken vgl. *Heraklit Fr.* 102 A. 76; zu v. 1 f. *Schiller, Siegesfest:* „Ja der Krieg verschlingt die Besten".

[82]) *Fr.* 1053: Μισῶ δ' ὅταν τις καὶ χθονὸς στρατηλάτης Μὴ πᾶσι πάντων προσφέρῃ μειλίγματα. Wecklein vermutet (Philolog. 39 pg. 411), das Bruchstück sei aus dem *Archelaos*.

[82a]) Vgl. auch *Phön.* 515 ff. mit *Herod.* VII. 9, 2: τοὺς (sc. Ἕλληνας) χρῆν ἐόντας ὁμογλώσσους κήρυξί τε διαχρεομένους καὶ ἀγγέλοισι καταλαμβάνειν τὰς διαφορὰς καὶ παντὶ μᾶλλον ἤ, μάχῃσι.

[83]) *Stasinos, Kypria Fr.* 1 (Kinkel): Ἦν ὅτε μύρια φῦλα κατὰ χθόνα πλαζόμεν' ἀ[νδρῶν] [... ἐβάρυνε] βαθυστέρνου πλάτος αἴης. Ζεὺς δὲ ἰδὼν ἐλέησε καὶ ἐν πυκιναῖς πραπίδεσσι Σύνθετο κουφίσσαι [βάρεος] παμβώτορα γαῖαν Ῥιπίσσας πολέμου μεγάλην ἔριν Ἰλιακοῖο, Ὄφρα κενώσειεν θανάτῳ βάρος· οἱ δ' ἐνὶ Τροίῃ Ἥρωες κτείνοντα, Διός δ' ἐτελείετο βουλή. — *Schol. εu A* 5 f.: φασὶ γὰρ τὴν γῆν βαρουμένην ὑπ' ἀνθρώπων πολυπληθίας μηδεμιᾶς ἀνθρώπων οὔσης εὐσεβείας αἰτῆσαι τὸν Δία κουφισθῆναι τοῦ ἄχθους. — *Schol. B zu Δ 4* pg. 120 (Bekker): ἀπρεπές φασιν, εἰ τέρπει τοὺς θεοὺς πολέμων θέα. ἀλλ' οὐκ ἀπρεπές· τὰ γὰρ γενναῖα ἔργα τέρπει. ἄλλως τε πόλεμοι καὶ μάχαι ἡμῖν μὲν δεινὰ δοκεῖ, τῷ δὲ θεῷ οὐδὲ ταῦτα δεινά. συντελεῖ γὰρ ἅπαντα ὁ θεὸς πρὸς ἁρμονίαν τῶν ὅλων οἰκονομῶν τὰ συμφέροντα, ὅπερ καὶ Ἡράκλειτος λέγει, ὡς τῷ μὲν θεῷ καλὰ πάντα καὶ ἀγαθὰ καὶ δίκαια, ἄνθρωποι δὲ ἃ μὲν ἄδικα ὑπειλήφασιν, ἃ δὲ δίκαια. *Heraklit Fr.* 61 (Byw.). — Über *Stasinos* vgl. O. Müller, Gr. L.G. (ed. Heitz)⁴ I. S. 111; über *Eur. Helena:* Bergk, Gr. L.G. III. S. 555. — Burckhardt, Gr. Kulturgesch. II. S. 376 f.

[84]) *Plato, Staat* V. 16 pg. 471 B: ἐγὼ μὲν ὁμολογῶ οὕτω δεῖν πρὸς τοὺς ἐναντίους τοὺς ἡμετέρους πολίτας προσφέρεσθαι· πρὸς δὲ τοὺς βαρβάρους ὡς νῦν οἱ Ἕλληνες πρὸς ἀλλήλους.

[85]) Vgl. Pöhlmann, Anfänge des Sozialismus in Europa in Sybels Histor. Zeitschr. 80 (N. F. 44). 1898 S. 213.

[86]) *Kresphont. Fr.* 453: Εἰρήνα βαθύπλουτε καὶ Κάλλιστα μακάρων θεῶν, Ζῆλός μοι σέθεν ὡς χρονίζεις. Δέδοικα δὲ μὴ πρὶν πόνοις Ὑπερβάλῃ με γῆρας, πρὶν σὰν χαρίεσσαν προσιδεῖν ὥραν Καὶ καλλιχόρους ἀοιδὰς Φιλοστεφάνους τε κώμους. Ἴθι μοι, πότνα, πόλιν. Τὰν δ' ἐχθρὰν στάσιν εἴργ' ἀπ' οἴκων τὰν μαινομέναν τ' ἔριν Θηκτῷ τερπομέναν σιδάρῳ. — *Bacchyl. Fr.* 8: Τίκτει δὲ θνατοῖσιν εἰρήνα μεγάλα Πλοῦτον καὶ μελιγλώσσων ἀοιδᾶν ἄνθεα Δαιδαλέων τ' ἐπὶ βωμῶν

θεοῖσιν αἴθεσθαι βοῶν Ξανθᾷ φλογὶ μῆρα τανυτρίχων τε μήλων Γυμνασίων τε νέοις
αὐλῶν τε καὶ κώμων μέλειν· Ἐν δὲ σιδαροδέτοις πόρπαξιν αἴθαν Ἀραχνᾶν ἱστοὶ
πέλονται:· Ἔγχεα τε λογχωτὰ ξίφεά τ' ἀμφάκεα δάμναται εὐρώς· Χαλκεᾶν δ' οὐκ
ἔστι σαλπίγγων κτύπος· Οὐδὲ συλᾶται μελίφρων ὕπνος ἀπὸ βλεφάρων Ἁμὸν ὃς
θάλπει κέαρ. Συμποσίων δ' ἐρατῶν βρίθοντ' ἀγυιαί, παιδικοί θ' ὕμνοι φλέγονται.

Noch mehr fast klingt an diesen Päan des *Bacchylides* das Friedenslied aus
dem *Erechtheus* (*Fr.* 369 s. A. 98) an. — Über die Abfassungszeit des *Kresphontes* s. Bergk, Gr. L.G. III. S. 517. — *Timäus* erzählte im 21. Buch seiner
Geschichte Siziliens, Hermokrates von Syrakus habe in seiner in Gela gehaltenen
Rede den Euripides citiert (*Fr.* 97 pg. 216 s. Müller). *Polybius* XII. 25 f. macht
sich darüber lustig, wie Timäus ernsthaften Staatsmännern ganz schülerhafte
Reden, die völlig nach der Rhetorschule schmecken, in den Mund lege und sie
dieselben mit poetischen Stellen wie *E* 890 f. (parodiert *A* 176 f.) und *I* 63 f. und
dem angeführten Citat aus Euripides ausschmücken lasse. Timäus liess den
Hermokrates weiterhin den Krieg mit einem krankhaften, den Frieden mit einem
gesunden, normalen Zustand parallelisieren, offenbar auch nach einer rhetorischen Schablone. Man sieht: es galt in den Augen des Polybius nicht für
wissenschaftlich, die in Geschichtswerken eingelegten Reden, wie man vorher
und nachher (z. B. Livius!) that, einfach zu erfinden.

[87]) *Bacch.* 416 ff.: Ὁ δαίμων ὁ Διὸς παῖς Χαίρει μὲν θαλίαισιν, Φιλεῖ δ'
ὀλβοδότειραν Εἰρήναν κουροτρόφον. — Der im Jahr 421 aufgeführte *Friede* des
Aristophanes nennt (308) Eirene Τὴν θεῶν πασῶν μεγίστην καὶ φιλαμπελω-
τάτην. — Die Eirene des Kephisodotos s. bei Baumeister, Denkmäler des klass.
Alt. S. 777 A. 829, und Furtwängler-Urlichs, Denkmäler griech. und römischer
Skulptur (Handausgabe) S. 56 T. 18.

[88]) *Plut. Kimon* 16: παρακαλῶν μήτε τὴν Ἑλλάδα χωλὴν μήτε τὴν πόλιν
ἑτερόζυγα περιιδεῖν γεγενημένην.

[89]) Vgl. *Hipp.* 612 Kap. V. 2 A. 132. — *I* 312 f.: Ἐχθρός γάρ μοι κεῖνος
ὁμῶς Ἀΐδαο πύλησιν, Ὅς χ' ἕτερον μὲν κεύθῃ ἐνὶ φρεσίν, ἄλλο δὲ εἴπῃ. J. Neu-
mann, Menelaos und Helena in den Dramen des Euripides (Progr. Zittau 1893).
sucht vergebens zu beweisen, dass Euripides in Menelaos nicht die Spartaner
als solche habe treffen wollen. Die Vergleichung mit Odysseus S. 21 ist ganz
unpassend. — Vortrefflich die gegenteiligen Ausführungen von Lindskog, Stud.
z. ant Drama I. S. 101 ff.

[90]) Bergk, Gr. L.G. III. S. 553 ff.

[91]) *Schol. zu Andr.* 445: ταῦτα ἐπὶ Ἀνδρομάχης προσχήματί φησιν Εὐριπίδης λοιδορούμενος τοῖς Σπαρτιάταις διὰ τὸν ἐνεστῶτα πόλεμον. Καὶ γὰρ δὴ καὶ
παρεσπονδήκεσαν πρὸς Ἀθηναίους καθάπερ οἱ περὶ τὸν Φιλόχορον (*Fr.* 169 a)
ἀναγράφουσιν. εἰλικρινῶς δὲ τοὺς τοῦ δράματος χρόνους οὐκ ἔστι λαβεῖν· οὐ
δεδίδακται γὰρ Ἀθήνησιν· ὁ δὲ Καλλίμαχος (*Fr.* 100 d 26) ἐπιγραφῆναί φησι τῇ
τραγῳδίᾳ Δημοκράτην. ἑξῆς δὲ αὐτοὺς εἴς τε τὰ ἄλλα καὶ φιλοχρηματίαν κακῶς
λέγει. καὶ Ἀριστοτέλης δὲ τοῦτο ἱστορεῖ ἐν τῇ τῶν Λακώνων πολιτείᾳ (*Fr.* 544)
καὶ τὸ ὑπὸ θεοῦ αὐτοματισθὲν προστίθησιν ἔπος ,ἁ φιλοχρηματία Σπάρταν ὀλεῖ,
ἄλλο δὲ γ' οὐδέν'. φαίνεται δὲ γεγραμμένον τὸ δρᾶμα ἐν ἀρχαῖς τοῦ Πελοποννη-
σιακοῦ πολέμου. — Vgl. Decharme, Euripide pg. 190 n. 4, der (pg. 191 n. 1) in
v. 733 ff. eine Anspielung auf das einst mit Sparta befreundete, jetzt in Gegner-
schaft zu ihm tretende Argos sieht, wo nach seiner Annahme das Stück auch
aufgeführt wurde. — Bergk, Griech. Litt.G. III. S. 542 A. 234 (und Hermes

XVIII. 487 ff., „Die Abfassungszeit der Andromache des Euripides") verstand
früher unter dem gebrochenen Vertrag auch den Frieden des Nikias, deutete
das Scholion aber später auf den 424 zwischen Athen und Sparta geschlossenen
Waffenstillstand und setzt die Aufführung ins Jahr 423 (vgl. A. 35), wie mir
scheint, ohne durchschlagende Gründe und unter gewaltsamer Herbeiziehung
einer thatsächlich nicht zu seiner Annahme stimmenden Inschrift. — Wilamowitz (Herakles [1] I. S. 143 A. 49) setzt auf Grund der Schlussworte des Scholions
die *Andromache* in die Zeit vor 425, ohne übrigens zu sagen, worauf sich dann
das ‚παρεσπονδήκεσαν' beziehen soll, das er offenbar stillschweigend als eine
irrige Vermutung des Scholiasten auffasst. So auch schon An. Eur. pg. 172 ff. —
Nauck praef. XVI. A. 21 nimmt an, dass unter dem Demokrates des Scholions und
dem Timokrates der *Vita* (J. 15) dieselbe Person zu verstehen sei. S. A. 35. —
Zu den Versen im allgemeinen vgl. J. Burckhardt, Gr. K.G. I. S. 98.

[92]) Über die Abfassungszeit der *Herakliden* vgl. Bergk, Gr. L.G. III. S. 516
A. 153; Decharme, Euripide pg. 154 s.; Wilamowitz, De Euripidis Heraclidis
(Ind. Schol. Greifsw. 1882) pg. 15; Analecta Eurip. 172 ss.; Heracles [2] I. S. 143.
Letzterer setzt die Aufführung schon ins Jahr 427. *Aristophanes* parodierte in
den *Rittern* (214; Nauck *Fr.* 851 des *Eur.*) 424 einen jetzt verlorenen Vers
aus den *Herakliden* und scheint in den 422 aufgeführten *Wespen* 1160 auf
Herakliden 1006 Beziehung zu nehmen; demnach müssen die *Herakliden* vor 424
fallen. Dass der *Herakles* „wenigstens teilweise gegen Theben gerichtet sei,
vermutet Schenkl a a. O. S. 379. Lindskog (Studien zum ant. Drama I. S. 89 ff.)
macht die scharfsinnige Bemerkung, dass Euripides, wie er oft den antireligiösen
Inhalt seiner Dramen durch eine Palinodie am Schluss zu paralysieren sucht
(Kap. 1. A. 96), so umgekehrt bei Dramen politischen Inhalts oft einen mit dem
übrigen Drama nicht harmonisierenden tendenziösen Schluss anfügt: so wird in
den *Herakliden* der Charakter des Eurystheus dem traditionellen Mythus entsprechend unsympathisch geschildert, und erst am Ende erhält er eine andere,
günstigere Färbung, womit auch die schon von Wilamowitz (Exkurse zu Euripides' Herakliden im Hermes XVII. S. 338 ff.) bemerkte Veränderung im Auftreten der Alkmene zusammenhängt. Ebenso nimmt Euripides in den *Hiketiden*
zuerst wie Äschylus für Eteokles und gegen Polyneikes, Adrastos u. s. w. Partei;
erst am Schluss tritt ein Umschlag ein, und die Stimmung ist nun, wie auch in
den *Phönissen*, für Adrastos und Polyneikes gegen Eteokles. Der Grund ist
beidemal die politische Tendenz für Argos. — Vgl. auch Walter Schmidt, Qua
ratione Euripides res sua aetate gestas adhibuerit, in Heraclidis potissimum
quaeritur. Halle 1881.

[93]) *Hik.* 190 ff. bezieht Wilamowitz (Herakles [1] I. S. 13) auf Alkibiades:
„Damals bewarb sich Alkibiades um diese Stellung (die Strategie) und nahm
bald die Führung des Staates mit der entschiedenen Tendenz in die Hand, durch
den Bund mit Argos Sparta im Peloponnes selbst mattzusetzen. Den Höhepunkt persönlichen Glanzes erreichte derselbe, als er an der Feier der 90. Olympiade, von der Sparta ausgeschlossen war, mit einer ganzen Reihe Viergespanne
auftrat und Preise davontrug. Und zu dieser Siegesfeier hat *Euripides* ihm das
Siegeslied gedichtet, das letzte nachweisbare Beispiel dieser Pindarischen Weise
(Lyr. Gr. *Fr.* 3 pg. 130 s. Kap. V. 2 A. 146). Damit hatte er Partei genommen
im Angesichte aller Hellenen". — *Thuk.* V. 43 wird Alkibiades charakterisiert
als ἀνὴρ ἡλικίᾳ μὲν ἔτι τότε ὢν νέος ὡς ἐν ἄλλῃ πόλει, ἀξιώματι δὲ προγόνων

τιμώμενος. — Vgl. auch Ribbeck, Euripides und seine Zeit S. 24, und Bergk, Gr.
L.G. III. S. 535 A. 15: „der Dichter wollte nur zeigen, auch ein jüngerer Mann
könne verständig die Staatsgeschäfte führen". Diese Bemerkung ist jedenfalls
unrichtig: wenn Euripides damals für die Politik des Alkibiades eintrat (vgl.
die in Athen gefundene Inschrift (C. J. A. Suppl. Nr. 46 B. Kirchhoff im Hermes
XII. pg. 368 mit *Thuk.* V. 43—46 und *Hik.* 1191 ff. Decharme, Euripide pg. 201),
so that er es nicht wegen, sondern trotz der Jugend des Mannes; denn er kannte
zu gut die Gefahren, die für ein Staatswesen aus dem Treiben ehrgeiziger
junger, wenn auch talentvoller Leute erwachsen konnten, und warnt davor in
demselben Stücke: Adrast liess sich von solchen Persönlichkeiten zu einem verhängnisvollen Krieg verführen (232 ff.): Νέοις παραχθείς, οἵτινες τιμώμενοι Χαίρουσι
πολέμους τ' αὐξάνουσ' ἄνευ δίκης, Φθείροντες ἀστούς, ὁ μὲν ὅπως στρατηλατῇ,
Ὁ δ' ὅπως ὑβρίζῃ δύναμιν εἰς χεῖρας λαβών, Ἄλλος δὲ κέρδους οὕνεκ' οὐκ ἀπο-
σκοπῶν Τὸ πλῆθος εἴ τι βλάπτεται πάσχον τάδε. Unbewusst hat der Dichter hier
eine überaus wahre Charakteristik des Alkibiades entworfen, so, wie er sich
später entpuppt hat. Damals mag er ihm allerdings noch in idealerem Licht
erschienen sein. Vgl. übrigens auch v. 160 und 508 ff.; die Annahme einer
Interpolation der Verse 190 ff. (Dindorf, Kirchhoff, Nauck, Haupt, Decharme
pg. 182 n. 1—3) hat aus dem angeführten Grund viel für sich. Dass darin die
Partei des Nikias verherrlicht werden sollte (Giles in Classical Review IV. 95 f.;
A. Dieterich im Rhein. Mus. 1896 S. 42 A. 2), glaube ich nicht.

⁹⁴) *Fr.* 1083 bei *Strabo* VIII. pg. 366 schildert Messenien, wobei man in
v. 9 Γαίας Λαχαίνης κύριον φαύλου χθονός einen Hieb auf Sparta erblicken kann.
Musgrave vermutete, die Verse gehören in den *Kresphontes.* — Wilamowitz,
Herakles¹ I. S. 31 A. 55. — Aufführungszeit des *Kresphontes* zwischen 430
und 425: An. Eur. pg. 172 ss.

⁹⁵) *Telephus Fr.* 722: Ἴθ' ὅποι χρῄζεις· οὐκ ἀπολοῦμαι Τῆς σῆς Ἑλένης
εἴνεκα: wohl Worte Agamemnons an Menelaos (Welcker S. 485). — *Fr.* 723:
Σπάρτην ἔλαχες, κείνην κόσμει· Τὰς δὲ Μυκήνας ἡμεῖς ἰδίᾳ. Die Redensart
Σπάρτην κοσμεῖν wurde im Altertum sprichwörtlich. Zum erstenmal erscheint
sie etwas umschrieben bei *Sophokles Aias* 1102 f., der jedenfalls später als der
438 aufgeführte *Telephus* verfasst ist. Vgl. ferner *Plut. de e.c.* 8 pg. 602 B;
de tranq. an. 18 pg. 472 E; *Cic. ad Att.* IV. 6, 2; I. 20, 3. Bei *Theodorus
Metoch.* pg. 16 heisst es geradezu παροιμία. Weitere Stellen bei Nauck, Tr. Gr.
Fr.² pg. 588.

⁹⁶) Ribbeck, Euripides und seine Zeit S. 23. — Dass Euripides einmal in
der gleichzeitig mit dem *Telephus* aufgeführten *Alcestis* (445 ff.) die Spartanischen Karneen erwähnt, ändert an seiner feindlichen Haltung gegenüber von
Sparta nichts. Bergk, Gr. L.G. III. S. 496 A. 95.

⁹⁷) *Hipp. Kal. Fr.* 446 s. K. III. 1 A. 11. — *Hipp. steph.* 1462 ff.: „Alle
Bürger traf zugleich die Trauer, Allen rinnt desselben Schmerzes Zähre, Denn
ins Weite tönt und dringt ins Tiefste, Wenn ein Schlag die höchsten Häupter
trifft" (W.). — Wecklein verweist zur Vergleichung auf *Kallinus Fr.* 1, 18:
Λαῷ γὰρ σύμπαντι πόθος κρατερόφρονος ἀνδρὸς Θνήσκοντος. — Bartels (Beziehungen zu Athen und seiner Geschichte in den Dramen des Euripides. Progr.
des Joachimsthalschen Gymnasiums in Berlin 1889 S. 9 ff.) schliesst sich der
ansprechenden Vermutung Boeckhs an. Auch wenn Willamowitz' Korrektur von
Παλλάδος in Πελοπίας v. 1459 richtig sein sollte, so wird damit zum mindesten

in den vv. 1462 ff. nicht, wie er meint, „die Beziehung auf Perikles unmöglich"
(Herakles [1] I. S. 13 A. 19).

[98]) *Erechth. Fr.* 369: Κείσθω δόρυ μοι μίτον άμφιπλέκειν άράχναις, Μετά
δ' ήσυχίας κολίω γήρᾳ συνοικοίην · Αείδοιμι δὲ στεφάνοις κάρα πολιόν στεφανώσας
Θρήϊκιον πέλταν πρός 'Αθάνας Περικίοσιν ἀγκρεμάσας θαλάμοις Δέλτων τ' ἀναπ-
τύσσοιμι γῆρυν "Αν σοφοὶ κλέονται. — *Kresph. Fr.* 453 s. A. 86.

[99]) Lyr. Gr.[4] pg. 130 *Fr.* 3. S. Kap. V. 2 A. 146 und Kap. VI. 2 A. 93.

[100]) Bartels (a. a. O. S. 9 ff.) will nicht glauben, dass in dem Chorlied
eine Anspielung auf die sizilische Expedition enthalten sei, was mir angesichts
der vv. 220 ff. unbegreiflich ist. Allerdings macht der Dichter nur eine Andeutung, die aber eher einer Aufmunterung als einer Warnung gleicht. Es ist
mir daher auch unverständlich, dass Wilamowitz (Her.[1] I. S. 14) in dem Schluss
der *Troades* eine Unheilsprophezeiung für das Unternehmen sieht. Die Unechtheit des Prologs, in welchem das die Griechen auf der Heimfahrt erwartende
Unheil erwähnt wird (77 ff.), macht, mindestens teilweise, wahrscheinlich Lindskog (Studien zum ant. Drama S. 144 f.). — Eher könnte man in den nach den
Scholien zu *Aristophanes' Fröschen* 1446 ff. wahrscheinlich dem *Palamedes* des
Euripides entnommenen Versen eine Warnung vor der die sizilische Expedition
befürwortenden Politik des Alkibiades sehen (*Fr.* 582): Εἰ τῶν πολιτῶν οἷσι νῦν
πιστεύομεν, Τούτοις άπιστήσαιμεν, οἷς δ' οὐ χρώμεθα, Τούτοισι χρησαίμεσθ' ἴσως
σωθεῖμεν ἄν. Denn der *Palamedes* ist 415 aufgeführt mit dem *Alexander* und
den *Troades.* Die Tendenz der letzteren sieht auch Steiger (Philologus 1900
S. 362 ff.) darin, dass Euripides „seine Mitbürger vor dem Eroberungskrieg gegen
Syrakus warnen" wollte. In der Auffassung der vv. 220 ff. schliesse ich mich
Decharme (Euripide pg. 482) gegen Steiger (S. 397 A. 35) an.

[101]) Bergk, Gr. L.G. III. S. 551 A. 263. Wilamowitz (Hermes XVIII. 1883.
Die beiden Elektren S. 223 A. 2) findet in den Versen „eine aktuelle Beziehung
auf den geächteten Gottesfrevler Alkibiades. Solange er bei der Flotte war,
konnte das Unternehmen keinen Segen bringen; jetzt werden die Götter dem
frommen Nikias beistehen". Euripides müsste demnach sein Urteil über Alki-
biades rasch geändert haben; dass gerade dessen Mangel an Frömmigkeit den
Anlass hiezu gegeben haben sollte, ist bei den religiösen Anschauungen des
Euripides wenig wahrscheinlich. Dagegen hat die Vermutung Radermachers
(Euripides und die Mantik im Rhein. Mus. 53. 1898 S. 508 f.) viel für sich, dass
El. 399 f. (Kap. III. 2 A. 59) die Unterscheidung zwischen den Sprüchen der
Delphischen Orakels und denen der gewöhnlichen Seher, die auch *Aristophanes*
(*Vogel* 981 f.) macht, eine Beziehung auf die damalige Politik hatte, insofern
das Delphische Orakel (nach *Plut. De Pyth. or.* 19 pg. 403 b und *Nic.* 13) vor der sizilischen Expedition geraten hatte ‚ήσυχίαν ἄγειν', während die für die Politik
des Alkibiades erkauften χρησμολόγοι zum Krieg trieben. Vgl. auch Burckhardt, Gr. K.G. II. S. 311. Auch dies spricht für die Lossagung des Euripides
von der Politik des Alkibiades. Ganz abzulehnen ist jedenfalls Zirndorfers Ein-
fall (De chronologia Eur. fab. cap. 13), im Polyneikes der *Phönissen* den Alkibiades zu erkennen. Haupt a. a. O. II. S. 28. In die Zeit der sizilischen Expedition setzt R. Wünsch (Zu den Melanippen des Eurip. im Rhein. Mus. 1894
S. 104 f.) auch die *Melanippe desmotis*, der er die Tendenz vindiziert, die Freundschaft der Metapontiner (*Thuk.* VII. 33 und 57), sowie der Äolier und Böotier
für Athen zu gewinnen. Vgl. Kap. VI. 1 A. 41.

[105]) Wecklein, *Iph. T.* Einleitung S. 19 und zu v. 573 ff. Bartels a. a. O. S. 9 ff.

[102a]) Christ, Gr. L.G. S. 194; Wecklein z. St.

[103]) Schöll, Beiträge zur Kenntnis d. trag. Poesie d. Griechen I. 69—92.

[104]) *Schol.* zu 888: τοῦτο μετὰ ἤθους. οὐκ ἐν δέοντι δὲ γνωμολογεῖ τοιούτων κακῶν περιεστώτων τὴν πόλιν. τοιοῦτος δὲ πολλαχοῦ ὁ Εὐριπίδης. — Wecklein, *Phönissen.* Einleit. S. 21 A. 1 und 2 und zu v. 388 ff. Ausser *Med.* 649 ff. wäre auch noch *Ion* 668 ff. hier zu erwähnen. — Bartels a. a. O. S. 9 ff. lehnt mit Recht die Vermutung Zirndorfers (De chronol. fab. Eur. 1839), dass durch die Rolle des Polyneikes die Handlungsweise des Alkibiades gegen Athen entschuldigt werden solle, ab. — In v. 783 ff. sieht Wilamowitz (Her.[1] I. S. 14 A. 21) eine Schilderung des Dionysosfestes im belagerten Athen.

[105]) Wilamowitz, An. Eur. pg. 154. — Weil, Sept trag. V. n. 1. — Bartels a. a. O. S. 9 ff. — Gomperz, Griech. Denker I. S. 471. — *Palam. Fr.* 588: Ἐκάνετ', ἐκάνετε τὰν Πάνσοφον, ὦ Δαναοί, Τὰν οὐδὲν ἀλγύνουσαν ἀηδόνα μουσᾶν. *Diog. Laert.* II. 44 sieht darin fälschlich einen gegen die Athener wegen der Verurteilung des Sokrates gerichteten Tadel: denn der *Palamedes* ist schon 415 aufgeführt; 416 ist wahrscheinlich das Todesjahr des Protagoras. *Diog. Laert.* IX. 55: φησὶ δὲ Φιλόχορος (*Fr.* 168) πλέοντος αὐτοῦ (sc. Πρωταγόρου) ἐς Σικελίαν τὴν ναῦν καταποντωθῆναι καὶ τοῦτο αἰνίττεσθαι Εὐριπίδην ἐν τῷ Ἰξίονι. Die Stelle ist nicht erhalten.

[106]) *Orestes* aufgeführt 408: *Schol.* zu 371. — *Schol.* zu v. 772: εἰς Κλεοφῶντα ταῦτα αἰνίττεται πρὸ ἐτῶν δύο ἐμποδίσαντα ταῖς σπονδαῖς. — ἄλλως: ἴσως αἰνίττεται πρὸς τὰς καθ' αὑτὸν δημαγωγίας, μήποτε δὲ εἰς Κλεοφῶντα. πρὸ ἐτῶν γὰρ δύο τῆς διδασκαλίας τοῦ Ὀρέστου αὐτός ἐστιν ὁ κωλύσας σπονδὰς γενέσθαι Ἀθηναίοις πρὸς Λακεδαιμονίους, ὡς Φιλόχορος ἱστορεῖ (*Fr.* 118). Letzterer Grund gegen die Beziehung auf Kleophon ist natürlich nicht stichhaltig. — *Schol.* zu 903: ταῦτά φασιν ἐπὶ Κλέωνι τῷ δημαγωγῷ λέγεσθαι σφαλλόμενοι. πρὸ γὰρ τῆς τοῦ Ὀρέστου διδασκαλίας πολλοῖς χρόνοις ὁ Κλέων ἐτελεύτα. τάχα οὖν εἰς Κλεοφῶντα τείνει, ἐπεὶ καὶ ἔναγχος οὗτος τὰς πρὸς Λακεδαιμονίους συνθήκας οὐ προσήκατο. καὶ τῷ λέγειν δὲ ,Ἀργεῖος οὐκ Ἀργεῖος, ἠναγκασμένος' (904) εἰς τοῦτον βλέπει. θέλει γὰρ εἰπεῖν Ἀθηναῖον οὐκ Ἀθηναῖον ὄντα αὐτὸν ἀλλὰ νόθον πολίτην, παρόσον Θρᾷξ ἦν ὁ Κλεοφῶν. Ἀριστοφάνης Βατράχοις (679 ff.)· ,φιλοτιμότεραι Κλεοφῶντος, ἐφ' οὗ δὴ χείλεσιν ἀμφιλάλοις δεινὸν ἐπιβρέμεται Θρηικία χελιδὼν ἐπὶ βάρβαρον ἑζομένη πέταλον'. — Zu 904: Ἀργεῖος ἠναγκασμένος, ὡσεὶ ἔλεγε νόθος πολίτης. ταῦτά φασιν αὐτὸν εἰς Κλεοφῶντα τείνεσθαι, ἐπεὶ ὡς] Θρᾷξ κωμῳδεῖται.

[107]) *Schol.* zu *Hek.* 254: εἰς τοὺς κατ' αὐτὸν δημοκοποῦντας ῥήτορας λέγει. — ταῦ[τα εἰς τὴν] κατ' αὐτὸν πολιτείαν λέγει. καί ἐστι τοιοῦτος ὁ Εὐριπίδης, περιάπτων τὰ καθ' ἑαυτὸν τοῖς ἥρωσι καὶ τοὺς χρόνους συγχέων. Diese Ausfälle gegen die Demagogen, die allerdings die damalige wahre Meinung des Dichters wiedergeben, obwohl er in demselben Stück (*Hek.* 814 ff. s. Kap. V. 2 A. 117 und III. 1 A. 25) die moderne Rhetorik zu empfehlen scheint, haben schliesslich wohl, zusammengenommen mit seiner Stellung zu Männern wie Kritias, von dem eine Tetralogie unter Euripides' Namen lief, und seinem Rückzug an den Hof des Archelaos, den Dichter ganz grundlos in den Ruf oligarchischer Gesinnung gebracht, wie man aus *Aristophanes* (*Frösche* 952 ff.) sieht. Wilamowitz, Herakles[1] I. S. 15 A. 22. Kock z. St. — Über die unter Euripides' Namen

laufende Tetralogie ‚*Tennes*, *Rhadamanthys*, *Peirithous*, *Sisyphus*' s. Wilamowitz, Analecta Euripidea pg. 166. *Vita* I. 33: νοθεύεται τρία ‚Τέννης, Ῥαδάμανθυς, Πειρίθους'.

Siebentes Kapitel.

Anthropologie: Die sozialen Zustände.

1. Der Adel.

[1]) Über die griechische Aristokratie vgl. Burckhardt, Griech. Kult.G. I. S. 170 ff. — *Plutarch* (*Solon* 2) glaubt Solon wegen seines Handelsgeschäfts rechtfertigen zu sollen und beruft sich auf *Hesiods* Wort (*Erga* 811): Ἔργον δ' οὐδὲν ὄνειδος, ἀεργίη δέ τ' ὄνειδος. Auch Thales, Hippokrates und Plato hätten Handel mit Öl getrieben.

[2]) *Herod*. II. 167: ἥκιστα δὲ Κορίνθιοι ὄνονται τοὺς χειροτέχνας.

[3]) Ἐγγύα, πάρα δ' ἄτα. *Plato, Charm.* 12 pg. 165 A. E. Meyer, Geschichte des Altertums II. S. 551. — *Epicharm Fr.* 268 (Kaibel): Ἐγγύας ἄτα [ἐστὶ] θυγάτηρ, ἐγγύα δὲ ζημίας. — Χρήματ' ἀνήρ *Alc. Fr.* 59: Ὡς γὰρ δή ποτ' Ἀριστόδαμόν φαισ' οὐκ ἀπάλαμνον ἐν Σπάρτᾳ λόγον Εἴπην· ‚χρήματ' ἀνήρ'· πένιχρος δ' οὐδεὶς πέλετ' ἐσλὸς οὐδὲ τίμιος. Da der Dichter das Wort als „nicht übel" bezeichnet, so hat es offenbar seinen Beifall. — *Pindar, Isthm.* II. 17 (11): Χρήματα, χρήματ' ἀνήρ, ὃς φᾶ κτεάνων θαμὰ λειφθεὶς καὶ φίλων. Vgl. *Ol.* II. 53 ff. — Beloch, Griech. Gesch. I. S. 312. E. Meyer, Gesch. d. Alt. II. S. 554.

[4]) *Thuk.* I. 6: μετρίᾳ δ' αὖ ἐσθῆτι καὶ ἐς τὸν νῦν τρόπον πρῶτοι Λακεδαιμόνιοι ἐχρήσαντο καὶ ἐς τὰ ἄλλα πρὸς τοὺς πολλοὺς οἱ τὰ μείζω κεκτημένοι ἰσοδίαιτοι μάλιστα κατέστησαν.

[5]) *Aristot.* Ἀθ. πολ. 13: εἶτ' ἔδοξεν αὐτοῖς διὰ τὸ στασιάζειν ἄρχοντας ἑλέσθαι δέκα, πέντε μὲν εὐπατριδῶν, τρεῖς δὲ ἀγροίκων, δύο δὲ δημιουργῶν καὶ οὗτοι τὸν μετὰ Δαμασίαν ἦρξαν ἐνιαυτόν. E. Meyer, Gesch. d. Alt. II. S. 663 f.

[6]) E. Meyer a. a. O. S. 583 sucht zu zeigen, dass seit O. Müller der Stammesgegensatz zwischen Doriern und Ioniern übertrieben worden sei. Aber zur Philosophie wenigstens hat das Dorertum doch kaum einen nennenswerten Beitrag geliefert: *Epicharm* und die *Dialexeis* können auf Selbständigkeit keinen Anspruch erheben. In der Hauptsache bleibt daher das Urteil doch richtig, dass das Dorertum trotz einiger Leistungen in Musik und Lyrik den Ioniern gegenüber geistig zurückstand. Vgl. auch Wilamowitz, Bacchylides S. 14 f.

[7]) *Solon Fr.* 3: Δήμῳ μὲν γὰρ ἔδωκα τόσον κράτος ὅσσον ἐπαρκεῖ Τιμῆς οὔτ' ἀφελὼν οὔτ' ἐπορεξάμενος· Οἳ δ' εἶχον δύναμιν καὶ χρήμασιν ἦσαν ἀγητοί, καὶ τοῖς ἐφρασάμην Μηδὲν ἀεικὲς ἔχειν· Ἔστην δ' ἀμφιβαλὼν κρατερὸν σάκος ἀμφοτέροισιν, Νικᾶν δ' οὐκ εἴασ' οὐδετέρους ἀδίκως.

[8]) *Herod.* V. 78: δηλοῖ δὲ οὐ κατ' ἓν μοῦνον ἀλλὰ πανταχῇ ἡ ἰσηγορίη ὡς ἔστι χρῆμα σπουδαῖον, εἰ καὶ Ἀθηναῖοι τυραννευόμενοι μὲν οὐδαμῶν τῶν σφεας περιοικεόντων ἦσαν τὰ πολέμια ἀμείνους, ἀπαλλαχθέντες δὲ τυράννων μακρῷ πρῶτοι ἐγένοντο.

[9]) Wie man die Auflage der in Trierarchien und Choregien bestehenden

Leiturgien in den vornehmen und reichen Kreisen empfand, sieht man aus *Ps.Xen. Staat der Athener* c. 1. — E. Meyer, Die wirtschaftliche Entwicklung ·des Altertums. Jena 1895 S. 29. Burckhardt, Gr. K.G. I. S. 232 f.; 283.

[10]) E. Meyer, Gesch. d. Alt. II. S. 806.

[11]) S. Kap. VI. A. 62. Beloch, Griech. Gesch. I. S. 475.

[12]) Man denke besonders an die Rolle des Demos in *Aristophanes' Rittern* (424 aufgeführt), denen 426 die *Babylonier* vorangegangen waren.

[13]) *Thukydides* (III. 37) lässt sogar den Kleon selbst sagen: δημοκρατίαν ·ὅτι ἀδύνατόν ἐστιν ἑτέρων ἄρχειν, d. h. „dass die Demokratie nicht im stande sei, eine konsequente äussere Politik durchzuführen". Und dem Alkibiades legt er ʹbei einer in Sparta gehaltenen Rede die Worte in den Mund (VI. 89): ἐπεὶ δημοκρατίαν γε καὶ ἀγιγνώσκομεν οἱ φρονοῦντές τι καὶ αὐτὸς οὐδενὸς ἂν χεῖρον, ·ὅσῳ καὶ λοιδορήσαιμι· ἀλλὰ περὶ ὁμολογουμένης ἀνοίας οὐδὲν ἂν καινὸν λέγοιτο, ·d. h. „er könne über die Demokratie nichts Neues mehr sagen, weil alle einig ·sind, dass sie Unsinn ist". E. Meyer, Wirtsch. Entw. S. 33.

[14]) S. Kap. VI. A. 63. Grote, Gesch. Griechenlands IV. S. 316 ff.

[15]) Wilamowitz, An. Eur. pg. 165 s.; Herakles[1] S. 15 A. 22, S. 26 A. 46 und S. 40; Herakles[2] S. 157 f.

[16]) *Eur. Alex. Fr.* 52: Πρεισσόμυθος ὁ λόγος, εὐγένειαν εἰ βρότειον εὐ-λογήσομεν. Τὸ γὰρ πάλαι καὶ πρῶτον ὅτ' ἐγενόμεθα Διὰ δ' ἔκρινεν ἁ τεκοῦσα ·γᾶ βροτούς, Ὁμοίαν χθὼν ἅπασιν ἐξεπαίδευσεν ὄψιν. Ἴδιον οὐδὲν ἔσχομεν· μία δὲ ·γονά Τό τ' εὐγενὲς καὶ τὸ δυςγενές· Νόμῳ δὲ γαῦρον αὐτὸ κραίνει χρόνος. Τὸ φρόνιμον εὐγένεια καὶ τὸ συνετὸν Ὁ θεὸς δίδωσιν οὐχ ὁ πλοῦτος. v. 4. Nimmt man den Vers, wie er dasteht, so muss man διακρίνειν im Sinn von „ausscheiden" (sc. aus sich), nicht von ‚unterscheiden' verstehen. Meineke stellte v. 4 und 5 um, und da A nur ἁ τεκοῦσα (ohne γᾶ) hat, schrieb er statt dessen ἁ δόκησις: geistreich, aber doch wohl unnötig. v. 9 f. wollen zum vorhergehenden nicht recht passen. Ist zu τὸ φρόνιμον εὐγένεια nicht δίδωσι, sondern ἐστι zu ergänzen? Oder sollte εὐγενείᾳ zu schreiben sein? Dann wäre der Sinn: sofern die Adligen φρόνιμον und συνετὸν haben, haben sie es (wie andere Leute) von Gott und nicht von ihrem Reichtum. S. Kap. V. 2 A. 41. Ganz ähnlichen Inhalts ist *Soph. Tereus Fr.* 532. — Nicht hierher gehört *Herakles* 633 (Wilamowitz z. St.); s. Kap. VI. 1 A. 2 a.

[17]) Dümmler, Proleg. zu Platons Staat S. 20. S. Kap. VI. 2.

[18]) *Beller. Fr.* 295: Ἤδη γὰρ εἶδον καὶ δίκης παραστάτας Ἐσθλοὺς πονηρῷ τῷ φθόνῳ νικωμένους. — *Fr.* 294: Φθονοῦσιν αὐτοὶ χείρονες πεφυκότες· Εἰς τὰ· πίσημα ὁ φθόνος πηδᾶν φιλεῖ.

[19]) *Archel. Fr.* 244. — *Heraklit Fr.* 113 (Byw.). Kap. VI. 2 A. 51.

[20]) *Alex. Fr.* 53 s. Kap. V. 2 A. 41. — *Peleus Fr.* 617. S. Kap. V. 2 A. 24.

[21]) *Ino Fr.* 405: Τὴν εὐγένειαν, κἂν ἄμορφος ᾖ γάμος, Τιμῶσι πολλοὶ προς-λαβεῖν τέκνων χάριν, Τό τ' ἀξίωμα μᾶλλον ἢ τὰ χρήματα. v. 1. Zu der Bedeutung von γάμος vgl. *Eur. Andromache* 103. — v. 3 verdorben, oder er gehört, wie Wecklein vorgeschlagen hat, vor v. 2. — Welcker S. 619.

[22]) *Ino Fr.* 418: Ἐπίσταμαι δὲ πάνθ' ὅσ' εὐγενῆ χρεών, Σιγᾶν δ' ὅπου δεῖ καὶ λέγειν ἵν' ἀσφαλές, Ὁρᾶν δ' ἃ δεῖ με κοὐχ ὁρᾶν ἃ μὴ πρέπει, Γαστρὸς κρατεῖν δέ· καὶ γὰρ ἐν κακοῖσιν ὢν Ἐλευθέροισιν ἐμπεπαίδευμαι τρόποις. Ino spricht die Worte unerkannt als Sklavin. Welcker, Griech. Trag. II. S. 621 f.; Äschyl. Tril. S. 340. — *Gell. N. A.* XIII. 19, 4: id quoque animadvertimus aput Aeschylum

ἐν τῷ πυρφόρῳ Προμηθεῖ et aput Euripidem in tragoedia, quae inscripta est
'Ινώ, eundem esse versum absque paucis syllabis. *Äsch. Prom. pyrph. Fr.* 208:
Σιγῶν θ' ὅπου δεῖ καὶ λέγειν τὰ καίρια. Vgl. *Choeph.* 582: Σιγᾶν θ' ὅπου δεῖ
καὶ λέγειν τὰ καίρια und *Äsch. Sept.* 619: Φιλεῖ δὲ σιγᾶν ἢ λέγειν τὰ καίρια. Vgl.
Äsch. Hopl. Kr. Fr. 176 mit *Eur. Phön.* 469 Kap. I. A. 131.

²³) R. Pöhlmann, Die Anfänge des Sozialismus in Europa in Sybels Hist. ·
Zeitschrift 80 (N. F. 44) S. 231. Die Begründung, welche Simonides für seine
Entscheidung angiebt, dass er nämlich die Weisen vor den Thüren der Reichen
sehe, könnte das Wort auch in ironischem Licht erscheinen lassen als einen
Hieb auf die Geldgier der „Weisen". Freilich hat ja Simonides (gestorben 469)
die Zeit der Sophisten längst nicht mehr erlebt.

²⁴) *Alkmene Fr.* 95: 'Αλλ' οὐδὲν ηὐγένεια πρὸς τὰ χρήματα· Τὸν γὰρ κά-
κιστον πλοῦτος εἰς πρώτους ἄγει.

²⁵) *Danaë Fr.* 326: ᾽Αρ' οἶσθ' ὀθούνεχ' οἱ μὲν εὐγενεῖς βροτῶν Πένητες
ὄντες οὐδὲν ἀλφάνουσ' ἔτι, Οἳ δ' οὐδὲν ἦσαν πρόσθεν, ὄλβιοι δὲ νῦν, Δόξαν φέρονται
τοῦ νομίσματος χάριν Καὶ συμπλέκοντες σπέρμα καὶ γάμους τέκνων; Δοῦναι δὲ
πᾶς τις μᾶλλον ὀλβίῳ κακῷ Πρόθυμός ἐστιν ἢ πένητι κἀγαθῷ. Κακὸς δ' ὁ μή,
ἔχων, οἱ δ' ἔχοντες ὄλβιοι. — v. 6 ist nach Wilamowitz, De trag. Gr. fr. pg. 28
interpoliert. — *Thyest. Fr.* 395: Πλούτου δ' ἀπορρυέντος ἀσθενεῖς γάμοι· Τὴν
μὲν γὰρ εὐγένειαν αἰνοῦσιν βροτοί, Μᾶλλον δὲ κηδεύουσι τοῖς εὐδαίμοσιν. — Vgl.
auch noch *Äg. Fr.* 9: ᾽Η που κρεῖσσον τῆς εὐγενίας Τὸ καλῶς πράσσειν.

2. Arm und reich.

¹) *Herod.* VII. 147: ἐὼν γὰρ ἐν 'Αβύδῳ ὁ Ξέρξης εἶδε πλοῖα ἐκ τοῦ Πόντου
σιταγωγὰ διεκπλέοντα τὸν 'Ελλήσποντον ἔς τε Αἴγιναν καὶ Πελοπόννησον κομι-
ζόμενα. — V. 96: Σίγειον μέν νυν οὕτω ἐγένετο ὑπ' 'Αθηναίοισι. — *Plut. Sol.* 22:
ὁρῶν δὲ τὸ μὲν ἄστυ πιμπλάμενον ἀνθρώπων ἀεὶ συρρεόντων πανταχόθεν ἐπ' ἀδείας
εἰς τὴν 'Αττικήν, τὰ δὲ πλεῖστα τῆς χώρας ἀγεννῆ καὶ φαῦλα, τοὺς δὲ χρωμένους
τῇ θαλάττῃ μηδὲν εἰωθότας εἰσάγειν τοῖς μηδὲν ἔχουσιν ἀντιδοῦναι, πρὸς τὰς
τέχνας ἔτρεψε τοὺς πολίτας καὶ νόμον ἔγραψεν, υἱῷ τρέφειν τὸν πατέρα μὴ διδαξά-
μενον τέχνην ἐπάναγκες μὴ εἶναι. — c. 24: τῶν δὲ γιγνομένων διάθεσιν πρὸς
ξένους ἐλαίου μόνον ἔδωκεν, ἄλλα δ' ἐξάγειν ἐκώλυσε· καὶ κατὰ τῶν ἐξαγόντων
ἀρὰς τὸν ἄρχοντα ποιεῖσθαι προσέταξεν ἢ ἐκτίνειν αὐτὸν ἑκατὸν δραχμὰς εἰς τὸ
δημόσιον.

²) *Hesiod, Erga* 313: πλούτῳ δ' ἀρετὴ καὶ κῦδος ὀπηδεῖ.

³) S. Kap. VII. 1 A. 3. Über Solons σεισάχθεια s. *Aristot.* Ἀθ. πολ. 5 f. —
Pindar Isthm. II. 6 ff. (9 ff.) sagt im Rückblick auf die gute alte Zeit (1): 'Α
Μοῖσα γὰρ οὐ φιλοκερδής πω τότ' ἦν οὐδ' ἐργάτις· Οὐδ' ἐπέρναντο γλυκεῖαι μελι-
φθόγγου ποτὶ Τερψιχόρας 'Αργυρωθεῖσαι πρόσωπα μαλθακόφωνοι ἀοιδαί. Der
Dichter vergleicht hier die reichbezahlten Gesänge mit Götterbildern, die auf
ihrem Holzkern silberne Masken tragen. Vgl. W. Nestle, Über griechische
Göttermasken im Philologus 1891 S. 499 ff., besonders 505 f.

⁴) *Plut.* περὶ φιλοπλουτ. 7: κέρδαινε καὶ φείδου καὶ τοσούτου νόμιζε σαυτὸν
ἄξιον, ὅσον ἂν ἔχῃς. — *Theogn.* 699 f.: Πλήθει δ' ἀνθρώπων ἀρετὴ μία γίνεται·
ἥδε, Πλουτεῖν· τῶν δ' ἄλλων οὐδὲν ἄρ' ἦν ὄφελος ... 717 f.: 'Αλλὰ χρὴ πάντας
γνώμην ταύτην καταθέσθαι, 'Ως πλοῦτος πλείστην πᾶσιν ἔχει δύναμιν. — 145 f.:
Βούλεο δ' εὐσεβέων 'Ολίγοις σὺν χρήμασιν οἰκεῖν ῏Η πλουτεῖν ἀδίκως χρήματα
πασάμενος. 149 f.: Χρήματα μὲν δαίμων καὶ παγκάκῳ ἀνδρὶ δίδωσιν, Κύρν'· ἀρετῆς

δ' ὀλίγοις ἀνδράσι μοῖρ' ἕπεται. — Hesiod, Erga 320: Χρήματα δ' οὐχ ἁρπακτά, θεόσδοτα πολλὸν ἀμείνω. — Solon Fr. 12, 7 f.: Χρήματα δ' ἱμείρω μὲν ἔχειν, ἀδίκως δὲ πεπᾶσθαι Οὐκ ἐθέλω· πάντως ὕστερον ἦλθε δίκη. — ib. 71 ff.: Πλούτου δ' οὐδὲν τέρμα πεφασμένον ἀνδράσι κεῖται· Οἳ γὰρ νῦν ἡμέων πλεῖστον ἔχουσι βίον, Διπλασίως σπεύδουσι· τίς ἂν κορέσειεν ἅπαντας; Κέρδεά τοι θνητοῖσ' ὤπασαν ἀθάνατοι· Ἄτη δ' ἐξ αὐτῶν ἀναφαίνεται, ἣν ὁπόταν Ζεὺς Πέμψῃ τεισομένην, ἄλλοτε ἄλλος ἔχει. — Phokyl. Fr. 5: Χρῄζων πλούτου μελέτην ἔχε πίονος ἀγροῦ· Ἀγρὸν γάρ τε λέγουσιν Ἀμαλθείης κέρας εἶναι. — Fr. 7: Πολλοί τοι δοκέουσι σαόφρονες ἔμμεναι ἄνδρες, Σὺν κόσμῳ στείχοντες, ἐλαφρονόοι περ ἐόντες. — Fr. 8: Δίζησθαι βιοτήν, ἀρετὴν δ' ὅταν ᾖ βίος ἤδη. — Fr. 10: Kap. VI. 2 A. 68. Vgl. A. 25 und 26. — Lateinisch wendet die Warnung vor dem ἀδίκως πλεονεκτεῖν Cicero, De off. 1. 8, 25: Nec vero rei familiaris amplificatio nemini nocens vituperanda est, sed fugienda semper injuria est.

⁵) Pöhlmann, Anfänge des Sozialismus in Europa in Sybels Histor. Zeitschrift 80 S. 214. Im 4. Jahrhundert nennt Demosthenes (Or. 56, 29) das Umtreiben des Kapitals ,τὸ δάνειον ἔνεργον ποιεῖν‘.

⁶) Thuk. I. 70: καὶ ταῦτα μετὰ πόνων πάντα καὶ κινδύνων δι' ὅλου τοῦ αἰῶνος μοχθοῦσι καὶ ἀπολαύουσιν ἐλάχιστα τῶν ὑπαρχόντων διὰ τὸ ἀεὶ κτᾶσθαι καὶ μήτε ἑορτὴν ἄλλο τι ἡγεῖσθαι ἢ τὸ τὰ δέοντα πρᾶξαι, ξυμφοράν τε οὐχ ἧσσον ἡσυχίαν ἀπράγμονα ἢ ἀσχολίαν ἐπίπονον· ὥστε εἴ τις αὐτοὺς ξυνελὼν φαίη πεφυκέναι ἐπὶ τῷ μήτε αὐτοὺς ἔχειν ἡσυχίαν μήτε τοὺς ἄλλους ἀνθρώπους ἐᾶν, ὀρθῶς ἂν εἴποι. Vgl. dazu R. Pöhlmann, Geschichte des antiken Kommunismus und Sozialismus I. S. 238. Derselbe, Sokrates und sein Volk S. 31.

⁷) Ps.Xen. resp. Ath. I.: 2 πρῶτον μὲν οὖν τοῦτο ἐρῶ, ὅτι δικαίως αὐτόθι καὶ οἱ πένητες καὶ ὁ δῆμος πλέον ἔχει τῶν γενναίων καὶ τῶν πλουσίων διὰ τόδε ἔτι ... οὗτοί εἰσιν οἳ τὴν δύναμιν περιτιθέντες τῇ πόλει πολὺ μᾶλλον ἢ οἱ πολῖται οἱ γενναῖοι καὶ οἱ χρηστοί ... 3 ὁπόσαι δ' εἰσὶν ἀρχαὶ μισθοφορίας ἕνεκα καὶ ὠφελείας εἰς τὸν οἶκον, ταύτας ζητεῖ ὁ δῆμος ἄρχειν ... 4 ἥ τε γὰρ πενία αὐτοὺς μᾶλλον ἄγει ἐπὶ τὰ αἰσχρὰ καὶ ἡ ἀπαιδευσία καὶ ἡ ἀμαθία δι' ἔνδειαν χρημάτων ... 7 εἴποι τις ἄν, τί ἂν οὖν γνοίη ἀγαθὸν αὐτῷ ἢ τῷ δήμῳ τοιοῦτος ἄνθρωπος; οἱ δὲ γιγνώσκουσιν, ὅτι ἡ τούτου ἀμαθία καὶ πονηρία καὶ εὔνοια μᾶλλον λυσιτελεῖ ἢ ἡ τοῦ χρηστοῦ ἀρετὴ καὶ σοφία καὶ κακόνοια ... 10 τῶν δούλων δ' αὖ καὶ τῶν μετοίκων πλείστη ἐστὶν Ἀθήνησιν ἀκολασία ... 13 ἐν δὲ ταῖς χορηγίαις αὖ καὶ γυμνασιαρχίαις καὶ τριηραρχίαις γιγνώσκουσιν, ὅτι χορηγοῦσι μὲν οἱ πλούσιοι, χορηγεῖται δὲ ὁ δῆμος; καὶ τριηραρχοῦσι καὶ γυμνασιαρχοῦσιν οἱ πλούσιοι, ὁ δὲ δῆμος τριηραρχεῖται καὶ γυμνασιαρχεῖται. ἀξιοῖ οὖν ἀργύριον λαμβάνειν ὁ δῆμος καὶ ᾄδων καὶ τρέχων καὶ ὀρχούμενος καὶ πλέων ἐν ταῖς ναυσίν, ἵνα αὐτός τε ἔχῃ καὶ οἱ πλούσιοι πενέστεροι γίγνωνται. Vgl. dazu Pöhlmann, Die Entstehung des Cäsarismus in „Aus Altertum und Gegenwart" S. 260 ff.

⁸) Aristoph. Plutos 500 ff.: Ὡς μὲν γὰρ νῦν ἡμῖν ὁ βίος τοῖς ἀνθρώποις διάκειται, Τίς ἂν οὐχ ἡγοῖτ' εἶναι μανίαν κακοδαιμονίαν τ' ἔτι μᾶλλον; Πολλοὶ μὲν γὰρ τῶν ἀνθρώπων ὄντες πλουτοῦσι πονηροί, Ἀδίκως αὐτὰ ξυλλεξάμενοι· πολλοὶ δ' ὄντες πάνυ χρηστοὶ Πράττουσι κακῶς καὶ πεινῶσι μετὰ σοῦ τε τὰ πλεῖστα σύνεισιν. — 224 f.: εὑρήσεις δ' ἴσως Ἐν τοῖς ἀγροῖς αὐτοὺς ταλαιπωρουμένους. — 903 Dik.: Γεωργὸς εἶ; Syk.: μελαγχολᾶν μ' οὕτως οἴει; 948 f.: καταλύει περιφανῶς εἰς ἓν μόνον Τὴν δημοκρατίαν. — 141 f.: ὥστε τοῦ Διὸς Τὴν δύναμιν, ἢν λυπῇ τι, καταλύσεις μόνος.

⁹) Prodikos Fr. 2 (Mullach) bei Plato, Axiochos 7 pg. 368 A ff. τὰς

χειρωνακτικάς ἐπέλθωμεν καὶ βαναύσους πονουμένων ἐκ νυκτὸς εἰς νύκτα καὶ μόλις πορίζομένων τάπιτήδεια ... ἀλλ' ἡ γεωργία γλυκύ· δῆλον. ἀλλ' οὐχ ὅλον, ὥς φασιν, ἕλκος, ἀεὶ λύπης πρόφασιν εὑρισκόμενον κλαῖον νυνὶ μὲν αὐχμόν, νυνὶ δὲ ἐπομβρίας, νυνὶ δὲ ἐπίκλυσιν, νυνὶ δὲ ἐρυσίβην, νυνὶ δὲ θάλπος ἄκαιρον ἢ κρυμόν. Der Staatsmann ist ,δήμου παίγνιον'.

¹⁰) *Thuk.* III. 82: πάντων δ' αὐτῶν αἴτιον ἀρχὴ ἡ διὰ πλεονεξίαν καὶ φιλοτιμίαν.

¹¹) *Xen. An.* II. 6, 17 f.: (Πρόξενος) ᾤετο κτήσεσθαι ἐκ τούτων ὄνομα μέγα καὶ δύναμιν μεγάλην καὶ χρήματα πολλά· τοσούτων δ' ἐπιθυμῶν σφόδρα ἔνδηλον αὖ καὶ τοῦτο εἶχεν ὅτι τούτων οὐδὲν ἂν θέλοι κτᾶσθαι μετὰ ἀδικίας, ἀλλὰ σὺν τῷ δικαίῳ καὶ καλῷ ᾤετο δεῖν τούτων τυγχάνειν, ἄνευ δὲ τούτων μή. Vgl. *Kyrop.* VIII. 2, 23 und *Ages.* 4, 5: Die Charakteristik des Menon s. Kap. V. 2 A. 112.

¹²) *Aristot. pol.* V. 7 pg. 1307 a: οἱ δ' ἐν ταῖς εὐπορίαις, ἂν ἡ πολιτεία διδῷ τὴν ὑπεροχήν, ὑβρίζειν ζητοῦσι καὶ πλεονεκτεῖν. — ib. 9 pg. 1310 a: νῦν μὲν γὰρ ἐν ἐνίαις ὀμνύουσι· ,καὶ τῷ δήμῳ κακόνους ἔσομαι καὶ βουλεύσω ὅτι ἂν ἔχω κακόν'. Vgl. Pöhlmann, Aus Altertum und Gegenwart S. 262. 264. Burckhardt, Gr. K.G. I. S. 267.

¹³) *Arist. Wesp.* 702: τοῦ ζῆν ἕνεχ'. *Ekkl.* 188: Τοὺς μισθοφορεῖν ζητοῦντας ἐν τῇκκλησίᾳ.

¹⁴) *Thuk.* II. 40: πλούτῳ τε ἔργου μᾶλλον καιρῷ ἢ λόγου κόμπῳ χρώμεθα καὶ τὸ πένεσθαι οὐχ ὁμολογεῖν τινι αἰσχρόν, ἀλλὰ μὴ διαφεύγειν ἔργῳ αἴσχιον. — Solon beauftragte nach *Plutarch* (*Sol.* 22) den Areopag mit der Aufsicht darüber, ὅθεν ἔχει ἕκαστος τὰ ἐπιτήδεια καὶ τοὺς ἀργοὺς κολάζειν. Vgl. auch A. 1. Armenpension bei *Aristot.* Ἀθ. πολ. 49. — *Plut. Per.* 12: τὸν δ' ἀσύντακτον καὶ βάναυσον ὄχλον οὔτ' ἄμοιρον εἶναι λημμάτων βουλόμενος οὔτε λαμβάνειν ἀργὸν καὶ σχολάζοντα μεγάλας κατασκευασμάτων ἐπιβολὰς καὶ πολυτέχνους ὑποθέσεις ἔργων διατριβὴν ἐχόντων ἐνέβαλε φέρων εἰς τὸν δῆμον. — Von seiner Kolonisierungsthätigkeit heisst es c. 12: καὶ ταῦτ' ἔπραττεν ἀποκουφίζων μὲν ἀργοῦ καὶ διὰ σχολὴν πολυπράγμονος ὄχλου τὴν πόλιν, ἐπανορθούμενος δὲ τὰς ἀπορίας τοῦ δήμου. — Vgl. dazu E. Meyer, Die wirtschaftl. Entwicklung des Altert. S. 35 f., und Pöhlmann, Anf. d. Soz. in Sybels Hist. Zeitschr. 80 S. 235.

¹⁵) *Demosth. Or.* 13, 31 (περὶ συντάξεως): νῦν δὲ τοὐναντίον κύριοι μὲν τῶν ἀγαθῶν οὗτοι καὶ διὰ τούτων ἅπαντα πράττεται, ὁ δὲ δῆμος ἐν ὑπηρέτου καὶ προσθήκης μέρει καὶ ὑμεῖς ἀγαπᾶτε ἃ ἂν οὗτοι μεταδιδῶσι λαμβάνοντες. Pöhlmann, Anf. d. Soz. (Sybels H. Z. 80) S. 217).

¹⁶) Vgl. *Elektra* 37 f., wo der Auturgos von sich sagt, er sei zwar von mykenischem Stamm, aber arm: Λαμπροὶ γὰρ εἰς γένος γε, χρημάτων γε μὴν Πένητες, ἔνθεν ηὐγένει' ἀπόλλυται.

¹⁶ᵃ) *Androm. Fr.* 142: Χρυσὸν μάλιστα βούλομαι δόμοις ἔχειν· Καὶ δοῦλος ὢν γὰρ τίμιος πλουτῶν ἀνήρ, Ἐλεύθερος δὲ χρεῖος ὢν οὐδὲν σθένει. Χρυσοῦ νόμιζε σαυτὸν εἵνεκ' εὐτυχεῖν. — *Kreterinnen Fr.* 462: Ἐπίσταμαι γὰρ καὶ πεπείραμαι λίαν, Ὡς τῶν ἐχόντων πάντες ἄνθρωποι φίλοι. — *Peliad. Fr.* 608: Ἐν τοῖσι μὲν δεινοῖσιν ὡς φίλοι φίλων. Ὅταν δὲ πράξως εὖ, διωθοῦνται χάριν Αὐτοὶ δι' αὑτοὺς εὐτυχεῖν ἡγούμενοι.

¹⁷) *Danaë Fr.* 324: Ὦ χρυσέ, δεξίωμα κάλλιστον βροτοῖς, Ὡς οὔτε μήτηρ ἡδονὰς τοίας ἔχει, Οὐ παῖδες ἀνθρώποισιν, οὐ φίλος πατήρ, Οἵας σὺ χοἰ σὲ δώμασιν κεκτημένοι. Εἰ δ' ἡ Κύπρις τοιοῦτον ὀφθαλμοῖς ὁρᾷ, Οὐ θαῦμ' ἔρωτας μυρίους αὐτὴν τρέφειν. *Seneca ep.* 115, 14: „Nec apud Graecos tragicos desunt, qui

lucro innocentiam, salutem, opinionem mutent: ‚Pecunia ingens generis humani bonum, Cui non voluptas matris aut blandae potest Par esse prolis, non sacer meritis parens. Tam dulce si quid Veneris in vultu micat, Merito illa amores coelitum ac hominum movet‘. Cum hi novissimi versus in tragoedia Euripidis pronuntiati essent, totus populus ad eiciendum et actorem et carmen consurrexit uno impetu, donec Euripides in medium ipse prosiluit petens ut expectarent viderentque, quem admiratori auri exitum faceret. Dabat in illa fabula poenas Bellerophontes“. Hinsichtlich des Stückes hat sich Seneca (dessen Angabe übrigens Welcker S. 799 festhält) geirrt: nach *Stob. flor.* 91, 4 standen die Verse in der *Danaë.* Die Übersetzung ist, wie man sieht, ziemlich frei; v. 4 fehlt. — Ähnliches erzählt *Plutarch* (*De aud. poet.* 4, 19) über den *Ixion*, s. Kap. I. A. 99, und *Diog. Laert.* 2, 44 über den *Palamedes* (*Fr.* 588), s. Kap. VI. 2 A. 105.

[18]) *Danaë Fr.* 325: Κρείσσων γὰρ οὗτις χρημάτων πέφυχ' ἀνήρ, Πλὴν εἴ τις · ὅστις δ' οὗτός ἐστιν, οὐχ ὁρῶ. v. 2 ist verdorben: εἰς τις conj. Porson, οὐχ ἐρῶ Badham.

[19]) *Eurysth. Fr.* 378: Νῦν δ' ἦν τις οἴκων πλουσίαν ἔχῃ φάτνην, Πρῶτος γέγραπται τῶν τ' ἀμεινόνων χρατεῖ· Τὰ δ' ἔργ' ἐλάσσω χρημάτων νομίζομεν. (Gomperz (Rhein. Museum 13 pg. 478) will die Verse an *Fr.* 1048 (s. Kap. VI. 2 A. 33) anschliessen, und in der That passt der Gedankenzusammenhang vortrefflich. Es waren wohl in diesem Satyrdrama der thatenreiche Herakles und der vornehme, aber minderwertige Eurystheus einander gegenübergestellt. Busche (Fleckeisens J.B. 1895 S. 667) vermutet in v. 1 sehr ansprechend ὄγχον πλουσίαν τ' für οἴχων πλουσίαν.

[20]) *Plato, Respubl.* III. 4 pg. 390 E: Δῶρα θεοὺς πείθει, δῶρ' αἰδοίους βασιλῆας. Danach *Ovid, Ars am.* III. 653 f.: Munera, crede mihi, capiunt hominesque deosque: Placatur donis Juppiter ipse datis. — *Eur. Med.* 964 f.: πείθειν δῶρα χαὶ θεοὺς λόγος· Χρυσὸς δὲ χρείσσων μυρίων λόγων βροτοῖς.

[21]) *Phoinix Fr.* 813: 'Ω πλοῦθ', ὅσῳ μὲν ῥᾷστον εἶ βάρος φέρειν, Πόνοι δὲ χἀν σοὶ χαὶ φθοραὶ πολλαὶ βίου Ἔνεισι'· ὁ γὰρ πᾶς ἀσθενὴς αἰὼν βροτοῖς.

[22]) Vgl. Kap. V. 2 A. 112 und 113.

[23]) *Theseus Fr.* 389: 'Ανὴρ γὰρ ὅστις χρημάτων μὲν ἐνδεής, Δρᾶσαι δὲ χειρὶ δυνατός, οὐχ ἀφέξεται Τὰ τῶν ἐχόντων χρήμαθ'' ἁρπάζειν βίᾳ. v. 2 ἀφέξεται für ἀνέξεται, v. 3 βίᾳ für φιλεῖ scr. Nauck.

[24]) *Fr. adesp.* 509: Χρόνος αὖ χρόνος ἅμα χραταιᾷ Χρημοσύνᾳ βίου Πολλ' ἀνευρίσκει σοφὰ μαιομένοις. v. 1 ἅ τε χραταιὰ Nauck; ἁ χραταιά τε χρημοσύνα Wilamowitz (De trag. Gr. fr. pg. 26), der den Sinn mit den Worten wiedergiebt: „Scimus multa nova repperiri per hominum industriam procedente tempore et cogente inopia“.

[25]) *Solon* und *Theognis* s. A. 4. *Demokrit Fr. eth.* 61: χρήματα πορίζειν μὲν οὐκ ἀχρεῖον, ἐξ ἀδιχίης δὲ πάντων χάχιον. — *Eur. Erechth. Fr.* 362, 11 ff.: 'Αδίχως δὲ μὴ χτῶ χρήματ', ἢν βούλῃ πολὺν Χρόνον μελάθροις ἐμμένειν· τὰ γὰρ χαχῶς Οἴχους εἰςελθόντ' οὐχ ἔχει σωτηρίαν. — Auch in den Φωχυλίδου γνῶμαι 5 kehrt der Grundsatz wieder: Μὴ πλουτεῖν ἀδίχως, ἀλλ' ἐξ ὁσίων βιοτεύειν. Dieterich, Nekyia S. 178. Er ging auch in die christliche Moral über, und so finden wir ihn in dem bekannten Lied von J. Heermann: „O Gott, du frommer Gott“ Str. 5: „Willst du mir etwas geben An Reichtum, Gut und Geld, So gieb auch dies dabei, Dass von unrechtem Gut Nichts untermenget sei“.

²⁶) *Helena* 903—908 halten Dindorf und Nauck für interpoliert: gewiss mit Unrecht. Es entspricht durchaus der Art des Euripides, eine derartige allgemeine Betrachtung an einen gerade vorliegenden Einzelfall anzuschliessen, selbst wenn dadurch der Zusammenhang etwas gestört wird. v. 905 lautet: Ἐατέος δ' ὁ πλοῦτος ἄδικός τις ὤν. Dies könnte man auch verstehen: „Den Reichtum, der etwas Ungerechtes ist, soll man lassen"; dann wäre der Sinn der, dass der Reichtum an sich etwas Verwerfliches sei; vgl. Jesu Wort vom „ungerechten Mammon" (*Luc.* 16, 9): ἑαυτοῖς ποιήσατε φίλους ἐκ τοῦ μαμωνᾶ τῆς ἀδικίας, wo man auch zweifeln kann, ob nur der ungerecht erworbene Reichtum oder der Reichtum überhaupt als Unrecht bezeichnet wird. — Vgl. auch *Cicero de off.* I. 26, 92 und *Thales* bei *Diog. L.* I. 9: μὴ πλούτει κακῶς.

²⁷) *Temenos Fr.* 742: Ἄλλη πρὸς ἄλλα γαῖα χρησιμωτέρα. — *Philokt. Fr.* 793: Μακάριος ὅστις εὐτυχῶν οἴκοι μένει· Ἐν γῇ δ' ὁ φόρτος καὶ πάλιν ναυτίλλεται. v. 2 κοὐ πάλιν zu schreiben, verderbt den ganzen Sinn: Kaum ist die Fracht gelandet, geht es wieder aufs neue ins Meer hinaus. — *Hyps. Fr.* 758: Κακοῖς τὸ κέρδος τῆς δίκης ὑπέρτερον. Ein Fischerchor sprach in der *Sthenehoia Fr.* 670 die Worte: βίος δὲ πορφυροῦς θαλάσσιος .Οὐκ εὐτράπεζος, ἀλλ' ἀπάκτιοι φάτναι. Ὑγρὰ δὲ μήτηρ, οὐ πεδοστιβὴς τροφὸς Θάλασσα· τὴν δ' ἀροῦμεν, ἐκ ταύτης βίος Βρόχοισι καὶ πέδαισιν οἴκαδ' ἔρχεται. Welcker S. 781. v. 1 βυθός conj. Busche, Rh. M. 1900 S. 305.

²⁸) *Phaëthon Fr.* 776: Δεινόν γε, τοῖς πλουτοῦσι τοῦτο δ' ἔμφυτον, Σκαιοῖσιν εἶναι· τί ποτε τοῦτο ταἴτιον; Ἆρ' ὄλβος αὐτοῖς ὅτι τυφλοῖς συνηρετεῖ, Τυφλὰς ἔχουσι τὰς φρένας καὶ τῆς τύχης; v. 2 συνηρετεῖ conj. Meineke für συνηρεφεῖ der Mss. — v. 3 ist am Schluss verderbt: καὶ τῆς τέχνης conj. Meineke, καὶ δυστυχεῖς Halm, κοὐκ εὐστόχους Munro. — Ὄλβος (Glück, bedeutet hier vorzugsweise Reichtum wie bei *Xen. Kyrop.* I. 5, 9: νομίζοντες καὶ οὗτοι τὰ πολεμικὰ ἀγαθοὶ γενόμενοι πολὺν μὲν ὄλβον, πολλὴν δὲ εὐδαιμονίαν, μεγάλας δὲ τιμὰς καὶ ἑαυτοῖς καὶ πόλει περιάψειν. ib. IV. 2, 44: τὸ μὲν γὰρ νῦν πλεονεκτῆσαι ὀλιγοχρόνιον ἂν ἡμῖν τὸν πλοῦτον παράσχοι· τὸ δὲ ταῦτα προεμένους ἐκεῖνα κτήσασθαι ὅθεν ὁ πλοῦτος φύεται, τοῦτο, ὡς ἐγὼ δοκῶ, ἀσφαλέστερον ἡμῖν δύναιτ' ἂν τὸν ὄλβον καὶ πᾶσι τοῖς ἡμετέροις παρέχειν. ib. 46: ὄλβον δὲ ὅλον πειρώμενοι θηρᾶν. — Euripides nennt den Reichtum blind, ein Gedanke, worauf *Aristophanes* eine ganze Komödie, den *Plutos*, aufbaut. S. A. 8 und 46. — *Alkmene Fr.* 96: Σκαιόν τι πρᾶγμα πλοῦτος ἤ τ' ἀπειρία. — *Fr.* 1069: A: Χρυσοῦ σὲ πλήθει, τούσδε δ' οὐ χαίρειν χρεών; B: Σκαιὸν τὸ πλουτεῖν κἄλλο μηδὲν εἰδέναι. — *Archel. Fr.* 235: Πλουτεῖς, ὁ πλοῦτος δ' ἀμαθία δειλόν θ' ἅμα. „Versus corruptus" Nauck. Dem widerspricht mit Recht Wilamowitz (zu Herakles² 347 II. S. 80): „*Archel.* 235 ist ganz heil. ,Das Kapital ist eine Stupidität und feige dazu', sagen heute die Sozialdemokraten auch".

²⁹) *Meleager Fr.* 527: Μόνον δ' ἂν ἀντὶ χρημάτων οὐκ ἂν λάβοις Γενναιότητα κἀρετήν· καλὸς δέ τις Κἂν ἐκ πονηρῶν σωμάτων γένοιτο παῖς. v. 3 conj. πενήτων statt πονηρῶν F. G. Schmidt, δωμάτων für σωμάτων Nauck. Beide Konjekturen sind falsch. *Fr.* 527 ist die Entgegnung auf *Fr.* 520: Ἡγησάμην οὖν, εἰ παραζεύξειέ τις Χρηστῷ πονηρὸν λέκτρον, οὐκ ἂν εὐτεκνεῖν. Ἐσθλοῖν δ' ἀπ' ἀμφοῖν ἐσθλὸν ἂν φῦναι γόνον. Also dem Vertreter der Vererbungs- und Degenerationstheorie wird entgegengehalten, dass nicht nur aus adligem und reichem Haus, sondern auch aus geringem Stand gute Kinder kommen. Vgl. Welcker S. 755 und Kap. V. 2 A. 15 b. Über πονηρός vgl. S. 474 A. 6.

³⁰) *Ödip. Fr.* 542: Οὗτοι νόμισμα λευκὸς ἄργυρος μόνον Καὶ χρυσός ἐστιν, ἀλλὰ κἀρετὴ βροτοῖς Νόμισμα κεῖται πᾶσιν, ἧ χρῆσθαι χρεών. S. Kap. V. 2 A. 58 und 74: ferner Kap. V. 3 A. 6 — 10.

³¹) *Archel. Fr.* 246: Νεανίας τε καὶ πένης σοφός θ' ἅμα · Ταῦθ' εἰς ἓν ἐλθόντ' ἄξι' ἐνθυμήσεως. — *Fr.* 247: Τί δ' οὐκ ἂν εἴη χρηστὸς ὄλβιος γεγώς; — *Fr.* 249: Μὴ πλούσιον θῇς · ἐνδεέστερος γὰρ ὢν Ταπεινὸς ἔσται · κεῖνο δ' ἰσχύει μέγα, Πλοῦτος λαβὼν [τε] τοῦτον εὐγενὴς ἀνήρ. — *Fr.* 252, 3: Τάδ' ἐστὶ χρήματ', ἤν τις εὐσεβῇ θεόν.

³²) *Alkmene Fr.* 92: Ἴστω τ' ἄφρων ὢν ὅστις ἄνθρωπος γεγὼς Δῆμον κολούει χρήμασιν γαυρούμενος. Vielleicht ist v. 1 ἐν πρώτοις oder ἂν πρῶτος statt ἄνθρωπος zu schreiben. Busche in Fleckeisens J.B. 1895 S. 664.

³³) *Beller. Fr.* 288: Δόλοι δὲ καὶ σκοτεινὰ μηχανήματα Χρείας ἀνάνδρου φάρμαχ' ηὕρηται βροτοῖς. — v. 2 ἄνανδρος steht hier in der Bedeutung ‚eines Mannes unwürdig‘. Über seine sonstige Verwendung s. Kap. V. 2 A. 112.

³⁴) *Archel. Fr.* 248: Οὐκ ἔστι πενίας ἱερὸν αἰσχίστης θεοῦ. Μισῶ γὰρ ὄντως οἵτινες φρονοῦσι μέν, φρονοῦσι δ' οὐδὲν ὥς γε χρημάτων ὕπερ. v. 1 αἰσχίστης in ἐχθίστης zu ändern (Bergk, F. G. Schmidt), liegt kein Grund vor: man vergleiche nur die Schilderung der Armut als eines hässlichen, erinysartigen Weibes in *Aristophanes' Plutos* 422 ff.; 442 ff.: αἰσχίστης ist viel sprechender als ἐχθίστης.

³⁵) *Polyid. Fr.* 641: Πλουτεῖς, τὰ δ' ἄλλα μὴ δόκει ξυνιέναι · Ἐν τῷ γὰρ ὄλβῳ φαυλότης ἔνεστί τις, Πενία δὲ σοφίαν ἔλαχε διὰ τὸ συγγενές. Besonders der Schlussvers wird im späteren Altertum viel citiert: so von *Clemens Al. Strom.* IV. pg. 574; *Themistius or.* 13 pg. 164 B; *Zenobius* 5, 72; *Greg. Cypr.* 3, 53. S. Kap. V. 3 A. 8.

³⁶) *Alex. Fr.* 54: Κακόν τι παίδευμ' ἦν ἄρ' εἰς εὐανδρίαν Ὁ πλοῦτος ἀνθρώποισιν αἴ τ' ἄγαν τρυφαί · Πενία δὲ δύστηνον μέν, ἀλλ' ὅμως τρέφει Μοχθεῖν τ' ἀμείνω τέκνα καὶ δραστήρια.

³⁷) *Antig. Fr.* 163: Ἀνδρὸς φίλου δὲ χρυσὸς ἀμαθίας μέτα Ἄχρηστος, Εἰ μὴ κἀρετὴν ἔχων τύχοι. v. 1 ist φίλου unmöglich: ζαπλούτου χρυσὸς conj. Enger, δὲ φαύλου (Gomperz), ἀνωφελὴς δὲ F. G. Schmidt.

³⁸) *Ino Fr.* 407: Ἀμουσία τοι μηδ' ἐπ' οἰκτροῖσιν δάκρυ Στάζειν · κακὸν δὲ χρημάτων ὄντων ἅλις, Φειδοῖ πονηρᾷ Μηδέν' εὖ ποιεῖν βροτῶν. Hieher gehört auch *Danae Fr.* 328: Ὅστις δόμους μὲν ἥδεται πληρουμένους, Γαστρὸς δ' ἀφαιρῶν σῶμα δύστηνος κακοῖ, Τοῦτον νομίζω κἂν θεῶν συλᾷν βρέτη Τοῖς φιλτάτοις τε πολέμιον πεφυκέναι. v. 2 ist verderbt: für σῶμα setzte Collmann βρῶμα; statt δύστηνος hat schon A (*Stob. flor.* 16, 6) von zweiter Hand δύστηνος: also ‚wer den Unglücklichen misshandelt. indem er ihm die Speise für seinen Magen entzieht‘. Welcker S. 640 f.; Burckhardt, Gr. K.G. II. S. 370. Busche, Rh. M. 1900 S. 299.

³⁹) *Phön.* 555 f.: Οὗτοι τὰ χρήματ' ἴδια κέκτηνται βροτοί, Τὰ τῶν θεῶν δ' ἔχοντες ἐπιμελούμεθα. Wecklein vergleicht hiezu *Anth. pal.* IV. 74: Ἀγρὸς Ἀχαιμενίδου γενόμην ποτέ, νῦν δὲ Μενίππου Καὶ πάλιν ἐξ ἑτέρου βήσομαι εἰς ἕτερον. Καὶ γὰρ ἐκεῖνος ἔχειν μέ ποτ' ᾤετο καὶ πάλιν οὗτος Οἴεται · εἰμὶ δ' ὅλως οὐδενὸς ἀλλὰ Τύχης. Ferner *Hor. sat.* II. 2, 133 ff.: „Nunc ager Umbreni sub nomine, nuper Ofelli Dictus, erit nulli proprius, sed cedet in usum Nunc mihi nunc alii“. Der Gedanke kehrt wieder *Epist.* II. 2, 158 ff.: „Si proprium est quod quis libra mercatus et aere est“ etc. Burckhardt, Gr. K.G. III. S. 179.

⁴⁰) *Aolus Fr.* 22: Τὴν δ' εὐγένειαν πρὸς θεῶν μή μοι λέγε, Ἐν χρήμασιν τόδ' ἐστί, μὴ γαυροῦ, πάτερ · Κύκλῳ γὰρ ἕρπει · τῷ μὲν ἔσθ', ὁ δ' οὐκ ἔχει ·

Κοινοῖσι δ' αὐτοῖς χρώμεθ'· ᾧ δ' ἂν ἐν δόμοις Χρόνον συνοικῇ πλεῖστον, οὗτος εὐτυχής. v. 5 εὐτυχής in εὐγενής zu ändern, ist ganz unnötig. Busche, Zu den Fragmenten des Eur. in Fleckeisens Jahrb. 1895 S. 661.

[41]) *Ps.Plato Eryx.* 16 ff. Hier wird zunächst am karthagischen Papiergeld und am spartanischen Eisengeld die Relativität des Geldwerts gezeigt (c. 17 f.). Geld oder Reichtum (χρήματα) ist, was nutzbar (χρήσιμα) ist (c. 19). Dieses hat nur insofern einen Wert, als es zur Befriedigung unserer Bedürfnisse und Begierden dient (c. 20—23). Somit hat auch nur derjenige einen Genuss davon, der es zu diesem Zweck zu benützen versteht (24 pg. 403 B: χρυσίον ἄρα καὶ ἀργύριον καὶ τἆλλα τὰ δοκοῦντα χρήματα εἶναι τούτῳ ἂν μόνον χρήσιμα εἴη, ὅστις τυγχάνοι ἐπιστάμενος ὡς χρηστέον αὐτοῖς). Was jemanden ‚reich‘ macht, ist also nicht der Besitz einer Sache, sondern die Kunst (ἐπιστήμη), diesen Besitz zu nützen (cap. 25). Das Nützlichste und Wertvollste ist schliesslich das, was der Tugend dient (τὰ χρήματα χρήσιμα ὄντα πρὸς ἀρετήν c. 28 pg. 404 E). Bis hieher hat sich Euripides den Gedankengang zu eigen gemacht; der weiteren Folgerung, die sich aus der zu engen Definition des Geldes als des Mittels zur Befriedigung körperlicher Bedürfnisse und aus der Voraussetzung, dass diese im Leben untergeordnet seien, ergiebt, dass gerade die reichsten Leute am schlimmsten daran seien, weil sie sich am meisten mit der Befriedigung dieser Bedürfnisse abgeben (c. 29 f.), schliesst sich Euripides nicht mehr an. Nach ihm kann das Geld auch edleren Zwecken dienen.

[42]) Mehr kann man nicht sagen. Dümmler (Ak. S. 77 f.) thut dem *Fr.* 198 aus der *Antiope* des *Euripides* förmlich Gewalt an, um es dem Gedankengang im *Gorgias* zu assimilieren. Bei Plato handelt es sich um die Frage, ob das Glück in der Bedürfnislosigkeit bestehe, bei Euripides darum, ob der Reichtum als solcher glücklich mache. Einige Verwandtschaft haben ja beide Fragen; aber der Gedankengang des Euripides gleicht vielmehr dem des *Eryxias* (s. A. 41) und dem *Antiphons* (*Fr.* 128 s. A. 43) als dem im *Gorgias*. *Antiope Fr.* 198 s. Kap. I. A. 118 und Kap. V. A. 7. Dümmlers Änderung des Schlusses in φημ' ἂν οὐκ εὐδαίμονα ist ganz überflüssig. Der überlieferte Text giebt den oben dargelegten vortrefflichen Sinn: wer seinen Reichtum nicht benützt, ist nicht ‚glücklich‘, sondern nur ein ‚wohlhabender‘ (εὐδαίμων) Hüter seines Geldes.

[43]) *Plato Gorg.* 48 pg. 494 A: τὸ ὥσπερ λίθον ζῆν ... μήτε χαίροντα μήτε λυπούμενον. — *Antiphon Fr.* 128 (Blass): Ἔστι δέ τις λόγος, ὡς ἄρα ἰδὼν ἀνὴρ ἄνδρα ἕτερον ἀργύριον ἀναιρούμενον πολὺ ἐδεῖτό οἱ δανεῖσαι ἐπὶ τόκῳ, ὁ δ' οὐκ ἠθέλησεν, ἀλλ' ἦν οἷος ἀπιστεῖν τε καὶ μὴ ὠφελεῖν μηδένα, φέρων δ' ἀπέθετο ὅποι δή· καί τις καταμαθὼν τοῦτο ποιοῦντα ὑφείλετο, ὑστέρῳ δὲ χρόνῳ ἐλθὼν οὐχ ηὕρισκε τὰ χρήματα ὁ καταθέμενος. περιαλγῶν οὖν τῇ συμφορᾷ τά τε ἄλλα καὶ ὅτι οὐκ ἔχρησε τῷ δεομένῳ, ὃ ἂν αὐτῷ καὶ σῶον ἦν καὶ ἕτερον προσέφερεν, ἀπαντήσας δὴ τῷ ἀνδρὶ τῷ τότε δανειζομένῳ ἀπωλοφύρετο τὴν συμφοράν, ὅτι ἐξήμαρτε καὶ ὅτι οἱ μεταμέλει οὐ χαρισαμένῳ ἀλλ' ἀχαριστήσαντι, ὡς πάντως οἱ ἀπολόμενον τὸ ἀργύριον. ὁ δ' αὐτὸν ἐκέλευσε μὴ φροντίζειν, ἀλλὰ νομίζειν αὐτῷ εἶναι καὶ μὴ ἀπολωλέναι, καταθέμενον λίθον εἰς τὸ αὐτὸ χωρίον· πάντως γὰρ οὐδ' ὅτε ἦν σοι, ἐχρῶ αὐτῷ, ὅθεν μηδὲ νῦν νόμιζε στέρεσθαι μηδενός. Ὅτῳ γὰρ τις μὴ ἐχρήσατο μηδὲ χρήσεται, ὄντος ἢ μὴ ὄντος αὐτῷ οὐδὲν οὔτε ἔλασσον βλάπτεται. ὅταν γὰρ ὁ θεὸς μὴ παντελῶς βούληται ἀγαθὰ διδόναι ἀνδρί, χρημάτων πλοῦτον παρασχών, τοῦ φρονεῖν δὲ καλῶς πένητα ποιήσας τὸ ἕτερον ἀφελόμενος ἑκατέρων ἀπεστέρησεν. — In der Parabel bei *Matthäus* (25, 14 ff.) und *Lucas*

(19, 12 ff.) tritt neben dem Gedanken von der Ausnützung des Kapitals durch Ausleihen auf Zinsen (τόκος) allerdings noch der bei Antiphon fehlende Gedanke hervor, dass das Geld nicht Eigentum, sondern nur anvertrautes Gut ist. Aber der Schlussgedanke hat wieder Ähnlichkeit: ,wer sein Geld nicht umgetrieben hat, dem wird es genommen', sagt das Evangelium; ,dem ist es thatsächlich schon genommen', sagt Antiphon.

44) *Demokrit Fr. eth.* 57 (Mullach): χρημάτων χρῆσις ξὺν νόῳ μὲν χρήσιμον εἰς τὸ ἐλευθέριον εἶναι καὶ δημωφελέα· ξὺν ἀνοίῃ δὲ χορηγίη ξυνή. — *Fr.* 58: δόξα καὶ πλοῦτος ἄνευ ξυνέσιος οὐκ ἀσφαλέα κτήματα. — *Fr.* 62: ὁ χρημάτων παντελέως ἥσσων οὐκ ἄν ποτε εἴη δίκαιος. — *Fr.* 69: ἡ τέχνοισι ἄγαν χρημάτων ξυναγωγή πρόφασίς ἐστι φιλαργυρίης τρόπον ἴδιον ἐλέγχουσα. — *Fr.* 211: ἡ ἐν δημοκρατίῃ πενίη τῆς παρὰ τοῖσι δυνατοῖσι καλεομένης εὐδαιμονίης τοσοῦτόν ἐστι αἱρετωτέρη ὁκόσον ἐλευθερίη δουλείης. Vgl. noch *Fr.* 24. 26. 27. 39. 44. 66. 243 und *Chilon* 5 f. pg. 223 (Mull.). — Natorp, Ethika des Demokritos (Marburg 1893), betrachtet die Ethik des Demokrit als ein System und unterscheidet dabei eine allgemeine und eine besondere (angewandte) Ethik. Die Schrift, welcher der Hauptteil der Bruchstücke entstammt, hatte die εὐθυμία zum Gegenstand und wird auch unter dem Titel περὶ τέλους citiert. Sie war offenbar von dem Begriff des Masshaltens beherrscht. In einer andern Schrift: Τριτογένεια gab er eine populäre Moral in Form praktischer Lebensregeln. Isokrates stellt den Demokrit als Ethiker auf eine Stufe mit den sogenannten sieben Weisen, einem Periander, Pittakus und Chilon. Vielleicht hat Demokrit selbst ältere Spruchphilosophie ausgenützt. Natorp S. 63—67. Vgl. A. Dyroff, Demokritstudien. Leipzig, Dieterich, 1899. Zur Demokritischen Ethik S. 127 ff. Beloch, Gr. Gesch. I. 625 sieht in der δίκη = Pflichterfüllung den Zentralpunkt der Demokritischen Ethik.

45) *Eur. Bell. Fr.* 285, 3 ff.: Τρισσῶν δὲ μοιρῶν ἐγκρινῶ νικᾶν μίαν, Πλούτου τε χώτῳ σπέρμα γενναῖον προςῇ Πενίας τ'· ἀριθμὸν γὰρ τοσόνδε προυθέμην. Ὁ μὲν ζάπλουτος, εἰς γένος δ' οὐκ εὐτυχής, Ἀλγεῖ μὲν ἀλγεῖ, παγκάλως δ' ἀλγύνεται Ὄλβου διοίγων θάλαμον ἥδιστον χερί. Ἔξω δὲ βαίνων τοῦδε τὸν πάρος χρόνον Πλουτῶν ὑπ' ἄτης ζεύγλαν ἀσφάλλει πεσών. Ὅστις δὲ γαῦρον σπέρμα γενναῖόν τ' ἔχων Βίου σπανίζει, τῷ γένει μὲν εὐτυχεῖ, Πενίᾳ δ' ἐλάσσων ἐστίν, ἐν δ' ἀλγύνεται Φρονῶν, ὑπ' αἰδοῦς δ' ἔργ' ἀπωθεῖται χερῶν. Ὁ δ' οὐδὲν οὐδείς, διὰ τέλους δὲ δυστυχῶν Τοσῷδε νικᾷ· τοῦ γὰρ εὖ τητώμενος Οὐκ οἶδεν, ἀεὶ δυστυχῶν κακῶς τ' ἔχων. Οὕτως ἄριστον μὴ πεπειρᾶσθαι καλῶν. Ἐκεῖνο γὰρ μεμνήμεθ'· οἷος ἦν ποτε Κἀγὼ μετ' ἀνδρῶν ἡνίκ' ηὐτύχουν βίῳ. — v. 3 ἐγκρίνω Pierson. — v. 7 ἀλγεῖ μὲν ἀλγεῖ: vgl. *Andromache* 980. — v. 10 ζεῦς τ' ἀνασχάλλει SM; ἂν ἀσχάλλῃ A; ζεύγλαν ἀσχάλλει Salmasius.

46) *Äolus Fr.* 21: Δοκεῖτ' ἂν οἰκεῖν γαῖαν εἰ πένης ἅπας Λαὸς πολιτεύοιτο πλουσίων ἄτερ; Οὐκ ἂν γένοιτο χωρὶς ἐσθλὰ καὶ κακά, Ἀλλ' ἔστι τις σύγκρασις, ὥστ' ἔχειν καλῶς. Ἃ μὴ γάρ ἐστι τῷ πένητι πλούσιος Δίδωσ'· ἃ δ' οἱ πλουτοῦντες οὐ κεκτήμεθα, Τοῖσιν πένησι χρώμενοι τιμώμεθα. v. 7. Die Konjekturen πεπάμεθα (Hartung), θηρώμεθα (Bergler) für τιμώμεθα sind ganz unnötig. Der Sinn ist: Was der Arme nicht hat, bekommt er vom Reichen, nämlich Geld; was der Reiche nicht hat, bekommt er vom Armen, nämlich Ehre. Dadurch, dass die Armen die niederen Arbeiten verrichten, können sich die Reichen den höheren Berufen widmen, die Ehre einbringen. Welcker S. 865. Vgl. *Ps. Xen. resp. Ath.* I. 3 (A. 7). — *Äolus Fr.* 22 s. A. 40. — *Aristoph. Plutos* 510 ff.: Εἰ γὰρ ὁ Πλοῦτος βλέψειε πάλιν διανείμειέν τ' ἴσον αὑτόν, Οὔτε τέχνην ἂν τῶν ἀνθρώπων

οὔτ' ἂν σοφίαν μελετῴη Οὐδείς· ἀμφοῖν δ' ὑμῖν τούτοιν ἀφανισθέντοιν ἐθελήσει·
Τίς χαλκεύειν ἢ ναυπηγεῖν ἢ ῥάπτειν ἢ τροχοποιεῖν Ἢ σκυτοτομεῖν ἢ πλινθουργεῖν
ἢ πλύνειν ἢ σκυλοδεψεῖν Ἢ γῆς ἀρότροις ῥήξας δάπεδον καρπὸν Δηοῦς θερίσασθαι,
Ἢν ἐξῇ ζῆν ἀργοῖς ὑμῖν τούτων πάντων ἀμελοῦσιν; — Über die Quelle von *Livius*
II. 32 s. Soltau, Livius' Geschichtswerk S. 148 und 186.

⁴⁷) Bywater *Fr.* 24. Gomperz, Zu Heraklits Lehre S. 1013. Pfleiderers
Erklärung (Heraklit S. 174 ff.) kann ich nicht beistimmen. Das Gegensatzpaar
λιμός — κόρος *Fr.* 36 und 104.

⁴⁸) Wilamowitz (Herakles ¹ I. S. 25 A. 44) macht darauf aufmerksam, dass
das Bild von der Biene, die Honig und Stachel führt, von Euripides für den
Eros gebraucht (*Hipp.* 563 f.), sich in *Platons* Schilderung des Tyrannen (*Staat*
IX. 2 pg. 573 A) wiederfindet. Dazu vgl. *Hik.* 242: Εἰς τοὺς ἔχοντας κέντρ'
ἀφιᾶσιν κακά. *Plato, Staat* VIII. 9 pg. 554 D: Καὶ νὴ Δία, ὦ φίλε, τοῖς
πολλοῖς γε αὐτῶν εὑρήσεις, ὅταν δέῃ τἀλλότρια ἀναλίσκειν, τὰς τοῦ κηφῆνος
ξυγγενεῖς ἐνούσας ἐπιθυμίας. ib. 16 pg. 565 C: ἀλλὰ καὶ τοῦτο τὸ κακὸν ἐκεῖνος
ὁ κηφὴν ἐντίκτει κεντῶν αὐτούς. — Euripides gebraucht das Bild noch *Troad.* 191
von der alten Hekabe und *Bacch.* 1365 von Kadmos.

⁴⁹) *Plato, Gorg.* 39 pg. 483 D: δίκαιον κέκριται τὸν κρείττω τοῦ ἥττονος
ἄρχειν καὶ πλέον ἔχειν. — *Xen. Mem.* IV. 4, 16: ἀλλὰ μὴν καὶ ὁμόνοιά γε μέ-
γιστόν τε ἀγαθὸν δοκεῖ ταῖς πόλεσιν εἶναι καὶ πλειστάκις ἐν αὐταῖς αἵ τε γερουσίαι
καὶ οἱ ἄριστοι ἄνδρες παρακελεύονται τοῖς πολίταις ὁμονοεῖν καὶ πανταχοῦ ἐν τῇ
Ἑλλάδι νόμος κεῖται τοὺς πολίτας ὀμνύναι ὁμονοήσειν καὶ πανταχοῦ ὀμνύασι τὸν
ὅρκον τοῦτον. — *Demokrit Fr.* 199 bei *Stob. flor.* 43, 40: ἀπὸ ὁμονοίης τὰ μεγάλα ἔργα
καὶ τῇσι πόλισι τοὺς πολέμους δυνατὸν κατεργάζεσθαι, ἄλλως δ' οὐ und *Fr.* 215
(Mull.): ὅταν οἱ δυνάμενοι τοῖς μὴ ἔχουσι καὶ προτελεῖν τολμέωσι καὶ ὑπουργέειν
καὶ χαρίζεσθαι, ἐν τούτῳ ἤδη καὶ οἰκτείρειν ἔνεστι καὶ μὴ ἐρήμους εἶναι καὶ τὸ
ἑταίρους γίνεσθαι καὶ τὸ ἀμύνειν ἀλλήλοισι καὶ τοὺς πολιήτας ὁμονόους εἶναι καὶ
ἄλλα ἀγαθά, ὅσσα οὐδεὶς ἂν δύναιτο καταλέξαι. — Die Bruchstücke aus *Antiphons* Schrift περὶ ὁμονοίας hat Blass zusammengestellt (*Antiphon* pg. 136 ss.).
Dazu noch einiges aus *Jamblich* (Ders., De Antiphonte Jamblichi auctore, Kiel
1889), wo *Fr.* E lautet: ἔτι τοίνυν οὐκ ἐπὶ πλεονεξίαν ὁρμᾶν δεῖ οὐδὲ τὸ κράτος
τὸ ἐπὶ τῇ πλεονεξίᾳ ἡγεῖσθαι ἀρετήν εἶναι, τὸ δὲ τῶν νόμων ὑπακούειν δειλίαν·
πονηροτάτη γὰρ αὕτη ἡ διάνοιά ἐστι καὶ ἐξ αὐτῆς πάντα τἀναντία τοῖς ἀγαθοῖς
γίγνεται, κακία τε καὶ βλάβη. εἰ γὰρ ἔφυσαν μὲν οἱ ἄνθρωποι ἀδύνατοι καθ' ἕνα
ζῆν, συνῆλθον δὲ πρὸς ἀλλήλους τῇ ἀνάγκῃ εἴκοντες, πᾶσα δὲ ἡ ζωὴ αὐτοῖς ηὕρηται
καὶ τὰ τεχνήματα [τὰ] πρὸς αὐτήν, σὺν ἀλλήλοις δὲ εἶναι αὐτοὺς καὶ ἀνομίᾳ διαιτᾶσθαι οὐχ οἷόν τε (μείζω γὰρ αὐτοῖς ζημίαν οὕτω γίγνεσθαι ἐκείνης τῆς κατὰ
ἕνα διαίτης) διὰ ταύτας τοίνυν τὰς ἀνάγκας τόν τε νόμον καὶ τὸ δίκαιον ἐμβασι-
λεύειν τοῖς ἀνθρώποις καὶ οὐδαμῇ μεταστῆναι ἂν αὐτά· φύσει γὰρ ἰσχυρᾷ ἐνδε-
δέσθαι ταῦτα. Der erste Teil dieses Bruchstücks enthält einen direkten Protest
gegen die sophistische Übermenschenmoral; man darf nur für δειλία das Synonym
ἀνανδρία setzen, so hat man auch das Schlagwort für den Begriff. S. Kap. V. 2
A. 112. Im 2. Teil haben wir die Lehre vom Gesellschaftsvertrag: vgl. *Plato,
Protag.* pg. 322; *Politeia* II. 2 pg. 358; *Lykophron* bei *Aristoteles, Pol.* III. 9
pg. 1280 B. Gomperz, Gr. Denker I. S. 314 ff. und 462; Pöhlmann, Ant. Komm.
u. Soz. I. S. 178; 158; 167. Derselbe, Aus Altertum und Gegenwart S. 258.

⁵⁰) So Gomperz, Griechische Denker I. S. 330 und 464 gegen Pöhlmann,
Ant. Komm. u. Soz. I. S. 177 und 264.

[51]) Pöhlmann ib. 203 und S. 266 f. — Gomperz, Griechische Denker S. 329 und 464.

8. Die Sklaven.

[1]) Diese allgemeinen Ausführungen sind dem Vortrag E. Meyers, Die Sklaverei im Altertum (Dresden 1898) S. 10 ff. entnommen, der auch im folgenden mehrfach benützt ist. — Vgl. ferner Burckhardt, Griech. K.G. I. S. 152 ff. und F. Cauer, Die Stellung der arbeitenden Klassen in Hellas und Rom in „Neue Jahrb. f. kl. A.W.“ 1899 pg. 686 ff.

[2]) ρ 322 f.: Ἥμισυ γάρ τ' ἀρετῆς ἀποαίνυται εὐρύοπα Ζεὺς Ἀνέρος εὖτ' ἄν μιν κατὰ δούλιον ἧμαρ ἕλῃσιν.

[3]) Hesiod, Erga 405 ff.: Οἶκον μὲν πρώτιστα γυναῖκά τε βοῦν τ' ἀροτῆρα [Κτητήν, οὐ γαμετήν, ἥτις καὶ βουσὶν ἕποιτο,] Χρήματα δ' εἰν οἴκῳ πάντ' ἄρμενα ποιήσασθαι etc. Hier ist v. 406 späteres Einschiebsel einer Zeit, die sich den landwirtschaftlichen Betrieb nicht mehr ohne Sklaven denken konnte. Aristoteles (Pol. I. 2 pg. 1252 B und Oecon. 2, 1) kennt denselben nicht: denn er erklärt v. 405 mit den Worten: ὁ γὰρ βοῦς ἀντ' οἰκέτου τοῖς πένησίν ἐστιν. S. Rzach zu Erga 406; Meyer a. a. O. S. 19 f.

[3a]) Der Charakter der Feigheit und Unzuverlässigkeit bleibt dem Phryger, selbst wenn v. 1503—1536 interpoliert sein sollten, wie A. Grüninger (De Euripidis Oreste ab histrionibus retractato. Basel 1898) und Wecklein (Sitz.Ber. d. K. B. Ak. 1899 S. 331 ff.) annehmen (1369 ff. 1416 ff. 1483 ff.). Dass v. 1536 Orestes von Helena als einer 'Leiche' (νεκρός) spricht, beweist gar nichts, da ja Orestes nur eine Drohung ausstösst. Allerdings fanden schon die Schol. in der Scene manches ἀνάξια τραγῳδίας (zu v. 1532) oder κωμικώτερα (zu v. 1521). Aber Euripides erlaubte sich eben solche Neuerungen. Vgl. Kap. I. A. 96.

[4]) Meyer ib. S. 26. Später sieht freilich der reiche Grundherr mit Verachtung auf seine leibeigenen Bauern herab. Vgl. das Lied des Kreters Hybrias (Lyr. Gr. S. 275). Meyer S. 22.

[4a]) Athen. VI. 88 pg. 265 b nach Theopomp Fr. 134.

[4b]) Schildfabrik des Lysias: adv. Eratosth. 8 und 19; Möbel- und Messerfabrik des Demosthenes: adv. Aphob. 1, 9 und 19; vgl. Plut. Dem. 4. — Sklaven in der Montanindustrie: Xen. De vect. 4, 14 f.: Νικίας ποτὲ ὁ Νικηράτου ἐκτήσατο ἐν τοῖς ἀργυρείοις χιλίους ἀνθρώπους, οὓς ἐκεῖνος Σωσίᾳ τῷ Θρᾳκὶ ἐξεμίσθωσεν, ἐφ' ᾧ ὀβολὸν μὲν ἀτελῆ, ἑκάστου τῆς ἡμέρας ἀποδιδόναι, τὸν δ' ἀριθμὸν ἴσους ἀεὶ παρεῖχεν. ἐγένετο δὲ καὶ Ἱππονίκῳ ἑξακόσια ἀνδράποδα κατὰ τὸν αὐτὸν τοῦτον τρόπον ἐκδεδομένα, ἃ προσέφερε μνᾶν ἀτελῆ τῆς ἡμέρας· Φιλημονίδῃ δὲ τριακόσια ἡμιμναῖον. — Thuk. VII. 27: ἀνδραπόδων πλέον ἢ δύο μυριάδες ηὐτομολήκεσαν καὶ τούτων πολὺ (Vat. oder τὸ πολὺ) μέρος χειροτέχναι. — Arbeitsteilung: Xen. Kyr. VIII. 2, 5: ἀδύνατον οὖν πολλὰ τεχνώμενον ἄνθρωπον πάντα καλῶς ποιεῖν. ἐν δὲ ταῖς μεγάλαις πόλεσι διὰ τὸ πολλοὺς ἑκάστου δεῖσθαι ἀρκεῖ καὶ μία ἑκάστῳ τέχνη εἰς τὸ τρέφεσθαι· πολλάκις δὲ οὐδ' ὅλη μία· ἀλλ' ὑποδήματα ποιεῖ ὁ μὲν ἀνδρεῖα, ὁ δὲ γυναικεῖα· ἔστι δὲ ἔνθα καὶ ὑποδήματα ὁ μὲν νευρορραφῶν μόνον τρέφεται, ὁ δὲ σχίζων, ὁ δὲ χιτῶνας μόνον συντέμνων, ὁ δέ γε τούτων οὐδὲν ποιῶν ἀλλὰ συντιθεὶς ταῦτα. ἀνάγκη οὖν τὸν ἐν βραχυτάτῳ διατρίβοντα ἔργῳ τοῦτον καὶ ἄριστα δὴ ἠναγκάσθαι τοῦτο ποιεῖν. — Hell. III. 4, 17: οἵ τε χαλκοτύποι καὶ οἱ τέκτονες καὶ οἱ χαλκεῖς καὶ οἱ σκυτοτόμοι καὶ οἱ ζωγράφοι πάντες πολεμικὰ ὅπλα κατεσκεύαζον, ὥστε τὴν πόλιν ὄντως οἴεσθαι

πολέμου ἐργαστήριον εἶναι. Übrigens handelt es sich hier offenbar um einen Ausnahmezustand. — *Aristot. Eth. Nic.* VIII. 11, 6: ὁ γὰρ δοῦλος ἔμψυχον ὄργανον, τὸ δ' ὄργανον ἄψυχος δοῦλος. — *Polit.* I. 6 pg. 1255 B: ὁ δὲ δοῦλος μέρος τι τοῦ δεσπότου, οἷον ἔμψυχόν τι τοῦ σώματος κεχωρισμένον δὲ μέρος. Vgl. Pöhlmann, Die Anfänge des Sozialismus in Europa in Sybels Histor. Zeitschr. Bd. 80. 1898 S. 196 ff.

⁵) Meyer S. 33 f.

⁶) *Aristot. Pol.* I. 2 pg. 1252: ἀνάγκη δὴ πρῶτον συνδυάζεσθαι τοὺς ἄνευ ἀλλήλων μὴ δυναμένους εἶναι, οἷον θῆλυ μὲν καὶ ἄρρεν τῆς γενέσεως ἕνεκεν ... ἄρχον δὲ φύσει καὶ ἀρχόμενον διὰ τὴν σωτηρίαν ... φύσει μὲν οὖν διώρισται τὸ θῆλυ καὶ τὸ δοῦλον. Gleich darauf citiert er *Eur. Iph. Aul.* 1400 ‚βαρβάρων δ' Ἕλληνας εἰκὸς ἄρχειν'. Vgl. unten Kap. VII. 4 A. 1.

⁷) *Ps. Xen. resp. Ath.* I. 10: τῶν δὲ δούλων δ' αὖ καὶ τῶν μετοίκων πλείστη, ἐστὶν Ἀθήνησιν ἀκολασία καὶ οὔτε πατάξαι ἔξεστιν αὐτόθι οὔτε ὑπεκστήσεταί σοι ὁ δοῦλος ... ἐσθῆτά τε γὰρ οὐδὲν βελτίω ἔχει ὁ δῆμος αὐτόθι ἢ οἱ δοῦλοι καὶ οἱ μέτοικοι καὶ τὰ εἴδη οὐδὲν βελτίους εἰσίν ... ἐῶσι τοὺς δούλους τρυφᾶν αὐτόθι καὶ μεγαλοπρεπῶς διαιτᾶσθαι ἐνίους. — *Demosth.* (XXI.) *gegen Midias* 46: καὶ τοσαύτῃ γ' ἐχρήσαθ' ὑπερβολῇ, ὥστε κἂν εἰς δοῦλον ὑβρίζῃ τις, ὁμοίως ἔδωκεν ὑπὲρ τούτου γραφήν. Demosthenes rühmt diesen ‚νόμος φιλανθρωπίας' (48). Ob der § 47 angeführte Wortlaut echt ist, thut nichts zur Sache (Westermann, De litis instrumentis, quae exstant in Dem. oratione in Midiam pg. 25; Weil z. St.). In der 3. *Philippischen Red:* (IX. § 3) sagt *Demosthenes*, dass die Sklaven in Athen grössere Redefreiheit hätten als in manchen andern Städten die Bürger. *Hel.* 291 f. (s. u.). — Vgl. auch *Äschines gegen Timarch* 15 ff.: τὸν τῆς ὕβρεως (sc. νόμον) ... ἐάν τις ὑβρίζῃ εἰς παῖδα ἢ ἄνδρα ἢ γυναῖκα ἢ τῶν ἐλευθέρων τινὰ ἢ τῶν δούλων ἢ ἐὰν παράνομόν τι ποιῇ εἰς τούτων τινά, γραφὰς ὕβρεως εἶναι πεποίηκεν καὶ τίμημα ἐπέθηκεν, ὅτι χρὴ παθεῖν ἢ ἀποτῖσαι. Folgt das Gesetz § 16. — *Plut. Thes.* 36: καὶ κεῖται (sc. das Heiligtum des Theseus) μὲν ἐν μέσῃ τῇ πόλει παρὰ τὸ νῦν γυμνάσιον, ἔστι δὲ φύξιμον οἰκέταις καὶ πᾶσι τοῖς ταπεινοτέροις καὶ δεδιόσι κρείττονας ὡς καὶ τοῦ Θησέως προστατικοῦ τινος καὶ βοηθητικοῦ γενομένου καὶ προσδεχομένου φιλανθρώπως τὰς τῶν ταπεινοτέρων δεήσεις. — Beloch, Griech. Gesch. I. S. 469 f. — Meyer a. a. O. S. 20 f.

⁷ᵃ) *Suidas* v. Νεόφρων· πρῶτος εἰσήγαγε παιδαγωγοὺς καὶ οἰκετῶν βάναυσον. Die Nachricht über seine *Medea (Hyp.)* geht auf Dikäarch und Aristoteles zurück. Welcker, Griech. Trag. S. 629; Bergk, Griech. L.G. III. S. 608; K. O. Müller, Gr. L.G.⁴ I. S. 624 A. 2; Christ, Gr. L.G. S. 210. — Beeinflussung des Sophokles durch Euripides in der Sklavenschilderung: J. Schmidt, Der Sklave bei Euripides (Gymnas.Progr. Grimma 1892) S. 3; 31 ff.: s. Kap. VII. 1 A. 16: 3 A. 27. — Verrichtungen der Sklaven: Besorgung der Pferde (*Hipp.* 110; *El.* 1135 f.; *Hel.* 1180 f.); Hüten der Herde (*Alc.* 8; *Kykl.* 26; 83); Vorbereitungen zur Jagd (*Hel.* 1169 f.); Wasserholen und Reinigung der Gebäude (*Androm.* 166; *Hec.* 363; *El.* 108; 309; *Ion* 94 ff.; *Bacch.* 625 f.; *Kykl.* 33); Wäsche, Spinnen und Weben (*Hel.* 179 ff.; *El.* 307; *Ion* 747 f.; *Bacch.* 514); Pförtnerdienste (*Herakles* 332; *Troad.* 492 f.; *Iph. T.* 1304; *Or.* 1561 f.; *Iph. Aul.* 1340); Beleuchtung (*Hel.* 865 ff.); Bereitung des Essens und Bedienung bei Tische (*Hipp.* 109; *Hec.* 362; *Troad.* 494; *Kykl.* 31); Hilfe beim Opfer (*El.* 799 ff.); Herausheben der Herrschaft aus dem Wagen (*El.* 998 ff.; *Iph. Aul.* 610 ff.); Krankenpflege (*Hipp.* 198 ff.); Beischaffung von Waffen (*El.* 360; *Phön.* 778 f.) und

Fesseln (*Iph. T.* 1205); Bewachung von Gefangenen (*Iph. T.* 638; *Bacch.* 227): Besorgung eines geheimen Briefs (*Iph. Aul.* 111 f.). Schmidt S. 12. — Bedrohung mit dem Tode: *Ion* 666 f.; *Iph. Aul.* 311; *Hel.* 1639. Schmidt S. 16. — Beseitigung der Folterungsscenen: Schmidt S. 23; auch *Aristophanes* (*Friede* 742 ff.) rühmt sich, diese Prügelscenen in der Komödie abgeschafft zu haben. — Kameradschaftsgefühl der Sklaven: *Androm.* 64 f.; *Med.* 65; *Ion* 1109; *Hek.* 60. Anders bei *Sophokles' Antig.* 259 ff.; 413 f. Schmidt S. 7.

⁸) *Fr.* 1019: Δούλοισι γάρ τε ζῶμεν οἱ ἐλεύθεροι. — τε ist unmöglich; τοι und οἱ γ' conj. Heath. *Antiope Fr.* 218 s. A. 9. — *Pindar, Pyth.* IV. 41 (71) λυσιπόνοις θεραπόντεσσιν φυλάξαι. *Schol.*: ἐπειδὴ δὲ οἱ οἰκέται τῶν δεσποτῶν τοὺς πόνους διαλύουσι τῇ θεραπείᾳ, λυσιπόνους αὐτοὺς ἐκάλεσεν.

⁹) *Antiope Fr.* 216: Οὐ χρή ποτ' ἄνδρα δοῦλον ὄντ' ἐλευθέρας Γνώμας διώκειν οὐδ' ἐς ἀργίαν βλέπειν. — *Fr.* 218: Φεῦ, φεῦ τὸ δοῦλον ὡς ἁπανταχῇ γένος Πρὸς τὴν ἐλάσσω μοῖραν ὥρισεν θεός.

¹⁰) *Alkmene Fr.* 93: 'Αεὶ δ' ἀρέσκειν τοῖς κρατοῦσι· ταῦτα γὰρ Δούλοις ἄριστα· κἀφ' ὅτῳ τεταγμένος Εἴη τις ἀνδάνοντα δεσπόταις ποιεῖν.

¹¹) *Alex. Fr.* 48: Σοφὸς μὲν οὖν εἶ, Πρίαμ', ὅμως δέ σοι λέγω· Δούλου φρονοῦντος μᾶλλον ἢ φρονεῖν χρεὼν Οὐκ ἔστιν ἄχθος μεῖζον οὐδὲ δώμασιν Κτῆσις κακίων οὐδ' ἀνωφελεστέρα.

¹²) *Alex. Fr.* 51: δούλους γὰρ οὐ Καλὸν πεπᾶσθαι κρείσσονας τῶν δεσποτῶν. In diesem Fall befindet sich *Syleus* gegenüber dem Herakles: *Fr.* 689, 1 f.: Οὐδεὶς δ' ἐς οἴκους δεσπότας ἀμείνονας αὑτοῦ πρίασθαι βούλεται. δεσπότης conj. Musgrave. *Fr.* 690, 3: Τάσσειν δὲ μᾶλλον ἢ ἐπιτάσσεσθαι θέλοις.

¹³) *Archel. Fr.* 251: Κρεῖσσω γὰρ οὔτε δοῦλον οὔτ' ἐλεύθερον Τρέφειν ἐν οἴκοις ἀσφαλὲς τοῖς σώφροσιν.

¹⁴) *Alex. Fr.* 58: Δούλων ὅσοι φιλοῦσι δεσποτῶν γένος Πρὸς τῶν ὁμοίων πόλεμον αἴρονται μέγαν. — v. 1 will Nauck mit Bothe δεσπόται für δεσποτῶν schreiben, was allerdings auch einen guten Sinn giebt, aber den Gedanken gerade umkehrt. Da die überlieferten Worte wohl verständlich sind, ist die gewaltsame Änderung doch nicht statthaft.

¹⁴ᵃ) *Busiris Fr.* 313: Δούλῳ γὰρ οὐχ οἶόν τε τἀληθῆ λέγειν, Εἰ δεσπόταισι μὴ πρέποντα τυγχάνοι. Vgl. A. 26.

¹⁵) *Alkmeon Fr.* 86: Ὅστις δὲ δούλῳ φωτὶ πιστεύει βροτῶν, Πολλὴν παρ' ἡμῖν μωρίαν ὀφλισκάνει.

¹⁶) *Ion* 983: τὸ δοῦλον ἀσθενές. Diese Worte können allerdings auch im physischen Sinn gemeint sein. Vgl. ρ 320 ff. A. 1.

¹⁷) *Alex. Fr.* 49: Ἤλεγχον· οὕτω γὰρ κακὸν δούλων γένος· Γαστὴρ ἅπαντα, τοὐπίσω οὐδὲν σκοπεῖ. — v. 2 οὐδεὶς statt οὐδὲν conj. Wecklein.

¹⁸) *Fr.* 976: 'Ακόλασθ' ὁμιλεῖν γίγνεται δούλων τέκνα. Diesen Vers soll Arkesilaos citiert haben, als ihn ein Schwätzer niedrigen Standes belästigte. *Diog. L.* IV. 35. Welcker, Griech. Trag. II. S. 469 ff.; Ribbeck, Röm. Trag. S. 84 ff.

¹⁹) *Alex. Fr.* 57: Ὦ παγκάκιστοι καὶ τὸ δοῦλον οὐ λόγῳ Ἔχοντες ἀλλὰ τῇ τύχῃ κεκτημένοι. — v. 2 φύσει für τύχῃ conj. Jakobs: dem Sinne nach jedenfalls richtig. — Welcker (S. 471) giebt diese Worte dem Paris, der sie an seine Unterdrücker richten soll: „Ihr seid die wahren Niedrigen, die ihr die Unterworfenen nicht mit Grund und Recht habt, sondern nur durch Glück und Zufall". Aber kann dieser Gedanke, namentlich in seiner ersten Hälfte, durch

den Gegensatz λόγῳ - τύχῃ ausgedrückt werden? Ich glaube kaum; denn zu λόγῳ wäre der Gegensatz ἔργῳ. Man müsste dann viel eher den Gegensatz νόμῳ φύσει erwarten. Ribbeck (R. Tr. S. 87) fasst δοῦλον als Knechtsgesinnung und findet den Sinn darin: die trojanischen Prinzen seien „grade durch die Folgen ihrer bevorrechteten Geburt und Erziehung geistig heruntergekommen". Dann wäre in unserer Übersetzung statt „nicht nur" zu setzen: „zwar nicht, aber". Indessen können die Worte, wenn man einmal τὸ δοῦλον λόγῳ ἔχειν mit „Sklave heissen" übersetzt, ebensogut dem über die Sklaven empörten Deiphobus gehören.

20) *Alex.* Fr. 47: Ὅθεν δὲ νικᾶν χρῆν σε, δυστυχεῖς, ἄναξ· Ὅθεν δὲ σ' οὐ χρῆν, εὐτυχεῖς. δούλοισι γὰρ Τοῖς σοῖσι νικᾷς, τοῖς δ' ἐλευθέροισιν οὔ. — v. 3 τοῖς σοῦσιν ἥκεις *M:* τοῖς σοῖσιν ἥκεις *A:* τοῖς σοῖσιν εἴκεις Gesner; τοῖς σοῖσι νικᾷς Musgrave. Welcker S. 462 ff.

21) *Antiope* Fr. 217: ... τὸ δοῦλον οὐχ ὁρᾷς ὅσον κακόν; — Fr. 218: s. A. 9. — *Arch.* Fr. 245: Ἐν δέ σοι μόνον προφωνῶ, μὴ ἐπὶ δουλείαν ποτὲ Ζῶν ἑκὼν ἔλθῃς παρὸν σοὶ κατθανεῖν ἐλευθέρως. — v. 2 ἐλευθέρως *MA:* ἐλευθέρῳ scr. Nauck. Vgl. *Hek.* 848 und 858; *Troad.* 301 f. — Fr. 958: Τίς δ' ἔστι δοῦλος τοῦ θανεῖν ἀφρόντις ὤν;

22) *Hek.* 332 f.: Αἰαῖ τὸ δοῦλον ὡς κακὸν πέφυκ' ἀεὶ Τολμᾷ θ' ἃ μὴ χρὴ τῇ βίᾳ νικώμενον.

23) S. A. 7.

24) *Meleag.* Fr. 529: Ὡς ἡδὺ δούλοις δεσπότας χρηστοὺς λαβεῖν καὶ δεσπό-ταισι δοῦλον εὐμενῆ δόμοις. — Vgl. *Menander, Mon.* 556: Ὡς ἡδὺ δούλῳ δεσπότου χρηστοῦ τυχεῖν.

25) *Hel.* 730 f.: τοὔνομ' οὐκ ἔχων ἐλεύθερον, Τὸν νοῦν δέ. Vgl. *Sen. ep.* 47, 17: Servus est, sed fortasse liber animo.

25a) *Phaeth.* Fr. 773, 46 ff.: δμωσὶν γὰρ ἀνάκτων Εὐαμερίαι προςιοῦσαι Μολπᾶν θράσος αἴρουσ' Ἐπὶ χάρματ'.

26) *Alkmeon Fr.* 85: Μέτεστι τοῖς δούλοισι δεσποτῶν νόσου. Vielleicht gehört der Vers auch in das Satyrspiel *Busiris* (Nauck pg. 385 und 452), in dem auch eine andere Stelle über die Sklaven stand: Fr. 313 s. A. 14 a.

26a) *Eurysth.* Fr. 375: Πιστὸν μὲν οὖν εἶναι χρὴ τὸν διάκονον Τοιοῦτον εἶναι καὶ στέγειν τὰ δεσποτῶν.

26b) *Anthol. Gr.* ἐπιτύμβια Nr. 178 f.; 458; 663. Burckhardt, Griech. K.G. S. 168.

27) *Phrixos Fr.* 831: Πολλοῖσι δούλοις τοὔνομ' αἰσχρόν, ἡ δὲ φρὴν Τῶν οὐχὶ δούλων ἔστ' ἐλευθερωτέρα. — Vgl. *Soph.* Fr. 854: Εἰ σῶμα δοῦλον, ἀλλ' ὁ νοῦς ἐλεύθερος.

28) *Mel. desm.* Fr. 511: Δοῦλον γὰρ ἐσθλὸν τοὔνομ' οὐ διαφθερεῖ, Πολλοὶ δ' ἀμείνους εἰσὶ τῶν ἐλευθέρων. — Fr. 495, 40 ff.: Ἐγὼ μὲν [οὖν] οὐκ οἶδ' ὅτῳ σκοπεῖν χρεὼν Τὴν εὐγένειαν· τοὺς γὰρ ἀνδρείους φύσιν Καὶ τοὺς δικαίους τῶν κενῶν δοξασμάτων, Κἂν ὦσι δούλων, εὐγενεστέρους λέγω. Wörtlich: „Ich nun weiss nicht, wer auf Adel sehen wollte; denn die von Natur Mannhaften und Gerechten nenne ich edler als die leeren Vorurteile, auch wenn sie von Sklaven stammen"; κενῶν δοξασμάτων steht also für κενὰ δοξαζόντων. Die „Vorurteile" bestehen in der Hochschätzung des Adels und der Verachtung der Sklaven als solcher. v. 40 ὅπως (*Stob. flor.* 86, 9) κομπεῖν conj. Busche, Rhein. Museum 1900 S. 302.

²⁹) *Hipp.*. 88: Ἄναξ, θεοὺς γὰρ δεσπότας καλεῖν χρεών. Wilamowitz übersetzt: „Gebieter, Gruss gebührt den Herrn im Himmel“, und erklärt die Stelle: „Der Zwischensatz, zunächst nur das begründend, dass der Diener den Herrn anzureden wagt, nimmt den Inhalt der beabsichtigten Mahnung vorweg“. Er beruft sich für καλεῖν == grüssen auf die Formel in den *Schol.* zu *Aristoph. Fröschen* 479: ἐκκέχυται, κάλει θεόν. Ich kann diese Erklärung nicht richtig finden: „Man muss die Götter im Himmel grüssen; deshalb rede ich auch dich als ἄναξ an“. — Das Richtige scheint mir der *Scholiast* gesehen zu haben, welcher sagt: δύναται δὲ καὶ οὕτως ἀκούεσθαι ὡς τοῦ πρεσβύτου τὸν μὲν Ἱππόλυτον ἄνακτα λέγοντος, τοὺς δὲ θεοὺς δεσπότας. καὶ γὰρ εἰκὸς μέλλοντα συμβουλεύειν αὐτῷ περὶ τοῦ μὴ ὑπερφρονεῖν τὴν Ἀφροδίτην οὕτως καὶ ἄρξασθαι σεμνύνοντα τὸ θεῖον καὶ ὑπερτιθέντα τῆς ἀνθρωπίνης φύσεως. Und mit Recht vergleicht Wecklein die Worte *Xenophons An.* III. 2, 13: οὐδένα γὰρ ἄνθρωπον δεσπότην ἀλλὰ τοὺς θεοὺς προςκυνεῖτε.

³⁰) So in *Alcestis*, *Helena*, *Hippolytos*, *Melanippe desmotie:* in den verlorenen Stücken war es gewiss meist ebenso. Eine Ausnahme macht Kreusa im *Ion*.

³¹) *Antig. Fr.* 168: Ὀνόματι μεμπτὸν τὸ νόθον, ἡ φύσις δ' ἴση. — *Andromed. Fr.* 141: Ἐγὼ δὲ παῖδας οὐκ ἐῶ νόθους λαβεῖν· Τῶν γνησίων γὰρ οὐδὲν ὄντες ἐνδεεῖς Νόμῳ νοσοῦσιν· ὅ σε φυλάξασθαι χρεών. v. 1 conj. Gomperz λέγειν für λαβεῖν. — *Euryath. Fr.* 377: Μάτην δὲ θνητοὶ τοὺς νόθους φεύγουσ' ἄρα Παῖδας φυτεύειν· ὃς γὰρ ἂν χρηστὸς φύῃ, Οὐ τοὔνομ' αὐτοῦ τὴν φύσιν διαφθερεῖ. — Vgl. *Soph. Alead. Fr.* 84: Ὁ δ' εἰ νόθος τις γνησίοις ἴσον σθένει· Ἅπαν τὸ χρηστὸν γνησίαν ἔχει φύσιν. Den ersten Vers ändert Nauck in Οὐ δὴ νόθος τις γνησίοις ἴσον σθένει; Bei *Clem. Al. Strom.* VI. pg. 741 lautet der zweite: ἅπαν τὸ χρηστὸν τὴν ἴσην ἔχει φύσιν. Dies klingt wie ein Protest gegen das bekannte Gesetz des Perikles über die νόθοι, von dessen Wirkung er sich selbst zu Gunsten seiner Söhne von der Aspasia befreien liess. Dieses ist (*Aristot.* Ἀθ. πολ. 26, 4) im Jahr 451/450 gegeben; *Euripides' Antigone* wahrscheinlich nach dem ins Jahr 441 fallenden gleichnamigen Stück des *Sophokles*, die *Andromeda* 412 aufgeführt (s. Kap. I. A. 27).

³²) *Plato, Protag.* pg. 337 D: Ἱππίας ὁ σοφὸς εἶπεν· ὦ ἄνδρες, ἔφη, οἱ παρόντες, ἡγοῦμαι ἐγὼ ἡμᾶς συγγενεῖς τε καὶ οἰκείους καὶ πολίτας ἅπαντας εἶναι, φύσει, οὐ νόμῳ· τὸ γὰρ ὅμοιον τῷ ὁμοίῳ φύσει συγγενές ἐστιν, ὁ δὲ νόμος, τύραννος ὢν τῶν ἀνθρώπων, πολλὰ παρὰ τὴν φύσιν βιάζεται. — *Xen. Mem.* IV. 4, 10 vertritt Hippias die These: δίκαια μὲν γὰρ λέγοντες πολλοὶ ἄδικα ποιοῦσι. Sokrates will beweisen, τὸ αὐτὸ νόμιμόν τε καὶ δίκαιον εἶναι (§ 12). — Vgl. Dümmler, Akad. S. 252; Beloch, Griech. Gesch. I. S. 624 f. Gomperz, Griech. Denker I. S. 325 f.

³³) *Plato, Gorg.* 66 pg. 510 B: φίλος μοι δοκεῖ ἕκαστος ἑκάστῳ εἶναι ὡς οἷόν τε μάλιστα, ὃν περ οἱ παλαιοὶ καὶ σοφοὶ λέγουσιν, ὁ ὅμοιος τῷ ὁμοίῳ. Natürlich kommt es ganz darauf an, was man unter ὅμοιος versteht: man kann nach diesem Grundsatz ebensowohl einer allgemeinen Menschenliebe als einer exklusiven Klassenethik huldigen. Vgl. Kap. V. 2 A. 19a.

³⁴) *Alkid. Mess. Fr.* 1 in den *Schol.* zu *Aristot. Rhet.* I. 13: ἐλευθέρους ἀφῆκε πάντας ὁ θεός, οὐδένα δοῦλον ἡ φύσις πεποίηκεν. *Or. Att.* II. 154; Spengel (Rhet. Gr. I. praef. pg. VI.) betrachtet sonderbarerweise dieses Citat als „fictum, non verum“. Anders Beloch, Griech. Geschichte I. S. 470; II. S. 370; Gomperz,

Gr. Denker I. S. 324. „Γοργίου μαθητής" nennt ihn *Ath.* XIII. 62 pg. 592 C — *Cicero Tusc.* I. 48, 116 nennt ihn „rhetor antiquus in primis nobilis" und berichtet von ihm: scripsit etiam laudationem mortis, quae constat ex enumeratione humanorum malorum. Cui rationes eae, quae exquisitius a philosophis conliguntur, defuerunt, ubertas orationis non defuit. — Erhalten ist eine Rede περὶ τῶν τοὺς γραπτοὺς λόγους γραφόντων und ein sicherlich unechter Ὀδυσεὺς κατὰ Παλαμήδους προδοσίας. — Der Μεσσηνιακὸς war ein im Gegensatz zu des *Isokrates Archidamos* (360) bald nach der Schlacht von Mantinea verfasstes Schulstück. Näheres bei Pauly-Wissowa v. Alkidamas.

35) *Aristot. Pol.* I. 3 pg. 1253 B: τοῖς δὲ (sc. δοκεῖ εἶναι) παρὰ φύσιν τὸ δεσπόζειν. νόμῳ γὰρ τὸν μὲν δοῦλον εἶναι, τὸν δ' ἐλεύθερον, φύσει δ' οὐδὲν διαφέρειν. διόπερ οὐδὲ δίκαιον· βίαιον γάρ. — ib. 4: ὁ δοῦλος κτῆμά τι ἔμψυχον. — ib. 5 pg. 1254 a: τὸ γὰρ ἄρχειν καὶ ἄρχεσθαι οὐ μόνον τῶν ἀναγκαίων ἀλλὰ καὶ τῶν συμφερόντων ἐστί, καὶ εὐθὺς ἐκ γενετῆς ἔνια διέστηκε τὰ μὲν ἐπὶ τὸ ἄρχεσθαι, τὰ δ' ἐπὶ τὸ ἄρχειν. Im übrigen s. A. 6.

36) Mitylene: *Thuk.* III. 36 ff.; Kallikratidas: *Xen. Hell.* I. 6, 14; Lysander: *Xen. Hell.* II. 1, 19. — Beloch, Griech. Gesch. I. S. 470 f.

37) *Antiphanes Fr. inc.* 50; *Menander Fr. inc.* 857; *Philemon Fr. inc.* 95: bei *Stob. flor.* 62, 5—10; 27—29; 31; *Seneca ep.* 47, 1 und 17; Schmidt a. a. O. S. 35 ff.

4. Weltbürgertum.

1) Vgl. Kap. VII. 3 A. 6. — *Iph. Aul.* 1400 f.: Βαρβάρων δ' Ἕλληνας ἄρχειν εἰκός, ἀλλ' οὐ βαρβάρους, Μῆτερ, Ἑλλήνων· τὸ μὲν γὰρ δοῦλον, οἱ δ' ἐλεύθεροι.

2) *Telephos Fr.* 719: Ἕλληνες ὄντες βαρβάροις δουλεύσομεν; *Clem. Alex. Strom.* VI. pg. 746: Θρασύμαχος ἐν τῷ ὑπὲρ Λαρισαίων λέγει· folgt der obige Vers. Vgl. A. 7.

3) *Hel.* 276: Τὰ βαρβάρων γὰρ δοῦλα πάντα πλὴν ἑνός. Dagegen lässt sie sich in den *Troades* (1021) die barbarische Ehrenbezeugung der προσκύνησις (*Or.* 1506; *Phön.* 293 f.) ganz gern gefallen. — Man vergleiche den scharf pointierten Unterschied, den *Xenophon* in seiner *Anabasis* zwischen Hellenen und Barbaren macht und letztere selbst machen lässt: so den Kyros (I. 7, 3: ἄνδρες ἄξιοι τῆς ἐλευθερίας, ἧς κέκτησθε καὶ ἧς ὑμᾶς ἐγὼ εὐδαιμονίζω) und den Tissaphernes (II. 5, 23: τὴν μὲν γὰρ ἐπὶ τῇ κεφαλῇ τιάραν βασιλεῖ μόνῳ ἔξεστιν ὀρθὴν ἔχειν, τὴν δ' ἐπὶ τῇ καρδίᾳ ἴσως ἂν ὑμῶν παρόντων καὶ ἕτερος εὐπετῶς ἔχοι). Xenophon selbst nennt den Kyros trotz seiner hohen Stellung und trotz seiner Bildung und Hellenenfreundlichkeit rundweg einen „Sklaven" (I. 10, 29 und II. 6, 38). Man sieht, den Griechen der damaligen Zeit war der orientalische Despotismus, vermöge dessen alle Reichsangehörigen ausser dem König selbst Sklaven waren, das Wesentliche am Barbarentum und umgekehrt am Hellenentum die persönliche Freiheit. Doch vgl. auch An. III. 1, 23. S. Kap. V. 1 A. 49.

3a) Es ist sonderbar, wenn Burckhardt (Gr. K.G. I. S. 325) sagt, „Euripides missbrauche die Vorurteile seiner athenischen Zuschauer (sc. gegen die Barbaren) auf eine wahrhaft widerliche Weise", und sich dabei nur auf *Hek.* 328 ff. und einige Stellen, namentlich die Phrygerscene, im *Orestes* stützt. Denn Odysseus, der in der *Hekabe* so abfällig über die Barbaren urteilt, geniesst hier und auch sonst keineswegs die Sympathie des Dichters, wie oben gezeigt wurde.

Der Phryger im *Orestes* ist kein gewöhnlicher Barbar, sondern Sklave und Eunuch (1528). Das Wort des Tyndareus vom „Barbarisiertwerden" ist an den ebenfalls durchaus niedrig gezeichneten Menelaos gerichtet (485), und die ganze Tirade des Tyndareus richtet sich gegen die im Orestesmythus zum Ausdruck kommende Idee der Blutrache (495 ff. s. Kap. III. 2). Was aber Pylades (1111) über die moralische Überlegenheit der Hellenen gegenüber den Barbaren im Kampf sagt, ist, abgesehen von den Perserkriegen, durch den Zug des jüngeren Kyros (*Xen. An.* I. 7, 3 ff. und öfter) und den Alexanders nur bestätigt worden.

⁴) Die Bildung βαρβαρόφωνος setzt selbstverständlich den Begriff βάρβαρος voraus. Ursprünglich mag das Wort ‚fremdredend, unverständlich' bedeutet haben, wie auch *Herodot* (II. 158) von den Ägyptern erzählt: βαρβάρους δὲ πάντας οἱ Αἰγύπτιοι καλέουσι τοὺς μὴ σφίσι ὁμογλώσσους. Der Zeit, in welcher die Ilias ihren Abschluss fand, erschien der Troische Krieg als ein panhellenisches, gegen Barbaren gerichtetes Unternehmen. Beloch, Gr. Geschichte I. S. 270. — Die allgemeine Anschauung giebt treffend wieder *Plato, Politikos* VI. pg. 262 D: Ne. Sokr.: ποῖον οὖν δὴ φράζεις διαιρουμένους ἡμᾶς οὐκ ὀρθῶς ἄρτι δρᾶν; Xenos: τριόνδε, οἷον εἴ τις τἀνθρώπινον ἐπιχειρήσας δίχα διελέσθαι γένος διαιροῖ καθάπερ οἱ πολλοὶ τῶν ἐνθάδε διανέμουσι, τὸ μὲν Ἑλληνικὸν ὡς ἓν ἀπὸ πάντων ἀφαιροῦντες χωρίς, σύμπασι δὲ τοῖς ἄλλοις γένεσιν ἀπείροις οὖσι καὶ ἀμίκτοις καὶ ἀσυμφώνοις πρὸς ἄλληλα βάρβαρον μιᾷ κλήσει προςειπόντες διὰ ταύτην τὴν μίαν κλῆσιν καὶ γένος ἓν αὐτὸ εἶναι προςδοκῶσι· ἢ τὸν ἀριθμόν τις αὖ νομίζοι κατ' εἴδη δύο διαιρεῖν μυριάδα ἀποτεμνόμενος ἀπὸ πάντων, ὡς ἓν εἶδος ἀποχωρίζων, καὶ τῷ λοιπῷ δὴ παντὶ θέμενος ἓν ὄνομα διὰ τὴν κλῆσιν αὖ καὶ τοῦτ' ἀξιοῖ γένος ἐκείνου χωρὶς ἕτερον ἓν γίγνεσθαι.

⁵) *Aristoph. Wolken* 492: Ἄνθρωπος ἀμαθὴς οὑτοσὶ καὶ βάρβαρος. *Isokrates' Paneg.* 50: τοσοῦτον δ' ἀπολέλοιπεν ἡ πόλις ἡμῶν περὶ τὸ φρονεῖν καὶ λέγειν τοὺς ἄλλους ἀνθρώπους, ὥσθ' οἱ ταύτης μαθηταὶ τῶν ἄλλων διδάσκαλοι γεγόνασι καὶ τὸ τῶν Ἑλλήνων ὄνομα πεποίηκε μηκέτι τοῦ γένους ἀλλὰ τῆς διανοίας δοκεῖν εἶναι καὶ μᾶλλον Ἕλληνας καλεῖσθαι τοὺς τῆς παιδεύσεως τῆς ἡμετέρας ἢ τοὺς τῆς κοινῆς φύσεως μετέχοντας. — Vgl. Beloch, Griech. Gesch. II. S. 441 f.

⁶) Vgl. Hatzidakis, Zur Abstammung der alten Makedonier. Athen 1897. S. Kap. I. A. 36.

⁷) S. A. 2. Wilamowitz (Herakles ¹ S. 17 A. 28), der zwar kein Citat annimmt, erkennt doch die Gesinnungsverwandtschaft zwischen dem Dichter und dem Sophisten an. S. Kap. I. A. 35.

⁸) S. A. 3. — Burckhardt, Gr. K.G. I. S. 318.

⁹) *Stob. flor.* 40. 7: ἀνδρὶ σοφῷ πᾶσα γῆ βατή · ψυχῆς γὰρ ἀγαθῆς πατρὶς ὁ ξύμπας κόσμος.

¹⁰) Gomperz, Gr. Denker I. S. 348.

¹¹) *Phaëthon Fr.* 777: Ὡς πανταχοῦ γε πατρὶς ἡ βόσκουσα γῆ. — *Aristoph. Plut.* 1151: Πατρὶς γάρ ἐστι πᾶσ' ἵν' ἂν πράττῃ τις εὖ. — *Cicero (Tusc.* V. 37, 108) knüpft an den Vers des Pacuvius die Erzählung: „Socrates quidem cum rogaretur cujatem se esse diceret, mundanum inquit; totius enim mundi se incolam et civem arbitrabatur". Das Apophthegma wird auch von andern Philosophen erzählt und wurde wohl erst in einer spateren Zeit auf Sokrates übertragen, übrigens in dem richtigen Gefühl, dass schon er die Schranken des nationalen Hellenentums durchbrach. S. A. 14. — *Lysias* 31, 6 (κατὰ Φίλωνος):

καὶ γάρ οἳ φύσει μὲν πολῖταί εἰσι, γνώμῃ δὲ χρῶνται, ὡς πᾶσα γῆ πατρίς αὐτοῖς ἐστιν, ἐν ᾗ ἄν τὰ ἐπιτήδεια ἔχωσιν, οὗτοι δῆλοί εἰσιν, ὅτι ἄν παρέντες τὸ τῆς πόλεως κοινὸν ἀγαθὸν ἐπὶ τὸ ἑαυτῶν ἴδιον κέρδος ἔλθοιεν διὰ τὸ μὴ τὴν πόλιν ἀλλὰ τὴν οὐσίαν πατρίδα ἑαυτοῖς ἡγεῖσθαι. Gegensatz: ι 34 ff.

[12]) *Fr.* 1047: Ἅπας μὲν ἀὴρ αἰετῷ περάσιμος, Ἅπασα δὲ χθὼν ἀνδρὶ γενναίῳ πατρίς. — *Ovid, Fasti* I. 493 f.: Omne solum forti patria est ut piscibus aequor, Ut volucri vacuo quidquid in orbe patet. — *Tycho Brahe, Astron. inst. mech.* fol. C 3: Undique terra infra, coelum patet undique supra, Et patria est forti quaelibet ora viro. — *Philiskos* bei *Dio Cass.* 38, 26, 2: οὐ γὰρ δήπου τὰ χωρία οὔτε εὐτυχίαν οὔτε κακοδαιμονίαν τινὰ δίδωσιν, ἀλλὰ καὶ αὐτὸς ἕκαστος αὐτῷ καὶ πατρίδα καὶ εὐδαιμονίαν ἀεὶ καὶ πανταχοῦ ποιεῖ.

[13]) *Fr.* 902: Τὸν ἐσθλὸν ἄνδρα, κἄν ἑκὰς ναίῃ χθονός, Κἄν μήποτ' ὄσσοις εἰσίδω, κρίνω φίλον. Die Citate bei Nauck pg. 650 s.

[14]) S. A. 11. *Plut. de exs.* 5 pg. 600 F: ὁ δὲ Σωκράτης βέλτιον οὐχ Ἀθηναῖος οὐδὲ Ἕλλην ἀλλὰ κόσμιος εἶναι φήσας. Pöhlmann, Sokrates und sein Volk S. 40. *Xen. Sympos.* 4, 30 f.; ib. S. 46 A. 2.

[15]) *Fr. adesp.* 392: Ἀργεῖος ἢ Θηβαῖος· οὐ γὰρ εὔχομαι Μιᾶς· ἅπας μοι πύργος Ἑλλήνων πατρίς. — *Krates Fr.* 1 (Nauck pg. 809): Οὐχ εἷς πάτρα μοι πύργος, οὐ μία στέγη, Πάσης δὲ χέρσου καὶ πόλισμα καὶ δόμος Ἕτοιμος ἡμῖν ἐνδιαιτᾶσθαι πάρα. Vgl. Wilamowitz, De trag. Gr. fr. pg. 19 gegen Dümmler, Antisthenica pg. 68. — Burckhardt, Gr. K.G. I. S. 332.

[16]) *Cicero, De nat. deor.* I. 44, 121: Quanto stoici melius, qui a vobis reprehenduntur! Censent autem sapientes sapientibus etiam ignotis esse amicos. Nihil est enim virtute amabilius; quam qui adeptus erit, ubicumque erit gentium, a nobis diligetur.

[17]) E. Meyer, Die wirtschaftliche Entwicklung des Altertums S. 41 A. 2.

[18]) *Plut. Alex.* 8 und 53.

[19]) Rohde, Psyche S. 588 f.

[20]) „Niemand wird die Euripideische Poesie der Homerischen an die Seite stellen wollen; aber geschichtlich betrachtet sind Euripides und Menander völlig ebenso die Bibel des kosmopolitischen Hellenismus gewesen wie die Ilias und die Odyssee diejenige des volkstümlichen Hellenentums". Mommsen, R. G.[2] I. S. 918.

Register.

(Die grossgedruckten Zahlen bezeichnen die Seiten, die kleingedruckten die Anmerkungen.)

I. Namen- und Sachregister.

II. Stellenregister.

Euripides	Euripides	Euripides
Alexandros	*Alkestis*	*Alkmaion*

Euripides — *Alexandros*

Fr. 43: 484,90.
„ 44: 484,90.
„ 45: 231,15.
„ 46: 237,44.
„ 47: 546,20.
„ 48: 353,11.
„ 49: 354,17.
„ 51: 353,12.
„ 52: 183,41. 325,16.
    339. 343. 359.
„ 53: 183,41. 326.
„ 54: 339,36.
„ 56: 209,121.
„ 57: 354,19.
„ 58: 194,70. 236.
    353,11
„ 60: 509,26.
„ 61: 189,55a.
    214,138
„ 62: 234,30.

Alkestis 14 f. 25. 167.
    378,25. 379,27
    381,28. 392,72.
v. 2: 484,82
    8: 544,7a
    12: 54.
    20: 236.
    28 ff.: 379,25.
    39: 150.
    58: 37.
    135: 236.
    147: 236.
    192 ff.: 356.
    210 ff.: 356.
    219: 53.
    238 ff.: 258.
    246 f.: 132.
    273 ff.: 252.
    297 f.: 236.
    381: 165,24. 167,30.
        378,25
    445 ff.: 529,96.
    473 ff.: 257.
    521: 378,25.
    527: 165,24. 167,30.
        378,25

Euripides — *Alkestis*

v. 528 f.: 378,25
    449,123
    601 ff.: 179. 189.
        378,25.
    604 f.: 61.
    614 ff.: 239.
    623 ff.: 257. 378,25.
    627 f.: 252.
    669 ff.: 239.
    693: 239.
    712: 239.
    727: 378,26.
    744 ff.: 167,30.
        379,25.
    747 ff.: 379,25.
        392,72
    769 ff.: 356.
    782 ff.: 235.
    785 f.: 378,25.
    799: 195. 878,25.
    800 ff.: 235,37.
    843 ff.: 168,34.
    855 ff.: 482,67.
    878 ff.: 514,55.
    882 ff.: 259,27a.
    903 ff.: 317. 377,18.
    930: 252,11. 378,25
    935 ff.: 378,25.
    954 ff.: 378,25.
    962 ff.: 144. 373,14.
        378,25. 418,20.
    965: 54.
    966: 44. 55,16.
    985: 197.
    1003: 167. 379,25.
    1008: 211.
    1135: 57.
    1147: 482,67.
    1159 ff.: 55.

Alkmaion in Korinth und in Psophis 15.
    75. 104. 379,27. 417,15
    Fr. 68: 184,43
        439,43a.
    „ 75: 176,11
    „ 76: 195,76.

Euripides — *Alkmaion*

Fr. 79: 296,42 301.
„ 82: 62,33a.
„ 84: 273,69.
„ 85: 357,26.
„ 86: 354,15.

Alkmene 379,27.
Fr. 91: 212,131. 292.
„ 92: 338,32.
„ 93: 353,10.
„ 94: 292,29. 476,23.
„ 95: 327,24. 334.
„ 96: 337,28.
„ 100: 53,13.
„ 103: 271,58.

Alope 278. 379,27.
Fr. 108: 267,49.
„ 110: 272,64.

Andromache 15.
312 f.,91. 362 f. 379,27.
    381,28. 520.35
v. 64 f.: 545,7a.
    85: 262.
    89 f.: 355.
    91 ff.: 265.
    98: 55.
    100 ff.: 235. 499.6.
    103: 533,21.
    166: 544,7a.
    173 ff.: 363.
    181 f.: 250. 263.
    184 f.: 238.
    186 ff.: 353.
    205 ff.: 251.7.
    213 f.: 256.
    215 ff.: 249.
    218 ff.: 262,36. 268.
    222 ff.: 256.
    227 f.: 259.
    229 ff.: 259.
    246: 351.
    253: 351.
    262: 505,58.
    269 ff.: 259.29.
    376 ff.: 206.
    379: 189.
    418 ff.: 271.

36*

Euripides
Herakleidai
> v. 1 ff.:192.291.392,68.
> 487,112a.
> 36 : 282.
> 130 f.: 368.
> 134 ff.: 37.
> 181 ff.: 289.
> 258 : 199.
> 292 f.: 518,15.
> 371 : 78. 310.
> 387 f.: 199.
> 423 : 368.
> 424 : 185.
> 476 f.: 255.
> 547 ff.: 482,66.
> 591 ff.: 168,37.
> 595 f.: 164.
> 597 ff.: 482,66.
> 512,42.
> 608 ff.: 53. 55.
> 613 f.: 418,21.
> 615 ff.: 54. 484,84.
> 619 ff.: 164,18.
> 718 : 108.
> 863 ff.: 285. 499,6.
> 869 f.: 108.
> 881 f.: 481,61
> 890 f.: 211.
> 898 ff.: 54. 57,27.
> 910 ff.: 108.
> 935 : 54. 56.
> 990 : 140.
> 1006 : 528,92
> 1016 f.: 465,8.
> 1026 ff.: 314,92.
> 1030 f.: 282.

Herakles 105. 118. 282 f.
301· 379,27. 381,28
> v. 16 ff.: 281.
> 21 : 55.
> 34 : 299.
> 62 f.: 42,2.
> 101 ff.: 233. 501,21.
> 148 f.: 108.
> 153 : 481,88.
> 157 ff.: 306.
> 160 ff.: 36.

Euripides
Herakles
> v. 172 ff.: 189.
> 190 ff.: 306.
> 236 f.: 206. 210,27.
> 251 f.: 299.
> 272 ff.: 299.
> 296 f.: 165,26.
> 302 ff.: 281.
> 309 ff.:56.78.502,35.
> 332 : 544,7a
> 339 ff.: 106,45.
> 126 f.,96.
> 352 f.: 108.
> 403 ff.: 434,17
> 490 ff.: 167.
> 501 : 106.
> 503 ff.: 232.
> 536 : 265.
> 541 ff.: 299.
> 585 f.: 191.
> 588 ff.: 522,54.
> 633 ff.: 248,2a.
> 533,16.
> 637 ff.: 238.
> 655 ff.: 45. 164. 172.
> 395,88. 489,119
> 503,50.
> 669 : 420,27
> 674 ff.:24.41.142.85.
> 682 ff.: 85. 200.
> 694 f.: 41,141.
> 732 f.: 191.
> 734 ff.: 61.
> 739 : 149,15 417,18
> 420,28.
> 740 f.: 78.
> 757 : 62,36.
> 772 f.: 61,33. 78.
> 106. 422,36.
> 774 f.: 337.
> 776 ff.: 57,27.
> 813 f.: 61.
> 822 ff.: 102.
> 830 ff.: 108. 139.
> 841 ff.: 62. 146.
> 854 : 108.
> 884 : 231.

Euripides
Herakles
> v. 907 : 102.
> 932 ff.: 103.
> 941 ff.: 103.
> 987 f.: 439,43.
> 1002 ff.: 102.
> 1006 : 380,27.
> 1019 : 282.
> 1086 f.: 139.
> 1089 ff.: 108.
> 1135 : 139.
> 1153 : 108.
> 1161 ff.: 123.
> 1214 ff.: 102.
> 1227 f.: 198. 245.
> 418,22.
> 1231 ff.: 123. 140.
> 1234 : 59,29. 102.
> 1245 ff.: 105. 245.
> 1255 ff.: 37. 446,96
> 1261 f.: 62.
> 1263 f.: 106,46.
> 399,100.
> 1279 f.: 105.
> 1284 : 417,15.
> 1307 f.: 106. 124.
> 1309 f.: 367,15
> 1311 ff.: 102. 107,47.
> 124. 127.
> 1327 ff.: 282.
> 1338 f.: 416,14.
> 1340 ff.: 102,41
> 107,48. 124.
> 1344 : 126.
> 1347 ff.: 105. 245,58.
> 439,41.
> 1357 : 108.
> 1395 : 104.
> 1399 f.: 123.

Hiketides 15. 63 ff. 81.
86 f. 159. 278. 282.
301. 314. 378,26. 379,27.
381,28 528,92.
> v. 4 ff.: 282.
> 40 f.: 255.
> 119 : 307.
> • 160 : 290. 529,93.

Euripides
Hiketides

v. 176 ff.: 408,137.
          428,41.
180 ff.: 40,137.
          391,61
187 f.: 215. 312.
          377,13.
190 ff.: 314,93
195 ff.: 64 f.,41. 122.
          242. 395,88
          466,10. 518,15.
211 ff.: 109.
214: 425,51.
216 ff.: 78.
220 f.: 65. 71,5.
226 ff.: 65.
229 ff.: 65. 290 f.
          422,36 426,56
232 ff.: 529,93
238 ff.: 65. 299,57
          342. 344. 376,6.
246 ff.: 65.
260 ff.: 116,71
264: 285.
311: 65. 363.
312 f.:300.: 304.:
323 ff.: ...
348: 57.
352: 314.
...

Euripides
Hiketides

v. 506 f.: 198. 272.
          514,62
508 ff.: 290. 519,21.
          529,93
526: 363.
531 ff.: 71,54 160,1
534 f.: 339.
538: 363.
549 ff.: 70,51.
552: 55.
562: 282.
564 f.: 70,52. 150,64.
593: 469,51.
608 ff.: 63.
612: 391,62
690: 458,2.
726 ff.: 294.
731 ff.: 64.
734 ff.: 63.
744 ff.: 307.
749: 309.
789: 358.
834 ff.: 39.
861 ff.: 199.
870: 358.
881 ff.: 216.
889 ff.: 211. 358.
894 f.: 77. 211.
          426,54
902 ff.: 77. 211.194
426,54 476,23
...

Euripides
Hiketides

v. 1108 ff.: 239. 244.
1139 f.: 160.
1146 f.: 59.
1167: 160.
1176 ff.: 314.
1191 ff.: 314,93
1327 f.: 108.
Hippolytos Kalyptomenos 33. 278. 379,27.
501,23
  Fr. 428: 226,164.
  429: 261,31.
  430: 225,156.
  431: 225,156.
  432: 116,74a. 186,51
          418,22 447,103.
  433: 187,54.
  434: 236,41.
  437: 231,17.
  438: 230,10.
  439: 77.207,118.411,16
          429,75
  441: 149,18. 506,2
  444: 236,40
  446: 53,11 77. 315,97
Hippolytos stephanophoros 25. 225. 268.
278.282 f.379,27 381,2.
389,30
  v. 7 f.: 127.
...

Euripides
Ion

605 f.: 826.
616 f.: 510,30.
621 ff.: 286.301.518,16
522,48
692: 842 f.
698 ff.: 23,80 868,88
640 f.: 24.
661 ff.: 490,88.
666 f.: 515,7 s.
668 f.: 531,104
670 ff.: 350.
671 f.: 318. 353.
719 ff.: 278.
726 ff.: 353.
717: 544,7 s.
808 ff.: 278.
802 ff.: 210.
806 ff.: 278.
854 ff.: 358.
859 ff.: 136.
877 ff.: 136. 426,60
912 ff.: 136.
980: 136. 426,60
989: 490,4
983: 334,16
1046 f.: 191.
1088 ff.: 278.
1087: 164,39
·   f.:   34 f.
347 ff.: 434,39
1108 ff.: 282
1047 ff.: 283
691 ff.: 283
·   f.:   34.
803 f.
448 ·
488 ·
18· ·
53 ·

88
50· ·
88·
· · ·

Euripides
Ion

1614 f.: 53. 78. 451,9.
1621 f.: 187.

Iphigeneia in Aulis 14 f.
25. 75. 95. 223. 379,27.
381,28.
v. 21 ff.: 201.
81 ff.: 237.
111: 545,7 s.
161 ff.: 237.
192 f.: 283.
195 ff.: 518,15
247 ff.: 282.
289: 283.
304 ff.: 357.
311: 545,7 s.
318: 353.
337 ff.: 297,45.
345 ff.: 191.
366 ff.: 298,46
373: 519,21.
393: 127.
394 f.: 60.
408: 206.
411: 137. 447,110
443 ff.: 36.
446 ff.: 297.
517: 289.
520 f.: 111,6s
525 ff.: 291. 294.
537: 182.
548 ff.: 221.
568 f.: 225. 287.
575 f.: 225
576 f.: 174
595: 284.
·   f. 544,·
· ·
· · ·
· f.   ·   · ·

Euripides
Iphigeneia in Aulis

v. 981 ff.: 205.
1000 f.: 308.
1005 f.: 211.
1013: 207,120.
428,73 442,60
489,120.
1089 ff.: 202.
1097: 57.
1157 ff.: 257.
1189: 127.
1218: 240.
1249 ff.: 165,24. 168.
240.
1340: 544,7 s.
1357: 289.
1386: 279.
1394: 264. 507,13.
1400 f.: 361 f.,1
383,85 f. 544,6.
1403 f.: 132,110. 238.
1409: 62,35. 428,73.
1416: 503.51.
1505 ff.: 164,17.
1509: 240.
1578 ff.: 435,26
1586: 95. 435,26
1616 ff.: 95.
1621: 467.17.

Iphigeneia in Tauris 95.
144. 283. 379,27. 381,28
v. 2: 97.
51: 353.
82 ff.: 96. 490,·
435,·
44 f.: 111.
77 · · ·
· · · 490,69.
· · · · ·
· ff.: 107.
· · 43 ·
22: ·
22 f. · ·
24 f. ·
24 f. · 107
24. · 1 ·.

5. 42 ff.: 517, 11
5. 115 ff.: 420, 2
5. 151 ff.: 517, 11.

III. Griechisches Register.